KB091668

네이티브 영어표현력 사전

ENGLISH EXPRESSION POWER-UP DICTIONARY

Prof. Changsoo Lee 지음

네이티브 영어표현력 사전

지은이 이창수
펴낸이 정규도
펴낸곳 (주)다락원

초판 1쇄 발행 2018년 10월 25일
초판 18쇄 발행 2024년 12월 13일

책임편집 김은혜
본문 디자인 HADA 장선숙
표지 디자인 하태호
삽화 김나나

다락원 경기도 파주시 문발로 211
내용문의 (02)736-2031 내선 522
구입문의 (02)736-2031 내선 250~251
Fax (02)732-2037
출판등록 1977년 9월 16일 제406-2008-000007호

* 이 책은 『네이티브 영어표현력 사전(두산동아)』을 보완·업그레이드해서 새롭게 펴낸 책입니다.
기존 내용에 새로운 내용이 일부 추가되었으니 학습에 참고하세요.

ISBN 978-89-277-0105-7 13740

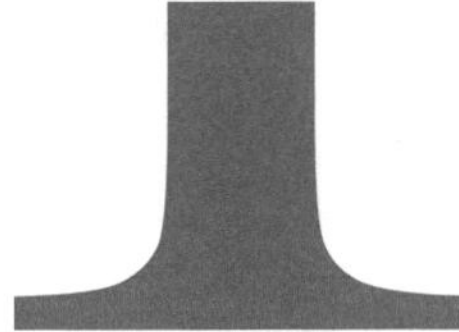

네이티브 영어표현력 사전

ENGLISH EXPRESSION POWER-UP DICTIONARY

Prof. Changsoo Lee 지음

진짜 영어로 가는 17가지 핵심 법칙

DARAKWON

머리말

영어로 말하는 준비 과정을 바꾼다

2010년 출간된 〈네이티브 영어표현력 사전〉은 재미 위주의 영어 책이 판치는 영어 학습 시장에 파문을 일으켰습니다. 영어 학습자들 사이에서 '제대로 된 영어를 공부할 수 있는 책'으로 꽤 입소문이 났지요. 그래서인지 많은 독자들께서 감사와 격려의 편지, 이메일을 보내주셨습니다. 50대 후반의 한 독자는 '만학의 꿈을 안고 영어 논리에 맞는 영어를 익히기 위하여 이 책과 씨름하여 원어민식 영어 표현에 어느 정도 자신감이 생겼다'고 하셨고, 미국 대학에서 경영학을 가르치시는 한 교수님은 '유학을 하며 한국인으로서 고민했던 영어 학습 방법에 대한 해답을 얻었다'며 15번 완독했다고 알려주셨습니다. 그 외에도 책의 표현, 설명 문구 하나하나에 밑줄을 치면서 7번을 읽었다는 독자부터 여러 명이 팀을 짜서 같이 공부하고 있다는 독자까지, 정말 많은 분들이 이 책의 효과를 직접 체험하고 후기를 알려주셨습니다.

이와 같은 독자들의 열띤 반응에 힘입어 업그레이드판을 출간하게 되었습니다. 그동안 독자 여러분들이 보내주신 의견을 반영하여 기존 책의 오류를 수정했고, 네이티브 영어의 화려함에 도전하는 완결편을 추가하여 내용을 재구성하였습니다. 이 때문에 책은 더 두꺼워졌지만 영어를 제대로 공부하려는 독자들에게는 조금이라도 더 도움이 되리라 믿습니다. 독자 여러분의 한결같은 성원에 감사드리며, 제가 여러분 곁에 오래도록 남아 미약하나마 여러분의 영어 공부를 도와드릴 수 있기를 소망합니다.

저자 이창수

책 소개

왜,
영어표현력 사전인가

콩글리시에서 벗어나야 회화가 됩니다. 십 년 넘게 영어를 공부하고, 각종 시험에서 높은 점수를 맞아도 실전에서는 콩글리시를 벗어나지 못하는 사람들이 많습니다. 심지어는 자신의 영어가 직역식이거나 콩글리시라는 것조차 알지 못하는 경우도 많지요. 수학 공식처럼 문법, 단어, 표현을 무작정 외우고 그런 지식이 자신의 영어 실력인 줄로 착각하기 때문입니다. 그러나 진짜 영어 실력은 특정 상황 속에서 자신의 생각을 네이티브가 사용하는 영어로 말할 수 있는 능력, 즉 네이티브식 표현력이 있느냐 없느냐로 판가름 납니다.

네이티브 표현력을 길러줍니다. 많은 사람들은 영어로 말할 때 일단 한국어 문장을 생각하고, 이것을 일대일 대응으로 영어로 바꿉니다. 그러다 보니 문법은 맞더라도 영어답지 않은 문장이 나오는 것이죠. 어차피 우리는 영어 네이티브가 아닙니다. 우리같은 외국인이 영어로 말할 때 가장 필요한 것은 '네이티브가 쓰는 표현을 목록에서 찾아 쓰는 능력'입니다. 이 책은 많은 예시와 훈련을 통해 이러한 '네이티브 표현력'을 길러줍니다.

한국어와 영어를 1:1로 짝짓는 고정관념을 깨부숩니다. 대부분의 표현사전은 [가=A]처럼 한국어와 영어를 기계적으로 짝지어 놓았기 때문에 다양한 상황 속에서 네이티브처럼 융통성 있게 표현을 바꿔 말할 수 있는 능력을 키우는 데 도움이 안 됩니다. 이 책은 표현 자체를 외우기보다 그러한 상황에서 적절한 표현을 떠올릴 수 있도록 영어적인 사고와 함께 표현력을 키워줍니다.

달라진 점

위풍당당 영어표현력 사전이 새롭게 돌아왔다

한눈에 보이는 오답과 정답, 비교가 쉽습니다! 하나의 표제문에 〈콩글리시/직역식/네이티브〉 세 가지 표현을 한눈에 확인할 수 있도록 구성했습니다. 자신이 콩글리시를 쓰고 있는지, 직역식 영어 사고에 묶여 있지 않은지 네이티브 표현과 비교해서 곧바로 체크할 수 있습니다. 또 틀린 문장을 어떻게 네이티브식으로 바꾸는지도 자세하게 설명합니다.

자세한 설명과 풍부한 예시를 가득 담았습니다! 한국외국어통번역대학원 교수이자 대한민국 최고의 영어 강사인 저자가 한 명의 학생에게 가르치듯 자세하게 표현을 설명합니다. 또 영단어, 숙어, 품사, 문장 구조까지 총망라하여 이 책만 공부해도 충분할 만큼 많은 예시를 다루고 있습니다. 저속하고 해괴한 속어나 비표준적인 영어를 '미국 영어'로 포장하는 경우도 있는데, 이 책은 표준적이고 세련된 영어만을 다루고 있습니다.

이렇게 업그레이드됐습니다! 업그레이드판에는 기존의 직역식 영어와 네이티브 영어 간의 핵심적인 표현법 차이가 추가됐습니다. 기존의 내용은 다듬어서 살리고, 새로운 내용으로 [PART 5 문장에 화려함 더하기]를 추가해 진짜 네이티브만 쓸 수 있다는 부정, 강조, 비유 표현까지 공부할 수 있습니다. 언제나 초보와 중급자 사이를 서성이기만 했다면 이 책을 통해 확실히 더 높은 곳으로 도약하세요.

공부 방법

이렇게 공부하면 실력이 쑥쑥!

학습순서 >> 차례대로 or 마음대로

사람마다 학습 스타일이 다르기 때문에 '하루에 몇 페이지씩 몇 달만 하면 끝난다!' 이렇게 장담할 수 없습니다. 딱 얼마간의 기간을 정해두고 보기에 이 책은 내용이 많으니 천천히 두고 오래 본다고 생각하세요. 비교적 효과적으로 책을 활용하는 방법은 아래와 같습니다.

순서대로 학습하기	PART 1부터 순서대로 공부하세요. 이 책은 뒤로 갈수록 조금씩 심화 내용이 나오도록 체계적으로 구성되어 있습니다. 처음부터 공부하면 점차 내 영어의 수준이 높아진다는 느낌을 받을 수 있습니다.
추천 **부분 골라 학습하기**	책의 양이 방대하기 때문에 순서대로 공부하면 시간이 오래 걸려서 부담이 될 수도 있습니다. 각 챕터에서 필요한 부분, 관심이 가는 부분을 골라서 조금씩 동시에 공부하는 것을 가장 추천합니다.

학습방법 >> 표제문을 영작하기

학습 순서는 여러 가지라도 방법은 이렇게 하시는 걸 추천합니다. 먼저, 표제문을 보고 이 문장을 어떻게 영어로 바꿀지 꼭 생각해 보세요. 생각한 답이 콩글리시/직역식/네이티브 셋 중 어디에 속하는지 확인하면서 공부하면 더 효과가 좋습니다. 각 표현을 비교하면서 자연스럽게 네이티브식 표현법에 익숙해질 수 있습니다. 단, 이 책을 그냥 눈으로 읽는 것으로 만족해서는 안 됩니다. 꼭 해당 내용의 네이티브 녹음을 찾아 듣고, 따라 말하는 훈련을 하시길 바랍니다. 꾸준히 이 과정을 반복하면 반드시 여러분의 영어 실력이 눈에 띄게 향상될 것입니다.

MP3 바로 듣기 >>

모든 네이티브 문장과 예제를 원어민이 읽은 MP3 음원으로 제공합니다.
MP3 음원은 옆의 큐알코드를 스마트폰으로 찍어서 바로 들을 수도 있고,
다락원 홈페이지(darakwon.co.kr)에서 무료로 다운받을 수 있습니다.

PART 1
기본 단어 네이티브처럼 사용하기

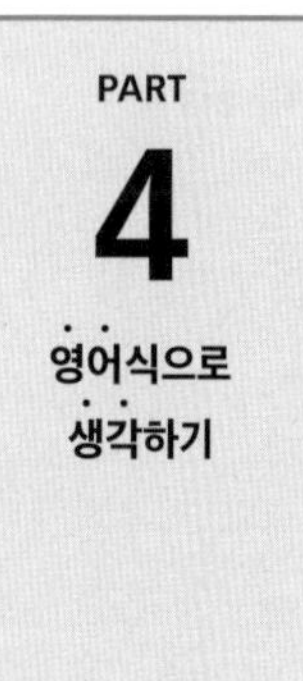

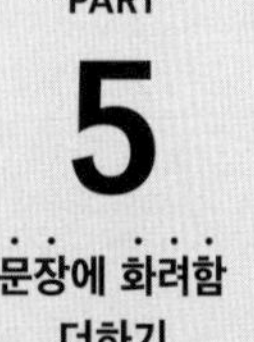

part 1

기본 단어 네이티브처럼 사용하기

CHAPTER 1

원어민은 기본 동사로 이런 말까지 표현한다

■ '기본 동사'는 '쉬운 동사'가 아니다

많은 사람들이 '기본 동사'라고 부르는 do, get, give, take, put, turn, break, call, carry, come, cut, fall, go, hold, keep, pass, run, see, stand와 같은 동사들은 대표 의미 외에도 매우 다양한 의미로 사용된다. 그것도 어쩌다 한번이 아니라 일상 대화나 글에서 아주 빈번하게 여러 의미로 쓰인다. 따라서 '기본 동사'를 '쉬운 동사'라는 뜻으로 받아들여서는 안 된다. 오히려 reproach와 같이 많은 사람들이 어렵다고 생각하는 동사가 활용하기는 더 쉽다. reproach에는 '꾸중하다, 비난하다'라는 뜻뿐이라서 그 의미만 익히면 되기 때문이다.

영어 단어, 특히 동사는 절대로 'get = ~을 얻다'와 같이 한국어와 영어를 일대일로 대입해서는 안 된다. 이런 학습 방식은 반쪽짜리 영어로 가는 지름길이다. 영어다운 영어에 가까워지기 위해서는 동사의 여러 의미와 활용에 익숙해져야 한다.

■ 기본 동사의 여러 가지 뜻을 100% 활용하자

get을 '~을 얻다'라고만 알고 있다면 실제로는 이 단어를 모르는 것이나 마찬가지다. 한국어 사전에서 '얻다'라는 동사를 찾아보자. 여러 용례가 나와 있지만 기본적으로 무엇을 '받아 가지다'라는 의미에서 크게 벗어나지 않는다. 그렇다면 영한사전에서 get을 찾아 보자. 그러면 get이 수십 개의 의미로 쓰인다는 것을 알 수 있다. 디즈니 영화 〈인어공주(The Little Mermaid)〉에 나온 대사로 get의 다양한 뜻을 알아보자.

① **Ursula**: The only way to get what you want is to become a human yourself.
네가 원하는 것을 얻을 수 있는 유일한 길은 네 자신이 인간이 되는 거야.

② **Sebastian**: I've gotta get to the sea king.
바다의 왕에게 가야 해요.

③ **Sebastian**: I'll take you home and get you something warm to drink.
당신을 집에 데려가서 따뜻한 마실 것을 갖다줄게요.

④ **Sebastian**: Will you get your head out of the clouds and back in the water where it belongs?
구름 밖으로 머리를 빼서 원래대로 바닷속에 넣으세요.

⑤ **Sebastian**: One day when the boss gets hungry, guess who's gonna be on the plate.
보스가 배가 고파지면 누가 접시 위에 오를지 맞혀 보세요.

⑥ **Sebastian**: Now, we've got to make a plan to get that boy to kiss you.
이제, 그 남자가 당신에게 키스를 하도록 만들 계획을 짜야 해요.

⑦ **Scuttle**: Look at ya! There's something different. Don't tell me. I got it. It's your hairdo, right?
가만 있어 봐! 뭔가 달라진 것 같은데. 가르쳐 주지 말아요. 알았다. 당신의 머리 스타일이죠, 그렇죠?

위 예문들만 봐도 get이 얼마나 다양한 의미로 쓰이고 있는지를 알 수 있다. get이 '~을 얻다'라는 뜻으로 쓰인 예문은 ①뿐이다. ②는 '움직이다, 가다', ③은 '~을 갖다 주다', ④는 '옮기다'이고, ⑤는 '~하게 되다', ⑥은 '~을 …하게 만들다', ⑦은 '이해하다'라는 뜻으로 쓰였다. 인어공주에 나오지 않은 get의 활용은 아래의 문장에서 확인해 보자.

⑧ I got it at a flea market.
난 그걸 벼룩시장에서 샀어요.

⑨ I'll get you for this!
이 일에 대해 꼭 복수할 거야!

⑩ You've got me.
모르겠어요.

⑧은 '~을 사다'라는 뜻이고, ⑨는 '~에게 복수하다, ~을 해치우다', ⑩은 '~을 난처하게 하다, 두 손 들게 하다'라는 뜻을 갖는다.

바로 여기에 영어를 잘하기 위한 비밀이 숨어 있다. 원어민이 쓰는 영어는 이상한 속어나 숙어를 써서 따라 할 수 있는 게 아니다. 네이티브 영어의 핵심은 바로 기본 동사가 가진 여러 가지 뜻을 100% 활용하는 데 있다. 이 책에 수록된 동사의 활용을 보면서 기본 동사에 대한 감각을 키워 보자!

BREAK 기본 의미 ▶ 깨뜨리다, 깨지다

break ①
(구름이) **걷히다**

001_Ch01_n01_12

비구름이 걷히고 있어요.

직역 The rain clouds are going away.
네이티브 **The rain clouds are breaking (up).**

비구름이 '걷히다'는 영어로 나타내기 까다로운 표현이다. 직역 표현처럼 go away(가 버리다)라는 표현을 써도 말은 통한다. 그렇지만 영어다운 표현은 break(깨지다)라는 동사를 쓰는 것이다. 이때 break는 '몰려 있던 것이 깨져 없어지다'라는 의미를 갖는다.

예제 잠시 후 구름이 걷히고 해가 다시 나왔다.
After a while, the clouds **broke**, and the sun came out again.

break ②
(파업을) **끝내다, 중지시키다**

저희는 파업을 중지시키기 위한 대책을 강구하고 있습니다.

직역 We are discussing steps to end the strike.
네이티브 **We are discussing steps to break the strike.**

사용자 입장에서 노동자의 파업을 '중지시키다'라고 할 때 '끝내다'라는 뜻의 end를 써도 말이 되지만 좀 더 영어다운 맛을 내려면 break를 쓰자. 이때 break는 end의 의미를 갖고 있다. '대책'은 step, measure 또는 '방법'이라는 뜻으로 way를 쓸 수 있다.

예제 주지사는 파업을 중지시키기 위하여 주방위군 투입을 고려하고 있다.
The governor is considering the use of state troops to **break** the strike.

break ③
(여행 구간을) **나누다**

우리는 그 여행 코스를 세 구간으로 나눠 가기로 했다.

콩글리시 We decided to divide the traveling course into three sections.
직역 We decided to divide the trip into three parts.
네이티브 **We decided to break the trip into three legs.**

미국은 워낙 땅이 넓기 때문에 자동차를 타고 10시간 넘게 운전해서 목적지에 가는 경우가 흔하다. 이런 경우 쉬지 않고 운전하기는 힘들기 때문에 코스를 몇 개의 구간으로 나눠 중간에 휴식을 취하며 간다. 이런 '여행 코스'는 영어로 the trip(여행)이라고 한다. '나누다'는 divide지만 원어민들은 위 예문의 경우에 break(깨뜨리다)를 divide의 의미로 쓴다. '구간'은 section보다는 segment, 보다 일반적으로는 part라고 하는데, 여행의 '구간'은 leg라고 부른다.

예제 우리는 그 여행 코스를 이틀에 걸쳐서 갔다.
We **broke** the trip into two days.

break ④
(열이) **내리다**

열이 내리고 있는 것 같아.

콩글리시 I think the fever is coming down.

네이티브 **I think the fever is breaking.**

체온이 이상 수준으로 높아지는 '열'은 fever라고 한다. 열이 '내리다'라고 해서 영어에서도 come down(내려오다), fall(떨어지다) 같은 동사를 쓰면 엉터리 표현이 된다. 제대로 된 영어 감각을 갖고 있는 사람은 이런 상황에서 break(깨지다)라는 동사를 쓴다. 이때 break는 '갑자기 줄어들다, 중단되다'라는 뜻을 갖는다.

예제 그녀의 열이 어젯밤에 내렸다.
Her fever **broke** last night.

break ⑤
(법·규정을) **위반하다**

나는 규정을 위반한 것이 없었다.

직역 I didn't violate any rules.

네이티브 **I broke no rules.**

'위반하다'라는 한국어에 대응하는 영어 단어는 violate, contravene 등이 있다. 그런데 이 단어들은 문어체 글에 주로 등장하며 일반적으로 회화에서는 break를 '위반하다'의 의미로 사용한다.

예제 취재를 한다고 법을 위반할 수는 없다.
You can't **break** the law for a story.

break ⑥
(하던 일을) **잠시 쉬다**

점심 먹고 합시다.

콩글리시 Let's eat lunch and work again.

네이티브 **Let's break for lunch.**

'점심 먹고 하다'를 영어로 eat lunch and work again이라고 하면 완벽한 콩글리시다. 이런 상황처럼 일을 하다가 '잠시 중단하다'는 말은 동사 break(깨지다)를 써서 break for ~라고 표현한다.

예제 10시에 커피도 마실 겸 쉬도록 하겠습니다.
We'll **break for** coffee at 10.

break ⑦
(안 좋은 소식을) **전하다**

이렇게 안 좋은 소식을 그녀에게 어떻게 전해야 할지 모르겠어요.

직역 I don't know how to tell the bad news to her.

네이티브 **I'm at a loss how to break the news to her.**

어떤 소식을 '전하다'는 영어로 convey(전달하다), tell(말하다)과 같은 동사로 표현할 수 있다. 따라서 '~에게 안 좋은 소식을 전하다'는 tell bad news to ~가 된다. 그렇지만 원어민은 이런 경우 동사 break(깨다)를 써서 break the news to ~라고 표현한다. 이때 break는 나쁜 소식을 전할 때만 쓰는 동사이므로 news 앞에 굳이 bad를 붙이지 않는다. '(어떻게 해야 할지) 모르겠다'는 I don't know ~를 써도 되지만 '어찌할 바를 모르는'이라는 뜻의 at a loss도 함께 알아 두자.

예제 어제 그녀에게 그 (안 좋은) 소식을 전했어요.
I **broke** the news to her yesterday.

break ⑧
(날씨가) **풀리다**

추위가 곧 풀릴 겁니다.

직역 **The cold weather will end soon.**

네이티브 **The cold spell will break soon.**

'추위'는 cold weather(추운 날씨)라고 한다. 며칠씩 계속되는 추위는 '한파'라고 하고 영어에서도 cold wave 또는 cold spell이라고 한다. 추위가 '풀리다'는 end(끝나다)라고 해도 되지만 좀 밋밋한 느낌을 준다. 영어 맛을 제대로 내려면 여기에도 동사 break(깨지다)를 써 보자. 이때 break는 '안 좋은 날씨가 지속되는 것이 중지되다'라는 의미를 갖는다.

예제 날씨가 곧 좋아지기를 바랍시다.
Let's hope the weather will **break** soon.

break ⑨
(지폐를) **바꾸다**

100달러짜리를 바꿀 돈 있으세요?

콩글리시 **Do you have money to change a hundred-dollar bill?**

직역 **Do you have change for a hundred-dollar bill?**

네이티브 **Can you break a hundred-dollar bill?**

돈을 '바꾸다'라고 할 때 동사 change를 쓰면 콩글리시다. 굳이 change라는 단어를 써야 한다면 '잔돈'이라는 뜻의 명사로 써서 Do you have change for ~?(~을 바꿀 잔돈 있습니까?)라고 해야 한다. 원어민들은 잔돈으로 '바꾸다'라고 할 때 break(깨뜨리다)라는 동사를 쓴다. 한국어에 얼마짜리 지폐를 '헐다'라는 표현이 있는데 이것도 영어로는 break이다.

예제 100달러짜리를 바꿔 줄 만큼의 현금이 없습니다.
I don't have enough cash to **break** a hundred-dollar bill.

CALL 기본 의미 ▶ 부르다

call ①
(회의·사람을) **소집하다**

이사회가 9월 12일 오후 2시에 회의를 소집했다.

콩글리시 **The Board summoned a meeting for September 12, at 2 p.m.**

직역 **The Board convened a meeting for September 12, at 2 p.m.**

네이티브 **The Board has called a meeting for September 12, at 2 p.m.**

'소집하다'라는 뜻을 가진 영어 단어로 summon이 있기는 하지만 이것은 사람을 불러 모은다는 뜻으로, 회의를 소집한다는 말에 쓰면 안 된다. '회의를 소집한다'에 대응하는 영어 단어는 convene이다. 그런데 이렇게 어려운 단어를 몰라도 call이라는 기본 동사를 사용하면 같은 의미를 표현할 수 있다. 이때 call은 회의나 기자회견과 같은 집회뿐만 아니라 사람을 소집한다는 뜻으로도 쓸 수 있어 활용도가 넓다. 가령 '검찰이 가정부를 증인으로 소환하기로 했다'라는 말은 영어로 The prosecution has decided to call the maid as a witness.라고 한다.

예제 저는 다음 주에 기자회견을 할 것입니다.
I'm going to call[have] a press conference next week.

call ②
(파업·중지 등을)
요구하다, 명하다

철도 노조는 협상이 실패로 끝나자 파업을 선언했다.

직역 **The railway union announced a strike after negotiations had failed.**

네이티브 **The railway union called a strike after negotiations had failed.**

파업을 '선언하다'는 announce라는 동사를 써도 틀리지 않는다. 그렇지만 보통 call이라는 기본 동사를 써서 call a strike라고 한다. 이때 call은 '요구하다, 명하다'라는 의미로 노조가 조합원들에게 파업을 하도록 명했다는 말이 된다. 같은 의미로 call a halt to ~라고 하면 '~에 대하여 중지를 요구하다/명하다'라는 뜻이 된다. 위 예문의 '끝나자'는 끝난 다음이라는 뜻이므로 after를 쓴다.

예제 의장은 토론을 중지하도록 명했다.
The chairman called a halt to the debate.

call ③
(~을 …이라고)
평가하다, 여기다

많은 비평가들이 그 영화를 명작으로 평가했다.

직역 **Many critics evaluated the movie as a masterpiece.**

네이티브 **Many critics called the movie a masterpiece.**

무엇을 '평가하다'에 해당하는 영어 단어는 evaluate이다. 이 단어를 써서 'A를 B로 평가하다'라고 하려면 evaluate A as B라고 한다. 그런데 같은 의미를 call을 사용해서도 표현할 수 있다. 이때는 as 없이 call A B의 형태로 표현한다. 이때 call은 '부르다'가 아니라 '~으로 간주하다, 여기다, 평가하다'라는 뜻이다.

예제 뉴욕타임즈는 그 책을 '유머러스하면서도 감동적인 이야기'라고 평가했다.
The New York Times **called** the book a 'humorous and touching story.'

지금 나보고 거짓말쟁이라고 하는 거니?
Are you **calling** me a liar?

CARRY 기본 의미 ▶ 나르다

carry ① (~을) 갖고 있다 (1)

002_Ch01_n13_25

이 대출 상품의 금리는 7퍼센트이다.

직역 This loan's interest rate is 7 percent.
네이티브 **This loan carries a 7 percent interest rate.**

금융 기관의 '융자', '대출'은 loan, '금리'는 interest rate라고 한다. '금리가 ~퍼센트이다'라는 말은 한국어 그대로 interest rate를 주어로 해서 말해도 되지만, 영어식 표현법은 loan을 주어로 하고 carry라는 동사를 사용하는 것이다. 이때 carry는 '~을 갖고 있다, ~이 붙다'라는 뜻을 갖는다.

예제 이 주택 융자는 7퍼센트의 고정 금리 상품이다.
The mortgage **carries** a fixed rate of 7 percent.

• mortgage 융자(금) fixed 고정된

carry ② (~을) 갖고 있다 (2)

이 휴대전화의 품질보증 기간은 1년입니다.

직역 The quality guarantee period of this cell phone is one year.
네이티브 **This cell phone carries a one-year warranty against defects.**

'품질보증 기간'은 글자 그대로 영어로 바꾸면 quality guarantee period지만 원어민은 warranty라는 한 단어를 주로 사용한다. warranty 자체에 '기간'의 의미가 포함되어 있기 때문에 warranty period라고 할 필요가 없다. 한국어로는 '이 제품의 품질보증 기간이 1년이다'라고 말하지만 영어에서는 제품을 주어로 해서 '이 제품이 1년의 보증 기간을 갖고 있다', 즉 This cell phone has a one-year warranty.라고 말하는 것이 자연스럽다. 이때 have 대신에 '~을 갖고 있다'는 의미로 carry를 써도 된다.

예제 이 제품에는 30일 환불 보장이 제공됩니다.
This product **carries** a 30-day money back guarantee.

그 제품에는 임산부에 대한 경고 라벨이 붙어 있다.
The product **carries** a warning label for pregnant women.

carry ③
(범죄가 ~한 형벌을)
수반하다

보험 사기는 최고 5년 형에 처할 수 있다.

직역 Insurance fraud is punishable by an imprisonment of maximum 5 years.

네이티브 **Insurance fraud carries a penalty of up to 5 years in prison.**

어떤 범죄는 '~ 형에 처할 수 있다'라는 말은 영어로 punish(처벌하다)라는 동사를 써서 can be punished with ~(~으로 처벌될 수 있다)라고 수동태로 쓰거나 punishable(처벌 가능한)이라는 형용사를 써서 is punishable by ~(~으로 처벌될 수 있다)라고 할 수 있다. 이것은 한국어에 가깝게 표현한 것이고 좀 더 영어다운 표현은 carry(나르다)를 써서 carry a penalty of ~(~의 형벌을 수반하다)라고 하는 것이다. 여기서 carry는 '~한 결과를 수반하다'라는 뜻을 갖는다. '5년 형'도 imprisonment(투옥, 금고)와 같은 어려운 단어를 쓸 필요 없이 5 years in prison(감옥에서 5년)이라고 표현하는 것이 영어답다. '최고'는 maximum(최대한)이라는 형용사 대신 up to ~(~까지)라는 전치사구를 쓰면 간단하다.

예제 경범죄는 최고 1,000달러의 벌금이나 6개월의 징역에 처할 수 있다.
A misdemeanor **carries** a fine of up to 1,000 dollars or 6 months in prison.

carry ④
(전쟁·선거에서)
승리하다

트럼프는 2016년 선거에서 중서부 네 개주 모두에서 승리했다.

직역 Trump won all four Midwestern states in the 2016 election.

네이티브 **Trump carried all four Midwestern states in the 2016 election.**

선거에서 '이기다'라는 한국어에 해당하는 영어 동사는 win이다. 그래서 '어떤 주에서 이겼다'고 할 때도 win ~과 같이 표현할 수 있다. 그러나 위 예문의 경우 대부분의 미국인들은 win 대신 carry(나르다)라는 동사를 쓴다. 이 경우 carry는 선거에서 '이기다, 승리하다'라는 뜻을 나타낸다. '중서부 4개 주'는 영어식으로 '4개의 중서부 주'로 생각하면 된다.

예제 그는 상당한 표 차로 선거에서 승리했다.
He **carried** the election by a large majority.

• majority 과반수, 대다수

carry ⑤
(신문·방송이 뉴스를)
싣다, 방송하다

다락일보에는 월요일까지 그 뉴스가 실리지 않았다.

직역 The news was not reported in *the Darak Ilbo* until Monday.

네이티브 ***The Darak Ilbo* didn't carry the story until Monday.**

신문이나 방송에서 어떤 뉴스를 '싣지 않다' 또는 '방송하지 않다'라고 할 때 한국어처럼 news를 주어로 해서 The news was not reported(그 뉴스는 보도되지 않았다)라고 할 수 있다. 다만 원어민들은 이럴 때 주로 신문이나 방송을 주어로 해서 the story(기사, 보도)를 carry하지 않았다고 표현한다. 여기서는 carry가 '(방송에) 싣다'라는 뜻으로 해석된다.

예제 CNN은 이 뉴스를 보도하지 않았다.
CNN did not **carry** this story.

carry ⑥
(아이를) **임신하고 있다**

나는 둘째 아들을 임신했을 때 체중이 10kg 늘었어요.

직역 **When I was pregnant with my second son, my weight increased 10kg.**

네이티브 **When I was carrying my second son, I put on 10kg.**

'임신 중이다'는 보통 영어로 be pregnant라고 하고 '~을 임신 중이다'는 뒤에 전치사 with ~를 붙인다. 그런데 이렇게 복잡한 말을 carry라는 동사 하나로 표현할 수도 있다. '살이 찌다'는 weight이나 increase와 같은 단어를 쓰지 않고도 put on ~으로 간단하게 말할 수 있다.

예제 그녀는 두 번이나 쌍둥이를 임신했다.
She **carried** twins twice.

CATCH 기본 의미 ▶ 붙잡다

catch ①
(감기 등의 전염병에)
걸리다

감기에 걸린 것 같아요.

콩글리시 **I think I took a cold.**

네이티브 **I think I caught a cold.**

감기에 '걸리다'라고 할 때는 take(취하다)가 아니라 catch라는 동사를 쓴다. catch(잡다)에는 병에 '걸리다'라는 뜻이 있기 때문이다. 그런데 catch는 병균으로 전염되는 병에 걸렸을 때만 쓴다. 즉, cancer(암), diabetes(당뇨병) 같은 질병에는 쓸 수 없다.

예제 감기 같은 것에 걸리려나 봐요.
I think I'm **catching** a cold or something.

• or something 그런 것, 비슷한 것

catch ②
(못·문 등에 옷이)
걸리다

내 재킷이 차 문에 걸렸어.

직역 **My jacket got stuck in the car door.**

네이티브 **My jacket got caught in the car door.**

옷 같은 것이 못이나 문에 '걸리다'라고 할 때는 catch라는 동사를 써서 get caught(붙잡히다)이라고 표현한다. get stuck이라고 해도 뜻이 안 통하는 것은 아니지만 stuck은 어디에 끼어서 안 빠지는 상태를 의미한다. 따라서 순간적으로 뭔가에 걸리는 경우에는 get caught이라고 해야 한다.

예제 내 바지가 못에 걸렸어.
My pants got **caught** on a nail.

catch ③
(~을) **듣다**

죄송하지만 성함을 듣지 못했는데요.

콩글리시 **I'm sorry I didn't hear your name.**

네이티브 **I'm sorry I didn't catch your name.**

어떤 사람의 '이름을 듣다'에서 '듣다'를 hear(듣다)라고 하면 완전 콩글리시가 된다. hear는 가만히 있어도 어떤 소리가 귀에 와서 들리는 상황에서 쓴다. 의식적으로 들어서 인식해야 하는 경우에는 catch를 쓴다.

예제 죄송합니다만 마지막 질문을 못 들었습니다.
I'm sorry I didn't **catch** your last question.

catch ④
(~가 …하는 것을) **보다**

나는 그녀가 휴지로 눈가를 훔치는 것을 봤어.

직역 **I saw her dabbing her eyes with a tissue.**

네이티브 **I caught her dabbing her eyes with a tissue.**

'~가 …하는 것을 보다'를 영어로 하면 see ~ -ing가 된다. 그런데 일부러 보려고 본 것이 아니라 우연히 또는 갑자기 목격하게 된 장면을 설명할 때는 see보다 catch를 사용한다. 보통 '잡다' 정도로 알고 있는 catch를 이렇게 '보다'의 뜻으로도 사용하는 것이 바로 본바닥 영어 표현이다. '가볍게 누르거나 닦다'는 dab이라고 한다.

예제 나는 그녀가 어느 날 밤늦게 몰래 밖으로 나가는 것을 봤어.
I **caught** her sneaking out late one night.

catch ⑤
(불이) **붙다**

이 성냥은 불이 붙지 않는다.

콩글리시 **Fire doesn't stick to this match.**

네이티브 **This match won't catch (fire).**

stick to ~는 끈적이는 것에 '붙다'라는 뜻이므로 불이 붙는다는 말에 쓰면 안 된다. 이때는 catch를 써서 catch fire(불을 붙잡다)라고 표현한다. fire가 주어인 경우에는 catch만 써서 The fire won't catch.라고 한다. '불이 붙지 않는다'와 같이 아무리 노력해도 안 되는 경우에는 doesn't가 아니라 won't라고 표현하는 것도 잊지 말자.

예제 장작이 물에 젖어 불이 붙지 않았다.
The firewood was damp, so it wouldn't **catch** fire. • damp 축축한

catch ⑥
(잠을 잠깐) **자다**

비행기에서 잠깐 눈 좀 붙이려고 합니다.

콩글리시 **I'm going to take a nap on the plane.**

네이티브 **I'll try to catch some sleep on the plane.**

한국어에 '잠깐 눈 좀 붙이다'라는 표현이 있는데 이를 take a nap(낮잠을 자다)이라고 해도 되지만 정확한 표현은 아니다. 잠이 필요한 상황에서 잠을 '자다'는 take보다 catch라는 동사를 써서 catch a nap이라고 하거나 catch some sleep(약간의 잠을 잡다 = 자다)이라

고 표현한다. '눈 좀 붙이다'라는 뜻의 관용 표현으로는 catch some Z's라는 것도 있는데 여기서 Z는 영어에서 잠잘 때 숨 쉬는 소리를 나타낸다.

예제 내일 시험 보기 전에 눈 좀 붙일 시간이 있으면 좋겠어요.
I hope I'll have time to **catch** some sleep before tomorrow's exam.

catch ⑦
(탈것을) **타다**

2번 터미널 건물 바로 밖에서 그 버스를 탈 수 있습니다.

콩글리시 **You can get on the bus right outside the Terminal 2 building.**

직역 **You can take the bus right outside the Terminal 2 building.**

네이티브 **You can catch the bus right outside the Terminal 2 building.**

탈것을 '타다'라는 한국어는 상황에 따라 영어로 다양하게 표현된다. 예를 들어 get on the bus는 버스를 타는 '동작'을 묘사하는 말이고, 그 외에 일반적으로 '타다'라고 할 때는 take the bus라고 한다. 그런데 예문에서처럼 어디를 찾아가서 타거나 시간에 맞춰 가서 타야 하는 등 어떤 노력을 들여 뭔가를 타는 경우에는 catch라는 동사를 쓰는 것이 정답이다. 즉, '잡아 탄다'는 의미로 해석하면 된다.

예제 나는 가까스로 로마로 가는 버스를 탔다.
I managed to **catch** the bus to Rome.

• manage to 간신히 ~하다

CUT 기본 의미 ▶ 자르다

cut ①
(행동이나 말을)
그만두다

003_Ch01_n26_37

말도 안 되는 소리 그만해!

직역 **Stop that nonsense!**

네이티브 **Please cut that nonsense!**

무엇을 '그만하라'고 할 때 Stop ~.이라고 해도 틀린 표현은 아니다. 그런데 구어의 경우 원어민들은 흔히 stop 대신에 cut을 써서 Cut ~ (out).이라고 표현한다. 한국어로는 '집어치워라'정도에 해당한다. 영화에 Cut that crap!이라는 표현이 자주 등장하는데 crap은 대변이라는 뜻으로 '허튼소리'를 나타내는 속어이다. 즉, Cut that nonsense.와 같은 뜻이다.

예제 (떠들며 장난치는 아이를 보고) 그만해라!
Cut that out!

cut ②
(자동차 시동을) **끄다**

나는 시동을 끄고 차에서 내렸다.

직역 I turned off the engine and got out of the car.

네이티브 **I cut the engine and got out of the car.**

시동을 '끄다'는 가전제품을 '끄다'라고 할 때처럼 turn ~ off라는 동사구를 써도 된다. 그런데 cut(자르다)이라는 동사도 엔진을 '끄다'라는 뜻으로 사용할 수 있다. 참고로 차에서 '내리다'는 get out of (a car)라고 하지만 버스, 비행기, 지하철 같이 거대한 운송 수단의 경우에는 get off (a bus, an airplane, the subway)라고 한다.

예제 나는 시동을 끄고 열쇠를 주차 안내원에게 건넸다.
I **cut** the engine and handed the keys to the parking attendant.

cut ③
(수업을) **빼먹다**

고등학교 때 학교를 빼먹고 록 콘서트에 간 적이 있다.

콩글리시 One time in high school I omitted school to go to a rock concert.

네이티브 **Once when I was in high school, I cut school to go to a rock concert.**

학교나 수업을 '빼먹다'라는 말을 영어로 omit(생략하다)이라고 하면 안 된다. omit은 문서에서 어떤 내용을 생략한다는 뜻으로만 쓴다. 대신 cut(자르다)을 써서 cut school, cut class라고 한다. 참고로 '학교를 빼먹다', '땡땡이치다'라는 뜻의 관용 표현으로 play truant 또는 play hooky가 있다. '한때 ~한 적이 있다'고 할 때 '한때'는 one time이 아니라 once라고 한다.

예제 나는 더 이상 수업을 빼먹지 않는다.
I don't **cut** class anymore.

cut ④
유효하다, 효과가 있다

그것은 양면성이 있다.

직역 It has two sides to it.

네이티브 **It cuts both ways.**

have two sides to it은 '두 가지 측면이 있다'라는 뜻으로 '양면성'과는 다르다. '이럴 수도 있고 그 반대일 수도 있다'라는 뜻에서 '양면성이 있다'는 영어로 cut(자르다)이라는 동사를 써서 cut both ways(양 방향으로 자르다)라고 표현한다. cut both ways는 '유효하다'라는 뜻으로 양 방면으로 다 유효하다, 즉 두 가지 상반된 효과가 있다는 말이 된다.

예제 그렇지만 그 반대일 수도 있죠.
But it **cuts** the other **way** as well.

cut ⑤
(횟수·수량 등을) **줄이다**

아메리칸 항공은 중동으로 가는 항공편 수를 줄였다.

직역 **American Air reduced the number of flights to the Middle East.**

네이티브 **American Air cut flights to the Middle East.**

'항공편 수를 줄이다'는 그대로 영어로 직역해서 reduce the number of flights라고 해도 된다. 그러나 '줄이다'라는 의미로 cut(자르다)도 써 보자. 이때는 number를 넣을 필요 없이 cut flights라고 한다.

예제 우리는 예산을 10퍼센트 줄여야 합니다.
We have to cut the budget by 10 percent.

• budget 예산, 비용

DO 기본 의미 ▶ 하다

do ①
(~의 속도로)
가다, 운행하다

시속 40마일 지역에서 70마일로 운행하셨습니다.

직역 **You were going 70 miles an hour in a 40 mile zone.**

네이티브 **You were doing 70 miles an hour in a 40 mile zone.**

'시속 ~마일의 속도로 운행하다'는 동사 go(가다)를 써서 go ~ miles an hour라고 해도 무방하다. 그러나 보다 영어다운 표현은 do를 쓰는 것이다. '시속'은 miles an hour라고 하는데 이때 an hour는 '시간당'의 뜻이다. an 대신 per(~당)를 써서 miles per hour라고 하기도 하고 이를 줄여서 MPH라고도 부른다.

예제 시속 30마일 지역에서 60마일로 운행한 걸 아십니까?
Are you aware you were doing 60 miles an hour in a 30 mile zone?

do ②
(~를) **관광하다**

다음 날 우리는 파리를 관광했다.

직역 **Next day, we toured Paris.**

네이티브 **Next day, we did Paris.**

어떤 장소를 '관광하다'는 tour나 sightsee라는 동사를 써서 나타낼 수 있다. tour는 타동사로 뒤에 반드시 목적어가 있어야 하지만 sightsee는 자동사와 타동사로 둘 다 쓰이므로 You can sightsee on foot or by car.(도보나 차로 관광할 수 있다)와 같이 목적어 없이도 쓸 수 있다. 그런데 이런 표현을 몰라도 do로 같은 내용을 표현할 수 있다. 단, 이야기 맥락상 관광에 관한 이야기가 나온 상태에서 써야 한다. 그렇지 않고 갑자기 do를 '관광하다'의 의미로 쓰면 어색하거나 뜻이 안 통할 수 있다.

예제 우리는 3월에 몬트리올 관광을 했는데 매우 추웠다.
We did Montreal in March, and it was very cold.

do ③
닦다, 치우다

설거지는 내가 할게.

직역 I'll wash the dishes.

네이티브 **I'll do the dishes.**

'설거지하다'는 dishes(접시)를 닦는 것이니까 wash(씻다)라는 동사를 써도 뜻은 통하지만, 이건 원어민들이 쓰는 표현이 아니다. 이때는 동사 do(하다)를 '씻다'의 의미로 사용하는 것이 정확한 영어 표현이다.

예제 너는 거실을 치워, 나는 부엌을 치울게.
You **do** the living room, and I'll do the kitchen.

do ④
(머리를) **손질하다**

그녀는 머리를 만지고 있어요.

콩글리시 She's touching her hair.

네이티브 **She's doing her hair.**

touch에는 말 그대로 '손으로 만지다'라는 의미만 있다. 머리를 꾸미거나 손질한다는 의미로는 touch ~ up이라고 해야 한다. 단, touch up은 이미 세팅해 놓은 머리나 화장한 얼굴은 조금 손본다는 뜻으로만 쓴다. 일반적으로 머리를 손질한다는 뜻으로는 do 동사를 쓴다. 한국어에서도 미용실에서 '머리를 하다'라고 하는데 영어에서는 미용실에서뿐만 아니라 머리를 '매만지다, 손질하다, 치장하다'라는 말은 모두 do를 쓴다.

예제 제 머리도 저렇게 해 주실 수 있나요?
Can you **do** my hair like that?

그녀는 매일 머리 모양을 다르게 하는 것을 좋아해.
She likes **doing** her hair in a different way every day.

do ⑤
옥살이를 하다

그는 무장 강도 짓으로 5년간 옥살이를 했다.

직역 He spent five years in prison for armed robbery.

네이티브 **He did five years for armed robbery.**

'~년간 옥살이를 했다'를 풀어서 영어로 말하면 spend(~시간을 보내다)라는 동사를 써서 spent ~ years in prison이라고 할 수 있다. 이것도 틀린 건 아니지만 더 좋은 영어 표현은 do를 쓰는 것이다. 이때 in prison(감옥에서)이라는 말은 붙여도 되지만 보통 빼고 말한다.

예제 그는 방화로 6개월간 옥살이를 했다.
He **did** six months for arson.

• arson 방화

do ⑥
적당하다, 충분하다, 되다

이거면 되겠어?

직역 Will this serve the purpose?

네이티브 **Will this do?**

누군가가 자신이 가지고 있는 것보다 더 큰 드라이버(screwdriver)를 찾는다고 하자. '이거면 되겠어요?'를 영어로 하면 serve the purpose(목적에 부합하다)가 된다. 이 표현을 써도 틀리지는 않지만 문어체 표현이라 딱딱하게 들린다. 이럴 때는 do를 serve the purpose의 의미로 쓰는 게 자연스럽다.

예제 (신분증을 보자는 말에) 여권이면 되겠습니까?
Will my passport **do**?

do ⑦
(~을) **하고 싶다**

따끈한 레몬 차를 마셨으면 좋겠어.

직역 I wish I could have a hot lemon tea.

네이티브 **I could do with a hot lemon tea.**

'차를 마시다'는 drink a tea지만 drink는 마시는 '동작'을 나타내는 단어이기 때문에 일반적으로 먹거나 마시는 것은 have를 쓴다. 그런데 위 상황처럼 '~을 하고 싶다'라는 문맥이라면 I could do with ~처럼 do를 쓰는 것이 더 자연스럽다.

예제 따뜻한 물에 목욕이나 했으면 좋겠다.
I could **do** with a hot bath.

DROP 기본 의미 ▶ 떨어뜨리다, 떨어지다

drop ①
(~을) **그만두다**

004_Ch01_n38_50

그 이야기는 그만하고 다른 것에 대해 이야기하자.

직역 Let's stop talking about it and talk about something else.

네이티브 **Let's drop the subject and talk about something else.**

'~에 대한 이야기를 그만하다'를 그대로 영어로 바꾸면 stop talking about ~이다. 이것도 틀리지 않지만 같은 의미를 원어민들은 drop을 써서 drop the subject(그 주제를 떨어뜨리다)라고 표현한다. 이와 같이 drop은 하던 것을 '그만두다', '포기하다'라는 뜻으로도 쓰인다. 가령, 계획했던 프로젝트를 그만두는 것은 drop a project라고 하고 어떤 계획을 세웠다가 하지 않기로 하는 것은 drop an idea라고 표현할 수 있다.

예제 그 회사는 자금 부족으로 그 프로젝트를 그만두었다.
The company **dropped** the project for lack of funds. • lack of ~의 부족

우리는 돈이 너무 많이 들 것 같아서 그 계획을 포기했다.
We **dropped** the idea because we thought it would cost too much.

drop ②
(암시를) **주다**

그는 자신의 새 영화에 관해 힌트가 될 만한 말을 했다.

직역 **He gave us a hint about his new movie.**
네이티브 **He dropped a hint about his new movie.**

'힌트가 될 만한 말'은 영어로 그냥 hint라고 하면 되고, '힌트를 주다'는 give a hint라고 말해도 충분히 뜻은 통한다. 이런 상황에서 원어민들은 give 대신 drop(떨어뜨리다)을 쓰기도 한다. 이때 drop은 어떤 정보, 뉴스, 소식을 '전하다'라는 뜻을 갖는다.

예제 마크는 자기 회사의 신제품에 관해 몇 가지 힌트를 줬다.
Mark **dropped** a few hints about his company's new products.

drop ③
(연락을) **주다**

이메일로 연락 주세요.

직역 **Please contact me by email.**
네이티브 **Please drop me a line by email.**

'~에게 연락하다'는 영어로 contact라고 한다. 그런데 contact는 어떤 용무나 목적이 있어서 연락할 때 쓰는 단어이다. 그냥 안부나 소식을 묻기 위한 목적으로 '연락을 달라'고 할 때는 drop ~ a line이라는 표현을 쓴다. 이때 line은 '짧은 편지'라는 뜻으로 편지, 엽서, 이메일 같은 것을 뜻한다.

예제 제게 연락하는 것을 잊지 마세요.
Don't forget to **drop** me a line.

drop ④
(수강 신청을) **취소하다**

전 통계학 수강 신청을 취소했어요.

콩글리시 **I canceled my registration for Statistics.**
네이티브 **I dropped Statistics.**

어떤 과목의 '수강 신청을 취소하다'에서 '수강 신청'은 registration이라고 한다. 물론 '취소하다'라는 동사는 cancel이다. 그렇지만 이런 단어를 써서 한국어와 영어를 일대일로 변환하면 말은 통할지 모르지만 콩글리시를 벗어날 수 없다. 이런 상황에서 원어민들은 '취소하다'라는 의미로 동사 drop(떨어뜨리다)을 쓴다. 참고로 어떤 과목을 '추가 수강 신청하다'는 add(더하다)라는 동사를 써서 I'm going to add Biology.(생물학을 추가 신청할 거야.)와 같이 말한다.

예제 나는 사회학 수강 신청을 취소하고 대신에 스페인어를 추가 신청할 거야.
I'm going to **drop** Sociology and add Spanish instead.

FALL 기본 의미 ▶ 떨어지다

fall ①
(마법에) **걸리다,**
(마음이) **사로잡히다**

나는 그 민속 예술에 매료되었다.

직역 **I was fascinated by the native art.**
네이티브 **I fell under the spell of the native art.**

무엇에 '매료되다'는 영어로 fascinate, captivate, spellbind(매혹하다, 매료시키다) 같은 동사들을 수동태로 써서 be fascinated[captivated, spellbound] by ~처럼 표현할 수 있다. 이렇게 한국어를 직역한 영어 표현도 좋지만 fall(떨어지다)이라는 동사를 써서 fall under the spell of ~(~의 마법 아래로 떨어지다)라고도 할 수 있는데, 영어적 발상에서만 가능한 표현이다.

예제 그는 평온한 시골 생활에 매료되었다.
He **fell under the spell** of the peacefulness of country life.

fall ②
(~한 상태가) **되다**

그녀는 눕자마자 잠들었다.

직역 **She went to sleep as soon as she laid down.**
네이티브 **She fell asleep as soon as her head hit the pillow.**

'잠이 들다'라고 할 때 떠올리기 쉬운 go to sleep은 주로 잠자리에 잠을 자러 가는 상황을 설명할 때 쓴다. 대신에 잠이 드는 순간적 동작은 fall(떨어지다)이라는 동사 뒤에 '잠이 든'이라는 형용사 asleep을 붙여 표현한다. 이때 fall은 어떤 상태가 '되다'의 의미로 become과 유사하다. 또 '잠이 들다'는 fall into sleep(잠 속으로 떨어지다)이라고 할 수도 있다. 이렇게 전치사 into 뒤에 명사를 쓰면 He fell into deep sleep.(그는 깊은 잠에 빠졌다)과 같은 표현도 가능해진다. '눕자마자'에서 '눕다'는 lie down이라고 해도 되고, head hits the pillow(머리가 베개를 때리다 → 머리를 베개에 눕히다)라고 표현하면 더 생생하다.

예제 모두 할 말을 잃고 조용해졌다.
Everyone **fell** silent.
Everyone **fell** into silence.

fall ③
(국가·왕국이)
멸망하다, 함락되다

그 왕국은 훈족에 의해 441년에 함락되었다.

직역 **The kingdom was conquered by the Huns in 441.**
네이티브 **The kingdom fell to the Huns in 441.**

'~에 의해 함락되다'는 '정복되다'의 의미로 be conquered by ~라고 표현할 수 있다. 그런데 conquer라는 단어를 몰라도 fall이라는 기본 동사로 '함락되다'를 표현할 수 있다. fall to ~는 '~에게 넘어가다'라는 뜻인데 여기서 fall은 국가나 왕국이 '무너지다'라는 뜻을 갖고 있다.

예제 로마는 기원후 476년에 멸망하여 여러 왕국으로 나누어졌다.
Rome **fell** in 476 AD and was divided into several kingdoms.

fall ④
(국경일·생일·강세 등이 ~에)
오다, 해당하다

올해 독립기념일은 화요일이다.

직역 **This year, the Fourth of July is a Tuesday.**

네이티브 **This year, the Fourth of July falls on a Tuesday.**

미국의 독립기념일은 Independence Day라고 하지만 날짜로 7월 4일이기 때문에 보통 the Fourth of July라고 한다. 어떤 기념일이 '며칠 또는 어떤 요일이다'에서 '~이다'는 be동사를 써도 뜻은 통하지만 fall을 써서 fall on ~(~ 위에 떨어지다)이라고 표현하는 것이 더 영어답다. 이와 같이 fall은 어디에 '오다'라는 뜻으로도 쓰인다.

예제 강세는 두 번째 음절에 온다.
The accent **falls on** the second syllable.

fall ⑤
(~에) **적용을 받다**

이것은 노동법에 적용을 받는 문제이다.

직역 **This is a matter to which the Labor Act applies.**

네이티브 **This matter falls under the Labor Act.**

어떤 문제가 어떤 법이나 규정에 '적용받다'에 해당하는 영어 동사는 apply가 있다. apply to ~라고 하면 '~에 적용되다'로 The Labor Act applies to this matter.는 '노동법이 이 문제에 적용된다'가 된다. 이를 this matter를 주어로 해서 표현하려면 위의 〈직역식 표현〉처럼 관계대명사를 사용해야 하는 등 복잡해진다. 이런 상황에서 원어민들은 fall(떨어지다)이라는 동사를 써서 This matter falls under the Labor Act.(이 문제는 노동법 아래에 떨어진다.)라고 표현한다. 이때 fall under ~는 '~에 속하다, ~ 관할 사항이다, ~의 적용을 받는 문제이다'라는 뜻이다.

예제 이 문제는 연방 정부의 관할 사항이다.
This matter **falls under** federal jurisdiction.

• jurisdiction 관할권, 사법권

GET 기본 의미 ▶ 얻다

get ①
(~에) **가다, 오다**

그 법안이 상원에 제출되면[가면] 어떻게 처리될지 궁금합니다.

직역 **I'm curious how the bill will be treated when it is submitted to the Senate.**

네이티브 **I wonder what's going to happen to the bill when it gets to the Senate.**

법안을 '제출하다'는 영어로 submit을 쓰는 것은 맞다. '상원에 제출되다'는 수동태이므로 be submitted to the Senate라고 표현한다. 이 내용은 영어로 '법안이 상원으로 가다'라고도 표현할 수 있다. 이 경우 기본 동사 get을 써서 get to the Senate라고 한다. 이때 get은 어디로 '가다, 오다'라는 뜻을 나타내기 때문에 get to ~는 '~에 도달하다, 이르다'의 뜻이 된다. 가령, '직장에 몇 시까지 출근하니?'라는 질문은 직장에 도달하는 시간을 물어보는 말이므로 What time do you get to work?라고 한다. 또 다른 지역에서 온 사람에게 '언제 왔니?'라고 물어볼 때도 When did you come?이라고 하지 않고 When did you get in?이라고 한다. 즉, 타지에서 이 지역 안으로 들어왔다(get in)는 뜻이다.

예제 시장님이 도착하시는 대로 개회식을 시작하겠습니다.
We'll start the opening ceremony as soon as the mayor **gets** here.

get ②
(~을) 갖다 주다

오늘 저녁에 목록을 만들어서 내일 아침 일찍 갖다 드리겠습니다.

직역 **I'll make the list tonight and bring it to you early tomorrow morning.**

네이티브 **I'll work on the list tonight and get it to you first thing tomorrow morning.**

'A를 B에게 갖다주다'는 영어로 take[bring] A to B라고 한다. 상대방에게 가져가는 경우는 bring, 그 외의 다른 곳에 가져가는 경우는 take를 쓴다. 위 예문은 상대방에게 가져가는 것이므로 bring을 써서 bring the list to you라고 해야 한다. 그렇지만 대화에 없는 다른 사람, 가령 Helen에게 가져다주는 경우는 take the list to Helen이 된다. 동사 get에도 '누구에게 무엇을 가져다주다'라는 뜻이 있어 get A to B 또는 get B A 형태로 표현하는 것이 가능하다. 특히 get은 상대방에게 가져가는지 아닌지를 따질 필요가 없이 어느 경우에나 쓸 수 있기 때문에 bring과 take에 비하여 구어에서 많이 쓴다. '내일 아침 일찍'은 early tomorrow morning이 맞지만 '내일 그 일을 가장 먼저 처리하겠다'라는 뜻이라면 first thing tomorrow morning이라고 한다.

예제 수건 좀 갖다 줄래요?
Can you **get** me a towel?

get ③
(~하게) 만들다

우리가 국회에서 법안을 통과시키기 위해서는 15개의 찬성표가 더 필요합니다.

콩글리시 **We need 15 more yes votes to pass the bill through the National Assembly.**

네이티브 **We need 15 more votes to get the bill through the National Assembly.**

법안을 '국회에서 통과시키다'에서 '통과시키다'를 pass라고 하는 것은 맞다. 그러나 이 경우는 통과시키는 주체가 '국회', 즉 The National Assembly일 경우에만 유효하다. 위의 예문은 우리가 찬성표를 확보해서 '통과시키다'라는 뜻으로, 이 경우에는 get이라는 동사를 써서 get the bill through the National Assembly(법안이 국회를 통과하도록 만들다)라고 해야 한다. 이때 get은 무엇이 어떻게 되게 '만들다'라는 의미를 갖고 있다. 참고로 [get + 목적어 + 과거분사]의 형태로 써도 같은 의미를 전달한다. 가령, '계약서를 만들어 오도록 시키겠습니다'라는 말은 내가 계약서를 만드는(draw ~ up) 것이 아니라 '계약서(contract)가 다른 사람에 의해 작성되도록(drawn up) 만들겠다'라는 뜻이므로 I'll get the contract drawn up.이라고 해야 한다. [get + 사람 + to + 동사원형]은 '~로 하여금 …하도록 시키다[만들다]'라는 뜻으로, '비서를 시켜서 계약서를 작성토록 하겠다'는 I'll get my secretary to draw up the contract.라고 한다. '찬성표'는 yes vote라고 할 수 있지만 실제로는 yes가 필요 없다.

예제 한미 FTA가 미국 의회에서 조속히 비준될 수 있도록 최선을 다하겠습니다.
I'll do my best to **get** the Korea-U.S. FTA ratified by Congress as soon as possible.
I'll do my best to **get** Congress to ratify the Korea-U.S. FTA as soon as possible.

get ④
(~을) **이해하다**

서울 도심에 위치해 있다는 것 말고는 이 식당이 뭐가 그렇게 좋은지 잘 모르겠어.

콩글리시 **I don't know why this restaurant is so good except it is located in downtown Seoul.**

직역 **I don't understand what's so good about this restaurant, except that it is located in downtown Seoul.**

네이티브 **I don't get what is so great about this place other than its location in downtown Seoul.**

'~을 잘 모르겠다'라는 말이 어떤 상황을 '알고 있지 않다'의 뜻이라면 I don't know ~가 맞지만, 위 예의 경우처럼 '이해가 잘 안 간다'의 뜻일 때는 I don't understand ~라고 해야 한다. '~이 뭐가 그리 좋은지'는 why가 아니라 what을 써서 what is so great about ~이라고 하는 것이 정확하다. 여기서 '~을 이해하다'는 understand 대신 get을 써서 표현할 수도 있다. 이런 의미의 get은 구어에서 많이 쓰인다. 영화에서 흔히 I'm sorry I don't get it.이라는 대사가 나오는데 '미안한데 이해가 안 가'라는 뜻이다. '서울 도심에 위치해 있다'는 줄여서 its location in downtown Seoul(서울 도심의 위치)과 같이 간단히 표현할 수 있다.

예제 어제 그 영화를 봤는데 왜들 그렇게 난리인지 모르겠어.
I saw the movie yesterday, and I don't **get** what the fuss is all about.

난 그 농담이 이해가 안 가.
I don't **get** the joke.

내 말 오해하지 마세요.
Don't **get** me wrong.

GO 기본 의미 ▶ 가다

go ①
(말이) **결정권을 갖다**

005_Ch01_n51_63

그 사람의 말은 절대적이다.

콩글리시 **His words are absolute.**

네이티브 **Whatever he says goes.**

'누구의 말'이라고 할 때 words(말)라는 명사를 쓰기보다는 what he says(그가 말하는 것)와 같이 what ~으로 표현하는 것이 더 좋다. 누구의 말이 '절대적이다'라고 할 때는 absolute(절대적인)와 같은 형용사를 쓰면 이상하다. 이때 '절대적'이라는 말은 그런 '권위를 갖고 있다'라는 뜻으로, Whatever he says has final authority.(그가 말하는 것이 무엇이든 최종적 권한을 갖고 있다)라고 해야 말이 통한다. 그런데 이렇게 복잡한 말도 원어민은 go

하나로 표현한다. go에는 '결정권을 갖다', '최종 권한이 있다'라는 뜻이 있다.

예제 궁극적으로는 미국의 말이 결정권을 갖는다.
Ultimately, what the U.S. says **goes**. • ultimately 결국

go ②
(시력·청력 등이)
나빠지다, 약화되다

내 시력이 나빠지고 있어.
콩글리시 **My eyesight is becoming bad.**
네이티브 **My vision is going.**

'시력'은 eyesight 또는 vision이라고 한다. '나빠지다'를 말 그대로 become bad라고 해도 콩글리시지만 말은 통한다. 그렇지만 원어민들은 go(가다)를 써서 go bad라고 한다. 그런데 나이가 많이 들어 시력이 감퇴하는 경우에는 go만 써서 My vision is going.이라고 하며, 이때 go는 '(영구적으로) 쇠퇴하다'라는 뜻을 갖고 있다. 한국어에서 목이 쉬었다고 할 때 '목소리가 갔다'라고 하는데, 여기서 '갔다'가 영어의 go와 비슷하다.

예제 내 청력이 떨어지고 있어요.
My hearing is **going**.

go ③
(~하게) **되다**

흰머리가 나기 시작했어.
콩글리시 **White hair is showing in my head.**
네이티브 **My hair is going gray.**

'흰머리'는 white hair라고 하지 않고 gray hair(회색 머리)라고 한다. 그리고 '흰머리가 나다'를 show(나타나다)와 같은 동사를 써서 말하면 진짜 콩글리시가 된다. 같은 상황에서 원어민들은 my hair(내 머리)를 주어로 하고 go(가다)를 써서 go gray(회색으로 가다)라고 표현한다. 이때 [go + 형용사]는 '~하게 변하다'라는 의미를 나타낸다.

예제 당신 미쳐 가는 거예요?
Are you **going** crazy?
이 우유가 상한 것 같아요.
I think this milk is **going** bad.

go ④
(돈이 ~에)
쓰이다, 배정되다

저희 수입의 거의 절반이 아이들 양육비로 쓰입니다.
콩글리시 **Nearly half our income is spent as child care expenses.**
직역 **Nearly half our income is spent on child care.**
네이티브 **Nearly half our income goes for child care.**

수입이나 급여가 '~에 쓰이다'라고 할 때 '쓰이다'는 영어에서 spend(쓰다)를 수동태로 해서 be spent라고 표현할 수 있다. 그 뒤의 '양육비로'는 as child care expenses라고 하면 너무 직역이다. 동사 spend는 뒤에 전치사 on을 붙여서 spend ~ on ...(~을 …에 쓰다)으로 표현해야 옳다. 그런데 원어민들은 이 경우 spend 대신 go(가다)를 써서 go for ~(~을 위해 가다)라고 말한다. 이때 go는 '배정되다'라는 의미를 나타낸다.

예제 내 급여의 거의 30퍼센트가 집세로 나간다.
Nearly 30 percent of my salary **goes for** the rent.

go ⑤
(서로)
어울리다, 잘 맞다

적포도주는 생선 요리와는 잘 안 맞는다.
콩글리시 **Red wine doesn't match with fish dishes well.**
네이티브 **Red wine doesn't go well with fish.**

'~과 잘 어울리다'나 '잘 맞다'라고 하면 match라는 단어를 떠올리는 독자가 많을 것이다. 그런데 match는 주로 사람이나 옷이 서로 잘 맞는다는 의미로 쓰인다. 가령, '이 스카프는 내 신발과 잘 안 맞는다'는 This scarf doesn't match my shoes.라고 하면 되는데, 이때 match 뒤에 with ~를 쓰지 않도록 주의한다. 즉, 위 예문처럼 음식에는 match를 쓸 수 없다. 이럴 때는 go를 match의 의미로 쓴다. go well with ~(~와 잘 어울리다)는 음식뿐만 아니라 옷 등 모든 것에 쓸 수 있다.

예제 색깔이 서로 잘 안 맞는다.
The colors don't **go** together **well**.

go ⑥
(~에게도) **적용되다**

그건 다른 사람도 마찬가지야.
직역 **That's the same for everyone else, too.**
네이티브 **That goes for everyone else, too.**
The same goes for everyone else.

'~도 마찬가지다'를 한국어 그대로 직역해서 That's the same for ~라고 해도 괜찮다. 그렇지만 보다 영어다운 표현은 go(가다)를 써서 That goes for ~, too.(그건 ~에 대해서도 간다)라고 말하는 것이다. 이때 go는 '적용되다, 유효하다'라는 의미를 나타낸다. 덧붙여 The same is true for ~(같은 것이 ~에게도 사실이다)라는 표현도 괜찮다.

예제 그건 당신도 마찬가지예요.
That **goes for** you, too.

go ⑦
(일이)
진행되나, 벌어시다

인터뷰는 어땠어?
직역 **How was the interview?**
네이티브 **How did the interview go?**

인터뷰나 파티 등 상대방이 참석했던 행사가 '어땠냐?'라고 물어볼 때 be동사를 써서 How was ~?라고 해도 괜찮다. 다만 이런 상황에서 원어민들은 go(가다)라는 동사를 써서 How did ~ go?(~이 어떻게 갔나요?)라고 물어본다. 이때 go는 '진행되다, 벌어지다'라는 의미를 나타낸다.

예제 잘됐어.
It **went** well.

go ⑧
(속담이나 노래의 내용이)
~하다

속담에도 있듯이, 미꾸라지 한 마리가 물을 흐린다잖아.

콩글리시 As there is a proverb, one mudfish can make water dirty.

네이티브 **As the proverb goes, one bad apple can spoil the whole barrel.**

속담이나 격언을 인용하면서 '속담에도 있듯이'라고 할 때 '있다'를 there is ~로 직역하면 이상한 문장이 된다. 이때는 go(가다)를 쓰는 것이 제대로 된 영어 표현이다. 여기서 go는 말이나 노래 같은 것의 내용이 '~하다'라는 뜻을 갖는다. '미꾸라지 한 마리가 물을 흐린다'와 같은 속담은 영어로 그대로 옮기려 하지 말고 비슷한 뜻의 영어 속담을 찾는 것이 좋다. One bad apple can spoil the whole barrel.(썩은 사과 하나가 통 전체를 썩게 한다)이라는 서양 속담이 바로 그것이다.

예제 '역사는 반복된다'는 말이 있지요.
The saying **goes** that history repeats itself.
• saying 속담, 격언

HIT 기본 의미 ▶ 때리다, 부딪치다

hit ①
(도로·길로)
가다, 나서다

우리는 고속도로로 들어서기 전에 주유소에 들렀다.

콩글리시 We went to a gas station before we entered the highway.

네이티브 **We stopped at a gas station before we hit the highway.**

어디에 '들르다'는 visit(방문하다)이나 go to ~(~에 가다)를 쓰면 안 된다. 대신에 stop(멈추다)이라는 동사를 써서 stop at ~이라고 한다. 단, '고속도로에 들어서다'는 enter(들어가다)라는 동사를 써서 enter the highway라고 해도 틀리지 않는다. 그렇지만 이때 hit(때리다)라는 동사를 쓸 수 있다면 진짜 영어에 더 가까워진다. 이때 hit는 어떤 길이나 도로로 '가다, 나서다'라는 의미를 갖는다. 관용 표현으로 '자동차 여행을 출발하다'의 뜻으로 hit the road라는 것이 있는데 여기서 hit도 의미가 같다.

예제 아침 식사 후 우리는 카메라를 들고 거리로 나섰다.
After breakfast, we **hit** the streets with our cameras.

우리는 10시 30분에 산행길에 나섰다.
We **hit** the trail at 10:30.
• trail 산행길, 등산로

hit ②
(장소에) **가다**

우리는 오후에 미라지 호텔의 수영장에 갔다.

직역 In the afternoon, we went to the pool at the Mirage Hotel.

네이티브 **In the afternoon, we hit the pool at the Mirage Hotel.**

어떤 장소에 '가다'라고 할 때 보통 go to ~를 쓴다. 그런데 미국인들은 흔히 hit(때리다)를 go to ~의 대용으로 사용한다.

예제 그 후에 우리는 선물을 사러 쇼핑몰에 갔다.
After that, we **hit** the mall for some gifts.

hit ③
(액수가 ~에) **달하다**

우리의 매출액은 사업 첫해에 백만 달러를 기록했다.

직역 Our sales recorded one million dollars in the first year of business.

네이티브 **Our sales hit one million dollars in the first year of business.**

매출액 등의 숫자가 '~을 기록하다'는 영어에서도 record(기록하다)라는 동사를 써도 무방하다. 또는 reach(~에 이르다)라는 동사도 괜찮다. 그런데 원어민들은 hit(때리다)라는 동사를 record나 reach의 의미로도 사용한다. 이때 hit는 어떤 숫자나 목표점에 '도달하다'라는 의미를 나타낸다.

예제 다음 달이면 가입자가 백만 명 선을 돌파할 것으로 예상한다.
We expect to **hit** the one million subscriber mark next month.

hit ④
(~에) **등장[출현]하다**

새로운 프로세서는 가을에 출시됩니다.

직역 The new processor will appear on the market in the fall.

네이티브 **The new processor will hit the market in the fall.**

'출시되다'를 '시장에 나타나다'로 풀어서 영어로 바꾸면 직역 표현처럼 appear on the market이 된다. 이 표현도 틀린 것은 아니다. 그렇지만 appear on ~ 대신에 hit(때리다)를 사용하면 훨씬 더 영어다운 느낌이 난다. 이때 hit는 '~에 등장하다, 출현하다'라는 의미를 나타낸다. 비슷한 용례로 hit the headlines(헤드라인을 때리다)라고 하면 '(신문에) 대서특필되다'의 뜻이고, hit the stage라고 하면 '무대에 나타나다 → 공연을 갖다', hit the road(도로를 때리다)는 '순회공연을 시작하다'라는 뜻이다.

예제 그 앨범은 빌보드차트 1위에 올랐다.
The album **hit** the Billboard charts at No. 1.

hit ⑤
(생각이) **떠오르다**

그때 문득 생각이 떠올랐다.

콩글리시 Then, suddenly, an idea rose.

네이티브 **Then, an idea hit me.**

'문득 어떤 생각이 떠오르다'라는 말에서 '문득'은 suddenly(갑자기)라고 할 수 있다. 그런데 '떠오르다'를 rise(오르다)라는 동사를 써서 말하면 콩글리시가 된다. rise는 해나 달이 '뜨다'나 사람이 '일어나다'와 같은 의미로 쓰기 때문이다. 가장 쉽게는 I had an idea.라고 하면 된다. idea를 주어로 할 경우에는 An idea came to me.라고 할 수 있다. 그러나 '문득 떠올랐다'의 의미로는 좀 부족한 느낌이다. 좀 더 영어다운 표현으로는 An idea occurred to me.라고 할 수 있다. occur는 '발생하다, 일어나다'라는 뜻의 동사로, occur to ~는 '~에게 생각이 떠오르다'이다. 마지막으로 가장 간단하면서도 영어다운 표현은 hit(때리다)를 써서 An idea hit me.(아이디어가 나를 때렸다)라고 말하는 것이다. 이때 hit는 '~에게 문득 생각나다'라는 뜻이다. It hit me that ~이라고 하면 it이 that절의 내용을 일컫는 가주어가 되어 '~이라는 생각이 들었다'라는 문장이 된다.

예제 그때 문득 그를 다시 못 볼 것이라는 생각이 들었다.
Then, it **hit** me that I'd never see him again.

HOLD 기본 의미 ▶ 잡고 있다, 쥐고 있다

hold ①
버티다, 유지되다

006_Ch01_n64_69

이 헤어 스프레이를 사용하면 머리 모양이 하루 종일 유지돼.

직역 **If you use this hair spray, your hairstyle will be maintained all day.**

네이티브 **With this hair spray, your style will hold all day.**

아침에 세팅한 머리 모양이 계속 '유지된다'를 영어로 어떻게 표현할까? '유지하다'의 뜻으로 maintain, sustain이라는 동사가 있으므로 이를 활용해서 수동태로 be maintained[sustained]라고 하면 어떨까? 틀린 건 아니다. 그러나 제대로 맛이 나는 영어가 아니다. 이럴 때 원어민들은 hold라는 기본 동사를 사용하는데 hold는 자동사로 '버티다'라는 뜻이 있다. 스타일이 버텨 주니까 유지되는 셈이다.

예제 수리한 것이 얼마 정도 버텨 주었으면 좋겠는데.
I hope the repair will **hold** for some time.

불행히도 이 좋은 날씨가 며칠밖에 안 갈 것이다.
Unfortunately, this nice weather will **hold** for only a few days.

hold ②
(물품·방을)
빼놓다, 잡아 놓다

제 것으로 하나만 빼놓아 주시겠어요? 내일 사러 갈게요.

콩글리시 **Will you take one out for me? I'll go to buy it tomorrow.**

네이티브 **Will you hold one for me? I'll pick it up tomorrow.**

상점에 전화로 어떤 물건을 나중에 사러 갈 테니 하나만 빼놓아 달라고 부탁하는 경우가 있다. 이럴 때 하나 '빼놓다'라는 말을 take ~ out이라고 하면 안 된다. 이런 경우 원어민들은 hold를 써서 말한다. 이때 hold는 '팔지 않고 붙잡아 두다'라는 뜻이다. 같은 의미로 호텔에서 예약한 방을 다른 손님에게 주지 않고 예약 손님이 올 때까지 비워 두는 경우에도 hold라는 동사를 쓴다. '가다'는 일률적으로 go로 표현하면 틀릴 때가 있다. 위 예문처럼 대화의 상대방이 있는 곳으로 간다고 할 때는 go 대신 come을 써야 한다. 그리고 맡아 놓은 물건을 '사러' 간다고 할 때는 buy를 쓰면 매우 어색하게 들린다. 이럴 때는 pick ~ up이라는 구동사를 쓰는 것이 제격이다. 자세한 내용은 구동사 챕터를 참고하자.

예제 신용카드로 미리 결제하시면 도착하실 때까지 방을 예약해 드립니다.
With a credit card guarantee, we will **hold** your room until you arrive.

• guarantee 보장

hold ③
(건물이) **수용하다,**
(용기가) **담고 있다**

이 강당은 200명까지 수용할 수 있다.

콩글리시 Up to 200 people can enter the hall.
직역 The hall can accommodate as many as 200 people.
네이티브 **The hall can hold up to 200 people.**

장소의 크기를 말할 때 우리는 흔히 '~명까지 들어갈 수 있다'라고 한다. 이 말을 영어로 그대로 바꿔서 enter(들어가다)라는 동사를 써서 말하면 안 된다. 영어에서는 사람이 아니라 장소를 주어로 해서 '(장소가 ~명의 사람을) 수용할 수 있다'라고 말한다. 이런 뜻으로 쓸 수 있는 동사는 먼저 accommodate가 있다. 그런데 이보다 hold로 표현하는 것이 더 영어다운 맛이 난다. hold의 주어가 용기라면 해석은 '담고 있다'가 되지만 기본 의미는 같다. '~까지'는 up to ~나 as many as ~로 표현한다.

예제 이 주전자의 용량은 2리터이다.
This jug **holds** 2 liters.

• jug 주전자, 항아리

hold ④
(잠시)
중지하다, 하지 않다

앞으로 30분 동안 제게 전화를 연결하지 마세요.

콩글리시 Please don't connect my calls for the next half an hour.
네이티브 **Please hold my calls for the next half an hour.**

'전화를 연결하지 않다'를 do not connect calls라고 하면 콩글리시다. '전화를 연결하다'라는 뜻으로 connect가 쓰이기는 하지만 connect A with B(A를 B와 연결하다)의 형태로 써서 Can you connect me with the front desk?(프런트 데스크와 연결해 주시겠어요?)와 같이 표현해야 한다. '전화를 연결하지 않다'는 hold를 사용해서 hold my calls(나의 전화를 붙잡고 있다)라고 표현한다. 이때 hold는 무엇을 '잠시 보류하다', '중지하다', '하지 않다'라는 의미를 나타낸다.

예제 3주 동안 제 우편물 배달을 중단해 주세요.
Please **hold** my mail for three weeks.

잠깐만요!
Hold it!

(제 햄버거에) 양파는 넣지 마세요.
Please **hold** the onions (on my burger).

KEEP 기본 의미 ▶ 갖고 있다, 지키다

keep ①
(~한 상태로) **있다,**
(~한 상태를) **유지하다**

위기 상황에서는 침착함을 유지하는 것이 중요하다.

직역 **In a crisis, it is important to maintain composure.**

네이티브 **In a crisis, it is important to keep calm.**

'침착함을 유지하다'를 단어별로 영어로 옮기면 maintain composure가 된다. 이것은 영어에서도 매우 좋은 표현이다. 그런데 이렇게 어려운 단어를 사용하지 않고도 기본 동사 keep을 사용하여 같은 의미를 표현할 수 있다. 이때 keep ~은 '~한 상태로 계속 있다'라는 뜻으로, 뒤에 calm(침착한, 조용한)이라는 형용사를 붙이면 '침착한 상태로 있다'라는 말이 된다. keep 대신 stay를 써도 좋다. maintain composure 같은 표현은 영어 단어만 알고 있으면 누구나 생각해 낼 수 있는 것이기에 대단할 것이 없다. 그러나 기본 동사 keep이나 stay를 사용해서 표현하는 것은 한국어에 얽매이지 않는 원어민식 표현법을 익히지 않고는 불가능하다.

예제 조용히 하세요!
Keep quiet!

동물들은 어떻게 추운 날씨에 체온을 유지할까?
How do animals **keep** warm in cold weather?

keep ②
(~을) **지연시키다,**
늦게 만들다

왜 이렇게 늦게 왔어요?

콩글리시 **Why are you late like this?**

직역 **Why are you this late?**

네이티브 **What kept you so long?**

'늦다'는 be late로, '왜 이렇게 늦었냐?'는 Why are you late?가 된다. 이때 '이렇게'는 like this라고 하지 않고 late 앞에 this를 붙여서 this late라고 한다. this, that에는 '이렇게 ~', '그렇게 ~'라는 의미가 있다. 그런데 원어민들은 같은 질문을 why, late와 같은 단어를 쓰는 대신 기본 동사 keep으로 표현하기도 한다. 이때 keep ~은 '~을 지연시키다, 늦게 만들다'라는 뜻으로 사용된다. 따라서 why 대신 what을 써서 What kept you so long?(무엇이 너를 그렇게 오래 지연시켰냐?)이라고 표현한다. why 대신 what을 써서 '무엇이 ~했나?'라고 표현한 것이다. 예를 들어, '왜 그렇게 생각하세요?'는 What makes you think so?(무엇이 당신을 그렇게 생각하게 만듭니까?), '여기는 어쩐 일로 오셨어요?'는 What brought you here?(무엇이 당신을 여기로 데리고 왔습니까?)라고 한다.

예제 무엇 때문에 그가 이렇게 늦는 걸까?
What's **keeping** him so long?

저 때문에 늦지 말고 어서 가 보세요.
Don't let me **keep** you.

MAKE 기본 의미 ▶ 만들다

make ①
(거리를) **가다**

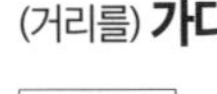

007_Ch01_n70_79

그날 우리는 8마일밖에 가지 못했다.

콩글리시 **We went only 8 miles that day.**

네이티브 **We made only 8 miles that day.**

산행, 자동차 여행 같은 것에서 '몇 마일을 가다'라고 할 때 go(가다)라는 동사를 쓰는 것은 뜻은 통할지 몰라도 콩글리시다. 이때 원어민들은 make(만들다)라는 동사를 써서 make ~ miles라고 한다. go는 단순히 움직인다는 의미에서 '가다'인 데 반해, make는 어떤 거리를 '가다'라는 의미에서 쓴다. make 대신 cover라는 동사를 써도 좋다.

예제 우리는 2시간에 20마일을 갔다.
We **made** 20 miles in 2 hours.
We **covered** 20 miles in 2 hours.

make ②
(~이) **되다**

이건 제 아들에게 좋은 선물이 될 것 같아요.

직역 **I think this will be a nice gift for my son.**

네이티브 **I think this will make a nice gift for my son.**

무엇이 '좋은 선물이 되다'라는 말은 be a nice gift라고 한다. 그런데 make(만들다)라는 동사도 '~이 되다'의 뜻으로 쓸 수 있다. 비슷한 용례로 '그녀는 훌륭한 아내감이다'도 She'll make a good wife someday.(그녀는 언젠가 훌륭한 아내가 될 것이다)라고 할 수 있다. 또 원어민들은 This will make a nice addition to ~.(이것은 ~에 좋은 추가가 될 것이다)라는 식의 표현을 많이 쓴다. 가령 장난감 기차를 모으는 취미를 가진 사람이 어떤 기차를 보고 '이거 내 수집품(collection)에 포함시키면 좋겠는데'라는 말을 한다면 This will make a nice addition to my collection.이 된다. 옷을 고르면서 This will make a nice addition to my wardrobe.라고 하면 '이 옷이 내가 갖고 있는 옷(wardrobe)에 포함되면 좋겠다'라는 뜻이다. 또 make는 군대에서 '어떤 계급에 오르다'는 의미에서 '~이 되다'의 뜻으로도 쓰인다. 가령, '그는 2005년에 대위가 되었다'는 He made captain in 2005.라고 한다.

예제 그는 좋은 코치가 될 거라고 생각해.
I think he'll **make** an excellent coach.

두 사람은 잘 어울리는 커플이야.
The two **make** a great couple.

우리는 팀워크가 잘 맞아.
We **make** a great team.

make ③
(돈을) **벌다**

그는 주식 투자로 돈을 많이 벌었다.

직역 He earned a lot of money by investing in stocks.

네이티브 He **made** a lot of money in the stock market.

돈을 '벌다'라는 한국어에 해당하는 영어 동사는 earn(벌다)이다. 이와 더불어 make(만들다)도 돈을 '벌다'의 뜻으로 쓴다. 다만 income(수입)을 목적어로 둘 때는 earn income이라고 하지만 make income이라고는 하지 않는다. 비슷한 용례로 make a fortune이라고 하면 '큰돈을 벌다'라는 뜻이며 이때 fortune은 '큰돈, 재산'이라는 뜻이다. 또 make a quick buck(빠른 달러를 벌다; buck은 '달러'의 속어)은 '일확천금을 벌다'라는 표현이다. '주식 투자로'는 직역해서 through stock investment(주식 투자를 통해) 또는 by investing in stock(주식에 투자해서)이라고 해도 되지만 in the stock market(주식 시장에서)과 같이 돈을 번 사업이나 장소로 표현하는 것이 더 영어답다.

예제 그는 인터넷 사업으로 큰돈을 벌었다.
He **made** a fortune on the Internet.

make ④
(~의) **소재가 되다, 감이 되다**

그 나무는 장작용으로 좋다.

직역 The tree is good as firewood.

네이티브 The tree **makes** good firewood.

어떤 나무(tree 또는 wood)가 '땔감으로 좋다'라는 말을 그대로 영어로 하면 ~ is good as firewood가 된다. 그런데 같은 상황에서 원어민들은 be동사 대신 make(만들다)를 사용해서 ~ makes good firewood라고 한다. 이때 make는 '~ 용도나 목적에 적합하다'라는 의미를 나타낸다.

예제 열대 과일은 디저트로 좋다.
Tropical fruit **makes** a good dessert.

참나무는 튼튼한 가구 재질로 적합하다.
Oak **makes** strong furniture.

이 책은 읽을거리로 좋다.
This book **makes** good reading.

make ⑤
(문제·말썽을) **야기하다**

말썽 좀 그만 일으켜라!

직역 Stop causing trouble!

네이티브 Stop **making** trouble!

'말썽'은 trouble, 말썽을 '일으키다'는 곧 '야기하다'라는 뜻이므로 동사 cause(야기하다, 일으키다)를 써서 cause trouble이라고 할 수 있다. 그런데 make에도 cause의 의미가 있어서 일상적으로는 make trouble이라는 표현이 더 많이 쓰인다. make가 cause의 의미로 쓰인 다른 예들 중에는 make a noise(소음을 야기하다), make peace(평화를 야기하다 → 화해하다), make a difference(차이점을 유발하다) 같은 것들이 있다.

예제 그것은 큰 차이가 있지요.
That **makes** a big difference.

소리 좀 내지 마세요.
Stop **making** a noise.

make ⑥
(명단에) **오르다**

제 아들이 학교에서 우등생 명단에 올랐어요.

콩글리시 **My son climbed the excellent student list at school.**

직역 **My son got on the honor roll at school.**

네이티브 **My son made the honor roll at school.**

미국에서 '우등생'은 honor student라고 부르고, 학교에서 발표하는 '우등생 명단'은 honor roll이라고 한다. '우등생 명단에 오르다'에서 '오르다'를 climb(오르다)과 같은 동사를 써서 말하면 콩글리시가 된다. climb은 물리적으로 높은 장소에 오른다고 할 때만 쓰는 동사이다. 위의 예문에서처럼 어떤 명단에 '오르다'의 뜻으로는 get on ~이라는 구동사를 쓸 수 있다. get on the honor roll은 나름대로 많이 쓰이는 표현이다. 그렇지만 보다 일반적인 표현은 make를 활용한 make the honor roll이다. 이때 make는 '~한 명단에 오르다, ~에 들다'라는 뜻을 나타낸다.

예제 엘비스 노래 중에 몇 곡이 빌보드 100위 안에 들었는지 아세요?
Do you know how many Elvis songs **made** the Billboard Hot 100?

제 아이가 대학교 우등생 명단에 올랐어요.
My kid **made** the dean's list.

* dean's list 학장의 명단 → 우수 학생 명단

make ⑦
(~을) **완벽하게 해 주다**

그 밴드 덕분에 그날 밤이 매우 즐거웠다.

직역 **Thanks to the band, we enjoyed the night very much.**

네이티브 **The band really made the night for us.**

'~ 덕분에'는 thanks to ~, '~을 즐기다'는 enjoy ~이다. 이런 식으로 표현을 늘어 놓아 말을 해도 의미는 통한다. 그런데 원어민의 입장에서는 어딘가 어설프게 느낄 수 있다. 이런 경우 보통 원어민들은 기본 동사 make를 써서 The band made the night very special for us.(그 밴드가 그날 밤을 매우 특별한 것으로 만들었다.)라고 표현한다. 구어에서는 special 같은 형용사를 붙이지 않고 make만 써서 '~을 완벽하게 해 주다'라는 뜻을 표현한다.

예제 꽃 문직 때문에 드레스가 살아난다.
The flower broche really **makes** the dress.

* broche 문직(무늬가 도드라지게 짠 옷감)

make ⑧
(~에) **참석하다**

토요일 파티에 참석하지 못해서 미안해.

직역 I'm sorry I couldn't attend the party on Saturday.

네이티브 **I'm sorry I didn't make the party on Saturday.**

'참석하다'에 해당하는 영어 동사는 attend로, '~에 참석할 수 없었다'는 couldn't attend ~가 된다. 그런데 이런 경우 원어민들은 대부분 make(만들다)를 사용해서 didn't make ~라고 표현한다. 이때 make는 '~에 참석하다'라는 의미를 갖는데, 주로 사교 모임 같은 행사에 참석하지 못했다는 부정 표현이나 참석할 수 있느냐는 물음에 사용한다.

예제 회의에 올 수 있습니까?
Can you **make** the meeting?

make ⑨
(노력을) **하다**

넌 노력도 안 했잖아.

콩글리시 You didn't do any effort.

네이티브 **You didn't even make an effort.**

'노력'은 effort이다. '하다'는 영어로 do이지만 '노력하다'라고 할 때는 do an effort라고 하지 않고 make an effort라고 해야 한다. '~하려고 노력하다'는 make an effort to ~라고 표현한다. 영어에서는 이렇게 make가 어떤 동작이나 행위를 '하다'는 의미로 쓰인다. 가령, '실수하다'는 make a mistake, '연설하다'는 make a speech, '농담하다'는 make a joke, '시도하다'는 make an attempt라고 한다.

예제 전 영어를 배우려고 노력했습니다.
I **made** an effort to learn English.

make ⑩
(약속을) **하다**

전 그녀에게 약속했어요.

콩글리시 I gave her my promise.

네이티브 **I made her a promise.**

'약속하다'는 영어로 promise(약속하다)이니 '그녀에게 약속했다'는 I promised her.라고 할 수 있다. 간혹 promise를 '약속'이라는 명사로 쓸 경우 동사로 give를 쓰는 사람이 있는데 이는 콩글리시다. 이런 경우에는 기본 동사 make를 쓴다. 따라서 '~에게 약속하다'는 make a promise to ~ 또는 make ~ a promise라고 한다. 이때 make는 약속, 선서 같은 것을 '하다'라는 의미를 나타낸다. 가령, '맹세하다'는 make a pledge이다.

예제 난 술을 끊겠다고 아내에게 약속했다.
I **made** a promise to my wife that I'd quit drinking.
I **promised** my wife that I'd quit drinking.

PULL 기본 의미 ▶ 당기다

pull ①
(근육을) **다치다**

008_Ch01_n80_85

나 오늘 역기 운동을 하다가 어깨 근육을 다쳤어.

콩글리시 I hurt my shoulder muscle while doing weight exercise today.

네이티브 **I pulled a muscle in my shoulder while lifting weights today.**

일반적으로 '~을 다치다'는 hurt을 쓰는 것이 맞다. 가령, '무릎을 다쳤다'는 I hurt my knee.라고 한다. 그런데 근육을 '다치다'는 hurt을 쓰지 않고 pull을 써서 pull a muscle이라고 한다. 신체 한 부위에 있는 근육은 여러 개이기 때문에 일반적으로 지칭할 땐 muscles라고 복수로 표현하며, 근육을 다친 경우에는 여러 근육 중 하나에 이상이 생긴 경우가 많으므로 a muscle이라고 한다. pull의 기본 의미는 '당기다'인데 근육과 관련해서는 근육을 무리하게 당겨 손상시킨다는 의미가 된다. 축구 선수들이 많이 다치는 뒷다리 관절 근육(hamstring)이 다쳤을 때는 I pulled a hamstring.이라고 한다. '역기 운동'은 weight exercise가 아니라 weight-lifting이라고 하고 '역기 운동을 하다'는 뒤집어서 lift weights라고 한다.

예제 나 오늘 에어로빅 시간에 스트레칭하다 근육을 다쳤어.
I **pulled** a muscle, stretching in my aerobics class today.

pull ②
(차가) **움직이다, 가다**

주차장을 빠져나올 즈음엔 빗줄기가 더 굵어졌다.

콩글리시 As we came out of the parking lot, the rain got thicker.

네이티브 **As we pulled out of the parking lot, the rain started coming down harder.**

'~에서 나오다'는 영어로 come out of ~라고 해도 되지만 자동차의 경우에는 come을 쓰지 않고 pull을 사용해서 pull out of ~라고 한다. pull은 기본적으로 '~을 당기다'라는 뜻이지만 자동차가 '움직이다'의 뜻으로도 많이 쓰인다. 가령, pull up (to ~)은 자동차가 '(~의 앞에) 서다'라는 뜻이고, pull over는 특히 자동차를 '길가에 대다'라는 뜻으로 쓰인다. pull과 over 사이에 목적어를 쓰면 '~한 차를 도로변에 세우다'가 된다. 또 pull into ~는 자동차나 기차 같은 것이 '~로 들어가다'라는 뜻이 된다. 예를 들어, '기차가 정거장에 들어오자 ~'는 As the train pulled into the station ~이라고 표현한다. pull up의 경우는 달리는 말을 세울 때 고삐를 '위로 잡아당기는' 데서 유래되었다는 설이 있다. 위 예문의 '빗줄기가 굵어지다'라는 말에서 '굵다'는 thick이라고 하면 안 되고 heavy를 써서 the rain got heavier라고 한다. 또 '비가 세게 오다/내리다'는 한국어와 비슷하게 the rain is coming down hard라고 하는데, 이를 응용해서 the rain started coming down harder(비가 더 세게 내리기 시작했다)라고 해도 좋다.

예제 배달 트럭이 그 집 앞에 멈춰 섰다.
A delivery truck **pulled** up to the house.

경찰이 나에게 차를 도로변에 세우라고 손짓했다.
A policeman signaled me to **pull** over.

pull ③
(장난을) **치다**

(우리는) 오늘 영어 수업 시간에 선생님에게 장난을 쳤다.

콩글리시 **Today, in our English class, we did a play to our teacher.**

네이티브 **Today, my English class pulled a prank on our teacher.**

'~에게 장난치다'에서 '장난'은 play라고 하지 않고 prank라고 한다. '치다'를 말 그대로 hit이라고 하면 엉터리 표현이 되며, do라고 해도 틀리고 pull이라고 해야 한다. 여기서 pull은 무엇인가 '부정직하거나 못된 행위를 하다'라는 뜻을 갖고 있다. 이런 의미의 pull 뒤에 쓰이는 단어로는 prank 외에도 pull a trick on ~(~을 속이다), pull a joke on ~(~에게 장난치다, ~을 놀리다)과 같은 것이 있다. pull a stunt라고 하면 '깜짝 놀라게 하는 행위를 하다'라는 뜻이 된다. 또 pull a fast one on ~이라는 표현도 있는데 '~에게 사기치다, ~을 속이다'라는 뜻이다.

예제 나는 만우절에 사촌에게 장난을 쳤다.
I **pulled** a joke on my cousin on April Fools' Day.

다시는 그런 장난은 치지 마!
Don't **pull** a stunt like that again!

PUT 기본 의미 ▶ 놓다

put ①
(~에게) **질문하다**

질문 하나 하겠습니다.

직역 **Let me ask you a question.**

네이티브 **Let me put a question to you.**

'질문'은 question이고 '질문하다'라고 할 때 '하다'는 ask(물어보다)라는 동사를 써서 ask a question이라고 한다. '~에게 질문하다'는 ask a question to ~라고 하거나 사람을 간접 목적어로 동사 뒤에 넣어 ask ~ a question이라고 할 수 있다. 또는 put(놓다)이라는 동사를 ask의 의미로 사용해서 put a question to ~라고 표현할 수도 있다. 그런데 put은 주로 세미나, 토론회 같이 공식적인 모임에서 사용하고, 일반적인 대화에서는 ask를 쓴다.

예제 패널로 나오신 누구에게나 질문하실 수 있습니다.
You can **put** your question to anyone on the panel.

put ②
판단하다, 추정하다

나는 그녀의 나이를 16살 정도로 보았다.

콩글리시 **I saw her age as about 16.**

직역 **I estimated her age to be about 16.**

네이티브 **I put her at about 16.**

누구의 나이를 몇 살로 '보다'라고 할 때 '보다'를 see(보다)라는 동사를 써서 I saw her age as 16.이라고 하면 완전히 콩글리시다. see A as B는 'A를 B로 간주하다'라는 뜻으로, 이 문장은 '나는 그녀의 나이를 16살로 간주했다'가 된다. 이 경우 '보다'라는 말은 '추정하다'의 뜻이므로 이에 해당하는 영어 동사는 estimate이다. 따라서 I estimated her age to be 16.이라고 한다. 또한 원어민들은 put이라는 기본 동사를 estimate의 의미로 써서 I put her at 16.이라고도 한다.

예제 신문 보도는 사망자를 40명으로 추정했다.
Reports **put** the casualties at 40.
Reports **estimated** the casualties to be 40.

• casualty 사고로 인한 사망자

put ③
(말로) **표현하다**

내 생각을 어떻게 말로 표현해야 할지 모르겠어.

직역 **I don't know how to express my thoughts in words.**

네이티브 **I don't know how to put my thoughts in words.**

'표현하다'라는 한국어에 해당하는 영어 단어는 express이다. '말로'는 in words(단어 안에)라고 한다. 따라서 '내 생각(thought)을 말로 표현하다'는 express my thoughts in words가 된다. 이것도 틀린 문장은 아니다. 그런데 원어민들은 보통 put(놓다)이라는 동사를 써서 put my thoughts in words(내 생각을 말 안에 놓다)라고 한다. 이때 put은 '표현하다, 말하다'라는 의미다. 가령, 누가 어떤 말을 했을 때 그에 대한 반응으로 Nicely put!이라고 할 때가 있는데, 이 말은 That was nicely put.을 줄인 말로 여기서 put은 수동태로 '그것은 잘 표현되었다', 즉 '말은 참 잘했다', '말은 그럴싸하다'라는 뜻이다.

예제 이런 식으로 말씀드리죠.
Let me **put** it this way.

간단하게 말해서, 당신 의견에 동의하지 않습니다.
To **put** it simply, I don't agree with you.

그 정도 표현 가지고는 안 되죠. (더 심각하다는 뜻으로)
That's **putting** it mildly.

• mildly 가볍게

RUN 기본 의미 ▶ 달리다, 뛰다

run ①
(신문이 기사를) **게재하다,**
(방송 매체가) **방송하다**

009_Ch01_n86_99

어제 뉴욕타임즈에 10대 흡연에 관한 기사가 실렸다.

직역 **Yesterday, a story about teen smoking appeared in *the New York Times*.**

네이티브 **Yesterday, *the New York Times* ran a story about teen smoking.**

신문에 어떤 기사가 '실리다'라는 말은 신문에 '나왔다'는 뜻이므로 '나타나다'라는 뜻의 appear를 생각할 수 있다. appear를 써도 틀린 것은 아니고 어느 정도 말은 통한다. 다만 신문을 주어로 해서 신문이 기사를 run했다고 표현하면 더 영어 맛이 난다. 이때 run은 매체가 기사나 프로그램을 '게재하다, 방송하다'는 뜻이다.

예제 CNN은 4월 7일 목요일 오후 6시에 그 다큐멘터리를 방영할 것이다.
CNN will **run** the documentary film on Thursday, April 7, at 6 p.m.

run ②
(영화·연극 등이 ~시간 동안)
계속되다

그 영화의 상영 시간은 2시간이다.

콩글리시 **The play time of the movie is two hours.**

네이티브 **The movie runs two hours.**

'상영 시간'은 play time이라고 하지 않고 running time이라고 한다. 다만 영어에서는 '상영 시간'을 명사로 표현하지 않고 run을 동사로 써서 The movie runs ~라고 표현하는 것이 더 자연스럽다. 이때 run은 '일정 기간 동안 계속되다'라는 뜻을 나타낸다.

예제 그 연극 공연 시간은 100분이고 10분의 휴식 시간이 있다.
The play **runs** 100 minutes with a 10-minute intermission.

run ③
(선거에) **나서다**

상원의원 선거에 나오실 겁니까?

콩글리시 **Are you going to come out to the Senator election?**

네이티브 **Are you going to run for the Senate?**

선거에 '나오다'를 영어로 come out(밖으로 나오다)이라고 하면 완전히 콩글리시다. 또 participate in ~(~에 참가하다)을 쓰는 경우도 있는데 역시 틀린 표현이다. 원어민들은 이 경우에 run(뛰다)이라는 동사를 사용한다. 그리고 '상원의원 선거'를 그대로 영어로 옮기면 Senator election이지만 실제로는 run in the Senator election이 아니라 run for the Senate(상원을 위해 뛰다)라고 표현한다. 즉, run for ~ 뒤에 선거에 걸린 직책이나 기관명을 넣어 말한다. 따라서 '대통령 선거에 나서다'는 run for presidency라고 하고, '시장 선거에 나서다'는 run for mayor, '국회의원 선거에 나서다'는 run for the parliament라고 표현한다. 다만 '~년 선거에 나서다'라고 할 때는 run in ~이라고 한다.

예제 잭슨은 시장 선거에 출마하기로 결정했다.
Jackson decided to **run** for mayor.

2012년 선거에 나오실 겁니까?
Are you going to **run** in the 2012 election?

run ④
(광고를) **내다**

우리는 지난달에 여성 잡지 몇 곳에 광고를 냈다.

콩글리시 **We put out ads in several women's magazines last month.**

네이티브 **We ran ads in several women's magazines last month.**

'광고를 내다'에서 '내다'를 '내놓다'로 생각해서 영어로 put out이라고 하면 안 된다. put ~ out은 구동사로 '(제품을) 출시하다, 내놓다'의 뜻으로 쓰이는 표현이다. 올바른 표현은 동사 run을 쓰는 것이다. run에는 '(신문·잡지에 기사나 광고를) 내다'라는 의미가 있기 때문이다. take ~ out이라는 구동사도 '(광고를) 내다'의 뜻으로 쓰인다. 이를 활용하면 위의 예문은 We took out ads in several women's magazines last month.이다.

예제 시카고 타임즈는 오늘 '추한 미국인'이라는 제목의 논설을 실었다.
The Chicago Times today **ran** an editorial titled 'Ugly Americans'.

run ⑤
(비용이) **들다**

이 기기를 53달러를 주고 샀지만 돈이 하나도 아깝지 않다.

직역 **I bought this device for 53 dollars, but I don't grudge the money.**

네이티브 **The device ran me 53 dollars, but it's worth every penny.**

무엇을 얼마 주고 '사다'라고 하면 우리는 buy라는 영어 단어를 떠올린다. '사다' = buy라는 공식이 작용하는 셈이다. 그런데 영어 단어를 이런 식으로 외워서는 한국어에 영어 껍데기를 씌운 상태에서 평생 벗어날 수 없다. 나를 주어로 하지 않고 물건을 주어로 하면 '물건은 나에게 ~의 비용이 들게 한다'이고, 이는 영어로 cost ~로 표현하면 된다. 따라서 '이것을 53달러를 주고 샀다'는 This cost me 53 dollars.가 된다. cost는 원래 의미가 '~의 비용이 들다'인데 원어민들은 run도 cost처럼 사용한다. 즉, 위 영어 문장은 This ran me 53 dollars.라고 바꿀 수 있다. '돈이 하나도 안 아깝다'도 직역하려면 '아깝다'가 영어로 무엇인가 사전에서 찾을 것이고, 그 결과 grudge 같은 동사를 선택할 것이다. 그러나 grudge는 무엇을 '주는 것을 아까워하다'라는 뜻으로, 위와 같이 돈 낸 것을 아깝게 생각한다는 뜻으로는 쓸 수 없다. 따라서 한국어와 영어 단어를 일대일로 생각하는 습관을 버리고 그 대신 '돈이 하나도 아깝지 않다'라는 전체 의미를 나타내는 영어 표현을 찾아 써야 한다. 그러다 보면 It's worth every penny.라는 표현을 발견하게 된다. penny는 영국의 동전 단위로, 위의 문장은 곧 '모든 금액이 값어치가 있다(worth)'가 되어 '그만한 값어치를 하고도 남는다', '돈이 하나도 안 아깝다'라는 한국어 표현과 유사하다.

예제 나는 그 제품을 인터넷에서 구매했는데 배송비를 합쳐서 25달러가 들었다.
I bought the product online, and it **ran** me 25 dollars including shipping.

run ⑥
(신호등을)
무시하고 나가다

빨간 신호등을 위반해서 딱지를 떼었다.

콩글리시 **I got a ticket for violating the red light.**

네이티브 **I got a ticket for running the red light.**

violate가 '위반하다'라는 뜻인 것은 맞지만 '법'이나 '규정'을 위반한다는 뜻으로만 사용된다. '빨간 신호등'과 같이 표지판의 내용을 무시하고 운전을 한 경우에는 run을 사용하는 것이 맞다. 이 경우 run은 '~을 무시하고 나가다'라는 타동사의 의미를 나타낸다.

예제 저쪽에서 우선멈춤을 위반하셨습니다.
You **ran** the stop sign back there.

그 탈주범은 방어벽을 무시하고 돌진해 갔다.
The fugitive **ran** the roadblock.

• fugitive 도망자 roadblock 방어벽

run ⑦
(~한) **상태이다**

잉크가 얼마 안 남으면 LED 램프가 반짝인다.

직역 **The LED lamp flashes when there is little ink left.**

네이티브 **The LED lamp flashes when the ink runs low.**

'~하면'은 '~했을 때'로 바꿔 생각한다. '~이 얼마 안 남았다'라는 표현은 그대로 직역해서 There is little ~ left라고 해도 좋다. 그런데 정말 맛깔스런 영어 문장을 만들고 싶다면 동사 run 뒤에 형용사를 붙여서 '~한 상태가 되다'라는 의미로 써 보자. 어떤 상태를 향해 달려간다고 생각하면 된다. 정말 깔끔하면서도 감탄이 절로 나오는 영어 표현이다.

예제 그 강은 여름에는 말라버린다.
The river **runs** dry in the summer.
그 질병이 아프리카 전역에 만연하고 있다.
The disease is **running** rampant throughout Africa. • rampant 걷잡을 수 없는, 만연하는
존이 좀 늦어지네요.
John is **running** a little late.

run ⑧
(프로그램을) **실행하다**

너 이 데모 프로그램을 어떻게 돌리는지 알아?

콩글리시 Do you know how to operate this demo?

네이티브 **Do you know how to run this demo?**

컴퓨터 프로그램이나 소프트웨어를 '돌리다, 작동시키다'라는 말에 operate라는 동사를 쓰는 사람이 꽤 있다. 그런데 operate는 '기계 장치'를 운전하거나 작동시킨다는 의미로만 사용하는 동사이므로 컴퓨터 프로그램에 사용하는 것은 옳지 않다. 컴퓨터 프로그램을 '작동하다'에는 run을 쓴다. '달리다'로만 알고 있던 동사가 이런 용도로도 사용된다는 것을 기억해 두자.

예제 바이러스 검사 프로그램을 실행해 봤지만 별 이상이 없었다.
I **ran** a virus check, but nothing was found.

run ⑨
(행사가 어떤 기간 동안)
열리다

축제는 5월 1일부터 3일까지 열린다.

콩글리시 The festival opens from May 1st to the 3rd.

직역 The festival will take place from May 1st to the 3rd.
The festival will be held from May 1st to the 3rd.

네이티브 **The festival will run from May 1st to the 3rd.**

open은 문을 '열다'라고 할 때 쓰는 단어이므로 여기서는 꽝이다. 행사가 '열리다'라고 할 때는 take place라는 관용 표현이나 '(행사를) 개최하다'라는 뜻의 hold를 수동태로 써서 be held(개최되다, 열리다)라고 한다. 그렇지만 진짜 맛있는 영어는 동사 run을 '(행사나 상태가) 지속되다'라는 뜻으로 사용하는 것이다.

예제 전시회는 1월 27일까지 열린다.
The exhibition is **running** through January 27th.
그 연극은 6개월 동안 공연되었다.
The play **ran** for six months.
그 쇼는 얼마 동안 공연합니까?
How long will the show **run**?

run ⑩
(기업·상점 등을)
운영하다

그는 LA에서 한식당을 운영하고 있다.

직역 He operates a Korean restaurant in L.A.

네이티브 **He runs a Korean restaurant in L.A.**

회사나 식당 같은 사업체를 '운영하다'로 operate라는 동사를 쓸 수도 있지만 그다지 일반적이지는 않다. 그보다는 run이라는 동사를 사용해야 더 맛깔스런 영어 표현이 된다.

예제 전 호텔을 어떻게 운영하는지 전혀 아는 바가 없습니다.
I have no idea how to **run** a hotel.

나는 전에 사업체를 운영해 본 적이 없다.
I've never **run** a business before.

run ⑪
(버스·기차 등이 정기적으로)
운행하다

공항버스 막차는 몇 시에 있습니까?

직역 What time is the last airport bus?

네이티브 **How late do the airport buses run?**

여기에서는 run을 '운행하다'의 뜻으로 활용하는 것이 핵심이다. 그리고 What time(몇 시에) ~? 대신에 How late(얼마나 늦게) ~?를 사용해서 '얼마나 늦게 공항버스가 다닙니까?'라고 말하는 것이 원어민식 표현이다.

예제 공항과 취리히 중앙역 간에는 전철이 20분마다 있다.
Trains **run** between the airport and Zurich Main Station every 20 minutes.

run ⑫
(~을) **움직이다**

그녀는 손가락으로 머리를 빗었다.

직역 She combed her hair with her fingers.

네이티브 **She ran her fingers through her hair.**

위의 〈직역〉 표현처럼 한국어를 그대로 영어로 옮겨도 말은 된다. 문제는 아무도 그런 식의 표현을 쓰지 않는다는 점이다. 동사 run을 '~을 움직이다'의 뜻으로 써서 run her fingers through her hair, 즉 '그녀의 머리카락 속으로 손가락을 움직이다'라고 표현하는 것이 훨씬 영어답다.

예제 그는 신용카드를 단말기에 대고 긁었다.
He **ran** the card through the card reader.

run ⑬
(기계가) **작동하다**

이 디지털카메라는 AA건전지 2개로 작동한다.

직역 This digital camera uses two AA batteries.

네이티브 **This digital camera runs on two AA batteries.**

위 예문을 카메라가 건전지를 '사용한다'라고 치환해서 use라는 동사를 쓴 〈직역〉 표현도 간단하고 좋은 영어 표현이다. 여기에 영어만의 독특한 표현 방식을 소개하자면 run을 '작동하다'의 의미로 사용해서 run on two AA batteries라고 표현하는 것이 있다. 이때 전치사 on은 '~을 사용하여, ~을 에너지원으로 해서'라는 뜻으로 사용되었다.

예제 이 자동차는 연료로 물을 사용한다.
This car **runs** on water.

run ⑭
(물이 계속) **흐르다**

싱크대 물을 계속 틀어 놓으세요.

콩글리시 **Keep turning on the water in the sink.**

네이티브 **Keep the water running in the sink.**

'계속 ~하라'는 keep -ing를 쓰는 것이 맞다. 그리고 turn ~ on이라는 구동사가 '~을 켜다, 틀다'라는 뜻인 것도 맞다. 그렇지만 위의 〈콩글리시〉 표현은 물을 트는 동작을 계속 반복한다는 뜻이기 때문에 말이 안 된다. 이 경우는 '물이 계속 흐르게 하라'는 뜻으로, '~이 계속 …하게 하다'는 keep ~ -ing의 형태를 사용하고 동사 run을 '흐르다'의 뜻으로 활용해야 진짜 영어 맛이 나는 문장이 된다. 참고로 '자동차 엔진을 켜 놓으세요'라는 말도 Keep the engine running.이라고 한다.

예제 그 강은 시카고에서 세인트루이스까지 흐른다.
The river **runs** from Chicago to St. Louis.

나 콧물이 흘러.
My nose is **running**.

물을 계속 틀어 놓은 상태로 사용하지 마세요.
Don't leave the water **running**.

SEE 기본 의미 ▶ 보다

see ①
(~을 …으로)
간주하다, 여기다

010_Ch01_n100_112

나는 이것이 우리에게 절호의 기회라고 생각한다.

직역 **I think this is a golden opportunity for us.**

네이티브 **I see this as a golden opportunity for us.**

'A를 B라고 생각하다'에서 '생각하다'를 영어로 하면 think이다. 따라서 I think (that) A is B가 된다. 이렇게 말해도 틀리지는 않다. 그런데 see(보다)라는 동사를 사용하면 훨씬 본바닥 영어 냄새가 나는 문장을 만들 수 있다. see에는 '간주하다, 여기다'의 뜻이 있어서 see A as B라고 하면 'A를 B라고 여기다'가 된다. 또 부정문으로 I can't see A as B라고 하면 'A가 B라고는 상상이 안 간다, 믿을 수 없다'의 뜻이다. 가령, '그가 Tony의 아들이라고는 믿기지 않는다'는 I can't see him as Tony's son.이라고 한다.

예제 내가 생각하기에 이것은 중대한 실수이다.
I **see** this as a grave mistake.

그가 부사장이 된다는 것은 상상이 안 간다.
I can't **see** him as a VP.

• VP = vice president 부사장

see ②
만나다

내일 퇴근 후에 내 친구 마크를 만날 거야.

콩글리시 I'm meeting my friend, Mark tomorrow after work.
네이티브 I'm **seeing** my friend, Mark tomorrow after work.

'만나다'는 영어로 meet이지만 '보다'라는 뜻의 see도 '만나다'의 의미가 있다. 그런데 두 단어의 뜻에는 한 가지 중요한 차이가 있어서 주의해야 된다. meet은 어떤 사람을 처음 만날 때 쓰고, see는 이미 알고 있는 사람을 만날 때 쓴다. 가령, 어떤 사람을 처음 만났을 때 '만나서 반갑습니다'는 Nice to meet you.라고 해야 한다. 그런데 이런 상황에서 Nice to see you.라고 하는 경우가 많다. 반대로 이미 만났던 사람에게 '다시 만나서 반갑습니다'는 Nice to see you again.이 옳다. 그런데 이 경우에도 Nice to meet you again.이라고 말하는 경우가 많다. 위 경우도 이미 알고 있는 사람을 만나는 상황이므로 see를 써야 한다.

예제 나는 동창회에서 옛 친구들을 많이 만났다.
I **saw** many old friends at the reunion.

• reunion 재회, 재결합; 동창회

see ③
(연인으로 누군가와)
만나다, 사귀다

지금 만나는 남자 있어요?

콩글리시 Are you meeting any man now?
직역 Are you dating any man now?
네이티브 Are you **seeing** any man now?

연인으로 사귀는 것을 한국어로는 '만나다'라고 한다. 그렇다고 같은 뜻으로 영어에서도 meet(만나다)이라는 동사를 쓰면 엉터리 영어가 된다. 대신에 date라는 동사를 쓸 수 있다. 덧붙여 원어민들은 see(보다)도 '~와 사귀다'의 뜻으로 사용한다. 그리고 go out with ~(~와 밖에 나가다)라는 구동사도 역시 '사귀다'라는 표현이다. 즉, '사귀다'라는 말이 최소한 세 가지로 표현이 되는 셈이다.

예제 그 사람과 사귄 지 얼마나 됐니?
How long have you been **seeing** him?
How long have you been **going out with** him?

see ④
바래다 주다

제가 차 있는 곳까지 바래다 드리겠습니다.

콩글리시 I'll go with you to your car.
네이티브 I'll **see** you to your car.

상대방을 '바래다 주다'를 영어로 go with you(당신과 같이 가다)라고 하는 경우가 있다. 한국어에 '~까지 같이 가 주다'라는 말을 영어로 옮겨서 그런 것 같은데 이는 틀린 표현이다. 원어민들은 see(보다)를 '바래다 주다'라는 뜻의 동사로 쓴다. 따라서 '당신을 ~까지 바래다 주겠다'는 I'll see you to ~라고 한다. 단, '당신을 집까지 바래다 주겠다'는 전치사 to 없이 I'll see you home.이라고 한다. 이때 home은 명사가 아니라 부사로, 단어 안에 '집까지'라는 의미가 포함되어 있기 때문이다.

예제 문까지 바래다 드리죠.

I'll **see** you to the door.

제가 알아서 나가겠습니다. (배웅 나올 필요가 없다는 의미)

I'll **see** myself out.

see ⑤

(진찰을) 받다

병원에 가 보시는 게 나을 것 같아요.

직역 You'd better go to a hospital.

네이티브 **I think you should see a doctor.**

'병원에 가다'는 go to a hospital이다. 이렇게 말해도 뜻은 어느 정도 통한다. 그렇지만 대부분의 원어민들은 '의사의 진찰을 받으러 가다'를 see a doctor(의사를 보다)라고 한다. 이때 see는 '~의 치료(진찰)를 받다'라는 의미를 갖는다. 가령, '정신과 치료를 받다'를 그대로 직역하면 get psychiatric treatment가 된다. 그렇지만 see a psychiatrist(정신과 의사를 보다)라고 말하는 것이 영어다운 표현이다.

예제 그 문제 때문에 병원에 진찰을 받으러 갔었죠.

I went to **see** a doctor about it.

그녀는 정신과 치료를 받고 있다.

She's **seeing** a psychiatrist.

● see에는 '~와 사귀다'라는 뜻도 있기 때문에 상황에 따라 이 문장은 '정신과 의사와 사귀고 있다'라는 말이 될 수도 있다.

see ⑥

알아보다

모두 왔는지 내가 알아보고 올게.

콩글리시 I'll go and find if everyone came.

네이티브 **I'll go and see if everyone is here.**

'가서 알아보다'에서 '알아보다'는 영어로 find out이라고 해야 하므로 〈콩글리시〉 표현은 틀렸다. 그리고 '모두 왔다'가 한국어로 과거라고 해서 영어에서도 came(왔다)이라고 하면 안 된다. 영어에서 came은 지금과 상관없이 과거에 왔다는 뜻이기 때문이다. 영어에서는 이럴 때 come을 쓰지 않고 be(있다)를 써서 지금 와 있는 상태를 나타낸다. '알아보다'는 영어에서 흔히 see(보다)라는 동사를 써서 표현한다.

예제 저녁이 준비됐는지 알아봐라.

See if dinner is ready.

제가 무엇을 해 드릴 수 있는지 알아보겠습니다.

I'll **see** what I can do.

see ⑦
예견하다

나는 그 사람의 미래가 아주 유망하다고 생각한다.

직역 I think he has a very promising future.

네이티브 **I see a very promising future for him.**

'유망한'은 promising, '그의 미래가 유망하다'는 He has a promising future.(그는 유망한 장래를 갖고 있다)라고 한다. 앞에 I think만 붙이면 '그의 미래가 유망하다고 생각한다'라는 말이 된다. 그런데 같은 말을 see(보다)라는 동사를 써서 I see a promising future for him.(그에 대하여 유망한 미래를 본다)이라고도 할 수 있다. 이때 see는 '~을 예견하다'의 뜻을 나타낸다.

예제 그 회사의 앞날이 순조롭지 않을 것 같다.
I **see** tough times ahead for the company.

● tough times 어려운 시기

see ⑧
이해하다

무슨 말씀인지 알겠습니다.

직역 I know what you're saying.

네이티브 **I see your point.**

'무슨 말씀인지'는 영어로 what you're saying(당신이 말하는 것)이라고 표현한다. '알다'는 영어로 know니까 '무슨 말인지 알겠다'는 I know what you're saying.이 된다. 이것도 좋은 표현이다. 그리고 여기서 '알다'는 '이해하다'의 뜻이므로 know를 understand로 바꿔 써도 된다. 또 동사 see(보다)에도 '(말을) 이해하다'라는 뜻이 있다. 따라서 I see what you're saying.이라고 해도 좋다. 또 what you're saying은 your point(당신의 요점)로 바꿔서 I see your point.라고 하기도 한다.

예제 이제 당신의 질문이 이해되는군요.
Now, I **see** your question.
당신이 왜 걱정하는지 이해됩니다.
I can **see** why you're worried.

see ⑨
(~하도록) **확실히 하다, 꼭 ~하다**

틀림없이 그분에게 선생님의 메시지를 전달하겠습니다.

직역 I'll deliver your message to him without fail.

네이티브 **I'll see that he gets your message.**

'꼭', '틀림없이'를 영어로는 without fail(실패 없이)이라고 할 수 있다. '전달하다'는 deliver이다. 그래서 이런 표현들을 조합해서 I'll deliver your message to him without fail.이라는 문장을 만들어 냈다면 어느 정도 영어를 하는 사람이라고 평할 수 있다. 다만, 이런 경우 원어민들은 십중팔구 see라는 동사를 써서 I'll see (to it) that ~이라고 말할 것이다. 이것은 '~하도록 내가 확실히 하겠다'라는 뜻이다. 비슷한 표현으로는 I'll make sure[certain] that ~이 있다.

예제 사무실에서 나가기 전에 모든 전등을 꼭 끄십시오.
Please **see** (to it) that all the lights are switched off before you leave the office.

STAND 기본 의미 ▶ 서 있다

stand ①
(~하게 될) **상황에 있다**

그 거래가 성사되지 않을 경우 그 회사는 큰 손실을 입게 될 상황이다.

콩글리시 The company is in a situation to suffer big losses if the deal fails.

네이티브 **The company stands to lose a lot of money if the deal falls through.**

'~할 상황이다'는 be in a situation to ~라고 하면 안 된다. 왜냐하면 이 표현의 진짜 의미는 '~할 입장이다'이기 때문이다. 옳게 표현하려면 to ~가 아니라 where를 써서 be in a situation where ~라고 해야 한다. 따라서 '돈을 많이 잃을 상황이다'는 be in a situation where it will lose a lot of money라고 해야 한다. 그런데 이렇게 복잡한 말을 stand라는 기본 동사 하나로 해결하는 것이 원어민 감각이다. stand to ~는 '~하게 될 상황에 처해 있다', 즉 '~하게 될 가능성이 크다'라는 뜻을 갖고 있다. 거래가 '성사되지 않다'는 fail(실패)이라는 동사를 써도 되지만 fall through라는 구동사를 사용하는 것이 좀 더 영어 감각에 맞는 표현이다.

예제 그 회사는 그 거래로 큰돈을 벌 가능성이 크다.
The company **stands** to make a fortune from the deal.

stand ②
(~한) **입장이다**

이 문제에 대해 당신은 어떤 입장인지 알고 싶습니다.

직역 I'd like to know your position on this issue.

네이티브 **I'd like to know where you stand on this issue.**

'입장'을 한영사전에서 찾아보면 position이라고 나와 있다. 그렇다면 '~의 입장'은 ~'s position이 된다. 이렇게 해도 틀린 말은 아니지만 '입장'을 stand라는 기본 동사를 사용해서 where ~ stands(~가 어디에 서 있는지)와 같이 표현하는 데 영어의 묘미가 있다.

예제 나는 그 법안을 지지하는 입장이다.
I **stand** in favor of the bill.

• in favor of ~을 찬성하는, 지지하는 (↔ against ~)

stand ③
(~한 상태에) **있다**

그 집은 수년째 비어 있다.

직역 The house has been empty for years.

네이티브 **The house has stood empty for years.**

'집이 비어 있다'는 말 그대로 The house is empty.라고 한다. 그런데 be동사 대신 stand를 써서 The house stands empty.라고도 표현할 수 있다. 이 경우 stand ~는 '~한 상태로 있다'라는 뜻이다. 영화를 보면 가끔 I stand corrected.라는 표현이 등장하는데, 여기서 stand도 이와 같은 의미로 직역하면 '나는 정정되어 있다'이며 '내가 틀렸음을 인정한다'라는 뜻이다.

예제 그의 사무실 문이 약간 열려 있었다.
The door of his office **stood** ajar.

• ajar 약간 열린

stand ④
참다

저 소음은 정말 참기 힘드네요!

직역 **I can't bear the noise!**

네이티브 **I can't stand the noise!**

무엇을 '참다, 견디다'와 일치하는 영어 동사는 bear이다. 그런데 보통 '서 있다'의 뜻으로만 알고 있는 동사 stand도 타동사로 쓰면 bear와 같은 뜻이 된다. 실제로 일반 대화에서는 bear보다 stand가 더 많이 쓰인다. 단, stand는 I can't stand ~(~을 참을 수 없다), I couldn't stand ~(~을 참을 수 없었다)와 같이 부정문으로만 쓰이니까 주의해야 한다. 또한 stand 외에 put up with ~라는 구동사도 bear와 같은 뜻으로 많이 쓰이므로 같이 익혀 두면 좋다.

예제 더위를 못 참겠습니다.
I can't **stand** the heat.

그 사람을 더 이상 못 봐주겠어요.
I can't **stand** him any longer.

CHAPTER 2

전치사는 이렇게 써야 제맛이 난다

전치사는 여러 가지 뜻으로 쓸 수 있다

영어와 한국어는 다른 점이 많아서 있는 그대로 해석하거나 이해하려고 하면 어색할 때가 많다. 전치사도 이런 경우에 속한다. 예를 들어 대부분의 영어 학습자들은 **on**은 '~ 위에', **in**은 '~ 안에', **into**는 '~ 속으로', **with**는 '~을 가지고'라고 간단하게 이해하는 편이다. 그러나 이렇게 전치사의 기본 의미만 알고 사용한다면 반쪽짜리 영어 수준을 뛰어넘을 수가 없다. 왜냐하면 영어에서 전치사는 한국어의 동사를 대체하는 등 그 쓰임새가 매우 다양하기 때문이다.

> I thought the movie was okay. But I'm not into mystery stories, so that's probably why I didn't enjoy it more.

위의 문장은 레오나르도 디카프리오가 주연한 영화 〈셔터 아일랜드(Shutter Island)〉를 본 한 미국 팬이 영화 동호회 사이트에 올린 감상평이다. 저 문장의 중간에 들어간 **into**가 무슨 뜻인지 의아해 하는 독자가 있을 것이다. **I'm not into mystery stories.**를 직역하면 '나는 미스터리 이야기 속으로 아니다'가 되는데 무슨 말인지 종잡을 수 없다. 여기서 전치사 **into**에 '~에 관심 있는'이라는 뜻이 있다는 것을 안다면 '나는 미스터리 이야기에는 관심이 없다'라고 해석할 수 있게 된다. 그래서 위 영화평의 전체 내용을 해석하면 '영화는 괜찮은 것 같았어요. 그렇지만 나는 미스터리물에는 관심이 없거든요. 아마도 그래서 이 영화를 좀 더 즐기지 못했나 봅니다'가 된다.

▌영어식 사고를 엿볼 수 있는 전치사 사용법

그렇다면 돈이 많은 남자와 결혼을 하려는 여자를 놓고 '저 여자는 당신의 돈을 노리고 있어요'라는 말을 영어로 하고 싶다면 뭐라고 해야 할까. '~을 노리다'를 한영사전에서 찾아보면 aim at(~을 겨냥하다), target (~을 목표로 하다)과 같은 동사가 나온다. 물론 이런 동사를 써서 She's targeting your money.라고 해도 뜻이 안 통하는 것은 아니다. 그러나 원어민이라면 십중팔구 She's after your money.라고 할 것이다. 즉, 전치사 after에는 '~ 뒤에, 후에'라는 뜻 말고도 '~을 노리는, 추구하는'의 뜻이 있으며, 원어민은 이 뜻을 일상적으로 사용하고 있다.

한 가지 예를 더 들어 보자. 서점에서 어떤 책을 찾고 있는데 제목이 생각나지 않아서 직원에게 도움을 청하면 혹시 저자가 누군지 아느냐는 질문을 받게 되는 경우가 있다. 이때 '그것은 누가 썼습니까?'라는 말을 영어로 Who wrote it?이라고만 알고 있었다면 Who is it by?라고 묻는 직원의 말에 당황하게 될지도 모른다. '쓰다'는 무조건 write라고 도식적으로 생각해서는 by라는 전치사 하나만으로도 '~에 의해 쓰인' 이라는 뜻을 표현할 수 있다는 것을 알 수 없기 때문이다.

여기서 중요한 것은 영어의 전치사가 한국어의 동사와 같은 역할을 한다는 것이다. into는 '~에 관심이 있다', '~을 즐기다', after는 '~을 노리다', '~을 쫓다', by는 '~가 쓴', '~가 저술한'과 같이 한국어에서는 동사로 표현되는 것이 영어에서는 간단하게 전치사로 표현된다는 점이다. 바로 여기에 영어다운 영어의 비밀이 숨어 있다. 즉, 한국어에서 동사로 표현되는 말을 영어에서 전치사로 표현할 수 있는 능력이 있느냐가 진짜 영어 맛이 나는 영어를 쓸 수 있느냐를 가르는 기준이 된다.

ABOVE 기본 의미 ▶ ~ 위에

above ①
(비난·책망을) **받지 않는**

011_Ch02_n01_13

종교 지도자는 남에게 책망받을 일을 하지 않아야 한다.

직역 **Religious leaders shouldn't do things they can be reproached for.**
Religious leaders shouldn't do reproachable things.

네이티브 **Religious leaders need to be above reproach.**

'책망하다'는 rebuke, reprove, reproach 같은 동사들이 있으니까 일단 이 단어들을 외워 두자. '책망받을 일'은 things (that/which) they can be reproached for라고 하거나 can be reproached(책망받을 수 있는)를 한 단어로 바꾸면 reproachable이므로 reproachable things라고 할 수 있다. 이 정도의 영어 표현만 생각해 내도 대단하다. 하지만 이제부터는 전치사 above를 사용해서 더 간단히 같은 내용을 표현해 보자. above를 써서 above reproach라고 하면 책망(reproach) 위에(above) 있으니까 '책망을 받지 않는', 그럴 정도로 '(도덕적, 윤리적으로) 완벽한'이라는 뜻이다.

예제 자본주의가 비난을 받지 않을 정도로 완벽하지는 않다.
Capitalism is not **above** criticism.

혐의에서 완전히 벗어난 사람은 아무도 없다.
No one is **above** suspicion.

above ②
(~을) **하고도 남는**

그는 아내에게 거짓말을 하고도 남을 사람이다.

직역 **He wouldn't hesitate to lie to his wife.**

네이티브 **He's not above lying to his wife.**

한국어에 '~을 하고도 남을 사람'이라는 표현이 있다. 이것을 영어로 옮기려면 매우 복잡하고 머리가 아프다. 우선 wouldn't hesitate to ~(~하는 것을 주저하지 않을 것이다)라는 표현을 생각해 볼 수 있다. '~하는 것을 주저 않을 사람'이니까 '~하고도 남을 사람'이라는 한국어와 의미가 비슷하다. 그런데 이는 영어를 웬만큼 잘하지 않으면 생각해 내기 힘든 표현이다. 이보다 더 영어다운 표현은 전치사 above를 써서 He's not above ~(그는 ~ 위에 있지 않다)라고 하는 것이다. 여기서 not above ~는 '~을 하지 않을 정도로 고상하거나 자존심이 세지 않은'이니 결국 '~을 하고도 남을'이라는 뜻을 나타낸다.

예제 그는 충분히 다른 사람들의 아이디어를 도용할 수 있는 사람이다.
He's **not above** stealing others' ideas.

그녀는 뇌물을 거절할 사람이 아니다.
She's **not above** bribery.

AFTER 기본 의미 ▶ ~ 뒤에, 후에

after ①
(~을) **뒤따라**

그 사람 뒤를 따라 달려 나갔지만 그는 보이지 않았다.

콩글리시 I ran out following him, but he wasn't seen.

네이티브 **I ran out after him, but he was out of sight.**

'~의 뒤를 따라 달려 나가다'라는 한국어에는 '~을 따라가다'와 '달려 나가다'라는 두 개의 동사 표현이 담겨 있다. 따라서 영어에서도 이 둘을 각각 follow ~, run out과 같이 동사를 써서 run out following ~처럼 표현하기 쉽다. 말은 되지만 원어민들은 아무도 이런 식으로 표현하지 않으므로 콩글리시 표현이다. 이때는 follow 대신 after ~라는 전치사를 써야 제대로 된 영어가 된다. 결국, 전치사 after가 한국어의 '따라가다'라는 동사의 역할을 하는 셈이다.

예제 나는 얼른 그 사람 뒤를 따라 대문까지 나갔다.
I hurried **after** him to the front door.

after ②
(~을) **본떠**

이 방은 퀸 메리호의 휴게실을 본떠 만들어졌다.

콩글리시 This room was made by copying a lounge on the Queen Mary boat.

네이티브 **This room is designed after a lounge on the Queen Mary boat.**

'~을 본떠 만들다'라는 한국어에는 '본뜨다'와 '만들다'라는 두 동사가 있다. 따라서 '본뜨다'에 해당하는 동사 copy와 '만들다'라는 뜻의 make를 떠올리고 이 둘을 어떻게든 조합해서 영어 문장을 만들려고 하기 쉽다. 그러나 그렇게 만든 문장은 잘못된 표현이다. 왜냐하면 제대로 된 영어에서는 '본뜨다'라는 말을 after라는 전치사로 표현하기 때문이다. 즉, 'A를 본떠 B를 만들다'는 영어로 design[fashion] B after A의 형태로 표현한다. 그러니까 전치사 after가 한국어에서 '본뜨다'라는 동사의 역할을 하고 있는 셈이다. 마찬가지로 'B의 이름을 따서 A의 이름을 짓다'라는 말도 name A after B라고 한다.

예제 신축 경기장은 로마의 콜로세움을 본떠 만들었다.
The new stadium is fashioned **after** the Colosseum in Rome.

그 다리의 이름은 그 지역 출신의 저명한 학자의 이름을 따서 지었다.
The bridge was named **after** a famous scholar from the region.

after ③

(계산에서 ~을) **빼고, 제외하고**

세금과 보험을 제외한 나의 실질 소득은 임금의 70~80퍼센트 수준이다.

직역 My real income excluding tax and insurance is about 70 to 80 percent of my wage.

네이티브 **My net income after tax and insurance is about 70 to 80 percent of my wage.**

'빼다' 또는 '제외하다'라는 뜻의 영어 동사로는 deduct(빼다, 공제하다), exclude(제외하다) 등이 있다. 이런 한국어와 영어 단어의 대응에 따라서 '세금을 제외한 수입'을 표현하면 my income excluding tax가 된다. 실제로 많은 영어 학습자들이 이런 식으로 영어를 생각한다. 문법적으로 틀린 곳이 없고 뜻도 통하지만 원어민들이 쓰는 영어는 아니다. 이 경우에는 exclude라는 동사 대신 전치사 after ~를 써서 표현하는 것이 제대로 된 영어이다. 즉, after가 '제외하다'라는 동사의 의미를 담고 있는 셈이다. 그러니 after = '~ 후에'와 같이 기계적으로 단어를 외운 사람들은 제대로 된 원어민식 표현법을 절대로 익힐 수 없다. 영어 단어는 제대로 된 영어 문장과 문맥 속에서 익혀야 하며, 가장 좋은 방법은 글을 많이 읽어 각종 상황에서의 의미와 용법이 몸에 자연스럽게 배어들도록 하는 것이다. '실질 소득'은 real income이지만 '순소득'이라는 뜻으로 net income이라고 해도 된다.

예제 경비를 제외하면 우리는 지난달에 5만 달러를 벌어들였다.
We earned 50,000 dollars last month **after** expenses.

after ④

(~하라고) **자꾸 권하는, 못살게 구는**

아내가 얼마 전부터 내게 계속해서 병원에 가 보라고 한다.

직역 My wife has kept telling me to go to the doctor for a while.

네이티브 **My wife has been after me to go to the doctor for a while.**

'~에게 계속해서 …하라고 하다'를 그대로 영어로 하면 keep telling ~ to ...가 된다. 이렇게 표현해도 말뜻은 어느 정도 통한다. 그렇지만 '재촉하거나 계속해서 압박을 가하다'의 느낌이 안 묻어난다. 이런 맛을 살려 주는 영어 표현은 전치사 after ~를 써서 be after ~ to ...라고 하는 것이다. 이때 after에는 '계속해서 권하는'이라는 의미가 담겨 있다. 어떤 사람을 뒤쫓아 다니며(after) 계속 무엇을 하라고 치근덕대는 장면을 연상하면 된다. '얼마 전부터 ~하다'라는 한국어 표현은 영어에서 for a while(한동안, 얼마 동안)이라고 하고, 과거부터 현재까지 해 온 것이니까 [have/has + 과거분사]인 현재완료시제로 표현한다.

예제 담당 의사가 계속해서 내게 체중을 줄이라고 한다.
My doctor has been **after** me to lose weight.

after ⑤

(~을) **쫓는, 노리는**

나는 그녀를 기삿거리를 찾아 다니는 기자 정도로 생각했다.

직역 I thought she was just a reporter looking for a story.

네이티브 **I thought she was just a reporter after a story.**

1990년 이라크에서 영국인 기자가 스파이 혐의로 처형되었는데 이 기자는 재판 과정에서 다음과 같이 자신을 변호했다고 한다. I'm just a reporter after a scoop. 이 말은 '나는 그저 특종감을 쫓아다니는 기자일 뿐입니다'이고 여기서 전치사 after는 '~을 쫓다', '노리다'라는 뜻을 갖고 있다. 기삿거리를 '찾아 다니다'는 look for ~(~을 찾다)라는 구동사로 표현할 수도 있지만 바로 위와 같이 after를 써서 after a story라고 말하는 것이 더 영어다운 맛을 살리는 표현이다.

예제 경찰이 그를 뒤쫓고 있다.
The police are **after** him.
그 사람이 뭘 노리고 그러는지 모르겠다.
I don't know what he's **after**.

AGAINST 기본 의미 ▶ ~에 반하여

against ①
(~을) 거스르는, 무시하는

그는 부모의 뜻을 무시하고 대학교를 중퇴했다.
직역 He dropped out of college ignoring his parents' will.
네이티브 **He dropped out of college against his parents' wishes.**

'~을 중퇴하다'는 drop out of ~라는 구동사를 써서 표현한다. '~을 무시하다'는 ignore ~이기 때문에 '부모의 뜻을 무시하고'는 ignoring his parents' will이라고 하면 틀린 건 아니다. 그러나 이런 경우 원어민들은 열이면 열 ignore라는 동사 대신 전치사 against ~를 써서 against his parents' will[wishes]이라고 말한다. 여기서 against는 '~을 거스르다' 또는 '~을 무시하다'라는 의미를 나타낸다.

예제 그는 의사의 충고를 무시하고 계속해서 술을 마셨다.
He continued to consume alcohol **against** his doctor's advice.
He kept on drinking alcohol **against** his doctor's warnings.

against ②
(~에) 닿는, 붙어서

그녀는 피부에 와 닿는 바닷바람의 느낌을 즐겼다.
콩글리시 She liked the feeling of sea wind that blew to touch her skin very much.
네이티브 **She reveled in the feel of sea breeze against her skin.**

피부로 느끼는 촉감에서 '느낌'은 feeling이 아니라 feel이라고 해야 한다. feeling은 감정적 느낌을 뜻한다. 바닷바람을 sea wind라고 해도 틀린 것은 아니지만 위와 같이 즐길 수 있는 정도의 바닷바람은 breeze(산들바람)라고 한다. 여기서 핵심은 '~에 와 닿다'라는 동사인데, 이것을 그대로 영어로 하면 come and touch ~ 또는 줄여서 touch ~가 될 것이다. 따라서 '피부에 와 닿는 바닷바람의 느낌'은 the feel of sea breeze touching her skin이 되며 이것도 틀린 표현은 아니다. 다만 이런 상황에서 원어민들은 거의 모두가 touching이라는 동사 대신 전치사 against를 쓸 것이다. 이처럼 against는 무엇에 접촉하여 '닿다'라는 뜻으로도 쓰일 수 있다. revel in ~은 '~을 즐기다, 좋아하다'라는 뜻으로 enjoy의 세련된 표현이라고 할 수 있다. 참고로 동사 relish도 이런 의미로 쓴다.

예제 나는 벽에 몸을 딱 붙인 채 소리 나지 않게 살금살금 걸어갔다.
I tiptoed along, flat **against** the wall. • tiptoe (발꿈치로 걷듯이) 살금살금 (조심해서) 걷다

against ③
(~에) 대비하는, (~을) 막는

정부 추정치에 따르면 한국인 5명 중 2명 가량이 조류독감 예방 접종을 했다.

직역 **According to government estimates, about two in five Koreans have received vaccinations preventing avian flu.**

네이티브 **According to government estimates, about two in five Koreans have been vaccinated against avian flu.**

위 예문에서는 '조류독감 예방 접종을 하다'가 핵심 부분인데, 이를 말 그대로 영어로 옮기면 receive vaccinations preventing avian flu(조류독감을 예방하는 접종을 받다)가 된다. 이것도 틀린 말은 아니지만 뭔가 어색하다. 이때 preventing이라는 동사를 전치사 against로 바꿔서 against avian flu라고 하면 제대로 된 영어의 맛이 난다. 여기서 against는 '~을 막는, 대비하는, 예방하는'의 의미를 갖고 있는 셈이다. '예방 접종을 받다'는 간단하게 vaccinate라는 동사를 수동태로 써서 be vaccinated라고 할 수 있다.

예제 이 멋진 오리털 재킷으로 올 겨울 추위에 대비하세요.
Bundle up **against** the cold this winter in this stylish down jacket.
• bundle up 옷을 두껍게 입다

against ④
(~에) 반대하는

나는 그 안에 반대한다.

직역 **I oppose the idea.**

네이티브 **I'm against the idea.**

무엇에 '반대하다'라는 뜻을 가진 영어 동사로는 oppose, object to ~가 있다. 단, 이 동사들은 일상 대화에서 사용하기에는 딱딱한 느낌이 있으니 대신 against라는 전치사를 사용하자. against 자체에 무엇에 '반대하는'의 뜻이 있어서 I'm against ~라고 하면 '나는 ~에 반대한다'라는 문장이 된다. 반대로 '나는 ~에 찬성한다'는 전치사 for를 써서 I'm for ~라고 한다.

예제 거기에 찬성하십니까, 아니면 반대하십니까?
Are you for it or **against** it?

against ⑤
(~을) 배경으로 하는

이것은 미국의 독립 전쟁을 배경으로 하는 이야기다.

직역 **This is a story that has the American Revolution as its background.**

네이티브 **This is a story set against the backdrop of the American Revolution.**

소설이나 영화가 '~을 배경으로 하다'라는 말을 그대로 영어로 옮기면 have ~ as its background가 된다. 이렇게 말해도 틀린 건 아니다. 그런데 좀 더 영어 감각을 살려 말하자면 have라는 동사 대신 전치사 against를 써서 against the background [backdrop] of ~라고 할 수 있다. 이렇게 전치사 against는 문맥에 따라 '~을 배경으로 하는'이라는 뜻으로 쓰인다. 연설에서 연사가 '지금까지 이야기를 배경으로 …' 라고 말하면서 새로운 소주제로 넘어갈 때가 있는데 이때도 영어로는 Against this background[backdrop] ...라고 한다.

예제 대부분의 이미지는 검은색을 배경으로 했을 때 가장 멋있게 보인다.
Most images look best **against** black.

against ⑥
(~하지) 않는

시장은 방문객들에게 노점상이 판매하는 음식을 사 먹지 말라고 당부했다.

직역 **The mayor asked visitors not to buy and eat food sold by street vendors.**

네이티브 **The mayor warned visitors against eating food sold by street vendors.**

'~하라고(하지 말라고) …에게 당부하다'는 영어로 ask라는 동사를 써도 되고, urge(촉구하다), advise(충고하다)와 같은 단어를 써서 advise ~ (not) to ...와 같이 표현해도 된다. 여기서 '~하지 말라고'를 not to ... 대신 전치사 against를 써서 against -ing로 표현할 수 있다. 이때 앞의 동사는 ask, urge 같은 것은 안 되고 advise(충고하다), warn(경고하다), caution(주의를 주다)과 같은 동사가 가능하다. 가령, '국민들에게 음주 운전을 하지 말 것을 당부하다'는 warn[advise, caution] people against drinking and driving이다. '사서 먹다'는 굳이 buy and eat이라고 하지 않고 eat이라고만 해도 충분하다.

예제 정부 부처는 시민들에게 민물고기를 날것으로 먹지 말라고 당부했다.
The Ministry cautioned people **against** eating freshwater fish raw.

• Ministry 정부의 부처

AT 기본 의미 ▶ ~ 시에, ~(장소)에

at ①

(~을) 보고, 듣고

012_Ch02_n14_22

나는 그 가격을 보고 놀랐다.

콩글리시 **I was surprised to see the price.**

직역 **I was shocked to see the price.**

네이티브 **I was shocked at the price.**

'놀라다'라는 말을 무조건 영어로 surprised(놀란)라고 하는 사람들이 있다. 그런데 surprised는 예고 없이 갑자기 어떤 일을 당할 때 사용한다. 위 예문처럼 어떤 상황이 예상을 뛰어넘어서 충격을 받았다는 뜻일 때는 surprised가 아니라 shocked(충격을 받은, 매우 놀란)라고 해야 한다. 이어서 '가격을 보고'에서 '보다'는 영어로 see라고 하기 쉽지만 이럴 때 원어민들은 대부분 see가 아니라 전치사 at을 써서 shocked at ~(~에 놀란)이라고 표현한다. 그러니까 이 경우에는 전치사 at이 무엇을 '보고' 또는 '듣고'라는 뜻의 한국어 동사를 대신하는 역할을 한다고 할 수 있다.

예제 나는 그 소식을 듣고 놀랐습니다.
I was surprised at the news.

at ②

(~에) 와 있는

탑승구를 잘못 찾으셨네요.

콩글리시 **You found the wrong gate.**

네이티브 **You're at the wrong gate.**

공항에서 엉뚱한 탑승구를 찾아갔을 때 '탑승구를 잘못 찾으셨네요'라고 한다. 이 말을 영어로 할 때 '찾다'를 동사 find라고 하기 쉽다. 그렇지만 find the wrong gate(잘못된 탑승구를 찾다)는 '일부러 잘못된 탑승구를 찾다'라는 의미가 되기 때문에 콩글리시다. 이때는 find 같은 동사가 아닌 전치사 at을 써서 You're at the wrong gate.(당신은 잘못된 탑승구에 있다)라고 한다. 여기서 at은 '~에 있는'이라는 장소를 뜻하지만 사실상 한국어가 뜻하는 '찾다'라는 동사를 대신한다고 볼 수 있다.

예제 잘 찾아오셨습니다.
You're at the right place.

at ③

(~을) 하고 있는 중인 (1)

하루는 고객과 아침 식사를 하고 있었지요…

직역 **One morning, I was eating breakfast with a client...**

네이티브 **One morning, I was at breakfast with a client...**

식사를 '하다'는 eat(먹다)이라는 동사를 써서 eat breakfast(아침 식사를 하다), eat lunch(점심 식사를 하다)처럼 표현할 수 있다. 그런데 영어에서는 eat이라는 동사를 쓰지 않고 전치사 at만으로도 '식사를 하고 있는 중이다'라는 것을 표현할 수 있다. 이때 전치사 at은 '~하고 있는 중인'의 의미를 나타낸다.

예제 내가 식당에 들어갔더니 존이 아침 식사를 하고 있었어.
I entered the dining room and found John **at** breakfast.

at ④
(~을) 하고 있는 중인 (2)

우리는 지금 전쟁을 하고 있는 나라이다.

콩글리시 **We are a nation that is doing a war.**

직역 **We are a nation that is fighting a war.**

네이티브 **We are a nation at war.**

'전쟁을 하다'는 do a war라고 하지 않고 fight a war라고 한다. 따라서 '전쟁을 하고 있는 나라'는 a nation that is fighting a war가 되고, 이것도 괜찮다. 대부분의 영어 학습자들은 이 정도에서 생각이 멈출 것이다. 그런데 원어민이라면 fighting이라는 동사 대신 전치사 at을 써서 a nation at war라고 간단하게 표현한다. 이때 at은 '~을 하고 있는 중'의 뜻을 갖고 있다. 따라서 We are at war.라고만 해도 '지금 우리는 전쟁을 하는 중이다'라는 말이 된다

예제 아이들 몇 명이 정원에서 놀고 있는 것이 보였다.
I saw some children **at** play in the garden.

그 사람들 또 난리예요!
They're **at** it again!

at ⑤
(~을) 하고 있는 중인 (3), 하는 김에

거기 간 김에 펩시 하나만 사다 줄래요?

콩글리시 **Since you're going there, could you buy a Pepsi and bring it to me?**

네이티브 **While you're at it, could you get me a Pepsi?**

어떤 곳에 간 사람에게 '거기 간 김에' 무엇을 하라고 제안하거나 무엇을 해 달라고 부탁하는 말을 영어로 생각해 보자. '가다'는 자동으로 go(가다)라는 동사를 떠올리기 쉽다. 그렇지만 영어에서는 go 같은 일반동사를 쓰지 않고 전치사 at(~에 있는)을 써서 while you're at it(당신이 그것에 있는 동안)이라고 표현한다. 여기서 at it(그것에 있는)은 실제로 '그 일을 가서 하고 있는'의 의미로, 전치사 at은 어떤 일을 하거나 벌이고 있는 상태를 표현한다. 'A를 B에게 사다 주다'라는 말은 '사다(buy)'와 '갖다 주다(bring)'라는 동사를 따로 쓸 필요 없이 get B A라고 한다.

예제 사는 김에 여분의 배터리도 하나 구입하세요.
While you're **at** it, get an extra battery.

거기 간 김에 그 지역 어판장도 들러 보세요.
While you're **at** it, stop by the local fish market.

BETWEEN 기본 의미 ▶ ~ 사이에

between ①
(두 가지를 놓고)
고민 중인

소니 SF-E50과 삼성 HL-R67을 놓고 어느 것을 살지 고민 중이다.

직역 I haven't decided yet which one to buy, the Sony SF-E50 or the Samsung HL-R67.

네이티브 **I'm trying to decide between the Sony SF-E50 and the Samsung HL-R67.**
I'm between the Sony SF-E50 and the Samsung HL-R67.

'두 가지 선택 사항을 놓고 어느 것을 취할지 고민하는 중이다'라는 말을 그대로 영어로 하면 '고민 중이다'는 I haven't decided ~(~을 결정하지 못했다), '어느 것을 살지'는 which one to buy와 같이 표현할 수 있다. 그러나 이렇게 두 선택 사항 '사이에서' 갈등하는 경우는 between이라는 전치사를 쓰면 간단하게 해결할 수 있다. try to decide between A and B(A와 B 사이에서 결정하려고 하다)라고 하거나 아예 더 간단하게 I'm between A and B.라고 하면 된다.

예제 Blue Shield와 HMO 중에서 선택하려고 합니다.
I'm **between** Blue Shield and HMO.

• Blue Shield, HMO 미국의 건강보험 종류

between ②
(~) **사이에** (…)**하는,**
(군것질)**하는**

나는 되도록 군것질을 하지 않으려고 해.

직역 I'm trying not to eat snacks.

네이티브 **I'm trying not to eat between meals.**

'군것질, 간식'은 snacks이니 '군것질하다'를 eat snacks라고 할 수 있다. 그러나 eat between meals(끼니 사이에 먹다)라고 해서 between이라는 전치사를 사용하면 더 영어다운 느낌을 낼 수 있다. 여기서 between은 시간적으로 떨어져 있는 두 시점 '사이에'라는 의미로 쓰였다.

예제 밥 먹기 전에 군것질을 하면 식욕이 떨어질 것이다.
If you eat **between** meals, it'll spoil your appetite.

between ③
일을 끝내고 다른 일을 기다리고 있는

전에 다니던 직장을 그만두고 새 직장을 구하고 있는 중이에요.

직역 I quit my job and am looking for a new one.

네이티브 **I'm between jobs.**

'직장을 그만두다'는 quit one's job, '새 직장을 구하다'는 look for a new job이다. 이렇게 두 개의 동사를 동원해야 하는 말도 between(~ 사이에)이라는 전치사를 써서 '직장들 사이에 있다'라고 하면 간단하게 정리된다. 이 경우 between은 '~에서 …로 옮겨가는 중인'의 의미로 쓰였다. 가령, 작가가 어떤 책을 쓰는 것을 끝내고 새 책을 구상 중인 상태라면 I'm between books.라고 하면 되고, 하나의 수업이 끝나고 시간적으로 떨어져 있는

다른 수업을 기다리고 있는 중이라면 I'm between classes.라고 한다. 어떤 사람과 사귀다 헤어지고 지금은 아무도 사귀지 않고 있는 중이라면 I'm between relationships.(나는 관계들 사이에 있다)라고 한다.

예제 지금 프로젝트를 하나 끝내고 좀 쉬는 중이에요.
I'm **between** projects.

between ④
(~)하고 (-)하느라 (…하다)

그녀는 직장 다니며 아이들 돌보느라 사람 만나고 다닐 시간이 별로 없다.

콩글리시 **Going to work and taking care of her children, she doesn't have much time to meet people.**

네이티브 **Between her job and her kids, she doesn't have much time to socialize.**

우선 go to work는 '출근하다, 직장에 나가다'라는 뜻이지 '직장에 다니다'라는 뜻은 아니다. 이 경우에는 work at her job(직장에서 일하다)이라고 표현하는 것이 옳다. 그렇다면 '~하고 -하느라'라는 말을 영어로 어떻게 표현할까? 대부분의 영어 학습자들은 동사 뒤에 -ing를 붙인 현재분사를 써서 표현하려고 할 것이다. 따라서 '직장 다니고 아이들 돌보느라'는 working at her job and taking care of her children이라고 할 것이다. 그런데 원어민들은 이렇게 복잡한 말을 between이라는 전치사를 써서 between her job and her children이라고 간단하게 말해 버린다. 이때 between ~ and ...가 바로 한국어에서 '~하고 …하느라'의 역할을 하는 셈이다. between을 이런 식으로 사용할 수 있는 영어 학습자라면 실력이 거의 원어민 수준에 접근한 사람이라고 해도 무방할 것이다.

예제 가게를 운영하며 아이들을 키우느라 그녀는 늘 손이 모자랄 정도로 바쁘다.
Between running the store and raising a family, she has her hands full all the time.
• have one's hands full 손이 모자랄 정도로 일이 많다

BEYOND 기본 의미 ▶ ~ 너머에, ~을 넘어서

beyond ①
(~을) 이해할 수 없는

013_Ch02_n23_32

사람들이 왜 그 물건을 사는지 나는 이해가 안 돼.

직역 **I don't understand why people buy it.**

네이티브 **Why people buy it is beyond me.**

'이해하다'에 해당하는 영어 동사는 understand, comprehend 등이 있다. 따라서 '~이 이해가 안 된다'라는 말은 영어로 I don't understand ~라고 한다. 그런데 같은 말을 understand와 같은 동사를 쓰지 않고 전치사만으로도 표현할 수 있다. 위 예문은 beyond(~을 넘어서)를 써서 beyond me(나를 넘어서는)라고 하면 '내가 이해할 수 없는'이라는 뜻이 된다. 즉, 영어의 전치사가 한국어에서는 동사의 역할을 하는 셈이다.

예제 누가 무엇 때문에 그런 행동을 하는지 난 이해가 안 돼.
Why anyone would do such a thing is **beyond** me.

beyond ②
(~)하기 힘든, 불가능한

그녀는 믿기지 않을 정도로 건방졌다.

콩글리시 She was too arrogant to believe.
직역 She was unbelievably arrogant.
네이티브 She was arrogant **beyond** belief.

'~이 믿기 힘들 정도로 건방진'을 too ~ to ...(너무 ~해서 …할 수 없는)라는 표현을 사용해서 too arrogant to believe라고 하는 건 틀린 표현이다. 왜냐하면 이 말은 She was too arrogant to believe the truth.(그녀는 너무 건방져서 진실을 믿으려 하지 않았다.)에서처럼 '나는 그녀가 ~한 것을 믿을 수 없다'라는 말이 아니라 '그녀가 ~을 믿을 수 없다'라는 뜻이기 때문이다. 말하는 사람인 '내가' 믿기 힘든 정도라고 할 때는 unbelievably라는 단어를 쓴다. 그런데 '믿기 힘들다'라는 말을 전치사 beyond를 써서 beyond belief(믿음 너머에 있는)라고 표현할 수도 있다. 여기서 beyond는 한국어로 '~하기 힘든'이라는 의미를 갖고 있는 셈이다.

예제 배송이 믿기지 않을 정도로 빨랐다.
The shipping was fast **beyond** belief.

내 휴대전화가 수리가 힘들 정도로 망가졌어.
My cell phone is broken **beyond** repair.

beyond ③
(~)할 수 없는

(그때) 기쁨은 말로 다 할 수 없을 정도였다.

직역 I can't describe the happiness I felt.
I can't put in words the joy I felt.
네이티브 My joy was **beyond** words.
I felt happy **beyond** words.

'말로 하다'를 영어로 하면 동사로는 describe(말로 묘사하다), 관용 표현으로는 put ~ in words를 들 수 있다. '기쁨'은 joy(기쁨), delight(기쁨), happiness(행복감) 같은 단어들을 쓰면 된다. 따라서 '그때 기쁨'은 the joy I felt(내가 느꼈던 기쁨)와 같이 표현할 수 있다. 그런데 describe, put ~ in words와 같은 동사 표현 대신 전치사 beyond와 word(단어), description(말로 묘사하기)과 같은 명사를 써서 beyond words(말을 넘어서는 → 말로 다하기 힘든), beyond description(묘사를 넘어서는 → 말로 묘사하기 힘든)이라고 해도 같은 뜻을 표현할 수 있다.

예제 난 말로 다 할 수 없을 정도로 슬펐어.
I felt sad **beyond** words.

그때 얼마나 신이 났는지 말로 다 할 수 없을 정도였어.
My excitement was **beyond** words.

BY 기본 의미 ▶ ~에 의하여

by ①
(~가) **쓴, 저술한**

그건 누가 쓴 거예요?

직역 **Who wrote it?**

네이티브 **Who is it by?**

‘시드니 셀던이 쓴 책’에서 ‘~가 쓴’은 영어로 write(쓰다)의 과거분사형 written(쓰여진)을 사용해서 written by ~이므로, 전체적으로 a book written by Sidney Sheldon이 된다. 그런데 영어에서는 전치사 by ~(~에 의한)만 있어도 ‘~에 의해 쓰여진’이라는 뜻을 표현할 수 있다. 따라서 원어민들은 대부분 a book by Sidney Sheldon이라고 한다. 같은 맥락에서 ‘그 책을 누가 쓴 거냐?’라는 질문도 write를 써서 Who wrote it?(누가 그것을 썼습니까?)이라고 하는 대신 전치사 by만 가지고 Who is it by?(그것은 누구에 의한 것이냐?)라고 해도 같은 내용의 질문이 된다. 사실 Who is it by?는 책뿐만 아니라 대화 내용에 따라 it이 영화를 뜻하면 ‘감독(director)이 누구냐?’라는 질문이 될 수도 있고, 노래인 경우에는 ‘작곡가(composer)가 누구냐?’라는 질문이 될 수도 있다. 위의 ‘누가 쓴 책이냐?’라는 질문은 Who is the author?(누가 저자입니까?)라고 물어볼 수도 있다.

예제 이 책은 로알드 달이 썼다.
This book is **by** Roald Dahl.

FROM 기본 의미 ▶ ~으로부터, ~에서

from ①
(~에) **기초하여**

내 경험에 기초해서 하는 말입니다.

직역 **I'm speaking on the basis of my experience.**

네이티브 **I'm speaking from my own experience.**

‘경험에 기초해서’에서 ‘~에 기초한’은 영어에도 on the basis of ~(~에 기초한, ~에 바탕을 두고)라는 표현이 있다. 따라서 이 표현을 사용해서 말해도 뜻은 통한다. 그렇지만 원어민들은 어느 누구도 이렇게 말하지 않는다. 다시 말하면 문법이나 각각의 표현은 맞지만 실제로 쓰이는 영어가 아니라는 뜻이다. 이 경우에는 on the basis of ~ 대신 전치사 from을 사용하여 from my own experience라고 말한다. 이때 from은 의견이나 판단을 ‘~에 기초하다’, ‘~을 고려해서 하다’라는 의미로 쓰였다.

예제 이 증거만 봐서는 어떤 확실한 결론을 내리기 어렵다.
It is difficult to draw any definite conclusion **from** this evidence alone.

상황을 보니 이 일은 우리가 생각한 것보다 훨씬 오래 걸릴 것 같다.
From the look of things, this will take much longer than we thought.

from ②
(~에서) 나온, (~) 소속의

FBI에서 나온 사람이 당신을 만나자고 합니다.

콩글리시 **A man who came from the FBI wants to see you.**

네이티브 **A man from the FBI is here to see you.**

어떤 기관에서 '나온 사람'이라는 말을 그대로 영어로 하면 '나오다'라는 동사 come을 써서 a man who has come from ~이라고 해야 한다. 그런데 영어에서는 from ~이라고만 해도 '~에서 나온'이라는 말이 된다. '만나자고 한다'는 want to see you(당신을 만나기를 원한다)라고 해도 좋지만 is here to see you(당신을 만나기 위하여 여기에 있다)라고 하는 것이 더 영어답다.

예제 우리는 국세청에서 나왔습니다.
We're from the IRS.

• IRS 미국 국세청(the Internal Revenue Service)

from ③
(~에) 대고 (마시는)

병에 입을 대고 마시지 마세요.

콩글리시 **Don't put your mouth to the bottle and drink.**

네이티브 **Don't drink from the bottle.**

한국어에서는 '병에 입을 대고 마시다'라고 하면 '대다', '마시다'라는 두 개의 동사를 사용해서 표현해야 한다. 이런 한국어 문장을 그대로 영어로 말해 버리면 영어에서도 '대다'라는 뜻의 put이라는 동사를 사용하게 된다. 그러나 원어민 중 이렇게 말하는 사람은 아무도 없다. put이라는 동사 대신 전치사 from을 써서 drink from the bottle(병으로부터 마시다)이라고 간단하게 표현한다.

예제 내 고양이는 수도꼭지에 입을 대고 물을 마시는 것을 좋아한다.
My cat likes drinking from the faucet.

from ④
(~에서) 따온

이 사과들은 과수원에서 막 따온 것이다.

직역 **These apples have just been picked from the orchard.**

네이티브 **These apples are fresh from the orchard.**

과일을 '따다'는 pick이라는 동사를 쓴다. 따라서 have just been picked from the orchard(과수원으로부터 방금 따였다)라고 표현할 수 있다. 그런데 이 표현은 문법적으로도 맞고 뜻도 어느 정도 통하지만 원어민들이 쓰는 표현은 아니다. 같은 상황에서 원어민들은 fresh from the orchard(과수원으로부터 신선한)라고 표현한다. 그러니까 전치사 from(~으로부터)이 한국어의 '따오다'라는 동사를 대신한다고 할 수 있다.

예제 과수원에서 막 따온 토마토 세일!
Tomatoes fresh from the orchard on sale!

from ⑤
(~에서) **온**

서울에서 메시지 온 것 없나요?

직역 **Are there any messages that came from Seoul?**

네이티브 **Are there any messages from Seoul?**

'~에서 온 메시지'에서 '온'은 '오다'라고 생각하고 영어로 하면 come이다. 따라서 동사 come을 써서 a message that came from ~과 같이 말하기 쉽다. 그러나 전치사 from만으로도 '~에서 온'이라는 의미를 표현할 수 있기 때문에 동사 come이 필요 없다. 이것은 '당신은 어느 나라에서 왔습니까?'라는 질문을 come을 사용하지 않고 Which country are you from?이라고 물어보는 것과 같다. 마찬가지로 '캐나다에서 왔습니다'도 영어로는 I'm from Canada.이다.

예제 한국 IBM의 존슨 씨에게서 전화가 왔습니다.
There's a call **from** Mr. Johnson of IBM Korea.
You have a call **from** Mr. Johnson of IBM Korea.

from ⑥
(~에서) **잡은, 잡아 온**

이 호수에서 잡은 물고기는 먹어도 괜찮다.

콩글리시 **It is all right to eat fish caught from this lake.**

네이티브 **Fish from this lake are safe to eat.**

물고기를 '잡다'라는 동사는 catch를 쓴다. 따라서 '~에서 잡은 물고기'는 catch의 과거분사형 caught(잡힌)를 써서 fish caught from ~이 된다. 이렇게 해도 문법적으로 틀린 건 아니지만 군더더기가 많이 붙어서 원어민은 쓰지 않는 표현이다. 한국어에 '잡은'이라는 동사가 있기 때문에 catch라는 동사를 써야 된다고 생각할 수 있지만 실은 전치사 from만 써도 어디서 '잡힌'이라는 의미가 충분히 표현된다.

예제 저희는 바다에서 갓 잡은 바닷가재만 사용합니다.
We only serve lobsters fresh **from** the sea[boats].

FOR 기본 의미 ▶ ~을 위한, ~에 대한

for ①
(~을) **가지러** (가다, 오다)

014_Ch02_n33_49

그는 지갑을 가지러 침실로 향했다.

직역 **He went toward his bedroom to bring his wallet.**

네이티브 **He headed toward his bedroom for his wallet.**

'~로 향하다'는 go toward ~(~를 향해 가다)라고 해도 되지만 head(머리)를 '향하다'라는 뜻의 동사로 써서 head toward ~라고 하는 것이 더 좋다. '가지러'는 bring(가져오다)이라는 동사에 to부정사를 붙여서 to bring(~을 가져오기 위하여)으로 표현할 수 있다. 이 〈직역〉 표현도 뜻은 통한다. 그렇지만 원어민들이 가지고 있는 더 중요한 표현의 무기는 전치사이다. 이 경우에도 to bring이라는 동사 표현 대신 전치사 for(~을 위하여)를 넣어서 for his wallet이라고 하면 된다. for his wallet은 '지갑을 위하여', 다시 말해 '지갑을 가져오기 위하여'라는 뜻이므로 전치사 for가 '가져오기 위하여'라는 동사의 뜻을 담고 있다고 볼 수 있다.

예제 그녀는 스웨터를 가지러 집으로 다시 들어갔다.
She went back into the house **for** a sweater.

for ②
(~에) **놓을, 놓기 위하여**

탁자 가운데에 놓을 꽃은 주문했나요?

직역 **Did you order flowers that we'll put in the center of the table?**

네이티브 **Have you ordered flowers for the center of the table?**

미국에서는 금요일이나 토요일에 아는 사람들을 초대해서 저녁 식사를 같이 하는 경우가 있다. 이것도 일종의 파티라고 볼 수 있는데, 보통 식탁 중간에 꽃을 장식용으로 놓는다. 이때 '식탁 중간에 놓을 꽃'을 영어로 어떻게 할까? 한국어에는 '놓다'라는 동사가 들어가는데 이를 그대로 하면 flowers(꽃들) that we'll put(우리가 놓을) in the center of the table(탁자 중간에)이 된다. 그러나 원어민들은 밑줄 친 부분을 전치사 for로 간단하게 표현한다. flowers for the center of the table(탁자 가운데를 위한 꽃)에서 for는 '~에 놓을'이라는 한국어 동사를 대체하는 역할을 하는 셈이다.

예제 저는 발코니에 놓을 탁자를 찾고 있어요.
I'm looking for a table **for** our balcony.

for ③
(~을) **듣기[알기] 위하여**

그는 아침 뉴스를 듣기 위하여 라디오를 틀었다.

직역 **He turned on the radio to listen to the morning news.**

네이티브 **He turned on the radio for the morning news.**

'뉴스를 듣기 위하여'를 영어로 '~을 듣다'라는 뜻의 listen to ~라고 하는 것은 직역식 표현이다. 원어민들이 쓰는 영어는 동사를 쓸 필요 없이 전치사 for로 충분하다. 이때 전치사 for는 '~을 위하여'라는 목적의 뜻을 나타낸다.

예제 날씨 변화를 알기 위하여 라디오를 계속 켜 둡시다.
Let's keep the radio on **for** weather updates.

for ④
(~의 돈을) **들이면**

300달러 정도만 들이면 아주 좋은 PC를 직접 만들 수 있다.

콩글리시 **You can make a nice PC yourself, if you spend about 300 dollars.**

네이티브 **You can build yourself a nice PC for 300 dollars.**

얼마의 돈을 '들이다'는 영어로 spend(~을 쓰다)로 표현할 수 있다. '~의 돈을 들이면'은 구태여 if you spend ~(~의 돈을 쓴다면)와 같이 가정법까지 써 가며 복잡하게 표현할 필요가 없고, 전치사 for만 있으면 쉽게 해결할 수 있다. 이때 전치사 for는 '~의 가격에, ~을 주고'와 같은 의미를 나타낸다. 개인이 컴퓨터를 '만들다' 또는 '제작하다'라고 할 때는 make보다 build라는 동사를 쓴다. 'PC를 직접 만들다'는 build yourself a PC(당신 자신에게 PC를 만들어 주다)라고 한다.

예제 20만 달러만 있으면 그 섬에서 괜찮은 집을 살 수 있다.
You can buy a nice house on the island **for** 200,000 dollars.

for ⑤
(~을)
먹기[마시기] 위하여

어디 잠깐 들러서 간단하게 요기를 하고 가지요.

콩글리시 Let's visit some place for a while and eat something simple.

네이티브 **Let's stop somewhere for a quick bite to eat.**

어떤 장소를 '잠깐 들르다'라고 할 때는 visit라는 동사를 쓰지 않고 stop at ~ 또는 stop by ~라는 구동사를 사용한다. '어디에 들르다'에서 '어디에'는 somewhere로, 그 자체가 부사이므로 at이나 by를 쓸 필요 없이 stop somewhere라고 한다. '간단한 요기'에서 '간단한'은 빨리(quick) 먹는다는 뜻이므로 a quick bite to eat이라고 한다. bite는 원래 '(음식의) 한입'이라는 뜻인데 '소량의 음식'이라는 뜻으로도 쓰인다. '요기를 하고 가다'에서 '요기하다'는 eat(먹다)이지만 '요기를 하는 것'이 '잠깐 들르는 것'의 목적이므로 '~을 위하여'라는 전치사 for를 써서 stop for ~(~을 위해 들르다)라고 간단하게 표현하는 것이 영어답다.

예제 들어와서 커피 한 잔 하시겠어요?
Would you like to come in **for** a cup of coffee?

for ⑥
(~을) **먹으러** (가다)

피자를 먹으러 나갑시다.

직역 Let's go out to eat pizza.

네이티브 **Let's go out for pizza.**

'피자를 먹으러 나가다'를 그대로 영어로 옮겨 보면 '나가다'는 go out, '먹으러'는 '먹다'라는 뜻의 동사 eat 앞에 '~하기 위해서'라는 뜻의 to를 붙여 to eat pizza, 즉 go out to eat pizza가 된다. 물론 이렇게 해도 틀린 건 아니고 뜻도 통한다. 그렇지만 원어민들이라면 eat이라는 동사를 쓰기보다는 전치사 for(~을 위하여)를 써서 go out for pizza(피자를 위해 나가다)라고 할 것이다. 이 경우 for는 한국어에서는 '~을 먹기 위해'라는 동사의 의미를 대신하는 셈이다. 별것 아닌 것 같지만 이렇게 전치사를 쓸 수 있는 감각이 네이티브 영어와 직역식 영어를 가르는 중요한 기준이다.

예제 나 같으면 피자 먹으러 거기에 가진 않을 거야. (거기는 피자 요리를 잘 못한다.)
I wouldn't go there **for** pizza.

for ⑦
(~을) **사기 위하여**

새 컴퓨터를 사기 위한 내 예산은 약 400달러이다.

직역 My budget to buy a new computer is about 400 dollars.

네이티브 **My budget for a new computer is around 400 dollars.**

'~을 살 예산'에서 '살'은 영어로 buy 또는 purchase(구매하다)에 해당하므로 a budget to buy ~와 같은 영어 표현이 만들어진다. 그러나 위 예문에서 '사다'라는 동사는 한국어에나 필요하지 영어에서는 전치사 for면 족하다. 이때 전치사 for는 '~을 사기 위한'이라는 뜻을 나타낸다.

예제 모니터 살 예산은 얼마로 잡고 있나요?
What's your budget **for** a monitor?

for ⑧ (~에) 쓰기 위하여

그건 어디에 쓸 겁니까?

콩글리시 **Where are you going to use it?**
네이티브 **What's that for?**

'어디에 쓸 거냐?'에서 '쓰다'에 해당하는 영어 동사는 use(사용하다)가 맞지만 위 예문의 경우에는 use를 써서 말하면 안 된다. 이런 경우 영어에서는 전치사 for를 써서 What's that for?(그것은 무엇을 위한 것입니까?)라고 말한다. 이때 전치사 for는 '~을 위한', '~ 용도의'라는 뜻을 나타낸다. 물론 위 문장에서 주어가 복수로 바뀌면 What are those for?라고 해야 된다.

예제 친구는 뒀다 어디에 써 먹으려고? (친구 좋다는 게 뭐야?)
What are friends **for**?

이 천은 블라우스 만드는 데 쓴다.
This fabric is **for** making a blouse.

for ⑨ (~을) 얻기[받기] 위하여 (1)

관광 안내소에 들러서 길을 물어보고 갑시다.

직역 **Let's stop at the tourist center and ask for directions.**
네이티브 **Let's stop by the visitor center for directions.**

관광 안내소는 영어로 a visitor center라고 한다. 관광 안내소 같은 곳에 잠깐 '들르다'라고 할 때는 visit(방문하다)라는 동사를 쓰지 않는 점에 주의한다. 대신 stop at ~ 또는 stop by ~, drop by ~와 같은 구동사를 사용한다. '길을 물어보다'라고 할 때 '길'은 way를 쓰지 않고 direction이라는 단어를 복수로 써서 표현한다. direction은 '방향'이라는 뜻으로 많이 알고 있지만 여기서는 '지시, 안내'라는 뜻으로 쓰였다. '길을 물어보기 위해 관광 안내소에 들르다'라고 할 때 한국어 '물어보다' 때문에 영어에서도 ask(물어보다)라는 동사를 써서 ask for directions라고 하기 쉽다. 그렇지만 ask를 빼고 stop by ~ for ...라고 하는 것이 훨씬 영어답다. 이렇게 되면 '~을 얻기 위해 ~에 들르다'라는 뜻이 되는데 결국 전치사 for가 한국어에서는 '~을 얻다'의 의미를 갖고 있는 셈이다.

예제 관광 안내소에 들러서 이 지역 지도를 좀 얻어 갑시다.
Let's stop by the visitor center **for** a local map.

for ⑩
(~을)
얻기[받기] 위하여 (2)

좀 더 자세한 정보가 필요하시면 전화나 이메일로 연락 주십시오.

직역 **Contact us by phone or email, if you need more detailed information.**

네이티브 **Contact us by phone or email for more detailed information.**

'~이 필요하면'은 영어로 if you need ~이다. 그러나 이렇게 긴 말도 Contact us for ~(~을 위하여 우리에게 연락하세요)와 같이 전치사 for로 줄이는 것이 네이티브 표현법이다.

예제 특별 할인 혜택을 받으시려면 저희에게 전화 주십시오!
Call us for special discounted rates!

for ⑪
(~에게) **온**

저한테 온 메시지 있어요?

콩글리시 **Is there any message that came to me?**

네이티브 **Are there any messages for me?**

'~에게 온 메시지'라는 한국어에는 '오다'라는 동사가 들어 있다. 그렇다고 영어에서도 come이라는 동사를 써서 말하면 제대로 된 영어 표현이 될 수 없다. 이런 경우 영어에서는 전치사 for를 써서 a message for ~라고 표현한다. 이때 전치사 for는 '~을 위한, ~에게 온'이라는 뜻을 나타낸다.

예제 이 메시지는 브라운 여사님에게 온 겁니다.
This message is for Mrs. Brown.

나에게 온 소포 없나요?
Do you have any packages for me?

for ⑫
(돈을) **주고,**
(~을) **지불하고**

나의 HP204 컴퓨터는 베스트 바이에서 300달러를 주고 샀다.

콩글리시 **I paid 300 dollars and bought my HP204 at Best Buy.**

네이티브 **I bought my HP204 at Best Buy for 300 dollars.**

물건을 돈을 얼마 '주고 샀다'라는 말에는 '주다'와 '사다'라는 동사 2개가 있어서 그대로 영어로 하면 pay and buy가 된다. 그러나 이것은 콩글리시다. 영어에서 얼마의 '돈을 주고'라는 말은 전치사 for면 충분하다. 따라서 'A의 돈을 주고 B를 사다'는 buy B for A이다.

예제 그 카메라는 얼마 주고 사셨어요?
How much did you pay for your camera?

for ⑬

(~에게) 주는

이거 정말로 나한테 주는 거야?

콩글리시 **Are you really giving this to me?**

네이티브 **Is this really for me?**

선물을 받으면서 '정말로 나에게 주는 것이냐?'라고 물어볼 때가 있다. 이 말을 그대로 영어로 하면 give(주다)라는 동사를 써서 Are you really giving this to me?라고 해야 하는데 말뜻은 통하겠지만 원어민이 사용하는 영어는 아니다. 이 경우 give라는 동사 대신 전치사 for를 써서 Is this really for me?(이것이 정말 나를 위한 겁니까?)라고 물어보는 것이 현지 영어 표현이다. 그러니까 이 경우에는 전치사 for가 동사 give를 대신한다고 할 수 있다.

예제 이거 당신에게 드리는 겁니다. (이거 받으세요.)

This is **for** you.

전 남자 친구에게 줄 생일 선물을 찾고 있어요.

I'm looking for a birthday gift **for** my boyfriend.

for ⑭

(~에) 찬성하는

나는 그 아이디어에 전적으로 찬성한다.

직역 **I totally support the idea.**

네이티브 **I'm all for the idea.**

무엇에 '찬성하다'라는 동사를 영어에서 찾아보면 support(지지하다), endorse(지지하다)와 같은 단어들이 있다. support 정도는 일반 대화에서도 쓰이지만 endorse 같은 단어는 글에서나 볼 수 있다. 보통 대화에서는 이런 동사들 대신 전치사 for를 '~에 찬성하는'이라는 의미로 써서 I'm for ~.(~에 찬성합니다.)라고 한다. '전적으로(totally)'는 for 앞에 all을 붙여서 표현한다. 참고로 '~에 반대하다'는 against(반대하는)라는 전치사를 써서 I'm against ~라고 한다.

예제 그 제안에 찬성하십니까, 아니면 반대하십니까?

Are you **for** or against the proposal?

for ⑮

(~에) 참석하기 위하여

결혼식에 참석하기 위하여 10월에 라스베이거스에 간다.

직역 **I'm going to Las Vegas in October to attend a wedding.**

네이티브 **I'm going to Las Vegas for a wedding in October.**

가까운 미래에 어디에 갈 예정이라는 말은 현재진행형으로 써서 I'm going to ~라고 하면 된다. '참석하다'에 해당하는 영어 동사는 attend이다. 이 앞에 '~하기 위해서'라는 뜻의 to부정사를 붙이면 to attend ~가 된다. 따라서 '결혼식에 참석하러 라스베이거스에 갈 것이다'는 I'm going to Las Vegas to attend a wedding.이 된다. 이때 attend라는 동사를 쓰는 대신 전치사 for를 쓰면 더 간단하고 박력 있는 영어 표현이 된다. 결혼식을 위해(for a wedding) 어디에 간다는 말은 결국 결혼식에 '참석하기 위해서'라는 뜻이므로, 이 경우 전치사 for는 한국어의 '~에 참석하기 위해'라는 의미를 갖는다고 볼 수 있다.

예제 전 고객과 면담 약속이 있어서 사무실로 돌아가야 합니다.
I have to go back to my office **for** a meeting with a client.

for ⑯ (~을) 찾기 위하여

그는 휴대전화를 찾으려고 가방을 뒤졌다.

직역 **He searched his bag to find his cell phone.**

네이티브 **He rummaged through his bag for his cell phone.**

가방을 '뒤지다'는 search(조사하다, 뒤지다, 탐색하다)라는 동사를 써도 좋고 좀 더 구체적으로 표현하자면 rummage through ~(~을 뒤지다)을 써도 좋다. 무엇을 '찾으려고', 즉 '찾기 위하여'는 '찾다'가 영어로 find이므로 to find(찾기 위하여)라고 하기 쉽다. 그렇지만 원어민들은 find와 같은 동사 대신 전치사 for(~을 위하여)를 사용해서 rummage through A for B(B를 위하여 A를 뒤지다)로 표현한다. 이 경우에는 전치사 for가 to find라는 동사를 대신한다고 할 수 있다.

예제 그녀는 자신의 부모를 찾기 위하여 회관을 훑어보았다.
She scanned the hall **for** her parents. • scan 살피다, 훑어보다

그는 집 열쇠를 찾기 위하여 주머니를 뒤졌다.
He searched his pockets **for** the keys to his house.

for ⑰ (~을) 타기 위하여

우리는 택시를 타려고 줄을 섰다.

콩글리시 **We stood in line to catch a taxi.**

네이티브 **We got in line for a taxi.**

'택시를 타다'에서 '타다'는 '택시를 잡아 타다'라는 뜻이므로 catch a taxi라고 한다. 따라서 '택시를 타려고', 즉 '택시를 타기 위하여'는 to catch a taxi가 된다. 이때 to는 '~하기 위하여'라는 뜻의 to부정사이다. 그런데 원어민들은 이 내용을 이렇게 복잡하게 말하지 않고 간단하게 for a taxi(택시를 위하여)라고 말한다. 전치사 for는 이렇게 뒤에 명사만 넣어도 '~을 하기 위하여'라는 의미를 표현한다. '줄을 서다'는 stand in line도 되지만 이미 있는 줄 뒤에 들어가 서는 것이라면 get in line이 더 적합하다.

예제 많은 사람들이 무료 저녁을 먹기 위하여 줄을 섰다.
A lot of people lined up **for** the free dinner. • line up 줄서다, ~을 줄 세우다

 기본 의미 ▶ ~ 안에

IN 기본 의미 ▶ ~ 안에

in ①
(~으로) **그린**

015_Ch02_n50_66

그 그림은 유화이다.

직역 **The painting is an oil painting.**

네이티브 **The painting is in oil.**

박물관에 가서 벽에 걸려 있는 그림을 보고 안내원에게 '이거 유화입니까?'라고 묻고 싶다면 영어로 뭐라고 할까? 독자들 대부분은 '유화'가 oil painting이니까 Is this an oil painting?이라고 물어볼 것이다. 물론 틀린 말은 아니다. 그러나 같은 상황에서 원어민들은 painting이라는 말을 쓰기보다는 그냥 Is it in oil?이라고 묻는다. in oil이 '유화물감으로 그려진'이라는 뜻인 셈이다. 이렇게 in oil이라는 표현으로 물어보는 것이 더 자연스러운 이유는 벽에 걸려 있는 것이 painting(그림)인지 아닌지를 묻는 것이 아니라 oil로 그린 것인지 아닌지를 묻는 것이기 때문이다.

예제 배경은 수채화로 그렸고 전경은 잉크와 연필로 그렸다.
The background is **in** watercolor, and the foreground (is) **in** ink and pencil.

in ②
(~에) **다니고 있는, 재학 중인**

저희 아이는 중학교에 다니고 있어요.

콩글리시 **My child is going to the middle school.**

직역 **My child is going to middle school.**
My child is attending middle school.

네이티브 **My child is in middle school.**

중학교에 '다니다'라는 동사를 영어에서도 go to를 써서 go to middle school이라고 할 수 있다. 이때 middle school 앞에 the나 a를 붙이지 않도록 주의한다. 이것을 붙이면 수업이 아니라 어떤 특정한 학교에 다른 볼일이 있어서 가는 것이 된다. go to 대신 attend(다니다)라는 동사를 쓸 수도 있다. 그렇지만 가장 영어다운 표현은 이런 동사들 대신 전치사 in을 써서 in middle school(중학교에 재학 중인)이라고 말하는 것이다. My child is going to middle school.은 잘못 생각하면 '앞으로 중학교에 진학할 것이다'라는 말이 될 수도 있다. 가령, '제 아이는 내년에 중학교에 갑니다'는 My child is going to middle school next year.라고 한다. 이래저래 전치사 in이 가장 확실한 표현이다.

예제 나는 요가 강좌에 다닌다.
I'm **in** a yoga class.

나는 대학교 다닐 때 패밀리 식당에서 종업원으로 일했다.
When I was **in** college, I waited tables at a family restaurant.

* wait tables 테이블을 시중하다 → 종업원 노릇을 하다, 종업원으로 일하다

in ③
(잠자리에) **든**

나는 보통 9시면 잠자리에 든다.

직역 **Usually I go to bed before 9.**

네이티브 **Usually, I'm in bed by 9.**

'잠자리에 들다'는 영어로 go to bed(침대로 가다)라고 한다. 따라서, '나는 9시면 잠자리에 든다'는 I go to bed before 9.(나는 9시 이전에 침대에 간다.)이 된다. 그런데 같은 말을 원어민들은 I'm in bed by 9.이라고도 한다. 한국어로는 '나는 9시까지 침대 안에 있다'가 되어 이상하게 들리지만 이렇게 전치사 in과 명사 bed를 합쳐 in bed라는 표현을 쓰는 것이 바로 영어의 묘미다. in bed는 '침대에 있는 → 잠자리에 든, 자고 있는'을 뜻한다. 원어민식 관점에서 보면 '9시면 잠자리에 든다'라는 말은 곧 '9시까지는 침대에 들어가 있는 상태'가 된다는 뜻이다.

예제 그녀는 자고 있어요.
She's **in** bed.

in ④
(~의 이익에) **부합하는**

그것은 우리의 이익에 부합하지 않는다.

콩글리시 **It doesn't conform to our interest.**
직역 **It doesn't serve our interest.**
네이티브 **It's not in our interest.**

'~의 이익에 부합하다'에서 '부합하다'를 사전에서 찾으면 conform to ~와 같이 어려운 표현이 나온다. 게다가 이 표현은 어떤 '기준'이나 '표준'에 '부합하다'라는 의미에서만 쓴다. 이익(interest)의 경우는 serve라는 동사를 써서 serve one's interest라고 한다. 그런데 전치사 in을 쓰면 굳이 이런 동사를 쓸 필요도 없다. 이때 전치사 in은 '~에 맞는, 부합하는'의 의미를 나타낸다.

예제 이 법은 소비자의 이익에 부합하지 않는다.
This law is not **in** the interest of consumers.

in ⑤
(~에) **빠져 있는**

경제가 깊은 불황에 빠져 있다.

직역 **The economy has fallen into a deep slump.**
네이티브 **The economy is in a deep slump.**

어떤 상태에 '빠지다'는 fall into ~이다. 따라서 '불황에 빠지다'는 fall into a slump가 된다. 이렇게 빠지는 동작을 묘사할 때는 fall이라는 동사가 꼭 필요하다. 가령, '지금 한국 경제는 불황에 빠져들고 있다'라는 말은 빠져드는 동작을 말하고 있기 때문에 The Korean economy is falling into a slump.라고 해야 한다. 그런데 '빠져 있다'는 빠지는 동작보다는 이미 빠져 있는 상태를 뜻한다. 이런 경우에는 동사 fall을 쓸 필요 없이 전치사 in만 사용해서 표현한다. 전치사 in만으로도 한국어의 '빠져 있는'이라는 뜻의 표현이 가능하다.

예제 난 사랑에 빠져 있어요.
I'm **in** love.

그녀는 혼수상태에 빠져 있다.
She's **in** a coma.

통증이 있습니까?
Are you **in** pain?

in ⑥

(거울에) **비친**

그녀는 거울에 비친 자신의 모습을 쳐다보았다.

직역 **She looked at her own image reflected in the mirror.**

네이티브 **She looked at herself in the mirror.**

'거울에 비친 그녀 자신의 모습'을 영어로 하면 her own image reflected in the mirror가 된다. image는 '모습', reflected는 '반사된, 비친'이라는 뜻이다. 그런데 이렇게 복잡하게 표현할 필요 없이 그냥 herself in the mirror라고 해도 된다. mirror(거울) 앞에 있는 전치사 in만으로도 '~에 비친'이라는 뜻이 되기 때문에 reflect 같은 동사가 필요 없다. 참고로 '거울을 보다'라고 할 때는 look at the mirror라고 하지 않고 look in the mirror라고 한다.

예제 그는 거울에 비친 아름다운 여자의 모습을 언뜻 보았다.

He caught a glimpse of a beautiful woman **in** the mirror.

• catch a glimpse of ~을 흘끗 보다, 언뜻 보다

in ⑦

(~) **사업을 하고 있는, 분야에 종사하는**

저는 외식 사업을 하고 있습니다.

콩글리시 **I'm doing restaurant business.**

I'm engaged in a restaurant business.

네이티브 **I'm in the restaurant business.**

'외식 사업'은 restaurant business이고, 외식 사업을 '하다'를 do(하다)라는 동사를 써서 do restaurant business라고 하는 사람들이 많은데 이건 콩글리시다. 또 우리나라 영어 학습자 중에는 be engaged in ~(~에 종사하다)이라는 표현을 쓰는 경우도 많은데 말은 되지만 원어민들이 쓰는 표현은 아니다. 이 경우는 do나 engage보다 전치사 in(~ 안에)을 써야 한다. 이때 전치사 in은 어떤 사업 분야에 '참여하고 있는'의 의미를 나타낸다.

예제 그는 인터넷 사업을 한다.

He's **in** the Internet business.

저희 집안은 대대로 식품 사업을 해 왔습니다.

My family has been **in** the food business for generations.

• for generations 여러 세대 동안

in ⑧

(~) **수업·과목을 듣고 있는**

너는 헨더슨 선생님의 미술 수업을 듣고 있니?

직역 **Are you taking Ms. Henderson's art class?**

네이티브 **Are you in Ms. Henderson's art class?**

어떤 수업(class)을 '듣다'라는 동사는 영어에서 take를 쓴다. 따라서 내가 어떤 수업을 듣고 있다고 말하려면 I'm taking ~이라고 하면 된다. 그런데 미국 학생들의 말을 들어 보면 대부분 take라는 동사 대신 전치사 in(~ 안에)을 써서 I'm in ~(나는 ~ 안에 있다)이라고 표현하는 걸 알 수 있다. 한국어에서는 전혀 찾을 수 없는 영어적 표현 방식이다. 참고로 미국 학생들은 선생님을 남자는 Mr. ~ 여자는 Ms. ~라고 부른다. 원래 미혼 여자는 Miss ~, 기혼

여자는 Mrs. ~라고 부르지만 요즘은 그런 구분을 하지 않고 Ms. ~를 쓴다. 대신에 어른이 여학생 같이 어린 여성을 공식석상에서 부를 때는 Miss ~라고 부른다.

예제 나는 작년에 그 선생님의 수업을 들었다.
I was **in** her class last year.

in ⑨
(~로) 쓰인

메뉴가 다 중국어로 쓰여 있다.

직역 **The menu is written all in Chinese.**

네이티브 **The menu is all in Chinese.**

'쓰다'는 write, '쓰이다'는 수동태로 be written이다. 따라서 '~가 중국어로 쓰였다'는 ~ is written in Chinese.가 된다. 이렇게 해도 틀린 표현은 아니다. 다만, 이 경우 대부분의 원어민들은 written이라는 동사를 쓰지 않고 그냥 전치사 in만 사용해서 말한다. 즉, in Chinese만 해도 '중국어로 쓰인'이라는 말이 된다.

예제 그 웹사이트는 전부 일본어로 되어 있다.
The website is all **in** Japanese.

in ⑩
(~을) 입고 있는

노란색 옷을 입고 있는 저 여자는 누구니?

직역 **Who is that lady wearing a yellow dress?**

네이티브 **Who is that lady in yellow?**

'~을 입고 있다'라는 한국어 동사에 해당하는 영어 동사는 wear이다. 따라서 '노란색 옷을 입고 있는 여자'는 a lady wearing a yellow dress가 된다. 그런데 대부분의 원어민들은 이렇게 말하기보다는 간단하게 전치사 in을 써서 a lady in yellow라고 한다. 전치사 in만으로도 '~을 입고 있는'이라는 뜻이 되기 때문이다.

예제 그는 청바지에 티셔츠를 입고 있었다.
He was **in** jeans and a T-shirt.

그녀는 검은 안경을 쓰고 있었다.
She was **in** dark glasses.

in ⑪
(병원에) 입원해 있는

톰은 지금 다리가 부러져서 병원에 입원해 있다.

직역 **Tom is hospitalized because his leg is broken.**

네이티브 **Tom is in the hospital with a broken leg.**

'입원하다'라는 말을 영어로 하려면 hospitalize(입원시키다)라는 동사를 수동태로 해서 be hospitalized(입원되다)라고 해야 한다. 그러나 입원한 상태에 있는 사람을 He is hospitalized.라고 하는 건 문법이나 단어 쓰임에서 틀리지는 않지만 원어민들이 일상적으로 쓰는 영어 문장이 아니다. 이때는 hospitalize라는 동사 대신 전치사 in을 써서 in the hospital(병원에 있는)이라고만 해도 '병원에 입원해 있는'이라는 뜻이 된다. '다리가 부러져서'는 because his leg is broken(그의 다리가 부러져 있기 때문에)이라고 복잡하게 말할 필요 없이 with a broken leg(부러진 다리를 갖고)라고 하면 된다.

예제 그녀는 폐렴에 걸려서 병원에 입원해 있다.
She's **in** the hospital with pneumonia.

• pneumonia 폐렴

in ⑫
(빚을) **지고 있는**

나는 빚더미에 올라앉아 있다.
콩글리시 **I'm sitting on a heap of debt.**
네이티브 **I'm in debt up to my eyeballs.**

한국어에서는 빚을 많이 진 사람을 보고 '빚더미에 올라앉아 있다'라고 한다. 이 말을 그대로 영어로 하면 '빚더미'는 a heap of debt이니 sit on a heap of debt이라고 할 수 있다. 대충 무슨 뜻인지 알아들을 정도의 말은 되지만 원어민들이 쓰는 표현과는 거리가 있다. 이 경우 원어민들은 '올라앉다'와 같은 동사 대신 전치사 in을 써서 I'm in debt.(나는 빚 안에 있다)이라고 한다. 한국어로는 빚을 '진'에 해당한다. 빚은 debt이라는 단어 외에 hock(저당 잡힘)라는 단어를 써서 말할 수도 있다. 여기에 좀 더 강조를 하려면 up to my eyeballs(내 눈동자까지)와 같은 표현을 붙여 그만큼 빚에 깊이 빠져 있다는 것을 표현한다.

예제 당신에게 신세를 졌습니다.
I'm **in** debt to you.

미국은 국가 채무가 많다.
The U.S. is **in** hock up to its eyeballs.

in ⑬
(회의에) **참석 중인**

그는 회의 중이다.
직역 **He's attending a meeting.**
네이티브 **He's in a meeting.**

'회의하다'는 have a meeting, '회의에 참석하다'라는 뜻이면 attend a meeting이다. 따라서 회의에 참석하고 있는 중인 사람은 He's attending a meeting.이라고 할 것처럼 보인다. 그런데 이 경우에는 attend라는 동사 없이 He's in a meeting.이라고 하는 것이 제대로 된 표현이다. 이 경우 전치사 in은 '~에 참석하고 있는 중인'이라는 뜻이다.

예제 판사님은 지금 법정에 계십니다.
The judge is **in** court right now.

그녀는 라스베이거스에서 열리는 국제 회의에 참석 중이었다.
She was **in** an international conference in Las Vegas.

in ⑭
(예산이) **책정된**

현장 탐사를 나갈 예산이 책정되어 있지 않다.
콩글리시 **The budget to go on a field trip is not allocated.**
직역 **We don't have the budget to go on a field trip.**
네이티브 **A field trip is not in the budget.**

'예산'은 budget, '책정되다, 배정되다'는 be allocated로 번역이 되지만 이런 한국어를 그대로 영어로 직역하면 하면 콩글리시가 된다. 위 예문은 '~할 예산이 없다'로 해석해서 not have the budget to ~라고 할 수 있다. 그런데 예산이 '있다', '없다'라는 말은 have를 쓸 필요 없이 전치사 in을 써서 ~ is not in the budget(~은 예산 안에 없다)이라고 말하면 훨씬 영어다운 표현이 된다. 또는 〈직역〉 표현의 뒷부분을 조금 바꿔서 We don't have the budget for a field trip.이라고 해도 좋다.

예제 새로운 경비 시스템을 구매할 예산은 책정되어 있지 않다.
A new security system is not **in** the budget.

in ⑮
(탈것을) **타고**

그는 리무진을 타고 도착해서 기다리고 있던 팬들과 만났다.

콩글리시 **He arrived riding a limousine and met his fans who were waiting for him.**

네이티브 **He arrived in a limousine to a crowd of fans awaiting his arrival.**

'~을 타다'를 ride(타다) 뒤에 바로 목적어를 붙여 ride a car라고 하는 사람들이 많다. 그러나 자동차 같은 것을 탄다고 할 때는 뒤에 in을 붙여 ride in a car라고 해야 한다. '~을 타고 도착하다'는 '타다'와 '도착하다'로 동사가 2개이므로 영어에서도 arriving riding in ~이라고 하기 쉽다. 그러나 이 경우 원어민들은 백이면 백 riding을 빼고 전치사 in만 써서 arrive in ~이라고 말한다. 즉, 전치사 in 뒤에 탈것을 넣으면 in만으로도 '~을 타다'라는 동사의 의미를 갖게 되는 것이다. 가령, '지금 택시를 타고 가고 있다'도 I'm in a taxi.라고만 한다. 자동차는 안에 타니까 in을 쓰지만 자전거, 오토바이, 말 같은 것은 위에 타므로 전치사 on을 쓴다. 가령, '그는 오토바이를 타고 왔다'는 He arrived on a motorcycle.이 된다. '말을 타고'는 on a horse 또는 on horseback이라고 한다.

예제 나는 어제 택시를 타고 친구 집에 가고 있었다.
Yesterday, I was **in** a taxi on my way to a friend's house.

in ⑯
(샤워)**하고 있는 중인**

그는 샤워하는 중이다.

콩글리시 **He's doing a shower.**

직역 **He's taking a shower.**

네이티브 **He's in the shower.**

'샤워하다'에서 '하다'는 영어로 do가 아니라 take를 써서 take a shower라고 한다. 가령, '먼저 샤워부터 해야겠어요'는 I'm going to take a shower first.이다. 그런데 '샤워를 하고 있는 중이다'라는 말은 굳이 take라는 동사를 쓸 필요 없이 전치사 in을 써서 He's in the shower.(그는 샤워 안에 있다)라고 한다. 그러니까 이 경우에는 전치사 in이 무엇을 '하고 있는 중인'이라는 뜻을 나타낸다.

예제 꿈을 꾸고 있는 느낌이었어요.
I felt like I was **in** a dream.

in ⑰

(눈물을) **흘리는**

그녀는 눈물을 흘리고 있었다.

콩글리시 **Tears were falling from her eyes.**

직역 **She was shedding tears.**

네이티브 **She was in tears.**

'눈물을 흘리다'에서 '흘리다'라는 동사는 영어로 어떻게 표현할까? 고민 끝에 어떤 영어 학습자가 Tears were falling from her eyes.라는 표현을 생각해 냈다. '그녀의 눈에서 눈물이 흘러 내리고 있었다'라는 말로 바꿔 표현한 것인데 순간적 재치는 돋보였지만 눈물은 폭포처럼 어떤 지점에서 낙하하는 것이 아니기 때문에 fall from ~이라고 하면 안 된다. 대신에 Tears were falling down her face.(눈물이 그녀의 뺨을 따라 흘러내리고 있었다)라고 해야 한다. 눈물을 '흘리다'는 영어 동사로 shed라고 한다. 따라서 '눈물을 흘리고 있었다'는 ~ was shedding tears이다. shed와 같은 동사를 모른다면 어떻게 할까? 전치사 in으로 간단하게 ~ was in tears라고 하면 된다. 실은 이것이 shed를 쓰는 것보다 더 자연스러운 표현이다. 이 경우에는 전치사 in이 shed라는 동사를 대신하는 셈이다.

예제 그가 그녀 방에 가 보니 그녀가 울고 있었다.

He found her **in** tears in her room.

곧 모든 사람들이 그녀를 따라 울었다.

Soon everyone joined her **in** tears.

INTO 기본 의미 ▶ ~ 안으로, ~ 속으로

into ①

(~에) **관심이 있는**

016_Ch02_n67_79

그녀는 요즘 풍수지리에 관심이 있다.

직역 **These days, she's interested in Feng Shui.**

네이티브 **These days, she's into Feng Shui.**

'~에 관심이 있다'는 have interest in ~ 또는 interested(관심을 갖고 있는)라는 단어를 써서 be interested in ~으로 표현한다. 그런데 이렇게 여러 단어를 쓸 필요 없이 전치사 into만으로도 무엇에 '관심을 가진'이라는 뜻을 표현할 수 있다. into의 기본 뜻은 무엇 '속으로'인데 어떤 것에 관심을 갖는다는 말은 그 안으로(into) 몰입해 들어가는 것이라고 할 수 있다.

예제 나는 만화 영화에는 별 관심이 없다.

I'm not **into** cartoons.

그는 요새 블로그에 빠져 있다.

He's **into** blogging these days.

into ②
(~에) 들어가는

공을 잡으려고 도로로 뛰어들면 안 됩니다.

직역 **You shouldn't jump into a road to catch a ball.**
Never chase a ball and jump into a road.

네이티브 **Never chase a ball into a road.**

아이에게 '공을 잡으려고 도로로 뛰어들면 안 돼'라고 주의를 주는 말을 영어로 해 보자. '공을 잡다'는 영어로 catch a ball이지만 여기서 '공을 잡다'의 실제 의미는 '공을 쫓아가다'이므로 catch 대신 chase(~을 추격하다)라는 동사를 쓰는 것이 옳다. 이렇게 하면 '공을 쫓아서' → chase a ball and, '도로에 뛰어들다' → jump into a road가 된다. 그런데 '뛰어들다'는 jump라는 동사를 쓰지 않고 전치사 into(~ 안으로)만 살려서 chase a ball into a road라고 하는 것이 영어다운 표현이다. 그러니까 이 경우 전치사 into가 한국어로 치면 '~ 안으로 들어가다'라는 동사의 의미를 담고 있는 셈이다.

예제 나는 그를 따라 집 안으로 들어갔다.
I followed him **into** the house.

into ③
(~하게) 만드는

그가 나를 속여서 그 계약서에 서명하게 했어.

콩글리시 **He deceived me and made me sign the contract.**

네이티브 **He tricked me into signing the contract.**

누구를 '속여서 ~하게 하다'에는 '속이다'와 '~하게 만들다'라는 두 개의 동사가 들어 있다. 영어로 하면 '속이다'는 deceive 또는 trick, 'A가 B하게 하다'는 make A B가 된다. 그러나 이렇게 두 개의 동사를 나열하는 것은 말 그대로 직역식 표현이다. 영어다운 영어에서 '~하게 만들다'는 동사 make 대신 전치사 into ~(~ 속으로)를 써서 deceive A into B(A를 속여서 B 속으로 들어가게 하다)와 같이 표현한다. into는 전치사이기 때문에 뒤에 sign(서명하다)과 같은 동사를 넣으려면 -ing를 붙여서 signing이라고 해야 문법에 맞다. 참고로 deceive 대신 talk(말하다)라는 동사를 써서 talk A into B라고 하면 'A를 설득해서 B하게 하다'라는 뜻이 되는데, 이것도 영어에서 매우 많이 쓰는 표현이다. 가령, 'Sue가 나를 설득해서 그 카메라를 사게 했다', 즉 'Sue가 자꾸 사라고 하는 바람에 그 카메라를 샀다'를 영어로 하면 Sue talked me into buying the camera.가 된다.

예제 그녀의 속임수에 넘어가서 내 비밀번호를 알려 주었다.
She tricked me **into** giving her my password.

그녀가 자꾸 같이 가자고 해서 갔지요.
She talked me **into** going with her.

into ④
(~에) 앉는, 타는

그는 그녀가 휠체어에 앉는 것을 도와주었다.

직역 **He helped her sit in the wheelchair.**

네이티브 **He helped her into the wheelchair.**

'앉다'는 영어로 sit이다. 따라서 '휠체어에 앉는 것을 도와주다'는 help ~ sit in the

wheelchair라고 할 수 있다. 그렇지만 원어민들은 이럴 때 sit이라는 동사를 쓰지 않고 into(~ 안으로)라는 전치사를 써서 help ~ into the wheelchair(~을 휠체어 안으로 도와주다)라고 표현한다. 이때 into는 '(장소) 안으로 들어가게, (휠체어)에 앉게, (차)를 타게'와 같이 동사를 대체하는 역할을 한다.

예제 나는 그녀가 택시에 타는 것을 도와주었다.
I helped her **into** the cab.

그 웨이터는 그가 코트를 입는 것을 도와주었다.
The waiter helped him **into** his coat.

into ⑤ (옷을 갈아) 입는

좀 더 편한 옷으로 갈아입고 오겠습니다.

콩글리시 **I'll change and wear more comfortable clothes.**

네이티브 **I'll change into something more comfortable.**

한국어 '갈아입다'는 '갈다'와 '입다'라는 두 개의 동사로 구성되어 있다. 각각을 영어로 하면 '갈다'는 change(바꾸다), '입다'는 wear(입다)가 된다. 그런데 이렇게 두 개의 동사를 나열해서 말하는 것은 직역식 영어 표현이다. 영어에서 '갈아입다'는 전치사 into를 써서 change into ~(~ 속으로 바꾸다)라고 한다. 즉, '~으로 들어가는'의 뜻을 가진 into는 결국 그 옷을 입는다는 뜻이므로 into가 한국어의 '입다'의 의미를 갖고 있는 셈이다. '갈아입다'의 경우에는 into를 쓰지만 그냥 '~을 입고 있는'이라는 말은 전치사 in(~ 안에)을 써서 표현한다. '좀 더 편한 옷'에서 '옷'은 clothes가 맞지만 something(어떤 것)이라는 단어를 써서 something more comfortable(좀 더 편안한 어떤 것)이라고 해도 문장 전체 의미상 옷을 뜻하는 것으로 이해된다.

예제 좀 더 격식을 갖춘 옷으로 갈아입을게요.
Let me change **into** something more formal.

into ⑥ (~년째에) 접어드는

(학교가 설립된 지) 우리는 이제 3년째에 접어들었다.

콩글리시 **We've approached our third year.**

네이티브 **We're into our third year.**

어떤 시기 또는 단계에 '접어들다'라는 말을 영어로 어떻게 표현할까? 표면적인 뜻만 볼 때 가장 비슷한 단어는 approach(~에 다가가다)이다. 그렇지만 approach는 아직 목표물에 다다른 상태는 아니기 때문에 이미 어떤 시기에 '접어들었다'라는 위의 예문을 표현하는 데는 부적절하다. 이렇게 한국어의 동사는 영어에서도 동사여야 한다는 도식적 생각을 갖고 있으면 엉터리 영어를 만들어 내기 쉽다. 이 경우도 동사 대신 전치사 into를 쓰는 것이 핵심이다. into가 '~ 접어드는'이라는 뜻을 갖고 있는 전치사이므로 이것만으로도 '~에 접어든'이라는 한국어 동사를 충분히 표현할 수 있다.

예제 우리는 이제 마지막 단계에 접어 들었다.
We're now **into** the final stage.

그 프로젝트는 이제 2년째를 맞고 있다.
The project is now **into** its second year.

OFF 기본 의미 ▶ ~에서 떨어져 나간

off ①
(다이어트를) **그만둔**

난 다이어트를 그만뒀어.

콩글리시 **I've stopped my diet.**
직역 **I stopped[quit] dieting.**
네이티브 **I'm off my diet.**

'그만두다'를 stop(중지하다), end(끝내다)와 같은 동사를 써서 말하면 콩글리시가 된다. stop 이나 quit뒤에 동명사 형태로 dieting이라고 하는 것은 가능하다. 다만, '포기했다'의 뜻으로 give up을 써서 I've given up my diet.라고는 할 수 있다. 그런데 포기한 것이건 아니면 원하는 결과를 거둬서 중지한 것이건 '그만두다'라는 한국어 동사는 off(~에서 떨어진)라는 전치사를 써서 I'm off my diet.(나의 다이어트에서 떨어져 있다)라고 하는 것이 제대로 된 영어 표현이다. 그러니까 전치사 off는 '~을 그만둔, ~을 하지 않은'이라는 동사의 의미를 가지고 있는 셈이다. '다이어트를 그만두다'라는 동작을 말할 때는 go[get] off my diet라고 한다. 가령, '지난달에 다이어트를 그만두었습니다'는 I got off my diet last month.라고 한다.

예제 난 다이어트를 또 중단했다.
I'm **off** my diet again.

off ②
(술을) **끊은**

나는 잠시 술을 끊었다.

직역 **I've stopped drinking.**
네이티브 **I'm off the alcohol now.**

'술을 끊었다'는 stop이라는 동사를 써서 stop drinking(술 마시는 것을 중단하다)이라고 표현해도 된다. 그렇지만 '금주 중인 상태'는 off(~에서 떨어진)라는 전치사를 써서 I'm off the alcohol.(나는 술에서 떨어져 있다)이라고 표현한다. 여기서 off는 '~을 하지 않는'이라는 의미로 사용되었다. 실제는 alcohol보다 booze(술)라는 단어를 써서 off the booze라고 하는 경우가 더 많다. '금주 중인'이라는 뜻의 숙어로는 on the wagon(마차 위에 있는)도 있다.

예제 죄송하지만 전 지금 금주 중입니다.
I'm sorry, but I'm **off** the booze now.

off ③
(쇼에) **나오거나 참여하지 않는**

그는 이제 그 쇼에 나오지 않는다.

직역 **He's not appearing on the show anymore.**
네이티브 **He's off the show now.**

어떤 쇼에 정기적으로 출연하던 사람이 더 이상 '그 쇼에 나오지 않는다'라는 말을 영어로 어떻게 할까? 대부분 '나오다'라는 한국어에 이끌려 영어에서도 비슷한 동사를 생각해 내려 할 것이다. '출연하다, 나오다'에 해당하는 영어 단어는 appear(나타나다)이다. 따라서 이 동사를 사용하면 He's not appearing ~ anymore.(그는 더 이상 ~에 출연하지 않고 있다)와 같은 문장을 만들 수 있다. 문법적으로 틀린 곳이 없고 뜻도 충분히 통하는 표현이긴 하지만 뭔가 좀 어색하다. 이 경우 원어민들은 보통 appear와 같은 동사 대신 전치사 off를 사용한다. off가 '~에서 떨어져 나간'의 뜻을 갖고 있으므로 off the show라고만 해도 '그 쇼에서 떨어져 나간', 즉 '그 쇼에 더 이상 나오지 않는'의 의미를 표현할 수 있다. show뿐만 아니라 어떤 것이든 그 일에 관여하지 않고 있다면 off를 쓸 수 있다. 가령, 형사가 어떤 사건(case)에 '더 이상 관여하지 않는다'라고 할 때도 He's off the case.라고 한다.

예제 그녀는 이제 그 이사회 일원이 아니다.
She's **off** the board. • board 이사회

그는 그 팀에서 탈퇴했다.
He's **off** the team.

off ④
(배에서) **바로 가져온,**
(갓 인쇄되어) **나온**

저희 집 바닷가재는 배에서 바로 가져온 것입니다.

콩글리시 **We brought our lobsters right from the boats.**

네이티브 **Our lobsters are fresh off the boats.**

'배에서 바로 가져왔다'라는 말의 실제 의미는 그만큼 '신선하다'라는 것이다. 이것을 한국어의 '가져오다'에 해당하는 영어 동사 bring을 써서 bring ~ from the boat라고 말하면 원래 의미가 전달되지 않는다. 같은 상황에서 원어민은 bring 같은 동사를 쓰지 않고 fresh off the boats(배에서 떨어져 나와 신선한)라고 표현한다. '갓 잡아온' 해산물이라고 할 때도 이 표현을 쓰면 된다. 또 fresh off the press(인쇄기에서 갓 떨어져 나온)는 '인쇄된 지 얼마 안 된'이라는 뜻이 된다. 이때 off는 '~에서 가져온', '~에서 나온'이라는 뜻이다.

예제 거기에서는 갓 잡은 해산물을 살 수 있다.
You can buy seafood fresh **off** the boats there.

저희 가을 상품 카탈로그는 갓 출간되어 따끈따끈합니다.
Our fall catalog is fresh **off** the press.

off ⑤
(고속도로에) **인접한**

저희 가게는 102 고속도로를 빠져나오면 바로 찾을 수 있습니다.

직역 **You can find our store right after you exit Highway 102.**

네이티브 **Our store is right off Highway 102.**

'고속도로에서 빠져나오면 바로 있다'에서 '~을 빠져나오다'라는 동사는 영어로 exit라고 한다. 그런데 '고속도로에 인접해 있다'의 뜻이라면 굳이 exit라는 동사를 쓸 필요 없이 off(~에서 떨어진)라는 전치사를 사용해 훨씬 영어다운 문장을 만들 수 있다. off 뒤에 바로 도로명을 넣어서 off Highway 102와 같이 쓰면 '102 고속도로에서 떨어진 → 102 고속도로에 인접한'이라는 뜻이 되기 때문이다.

예제 저희는 3번 고속도로 32번 출구를 빠져 나오면 바로 찾을 수 있습니다.
We're **off** Highway 3 at Exit 32.

off ⑥
(약 복용이) **중지된**

지금은 진통제를 먹지 않고 있다.

직역 **I'm not taking painkillers any longer.**

네이티브 **I'm off painkillers now.**

'약을 먹다'는 take라는 동사를 사용하므로 '~약을 더 이상 먹지 않다'는 not take ~ any longer이다. 그런데 같은 말을 전치사 off(~에서 떨어져서)를 써서 off painkillers라고 하면 훨씬 네이티브 영어의 맛이 난다. 이때 off는 '~약을 더 이상 복용하지 않는, ~약의 복용을 중지한'의 의미를 나타낸다. 어떤 약의 '복용을 중지하다'라는 동작은 get off ~(~에서 떨어져 가다)라고 한다. 가령, '나는 지난주에 그 약 먹는 것을 중지했다'는 I got off the medicine last week.가 된다.

예제 지금은 그 약을 먹지 않고 있습니다.
I'm **off** the medicine now.

off ⑦
(~퍼센트) 할인된

이번 세일 기간 동안 봄 상품 전체를 최고 40퍼센트까지 할인 판매합니다.

직역 **During the sale, we're selling all of our spring items at a discount of maximum 40 percent.**

네이티브 **During the sale, we're offering up to 40 percent off all spring items.**

'할인'은 discount이고 '~퍼센트 할인된 가격에'는 at a discount of ~라고 표현한다. 따라서 '40퍼센트 할인된 가격에 ~을 팔다'는 sell ~ at a discount of 40 percent가 된다. 이것도 통하긴 하지만 직역식 표현이므로 실제 '할인율'을 말할 때는 전치사 off를 써서 40 percent off ~(~에서 40퍼센트 떼어낸) 같은 표현을 쓴다. '40퍼센트 할인 판매하다'는 offer(제공하다)라는 동사를 써서 offer 40 percent off ~라고 표현한다. 또는 구매자 입장에서 enjoy(즐기다), get(얻다), receive(받다)와 같은 동사를 써서 During the sale, enjoy up to 40 percent off all spring items.라고 해도 좋다. '최고 ~퍼센트'도 maximum(최고의)이라는 형용사 대신 up to ~(~까지의)라는 표현을 쓴다.

예제 저희 가게의 모든 상품을 30퍼센트 할인된 가격에 구매하세요.
Get 30 percent **off** all merchandise at our store.

ON 기본 의미 ▶ ~ 위에

on ①
(팔에) 걸고, 걸치고

017_Ch02_n80_96

나는 어깨에 걸치고 있던 기내 가방의 위치를 바꿨다.

콩글리시 **I changed the position of the carry-on bag that was hanging from my shoulder.**

네이티브 **I adjusted the strap of the carry-on bag on my shoulder.**

우리는 가방을 어깨나 팔에 '걸다', '걸치다'라고 한다. 그러다 보니 영어에서도 '걸다', '걸치다'에 해당하는 hang(걸다)과 같은 동사를 찾아 a bag hanging from my shoulder(내 어깨에서 걸려 있는 가방)와 같은 영어 표현을 만들어 낸다. 여기까지는 문법적으로 틀린 게 아니지만 이럴 때 hang을 쓰는 것은 어색하다. 이런 경우 원어민은 동사 대신 전치사 on을 써서 표현한다. 따라서, '어깨에 걸쳐진 가방'은 a bag on my shoulder라고 하면 된다. 이 경우 전치사 on이 한국어의 '걸치다', '걸려 있다'와 같은 동사의 역할을 하는 셈이다. 재미있는 것은 결혼식에서 신부가 아버지 팔에 손을 얹고 입장할 때도 전치사 on을 써서 표현한다는 점이다. 즉, '신부가 아버지의 팔을 잡고 입장했다'는 영어로 The bride entered on the arm of her father.라고 한다. 이어서 위의 〈콩글리시〉 표현은 가방의 위치를 '바꾸다'를 change라고 해서 틀렸다. 가방 끈(strap)의 위치를 여기저기 옮기는 것은 adjust(조정하다)라는 동사를 써야 한다.

예제 그녀는 항상 팔에 유명 브랜드 핸드백을 걸고 나타납니다.
She's rarely seen without an elegant handbag **on** her arm.

on ②
(~에) 관심이 없는, (~을) 좋아하지 않는

나는 파티에는 별 관심이 없다.

직역 I'm not interested in parties.

네이티브 **I'm not much on parties.**

'~에는 별 관심이 없다'라는 말은 interested in ~(~에 관심 있는)이라는 영어 표현이 있으니까 이를 사용해서 be not interested in ~이라고 해도 된다. 그런데 같은 말을 interested와 같은 형용사나 동사가 아닌 전치사 on을 사용해서 be not much[big] on ~이라고도 할 수 있다. 주의할 것은 much의 경우는 '관심 없다'처럼 부정형으로만 사용된다는 점이다. 따라서 '~에 관심이 많다'라고 할 때는 big을 써서 be big on ~이라고 해야 한다. 이 표현은 '관심이 있다'라는 뜻 외에 '~을 중시하다'라는 뜻도 된다.

예제 나는 롤러코스터에는 별 관심이 없다.
I'm **not** much **on** roller coasters.

저는 아침은 꼭 챙겨 먹습니다.
I'm big **on** breakfast.

on ③
(음료·담배·음식 등을)
마시는, 피우는, 먹는

이게 오늘 아침 세 잔째 커피예요.

직역 This is my third cup of coffee this morning.

네이티브 **I'm on my third cup of coffee this morning.**

커피를 많이 마시는 사람들은 '이거 벌써 세 잔째예요'와 같은 말을 흔히 한다. 이 말을 영어로 하라고 하면 한국어처럼 주어를 This(이것)로 해서 This is my third cup of coffee.(이것이 나의 세 번째 커피 잔이다)라고 표현하기 십상이다. 또는 '세 잔째 커피를 마시는 중이다'라고 해서 I'm drinking my third cup of coffee.와 같이 표현할 것이다. 그러나 이런 상황에서 원어민들은 I'm on my third cup of coffee.(나는 세 번째 커피 잔 위에 있다)라고 표현한다. 이렇게 전치사 on은 '~을 마시는 중인'이라는 뜻으로도 쓰인다. '몇 갑째 담배를 피우고 있는 중'이라고 할 때도 전치사 on을 쓸 수 있다.

예제 (담배를 가리키며) 이게 벌써 두 갑째야.
I'm **on** my second pack of cigarettes.

그는 수프를 다 먹은 후 그릴 치킨 샐러드를 먹기 시작했다.
He finished his soup and started **on** the grilled chicken salad.

on ④
(사건을) **맡고 있는**

존손 형사가 그 사건을 맡고 있다.

콩글리시 Detective Johnson is taking the case.

직역 Detective Johnson is handling the case.

네이티브 **Detective Johnson is on the case.**

어떤 사건(case)을 '맡고 있다'라고 할 때 '맡다'에 해당하는 영어 동사로 take(취하다)를 생각하기 쉽다. 그렇지만 이 때는 take가 아니라 handle(다루다, 담당하다)이라는 동사를 써서 ~ is handling the case(~가 그 사건을 다루고 있다)라고 하면 아주 훌륭한 영어 표현이 된다. 그런데 handle이라는 동사 대신 전치사 on(~ 위에)을 써서 on the case(그 사건 위에 있는)라고만 해도 '그 사건을 맡고 있는'이라는 뜻이 된다. 진짜 영어 맛을 아는 사람만이 쓸 수 있는 표현법이다. 그 외에 in charge of ~(~을 담당하는)라는 숙어를 써서 Detective Johnson is in charge of the case.라고 할 수도 있다.

예제 전 더 이상 그 사건을 맡고 있지 않습니다.
I'm not **on** the case anymore.

on ⑤
묻어 있는

형사는 그의 셔츠와 바지에 피가 약간 묻어 있는 것을 발견했다.

직역 The detective found out that his shirt and pants were stained with some blood.

네이티브 **The detective noticed some blood on his shirt and pants.**

무엇이 옷에 '묻어 있다'를 영어로 어떻게 표현할까? 한참 한영사전을 뒤져 stained with ~라는 표현을 찾아낸다. stain은 명사로는 '얼룩', 동사로는 '얼룩지게 하다, 더럽히다'라는 뜻으로, be stained with ~라고 하면 '~으로 얼룩지다, 더러워지다, ~이 묻어 있다'라는 표현이 된다. 그런데 정말 원어민들이 일상생활에서 무엇이 옷에 묻었다고 할 때 이런 표현을 쓸까? 대답은 '아니다'이다. 영어로 말하기 까다로워 보이는 '묻어 있다'라는 말은 전치사 on 하나로 표현할 수 있다. 그래서 '셔츠에 피가 묻어 있었다'는 그냥 There was blood on his shirt.라고 하면 되고, '선생님 넥타이에 케첩이 묻어 있습니다'라는 말도 There is ketchup on your tie.라고 하면 된다.

예제 그는 부츠에 진흙을 묻힌 채 거실로 들어왔다.
He walked into the living room, with mud **on** his boots.

on ⑥
(전화를) **받고 있는**

그는 지금 전화를 받고 있다.

콩글리시 He's receiving a phone call right now.

네이티브 **He's on the phone right now.**

'전화'라는 기계는 a telephone 또는 줄여서 a phone이라고 하지만, '통화'는 a phone call이라고 해야 한다. 따라서 '전화를 받다'는 receive a phone call로 I received a phone call from Lucy yesterday.(어제 루시에게서 전화를 받았다.)와 같이 표현할 수 있다. 그렇지만 '지금 전화를 받고 있다'라는 말에서 이 표현을 쓰면 안 된다. receive(받다)는 어떤 순간에 일어나는 동작이기 때문에 He's receiving ~과 같이 현재진행형으로 표현하면 말이 안 되기 때문이다. 이 경우에는 receive라는 동사 대신 전치사 on을 써서 on the phone(전화상에 있는)이라고 해야 한다. 여기서 전치사 on은 전화상에서 '통화를 하고 있는 중인'이라는 뜻을 나타낸다.

예제 그녀는 지금 자신의 변호사와 통화 중이다.
She's **on** the phone with her lawyer.

on ⑦
(라디오·TV에서)
방송되고 있는

지금 TV에서 무엇을 하고 있나요?

콩글리시 **What's doing on TV now?**
직역 **What's showing on TV now?**
네이티브 **What's on TV now?**

TV에서 어떤 프로그램을 '하고 있다'라는 말을 영어로 do(하다)라는 동사를 쓰면 틀리고, 굳이 동사를 쓴다면 show(보이다)를 써야 할 것이다. 그러나 원어민은 십중팔구 동사를 쓰지 않고 전치사 on만 써서 What's on TV?라고 한다. 전치사 on에 '~에서 방송되고 있는'이라는 뜻이 있기 때문이다. 참고로 on (the) air(공기 위에 있는)는 '방송 중인'이라는 뜻이다.

예제 채널 6에서는 무엇을 하고 있니?
What's **on** Channel 6?

on ⑧
(약을) **복용 중인**

지금 복용하고 계신 약이 있습니까?

직역 **Are you taking any medicine?**
네이티브 **Are you on any medication?**

영어에서 약을 '복용하다, 먹다'는 eat이 아니라 take라는 동사를 쓴다. '약'은 medicine 또는 medication이다. 따라서 '약을 복용하다'는 take medicine이지만 '약을 복용하는 중이다'라는 현재 상황을 설명할 때는 take보다 전치사 on을 써서 on medication이라고 하는 것이 더 일반적이다. 이때 전치사 on은 '~을 복용 중인'이라는 뜻을 나타낸다.

예제 우리 할머니는 관절염을 앓고 계신데 페타민이라는 약을 복용 중이시다.
My grandmother has arthritis, and she's **on** Petamin. • arthritis 관절염

on ⑨
(~에)
붙여져 있는, 부착된

병에 부착된 라벨을 꼼꼼히 읽어 보세요.

직역 **Read carefully the label attached to the bottle.**
네이티브 **Read carefully the label on the bottle.**

'병에 부착된 라벨'을 곧이곧대로 영어로 하면 '~에 붙어 있는, 부착되어 있는'이 attached to ~이므로 the label attached to the bottle이 된다. 문법이나 단어 선택에서 전혀 문제가 없지만 실은 콩글리시에 가깝다. '~에 붙어 있는'은 전치사 on이면 족하다. 따라서 the label on the bottle(병 위의 라벨)이라고 하면 된다. '벽에 걸려 있는 거울'도 a mirror hanging on the wall이라고 할 필요 없이 전치사 on만 써서 a mirror on the wall이라고 한다.

예제 한쪽 벽에 동양화가 걸려 있었다.
There was an oriental painting **on** the wall.

on ⑩
(제품을 몇 번째)
사용 중인

이것이 내가 타고 다니는 세 번째 지프입니다.
직역 **This is the third jeep I'm driving.**
네이티브 **I'm on my third jeep.**

차를 '타고 다니다'는 drive라는 동사를 쓴다. 가령, '그녀는 빨간색 시빅을 타고 다닌다'는 She's driving a red Civic.이다. 그런데 위 문장처럼 '몇 번째 어떤 차를 타고 다니는 중이다'라고 할 때 네이티브는 보통 전치사 on을 써서 I'm on my third jeep.(나는 세 번째 지프 위에 있다)라고 표현한다. 여기서 전치사 on은 '~을 사용 중인'의 뜻을 갖고 있다. 자동차, 게임기, 스마트 기기 등 어떤 물건이라도 '몇 번째 ~을 사용 중이다'라고 할 때는 I'm on ~이라고 한다는 것을 기억해 두자.

예제 나는 10개월 만에 두 번째 iPad를 사서 쓰고 있다.
I'm **on** my second iPad in ten months.

on ⑪
(~페이지를) **읽고 있는**

난 지금 3장을 읽고 있어.
직역 **I'm reading Chapter 3 now.**
네이티브 **I'm on Chapter 3 now.**

'3장을 읽고 있는 중이다'는 '읽다'라는 동사 때문에 대부분의 영어 학습자들은 영어에서도 read(읽다)라는 동사를 현재진행형으로 표현해서 I'm reading Chapter 3.라고 할 것이다. 물론 틀린 문장은 아니다. 그렇지만 원어민이라면 read라는 동사보다는 전치사 on을 써서 I'm on Chapter 3.(나는 3장 위에 있다)라고 할 가능성이 더 높다. 이와 같이 전치사 on 뒤에 chapter(장)나 page(페이지)를 넣어 말하면 그 부분을 '읽고 있는 중이다'라는 말이 된다.

예제 전 지금 35페이지를 읽고 있습니다.
I'm **on** page 35.

on ⑫
(~을) **중시하는**

나의 상사는 팀워크를 중시한다.
직역 **My boss considers teamwork important.**
네이티브 **My boss is big on teamwork.**

'~을 중시하다'와 가장 비슷한 영어 표현은 consider ~ important(~을 중요하다고 여기다)이다. 한 단어로는 value(~을 가치 있게 생각하다)라는 동사를 써도 좋다. 그러나 이런 동사를 쓰지 않고 전치사 on을 써서 big on ~(~에 있어서 큰)이라고 해도 '~을 중시하는, ~에 열정적인'이라는 뜻을 표현할 수 있다. 2004년 미국 대선 때 공화당 후보였던 George Bush가 내걸었던 슬로건 중에 Bush is big on education!이라는 것이 있었는데 이게 무슨 뜻인지 이해가 될 것이다.

예제 그는 충성심을 중시한다.
He's big **on** loyalty.

on ⑬
(휴식 시간) **중인**

지금은 점심시간이다.

콩글리시 **It's my lunch hour now.**

네이티브 **I'm on my lunch break now.**

'점심시간이다'라는 말을 영어로 직역하면 It's my lunch hour now.(지금이 내 점심시간이다)가 된다. 이 문장은 문법적으로 틀린 건 아니지만 원어민들은 이런 표현을 쓰지 않는다. 이런 경우 원어민은 주어를 I로 해서 on my lunch break(내 점심 휴식 위에 있는)라고 한다. 이 경우 on은 '~을 하고 있는 중인'이라는 뜻을 나타낸다.

예제 지금 휴식 중입니다.
I'm **on** my coffee break.

on ⑭
(예정대로) **진행 중인**

프로젝트는 예정대로 진행되고 있다.

직역 **The project is going as scheduled.**

네이티브 **The project is on schedule.**

무엇이 '진행되다'에 해당하는 영어 동사는 go 또는 proceed이다. '예정대로'는 as scheduled(예정된 대로)이다. 단, 현재 예정대로 진행 중인 상황이라면 굳이 go나 proceed라는 동사를 쓰지 않고 전치사 on을 써서 on schedule(스케줄 위에 있는)이라고 하면 된다. 이때 전치사 on은 '~에 맞춰'라는 의미를 갖고 있다. 비슷한 예로 사업이 원래 예산(budget)에 맞춰 진행되고 있다면 The project is on budget.이라고 한다.

예제 공사가 예정대로 진행되고 있다.
Construction is **on** schedule.

on ⑮
(지도에) **표시된, 나와 있는**

그 버스 정류장은 여행 안내 책자의 지도에 표시되어 있지 않다.

직역 **The bus stop is not marked on the map in the guidebook.**

네이티브 **The bus stop is not on the map in the guidebook.**

무엇이 지도상에 '나와 있다', '표시되어 있다'라는 표현을 영어로 하면 be shown(보이다), be marked(표시되다)가 된다. 그렇지만 이런 동사를 생각하는 것은 한국어식 사고방식이다. 영어에서는 전치사 on만으로도 '~에 나온, 표시된'이라는 의미를 나타낼 수 있기 때문이다.

예제 그 등산로는 지도에 나와 있지 않다.
The trail is not **on** the map.

• trail 산길, 코스

on ⑯
(다이어트) **하는 중인**

나는 지금 다이어트를 하는 중이다.
콩글리시 I'm doing a diet now.
네이티브 **I'm on a diet now.**

'다이어트'는 원래 영어니까 diet이다. 따라서 '다이어트하다'는 do a diet라고 할 것 같지만 이렇게 말하면 콩글리시다. '다이어트를 하는 중이다'라고 할 때는 '하다'라는 동사를 영어로 말할 필요 없이 전치사 on을 써서 on a diet(다이어트 위에 있는)라고 한다. 여기서 on은 '~하는 중인'의 뜻으로 쓰였다. 이와 비슷한 표현으로는 on strike(파업 중인), on a trip(여행 중인), on leave(휴가 중인)와 같은 것들이 있다. 참고로 '다이어트를 시작하다'는 go on a diet(다이어트 위로 가다)라고 한다. 가령, '다이어트를 할 생각입니다'는 I'm thinking of going on a diet.라고 한다.

예제 얼마 동안 다이어트를 해 오셨나요?
How long have you been **on** a diet?
그는 지금 아프리카에 여행을 갔다.
He's **on** a trip to Africa.

on ⑰
(팀·위원회 등에서)
활동하는

나는 중학교 때 학교 육상부에서 활동했다.
콩글리시 I participated in my school's track team in middle school.
네이티브 **I was on the track team in middle school.**

'~팀에서 활동하다'를 participate in ~(~에 참가하다)이라고 하면 콩글리시가 되기 쉽다. 이런 경우 원어민들은 '활동하다'라는 말을 동사로 표현하지 않고 전치사 on을 써서 on the track team(육상팀 위에 있는)이라고 말한다. 이때 전치사 on은 '어떤 팀이나 부의 일원으로 참여하고 있는'이라는 뜻을 갖는다.

예제 나는 고등학교 때 웅변반에서 활동했다.
I was **on** the speech team in high school.
우리 아버지는 시의회 의원으로 활동 중이시다.
My father is **on** the city council.
• council 의회

OUT OF 기본 의미 ▶ ~ 밖으로

out of ①
(~에서) **갓 나온, 졸업한**

018_Ch02_n97_109

(빵집의 빵들을 가리키며) 이 빵들은 오븐에서 갓 구워낸 것이다.
직역 These breads have just been baked.
네이티브 **These breads are fresh out of the oven.**

빵을 '구워내다'라는 동사는 영어로 bake이다. 따라서 이 동사를 써서 These breads have just been baked.(이 빵들은 방금 구워졌습니다)라고 해도 말은 통한다. 그러나 이런 상황에서 거의 모든 원어민은 fresh out of the oven(오븐 밖으로 나온 신선한)이라고 한다. 여기서 전치사 out of는 '~에서 나온'의 의미를 갖는다. 학교를 '갓 졸업했다'라고 할 때도 fresh out of school이라고 한다.

예제 우리 회사에 새로운 직원들 중에는 대학을 갓 졸업한 사람들도 있다.
Some of our new workers are fresh **out of** college.

out of ②
(~에서) 나온, 퇴원한, 출소한

그 사람은 지금 병원에서 퇴원했나요?
콩글리시 **Did he leave the hospital?**
네이티브 **Is he out of the hospital?**

'~가 지금 퇴원했냐?'는 '퇴원하는 동작'에 관한 질문이 아니라 '퇴원해 있는지 아닌지의 상태'에 관한 질문이지만 한국어에서는 '퇴원했다'라고 과거형을 쓴다. 그러다 보니 영어로 He left the hospital.(그는 병원을 떠났다)이라고 말하기 쉽다. 그렇지만 이것은 틀린 문장이고, 이 경우에는 leave라는 동사가 아니라 out of라는 전치사를 써서 out of the hospital(병원 밖에 있는)이라고 해야 한다. 즉, 한국어에서는 '동작'과 '상태'를 구분해서 표현하지 않지만 영어에서는 두 경우를 구분해서 생각해야 한다. 한국어와 영어의 중요한 차이점이므로 기억해 두자.

예제 그 사람은 지금 출소해서 다시 사업을 하고 있다.
He's **out of** jail now and back in business.

out of ③
(~이) 다 떨어진

돈이 다 떨어졌어요.
콩글리시 **All my money fell out.**
네이티브 **I'm out of money.**

무엇이 '다 떨어지다'는 영어에서는 fall(떨어지다)이라는 동사를 쓰지 않고 run out이라는 구동사를 사용한다. 따라서 '돈이 떨어졌다'는 My money ran out.이 된다. 그런데 이것은 과거의 일을 뜻하고, 지금 무일푼인 경우에는 run out 같은 구동사를 쓰지 않고 전치사 out of를 써서 I'm out of money.라고 한다. out of가 '~ 밖으로'라는 뜻을 갖고 있으므로 out of money는 '돈 밖으로'라는 뜻인데, 사람이 돈 밖으로 나가 있는 것은 결국 돈이 다 떨어진 상태라는 뜻이다.

예제 설탕이 다 떨어졌어요.
We're **out of** sugar.

out of ④
(~를) 떠나 있는

그는 지금 출장을 떠나서 이곳에 없다.
콩글리시 **He has left for a business trip, so he is not here now.**
네이티브 **He's out of town on a business trip.**

'출장을 떠나다'는 전치사 on을 써서 go[leave] on a business trip이라고 한다. 그런데 '출장을 떠나서'와 '이곳에 없다'라는 말을 〈콩글리시〉 표현처럼 각각 나눠서 말하는 건 비록 문법도 맞고 의미도 통하지만 원어민들이 쓰는 표현은 아니다. 이 경우 원어민들은

'떠나 있다'의 뜻으로 leave라는 동사 대신 out of라는 전치사를 써서 out of town이라고 한다. 이때 town은 화자가 있는 곳, 즉 '이 지역'을 뜻한다. 따라서 out of town은 '이 지역을 떠나 있는'을 의미한다. 이것을 명사화해서 out-of-towner라고 하면 '외지에서 온 사람'이라는 뜻이 된다. 심야 토크쇼 진행자로 유명했던 Johnny Carson이 방청객에게 '다른 지방에서 오신 분은 몇 명이나 되나요?'라고 묻곤 했는데 이것도 영어로는 out of town을 써서 How many of you are from out of town?이라고 한다.

예제 그는 지금 외국에 나가 있다.
He's currently **out of** the country.

out of ⑤
(~에서) **벗어난**

제가 여기서 빠져나가게 도와주세요.

직역 **Help me escape from here.**

네이티브 **Help me out of here.**

'빠져나가다'라는 동사는 영어로 escape(탈출하다)에 해당한다. 따라서 escape를 써서 Help me escape from here.(내가 여기서 탈출하게 도와주세요.)라고 할 수도 있다. 그러나 원어민들은 escape와 같은 동사 대신 out of(~ 밖으로)라는 전치사를 쓴다. 이렇게 help A out of B(A를 B 밖으로 도와주다)라는 식으로 표현하면 out of는 '(장소에서) 탈출하게, (곤경에서) 벗어나게'와 같은 동사를 대신하는 역할을 한다.

예제 우리는 이제 위험을 벗어났다.
We're **out of** danger now.

그는 몇 년 전에 내가 곤경에서 벗어날 수 있도록 도와주었다.
Some years ago, he helped me **out of** a tight spot.

• tight spot 좁은 지역 → 어려운 상황, 곤경

out of ⑥
(옷을) **벗은**

어머니는 내가 젖은 옷을 벗는 것을 도와주셨다.

직역 **My mother helped me take off my wet clothes.**

네이티브 **My mother helped me out of my wet clothes.**

'(옷을) 벗다'는 take off라는 구동사를 쓴다. 따라서 '젖은 옷을 벗다'는 take off my wet clothes가 된다. 그러면 앞에 '도와주다'라는 말을 붙여 '젖은 옷을 벗는 것을 도와주었다'라고 할 때도 take off를 쓸까? 그렇게 하면 help(도와주다) ~ take off(벗다)와 같이 동시 표현을 두 번 쓰게 되는데, 이것도 문법적으로 틀린 건 아니다. 그러나 원어민들이 쓰는 영어는 따로 있다. 그것은 take off 대신 out of라는 전치사를 사용해서 help ... out of ~(…가 ~ 밖으로 나오도록 도와주다)라고 표현하는 것이다. 이때 out of는 한국어에서 '벗다'라는 동사의 역할을 하는 셈이 된다.

예제 그는 몸을 비틀어 코트를 벗어 옆에 있는 의자 위에 던져 놓았다.
He shrugged **out of** his coat and tossed it on a nearby chair.

• shrug 어깨를 으쓱하다, 비틀다

out of ⑦
(~이 시야에서) **사라진**

그녀는 그가 시야에서 사라질 때까지 그의 뒷모습을 지켜보았다.

콩글리시 **She watched his backside until he disappeared from view.**

네이티브 **She watched his back until he was out of sight.**

'시야에서 사라지다'를 영어로 어떻게 표현할까? '시야'는 view 또는 sight, '사라지다'는 disappear니까 disappear from view라고 말하면 될까? 안타깝지만 이런 식으로 영어 문장을 만드는 것은 콩글리시로 가는 지름길이다. 이 경우는 disappear라는 동사 대신 out of라는 전치사를 사용해서 out of sight라고 한다. sight(시야)에서 out of(벗어난) 한 것, 즉 시야에서 사라진 것이 된다. 따라서 이 경우 out of는 '사라지다'라는 한국어 동사를 대신하는 셈이다. 속담 중에 '오래 안 보면 잊혀진다'라는 말이 있는데 여기서도 '보다(see)', '잊혀지다(forgotten)'와 같은 한국어 동사가 영어에서는 Out of sight, out of mind.와 같이 out of로 표현된다. 이것이 바로 영어 전치사의 힘이다.

예제 나는 그 이상한 물체의 사진을 찍기 위해 휴대용 카메라를 꺼냈지만 그건 이미 시야에서 사라진 뒤였다.
I took out my portable camera to take a picture of the strange thing, but it was already out of sight.

out of ⑧
(잠자리에서) **일어난**

그가 잠자리에서 일어났나요?

콩글리시 **Did he get up from the bed?**

네이티브 **Is he out of bed?**

잠에서 깨서 '일어나다'는 영어로 get up이라고 한다. 이 표현을 생각해서인지 '잠자리에서 일어나다'를 get up from bed라고 하는 경우가 있는데 정확한 표현은 get out of bed(침대 밖으로 나가다)이다. 가령, '나는 7시에 잠자리에서 일어났다'는 I got out of bed at 7.이라고 한다. 그런데 지금 잠자리에서 일어나 있는 상태라면 get out of bed라는 표현을 쓸 수 없다. 왜냐하면 이것은 침대에서 일어나 나오는 순간적인 동작을 나타내는 말이기 때문이다. 이 경우에는 get이라는 동사 대신 be동사를 써서 He's out of bed.(그는 침대 밖에 나와 있다)라고 해야 한다. 또는 up이라는 부사를 '일어나 있는'이라는 뜻으로 써서 He is up.이라고 한다.

예제 모든 사람들이 5시까지 잠자리에서 일어나서 6시가 되었을 때는 아래층에 내려와 있었다.
Everyone was out of bed by 5:00 a.m. and downstairs by 6:00 a.m.

out of ⑨
(운행)**하지 않는**

그 엘리베이터는 지금 수리하느라 운행하지 않고 있다.

콩글리시 **The elevator is not being operated right now because of repair.**

네이티브 **The elevator is currently out of service for repair.**

'~을 운행하다 = operate', 이렇게 공식처럼 단어를 외우고 있는 사람들은 위 문장을 보고 operate라는 동사를 써야 한다고 생각할 것이다. 물론 ~ is not being operated(운행되지 않고 있다)라고 해서 문법적으로 틀린 건 아니고 뜻이 통하지 않는 것도 아니다. 그러나 이 경우 operate라는 동사를 쓰지 않고 service라는 명사와 전치사 out of를 묶어 out of service(서비스를 벗어난)라고 하는 것이 제대로 된 영어 표현이다. 이때 service는 '운행'의 의미가 있고 out of는 '~을 하지 않는'이라는 뜻을 갖게 된다. 굳이 operate를 쓰고 싶다면 동사 대신 operation이라는 명사를 써서 ~ is not in operation이라고 해야 한다. out of service와 비슷한 표현으로 out of commission이 있는데 commission은 '임무, 일' 등의 뜻으로, 포괄적으로 '사용되지 않는', '움직일 수 없는', '고장 난' 등의 뜻으로 쓰인다.

예제 저희 사이트는 기술적 문제 때문에 현재 서비스가 중단되었습니다.
Our site is currently **out of** service due to technical problems.
내 차는 지금 사용할 수 없다.
My car is **out of** commission now.

OVER 기본 의미 ▶ ~의 위에

over ①
(~을) 극복한

그때는 마음이 아팠지만 지금은 다 지난 일이다.

콩글리시 My mind was sick at that time, but it's the past now.
직역 My heart was broken at that time, but it's all in the past now.
네이티브 **I was heartbroken at that time, but I'm over it now.**

예문에 나온 '마음'은 mind가 아니라 heart이다. '마음이 아프다'에서 '아프다'에 sick이라는 형용사를 쓰면 엉터리 영어 표현이 된다. sick은 몸에 '병이 난'이라는 뜻이고 heart의 경우는 break(깨지다)라는 동사를 써서 My heart was broken.(마음이 깨졌다)이라고 하거나 heartbroken(비탄에 잠긴)이라는 형용사를 쓴다. '지난 일이다, 과거의 일이다'는 It's in the past.(과거에 있다)라고 표현한다. 그런데 여기서 '지난 일이다'는 마음의 상처를 '극복했다'라는 뜻이므로 '~을 넘어선, 극복한'이라는 뜻의 전치사 over를 써서 I'm over it.이라고 하면 진짜 영어 맛이 나는 표현이 된다.

예제 가장 추운 날씨는 지나간 것 같다.
I think we're **over** the worst of the cold weather.

over ②
(~을) 논의한, 검토한

우리는 이 문제를 이미 한 번 논의했습니다.

직역 We've already discussed this.
네이티브 **We've already been over this.**

어떤 문제를 '논의하다'는 영어로 discuss(논의하다), talk about ~(~에 관하여 말하다)과 같은 표현을 쓴다. '전에 논의한 적이 있다'라고 할 때 원어민들은 이런 동사 대신 전치사 over를 써서 말하기도 한다. 전치사 over는 '~ 위에' 또는 '~ 위로 넘어'라는 기본 뜻을 갖고 있는데, 어떤 문제를 over한 적이 있다는 말은 그것에 관하여 '논의했었다'라는 의미다. 과거에 논의한 적이 있다는 문장에만 쓰이므로 시제는 have been over ~와 같이 현재완료로만 쓴다.

예제 이 문제는 벌써 수백 번 이야기한 것이잖아요!
We've been **over** this a hundred times!

over ③
(~을) 먹으면서

점심을 먹으면서 이야기를 해 봅시다.

콩글리시 Let's talk about it, eating lunch.

네이티브 **Let's talk about it over lunch.**

'점심 먹으면서'처럼 '~하면서'라는 동시 동작은 동사에 -ing를 붙여서 eating lunch라고 표현한다. 단, 예외적으로 무엇을 '먹으면서'라고 할 때는 이런 식으로 동사 eat에 -ing를 붙여 말하지 않는다. 이때는 eat이라는 동사 대신 전치사 over를 써서 over lunch라고 하는 것이 제대로 된 영어 표현이다. 이렇게 over는 '~을 먹으면서, 마시면서'라는 의미로도 쓸 수 있다. '~합시다'는 Let's ~ 말고도 Why don't we ~?, I suggest [that] we ~ 등의 표현이 있으므로 하나씩 바꿔 가면서 연습해 보자.

예제 우리는 커피를 마시면서 계약 내용을 검토했다.
We reviewed the contract **over** coffee.

길 건너에 있는 피자 식당에서 저녁을 먹으면서 논의하면 어떨까 하는데요.
Maybe we could discuss it **over** dinner at that pizza place across the street.

over ④
(~을) 물리치고, 누르고

그는 일곱 명의 다른 후보자들을 물리치고 선발되었다.

콩글리시 He defeated seven other candidates and was chosen.

네이티브 **He was chosen over seven other candidates.**

어떤 경쟁자들을 '물리치고(누르고) 선발되다'에는 '물리치다'와 '선발되다'라는 두 개의 동사가 있다. '물리치다'나 '누르다'에 해당하는 동사로는 defeat(~을 패퇴시키다, 물리치다)가 있고, '선발되다'는 '선발하다, 선택하다'라는 뜻의 choose를 수동태로 해서 be chosen(선발되다)이라고 한다. 그런데 이렇게 두 개의 동사를 써서 영어로 말하면 완전한 콩글리시가 되고 만다. 이 경우 원어민들은 defeat라는 동사 대신 전치사 over를 써서 choose A over B(B 위로 A를 선택하다)와 같은 형태로 표현한다. 이렇게 over는 여럿 중 하나를 선택할 때 '~ 대신에', '~보다는', '~을 누르고', '~을 물리치고'를 표현하는 역할을 한다.

예제 런던이 뉴욕 시를 제치고 2012년도 하계 올림픽 개최국으로 선정되었다.
London was chosen **over** New York City to host the 2012 Olympic Games.

바로 그것이 내가 니콘 대신 캐논을 선택한 이유야.
That's why I chose Canon **over** Nikon.

THROUGH 기본 의미 ▶ ~을 통하여 / 통과하여

through ①
(~을) 겪은, 경험한

019_Ch02_n110_121

우리는 함께 많은 일을 겪었다.

직역 **We've experienced many things together.**

네이티브 **We've been through a lot together.**

어떤 일을 '겪다', '경험하다'에 해당하는 영어 동사로 experience가 있다. 따라서 '많은 일을 겪다'는 experience many things가 된다. 그런데 과거부터 지금까지 '겪다'의 뜻일 경우에는 experience라는 동사 대신 through라는 전치사를 사용해서 We've been through ~(우리는 ~을 통해 있어 왔습니다)라는 식으로 표현한다. through는 원래 무엇을 '통과하여'라는 뜻을 갖고 있는데, 어떤 일을 통과한다는 것은 결국 그것을 '경험하는', '겪는'의 뜻이다.

예제 그녀는 산전수전을 다 겪었다.
She's been **through** so much in her life.

그는 인생에서 많은 아픔을 겪었다.
He's been **through** a lot of pain in his life.

through ②
(~을) 극복한

이 책은 내가 인생에서 많은 역경을 극복하는 데 도움을 주었다.

직역 **This book helped me overcome many difficulties in my life.**

네이티브 **This book helped me through many crises in my life.**

'A가 B를 극복하는 데 도움을 주다'를 영어로 하라고 하면 대부분의 독자들은 '극복하다'라는 뜻의 overcome과 '도와주다'라는 뜻의 help를 사용해서 표현하려 할 것이다. 이렇게 하면 위의 〈직역〉 표현에 나와 있는 것과 같은 영어 문장이 만들어진다. 이것 자체는 틀린 문장이 아니므로 얼마든지 쓸 수 있다. 그러나 원어민들은 이 경우 overcome과 같은 동사를 쓰지 않고 전치사 through를 써서 help A through B라고 표현한다. through는 '~을 통해서'라는 기본 뜻을 갖고 있는데, 어떤 역경을 '통과해' 간다는 말은 그것을 '극복하고 이겨낸다'는 뜻이 된다. '역경'은 difficulty이지만 crisis(위기)라고 해도 좋다.

예제 당신은 내 인생에서 가장 힘든 시기를 이겨내도록 나를 인도해 주셨습니다.
You guided me **through** the hardest times in my life.

through ③
(~을) 끝낸, 마친

난 지금까지 50페이지 정도까지 읽었어.

콩글리시 **I've read until page 50.**

네이티브 **I'm through the first 50 pages or so.**

'~까지 읽었다'를 영어로 한다면 대부분은 '읽다'라는 뜻의 동사인 read를 먼저 생각해서 I've read until ~(나는 ~까지 읽었다) 같은 식으로 표현하려 할 것이다. 그렇지만 이것은 콩글리시다. 우선 until ~은 시간을 말할 때만 쓰는 표현이기 때문에 틀렸다. 그리고 원어민들은 '지금 책을 어디까지 읽었다'라고 할 때 read라는 동사를 쓰지 않고 through라는 전치사를 써서 I'm through ~라고 표현한다. through의 기본 의미는 '~을 통과하여'라는 뜻으로, 책에서 어떤 장(chapter)이나 페이지(page)까지 '통과한' 상태, 즉 거기까지 읽었다는 뜻이 된다. 이렇게 through는 어디까지 일을 '끝낸', '마친'의 의미로 쓰이기도 한다.

예제 (책의) 앞의 두 장까지 읽었다.
I'm **through** the first two chapters.

through ④
(~을) **모르고**

천둥이 치는 것도 모르고 잠을 잤다.

직역 **I slept, not knowing about the thunder storm.**

네이티브 **I slept through the thunder storm.**

어떤 일이 일어나는지도 '모르고 잠을 자다'에서 '모르다' 때문에 영어로 말할 때도 not knowing about ~(~에 관하여 알지 못한 채)과 같은 문장을 만들어 말하기 쉽다. 이것도 뜻은 어느 정도 통하지만 거의 콩글리시 수준의 표현이다. 이럴 때 원어민들은 백이면 백 전치사 through(~을 통해서)를 써서 I slept through ~.(나는 ~을 통과해서 잠을 잤다)라고 표현한다. 이 때 through는 '~의 처음부터 끝까지 줄곧', '~이 일어나는지도 모르고'와 같은 한국어 동사를 표현하는 역할을 한다.

예제 그녀는 그 시끄러운 소리에도 깨지 않고 아기처럼 코를 골며 잤다.
She slept **through** the whole racket, snoring like a baby. • racket 소음

어젯밤에 우리 아기가 처음으로 밤에 깨지 않고 잠을 잤어요.
Our baby slept **through** the night for the first time last night.

TO 기본 의미 ▶ ~로, ~에게

to ①
(~로) **가는**

이 길이 기차역으로 가는 길 맞습니까?

직역 **Is this the right way to go to the train station?**

네이티브 **Is this the way to the train station?**

어디로 '가는 길'에서 '~로 가다'는 영어로 go to ~이고 '길'은 way이다. 따라서 '기차역으로 가는 길'은 the way to go to the train station이라고 표현하기 쉽다. 이 표현도 문법적으로 틀린 건 아니고 뜻도 전달된다. 그렇지만 원어민이라면 굳이 go라는 동사를 쓰지 않고 the way to the train station이라고 할 것이다. 전치사 to는 '~에로'라는 방향을 나타내는 뜻이 있는데, way(길) 뒤에 붙이면 자연스럽게 '~로 가는'이라는 의미까지 내포하게 되므로 go라는 동사를 쓰지 않아도 된다. 1980년대 미국에서 히트를 친 TV 드라마 '천국으로 가는 고속도로'의 원제도 Highway to Heaven이다.

예제 이 길이 도서관으로 가는 길 맞나요?
Is this the way **to** the library?

to ②
(~에 입고) 가는

내일 파티에 무슨 옷을 입고 가지요?

콩글리시 What clothes should I wear to go to the party tomorrow?

네이티브 **What should I wear to the party tomorrow?**

어떤 장소에 무슨 옷을 '입고 가다'에는 '입다'와 '가다' 두 개의 동사가 있다. 그래서 영어로도 wear(입다)와 go(가다)라는 동사를 써서 표현하려는 사람들이 많다. 그렇지만 원어민들의 영어에서는 go라는 동사는 등장하지 않고 전치사 to만 써서 wear A to B(A를 입고 B에 가다)라고 표현한다. 역시 전치사 to가 '~에 가다'라는 한국어 동사의 역할까지 하는 셈이다.

예제 나는 직장에 항상 바지를 입고 간다.
I always wear pants to work.

to ③
(~을) 기원하는

우리 모두의 건강을 기원하며 건배합시다!

콩글리시 Let's toast, wishing for our health!

네이티브 **Here's to our health!**

'~을 기원하며 건배하자'에는 '기원하다', '건배하다'라는 두 개의 동사가 쓰인다. 이 때문에 '~을 기원하며 건배합시다'라는 말을 영어에서도 '건배하다' → toast, '~을 기원하다' → wish for ~와 같이 옮겨서 말하기 쉽다. 그러나 영어에서는 toast 뒤에 wish라는 동사 대신 전치사 to를 써서 toast to ~라고 간단하게 표현한다. 더 나아가 toast라는 동사도 없애고 간단하게 Here's to ~라고 해도 된다.

예제 새로운 한 해도 성공적인 해가 되길 기원하며 건배!
Let's toast to another year of great success!
Here's to another year of great success!

to ④
(~에) 대고

자, 모두 두 사람씩 등을 맞대고 앉으세요.

콩글리시 Everyone, sit by two people touching each other's back.

네이티브 **Now everyone, sit in pairs back to back.**

'등을 맞대고 앉다'에는 '맞대다'와 '앉다' 두 개의 동사 표현이 있다. 따라서 영어에서도 '맞대다'는 touch, '앉다'는 sit이라는 동사를 생각하기 쉽다. 그러나 touch each other's back이라고 하면 '손으로 서로 상대의 등을 만지다'라는 엉뚱한 말이 된다. 의미에 맞게 옮기자면 with your backs touching each other라고 해야 한다. 그런데 이것도 실은 틀린 말이다. 제대로 말하자면 '등을 맞대고'는 touch라는 동사를 쓰지 않고 전치사 to만 써서 back to back이라고 표현한다. 그러니까 대부분 '~에게'라는 뜻으로만 알고 있는 전치사 to에 '맞닿다'의 뜻이 담겨 있는 것이다. back to back은 '등을 맞대고'라는 뜻에서 발전하여 '연이어', '연속해서'의 뜻으로도 사용된다. 가령, '약속이 연이어 있다'는 I have appointments back to back.이라고 한다.

예제 그는 얼음 팩을 뺨에 대고 들것에 실려 나갔다.
He was carried off on a stretcher with an ice pack to his cheek. • stretcher 들것

그들은 빰을 맞대고 춤을 췄다.
They danced cheek **to** cheek.

to ⑤
(~을) 들으면서

난 노래를 들으면서 자는 걸 좋아해.

직역 **I like to fall asleep while listening to music.**

네이티브 **I like to sleep to music.**

'음악을 들으며 잠자다'에는 '듣다'와 '잠자다' 두 개의 동사가 들어 있다. 따라서 대부분의 학습자들은 fall asleep(잠들다) while(~하는 동안) listening to music(음악을 듣는)과 같은 식의 문장을 생각한다. 이것도 틀린 문장은 아니다. 그렇지만 이 표현 대신 전치사 to를 써서 sleep to ~(~으로 자다)라고 하면 간단하면서도 영어 맛이 나는 문장이 된다. 그러니까 이 경우 전치사 to는 한국어의 무엇을 '들으며'라는 표현에 해당한다고 할 수 있다.

예제 나는 파도 소리를 들으며 잠을 청했다.
I slept **to** the sound of the waves.

to ⑥
(음악 등에) 맞춰

우리는 그 밴드 음악에 맞춰 춤을 추었다.

콩글리시 **We danced, following the band music.**

네이티브 **We danced to the band music.**

어떤 음악에 '맞춰 춤추다'에는 '맞추다'와 '춤추다'라는 두 개의 동사가 들어 있다. 따라서 '맞춰'에 해당하는 영어 동사가 무엇인지 고민하게 된다. '맞추다'라고 해석되는 영어 동사로는 match가 있는데, 이는 '짝을 맞추다'의 뜻이므로 무턱대고 한국어 해석만 보고 이 동사를 쓰면 안 된다. 또 음악을 '따라서 춤추다'는 뜻만 보면 follow(따르다)라는 동사를 써야 할 것 같기도 하다. 그러나 제대로 된 영어 표현은 한국어의 '맞추다'라는 동사를 전치사 to로 표현하는 것이다. 즉, dance to ~라고만 해도 '~에 맞춰 춤추다'라는 뜻이 된다.

예제 나는 스페인 음악에 맞춰 춤추는 것을 좋아한다.
I like dancing **to** Spanish music.

to ⑦
(~)하러 나간

그는 점심을 먹으러 나갔어요.

콩글리시 **He went out to eat lunch.**

직역 **He has gone out to eat lunch.**

네이티브 **He is out to lunch.**

'점심 먹으러 나가다'에는 '먹다'와 '나가다'라는 두 개의 동사가 들어 있다. 따라서 이 말을 영어로 go out(나가다) to eat lunch(점심을 먹기 위하여)처럼 go, eat이라는 동사를 넣어서 표현하기 쉽다. 이 경우 문법적으로는 go의 과거동사(went)를 쓰면 과거에 나간 적이 있다는 뜻이지 지금 나가 있다는 말은 아니다. 현재완료로 have gone이라고 해야 나가서 아직 안 돌아온 상황이 된다. 그런데 이렇게 점심을 먹으러 나가 있는 상황이라면 굳이 eat이나 go 대신 be동사를 써서 be out to lunch(점심으로 나가 있다)라고 하는 것이 네이티브 영어 표현이다. 그러니까 전치사 to가 한국어에서 '먹으러'의 뜻에 해당하는 역할을 하는 셈이다.

예제 그녀는 친구들과 저녁을 먹으러 나갔다.
She's out **to** dinner with her friends.

to ⑧
(일어나 보니) **~한, ~ 때문에** (일어나다)

오늘 아침 일어나 보니 머리가 깨질 듯 아팠다.

콩글리시 **When I woke up this morning, my head was very sick.**
직역 **When I woke up this morning, my head ached terribly.**
When I woke up this morning, I had a terrible headache.
네이티브 **I woke up this morning to a terrible headache.**

'일어나 보니 ~했다'를 영어로 하라고 하면 대부분 '일어나 보니'와 '~했다'를 각각 따로 표현한다. 따라서 '일어나 보니'는 when I woke up, '머리가 아팠다'는 I had a headache가 된다. 그런데 이것은 직역식 영어 표현이고 영어식은 따로 있다. 이 경우 원어민들은 have a headache에서 have라는 동사 대신 전치사 to를 써서 woke up to a headache라고 표현한다. 그러니까 이 경우 전치사 to는 '~했다'라는 한국어 동사와 같은 역할을 한다. 따라서 to가 전치사이지만 실제로는 동사의 뜻으로 볼 줄 알아야 한다는 점이고, 이런 통찰력이 원어민 영어 능력의 핵심 중 핵심이다. 전치사 to 대신 with를 써서 I woke up with a headache.라고 해도 된다. woke up to ~는 때로는 '~ 때문에 잠에서 깼다'라는 뜻으로 해석되기도 한다. 가령, '시끄러운 소음(noise) 때문에 잠에서 깼다'는 말은 '때문에'라고 해서 because of a terrible noise라고 하지 않고, to를 써서 I woke up to a terrible noise.라고 한다.

예제 어젯밤에, 일어나 보니 다리에 통증이 심했다.
Last night, I woke up **to** a terrible pain in my leg.
어젯밤에 전화벨 소리에 잠이 깼다.
I woke up **to** a phone call last night.

UNDER 기본 의미 ▶ ~ 아래에

under ①
(술이나 마약을) **마시고**

020_Ch02_n122_131

그는 술을 마시고 운전하다 붙잡혔다.

직역 **He was caught driving after drinking alcohol.**
네이티브 **He was caught driving under the influence of alcohol.**

'술을 마시고' 또는 '술을 마신 상태에서'라는 말은 '마시다'라는 동사 drink를 사용할 필요 없이 under(~ 아래에)라는 전치사를 써서 under the influence of alcohol(알코올의 영향 하에서)이라고 표현한다. 미국에서는 alcohol뿐만 아니라 drugs(마약)를 복용한 상태에서 운전하는 driving under the influence of drugs도 큰 사회 문제가 되고 있다. '음주 운전'은 driving under the influence, 또는 DUI라고 줄여서 표현하기도 한다.

예제 음주 운전은 불법이다.
Driving **under** the influence of alcohol is illegal.

under ②
(~을) **받고 있는**

나 요새 직장에서 스트레스를 많이 받고 있어.

콩글리시 **I'm receiving a lot of stress at my workplace.**

네이티브 **I'm under a lot of stress at work.**

'받다'에 해당하는 영어 동사로 receive(받다), get(얻다, 받다) 같은 것들이 있다. 그렇지만 stress와 이런 동사는 잘 맞지 않는다. 대신에 have(갖다)라는 동사를 써서 have stress라고 한다. 그런데 실은 이런 동사보다 under라는 전치사를 써서 I'm under stress.(나는 스트레스 아래에 있다)와 같이 표현하는 것이 더 일반적이다. 그러니까 under stress에서 under는 스트레스를 '받는'이라는 동사의 의미를 포함하고 있는 셈이다. stress뿐만 아니라 '압박(pressure)을 받고 있다'라고 할 때도 under pressure라고 한다. 영어에서 pressure는 stress의 의미로 흔히 쓰인다. 따라서 '그는 집에서 스트레스를 많이 받고 있다'라는 말을 He's under a lot of pressure at home.이라고 할 수 있다. 또, '공격(attack)을 받고 있는'은 under attack이다.

예제 그녀는 국민들로부터 사임 압박을 받고 있다.
She is **under** public pressure to resign. • resign 사임하다

대통령은 야당으로부터 공격을 받고 있다.
The president is **under** attack from the opposition parties.

under ③
(의무가) **있는**

당신은 어떤 상품도 구매해야 할 의무가 없습니다.

직역 **You have no obligation to buy anything.**

네이티브 **You're under no obligation to buy.**

무엇을 '해야 할 의무가 없다'를 영어로 한다면 '의무'는 obligation, '없다'는 not have(~을 갖고 있지 않다)이다. 따라서 전체적으로는 do not have any obligation to ~ 또는 no를 obligation에 붙여서 have no obligation to ~이다. 이것은 영어에서도 그대로 통하는 표현이다. 그런데 동사 have를 쓰는 대신 전치사 under(~ 아래)를 써서 under no obligation to ~(~한 의무 아래에 없는)라고 표현해도 '~할 의무가 없는'이라는 뜻이 된다. 그러니까 여기서 under는 의무나 짐을 '갖고 있는', '지고 있는'이라는 동사의 의미를 갖고 있다고 볼 수 있다. '어떤 상품을 사다'는 buy any product이지만 product(상품) 대신 buy anything(어떤 것)이라고 해도 된다. 또 buy는 '물건을 구매하다'라는 자동사로도 쓰기 때문에 목적어가 없어도 된다.

예제 (저희 잡지를) 구독하셔야 할 의무가 없습니다.
You're **under** no obligation to subscribe. • subscribe 구독하다

under ④
(~하고 있는) **중인**

이 기술을 암 치료에 적용할 수 있는지 현재 연구 중이다.

직역 We are studying if we can apply this technology to cancer treatment.

네이티브 **The possibility of using this technology for cancer treatment is under study.**

영어 학습자들은 보통 '~을 연구 중이다'라는 말을 '연구하다'라는 뜻의 study나 research라는 동사 뒤에 -ing를 붙여서 We are studying[researching] ~과 같이 진행형으로 표현한다. 물론 이렇게 표현해도 된다. 그런데 어떤 의미를 전달하는 데 한 가지 방법만 알고 있다면 그런 사람의 말은 이내 진부하고 재미가 없다는 평가를 받게 된다. 특히 영어는 하나의 글 속에서 같은 표현을 반복 사용하는 것을 매우 싫어하는 언어이다. 따라서 '~하는 중이다'라는 말도 -ing 형태 말고 달리 표현하는 법을 알아두는 것이 좋다. 위 경우 영어에서는 -ing 대신 전치사 under를 써서 under study[research]라고 표현할 수 있다. 이렇게 under에는 '밑에'라는 위치의 의미 외에 '~을 받고 있는', '~이 되고 있는'의 뜻이 담겨 있다. 가령, 누가 수사(investigation)를 받고 있다면, under investigation이라고 하면 된다.

예제 그 호텔은 2026년 완공을 목표로 현재 공사 중이다.
The hotel is **under** construction for completion by 2026.

그 회사는 현재 FBI의 수사를 받고 있다.
The company is **under** investigation by the FBI.

WITH 기본 의미 ▶ ~과 함께, ~을 가진

with ①
(~을) **갖고 있는**

그는 유머 감각이 풍부한 사람이야.

직역 He's a man who has a good sense of humor.

네이티브 **He's a man with a good sense of humor.**

'유머 감각이 풍부한 사람'을 다른 말로 하면 '풍부한 유머 감각을 가진 사람'이다. '유머 감각'은 영어로 a sense of humor라고 하고 '가지다'는 have이다. 따라서 이 말을 영어로 하면 a man who has a good sense of humor가 된다. who는 관계대명사로 have a good sense of humor(좋은 유머 감각을 갖고 있다)라는 절이 앞에 있는 a man을 설명하도록 하는 역할을 한다. 다만 이때 '갖고 있는'이라는 뜻으로 have 대신 전치사 with를 써서 a man with a good sense of humor라고 하면 훨씬 간단하다. with에 '~을 가지고 있는'이라는 동사의 의미가 있기 때문이다. 마찬가지로 '긴 금발 머리를 한 여자'는 a girl with long blond hair이다. 또 '한 손에 꽃 한 송이를 든 사람'은 a man with a flower in his hand가 된다.

예제 저기 캠코더를 손에 들고 있는 사람 보이세요?
Do you see the man **with** a camcorder in his hand?

with ②
(~에서) 근무하는, (~) 소속인

어떤 회사에서 근무하세요?

직역 **What company do you work for?**

네이티브 **What company are you with?**

'~에서 근무하다'에서 '근무하다'는 영어로 work, '~에서'라는 장소를 나타내는 전치사는 at ~, 따라서 work at ~이 될 것 같은데 실제로는 work for ~(~을 위해 일하다)라고 한다. 가령, 'IBM 코리아에서 근무하고 있다'는 I work for IBM Korea.가 된다. 그런데 work라는 동사를 쓰지 않고 전치사 with(~와 같이)만으로도 같은 의미를 나타낼 수 있다. 즉, I'm with IBM.이라고 하면 '나는 IBM과 같이 있다'가 되는데 어떤 회사와 같이 있다는 말은 거기 '근무하다', '소속이다'라는 뜻이다. FBI 요원이 등장하는 외화를 보면 요원이 FBI 배지를 보여 주면서 'FBI에서 나왔다'라고 할 때도 영어로 I'm with the FBI.라고 한다. 즉, FBI에 속해 있다는 뜻이다. 참고로 from을 활용해서 I'm from the FBI.라고 해도 같은 뜻을 나타낼 수 있다.

예제 저는 국세청에서 나왔습니다.
I'm **with** the IRS.

• IRS 미국 국세청(the Internal Revenue Service)

with ③
(~이) 달려 있는

나는 수동 변속기가 달린 자동차를 좋아한다.

직역 **I like cars equipped with manual transmissions.**

네이티브 **I like cars with manual transmissions.**

'수동 변속기가 달린 자동차'에는 '달린'이라는 동사가 있다. 그래서 영어로 말할 때도 '달린'에 해당하는 동사가 무엇일까 고민한다. 영어에서 equip A with B라고 하면 'A에 B를 장착하다'라는 뜻으로, 이 동사를 수동형으로 해서 equipped with ~라고 하면 '~이 장착된'이라는 뜻이 된다. 그래서 이 표현을 사용하면 위의 〈직역〉 표현 같은 문장이 만들어진다. 물론 이렇게 말해도 괜찮다. 그러나 꼭 equipped와 같은 동사 표현을 쓸 필요없이 전치사 with만 가지고도 equipped with ~를 충분히 대신할 수 있다. with는 '~을 가진'이라는 기본 뜻이 있기 때문에 with만으로도 어떤 물건에 어떤 기능이나 옵션이 '(딸려) 있는'이라는 뜻을 표현할 수 있다.

예제 저는 내장 TV 튜너가 있는 노트북을 찾고 있습니다.
I'm looking for a notebook **with** a built-in TV tuner.

with ④
(~에) 동의하는, (~을) 지지하는

이 문제에 있어 나는 마크와 같은 의견이야.

직역 **I have the same opinion as Mark on this issue.**

네이티브 **I'm with Mark on this issue.**

어떤 문제에 있어 '~와 같은 의견이다'를 영어로 옮기면 have the same opinion as ~(~와 같은 의견을 갖고 있다)가 된다. 한국어에서 '~와'가 들어가므로 영어에서도 with(~와 같이)라는 전치사를 쓰기 쉬운데, '~와 같은'이라고 할 때는 항상 as를 써서 same as ~라고 하는 데 주의한다. 여기서 have the same opinion as ~라는 긴 말을 agree(동의하다)라는 동사를 써서 I agree with Mark.(나는 마크의 의견에 동의한다)라고 해도 된다. 그런데 더 간단한 방법은 전치사 with를 쓰는 것이다. with는 원래 '~와 같이, 함께'라는 뜻으로, I'm with Mark.는 '나는 지금 마크와 함께 있다'라는 뜻의 문장이다. 이것이 어떤 문제에 대한 입장을 논의하는 문맥에서는 '나는 마크와 의견이 같다'라는 뜻이 된다. 즉, 문맥에 따라 with는 '~에 동의하는', '~의 입장을 지지하는'의 뜻을 나타낸다.

예제 이 문제에 관해서 전 선생님 의견에 동의합니다.
I'm **with** you on this one.

당신은 내 편인가요, 아니면 반대편인가요?
Are you **with** me or against me?

with ⑤
(~의 말을) **이해하는**

내 말 이해가 되니?

직역 **Do you understand what I'm saying?**

네이티브 **Are you with me?**

'~을 이해하다'라는 영어 동사는 understand로, '~의 말을 이해하다'는 understand what ~ is saying이라고 한다. 그런데 understand 대신 전치사 with를 써도 같은 의미를 표현할 수 있다. 즉, Are you with me?라고 하면 '당신이 나와 같이 있나요?'가 아니라 '내 말 이해하나요?'라고 묻는 말이 된다. 이 경우 with는 물리적으로 같이 있다기보다는 정신적으로 같이 있다는 뜻으로 해석할 수 있다. 한국어 전치사는 물리적 장소와 위치 표현에 국한되지만 영어 전치사는 추상적인 상황에도 쓰며, 매우 많은 의미를 갖고 있다. 다른 영어 단어도 마찬가지이지만, 특히 전치사의 경우 'with = ~과 함께'라고 공식처럼 외워서는 절대 진짜 영어를 구사할 수 없다는 것을 명심하자.

예제 죄송합니다만, 이해가 잘 안 갑니다.
I'm sorry, I'm not **with** you.

WITHOUT 기본 의미 ▶ ~이 없이

without
(~이) **없는**

그때 나는 돈이 하나도 없었어.

직역 **At that time, I didn't have any money.**

네이티브 **At that time, I was without any money.**

무엇이 '없다'는 말을 영어로 할 때 대부분은 There is no ~(~이 없다) 또는 I don't have ~(~을 가지고 있지 않다)와 같은 구문을 생각한다. 물론 이런 표현을 써서 말해도 되지만 네이티브처럼 영어로 말하고 싶다면 without이라는 전치사도 쓸 줄 알아야 한다. without의 의미가 '~이 없이', '~이 없는'이니까 I'm without ~이라고 하면 '나는 ~이 없다'는 뜻의 문장이 된다. 즉, without이 not have라는 동사와 같은 의미로 쓰이는 셈이다.

예제 죄가 없는 사람은 아무도 없다.
No one is **without** sin.

나는 일주일 내내 전화 없이 생활했다.
I was **without** a telephone for a whole week.

CHAPTER 3

부사 하나면 어려운 표현이 술술 풀린다

■ '저 아이들은 세 살 터울입니다'라는 말을 영어로 하면?

대부분의 사람들은 먼저 '터울'이라는 말에 해당하는 영어 단어가 뭘까 고민할 것이다. '터울', 즉 '나이 차'는 영어로 age difference라고 한다. 따라서 Their age difference is three years.(그들의 나이 차는 3년입니다)라고 말할 수 있다. 이 문장을 좀 더 영어답게 다듬으면 There's a difference of three years in age between them.(그들 사이에는 3년의 나이 차이가 있다)이 된다. 이 문장은 문법이나 단어에서 틀린 곳이 없는 완벽한 영어 문장이다. 그러나 원어민들은 보통 이렇게 복잡하게 이야기하지 않고 apart라는 부사를 써서 They are three years apart.라고 간단하게 말한다. apart는 '서로 떨어져'라는 뜻의 부사로, 이 문장은 '그들은 3년이 떨어져 있다'라는 말이므로 원어민들은 이 문장을 '나이가 세 살 차이다'라는 뜻으로 받아들인다. 결국, apart 하나로 a difference of three years in age between them에서 밑줄 친 부분의 뜻을 한번에 표현할 수 있는 셈이다. 이것이 바로 apart와 같은 기본적인 부사가 가진 힘이다. 이런 부사로는 around, away, by, in, out, off, over, down, up 등이 있다.

또 이런 부사들은 go, make, get, bring과 같은 기본 동사와 어울려 영어에서 가장 강력한 표현 수단이라고 할 수 있는 구동사를 구성하는 핵심 요소로 쓰이기 때문에 매우 중요하다. 구동사는 뒤에서 다룰 것이다. 그럼 이제 기본 부사가 가지고 있는 신비한 힘의 비밀을 벗겨 보자!

APART 기본 의미 ▶ 서로 떨어져 있는

apart ①
~ 간격으로

021_Ch03_n01_12

4인치 간격으로 씨앗을 심으세요.

콩글리시 **Plant the seeds at a distance of 4 inches from each other.**

네이티브 **Plant the seeds 4 inches apart.**

'간격'이라는 한국어 명사에 해당하는 영어 단어로는 space(공간), distance(거리) 같은 것을 생각해 볼 수 있다. 그렇지만 '4인치 간격으로'라는 말을 이 두 단어를 사용해서 with a space of 4 inches(4인치의 공간으로), at a distance of 4 inches(4인치의 거리에)라고 말하면 콩글리시가 된다. 이 경우 영어에서는 space, distance 같은 명사를 쓰지 않고 apart(서로 떨어져 있는)라는 부사를 써서 4 inches apart라고 한다. 이렇게 apart는 두 사물 간의 거리가 '~ 떨어져 있는'이라는 뜻을 표현할 때 꼭 필요한 단어이다.

예제 양 손바닥을 1~2인치 정도의 간격으로 들어 주세요.
Hold your palms one or two inches **apart**. • palm 손바닥

apart ②
거리가 ~인

그 두 도시 간의 거리는 200마일이다.

직역 **The distance between the two cities is 200 miles.**

네이티브 **The two cities are 200 miles apart.**

'거리'는 distance니까 '그 두 도시간의 거리'는 the distance between the two cities이다. 한국어에서처럼 이것을 주어로 하면 위 예문은 The distance between the two cities is 200 miles.가 된다. 문법이나 단어가 틀린 곳이 없고 뜻도 잘 통하는 문장이다. 그러나 원어민들은 distance라는 명사 대신 apart(서로 떨어져 있는)라는 부사를 사용해서 The two cities are 200 miles apart.라고 표현한다. 직역식 영어에 길들여진 사람은 생각하기 힘든 유용한 표현법이다.

예제 그 역과 호텔 간의 거리는 30마일이다.
The station and the hotel are 30 miles **apart**.

apart ③
터울이 ~인

걔네는 몇 살 터울이니?

콩글리시 **How much is the age difference between them?**

직역 **What's the age difference between them?**

네이티브 **How many years apart are they?**

'터울'은 나이 차이를 뜻한다. '나이'는 영어로 age, '차이'는 difference이므로 '터울'이 얼마인지 물어보는 말은 What's the age difference between them?(그들 사이에 나이 차이가 무엇입니까?)이다. 한국어에서 '얼마나 ~?'로 한다고 해서 영어로 How much ~라고 하면 완벽한 콩글리시다. 그런데 사실 age difference라는 명사 표현을 쓰는 것 또한 직역식 영어에 가깝다. 이럴 때 원어민들은 역시 apart(서로 떨어져 있는)라는 부사를 써서

How many years apart are they?(그들은 몇 년이 떨어져 있습니까?)라고 물어본다. 이 경우 apart는 '나이가 ~ 차이 나는'이라는 뜻을 갖고 있는 셈이다.

예제 언니와 나는 세 살 차이가 난다.
My sister and I are three years **apart**.

AROUND 기본 의미 ▶ 근처에서, 돌아가는

around ①
여기저기, 주위에

나는 가격을 알아보기 위해서 여기저기 전화해 봤어.

콩글리시 **I called here and there to find out prices.**

네이티브 **I called around to check on prices.**

'전화하다'는 call이므로, '여기저기' 또는 '여러 군데 전화하다'를 그대로 영어로 하면 call here and there나 call many places가 된다. 이렇게 해도 말은 통한다. 그렇지만 원어민들 중 이렇게 말하는 사람은 거의 없기 때문에 사실상 엉터리 표현이라고 할 수 있다. 이때는 here and there나 many places 같은 말을 around라는 부사를 써서 표현하는 것이 핵심이다. 여기서 around는 '주위에'라는 뜻으로, 주위에 전화를 하니까 여기저기 알아보는 것이 된다. 가격(price)을 '알아보다'는 find ~ out(~을 알아보다) 또는 check on ~(~을 확인하다)이라는 구동사를 사용한다.

예제 당신이 받는 서비스에 대해 적정한 가격을 지불하는지 확인하려면 여러 군데 전화해 보세요.
Call **around** to make sure you're paying a fair price for the service you get.

around ②
(~에) 있는, 머무는

전 며칠 더 있다 갈 겁니다.

직역 **I'll stay here for a few more days.**

네이티브 **I'll be around for a few more days.**

며칠 더 '있다 가다'라는 말은 '머무르다'라는 뜻으로, 영어로 하면 stay에 해당한다. 따라서 영어로 I'll stay here.(여기에 머무를 것이다)라고 할 수 있다. 그런데 이런 경우 원어민들은 동사 stay를 쓰는 대신 흔히 around(근처에 있는)라는 부사를 써서 I'll be around.라고 한다. 따라서 be around는 어디에 '머물러 있다'라는 뜻을 갖는다. 반대로 not be around라고 하면 '가고 없다, 사라지다'라는 뜻이 된다. 가령 With HDTV, plain old TV won't be around for very long.이라고 하면 'HDTV 때문에 일반 구형 TV는 얼마 가지 못할 것이다'라는 뜻이 된다.

예제 오늘 어디 안 가고 집에 있을 거니?
Will you be **around** today?

필요하면 전화해. 나 근처에 있을 테니까.
Call me if you need me. I'll be **around**.

AWAY 기본 의미 ▶ 떨어져, 떠나서

away ①
(~ 후로) **다가온,**
(~가) **남은**

여름 캠프가 2주 후로 다가왔다.

콩글리시 **Summer camp has approached just two weeks later.**

네이티브 **Summer camp is just two weeks away.**

어떤 행사나 기념일이 '~일 후로 다가왔다'라는 말을 영어로 생각해 보자. 한국어의 '다가오다'라는 동사에 집착하면 approach(다가오다, 근접하다)라는 동사가 떠오를 수 있는데 approach는 다가오는 계속된 '동작'을 나타낸다. 즉, Summer camp is approaching.(하계 캠프가 다가오고 있습니다)이라고는 할 수 있지만 Summer camp has approached.라고 현재완료로 말하면 안 된다. 이때는 approach 또는 come 같은 동사를 쓰는 대신 away(떨어져)라는 부사를 써서 just two weeks away(단지 2주만 떨어진)라고 표현하면 간단하다. 여기서 away는 '현재로부터 ~의 시간이 떨어진'이라는 뜻을 나타낸다.

예제 3주 후면 재즈 축제가 열린다.
The jazz festival is three weeks away.

2주 후면 내 생일이다.
My birthday is two weeks away.

away ②
(어디에 가서)
여기에 없는,
떠나 있는

김 선생님은 출장 가서 안 계십니다.

직역 **Mr. Kim is not here because he has gone on a business trip.**

네이티브 **Mr. Kim is away on business.**

누가 '자리에 없다' 혹은 다른 곳에 '가 있다'라는 말은 단순히 ~ is not here(~가 여기에 없습니다)라는 말로는 충분히 표현이 안 된다. 이때는 away(떠나 있는)라는 부사를 써서 Mr. Kim is away.라고 하는 것이 제대로 된 영어 표현이다. '출장가다'는 go on a business trip이 맞지만 이렇게 길게 말할 필요 없이 on business(출장으로)라는 구절만 붙이면 된다. 직역식 영어로는 10개의 단어가 필요한 말을 단 세 단어 away on business로 표현하는 것, 이런 것이 영어의 참맛이다.

예제 존슨 씨는 오늘 어디 가셔서 안 오세요.
Mr. Johnson is away for the day.

우리 아들은 대학을 다니느라 집을 떠나 있어요.
My son is away at college.

BY 기본 의미 ▶ 가까이에, 지나서

by
잠시 들르는

그녀는 나중에 들르러 올 것이다.

직역 She'll come to visit us later.

네이티브 **She'll be by later.**

'들르러 오다'에서 '오다'는 come, '들르다'는 visit(방문하다)라고 봐서 영어로 come to visit라고 하면 말은 되지만 옳은 표현은 아니다. visit는 '들르다'보다 무게가 있는 단어로, 정식으로 시간을 정해 놓고 '방문하다'라는 뜻으로 사용된다. '들르다'와 '들르러 오다' 둘 다 영어에서는 by라는 부사 하나면 해결된다. by는 부사로는 '가까이에', '지나서'의 뜻인데 누가 '가까이 와 있다가 지나가는 것'이니까 '잠시 들르는'의 의미로 사용된다.

예제 그가 오늘 들를 것이라고 말했다.
He said he'd be **by** today.

수잔이 나를 데리러 곧 올 거야.
Susan should be **by** soon to pick me up.

DOWN 기본 의미 ▶ 낮은 곳으로, 아래쪽으로

down ①
감소한, 줄어든

우리 매출액이 작년에 비해 감소했다.

콩글리시 Our sales have decreased compared to last year.

직역 Our sales have fallen from last year.

네이티브 **Our sales are down from last year.**

한국어의 '감소하다'에 해당하는 영어 동사는 decrease(감소하다, 줄어들다), fall(떨어지다)이다. 그런데 이런 동사들을 쓰지 않고 down이라는 부사를 사용해도 같은 의미를 표현할 수 있다. down은 '아래로'라는 뜻을 갖고 있으므로 결국 감소했다는 뜻이 된다. '~에 비해서'는 compared to ~(~과 비교하여)라는 표현을 써야 할 것 같지만 decrease, fall 또는 down과 같이 '떨어지다'라는 뜻의 단어를 쓸 때는 전치사 from(~로부터)을 써야 옳은 영어 표현이다.

예제 가진 돈이 다 떨어져 몇 달러밖에 안 남았다.
I'm **down** to my last few dollars.

down ②
쓰러진, 넘어져 있는

내가 쓰러졌을 때 당신은 나를 일으켜 세워 줍니다.

직역 You raise me when I've fallen.

네이티브 **You lift me up when I am down.**

이 표현은 미국의 Father's Day(아버지날)에 보내는 카드에서 흔히 볼 수 있는 문구이다. 한국어 '쓰러지다'에 해당하는 영어 동사는 fall(쓰러지다), go down(넘어가다), topple(무너지다), collapse(무너지다) 같은 것들이 있다. 그런데 '내가 쓰러졌을 때'는 쓰러지는 '동작'보다는 쓰러져 있는 '상태'를 뜻하는 것으로, 굳이 위와 같은 동사를 쓰는 것보다 down(아래로) 하나만 쓰는 것이 훨씬 자연스럽다. down 자체에 '쓰러져 있는', '넘어져 있는'이라는 뜻이 있기 때문이다. 넘어져 있는 사람을 일으켜 세울 때는 raise보다 lift라는 동사를 쓴다. raise는 비교적 가벼운 물건을 위로 올리는 데 사용하고, 무거운 물건은 lift를 써야 자연스럽다.

예제 총소리가 나서 달려 나갔더니 길거리에 두 명의 남자가 쓰러져 있었다.
At the sound of the gun, I rushed out to find two men **down** on the street.

down ③
(기분이) **우울한**

나는 기분이 우울할 때 이 게임을 해.

직역 **I play this game when I'm depressed.**

네이티브 **I play this game when I'm feeling down.**

'우울한'이라고 하면 보통 depressed라는 단어를 떠올린다. 그런데 영어에는 '우울한'에 해당되는 단어나 표현이 매우 많다. 그 중 가장 쉬운 것은 '아래에'라는 뜻의 기본 부사 down을 써서 I'm feeling down.이라고 하는 것이다. 한국어의 기분이 '처진다'라는 표현과 유사하게 아래로 향하는 방향을 기분을 나타내는 표현에 사용한 예다. 반대로 I'm feeling up.이라고 하면 기분이 좋다는 뜻이지만 down만큼 많이 사용하는 것 같지는 않다. 대신에 high(높은), low(낮은)를 써서 I'm feeling high. 또는 I'm feeling low.라고 표현한다. down은 down in the dumps라는 관용 표현에도 사용되는데 dump는 '쓰레기 더미'의 뜻이라서 '쓰레기 더미들 속에 떨어진'으로 직역되며, '우울한, 의기소침한'이라는 뜻이다.

예제 나는 요새 기분이 우울하다.
I've been feeling **down** lately.

down ④
(사이트·시스템 등의)
작동이 중단된

저희 사이트는 현재 정기 점검으로 잠시 서비스를 중단 중이며 곧 서비스를 재개하겠습니다.

직역 **Our site has stopped service temporarily due to regular checks and will resume service soon.**

네이티브 **This site is currently down for maintenance and will be back online soon.**

'정기 점검'은 regular check이라고 하지 않고 maintenance라고 한다. 정기 점검을 위하여 전산망이나 웹사이트의 작동을 일시 중지하는 경우 한국어로 '서비스가 중단되었다'라고 하는데 이 말을 stop service라고 해도 말은 통하지만 원어민들에게는 낯선 표현이다. service라는 단어를 사용하려면 The site is out of service.라고 한다. 또는 '서비스가 중단되었다'라는 말 전체를 down(아래로)이라는 부사 하나로 표현할 수 있다. 한국어에서도 '전산망이 다운되었다'라는 식으로 down을 쓰고 있는데, 꼭 고장 난 경우에만 사용되는 것이 아니고 어떤 이유에서건 작동을 하지 않고 있으면 down이라고 할 수 있다.

예제 저희 전산망이 다운되어 고객님의 주문 내역을 찾아볼 수 없습니다.
I can't look for your order information because our computer network is **down**.

in ①
들어가는

022_Ch03_n13_26

제발 제가 들어가게 해 주세요.
직역 **Please let me enter.**
네이티브 **Please let me in.**

'들어가다'에 해당하는 영어 동사는 enter(~에 들어가다, 입장하다)가 있다. 'A가 B하게 해 주다'는 let A B의 형태로 말하니까 '내가 들어가게 해 달라'는 Let me enter.가 된다. 그런데 이런 식으로 말하는 원어민은 거의 없다. 보통 enter라는 동사를 쓰지 않고 부사 in(안에)을 써서 Let me in.이라고 한다. 그러니까 부사 in이 '들어가다'라는 동사의 역할을 하는 셈이다. 반대로 '밖으로 나가게 해 달라'고 할 때도 '나가다'를 동사로 표현하면 go out이지만 Let me go out.이라고 하지 않고 부사 out만 써서 Let me out.이라고 한다.

예제 경비가 우리를 들여보내 주지 않았다.
The guard didn't let us **in**.

in ②
유행인

주름 치마가 유행이다.
직역 **Pleated skirts are popular.**
Pleated skirts are in fashion.
네이티브 **Pleated skirts are in.**

무엇이 '유행이다'라는 말을 영어로 할 때 대부분 popular라는 형용사를 생각한다. 또 관용 표현으로 in fashion이라는 것도 있다. 여기서 fashion은 의류를 뜻하는 게 아니라 '유행'이라는 뜻으로, '유행 안에' 있으니까 당연히 '유행하는'이라는 말이 된다. 그런데 원어민들은 in(안에 있는)이라는 단순한 부사를 사용해서 같은 뜻을 표현한다. 가령, Pleated skirts are in.을 직역하면 '주름 치마가 안에 들어와 있다'가 되는데 실제는 '주름 치마가 유행이다'라는 의미를 갖는다. 즉, 유행하고 있는 것은 in(들어와 있는)이고 유행이 지난 것은 out(나간)이라고 표현한다.

예제 밝은 색 넥타이가 유행이다.
Bright ties are **in**.

in ③
접수된, 들어온

모든 신청서는 금요일까지 접수되어야 한다.
직역 **All applications must be received by Friday.**
네이티브 **All applications must be in by Friday.**

'접수하다'는 영어로 receive이다. 따라서 '접수되다'는 수동태로 해서 be received라고 한다. 이것도 정확한 영어 표현이다. 그런데 위 상황처럼 언제까지 접수가 되어야 한다는 말은 그때까지 들어와 있어야 한다는 뜻이다. 따라서 receive라는 동사 대신 '안에 있는'이라는 뜻의 부사 in을 써서 be in이라고 하면 그것이 '들어와 있다', 즉 '접수되어 있다'라는 뜻이 된다.

예제 익일 배송 주문은 오전 10시까지 접수되어야 한다.
Overnight orders must be **in** by 10 a.m.

in ④
참가하는

빨리 결정해. 같이 할 거야, 안 할 거야?

콩글리시 **Decide quickly. Are you going to do it with us or not?**

네이티브 **Make up your mind. Are you in or not?**

어떤 영화에서 친구 세 명이 은행을 털기로 모의하는 장면이 있었다. 그런데 범행을 같이 할지 안 할지를 고민하는 친구에게 주동자가 '같이 할 거냐, 안 할 거냐?'며 결정을 내리라고 다그쳤다. 주동자는 이 말을 영어로 어떻게 했을까? '(우리와) 같이 하다, 안 하다'를 직역하면 do it with us or not이 된다. 그런데 그 영화에서 주동자 친구의 대사는 Are you in or not?이었다. 그러니까 우리가 그저 '안에'라고만 알고 있는 in이 어떤 모의에 '참가하다'라는 동사의 의미로 쓰인 것이다. '같이 하다'라는 말을 do it with us라고 하지 않고 부사 in 하나로 표현하는 것, 이것이 진짜 영어 실력이다. '결정하다'는 사전적으로는 decide도 맞지만 위 경우처럼 '마음을 결정하다'의 뜻으로는 make up one's mind라는 표현을 쓰는 것이 적절하다.

예제 좋아, 하기로 하지, 그렇지만 한 가지 조건이 있어.
All right, I'm **in**, but on one condition.

in ⑤
출근한

김 선생님 출근하셨나요?

직역 **Has Mr. Kim come to work?**

네이티브 **Is Mr. Kim in?**

'출근하다'는 go to work(일하러 가다)라고 한다. 그런데 위 경우는 직장에 있는 사람에게 다른 사람이 출근했는지 물어보는 것이므로 '출근하다'를 come to work(일하러 오다)라고 해야 말이 된다. go to work나 come to work는 집을 떠나 직장으로 가는 '동작'을 나타내는 표현이다. 그런데 위 상황은 이런 동작을 물어보는 것이 아니라 출근해서 직장에 있는 '상태'를 물어보는 질문이다. 이런 경우에는 go나 come처럼 동작을 나타내는 동사를 쓰지 않고 '있는 상태'를 표현하는 be동사와 '안에 있는'이라는 뜻의 부사 in을 써서 be in(안에 있다)이라고 표현한다. 즉, Is Mr. Kim in?(김 선생님이 안에 있습니까?)은 '김 선생님이 사무실에 있습니까?'라는 뜻으로, 출근을 했는지 묻는 질문이 된다.

예제 그는 아직 안 나왔다.
He's not **in**, yet.

OFF 기본 의미 ▶ 떨어져 있는

off ①
(전등·기계 등이) **꺼진**

문을 열어 보니까 경보 장치가 꺼져 있었다.

콩글리시 **While I was opening the door lock, I found that the alarm system was turned off.**

네이티브 **As I unlocked the door, I noticed that the alarm was off.**

장치를 '켜다/끄다'를 turn ~ on/off라는 구동사로 표현한다는 것은 흔히 알고 있는 내용이다. 그래서 '~이 꺼져 있었다'라는 표현을 영어로 할 때 turn off를 수동태로 써서 ~ was turned off라고 표현한다. 이것이 틀린 것은 아니지만 부사 off만으로도 '꺼져 있는' 이라는 뜻을 표현할 수 있기 때문에 turned를 빼고 off만 써서 말하는 것이 더 자연스럽다. 마찬가지로 on 하나만으로도 '켜져 있는'이라는 뜻이 전달된다. 따라서 '카메라가 지금 켜져 있어요, 꺼져 있어요?'라는 말도 간단하게 Is the camera on or off?라고 한다.

예제 사무실을 나가기 전에 모든 전등을 반드시 소등하세요.
Make sure all the lights are **off** before you leave the office.

off ②
(여행을) **떠나는, 출발하는**

나는 그 일이 끝난 후에 뉴욕으로 크리스마스 여행을 떠날 예정이다.

콩글리시 **After that is finished, I'll leave a Christmas travel to New York.**

직역 **After that, I'll go on a Christmas trip to New York.**

네이티브 **After that, I'm off to New York for Christmas.**

한국어에서는 여행을 '떠나다'라고 하지만 영어의 leave는 자동사이기 때문에 leave a trip과 같이 목적어를 붙여 쓸 수 없고 leave on a trip이라고 해야 한다. 또한 leave on a trip보다는 go on a trip이 더 일반적이며 take a trip이라고도 한다. 그런데 여행을 '떠나다'는 위와 같은 동사 표현 말고도 off(떨어져 있는)라는 부사로 간단하게 표현할 수 있다. 예를 들어, 여행을 출발하면서 '야, 출발이다!'라는 말은 We're leaving!이나 We're starting!이라고 하면 콩글리시고 We're off!라고 해야 한다. 또 뒤에 to ~를 붙여서 I'm off to Paris.라고 하면 '파리로 떠날 것이다'가 되고 I'm off to bed.라고 하면 '잠자리에 들 것이다'라는 뜻이 된다. 또 뒤에 for ~를 붙여서 I'm off for Christmas.라고 하면 '크리스마스를 맞아 떠난다'가 되어 한국어의 '크리스마스 여행을 떠난다'가 된다.

예제 다음 주에, 나는 봄 방학을 맞아 가족과 함께 경주에 간다.
Next week, my family and I are **off** to Gyeongju for spring break.

이런 날씨에 그녀는 어디로 가는 거니?
Where is she **off** to in this weather?

off ③
(시간·공간적으로) 떨어진

우주 무기의 실전 배치는 아직 먼 훗날의 이야기다.

콩글리시 The stationing of space weapons in real war is a story far in the future.

네이티브 **The deployment of space weapons is still far off.**

'먼 훗날의 이야기'는 시간적으로 한참 후에나 가능하다는 뜻이다. 그런데 한국어 표현을 그대로 영어로 해서 story라고 하면 안 된다. 영어에서는 비슷한 표현으로 a faraway dream(먼 꿈)이라는 것이 있는데, 이 표현의 실제 의미는 가능보다는 불가능에 초점을 둔 것으로 '요원하다'는 쪽에 가깝다. 그런데 이렇게 복잡해 보이는 말도 부사 off를 사용하면 ~ is far off.라고 간단하게 표현할 수 있다. 이때 off는 시간·공간적으로 '떨어진'의 뜻을 갖고 있다. off의 이런 의미와 put이라는 기본 동사가 합쳐지면 put ~ off라는 구동사가 만들어지며 그 뜻은 '연기하다'가 된다. '실전 배치'는 한국어를 따라 '실전' → real war, '배치' → stationing 또는 positioning과 같이 생각하기 쉬운데, 영어에서는 간단하게 한 단어로 deployment라고 한다. 이렇듯 한국어를 일대일 대응으로 옮기면 콩글리시가 되기 쉽기 때문에 개념이나 의미에 기초해서 영어로 표현하는 습관을 들이는 것이 좋다.

예제 소리는 여전히 멀리 떨어져 있었지만 점차 가까이 다가오고 있었다.
The voices were still far off but getting closer.

off ④
없어지게 하는 (1),
낫게 하는

자고 나면 두통이 나을까 해서 어젯밤에 일찍 잠자리에 들었어.

콩글리시 Yesterday, I went to bed early, thinking that if I slept my headache would be healed.

네이티브 **I went to bed early last night to sleep my headache off.**

headache에는 heal(고치다, 낫게 하다)이라는 동사를 쓰지 않는다. 대신에 '두통이 낫게 하다'는 go away(없어지다)라는 말을 써서 make my headache go away라고 하거나 이미 나은 경우에는 gone(가 버린)을 써서 My headache is gone.이라고 한다. 따라서 '잠자면 두통이 낫는다'를 직역해서 말한다고 해도 If I sleep, my headache will go away.라고 해야 한다. 그런데 이렇게 이것저것 따지며 어렵게 만든 영어 표현을 정작 원어민들은 그 누구도 사용하지 않는다. '잠을 자서 두통이 낫다'에서 '낫다'는 go away 같은 말을 쓸 필요 없이 부사 off를 써서 sleep off my headache라고 한다. '잠을 자서 두통(headache)을 떨어지게 하다(off)'라는 뜻이다.

예제 오늘 아침에 머리가 심하게 아팠는데, 잠을 자면 나을까 해서 잠자리에 들었다.
I had a crushing headache this morning. So, I went to bed to sleep it off.

off ⑤
없어지게 하는 (2),
소화시키는

우리는 과식한 점심을 소화시킬 겸 걸으려고 공원으로 향했다.

콩글리시 We headed for the park to digest our heavy lunch by walking.

네이티브 **We headed to the park to walk off our heavy lunch.**

'걸어서 먹은 것을 소화시키다'를 그대로 digest ~ by walking이라고 하면 문법적으로 틀린 곳은 없지만 콩글리시다. 이럴 때 원어민들은 digest 같은 동사를 쓰지 않고 부사 off를 써서 walk ~ off라고 한다. 즉, '걸어서 ~을 떨어지게 하다'라는 뜻이다. 여기서 off는 '없애다', '제거하다'라는 의미로, walk ~ off는 먹은 음식의 열량을 산책을 통해 몸에서 제거한다는 뜻이 된다. 한국어의 '소화시키다'와는 차이가 있지만 어쨌든 원어민들이 사용하는 표현은 walk ~ off이다.

예제 그는 걸으면서 화를 풀어 버리려고 밖으로 뛰쳐나갔다.
He stormed out to walk **off** his anger.

• storm out (격하게) 뛰어나가다

off ⑥
이상한

난 처음 그 설계도를 봤을 때 뭔가 이상하다는 생각이 들었어.

직역 **When I saw the blueprint first, I thought something was strange.**

네이티브 **When I first viewed the layout, something seemed off.**

'이상한' 하면 생각나는 영어 단어는 strange이다. 그런데 영어에는 strange 외에도 odd, funny(구어 표현), bizarre(괴이한), peculiar(특이한)와 같은 유사한 의미의 단어들이 있으며, 문맥에 따라 골라 써야 한다. 그런데 이런 단어들 외에 부사 off도 '이상한'이라는 뜻으로 쓰인다. 주로 구어에서 쓰이는데 이때 off는 정상에서 '비껴 나간'이라는 뜻을 갖고 있다. '설계도'는 대부분 blueprint(청사진)라는 단어를 생각하는데 건물의 내부 배치 도면을 뜻할 때는 layout이라고 한다. '~하다는 생각이 들었다'는 I thought ~로 표현해도 되지만 자신이 본 것의 인상이나 느낌을 언급하는 말이므로 seem(~처럼 보이다)을 쓰면 더 간단하고 멋진 영어가 된다.

예제 전체 디자인은 좋았는데 어딘가 이상해 보였다.
I liked the overall design, but something seemed **off**.

그 사람은 어딘가 좀 이상한 데가 있는데 내가 반드시 밝혀내고 말겠어.
There is something **off** about him, and I'm determined to figure out what it is.

off ⑦
직장에 안 나온, 결근한

부장님은 오늘 아파서 결근하셨습니다.

콩글리시 **The department head didn't come to work today because she is sick.**

네이티브 **My boss is off sick today.**

'결근하다'는 '출근하지 않았다'의 뜻이니까 didn't come to work라고 하는 것은 틀리지 않다. 다만, 시제를 과거가 아니라 현재완료로 해서 hasn't come to work라고 해야 직장에 나오지 않은 상태가 계속된다는 의미가 된다. 그런데 이렇게 복잡하게 시제나 표현을 따지지 않고 부사 off 하나로 '출근하지 않았다'라는 의미의 표현이 가능하다. off의 기본 의미는 '떨어져 있는'으로, 여기서는 직장에서 떨어져 있다는 뜻이 된다. '아파서'도 because she is sick이라고 해도 되지만 ~ is off 뒤에 바로 sick만 붙이면 '아파서 안 나왔다'라는 말이 된다. '부장님'은 department head가 맞지만 영어에서는 이처럼 직함으로 사람을 부르지 않고 부장이 자신의 상사라면 boss라고 하거나 이름 앞에 Mr.나 Ms.를 붙여 말한다.

예제 죄송한데, 그 분은 오늘 회사에 안 나왔습니다.
I'm sorry, he's **off** today.

나 내일 직장을 쉬는 날이니까 사진을 더 많이 올려 볼게.
I'm **off** tomorrow, so I'll try to post more photos tomorrow.

오늘은 내가 쉬는 날이다.
It's my day **off**.

off ⑧
취소된, 없던 일이 된

그 두 영화배우의 결혼은 취소되었다.

직역 **The wedding between the two movie stars has been canceled.**

네이티브 **The wedding between the two movie stars is off.**

'취소하다'는 영어로 cancel이므로 '취소되었다'는 be canceled와 같이 수동태로 표현한다. 그런데 cancel이라는 동사를 쓰지 않고 부사 off만으로도 같은 의미를 표현할 수 있다. 이때 off는 그 동안 추진해 왔던 계약이나 거래 등이 '취소된'의 의미다. The deal is off!라는 말을 영화에서 흔히 들을 수 있는데, 누군가와 어떤 거래를 추진해 오다가 '무산되었다', '깨졌다'는 뜻이다. off의 이런 의미는 call이라는 기본 동사와 맞물려 call ~ off라는 구동사를 만들어 내는데 이 구동사의 뜻이 바로 '~을 취소하다'이다. 따라서 '그 결혼식이 취소되었다'는 The wedding has been called off.라고 해도 된다.

예제 우리가 그들과 이야기해 왔던 것은 모두 취소되었다.
It's all **off** between us and them.

합병 계약은 무산되었지만 그 회사는 미래에 대해 낙관적이다.
Although the merger deal is **off**, the company is optimistic about its future.

off ⑨
(~퍼센트) 할인된

이건 30퍼센트 할인된 가격입니다.

콩글리시 **This is a 30 percent discount price.**

네이티브 **This is 30 percent off.**

'할인하다'는 영어로 discount이다. 따라서 '할인된 가격'은 영어로 discount price라고 할 수 있다. 그런데 무엇이 얼마 '할인되었다'라고 할 때는 보통 discount라는 동사를 쓰지 않고 off라는 부사를 사용한다. 실제로 미국 쇼핑몰에 가보면 OFF라고 쓰인 안내판을 흔히 보게 된다. 이것은 모두 할인율을 표시한 것이다. off를 전치사로 써서 '30% off+가격'이라고 표현하기도 하는데, 이 경우도 '(어떤 가격)에서 30퍼센트가 할인된'이라는 뜻이다. 가령, 할인의 할인을 거듭하다 보면 가격표에 여러 가격표가 붙게 된다. 거기서 또 할인을 할 경우, '가장 낮게 표시된 가격에서 추가로 30퍼센트 할인'이라는 표현이 등장하는데 이것을 영어로 additional 30 percent off the lowest marked price라고 한다.

예제 소문에 따르면 거기는 곧 50퍼센트 할인 판매할 거라더군.
Word has it that they'll be 50% **off** soon.

● 여기서 word는 '소문(rumor)'의 뜻으로, rumor로 바꿔도 된다.

OUT 기본 의미 ▶ 밖에 있는

out ①
(소문·이야기가)
나도는, 퍼지는

023_Ch03_n27_37

애플사가 자사의 테블릿 PC의 가격을 낮출 것이라는 이야기가 돌고 있다.

콩글리시 There is a story turning around that Apple is going to decrease the prices of its tablet PCs.

직역 There is a rumor going around[circulating] that Apple is going to reduce the prices of its tablet PCs.

네이티브 **The word is out that Apple is going to drop the prices of its tablet PCs.**

여기서 '이야기'는 '소문'을 뜻하므로 story가 아니라 rumor라고 해야 한다. '돌고 있다'에서 turn around는 회전축을 중심으로 도는 것을 뜻하는 표현이므로 go around나 circulate라는 표현을 써야 한다. 그런데 이렇게 어려운 표현을 생각해 내지 않고도 out이라는 부사에 대한 감각만 있다면 The word is out (that) ~이라는 표현을 사용할 수 있다. 여기서 word는 '소식'의 뜻으로, 정황상 내부의 비밀스런 정보가 세간에 알려졌다는 뜻이다. 가격을 '낮추다'는 decrease도 괜찮지만 reduce, cut, drop 같은 보다 일반적인 동사를 사용할 줄 아는 감각도 멋진 영어를 구사하는 데 필수적이다.

예제 다가오는 대통령 선거에 출마하기 위해 그 장관이 곧 사퇴할 것이라는 이야기가 돌고 있다.
The word is **out** that the minister will resign soon to run in the upcoming presidential election.

out ②
(비밀이) **밝혀진**

그 영화배우는 이탈리아 모델과의 관계를 오랫동안 숨겨 왔지만 이제 그 비밀이 밝혀졌다.

직역 The movie star has hidden his relationship with the Italian model for a long time, but now the secret has been revealed.

네이티브 **The movie star has kept his relationship with the Italian model hidden for quite a while, but now the secret is out.**

비밀을 '밝히다'라는 뜻의 영어 동사는 reveal, divulge 같은 것들이 있다. 따라서 '밝혀지다'는 수동태로 표현해서 is revealed[divulged]가 된다. 그런데 이런 어려운 동사를 몰라도 기본 부사 out만 가지고도 같은 의미를 충분히 표현할 수 있을 뿐만 아니라 훨씬 간결하면서도 맛깔난 영어 문장을 만들 수 있다. out은 secret이라는 단어와 어울리면 '밝혀진', '노출된'이라는 뜻을 갖게 된다. 비밀이 알려지는 것을 비유적으로 The cat is out of the bag.(고양이가 자루에서 나왔다.)이라고도 한다. 장에 내다 팔려고 자루(bag) 속에 담아 온 것이 돼지가 아니라 실은 고양이라는 이야기에서 유래된 것으로, 여기서도 역시 비밀이 노출되는 것을 out이라는 부사로 표현하고 있다. 연관된 표현으로 '비밀을 이야기하지 마라'는 Don't let the cat out of the bag.(고양이를 자루 밖으로 내놓지 마라.)이라고 한다. 어떤 사실을 '숨기다'는 hide, conceal 같은 동사가 있는데, '~을 숨겨 왔다'와 같이 오랜 기간 지속적으로 해 온 경우에는 keep ~ hidden과 같이 표현해야 의미가 제대로 살아난다.

예제 그가 고등학교를 중퇴했다는 비밀이 알려지고 말았다.
The secret is **out** that he dropped out of high school.

out ③
외출한, (외근) 나간

그는 지금 외근 나가서 오후 3시나 되어야 들어올 거예요.

콩글리시 **He's gone out to work and will come back at 3 p.m.**

네이티브 **He's out right now and won't be back until 3 p.m.**

'외근(하러) 나갔다'라고 하면 go out(밖에 나가다)이라는 말이 먼저 생각나고 그 다음에 '외근은 뭐지?', 이런 식으로 생각하는 것이 일반적 영어 학습자의 사고 순서이다. 그러나 '외근(하러) 나갔다'라는 말을 영어에서는 out이라는 부사 하나로 표현한다. 직장에서 근무 시간에 He's out.(그는 밖에 나가 있다.)이라고 하면 '외근(하러) 나갔다'의 의미가 되는 것이다. 사람뿐만 아니라 뭐든지 나간 경우에는 out을 쓸 수 있는데, 가령 '전기가 나갔다'도 간단하게 The power is out.이라고 한다. '~시나 되어야 돌아온다'는 '돌아온다'고 해서 꼭 come back이라고 할 필요는 없다. back만으로도 이미 와 있는 상태가 되고, '~시나 되어야'는 영어에서는 not until ~(~까지는 아닌)이라는 부정 표현을 사용해서 말한다.

예제 요리하기 지겨운데 오늘 저녁은 나가서 먹죠.
I'm tired of cooking. Let's eat **out** tonight.

out ④
유행이 지난

헐렁한 바지는 유행이 지나고 타이트한 바지가 유행하고 있다.

직역 **Baggy pants are out of fashion, and tight pants are in fashion.**

네이티브 **Baggy pants are out, and tighter-fitting pants are in.**

'유행'은 영어로 fashion 또는 vogue라고 한다. 그리고 '유행이 지난'은 '지났다'고 해서 pass(지나다)와 같은 동사를 생각하면 안 되고 전치사 out of를 사용하여 out of fashion[vogue]이라고 표현한다. 만약에 어떤 과거 시점에서 '유행이 끝나다'처럼 동사를 써야 할 경우에는 go out of fashion과 같이 go라는 동사를 사용한다. 가령, '그 스타일은 2000년대 초반에 유행이 끝났다'는 That style went out of fashion in the early 2000s.라고 한다. 그런데 중요한 점은 fashion이나 vogue를 쓰지 않고 out과 in만으로도 같은 뜻을 표현할 수 있다는 것이다. 패션 잡지를 보면 흔히 A is out, B is in.과 같이 out과 in을 대조적으로 쓰는 경우가 많다. 물론 이렇게 쌍으로 쓰지 않고 out과 in을 따로 써도 된다.

예제 사무직 종사자들에게 양복과 넥타이 차림은 유행이 지났고 캐주얼하고 편안한 옷이 유행이다.
For office workers, suits and ties are **out**, and casual and comfortable attire is in.
• attire 의복, 복장

이번 봄에는 파스텔 컬러가 유행이다.
For the spring season, pastel colors are in.

out ⑤
정신·의식을 잃은

그는 약 3분 정도 정신을 잃었다가 의식을 회복했다.

콩글리시 **He lost his consciousness for about three minutes and restored it.**

네이티브 **He was out cold for about three minutes before he regained his consciousness.**

'의식을 잃다'는 영어에서도 '의식' = consciousness, '잃다' = lose와 같이 표현한다. 단, 의식을 '회복하다'는 restore라는 동사를 쓰면 안 된다. restore는 잃거나 망가진 것을 원상 복구한다는 의미로만 사용한다. 대신에 '의식'의 경우에는 '되찾는'의 의미로 regain이라는 동사를 사용한다. 그런데 '의식을 잃었다'라는 말을 굳이 lose consciousness와 같이 길게 말할 필요 없이 out이라는 기본 부사를 사용하여 표현할 수 있다. 이 경우 관습적으로 out 뒤에 cold를 붙여서 out cold라고 하는 것에도 주의하자. 어쨌든 out에는 '의식을 잃은'이라는 뜻이 있고, 이런 의미의 out이 pass라는 기본 동사와 만나 pass out이라는 구동사를 형성하여 '기절하다', '정신을 잃다'라는 뜻을 나타낸다.

예제 내가 오랫동안 정신이 나가 있었나 봐요. 하나도 기억 안 나는 걸 보니.
I must've been out cold for a long time. I don't remember a thing.

out ⑥
출판된

박완서의 '나목'이 미국에서 문고판으로 출판되었다.

콩글리시 **'The Naked Tree' of Wanseo Park was published as a paperback in the U.S.**

네이티브 **'The Naked Tree' by Wanseo Park is out in paperback in the U.S.**

'출판하다'는 영어로 publish이다. 따라서 '~이 출판되다'는 수동태로 ~ is published가 된다. 위 예문에서 '출판되었다'는 출판되어 여전히 그 상태가 계속되는 것이므로 과거가 아니라 현재완료로 ~ has been published라고 말해야 한다. 그런데 publish라는 동사를 쓰지 않고 부사 out으로도 위의 말을 표현할 수 있다. '밖에'라는 뜻의 out이 책에 쓰이면 '출판된'이라는 의미를 갖게 된다. '문고판으로'는 as가 아니라 in을 써서 in paperback이라고 하고, '박완서의'에서 '~의'는 전치사 of가 아니라 by를 쓴다.

예제 그의 새로운 소설은 2019년 6월에 양장본으로 출판될 것이다.
His new novel will be out in hardcover in June 2019.

ON 기본 의미 ▶ 켜져 있는

on ①
계속하는

그는 런던에서의 생활에 대해 밑도 끝도 없는 수다를 계속 이어갔다.

직역 **He continued to chatter aimlessly about his life in London.**

네이티브 **He rambled on (and on) about his life in London.**

'밑도 끝도 없이'를 without bottom or top과 같이 직역하면 절대 안 된다. 이 말에 가장 가까운 영어 단어는 aimlessly(방향이 없이)이다. 이어서 영어에 '수다 떨다'라는 표현은 매우 많다. chatter 정도를 생각해 내서 쓸 수 있어도 대단하지만, 그보다 한 수 위의 실력은 '밑도 끝도 없이 수다 떨다'라는 전체 의미를 ramble이라는 한 단어로 표현할 줄 아는 것이다. 게다가 '계속해서 ~하다'는 대부분 continue라는 동사를 생각하겠지만 기본 부사 on으로도 표현이 가능하다는 것을 알고 있다면 금상첨화이다. 즉, ramble on 두 단어로 '계속해서 밑도 끝도 없이 수다 떨다'라는 한국어의 의미가 표현되는 것이다. on을 한번 더 붙여 ramble on and on이라고 하면 '끝없이 수다 떨다'라는 뜻이 된다. '계속해서'라는 뜻의 부사 on이 기본 동사와 만나면 여러 구동사를 만들어 낸다. 가령, 이야기를 하다 잠시 멈춘 사람에게 '계속하세요'라고 할 때는 Please go on.이라고 하고, 하던 일을 잠시 멈췄다가 계속하는 것은 get on with ~라고 한다. 가령, '일을 계속 합시다'는 Let's get on with our work.라고 말한다.

예제 자, 계속 갑시다.
Let's move on.

하던 말을 계속하자면, 저는 이 계획을 재고해야 한다고 생각합니다.
To go on, I think we should think twice about this plan.

on ②
방송되는, 공연되는, 상영되는

그 뮤지컬은 예술의 전당에서 이달 말까지 매일 오후 6시부터 8시까지 공연된다.

직역 **The musical is performed at the Seoul Arts Center every day from 6 p.m. to 8 p.m. until the end of the month.**

네이티브 **The musical is on at the Seoul Arts Center, daily from 6 p.m. to 8 p.m. until the end of the month.**

한국어 '공연하다'에 대응하는 영어 동사는 perform이다. '그 밴드는 토요일에 두 차례 콘서트를 갖는다'는 The band will perform two concerts on Saturday.라고 한다. 그러다 보니 '~이 공연되다'라는 말도 perform을 써서 ~ will be performed라고 하기 쉽다. 이것도 틀린 건 아니다. 그렇지만 보다 영어 맛이 나는 표현은 perform이라는 동사 대신 부사 on을 쓰는 것이다. 이때 on은 TV나 라디오에서 '방송되는', 영화가 '상영되는', 공연이 '공연되는'의 의미를 갖는다. 가령 '그 경기는 동부 시간으로 3시에 방송된다'는 The match is on at 3 p.m. Eastern Time.이라고 한다.

예제 이번 주에 극장에서 상영되는 좋은 영화가 있니?
Are there any good movies on at the cinema this week?

on ③
예정대로 진행하는

이번 주 토요일의 골프 약속은 변동 없지요?

콩글리시 **Is there any change in our golf appointment this Saturday?**

네이티브 **Are we still on for golf this Saturday?**

'누군가를 만나는 약속'은 appointment가 맞지만 '골프 약속'을 golf appointment라고 하지는 않는다. appointment는 사업상의 만남처럼 공적인 약속에만 쓰이고 골프같이 사교적인 약속인 경우에는 a golf date라고 하거나 a golf game이라고 한다. date라고 하면 이성간의 '데이트'만 생각하기 쉬운데 일반적인 사교 만남도 date라고 한다. 가령, 누구와 사교적인 목적으로 만나서 점심을 먹는다면 I have a lunch date with ~라고 할 수 있다. '~에 변화가 있냐?'라는 질문은 Is there any change in ~?에서 in ~이 아니라 to ~라고 한다. 그런데 '약속 잡은 대로 하는 것이냐?', '변동이 없냐?'라고 물어보는 말은 change 같은 단어보다 기본 부사 on을 사용하면 간단하면서도 영어 맛이 나는 표현이 된다. 이때 on은 '약속대로 계속하는'이라는 뜻을 나타낸다.

예제 파티는 예정대로 금요일에 하는 거죠?
Is the party still on for Friday?

on ④
(옷을) **입은,**
(모자·안경을) **쓴**

밤에 선글라스를 쓰고 운전하는 것은 불법은 아니지만 어리석은 행동이다.

직역 **Driving at night wearing sunglasses is not against the law but very stupid.**

네이티브 **Driving at night with sunglasses on is not illegal but very stupid.**

'~을 쓰다[입다]'라는 '동작'을 말할 때는 put ~ on을 쓰고, 입고 있는 '상태'를 말할 때는 wear를 쓴다. '선글라스를 쓰고 운전하다'에는 '쓰다'와 '운전하다' 두 개의 동사가 있다. 따라서 영어로도 wear sunglasses와 drive 이렇게 두 개의 동사 표현을 생각해서 말하기 쉽다. 그렇지만 '~을 쓰고'는 굳이 wear라는 동사를 쓰지 않고 부사 on만 써서 with sunglasses on이라고 하는 것이 일반적이다. 이때 부사 on에는 '입고[쓰고] 있는'이라는 뜻이 담겨 있다. 이런 뜻의 on과 put이 만나서 put ~ on이라는 구동사가 만들어진 것이다. '불법'은 against the law, illegal 둘 다 괜찮다.

예제 블라우스를 몇 개 입어 보았는데 마음에 드는 것이 하나도 없었다.
I tried on a few blouses, but none looked nice.

on ⑤
켜진, 켜 놓은

나는 보통 라디오를 켜 놓고 잔다.

직역 **I usually sleep with the radio turned on.**

네이티브 **I usually go to sleep with the radio on.**

'~을 켜다'는 영어로 turn ~ on이라는 구동사를 써서 표현한다. 그러다 보니 '라디오를 켜 놓고'라는 말도 turn on을 써서 with the radio turned on이라고 표현하는 경우가 있다. 그런데 켜 놓은 상태, 즉 '켜 놓은', '켜진'의 뜻이라면 turn 없이 부사 on만으로 충분하다. 즉, on 안에 '켜진'의 뜻이 담겨 있다. 미국에서는 대부분 셀프 주유를 하지만, 가끔 주유소 사무실 안에 들어가서 미리 현금으로 돈을 내야 주유 펌프를 작동시키는 경우가 있다. 그렇게 돈을 내고도 주유 방아쇠를 눌렀는데 정작 주유가 안 된다면 주유소 주인이 깜빡하고 주유 펌프를 작동시키지 않았을지 확인해야 한다. 이때 사무실에 가서 '펌프를 켰냐?'고 물어볼 때도 Is the pump on?이라고 한다. '잠자다'는 sleep보다는 go to sleep(잠들다)이라는 표현을 쓰는 것이 더 정확하다.

예제 나가실 때 불은 켜 놓고 나가세요.
Please leave the light **on** when you go out.

소리를 켜 놓을까요?
Do you want the sound **on**?

OVER 기본 의미 ▶ 끝난

over ①
끝난

024_Ch03_n38_46

관광 철이 끝났다.

콩글리시 The tourist season is finished.
직역 The tourist season has ended.
The tourist season has come to an end.
네이티브 **The tourist season is over.**

'끝나다'라고 하면 대부분 finish라는 영어 동사를 떠올린다. 그런데 finish는 주로 일을 '마무리하다'라는 뜻에서 '끝내다' 또는 '끝나다'의 뜻으로 사용된다. 일이 아니라 '관광 철' 같이 어떤 현상, 상황, 행사가 '끝나다'라고 할 때는 finish라고 하면 안 되고 end라고 하는 것이 옳다. end를 명사로 해서 come to an end(마지막에 오다 → 종료되다)라고 표현해도 좋다. 그런데 이런 경우 대부분의 원어민들은 end와 같은 동사를 쓰는 대신 over라는 부사를 사용한다. over에는 '끝난'의 의미가 있기 때문에 ~ is over라고 하면 '~이 끝났다'라는 말이 된다.

예제 봄 방학이 끝났다.
Spring break is **over**.

전쟁은 조만간 끝날 것이다.
The war will be **over** soon.

over ②
(화자나 청자 쪽으로)
오는, 가는

경찰이 나를 오라고 불렀다.

콩글리시 A police man called me to come.
직역 A police officer called me to come over.
네이티브 **A cop called me over.**

누구를 '오라고 부르다'에는 '오다'와 '부르다'라는 동사 두 개가 있다. 따라서 이 말을 영어로 할 때도 come과 call이라는 두 동사를 생각해 내서 call me to come과 같은 표현을 만들게 된다. 그런데 이런 표현은 의미는 통하겠지만 원어민들이 쓰는 영어가 아니기 때문에 사실상 엉터리 영어라고 볼 수 있다. 이런 경우 come이라는 동사 대신 over를 사용해서 call ~ over라고 한다. 이때 over는 화자(말하는 사람)나 청자(듣는 사람) 쪽으로 '오는' 또는 '가는'의 뜻이 있다. 가령, 어떤 물건을 상대방에게 '바로 보내 줄게요.'라고 할 때도 I'll send it to you right now.라고 하는 것보다 over를 붙여서 I'll send it over right away.라고 하는 것이 더 영어답다. 즉, over만으로 청자가 있는 쪽으로 물건이 '간다'는 뜻이 표현되기 때문에 to you라는 말을 붙일 필요가 없는 것이다. 또 누구를 '초대하다'라는 말을 have ~ over라고 하는데 여기서 over도 '오다'라는 뜻이다. 가령, '친구 몇 명을 초대해서 저녁을 먹을 것이다'는 I'm having a few friends over for dinner.라고 한다. 경찰은 police man도 되지만, 조금 높여서 부르는 말로는 police officer가 있고 속어로는 cop이라고 한다. 위 예문에서는 어떤 것을 써도 좋지만 경찰을 직접 부를 때는 officer라고 해야 한다.

예제 곧 갈게요.
I'll be right **over.**

나는 친구의 새 강아지를 보러 갔었다.
I went **over** to see my friend's new puppy.

THROUGH 기본 의미 ▶ 통과하는

through ① 끝낸, 마친

나한테서 빌려간 책 다 읽었니?

직역 **Did you finish reading the book you borrowed from me?**

네이티브 **Are you through with the book you borrowed from me, yet?**

'책을 다 읽다'를 영어로 말하라면 대부분 [finish(끝내다) + reading a book(책 읽는 것을)]이라고 할 것이다. 그런데 reading이라는 동사를 빼고 finish a book이라고만 해도 '책을 다 읽다'가 된다. 가령, '어제 그 책을 다 읽었다'는 I finished the book yesterday.라고 한다. 여기서 한발 더 나아가 finish라는 동사까지 부사 through로 대체할 수 있는 영어 감각도 필요하다. 즉, '나는 이 책을 다 읽었다'는 I'm through with this book.이라고 할 수 있다. 식당에서 종업원이 손님의 접시를 가리키면서 '(그 음식) 다 드셨어요?'라고 묻는 말도 Are you through with that?이나 Are you through?라고만 하기도 한다. 단, through를 이런 식으로 쓰는 것은 구어체 표현이고 좀 더 격식을 갖춰 말하려면 finished를 써서 Are you finished with your meal?이라고 한다.

예제 나한테 할 말 다 끝났니?
Are you **through** with me?

그 사람과는 끝이야.
I'm **through** with him.

through ②
통과하는

경비원은 통과하라는 손짓을 했다.

콩글리시 **The guard gave us a gesture to pass through.**

직역 **The guard gestured for us to pass through.**

네이티브 **The guard waved us through.**

관공서는 입구에서 경비(guard)가 방문 차량을 통제한다. 그런데 신분이 확실한 차량의 경우 그냥 통과하라고 손짓을 하는 경우가 있다. 이처럼 차를 보고 '통과하라고 손짓하다'를 영어로 어떻게 할까? 우선 '손짓'은 영어로 gesture이다. 그런데 '손짓하다'는 give a gesture라고 하지 않고 gesture를 그냥 동사로 쓴다. 그래서 '~가 …하라고 손짓하다'는 gesture for ~ to ...의 형태로 표현한다. 이 표현을 빌리면 위 예문은 gesture for us to pass through가 된다. 즉, 우리(us)가 통과해 지나가라고(pass through) 손짓하다(gesture)가 된다. 단, 위 예문은 wave(손을 흔들다)라는 동사와 through(통해서)라는 부사만 써서 wave us through라고 하는 것이 더 좋다. 직역하면 '우리에게(us) 통과하라고(through) 손짓하다(wave)'인데 부사 through가 한국어에서 '통과하다'라는 동사에 해당하는 셈이다.

예제 공항 보안 요원이 나를 통과시키지 않았다.
Airport security refused to let me **through**.

UP 기본 의미 ▶ 위로

up ①
가동되는

전산망이 언제 다시 가동될지 아세요?

직역 **Do you know when the network will be operating again?**

네이티브 **Do you know when the network will be up again?**

컴퓨터나 시스템이 '가동되다'를 영어로 표현한다면 대부분 operate라는 동사를 생각하게 된다. 그래서 '지금 전산망이 가동되고 있다'라는 말은 The networking is operating now.라고 하기 쉽다. 그렇지만 원어민이라면 operate 대신 up이라는 부사를 써서 The network is up now.라고 할 것이다. up이 한국어의 '가동 중인'이라는 동사의 의미를 갖고 있기 때문이다. 네트워크가 '가동되지 않고 있다'를 down이라고 하는 것도 같은 이치다. 또 '가동 중인'이라는 의미로 흔히 up 뒤에 running을 붙여서 up and running이라고 한다. '그 웹사이트가 현재 정상 작동 중이다'라는 말은 The website is up and running now.라고 할 수 있다. up and running은 프로젝트나 팀 등이 '시행되다', '활동 중이다'라는 의미로도 쓴다. 가령, '특별반이 활동에 들어갔다'는 The task force is up and running now.이다. 다만, '가동되다'라는 의미의 up은 컴퓨터, 네트워크, 웹사이트 같이 한 장소에서 작동하는 시스템이나 기계에 대해서 쓴다. 한국어에서 '청소기가 가동되고 있다'라고 하지 않듯이 영어에서 vacuum cleaner 같은 가전제품은 up이라고 하지 않는다.

예제 어제 영화를 다운하느라 내 컴퓨터를 밤새도록 켜 놓았다.
My computer was **up** all night, downloading a movie.

up ②
(시간이) **끝난, 다 된**

그럼, 저에게 주어진 시간이 다 끝났으니 마지막으로 한마디만 하겠습니다.

콩글리시 **Well, my time has ended, so I'll say just one thing finally.**

직역 **Well, my time has come to an end, so I'll say just one thing before finishing.**

네이티브 **Well, my time is up, so I'll say just one thing before finishing.**

Well, my time is up, so I'll leave you with this thought.

'주어진 시간이 다 끝나다'에서 '다 끝나다'는 end이지만 My time has ended.라고 하면 '이 세상에서의 시간이 끝났다'와 같이 들려서 이상하다. 이보다는 come to an end(끝에 도달하다)가 좀 더 자연스럽다. 그러나 이 경우 대부분의 원어민들은 up이라는 부사를 써서 My time is up.이라고 한다. up에 '시간이 다 끝난'의 뜻이 있기 때문이다. '마지막으로 한마디 하다'에서 '마지막으로'는 finally라고 하면 틀리고 before finishing(끝내기 전에)이라고 한다. 또 I'll leave you with this thought.(여러분에게 이 생각을 남겨 놓겠다.)라는 표현도 비슷한 의미로 사용된다.

예제 죄송합니다만, 당신께 주어진 시간이 다 됐습니다!
I'm sorry, but your time is **up**!

up ③
(잠자리에서) **일어난**

어머니는 보통 5시 정도에 일어나서 아침 식사를 준비하신다.

직역 **My mother usually gets up around 5 and starts preparing breakfast.**

네이티브 **My mother is usually up around 5 a.m. to make breakfast.**

잠자리에서 '일어나다'를 get up이라고 한다는 것은 대부분 알고 있을 것이다. 그런데 '일어나 있다'와 같이 이미 일어나 있는 상태면 굳이 get up이라는 표현을 쓸 필요 없이 up이라는 부사만으로도 그 뜻을 표현할 수 있다. '위로'라는 기본 의미를 가진 up은 상황에 따라 '잠자리에서 일어난'의 뜻을 갖는다. 그래서 '어젯밤을 꼬박 세웠다'도 '세우다'라는 한국어 동사를 놓고 고민할 필요 없이 up을 사용하여 I was up all night.이라고 하면 된다. 또, '밤 늦게 잠을 자지 않고 ~을 기다리다'라는 말도 '잠을 자지 않고'를 up을 사용해서 wait up for ~라고 할 수 있다.

예제 아버지가 일어나셨는지 가서 보고 와라.
Go see if your father is **up**.

나 기다리지 말고 먼저 자요.
Don't wait **up** for me.

up ④
(일이) 있는

그 두 사람 사이에 무슨 일이 있는 것 같아.

콩글리시 **I think there is something between the two.**

네이티브 **I think something is up between the two.**

'그 두 사람 사이에 무슨 일이 있다'는 곧 둘 사이에 문제가 있다는 뜻이다. 그런데 There is something between the two.는 둘 사이에 어떤 모종의 관계 같은 것이 있다는 뜻이라 전혀 다른 말이 되고 만다. 이 경우에는 There is a problem between the two.라고 하든지 아니면 부사 up을 써서 Something is up between the two.라고 해야 한다. 이때 up은 어떤 일이 '있는'의 뜻을 나타낸다. 가볍게 쓰는 인사말 중에 What's up?이라는 표현이 있는데, 해석하면 '별일 있어요?'가 된다. 여기의 up도 무슨 일이 '있는'의 뜻이다. up 뒤에 with를 붙여서 something is up with ~라고 하면 '~에 어떤 일이 있다', 즉 '좀 이상하다'라는 말이 된다.

예제 내 컴퓨터가 좀 이상해.
Something is **up** with my computer.

너와 잭 사이에 무슨 일이 있니?
What's **up** with you and Jack?

up ⑤
증가한, 상승한

주식 시장은 어제보다 13포인트 증가한 1,895로 장을 마감했습니다.

콩글리시 **The stock market finished at 1,895, increasing by 13 points more than yesterday.**

직역 **The stock market closed at 1,895 after increasing 13 points from yesterday.**

The stock market closed at 1,895, an increase of 13 points from yesterday.

네이티브 **The stock market closed at 1,895 today, up 13 points from yesterday.**

'증가하다'는 영어로 increase, rise 같은 동사들이 있다. 그런데 '13포인트 증가한 1,895'라고 할 때는 정확히 말하면 '13포인트 증가한 후에 1,895'가 된 것이기 때문에 after increasing 13 points라고 해야 한다. 또는 increase를 명사로 해서 ~ 1,895, an increase of 13 points, 즉 '13포인트 증가한 수치인 1,895'처럼 둘을 동격으로 처리하는 것도 한 방법이다. 그러나 제일 좋은 것은 increase라는 단어 자체를 쓰지 않고 up이라는 부사 하나로 up 13 points라고 표현하는 것이다. 그러니까 up 자체에 '증가한'이라는 의미가 담겨 있는 셈이다. 주식 시장이 '마감하다'는 finish가 아니라 close라고 한다. '어제보다 증가한'에서 '보다'는 more than ~이 아니라 from ~이라고 해야 올바른 표현이다.

예제 그 회사는 작년 매출액이 120억 달러에 달했다고 발표했는데, 이는 전년 대비 6퍼센트 증가한 수치다.
The company reported $12 billion in sales for last year, **up** 6 percent from the previous year.

CHAPTER 4

뭐니 뭐니 해도 구동사가 표현력의 핵심이다

기본 동사에 부사/전치사를 붙여 쓴다

영어에서는 come, give, go, get, make, do, see, work 등의 기본 동사 뒤에 up, down, in, out, off, to, for, with, on, through와 같은 부사나 전치사가 붙어 전체가 하나의 뜻을 갖는 표현을 만든다. 이런 표현을 phrasal verb(구동사) 또는 two-word verb(두 단어 동사)라고 한다. 구동사는 대화나 글에 빈번하게 등장하기 때문에 구동사를 모르고는 제대로 영어를 말할 수 없다고 해도 과언이 아니다.

구동사는 단어 뜻만 알아서는 해석할 수 없다

좀 오래됐지만 많은 사람들에게 로맨틱한 영화로 기억되는 〈시애틀의 잠 못 이루는 밤(Sleepless in Seattle)〉을 통해 구동사를 잠깐 살펴보자. 톰 행크스가 연기한 주인공 샘(Sam)은 사별한 아내를 못 잊은 상태로 아들 조나(Jonah)와 함께 시애틀로 이사를 온다. 쓸쓸해 보이는 아빠가 안타까운 조나는 크리스마스 이브에 라디오 쇼에 전화를 걸어 아빠에게 새로운 아내가 생기는 것이 크리스마스 소원이라고 말한다. 엉겁결에 쇼 진행자(host)와 통화를 하게 된 샘은 When did your wife die?(아내가 언제 사망했냐?), Have you had any relationship since then?(그 이후 누군가를 사귄 적이 있느냐?)과 같은 질문을 받자 다음과 같이 답변한다.

Sam Jonah and I will get along just fine again… as soon as I break his radio.

이 문장은 get, along, just fine, again, as soon as(~하자마자), break, radio 등 웬만한 중학생이면 다 아는 단어로 이루어져 있는데 get along 때문에 얼른 해석이 안 될 수도 있다. get은 '가다'라는 뜻이고 along은 '앞으로'라는 뜻이니 '조나와 내가 앞으로 갈 것이다'라고 해석해야 한다. 이러면 무슨 말인지 곧장 이해가 되지 않는다. get along은 한 단어씩 떼지 말고 통으로 '잘 지내다'라는 의미로 해석해야 한다. 즉, 위의 문장은 '이 라디오를 부수기만 하면 아들과 나는 다시 잘 지내게 될 것이다'라는 뜻의 농담 섞인 말이다.

영화가 이어지면서 샘은 쇼 진행자에게 아내를 그리워하는 마음을 조금씩 털어놓게 된다.

host Any kid needs a mother. Could it be that you need someone just as much as Jonah does?
모든 아이에게는 엄마가 필요하죠. 혹시 아드님만큼이나 선생님도 누군가가 필요하신 건 아닌가요?

Sam Yes.
맞습니다.

host Don't answer that. Let's get into that right after these messages.
아직 답변하지 마세요.

쇼 진행자의 마지막 말을 살펴보자. **get**은 '가다', **into**는 '안으로'니까 **get into**를 '안으로 들어가다'라고 생각하면 이 문장은 '이 메시지 후에 그 안에 들어가자'라는, 의미를 알 수 없는 말로 해석된다. **get into** 역시 단어 뜻 그대로 하나하나 해석하면 안 된다. **get into**는 여기서 '~을 시작하다'라는 의미로 쓰였는데 특히 '~에 관한 논의를 시작하다'는 뜻이고 **message**는 라디오 광고를 뜻한다. 따라서 쇼 진행자의 말은 '잠깐 이 광고를 듣고 그 이야기를 하자'라는 뜻이다.

이후에 샘은 일 관계로 몇 번 얼굴을 본 여성에게 호감을 갖게 되고, 직장 동료(co-worker)에게 조언을 구한다.

co-worker You say, "Let's get together. We'll look at swatches."
"get together합시다. 우리 벽지 좀 같이 봅시다"라고 말해.

Sam Call her on the phone? Say, "Let's look at swatches?"
그 여자한테 전화하라고? "벽지 좀 같이 보자"고 하면서?

co-worker Color schemes.
색감에 대해서 말하라고.

Sam She's not gonna see through that?

직장 동료가 한 말 중에 **Let's get together.**라는 문장이 있다. **get**을 '가다'로 보면 **get together**는 '같이 가다'니까 어디 같이 가자고 말하라는 뜻일까? 아니다. **get together**는 한 묶음으로 '모이다', '회의를 하다'라는 뜻으로 쓰인다. 그러니까 '잠깐 모입시다'라고 말하라는 뜻이다. 샘의 마지막 질문에서 **see through**는 또 어떤가? **see**는 '보다', **through**는 '통과해서', 즉 '그녀가 그것을 통해서 본다'가 무슨 말일까? **see through**는 어떤 의도나 계략을 '꿰뚫어 보다'라는 의미로 사용된다. 그러니까 벽지 색을 같이 고르자고 여성에게 접근하면 상대방이 그 의도를 금방 알아차리지 않겠느냐는 걱정이 담긴 말이다.

이 영화에서처럼 원어민은 구동사를 일상적으로 쓰기 때문에 각각의 단어 뜻을 알아도 구동사를 자유자재로 쓸 수 없다면 영어다운 영어를 구사하기 어렵다. 그럼 이제 전치사와 부사를 중심으로 이것들이 어떤 기본 동사들과 어울려 어떤 구동사가 만들어지는지 알아보자.

ACROSS 기본 의미 ▶ 건너서, 가로질러

across ①
(우연히) **발견하다**

025_Ch04_n01_09

어제 아주 유용한 웹사이트를 하나 발견했다.

직역 I found a very useful website yesterday.

네이티브 **I came across a very useful website yesterday.**

한국어 '발견하다, 찾다'에 해당하는 영어의 기본 동사는 find이다. 그렇지만 find는 보통 무엇을 찾는지 알고 찾는 경우에 쓰기 때문에 '우연히 발견하다'라는 뜻을 나타내기에는 부족하다. 이럴 때 유용한 표현이 come across ~(~을 가로질러 오다)라는 구동사로, 사물뿐만 아니라 사람을 '우연히 만나다'라는 뜻으로도 쓰인다.

예제 난 오늘 신문에서 흥미 있는 기사를 발견했어.
I **came across** an interesting article in the newspaper today.

나 오늘 헬스 클럽에서 어떤 사람을 만났는데…
I **came across** this person in the health club today…

• 영어에서는 this를 '어떤'이라는 뜻으로 쓰기도 한다.

across ②
(~하다는) **인상을 받다**

나는 그녀가 매우 지적이라는 인상을 받았다.

직역 I got the impression that she was very intelligent.

네이티브 **She came across as very intelligent.**

무엇이 '~하다는 인상을 받다'에서 '인상을 받다'는 영어로 have[get] an impression이 된다. 뒤에 that ~절을 붙여 I had[got] the impression that ~이라고 하면 '~이라는 인상을 받았다'가 된다. 그런데 이것은 그런 생각이나 느낌이 들었다는 말이지 사람에 대한 '인상'을 설명하는 말로는 그다지 적합하지 않다. 이럴 때 원어민들은 come across라는 구동사를 써서 come across as ~라고 표현한다. across는 '건너가는[오는]'의 뜻이 있어서 결국 무엇인가가 나에게로 건너온다는 뜻인데, 그 무엇은 그 사람에게서 받은 인상이나 느낌이 된다.

예제 그가 매우 호감이 가는 사람이라는 느낌을 받았다.
He **came across as** a very likeable person.

• likeable 호감이 가는

그녀가 좀 건방지다는 인상을 받았다.
She **came across as** rather arrogant.

across ③
(여러 분야와) **연관 있다,**
(여러 분야에서) **일어나다**

관광 산업은 경제의 여러 분야와 관련 있다.

직역 Tourism is related to many fields of the economy.

네이티브 **Tourism cuts across many sectors of the economy.**

'~과 관련 있다'라는 뜻을 가장 잘 나타내는 보편적인 영어 표현은 be related to ~이다. 다만, related to ~는 너무 많이 쓰이는 문구라 신선미가 없고, '관련 있다'라는 의미가 표현되는 다양한 맥락을 살려 주지 못한다는 단점이 있다. 위의 한국어처럼 '어떤 문제나 이슈가 다양한 분야와 연관이 있다'의 맥락에서는 cut across ~라는 구동사가 제격이다. 직역하면 '~을 가로질러 자르다'가 되는데 across에 주목해야 한다. across에 '가로지르는' 의 뜻이 있기 때문에 여러 분야에 '걸쳐서'라는 뜻이 되고, 여기서 '여러 분야와 연관 있다' 라는 뜻이 만들어지는 것이다. 머릿속에 케이크를 단면으로 자르는 모습을 상상하면서 외워 두면 기억하기 쉬울 것이다.

예제 가정 폭력은 모든 사회 그룹과 계층에서 일어난다.
Domestic violence **cuts across** all social groups and classes.

across ④
(~한 의미를) **전달하다**

먼저 청중들에게 어떤 메시지를 전달할 것인가를 생각해 보십시오.

직역 **First, think about what message you want to deliver [communicate, convey] to your audience.**

네이티브 **First, think about what message you want to get across to your audience.**

어떤 물건을 '전달하다'에 해당하는 영어 동사는 deliver인데 이것을 메시지를 '전달하다'라는 뜻으로도 쓸 수 있을까? 답은 '있다'이다. 그런데 이것은 우연의 일치일 뿐이고 이런 식으로 한국어 단어에 기초해서 영어 단어를 선택해 쓰면 콩글리시가 될 수 있으므로 주의해야 한다. 영어에서는 의미나 메시지를 '전달하다'라는 뜻으로 communicate나 convey라는 동사가 더 일반적이다. 그런데 get ~ across라는 구동사를 사용해도 같은 의미를 표현할 수 있다. 메시지 전달은 그 메시지가 나에게서 상대방에게 '건너가는' 것인데 across가 바로 그런 의미를 담고 있다. 따라서 get A across B를 'A를 B에게 건너가도록 하다' → '전달하다', 이런 식으로 알아 두면 기억하기 쉬울 것이다.

예제 포스터는 자신의 생각을 다른 사람들에게 효과적으로 전달할 수 있는 방법이다.
A poster is a great way to **get** your ideas **across** to other people.

AFTER 기본 의미 ▶ ~ 뒤에, 돌보는

after ①
(~를) **닮다**

그는 자신의 어머니를 닮았다.

직역 **He resembles his mother.**

네이티브 **He takes after his mother.**

'~을 닮다'에 해당하는 영어 동사는 resemble이다. 따라서 He resembles his mother. 이라고 해도 말은 통한다. 단, resemble은 사람을 포함한 모든 사물의 성격이나 성질 등이 '비슷하다'라는 의미로 쓰이고, 사람의 외모가 '닮았다'라는 말로는 잘 쓰이지 않는다. 대신에 원어민들은 take after ~라는 구동사를 사용한다. '누구 뒤를 따라(after) 용모를 잡다(take)'라고 해석해서 외워 두면 쉽게 기억할 수 있다. took after라고 과거형으로 말하지 않도록 주의하자.

예제 넌 어머니와 아버지 중 누구를 더 닮았어?
Who do you **take after** more, your mother or your father?

after ②
(~을) **돌봐 주다**

어머니가 병원에 입원하신 동안 고모가 우리를 돌봐 주셨다.

콩글리시 **Our aunt cared us while our mother was in hospital.**

네이티브 **Our aunt looked after us while our mother was in hospital.**

'~을 돌보다' 하면 생각나는 영어 단어는 care(돌봄; 돌보다)이다. 그러나 Our aunt cared us.라는 문장은 콩글리시다. 영어에서 care는 자동사라서 뒤에 목적어를 붙일 수 없으므로 정확하게는 care for ~라고 한다. 따라서 '고모가 우리를 돌봐 주었다'는 Our aunt cared for us.이다. 그런데 care for보다 더 일반적인 표현으로 look after ~가 있다. '뒤(after)를 봐 주다(look)'니까 '돌보다'라는 뜻을 충분히 유추할 수 있다. 또는 care가 들어간 다른 표현인 take care of ~(~을 돌보다)를 써서 Our aunt took care of us.라고 해도 좋다.

예제 나는 동생들을 돌보고 집안일을 해야 했다.
I had to **look after** my little brother and sister and do the housework.

after ③
(~가 어질러 놓은 것을)
치우다, 뒤처리하다

애완동물의 용변은 꼭 치우십시오.

콩글리시 **You must clean the excrements of your pet.**

네이티브 **Be sure to clean up after your pet.**

공원에 애완견을 데리고 산책하다가 개가 용변 본 것을 그대로 방치하고 가는 무책임한 사람들이 있다. 위 예문은 이런 사람들에게 경고하는 말인데, '개가 용변 본 것을 치우다'를 영어로 어떻게 말할까? 대부분 '용변'이 영어로 무엇인가부터 고심할 것이다. 그래서 사전에서 찾아보면 excrement(배설물)라는 단어가 나온다. 따라서 clean the excrements of your pet이라고 하면 원어민들도 이해는 한다. 그러나 실제 이들이 쓰는 표현은 따로 있는데, 생각하는 것처럼 어려운 단어를 쓰는 것이 아니라 '치우다'라는 뜻의 clean up 뒤에 after를 붙여 clean up after your pet이라고 한다. after에는 '~을 돌보는'의 뜻이 있는데, 결국 강아지 용변을 치우는 것도 돌보는 것의 일종인 셈으로, clean up after ~는 기본적으로 누가 어지럽혀 놓은 후 그 뒷정리를 한다는 뜻으로 쓰인다. 그런데 원어민들은 애완동물의 '변'을 꼭 말해야 할 때는 뭐라고 할까? 이들은 우리가 '쓰레기', '폐기물' 정도로 알고 있는 waste를 쓴다. 그래서 애완동물의 변을 치우는 비닐 봉투를 waste bag이라고 부른다.

예제 나는 아이들이 어지럽힌 것을 치우는 데 지쳤다.
I'm tired of **cleaning up after** my kids.

after ④
(~의) **안부를 묻다**

그가 너의 안부를 물어봤어.

콩글리시 **He asked about your well-being.**

네이티브 **He asked after you.**

'안부'만 영어로 하면 well-being(행복, 안녕) 같은 단어를 생각할 수 있다. 그래서 '당신의 안부를 묻다'를 ask about your well-being이라고 하면 이것은 완벽한 콩글리시 표현이다. 영어에서는 굳이 '안부'라는 단어를 말하지 않고 ask after ~(~ 뒤에 묻다)라는 구동사를 써서 '~의 안부를 묻다'라는 뜻을 표현한다. 이때 after는 '~을 돌보는'의 의미를 갖고 있으며 ask(묻다)하는 것으로 돌보는 것이니까 '안부를 묻다'라는 뜻이 된다.

예제 제인이 전화해서 당신이 어떻게 지내는지 묻더군요.
Jane called and **asked after** you.

after ⑤
(~을) 좇다, 추구하다, 노리다

자신의 꿈을 좇아가려면 많은 용기가 필요하다.

직역 **If you want to pursue your dream, you need a lot of courage.**

네이티브 **It takes a lot of courage[guts] to go after your dream.**

꿈을 '좇다' 또는 '추구하다'라는 말을 영어로 하라고 하면 대부분 pursue라는 단어를 생각할 것이다. 물론 이 단어를 사용해서 pursue your dream이라고 해도 틀리지는 않지만 같은 의미를 기본 동사 go와 전치사 after를 사용해서 go after ~라고 표현하면 더 좋다. 이때 after는 챕터 1에서 배운 대로 '~을 좇는'의 의미를 갖고 있다. 로맨스 영화를 보면 여자가 남자에게 속상한 일로 화를 내며 뛰쳐 나간 상황에서 주위에 있는 사람들이 그 여자를 '좇아가라'고 충고하는 장면이 나오는데, 이때도 Follow her!이라고 하지 않고 Go after her!이라고 한다. go after는 어떤 것을 갖거나 소유하기 위하여 추구하는 것뿐만 아니라 누구를 공격하기 위하여 '노리다'라는 의미로도 사용된다. 위 예문에 나온 용기는 courage가 맞지만 구어에서는 guts(담력, 배짱)라는 단어도 자주 쓰인다. 마지막으로 '~하려면 …이 필요하다'를 그대로 If ~, you ...와 같이 표현하면 한국어 껍데기를 쓴 영어 문장이 된다. 이런 경우에는 take를 써서 It takes ~ to ...(…하는 것은 ~을 필요로 한다)라고 해야 영어 맛이 산다.

예제 그 테러 집단이 교황을 노리고 있다는 첩보가 접수되었다.
We've received intelligence that the terrorist group is **going after** the Pope.

• intelligence 기밀, 정보 Pope 교황

ALONG 기본 의미 ▶ 진행하는, 나아가는

along ①
(삶) 되어 가다

026_Ch04_n10_19

당신의 프로젝트는 잘 돼 가나요?

콩글리시 **Is your project doing well?**

직역 **Is your project going well?**

네이티브 **How's your project coming along?**

'잘 되어 가다'는 do well이 아니라 go well이라고 한다. do well은 '잘 하다'라는 뜻으로, He's doing well in school.(그는 학교에서 잘 하고 있다. → 그는 성적이 좋다.)과 같이 사용된다. 어떤 일이 어떻게 '되어 가다'라고 할 때는 기본 동사 come에 기본 부사 along을 붙여서 come along이라는 구동사를 사용한다. along이 '앞으로 진행되는'이라는 뜻이 있으므로 이 구동사의 의미는 주로 along에서 나온다고 볼 수 있다. 어린아이의 대소변 훈련을 potty training이라고 하는데, 어린아이에게 그런 훈련을 시키는 것이 잘 되어 가고 있다고 하려면 Her potty training is coming along fine.이라고 하면 된다. potty는 아이들이 앉아 용변을 보는 좌변기를 뜻하며 아이들이 '대소변을 보러 가다'는 go to the potty라고 한다.

예제 일이 잘 진행되고 있다.
Things are **coming along** great.

당신의 모든 일이 다 잘 되고 있기를 바랍니다.
I hope everything is **coming along** great for you.

along ②
(~와) 잘 지내다, 사이가 좋다

전 시댁[처가] 사람들과는 사이가 별로 좋지 않아요.

직역 **I don't have a good relationship with my in-laws.**

네이티브 **I don't get along with my in-laws.**

'사이'라는 한국어에 해당하는 영어 단어는 relationship(관계)이다. 따라서 '~와 사이가 안 좋다'는 I don't have a good relationship with ~.(~와 좋은 관계를 갖고 있지 않다)라고 표현할 수 있다. 이 표현도 괜찮지만 좀 딱딱한 느낌이 있다. 이럴 때 원어민들은 get along with ~라는 표현을 사용해서 I don't get along with ~라고 한다. '~와(with) 앞으로(along) 가다(get)'라는 뜻으로, 마음이 맞고 사이가 좋은 사람들과 함께할 때 앞으로 나아갈 수 있다고 생각하면 외우기 쉽다. in-laws는 결혼을 통해 생긴 가족들을 말하는데 주로 시부모나 장인, 장모를 의미한다.

예제 론이 학교에서 다른 아이들과 잘 어울리지 못하는 것 같다.
Ron doesn't seem to **get along with** other kids at school.

APART 기본 의미 ▶ 서로 떨어지게

apart ①
(~을) 구분하다

저 아이들은 너무 똑같이 생겨서 구분이 안 돼.

콩글리시 **They look too much same, so I can't distinguish them.**

네이티브 **They look so much alike I can't tell them apart.**

물건이 '똑같아 보이다'라고 할 때는 They look the same to me.와 같이 same을 쓰지만 사람이 '같아 보이다'라고 할 때는 look alike라고 한다. '~을 구분하다'에 해당하는 영어 동사는 distinguish이다. 그런데 원어민들은 이렇게 어렵고 딱딱한 단어를 쓰는 대신 tell ~ apart라는 구동사를 즐겨 사용한다. 두 개가 '떨어지게(apart) 말하다(tell)'니까 왜 이 구동사가 '구분하다'가 되는지 충분히 유추할 수 있다. 또, tell A from B라고 하면 'A와 B를 구분하다'라는 표현이 된다. 가령, '옳고(right) 그름(wrong)을 구분하다'는 tell right from wrong이라고 한다.

예제 너는 저 둘을 어떻게 구분해?
How do you **tell** the two **apart**?

apart ②

망가지다, 파탄 나다, 와해되다

유모차가 산 지 3개월 만에 망가져 버렸어.

콩글리시 The stroller broke three months after I bought it.

네이티브 The stroller **fell apart** after three months of use.

'망가지다'라고 하면 가장 먼저 떠오르는 영어 단어는 break일 것이다. 좀 더 정확한 표현은 break down이다. 그런데 break down은 가전제품이나 자동차 같은 기계가 '고장 나다', '작동을 안 하다'라고 할 때 쓰는 표현으로, 유모차가 '못쓰게 망가지다'라는 표현에는 어울리지 않는다. 이런 경우 원어민들은 fall apart라는 구동사를 사용해서 표현한다. 물건이 여러 조각으로 '떨어져(apart) 무너지는(fall)' 장면을 연상시키는 표현으로, '망가지다' 외에 꿈(dream)이 '깨지다', 결혼 생활(marriage)이 '파탄 나다', 사람이 '폐인이 되다' 등 다양한 상황에서 사용된다. '산 지 3개월 만에'는 after three months of use(3개월 사용 후)라고 하는 것이 자연스럽다.

예제 그 건물이 엉망이 되어 가고 있다.

The building is **falling apart**.

그 밴드는 드럼 연주자가 호주로 이사가면서 해체되었다.

The band **fell apart** when its drummer moved to Australia.

내 결혼 생활은 파탄 지경이다.

My marriage is **falling apart**.

그는 아내의 사망 후 폐인이 됐다.

He **fell apart** after the death of his wife.

apart ③

분해하다, 뜯어보다

앤드류는 장난감을 뜯어보는 것을 좋아해요.

콩글리시 Andrew likes tearing and seeing his toys.

네이티브 Andrew likes **taking apart** his toys.

'뜯어보다'를 tear(찢다, 잡아 뜯다)를 써서 tear and see와 같이 말하면 콩글리시다. 위 문장에서 '뜯어보다'는 정말로 잡아 뜯는 것이 아니라 '분해하다'라는 뜻으로, 정확한 표현은 take ~ apart이다. 무엇을 '서로 떨어지게(apart) 잡다(take)'니까 '분해하다'의 의미를 충분히 유추할 수 있다. 분해한 것을 '다시 조립하다'는 put ~ back together(~을 다시 같이 놓다)라고 한다.

예제 그것을 뜯어보기 전까지는 나도 확실히 모르겠어.

I won't know for sure until I **take it apart**.

당신이 뜯었으니까, 당신이 다시 조립해 놓으세요.

You **took it apart**. So, you put it back together.

AROUND 기본 의미 ▶ 돌아서

around ①
돌아다니다

뉴욕에서 돌아다니기에 가장 좋은 교통수단은 무엇입니까?

콩글리시 **What's the best means of transportation for going around in New York?**

네이티브 **What's the best way to get around (in) New York?**

관광을 가서 '돌아다니다'라고 할 때는 go around라고 하지 않고 get around라고 한다. '이리저리(around) 움직이다(get)'니까 어떻게 해서 '돌아다니다'라는 뜻을 갖게 되었는지 쉽게 이해할 수 있을 것이다. '~ 지역에서 돌아다니다'라고 할 때는 get around ~와 같이 지역명을 바로 뒤에 붙이거나 전치사 in을 붙여서 get around in ~이라고 할 수도 있다. get around에는 소식(news)이 '퍼지다'라는 뜻도 있다. '교통수단'은 means of transportation이 맞지만, 돌아다니거나 어디에 가는 데 좋은 교통수단이라고 할 때는 way(방법)를 써서 What's the best way to ~?라고 하는 것이 자연스럽다.

예제 지하철은 서울을 돌아다니기에 가장 좋은 교통수단이다.
The subway is the best way to **get around** Seoul.

미국에서는 차가 없으면 돌아다니기 어렵다.
It's hard to **get around** without a car in the U.S.

around ②
(~하게) 설득하다, (의견에) 동의하게 설득하다

그는 매우 완고해서 우리 쪽으로 의견을 바꾸도록 설득하는 건 아주 어려울 거야.

콩글리시 **He's very stubborn, so it'd be very difficult to persuade him to change his opinion to our side.**

네이티브 **He's as stubborn as a mule. It'd be a real challenge to bring him around to our point of view.**

'~를 …하도록 설득하다'는 기본적으로 persuade ~ to ...[into -ing]로 표현하는 것이 맞다. 가령, '나는 그가 진찰을 받도록 설득했다'는 I persuaded him to see a doctor.이다. 그러면 나와 다른 의견을 갖고 있는 사람을 설득해서 내 쪽으로 의견을 바꾸도록 하는 경우는 어떻게 할까? 이때는 위의 〈콩글리시〉처럼 persuade를 쓰면 어색하다. 대신에 persuade him to take my side on the issue(그 문제에 있어 나의 편을 들도록 설득하다)라고 할 수는 있다. 그런데 이 모든 의미를 bring ~ around to ...라는 구동사를 사용하면 간단하게 표현할 수 있다. 직역은 '~를 …로 돌아오게 데려오다'로, around는 다른 쪽에 가 있는 사람을 나의 쪽으로 돌아오게 한다는 의미를 담고 있다. 이와 비슷하게 bring 대신 come을 써서 come around to ~라고 하면 '~의 견해 쪽으로 의견을 바꾸다'가 된다. '완고한'은 stubborn인데, 매우 완고한 경우는 as stubborn as a mule(노새처럼 완고한)이라는 비유 표현을 쓸 수 있고 '매우 어려운'은 very difficult나 a challenge(도전)라고 표현할 수 있다.

예제 대통령은 그 법안을 지지하도록 일부 야당 의원을 설득할 수 있기를 기대하고 있다.
The President hopes to **bring** some opposition lawmakers **around to** supporting the bill.
• opposition lawmaker 야당 의원

나는 그녀가 곧 마음을 바꿔 우리 생각에 동의할 것이라고 확신한다.
I'm sure she'll **come around to** our way of thinking.

around ③
여기저기 물어보다

혹시 더 저렴한 방법을 아는 사람이 있나 해서 여기저기 물어보았다.

콩글리시 I asked here and there to see if anyone knew a more cheaper method.

네이티브 **I asked around to see if anyone knew of anything cheaper.**

'여기저기 물어보다'는 챕터 3의 '여기저기 전화해 보다'에서도 언급했듯이 ask here and there와 같이 말하면 완전 콩글리시가 된다. 영어에서는 '여기저기'에 해당하는 의미를 around가 담당한다. around에 '물어보다'라는 뜻의 ask를 붙여 ask around라고 하면 '여기저기 물어보다'가 된다. 마찬가지로 around를 look에 붙여 look around라고 하면 '주위를 둘러보다'가 된다. 가령, '나는 스스로를 방어하는 데 사용할 무엇이 없을까 해서 주위를 둘러보았다'는 I looked around for something to defend myself with.라고 한다. '더 저렴한 방법을 알고 있다'에서 '알고 있다'는 know 뒤에 of ~를 붙여 know of ~라고 말해야 한다. know ~는 직접 경험하고 만나서 '알고 있다'이고 of를 붙이면 '들어서 알고 있다'가 된다.

예제 주변 사람들에게 아이디어가 있는지 물어본 후 몇 가지 해결책을 찾았다.
I **asked around** for some ideas and found a few solutions.

around ④
(병이) **유행하다,**
(소문이) **돌다**

요새 학교에서 배탈을 일으키는 감기가 유행하고 있다.

콩글리시 The stomach flu is popular at school.

네이티브 **The stomach flu is going around at school.**

어떤 병이 '유행하다'를 popular(인기 있는, 유행하는)라는 형용사로 표현하면 절대 안 된다. popular는 사람들이 좋아서 찾는 경우에 쓰는 말이므로 감기처럼 모두가 피하려는 병에 popular를 쓰면 어색하다. 병이 유행하는 것에는 go around라는 구동사를 쓴다. '돌아서(around) 가다(go)'로 한국어에서 감기가 '돌다'라는 말과 비슷하다. 또, go around는 소문(rumor)이 '돌다'라는 뜻으로도 사용한다. 가령, '소문이 돌고 있다'는 There's a rumor going around.라고 하면 되고, 소문의 내용은 뒤에 that ~절을 붙여 말한다.

예제 악성 유행성 감기가 돌고 있다.
A nasty flu is **going around.** • nasty 매우 나쁜

소니가 PS4의 가격을 낮출 것이라는 소문이 돌고 있다.
There's a rumor **going around** that SONY will drop the price of the PS4.

around ⑤
(법규를) **피하다,**
빠져나가다

그 규정에서 빠져나갈 길이 있다.

콩글리시 There's a way to escape the rules.

네이티브 **There's a way to get around the rules.**

'빠져나가다'를 영어의 escape(~에서 벗어나다, 탈주하다)라는 동사와 비슷한 것으로 착각하기 쉽다. 그렇지만 escape는 어떤 장소에서 벗어난다는 뜻이므로, 법이나 규정에서 '빠져나가다'라고 할 때는 evade라는 동사를 써야 옳다. 그렇지만 일반적인 대화에서는 이렇게

어렵고 딱딱한 단어보다 get around ~라는 구동사를 쓴다. 무엇을 '돌아서(around) 가다(get)'니까 규정을 '피하다' 또는 문제를 '우회적으로 해결하다'의 뜻으로 쓰인다.

예제 윈도우를 다시 시작하면 일단 그 문제를 해결할 수는 있다.
You can **get around** the problem by restarting Windows.

ASIDE 기본 의미 ▶ 옆으로

aside ①
(시간이나 돈을 어떤 목적으로)
내다, 떼어 놓다

027_Ch04_n20_29

난 아침마다 조금씩 시간을 내서 독서를 하려고 해.

콩글리시 **I try to spend a little time every morning to read books.**

네이티브 **I try to set aside a little time in the morning to read.**

spend는 '(시간을) 보내다', '(돈을) 쓰다'라는 뜻의 동사로, 뒤에 '~하면서 시간을 보내다'라고 하려면 spend time -ing와 같이 동사 뒤에 -ing를 붙여야 한다. 가령, '저는 아이들과 같이 책을 읽으며 시간을 보내는 것을 좋아합니다'는 I like to spend time reading with my kids.라고 한다. 이때 reading 대신 to read라고 하면 안 된다. 참고로, '책을 읽다'는 굳이 read 뒤에 books를 붙일 필요가 없다. 그런데 정기적으로 시간을 '내서' 무엇을 한다고 할 때는 spend라는 동사로는 부족하다. 이때는 set ~ aside라는 구동사가 제격이다. 무엇을 '옆으로(aside) 놓다(set)'이니 시간이나 돈을 '떼어 놓다'라는 말이 된다.

예제 나는 토요일은 쉬면서 집안일 하는 날로 잡고 있어.
I **set aside** Saturdays to relax and do chores.

나는 내 수입의 일부를 자선 기부금으로 떼어 놓고 있다.
I **set aside** a portion of my income for charitable giving. • charitable 자선의

aside ②
(떼어 내어) **저축하다**

난 휴가 비용으로 돈을 좀 저축해 뒀어.

직역 **I've saved some money for my vacation.**

네이티브 **I've put aside some money for my vacation.**

돈을 '저축하다'는 영어로 save라고 한다. save와 같은 뜻으로 put ~ aside라는 구동사도 흔히 쓰인다. '당장 쓰지 않고 옆으로(aside) 놓다(put)'라고 이해하면 '저축하다'라는 뜻을 외우기 쉽다. 참고로 '만약을 대비해 돈을 저축하다'는 put aside[save] money for a rainy day라고 한다. lay ~ aside라는 표현도 있는데 lay도 '놓다'니까 put ~ aside와 거의 동일한 표현이다. 두 표현에서 모두 aside는 나중에 사용하기 위하여 '옆으로' 떼어 놓는다는 의미를 담고 있다. 그 외에도 salt ~ away라는 표현도 있는데 나중에 먹으려고 음식을 소금에 절여 놓는 장면을 연상하면 '돈을 조금씩 모아 두다'라는 의미를 쉽게 유추할 수 있다. 이때 away는 aside와 같이 '옆에'라는 뜻이 아니라 '멀리 떨어지게'라는 뜻으로, 좀 더 장기적인 목적에서 비밀스럽게 돈을 모아 두는 느낌을 담고 있다.

예제 우리는 마크의 교육비로 돈을 저축해야 한다.
We have to **put aside** money for Mark's education.

그는 지난 10년간 작은 가게를 낼 정도의 돈을 조금씩 모아 놓았다.
Over the past 10 years, he has **salted away** enough money to open a small store.

aside ③
(문제를) **제쳐 놓다, 논의에서 제외하다**

이 문제는 당분간 논의에서 제외합시다.

직역 **Let's exclude this issue from discussion for the time being.**

네이티브 **I suggest we put[set] this issue aside for the time being.**

무엇을 '잠시 논의에서 제외하다'라는 말을 영어로 직역하면 '제외하다' → exclude, '논의에서' → from discussion이 된다. 이런 식으로 표현해도 의미는 통한다. 그러나 이 경우 제대로 영어 맛을 내려면 put[set] ~ aside라는 구동사를 써야 한다. 직역하면 '~을 옆으로 놓다'니까 말 그대로 어떤 문제를 논의에서 제쳐 놓는다는 뜻이 된다. 이 표현은 의견 차이를 더 이상 따지지 않는다는 뜻도 있다. 가령, '우리 서로 의견이 다른 부분을 잠시 논외로 하자'는 Let's put[set] aside our differences.라고 할 수 있다. '~합시다'라고 제안하는 표현은 Let's ~. 외에 Why don't we ~?도 있고, 좀 더 격식을 갖춰 I suggest we ~.(우리가 ~할 것을 제안합니다.)도 있으므로 바꿔 가며 연습해 보자.

예제 지금은 우리의 의견 차이를 잠시 제쳐 두고 하나로 뭉칠 때이다.
Now is the time for us to **put** our differences **aside** and unite as one.

이 문제는 일단 제쳐 두고 좀 더 시급한 문제들에 집중합시다.
Let us **put** this problem **aside** and focus on more pressing issues.

• pressing 긴급한

AWAY 기본 의미 ▶ 떨어져

away ①
(~을 무료로)
나눠 주다, 줘 버리다

저 사람들이 공짜 티셔츠와 커피잔을 나눠 주고 있어.

직역 **They're distributing free T-shirts and coffee mugs.**

네이티브 **They're giving away free T-shirts and coffee mugs.**

무엇을 '나눠 주다'라는 한국어와 비슷한 영어 동사로는 distribute(배부하다)가 있다. 따라서 '공짜 티셔츠를 나눠 주다'는 distribute free T-shirts가 된다. 이렇게 해도 말뜻은 통하지만 보통 어떤 물건을 선물로 나눠 주고 있다고 할 때는 give ~ away라는 구동사를 쓴다. 또, 자신이 갖고 있던 물건을 사람들에게 '줘 버리다'라고 말할 때도 이 구동사를 사용하면 좋다. 자신으로부터 '떨어지게(away) 주다(give)'에서 갖고 있는 것을 선물로 '줘 버리다'라는 뜻을 유추할 수 있다.

예제 내가 기르던 화초들을 다른 사람들에게 줘 버렸다.
I **gave away** my plants.

away ②
(~에서) **도망치다**

그는 16살 때 보육원에서 도망쳐 나왔다.

직역 He fled the orphanage when he was 16.

네이티브 **He ran away from the orphanage when he was 16.**

'도망치다'에 해당하는 영어 동사를 찾으면 flee(과거형은 fled)가 있다. 그런데 이 동사는 위험이나 문제 같은 것에서 안전한 곳으로 '도피하다'라는 의미로 사용된다. 위 상황과 같이 어떤 장소에서 '도망 나오다'라는 뜻에는 적합하지 않다. 이런 경우는 run away(떨어지게 달려가다)라는 구동사를 쓰면 좋다. 일반적으로는 '달려가 버리다'의 뜻이지만 '도망가다'라는 뜻으로도 쓰인다. 청소년이 '가출하다'도 '집에서 도망가다'라는 의미에서 run away from home이라고 한다. 여기서 비롯되어 '가출 아동'을 run-away kid라고 한다. 또 브레이크 등이 고장 나서 마구 달리는 기차를 runaway train이라고 한다.

예제 그는 13살 때 가출했다.
He **ran away** from home when he was 13.

away ③
(~을) **버리다**

다 쓴 잉크 카트리지는 버리지 마세요.

콩글리시 Don't throw out ink cartridges you used.

네이티브 **Don't throw away your empty ink cartridges.**

물건을 '버리다'라고 할 때 생각나는 영어 동사는 throw이다. 그런데 throw는 단순히 '던지다'이고 throw ~ away(~을 떨어지게 던지다)라고 해야 '~을 버리다'가 된다. 가끔 혼동해서 throw out이라고 하는 경우가 있는데 throw out은 '밖으로 던지다'의 뜻으로, '버리다'라는 의미로는 잘 쓰지 않는다. throw와 away를 붙여서 throwaway라고 하면 '한 번 쓰고 버리는', 즉 '일회용'이라는 뜻이 된다. 일회용 컵이나 접시는 throwaway cups, throwaway plates라고 한다. 참고로 '일회용 컵 제작업체'와 같이 사업과 관련되어 쓰일 때는 disposable(일회용)이라는 단어를 쓴다. disposable의 반대는 reusable, 즉 '재사용 가능한'이다. 위 예문에서 '다 쓴 카트리지'는 used(사용한, 중고의) 또는 empty(빈)라는 형용사로 표현한다.

예제 그녀는 절대 물건을 버리지 않는다.
She doesn't **throw away** anything.

away ④
(일 등에서) **벗어나다**

나는 일에서 좀 벗어날 필요가 있어.

콩글리시 I need to escape my work.

네이티브 **I need to get away from work.**

'벗어나다'에 해당하는 영어 동사는 escape이다. 그렇지만 '일에서 벗어나다'는 escape my work라고 하면 안 된다. 반드시 전치사 from을 붙여 escape from work라고 해야 '~에서 벗어나다, 자유로워지다'라는 뜻이 된다. escape from work는 그 자체로 좋은 표현이지만 문어체라서 일상적인 글이나 대화에서는 잘 사용하지 않는다. 대신에 get away from ~이라는 구동사를 써서 get away from work라고 한다. '무엇으로부터(from) 떨어져(away) 가다(get)'니까 '벗어나다'라는 뜻을 쉽게 유추할 수 있다.

예제 이곳은 교통 체증과 인파에서 벗어나 시간을 보내기 좋은 곳이다.
This is a nice place to **get away** from traffic and crowds.

회의에서 일찍 빠져 나오지 못해서 죄송합니다.
I'm sorry, I couldn't **get away** from the meeting sooner.

away ⑤
(집단·무리에서)
벗어나다, 탈퇴하다

한 젊은 남자가 사람들 속에서 벗어나 그녀를 향해 걸어갔다.

직역 **A young man left the crowd and walked toward her.**

네이티브 **A young man broke away from the group and ambled toward her.**

한 무리의 젊은이들이 입국장을 빠져 나와 멈춰 섰다. 그 중 한 젊은 남자가 엄마를 발견하고 무리에서 벗어나 엄마를 향해 걸어온다. 이 장면에서 '무리를 벗어나다'를 영어로 어떻게 표현할까? 우리가 잘 아는 leave(떠나다)라는 동사를 써서 leave the group(무리를 떠나다)이라고 해도 의미는 어느 정도 통하지만 웅성거리는 무리 속에서 빠져 나오는 장면을 묘사하기엔 역부족이다. 이 경우에는 break away from ~이라는 동사구가 제격이다. away에 뭔가로부터 '벗어나는'의 의미가 담겨 있는데다 break(부러지다)라는 동사가 붙어 마치 나무에 붙어 있는 수많은 나뭇잎들 중 하나가 가지에서 부러져 떨어져 나가는 장면을 떠올릴 수 있다. break away from ~은 이렇게 무리에서 떨어져 나가는 의미뿐만 아니라, 비유적으로 어떤 단체에서 탈퇴하거나 분리되는 의미로도 쓸 수 있다.

예제 그는 그 정치 연합체에서 탈퇴하여 독자 정당을 만들었다.
He **broke away** from the political alliance to form his own party.

• alliance 연맹, 동맹

away ⑥
(~을) **없애다, 그만두다**

이것을 보면 관행을 없애는 것이 얼마나 어려운지 알 수 있다.

직역 **Looking at this, we can see how difficult it is to eliminate conventional practices.**

네이티브 **This shows how difficult it is to do away with conventional practices.**

영어에 제도나 관행을 '없애다'라는 뜻의 동사는 많다. eliminate가 가장 대표적인 단어이고 그 외에 remove라는 동사도 있다. 또 get rid of ~라는 관용 표현도 있다. 그 외에 기본 동사 do와 부사 away를 조합한 do away with ~라는 구동사도 같은 의미를 갖고 있다. do에는 원래 '끝내다'라는 뜻이 있어서 I'm done with stock investment.라고 하면 '나는 주식 투자를 그만하겠다'라는 뜻이다. 따라서 do away with는 '무엇을 가지고(with) 떨어지게(away) 끝내다(do)'가 '~을 없애다', '그만두다'의 뜻으로 발전한 것이다. 또 구어에서는 with 뒤에 사람을 넣어 쓰면 '죽이다'라는 뜻이 된다.

예제 개막식은 없애고 모든 것을 최대한 간소화합시다.
Let's **do away with** the opening ceremony and keep everything else simple.

away ⑦
(~을) **치우다**

이제 장난감을 치워! 잠잘 시간이야.

콩글리시 **Clear your toys now! It's time to sleep.**

네이티브 **Put away your toys now! It's time to go to bed.**

식탁 같은 것을 '치우다'라고 할 때는 clear를 써서 I'll help you clear the table.(식탁 치우는 것을 도와 드리죠)과 같이 말한다. 그렇지만 장난감 같은 물건을 '치우다'라고 할 때는 clear를 쓰면 안 된다. 대신에 put ~ away라는 구동사를 사용한다. 사람들이 왔다 갔다 하는 곳에서 '떨어지게(away) 놓다(put)'라는 식으로 이해하면 쉽게 외울 수 있다. put ~ away는 계절이 지나서 입지 않을 옷이나 사용하지 않을 물건을 '치워 놓다'라는 뜻으로도 흔히 사용된다. '잠잘 시간'에서 '잠자다'는 '잠자리에 들다'라는 뜻이므로 go to bed라고 하거나 It's time for bed.라고 한다.

예제 제 겨울 옷은 벌써 다 치워 놓았는데요.

I have already **put away** all my winter clothes.

이제 여름 옷을 치울 때가 되었네요.

It's time to **put away** summer clothes.

BACK 기본 의미 ▶ 뒤로, 다시

back ①
(여차하면 ~에) **기대다, 뒤로 물러서다**

028_Ch04_n30_41

나는 고아로 자랐기 때문에 어려울 때 의지할 사람이 없었다.

직역 **Since I grew up as an orphan, there was no one I could rely in difficult times.**

네이티브 **Growing up as an orphan, I had no one to fall back on when times were tough.**

'A에게 B를 의지하다, 기대다'는 rely[depend] on A for B로 표현하는 것이 맞다. 그런데 다른 옵션이 없을 때 여차하면 믿고 기댈 수 있는 사람에 관한 말이라면 위 표현으로는 2% 부족함이 느껴진다. 이때는 fall back on ~이라는 구동사를 기억해 두자. 이는 '뒤로 넘어지다(fall back)', 즉 실패나 어려움 같은 만약의 상황에서 위에(on) 기댈 수 있는 사람이나 사물을 묘사할 때 쓰인다. 가령, '만약의 상황에 쓸 수 있는 저축한 돈이 없다'는 I have no savings to fall back on.이라고 한다. fall back은 또 '뒤로 물러나다'의 뜻으로도 쓰인다. 가령, '그는 경악해서 뒤로 물러섰다'는 He fell back in horror.라고 한다. '어려울 때'는 in difficult times도 좋고 tough를 써서 in tough times, when the going was tough, when things were tough 또는 when times were tough라고 해도 좋다.

예제 내가 휴가를 가면 나 대신 가게 운영을 믿고 부탁할 사람이 없어.

I have no one to **fall back on** to run the store when I go on vacation.

나는 이 회사에서 나가면 달리 의지할 곳이 없어.

If I lose this job, I have nothing to **fall back on**.

back ②
돌아가다, 다시 연락하다

답을 드리기 위해 며칠 내로 연락하겠습니다.

콩글리시 **We will contact you and give you an answer within a few days.**

직역 **We will contact you back with an answer within a few days.**

네이티브 **We will get back to you with an answer within a few days.**

소비자가 제품에 관해 제조사에 문의했는데 담당 직원이 바로 답변을 줄 수 없는 경우가 있다. 이때 '나중에 연락해서 답변을 주겠다'라고 할 때 '연락하다'에 해당하는 영어 동사는 contact이다. 그리고 '답변을 주겠다'는 give라는 동사를 쓸 필요 없이 contact you with an answer(답변을 가지고 당신에게 연락하다)라고 한다. 그런데 위와 같이 먼저 전화나 메일로 연락해 온 사람에게 내가 다시 연락하는 경우에는 연락을 되돌려 준다는 의미로 back을 써서 contact you back이라고 해야 한다. 똑같은 말을 기본 동사 get을 사용해서 get back to you with an answer(답변을 가지고 당신에게 다시 연락하다)라고 할 수도 있다. 이때 get back to ~는 '~에게 돌아가다'라는 뜻도 있어서 He got back yesterday.(그는 어제 돌아왔다)와 같이 물리적으로 돌아간다는 의미로도 쓴다.

예제 그 판매원에게서 다시 연락이 왔는데 환불을 못 해 주겠다고 하더라.
The sales clerk **got back to** me, telling me that they couldn't give me a refund.

back ③
(~을) **되가져가다**

시험이 끝나고 선생님이 문제지를 거둬 가셨다.

콩글리시 **The teacher gathered the question papers when the test was finished.**

네이티브 **The teacher took back the exam papers after the exam.**

시험지를 '거둬 가다'를 영어로 어떻게 말할까? '거둬 가다'를 각각 '거두다' → gather(모으다), '가다' → go(가다)와 같은 식으로 생각해서는 안 된다. 영어 표현은 영어 표현 나름대로 익혀야 하기 때문이다. gather는 흩어져 있는 사람이나 물건을 '모으다'라는 뜻으로 쓰인다. 여러 사람에게서 세금이나 뭔가를 거두는 것은 한 단어로 collect라고 한다. 위 경우는 주고 나서 다시 거두는 것이니까 re-collect라고 할 수 있다. 그런데 이럴 때 원어민들은 어려운 단어를 쓰지 않고 take와 back이라는 기본 단어로 만든 take ~ back이라는 구동사를 사용한다.

예제 그는 나에게 사 줬던 휴대전화를 되가져갔다.
He **took back** the mobile phone he bought for me.

back ④
(말을) **취소하다**

제가 했던 말을 취소하겠습니다.

콩글리시 **I'll cancel my words.**

네이티브 **I take back what I just said.**

영어 동사 cancel이 한국어로 '취소하다'라는 뜻인 것은 맞다. 가령, '약속을 취소하다'는 cancel an appointment, '예약을 취소하다'는 cancel a reservation이다. 그러나 말을 취소한다고 할 때는 cancel을 쓰지 않고 take ~ back(~을 되돌려받다)이라는 구동사를 쓴다. 말 그대로 '뒤로(back) 가져가다(take)'이므로 다시 가져간다는 뜻이 된다. take ~ back에는 자신이 한 말을 '취소하다'라는 뜻도 있다. 입 밖에 내놓은 말을 다시 가져가니까 취소하는 것이 된다. 가령, '어젯밤 파티에서 제가 한 말을 취소합니다'는 I take back what I said at the party last night.이다. 그 외에 어떤 행사를 취소한다고 할 때는 cancel도 되지만 call ~ off라는 구동사도 많이 쓴다. 가령, '경주를 취소하다'는 call off a race, '여행을 취소하다'는 call off a trip이라고 한다.

예제 피트에 대해서 내가 한 말을 다 취소하겠습니다.
I **take back** everything I said about Pete.

지금 한 말 취소하세요!
You **take back** what you said!

back ⑤
(약속을) **어기다**

그 사람은 약속을 어기는 적이 없어.

콩글리시 **He never violates his promises.**
직역 **He never breaks his promises.**
네이티브 **He never goes back on his word.**

violate라는 동사는 법을 '어기다'의 뜻으로는 쓸 수 있지만 약속을 '어기다'라는 뜻으로 쓰면 안 된다. 대신에 break(깨다)라는 동사를 써서 break a promise(약속을 깨다)라고 해야 한다. break와 함께 go back on ~(~에서 뒤로 가다)이라는 구동사도 구두로 한 맹세나 약속을 '깨다, 저버리다'라는 뜻으로 쓰인다. 전치사 on은 '~에 있어서[관하여]'라는 뜻으로, '~에 있어서 되돌아(back) 가다(go)'니까 약속했다가 발을 빼는 장면을 연상하면 좀 더 쉽게 기억할 수 있다.

예제 그는 세금을 올리지 않겠다는 자신의 약속을 어겼다.
He **went back on** his promise that he would not raise taxes.

back ⑥
(~을) **저지하다, 지연시키다, 참다**

경호원들은 그 여배우가 리무진을 타고 떠날 때까지 기자들을 저지했다.

콩글리시 **The guards blocked reporters until the actress got on the limousine and left.**
네이티브 **The guards held the reporters back until the actress got into a limo and drove off.**

일반적으로 '저지하다'의 뜻으로 block이라는 동사를 사용하는 것은 맞지만 사람이 다가오거나 가는 것을 '저지한다'는 뜻으로는 사용하지 않는다. block은 어떤 장소에 다른 사람이 들어가는 것을 차단한다는 뜻으로 쓰인다. 가령, '시위대가 자전거 거치대로 거리를 막았다'라는 말에는 The protesters blocked the street with bicycle racks.와 같이 block을 쓴다. 사람이 몰려오는 것을 저지하는 경우는 hold ~ back이라는 구동사를 써야 한다. '뒤에 있게(back) 붙잡다(hold)'이므로 '저지하다'라는 뜻을 쉽게 읽어 낼 수 있다. 이러한 hold ~ back은 기본적으로 '어떤 것이 움직이려는 것을 막다'라는 의미가 있다. 따라서 사람을 '못 가게 붙잡고 지연시키다'의 뜻으로도 쓰여 '저 때문에 늦게 가지 마시고 어서 가세요'라고 할 때는 Don't let me hold you back.이라고 하고, '차가 밀려 늦었습니다'라는 말도 I was held back by traffic.(차량에 의하여 지연되었다)이라고 한다. 또 감정의 표출을 '참다'라는 뜻으로도 쓰여 '그녀는 눈물을 참았다'는 She held back the tears.라고 한다. 자동차에 '타다'는 get into ~라고 하고, get on ~은 버스나 기차 같이 큰 교통수단에 탈 때만 사용한다. '차를 타고 떠나다'는 leave도 되지만 drive off가 더 맛깔스러운 표현이다.

예제 그는 더 이상 분노를 참을 수 없었다.
He couldn't **hold back** the rage any longer.

그녀가 몸을 돌려 다시 집안으로 들어가려 하자 그가 제지했다.
As she turned to go back into the house, he **held** her **back**.

BY 기본 의미 ▶ 옆에, 지나가는

by ① (~을) 구하다, 찾다

연봉이 높은 여성은 구직이 힘들다.

콩글리시 **It is difficult to find women's jobs that give high wages.**

네이티브 **High-paying jobs for women are hard to come by.**

'구직하다', '취직 자리를 구하다'는 영어로 get(얻다), find(찾다) 같은 동사를 사용할 수 있다. 그런데 '요새 ~은 참 찾기[보기] 어렵다'에는 come by ~라는 구동사가 제격이다. '무엇의 곁(by)을 지나서 오다(come)'로 직역되는데, 찾으려는 노력을 통해서 또는 우연히 발견해서 소유하게 되는 상황에 사용되며, 여기서 '무엇'은 사람이나 사물 둘 다 될 수 있다. 또 아이디어같이 눈에 보이지 않는 것에도 come by를 쓴다. 가령, '어디서 그런 아이디어가 생각났습니까?'라는 말은 How did you come by that idea?라고 한다. 한국어에서는 '어디서'라고 묻지만 영어에서는 how, 즉 '어떻게 해서 구했냐?'라고 묻는 차이점이 있다.

예제 이 고문서들을 어디서 구했습니까?
How did you **come by** these ancient documents? • ancient 고대의

그와 같은 의사는 요새 찾아 보기 어렵다.
Doctors like him are hard to **come by**.

by ② (잠깐) 들르다

오늘 오후에 내 사무실에 좀 들를 수 있어요?

콩글리시 **Can you visit my office this afternoon?**

네이티브 **Can you drop by my office this afternoon?**

어디를 '들르다'는 영어로 visit(방문하다)이라고 하지 않는다. visit는 I visited my uncle last week.(지난주에 삼촌을 방문했습니다)나 I visited London last year.(작년에 런던을 방문했습니다)와 같이 사교나 관광, 사업 등의 목적으로 장시간 방문할 때 쓴다. 어떤 사람의 사무실, 은행, 슈퍼마켓 같은 곳에 '잠깐 들렀다 가다'라는 의미로는 drop by(곁에 떨어지다)라는

구동사를 쓰면 좋다. 비슷한 구동사로 stop by도 많이 쓰인다. drop by나 stop by는 위 예문처럼 뒤에 장소명을 넣어 쓰거나 Please drop by any time.(아무때나 들러 주세요.)과 같이 by 뒤에 아무것도 붙이지 않고 쓸 수 있다. come by도 비슷한데, 다만 come by 뒤에는 장소만 붙여 써야 한다.

예제 전 은행에 들렀다 가야 해요.
I have to **drop by** the bank.
이번 주말에 잠깐 들르는 게 어때?
Why don't you **stop by** this weekend?

by ③
(~에게 …을) **말해 주다, 알려 주다**

다시 말씀해 주시겠어요?
직역 **Can you say that again?**
Can you repeat that?
네이티브 **Can you run that by me again?**

무엇을 '다시 말하다'는 영어로도 say ~ again이라고 하거나 repeat(반복하다)이라는 동사를 쓰면 된다. 또한 run A by B(B 옆으로 A를 가게 하다)라는 구동사도 'B에게 A를 알려 주다, 말해 주다'라는 뜻이 있으니 알아두자. 이 표현에 again을 붙여서 Run that by me again.이라고 하면 '그것을 다시 나에게 말해 주세요'라는 말이 된다.

예제 저에게 비용을 알려 주시면 상관에게 보고하고 일을 추진하도록 하겠습니다.
Let me know the costs, so I can **run** this **by** my boss and get it going.

by ④
(시간이) **지나가다**

시간이 지나면서 우리는 정말 친한 친구 사이가 되었다.
직역 **As time passed, we became really close friends.**
네이티브 **As time went by, we became really good friends.**

한국어에서 시간이 '지나다'에 해당하는 영어 동사는 pass이다. 그런데 go by(곁을 지나가다)라는 구동사도 많이 쓰인다. by라는 부사는 '옆을 지나, 곁을 지나'의 뜻으로, go by는 무엇이 우리 옆을 지나간다는 이미지를 연상시킨다. 그런데 go by 때문인지 pass에도 by를 붙여서 pass by라고 말하는 사람들이 있는데 pass는 그 안에 by(지나가는)의 의미가 있으므로 by를 붙이는 것은 사족을 다는 것이 된다.

예제 시간이 매우 빨리 지나갔다.
The time **went by** very quickly.

by ⑤
(그럭저럭) **지내다, 해 나가다**

서울에서는 차 없이도 지낼 수 있어요.
직역 **You can live without a car in Seoul.**
네이티브 **You can get by without a car in Seoul.**

무엇이 없이 '지내다'를 '살다'의 뜻으로 본다면 live라는 동사를 써서 live without ~(~ 없이 살다)이라고 할 수 있다. 그런데 '없으면 불편하지만 그래도 지낼 수 있다'의 뜻이라면

get by(지나서 가다)라는 구동사가 제격이다. by는 '천천히 옆을 지나가는'의 의미를 갖고 있어서 get by는 '그럭저럭 대충 해 나가다'라는 의미를 나타낸다.

예제 그는 대충 먹고살 정도만 번다.
He earns just enough to **get by**.
나는 대충 프랑스어로 의사소통은 된다.
I can **get by** in French.

by ⑥
(~을) 지지하다,
(~의) 옆을 지키다

좋은 친구는 힘들 때나 즐거울 때나 항상 옆을 지켜 주는 사람이다.

콩글리시 **A good friend is someone who takes your side in difficult or happy times.**

네이티브 **Good friends stand by each other through thick and thin.**

어려운 일이 있을 때 '옆을 지켜 주다'를 옆(side)이라고 해서 take ~'s side라고 하면 '~의 편을 들다'라는 엉뚱한 의미의 표현이 된다. 이때는 be at ~'s side라고 하거나 아니면 간단하게 by라는 전치사로 표현한다. 가령, '그는 창가에 서 있었다'는 He was (standing) by the window.라고 한다. 그런데 바로 이 문장에 사용된 stand by ~는 '~의 옆을 지키다', '~을 떠나지 않고 지지하다'라는 뜻도 있다. '힘들 때나 즐거울 때나'는 보통 through good and bad times라고 한다. 이때 전치사 through는 good times나 bad times를 끝까지 겪는다는 뜻을 갖는다. 또 같은 의미로 through thick and thin이라는 관용 표현도 많이 쓰인다. 두꺼운(thick) 것과 얇은(thin) 것은 각각 '어려움'과 '즐거움'을 은유적으로 표현한 것이다.

예제 그는 미국이 무조건 동맹국을 도와야 한다고 주장했다.
He argued that the U.S. should **stand by** its allies unconditionally. • ally 동맹국

DOWN 기본 의미 ▶ 아래로

down ①
(~를) 깎아내리다,
헐뜯다

029_Ch04_n42_54

내 친구들 앞에서 자꾸 나를 깎아내리는 말을 하지 마.

콩글리시 **Stop cutting me down in front of my friends.**

직역 **Stop criticizing me in front of my friends.**

네이티브 **Stop putting me down in front of my friends.**

누구 또는 무엇을 '깎아내리다'를 영어로 cut ~ down이라고 하면 안 된다. cut down은 나무 같은 것을 '잘라내다' 또는 가격 같은 것을 '삭감하다'와 같은 뜻으로만 쓰인다. '깎아내리다'는 '비난하다'의 뜻이므로 criticize라는 동사를 써서 표현할 수 있다. 아니면 put ~ down(~을 내려놓다)이라는 구동사를 사용한다. 한국어의 '깎아내리다'나 영어의 put ~ down은 모두 남을 비난하거나 헐뜯는 것이 그 사람의 위치를 아래로(down) 끌어내리는 것이라는 생각에서 공통점이 있다. 또 a put-down이라고 하면 '경시, 비난, 헐뜯기'라는 명사가 된다.

예제 자신을 비하하는 말을 하지 마세요.
Stop **putting** yourself **down**.

down ②
(~을) **거절하다**

존이 왜 그 일자리를 마다했을까요?

직역 **Why did John decline the job offer?**

네이티브 **Why did John turn down the job offer?**

무엇을 '마다하다'라는 한국어는 '싫어하다'나 '싫다고 거절하다'라는 뜻으로, 일자리를 '거절하다'라는 뜻이니까 decline이라는 영어 동사와 맞아떨어진다. 그런데 decline이라는 동사는 문어체에 어울리는 표현이고 일반적으로는 turn ~ down(~을 아래로 돌리다)이라는 구동사를 '거절하다'의 뜻으로 사용한다. 원래 decline도 라틴어로 풀면 de = down, cline = turn의 뜻이므로 turn ~ down과 발상이 비슷한 동사라고 볼 수 있다.

예제 그녀는 〈시스터 액트 2〉의 주연 제안을 거절했다.
She **turned down** a leading role in *Sister Act 2*.

down ③
(계약금을) **걸다, 내다**

난 방금 그 집에 계약금을 걸었다.

콩글리시 **I just hung the deposit to the house.**

네이티브 **I just put down the deposit on the house.**

계약금을 '걸다'를 hang이라고 하면 엉터리 영어 표현이 된다. 대신에 put ~ down(~을 내려놓다)이라는 구동사를 '(계약금)을 걸다, 내다'의 뜻으로 사용한다. deposit은 구매 계약의 경우는 계약금과 비슷하지만 임대 계약 시에는 나중에 돌려받는 보증금의 일부를 말한다. 일반적인 의미의 '계약금'은 down payment라고 하는데 여기서 down도 처음에 계약을 성사시키면서 내는 돈이라는 뜻이 있다.

예제 계약금은 저의 부모님이 내주셨고, 할부금은 제가 냈습니다.
My parents **put down** the down payment, and I made the payments.

down ④
(병에) **걸리다**

감기에 걸리려나 봐요.

직역 **I think I'm catching a cold.**

네이티브 **I think I'm coming down with a cold.**

영어에서 감기에 '걸리다'는 catch(붙잡다)라는 동사를 쓴다. 한국어에서는 감기에 '걸리다'라고 하지만 영어에서는 사람이 감기를 '잡는' 것으로 표현하는 것이 흥미롭다. 일반적으로 병에 '걸리다'라는 의미로 come down with ~(~과 함께 내려오다)라는 구동사도 많이 쓴다. 한국어에도 병에 걸려 '몸져 눕다'라는 말이 있는데 down(아래로)이라는 부사가 병에 걸려 눕거나 활동이 둔화되는 상황을 표현하는 것으로 보면 이해하기 쉽다. catch와 come down with ~는 활용 면에서 큰 차이점이 있다. catch는 바이러스 같은 유행병에 걸릴 경우에 쓰며 폐렴(pneumonia)과 같은 질병에는 쓸 수 없다. 이에 반하여 come down with ~는 두 경우에 다 사용할 수 있으므로 훨씬 활용도가 넓은 셈이다. 그 외에도 get sick with ~(~으로 아프게 되다)도 여러 질병이나 현상 등에 사용할 수 있다. 좀 더 전문적인 용어로는 contract가 있는데 결핵(tuberculosis), 장티푸스(typhoid) 같은 중병에 쓰인다.

예제 2년 후 그는 폐렴에 걸려 고향으로 돌아올 수밖에 없었다.
After two years, he had to return home when he **came down with** pneumonia.

나는 3년 전 동남아시아를 여행하다가 장티푸스에 걸렸다.
Three years ago, I **got sick with** typhoid while traveling in Southeast Asia.

down ⑤
고장 나다

한번은 고속도로에서 내가 타고 가던 택시가 고장 난 적이 있었어.

콩글리시 Once, the taxi I was riding broke on the highway.
네이티브 **Once, the taxi I was in broke down on the highway.**

break는 '깨지다'라는 뜻이기 때문에 위 예문에 쓰기에는 이상하다. 이때는 뒤에 down을 붙여서 break down이라고 해야 '(기계가) 고장 나다'라는 뜻이 된다. 컴퓨터가 down 되었다는 표현처럼 down에는 '작동을 멈춤'의 뜻이 있다. 따라서 break down은 기계가 작동이 중지되는 것을 뜻한다. 무엇을 '타고 가다'는 ride가 맞지만 '택시를 타고 가다'는 ride a taxi가 아니라 ride in a taxi(택시 안에 타고 가다)처럼 전치사 in이 들어가야 한다. 따라서 '내가 타고 가던 택시'도 the taxi (that) I was riding in과 같이 써야 한다. 그런데 실은 ride 같은 동사 없이 the taxi I was in(내가 안에 있었던 택시)이라고 하는 것이 더 일반적이다. 전치사 in에 이미 '타고 있는'의 뜻이 있기 때문이다.

예제 내가 쓰던 오래된 컴퓨터가 고장 나서 새것을 사야 했다.
My old computer **broke down**, so I had to get a new one.

엘리베이터가 고장 나서 우리는 계단을 이용해야 했다.
The elevator **broke down**. So, we had to use the stairs.

down ⑥
(~을) 물려주다

그건 할머니에게서 물려받은 거예요.

직역 I inherited it from my grandmother.
네이티브 **My grandmother handed it down to me.**

누구에게서 무엇을 '물려받다'에 해당하는 영어 동사는 inherit이다. inherit라는 동사는 물건이나 재산뿐만 아니라 습관, 체질, 체형 등 모든 것에 사용된다. 가령, '그녀의 곱슬머리는 아버지에게서 물려받은 겁니다'는 She inherited her wavy hair from her father.이다. '물려주다'라는 뜻으로 hand ~ down이라는 구동사도 많이 쓰인다. hand는 동사로 '건네주다'이고 '아래로(down) 건네주다(hand)'니까 당연히 '물려주다'라는 뜻이 된다. My grandmother handed it down to me.는 수동태로 하면 It was handed down from my grandmother.(그것은 할머니로부터 물려주어졌습니다.)가 된다. 또, hand-me-down과 같이 붙여 쓰면 '물려받은 옷'이라는 명사나 '물려받은'이라는 형용사가 되기도 한다. 가령, '물려받은 옷을 입는 것이 지겹다'는 I'm tired of wearing hand-me-downs.라고 한다.

예제 저 배는 우리 삼촌에게서 물려받은 것이다.
My uncle **handed** the boat **down** to me.
The boat was **handed down** from my uncle.

down ⑦
(~을)
본격적으로 시작하다

본격적으로 일을 시작해 봅시다.

직역 **Let's start working in earnest.**

네이티브 **Let's get down to work.**

start work라고 하면 '근무를 시작하다'가 된다. start working이라고 해야 '일하는 것을 시작하다'라는 뜻이 된다. '본격적으로'는 in earnest이다. 따라서 '본격적으로 일을 시작하다'는 start working in earnest라고 할 수 있다. 그렇지만 이 말은 한국어를 영어로 직역한 표현이고 문법적으로는 맞지만 사실상 잘 쓰이지 않는다. 같은 상황에서 원어민은 get down to ~(~에 내려가다)라는 구동사를 사용해서 get down to work라고 표현한다. get down to ~는 '~에 착수하다'라는 뜻으로, 어떤 일을 본격적으로 시작하기 위하여 그 일에 내려(down) 앉는 모습을 연상하면 외우기 쉽다. get down to business(본격적으로 일이나 토론을 시작하다), get down to cases(구체적인 일을 논의하기 시작하다), get down to the nitty-gritty(핵심 사항을 논의하기 시작하다)와 같은 형태로 많이 쓴다.

예제 모두 왔으니까 본격적인 토론을 시작합시다.
Since everyone's here, let's **get down to** business.

down ⑧
(~을)
소화시키지 못하다

먹으면 소화가 안 되서 자꾸 넘어오려고 해요.

콩글리시 **When I eat something, I want to vomit.**

네이티브 **I can't keep anything down.**

'먹으면 넘어오려고 한다'를 그대로 영어로 옮겨서는 콩글리시가 되기 쉽다. '넘어오다'는 '토하다'라는 뜻으로 이해해서 vomit 또는 throw up이라는 구동사를 쓸 수 있다. 다만 I want to vomit.(토하기를 원한다.)보다는 '~하고 싶은 기분이다'라는 뜻의 feel like -ing 구문을 사용해서 I feel like vomiting.(토할 것 같은 기분이에요.)이라고 하는 것이 자연스럽다. 그런데 사실 이렇게 길게 말할 필요 없이 keep ~ down이라는 구동사를 쓰면 훨씬 편하다. 먹은 음식이 넘어오지 않는다는 말은 아래에(down) 있게 유지하는(keep) 것이므로 keep ~ down은 '음식이 넘어오지 않게 소화시키다'라는 뜻이 된다. 따라서 I can't keep anything down.은 '아무것도 소화가 안 된다', 즉 '먹으면 자꾸 넘어오려 한다'라는 뜻이 된다.

예제 물밖에 소화되는 것이 없어요.
Water is the only thing I can **keep down**.

down ⑨
(~를) **실망시키다**

다시는 실망시키지 않겠습니다.

직역 **I won't disappoint you again.**
네이티브 **I won't let you down again.**

누구를 '실망시키다'에 해당하는 영어 동사는 disappoint이다. 그런데 일반 대화에서는 let ~ down(~을 내려놓다)이라는 구동사도 '실망시키다'라는 뜻으로 많이 쓰인다. let down은 또 a let-down이라고 표기해서 '실망스러운 일, 실망스러운 것'이라는 명사로도 흔히 쓰인다. 가령, 어떤 영화를 봤는데 그 영화가 매우 실망스러웠으면 The movie was a big let-down.이라고 말할 수 있다.

예제 실망시켜 드려서 죄송합니다.
I'm sorry (that) I **let** you **down**.

down ⑩
(감정에 복받쳐)
울음을 터뜨리다

증인이 감정에 복받쳐 울음을 터뜨려서 잠시 증언을 중단해야 했다.

콩글리시 **The witness was filled with emotion and began crying, so his testimony stopped for a short time.**
직역 **The witness got emotional and burst into tears. So, his testimony was interrupted temporarily.**
네이티브 **The witness broke down in tears and had to take a break from his testimony.**

감정에 '복받치다'를 be filled with emotion(감정으로 꽉 차다)이라고 표현해도 틀리지는 않다. 또는 간단하게 get emotional이라고 해도 된다. emotional이라는 형용사 안에 '감정에 복받친'의 뜻이 담겨 있기 때문이다. '울음을 터뜨리다'는 burst라는 동사를 써서 burst into tears라고 한다. 그런데 '감정에 복받쳐 울음을 터뜨리다'라는 의미 전체를 break down이라는 구동사 하나로 표현할 수 있다. 사람이 '깨져(break) 떨어지다(down)'라는 말은 체면이고 뭐고 없이 땅바닥에 주저앉아 울음을 터뜨리는 사람의 모습을 연상케 한다. 증언이 '잠시 중단되다'는 stop보다는 interrupt(중단하다)라는 단어가 더 문맥에 맞다. 또는 증인을 주어로 해서 take a break from his testimony(자신의 증언에서 휴식을 취하다)라고 말하는 것이 세련된 표현이다.

예제 그 많은 사람들 앞에서 그렇게 주체하지 못하고 울음을 터뜨린 것은 그녀답지 않았다.
It wasn't like her to **break down** like that in front of so many people.

down ⑪
(세기를) **줄이다**

볼륨 좀 줄여 주시겠어요?

직역 **Can you decrease the volume?**
Can you lower the volume?
네이티브 **Can you turn down the volume, please?**

무엇을 '줄이다'에 대응되는 영어 동사는 decrease(줄이다, 감소시키다), reduce(줄이다, 삭감하다)와 같은 것이 있다. 이런 동사를 써도 말은 통하지만 volume과 가장 궁합이 맞는 동사는 lower(낮추다)이다. 그런데 volume뿐만 아니라 난방기(heater), 에어컨(air conditioner) 등 강도를 조절할 수 있는 모든 것을 '줄이다, 낮추다'라고 할 때는 turn ~ down이라는 구동사를 쓰면 좋다. 볼륨 조절 단자를 돌려(turn) 아래로(down) 낮추는 상황을 연상하면 된다. 반대는 turn ~ up이다.

예제 난방기를 높일게요.
I'll **turn up** the heater.

down ⑫
(~을)
지치게[힘들게] 하다

(집을) 리모델링하는 일 때문에 진이 빠진다.

직역 **I'm tired because of the remodeling work.**

네이티브 **The remodeling project is wearing me down.**

어떤 힘든 일을 장기간 계속하느라 '진이 빠지는' 상황이라면 I'm tired because of ~(~ 때문에 피곤하다) 정도의 표현으로는 충분하지 않다. 이런 경우는 wear ~ down이라는 구동사를 사용하자. wear는 '입다, 신다, 착용하다'라는 뜻이지만, wear ~ down은 사람을 '매우 지치게 하다, 지쳐 힘들게 하다'라는 뜻이다. 따라서 A wear B down이라고 하면 'A가 B를 지치고 힘들게 하다'라는 뜻이 된다. 즉, A는 피곤하게 하는 일이 되고 B는 피곤함을 당하는 대상이 된다. 가령, 아이들 때문에 힘들고 피곤하다면 The kids are wearing me down.이라고 할 수 있다.

예제 여행하느라 힘들고 피곤하다.
Traveling is **wearing** me **down**.

down ⑬
(소동 등을) **진압하다**

정부는 폭동을 진압하기 위하여 군대를 동원했다.

직역 **The government mobilized the military to suppress the riot.**

네이티브 **The government called in soldiers to put down the riot.**

폭동을 '진압하다'는 한 단어의 영어로 suppress나 repress로 나타낼 수 있다. 이런 단어를 써도 문제는 없지만 왠지 딱딱한 느낌이 든다. 좀 더 일상적이고 친숙한 느낌의 표현은 없을까? 있다. 누구나 다 알고 있는 put이라는 기본 동사에 부사 down을 붙이면 put ~ down(~을 내려놓다)이 되는데 이것이 구동사로 '~을 진압하다'라는 뜻을 갖는다. 보통 어떤 것에 대항한다는 표현에는 up(위로)이라는 단어가 사용된다. 가령, rise up은 기본적으로 '일어나다'이지만 '들고 일어나다', '봉기하다'라는 뜻도 있다. 예를 들어 '국민들이 독재자에 항거해 봉기했다'는 The people rose up against the dictator.라고 한다. 따라서 반대로 put ~ down은 그렇게 일어난 것을 아래로 다시 내려가게 진압한다는 뜻을 갖게 된다. '동원하다'는 mobilize도 맞지만 특히 난동 같은 것에 대처하기 위해 경찰이나 군대를 동원하는 경우는 call ~ in이라는 구동사를 사용하면 더 좋다.

예제 정부는 봉기를 무자비하게 진압했다.
The government brutally **put down** the uprising. • brutally 난폭하게

경찰은 난동을 진압하기 위하여 최루 가스를 사용했다.
The police used tear gas to **put** the riot **down**. • riot 폭동

FOR 기본 의미 ▶ 대해서

for ①
(가격이 ~) **가다, 하다**

030_Ch04_n55_65

그 건전지는 이베이에서 50달러 정도 한다.

직역 **The battery is about 50 dollars on ebay.**
The battery sells for about 50 dollars on ebay.

네이티브 **The battery goes for around 50 dollars on ebay.**

ebay는 미국의 대표적인 전자 상거래 사이트이다. 어떤 물건이 '얼마 한다'는 말은 그 정도 가격에 팔리고 있다는 뜻이므로 be동사보다는 The battery sells for ~(건전지는 ~에 팔립니다)라고 하는 것이 자연스럽다. 이럴 때 원어민들은 go for ~라는 구동사도 많이 사용한다. go for ~는 '~의 가격에 가다'로 직역이 되는데 그 정도의 가격에 거래가 된다는 의미다. 여기서 전치사 for는 sell for ~에서와 마찬가지로 '~의 가격에'라는 뜻을 갖고 있다.

예제 이 지역에서는 침실 3개짜리 주택이 50만 달러 정도 한다.
In this area, three-bedroom houses **go for** around 500,000 dollars.

for ②
(~을) **선택하다**

나는 학교에 가거나 직장에 나갈 때는 보통 단순한 패션을 선택한다.

직역 **I usually choose simple fashion when I go to school or work.**

네이티브 **I normally go for the simple look when I'm just going to school or to work.**

무엇을 '선택하다'에 해당하는 영어 동사에는 choose, select 등이 있다. 그런데 일상적인 영어에서는 go for ~라는 구동사도 많이 쓰인다. 여러 개의 선택사항이 있을 때 어떤 것을 향해(for) 가다(go)니까 그것을 '고르다, 선택하다'의 뜻을 갖는다. 메뉴에서 음식을 선택할 때도 go for ~를 쓸 수 있다. 가령, '나는 스테이크 먹을까 봐'라는 말은 I think I'll go for the steak.라고 하면 된다. 단순한 패션은 simple fashion이라고 할 수 있지만 fashion보다는 look이라는 단어가 더 적절하며, 이미 정해져 있는 몇 가지 look 중에 하나를 선택하는 것이므로 한정사 the를 써서 the simple look이라고 해야 정확한 표현이 된다.

예제 나는 그 식당에 가면 항상 아침 식사 메뉴 중 해장국을 시킨다.
When I go to the restaurant, I always **go for** the Haejangguk on the breakfast menu.

for ③
(~을 …으로) **보다, 여기다**

지금 저를 바보로 보는 거예요?

콩글리시 **Do you look at me as a fool?**

직역 **Do you look upon me as a fool?**
Do you see me as a fool?

네이티브 **Do you take me for a fool?**

'A를 B로 보다'라는 표현을 영어로 할 때 look at ~ as ...라고 하면 안 된다. 정확한 표현은 look upon A as B 또는 see A as B이다. 이 표현은 둘 다 'A를 B로 간주하다, 평가하다'라는 뜻으로, 보다 일반적으로는 regard A as B로 쓴다. 그런데 '어떤 사람을 바보로 보다'는 take A for B라는 표현이 더 자연스럽다. 위의 look, see, regard라는 동사를 쓴 세 표현은 'A를 B로 간주하다, 평가하다'라는 뜻이지 'A가 곧 B이다'라고 동격으로 보는 것은 아니기 때문이다. 그에 반하여 take A for B는 'A가 B라고 생각하고 믿다'를 뜻한다. 가령, '그들은 그녀를 마녀(witch)라고 생각했다'는 They took her for a witch.라고 한다.

예제 그들은 그를 스파이라고 생각했다.
They **took** him **for** a spy.

나를 어떻게 보고 그래?
What do you **take** me **for**?

for ④
(~으로) **보이다,**
(~이라고 해도) **믿겠다**

그녀는 16살인데 조숙해서 성인이라고 해도 믿을 것이다.

콩글리시 **She is 16, but she's so mature people would believe if she tells them she's an adult.**

네이티브 **She is 16, but she is so mature she could pass for a grown-up.**

'~이라고 해도 믿을 것이다'를 영어로 옮겨서 말하면 People would believe if ~와 같은 영어 표현밖에 생각할 수 없다. 그런데 원어민들은 같은 의미를 그렇게 많은 단어를 써서 복잡하게 말하지 않고 pass와 for라는 기본 단어만 사용해서 표현한다. 나 자신이 어떤 것(for ~)이든 사람들 사이를 지나갈(pass) 수 있으니까 사람들이 그렇게 봐 준다는 뜻이 된다. 이와 관련된 표현으로 pass oneself off as ~가 있는데 이것은 '자신을 ~이라고 하며 지나가다', 즉 '~으로 행세하다'라는 뜻이 된다. 그러니까 pass for ~는 남들이 그렇게 봐 준다는 의미고, pass oneself off as ~는 자신이 그렇다고 속이고 행세한다는 뜻이다.

예제 그 사기꾼은 증권 인수업자 행세를 하려 했다.
The con artist tried to **pass himself off as** an investment banker.

• con artist 사기꾼

for ⑤
(~을) **상징하다,**
나타내다,
(~의) **줄인 말이다**

비둘기는 평화를 상징한다.

직역 **The dove symbolizes peace.**

네이티브 **The dove stands for peace.**

무엇을 '상징하다'라고 할 때 동사 symbolize를 쓰기도 하지만 stand for ~라는 구동사도 많이 쓰인다. 무엇을 상징한다는 것은 그것을 '대신해서(for) 서 있는(stand) 것이다'라고 이해한다면 stand for ~의 의미를 쉽게 기억할 수 있다. stand for ~는 '상징하다' 외에도 '약자로 ~을 나타내다, ~을 줄인 말이다'라는 뜻으로도 많이 쓰인다. 가령, 'H는 honest(정직)를 뜻한다'라는 말은 The H stands for honesty.라고 할 수 있다. 이때 stand for ~는 symbolize의 의미가 아니라 be short for ~(~의 단축형이다)라는 의미를 갖는다. stand for ~에는 또 '~을 참다'의 뜻이 있어, 보통 I wouldn't stand for ~(~는 가만히 못 봐 준다)라는 형태로 사용된다. 가령, '나 같으면 그런 부당함을 가만히 참고 있지 않을 것이다'는 If I were you, I wouldn't stand for such injustice.이다.

예제 파란색은 정의를 뜻한다.
Blue **stands for** justice.

IT는 정보기술을 줄인 말이다.
IT **stands for** information technology.

for ⑥
(~에) 속아 넘어가다

그 사람의 거짓말에 다시는 속아 넘어가지 않을 거야.

직역 **I won't[wouldn't] be deceived by his lies again.**

네이티브 **I won't[wouldn't] fall for his lies again.**

어떤 사기, 책략, 감언이설 같은 것에 '속아 넘어가다'라는 말은 deceive(속이다)라는 동사를 수동태로 써서 be deceived by ~(~에 의하여 속임을 당하다)와 같이 표현할 수 있다. 그런데 이 표현은 보통 '어떤 사람에게 속았다'거나 겉과 속이 다른 모습 등에 '현혹되었다'고 할 때 주로 사용한다. 따라서 lies(거짓말들)와 deceive는 잘 어울리지 않고 콩글리시에 가깝다. 이 상황에서 가장 영어다운 표현은 fall for ~(~을 향해 떨어지다)이다. 영어의 fall(떨어지다, 넘어지다)이나 한국어의 '(속아) 넘어가다'나 모두 넘어진다는 발상에서 비롯되었기 때문에 fall for ~의 의미를 쉽게 기억할 수 있을 것이다. 이 외에 fall for ~는 누군가를 '좋아하게 되다, 사랑하게 되다'라는 뜻으로도 쓰인다.

예제 그녀는 매우 똑똑해서 그런 계략에 넘어가지 않을 것이다.
She's too smart to **fall for** such a trick.

for ⑦
(~을) 요구하다, ~해야 한다

그 보고서는 형사 제도를 대대적으로 개혁해야 한다고 지적했다.

직역 **The report said that we should reform the criminal justice system fundamentally.**

네이티브 **The report called for sweeping reforms in the criminal justice system.**

'보고서에서 ~해야 한다고 했다'를 그대로 영어로 하면 The report said(보고서가 말했다) we should ~(우리가 ~해야 한다고)이다. 이렇게 표현해도 틀리지는 않지만, 일반적으로 영어에서는 흔히 '보고서가 ~을 요구했다'라고 표현한다. 이때 '요구하다'에 해당하는 영어 단어는 demand이다. 그런데 demand보다 더 많이 쓰이는 표현은 call for ~라는 구동사이다. '~을 달라고(for) 말하다(call)'니까 '요구하다'가 된다. A call for B라고 하면 'A가 B를 해야 한다고 하다'라는 뜻도 되지만 'A 때문에 B를 해야 한다'도 된다. 가령, 어떤 좋은 일이 있어서 축하를 해야 할 경우 우리는 '야, 이거 축하할 일이네!'라고 말하는데 여기서 '이것'을 A, '축하'를 B로 본다면 This calls for a celebration!이라는 영어 표현이 만들어진다. 위 예문에서 '대대적인'을 big이라고 해도 완전히 틀린 것은 아니지만 보통 '폭넓은'이라는 뜻의 sweeping 또는 '광범위한'이라는 뜻의 extensive가 더 적합하다.

예제 신임 대통령은 평화를 증진하기 위하여 더 많은 노력을 해야 한다고 했다.
The new President **called for** greater efforts to promote peace.

for ⑧
(~을) **요청하다**

그래서 나는 환불을 해 주든지 새것으로 교환해 달라고 했어.

직역 So, I asked them to give me a refund or exchange it for a new thing.

네이티브 **So, I asked for a refund or replacement.**

무엇을 '해 달라고 하다'는 '요청하다'의 뜻이므로 자연스럽게 ask라는 동사를 떠올리게 된다. 그리고 '환불해 주다'는 give a refund(환불을 주다), '새것으로 교환하다'는 exchange A for B(A를 B와 교환하다) 표현을 쓸 수 있다. 그러나 이렇게 give나 exchange라는 동사를 쓰는 것은 직역식 영어에 가깝다. 이보다는 전치사 for를 활용한 ask for ~(~을 요청하다, 요구하다)라는 구동사를 사용하는 것이 영어다운 표현이다. 전치사 for 뒤에 '환불'은 a refund라는 명사를, '(새것으로) 교환'은 a replacement라는 명사를 넣는다. 또 ask for ~는 '어떤 물건을 달라고 요청하다', '어떤 사람과 통화하게 해 달라고 요청하다, 만나게 해 달라고 요청하다'의 의미로도 쓰인다. 가령, 식당에서 '커피를 갖다 달라고 했다'는 I asked for a cup of coffee.이다. 또, 가게에서 '매니저를 만나게 해 달라고 요구했다'는 I asked for the manager.라고 한다.

예제 나는 통역사를 불러 달라고 요청했다.
I **asked for** an interpreter.

나는 설명을 해 달라고 요청했다.
I **asked for** an explanation.

그는 봉급 인상을 요청한 적이 없다.
He's never **asked for** a raise.

for ⑨
(~을) **좋아하다**

나는 해산물을 특별히 좋아하지는 않아.

직역 I don't particularly like sea food.

네이티브 **I don't particularly care for sea food.**

무엇을 '좋아하다'라고 할 때 가장 먼저 생각나는 영어 단어는 like일 것이다. 그렇지만 이 동사만으로 좋아하는 감정을 충분히 나타내기에는 부족하다. 이럴 때 care for ~라는 구동사를 사용하면 좋다. care는 '관심을 갖다'라는 뜻의 동사로, 무엇에 대하여(for) care한다는 것은 그것을 그만큼 '좋아하고 관심도 갖고 있다'는 뜻이다. care for는 사람에게도 쓸 수 있다. 가령, '나는 당신을 좋아해요'는 I like you.라고 해도 되지만 너무 식상한 표현이니까 한번쯤 I care for you.라고 해 보자. 또, 무엇을 '좋아하지 않는다', '마음에 들지 않는다' 또는 '관심이 없다'라는 말도 I don't care for ~라고 말할 수 있다. 이때 I don't really care for ~(~는 정말로 싫어한다), I don't care much for ~(~는 별로 좋아하지 않는다)와 같이 강조어를 넣어 쓸 수도 있다.

예제 나는 고기는 별로 좋아하지 않는다.
I don't **care much for** meat.

나는 그를 매우 좋아한다.
I **care** a lot **for** him.

for ⑩
(~을) 지속적으로 강하게 요구하다

야당 측은 내각에 대한 불신임 투표를 강력히 추진하기로 결정했다.

직역 **The opposition side decided to strongly pursue a vote of no confidence against the cabinet.**

네이티브 **The opposition camp decided to push for a vote of no confidence against the cabinet.**

위와 같은 맥락에서 무엇을 '강력히 추진하다'는 영어로 pursue ~ strongly(~을 강하게 추구하다)라고 표현할 수 있다. 그런데 같은 의미를 push와 for라는 기본 단어로도 표현할 수 있다. 여기서 push는 한국어의 '밀어붙이다'라는 의미와 비슷하여 push for ~는 '어떤 것을 계속해서 강하게 요구하다' 또는 그것을 얻기 위하여 '강력한 조치를 취하다'는 뜻을 갖고 있다. 이와 비슷한 표현으로 push ahead with ~라는 것이 있는데 이것은 '이미 결정된 사항을 강하게 밀고 나가다'의 뜻이어서 push for ~와 약간 다르다.

예제 민주당이 장악하고 있는 미의회는 연금제도 개혁을 강력히 추진할 태세이다.
Democrat-controlled U.S. Congress is set to **push for** pension reforms.

• be set to ~할 예정이다, 태세이다

for ⑪
(~을) 찾다, 구하다

저는 남동생에게 줄 생일 선물을 찾고 있어요.

콩글리시 **I'm finding a birthday gift to give to my brother.**

네이티브 **I'm looking for a birthday gift for my brother.**

'찾다'라는 한국어만 놓고 보면 영어의 find를 쓰면 될 것 같다. 그렇지만 find는 '발견하다'라는 뜻이므로 I'm finding ~과 같이 현재진행형으로 하면 '나는 ~을 발견하고 있는 중이다'라는 이상한 말이 된다. 어떤 것을 찾거나 구하고 있는 중이라면 look for ~라는 구동사를 써야 한다. '어떤 것을 위하여(for) 보고 있다(look)'니까 무엇을 '찾다, 구하다'의 뜻이 된다. 또, '~에게 줄 선물'에서 '주다'는 give(주다)라는 동사 대신 전치사 for(~을 위한)를 쓰는 것이 더 자연스럽다.

예제 나는 지금 일자리를 구하는 중이다.
I'm **looking for** a job.

IN 기본 의미 ▶ 안으로

in ①
(물건을) **길들이다**

031_Ch04_n66_79

새 자전거를 어떻게 길들이는지 아세요?

콩글리시 Do you know how to train a new bike?

네이티브 **Do you know how to break in a new bike?**

새로 산 자동차(automobile), 부츠(boots), 자전거(bicycle) 등을 '길들이다'라고 할 때 영어로 train이라고 하면 안 된다. train은 사람이나 동물을 '훈련시키다'라는 뜻이기 때문이다. 이런 경우에 가장 적당한 표현은 break ~ in이다. 이 구동사는 야생마(wild horse) 같은 동물을 '길들이다'라고 할 때도 사용한다. 물론 동물의 경우에는 train이라고 할 수도 있다. 무엇을 길들인다는 것은 그 안으로(in) 깨고(break) 들어가는 것이라고 생각하면서 외워 두자.

예제 새로 산 부츠를 길들이기 위해서 신고 나가야겠어요.
I'm going to wear my new boots to **break** them **in**.

in ②
(대화에) **끼어들다**

말씀 도중 끼어들어서 죄송합니다만…

콩글리시 I'm sorry to push in during your conversation...

네이티브 **I'm sorry to break in (on your conversation), but...**

대화 도중에 '끼어들다'에 해당하는 영어 동사로는 interrupt(방해하다, 중단시키다)가 있다. interrupt는 자동사와 타동사로 둘 다 쓰이므로 위 예문처럼 뒤에 목적어 없이 I'm sorry to interrupt.라고만 해도 '대화를 방해해서 중단시키다'라는 뜻이 된다. 또는 괄호 안처럼 목적어를 붙여도 된다. interrupt는 'inter = 사이에', 'rupt = 깨뜨리다'의 라틴어 어원에서 나온 동사로, break in(깨뜨리고 안으로 들어가다)이라는 구동사와 발상이 일치한다. break in만으로도 '(대화에) 끼어든다'는 뜻이지만 뒤에 '~에'라는 목적어를 넣고 싶다면 break in on your conversation(당신의 대화에 끼어들다)과 같이 전치사 on을 붙인다. 따라서 '말씀 도중에'를 during your conversation이라고 하는 것은 콩글리시고 during 대신 전치사 on을 붙인다. break in 은 주로 소설 등의 글에서 쓴다. 또 butt in(머리로 밀고 안으로 들어가다), cut in(자르고 안으로 들어가다)이라는 표현도 '(대화에) 끼어들다'의 뜻으로 사용한다.

예제 이렇게 말씀 도중에 끼어들어 죄송합니다만…
I'm sorry to **break in** on you like this, but...

갑자기 끼어들어 죄송합니다만…
Excuse me for **butting in**, but...

in ③
(~을) **덤으로 주다**

(그 상점에서는) 컴퓨터를 구매하면 디지털 카메라를 공짜로 끼워 주고 있다.

콩글리시 They're inserting a digital camera free, if you buy a computer.

네이티브 **They're throwing in a free digital camera with any computer purchase.**

무엇을 '끼워 넣다'라는 뜻을 가진 영어 동사로는 insert(삽입하다, 끼워 넣다)가 있다. 그렇지만 물건을 샀을 때 덤으로 뭔가를 '끼워 주다'라고 할 때 이 동사를 쓰면 콩글리시가 된다. 한국어에서는 끼워 준다고 하지만 영어에서는 throw ~ in이라고 한다. 판매하는 물건을 하나의 상자로 보았을 때 그 안에(in) 공짜 물건을 던져 주는(throw) 장면을 연상하면 쉽게 외울 수 있다. '컴퓨터를 사면'은 if you buy a computer라고 해도 되지만 purchase(구매)라는 명사를 써서 with any computer purchase(어떤 컴퓨터 구매와 함께)라고 해도 된다.

예제 공짜로 텀블러를 끼워 줬어요.
They **threw in** a free tumbler.
50달러 상품권을 끼워 드리겠습니다.
We'll **throw in** a 50 dollar gift certificate.

in ④
도착하다

뉴욕에서 언제 왔어요?
콩글리시 When did you come from New York?
네이티브 When did you **get in** from New York?

한국어의 '오다'는 영어로 come이지만 위의 경우처럼 도착한 시점을 물어보는 상황에서는 come보다 arrive(도착하다)라는 동사를 써야 옳은 영어 표현이 된다. 그런데 구어에서는 보통 get in이라는 구동사를 많이 쓴다. '안으로(in) 오다(get)'니까 어떤 지역에 '도착하다'라는 뜻으로 볼 수 있다. 만약에 위 상황이 원래 상대방이 거주하는 지역으로 되돌아온 것이라면 return(돌아오다) 또는 get back(돌아오다)이라는 표현을 써서 When did you return[get back] from New York?(뉴욕에서 언제 돌아왔습니까?)이라고 해야 한다.

예제 우리는 어젯밤 늦게 도착했어요.
We **got in** late last night.

in ⑤
(숙박이나 회의 등에)
등록하다

오리엔테이션 등록은 어디서 합니까?
직역 Where do I register for Orientation?
네이티브 Where do I **check in** for Orientation?

회의, 세미나, 오리엔테이션 같은 행사에 '등록하다'는 영어에서도 register(등록하다)라는 동사를 써서 register for ~(~ 행사에 등록하다)라고 한다. 그런데 register 대신 check in이라는 구동사도 많이 쓴다. 보통 check in은 '(호텔에) 입실 등록하나'라는 뜻으로만 쓴다고 생각하는데 참석이나 입실 여부를 '확인하고(check) 안으로(in) 들어가다'라는 뜻이기 때문에 호텔뿐만 아니라 행사, 항공편 탑승 등 모든 종류의 수속을 밟는 상황에 check in을 쓴다. register처럼 뒤에 전치사 for를 붙여서 check in for ~(~에 등록하다)와 같이 사용하기도 한다.

예제 호텔에 일찍 입실이 가능합니까?
Can I **check in** early?
온라인으로도 비행기 탑승 수속을 할 수 있습니까?
Can I **check in** for my flight online?

in ⑥

(고아 등을)

데려다 돌보다

부모님이 돌아가신 후 삼촌이 나를 데려다 키워 주셨다.

콩글리시 **After my parents died, my uncle brought me to his house and raised me.**

네이티브 **After my parents died, my uncle took me in and raised me.**

부모가 없는 아이를 '데려다 키웠다'라고 할 때 '데려다'는 표면적으로 영어의 bring(데리고 오다, 가다)과 같아 보이지만 실제 의미는 갈 곳 없는 아이를 '받아들여 안식처를 제공했다'는 뜻이다. bring이라는 동사로는 이런 의미를 표현할 수 없다. 이 경우에는 take ~ in이라는 구동사가 제격이다. '안으로(in) 데리고 들어가다(take)'니까 '받아들여 숙소를 제공하다'라는 뜻이 된다. 태풍으로 주요 도시가 물바다가 되어서 주변의 도시들이 이 지역의 피난자(evacuee)를 받아들였다고 할 때 take ~ in이라는 표현이 많이 사용된다. 한번은 수도 워싱턴에서 발행되는 Washington Informer라는 신문의 기사에는 다음과 같은 문장이 실렸다. Emory University in Atlanta took in 127 students from New Orleans colleges and universities.(애틀랜타에 소재한 에모리 대학은 뉴올리언스의 대학들에서 온 127명의 학생들을 받아들여 숙소를 제공했다.)

예제 그는 그 소년을 견습생으로 받아들였다.

He **took** the boy **in** as an apprentice.

• apprentice 견습생

그는 나를 마치 자신의 가족처럼 받아 주었다.

He **took** me **in** as one of his own.

in ⑦

(영화·경치 등을)

보다, 감상하다

우리는 오전에 관광을 하고 오후에는 영화를 보았다.

직역 **We did[went] sightseeing in the morning and saw a movie in the afternoon.**

네이티브 **We took in the sights in the morning and took in a movie in the afternoon.**

'관광'이 sightseeing이니, '관광하다'를 do sightseeing이라고 하면 어떨까. 이는 말은 통하지만 잘 쓰이지 않는 표현이다. 보통 원어민은 go sightseeing(관광하러 가다)이라고 말한다. '영화를 보다'는 see a movie라고 하지만 무엇을 '눈으로 보고 즐기다'의 뜻의 take in ~을 써서 take in a movie라고 해도 좋다. 또한 take in the sights라고 하면 '경치(sights)를 보다', '관광하다'라는 뜻이 되는데, 영화나 경치를 보고 즐기려면 눈 안으로(in) 받아들여야(take) 한다고 해석하여 외워 두자.

예제 정상에서 계곡의 탁 트인 광경을 즐길 수 있다.

At the summit, you can **take in** sweeping views of the valley.

• sweeping 넓은 범위의, 널리 바라보는

in ⑧
(옷의 통을) **줄이다**

(옷의) 허리를 약간만 줄여 주세요.

콩글리시 **Please reduce the waist a little.**

네이티브 **Please take in the waist a little.**

바지의 허리나 통을 '줄이다'라고 할 때 reduce라는 동사를 사용하면 안 된다. 뜻은 통하겠지만 원어민들이 사용하는 표현이 아니기 때문이다. 이런 경우 원어민들은 take ~ in이라는 구동사를 사용한다. 무엇을 '안으로(in) 가지고 들어가다(take)'니까 통을 '줄이다'라는 말이 된다. 반대로 통을 '늘리다'는 let ~ out(~이 밖으로 나가게 하다)이라고 하고 '기장을 줄이다'는 shorten ~이라고 한다. 〈네이티브〉 표현 take in the waist에 pants(바지)를 넣어 take in the pants at the waist(바지 허리를 줄이다)라고도 할 수 있다. 또 주어가 나(I)가 되면 남에 의해서 바지가 줄여지게 하는 것이므로 have[get] the waist taken in(허리가 줄여지게 하다)이라고 표현해야 한다. 가령, '이 바지(허리)를 32인치로 줄여 주세요'는 I'd like to get these pants taken in to 32 inches.라고 한다.

예제 이 스커트의 허리와 기장을 줄였으면 합니다.
I'd like to have this skirt **taken in** and shortened.

in ⑨
(~을) **보상 판매로 팔다**

전에 쓰던 코닥 디지털 카메라를 보상 판매로 주고 새로운 모델을 구입했다.

콩글리시 **I gave my old Kodak as a compensation sale and bought a new model.**

네이티브 **I traded in my old Kodak digital camera for a new model.**

'보상 판매'를 영어로는 어떻게 표현할까? 한국어를 그대로 영어로 옮기면 compensation sale이 되는데 미국에서는 전혀 통하지 않는 콩글리시 표현이다. '보상 판매'는 영어로 trade-in이라고 한다. trade-in을 가장 많이 하는 상품은 자동차인데 자동차를 판매점 '안으로(in) 끌고 들어가 신상품과 거래해서(trade) 넘기다'라고 이해하면 기억하기 쉽다. 물건 A를 보상 판매로 주고 그 가격을 물건 B를 사는 가격에서 할인을 받았다면 trade in A for B라고 한다.

예제 이전에 몰던 시빅은 이 자동차를 사려고 보상 판매로 팔았다.
I **traded in** my old Civic for this car.

in ⑩
(~을 공식적으로)
신청하다

뉴욕 지사로 전근을 신청했다.

직역 **I applied for a transfer to the New York office.**

네이티브 **I put in for a transfer to the New York office.**

무엇을 '신청하다'는 apply for ~라고 한다. 가령, '어떤 일자리(job)에 취직 신청을 하다'는 apply for a job이다. apply for ~와 같은 의미로 많이 쓰이는 표현 중에 put in for ~라는 구동사도 있다. 무엇을 '위해서(for), 안에(in) 넣다(put)'라는 이 표현은 신청서

(application form)를 어떤 창구에 집어넣는(put in) 장면을 연상하면 쉽게 외울 수 있다. apply for ~, put in for ~ 외에도 file for ~라는 표현이 있는데, 이것은 주로 법적 절차를 신청할 때 사용한다. 가령, '이혼을 신청하다'는 영어로 apply for divorce라고 하지 않고 file for divorce라고 한다.

예제 고등학교 교직 자리에 취업 신청을 했다.
I've **put in for** a teaching job at a high school.

8월에 2주 휴가를 신청했다.
I've **put in for** two weeks of vacation in August.

in ⑪
(~시간 동안) **일하다**

어떤 날에는 10시간 넘게 일하는 적도 있다.

직역 **Some days, I work more than ten hours.**

네이티브 **Some days, I put in ten hours or more.**

'하루에 8시간 일하다'는 work eight hours a day라고 한다. 이렇게 '~시간 일하다'는 work 뒤에 시간을 붙여 말한다. 그런데 원어민들은 흔히 work 대신 put in ~이라는 구동사를 쓴다. 시간을 어떤 일 안에(in) 넣는다(put)는 것은 그 일에 그만큼의 시간을 쓴다는 것을 뜻한다. 한국어에도 '얼마의 시간을 들여서 일한다'라는 말이 있는데 '들이다'가 영어의 put in과 유사하다.

예제 그는 월요일부터 수요일까지는 사무실에서 전일 근무를 한다.
From Monday to Wednesday, he **puts in** a full day at the office.

그는 지난주에 보고서를 끝내느라 8시간의 초과근무를 했다.
He **put in** eight hours of overtime to finish the report last week.

in ⑫
(보고서 등을) **제출하다**

실험 보고서를 제출했니?

직역 **Have you submitted your lab report?**

네이티브 **Have you turned in your lab report?**

보고서, 숙제, 신청서 등을 '제출하다'라고 할 때 영어로 submit라는 동사를 쓸 수 있다. 그런데 이 동사는 격식을 갖춘 표현이어서 딱딱한 느낌이 든다. 따라서 일반적인 대화나 가벼운 글에서는 turn ~ in 또는 hand ~ in이라는 구동사를 많이 사용한다. 서류를 제출하는 것을 안으로(in) 돌려 넣거나(turn) 건네 주는(hand) 것으로 보는 발상이 재미있다. 어떤 신청서를 제출할 때 창구에 가서 창구 안으로(in) 손(hand)을 돌려(turn) 건네는 장면을 연상하면 쉽게 잊지 않을 것이다.

예제 넌 언제 신청서를 제출했니?
When did you **hand in** your application?

나 금요일까지 제출해야 하는 보고서가 있어.
I have a paper to **turn in** by Friday.

in ⑬
(~위를) **차지하다**

장정 선수가 15언더파로 3위를 차지했다.

콩글리시 Jang Jeong took third rank with 15 under par.

직역 Jang Jeong took third place at 15 under par.

네이티브 **Jang Jeong came in third at 15 under par.**

경주나 기록 경기의 순위를 나타낼 때 rank(등급, 계급)를 붙여 ~ rank라고 말하는 경우가 있는데 이는 콩글리시다. 위 예문처럼 3위라면 rank 대신 place(장소)를 써서 take third place라고 말하는 것이 옳은 영어 표현이다. third 앞에 정관사 the를 붙이지 않는 점을 눈여겨보도록 하자. 경주에서 '~등으로 들어오다'라는 표현은 come in(들어오다)이라는 구동사 뒤에 서수를 붙여서 come in third(3등으로 들어오다)와 같이 표현한다. 다만 영어의 경우는 경주뿐만 아니라 기업 총수(CEO)의 연봉 순위 같이 등위를 매기는 모든 경우에 come in ~이라는 표현이 사용된다. 가령, '인텔의 총수인 Craig Barrett은 1,940만 달러로 3위를 차지했다'는 Craig Barrett, CEO of Intel, came in third with 19.4 million dollars.이다. come in third 역시 come in third place라고 뒤에 place를 붙여 말하기도 한다.

예제 제임스가 1시간 3분 40초로 2위를 차지했다.
James **came in** second at 1:03:40.

in ⑭
(~을) **청강하다,**
(회의 등에) **참관하다**

2014년에 스티븐 호킹 박사님의 강연을 청강할 기회가 있었습니다.

직역 In 2014, I had a chance to audit a lecture by Steven Hawking.

네이티브 **In 2014, I had a chance to sit in on a lecture by Steven Hawking.**

수업이나 강의에 정식으로 등록하지 않고 강의를 듣는 것을 '청강하다'라고 하는데, 이에 해당하는 영어 동사는 audit이다. audit은 업무나 재무 상황을 '감사하다'라는 뜻으로 많이 쓰이지만 대학교에서 '청강하다'의 뜻으로도 많이 쓰인다. '청강생'도 auditor라고 하는데, '감사'라는 뜻도 된다. 원어민들은 audit 대신 sit in on ~이라는 구동사도 많이 사용한다. 강의 '위에(on) 들어가(in) 앉다(sit)'로 해석이 되는데 정식으로 등록하지 않고 슬쩍 들어가(in) 앉아(sit) 강의를 듣는 장면을 연상하면 쉽게 외울 수 있다. sit in on ~은 수업뿐만 아니라 인터뷰나 회의 등에 관찰자로 참가하는 것에도 사용할 수 있다.

예제 나는 그 과목을 등록하지 않고 청강했다.
I didn't register for the course. I just **sat in on** it.

나는 미국 월가의 한 주요 회사가 개최한 투자 세미나를 참관했다.
I **sat in on** an investment seminar held by a major Wall Street firm.

INTO 기본 의미 ▶ 안으로

into ①
(직업·분야에)
발을 들여놓다,
(직업·분야를) **시작하다**

032_Ch04_n80_87

어떻게 해서 연기 생활을 하게 되었나요?

콩글리시 **How did you begin your life of acting?**
직역 **How did your acting career begin?**
네이티브 **How did you get into acting?**

'연기 생활'을 life of acting이라고 하면 콩글리시 표현이다. 그냥 acting이라고 하거나 acting career라고 한다. '어떻게 해서 연기 생활을 하게 되었느냐?'를 영어로 말할 때 '시작하다'를 동사 begin(시작하다)으로 나타내기 쉽다. 그런데 begin 같은 동사를 쓸 경우 주어를 사람으로 하기보다 acting career를 주어로 해서 How did your acting career begin?이라고 하는 것이 자연스럽다. 그러나 더 일반적인 것은 사람을 주어로 하고 get into ~라는 구동사를 사용하여 get into acting이라고 표현하는 것이다. '연기(acting) 속으로(into) 가다(get)'니까 연기에 '관심을 갖다', 연기에 '발을 들여놓다'라는 뜻이 된다. 이렇게 get into ~는 일반적으로 무엇을 '하기 시작하다'라는 의미로 사용된다. 어떤 주제에 관해 '논의하기 시작하다'도 get into ~를 쓸 수 있다. 가령, '지금 그 이야기는 하지 맙시다'는 Let's not get into that right now.이다.

예제 어떻게 해서 소설을 쓰기 시작하셨나요?
How did you **get into** writing novels?

난 고등학교 때 산악자전거를 시작했다.
I **got into** mountain biking when I was in high school.

into ②
(싸움 등을) **하게 되다**

나는 판매원과 말다툼을 하게 되었다.

직역 **I came to have an argument with the salesman.**
네이티브 **I got into an argument with the sales clerk.**

'~하게 되다'라고 하면 come to ~라는 표현을 쓰는 학습자들이 많다. 그런데 이 표현은 일반적인 글이나 대화에서는 별로 사용되지 않는다. '말다툼을 하게 되다'와 같이 어떤 상황에 빠지거나 개입하게 되는 경우에는 get into ~라는 구동사를 사용하는 것이 일반적이다. '어떤 상황 속으로(into) 가다(get)'이므로 '~하게 되다'라는 표현이 된다.

예제 대부분이 그렇듯, 나도 대학교에 다니면서 빚을 지게 되었다.
Like many others, I **got into** debt as a college student.

그는 학교에 다닐 때 문제를 일으켰다가 결국에 중퇴했다.
He **got into** trouble at school and eventually dropped out. • drop out 중도 탈락하다

into ③
(돈이) **생기다**

얼마 전에 공돈이 좀 생겼어.

콩글리시 **I earned some free money.**
네이티브 **I recently came into a bit of money.**

'공돈'은 free money라고 할 수 있지만 '공돈이 생기다'를 earn free money라고 할 수는 없다. earn은 돈을 '벌다'이므로 free라는 단어와 맞지 않기 때문이다. 유산 상속(inheritance), 보험금(insurance settlement), 보너스(bonus) 등으로 돈이 생겼을 때 원어민들은 come into ~라는 구동사를 흔히 쓴다. 이런 돈은 자신이 번 돈이 아니라 길을 걷다 우연히 그 돈 안으로(into) 들어가는(come) 것이라고 볼 수 있다.

예제 그는 자신의 할아버지가 돌아가셨을 때 큰돈을 상속받았다.
He **came into** a fortune when his grandfather died. • fortune 재산, 거금

into ④ (~을) 서둘러 하다

난 서둘러 결혼하고 싶은 생각은 없어.

직역 I don't want to get married in a hurry.

네이티브 I don't want to **rush into** marriage.

'결혼하다'는 get married, '서둘러'는 in a hurry 또는 in a rush이다. 따라서 '서둘러 결혼하다'는 get married in a hurry라고 할 수 있다. 그렇지만 실제 원어민들은 이런 표현을 쓰지 않고 rush into ~라는 구동사를 써서 rush into marriage라고 한다. rush into ~는 뒤에 명사를 넣어 '급하게 또는 서둘러 무엇을 하다'라는 뜻을 나타낸다. '어디 안으로(into) 급히 가다(rush)'니까 신중하게 생각하지 않고 어떤 상황에 급히 뛰어드는 장면을 연상하면 된다. 이를 더 강조해서 rush headlong into ~라는 표현을 쓰기도 하는데 headlong은 '(머리부터) 거꾸로', '경솔하게'의 뜻으로 rush의 의미가 더 강조되어 '매우 경솔하게 ~을 하다'라는 뜻이 된다.

예제 너무 성급하게 결정하지 마세요.
Don't **rush into** a decision. • decision 결정

우리는 일을 성급하게 처리하고 싶지 않다.
We don't want to **rush into** anything.

into ⑤ (~을) 알아보다, 조사하다

제가 그 문제를 알아보고 연락 드리겠습니다.

직역 I'll investigate the problem and let you know.

네이티브 I'll **look into** it and let you know.

어떤 문제를 '알아보다'라는 말은 '조사해 보다'라는 뜻이므로 영어에서는 investigate(조사하다, 수사하다)라는 동사로 표현할 수 있다. 그런데 이 동사는 일상적인 대화나 글에 쓰기에는 딱딱한 느낌이 있다. 좀 더 부드럽고 일상적인 표현으로는 look into ~라는 구동사가 좋다. 무엇의 '안으로(into) 들여다 보다(look)'니까 어떤 문제, 상황, 일의 내막이나 전후 상황을 '알아보다', '조사하다'라는 뜻이 된다.

예제 제가 그 문제를 조사한 결과 다음과 같은 점을 발견했습니다.
I **looked into** the problem and found the following.

제가 다른 사람을 시켜 그 문제를 조사해 본 후 다시 연락 드리겠습니다.
I will have someone **look into** it and get back to you.

into ⑥
(~을) **우연히 만나다,**
(~와) **마주치다**

나 오늘 쇼핑몰에 갔다가 우연히 조지를 만났어.

콩글리시 **I went to the shopping mall and met George by chance.**

네이티브 **I ran into George at the mall.**

한국어의 '만나다'에 해당하는 영어 동사는 meet이지만 meet은 서로 약속을 하고 만나는 상황에서 쓴다. 따라서 '우연히'에 해당하는 by chance라는 표현과 meet이라는 동사는 서로 잘 맞지 않는다. 누구를 '우연히 만났다'는 by chance와 같이 어려운 표현을 쓸 필요 없이 run into ~라는 구동사를 쓰면 족하다. run into ~를 직역하면 '~ 속으로 뛰어들어가다'라는 뜻인데 어떤 것에 부딪쳤다고 했을 때 사용한다. 가령, '뛰어가다가 나무에 부딪쳤다'는 I ran into a tree.라고 한다. 여기서 into는 정말 나무 속으로 뛰어들어갔다는 뜻이 아니라 마치 그 안에 들어가듯 부딪쳤다는 뜻이다. 이런 run into ~를 사람에게 사용하면 '우연히 만나다'라는 뜻이 된다. 비슷한 의미를 가진 표현으로 bump into ~라는 구동사도 있는데 bump는 '쾅하고 부딪치다'라는 뜻으로, bump into ~는 run into ~보다 맞닥뜨리는 그림이 머릿속에 더 생생하게 그려지는 표현이다.

예제 요전에 우연히 옛 친구를 만났다.
I **bumped into** an old friend the other day.

into ⑦
(집이나 자동차에)
침입하다

어젯밤에 누가 내 자동차에 침입했다.

콩글리시 **Someone invaded my car last night.**

네이티브 **Someone broke into my car last night.**
My car was broken into last night.

invade라는 동사의 뜻은 '침입하다'가 맞지만 국가를 침입한다거나 권리를 침해한다고 할 때 쓰는 동사로, 집이나 자동차 같은 사적 공간을 침입한다고 할 때 invade를 쓰면 이상하다. 이 경우에는 break into ~라는 구동사가 제격이다. 어떤 장소 '안으로(into) 깨고 들어가다(break)'니까 당연히 '침입하다'라는 뜻이 된다. Someone broke into my car.라고 해도 되고 My car를 주어로 해서 수동태로 My car was broken into.라고 표현해도 좋다.

예제 누군가 내 이메일 계정에 들어가서 비밀번호를 바꿔 놓았다.
Someone **broke into** my email account and changed the password.
누군가 내 사무실에 들어와서 노트북을 훔쳐 갔다.
Someone **broke into** my office and stole my laptop computer.

into ⑧
(울음/웃음을) **터뜨리다,**
(갑자기) **~하기 시작하다**

그녀는 갑자기 울기 시작했다.

직역 **Suddenly, she began crying.**

네이티브 **She broke into tears.**

'갑자기'는 suddenly, '시작하다'는 begin, '울다'는 cry이다. 따라서 '갑자기 울기 시작하다'는 suddenly begin crying이 된다. 그렇지만 이렇게 한국어 단어를 하나하나 영어로 옮기면 영어다운 영어 문장을 만들기 어렵다. 이 경우 원어민들은 break into ~라는 구동사를 사용하여 break into tears라고 한다. '눈물(tear) 안으로(into) 깨고 들어가다(break)'라고 해석이 되며 반대 표현인 '웃음을 터뜨리다'는 break into laughter이다. 이렇게 break into ~는 '(갑자기) ~을 하다'라는 의미로 사용된다. '갑자기 뛰어가다'는 break into a run, '미소를 짓다'는 break into a smile, 말이 '(전속력으로) 뛰기 시작하다'는 break into a gallop이라고 한다.

예제 반 전체가 웃음을 터뜨렸다.
The class **broke into** laughter.

그는 갑자기 식은땀이 났다.
He **broke into** a cold sweat.

OFF 기본 의미 ▶ 떨어져 나가는

off ①
(장치를) **끄다**

033_Ch04_n88_97

팝업 차단 기능을 일시적으로 중지시키세요.

콩글리시 **Stop the pop-up blocking function temporarily.**
직역 **Disable the pop-up blocking function temporarily.**
네이티브 **Turn off the pop-up blocker temporarily.**

어떤 사이트를 방문했을 때 자동적으로 뜨는 팝업 창을 막아 주는 '팝업 차단' 기능이라는 게 있다. 이것을 중지한다고 할 때 stop이라는 동사를 쓰면 말은 통하지만 영어다운 표현은 아니다. 동사 하나를 사용하려면 disable(무력하게 하다, 불구로 하다, 기능을 억제하다)이라는 단어를 쓰거나 그렇지 않으면 turn ~ off라는 구동사를 사용하자. turn ~ off는 원래 기계의 전원을 '끄다'라는 뜻의 구동사이다. 여기서 off는 '전원이 나간'의 뜻으로, 어떤 기계를 전원이 '나가게(off) 돌리다(turn)'는 곧 '끄다'라는 뜻이 된다. 영어에서는 컴퓨터의 어떤 기능, 플러그 인, 메뉴 바 같은 것의 사용을 중지한다고 할 때도 turn ~ off라는 표현을 사용한다. 반대로 '켜다'는 turn ~ on이다.

예제 수업 시작 전에 휴대전화를 꺼 주세요.
Turn your cell phones **off** before class starts.

난 메뉴 바와 타이틀 바의 사용을 중지시켰다.
I **turned off** the menu bar and the title bar.

off ②
(냄새가) **나다**

그 화학 약품은 지독한 냄새가 났다.

직역 **The chemical emitted a bad smell.**
네이티브 **The chemical gave off a foul odor.**

어떤 물건에서 '안 좋은 냄새가 난다'라고 할 때 가장 간단하게는 smell(냄새가 나다)이라는 동사를 써서 It smelled bad.라고 한다. 냄새라는 뜻의 smell(모든 종류의 냄새), scent(향기), aroma(향기), odor(안 좋은 냄새), stench(지독한 냄새) 같은 명사를 목적어로 쓸 경우에는 emit(방출하다)이라는 동사도 쓸 수 있다. 그런데 이 동사는 좀 딱딱한 느낌을 주므로 문어체에 어울리고 일반적인 글이나 대화에서는 give ~ off라는 구동사를 쓴다. 자신이 가지고 있는 냄새가 '떨어져 나가게(off) 주다(give)'니까 '발산하다'라는 뜻이 된다. give ~ off는 또 어떠한 '인상/느낌(impression/vibe)을 주다', '파워, 에너지를 발산하다', 빛(light, glow)을 발하다' 같은 의미로도 많이 쓰인다. 가령, '그는 자신감 있는 모습이었다'는 He gave off an air of confidence.라고 할 수 있다. air는 '풍기는 분위기'이고 confidence는 '자신감'이다.

예제 그에게서 고약한 냄새가 났다.

He **gave off** a stench. • stench 악취

기름 램프에서 부드럽고 따스한 빛이 흘러 나왔다.

The oil lamp **gave off** a soft warm glow. • glow 불빛

off ③

(차에서) 내려 주다

저기 스타벅스 앞에 내려 주시겠어요?

직역 **Will you let me get off at the Starbucks over there?**

네이티브 **Will you drop me off at the Starbucks over there?**

'내리다'가 get off니까 '~를 내려 주다'는 let ~ get off(~가 내리게 해 주다)라고 할 것 같은데 실은 get 없이 let ~ off라고만 한다. off 자체에 '내리는'의 의미가 있기 때문이다. 그러나 차에서 '내려 주다'라는 표현으로는 let ~ off보다 drop ~ off를 더 자주 쓴다. 차에서 사람을 '떨어져 나가게(off) 떨구다(drop)'니까 '내려 주다'라는 의미를 쉽게 연상할 수 있다.

예제 가까운 버스 정류장 아무데나 내려 주세요.

Please **drop** me **off** at any nearby bus stop.

off ④

(차에서) 내리다

56번가에서 내려서 동쪽으로 한 블록 걸어가세요.

콩글리시 **Get down at 56 Street and walk one block toward east.**

네이티브 **Get off at 56 Street and walk one block east.**

차에서 '내리다'는 '내려오다'라는 뜻으로 보면 come down이나 get down 같은 표현을 쓸 것 같지만 실제로는 get off라고 한다. 이때 off는 '~으로부터 떨어져'의 뜻으로 get off the bus라고 하면 '버스에서 떨어져 나오다', 즉 '버스에서 내리다'가 된다. 그런데 get off는 bus, train, airplane 같은 대형 교통수단에 한하여 쓰고 자동차의 경우는 get out(밖으로 나가다)이라는 표현을 쓴다. '동쪽으로'는 toward east와 같이 toward(~을 향하여, ~ 쪽으로)라는 전치사를 굳이 쓸 필요가 없다. east가 명사뿐만 아니라 '동쪽으로'라는 뜻의 부사도 되기 때문이다.

예제 저는 여기서 내립니다.

This is where I **get off**.

케네디 센터에 가려면 어디서 내려야 합니까?

Where do I **get off** to go to the Kennedy Center?

off ⑤
(옷 등을) **벗다, 풀다**

신발을 벗고 벨트와 장신구도 다 풀어 주세요.

콩글리시 **Take off your shoes and take out your belt and all jewelry.**

네이티브 **Take off your shoes and belt and any other jewelry.**

공항의 보안 검사대에서는 신발, 허리띠, 장신구 등 몸에 걸친 모든 것을 제거하도록 요구하는 경우가 있다. 신발은 옷을 '벗다'와 마찬가지로 take ~ off라는 구동사로 표현한다. 몸에 걸친 것을 '잡아(take) 떼어지게 하다(off)'이므로 '벗다'가 된다. 한국어에서는 벨트는 '풀고' 귀고리를 '빼지'만 영어에서는 이런 행위를 전부 take ~ off로 표현한다. 즉, 몸에 붙어 있는 모든 것을 제거하는 것은 다 take ~ off이다. 심지어 화장(makeup)도 우리는 '지우다'라고 하지만 영어에서는 take ~ off를 사용한다. 생각해 보면 화장도 가면(mask)과 같이 얼굴에 쓰는 것으로 볼 수 있다.

예제 재킷 좀 벗어도 될까요? 여기가 좀 덥네요.
May I **take off** my jacket? It's a bit warm in here.

off ⑥
(~날에) **쉬다**

저 내일 좀 쉬어도 될까요?

콩글리시 **Can I rest tomorrow?**

네이티브 **Can I take tomorrow off?**

'쉬다'라는 말만 놓고 보면 영어의 rest라는 동사와 일치한다. 그렇지만 rest는 정확히 말하면 '휴식하다'라는 뜻으로만 쓴다. 그런데 위 상황은 '직장에서 근무를 하지 않는다'는 의미이니 rest를 쓰면 당연히 안 된다. 이 경우에는 take ~ off라는 구동사를 쓰는 것이 적합하다. 어떤 시간을 '잡아(take) 떼어 나가게 하다(off)'니까 그 시간만큼 직장에 가지 않고 '쉰다'는 뜻이 된다. 가령, 몸이 아프거나 볼일이 있어서 '오후(afternoon) 근무를 하지 않고 일찍 퇴근할 수 있느냐?'라는 질문은 Can I take the afternoon off today?라고 한다.

예제 네가 금요일을 쉬면 4일 연휴가 된다.
If you **take** Friday **off**, it'll be a 4-day holiday.

off ⑦
(~을) **연기하다**

홍콩 출장을 다음 달로 연기하기로 했다.

직역 **I've decided to postpone my trip to Hong Kong until next month.**

네이티브 **I've decided to put off my trip to Hong Kong until next month.**

어떤 것을 '연기하다'라는 한국어와 뜻이 통하는 영어 단어는 postpone이다. delay라는 동사도 '늦추다, 연기하다'의 뜻이 있긴 한데 보통은 '지연시키다'라는 뜻으로 많이 사용한다. postpone과 함께 일상적인 글이나 대화에서 많이 사용되는 또 다른 표현은 put ~ off라는 구동사이다. 어떤 것을 지금이 아니라 훗날로 '떨어지게(off) 놓다(put)'니까 '연기하다, 미루다'라는 뜻이 된다. '~하기로 하다'는 그렇게 하기로 '결정하다'의 뜻이므로 decide to ~라고 하면 된다.

예제 난 더 이상 결정을 미룰 수 없어.
I can't **put off** the decision any longer.
회의를 다음 주로 연기해야겠습니다.
We'll have to **put off** the meeting until next week.

off ⑧
(알람이) **울리다,**
(폭탄이) **폭발하다,**
(총이) **발사되다**

아침에 제 알람이 울리지 않았어요.

콩글리시 **My alarm didn't ring this morning.**

네이티브 **My alarm didn't go off this morning.**

'전화벨이 울렸다'라고 할 때는 ring이라는 동사를 써서 The telephone rang.이라고 한다. '초인종이 울렸다'라고 할 때도 마찬가지로 The doorbell rang.이라고 한다. 그렇지만 알람(alarm)의 경우에는 ring이라는 동사를 쓰면 안 된다. 이 경우에는 go off라는 구동사를 쓴다. go off는 직역하면 '떨어져 나가다'로, 폭탄이 '폭발하다' 또는 총이 '발사되다'라는 뜻으로도 쓰인다. 가령, '총이 실수로 발사되었다'는 The gun went off by mistake.라고 한다. 어느 시간에 울리도록 미리 예약이 되어 있는 자명종이 총처럼 발사되어 나가는 것이라고 생각해 두면 쉽게 기억할 수 있다.

예제 미 대사관 건물 밖에서 폭탄이 터졌다.
A bomb **went off** outside the U.S. Embassy building.

off ⑨
(~을 과시적으로)
자랑하다

여러분의 음악 실력을 자랑할 기회를 드리겠습니다.

콩글리시 **I'll give you a chance to brag your musical talents.**

네이티브 **Here's your chance to show off your musical talents.**

사람들 앞에서 무엇을 '자랑하다'라고 할 때 show라는 동사만으로는 안 되고 show ~ off라고 해야 한다. 남에게 잘 보이게 자신의 몸에서 '떨어지게(off) 보이다(show)'라고 해서 '자랑하다'가 되었다는 식으로 외워 두면 기억이 잘 된다. 한국어로 '자랑하다'라고 번역되는 brag라는 동사가 있는데 이것은 말로 자랑하는 것, 즉 '떠벌리다'라는 것이므로 위 상황에서 쓰기에는 적절하지 않다. 그리고 brag는 보통 brag about ~의 형태로 사용한다는 것도 기억해 두자. '기회를 드리겠다'는 말을 I'll give you a chance ~라고 하면 좀 건방져 보인다. 보통 위와 같은 상황에서는 Here's your chance to ~(여기 당신이 ~할 기회가 있다)라고 한다. show-off라고 명사로 쓰면 '자랑하는 사람'이 된다. 가령, What a show-off!와 같이 감탄문으로 말하면 '참 자랑이 많네!'의 뜻이 된다.

예제 수잔이 새로 산 옷을 자랑하고 있어.
There's Susan **showing off** in her new dress.

off ⑩

(여행을) 출발하다

우리는 아침을 배불리 먹은 후 9시 조금 넘어 출발했다.

콩글리시 **We started a little past nine after eating a lot of breakfast.**

네이티브 **We set off a little past nine after a hearty breakfast.**

'아침을 배불리 먹다'를 eat a lot of breakfast라고 하면 이상하다. breakfast 앞에 big(큰), hearty(듬뿍 있는) 같은 형용사를 붙여서 eat a big breakfast 또는 eat a hearty breakfast라고 해야 한다. 여행을 '출발하다'는 start도 좋지만 set off라는 구동사를 쓰는 것이 좀 더 영어다운 맛이 난다. set은 여러 뜻이 있는 동사로, 그 중에 '움직이기 시작하다'라는 뜻이 있다. 따라서 '떨어져 나가(off) 움직이기 시작하다(set)'니까 여행을 '출발하다'라는 뜻이 된다. set off for ~라고 하면 '~을 향하여 출발하다'가 된다.

예제 점심 식사 후 우리는 마지막 목적지로 향했다.

After lunch, we **set off** for our final destination.

ON 기본 의미 ▶ 위에, 켜진

on ①

(~을) 계속하다

034_Ch04_n98_106

(설명을) 계속하십시오.

직역 **Please continue.**

네이티브 **Please go on.**

중간에 끊겼던 말을 '계속하다'는 영어로 continue라는 동사를 써서 표현할 수 있다. continue는 위의 〈직역식 표현〉처럼 목적어 없이 자동사로 쓰일 때도 있고, He continued his journey.(그는 여행을 계속했다.)처럼 뒤에 목적어를 달고 타동사로 쓸 수도 있다. 또, He continued to paint after the war.(그는 전쟁 후에도 그림 그리는 것을 계속했다.)에서처럼 뒤에 to부정사를 붙여서 '~하는 것을 계속하다'의 의미를 표현할 수 있다. continue와 같은 의미로 쓸 수 있는 구동사가 바로 go on이다. 이때 on은 '계속하는'의 의미이므로 go on은 '계속 가다', 즉 '계속하다'라는 뜻이 된다. 이 표현을 사용해서 '그는 여행을 계속했다'를 영어로 말하면 He went on with his journey.로, go on with ~는 '~을 계속하다'이다. '~하는 것을 계속하다'는 go on -ing의 형태로 표현한다. 따라서 '그는 전쟁후에도 그림을 계속 그렸다'는 문장을 go on을 써서 표현하면 He went on painting after the war.가 된다. 우리가 쉽게 쓰지 못하는 표현이므로 잘 익혀 두도록 하자.

예제 그녀는 글쓰기를 계속했다.

She **went on** with her writing.

She **went on** writing.

on ②
(전화에서 ~를) **바꿔 주다**

나래 좀 바꿔 주세요.

콩글리시 **Please change the phone to Narae.**

네이티브 **Can you put Narae on?**

전화상에서 누구를 '바꿔 달라'고 할 때 '바꾸다'를 동사 change를 써서 말하기 쉽다. 그렇지만 원어민들은 put ~ on이라는 구동사로 표현한다. 이때 on은 on the phone(전화 위에)의 의미로 '전화 위에(on) 놓다(put)'니까 전화를 누구에게 '대 주다', '바꿔 주다'가 된다. put ~ on the phone이나 put ~ on the line이라고 해도 된다. 또는 Can I speak to Suzy?(수지와 통화할 수 있을까요?)와 같이 speak to ~를 '~와 통화하다'의 뜻으로 써서 표현할 수도 있다.

예제 그 사람 좀 바꿔 주시겠어요?
Can you **put** him **on (the phone)**?

on ③
(일을) **맡다**

현재로는 더 이상은 제가 일을 맡을 수가 없어요.

콩글리시 **I can't take any more work now.**

네이티브 **I can't take on any more work at this time.**

일, 책임, 역할 등을 '맡다'라고 할 때 take라고 하지 않고 take on ~이라고 한다. 여기서 on은 옷을 '입다'라는 뜻의 put ~ on에서의 on처럼 뭔가를 몸이나 신체 위에 '착용한, 부착한'의 의미를 갖고 있는데, 어떤 일을 받아서(take) 어깨 위에(on) 짊어지는 모습을 연상하면 기억하기 쉽다. take on ~은 또 인력을 '고용하다(hire)'의 의미로도 쓰인다. 가령, '우리는 직원을 더 써야 한다'는 We need to take on more workers.라고 한다.

예제 저는 더 이상의 업무를 맡을 수가 없습니다.
I can't **take on** any more tasks.

부업을 구할까 생각 중이다.
I'm considering **taking on** a second job.

on ④
(이성에게) **작업을 걸다**

그 사람이 당신에게 작업을 걸던가요?

콩글리시 **Was he trying to tempt you?**

직역 **Was he trying to seduce you?**

네이티브 **Was he coming on to you?**

이성에게 '작업을 걸다'는 속된 말로 '꼬시다'라는 뜻인데 이 말을 영어로 하려면 쉽지 않다. '꼬시다'가 '유혹하다'의 뜻이니까 tempt라는 동사를 생각할 수 있지만 tempt는 주로 '어떤 행동을 하게 유혹하다'의 뜻으로 사용한다. 이성을 '유혹하다'에 맞는 동사는 seduce이다. 그런데 이 단어는 일반 대화에서 쓰기에는 좀 딱딱한 느낌이 있다. 이런 상황에서 원어민들이 가장 많이 쓰는 표현은 come on to ~라는 구동사이다. 여기서 on은 '붙어 있는'의 뜻으로, 어떤 사람에게(to) 슬그머니 붙듯이(on) 가는(come) 것이라고 볼 수 있다. 비슷한 뜻으로 hit on ~이라는 구동사도 사용된다.

예제 지금 나한테 작업 거는 거예요?
Are you **coming on to** me?

on ⑤
이해하다, 알아듣다

이해가 빠르시군요.

콩글리시 **Your understanding is quick.**

직역 **You understand quickly.**

네이티브 **You catch on quick.**

'이해가 빠르다'를 understanding(이해)을 주어로 해서 영어로 말한 〈콩글리시〉 표현은 말뜻은 통하지만 원어민들이 쓰지 않는 문장이다. 주어를 '사람'으로 하고 understand라는 동사를 사용해서 말하는 것이 일반적인데 understand quickly 역시 문법적으로는 맞지만 원어민들이 사용하는 표현은 아니다. 이 경우에는 주로 상황이 돌아가는 것을 '이해하다, 깨닫다, 알아차리다'의 뜻의 catch on이라는 구동사를 사용하는 것이 일반적이다. 이때 on은 '떨어지지 않게', '꼭 붙어서'의 의미를 갖고 있다. '이해하다'를 머리 주위를 맴도는 상대방의 말을 떨어지지 않게(on) 붙잡는(catch) 것이라고 연상하면 쉽게 기억할 수 있다. '~을 이해하다'는 뒤에 to를 붙여 catch on to ~라고 표현한다. catch on에서처럼 on이 '떨어지지 않게'의 의미로 쓰인 다른 구동사 중에는 Hang on tight.(꼭 붙잡아.)의 hang on(떨어지지 않게 꼭 붙잡다) 같은 것이 있다. '빨리 ~하다'라고 할 때 구어에서는 일반적으로 quickly보다 quick을 쓰는데, 특히 움직임과 관련된 동사일 경우 그렇다. 가령, '빨리 와 봐'는 Come quickly.라고 하지 않고 Come quick.이라고 한다.

예제 그녀는 마침내 그 농담을 이해했다.
She finally **caught on** to the joke.

나는 마침내 무슨 일이 일어나고 있었는지 깨달았다.
I finally **caught on** to what was happening.

on ⑥
인기가 높아지다

도시민들 사이에서 생태 관광의 인기가 높아지고 있다.

직역 **The popularity of ecotourism is increasing among urban people.**

Ecotourism is becoming popular among urban dwellers.

네이티브 **Ecotourism is catching on among city dwellers.**

영어에서 어떤 것의 '인기가 높아지다'라는 말은 popularity(인기)를 주어로 하고 increase(늘어나다, 증가하다)라는 동사를 써서 표현하거나 popular(인기 있는)라는 형용사와 동사 become을 써서 표현할 수 있다. 그런데 popularity나 popular라는 단어를 쓰지 않고 catch on이라는 구동사를 써서 같은 뜻을 나타낼 수도 있다. catch on에서 on은 '떨어지지 않게 붙잡는'의 의미로, 어떤 현상이 사람을 '떨어지지 않게(on) 붙잡다(catch)'라는 것은 사람들의 관심이 커지고 사용이 확산된다는 것이라고 해석할 수 있다. catch on은 위에서 설명한 것처럼 '이해하다, 깨닫다'의 뜻도 있다.

예제 미국 전역에서 사교 댄스의 인기가 높아지고 있다.
Ballroom dance is **catching on** across America.

on ⑦
(옷 등을) **입다, 쓰다**

코트를 입어라. 밖이 춥다.

콩글리시 **Wear your coat. It's cold outside.**

네이티브 **Put on your coat. It's cold outside.**

한국어의 '입다'는 옷을 입는 '동작'과 옷을 입고 다니는 '상태'를 모두 뜻한다. 그렇지만 영어에서는 이 두 의미를 구분해서 표현해야 한다. 옷을 입는 동작은 put ~ on이라는 구동사를 쓴다. 몸 '위에(on) 놓다(put)'니까 옷이나 모자를 '입다', '쓰다', '걸치다'라는 뜻이 된다. 옷을 입고 있는 상태는 wear라는 동사를 쓴다. 위 예문의 경우는 옷을 입는 동작을 말하기 때문에 put ~ on을 써야 한다. on은 그 자체만으로 '입고 있는'의 의미를 갖고 있어서 스웨터나 바지 같이 당겨서(pull) 입는 옷을 '입다'라고 할 때는 pull ~ on이라는 표현을 쓰기도 하고 아무 옷이나 '급히 입다'라고 할 때는 throw ~ on(던져서 입다)이라는 표현을 쓰기도 한다. 또 옷 가게에서 옷을 한번 '입어 보다'는 try ~ on이라고 한다. 가령, '이 옷 좀 입어 봐도 됩니까?'는 Can I try this on?이라고 한다.

예제 난 급히 아무 옷이나 걸쳐 입고 아래층으로 내려갔다.
I **threw on** some clothes and went downstairs.

난 수영복을 입고 해변으로 내려갔다.
I **pulled on** my swimming suit and went down to the beach.

on ⑧
(~만큼) **체중이 늘다**

난 최근에 체중이 좀 늘었어.

콩글리시 **My weight has increased recently.**

네이티브 **Recently, I've put on some weight.**

'늘다'는 영어로 increase(늘어나다, 상승하다)지만 체중을 주어로 해서 My weight has increased.라고는 하지 않는다. 대신에 사람을 주어로 해서 put on weight라고 한다. put ~ on은 옷을 '입다'라는 뜻으로 쓰이는 구동사인데 영어에서는 체중도 옷처럼 몸에 걸친다고 표현한다. 또한, gain weight(체중을 얻다)라는 표현도 자주 쓴다. gain이라는 동사는 gain popularity(인기를 얻다), gain reputation(명성을 얻다), gain information(정보를 얻다)과 같이 무엇을 '획득하다, 얻다'의 의미로 쓰이는데 영어에서는 체중도 '얻는다'라고 본다. 반대는 lose(잃다)로, '체중이 줄다'는 사람을 주어로 해서 lose weight(체중을 잃다)라고 한다.

예제 의사 선생님이 제게 체중을 좀 늘리라고 했어요.
My doctor told me to **put on** some weight.

on ⑨
(불·장치 등을) **켜다**

그는 화장실에 들어가 불을 켜고 옷을 벗은 후 샤워기 물을 틀었다.

콩글리시 **He went into the bathroom, turned the light, took off his clothes and opened the shower water.**

네이티브 **He went into the bathroom, switched on the light, undressed and turned on the shower.**

전기나 가전제품 등을 '켜다'라고 할 때 turn이라는 동사만으로는 안 되고 turn ~ on이라고 해야 한다. 따라서 '불을 켜다'는 turn on the light(s)라고 한다. 이때 on은 제품이 '켜진'의 뜻을 갖고 있다. 따라서 on만으로도 The lights are on in the living room.(거실에 불이 켜져 있어요.)과 같은 문장을 만들 수 있다. 또 전기나 가전제품은 스위치(switch)를 눌러 켜기 때문에 '켜다'를 switch ~ on이라고도 한다. 그러면 수도꼭지(the tap)나 샤워기(the shower)를 '틀다'라는 말은 영어로 어떻게 할까? 정확한 영어 표현을 모르면 open(열다) 같은 동사를 생각할 수 있지만 이건 틀린 표현이다. 영어에서는 이때도 turn ~ on을 사용한다.

예제 나는 저녁 8시 뉴스를 보기 위하여 TV를 틀었다.
I **turned on** the TV for the 8 o'clock evening news.

나는 물을 틀고 손을 씻었다.
I **turned on** the water and washed my hands.

OUT 기본 의미 ▶ 밖으로

out ①
(모았던 것을)
갖다 버리다

035_Ch04_n107_125

헌 옷을 다 갖다 버렸다.

직역 I discarded all of my old clothes.
네이티브 I **threw out** all of my old clothes.

무엇을 '갖다 버리다'에 해당하는 영어 동사로는 discard(버리다, 폐기하다)가 있다. 그런데 discard는 일반적인 대화에서 사용하기에는 너무 딱딱한 느낌이 있다. 이럴 때 throw ~ out이라는 구동사를 사용하면 좋다. '밖으로(out) 던지다(throw)'니까 말 그대로 '갖다 버리다', '내버리다'라는 뜻을 갖는다. throw ~ away라는 구동사도 '버리다'의 뜻으로 쓰이는데 쓸모 없는 것을 버린다는 의미를 나타내는 것으로는 두 표현 다 괜찮다. 그러나 throw ~ out은 어감상 쓰레기(garbage), 헌 옷(old clothes), 헌 신문지(old papers), 대학교 때 공책(college notebooks) 같이 집안에 모아 두거나 보관하고 있던 것을 내다 버린다는 상황에 어울리는 반면, throw ~ away는 그렇게 모아 놓은 것이 아닌 일반적인 것을 버린다는 뜻으로 사용한다.

예제 내 오래된 CD를 다 갖다 버렸다.
I **threw out** all of my old CDs.

out ②
(물건을) **고르다**

웨딩드레스 고르는 것 좀 도와줄래요?

직역 Will you help me choose my wedding dress?
네이티브 Will you help me **pick out** my wedding dress?

어떤 물건을 '고르다'라고 할 때 생각나는 영어 동사는 choose(선택하다)이다. 그런데 choose는 일반적으로 어떤 물건이나 사람을 '선택하다'라는 뜻으로 쓰인다. 여러 종류의 물건 중에 하나를 고르는 상황에서 원어민들은 choose보다는 pick ~ out이라는 구동사를 사용한다. '밖으로(out) 집어내다(pick)'니까 말 그대로 '고르다'라는 뜻이 된다.

예제 내가 옷감 고르는 것을 제니가 도와주었다.
Jennie helped me **pick out** the fabric.

그녀는 그 가게에서 가장 비싼 드레스를 골랐다.
She **picked out** the most expensive dress in the store.

out ③
(기간이) **끝나다,**
(물건이) **다 떨어지다**

내 계약은 12월에 끝난다.

콩글리시 **My contract finishes in December.**
직역 **My contract ends in December.**
네이티브 **My contract runs out in December.**

finish와 end는 한국어로 둘 다 '끝나다'이지만 쓰임이 엄연히 다르다. finish는 '(일이) 끝나다'의 뜻을 나타내기 때문에 위와 같이 기간이 종료된다는 뜻으로 쓰기에는 맞지 않고, end는 '(기간·행사가) 끝나다'의 뜻을 표현하기 때문에 위 상황에 적합하다. 그러나 진짜 영어 맛을 아는 사람은 위 상황에서 run out이라는 구동사를 사용한다. 여기서 run은 '지속되다'의 의미이므로 run out은 '(어떤 시점까지 가서) 끝나다'라는 뜻이다. 또 run out은 물건이 '다 떨어지다'라는 뜻으로도 사용된다. 가령, '연료가 떨어져 가고 있다'는 The fuel is running out.이라고 한다. 사람을 주어로 해서 We're running out of fuel.이라고도 할 수 있다.

예제 내 건강 보험은 만료되었다.
My health insurance has **run out**.

내 인내심이 바닥나려고 해.
My patience is beginning to **run out**.

out ④
(선물·견본 등을)
나눠 주다

이제부터 경품 추첨 티켓을 나눠 드리겠습니다.

직역 **Now we'll distribute tickets for the prize drawing.**
네이티브 **Now we'll give out tickets for the prize drawing.**

무엇을 '나눠 주다'라는 뜻을 가진 영어 동사로는 distribute가 있다. 그런데 일반적인 대화나 글에서는 좀 딱딱한 느낌이 있어 사용하지 않는다. 대신에 give ~ out 또는 hand ~ out이라는 구동사를 사용한다. 자루나 박스 안에 있는 것을 '밖으로(out) 건네 주다(give, hand)'니까 '나눠 주다, 배포하다'라는 뜻이 된다. 주로 선물이나 샘플, 책자 같은 것을 무료로 나눠 주는 상황에 사용된다.

예제 1층에서 무료 샘플을 나눠 주고 있다.
They're **giving out** free samples on the first floor.

out ⑤

(두드러기·식은땀 등이)

나다

앤은 거품 목욕을 한 후에 두드러기가 났다.

콩글리시 **A rash appeared to Ann after taking a bubble bath.**

직역 **Ann got a rash after a bubble bath.**

네이티브 **Ann broke out in a rash after a bubble bath.**

'두드러기'는 rash라고 하는데, 두드러기가 '나다'를 영어로 appear(나타나다)라는 동사를 써서 A rash appeared.라고 말하면 틀린다. 보통은 주어를 사람으로 해서 get a rash라고 한다. 그런데 두드러기 같은 피부 발진의 경우는 break out in ~이라는 구동사를 써서 표현하는 것이 일반적이다. 이런 피부 발진은 '피부 밖으로(out) 깨져 나오다(break)'라고 외워 두면 쉽게 기억할 수 있다. 따라서 break out in은 두드러기 이외에도 땀(sweat), 소름(goose bumps), 얼룩(spots) 같은 것에도 사용할 수 있다.

예제 그녀는 온몸에 소름이 돋았다.

She **broke out** in goose bumps all over (her body).

나는 몸이 떨리고 식은땀이 나기 시작했다.

I started to shake and **break out** in a cold sweat.

out ⑥

(~에게) **데이트를 신청하다**

그녀에게 데이트를 신청하고 싶은데 용기가 없다.

콩글리시 **I want to propose a date to her, but I don't have courage.**

직역 **I want to ask her for a date, but I don't have the courage to do so.**

네이티브 **I want to ask her out, but I'm too shy.**

'누구에게 데이트를 신청하다'를 propose a date to ~(~에게 데이트를 제안하다)라고 말하는 학습자를 본 적이 있는데, 이것은 콩글리시 표현이다. 굳이 '데이트'라는 단어를 쓰고자 한다면 ask A for B(A에게 B를 요청하다)라는 표현을 사용해서 ask ~ for a date라고 해야 한다. 그렇지만 일반적으로는 ask ~ out이라는 구동사를 사용한다. '누구에게 밖으로(out) 나오도록 부탁하다(ask)'니까 의미를 확장하면 '~에게 데이트를 요청하다'라는 뜻이 된다. '용기가 없다'는 I don't have the courage 뒤에 to do so까지 붙여서 '그렇게 할 용기가 없다'라고 하거나 '숫기가 없다'는 뜻으로 shy(수줍은)라는 형용사를 사용해도 된다.

예제 그에게 데이트를 신청해 보는 게 어때요?

Why don't you **ask** him **out**?

그녀에게 데이트를 신청했는데 거절당했어.

I tried to **ask** her **out**, but she said no.

out ⑦

돋보이다, 두드러지다

그녀는 또래 학생들 중에서 눈에 띄게 우수하다.

콩글리시 **She's really excellent among her peers.**

네이티브 **She really stands out from her peers.**

어떤 물건이나 사람이 비교 대상 중에 '눈에 띄게 우수하다'라고 할 때 '우수한'이 영어로 excellent니까 excellent among ~(~ 중에 우수한)과 같은 표현을 사용할 가능성이 있다. 그렇지만 excellent는 뒤에 among ~을 넣어서 여러 사람과 비교하는 표현으로는 쓰지 않는다. 이런 경우에는 stand out이라는 구동사를 써야 제대로 된 영어 맛이 살아난다. 비교 대상 중에 마치 홀로 '밖으로(out) 나와 서 있는(stand)' 것 같이 보이는 것이니까 '눈에 띄다', '돋보이다'라는 뜻을 나타낸다. '또래 학생'은 '또래, 동년배'라는 뜻의 peer를 사용한다.

예제 우리는 그 지역의 식당 몇 군데를 가 보았는데 그중 한 군데가 특히 훌륭했다.
We tried several restaurants in that area, and one **stood out**.

out ⑧
(~을) **돌봐 주다**

그 회사는 늘 직원을 잘 보살펴 준다.

직역 **The company always takes good care of its employees.**
네이티브 **The company always looks out for its employees.**

누구를 '보살펴 주다'라는 말은 care(돌봄, 관리)라는 단어를 써서 take care of ~로 표현할 수 있다. 이 표현에는 '~을 돌보다', '~을 책임지고 처리하다'의 두 가지 의미가 있다. 누구를 '잘 보살피다'라고 말할 때는 명사 care 앞에 good을 넣으면 된다. 우리 시각에서는 생각하기 어렵지만 look out for ~라는 구동사도 비슷한 의미로 쓰인다. 이 표현은 어미 닭이 병아리들을 몰고 가면서 '그들의 안전이나 이익을 위하여(for) 무리의 밖을(out) 수시로 내다보는(look) 모습'을 연상해 보면 알 수 있듯이, 누구를 '보호해 주다'라는 의미에서 '보살펴 주다'라는 뜻을 갖는다. 여기서 나온 표현으로 He always looks out for Number One.이 있는데 여기서 Number One은 '자기 자신'을 뜻한다. 따라서 이 문장은 '그는 항상 자신의 이익만 생각한다'라는 뜻이다.

예제 너희는 서로 보살펴 주어야 한다.
You have to **look out for** each other.
그는 항상 친구들을 잘 챙겨 준다.
He always **looks out for** his friends.

out ⑨
(~에 관해)
알게 되다, 알아내다

저희 상품은 어떻게 알게 되셨습니까?

콩글리시 **How did you come to know our product?**
네이티브 **How did you find out about our product?**

무엇을 '알게 되다'를 '알다 = know', '~하게 되다 = come to ~'와 같이 도식적으로 생각해서 come to know ~라고 하면 콩글리시다. 영어를 꽤 잘 한다는 사람들 중에도 이런 식으로 영어 표현을 만들어 쓰는 경우가 있는데 한국어에 영어 단어만 입힌 꼴이다. '알게 되다'의 정확한 영어 표현은 find out으로, 어떤 '물건, 상황, 사람'에 대하여 '알게 되다'는 find out about ~이라고 하고, 어떤 사실을 '알게 되다'는 find out (that) ~이라고 한다. 가령, 어떤 사람이 암을 갖고 있었다는 사실을 작년에 알았다면 He find out (that) he had cancer.가 된다.

예제 그 사람에 관해서 무엇을 알아냈니?
What did you **find out** about him?
나는 그녀가 나에게 거짓말했다는 것을 알게 되었다.
I **found out** that she had lied to me.

out ⑩
(~인 것으로) **드러나다, 알고 보니 ~이다**

알고 보니 그녀는 골동품상이었다.
직역 I found out (that) she was an antique dealer.
네이티브 **She turned out to be an antique dealer.**

어떠한 사실을 '알게 되다'는 find out이라는 구동사를 사용해서 표현한다. '모르던 사실을 찾아서(find) 밖으로(out) 나오게 하다'니까 '알게 되다'라는 뜻이 된다. 그런데 '어떤 사람이나 사물이 나중에 알고 보니 어떠하더라'는 turn out to ~라는 구동사 표현을 쓰는 것이 더 영어답다. 처음에 몰랐던 것을 '뒤집어(turn) 밖으로(out) 나오게 하다'니까 '알고 보니 ~하다', '~한 것이 밝혀지다'라는 뜻이 된다.

예제 내 휴가 여행은 악몽으로 드러났다.
My vacation **turned out** to be a nightmare.

out ⑪
(표가) **매진되다,**
(방이 다) **나가다**

콘서트 표가 매진되었다.
직역 All the tickets for the concert are sold.
네이티브 **The concert is sold out.**

'표(ticket)가 매진되다'는 All tickets are sold.(모든 표가 팔렸다)라고 영어로 풀어서 표현할 수 있다. 이렇게 해도 뜻은 통하지만 같은 상황에서 원어민들이 쓰는 표현은 따로 있다. 바로 sell ~ out이다. '상품을 다 떨어지게(out) 팔다(sell)'라는 뜻이다. 이 표현을 수동태로 해서 be sold out이라고 하면 '매진되다'가 된다. 콘서트 같은 행사는 concert를 주어로 해서 The concert is sold out.이라고 해도 그 행사의 표가 매진되었다는 뜻이 된다. 무엇이 매진되었는지 분명한 경우에는 사람을 주어로 해서 We're sold out.이라고도 할 수 있다. 또, 호텔의 방이 다 나간 경우에도 The hotel is sold out.이라고 한다.

예제 표가 다 매진되고 없다.
The tickets are **sold out**.

out ⑫
(~에서) **벗어나다**

빚에서 벗어나려면 지출부터 줄여야 한다.
직역 If you want to escape from debt, you should reduce expenditure first.
네이티브 **If you want to get out of debt, you should cut spending first.**

빚(debt)에서 '벗어나다'라고 하면 생각나는 동사는 escape(탈주하다, 벗어나다, 모면하다)이다. 이 동사를 써서 escape from debt라고 해도 틀린 건 아니다. 그렇지만 이건 딱딱하고 격식을 차린 표현이다. 빚뿐만 아니라 어떤 장소나 상태에서 '벗어나다'라고 할 때 가장 일반적으로 쓰이는 표현은 get out of ~라는 구동사이다. 여기서 get은 '~을 얻다'의 타동사가 아니라 '움직이다, 가다'의 자동사로 '밖으로(out of) 가다(get)'니까 '벗어나다'가 된다. 가령, '여기서 나가자!'도 Get out of here!라고 하면 되고 '우리는 마침내 교통 혼잡에서 벗어났다'도 We finally got out of the traffic jam.이라고 한다. '지출'은 expenditure라는 어려운 단어를 써도 되지만 spending이라는 단어를 쓰는 것이 더 일반적이다.

예제 제가 이 계약에서 벗어날 수 있는 방법이 있을까요?

Is there a way I can **get out of** this contract?

저리 비켜요!

Get out of my way!

out ⑬

(내용을)

빼먹다, 누락하다

죄송합니다. 제가 중요한 정보를 빠뜨렸습니다.

콩글리시 **Sorry. I dropped[forgot] some important information.**

네이티브 **Sorry. I left out some important information.**

보고서나 설명 등에서 어떤 내용을 '빠뜨리다'를 영어로 말할 때 동사 drop(떨어뜨리다)을 쓰는 경우가 있다. 그러나 drop은 그런 의미로 쓰이지 않는다. 또, forget(잊어버리다)이라는 동사가 생각날 수도 있지만 I forgot some important information.은 내가 '기억하지 못하고 잊어버렸다'라는 뜻이므로 역시 콩글리시다. 이 경우에 원어민들은 leave ~ out이라는 구동사를 사용한다. 말 그대로 어떤 내용을 설명이나 보고서 안에 넣지 않고 '밖에(out) 놓아 두다(leave)'니까 '빠뜨리다, 누락하다, 빼먹다'라는 뜻이 된다.

예제 몇 가지 중요한 점을 빼먹으셨네요.

You **left out** some important points.

우리가 (명단에서) 제임스를 빠뜨렸네요.

We **left out** James.

out ⑭

(제품을 시범적으로)

써 보다

내가 이 제품을 일주일 정도 써 봤는데 진짜 좋았어.

직역 **I used this product for one week, and it's great.**

네이티브 **I tried out this product for one week, and it was amazing.**

무엇을 '써 보다'라는 말은 어떤 제품 혹은 서비스의 품질이나 효과를 알아보기 위하여 '한 번 사용해 보다'라는 뜻이다. 따라서 단순히 '사용하다'라는 뜻의 use로는 이 의미를 표현할 수 없다. 이런 경우에는 use라는 동사를 머릿속에서 지우고 try ~ out이라는 구동사를 입력해 두자. try ~ out은 '시험 삼아 물건을 한번 써 보다'라는 뜻이다. 참고로 try라는 동사 자체에 시험 삼아 무엇을 '해 보다'라는 뜻이 있다. 가령, '그린 파크 근처에 새로 문을 연 중식당에 한번 가 보자'는 Let's try the new Chinese restaurant near Green Park.이다.

예제 어제 내가 새로운 베타 버전을 써 봤는데 꽤 잘 만들었더라.
I **tried out** the new beta version yesterday, and I was quite impressed.

out ⑮
(정보를 외부인에게)
알려 주다

죄송합니다만, 정보는 더 알려 드릴 수 없습니다.

콩글리시 **I'm sorry but I can't let you know more information.**

네이티브 **I'm sorry but I can't give out more information.**

'A에게 B를 알려 주다'는 let A know B(A가 B를 알게 해 주다)라고 표현한다. 따라서 '결과를 알려 드리겠습니다'는 I'll let you know the results.라고 하면 된다. 다만, information(정보)을 '알려 주다'라고 할 때는 let ~ know라는 표현을 쓰지 않고 동사 give(주다)를 쓴다. 가령, '주차에 관한 정보를 좀 알려 주시겠어요?'는 Can you give me information on parking?이라고 한다. 그런데 위 상황처럼 개인적인 정보나 기밀을 '알려 주다'라고 할 때는 give ~ out이라는 구동사를 써서 표현한다. 정보를 '밖으로(out) 주다(give)'니까 뜻을 쉽게 이해할 수 있을 것이다.

예제 전화로는 그런 정보를 말씀드릴 수 없습니다.
I'm afraid I can't **give out** that information over the phone.

out ⑯
외식하다

오늘 저녁은 밖에 나가 먹읍시다.

콩글리시 **Let's go out to eat dinner today.**

네이티브 **Let's eat out tonight.**

'밖에 나가 저녁을 먹다'를 그대로 영어로 하면 go out to eat dinner가 되는데 말뜻은 통하지만 원어민들이 쓰는 표현은 아니다. '식사를 밖에서 하다', 즉 '외식하다'는 보통 eat out이라고 한다. 말 그대로 '밖에서(out) 식사하다(eat)'라는 뜻이다. 또는 eat 대신 dine(식사하다)을 써서 dine out이라고 한다. '오늘 저녁은 밖에 나가 먹자'에서 tonight(오늘 밤)이라는 시간 표현을 덧붙이면 굳이 dinner(저녁)라는 단어를 쓸 필요가 없다. 그런데 '나는 보통 저녁을 밖에서 먹습니다'라고 할 때는 I usually eat dinner out.처럼 dinner라는 단어가 필요하다.

예제 나는 외식을 많이 한다.
I **eat out** a lot.

외식을 얼마나 자주 하니?
How often do you **eat out**?

out ⑰
정신을 잃다, 기절하다

그녀는 필름이 끊길 때까지 술을 마셨다.

콩글리시 **She drank alcohol until she fainted.**

직역 **She drank until she lost consciousness.**

네이티브 **She drank until she passed out.**

한국어의 '필름이 끊기다'를 영어로 어떻게 표현할까? 이 표현은 '의식을 잃다'라는 뜻이니까 '기절하다'라는 뜻의 동사 faint를 생각해 볼 수 있다. 그런데 faint는 주로 호흡이나 혈액 순환의 문제로 정신을 잃는 상황에서 사용하기 때문에 술을 마시다가 의식을 잃는 상황에는 어울리지 않는다. 그렇다면 consciousness(의식), lose(잃다)라는 단어를 조합해서 표현해 보는 것은 어떨까? 문제가 될 것은 없지만 일반 대화에서는 lose consciousness와 같이 딱딱한 표현은 잘 사용하지 않는다. 대신에 원어민들은 pass out이라는 구동사를 사용한다. pass는 '지나가다'라는 뜻으로, '정신이 밖으로(out) 지나가버리다(pass)'니까, '의식을 잃다, 기절하다'라는 의미를 갖게 된다. 한국어의 정신이 나간다는 표현과 유사하다. pass out과 비슷한 표현으로 black out이라는 구동사도 있다. 여기서 black은 눈앞이 '까매지다'라는 동사로 black out은 일시적으로 '정신을 잃다, 기절하다'의 뜻을 가지며 faint와 유사하다. 영어에서는 drink라는 동사 자체에 '술을 마시다'라는 뜻이 있기 때문에 뒤에 alcohol(술) 같은 단어를 붙이지 않도록 유의한다.

예제 머리가 어지럽더니 정신을 잃었어. 그 후에 어떤 일이 있었는지 기억이 안 나.
I got dizzy, and then I **passed out**. I don't know what happened next.

out ⑱
(~을) 조심하다, 찾다

이 지역에서는 곰을 조심하세요.

콩글리시 **Be careful for bears in this area.**
Watch bears in this area.

네이티브 **Look out for bears in this area.**

'조심하다'라는 말을 단순하게 생각하면 영어로 careful(조심스러운)이라는 단어를 쓸 것 같지만 careful은 '행동하는 데 조심스럽거나 신중한'의 뜻으로 쓰이므로 곰이 나오는지 '경계하고 살피다'의 뜻으로는 쓸 수 없다. 또 watch(지켜보다)라는 동사를 생각할 수도 있는데 단순히 watch bears라고 하면 '곰을 보다'라는 뜻밖에 되지 않는다. 위 경우처럼 '무엇을 찾거나 경계하기 위하여 주변을 살펴보다'라는 뜻은 look out for ~라는 구동사를 사용하여 표현한다. '무엇을 찾기 위하여(for) 밖을(out) 내다보는(look)' 모습을 연상하면 쉽게 뜻을 이해할 수 있다. 또, watch out for ~라는 구동사도 있는데 이것은 '경계하기 위하여 살펴보다'라는 뜻으로만 쓰인다.

예제 (차를 타고 가면서) Little Rock이라고 써진 노란색 큰 간판이 나오는지 눈여겨보세요.
Look out for a big yellow sign that says 'Little Rock'.

뉴델리에서는 소매치기나 손가방 날치기를 조심하십시오.
In New Delhi, **look[watch] out for** pickpockets and purse snatchers.

• purse snatcher 지갑을 낚아채 가는 사람

out ⑲
(~을) **출력하다**

그것 좀 출력해 줄 수 있니?

콩글리시 Can you print it?

네이티브 Can you **print it out** for me?

'인쇄하다'라는 뜻의 print는 요새 거의 한국어처럼 '출력하다'라는 뜻으로 사용하고 있다. 그래서 '무엇을 프린트하다'라고 하는 말을 print라는 동사만으로 표현하는 사람들이 많다. 그렇지만 이 단어는 전문적으로 책 같은 것을 '인쇄하다'라는 뜻으로 해석되기 쉽다. 컴퓨터상의 문서나 웹페이지 같은 것을 '출력하다'라고 할 때는 보통 뒤에 out을 붙여서 print ~ out이라고 한다. 컴퓨터 화면이나 파일 안에 들어 있는 것을 '밖으로(out) 프린트해(print) 내는' 것으로 볼 수 있다. '출력하다'에서 '출(出)'이 영어의 out과 같은 개념이다.

예제 보고서는 다 썼는데 프린트를 해야 해요.
I've finished the report, but I have to **print it out**.

OVER 기본 의미 ▶ 위로 넘어서

over ①
(~에 관해)
곰곰이 생각하다

036_Ch04_n126_136

난 그것에 대해 생각할 시간이 좀 필요해.

콩글리시 I need time to think about it.

네이티브 I need time to **think it over**.

'~에 관하여 생각하다'는 think about ~ 또는 think of ~라고 한다. 가령, '매일 당신 생각을 했어요'는 I thought about you every day.가 된다. 그런데 위 경우는 단순히 '생각하다'가 아니라 어떤 상황을 놓고 '여러모로 따져 보고 생각하다'라는 뜻으로, 이런 경우 원어민들은 think ~ over라는 구동사를 사용한다. over에는 '뒤집힌'의 의미가 있다. 어떤 제안(offer, proposal)을 받고서 마음속에서 그 제안을 이리저리 '뒤집어(over) 보며 생각하는(think)' 장면을 연상하면 그 뜻을 쉽게 이해하고 기억할 수 있다. think ~ through라고도 하는데 through는 '처음부터 끝까지 통과하여'라는 뜻이니까 그만큼 철저하게 생각한다는 뜻이다.

예제 계약서에 서명하기 전에 제안 내용을 잘 생각해 보세요.
Think over the offer before you sign the contract.

over ⑦
(~을) **극복하다**

나는 시차를 극복하는 데 좀 시간이 걸린다.

직역 It takes me some time to overcome jet lag.

네이티브 It takes me some time to **get over** jet lag.

외국을 여행하면서 시차로 생기는 피로를 영어로는 jet lag라고 한다. '극복하다'라는 뜻을 가진 영어 동사로는 overcome이 있다. overcome은 어려움, 장애, 문제를 '극복하다'라는 뜻으로 쓴다. jet lag도 일상 생활을 하는 데 발생하는 일시적인 장애이니 overcome을 쓸 수 있다. '극복하다'의 뜻으로 쓰이는 또 다른 표현으로 get over ~라는 구동사가 있다. '무엇의 위로(over) 가다(get)'니까 그것을 '극복하다'라는 뜻이 된다. overcome도

[over(위로) + come(오다)]으로 두 단어가 결합된 것이니까 get over ~와 발상이 같다고 할 수 있다.

예제 난 시차 극복을 위해 하루 일찍 도착할 생각이다.
I want to arrive a day earlier to **get over** jet lag.

over ③
(일을) **넘겨받다, 떠맡다,** (사업을) **인수하다**

그렉이 그만두면 누가 그 일을 맡지?

콩글리시 **Who's going to take Greg's work if he quits?**

네이티브 **Who's going to take over Greg's job when he leaves?**

어떤 일을 '맡아서 하다'를 단순하게 take(취하다)라는 동사만으로는 표현할 수 없다. 위 상황에서 '맡다'는 '다른 사람이 하던 일을 넘겨받다'라는 뜻이다. 이런 경우에는 take ~ over라는 구동사 외에는 달리 표현할 방법이 없다. 무엇을 자기 쪽으로 '넘어오게(over) 받다(take)'니까 쉽게 '넘겨받다'라는 뜻을 연상할 수 있다. take ~ over는 상점이나 회사 같은 것을 '인수하다'라는 뜻으로도 쓰인다. 또, 누구의 '일'이라고 할 때는 work가 아니라 job을 써야 한다. 그리고 '그만두다'는 quit이라는 동사가 맞지만 이미 그만두기로 예정되어 있는 경우는 leave(떠나다)라는 동사를 쓴다.

예제 그 식당을 직접 인수하지 그러세요?
Why don't you **take over** the restaurant yourself?

over ④
(예정보다) **늦게 끝나다**

회의가 30분 늦게 끝났다.

콩글리시 **The meeting ended 30 minutes late.**

네이티브 **The meeting ran over by 30 minutes.**

'늦게 끝나다'를 그대로 영어로 옮기면 end late가 된다. 그런데 end late는 '늦은 시간에 끝나다'라는 뜻이므로 예정 시간보다 늦었다는 뜻을 표현할 수 없다. 이 경우에는 run over라는 구동사가 제격이다. 회의가 예정된 시간을 '넘어(over) 계속되다(run)'니까 '예정된 시간을 넘기다', '예정보다 늦게 끝나다'라는 뜻이 된다.

예제 늦어서 죄송합니다. 회의가 예정보다 좀 늦게 끝났어요.
I'm sorry for being late. The meeting **ran over** a little.

over ⑤
(가구·건물 등을) **새롭게 고치다, 새단장하다**

화장실을 새로 고치는 데 비용이 얼마나 들까요?

콩글리시 **How much would it cost to repair a bathroom?**

직역 **How much would it cost to renovate a bathroom?**

네이티브 **What would it cost to make over a bathroom?**

'화장실을 새로 고친다'라고 할 때 '고치다'는 고장 난 기계나 차를 수리할 때 쓰는 repair를 쓰면 안 된다. 이때는 renovate(개조하다)라는 단어를 써야 옳다. 그런데 이런 단어를 몰라도 우리가 기본적으로 알고 있는 make와 over만으로도 같은 의미를 표현할 수 있다. make ~ over에서 over는 '다시'의 의미를 갖고 있어 전체적으로 무엇을 '다시 만들다', 즉 '새롭게 고치다'라는 뜻이 된다. make over는 makeover로 붙여서 명사로도 쓴다. 가령, '저 건물은 전면 보수가 필요하다'는 The building needs a complete makeover.이다. 그리고 '비용이 얼마나 드냐?'에서 '얼마나'는 대부분 How much ~?(얼마나 많이 ~?)만 생각하는데 What ~?으로 표현해도 상관없다. 실제로 원어민 중 상당수는 what으로 말한다.

예제 그 호텔은 50만 달러를 들여 로비를 새단장하기로 했다.
The hotel has decided to **make over** the lobby at the cost of 500,000 dollars.

over ⑥
(~에) **영향을 미치다,**
(~에서도) **지속되다**

직장 생활의 문제는 흔히 사생활에도 영향을 미친다.

콩글리시 **Problems with company life often affect one's private life.**

네이티브 **Problems at work often carry over into one's private life.**

'직장 생활'을 그대로 영어로 표현해서 company life나 work life 같은 식으로 말하면 안 된다. '직장에서'는 영어로 at work라고 하며 따라서 '직장 생활의 문제'는 problems at work라고 표현한다. '영향을 미치다'는 affect나 influence를 사용해서 표현해도 틀리지 않는다. 그러나 어떤 한 분야의 문제나 상황이 다른 분야에 영향을 미치는 경우는 carry over into ~라는 구동사로 표현하는 것이 영어 맛이 난다. 이때 over는 '넘어', '건너'의 뜻이므로 어떤 것이 다른 것 '안으로(into) 운반되어(carry) 넘어가다(over)'니까 다른 분야에 영향을 미친다는 뜻이 된다. 이 표현은 또 한 분야에서의 어떤 태도나 상황이 다른 분야에서도 '지속되다, 나타나다'의 뜻으로도 쓰일 수 있다. 가령, '그 사람의 경쟁적 성격은 그의 경력에서도 나타난다'는 His competitive character carries over into his career.라고 할 수 있다.

예제 이러한 긍정적 태도는 학생의 모든 학교 활동에서도 유지되어야 한다.
This positive attitude should **carry over** into all other aspects of the student's school life.

over ⑦
(~한) **인상을 주다,**
(~하게) **보이다**

그가 처음에는 좀 건방지다는 인상을 주었지만 나는 그에게 차츰 호감을 갖게 되었다.

직역 **At first, I got the impression that he was a little arrogant, but I gradually came to like him.**

네이티브 **At first, he came over as a little arrogant, but over time he grew on me.**

'~한 인상을 받다'는 get the impression that ~이라고 표현할 수 있다. 그런데 바꿔 말해 그 사람이 '~한 인상을 주었다'라고도 할 수 있으므로 He gave me the impression of ~와 같이 표현할 수도 있다. 그런데 impression 같은 단어를 쓰지 않고도 come, over, as 등으로도 같은 의미를 전달할 수 있다. come over as ~는 '~한 것으로(as) 나에게 건너(over) 오다(come)'가 되는데 사람이 직접 나에게 come over하는 것이 아니라 그 사람의 어떤 특징이 나에게 전달되어 오는 것으로 보면 된다. 비슷한 표현으로 come across as ~도 있는데 '~하게 보이도록 행동하다'라는 뜻이다. 처음에는 싫었던 사람이나 물건이 차츰 좋아지는 경우는 like ~ gradually(점차 ~을 좋아하다)라고 해도 되지만 역시 제대로 된 영어 맛을 살려 표현하려면 grow on ~이라는 구동사를 기억해 두면 좋다. 여기서 grow가 '점차 좋아지다'라는 의미를 내포하고 있고 on ~은 그런 상태가 발생하는 대상을 표현한다.

예제 그녀는 배우치고는 조금 숫기가 없지만 매우 좋은 사람이라는 느낌을 받았다.
She **came over** as a very nice person, although a little too shy for an actress.

over ⑧
(~을) 자세히 검토하다

명단을 다시 한 번 검토합시다.

직역 **Let's review the list once more.**

네이티브 **Let's go over the list one more time.**

계획(plan), 보고서(report), 명단(list) 등을 '검토하다'에 해당하는 영어 동사는 review이다. 그런데 일반적인 글이나 대화에서는 go over ~라는 구동사가 훨씬 더 많이 쓰인다. 문서의 '위로 넘어(over) 가다(go)'라는 말은 그 문서의 내용을 '잘 검토하다', '살펴보다'의 뜻을 나타낸다. go 뒤에 back을 붙여 go back over ~라고 하면 이미 본 내용을 '다시 검토하다', 또는 '복습하다'의 뜻이 된다. 가령, '오늘 배운 과를 복습하다'는 go back over today's lesson이라고 한다.

예제 계약서를 다시 한 번 검토해 볼 수 있을까요?
Can we **go over** the contract again?

지금까지 논의한 내용을 다시 검토해서 빠진 것이 없는지 확인합시다.
Let's **go back over** what we've discussed so far to be sure we haven't missed anything.

over ⑨
(스캔들이) 잠잠해지다

스캔들이 잠잠해질 때까지 당신이 대중 앞에 나서지 않는 것이 좋겠습니다.

콩글리시 **You'd better not appear before the public until the scandal becomes quiet.**

네이티브 **It'd be better for you to keep a low profile until the scandal blows over.**

스캔들이 '잠잠해지다'를 become quiet라고 하는 건 엉터리 영어 표현이다. quiet는 소리가 '조용한'의 뜻으로만 쓰이기 때문이다. 보통 '잠잠한'은 calm, '잠잠해지다'는 calm down이라고 한다. 가령, '바다가 잠잠해졌다'는 The sea calmed down.이라고 표현한다. 또 감정적으로 '진정하다'라는 의미도 있어 '진정하세요!'는 Calm down!이라고 한다. 그러나 위 예문처럼 잠잠해지는 대상이 스캔들일 경우에는 calm down을 쓰지 않는다. 대신에 blow over라는 구동사를 사용한다. 여기서 over는 '끝난'의 의미로, 태풍이 불다가 끝나는 장면을 연상하면 된다. 또 die down이라는 구동사도 쓸 수 있는데 마찬가지로 태풍이 죽어(die) 가라앉는(down) 장면을 연상하면 된다. 동사 하나로 표현한다면 subside가 있다. '~하는 것이 좋겠다'는 You'd better ~도 좋고 It'd be better for you to ~(당신이 ~하는 것이 낫겠다)라고 해도 된다. '대중 앞에 나서지 않다'는 말 그대로 not appear before the public(공중 앞에 나타나지 않다)이라고 해도 되지만 lay low라는 구동사나 keep a low profile이라는 관용 표현을 사용해 보자. lay low, 즉 '낮게 누워 있다'는 것은 범죄자가 잡히지 않기 위해 잠적해 있는 상태를 의미하며, keep a low profile도 비슷하게 사람들 눈에 띄지 않게 처신하는 것을 뜻한다. 또 escape the public eye(대중의 눈을 피하다)라는 표현도 있다.

예제 이 일이 잠잠해질 때까지 서로 연락하지 말자.
Let's stay out of touch until this thing **blows over**. • out of touch 연락이 끊긴

over ⑩
(자동차가 사람을) **치다**

나 오늘 아침에 휴대전화로 통화하며 운전하다 행인을 칠 뻔했어.

직역 **This morning, I almost hit a pedestrian while driving, talking on my cell phone.**

네이티브 **This morning, I came close to running over a pedestrian while driving on my cell phone.**

자동차가 사람을 '치다'라고 할 때는 hit이라고 하면 된다. 그러나 치어서 넘어뜨리는 경우에는 hit만으로는 약하고, run ~ over라는 구동사를 쓰는 것이 더 적합하다. '~ 위로(over) 달려가다(run)'니까 사람을 치고 넘어가는 장면이 연상된다. '~할 뻔했다'는 almost(거의 ~할 뻔)를 써도 틀리지는 않지만 nearly를 쓰는 것이 '하마터면'의 뜻이 더 잘 살아난다. 같은 의미로, come close to -ing(~하는 것에 가까이 가다) 구문도 사용할 수 있다. '휴대전화로 통화하며 운전하다'는 drive while talking on a cell phone이라고 하면 되는데, 위의 경우는 while을 앞으로 빼서 while driving on a cell phone이라고 쓰면 된다. 전치사 on에 '~하는 중에'의 뜻이 있어 앞에 talk라는 동사가 없어도 '통화하는 중'의 뜻이 표현된다.

퍼레이드 중 장식 차량을 끌고 가던 트럭이 오작동을 일으켜 여러 명의 관객을 치었다.
During the parade, a truck tugging a float went out of control and **ran over** several spectators. • tug 잡아당기다

over ⑪
(서류 등을) **훑어보다, 점검하다, 살펴보다**

제 이력서 좀 봐 주실래요?

콩글리시 **Can you look at my CV?**

네이티브 **Can you look over my CV?**

무엇을 '봐 주다'는 look at ~이라고 하면 안 된다. look at ~은 I looked at the map.(나는 그 지도를 봤다)에서처럼 그냥 무엇을 '보다'라는 뜻밖에 없다. 무엇을 '봐 주다'는 '검토하다'의 뜻으로, check(점검하다)라는 동사를 쓰거나 look ~ over라는 구동사를 써서 표현한다. over에는 '뒤집힌'의 뜻이 있는데 어떤 물건을 사기 전에 여기저기 '뒤집어(over) 보는(look)' 장면을 연상하면 왜 look ~ over가 무엇을 '철저히 살펴보다, 점검하다, 검토하다'라는 뜻이 되는지 쉽게 이해하고 기억할 수 있다.

예제 그 차를 여기저기 잘 살펴보았는데 상태가 좋았다.
I **looked** the car **over**, and it was in good shape. • in good shape 좋은 상태에 있는

THROUGH 기본 의미 ▶ 통과하여

through ①
(거짓말 등을) **간파하다**

037_Ch04_n137_145

나는 그가 거짓말을 하고 있다는 것을 대번에 알아차렸다.

콩글리시 **I noticed right away that he was lying.**

직역 **I realized[knew] right away that he was lying.**

네이티브 **I saw through his lie at once.**

무엇을 '알아차리다'에 해당하는 영어 단어에는 realize(깨닫다), notice(인식하다, 알아차리다)와 같은 단어들이 있다. 위와 같이 거짓말을 '알아차리다'라는 상황이라면 realize는 써도 괜찮지만 notice는 이상하다. 왜냐하면 notice는 눈에 보이는 상황을 '알아차리다'라는 뜻으로만 쓰이기 때문이다. 위 상황에서는 realize 대신 know를 써도 직감적으로 '깨닫다'라는 뜻이 된다. 거짓말이나 거짓된 행동의 '본질을 간파하다'라는 뜻으로는 see through ~라는 구동사를 쓰면 좋다. '무엇을 통해서(through) 보다(see)'니까 사람이나 상황을 '꿰뚫어 보다'라는 한국어 표현과 유사하다고 볼 수 있다.

예제 그녀는 단박에 그 사람의 진짜 의도를 간파했다.
She **saw through** him at once.

through ②
(~을) **겪다, 경험하다**

그녀는 성장기에 많은 아픔을 겪었다.

직역 **She experienced a lot of pain during her growing period.**

네이티브 **She went through a lot of pain growing up.**

아픔을 '겪다'는 '경험하다'의 뜻이므로 영어로 experience라는 동사를 사용할 수 있다. experience는 어떤 것에 참여해서 '경험하다'라는 의미로 많이 쓰인다. 가령, '전통 멕시코 음식을 경험하다'는 experience traditional Mexican food라고 한다. experience는 어려움(difficulty), 고난(hardship) 같은 것을 '겪다'라고 할 때도 사용된다. 그런데 아픔(pain)의 경우, experience pain이라고 하면 보통 신체적인 '통증을 겪다'의 뜻으로 이해된다. 따라서 위와 같은 경우에는 go through ~라는 구동사를 사용하면 좋다. 어떤 어려움, 아픔 등을 '통과해서(through) 가다(go)'니까 그것을 '겪다'의 뜻이 된다. go through ~는 experience와는 달리 무엇에 '참가하여 경험하다'라는 뜻으로는 쓰이지 않는다.

예제 우리는 함께 많은 것을 겪었다. (동고동락했다.)
We **went through** a lot together.

지난 몇 년간 디자인은 많이 바뀌었다.
The design **went through** a lot of changes over the years.

• over the years 지난 수년에 걸쳐

through ③
(~을) **끝까지 해내다**

몇 가지 예상치 못했던 문제가 발생하기는 했지만 우리는 이 일을 끝까지 해낼 것이다.

콩글리시 **Some unexpected problems happened, but we'll finish it to the end.**

네이티브 **Although we've come up against some unexpected problems, we're determined to see this thing through (to the end).**

어떤 일을 '끝까지 해내다'를 finish라고 하면 안 된다. finish는 그냥 일을 '끝내다'라는 뜻만 있다. 무엇을 '해내다'는 '성취하다, 이루다'라는 뜻이므로 accomplish(성취하다)라는 동사를 써야 한다. 그리고 이 단어 자체에 '끝까지'의 의미가 포함되어 있으므로 to the end(마지막까지) 같은 말은 필요 없다. 그러나 위와 같은 상황에서 가장 적절한 표현은 구동사 see ~ through이다. '통해서'라는 뜻의 through는 어떤 어려움이라도 뚫고 '끝까지 간다'는 의미를 담고 있으며 see는 그렇게 되도록 관심을 갖고 노력한다는 뜻을 내포하고 있다. 문제가 '발생하다'는 happen을 써도 되지만 같은 뜻의 occur라는 단어를 더 많이 쓴다. 또는 주어를 사람으로 해서 We've encountered a problem.(우리는 문제를 만났다) 이라고 하거나 We've come up against a problem.(우리는 문제에 마주쳤다)이라고 해도 좋다. 또, 끝까지 해내겠다는 말은 '의지'의 표현이므로 we will ~(~할 것이다)보다는 be determined to ~(~할 의지가 확고하다)와 같은 표현을 쓸 수 있으면 금상첨화다.

예제 정부가 개혁 과정을 끝까지 집행할 수 있는 인내심이 있는지 의심스럽다.
It's doubtful that the government has the patience to **see** the reform process **through**.

through ④
(위독한 상태를) **넘기다**

나는 그 사람이 위독한 상황을 넘기고 빨리 회복할 것이라고 확신한다.

콩글리시 **I'm sure he'll overcome his dangerous situation and recover quickly.**

네이티브 **I'm sure he'll pull through and make a good recovery.**

일반적으로 위기를 '넘기다'는 overcome 또는 구동사로 get over ~ 같은 표현을 쓸 수 있지만 위독한 상황을 넘기는 것은 pull through (from ~)라는 구동사를 써야 한다. pull의 기본 의미는 '잡아당기다'이지만, '움직이다'라는 의미도 있어서 '~으로부터(from) 통과해(through) 가다/오다(pull)'가 되어 위독한 상황에서 빠져 나온다는 의미를 갖게 된다. 구체적인 병명을 언급할 경우에는 from ~을 쓰지만 그 외에는 pull through만 써도 위독한 상황을 넘긴다는 뜻이 표현된다. 참고로, pull through는 위독한 상황뿐만 아니라 일반적인 위기를 넘긴다는 뜻으로도 쓸 수 있다.

예제 자동차 산업은 경기 불황의 위기를 넘길 기미를 보이고 있다.
The automotive industry is showing signs of **pulling through** the economic slowdown.

through ⑤
(계획 등이) **무산되다**

그 계획은 마지막 순간에 무산되었다.

직역 **The plan failed at the last minute.**

네이티브 **The plan fell through at the last minute.**

어떤 계획(plan), 거래(deal), 아이디어(idea) 같은 것이 '무산되다'라고 하면 일단 떠오르는 단어는 fail(실패하다)이라는 동사이다. 물론 The plan failed.라고 해도 뜻이 통하지 않는 것은 아니다. 그렇지만 이런 경우 원어민들이 사용하는 표현은 fall through이다. 이 표현은 어떤 계획이 잘 진행되다가 맞닥뜨린 구덩이를 '통해서(through) 떨어지는(fall)' 장면을 연상하면 그 뜻을 쉽게 기억할 수 있다.

예제 그 합병은 무산되었다.
The merger **fell through**. • merger 합병

through ⑥
(~을 …에게 체계적으로)
설명하다

이제 블로그를 만드는 방법을 단계별로 설명해 드리겠습니다.

콩글리시 **Now, I'll explain to you about the method of making a blog by stages.**

직역 **Now, I'll explain to you the process of making a blog by stages.**

네이티브 **Now, I'll take you step by step through how to set up a blog.**

'~을 설명하다'는 일반적으로 explain ~이라고 한다. 간혹 뒤에 about을 붙여서 I'll explain about ~이라고 하는 사람이 있는데 이것은 틀린 표현이다. explain은 타동사이기 때문에 바로 뒤에 목적어를 붙인다. 그런데 위와 같이 어떤 과정을 체계적으로 설명하는 경우에는 explain보다는 기본 단어 take와 through를 사용한 take A through B라는 구동사가 더 빛을 발한다. 'A가 B를 통과하도록(through) 데리고 가다(take)'이므로 처음부터 끝까지 어떤 내용을 차근차근 설명한다는 느낌을 준다. take 대신 walk라는 동사를 써서 I'll walk you through ~.(~을 차근차근 설명해 드리겠습니다)와 같이 표현하기도 한다. 이때 walk는 '~와 같이 걸어가다, 산책시키다'라는 뜻으로, 누구를 데리고 가며 설명한다는 의미에서는 take와 큰 차이가 없으나 걷는다는 이미지가 더해진다. 또 '단계별로', '단계적으로'는 stage가 '단계'라는 뜻이므로 by stages라고 해도 된다. 다만 이 경우는 명확히 구분된 단계를 뜻한다기보다는 '차근차근'의 뜻으로 step by step(한걸음씩, 차근차근)이라는 표현이 더 적합하다. 블로그를 '만들다'는 make도 틀리지 않지만 set ~ up(구축하다, 만들다)이라는 구동사가 보다 적합한 표현이므로 함께 알아두자.

예제 이 비디오에서는 컴퓨터에 그래픽 카드를 설치하는 과정을 설명해 드립니다.
This video will **take** you step by step **through** the process of installing the graphic card in your computer. • instal 설치하다

through ⑦
(전화에서 ~와)
연결해 주다

영업부 좀 연결해 주시겠어요?

직역 **Could you connect me to the Sales Department?**

네이티브 **Could you put me through to Sales?**

전화상에서 'A를 B에게 연결해 주다'는 '연결하다'라는 뜻의 동사 connect를 써서 connect A to B라고 한다. 간혹 전치사 to 대신 with를 사용하는 사람도 있는데 to를 쓰는 것이 정확한 표현이다. 또 '전화를 연결하다'라는 뜻으로 자주 쓰는 put A through to B라는 표현이 있다. 직역하면 'A를 뭔가를 통과시켜서(through) B에게(to) 놓다(put)'이니 쉽게 말해 A와 B를 연결한다는 뜻이다. put 대신 patch라는 동사를 사용한 patch A through to B도 비슷한 뜻이다. 원래 군대, 경찰 같은 곳에서 전화나 무전기 등을 이용하여 다른 사람과 통화하게 해 준다는 표현에서 유래되어 지금은 구어에서 '전화를 연결하다'의 뜻으로 쓴다. 이때 patch는 한 시스템의 회로를 다른 시스템에 잠시 연결시킨다는 뜻이다. '영업 부서'는 Sales Department가 맞지만 흔히 뒤에 '부서'라는 뜻의 department를 생략하고 Sales만 쓰기도 한다.

예제 잠깐만요. 저희 고객 관리부로 연결해 드리겠습니다.
Hang on. I'll **put** you **through** to the Customer Service Department.

through ⑧
(어려운 결정·약속 등을)
예정대로 하다, 실행에 옮기다

그는 나에게 예정된 장기 이식을 하지 말라고 조언했다.

직역 **He advised me not to get the transplant.**

네이티브 **He advised me against going through with the transplant.**

장기 이식(transplant)을 받기로 결정했다고 가정해보자. 장기 이식을 '받다'를 영어로 get a transplant라고 한다. 그러나 이 표현은 결정이나 약속을 해 놓고 그것을 실행에 옮긴다는 뉘앙스를 전달하기에는 불충분하다. 이런 경우에는 go through with ~라는 구동사가 제격이다. '~을 가지고(with) 끝까지(through) 가다(go)'니까 예정대로 실행에 옮긴다는 뜻이다. '…을 하지 말라고 ~에게 조언하다'는 advise ~ not to ...도 되고 not to 대신 전치사 against를 써서 advise ~ against -ing도 된다.

예제 그 부부는 계획했던 입양을 하지 않기로 결정했다.
The couple decided not to **go through** with the adoption.

through ⑨
(약속·공약을) **지키다**

그는 자기 당을 개혁하겠다는 약속을 지키지 못했다.

직역 **He didn't keep his promise to reform his party.**

네이티브 **He failed to follow through on his promise to reform his party.**

'약속을 지키다'는 keep이라는 동사를 써서 keep one's promise라고 한다. 그러나 follow, through, on과 같은 단어의 조합으로도 유사한 뜻을 갖는 구동사를 만들 수 있다. follow는 행동으로 '뒤따르다'라는 뜻이며 through는 '끝까지'라는 뜻이다. 따라서, follow through on the promise라고 하면 '약속을 끝까지 행동으로 뒤따르다'니까 '약속을 지키다'는 뜻이 된다. 그 외에도 격식을 갖춘 표현으로 honor(존중하다)를 써서 honor one's promise라고 하기도 하고 관용 표현으로는 make good on ~이라는 것도 있다. '~하지 못했다'는 해야 하는데 하지 못한 것이니까 fail to ~(~하는 것을 실패하다)라는 표현을 쓰는 것이 좋다.

예제 일본 수상은 아프리카에 대한 원조를 두 배로 늘리겠다는 일본의 약속을 지킬 것이라고 공언했다.
The Japanese Prime Minister vowed to **follow through** on Japan's pledge to double its aid to Africa.
• pledge 약속, 맹세

TO 기본 의미 ▶ ~에게로

to ①
(~에게 …을) **기대하다**

038_Ch04_n146_158

업계는 정부가 추가 금융 지원을 해 줄 것을 기대하고 있다.

직역 **The industry is hoping that the government will provide them with additional financial support.**

네이티브 **The industry is looking to the government for additional financial support.**

자금난에 빠진 업계가 정부에게 어떤 지원을 기대하고 있는 상황을 영어로 설명한다면 대부분 hope라는 동사를 써서 The industry is hoping that the government will ~(업계는 정부가 ~해 주기를 희망하고 있다)이라는 식으로 말할 것이다. 이렇게 말해도 틀리지는 않는다. 그러나 원어민들은 우리가 쉽게 생각하지 못하는 방식으로 뜻을 표현하는 경우가 있다. 이 경우도 look, to, for와 같은 기본 단어만 가지고도 훨씬 더 영어다운 맛이 나는 문장을 만들 수 있다. look to A for B라고 하면 'B를 위해(for) A쪽을 쳐다보다(look to)'니까 말 그대로 어떤 도움을 기대하면서 정부를 바라보고 있는 장면이 쉽게 연상된다. '지원을 해 주다'는 provide ~ with ...(~에게 …을 제공하다)라는 표현을 쓴다.

예제 우리에게 도움을 기대하고 있는 사람들을 실망시켜서는 안 된다.
We must not disappoint the people who are **looking to** us **for** help.

to ②
(양·크기·수가 ~에) **달하다**

그 위원회의 보고서는 300페이지에 달한다.

콩글리시 **The committee report reaches 300 pages.**

직역 **The committee's report is 300 pages long.**

네이티브 **The committee report runs to 300 pages.**

'~ 페이지에 달하다'를 reach로 표현하면 어떨까? 한국어로는 비슷해 보이지만 reach ~는 '점차적으로 ~한 수치에 도달하다'라는 뜻으로 쓰인다. 가령, 어떤 온라인 게시판에 올린 글이 점점 많아져 300페이지를 넘었다면 The thread reached 300 pages.와 같이 reach를 사용할 수 있다. 참고로, 하나의 게시물에 계속 답글이 달리는 것을 thread라고 한다. 그렇지만 위와 같이 페이지가 고정된 출판물의 경우는 reach를 쓸 수 없다. 가장 간단하게는 페이지 수 뒤에 long을 붙여서 ~ pages long이라고 할 수 있다. 또는 run to ~라는 구동사를 사용하면 된다. 금액이나 페이지 수가 얼마에 달한다고 할 때 자주 쓰이는 표현이다. run to ~와 비슷한 표현으로는 amount to ~가 있다. 다만 amount는 주어가 '수나 양'을 나타내는 것이어야 하기 때문에 The number of the report's pages amounted to 300.라고 해야 한다. run to ~에는 그런 제약이 없다.

예제 총 비용이 수백만 달러에 달했다.
The total cost **ran[amounted] to** millions of dollars.

to ③
(~에서) 벗어나지 않다,
(~에)만 있다,
(원안대로) 하다

안전을 위해 지정된 산책로에서 벗어나지 마십시오.

콩글리시 **For safety, please do not get away from the designated walking road.**

직역 **For your safety, please do not get off the designed trails.**

네이티브 **For your own safety, please keep to the designated trails.**

일반적인 '산책로, 길'은 path 또는 footpath라고 하고 '긴 코스의 산책로'는 trail이라고 한다. 어떤 경로에서 '벗어나다'를 나타내는 말로 away(멀어져 가는)라는 부사를 생각하기 쉽지만 '떨어져 나가는'이라는 뜻의 off를 써서 get off ~라고 하는 것이 옳은 표현이다. 다만, 미국 공원 안내서에는 get 대신 stray를 써서 Do not stray off the path.라는 표현이 더 많이 등장한다. 산책로에서 한 발짝이라도 떨어지면 get off the path가 되는데 반해 stray off the path는 벗어나서 돌아다닌다는 뜻이 추가된다. 그런데 Do not get[stray] off the path.는 바꿔 말하면 Keep to the path.가 된다. keep to ~라는 구동사는 '~ 쪽으로(to) 유지하다(keep)'이므로 이 문장은 '산책로에 붙어 따라가라', 즉 '벗어나지 마라'는 뜻이다. keep to ~는 이런 뜻이 발전하여 '원래의 계획을 그대로 유지하다, 계획대로 하다'라는 뜻으로도 stick to와 함께 자주 사용한다. 또 Do not get off the path.를 뒤집으면 Stay on the path.(산책로 위에 머물러라)라는 표현도 가능해지는데, 이 역시 공원 안내서에 자주 등장하는 표현이다. 이렇게 영어로 말할 때 긍정을 부정으로 뒤집어 생각하면 더 영어다운 표현이 되는 경우가 많다.

예제 속도가 느린 운전자들은 우측 차선으로만 통행해 주십시오.
If you are a slow driver, **keep to** the right lane.

원래 우리 계획대로 하는 것이 좋을 것 같다.
I think we'd better **keep[stick] to** our original plan.

to ④
신경 쓰이다,
짜증 나게 하다

저 소음 정말 짜증 나게 하네요.

직역 **The noise is really irritating.**

네이티브 **The noise is really getting to me.**

'짜증 나다'라는 말을 하나의 영어 단어로 표현하면 irritating이라고 할 수 있다. irritate는 '~을 짜증 나게 하다, ~의 신경을 건드리다'라는 타동사이고 irritating은 '짜증 나게 하는, 신경을 건드리는'이라는 뜻의 형용사다. 그런데 원어민들은 같은 상황에서 get to ~라는 구동사도 흔히 사용한다. get to ~는 원래 I get to work by 8.(나는 8시까지 직장에 나간다)에서처럼 '~에 도달하다, ~에 이르다'의 뜻을 갖고 있다. 그런데 get to ~ 뒤에 장소가 아니라 '사람'을 쓰면 '~의 신경을 건드리다, 짜증이 나게 하다, 힘들게 하다'라는 뜻이 된다. 어떤 일에 무관심하고 신경을 쓰지 않으려면 그 일이 나에게서 떨어져 있는 상태여야 한다. 반대로 그런 일이 나에게(to) 다가왔을(get) 때는 신경이 쓰이게 되고 안 좋은 일이면 짜증도 나게 된다.

예제 이 더위 정말 짜증 나네요.
The heat is really **getting to** me.

그런 일에 신경 쓰지 마세요.
Don't let it **get to** you.

to ⑤
(~에게 도움 등을)
요청하다

그 당시 나는 어디 가서 도움을 청할 곳이 없었다.

직역 **At that time, I had no one to ask for help.**

네이티브 **At that time, I had no one to turn to for help.**

'A에게 B를 요청하다'는 ask A for B라고 하는 것이 맞다. 그런데 위의 말은 '어려울 때 의지하고 도움을 청하다'라는 뜻이므로 ask ~ for ...만으로는 이런 의미를 표현할 수 없다. 이런 경우에는 turn to ~라는 구동사가 제격이다. 말 그대로 '~에게로(to) 몸을 돌리다(turn)'이니까 어려운 상황에 어떤 사람을 찾아가 도움을 청하는 상황과 쉽게 연결시킬 수 있다. turn to ~만 가지고도 어려울 때 의지하고 도움을 청한다는 의미가 표현되지만, 요청하는 내용을 말하고자 한다면 뒤에 for ~를 붙여서 쓰면 된다. 가령, '부모님에게 도움을 청했다'는 I turned to my parents for help.가 되고 '목사님에게 조언을 구했다'는 I turned to my pastor for advice.가 된다. 그런데 이 구문은 보통 '어려울 때 어디 믿고 도움을 청할 곳이 없다'라는 형식으로 많이 쓰이며 이 경우에는 '사람이 없다' → I have no one, '믿고 도움을 청할' → to turn to, 이런 식으로 문장을 만들면 된다.

예제 어려울 때 도움을 청할 수 있는 좋은 친구들이 있으니 나는 운이 좋은 사람이다.
I'm lucky to have good friends I can **turn to** in difficult times.

to ⑥
의식을 되찾다, 정신이 들다

의식을 차리고 보니 병원이었다.

직역 **When I recovered consciousness, I was in the hospital.**

네이티브 **When I came to, I was in the hospital.**

'의식을 차리다'에서 '의식'은 consciousness, '차리다'는 잃었던 것을 '되찾다'라는 뜻이니까 recover라고 할 수 있다. 따라서 recover consciousness가 되는데 틀린 표현은 아니므로 이렇게 말해도 의미는 통한다. 그러나 일상적인 대화에서 이렇게 딱딱한 표현을 쓰는 사람은 많지 않다. 이런 경우 원어민들은 보통 come to라는 구동사를 사용한다. come to에서 to는 전치사인데 전치사 뒤에 명사가 없는 것이 이상하게 보인다. 사실 to 뒤에 senses(감각)와 같은 명사가 오는데 보통은 생략한다. '의식이 ~에게(to) 오다(come)'는 '의식을 되찾다'라는 뜻이라고 이해하면 된다.

예제 그가 의식이 들기 시작한 것 같군요.
I think he's beginning to **come to**.

to ⑦

(~이) **좋아지다**

학생들은 새로운 선생님을 금방 잘 따랐다.

콩글리시 **The students followed their new teacher immediately.**

네이티브 **The students took to their new teacher immediately.**

학생들이 새로운 선생님을 금방 따른다는 말의 '따르다'에 follow를 쓰면 안 된다. 선생님을 따른다는 것은 '좋아하고 가까이 하다'라는 뜻인데, follow는 '뒤를 따르다'의 뜻이다. 위 상황을 영어로 설명하면 The students started liking their new teacher immediately.(학생들은 곧 새 선생님을 좋아하기 시작했다.)가 된다. 그런데 이 문장은 밋밋하고 영어다운 맛이 없다. 이럴 때는 take to ~라는 구동사를 사용한다. 전치사 to가 '~에게'라는 뜻이므로 take to ~는 마음이 어떤 사람에게 가서 달라붙는 장면을 연상하면 된다. 이와 반대로 처음에는 싫었던 사람이 점차 좋아지는 경우에는 grow on ~이라는 표현을 쓴다. 가령, 아이들이 새로운 선생님을 처음에는 싫어했다가 점차 좋아하게 되었다면 The new teacher grew on the students.라고 한다.

예제 우리는 새로운 이웃들이 금방 좋아졌다.
We took to our new neighbors immediately.

to ⑧

(약속이나 계약을)

지키게, 이행하게 하다

그런 상황에서는 집주인이 계약 이행을 강요할 수 없다.

콩글리시 **In such a situation, the landlord can't force you to carry out the contract.**

네이티브 **In that situation, the landlord can't hold you to the lease.**

위의 〈콩글리시〉 표현에서 force you to carry out the contract에는 여러 문제가 있다. 우선, 부동산 임대 계약은 contract라고 하지 않고 lease(임대 계약)라고 한다. 또 그런 계약을 '이행하다'라는 뜻으로 carry ~ out이라는 구동사를 쓰지 않는다. carry ~ out은 정책, 계획 같은 것을 '실행하다', '집행하다'라는 뜻이지 '이행하다'라는 뜻은 아니다. 계약의 경우는 execute(이행하다)라는 단어를 쓸 수 있지만 위와 같이 계약 조건을 준수한다는 상황에서는 abide by ~(규정 등을 준수하다), honor ~(계약 등을 지키다)와 같은 단어가 더 적합하다. 그러나 이런 어려운 단어들을 가지고 고민할 필요 없이 기본 단어 hold, to만 있으면 맛깔스러운 영어를 구사할 수 있다. hold A to B라는 구동사는 'A가 B라는 약속이나 계약을 맺었을 때 그것을 이행하게 하다'라는 뜻으로 사용된다. 이것은 '약속을 지키는지 안 지키는지 두고 보다'의 뜻으로도 해석이 가능하다. '그런 상황'은 in such a situation이나 in that situation이라고 해야 한다. 그런데 이 두 가지 표현도 의미 차이가 있다. 영어 학습자들이 '그런'을 거의 자동적으로 such로 말하는 경향이 있는데 such는 '그와 유사한'의 뜻으로, 특정한 하나의 상황을 뜻하지 않는다. 위와 같이 특정한 '그' 상황을 말할 때는 that이라고 해야 한다.

예제 이번 겨울에 절 스키 타러 데려가 주겠다고 약속했는데, 그 약속을 지키는지 두고 볼 거예요.
You promised me you'd take me skiing this winter, and I'm going to hold you to your promise.

TOGETHER 기본 의미 ▶ 함께

together ①
(사교적인 목적으로)
만나다, 모이다

언제 한번 만납시다.

콩글리시 **Let's meet some time.**

네이티브 **Let's get together some time.**

친구에게 '언제 한번 만나자'라고 제안하는 말을 영어로 어떻게 할까? 한국어로 '만나자'이니까 영어에서도 meet(만나다)이라는 동사를 생각하는 독자가 많을 것이다. 그렇지만 meet은 처음 만나거나 특정한 목적이 있어서 만나는 상황에서 사용한다. 그냥 어울리기 위해서 만나는 것은 get together라는 구동사로 표현해야 한다. 여기서 get은 '움직이다'의 뜻으로 '함께(together) 움직이다(get)'니까 '모이다, 사교적인 목적으로 만나다'라는 뜻이 된다.

예제 빠른 시일 내에 만나서 술 한잔합시다.
Let's **get together** for drinks soon.

together ②
(~ 때문에)
뭉치다, 단결하다

9·11 사건은 미국인들이 하나로 뭉치는 계기가 되었다.

직역 **The 9/11 attacks became an occasion for the Americans to unite as a nation.**
The 9/11 attacks motivated the Americans to unite as a nation.

네이티브 **The 9/11 attacks served to bring the Americans together as a nation.**

사람들이 '뭉치다' 또는 '단결하다'는 영어로 unite라고 한다. 이 경우는 주어가 사람인데, 시각을 바꿔서 '9·11이 사람들을 뭉치게 해 주었다'라고 할 수도 있다. 이때도 unite를 써서 The 9/11 attacks united the Americans.라고 해도 된다. 그러면 unite라는 단어 외에는 달리 표현할 방법이 없을까? 있다. unite라는 단어를 쓰지 않고 come, bring, together, 이런 기본 단어들만 사용해서 얼마든지 그 의미를 표현할 수 있다. '뭉치다'는 사람들이 한곳으로 함께 오는 것, 즉 come together라고 할 수 있고, '뭉치게 하다'는 한곳으로 함께 데리고 오는 것이니 bring ~ together라고 한다. unite 같은 딱딱한 단어 대신 이렇게 기본 단어를 조합해서 같은 의미를 표현하는 것이 바로 영어의 맛이고 진짜 실력이 아닐까? '~하는 계기가 되었다'는 직역해서 became an occasion for the Americans to ~(미국인들이 ~할 기회가 되었다)라고 표현해도 틀리지 않다. 다만, 한국어를 그대로 영어로 바꾸는 것이 익숙해지면 한국어 직역의 한계에 묶이고 그 이상의 발전이 없다. 이럴 때는 9·11을 주어로 해서 motivated the Americans to ~(미국인들이 ~하도록 동기를 부여했다)라고 하거나 serve to ~(~하는 데 도움이 되다)를 써서 served to bring the Americans together(미국인들을 하나로 끌어들이는 데 도움이 되었다)라고 할 수 있다. 이런 식으로 Americans 같은 사람 주어 대신 9·11 같은 무생물 주어를 사용하는 방법은 챕터 10에서 자세히 다루니 참고하자.

예제 그 재난으로 인해 지역 사회는 한마음이 되었다.
The disaster **brought** the community **together**.

together ③
(잘) 어울리다

탄산음료와 초밥은 잘 어울리지 않는다.

직역 **Soft drinks and sushi don't match (each other) well.**

네이티브 **Soft drinks and sushi don't go together well.**

어떤 것들이 서로 '잘 어울리다'라고 할 때 흔히 생각할 수 있는 단어는 match이다. 그 외에도 suit ~(~에 어울리다)라는 단어도 생각할 수 있지만 이 단어는 보통 suit 뒤에 사람이 들어가서 The dress doesn't suit you well.(그 옷은 너에게 잘 어울리지 않는다)과 같이 사용하므로 위의 경우에는 적합하지 않다. match는 자동사, 타동사 둘 다 되므로 match each other(서로에게 어울리다)처럼 each other를 써도 되고 안 써도 된다. 그런데 위와 같은 상황에서 원어민들은 match보다 go, together와 같이 단순한 단어를 사용한 구동사를 더 선호한다. go together는 '같이(together) 가다(go)'니까 '어울리다'가 된다. 비슷한 표현으로 go hand in hand(손잡고 가다)도 있는데, 이 표현은 주로 '서로 일치하지 않다'라는 의미를 만들 때 부정문에서 쓴다. 가령, '부자라고 행복한 것은 아니다'에 이 표현을 사용하면 Money doesn't go hand in hand with happiness.라고 할 수 있다.

예제 이 색들은 잘 안 어울린다.

These colors don't **go together** well.

레몬과 초콜릿은 잘 어울리지 않아.

Lemon and chocolate do not **go together** well.

together ④
(문서를) **작성하다,**
(회의를) **조직하다**

난 다음 주 회의에 쓸 보고서를 작성해야 돼.

콩글리시 **I have to make a report for the meeting next week.**

직역 **I have to write a report for the meeting next week.**

네이티브 **I have to put together a report for the meeting next week.**

보고서를 '작성하다'는 영어로 write라는 동사를 쓴다. 또 위의 경우는 어떤 회의에 쓸 보고서를 작성하는 것이므로 prepare(준비하다)라는 동사도 괜찮다. 그런데 원어민들은 보고서뿐만 아니라 명단, 발표, 행사, 팀과 같이 여러 요소를 모아서 어떤 것을 만드는 상황에서는 put ~ together라는 구동사를 즐겨 사용한다. 무엇을 '함께(together) 있게 놓다(put)'니까 '작성하다, 구성하다, 조직하다'와 같은 의미를 갖는다.

예제 내가 좋아하는 책의 목록을 만들었어.

I've **put together** a list of my favorite books.

우리는 그 문제를 검토하기 위한 전담 팀을 조직할 예정이다.

We're going to **put together** a task force to look at the issue.

together ⑤
협력하다

모두 합심해서 일한다면 시간 내에 일을 끝마칠 수 있다.

직역 **If we all cooperate, we can finish the work in time.**

네이티브 **If we all pull together, we can get the job done in time.**

'합심해서 일하다'는 한마디로 '협력하다'라는 뜻이므로 이에 대응하는 영어 단어인

cooperate로 표현할 수 있다. 그런데 한 연설문에서 '협력하다'라는 말을 여러 번 한다고 할 때 매번 cooperate라고 하면 듣는 사람들은 금방 식상해 할 것이다. 그럼 cooperate 말고 다른 단어는 없을까? collaborate라는 단어가 있지만, 굳이 한국어와 일치하는 단어를 생각하려 하지 말고 쉬운 단어를 조합하여 표현해 보자. 여기서는 work together가 상황에 맞다. 실제로 원어민들은 일상에서 cooperate만큼 work together라는 말을 많이 사용한다. 그런데 work together는 '협력하다'의 뜻일 뿐 마음을 합쳐 노력한다는 뜻의 '합심하다'의 의미는 없다. 이때는 work 대신 역시 누구나 다 아는 단어 pull을 넣어 pull together라고 하면 된다. 조정 경기에서 보트 안에 탄 사람들이 함께(together) 노를 당겨야(pull) 배가 속력을 낼 수 있고 경주에서 승리할 수 있다. 또 줄다리기 장면을 생각해도 pull together가 왜 '합심해서 일하다'의 뜻이 되는지 쉽게 이해할 수 있다. '일을 끝내다'는 finish ~라고 해도 되지만 좀 더 영어다운 맛을 내려면 get ~ done 같은 표현을 기억하자. done에 '끝낸'이라는 수동의 의미가 있어 어떤 일을 분명하게 완결한다는 의미가 강하다. get the job done은 그 자체가 '일을 해내다'라는 뜻의 관용 표현으로 사용되기도 한다.

예제 우리는 가난한 사람들을 돕기 위하여 협력해야 한다.
We must **pull together** to help those in need.

• in need 어려운, 궁핍한

UP 기본 의미 ▶ 위로

up ① (~을) 계속하다

039_Ch04_n159_189

지금 잘하고 있으니까 계속 그렇게 하세요.

직역 **You're doing well. So, continue to do well.**

네이티브 **You're doing fine. So, just keep up the good work.**

'잘하던 대로 계속 하다', 즉 '계속 잘하다'를 그대로 영어로 옮겨서 말하면 continue to do well이 된다. continue가 '계속하다'이고 do well은 '잘하다'이다. 문법이나 단어로 보아 틀린 것이 없는 영어 표현이므로 실제로 써도 문제가 될 것은 없다. 그렇지만 보통 '계속 ~하라'고 할 때 원어민들은 keep ~ up이라는 구동사를 사용한다. 일이 진행되는 속도가 떨어지지 않게 '위로(up) 유지하다(keep)'니까 어떤 일을 '유지하다, 계속하다'라는 뜻이 된다. 따라서 keep up the good work는 '좋은 일을 유지하다', 즉 '잘하는 일을 계속하다'라는 뜻이다.

예제 계속해서 좋은 품질과 서비스를 제공해 주세요.
Keep up the good quality and service.

up ② 고장 나다, 오작동하다

GPS가 또 이상해.

콩글리시 **The GPS is strange again.**

네이티브 **The GPS is acting up again.**

어떤 기계가 '이상하다'라는 말을 영어로 할 때 strange라는 형용사를 쓰면 콩글리시가 된다. strange는 한국어로 '이상한'으로 번역되지만 He's a strange man.(그는 이상한 사람입니다)에서처럼 행동, 현상이 표준이나 정상에서 벗어나서 잘 이해가 안 된다는 의미로만 사용한다. '기계가 작동 이상을 일으켜서 이상하다'는 하나의 동사로는 malfunction을 써서 The GPS is malfunctioning.이라고 하거나 work(작동하다) properly(제대로, 적절하게)라는 표현을 써서 The GPS isn't working properly.(GPS가 정상적으로 작동하지 않고 있다)라고 할 수 있다. 그런데 이런 의미를 잘 나타내는 구동사로 act up이 있다. 기계가 정상적으로 작동할 때는 잠자듯 조용하게 잘 돌아간다. 그러던 기계가 '일어나서(up) 행동하고(act) 돌아다닌다'는 것은 분명히 이상한 상황이므로 '오작동을 일으키다'라는 뜻이 된다. act up은 '관절염(arthritis)이 다시 재발하다'의 뜻으로도 쓰인다.

예제 내 컴퓨터가 또 말썽이야.
My computer is **acting up** again.
관절염이 다시 도졌어요.
My arthritis is **acting up** again.

up ③ (~을) 그만두다, 끊다

나 다이어트 그만뒀어.

콩글리시 I stop my diet.
직역 I stopped[quit] dieting.
I quit my diet.
네이티브 I **gave up** my diet.
I **gave up** dieting.

'그만두다'라고 하면 영어로 stop이라는 동사가 먼저 생각난다. 그런데 stop은 '어떤 행동을 하는 것을 그만두다'의 뜻으로 쓰기 때문에 stop my diet라고 하면 안 된다. 대신에 diet를 동사로 쓰고 뒤에 -ing를 붙여서 dieting(다이어트 하는 것)이라고 하면 무엇을 한다는 행동이 되기 때문에 stop 뒤에 넣어서 쓸 수 있다. stop 외에 quit이라는 동사도 있다. quit은 뒤에 명사나 -ing 형태의 동명사 둘 다 올 수 있다. 그런데 원어민이라면 이런 표현보다 give ~ up이라는 구동사를 쓸 가능성이 더 많다. give ~ up은 '~을 포기하다'의 뜻이지만 그냥 노력하던 일 또는 즐겨 하던 일을 '그만두다'의 의미로도 쓴다. 가령, 다이어트를 하다가 그만두었을 때 I gave up my diet.라고 한다. give ~ up은 quit처럼 뒤에 명사와 동명사(-ing) 둘 다 사용할 수 있다.

예제 주말에 치던 골프를 그만뒀다.
I **gave up** my weekend golf.
나 회사 그만뒀어.
I **gave up** my job.
그 도서관에 다니는 것을 그만뒀다.
I **gave up** going to the library.

up ④ (화제를) 꺼내다

제발 그 문제는 다시 꺼내지 마세요.

콩글리시 Please don't take out that issue again.
네이티브 Please don't **bring** that **up** again.

어떤 문제를 '꺼내다'를 그대로 영어로 바꾸면 take ~ out이 된다. 그런데 take ~ out은 어떤 물건을 '꺼내다'의 뜻으로는 쓰지만 문제를 '제기하다, 거론하다'의 뜻으로는 사용하지 않는다. 대신에 영어에서는 bring ~ up이라는 구동사를 사용해서 표현할 수 있다. 수면 밑에 있는 문제를 '위로(up) 가져오다(bring)'라고 해석하면 뜻을 쉽게 기억할 수 있다. 한국어에서는 특정 화제나 문제를 '꺼내다'라고 하는 데 반해, 영어에서는 아래에 놓인 문제를 '위로 가져오다'라고 하는 점이 흥미롭다.

예제 그가 회의에서 그 문제를 꺼내지 않았으면 좋겠다.
I hope he won't **bring up** that issue at the meeting.

up ⑤
끝내 ~에 가게 되다, 결국 ~하게 되다

그는 결국 교도소 신세를 지게 되었다.

직역 **Ultimately, he went to jail.**

네이티브 **He ended up in jail.**

'끝내', '결국', '마침내'라는 말을 영어로 한다면 대부분의 학습자들은 ultimately(궁극적으로)와 같은 부사를 찾으려 할 것이다. 물론 이 단어를 써도 틀리지는 않는다. 또, ultimately라는 단어 외에도 in the end(끝내는)라는 관용구도 있다. 그런데 영어에서는 부사 대신 end up이라는 구동사를 사용해도 같은 의미를 표현할 수 있다. 위로(up) 끝나다(end)라는 이 구동사의 의미를 쉽게 기억하기 위해 다음과 같은 장면을 상상해 보자. 만화에서 보면 달려가는 사람의 몸이 앞으로 기울어진 모습으로 묘사된다. 그러다 뛰는 것을 끝냈을(end) 때 몸이 위로(up) 세워진다. end up은 이렇게 어떤 일을 하다 보니 '자기도 모르게 ~한 신세가 되다' 또는 '끝내 ~하고 말다'라는 의미를 표현한다. '교도소 신세를 지게 되다'라는 말도 단순하게 go to jail(교도소에 가다)이라는 의미가 아니라 어떤 나쁜 일을 계속하다 보면 끝내 교도소에 가게 될 것이라는 뜻이므로 end up in jail(끝내 교도소에 있게 되다)이라고 표현해야 영어의 맛이 살아난다. end up은 동사에 -ing를 붙여서 He ended up being a writer.(그는 끝내 작가가 되었다)와 같이 쓰기도 한다.

예제 어떻게 해서 현재 직업을 갖게 되었나요?
How did you **end up** with your current job?

나는 결국 그 제품을 가지고 가서 환불을 받았다.
I **ended up** taking it back for a refund.

up ⑥
나타나다, 참석하다

그렉은 어제 리허설에 나오지 않았다.

직역 **Greg didn't come to the rehearsal yesterday.**

네이티브 **Greg didn't show up for the rehearsal yesterday.**

누가 어디에 '나오다'를 영어로 한다면 가장 먼저 생각나는 단어가 come(오다)일 것이다. come을 써도 틀리지는 않는다. 그런데 이런 상황에서 원어민들은 흔히 show up이라는 구동사를 사용한다. 이때 show는 '보이다, 나타나다', up은 위로 나오니까 '드러나게'의 뜻을 담고 있어 전체적으로 show up은 어떤 장소에 '나타나다', 어떤 행사에 '참석하다'라는 의미를 표현한다.

예제 그녀가 정시에 왔니?
Did she **show up** on time?
아무도 안 왔어.
Nobody **showed up**.

up ⑦
(난방·냉방·볼륨 등을)
높이다

거실의 난방 온도를 높일게요.
콩글리시 I will increase the heating temperature in the living room.
네이티브 **I'll turn up the heat in the living room.**

난방, 냉방, 볼륨 같은 것을 '높이다'라고 할 때 increase(증가시키다, 높이다), raise(높이다)와 같은 동사를 쓸 경우 뜻은 통하지만 사실상 콩글리시에 가깝다. 왜냐하면 일상 영어에서 그렇게 표현하는 원어민들은 거의 없기 때문이다. 대신 이런 경우에는 turn ~ up이라는 구동사를 사용한다. 스위치를 '위로(up) 돌리다(turn)'니까 '높이다'가 된다. 한국어에서는 '난방 온도'를 높인다고 하지만 영어에서는 temperature(온도) 같은 단어는 필요 없고 그냥 the heat이라고만 한다. heat 자체가 온도의 개념을 포함하는 단어이기 때문이다. 냉방을 '세게 하다'도 turn ~ up을 써서 turn up the air-conditioner(에어컨을 높이다)라고 한다. 반대로 줄이거나 약하게 하는 것은 turn ~ down이라고 한다.

예제 볼륨 좀 약간 높여 볼래요?
Can you **turn up** the volume a bit?

up ⑧
(행사·날 등이) **다가오다**

할머니 생신이 다가오고 있다.
콩글리시 Grandmother's birthday is coming.
직역 Grandmother's birthday is approaching.
네이티브 **Grandma's birthday is coming up.**

어떤 행사나 기념일 같은 것이 '다가오다'에 해당하는 영어 동사는 approach(다가오다, 접근하다)이다. 그런데 종종 come이라는 동사를 써서 Grandmother's birthday is coming.이라고 하는 경우가 있는데, 이렇게 말하면 생일이 정말 방문하러 오는 것 같은 장면을 떠올리게 하므로 틀린 영어 표현이다. 원어민들은 뒤에 up을 붙여서 come up이라고 한다. 이때 up은 '위로'라는 뜻이 아니라 '다가오는', '근접하는'의 의미를 갖고 있다. TV 화면 같은 2차원에서 어떤 물체가 다가오는 동영상을 보면 마치 점점 커지면서 위로 올라오는 것 같은 느낌을 준다. 이런 의미에서 up을 '위로'라는 뜻으로 이해하면 come up의 의미를 쉽게 알 수 있을 것이다.

예제 강변 재즈 축제가 다음 달로 다가왔다.
The riverside jazz festival is **coming up** next month.

up ⑨
(일이) **생기다**

회사에 갑자기 일이 생겼어.

콩글리시 **Suddenly, something happened at the workplace.**

네이티브 **Something came up at work.**

약속에 늦어 '갑자기 무슨 일이 생겼어요'라고 변명을 할 때 '생기다'를 영어로 happen이라고 하는 사람이 의외로 많다. 그런데 happen은 어떤 상황이나 사건이 '발발하다, 발생하다'의 뜻이므로 위와 같이 '갑자기 일이 생기다'라는 상황에서 쓰면 안 된다. 이런 상황에서 원어민들은 거의 예외 없이 come up이라는 구동사를 사용한다. 어떤 일이 '위로(up) 나오다(come)'니까 할 일이 '생기다'라는 뜻이 된다. come up 자체에 '예상치 않은 일이 생기다'라는 뉘앙스가 있기 때문에 굳이 suddenly(갑자기) 같은 단어를 쓸 필요가 없다. 그리고 '회사'는 다니고 있는 '직장'을 의미하는데 영어로 직역하면 workplace가 맞지만 '회사[직장]에서'라는 말은 at work라고 한다.

예제 마지막 순간에 일이 좀 생겼다.
Something **came up** at the last minute.

up ⑩
(문제가) **제기되다, 나오다, 거론되다**

내가 짐과 나눈 대화에서 그 문제는 거론되지 않았다.

직역 **That issue wasn't mentioned in my conversation with Jim.**

네이티브 **That issue didn't come up in my conversation with Jim.**

어떤 문제나 주제를 '거론하다'를 하나의 동사로 표현한다면 mention(언급하다)이다. 그 외에 위에 소개한 bring ~ up(~한 문제를 꺼내다)이라는 구동사도 있다. 따라서 이런 표현을 수동태로 해서 be mentioned 또는 be brought up이라고 하면 '거론되다'가 된다. 그런데 come up이라는 구동사를 사용하면 이런 수동태 표현에 의존하지 않아도 된다. 한국어에서도 토론에서 어떤 문제가 '나오다'라고 하는데 이와 유사하다. 다만 '나오다'는 영어로 come out이 되지만 영어에서는 out 대신 up을 써서 come up(위로 오다)이라고 한다. bring ~ up과 마찬가지로 수면 밑에 있던 문제가 대화에서 '위로 떠오르는' 장면을 연상하면서 익혀 두면 쉽게 기억할 수 있다.

예제 그 문제는 회의에서 거론되지 않았다.
The issue didn't **come up** at the meeting.

up ⑪
(차로) **데리러 가다**

7번 출구 밖에 있으면 차로 데리러 갈게요.

콩글리시 **If you wait outside Exit 7, I'll bring my car to get you.**

네이티브 **I'll pick you up outside Exit 7.**

'차로 ~을 데리러 가다'는 pick ~ up이라는 구동사를 쓰지 않고는 달리 표현하기 어렵다. 기본적으로 pick ~ up은 바닥에 있는 무엇을 '집어 들다'라는 뜻으로, 자동차로 사람을 데리러 가는 것도 기다리고 있는 사람을 가서 집어 들고 오는 것으로 표현하는 셈이다. 그 외에 pick ~ up을 사람에게 쓰면 처음 보는 이성을 꼬신다는 속어의 의미도 있다.

예제 기차역으로 차를 가지고 데리러 나와 줄 수 있니?
Can you **pick** me **up** from the station?

up ⑫
(식료품 등을) **사다**

오는 길에 잊지 말고 우유 좀 사 오세요.

콩글리시 **Don't forget to buy some milk on the way home.**

네이티브 **Don't forget to pick up some milk on the way home.**

위와 같이 가는 길에 가게에 들러 필요한 물건을 사간다는 말은 buy를 써서 표현하면 틀린다. 이런 상황에선 pick ~ up이라는 구동사를 써야 제대로 의미가 통한다. pick ~ up은 또 별 생각 없이 우연히 무엇을 산다는 의미로도 쓰인다. 가령, '백화점에 갔다가 재고 정리 세일을 하길래 이 재킷을 샀다'라고 하려면 I bought this jacket on clearance at a department store.라고 하면 된다. 그러나 bought 대신에 pick up을 써서 I picked up this jacket on clearance at a department store.라고 하는 것이 더 영어다운 문장이다.

예제 우리는 호텔로 되돌아가는 길에 몇 가지 기념품을 샀다.
We **picked up** some souvenirs on the way back to the hotel.

up ⑬
(비공식적으로)
배우다, 익히다

나는 작년에 중국에 있을 때 중국어를 좀 배웠어.

콩글리시 **I learned some Chinese when I was in China last year.**

네이티브 **I picked up some Chinese when I was in China last year.**

learn이 '배우다'라는 뜻인 것은 맞지만 정확히 말하면 공부해서 익히는 경우에만 해당한다. 정식 교육을 받거나 체계적으로 공부해서 익힌 것이 아니라 그냥 중국에 살면서 어깨너머로 중국어를 좀 배운 경우라면 learn은 틀린 표현이 된다. 이 경우에는 pick ~ up이라는 구동사를 알고 있어야 정확한 표현이 가능하다. '서당개 3년이면 풍월을 읊는다'라는 속담이 있는데 이 속담 속의 서당개가 배우는 방식이 바로 pick ~ up이다. 참고로 이 속담과 비슷한 의미의 영어 속담에는 The sparrow near a school sings the primer.(학교 근처에 있는 참새는 초급 교재를 노래한다)가 있다.

예제 어디서 그런 상스러운 말을 배웠니?
Where did you **pick up** such foul language?

• foul 아주 안 좋은

up ⑭
(맡긴 물건을) **찾다**

그건 언제 찾으러 오면 될까요?

콩글리시 **When can I get it back?**

네이티브 **When can I pick it up?**

get ~ back은 '~을 되돌려 받다'로, 맡긴 물건을 '찾다'라는 뜻과는 조금 거리가 있다. 굳이 여기에 맞는 동사를 찾는다면 retrieve(되찾다, 회수하다)가 있다. 가령, 발렛 파킹에 맡겨 놓은 차를 찾는다고 할 때는 retrieve를 써서 I retrieved my car from the valet.이라고 표현한다. 그러나 일반적으로 맡긴 물건이나 다른 사람에게서 받을 물건을 되찾는 것은 pick ~ up이라고 한다.

예제 그건 출근길에 찾아가겠습니다.
I'll **pick it up** on my way to work.

up ⑮
(발전·시류 등을) **따라가다**

요즘은 기술이 발전하는 것을 따라가기 어렵다.

콩글리시 **These days, it's difficult to follow the development of technology.**

네이티브 **These days, it's hard to keep up with technological advances.**

영어의 follow라는 동사가 '따르다, 좇아가다'의 뜻인 것은 맞지만 주로 누구의 '뒤를 따르다'의 뜻으로만 사용된다. 위 예문처럼 변화하는 상황에 '뒤처지지 않고 따라가다'는 말에는 keep up with ~라는 구동사가 제격이다. 상황이 변화하는 속도에 '맞춰(with) 속도를 떨어뜨리지 않고 위로(up) 유지하다(keep)'니까, 그런 상황 변화에 '뒤처지지 않고 따라가다'가 된다. keep up with ~에서 따라가는 대상은 매우 다양할 수 있다. 가령, 시시각각으로 쏟아져 들어오는 새로운 뉴스를 따라가는 것은 keep up with the news라고 하고, 물건이 잘 팔려서 수요(demand)가 늘어가는 것을 따라가는 것은 keep up with demand라고 하며, 이웃들(neighbors)을 다 따라 하는 것은 keep up with the neighbors라고 한다. 비슷한 의미로 keep up with the Joneses라는 관용 표현이 있는데, 여기서 the Joneses는 '존스 댁'이라는 뜻으로 남을 일컫는 상징적인 표현이다.

예제 우리가 남들이 한다고 다 따라 해야 하는 것은 아니잖아요.
We don't have to **keep up with** the Joneses.

나는 주로 인터넷을 사용해서 뉴스를 접한다.
I mainly use the Internet to **keep up with** the news.

up ⑯
(~을) **만회하다, 보충하다**

나는 수입이 줄어든 것을 보충하기 위하여 부업을 찾고 있어.

콩글리시 **I'm looking for a part-time job to refill the income reduction.**

네이티브 **I'm looking for a second job to make up for the lost income.**

'보충하다'를 '다 채우다'의 뜻으로 받아들이면 refill이라는 동사를 생각해 볼 수 있지만 이것으로는 줄어든 것을 '보충하다'의 의미를 나타낼 수 없다. 이 경우에는 compensate라는 동사를 써서 compensate for ~라고 해야 한다. 그런데 이런 동사가 생각나지 않으면 기초 단어인 make, up, for를 붙여서 make up for ~라고 해도 같은 의미를 표현할 수 있다. 무엇이 줄어드는 것은 go down(내려가다)하는 것이므로 반대로 보충하는 것은 '~에 대하여(for) 위로 가게 만들다(make up)'는 의미로 이해하면 된다. 수업이 취소되어 나중에 보강하게 될 때 make up for the class we missed(우리가 빠뜨린 수업을 보충하다)라고 하며, '보강'이나 '보충 수업'은 make-up class라고 한다. '수입이 줄어든 것'은 income reduction(수입 감소)이라고 해도 되지만 소득자 입장에서 lost income(상실된 수입)이라고 하는 것이 더 좋다.

예제 넌 수업 시간 빠진 것을 보충하기 위해서 추가 과제를 해야 돼.
You'll have to **make up for** the class time you missed by doing extra homework.

up ⑰
(~를) **묵게 해 주다**

항공사는 그날 밤 우리를 아주 좋은 호텔에서 묵게 해 주었다.

직역 The airline let us stay the night at a nice hotel.

네이티브 **The airline put us up at a nice hotel for the night.**

항공편이 결항되거나 예약 초과(overbooking)로 예약된 항공편에 탑승을 못하게 될 경우 항공사가 비용을 대고 승객을 공항 근처의 호텔에 묵게 해 주는 경우가 있다. 이렇게 누구를 어디에 '묵게 해 주다'라는 말을 영어로 하면 '묵다'는 stay, 누가 무엇을 하게 '해 주다'는 let, 따라서 '우리를 묵게 해 주다'는 let us stay가 된다. 이렇게 한국어를 단어별로 나누어 영어로 옮겨도 뜻은 통한다. 그러나 let ~(~하게 해 주다, 허락하다)이라는 동사의 어감상 승객의 부탁을 들어주는 느낌이 있어서 위 상황과 잘 맞지 않는다. 이런 경우에 원어민들은 '~을 묵게 해 주다'라는 뜻을 가진 구동사 put ~ up을 사용한다.

예제 제임스 부부는 친절하게도 그날 밤 그 집에서 묵게 해 주었다.
The Jameses were kind enough to **put** me **up** for the night.

up ⑱
(기존의 지식을)
복습하다, 향상시키다

나는 프랑스어 실력을 다시 갈고닦아야 해.

콩글리시 I need to scrub my French ability.

직역 I need to improve my French.

네이티브 **I need to brush up on my French.**

프랑스에 출장을 가게 되어 그 동안 묵혀 두었던 프랑스어 실력을 다시 갈고닦아야 할 필요가 생겼다. '갈고닦다'를 영어로 직역하면 scrub(솔이나 천으로 북북 문질러 닦다), wipe(가볍게 문질러 닦다)와 같은 동사를 써야겠지만 영어에서는 이런 동사를 실력을 '갈고닦다'라는 의미로는 쓰지 않는다. 실력을 '갈고닦다'는 실력을 '기르다, 증진하다'의 뜻이므로 일반적으로 improve(증진하다, 개선하다)라는 동사를 쓸 수 있다. 또는 한국어의 '갈고닦다'와 유사한 발상을 가진 표현으로 brush up on ~이라는 구동사를 써서 표현할 수도 있다. brush는 '솔질하다, 브러시로 닦다'라는 뜻의 동사이고, up은 '활발하게', 전치사 on은 '~에 관하여, ~을 대상으로'의 뜻을 갖고 있다. 어떤 도구를 오래 사용하지 않아 녹이나 곰팡이가 나서 이를 닦아 다시 사용하는 장면을 연상해 보면 쉽게 기억할 수 있다. '내 프랑스어 실력'에서 '실력'은 ability(능력)가 아니라 skills(기술, 능력, 실력)라는 단어를 써야 하지만, 보통은 생략하고 my French라고만 한다.

예제 넌 일렬 주차 실력을 더 키워야겠다.
You need to **brush up on** your parallel parking skills. • parallel parking 일렬 주차

up ⑲

(~을) **생각해 내다,**
(해결책·대책을) **내놓다**

며칠 동안 그 문제를 곰곰이 생각해 본 후 해결책을 생각해 냈다.

콩글리시 **After thinking deeply about the problem for a few days, I thought out a solution.**

네이티브 **After pondering the problem for a couple of days, I came up with a solution.**

think ~ out은 '~을 생각해 내다'가 아니라 '~의 모든 면을 고려하다'라는 뜻이다. 어떤 아이디어나 해결책을 '생각해 내다' 또는 '내놓다'의 뜻으로는 come up with ~라는 구동사를 많이 사용한다. 이때 부사 up은 무엇을 '만들거나 생각해 내다'라는 뜻으로 쓴다. 가령, dream ~ up은 기발한 아이디어나 물품을 '생각해 내다, 고안하다, 발명하다'라는 뜻의 표현이다. 또 음식을 뚝딱 '만들어 내다'의 뜻으로 whip ~ up이라는 표현이 있다. 같은 맥락에서 come up with ~도 '~을 만들어 내놓다'라는 뜻이다. '~을 곰곰이 생각하다'는 deeply 대신 carefully를 써서 think about ~ carefully라고 해야 하며, carefully 대신 think ~ over라는 구동사를 사용해도 좋다. 한 단어로는 ponder ~를 쓸 수 있다.

예제 그러다 이것을 다큐멘터리로 만들어 봐야겠다는 생각이 들었다.
Then, I **came up with** the idea of making a documentary film of it.

그는 기억에 남는 많은 만화 영화 캐릭터들을 만들어 냈다.
He **dreamed up** many memorable cartoon characters.

up ⑳

(취미 등을) **시작하다**

그는 최근에 산악자전거를 타기 시작했다.

직역 **He recently started mountain-biking.**

네이티브 **He recently took up mountain-biking.**

취미 활동을 '시작하다'를 영어로 start(시작하다)라는 동사를 써서 말해도 뜻은 통하니까 틀린 것은 아니다. 그렇지만 원어민이라면 start라는 동사보다는 take ~ up이라는 구동사를 쓸 가능성이 훨씬 높다. 그냥 들어서 알고 있거나 눈으로 보기만 했던 활동을 손으로 '잡아서(take) 위로(up) 들어 올리는' 것이니까 그것에 '관심을 갖고 하기 시작하다'라는 뜻이 된다.

예제 사진 찍기에 관심을 갖게 된 게 언제였어?
When did you **take up** photography?

나는 고등학교에 다닐 때 그림을 시작했어.
I **took up** painting when I was in high school.

up ㉑

(~를) **옹호하다, 편들다,**
(권리 등을) **주장하다**

말을 잘못했다가 해고될까 봐 아무도 나를 옹호해 주지 않았다.

직역 **No one defended me because they were worried they would get fired for saying something wrong.**

네이티브 **No one stood up for me for fear that they might get fired for doing so.**

어떤 사람을 '옹호하다'는 보통 '방어하다'라고 알고 있는 defend라는 단어로 말하면 되는데, 같은 의미를 구동사 stand up for ~로도 표현할 수 있다. '~을 위해서(for) 일어나다(stand up)'니까 '옹호하다'라는 뜻이라는 걸 쉽게 알 수 있다. stand up for ~ 뒤에 사람이 아니라 어떤 주의나 권리 등을 넣으면 '~을 주장하다'라는 뜻이 된다. stand 대신 stick을 넣어서 stick up for ~라고 해도 같은 뜻이다. 여기서 stick은 막대기처럼 꼿꼿이 일어서는 것을 의미한다. 그 외에도 speak을 넣어 speak up for ~라고 해도 비슷한 의미인데, 다만 speak 때문에 말로 '옹호하다', '대변하다', '주장하다'로 의미가 좀 더 구체화된다. 어쨌든 세 표현 모두 뒤에 up for ~가 붙어서 어떤 사람이나 권리 등을 위해 당당히 일어나거나 목소리를 낸다는 이미지를 공통으로 갖고 있다.

예제 스스로 자신의 권리를 주장하지 않으면 아무도 대신해 주지 않을 것이다.
If you don't **speak up for** yourself, no one will.

up ㉒
(~을) 인내하다

왜 이런 일들을 가만히 당하고만 계십니까?

콩글리시 **Why are you suffering from these things quietly?**
네이티브 **Why do you put up with all this?**

어떤 일을 '가만히 당하고만 있다'를 한 대학생이 suffer quietly라고 번역한 것을 본 적이 있다. suffer가 타동사로는 어떤 안 좋은 일을 '당하다, 입다'라는 뜻이 있는 것은 사실이지만 suffer a loss(손실을 입다), suffer a heart attack(심장마비를 당하다)과 같이 suffer는 일회성의 안 좋은 일을 당한다는 뜻으로만 쓰인다. 그리고 suffer from ~은 suffer from mental depression(정신적 우울증에 시달리다)과 같이 어떤 문제나 병, 증상으로 '고통받다, 시달리다'의 뜻으로 쓰인다. 그런데 위의 상황은 어떤 불합리한 대우나 대접을 받고도, 또는 행동에 피해를 입고도 '참고 가만히 있다'라는 뜻이므로 suffer의 의미와 다르다. 이런 경우에는 put up with ~라는 구동사가 제격이다. 이때 put은 자동사로 '전진하다, 나가다'라는 뜻이 있어서 어떤 부당한 일이 있어도 그냥 그것과 '함께(with) 위로(up) 나가다(put)', 즉 '불평하거나 문제를 제기하지 않고 인내하다'라는 뜻이 된다.

예제 당신의 태도는 더 이상 가만히 봐 줄 수가 없군요.
I can't **put up with** your attitude anymore.

왜 그가 멋대로 하게 내버려 둬요?
Why do you **put up with** him?

up ㉓
작성하다

제가 계약서를 작성하겠습니다.

직역 **I'll write[prepare] a contract.**
네이티브 **I'll draw up a contract.**

어떤 문서나 서류 등을 '작성하다'를 하나의 동사로 표현한다면 prepare(준비하다)가 가장 적절하다. 물론 write(쓰다)도 곧잘 쓰인다. 특히, 계약서를 '다시 작성하다'라고 할 때는 rewrite라는 동사를 쓰면 좋다. 참고로 make(만들다)를 써서 make a contract라고는 하지 않으니 조심하자. 원어민들은 또 draw up이라는 구동사도 즐겨 사용한다. 여기서

draw는 그림이나 선을 '그리다', up은 '끝내는, 완결하는'의 의미를 갖고 있다. 계약서나 문서를 작성하는 것은 마치 그림을 그리듯(draw) 구획을 나누고 내용을 채워서 완성하는(up) 것이라고 상상해 볼 수 있다.

예제 제가 필요한 서류들을 작성하겠습니다.
I'll **draw up** the paperwork.

초대할 사람들 명단을 작성해 보자.
Let's **draw up** a list of people to invite.

up ㉔
전화를 끊다

그가 일방적으로 전화를 끊어버렸다.

콩글리시 He ended the phone call unilaterally.

네이티브 He **hung up** on me.

전화를 '끊다'를 영어로 나타낼 때 cut(끊다, 자르다)이라는 동사를 쓰면 당연히 안 된다. 그렇게 되면 정말로 가위를 가지고 전화선을 자르는 것이 되기 때문이다. '전화를 끊다'는 '전화 통화를 끝내다'니까 end the phone call이라고 할 수 있다. '일방적으로'는 unilaterally라는 부사를 생각할 수 있다. 그러나 이렇게 한국어를 영어로 옮긴 문장은 원어민들이 쓰는 표현과는 완전히 동떨어진 엉터리 표현이 된다. 영어에서 '전화를 끊다'는 hang up이라는 구동사를 사용한다. 옛날 전화는 수화기를 전화기 옆에 '올려서(up) 거는(hang)' 형태였다. hang up the phone과 같이 뒤에 the phone(전화)을 붙여서 쓸 수 있지만 hang up이라고만 해도 '전화를 끊다'가 된다. 누구한테 '일방적으로 전화를 끊다'라고 할 때는 hang up on ~이라고 한다.

예제 아직 전화를 끊지 마세요. 저 할 말 다 안 끝났어요.
Don't **hang up**, yet. I haven't finished talking.

up ㉕
(사실이 아닌 이야기를)
지어내다

코브라에게 물렸다는 것은 그녀가 지어낸 이야기다.

콩글리시 She made the story that she was bitten by a cobra.

네이티브 She **made up** the story about being bitten by a cobra.

make a story는 그냥 '이야기를 만들다'라는 뜻이다. 사실이 아닌 이야기를 '지어내다'라는 뜻의 영어 동사는 보통 '발명하다'로 알고 있는 invent나 concoct(이야기나 구실을 꾸며내다) 같은 것이 있다. 그런데 이런 단어를 몰라도 make 뒤에 up만 붙이면 같은 의미가 된다. make ~ up에서 up의 기본 의미는 '위로'이지만 '무엇을 만들어 내다'의 뜻도 있다. 가령, 계약서 같은 문서를 작성한다고 할 때의 draw ~ up, 보고서 같은 것을 작성한다고 할 때의 write ~ up, 후딱 음식을 만들어 낸다고 할 때의 whip ~ up 같은 구동사에서의 up이 모두 무엇인가를 만들어 낸다는 뜻을 갖고 있다.

예제 너를 위해 변명거리를 생각해 내는 것도 이제 지겹다.
I'm tired of **making up** excuses for you.

up ㉖
차를 뒤로 빼다

차 좀 뒤로 빼 주시겠어요?

콩글리시 **Can you move back?**

네이티브 **Can you back up, please?**

Can you move back?은 어떤 교포가 실제로 사용하는 것을 듣고 옮긴 표현인데, 이때 move(이동하다)는 '이사하다'의 의미로 해석이 된다. 즉, 〈콩글리시〉 표현은 '다시 이사 갈 수 있어?'라고 물어보는 말이다. '자동차를 뒤로 빼다'는 back을 동사로 써서 back up이라고 한다. back ~ up을 타동사로 써서 Can you back up your car?라고 해도 된다. 이외에도 back up은 대화 도중 '앞에서 한 말로 돌아가다', '(컴퓨터 데이터를) 백업하다'라는 뜻으로도 쓰인다. 가령, '나는 내 데이터를 CD에 백업해 둡니다'는 I keep my data backed up to a CD.(내 데이터를 CD에 백업되어 있게 유지합니다)라고 한다.

예제 제 차가 나가게 차 좀 뒤로 빼 주시겠습니까?
Can you **back up** your car, so I can get out?

up ㉗
(사전·전화번호부 등에서)
찾아보다

그 내용을 사용 설명서에서 찾아보세요.

콩글리시 **Find it in the manual.**
Look for it in the manual.

네이티브 **Look it up in the manual.**

어떤 내용을 사용 설명서에서 '찾아보다'라고 할 때 영어로 find(찾다)를 쓰면 안 된다. find는 '발견하다'의 뜻으로는 사용되지만 무엇을 찾으려고 노력하는 상황에서는 쓰이지 않는다. 또 '~을 찾다'라는 뜻으로 look for ~라는 구동사가 있지만 이 표현은 물건이나 사람을 찾는다고 할 때 주로 사용된다. 위 상황처럼 어떤 책에 담긴 내용을 '찾다'라고 할 때는 look ~ up이라는 구동사를 쓰는 것이 옳은 영어 표현이다. 사전에 있는 단어, 전화번호부(telephone directory)에 있는 번호, 매뉴얼 안에 있는 내용 등을 찾는 것은 그런 '책 안을 보고(look) 그 안에 있는 내용을 위로(up) 꺼내는 것'이라고 생각하면 더 쉽게 기억할 수 있을 것이다.

예제 그 사람 번호를 전화번호부에서 찾아보려 했는데 나와 있지 않더군요.
I tried to **look up** his number in the phone directory, but it wasn't listed.

up ㉘
(자식을) 키우다, 자라다

저는 기독교 가정에서 자랐습니다.

지역 **I grew up in a Christian family.**

네이티브 **I was brought up in a Christian family.**

'자라다'의 뜻을 가진 영어 동사는 grow이다. 특히 사람이 '성장하다'라고 할 때는 뒤에 up을 붙여서 grow up이라고 한다. 그런데 같은 말을 bring ~ up이라는 구동사를 써서 표현하기도 한다. grow up은 '자신이 자라다'이지만 '위로(up) 가져오다(bring)'라는 bring ~ up은 다른 사람을 '키워 주다'의 뜻을 갖고 있다. 가령, '조부모님이 저를 키워 주셨습니다'는 My grandparents brought me up.이라고 한다. bring up을 수동태로 해서 I was brought up이라고 하면 '나는 키워졌다'가 된다. 이런 식으로 해서 I was brought up in a Christian family.라고 하면 '나는 기독교 가정 안에서 키워졌다'가 되는데, 결국 그런 가정에서 '자랐다'는 뜻이 된다.

예제 저는 천주교인으로 키워졌습니다.
I was **brought up** as a Catholic.

저는 아주 가난한 동네에서 어린 시절을 보냈습니다.
I was **brought up** in a poor neighborhood.

up ㉙ 토하다

그 광경을 보고 토할 뻔했다.

콩글리시 **Watching the scene, I almost overate.**
직역 **Watching the sight, I almost vomited.**
네이티브 **The sight almost made me throw up.**

한국어에서 '구토하다'를 흔히 '오바이트하다'라고 하는 경우가 있는데 이것은 영어의 overeat에서 나온 것으로 보인다. 그렇지만 overeat는 '과식하다'라는 뜻이기 때문에 영어에서 이 단어를 '구토하다'의 뜻으로 사용하면 안 된다. 영어에서 '구토하다'의 뜻을 가진 동사로는 vomit이 있다. 그런데 vomit은 일상적인 대화나 글에 쓰기에는 좀 딱딱한 느낌이 있다. 이럴 때는 throw up이라는 구동사를 사용하자. 먹은 것을 위(stomach)에서 '위로(up) 던져 내는(throw)' 것이니까 '토하다'가 된다. '그 광경을 보고 ~했다'는 sight(장면)를 주어로 해서 That sight(그 장면이) made me(나를 만들었다) throw up(토하게).과 같이 표현하는 것이 영어답다.

예제 토할 것 같은 기분이에요.
I feel like **throwing up**.

up ㉚ (밀린 것을) 하다

밀린 일이 많이 있다.

콩글리시 **I have a lot of postponed work to do.**
네이티브 **I have a lot of work to catch up on.**

출장을 다녀왔더니 '밀린 일이 많습니다'라고 하는 말을 영어로 어떻게 할까? '밀린 일'만 놓고 보면 영어로 postponed work(연기된 일)라고 할 수 있을 것 같지만 그런 표현은 사용하지 않는다. 영어에서는 '밀린 일'이라는 말을 따로 떼어 말하는 대신 catch up on ~이라는 구동사를 사용해서 표현한다. catch up은 원래는 뒤처져 있는 사람이 앞선 사람에게 '다가가(up) 붙잡다(catch)', 즉 '따라잡다'라는 뜻을 갖고 있다. 가령, '중국이 미국을 여러 면에서 따라잡고 있다'는 China is catching up with the U.S. in many ways.라고 한다. 일이 밀려 있을 때에도 일을 '따라잡는' 것으로 보아서 catch up on ~(~에서 따라잡다)이라는 표현을 쓴다. 가령, 잠을 못 잔 것도 밀린 것을 따라잡는다고 해서 I'm going to catch up on sleep.(밀린 잠을 자야겠습니다)과 같이 사용한다. a lot of things(많은 일) 뒤에 to catch up on을 붙이면 '따라잡아야 할'의 뜻이 되어 앞에 a lot of things를 수식하는 표현이 된다. 오랜만에 만난 사람들 간에는 그 동안 나누지 못한 소식이 많다. 이를 한국어로는 '회포를 풀다'라고 하는데 영어로는 We have a lot to catch up on.(밀린 이야깃거리가 많네요.)이라고 한다.

예제 저는 밀린 독서를 해야 합니다.
I have to **catch up on** my reading.

밀린 빨래가 산더미같이 쌓였어요.
I have a ton of laundry to **catch up on**.

up ㉛
(크게) 화내다

그는 그 소식을 듣고 크게 화를 냈다.

직역 **He got really angry when he heard the news.**

네이티브 **He blew up when he heard the news.**

'화를 내다'는 get angry(화나다)라는 표현을 써도 되지만 '크게 화를 내다'라는 말에는 2% 부족한 밋밋한 표현이다. 이때는 blow up(위로 불다)이라는 구동사를 사용하자. blow up은 원래 '터지다, 폭발하다'라는 표현이다. 폭탄이 터지는 것처럼 크게 화가 났다는 뉘앙스를 전달한다. blow ~ up을 타동사로 사용하면 '(사진을) 확대하다'라는 뜻으로도 쓸 수 있다. 가령, '이 사진을 확대할 수 있습니까?'는 Can you blow this photo up? 또는 Can you blow up this photo?라고 한다. 또 blow ~ up은 '(풍선을) 불다'라는 뜻으로도 사용된다. 가령, 'Dave와 나는 파티에 쓸 풍선을 불었습니다'는 Dave and I blew up balloons for the party.이다.

예제 그녀가 크게 화낼 줄 알았어요.
I knew she'd **blow up**.

part 2

동사, 명사와 친해지기

CHAPTER 5

[동사 + 명사] 간 궁합을 모르면 평생 엉터리 영어이다

(1) 찰떡궁합 [동사 + 명사]

아래의 영어 단락에서 표현법상 틀린 부분을 찾아보자.

> 오늘 병원에서 진찰을 받았다. 의사는 내 혈압을 재고 맥을 짚었다. 그는 내가 과체중이라며 체중을 줄이라고 했다.
>
> I took a medical check-up today. The doctor measured my blood pressure and touched my pulse. He said I was overweight and told me to reduce some weight.

위 단락에는 모두 5개의 오류가 있다. 모두 동사를 잘못 사용한 오류이다. '진찰(check-up)을 받다'라고 할 때는 동사 have(갖다)를 활용해서 have a check-up이라고 한다. 또 '혈압(blood pressure)을 재다'는 take(취하다)를 써서 take one's blood pressure라고 한다. '맥(pulse)을 짚다' 역시 take를 써서 take one's pulse 또는 feel(느끼다)을 써서 feel one's pulse라고 한다. 마지막으로 '체중(weight)을 줄이다'라고 할 때는 lose(잃다)를 써서 lose some weight이라고 한다.

위와 같이 특정 명사와 동사가 짝을 이루는 것을 연어 관계(collocation)라고 한다. '숙제를 하다 = do homework'와 같이 한국어와 영어 간의 [명사 + 동사] 짝이 일치하는 경우도 있지만, 위 예시처럼 차이가 나는 경우도 많다. 따라서 영어로 어떤 명사와 동사가 '궁합'이 맞는지 알아 두는 것이 콩글리시 표현을 벗어나는 지름길이다.

(2) 기본 동사 + (동사에서 온) 명사

'저를 꼭 안아 주세요'를 영어로 어떻게 말할까? '안아 주다'는 영어로 hug이고, '꼭'은 hard니까 Hug me hard.라고 하면 될까? 이 문장은 문법적으로 틀린 곳도 없고 이해도 된다. 그렇지만 이렇게 말하는 원어민은 아무도 없을 것이다. 이런 상황에서 원어민은 백이면 백 Give me a big hug!라고 말한다. 한국어 '안아 주다'를 영어에서는 동사 hug를 '안아 줌, 포옹'이라는 뜻의 명사로 써서 give ~ a hug(~에게 안아 줌을 주다)라고 말하는 것이다. 그리고 명사 hug 앞에 big이라는 형용사를 붙여서 a big hug(큰 안아 줌)으로 '꼭'이라는 부사를 표현한다. 자, 그럼 '그는 그 사진을 한참 동안 뚫어지게 쳐다보았다'를 영어로 말해 보자. '~을 보다'는 look at ~이고, '한참 동안'은 for a long time, '뚫어지게'는 closely(가깝게), fixedly(고정되게), hard(강하게) 같은 단어로 바꿀 수 있다. 따라서 한국어를 그대로 영어로 옮기면 He looked at the picture closely for a long time.이 된다. 역시 문법적으로 틀린 곳은 없지만 뭔가 어색하다. 같은 말을 원어민은 대부분 He took a long hard look at the picture.(그는 그 사진을 강하고 오래 쳐다보는 것을 가졌다)라고 한다. take a look at ~이 look at ~과 같은 뜻으로 쓰인 것이다. 또 부사(구) for long time이나 closely는 long과 hard라는 형용사로 바뀌어 look 앞에 놓였다. 연습할 겸 예를 하나 더 들어 보자. '잠깐 전화할 데가 있습니다'를 그대로 영어로 바꾸면 '전화하다' → call, '데' → someone(사람), '잠깐' → briefly(간단하게)를 합쳐서 I have someone to call briefly.와 같은 문장이 된다. 그렇지만 이 경우 대부분의 원어민들은 '전화하다'라는 동사 call을 명사로 써서 make a call이라고 하고 '잠깐 전화하다'는 call 앞에 quick(빠른)이라는 형용사를 붙여 make a quick call(빠른 전화 걸기를 하다)이라고 한다. 따라서 위 문장은 I have a quick call to make.(나는 해야 할 빠른 전화하기가 있다)라고 한다.

이렇게 한국어로는 '~하다'라는 동사를 영어에서는 '~하기'라는 명사로 바꾸고 앞에 give, take, make, have와 같은 동사를 넣어 표현하는 것이 더 자연스럽다. 그리고 한국어의 '~하게'라는 부사는 영어에서 형용사로 바꿔 명사 앞에 넣는다. [동사 + (동사에서 온) 명사]는 한국어로 해석하면 자연스럽지 않기 때문에 사용하기 힘들지만 콩글리시에서 벗어나기 위해서는 꼭 익혀 두어야 하는 표현법이다.

(1) 찰떡궁합 [동사+명사]

give a punch

일격을 가하다

040_Ch05_n01_10

나는 그의 복부에 일격을 가했다.

콩글리시 **I hit a punch to his stomach.**

네이티브 **I gave him a punch in the stomach.**

'일격'은 a punch 또는 a blow라고 할 수 있다. 이렇게 '한 방 먹이다'라는 말을 영어로 hit a punch라고 하는 경우가 있는데 이는 콩글리시다. 영어에서는 give 또는 throw라는 동사를 써서 give[throw] a punch라고 한다. 단, '복부에 일격을 가했다'라고 할 때 I gave a punch to his stomach.라고 하면 안 된다. 대신에 I gave him a punch(나는 그에게 일격을 가했다)라고 먼저 말한 후, 뒤에 in the stomach(복부에)라는 신체 부위를 붙여 말하는 것이 영어다운 표현법이다. '코에(on the nose)', '턱에(on the chin)', '얼굴에(in the face)', '머리에(on the head)'와 같이 신체 부위에 따라 전치사가 on이나 in으로 바뀐다.

예제 나는 그의 턱에 한 방을 날렸다.

I **gave** him **a punch** on the chin.

put pressure

압력을 가하다

유럽 연합은 조약을 비준하도록 러시아에 압력을 가했다.

콩글리시 **The EU gave pressure to Russia to ratify the treaty.**

네이티브 **The EU put pressure on Russia to ratify the treaty.**

'압력을 가하다'에서 '가하다'를 add(더하다)나 give(주다)로 표현하기 쉬운데 이렇게 하면 엉터리 표현이 된다. pressure와 궁합이 맞는 영어 동사는 put(놓다) 또는 place(놓다)이다. 우리는 '가하다'라고 하지만 영어에서는 '(내려) 놓다'라고 하는 셈이다. 또 mount라는 단어도 pressure와 어울려 자주 쓰인다. 간혹 apply라는 동사도 쓰이긴 하지만 이 동사는 주로 지압과 같은 물리적 압력을 가한다는 뜻으로 사용된다. 가령, '상처 부위를 누르다'는 apply pressure on the wound라고 한다.

예제 우리 캠페인의 목적은 정부가 교육 분야 개혁에 나서도록 압력을 가하는 것이다.

Our campaign aims to **put pressure** on the government to set out to reform the education sector.

• set out to ~하기 시작하다, ~하는 데 나서다

정부는 은행들이 대출을 재개하도록 압력을 가하고 있다.

The government is **mounting pressure** on banks to resume lending.

• resume 재개하다

increase the pressure
압력을 강화하다

한국은 19세기에 약탈해 간 고대 유물을 반환하도록 프랑스에 압력을 강화하고 있다.

콩글리시 Korea is strengthening the pressure on France to return an ancient artifact looted in the 19th century.

네이티브 **Korea is increasing the pressure on France to return an ancient artifact looted in the 19th century.**

한국어의 '강화하다'는 일반적으로 strengthen으로 바꾸면 된다. 그런데 strengthen과 궁합이 맞지 않는 '동사 - 목적어' 조합이 있다. 그 예가 바로 '압력'이다. 한국어에서 '압력을 강화하다'라고 해서 별 생각 없이 이를 그대로 strengthen its pressure라고 하면 엉터리 표현이 된다. 영어에서 압력은 강화하는 대상이 아니라 증가시키는 대상이므로 increase를 사용해야 한다. 이 밖에 step ~ up, keep ~ up, ramp ~ up과 같은 구동사들이 pressure와 자주 어울려 쓰인다. 이 표현들도 increase와 같이 모두 '위로(up)'로 올린다는 공통점을 갖고 있다. 참고로 '노력을 강화하다'라고 할 때 노력(effort)도 pressure처럼 increase나 ~ up 계열의 구동사들과 짝을 맞춰 쓰는 것이 더 좋다.

예제 우리 사회의 디지털 정보 격차 해소를 위한 노력을 강화해야 한다.
We need to **step up** our **efforts** to narrow the digital divide in our society.

take one's time,
give oneself time
시간을 갖다

그 문제는 시간을 충분히 갖고 잘 생각해 보세요.

콩글리시 Have enough time and think about it well.

네이티브 **Take your time to think it over.**
Give yourself enough time to think it over.

'시간을 갖다'를 그대로 영어로 have time이라고 하면 안 된다. 위와 같은 맥락의 시간을 '갖다'는 take라는 동사를 쓰기 때문이다. 무엇을 하는 데 '시간을 충분히 갖다', '천천히 하다'는 take one's time이라고 한다. [take + time]은 '시간을 내다'의 뜻으로도 쓰인다. 가령, '시간을 내어 그 섬의 멋진 해수욕장 중 한 곳을 들러 보세요'는 Take some time to visit one of the island's beautiful beaches.라고 한다. 또 '시간을 갖다'를 give yourself time(자신에게 시간을 주다)이라고 표현하기도 한다. 가령, '혼자 조용한 시간을 가져 보세요'는 Give yourself some quiet time alone.이다.

예제 시간을 갖고 자신의 미래에 관해 생각해 보세요.
Take time to think about your future.

내가 줄 수 있는 가장 중요한 조언은 충분한 시간을 갖고 기본 기술을 익히라는 것이다.
The most important advice I can give to you is that you should **give yourself** enough **time** to learn the basic skills.

put a finger

손이나 손가락을 갖다 대다

그녀는 남자 아이에게 조용히 하라는 표시로 입술에 손가락을 갖다 대었다.

콩글리시 **She touched her finger to her lips as a sign of telling the boy to be quiet.**

직역 **She brought a finger to her lips as a sign of telling the boy to be quiet.**

네이티브 **She put a finger to her lips, signaling for the boy to be quiet.**

손이나 손가락을 어디에 '갖다 대다'라고 할 때 '대다'라는 말 때문에 touch를 쓰기 쉽다. 그러나 touch는 '만지다'의 뜻이며 가져간다는 의미가 없기 때문에 위 예문과는 맞지 않다. 어디에 '가져오는' 것이니 동사 bring을 써도 되지만 보통은 put을 사용한다. 따라서 '손가락을 입술에 갖다 대었다'라고 할 때도 put a finger to one's lips라고 한다. '갖다 대다'뿐만 아니라 어떤 형태로든 손을 대는 것은 put으로 쓴다. 예를 들어, '그는 내 어깨에 손을 얹었다'는 He put a hand on my shoulder.이다. hand 앞에 다양한 형용사를 넣어 어떤 의미에서 손을 얹었는가를 표현하는데, 위로하기 위해서 손을 얹은 경우에는 He put a comforting hand on my shoulder.라고 하고, 안심시키기 위하여 손을 얹은 경우에는 reassuring(안심시키는)이라는 형용사를 넣으면 된다. '~하라는 표시로'는 위의 〈직역식 표현〉처럼 해도 틀리지 않지만 signal for ~ to ...(~에게 …하라고 신호를 보내다)라는 표현을 쓰는 것이 더 영어답다. 아니면 이 전체를 silence ~(~을 조용히 시키다, 입막음하다)라는 하나의 동사로 표현해서 silencing the boy라고 해도 좋다.

예제 그녀는 내 이마에 손을 갖다 대었다.
She **put a hand** to my forehead.

그는 자신의 배에 손을 갖다 대었다.
He **put a hand** to his stomach.

cast a spell on

마법·주문 등을 걸다

마치 그가 우리 모두에게 마법을 건 것 같았다.

콩글리시 **It was as if he hanged a spell to us.**

네이티브 **It was as if he cast a spell on all of us.**

'마법, 마술'은 영어로 spell이라고 한다. hang은 어떤 물건을 고리 등에 '걸다'의 뜻으로만 쓰이는 동사이기 때문에 마법을 '걸다'를 hang이라고 하면 안 된다. 이 경우 spell과 궁합이 맞는 영어 동사는 cast(던지다)나 put(놓다)이다. 즉, cast[put] a spell on ~이라고 표현한다. 그 외에 put ~ under a spell(~을 마법 아래 놓다)과 같이 말해도 같은 뜻이 된다. 유사한 표현으로 '최면을 걸다'가 있는데, 최면은 영어로 hypnosis이고 앞에 동사를 붙인다면 보통 do나 use를 써서 do[use] hypnosis on ~이라고 한다. 그러나 '마법을 걸다'와 달리 '최면을 걸다'는 hypnotize ~라는 동사가 있기 때문에 보통 이 단어를 사용한다.

예제 마녀가 왕자에게 마법을 걸어 개구리로 만들어 버렸다.
The witch **put a spell on** the prince and turned him into a frog.

be diagnosed with

병에 걸리다

그 사람은 작년에 암에 걸렸다.

콩글리시 He caught cancer last year.

네이티브 He **was diagnosed with** cancer last year.

감기(cold)와 같이 유행성 바이러스에 의한 병에 '걸리다'는 영어로 catch(잡다)라는 동사를 써서 catch a cold라고 한다. 그렇지만 암(cancer), 당뇨병(diabetes)과 같은 질병은 catch라는 동사를 쓰면 안 된다. 이런 병에 '걸리다'는 come down with ~라는 구동사를 사용하거나 diagnose(진단하다)라는 동사를 써서 be diagnosed with ~(~ 병이 있는 것으로 진단받다)라고 표현한다. '암에 걸려 있다'는 have라는 동사를 써서 have cancer라고 한다. have는 have a cold(감기에 걸려 있다)와 같이 모든 병에 걸려 있는 상태를 표현할 때 사용한다. 이 표현을 사용해서 He was found to have cancer last year.(그는 작년에 암에 걸려 있는 것으로 발견되었습니다)라고 표현할 수도 있다. cancer 같은 병은 어떤 순간에 걸리기보다는 시간을 두고 진행되다가 검진을 통해 병이 발견되는 것이므로 한순간에 걸리는 catch를 써서 나타내기에는 어폐가 있다. '어떤 병에 걸리다'는 become sick with ~라는 표현을 써도 된다. 이 표현은 감기 같은 유행성 병, 고열과 같은 증세, 암과 같은 질환 등에 모두 쓸 수 있다. 가령, '그녀는 장티푸스에 걸렸었다'는 She became sick with typhoid fever.라고 한다. 지금 걸려 있는 상태라면 She is sick with typhoid fever.라고 한다.

예제 작년에 우리 아이가 폐렴에 걸렸었어.
My child **was diagnosed with** pneumonia last year.

care for one's skin

피부를 관리하다

피부를 어떻게 관리하시나요?

콩글리시 How do you manage your skin?

네이티브 How do you **care for your skin**?

'관리하다'라고 하면 대부분 manage라는 동사를 떠올릴 것이다. 그렇지만 manage는 사람이나 시설물을 관리한다는 뜻으로만 사용된다. 따라서 피부나 기타 신체 부위를 '관리하다'라고 할 때 manage라는 동사를 쓰면 콩글리시가 되고 만다. 이때 영어에서는 '돌보다'라는 뜻의 care를 사용한다. 한국어에서도 '피부 관리'의 뜻으로 '스킨 케어'라고 말하는 사람들이 많은데 skin care는 올바른 영어 표현이다. 다만 동사 care는 자동사이기 때문에 뒤에 바로 skin을 목적어로 넣지 못한다. 따라서 전치사 for를 붙여 care for ~라고 한 후, 뒤에 skin을 넣어서 care for my skin(내 피부를 관리하다)과 같이 사용한다.

예제 린다가 피부 관리하는 법을 가르쳐 줬어.
Linda taught me how to **care for** my **skin**.

catch one's eye

눈길을 끌다

신문 가판대를 지나가는데 어떤 신문 제목이 눈길을 끌었다.

콩글리시 As I passed by the news stand, a headline drew my eye.

네이티브 As I passed by the news stand, a headline **caught my eye**.

'끌다'는 영어로 draw(잡아당기다)이다. 그렇지만 '눈길을 끌다'에서 '눈길'의 뜻으로 eye를 쓸 경우에는 draw my eye라고 하지 않고 catch(붙잡다)라는 동사를 써서 catch my eye(나의 눈을 잡다)라고 표현한다. 무엇이 '눈에 들다'라는 말도 catch my eye라고 할 수 있다. 그런데 목적어를 eye가 아니라 attention(주의)으로 쓸 경우에는 draw my attention(나의 주의를 끌다)이라고 할 수 있다. 그 외에 attract my attention(나의 주의를 끌다), catch my attention(나의 주의를 붙잡다)도 가능하다. 결국 목적어에 따라 그 목적어와 결합하는 동사가 달라지는 것이다.

예제 이 셔츠가 바로 눈에 들더군요.
This shirt **caught my eye** right off.

• right off 바로

brew coffee
커피를 끓이다

커피를 새로 끓여 드릴게요.

콩글리시 I'll boil new coffee for you.

네이티브 **I'll brew a fresh pot of coffee.**

커피를 '끓이다'를 영어로 boil(끓이다)이라고 하면 틀린다. boil은 단순히 온도를 높여서 '끓게 하다'의 뜻이므로 차나 커피를 '끓이다'라고 할 때는 brew라는 동사를 쓴다. 또는 모든 음식이나 음료를 만드는 데 쓰는 만능 동사인 make도 좋다. '새로' 끓인다는 말을 new coffee(새로운 커피)라고 하면 '새로운 종류의 커피'라는 뜻이 되고 만다. 이때는 fresh(신선한, 새로 만든)라는 형용사를 pot 앞에 붙여 a fresh pot of coffee라고 한다. 여기서 pot은 coffee pot을 뜻한다.

예제 제가 차를 타올게요.
I'll **make tea**.

set a precedent
선례를 남기다, 선례가 되다

041_Ch05_n11_20

위원회의 결정은 노사 관계에 나쁜 선례를 남기게 될 것이다.

콩글리시 The Commission's decision will leave a bad precedent in labor-management relations.

네이티브 **The Commission's decision will set a bad precedent for labor relations.**

'선례'는 precedent라고 한다. 그렇다면 '선례를 남기다'는 '남기다'가 영어로 leave이므로 leave a precedent라고 할까? 아니다. 영어에서는 set이라는 동사를 써서 set a precedent라고 한다. 한국어로는 '선례가 되다', '선례를 남기다' 등 조금씩 다르게 말하는데 영어에서는 set과 precedent가 한 쌍으로 붙어 다닌다. '노사 관계'에서 '노'는 labor, '사'는 management가 맞지만 보통 labor relations라고만 한다.

예제 이번 일은 미래에 있을 지역 갈등을 해결하는 데 좋은 선례가 될 것이다.
This will **set a** good **precedent** for resolving future conflicts in the region.

make time

시간을 내다

시간을 내서 운동을 하세요.

콩글리시 **Try to produce time to exercise.**

네이티브 **Try to make time for exercising.**

무엇을 하기 위해 '시간을 내다'에서 '내다'를 영어로 produce(생산하다)라고 하면 안 된다. 영어에서는 make time이라고 하거나 find time(시간을 발견하다)이라고 한다.

예제 너를 위해 언제든지 시간을 낼 수 있어.

I'll **make time** for you anytime.

책을 읽을 시간을 내기가 어렵다.

It's hard to **find time** to read books.

find the courage

용기를 내다 (1)

난 용기를 내서 그녀에게 데이트 신청을 했다.

콩글리시 **I took out courage and asked her for a date.**

네이티브 **I found the courage to ask her out.**

take ~ out은 '~을 끄집어내다'로 '용기를 내다'의 '내다'와 비슷해 보이지만 I took out my wallet.(나는 내 지갑을 꺼냈다.)과 같이 물건을 내놓는 상황에 어울리는 표현이다. courage와 궁합이 통하는 동사로 summon(호출하다)이 있지만 summon은 격식을 갖춘 글에서 주로 사용된다. 일반 대화나 말에서는 find라는 동사와 짝을 지어 find the courage to ~라고 하거나 work ~ up, get ~ up, muster ~ up과 같은 구동사와 짝을 지어 사용하는 것이 보통이다. '~에게 데이트를 신청하다'는 date라는 단어를 쓰지 않고 ask ~ out이라는 구동사를 사용한다.

예제 용기를 내서 그에게 전화를 했다.

I **got up the courage** to call him.

have courage

용기를 내다 (2)

용기를 내서 문제를 정면 돌파하세요.

콩글리시 **Make courage and break through the problem.**

네이티브 **Have courage and face up to the problem.**

'용기를 내다'라는 뜻으로 앞에서 work up[get up, muster up] the courage라는 표현을 소개했다. 그런데 다른 사람에게 '용기를 내세요'라고 할 때는 위와 같은 표현을 쓰지 않고 간단하게 Have courage.(용기를 가져라.)라고 한다. courage의 형용사형을 써서 Be courageous.(용감해지세요.)라고 해도 된다. 어떤 문제를 '정면 돌파하다'는 '돌파하다'라는 말 때문에 break라는 동사를 생각하기 쉬운데 face(직면하다)라는 동사를 써서 face up to ~(~에 정면으로 맞서다, 직시하다) 또는 face ~ head on(정면으로 맞서다)과 같이 표현한다.

예제 용기와 인내심을 가지세요.

Have courage and patience.

put the cap

병마개·뚜껑을 닫다

사용 후에는 곧바로 병마개를 닫아 주세요.

콩글리시 **Please close the bottle cap as soon as possible after using it.**

네이티브 **Always put the cap back on the bottle as soon as you have used it.**

'문을 닫다'는 영어로 close the door라고 한다. 그렇다면 '병마개를 닫다'에서도 close라는 동사를 쓸까? 아니다. '병마개'나 '뚜껑'은 영어로 cap이라고 하는데 cap은 close한다고 하지 않고 put이라는 동사를 써서 put the cap (back) on ~이라고 한다. 보통은 닫혀 있는 cap을 열었다가 다시 닫는 경우이므로 back을 넣어 쓴다. 가령, '펜 뚜껑을 닫으세요'는 Put the cap back on the pen.이라고 해야 한다. 그런데 병의 경우는 cap을 돌려서 닫기 때문에 put 대신 screw라는 동사를 쓰기도 한다. 그에 반하여 포도주 병의 코르크 마개(cork)는 put을 쓴다. cork는 병 위에 얹는 것이 아니라 안에 넣기 때문에 put the cork back in the bottle이라고 한다. 이때 in 대신 on을 쓰는 사람들도 더러 있다. 반대로 병마개를 '열다'는 remove(제거하다)나 unscrew를 쓴다.

예제 남편은 항상 치약 뚜껑을 닫아 놓지 않는다.
My husband never **puts the cap** back on the toothpaste.

put the leash

방울·밧줄 등을 달다, 매다

그녀가 개에게 목줄을 달려고 할 때 개가 그녀를 물었다.

콩글리시 **When she tried to tie the leash to the dog, the dog bit her.**

네이티브 **When she tried to put the leash on her, the dog bit her.**

'목줄'은 영어로 leash라고 한다. 한국어에서는 '목줄을 달다'라고 하는데 영어에서도 hang(달다)이라고 할까? 아니면 tie(묶다)? 둘 다 아니다. 정답은 put이다. 즉, put a leash on ~이라고 한다. 그러니까 영어에서는 목줄을 '놓다'(put)가 된다. '누가 고양이의 목에 방울을 달까?'라는 말도 Who will put the bell on the cat?이라고 하면 된다. 더 간단하게는 bell을 동사로 써서 Who will bell the cat?이라고도 할 수 있다. '어떤 사람들은 모자에도 브로치를 달고 다닙니다'도 Some people even put a brooch on their hat.이라고 한다. 참고로, '창문에 커튼을 달다'의 경우에도 put을 쓰지만 위에 다는 것이므로 up을 붙여서 put up curtains on windows라고 표현한다. '개에 목줄을 달다'는 leash와 dog의 위치를 바꿔 put a dog on a leash라고 해도 된다. 가령, '문을 열기 전에 항상 개에 목줄을 걸어 주십시오'는 Put your dog on a leash before answering the door.라고 할 수 있다.

예제 나는 강아지에게 목줄을 달고 산책하러 밖으로 데리고 나갔다.
I **put the** puppy on a **leash** and took her out for a walk.
I **put the leash** on the puppy and took her out for a walk.

catch one's breath

숨을 돌리다

숨 좀 돌리고요.

콩글리시 **Let me turn my breath.**

네이티브 **Let me catch my breath.**

한국어에서는 '숨(breath)을 돌리다'라고 한다. 무엇을 '돌리다'는 turn(돌리다), spin(빙빙 돌리다), rotate(회전시키다)와 같은 동사들이 있지만 영어에서는 breath과 이 동사들이 어울리지 않는다. 대신에 catch(잡다)라는 동사를 써서 catch one's breath(숨을 잡다)라고 표현한다. 숨을 돌리는 것은 이렇게 나와 멀어지는 breath를 catch하는 일이라고 생각하는 것이 원어민식 발상이다. 또, 한국어에서는 숨이 가쁠 때 숨이 '차다'라고 하지만 영어에서는 get out of breath(숨에서 벗어나다)라고 표현한다.

예제 숨 돌릴 새도 없었다.

I barely had enough time to **catch my breath**.

take+과목

과목을 듣다, 수강하다

나는 10학년 때 이미 생물학을 들었다.

콩글리시 **I already listened to Biology in 10th school year.**

네이티브 **I already took Biology in 10th grade.**

어떤 과목(course)이나 수업(class)을 '듣다'라고 할 때 별 생각 없이 영어에서도 listen to ~(~을 듣다)라고 말해 버리면 진짜 엉터리 표현이 된다. course나 class와 어울리는 영어 동사는 take이다. 그리고 미국에서는 초등학교 1학년을 1st grade라고 하고, 쭉 올라가서 고등학교 3학년은 12th grade(12학년)라고 한다. 따라서 10th grade는 우리나라의 고등학교 1학년에 해당한다. '학년'은 한국어처럼 school year라고 하지 않고 grade라고 한다.

예제 다음 학기에는 어떤 과목들을 들을 거니?

What **courses** are you going to **take** next semester?

나는 여러 해 동안 유도를 배웠다.

I **took judo classes** for years.

receive+학위

(학위를) 따다, 받다

그는 2018년에 하버드 대학에서 박사 학위를 땄다.

콩글리시 **He picked his Ph. D. at Harvard University in 2018.**

네이티브 **He received his Ph. D. from Harvard University in 2018.**

학위를 '따다'를 영어에서도 pick(따다)이라는 동사를 써서 말하면 안 된다. pick은 과일 같은 것을 '따다'라는 뜻이다. 한국어에서도 '박사 학위를 받았다'라고 하듯이 receive(수여받다), get(얻다), earn(벌다)이라는 동사를 쓴다.

예제 석사 학위를 어디서 땄나요?

Where did you **get** your **master's degree**?

take one's name from

이름을 따오다

그 밴드는 파리의 한 거리명에서 이름을 따왔다.

콩글리시 **The band picked their name from the name of a street in Paris.**

네이티브 **The band took their name from a street in Paris.**

'이름을 따오다' 역시 영어에서 pick(따다)이라는 동사를 쓰면 틀린다. 앞서 말했듯이 pick은 과일 등을 딸 때 쓰는 동사이기 때문이다. 위와 같은 경우에 알맞은 영어 동사는 take(잡다, 취하다)이다. 비슷한 맥락에서 어떤 책에서 어떤 말을 '인용하다'라고 할 때도 take를 쓸 수 있다. 가령, '그 말은 성경에서 인용한 것입니다'는 The phrase was taken from the Bible.이라고 할 수 있다. 이때는 간단하게 The phrase was from the Bible.이라고 해도 된다. 참고로 주어 the band를 단수로 취급해서 its name이라고 해도 되지만, 밴드의 구성원을 의미하는 것으로 볼 경우 their name도 가능하며 후자가 더 자연스럽다.

예제 그 노래 제목은 존 리들리의 소설에서 따왔다.
The song **took its title from** a story by John Ridley.

breathe in the air

공기를 마시다

042_Ch05_n21_30

우리는 신선한 공기를 마시며 산책로를 따라 걸었다.

콩글리시 **We walked along the path, drinking fresh air.**

네이티브 **We hiked along the trail, breathing in the fresh air.**

'마시다'가 영어로 drink이므로 '공기를 마시다'도 drink air라고 하기 쉽다. 그렇지만 air와 짝을 이루는 동사는 breathe(숨쉬다)이다. 여기에 in을 붙여서 breathe in이라고 하면 '숨을 들이마시다'가 되고 breathe out이라고 하면 '숨을 내쉬다'가 된다. 영어로 된 에어로빅 비디오를 보면 강사가 Breathe in. Breathe out.이라고 말하는 것을 자주 들을 수 있다. 이렇게 breathe in[out]만 쓰거나 특별히 어떤 공기를 마신다라고 할 때는 뒤에 목적어를 붙인다. 따라서 '신선한 공기를 마시다'는 영어로 breathe in the fresh air라고 한다. breathe in/breathe out과 의미가 같은 다른 동사로는 inhale/exhale이 있다.

예제 나는 자동차 창문을 내리고 신선한 공기를 마셨다.
I opened the car window and **breathed in the** fresh **air**.

get a shot

주사를 맞다

독감 예방 주사는 어디 가서 맞나요?

콩글리시 **Where should I go to receive a flu vaccination?**

네이티브 **Where can I get a flu shot?**

'독감 예방 주사'는 보통 a flu shot이라고 한다. 예방 주사를 '맞다'는 영어로 receive(받다)라는 동사를 생각할 수 있지만, 일반적으로는 get(얻다)이라는 동사를 쓴다. '가서 맞는다'고 해서 go(가다)를 쓰면 이상하게 들린다. 그냥 Where can I get ~?(어디서 ~을 얻을 수 있습니까?)이라고 하면 충분하다.

예제 우리 아이는 독감 예방 주사를 언제 맞아야 하나요?
When should my child **get** her flu **shot**?

set a watch

시계를 맞추다

나는 보통 비행기에 타자마자 목적지 시간에 맞게 시계를 맞춘다.

콩글리시 I usually match my watch to the destination time as soon as I get on the airplane.

직역 I usually adjust my watch to the destination time as soon as I get on my plane.

네이티브 **I usually set my watch to the destination time as soon as I get on my plane.**

해외여행 시 시차가 발생하기 때문에 시계를 도착 지역의 시간에 맞추는데, 이럴 때 '시계를 맞추다'라는 말을 사용하게 된다. 한국어의 '맞추다'가 영어로 match와 비슷해 보이지만 match는 옷 등이 서로 어울린다는 뜻으로만 사용된다. 예를 들어 '양말은 바지에 맞춰 입어야 한다'는 You should match your socks to your pants.라고 할 수 있다. 위 경우는 어떤 상황에 맞게 무엇을 조정하거나 변경하는 것이므로 adjust(~에 맞추다)라는 동사를 써도 된다. 그런데 '시계'의 경우는 set이라는 동사를 주로 쓴다. 즉, [set + watch]가 가장 적절한 궁합이다. 참고로 알람(alarm) 또한 set과 함께 쓴다.

예제 나는 정기적으로 라디오 시보에 따라 시계를 맞춘다.
I regularly **set** my **watch** by the radio time signal.

나는 매일 아침 7시에 울리도록 알람을 맞춰 놓았다.
I've **set the alarm** to go off at 7 a.m. every day.

• go off (자명종이) 울리다

fasten one's seatbelt

벨트를 매다

모두 안전벨트를 매세요!

콩글리시 Everyone, tie your seatbelts!

네이티브 **Everyone, fasten your seatbelts!**

한국어에서는 '안전벨트를 매다'라고 한다. 그렇다고 영어에서도 tie(묶다, 매다)라는 동사를 쓰면 seatbelt(안전벨트)와 궁합이 맞지 않는 엉터리 영어가 된다. 영어에서 seatbelt와 어울리는 동사는 fasten(고정시키다)이다. seatbelt는 밧줄처럼 감아서 묶는 것이 아니라 서로 연결해서 고정하는 것이므로 fasten과 tie는 구분하여 사용한다. 안전벨트의 경우는 buckle이라는 명사를 동사로 써서 buckle your seatbelt라고 하기도 한다. 또는 buckle up이라고만 해도 '안전벨트를 매다'라는 뜻이 된다. 안전벨트도 몸에 착용하는 것이므로 옷을 '입다'라고 할 때 쓰는 put ~ on이라는 구동사를 쓸 수도 있다.

예제 기장이 '안전벨트 착용 등'을 켰다.
The captain has turned on the '**Fasten Your Seatbelt** Sign.'

take+약

(약을) 먹다, 복용하다

그날 저녁 나는 잠자리에 들기 전에 아스피린을 먹었다.

콩글리시 That evening, I ate aspirin before I went to bed.

네이티브 **That evening, I took aspirin before bed.**

약을 '먹다'라고 할 때 영어에서는 eat을 쓰지 않고 take라는 동사를 써서 표현한다. '잠자리에 들기 전에'는 go to bed(잠자리에 들다)라는 표현을 써서 before I go to bed라고 하면 되는데 간단하게 before bed라고 해도 된다.

예제 매끼 식사 전에 3알씩 복용하세요.
Take three pills before each meal.

put cream on

연고·크림을 바르다

나는 이 크림을 매일 저녁 자기 전에 얼굴에 발라.

콩글리시 I rub this cream on my face every night before I go to bed.

네이티브 **I put this cream on my face every night before bedtime.**

우리는 크림이나 연고를 '바르다'라고 한다. 그럼 영어에서는 뭐라고 할까? 혹시 바른다고 해서 rub(문지르다)과 같은 동사를 생각하지는 않는지? 영어에서는 '바르다'의 뜻으로 put이라는 동사를 쓴다. 즉, 크림을 손 위에 '놓다'(put cream on my hand)가 '바르다'가 되는 것이다. 또 대부분 '적용하다'의 뜻으로만 알고 있는 apply도 '바르다'라는 뜻으로 쓴다. 그럼 rub은 완전히 틀린 말일까? 아니다. 위의 〈콩글리시〉 예문처럼 rub cream on my face는 틀린 문장이지만 '문질러서 잘 발라'라는 뜻으로 '문지르다'를 강조하는 경우에는 Rub it in. 같이 뒤에 in을 붙여 사용한다. 여기서 it은 크림을 뜻한다. 또 '피부에 스며들게 문질러 발라'라는 말도 Rub the cream into your skin.이라고 한다. 그 외에 크림을 바를 때 손가락 끝으로 '톡톡 두드려서 바르다'는 dab이라는 한 단어로 표현한다. '크림을 눈 주위에 살살 발라'는 Dab the cream gently around your eyes.가 된다. 자외선 차단제(sunblock)와 같이 듬뿍 바르는 경우에는 slather라는 동사를 쓴다. '자외선 차단제를 얼굴에 잔뜩 발랐다'는 I slathered sunblock all over my face.라고 한다. 화장품이 아닌 경우에는 어떨까. 가령, '버터를 바르다'는 spread라는 동사를 써서 spread butter on bread(빵 위에 버터를 바르다)와 같이 사용한다. 바르는 부위를 나타내지 않을 때는 ~ on까지만 쓴다. 그러니까 '나는 매일 밤 이 크림을 바릅니다'는 I put this cream on nightly.라고 하고, '나는 보습 크림을 듬뿍 발랐습니다'는 I slathered moisturizer on.이 된다.

예제 이 크림을 처음 손에 바른 날 믿기지 않을 정도로 손이 나아 보였다.
The first day I put the cream on my hands, I couldn't believe how much better they looked.

put nails

못을 박다

벽에 못을 박지 마세요.

콩글리시 Don't hit nails to the walls.

네이티브 **Don't put nails in the walls.**

못을 '박다'라는 한국어 동사를 영어로 뭐라고 할까? 보통 hit(치다)이라는 동사를 생각하기 쉽다. 그렇지만 위와 같은 상황에서는 put(놓다)이라는 동사를 쓴다. 못을 망치로 박는 동작을 말할 경우에는 hammer(망치로 때리다), pound(치다), knock(때리다), drive(박아 넣다)와 같은 동사를 써서 She hammered the nail into the wood.(그녀는 나무에 망치로 못을 박았다)와 같이 표현한다. 참고로 hit the nail이라고 하면 못을 '때려서 박다'가 아니라 단순히 망치로 못을 '맞춰 때리다'라는 뜻이 된다.

예제 벽에 못을 박지 못하게 되어 있어요.
We're not allowed to **put nails** in the walls.

take lessons
강습을 받다

어렸을 때 나는 피아노 강습을 받았다.
콩글리시 I received piano lessons when I was young.
네이티브 I **took** piano **lessons** when I was little.

무엇을 '받다'는 영어로 receive(~을 받다)인데 영어에서 lesson과 receive는 궁합이 잘 맞지 않는 짝이다. 대신 take(취하다)라는 동사를 써서 take lessons라고 한다. lesson뿐만 아니라 어떤 과목(course)을 '듣다'도 take a course라고 쓴다. '어렸을 때'는 우리나라 사람들이 영어로 말할 때 가장 많이 틀리는 표현 중 하나이다. 보통 영어로 when I was young이라고 하는데 이 표현의 실제 뜻은 '내가 젊었을 때'이므로 나이가 많은 사람이 젊은 시절을 회상할 때나 쓰는 말이다. '어린아이였을 때'의 뜻이라면 young을 쓰지 않고 little을 써서 when I was little이라고 해야 한다.

예제 전에 강습을 받으셨나요?
Did you **take lessons** before?

나는 요새 꽃꽂이 강습을 받고 있다.
I'm **taking lessons** in flower arrangement.

take one's words
말을 받아들이다

그 사람의 말을 심각하게 받아들이지 마세요.
콩글리시 Don't accept his words seriously.
네이티브 Don't **take his words** seriously.

사람의 말을 '받아들이다'라고 할 때 accept(수락하다, 받아들이다)가 아니라 take를 쓴다. 말뿐만 아니라 '(누구의) 충고를 받아들이다'라고 할 때도 take one's advice라고 한다. 참고로, '(누구의) 충고를 따르다'라고 할 때는 '~을 따르다'라는 뜻의 follow를 써서 follow one's advice라고 해도 된다.

예제 그 사람의 말을 액면가로 받아들이지 마세요.
Don't **take his words** at face value.
• at face value 액면가에

나는 그 사람의 조언을 받아들여[따라] 그 집을 샀다.
I **followed his advice** and bought the house.

break a habit
습관을 버리다

나도 그 습관을 버려야 한다는 것을 알아.
콩글리시 I know I should discard that habit.
네이티브 I know I should **break** that **habit**.

영어에서 '버리다'를 동사로는 discard, 구동사로는 throw ~ away라고 한다. 그렇지만 이 표현들과 habit은 궁합이 잘 맞지 않는다. 대신에 break(깨뜨리다)라는 동사를 써서

chapter 05 [동사+명사]간 궁합

break a habit(습관을 깨다)이라고 표현한다. 우리는 습관을 물건처럼 버리는 대상으로 보는 반면, 영어에서는 습관을 오랜 기간 동안 굳어진 행동 양식으로 간주하여 깨뜨리는 대상으로 보는 것이 흥미롭다.

예제 음주 운전 습관은 버리기가 힘듭니다.
It's hard to **break the habit** of drinking and driving.

buy time
시간을 벌다

043_Ch05_n31_40

저쪽에서 시간을 벌려고 하는 것 같아요.

콩글리시 **I think they're trying to earn time.**

네이티브 **It seems to me (that) they're trying to buy time.**

협상이나 거래에서 '시간을 벌다'라는 표현을 종종 쓴다. 이 '벌다'를 말할 때 earn(벌다)이라는 동사를 쓰면 안 된다. 이때는 buy라는 동사와 짝을 지어 buy time(시간을 사다)이라고 한다. '~인 것 같아요'라고 자신의 느낌을 말할 때는 I think ~도 좋고 It seems to me (that) ~(~인 것처럼 내게 보이다)이라는 표현도 좋다.

예제 그들이 시간을 벌기 위해 일부러 일을 지연시키는 것 같다.
I think they're stalling to **buy time**.

• stall 일을 지연시키다

take the exam
시험을 보다, 치르다

나는 성적이 잘 안 나와서 시험을 다시 보려고 해.

콩글리시 **My score didn't come out well, so I'm going to see the exam again.**

네이티브 **My score wasn't good, so I'm going to take the exam again.**

'시험'은 test 또는 examination(줄여서 exam)이라고 한다. 영어에서는 test(시험)의 짝으로 see(보다)라는 동사를 쓰지 않고 take(취하다)라는 동사를 써서 take a test라고 한다. 학생 입장에서는 take a test라고 하고 교사 입장에서는 give a test(시험을 주다)라고 한다. 가령, '내일 쪽지 시험을 보겠습니다'라는 선생님의 말은 I'll give you a quiz test tomorrow.라고 한다. '성적이 잘 안 나왔다'는 한국어 그대로 영어로 옮기면 이상하다. 그냥, My score wasn't good.(내 성적이 좋지 않았다.)이라고 하면 된다.

예제 나는 아직 도로 주행 시험을 봐야 해요.
I still have to **take** a road **test**.

set an example
모범을 보이다

부모는 아이들에게 모범을 보여야 한다.

콩글리시 **Parents should show good examples to their children.**

네이티브 **Parents should set good examples for their children.**

'모범'은 good example이다. '모범을 보이다'에서 '보이다'를 영어로 show라고 생각해서 '모범을 보이다'도 show good examples라고 하는 학습자들이 많다. 이렇게 말해도 뜻은 통하겠지만 정확한 영어 표현이 아니다. 영어에서는 show 대신 set을 써서 set good examples라고 한다. 즉, 모범을 '놓다(set)'라고 한다. 참고로 good를 빼고 set an example이라고만 해도 '모범을 보이다', '본보기가 되다'라는 뜻이다. 한국어에 '모범이 되다'라는 표현도 있는데 영어로 become a good example이라고 하면 안 된다. 이때의 '모범'은 role model이라고 해야 한다. 가령, '상사는 부하 직원들에게 모범이 되어야 한다'는 A manager should be a role model for his staff.라고 한다.

예제 자녀에게 안 좋은 본보기를 보이면 자녀가 따라 한다.
If you **set a** bad **example** for your child, he or she is likely to imitate you.

교사는 학생들에게 모범이 되어야 한다.
A teacher should **be a role model** for his or her students.

put a band-aid
반창고를 붙이다

살짝 베인 상처는 물로 씻은 후 일회용 반창고를 붙여 주세요.

직역 As for a minor cut, clean it with water and attach a band-aid to it.

네이티브 **For a minor cut, clean it up and put a band-aid on it.**

'일회용 반창고'는 band-aid라고 한다. 그러면 '반창고를 붙이다'는 뭐라고 할까? '붙이다'라고 하면 attach를 생각하는 독자들이 많지만 band-aid는 attach와 같이 쓰이지 않는다. band-aid와 잘 맞는 영어 동사는 우리가 잘 아는 put이다. 그러니까 영어에서는 반창고를 '놓다'라고 말하는 셈이 된다. 보통 '적용하다'라는 뜻으로 알고 있는 apply도 연고나 반창고 같은 것을 바르거나 붙인다는 뜻으로 쓴다. 참고로, band-aid는 '임시방편(의)', '미봉(책)의'라는 뜻으로도 사용된다. 가령, '이것은 문제에 대한 미봉책에 불과하다'는 This is just a band-aid solution to the problem.이라고 한다. '미봉책'에는 a band-aid 외에도 a quick fix, a stopgap measure와 같은 표현들도 있으므로 같이 알아 두면 좋다.

예제 그냥 종이에 베인 상처예요. 반창고를 붙여 두면 금방 괜찮아질 겁니다.
It's just a paper cut. I'll **put a band-aid** on it, and it'll be OK soon.

clear one's schedule
일정을 비우다

주말 일정을 비워 둘게요.

콩글리시 I'll empty my schedule for the weekend.

네이티브 **I'll clear my schedule for the weekend.**

'일정을 비우다'에서 '비우다'를 영어로 empty(~을 비우다)라고 하면 안 된다. 영어에서는 '일정을 비우다'라고 할 때 schedule을 clear(깨끗이 하다)라는 동사와 짝을 지어 사용한다. 그렇다면 empty는 어떨 때 쓰는 걸까? 이 말은 호주머니나 가방 등의 내용물을 비운다고 할 때 쓴다. 예를 들어, '호주머니에 있는 것을 다 꺼내 놓으세요'는 Empty your pockets.라고 한다.

예제 난 앞으로 2주 동안 일정을 비워 놓았다.
I've **cleared my schedule** for the next two weeks.

remove one's name

이름을 빼다, 삭제하다

귀사의 메일 발송 명단에서 제 이름을 빼 주세요.

콩글리시 Please extract my name from your mail sending list.

네이티브 Please **remove my name** from your mailing list.

extract는 안에 있는 것을 '끄집어내다, 추출하다'라는 뜻으로, 삭제하거나 없앤다는 의미의 한국어 '빼다'와는 용도가 다르다. 위 경우처럼 명단에서 이름을 '빼다, 삭제하다'라고 할 때 쓰는 영어 동사는 remove(제거하다)이다. 또는, take A off B(B에서 A를 떼어 내다)라는 구동사를 쓸 수 있다. 명단에서 이름을 '잡아(take) 떨어지게(off) 하다'이므로 '빼다'의 뜻이 된다. 이 구동사를 넣어 위 예문을 만들면 Please take my name off your mailing list.가 된다.

예제 이미 귀하의 이름을 저희 메일 발송 명단에서 삭제했습니다.
We've already **removed your name** from our mailing list.

cut a class

수업을 빼먹다

나는 어제 수업을 빼먹고 콘서트를 보러 갔다.

콩글리시 I omitted a class and went to a concert yesterday.

네이티브 I **cut a class** to go to a concert yesterday.

수업을 '빼먹다'라고 할 때 영어 동사 omit(생략하다, 빠뜨리다)를 떠올리는 독자들이 있다. 그렇지만 omit은 omit a word(단어를 생략하다)와 같이 어떤 부분을 일부러 생략하거나 빠뜨린다는 뜻으로만 사용하기 때문에 class(수업 시간)라는 명사와 어울리지 않는다. class나 school은 동사 cut과 함께 써서 cut a class(수업을 자르다 → 수업을 빼먹다) 또는 cut school(학교를 자르다 → 학교를 빠지다)라고 한다.

예제 나는 학교를 빠지고 하루 종일 잠을 잤다.
I **cut school** and slept all day.

set + 기계의 설정

~을 설정하다

새로 나온 아이패드의 언어를 어떻게 설정합니까?

콩글리시 How do you decide the language of the new iPad?

네이티브 How do you **set the language** of the new iPad?

기계의 선택 사항을 '설정하다'를 영어로 decide라는 동사를 쓰면 안 된다. 얼핏 보기에 decide의 뜻이 '~을 정하다'이므로 영어로도 말이 될 것 같지만, decide나 determine은 여러 선택 사항 중에 하나를 선택하는 의미의 '설정하다'라는 말로는 사용하지 않는다. 이 경우에는 set이라는 동사를 써야 한다. 언어뿐만 아니라 resolution(화면 해상도), time(시간) 등 모든 환경을 설정할 때 set이라는 동사를 쓴다. 같은 맥락에서 기계의 한국어 메뉴에서 '설정'을 영어로는 settings라고 한다. set은 '목표를 설정하다'라는 말에도 쓰여서 set a goal이라고도 한다.

예제 화면 해상도를 표준 모드로 설정하려면 이 버튼을 누르십시오.
Press this button to **set the resolution** of the screen to standard mode.

성공적인 체중 감량의 핵심 요소는 현실적인 목표치를 설정하는 것이다.
The key to successful weight loss is to **set** a realistic **goal.**

• the key to ~에서의 핵심 요소

do one's nails
손톱을 손질하다

나는 일주일에 한 번씩 손톱을 손질한다.

콩글리시 I manage my nails once a week.

네이티브 **I do my nails once a week.**

'손톱(nail)을 손질하다'에서 '손질하다'를 manage(관리하다)라는 동사를 써서 말하는 경우를 본 적이 있다. 아마도 '손톱 관리'라는 한국어 때문에 manage라는 동사를 사용한 것 같은데 이것은 틀린 표현이다. 영어에서 손톱이나 머리를 '관리/손질하다'라고 할 때는 do(하다)라는 동사를 써서 do my nails(내 손톱을 손질하다), do my hair라고 한다.

예제 제 머리 좀 손봐 주실 수 있어요?
Can you **do my hair**?

그녀는 지금 머리 손질을 하고 있다.
She's **doing her hair** now.

build a reputation
명성을 쌓다, 얻다

지난 수년 동안 저희는 고품질의 PC 업체로서 명성을 쌓아 왔습니다.

콩글리시 During the past several years, we have accumulated reputation as a manufacturer of high-quality PCs.

네이티브 **Over the years, we have built a reputation as a manufacturer of high-quality PCs.**

한국어에서는 '명성을 쌓다'라고 한다. '쌓다'는 물건을 겹겹이 올려놓는다는 뜻이므로 영어로 치면 pile, stack, heap과 같은 동사에 해당한다. 또는 '축적하다'의 뜻으로 accumulate, amass와 같은 동사를 생각해 볼 수도 있다. 그런데 reputation(명성)과 궁합이 맞는 동사는 build(짓다), earn(벌다), gain(얻다)과 같은 단어들이다. 한국어와 조금 유사한 것은 build이고 나머지는 한국어와 보는 시각이 다르다. gain과 earn은 시간을 두고 얻어낸다는 느낌이 있다. 원어민들은 명성을 어느 날 갑자기 물건 사듯 살 수 있는 것이 아니라 시간을 두고 쌓아가는 것이라고 생각한다. 즉, reputation은 내가 노력해서 벌거나 습득해야 하는 대상으로 보는 것이다. 그 외에 reputation과 어울리는 동사들을 살펴보면 '명성이 있다'라고 할 때는 [have/enjoy + a reputation]이라고 하고, '명성에 걸맞다'라고 할 때는 live up to ~라는 구동사를 사용한다.

예제 그 시계 회사는 혁신적인 디자인과 스타일로 명성을 쌓아 왔다.
The watchmaker has **gained a reputation** for innovative styles and designs.

인터뷰에서 그는 명성에 걸맞게 직설적이면서도 정곡을 찌르며 말했다.
In his interview, he **lives up to** his **reputation** for being blunt and to the point.

• blunt 직설적인 to the point 요점에 맞는

keep a diary

일기를 쓰다

044_Ch05_n41_50

일기 쓰세요?

콩글리시 **Do you write a diary?**

네이티브 **Do you keep a diary?**

'일기'는 diary 또는 journal이라고 한다. '일기를 쓰다'를 영어로 말할 때 '쓰다'가 write이라고 해서 write a diary라고는 하지 않는다. 일기는 하루 쓰고 끝나는 것이 아니라 계속해서 쓰는 것이기 때문에, 영어에서는 keep(지니다, 계속 유지하다)이라는 동사를 써서 keep a diary라고 한다. 그런데 '특정한 날에 일기를 쓰다'라고 할 때는 다르다. 이때는 유지하는 것이 아니라 실제로 쓰는 것이므로 write라는 동사를 쓴다. 그렇지만 write a diary라고 하지 않고 write in my diary(일기장 안에 쓰다) 또는 write in my journal이라고 한다. 가령, '어젯밤에 일기 쓰는 것을 깜빡했다'는 I forgot to write in my journal last night.이라고 한다.

예제 나는 학생 때 일기를 쓰곤 했다.
I used to **keep a diary** when I was a student.

take one's temperature

체온을 재다

체온과 혈압을 재겠습니다.

콩글리시 **I'll measure your temperature and blood pressure.**

네이티브 **I'll take your temperature and blood pressure.**

체온(temperature), 혈압(blood pressure), 맥박(pulse) 같은 신체의 작동 수치를 '재다'라고 할 때 measure(측정하다)라는 동사를 쓰면 콩글리시다. 이들 단어와 궁합이 맞는 동사는 take이다. 그렇지만 키(height), 체중(weight)을 '재다'라고 할 때는 measure를 쓴다.

예제 그녀의 체온을 재 봤더니, 겨드랑이 온도가 38도였다.
I **took her temperature**, and it was 38 degrees under her arm.

break the news

소식을 전하다

그녀에게 어떻게 이 소식을 전해야 할지 모르겠어요.

콩글리시 **I don't know how to deliver this news to her.**

네이티브 **I just don't know how to break the news to her.**

'소식'은 news, '전하다'는 deliver(전달하다, 배달하다)이다. 따라서 어떤 '소식을 전하다'는 deliver the news가 된다. 그런데 deliver the news는 단순히 '소식을 전달하다'라는 뜻밖에 없다. 위의 상황처럼 안 좋은 소식이나 상대방이 알면 놀랄 소식을 '말해 주다'의 뜻으로는 break(~을 깨뜨리다)라는 동사를 써서 break the news라고 하는 것이 더 자연스럽다.

예제 반갑지 않은 소식이라서 유감이지만, 지난달에도 우리 매출액이 떨어졌습니다.
I hate to **break the news**, but our sales were down again last month.

make the bed
잠자리를 정돈하다

아침에 일어나면 잠자리를 정돈해라.

콩글리시 **Arrange the bed when you get up in the morning.**

네이티브 **Make the bed when you get up in the morning.**

'~을 정돈하다'를 한영사전에서 찾아보면 arrange라는 동사가 나온다. 그렇다고 무턱대고 아무 데나 이 동사를 쓰면 안 된다. the bed(침대, 잠자리)와 궁합이 맞는 동사는 arrange가 아니라 make로, '잠자리를 정돈하다'는 make the bed라고 한다.

예제 나는 일어나서 침대를 정돈하고 샤워를 하러 갔다.
I got up, **made the bed** and went for a shower.

set rules
규칙을 정하다

십대 자녀에게 휴대전화를 사 줄 경우 명확한 사용 규칙을 정하십시오.

콩글리시 **If you buy a cell phone to your teen child, decide clear rules of use.**

직역 **If you buy a cell phone for your teen, make[establish] clear rules about using it.**

네이티브 **If you buy your teen a cell phone, set clear rules about using it.**

'규칙'은 rule이다. 규칙을 '정하다'라고 하면 흔히 decide(결정하다)라는 단어가 떠오르는데, decide는 불확실한 것을 정한다는 뜻으로 쓴다. 가령, '누구에게 투표를 할지 아직 정하지 않았습니다'의 경우 I haven't decided on whom to vote for, yet.이라고 한다. 위의 예처럼 '규정이나 규칙을 정하다'라고 할 때는 주로 set을 사용한다. 미국 부모들은 한국 부모들보다 원칙에 엄격한 경우가 많다. 그래서 어떤 것이 되고 안 되고 하는 규칙을 세워 아이들이 지키도록 한다. 이럴 때 흔히 나오는 표현이 set rules이다. 이와 더불어 set limits(한계를 정하다), set boundaries(행동의 한계 영역을 정하다), set consequences(규정을 위반할 경우 벌칙을 정하다)와 같은 표현들도 set과 어울려 많이 등장한다. 규칙과 어울리는 다른 동사로는 establish(세우다, 제정하다)와 make가 있다.

예제 아이가 언제 얼마나 TV를 볼수 있는지 규칙을 정하고 그대로 실행하세요.
Set family **rules** about when and how long your child can watch TV and stick to them.

• stick to (원칙 등을) 고수하다

lose weight
체중을 줄이다

체중을 좀 줄이셔야겠습니다.

콩글리시 **You should reduce some weight.**

네이티브 **You should lose some weight.**

'체중을 줄이다'에서 '줄이다'를 영어로 reduce(삭감하다, 줄이다)나 decrease(감소시키다)와 같은 동사를 써서 말하면 안 된다. 영어에서 weight(체중)와 궁합이 맞는 동사는 lose(잃다)이므로 lose weight라고 한다. 반대로 '체중이 늘다'는 gain weight(체중을 얻다)이다. gain 대신 '~을 입다'라는 뜻의 구동사 put ~ on을 써서 put on weight라고도 한다.

예제 체중이 빠지신 것 같네요.
You look like you've **lost weight**.

wear makeup

화장하다

나는 화장을 하지 않아.

콩글리시 I don't do makeup.

네이티브 I don't **wear makeup.**

'화장'은 영어로 makeup이니까 '하다'라는 뜻의 do를 써서 do makeup이라고 말하기 쉽지만 이것은 콩글리시다. 사실, 한국어에서 '화장하다'는 두 가지 상황을 의미한다. 먼저, 화장하는 '동작'을 하고 있다는 뜻일 수 있다. 이 경우에는 옷을 '입다'의 뜻으로 쓰이는 put ~ on이라는 구동사를 써서 put on makeup이라고 한다. 영어에서는 화장도 옷처럼 몸에 입거나 걸치는 것으로 보는 것이다. 그런데 위 상황은 화장하는 동작이 아니라 '화장을 하고 다니다', 즉 화장한 '상태'를 뜻한다. 위의 경우에는 wear(입다)라는 동사를 써서 wear makeup이라고 해야 한다. 가령, '나는 화장을 거의 하지 않는다'는 I wear little makeup.이 된다.

예제 그녀는 화장을 아주 짙게 한다.
She **wears** heavy **makeup**.

remove one's makeup

화장을 지우다

나는 운동하기 전에 항상 화장을 지운다.

콩글리시 I always erase my makeup before I exercise.

네이티브 I always **remove my makeup** before I exercise.

'화장'은 makeup인데, 화장을 '지우다'는 뭐라고 할까? '지우다'라는 말만 놓고 보면 erase나 delete를 생각하기 쉽다. 그렇지만 erase는 '연필로 쓴 것을 지우다'의 뜻이고, delete는 '명단에서 이름을 지우다' 혹은 '컴퓨터 파일을 지우다'라고 할 때 쓴다. makeup과 궁합이 맞는 영어 동사는 remove(제거하다)이다. 또 take ~ off라는 구동사도 많이 쓴다. 무엇을 '잡아서(take) 떼어 나가게(off) 하다'니까 옷, 신발, 안경, 모자 같은 것뿐만 아니라 몸에 걸치는 모든 것을 벗겨 낼 때, 심지어 화장을 '지우다'라는 말까지 take ~ off를 사용해서 표현한다. 또, I took off five pounds.(5파운드를 뺐어요.)와 같이 '체중을 빼다'라고 할 때도 take ~ off를 쓴다.

예제 화장을 지우는 걸 잊어버렸어요.
I forgot to **take off my makeup**.

make the deadline

마감 시간을 지키다

마감 시간을 지킬 수 없을 것 같습니다.

콩글리시 I don't think I can observe the deadline.

네이티브 I don't think I can **make the deadline.**

observe는 법(law)이나 규정(regulation)을 '지키다, 준수하다'의 뜻으로만 사용되는 동사이기 때문에 deadline과 짝을 맞춰 쓸 수 없다. deadline과 궁합이 맞는 동사는 make(만들다)이다. 여기서 make는 어떤 장소로 시간에 '맞게 가다'라는 의미를 갖고 있다. 가령, '마지막 기차의 시간에 맞춰 가다'는 make the last train이라고 한다. deadline도 이와 같이 시간에 맞춰 도달해야(make) 하는 '목표물'이라고 생각할 수 있다.

예제 마감 시간을 지킬 수 없을 경우, 미리 연락을 주십시오.
If you can't **make the deadline**, let us know in advance.

• in advance 사전에, 미리

keep one's promise

약속을 지키다

약속은 지키셔야 합니다.

콩글리시 You should observe your promise.

네이티브 You should **keep your promise**.

약속(promise)을 '지키다'라고 할 때도 observe라는 동사를 쓰면 안 된다. observe라는 동사에 무엇을 '지키다'의 뜻이 있는 것은 맞지만 observe는 법규나 규정, 규칙 같은 것을 '지키다, 준수하다'라는 의미로만 사용한다. 법이나 규정 같은 것은 모든 사람들에게 적용되는 법칙으로, 거기에 obey(순종하다)하고 follow(따르다)해야 하는 대상이다. 그러나 약속이나 비밀은 개인 간의 거래이므로 keep(유지하다)해야 할 대상이지 법처럼 observe(준수하다)할 대상은 아니다. 따라서 그 대상을 따져서 영어 동사를 선택해야 콩글리시를 벗어날 수 있다. '약속을 깨다'는 영어에서도 break(깨뜨리다)라는 동사를 써서 break a promise라고 한다.

예제 저는 약속을 지켰어요.
I kept my promise.

set a trend

유행·흐름을 창출하다

이 카메라는 소형 카메라 시장에 새로운 유행을 창출할 것으로 보인다.

직역 This camera is expected to create a new trend in the compact camera market.

네이티브 This camera is forecast to **set a** new **trend** for compacts.

일시적 '유행'이나 '흐름'은 영어로 trend라고 한다. 한국어에서는 유행을 '만들다' 또는 '창출하다'라고 한다. 따라서 영어에서도 make(만들다)나 create(창작하다, 만들다)와 같은 동사를 생각하기 쉽다. 이 중 make는 거의 콩글리시에 가까울 정도여서 잘 쓰지 않지만, create는 trend와 어울려 많이 쓴다. 그런데 영어에서 trend와 가장 궁합이 잘 맞는 동사는 set이다. [set + trend]의 조합에서 나온 표현이 trend-setter라는 명사인데 이는 '유행을 만드는 사람', '유행을 앞서가는 사람'을 뜻한다. 이에 반해 '유행에 민감하게 좇아가는 사람'은 trend-follower라고 한다.

예제 이 영화는 액션 영화 분야에서 새로운 흐름을 형성할 것이다.
This film will **set a** new **trend** in the action movie genre.

drop the charges

소송을 취하하다

045_Ch05_n51_60

그 사람에 대한 소송을 취하하려고 한다.

콩글리시 I'm going to cancel my suit against him.

네이티브 I'm going to **drop the charges** against him.

'소송'은 lawsuit인데 줄여서 suit라고 하거나 charge라는 단어를 사용한다. 이때 charge는 '비난, 고발, 고소'의 의미를 갖는다. '소송을 취하하다'는 cancel the lawsuit이라고 하면 콩글리시다. 영어에서는 cancel 대신 drop(떨어뜨리다)이라는 동사를 써서 drop a lawsuit이라고 한다. 반대로 누구를 상대로 '소송을 걸다'라는 말은 file(고소·민원을 제기하다, 제출하다)이라는 동사를 써서 file a lawsuit against ~라고 하거나 bring(가져오다)을 써서 bring a lawsuit against ~라고 한다.

chapter 05 [동사+명사]간 궁합

예제 그가 왜 고소를 취하했습니까?
Why did he **drop the charges**?

make a hit
히트를 치다

이 앨범은 크게 히트를 칠 것이다.
콩글리시 **This album will hit a big hit.**
네이티브 **This album will make a big hit.**

'히트를 치다'라는 한국어를 영어로 할 때 '치다'를 hit(치다, 때리다)이라는 동사를 써서 hit a hit이라고 하면 엉터리 표현이 된다. 영어에서는 make(만들다)라는 동사를 써서 make a hit이라고 한다. 보통 hit 앞에 big, smashing 같은 형용사를 붙여서 '대히트'의 뜻으로 사용한다. 또, make라는 동사 대신 be동사를 써서 ~ was a big hit(~은 큰 히트였다)이라고 말해도 된다.

예제 난 이게 대히트를 칠 거라고 생각해.
I think this will **make** a big **hit**.

keep a pet
동물을 키우다

집에서 애완동물을 키우십니까?
콩글리시 **Do you grow a pet at home?**
네이티브 **Do you keep a pet at home?**

'애완동물'은 a pet animal, 줄여서 a pet이라고 한다. '애완용 동물을 키우다'를 영어에서는 '키우다'라는 뜻의 grow를 사용하지 않고 keep(보유하고 있다)이나 have(갖고 있다)라는 동사를 사용해서 말한다. grow는 주로 식물이나 꽃에만 사용한다. 가령, '나는 정원에서 채소를 키웁니다'는 I grow vegetables in my garden.이라고 한다. 애완용 동물을 집에서 '키우다'는 위에서 말했듯이 keep이라는 동사를 쓰고, 가축의 경우는 '사육하다'의 의미로 raise 또는 breed라는 동사를 사용한다.

예제 나는 집에서 고양이를 키우고 있다.
I **have** a **cat** at home.

take+도로
(도로를) 타다

올림픽 고속도로를 타고 잠실까지 가십시오.
콩글리시 **Ride Olympic Highway until Jamsil.**
네이티브 **Take Olympic Highway to Jamsil.**

도로를 '타고 가다'라고 할 때 ride(~을 타다)라는 동사를 쓰면 안 된다. ride는 '탈것을 타다'의 뜻으로만 쓰는 동사이다. 어떤 도로를 '타다'라고 할 때는 take라는 동사를 쓴다. 그리고 '~까지' 간다고 할 때 until을 쓰면 틀린다. until은 시간을 말할 때 '~까지'의 뜻으로만 쓴다. 거리상 '~까지'는 간단하게 to ~라고 하거나 as far as ~라는 표현을 써야 한다.

예제 남향 1번 국도를 타고 34번 출구까지 가십시오.
Take Route 1 South to Exit 34.

어느 길로 가야 하지요?
Which way should we take?

take+탈것
(탈것을) 타다

길 건너에서 16번 버스를 타세요.

콩글리시 Get on bus number 16 across the street.

네이티브 **Take bus number 16 from across the street.**

'~을 타다'는 상황에 따라 영어로 달리 표현된다. get on ~은 '~에 올라타다'로 버스, 기차, 비행기 같은 것에 올라타는 동작을 나타낸다. 가령, '나는 버스에 타서 뒷자리에 앉았다'는 I got on the bus and sat in the back.이라고 한다. 그러나 위 문장처럼 '타고 가다'의 의미일 경우에는 take ~라는 동사를 써서 take a bus(버스를 타다), take a taxi(택시를 타다), take the subway(지하철을 타다), take the elevator(엘리베이터를 타다)와 같이 표현한다.

예제 노란색 노선을 타고 시청까지 가서 파란색 노선으로 갈아 타세요.
Take the yellow line to City Hall and change to the blue line.

엘리베이터를 타고 4층에서 내리십시오.
Take the elevator to the fourth floor.

wear the cast
깁스를 하다

6주 동안 깁스를 하셔야 합니다.

콩글리시 You'll have to do Gips for six weeks.

네이티브 **You'll have to wear the cast for six weeks.**

'깁스'는 독일어이기 때문에 Gips라고 하면 영어권 사람들은 알아듣지 못한다. 영어에서는 cast라고 한다. '깁스를 하다'라고 할 때는 do(하다)라는 동사를 쓰지 않고 wear(입고 있다, 차고 있다)라는 동사를 쓴다. wear는 옷뿐만 아니라 몸에 걸치는 모든 것에 사용한다. 또, 누가 깁스를 하고 있다고 할 때는 wear보다 be(있다)동사를 써서 be in a cast(깁스 안에 있다)라고 표현하는 것이 원어민식 표현법이다. 가령, '그 사람이 오른팔에 깁스를 했다'는 His right arm is in a cast.라고 하는데, 여기에서는 특정하지 않은 cast이므로 앞에 a를 붙였고, 위 예문에서는 이미 정해진 cast이기 때문에 the를 붙였다.

예제 존은 왼손에 깁스를 하고 있다.
John is wearing a cast on his left hand.
John's left hand is in a cast.

take notes
필기하다

수업 시간에 나는 컴퓨터로 필기한다.

콩글리시 I do note with my computer during class.

네이티브 **I take notes on my computer in classes.**

'필기하다'라고 하면 뭔가 적는다는 생각을 해서 write notes(노트를 쓰다)라고 하기 쉽다. 그런데 이 표현은 필기나 메모가 아니라 짧은 편지를 쓴다는 의미여서 위 예문과 맞지 않다. 다른 사람의 말을 받아 적는 '필기'라는 뜻의 notes와 어울리는 동사는 take이다. '수업 시간에'는 during(~ 동안에)이라는 전치사 대신 in을 써서 in classes라고 한다. 여러 수업 시간에 필기를 하는 것일 테니까 classes라고 복수로 표현한다. 그렇지 않고 in class라고 단수로 하면 '수업 중에'의 뜻이 된다. 가령, '너는 수업 시간에 졸았다'는 You fell asleep in class.라고 한다.

예제 시험 보는 동안 메모를 해도 되나요?
Can I **take notes** during the test?

make excuses
변명하다

변명하지 마.

콩글리시 Don't do excuses.

네이티브 **Stop making excuses.**

'변명'은 영어로 excuse이고 '하다'는 do이다. 그렇지만 '변명하다'를 영어로 do excuse라고 하지 않는다. 대신에 make(만들다)라는 동사를 써서 make excuses(변명을 만들다)라고 한다. 따라서 '변명하지 마라'는 Don't make excuses.가 된다. 또는 stop -ing(~하는 것을 그만두다)라는 구문에 넣어 Stop making excuses.(변명하는 것을 그만해.)라고 할 수도 있다. 말과 관련하여 make라는 동사와 짝을 이루는 다른 단어들로는 confession(고백), complaint(불평), apology(사과), suggestion(제안), promise(약속) 등이 있다. 가령, '고백할 것이 하나 있다'라고 할 때는 I have a confession to make.라고 하고 '불평 좀 그만해라'라고 할 때는 Stop making complaints.라고 한다. 또, '사과하고 싶습니다'는 I want to make an apology.라고 한다. '제안 하나 하겠습니다'는 I want to make a suggestion.이라고 하고 '그녀에게 약속했습니다'는 I made a promise to her.라고 한다.

예제 나는 그를 대신해서 변명하고 싶지 않아.
I don't want to **make excuses** for him.

make a copy
복사하다

이거 두 부만 복사해 줄래?

콩글리시 Can you do two copies of this?

네이티브 **Can you make two copies of this?**

'복사하다'는 동사로 copy지만 copy를 명사로 쓸 경우에는 make a copy(복사 하나를 만들다)라고 한다. '하다'라는 뜻의 do를 써서 do a copy라고 하지 않는다는 것을 명심하자. 이 표현을 사용하면 '복사 두 부를 하다'는 make two copies가 된다. 또, '복사할 것이 두 부 있다'는 I have two copies to make.가 된다.

예제 제가 (그것을) 복사할게요.
I'll **make a copy** (of it).

make a mistake

실수하다

046_Ch05_n61_69

제가 실수했습니다.

콩글리시 I did a mistake.

네이티브 **I made a mistake.**

'실수'는 영어로 mistake이고, '하다'는 do이므로 '실수하다'를 do a mistake이라고 생각할 수 있지만 이는 틀린 표현이다. 이럴 때는 make(만들다)를 써서 make a mistake라고 한다. mistake은 때로는 '착오'의 뜻으로도 쓰인다. 가령, 호텔에서 체크아웃을 할 때 청구서(bill)에 손대지 않은 미니바 요금이 청구되어 있을 경우 '여기 무슨 착오가 있는데요'라고 말하게 된다. 이때 '착오'를 영어로 misunderstanding(오해)이라고 하지 않도록 주의하자. 이런 경우에는 mistake라고 해야 말이 통한다.

예제 난 똑같은 실수를 반복하지 않을 거야.

I won't **make the** same **mistake** again.

have a drink

술을 하다, 마시다

어디 가서 술 한잔합시다.

콩글리시 Let's go somewhere and do a drink.

네이티브 Let's go and **have a drink.**

'술 한잔'은 간단하게 a drink라고 한다. 그런데 '술 한잔하다'에서 '하다'를 직역으로 do(하다)라는 동사를 써서 do a drink라고 하면 안 된다. 영어에서는 have(가지다)라는 동사를 써서 have a drink(술 한잔을 갖다)라고 표현한다. 이렇게 술을 '마시다'의 뜻으로 have를 쓰는 예는 많다. 가령, '술을 많이 마시다'는 have too much to drink(마실 것을 너무 많이 갖다)라고 표현한다. 또, '칵테일 한잔하다'도 have a cocktail이라고 한다.

예제 어젯밤에 술을 너무 많이 마셨어요.

I **had** too much to **drink** last night.

저는 버드와이저 맥주로 하겠어요.

I'll **have a Bud.**

give a party

파티를 하다, 열다

우리는 존을 위해서 송별회를 하려고 한다.

콩글리시 We're planning to do a farewell party for John.

네이티브 We're planning to **give a** farewell **party** for John.

한국어에서는 파티를 '하다'라고 하거나 '열다'라고 한다. 그렇다고 영어로 do(하다)나 open(열다)과 같은 동사를 쓰면 안 된다. 영어에서는 give(주다)라는 동사를 쓴다. 이때 give는 '(파티·콘서트·기자회견·강연·연설)을 열다, 개최하다'의 뜻을 갖는다. 특히 파티인 경우 give 대신 throw(던지다)라는 동사를 쓰기도 한다. 또 '개최하다'의 뜻으로 hold를 써서 hold a party라고 할 수도 있다.

예제 몰리가 토요일에 레드 클럽에서 콘서트를 해요.

Molly's **giving a concert** at Red Club on Saturday.

두 정상은 프레스 센터에서 공동 기자회견을 했다.

The two heads of state **gave a** joint **press conference** at the Press Center.

• head of state 국가 수반, 정상

give a speech
연설하다

나는 다음 주 수업 시간에 연설을 해야 한다.

콩글리시 **I have to do a speech during class time next week.**

네이티브 **I have to give a speech in class next week.**

'연설하다'는 영어로 do(하다)를 사용하여 do a speech라고 하지 않는다. 영어에서 speech와 궁합이 맞는 동사는 give이며 '연설을 하다'는 give a speech가 된다. make a speech라고도 하지만 give가 더 일반적이다. '수업 시간에'는 class time이라고 직역하지 말고 in class라고 해야 한다. speech뿐만 아니라 lecture(강연), presentation(발표) 같은 단어도 give와 짝을 이룬다.

예제 오늘밤에 연설할 곳이 있다.

I have **a speech** to **give** tonight.

내일 영업 회의에서 내가 발표를 해야 한다.

I have to **give a presentation** at a sales meeting tomorrow.

make an appointment
예약하다

(병원에서) 예약하려고 하는데요.

콩글리시 **I want to do a reservation.**

네이티브 **I want to make an appointment.**

호텔이나 식당 같은 시설을 사용하기 위한 '예약'은 reservation이라고 하고, 의사나 카운셀러의 서비스를 받기 위한 '예약'은 appointment(약속)라고 한다. 미국에서는 대부분의 미용실이나 이발소도 예약을 통해서만 손님을 받는데, 이런 경우에도 '예약'은 appointment이다. 즉, 특정 전문인의 서비스를 받기 위한 예약은 appointment라고 한다. 한국어에서는 예약을 '한다'라고 하기 때문에 do를 떠올리겠지만 영어에서는 reservation이나 appointment에는 make(만들다)를 쓴다. 참고로 이미 예약을 해 둔 상태일 때는 have an appointment(약속을 갖고 있다)라고 한다. 가령, 병원 직원이 '예약하셨습니까?'라고 물어보는 말을 영어로 하면 Do you have an appointment?이다.

예제 예약을 하고 오셔야 합니다.

You have to **make an appointment.**

make a deposit
입금하다

(은행에서) 입금을 하려고 합니다.

콩글리시 **I want to do a deposit.**

네이티브 **I want to make a deposit.**

'입금'은 deposit이라고 한다. '입금하다'라고 할 때 '하다'는 do(하다)라고 하면 안 된다. 이때는 make(만들다)라는 동사를 써서 make a deposit(입금을 만들다)이라고 한다. '출금하다'도 '출금'이라는 뜻의 withdrawal 앞에 make를 붙여서 make a withdrawal이라고 한다. 따라서 '출금하려고 합니다'는 I want to make a withdrawal.이다. 돈과 관련하여 make라는 동사와 짝을 지어 사용하는 다른 명사로는 donation(기부)이 있다. '기부하다'는 make a donation인데, '귀하의 단체에 기부를 하려고 합니다'는 I'd like to make a donation to your organization.이라고 한다. 무엇을 '하려고 하다', 즉 '하기를 원하다'는 I want to ~(~하기를 원한다)를 쓰는데, 좀 더 공손하게는 I'd like to ~(~하고 싶습니다)라는 표현을 사용한다.

예제 나는 예금을 하러 은행에 갔다.
I went to the bank to **make a deposit**.

인터넷에서도 예금을 하실 수 있습니다.
You can **make deposits** online.

a call to make

해야 하는 전화 한 통

전화할 곳이 있습니다.

콩글리시 **There is a place to do a call.**

네이티브 **I have a call to make.**

'전화하다'는 call이라는 동사만으로도 충분하지만 call을 '전화 통화'라는 명사로 쓸 경우 앞에 붙이는 동사는 do가 아니라 make이다. 즉, make a call이라고 한다. 동사 call은 단순히 '~에게 전화하다'이지만 make a call은 '전화를 한 통 하다'라는 뜻이다. 즉, '전화 두 통을 하다'와 같은 말은 call을 동사로 쓰면 표현할 수 없지만 call을 명사로 쓴 make a call을 활용하면 make two calls(두 건의 전화 통화를 하다)라고 할 수 있다. make calls(전화 통화들을 하다)라고 복수로 표현하면 '여러 군데 전화하다', 즉 '전화를 돌리다'라는 한국어에 해당하는 표현이 된다. 또 make라는 동사를 뒤로 빼서 a call to make라고 하면 '해야 하는 전화 한 통', '전화할 곳 한 군데'라는 말이 된다.

예제 몇 군데 전화할 데가 있다.
I have some **calls to make**.

take a left turn

좌회전하다

다음 사거리에서 좌회전하세요.

콩글리시 **Do a left turn at the next intersection.**

네이티브 **Take a left turn at the next intersection.**

한국어에서는 좌회전(left turn)을 '하다'라고 한다. '하다'에 해당하는 영어 동사는 do이지만 영어에서 do와 turn은 궁합이 맞지 않는다. 대신에 take(취하다) 또는 make(만들다)를 써서 take[make] a left turn(좌회전을 만들다)이라고 한다. make의 경우는 흔히 뒤에 turn을 생략하고 make a left, make a right라고도 한다. 마찬가지로 'U턴을 하다'도 make a U-turn이라고 한다.

예제 차를 잘못 돌렸다.
I **took** the wrong **turn**.

take a break

휴식하다

5분간 휴식하겠습니다.

콩글리시 **We're going to do rest for five minutes.**

네이티브 **We're going to take a five-minute break.**

'휴식하다'라는 뜻의 동사 rest는 명사로는 '휴식'의 뜻이 있다. rest를 명사로 써서 '휴식하다'를 나타내고 싶을 때는 동사 take(취하다)와 붙여서 take a rest라고 한다. 한국어에서도 '휴식을 취하다'라고 하는 것과 같다. 그런데 위 상황에서처럼 5분, 10분 같이 '잠깐 쉬는 휴식'은 rest라고 하지 않고 break라고 하며 역시 take와 짝을 이룬다. 위의 take a five-minute break는 흔히 take five라고 줄여서 말한다. 마찬가지로 take ten은 '10분간 휴식하다'가 된다.

예제 10분간 쉽시다!
Take ten!

(2) 기본 동사+(동사에서 온) 명사

give ~ a hug
(~를) 껴안다

047_Ch05_n70_80

그 여자아이는 자신의 할아버지에게 달려가 할아버지를 꼭 껴안았다.

직역 **The girl ran to her grandfather and hugged him tight.**
네이티브 **The girl ran to her grandfather and gave him a big hug.**

'~을 껴안다'에 해당하는 영어 동사로는 embrace와 hug가 있다. embrace는 문어적이라 hug가 더 일반적으로 사용된다. 그러면 누구를 '꼭 껴안다'는 어떻게 말할까? 우선 대부분의 독자는 '꼭'이라는 단어에 해당하는 영어 단어를 찾느라 고민할 것이다. 그 결과 tight(tightly라고는 하지 않는다) 같은 단어를 찾아 hug ~ tight와 같이 표현할 것이다. 그런데 원어민들은 이럴 때 hug를 명사로 쓰고 기본 동사 give와 엮어서 give ~ a hug(~에게 껴안기를 주다)라는 동사구를 사용한다. 이렇게 하면 hug 앞에 다양한 형용사를 넣어 '어떻게 껴안다'라는 말을 표현할 수 있다. 가령, '꼭 껴안다'는 give ~ a big hug라고 한다. 또 '뼈가 으스러질 정도로 껴안다'는 give ~ a crushing hug라고 하거나 힘센 곰(bear)이 껴안는 것에 비유하여 give ~ a bear hug라고 할 수 있다. 반대로 '살짝 껴안다'는 give ~ a small hug이고, '오래 껴안다'는 give ~ a long hug, '잠깐 껴안다'는 give ~ a quick hug이다. 이만하면 영어에서 왜 hug를 명사로 쓰는 것이 좋은지 충분히 이해되었을 것이다.

예제 이리 와서 나를 꼭 껴안아 주렴!
Give me **a** bear **hug!**

그는 뒤에서 그녀를 꼭 껴안았다.
He **gave** her **a** nice **hug** from behind.

take a fall
넘어지다

그녀는 공연 도중 무대에서 세게 넘어졌다.

콩글리시 **During the performance, she fell strongly on the stage.**
네이티브 **During the performance, she took a hard fall on the stage.**

'넘어지다'는 영어에서 fall이다. 가령, '계단(stairs)에서 넘어지다'는 fall on the stairs가 된다. 또 위에서처럼 '무대(stage)에서 넘어지다'도 fall on the stage라고 한다. 그런데 그냥 넘어지는 것이 아니라 '세게 넘어졌다'는 어떻게 말할까? '세게'는 직역해서 strongly라고 하면 안 된다. strongly는 힘을 세게 쓴다는 뜻이기 때문이다. 예문에 알맞은 영어 단어는 hard이다. 가령, '그는 비틀거리다 세게 넘어졌다'는 He staggered and fell down hard.라고 할 수 있다. 그런데 fall을 동사가 아니라 명사로 써서 take a fall이라고 하면 표현이 훨씬 더 간결하고 쉬워진다. 이렇게 하면 '세게 넘어지다'는 fall이라는 명사 앞에 hard라는 형용사를 붙여 take a hard fall이라고 하는 것으로 해결된다. 한국어에서는 '센 넘어짐을 가지다'라고 말하지 않지만 영어에서는 fall을 이처럼 명사로 써서 표현하는 것이 일반화되어 있다. 또 hard 대신 다른 형용사를 넣어 넘어지는 상황을 다양하게 표현할 수도 있다. 예를 들어 '바보 같이 넘어져서 다쳤습니다'는 stupid를 써서 I took a stupid fall and hurt myself.라고 한다. 또 nasty(매우 나쁜)라는 형용사를 쓰면 더 심하게 넘어진 것이 된다. 가령, '그는 사다리에서 아주 세게 떨어졌다'는 He took a nasty fall off the ladder.이다.

예제 난 빙판에서 세게 넘어져 팔이 부러졌다.
I **took a** hard **fall** on the ice and broke my arm.

take a nap
눈을 붙이다

저녁 먹으러 나가기 전에 잠깐 눈을 붙일 생각이다.

콩글리시 **I'm going to sleep just a little before I go out to eat dinner.**

네이티브 **I'm going to take a quick nap before going out for dinner.**

한국어에서 '잠자다'라는 뜻을 나타내는 표현으로 '눈을 붙이다'가 있다. 영어로는 sleep이다. 그러면 '잠깐 눈을 붙이다'는 뭐라고 할까? sleep for a short period of time(짧은 시간 동안 잠자다)이라고 할 것 같지만 이렇게 표현하는 원어민은 한 명도 없다. 대신 nap이라는 단어를 쓴다. nap은 보통 '낮잠'으로 알고 있는데 아무 때나 잠깐 잠자는 것도 nap이라고 한다. nap은 동사, 명사로 다 쓰이는데 명사로 쓰면 take a nap이라는 동사구를 만들 수 있다. 이 동사구를 쓰면 아주 잠깐 잠을 자는 경우에는 nap 앞에 quick(순간의)이라는 형용사를 써서 take a quick nap이라고 할 수 있다. 그 외에 '잠깐 눈을 붙이다'라는 뜻의 관용 표현으로 잠자는 소리를 나타내는 ZZZ...에서 착안한 catch some Z's나 잠깐 자는 잠을 윙크에 비유한 catch a wink 또는 catch forty winks가 있다. 이런 표현을 모른다면 간단하게 get some sleep이라고 하면 된다.

예제 오늘 우리 아기가 평소와 다르게 낮잠을 오래 잤다.
Today, my baby **took an** unusually long **nap**.

오늘 밤 늦게까지 일을 해야 하니까 잠깐 눈을 붙여야겠다.
This is going to be a long night, so I want to **catch some Z's**.

make a trip

(~에) **다녀오다**

오전에 몇 가지 기본 식품을 구입하러 슈퍼마켓에 잠깐 다녀왔다.

콩글리시 **This morning, I went to the supermarket for a short time to buy some basic foods.**

네이티브 **This morning, I made a quick trip to the supermarket to buy some basic supplies.**

'슈퍼마켓에 다녀오다'는 go to a supermarket이라고 한다. 그럼 '잠깐 다녀오다'는 어떻게 말할까? 직역식 영어에 익숙한 독자들은 '잠깐'이라는 영어 표현인 for a short time(잠깐 동안), briefly(잠깐), quickly(빨리)와 같은 단어들을 생각해서 go to a supermarket quickly로 말할 것이다. 그러나 이건 엉터리 표현이다. 왜냐하면 영어에서는 go to ~ quickly와 같은 표현이 성립되지 않기 때문이다. 원어민들은 '갔다오다'라는 동사 대신 '갔다옴'이라는 명사 앞에 make를 붙여서 make a ~와 같은 식으로 표현한다. go는 그런 뜻의 명사로 사용되지 않으므로 다른 명사를 찾아야 하는데 trip이 그 용도에 딱 들어맞는다. 우리는 trip을 '여행'으로만 알고 있지만 실은 '어디에 가기/오기', '어디 갔다옴'의 뜻으로 쓰인다. '여행'은 이런 뜻의 일부일 뿐이다. 가령, '그렇게 하면 여기까지 오실 필요 없습니다'는 come이라는 동사 대신 trip을 써서 That will save you a trip out here.(그것이 당신에게 여기까지 오는 것을 면해 줄 것이다)라고 한다. 즉, make a trip을 이용하면 '어디 잠깐 갔다 오다'는 make a quick trip이라고 말할 수 있다. 또 좀 더 멀리 여행 정도의 거리를 갔다온다면 take a trip이라고 하면 되고 지방을 하루 만에 잠깐 갔다왔다면 take a quick trip to ~가 된다. 유사한 표현으로 pop out도 '팝콘을 튀기듯 잠깐 튀어 나갔다 오다'는 뜻이다. '잠깐 슈퍼마켓에 갔다 올게요'라고 말할 때는 I'll pop out to the supermarket.이라고 한다.

예제 어제 친척을 방문하러 대전에 잠깐 다녀왔다.

I took a quick trip to Daejeon to visit a relative yesterday.

need a scrub

(바닥을) **닦다**

부엌 바닥이 더러워서 닦아야겠다.

직역 **The kitchen floor is dirty. So, we should clean it.**

네이티브 **The kitchen floor is dirty. It needs a good scrub.**

무엇을 '닦다'라고 하면 clean을 먼저 생각하는데 clean이 가장 일반적인 동사이긴 하지만 무엇을 닦느냐에 따라 동사를 좀 더 구체적으로 구분해서 쓰면 좋다. 가령, 접시나 자동차처럼 물을 사용해 닦는 경우에는 wash를 쓰고, 유리창이나 바닥 같이 문질러 닦는 경우에는 scrub을 쓰며, 천 같은 것으로 표면을 닦는 경우에는 wipe라고 한다. 그러므로 '바닥을 닦아야겠네'는 We need to clean the floor.라고 해도 되지만 scrub을 명사로 써서 The floor needs a good scrub.(바닥이 잘 닦기를 필요로 한다)이라고 말하는 것이 더 영어적인 표현이다.

예제 난 접시를 싱크대로 가지고 가서 문질러 닦았다.

I took the dish to the sink and gave it a quick scrub.

give an answer

(질문에) **답하다**

(질문에) 정직하게 답해 주세요.

직역 **Answer me honestly.**

네이티브 **Give me a straight answer.**

질문에 '답하다'라는 한국어 동사에 해당하는 영어 단어는 answer이다. 가령, '그녀는 나의 질문에 답하지 않았다'는 She didn't answer my question.이 된다. 그러면 '정직하게 답하다'는 어떻게 말할까? 직역하면 answer honestly이다. 이것도 틀리지는 않지만 더 나은 표현 방법이 있다. 그것은 answer를 동사가 아니라 명사로 써서 give an answer라고 표현하는 것이다. 그러면 honestly를 honest라는 형용사로 바꾸고 answer 앞에 놓아 give an honest answer라고 말할 수 있다. 보통 구어에서는 honest 대신 straight라는 형용사를 더 많이 사용하지만 둘 다 상관없다. 이를 응용해서 '조심스럽게 답변하다'는 give a cautious answer, '짧게 답변하다'는 give a short answer라고 한다.

예제 나는 확실히 갈지 몰라서 그에게 애매하게 답했다.
Since I wasn't sure I wanted to go, I gave him a vague answer.

give ~ a pull

(~을) **당기다** (1)

줄을 잡고 한번 당겨 보았는데 꿈쩍도 하지 않았다.

직역 **I grabbed the rope and pulled it, but it didn't move at all.**

네이티브 **I grabbed the rope and gave it a pull, but it wouldn't budge.**

무엇을 '당기다'에 해당하는 영어 단어는 pull이므로 무엇을 '당기세요!'는 Pull it!이다. 그런데 당기는 동작을 좀 더 설명하고자 할 때는 pull을 명사로 쓰는 게 좋다. 이때는 give라는 동사와 짝을 이뤄 give ~ a pull이라고 하면 된다. 일단 pull ~이라고 동사로 표현할 때와의 차이점은 a pull이라고 명사로 표현함으로써 '한번 잡아당기다'라는 뜻이 명료해진다. 위 예문이 그런 경우이다. 또 pull 앞에 다양한 형용사를 넣을 수 있다. 가령, '세게 잡아당기다'는 pull ~ strongly라고 하는 대신 give ~ a hard pull이라고 하면 된다. 참고로 잡아당겼는데 '꿈쩍도 안 했다'는 did not move가 아니다. move라는 동사가 잘못된 것이 아니라 did not이라는 시제가 틀린 것이다. 어떤 물건을 작동시키거나 움직이려고 하는데 잘 안 되는 경우에는 현재 시점에서는 will not, 과거 시점에서는 would not으로 표현한다. 가령, 차의 시동을 여러 번 걸었는데 안 걸릴 경우에는 The car won't start.라고 한다. 과거에 그랬다면 The car wouldn't start.가 된다. 여기서 will not/would not은 '아무리 해도 해당 사물이 말을 듣지 않는다'라는 의미가 담겨 있다.

예제 전선줄이 어디에 끼인 것 같아서 한번 세게 잡아당겨 보았다.
The wire seemed to be stuck, so I gave it a hard pull.

give ~ a tug
(~을) 당기다 (2)

(안전벨트가) 잘 잠겼는지 확인하기 위해 한번 당겨 주세요.

콩글리시 **Pull it once to make sure it's locked well.**

직역 **Tug it once to make sure it's secure.**

네이티브 **Give it a tug to make sure it's secure.**

안전벨트를 맨 후 제대로 잠겼는지 벨트를 한번 당겨 보는 경우가 있다. 이렇게 무엇을 '한번 당기다'를 영어로 어떻게 말할까? '당기다'라고 하면 대부분의 영어 학습자들은 pull(당기다)이라는 동사를 생각할 것이다. 그런데 pull은 오래 계속 잡아당기는 상황을 묘사할 때만 쓴다. 안전벨트처럼 잡아당겼다가 금방 놓는 경우에는 tug라는 단어를 써야 상황에 맞다. '~을 한번 당기다'라는 말을 표현할 때 원어민들은 tug를 명사로 써서 give ~ a tug라고 한다. '~인지 확인하다'는 make sure (that) ~라고 한다. '잘 잠겨 있다'라는 한국어를 그대로 영어로 하면 be locked well이 되지만 원어민들은 secure라는 형용사를 사용한다. secure는 어떤 것이 '잘 고정된, 잘 잠긴, 단단하게 매어진' 등의 뜻을 나타낸다.

예제 넥타이 양쪽 끝을 잡고 한번 당겨 주세요.
Grab the necktie at both ends and **give it a tug.** • grab ~을 잡다

make a stop at
(~에) 들렀다 가다

슈퍼마켓에 잠깐 들렀다 갑시다.

콩글리시 **Let's visit the supermarket quickly.**

네이티브 **Let's make a quick stop at the supermarket.**

어디에 '잠깐 들렀다 가다'를 visit라는 동사를 써서 표현하면 완전 꽝이다. visit는 계획을 세워서 사람이나 장소를 방문한다는 뜻이기 때문이다. '잠깐 들렀다 가다'는 stop at ~, stop by ~라는 표현을 쓴다. 또는 stop을 명사로 써서 make a stop at ~이라고 할 수도 있다. 이렇게 stop을 명사로 쓰면 stop 앞에 quick이라는 형용사를 붙여서 '잠깐'의 뜻을 잘 살릴 수 있다.

예제 집에 가기 전에 월마트에 들렀다 가야 해요.
I need to **make a stop at** Wal-Mart before I go home.

take a dive/leap
(가격 등이) 떨어지다/오르다

지난주에 휘발유 가격이 크게 떨어졌다.

직역 **Gasoline prices fell sharply last week.**

네이티브 **Gasoline prices took a steep dive last week.**

가격이 '떨어지다'는 영어로는 fall이나 drop이라는 동사를 쓴다. 따라서 '휘발유 가격이 떨어졌다'는 Gasoline prices fell[dropped].이라고 한다. 그런데 '크게' 또는 '큰 폭으로' 떨어졌다고 할 때는 어떻게 말할까? 대부분은 '크게'에 해당하는 영어 단어를 찾으려 할 것이다. '크게'라고 해서 fall largely라고 하면 안 되고, 여기서는 sharply, drastically(대폭, 급격히) 같은 부사를 사용해서 fall sharply[drastically]라고 표현할 수 있다. 우리가 배워 왔던 식으로 [동사(fall) + 부사(sharply)]를 순서대로 놓아 표현하는 방식은 여기까지가 한계이다. 그러나 한국어를 단어 대 단어로 영어로 옮겨 말하는 습관을 깨면 다양하면서도 영어의 참맛이 나는 표현이 가능해진다. 먼저, '떨어지다'라는 동사 대신

떨어짐을 나타내는 명사를 찾아서 take a fall과 같이 표현하는 것이다. '가격이 떨어지다'라고 할 때 많이 쓰는 '떨어짐'이라는 뜻의 명사는 drip, dive, tumble 같은 것들이 있다. 앞에서부터 순서대로 떨어지는 정도가 크다. 따라서 '크게 떨어지다'는 take a dive나 take a tumble이라고 한다. '급락하다'의 경우에는 nose-dive라는 표현을 써서 take a nose-dive라고 해도 좋다. 또 dive 앞에 steep(급경사의), sharp(날카로운)와 같은 형용사를 붙여서 take a steep dive라고 하면 그냥 dive라고만 하는 것보다 더 크게 떨어지는 의미를 표현할 수 있다. 반대로 '올라가다'는 jump, leap, hike 같은 단어를 take와 연결해 쓴다. 두 번째 방법은 위에 열거한 단어들을 그대로 동사로 쓰는 것이다. 그러니까 drip, dive, tumble, nose-dive, jump, leap, hike 같은 단어들은 그 자체에 동사의 의미도 있기 때문에 동사로 쓴다. 한국어와 영어의 차이점 중 하나가 한국어에서는 떨어지는 크기를 표현할 때 '떨어지다'라는 동사는 변하지 않고 그 앞에 '크게/작게/소폭으로' 등의 부사를 바꿔 가면서 표현하는 데 반해 영어에서는 아예 이런 부사의 의미가 포함된 동사들로 표현이 가능하다는 점이다.

예제 이번 주 들어 구리 가격이 전 세계적으로 큰 폭으로 떨어졌다.
Since the beginning of this week, copper prices have **taken a tumble** worldwide.

지난주에 금값이 크게 상승했다.
Last week, gold prices **took a** big **leap**.

have a sip
한 모금 마시다

나 그거 조금만 마시고 줄게.

콩글리시 I'll drink it a little and give it back to you.

직역 Let me drink a little of it.

네이티브 Let me **have a sip** of it.

술이나 음료를 '마시다'는 drink이므로 '~을 조금 마시다'는 drink a little of ~라고 할 수 있다. 위 예문에서 '조금 마시겠다'는 것의 실제 의미는 마시게 해 달라는 부탁이므로 Let me ~(~하게 해 주세요)를 사용해서 Let me drink a little of it.이라고 한다. 이렇게 말해도 괜찮지만, 위의 상황에서처럼 상대방이 마시는 음료를 '조금만 마시겠다'라고 할 때 원어민들은 대부분 drink를 동사로 사용하는 대신 명사로 해서 take a small drink of ~라고 표현한다. 또는 small drink를 '한 모금'이라는 뜻의 sip이라는 명사로 바꿔 have[take] a sip of ~라고 한다. 위의 경우는 타인에게서 얻어 마시는 것이기 때문에 have를 쓰는 것이 자연스럽고, 그 외의 경우는 take a sip of ~(~을 한 모금 마시다)라고 표현한다. 가령, 무엇을 '한 모금 쭉 마시다'는 sip 앞에 long을 붙여서 take a long sip of ~라고 한다. 또, '~을 두 모금 마시다'는 take two sips of ~가 된다. 또 sip보다는 많은 양을 '한 모금 벌컥 들이키다'는 gulp라는 명사를 써서 take a gulp of ~라고 한다. 가령, '그는 자신의 다이어트 콜라를 한 모금 벌컥 들이켰다'는 He took a gulp of his diet coke.라고 한다. 이렇게 단순히 '마시다'는 drink라고 하면 되지만 그 외에 다양하게 마시는 모습을 묘사할 때는 [have/take + 한 번 마시기라는 뜻의 명사]의 형태로 표현한다.

예제 그는 의자에 등을 기대고 앉아 맥주 한 모금을 쭉 들이켰다.
He leaned back in his chair and **took a** long **sip** of his beer.

make a visit

방문하다

048_Ch05_n81_90

대통령은 다음 달에 미국을 공식 방문한다.

직역 **The President will visit the U.S. formally next month.**

네이티브 **The President will make a formal visit to the U.S. next month.**

'~을 방문하다'는 영어로 visit이다. 따라서 '미국을 방문하다'는 visit the U.S.이고, '공식적으로'는 formally이다. 또는 '방문하다'라는 뜻의 동사 visit를 명사로 써서 make a visit ~ 또는 pay a visit ~라고도 한다. 이렇게 하면 '공식 방문하다'라는 말은 visit 앞에 formal(공식적인)이라는 형용사를 두어 표현하게 되는데, 이것이 더 세련된 영어 표현이다.

예제 대통령은 예정에 없이 사우스 캐롤라이나를 방문했다.

The President paid a surprise visit to South Carolina.

give ~ a toss

(~을) 버무리다

닭고기를 넣은 후 잘 버무려 주세요.

콩글리시 **Add the chicken and mix it well.**

직역 **Add the chicken and toss it well.**

네이티브 **Add the chicken and give it a good toss.**

음식 재료를 '넣다'는 add(첨가하다)라는 동사를 쓴다. 음식을 '버무리다'는 mix(섞다)가 아니라 toss라는 동사를 쓰는데 toss는 샐러드와 같이 고기나 채소 등을 소스와 섞어 버무리는 상황에서 쓴다. 그런데 원어민들은 보통 toss를 동사 대신 명사로 써서 give ~ a toss라고 표현한다. 이렇게 하면 toss 앞에 여러 형용사를 넣어서 다양하게 버무리는 동작을 설명할 수 있다. 가령, '~을 잘 버무리다'는 give ~ a good toss이다.

예제 모든 재료를 큰 그릇에 담고 잘 버무려 주세요.

Put all the ingredients in a large bowl and give them a good toss.

• ingredient 재료

give ~ a good mix

(~을) 섞다

모든 재료를 큰 그릇에 넣고 잘 섞어 주세요.

직역 **Put all ingredients in a big bowl and mix them well.**

네이티브 **Put everything in a big bowl and give it a good mix.**

무엇을 '섞다'는 영어로 mix이다. 그러면 '~을 잘 섞다'는 mix ~ well이 된다. 이렇게 한국어와 비슷하게 mix와 well을 써서 표현해도 틀리지는 않는다. 그런데 영어에는 이것 외에 또 다른 표현법이 있는데, mix를 동사가 아니라 명사로 쓰는 것이다. mix를 명사로 쓰면 '잘 섞음'은 a good mix가 되고, '~을 잘 섞어 주다'는 give ~ a good mix가 된다. '섞다'라는 말 외에 '젓다'라는 말도 이와 비슷하게 표현할 수 있다. 액체 성분을 그릇에 넣고 젓는 것은 stir라고 하는데, 이것도 '잘 젓다'라고 할 때는 명사로 써서 give ~ a good stir라고 한다. 가령, '요구르트가 부드러워지도록 잘 저어 주십시오'는 Give the yogurt a good stir so that it becomes all smooth.라고 하면 된다. 한국어에서는 '~에게 잘 섞어 줌을 주어라'라고 하면 어색하게 들릴 것이다. 그렇지만 한국어에서 동사로 표현하는 것을 명사로 표현하는 것이야말로 영어를 영어답게 만드는 중요한 방법이다.

예제 약간의 물과 소량의 소금을 넣은 다음 다시 잘 섞어 주십시오.
Add some water and a pinch of salt and **give** it another good **mix**.

▪ a pinch of 손가락으로 집을 만큼 적은 양의 ~

콩을 넣은 후 나무 숟가락으로 잘 저어 주세요.
Add the beans and **give** them **a** good **stir** with a wooden spoon.

take a ~ look

(~을) 보다

좀 더 자세히 보세요.

콩글리시 **Look it more carefully.**

직역 **Look (at it) more closely.**

네이티브 **Take a closer look (at it).**

한국어의 '보다'에 해당하는 영어 단어는 see, look, watch가 있는데 위 예문처럼 의도적으로 보는 경우에는 look at ~을 쓴다. 그런데 영어 학습자들이 '보다' = look at ~, 이런 식으로 생각하다 보니 무엇을 '자세히' 본다는 말도 closely(면밀하게, 자세히)와 같은 부사를 붙여서 look at ~ closely와 같이 표현하는 경우가 많다. carefully를 쓰는 독자들도 많은데 정확하게 말하면 closely이다. 그런데 위와 같이 무엇을 '어떻게 보다'라고 하는 경우 원어민들은 대부분 look을 명사로 쓰고 앞에 take/have/cast 같은 기본 동사를 붙여서 take a ~ look at ...이라는 동사구로 표현한다. 이렇게 하면 look 앞에 다양한 형용사를 붙여서 어떻게 본다는 의미인지를 깔끔하게 표현할 수 있다. 즉, '자세히 보다'는 take a close[good, hard] look at ~이고 '좀 더 자세히 보다'는 take a closer[better, harder] look at ~이다. 반대로 '대충 보다'는 take a casual look at ~이라고 하는데, '언뜻 보기'라는 뜻의 glance를 look 대신 써서 take a glance at ~이라고 해도 좋다.

예제 주위를 좀 둘러봐.
Take a look around you.

어디 한번 봅시다.
Let me **have a look**.

나는 그 프로그램을 잠깐 들여다보았다.
I **had a** quick **look** at the program.

give ~ a brush

(~을) 빗으로 빗다

그녀는 서둘러서 머리를 빗으로 빗었다.

콩글리시 **She combed her hair with a brush quickly.**

직역 **She brushed her hair quickly.**

네이티브 **She gave her hair a quick brush.**

'머리를 빗으로 빗다'를 '머리' → hair, '빗으로' → with a brush, '빗다' → comb, 이렇게 단어별로 영어로 옮겨 말하면 콩글리시가 된다. '빗으로 빗다'는 한꺼번에 brush라는 동사로 표현하고 '서둘러'는 '빨리' 빗었다는 뜻이므로 quickly라고 하면 된다. 그런데 brush를 동사가 아니라 '빗으로 빗기'라는 뜻의 명사로 써서 give ~ a brush라고 표현하는 방법도 있다. 이렇게 하면 brush quickly는 give ~ a quick brush와 같이 brush 앞에 quick이라는 형용사를 붙이는 것으로 바뀐다. 예를 하나 더 들어 보자. '그녀는 머리를 빗으로 부드럽게 빗었다'는 brush를 동사와 명사로 쓰는 표현 둘 다 가능하다. 먼저 한국어처럼 동사로 하면 She brushed her hair tenderly.가 된다. 그런데 brush를 명사로 쓰면 brush tenderly가 a tender brush가 되어 She gave her hair a tender brush.라고 표현할 수 있다. 한국어로는 '내 머리에 빗으로 빗기를 주었다'라고 하지 않기 때문에 한국어를 영어로 직역해서는 사용하기 힘든 표현이다.

예제 그녀는 자신의 머리를 마지막으로 빗으로 빗은 후 모자를 썼다.
She **gave** her hair **a** final **brush** and pulled on her cap.

take a shower
샤워하다

뜨거운 물로 샤워를 오래 하고 나니까 기분이 훨씬 좋아졌어.

직역 **After I showered in hot water for a long time, I felt much better.**

네이티브 **After taking a long hot shower, I felt much better.**

'샤워하다'는 영어이니 그대로 shower라는 동사를 써서 표현할 수 있다. 가령, '나는 아침에 샤워합니다'라고 할 때는 I shower in the morning.이라고 하면 된다. 그러면 '뜨거운 물로 샤워하다'는 shower in hot water, '오래 샤워하다'는 shower for a long time이라고 하면 될까? 말뜻은 통하지만 원어민들 중에는 이런 식으로 표현하는 사람이 거의 없다. '샤워하다'는 shower를 동사로 써서 표현하기도 하지만 '샤워하기'라는 명사로 써서 take a shower라고도 한다. 이렇게 명사로 쓰는 표현의 장점은 shower 앞에 여러 형용사를 넣어 샤워를 하는 다양한 상황을 묘사할 수 있다는 점이다. 위의 경우도 for a long time은 long으로, in hot water는 hot이라는 형용사로 간단히 줄여서 take a long hot shower라고 간결하게 표현하는 것이 정석이다. 또 다른 예를 든다면 '샤워를 오래 해서 긴장이 풀리다'라는 말은 take a long relaxing shower라고 하면 된다.

예제 금방 샤워하고 올게요.
I'll **take a** quick **shower**.

give ~ thought
생각하다, 고려하다

그러면 좀 더 생각해 보겠습니다.

직역 **I'll think more about it.**

네이티브 **I'll give it some more thought, then.**

무엇을 고려한다는 뜻으로의 '~에 대해 생각하다'는 영어로 think about[of] ~이라고 한다. 따라서 무엇에 대해 '좀 더 생각하다'는 think more about ~이 된다. 이것도 좋은 영어 표현이다. 단, 원어민들은 명사 thought를 써서 give ~ thought이나 give ~ thought to라고 말한다. 참고로 〈네이티브〉 표현처럼 to ~뒤에 오는 말이 간단한 경우는 give ~ thought의 형태로 표현한다. 이렇게 think 대신 thought이라는 명사를 써서 표현하면 thought 앞에 다양한 형용사를 쓸 수 있는 장점이 있다. 위 예문처럼 '좀 더 생각하다'에서 '좀 더'는 more 또는 extra 같은 형용사를 붙여 give more[extra] thought to ~라고 한다. 또 '신중하게 생각하다'는 think seriously about ~ 대신

give some serious thought to ~라고 한다. 가령, '우리가 선생님의 제안을 한번 신중하게 고려해 보겠습니다'는 We will give your proposal some serious thought. 또는 We will give some serious thought to your proposal.이다.

예제 제가 지난번에 보낸 이메일에 관해 생각 좀 해 보셨나요?
Have you **given** any **thought to** my last email?
대학을 졸업하고 뭘 할지 생각해 봤니?
Have you **given** any **thought to** what you want to do after college?

give an account of
(~에 관해)
설명하다, 말하다

먼저 저희가 AIC에서 하는 일을 간략하게 말씀드리겠습니다.
콩글리시 **First, I will explain briefly about the work we do at AIC.**
네이티브 **To begin with, I'll give a short account of what we do at AIC.**

'~에 관해 말하다'는 talk about ~이고 '~에 관해 설명하다'는 explain ~이다. 간혹 explain 뒤에 about을 붙이는 사람들이 있는데 explain은 바로 뒤에 목적어를 붙일 수 있는 타동사이기 때문에 about 없이 사용한다. 어쨌든 위와 같이 한국어에 대응하는 영어 표현이 있다 보니까 '~에 관해 말하겠다'를 영어로 할 때 거의 I'll talk about ~이라고 말이 나온다. 그러다 보니 '~에 관해 간단하게 말하겠다'도 '간단하게'라는 뜻의 부사 briefly를 붙여서 I'll talk about ~ briefly.라고 한다. 그런데 이런 식으로는 콩글리시에 갇혀 다양한 영어 표현의 세계에 발을 들여놓을 수 없다. 무엇보다 '한국어 동사 → 영어 동사'와 같이 판에 박힌 사고부터 깨뜨려야 한다. 한국어에서 동사로 말하는 것을 영어에서는 명사로 말할 수 있다. 가령, 영어에서 '설명하기'라는 뜻의 명사를 찾아보면 account(설명, 해설)라는 단어가 있다. 이 단어를 활용해서 give an account of ~라고 하면 '~에 대해 말하다/설명하다'라는 말이 된다. 이때 account 앞에 형용사를 붙여 '~하게' 설명한다는 의미를 표현할 수 있다. 위 예문처럼 '간략하게 설명하다'는 give a brief[short] account of ~라고 하고, 무엇을 '자세히 설명하다'는 give a detailed account of ~라고 하면 된다. 또, '일반적으로 설명하다'는 give a general account of ~가 된다. 이뿐만 아니다. account 대신 '설명하기'의 뜻을 담은 다양한 명사를 활용할 수도 있다. 가령, '간략하게 설명하다'는 summary(요약), sketch(개요), rundown(요약, 간추림) 같은 단어를 써서 give a summary[sketch, rundown] of ~라고 하고, '일반적으로 설명하다'는 overview(개요)라는 단어를 써서 give an overview of ~라고 한다. 참고로, overview 대신 새의 눈으로 하늘에서 내려다본다는 뜻의 bird's eye view(조감)와 helicopter view를 쓸 수도 있다. 어쨌든 '~에 관해 설명하다/말하다'라고 할 때 talk about ~이라는 판에 박힌 표현에서 벗어나서 give a ~라는 형태의 표현을 적극적으로 사용해 보지.

예제 지난번 회의 이후의 진척 상황에 대하여 간단하게 말씀드리겠습니다.
I'll **give a summary of** the progress we've made since our last meeting.

take a breath

숨을 들이쉬다

깊게 숨을 들이쉬세요.

직역 **Breathe deeply.**

네이티브 **Take a deep breath.**

'숨쉬다'라는 동사는 breathe, '깊게'라는 부사는 deeply이다. 따라서 '깊게 숨을 쉬다'는 breathe deeply가 된다. 이렇게 표현해도 된다. 그렇지만 영어에 있는 또 다른 표현 방법, 명사 breath(숨)를 이용해서 take a breath라고 해 보자. 이렇게 하면 breath 앞에 다양한 형용사를 붙일 수 있다. 위의 예문 '깊게 숨쉬다'는 deep이라는 형용사를 붙여 take a deep breath라고 하면 된다. '세 번 깊게 숨을 들이쉬세요'와 같은 문장도 '세 번'을 three times라고 할 필요 없이 명사 breath 앞에 three만 붙여 take three deep breaths라고 하면 된다. 또 '그녀는 마음을 가라앉히려는 듯 숨을 깊게 들이쉬었다'와 같이 영어로 표현하기 어려운 말도 '마음을 가라앉히는'을 calming이라는 형용사를 써서 She took a calming deep breath.라고 하면 간단하게 표현할 수 있다.

예제 그녀는 한 번 더 숨을 깊게 들이마셨다.
She **took** another deep **breath.**

그는 긴장한 듯 숨을 들이쉬었다.
He **took a** nervous **breath.**

do a good job of

(~을) 잘하다

그는 집에 페인트칠을 아주 잘했다.

직역 **He painted the house very well.**

네이티브 **He did a good job of painting the house.**

무엇을 '잘하다'라고 할 때 우리는 보통 well을 붙여서 말한다. 가령, '그녀는 노래를 잘 부른다'는 She sings well.이고 '그는 글을 잘 쓴다'는 He writes well.이다. '집에 페인트칠을 잘하다'도 well로 표현하면 paint the house well이 된다. 이것도 문법에 맞고 뜻도 전달되지만, 원어민들은 '어떤 일을 잘했다'라고 그 행위에 대한 평가를 할 때 well을 쓰지 않는다. 대신 어떤 일을 잘했을 때 그것을 well이라는 부사 대신 a good job이라는 명사로 표현한다. 그래서 무엇을 잘한 사람에게 '잘했어요!'라고 말할 때도 You did a good job!이라고 한다. 구체적으로 무엇을 잘했다라고 말할 때는 do a good job of -ing로 표현하면 된다. 위의 경우 paint the house를 잘한 것이므로 do a good job of painting the house가 된다. good보다 더 칭찬하는 말로 excellent, wonderful 같은 다른 형용사를 써도 좋다. 반대로 잘 못한 경우에는 bad, poor 같은 형용사를 쓰고 매우 못한 경우에는 terrible, horrible과 같은 형용사를 넣으면 된다. 참고로, '잘했어요!'라는 말은 You did a good job! 외에 You did well!, Well done!, Way to go! 같은 표현들이 있다.

예제 그들은 우리 집의 카펫 청소를 정말 잘해 주었다.
They **did a wonderful job of** cleaning the carpets in our house.

그들은 행사 준비를 엉망으로 했다.
They **did a poor job of** organizing the event.

take a liking to

(~을) 좋아하다

049_Ch05_n91_100

우리 아들은 이 책에 있는 활동들에 금방 흥미를 느꼈다.

직역 **My son got interested in the activities in this book quickly.**

네이티브 **My son took an instant liking to the activities in this book.**

'곧장 마음에 들다', '금새 흥미를 느끼다'라는 한국어를 그대로 영어로 하면 '마음에 들다' → like, '금새' → instantly가 되어 I liked it instantly.와 같이 표현된다. 한국어를 영어로 옮기기만 하면 이 정도에서 더 이상 다른 대안을 찾기 어렵다. 그러나 직역과 콩글리시의 굴레를 벗어 던지고 영어의 관점에서 생각한다면 like 대신 liking(좋아하기)이라는 명사에 take라는 기본 동사로 짝을 맞춘 take a liking to ~라는 표현을 생각할 수 있다. 직역하면 '~에 대하여 좋아함을 취하다'이니 우리에게는 어색하지만 영어로는 원어민이 아주 선호하는 표현 방식이다. 이 표현을 쓸 경우 장점은 like ~ instantly에서 instantly라는 부사가 liking 앞에 instant라는 형용사로 들어가면서 take an instant liking to ~와 같은 표현을 만들 수 있다는 것이다. 문장을 instantly와 같은 부사로 끝내는 것은 맥빠지는 일이다. take a liking to를 쓰면 이런 문제를 피할 수 있다. liking의 반대인 dislike는 동사와 명사로 다 쓴다. 따라서 '~을 보는 순간 싫어하다'는 take an instant dislike to ~이다. 그 외에 liking이라는 명사는 of one's liking의 형태로 많이 쓰이는데 '~가 좋아하는, 선호하는'의 뜻을 갖는다. 가령, '네가 좋아하는 디자인을 선택해라'는 Choose the design of your liking.이라고 할 수 있다.

예제 그는 그 기타를 보자 금방 마음에 들었다.

He took an instant liking to the guitar.

그녀는 그를 본 순간부터 마음에 들지 않았다.

She took an instant dislike to him.

give ~ a clean

(~을) 청소하다

한 달에 한 번 필터를 꺼내서 잘 청소해 주세요.

직역 **Take out the filter and clean it well once a month.**

네이티브 **Remove the filter and give it a good clean once a month.**

'~을 청소하다'에 해당하는 영어 단어는 clean ~이다. 따라서 '~을 잘 청소하다'라고 하면 보통 clean ~ well이라고 한다. 다만, 원어민들은 그냥 '청소하다'라고 할 때는 clean을 동사로 쓰지만 어떻게 청소하는지 표현하려고 clean을 명사로 쓰고 give라는 동사와 짝을 맞춰서 give ~ a clean(~에게 청소하기를 주다)이라는 형태를 만든다. 이렇게 하면 '~을 잘 청소하다'는 clean 앞에 good을 붙여 give ~ a good clean이라고 하면 되고, '~을 간단하게 청소하다'는 give ~ a quick clean이라고 할 수 있다.

예제 나는 석 달에 한 번 집안을 대청소한다.

I give the house a good clean every three months.

give ~ a look
(~을) 쳐다보다

그녀는 나를 차갑게 노려보았다.

직역 **She stared at me coldly.**

네이티브 **She gave me a cold look.**

'그녀는 그를 차가운 눈초리로 쳐다보았다'를 영어로 번역한다면 어떻게 할까? 우선 '쳐다보다'는 look at ~인데, 이 경우는 '노려보다'의 뜻이므로 stare at ~이라고 할 수 있다. 거기에 '차갑게'는 coldly니까 She stared at him coldly.가 된다. 이렇게 말해도 틀리지는 않는다. 그렇지만 이렇게 표현할 원어민은 많지 않다. 보통 이런 경우에는 stare나 look을 동사가 아닌 명사로 쓰고 give[throw, cast] 같은 기본 동사를 앞에 놓아 give[throw] ~ a ... look(~에게 …한 보기를 주다[던지다])의 형태로 표현한다. 이렇게 하면 '차갑게 보다'는 look[stare] 앞에 cold를 붙여서 give ~ a cold look[stare]이다. 이렇게 명사로 표현하는 것의 장점은 형용사만 바꾸면 '어떻게 보다'라는 말을 매우 다양하고 쉽게, 그리고 영어답게 표현할 수 있다는 것이다. 가령, '차갑게 보다'도 cold 대신 '쓴, 적의를 가진'이라는 뜻의 bitter, '매정한'이라는 뜻의 hard, '날카로운'이라는 뜻의 sharp, '통렬한'이라는 뜻의 scathing 등을 넣어 다양하게 표현할 수 있다. '다 알고 있다는 듯 ~을 쳐다보다'도 give ~ a knowing look이라고 하면 되고, '~을 엄하게 쳐다보다'는 give ~ a stern look이 된다. 또 '~을 멸시하듯 쳐다보다'는 give ~ a contemptuous look이 된다. 이뿐만 아니라 look이나 stare 외에도 '보다'라는 뜻의 다양한 다른 단어를 give와 조합해서 쓸 수 있다. 가령 '~을 …하게 언뜻[대충] 보다'는 glance라는 단어를 써서 give ~ a ... glance라고 한다. 예를 들어, '그녀는 조바심 나는 듯 문을 획 쳐다보았다'는 She gave an impatient glance to the door.가 된다. impatient는 '초조한, 조바심 나는'이라는 뜻이다. 또, '그녀는 책망하듯 그를 쳐다보았다'는 She gave him a reproaching glance.가 된다. 또 '무엇을 아래위로 쳐다보다'는 once-over라는 명사를 써서 give ~ a once-over라고 한다. 가령, '그는 그녀를 아래위로 멸시하듯 훑어보았다'는 He gave her a contemptuous once-over.이다.

예제 나는 그를 힐끗 쳐다본 후 다시 책을 읽기 시작했다.

I **gave** him **a** quick **glance** and returned to my reading.

그는 팔짱을 낀 후 나를 노려보았다.

He crossed his arms (over his chest) and **threw** me **a** stern **look**.

give ~ a ride
차를 태워 주다

차 좀 태워 주실 수 있어요?

콩글리시 **Can you let me ride in your car?**

네이티브 **Can you give me a ride?**

'나를 당신 차에 태워 주세요'를 그대로 영어로 바꾸면 Let me ride in your car.이다. 문법상 틀린 곳도 없고 어느 정도 의미도 통한다. 그러나 원어민들 중에 이런 식으로 말하는 사람은 없기 때문에 사실상 콩글리시다. 우리는 '(차를) 타다' = ride라고 생각하기 때문에 ride를 동사로만 쓰려고 하지 명사로도 쓸 수 있다는 데까지는 생각이 미치지 못한다. 그러나 영어의 특징 중 하나는 무수한 단어가 동사이자 명사로도 쓸 수 있다는 것이다. 위 표현도 ride를 명사로 해서 give me a ride라고 한다. 또는 주어를 I로 바꿔서 Can I catch a ride with you?라고도 한다. 즉, ride를 명사로 바꾸면 물건처럼 줄(give) 수도 있고 잡을(catch) 수도 있는 것이 된다. 여기서 catch는 '잡아 타다'라는 뜻으로, 상대방에게 얹혀서 간다는 의미를 내포하고 있다고 볼 수 있다. ride를 명사로 쓰면 다양한 표현의 세계가 열린다. 가령, 미국의 놀이공원 중 롤러코스터 광고 문구를 보면 Take a heart-stopping ride on the roller coaster.(롤러코스터에서 심장을 멈추게 하는 타기를 타 보세요.)와 같은 식의 표현이 자주 등장한다. ride를 명사로 쓰기 때문에 그 앞에 heart-stopping, adrenaline-pumping(아드레날린을 마구 분출시키는), hair-raising(머리카락을 서게 하는), spine-chilling(등골을 서늘하게 하는)과 같은 다양한 형용사를 붙여 쓸 수 있다.

예제 제 차를 타고 가시죠.
Why don't I **give** you **a ride**?

take a vote
투표하다

즉석에서 투표를 합시다!

콩글리시 **Let's vote instantly!**

네이티브 **Let's take a quick vote!**

'투표하다'는 영어로 vote라고 한다. '즉석에서'는 instantly라고 하면 안 된다. instant는 음식 같은 것이 '즉석에서 만들어진'의 뜻으로 쓴다. 또 extemporaneous도 한국어에서 '즉석에서'라고 번역하는데 실제로는 연설 같은 것을 즉흥적으로 한다는 뜻으로만 쓰인다. '지금 이 자리에서', '지금 당장'의 뜻으로는 (right) on the spot이라는 관용 표현이 적절하다. 그래서 vote right on the spot이라고 하면 '즉석에서 투표하다'라는 뜻이 된다. 그런데 원어민들은 이런 식으로 표현하지 않고 vote를 명사로 해서 take a vote라고 한 후, vote 앞에 quick이라는 형용사를 넣어 take a quick vote라고 한다. 그러니까 quick vote가 한국어에서 '즉석 투표'에 해당하는 셈이다. 위 예문은 결국 '투표로 결정한다'는 뜻이지만 '결정하다(decide)' 같은 말을 할 필요는 없다. 투표 자체가 결정하는 행위이므로 Let's take a vote.라고만 해도 충분하다. 어떤 문제에 '대해서' 투표한다고 할 때는 vote 뒤에 전치사 on을 붙여 말한다. 참고로 어떤 문제를 '투표에 붙이다'라고 할 때는 put ~ to a vote라고 한다. 또 '거수 표결'은 a show of hands라고 한다. 따라서 '거수로 정합시다'는 Let's have a show of hands.라고 한다.

예제 위원회는 이 문제를 다음 달에 표결 처리할 예정이다.
The committee is scheduled to **take a vote** on this issue next month.

get a paint job
(~에) 페인트칠을 하다

다가오는 국제 마라톤 대회를 대비해 그 다리에 새로 페인트를 칠했다.

직역 **The bridge has been painted newly in preparation for the upcoming international marathon.**

네이티브 **The bridge got a new paint job in preparation for the upcoming international marathon.**

무엇에 '페인트칠하다'는 paint ~라고 한다. 가령, '다리에 페인트칠하다'는 paint a bridge가 된다. 그러면 '~에 페인트칠을 새로 하다'는 어떻게 표현할까? '새롭게'라는 뜻의 영어 단어는 newly 또는 afresh 등이 있다. 따라서 '~에 새롭게 페인트칠하다'는 paint ~ newly[afresh]가 된다. 그런데 다리 입장에서는 새로 페인트가 칠해지는 것이므로 수동태로 The bridge was painted newly.가 된다. 한국어에서는 이렇게 페인트칠하는 동작을 '페인트칠하다'라고 동사로만 표현하지만 영어에서는 paint를 동사로 쓰는 것 외에 명사로 쓰는 방법이 있다. 페인트칠하는 행위를 영어에서는 a paint job이라고 한다. 따라서 새롭게 페인트를 칠하는 것은 a new paint job이 된다. 이런 명사 표현을 사용하면 '~에 새로 페인트를 칠하다'는 give ~ a new paint job이 된다. '그 다리는 새로 페인트가 칠해졌다'는 수동태이므로 The bridge was given a new paint job.이 된다. 그런데 was given(주어졌다)이라고 수동태로 표현하는 대신 get을 써서 The bridge got a new paint job.(그 다리가 새로운 페인트칠하기를 얻었다.)이라고 해도 된다. 그 외에 '새로 페인트칠하다'를 give ~ a fresh coat of paint(새로운 페인트 코팅을 주다)라고도 표현한다.

예제 그 건물에 새로 페인트칠을 해야겠다.
We need to **give** the building **a** fresh **coat of paint**.
The building **needs a** fresh **paint job**.

give ~ a try
(~을) 한번 해 보다

한번 해 보세요.

직역 **Try it!**
네이티브 **Give it a try!**

'~을 해 보다'라는 동사는 영어로 try이다. 따라서 무엇을 '한번 해 보아라!'라고 할 때는 Try it!이라고 한다. 그렇지만 원어민들은 try를 명사로 써서 '~을 해 보다'를 give ~ a try라고 표현한다. 따라서 Try it!은 Give it a try!가 된다. 구어에서는 try 대신 shot이라는 단어를 쓰기도 한다.

예제 좋아요. 한번 먹어 보죠.
All right. I'll **give** it **a try**.

give a sigh
한숨을 쉬다

그녀는 길게 한숨을 쉬었다.

콩글리시 **She sighed long.**
네이티브 **She gave a long sigh.**

'한숨 쉬다'라는 동사는 영어로 sigh이다. 그러면 '길게 한숨 쉬다'는 sigh long일까? 아니다. 이때는 sigh을 명사로 써서 a long sigh(긴 한숨)이라고 하고 앞에 기본 동사 give를 붙여 give a long sigh이라고 해야 한다. 이렇게 '~하게 한숨 쉬다'에서 '~하게'는 sigh 앞에 long 같은 형용사를 붙여 표현한다. 가령, '그녀는 실망한 듯 한숨을 내쉬었다'를 한국어식으로 하면 She sighed as if she was disappointed.가 되지만 sigh을 명사로 써서 disappointed를 앞에 붙이면 She gave a disappointed sigh.으로 간단하게 표현할 수 있다. 또, give 대신 sigh a long sigh이라고 할 수도 있다. 이 경우는 sigh이 동사와 명사로 두 번 쓰이게 된다. 또한 관용 표현으로 let out a long sigh이라고 해도 된다. 이때 let out은 '(한숨·비명 같은 것을) 입밖으로 내놓다'라는 뜻이다.

예제 그녀는 안도의 한숨을 내쉬었다.
She **let out a sigh** of relief.

* relief 안심

make a protest
항의하다

대사관에 공식적으로 항의하겠습니다.

직역 **I'll protest formally to the Embassy.**

네이티브 **I'll make a formal protest to the Embassy.**

'항의하다'라는 동사에 해당하는 영어 단어는 protest이다. 따라서, '…에 대하여 ~에게 항의하다'는 protest to ~ over[about] ...의 형태로 표현한다. 그런데 그냥 '항의하다'가 아니라 '공식적으로 항의하다'는 어떻게 말할까? 대부분 '공식적으로'라는 한국어에 해당하는 영어 부사, 즉 formally나 officially를 덧붙여 protest formally[officially]라고 할 것이다. 이런 식으로 표현해도 틀린 영어는 아니다. 그러나 항의하는 방식인 '어떻게'에 관한 이야기를 덧붙일 경우에는 보통 protest를 명사로 써서 make a protest라고 한다. 이렇게 하면 protest 앞에 다양한 형용사를 넣어 항의하는 방식을 묘사할 수 있게 된다. 즉, protest formally가 make a formal[official] protest로 바뀌게 되는 것이다. 또 '강력하게 항의하다'는 make a strong protest가 된다. make 외에 issue(공식적으로 발표하다), deliver(전달하다), send(보내다), file/lodge/register(공식적으로 제출하다)와 같은 단어들도 protest와 어울려 사용된다. lodge/register는 lodge a protest with ~ over ...와 같이 '…에 대해 ~에 항의하다'라고 할 때 전치사 with를 쓴다. 참고로, protest 대신 complaint(불평, 불만, 항의)라는 단어를 써도 좋다.

예제 프랑스는 크로아티아 팀의 이반 페르시치 선수의 핸들링 반칙에 관하여 FIFA에 항의했다.
France **lodged a protest** with FIFA over the alleged hand ball by Croatian team player Ivan Perisic.
• alleged 주장된, ~이라고들 말하는

give ~ a shake
(~을) 흔들다

병마개를 꽉 닫고 잘 흔들어 주세요.

콩글리시 **Close the top of the bottle tightly and shake it well.**

직역 **Cap the jar tightly and shake it well.**

네이티브 **Seal the jar and give it a good shake.**

무엇을 '흔들다'라는 뜻의 영어 동사에는 shake가 있다. 가령, '아니다'의 뜻으로 고개를 좌우로 흔드는 것은 shake one's head라고 하고, 고개를 '아래위로 끄덕이다'는 nod one's head이다. 악수를 하면서 손을 흔드는 것도 shake hands (with ~)라고 하므로 병을 흔드는 것도 shake a bottle이라고 하면 된다. 그러면 병 안의 내용물이 섞이도록 '잘 흔들다'는 어떻게 말할까? 대부분 '잘'은 영어로 well이니까 shake a bottle well이라고 생각할 것이다. 그런데 이 경우 원어민들은 shake를 명사로 써서 give a bottle a good shake라고 한다. 즉, '~을 흔들다'를 give ~ a shake(~에게 한 번 흔들기를 주다)라는 동사구로 표현하고 '잘'은 shake 앞에 good이라는 형용사를 붙인다. good 대신 다른 형용사를 넣어 흔드는 방법을 다양하게 묘사할 수 있다. 가령, '살살' 흔들라고 할 때는 give ~ a gentle shake라고 하면 된다. good 같은 형용사가 안 붙어도 그냥 뭔가를 섞기 위해 '흔들다'라고 할 때 대부분 give ~ a shake라는 표현을 쓴다.

예제 그거 마시기 전에 흔들어.
Give it **a shake** before drinking.

병을 빠르게 흔든 후에 얼굴에 두세 번 뿌려 주십시오.
Give the bottle **a** quick **shake** and spray it two or three times over your face.

CHAPTER 6

영어의 길은 동사로 통한다

(1) 동사로 부사 표현하기

그는 살금살금 문 밖으로 나갔다.

걷는 모양새를 묘사할 때 한국어로는 '걷다'라는 기본 동작에 '살금살금'을 덧붙여 표현한다. 그러다 보니 영어로도 '살금살금' → stealthily, '걷다' → walk라고 생각하고 He walked out the door stealthily. 라고 말하기 쉽다. 이 영어 문장은 문법적으로 맞고 의미 전달도 된다. 다만 좀 투박하고 영어답지 않은 느낌이 있다. 실제로 위와 같은 장면에서 대부분의 원어민들은 He tiptoed[sneaked, skulked] out the door.라고 말하기 때문이다. tiptoe는 '발끝'이라는 뜻의 명사지만, 동사로 쓰면 '발끝으로 걷듯이 살금살금/조심스럽게 가다'라는 뜻이다. skulk나 sneak도 tiptoe와 마찬가지로 '비밀스럽게 움직이다'라는 뜻을 갖고 있다. 차이점은 tiptoe가 '발끝'이라는 명사에서 온 동사이기 때문에 좀 더 시각적이고 생생한 느낌을 준다는 것이다. 즉, 한국어에서는 '살금살금' 같은 부사로 표현하는 것을 영어에서는 그런 부사의 의미가 통합된 하나의 동사로 표현한다. 따라서 한국어를 직역해서 부사 따로 동사 따로 쓴 영어 문장은 콩글리시가 되기 쉽다. '살금살금'과 '걸어가다'를 하나의 통합된 의미로 생각하고 그에 적합한 영어 동사를 찾아야 영어다운 영어를 구사할 수 있다.

직역식 영어

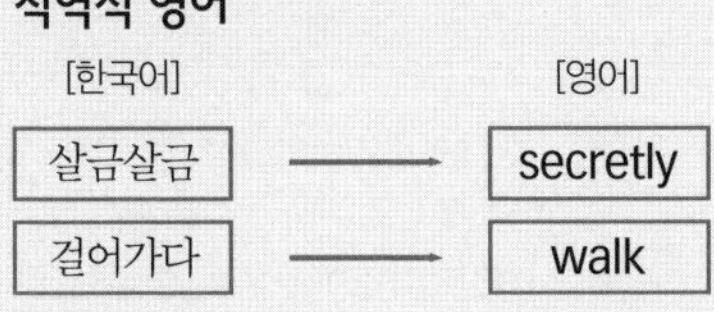

원어민식 영어

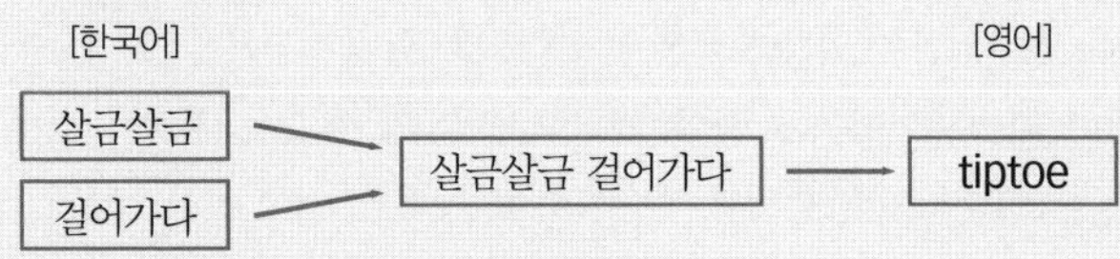

이런 예를 한 가지 더 들어 보자.

그녀는 운전석 의자를 뒤로 살짝 밀었다.
그는 고속도로를 천천히 빠져나왔다.
그녀는 가속 페달에서 살짝 발을 떼었다.

대부분의 사람들은 '살짝', '천천히' 같은 부사어를 영어로 어떻게 말할지 고민할 것이다. 그래서 '~을 살짝 밀었다'는 pushed ~ a little, '~를 천천히 빠져나왔다'는 exited ~ slowly와 같이 동사 따로 부사 따로 표현할 것이다. 그러나 예시에 나온 말은 전부 ease라는 동사 하나로 표현할 수 있다.

She eased the driver's seat back.
He eased off the highway.
She eased off the accelerator.

ease는 '천천히, 신중하게 ~하다'라는 뜻을 갖고 있는 동사로, 상황에 따라 '걷다', '밀다', '들어가다', '나오다' 등 다양한 동작을 묘사할 수 있다. 영어다운 영어를 말하고 쓰기 위해서는 동사와 부사의 의미를 통합적으로 보고 영어 동사를 선택하는 연습이 필요하다.

(2) 동사로 비교급 표현하기

이 자동차는 작년에 닛산의 Frontier 3.5보다 더 많이 팔렸다.

① This car was sold more than the Nissan Frontier 3.5.
② This car sold more than the Nissan Frontier 3.5.

위 예문은 '이 자동차'와 'Frontier'라는 두 개의 대상을 비교하고 있다. 이렇게 '무엇보다 더 어떠하다'라는 비교의 개념을 우리는 대부분 more, better와 같은 비교급을 사용해서 표현한다. 물론 이 방식이 잘못된 것은 아니다. 다만 우리가 쉽게 생각하지 못할 뿐, 원어민들이 비교급 외에 자주 쓰는 또 하나의 비교 표현법도 있다는 것이다. 바로 비교의 의미가 담긴 동사를 쓰는 것이다. 이런 발상에서 접근하면 위의 영어 문장은 다음과 같이 바꿔 쓸 수 있다.

③ This car outsold the Nissan Frontier 3.5.

outsell(과거형은 outsold)은 '~보다 많이 팔다'라는 동사로, 단어 자체에 more than(~보다 많이)이라는 비교의 의미를 담고 있다. 따라서 이 outsell이라는 동사 하나면 '~보다'라는 비교와 '팔다'라는 동사가 해결된다. 단어 수가 줄어 문장도 간단해지고 여러 단어가 동사 하나로 표현되면서 의미도 더 잘 전달된다. ①, ②는 한국어와 구조가 비슷해서 누구나 생각해 낼 수 있지만 ③은 원어민식 발상에서 접근하지 않으면 생각해 내기 어렵다. 이런 동사를 사용할 수 있는지의 여부는 사소한 것처럼 보이지만 자신이 구사하는 영어가 한국어의 표현 구조에 갇혀 있는지 아닌지를 판단할 수 있는 시금석이 될 수 있다.

(3) 동사로 위치 표현하기

그 절의 양쪽에는 두 개의 탑이 놓여 있다.

① There are two towers on either side of the temple.
② The temple is flanked by two towers.

영어로 '위치'를 표현할 때 대부분 ①처럼 on(~ 위에)이나 beside(~ 옆에) 같은 전치사를 떠올리게 된다. 이런 전치사를 써도 좋지만, 위치의 의미가 담긴 동사를 사용하는 것도 위치를 표현하는 또 하나의 방법이다. ②에서는 flank라는 동사를 썼다. flank는 그 자체에 '~의 옆에 있다'라는 뜻을 내포하고 있어 ①의 on, either, side, of와 같은 단어들을 한꺼번에 대체할 수 있다. 한국어 문장을 영어로 직역하는 식으로는 위치를 나타내는 이런 동사들을 절대로 사용할 수 없다. 이를 극복하기 위해서는 이런 동사들을 익히고 자주 사용해야 한다. 그렇게 해서 영어로 위치를 설명할 때 전치사가 아니라 동사로 표현하는 영어의 관점에서 접근하는 눈을 키워야 한다. 어떤 경우는 위치 동사를 써야만 영어다운 영어의 표현이 가능한 경우도 있기 때문에 이번 챕터를 잘 공부해 두면 영어 실력 향상에 반드시 도움이 될 것이다.

(1) 동사로 부사 표현하기

sketch out

간단하게 설명하다

050_Ch06_n01_10

그럼 현재 시중에 나와 있는 상업적 솔루션 몇 가지를 간단히 설명하겠습니다.

직역 **Now, I will briefly explain some of the commercial solutions that are out in the market right now.**

네이티브 **Now, I will sketch out some of the commercial solutions available at this moment.**

'간단하게 설명하다'는 대부분 '설명하다' → explain, '간단하게' → briefly와 같이 생각해서 explain ~ briefly라고 표현한다. 좋은 표현이지만 '간단하게'라는 의미를 내포하고 있는 동사를 찾아 쓰는 것이 한 단계 더 나아간 영어 표현법이다. 그런 동사로는 sketch가 있다. 말 그대로 '스케치하다'인데 우리는 sketch를 그림에만 쓰는 단어로 알고 있지만 대충 설명하는 것도 sketch라고 한다. sketch는 보통 뒤에 out을 붙여 sketch ~ out의 형태로 사용한다. briefly라는 부사나 sketch라는 동사를 사용하지 않고 [기본 동사 + 명사] 형태로 give a brief account of ~라고 할 수도 있다. 이때 account는 '설명'이라는 뜻의 명사다. brief account 대신 rundown(요약, 간추림)이라는 한 단어를 써서 give a rundown of ~라고 해도 좋다. '시중에 나와 있는'은 직역하면 out in the market이 되지만 전체를 간단하게 available(이용 가능한, 구입 가능한)이라는 단어로 표현하는 것이 더 영어답다.

예제 이 장에서는 학습 장애의 근본 원인을 간단하게 소개한다.

This chapter **sketches out** the basic causes of learning disabilities.

ponder

(문제·걱정거리 등을)

곰곰이[깊이] 생각하다

그는 밤새 깨어 있으면서 자신이 처한 상황을 곰곰이 생각해 보았다.

직역 **He was awake all night, thinking deeply about the situation he was in.**

네이티브 **He lay awake all night, pondering the situation he was in.**

'~에 관해 곰곰이 생각하다'를 영어로 표현하라고 하면 한국어의 '생각하다'라는 동사 때문에 영어에서도 think를 먼저 생각하게 된다. 그러다 보니 뒤에 '곰곰이'에 해당하는 단어를 찾게 되고 그 결과 deeply(깊게), carefully(주의 깊게)와 같은 부사를 붙여서 think carefully about ~과 같은 표현을 사용하게 된다. 문법적으로 틀린 건 아니지만 어색한 표현이다. 한국어에서도 '곰곰이 생각하다'를 '숙고하다'라는 하나의 동사로 표현할 수 있듯이 영어에서도 동사 안에 이미 '곰곰이'의 의미가 포함된 다양한 동사들이 있다. 따라서 이런 단어를 찾아 써야 더 세련되고 영어다운 영어를 구사할 수 있다. 가장 대표적인 동사가 ponder인데 영영사전을 보면 consider with thoroughness라고 정의가 나와 있듯이 '철저하게/면밀하게 ~을 고려하다'라는 뜻을 갖고 있다. 타동사이기 때문에 바로 ponder 뒤에 목적어를 쓴다. 가령, 대화 중에 상대방의 질문을 듣고 좀 생각해 본 후 답을 했다면 She pondered the question for a moment.(그녀는 잠시 그 질문에 대해 생각해 보았다)라고 표현할 수 있다. 또 무엇을 어떻게 할까 고민했다면 I pondered how to ~라고 하면 되고 무엇을 할지 안 할지 생각해 보았다면 I pondered whether ~ or not.이라고 하면 된다. ponder 외에도 brood over ~(~을 골똘히 생각하다), reflect on ~(~에 대해 깊이 생각하다), muse over[on] ~(~에 관해 곰곰이 생각하다) 같은 표현도 많이 쓰인다. 관용 표현으로 chew over[on] ~(음식을 씹듯이 ~에 관해 숙고하다)도 있고, kick ~ around (in one's head)(이리저리 발로 차서 굴려 보듯이 머릿속에서 ~을 생각하다), turn ~ over in one's mind(마음속에서 뒤집어 보듯이 ~을 생각하다)와 같은 것도 일반 대화에 자주 등장한다.

예제 나는 책상에 앉아 예상치 못했던 상황 변화에 관해 곰곰이 생각해 보았다.
I sat at my desk, **pondering** the unexpected turn of events.

그녀는 방금 그가 한 말을 깊이 생각해 보았다.
She **mused over** what he had just said.

나는 나의 불행한 처지에 관해 곰곰이 생각해 보았다.
I **brooded over** my misfortune. • misfortune 불행

그녀는 다시 말 없이 지금 들은 내용에 관해 곰곰이 생각했다.
She was silent again, **chewing** this piece of information **over**.

scurry
급히 가다

나는 우비를 걸쳐 입고 차를 세워둔 곳으로 종종걸음으로 달려갔다.

직역 **I put on my raincoat and ran hurriedly to where I parked my car.**

네이티브 **I donned my raincoat and scurried to my car.**

'급히 가다'는 '급히'와 '가다' 두 단어로 이루어져 있기 때문에 이대로 영어로 바꾸면 [go + hurriedly/in a rush]가 된다. 그런데 굳이 이렇게 두 단어로 말할 필요 없이 hurry나 rush를 동사로 쓰면 '급히 가다'가 된다. '급히 가다'의 뜻을 가진 동사 중에 scurry라는 단어도 있는데 '종종걸음으로 급히 가다'의 뜻으로 다람쥐가 움직이는 것을 연상하면 된다. hurry와 rush는 급한 일이 있어서 간다고 할 때 어울리는 동사이고, 위의 상황처럼 비를 덜 맞기 위하여 급히 가는 것이라면 scurry가 더 잘 어울린다. 또 scramble이라는 동사도 '급히 가다'의 뜻으로 쓸 수 있다. 옷을 '입다'는 wear와 put on을 구분해서 써야 한다. wear는 입고 있는 상태를 뜻하기 때문에 '우비를 걸쳐 입다'와 같이 입는 동작에 사용하면 콩글리시가 되므로, 이때는 put ~ on을 써야 한다. put ~ on과 비슷하지만 좀 더 동작을 묘사하는 표현으로 throw ~ on이 있는데 이것은 '던지듯 급히 걸쳐 입다'라는 뜻을 갖고 있다. 따라서 주로 재킷이나 코트 같은 옷에 사용된다. sweater나 pants(바지) 같이 당겨 입는 옷이라면 pull ~ on이라고 하면 좋다. 속옷처럼 힘들이지 않고 입는 옷에는 slip ~ on이 제격이다. 그 외에도 '입다'의 뜻으로 don이라는 동사가 많이 쓰인다. glasses(안경), hat, coat, gown, shoes 등 몸에 걸치는 모든 것에 사용할 수 있는 고급 단어이다.

예제 그 남자는 여자아이의 비명 소리를 듣고 돕기 위해서 급히 달려갔다.
The man heard a girl's screams and **hurried** to her aid.

whip up

(음식을)

급히[빨리] 만들다

시리얼은 있고, 내가 빨리 스크램블드 에그를 만들게.

콩글리시 We have cereal, and I will make scrambled eggs quickly.

네이티브 **We have cereal, and I think I can whip up some scrambled eggs.**

음식을 '만들다'는 영어에서도 make를 쓴다. 그렇다고 음식을 '급히 만들다'를 make ~ quickly라고 하거나 make ~ in a hurry라고 하면 직역식 영어밖에 안 된다. 이 경우에는 '급히'나 '빨리'를 따로 표현하지 않고 그 의미를 포함하는 하나의 동사를 찾아 쓰는 것이 영어다운 영어를 구사하는 핵심이다. 그런 동사로는 whip이 있다. whip은 명사로는 '채찍'인데 동사로 쓰면 채찍이 움직이듯 '휙 ~하다'의 뜻이 된다. 즉, 동사지만 실은 '휙 움직이듯 빨리'라는 부사적 의미가 핵심인 단어다. 가령, 총알(bullet)이 옆으로 씽 하고 날아갔다면 Bullets whipped by.라고 한다. 또, 모자를 휙 벗었다면 He whipped off his hat.이 된다. 음식의 경우는 whip 뒤에 up을 붙여 whip ~ up으로 표현한다. 이때 up은 '나타난'의 의미가 있어서 '~을 뚝딱 만들다'라는 뜻이 된다. 주로 음식에 쓰이지만 일반적으로 물건을 금방 만든다는 뜻으로도 쓰인다. 가령, '그는 간단한 라벨 제작 컴퓨터 프로그램을 뚝딱 만들었다'는 He whipped up a simple labeling program.이라고 표현해야 제격이다.

예제 참치 김밥을 빨리 만들어 주실 수 있을까요?
Do you think you can **whip up** some tuna gimbap?

dash off

급히[빨리] 쓰다, ~하다

나는 앉은 자리에서 단숨에 짧은 글을 써서 잡지사에 보냈다.

직역 I wrote a short story very quickly while sitting in one place and sent it to the magazine.

네이티브 **I dashed off a short story in one sitting and mailed it off to the magazine.**

글을 '쓰다'는 write이다. 그러면 '급히 ~을 쓰다'는 write ~ hurriedly라고 하면 될까? 그렇게 해도 말은 되지만 어설프기 짝이 없는 영어에 지나지 않는다. 영어에는 '급히 ~을 쓰다'라는 뜻의 동사가 있다. 이런 동사를 찾아 써야 제대로 된 영어가 된다. 그런 동사 중의 하나가 dash이다. dash는 '대시하다'라고 해서 무엇을 향해 '달려가다'라는 뜻의 동사로 쓰이지만 '순간적으로/빨리 ~을 어떻게 하다'라는 뜻의 타동사로도 쓰인다. 가령, '그녀는 뺨에 흐른 눈물을 얼른 닦았다'에서 [얼른 + 닦다]가 dash가 되어 She dashed the tears from her cheeks.라고 할 수 있다. 이런 뜻의 dash 뒤에 off를 붙여서 dash ~ off라고 하면 바로 '급히/얼른 ~을 쓰다'라는 뜻이 된다. dash가 쓰여 무엇을 급히 갈겨 쓰는 이미지가 연상된다. 여기에 쓰이는 off는 '급히 생긴'의 의미가 있다. dash ~ off와 유사한 표현으로 knock ~ off가 있는데 '뚝딱 ~을 만들어 내다'라는 뜻이다. 가령, 공장에서 찍어 내듯이 소설책을 일 년에 한두 편씩 써 내는 작가들이 '소설을 뚝딱 썼다'라고 할 때도 knock off a novel이라고 할 수 있다.

예제 그녀는 남편에게 급히 메모를 써서 냉장고에 자석으로 붙였다.
She **dashed off** a note to her husband and magnetted it to the fridge.

그녀는 즉석에서 수표를 끊어 나에게 건넸다.
She **dashed off** a check and handed it to me.

scramble

급히 일어나다, 가다, 입다

나는 황급히 자리에서 일어나 도움을 청하러 문 밖으로 달려 나갔다.

직역 I stood up hurriedly and ran out the door to ask for help.

네이티브 **I scrambled to my feet and dashed out the door to get help.**

'나는 황급히 자리에서 일어났다'를 영어로 말할 때 대부분은 '일어나다' → stand up, '황급히' → hurriedly 또는 in a hurry와 같이 나눠 생각할 것이다. 이렇게 해서 만든 영어 문장은 말은 되지만 원어민의 입에서 나오지 않을 콩글리시다. 제대로 된 영어를 구사하려면 stand up, hurriedly의 의미를 통합적으로 담고 있는 영어 동사를 써야 한다. 그 중에 대표적인 단어가 scramble이다. scramble은 [움직이다 + 급히, 허둥지둥, 앞다투어]의 의미가 통합된 단어이다. 따라서 일어나는 것뿐만 아니라 몸이 어디로 움직이는 모든 상황을 scramble로 표현할 수 있다. 가령 scramble into ~라고 하면 '~에 급히 들어가다'가 되는데 목적어 room을 넣으면 '방에 급히 들어가다', car를 넣으면 '차에 급히 올라타다', clothes를 넣으면 '급히 옷을 입다'가 된다. 꼭 물리적으로 움직이는 상황이 아니라도 Shoppers are scrambling to complete their holiday shopping.(쇼핑객들이 명절 쇼핑을 마치려 서두르고 있다.)과 같이 '서둘러 ~하다'와 같은 의미로도 쓸 수 있다. 위 예문에서 '급히 일어나다'는 scramble to my feet이라고 한다. 이렇게 '일어나다'를 [움직임 동사 + to my feet]으로 표현하는 것이 영어식 표현법이다. 그냥 '일어나다'는 rise[get] to my feet이라고 하면 되고 '벌떡 일어나다'는 spring[leap, jump] to my feet이 된다. 또, '그녀를 일으켜 세우다'는 draw[lift] her to her feet이 된다.

예제 그는 급히 잠자리에서 일어나 가운을 걸쳐 입었다.

He **scrambled** out of bed and threw on his gown. • throw ~ on (옷을) 급히 걸쳐 입다

그들은 급히 차에 올라타고 쏜살같이 사라졌다.

They **scrambled** into the car and sped away.

rush

급히[빨리] 처리하다, 운송하다

그녀는 오늘 아침에 운동하다 쓰러져 급히 병원으로 이송되었다.

콩글리시 She was transported in a hurry to the hospital this morning after she had collapsed while exercising.

네이티브 **She was rushed to the hospital early this morning after collapsing during a workout.**

환자를 병원으로 '이송하다'는 transport(운반하다)라는 동사를 쓰면 된다. 위급한 상황일 때 한국어에서는 '급히 이송했다'라고 하는데, 그러면 영어에서도 '급히'라는 뜻의 quickly, in a hurry 같은 말을 transport에 붙여 표현하면 될까? 안 될 것은 없다. 그러나 그 결과는 직역식 영어가 된다. 문법적으로 맞고 말은 통하기 때문에 완전한 콩글리시는 아니지만 원어민들 중에 그런 식으로 표현하는 사람이 거의 없다는 점에서 사실상 콩글리시인 셈이다. 영어다운 영어로 표현하려면 [급히 + 이송하다]라는 전체의 의미를 담고 있는 rush라는 동사를 써야 한다. rush는 대부분 '급히 가다'라는 의미로만 알고 있지만 급하게 하는 모든 일에 적용되는 단어이다. 따라서 '~을 병원에 급히 이송하다'라고 하면 rush ~ to the hospital이라고 한다. 위의 경우는 '이송되다'이므로 was rushed to the hospital이라고 수동태로 표현했다. 제품을 '급히 내놓다/출시하다'라고 할 때도 '출시하다' → release, '급히' → quickly와 같이 생각하는 것은 일차원적인 발상이다. 이때도

rush를 동사로 써서 rush ~ out (the door)(문 밖으로 급히 내놓다)이라고 한다. 가령, '이 제품은 너무 서둘러 출시된 것 같다'는 This feels rushed out.이다. 음식을 급히 먹는 것은 rush the food라고 말하면 되고 주문을 빨리 처리한다고 할 때도 rush an order라고 표현하면 된다.

예제 비만의 주요한 요인 중 하나가 음식을 빨리 먹는 것이다.
One of the major reasons for obesity is that we **rush** our food.

애플사는 iPhone 업데이트 패치인 iPhone 8.0을 급히 내놓았다.
Apple **rushed** out an update patch, called iPhone 8.0.

resume
다시 ~하기 시작하다

그녀는 미소를 짓고는 다시 책을 읽기 시작했다.

콩글리시 **She smiled and started reading her book again.**

네이티브 **She smiled and resumed reading her book.**

'~을 시작하다'는 start 또는 begin이다. 따라서 '책을 읽기 시작하다'는 start reading a book이 된다. 그럼 책 읽기를 잠시 멈췄다가 '다시 읽기 시작했다'는 어떻게 표현할까? 고민할 것도 없다. again이라는 단어만 붙여 She started reading her book again.이라고 하면 되기 때문이다. 이렇게 말해도 틀리지 않는다. 그러나 원어민의 표현 방식은 따로 있다. 그것은 again의 의미가 담긴 동사를 쓰는 것이다. [start + again]의 의미를 갖고 있는 동사로는 resume이 있다. 보통 resume은 '~을 재개하다'라고 알고 있다. 그러다 보니 '협상을 재개하다'라고 하면 resume negotiations을 떠올리지만, '책을 다시 읽기 시작하다'에는 resume을 쓸 생각을 하지 못한다. resume = '~을 재개하다'와 같이 기계적으로 단어를 외우기 때문이다. 그러나 멈췄다가 시작하는 모든 동작에 resume을 쓸 수 있다. resume 외에도 '~을 다시 시작하다'라고 할 때 원어민들은 go back to ~(~로 돌아가다), return to ~(~로 돌아가다)라는 표현을 사용한다.

예제 그는 자신의 자리로 돌아가 다시 TV를 시청하기 시작했다.
He **went back to** his seat and **resumed** watching TV.

repeat
다시 말하다

그녀는 같은 질문을 다시 영어로 물어보았다.

직역 **She asked the same question again in English.**

네이티브 **She repeated her question in English.**

'질문을 다시 하다'를 영어로 하라고 하면 '질문하다' → ask the question, '다시' → again과 같이 생각해서 ask the question again이라고 하기 쉽다. 이렇게 표현해도 틀린 건 아니다. 그러나 '다시' = again과 같이 기계적인 대입은 좀 더 세련된 영어를 구사하는 데 장애가 된다. ask again은 하나의 동사로 말하면 repeat(반복하다)이다. 따라서 ask the question again 대신 repeat the question이라고 하면 된다. '여러분의 성원에 다시 한 번 감사의 말씀을 드립니다'도 thank you again 대신 repeat my thanks라고 해서 I'd like to repeat my thanks to you for your support.라고 한다. repeat와 유사한 의미를 가진 동사로 reiterate가 있다. 역시 '~을 반복해 말하다'라는 뜻이다. 앞으로는 무엇을 [다시 + 질문하다, 말하다, 표명하다]라는 뜻을 영어로 표현할 때는 again보다 repeat, reiterate 같은 동사를 먼저 머릿속에 떠올리도록 하자.

예제 그는 황제에게 다시 한 번 충성할 것을 서약했다.

He **reiterated** his allegiance to the emperor. • allegiance 충성

skim through

대충 읽어 보다, 훑어보다

포스트 글을 대충 읽어 보았는데 인종 차별적인 댓글이 많았다.

콩글리시 I read the posted comments roughly, and there were many comments of racial discrimination.

네이티브 I **skimmed through** the posts and found a lot of racist comments.

'대충 읽어 보다'를 영어로 read ~ roughly라고 하는 건 콩글리시다. 영어에서는 한국어에서 '대충'이라는 부사로 표현되는 의미를 동사에 담아 표현하기 때문이다. '대충 읽다'라는 통합적 의미를 갖고 있는 영어 동사로는 skim이 있다. 영영사전에 read through quickly and superficially(빨리 피상적으로 읽다)라고 나와 있는데 바로 quickly and superficially가 한국어의 '대충'에 해당하는 의미이며 그런 의미가 skim이라는 동사 안에 있다는 말이다. 따라서 I skimmed through the newspaper.라고 하면 '신문을 대충 훑어보았다'라는 말이 된다. skim 대신 엄지손가락이라는 뜻의 thumb을 동사로 써서 thumb through ~라고 해도 된다. 엄지손가락으로 페이지를 빨리 넘기며 읽는 모습을 연상시키는 표현이다. 그 외에도 '흘깃 보다'라는 뜻의 glance를 써서 glance through ~라고 하거나, '나뭇잎'이라는 뜻의 leaf를 동사로 써서 leaf through ~라고 해도 같은 의미가 된다. 여기서 leaf는 '페이지'의 의미로, leaf through ~는 페이지를 빨리 넘기는 모습을 연상시키는 표현이다. '댓글'은 간단하게 post라고 하고, 댓글에 댓글이 달려서 쭉 이어진 것은 thread라고 한다. '인종 차별'은 racial discrimination이 맞지만 '인종 차별적 발언'이라고 할 때는 간단하게 racist comments라고 하면 된다.

예제 이 책을 서점에서 대충 훑어보았는데 별로였다.

I **skimmed through** this book at a bookstore and found it unimpressive.

splurge

돈을 많이 쓰다

051_Ch06_n11_22

우리는 지난달에 하와이 가족 여행을 갔다 오면서 돈을 많이 썼다.

직역 We spent a lot of money on a family trip to Hawaii last month.

네이티브 We **splurged** on a family trip to Hawaii last month.

'돈을 쓰다'는 영어로 spend money이다. 따라서 '돈을 많이 쓰다'라고 하면 '많이'라는 뜻의 a lot of ~를 덧붙여 spend a lot of money라고 할 수 있다. 이것도 틀린 표현은 아니다. 그런데 좀 더 세련되고 영어다운 표현은 이 모든 의미를 하나의 단어로 말하는 것이다. splurge가 바로 그런 동사이다. splurge의 영영사전 정의를 보면 spend extravagantly(낭비하여/사치스럽게 쓰다)로 동사 안에 '많이'라는 뜻이 포함되어 있음을 알 수 있다. 즉, splurge가 spend a lot of money를 대신하는 셈이다. 한국어로는 '~에 큰 돈을 쓰다'로도 번역할 수 있다. 가령, 신발 한 켤레를 샀는데 그 가격이 엄청 비싼 것이었다면 I splurged on a pair of shoes.라고 한다.

예제 그녀처럼 새 옷 사는 데 돈을 펑펑 쓸 수 있는 사람은 많지 않다.

Only few can afford to **splurge** on new clothes like her.

load

많이 넣다, 들어가다

그 식당은 음식에 화학조미료(MSG)를 많이 넣는다.

직역 The restaurant puts a lot of MSG in their food.

네이티브 **The restaurant loads their food with MSG.**
The restaurant's menu is loaded with MSG.

어떤 식당에서 음식에 'MSG를 많이 넣는다'라는 말을 영어로 어떻게 말할까? '넣다'는 put, '많이'는 a lot of ~, 따라서 put a lot of MSG in the food라고 하면 되니까 간단한 문제 같다. 그러나 좀 더 맛깔스런 영어를 원한다면 이런 식의 영어로는 한계가 있다. put a lot of MSG in ~보다 한 단계 더 높은 표현법은 [put + a lot]을 하나의 동사로 표현하는 것이다. load가 바로 그런 동사이다. load는 영영사전에 fill nearly to overflowing(넘칠 정도로 채우다)이라고 나와 있는데 그만큼 많이 넣는다는 뜻을 갖고 있다. 다만 사용법에 주의해야 한다. load MSG in the food라고 하면 'MSG를 음식에 싣다'가 된다. load는 '짐을 싣다'라는 뜻도 있어 We loaded the supplies into the truck.(우리는 보급품을 트럭에 실었다)와 같이 사용하는데 바로 이런 의미로 읽혀진다. 대신에 MSG와 food의 자리를 바꿔서 load the food with MSG라고 해야 한다. 수동태로 하면 The food is loaded with MSG.(음식에 MSG가 잔뜩 들어 있다)가 된다.

예제 대부분의 패스트푸드에는 지방이 많이 들어 있다.
Most fast foods are **loaded** with fat.
Most fast foods **have** a lot of fat **in** them.

gorge oneself on

많이[실컷] 먹다

제주도에서의 첫 번째 날에, 우리는 신선한 해산물을 실컷 먹었다.

직역 On our first day on Jeju Island, we ate a lot of fresh seafood.
On our first day on Jeju Island, we ate fresh seafood to our heart's content.

네이티브 **On our first day on Jeju Island, we gorged ourselves on fresh seafood.**

'~을 많이 먹다'는 '먹다' → eat, '많이' → a lot of ~, 즉 eat a lot of ~가 된다. 이보다 좀 더 세련된 영어 표현을 위해 eat과 a lot of ~의 의미를 모두 담고 있는 영어 동사를 찾아 보자. 가장 대표적인 동사는 gorge로 '배터지게 먹다'라는 뜻을 갖고 있는데 gorge oneself on ~으로 표현한다. 그 외에 '돼지'라는 뜻의 pig를 동사로 사용한 pig out on ~, 또 '성찬'이라는 뜻의 feast를 동사로 쓴 feast on, binge on ~이라는 것도 있는데 한국어의 '폭음/폭식하다'에 해당한다. 가령, '그는 정크 푸드를 주체할 수 없이 먹어 댄다'는 He binges on junk food.라고 한다. 또 명사로 쓰면 '진탕 ~하기'의 뜻이 된다. 보통 on a ~ binge(~을 진탕/많이 하기)의 형태로 쓰이는데, 가령 '나는 어제 술을 진탕 마셨다'는 I went on a drinking binge yesterday.라고 할 수 있고, '나는 요새 초콜릿을 많이 먹는다'는 I'm on a chocolate binge these days.라고 한다. '폭식하는 사람'은 binge eater라고 한다. 이런 단어를 몰라서 eat이라는 동사를 쓰더라도 a lot of ~ 대신 to one's heart's content(실컷, 마음껏)라고 해야 더 영어다운 맛이 난다. 이 표현은 음식 외에도 어떤 것이든 '원하는 만큼', '마음껏' 하라고 표현할 때 사용할 수 있다. 가령, '(내가) 원하는 만큼 쇼핑하다'는 shop to my heart's content가 된다.

예제 어젯밤에 피자를 배터지게 먹었다.

I **pigged out on** pizza last night.

난 오늘 하루 종일 책을 읽었다.

I was **on a** reading **binge** today.

splash

(로션을) 듬뿍 바르다

그는 얼굴과 목에 애프터쉐이브 로션을 듬뿍 발랐다.

직역 **He put a lot of aftershave on his face and neck.**

네이티브 **He splashed aftershave on his face and neck.**

로션을 '바르다'는 영어로 어떻게 말할까? apply ~라는 동사를 쓸 수 있지만 좀 딱딱한 표현이고 일반적으로 put ~ on을 쓴다. put ~ on은 I put on my raincoat.(우비를 입었다.)에서와 같이 '(옷)을 입다'라는 표현으로만 알고 있지만 안경, 모자, 화장품, 연고 등 몸에 걸치거나, 입거나, 바르는 모든 상황에서 쓸 수 있다. 가령, '나는 립스틱을 칠하고 약간의 향수를 뿌렸다'는 I put on lipstick and a dab of perfume.이라고 표현할 수 있다. dab은 '한 번 찍어 바르는 양'을 뜻한다. 그러면 '애프터쉐이브 로션을 듬뿍/많이 발랐다'는 영어로 어떻게 말할까? 가장 쉽게 생각할 수 있는 것은 '많은'이니까 a lot of ~를 써서 I put on a lot of aftershave.이라고 하는 것이다. 이렇게 해도 틀리진 않지만 더 영어다운 표현 방법은 put을 '많이 ~하다'의 의미까지 포함된 동사로 대체하는 것이다. splash가 바로 그런 동사이다. splash water on my face라고 하면 '얼굴에 물을 끼얹다'가 되는데 water를 aftershave으로 바꾸면 그 정도로 많이 바른다는 뜻이 된다. 또 douse라는 동사도 '(물에) 흠뻑 적시다'라는 뜻으로 He doused himself in aftershave.이라고 하면 그 정도로 많이 발랐다는 말이 된다. 향수는 주로 뿌리기 때문에 splash 보다 douse를 써서 She doused perfume on her wrist.(그녀는 손목에 향수를 잔뜩 뿌렸다.)와 같이 표현한다. 또 향수는 put ~ on 외에 spray라는 동사를 써서 I sprayed some perfume on me. 또는 I sprayed myself with some perfume.이라고 한다. '많이 뿌리다'라는 의미를 통합적으로 갖고 있는 동사는 없기 때문에 '향수를 많이 뿌리다'는 liberally라는 부사를 써서 She sprayed herself liberally with perfume.으로 표현한다. 반대로 '살짝/적게 바르다'는 dab이라는 동사를 쓴다. dab은 손끝으로 '톡톡 두드리다'라는 뜻으로, '그녀는 외출하기 전에 향수를 톡톡 두드렸다'는 She dabbed on little perfume for the outing.이라고 한다. dab을 명사로 써서 a dab of ~라고 하면 '~을 톡톡 두드려 바르는 양'을 말한다. 따라서 '향수를 살짝 바르다'를 put on a dab of perfume이라고 할 수 있다.

예제 나는 옷을 입고 손목과 귀 뒤에 향수를 약간 발랐다.

I got dressed and **dabbed** some perfume on my wrists and behind my ears.

flock to

많이 오다, 가다, 있다 (1)

매년 여름 수많은 일본인 관광객들이 이 섬을 찾는다.

직역 **Every summer, a great number of Japanese tourists come to this island.**

네이티브 **Every summer, Japanese tourists flock to this island.**

어느 장소에 '오다'는 영어로 come to ~이다. 그러면 '많은 사람이 ~에 오다'는 Many people come to ~가 된다. 그런데 '많은' → many ~ / a great number of ~와 같이 직역하는 것은 초보적이다. 좀 더 세련된 영어 표현은 '많이 오다'에서 '많이'를 따로 표현하지 않고 그런 의미까지 포함된 동사를 찾아 쓰는 것이다. flock이 바로 그런 동사이다. flock은 새나 동물의 '무리', '떼'라는 뜻의 명사인데, 동사로 써서 flock to ~라고 하면 '많은 수가 ~한 곳에 몰려들다'라는 뜻이 된다. flock과 유사하게 많은 수의 사람이나 동물 등이 한 장소에 몰려 있는 것을 표현하는 영어 동사로는 swarm이 있다. swarm은 명사로는 곤충 등의 '떼'라는 뜻으로, 동사로 쓰면 그만큼 많이 '몰려가다, 몰려 있다'라는 뜻이 된다. 가령, '어떤 식당에서 사건이 나서 제복을 입은 경찰이 몰려든다'는 Uniformed officers swarmed into the restaurant.라고 하고, 그 결과 '식당에 경찰들이 많이 있다'는 The restaurant swarmed with police officers.라고 한다. '군중', '인파'라는 뜻의 throng도 동사로 쓰면 '많은 사람이 모이다, 북적거리다'의 뜻이 된다. '많은 휴양객들이 그 거리에 몰려 붐볐다'는 Vacationers thronged the street.이라고 하거나 The street was thronged with vacationers.라고 한다. '집단', '군중'이라는 뜻의 mass도 동사로 쓰면 '사람이 많이 모이다, 밀집하다'라는 뜻이 된다. 가령, '침공을 위해 많은 병력이 국경에 배치되었다'는 Troops massed along the border for an invasion.이라고 할 수 있다. 어떤 곳에 해충이나 강도 같이 안 좋은 것들이 많이 있다고 할 때는 infest를 기억해 두자. '바다에 해적이 많이 출몰한다'는 The sea is infested with[by] pirates.이다.

예제 매일 수많은 사람들이 이 공원을 찾아 피크닉을 즐긴다.
Every day, countless people **flock to** this park for picnics.

litter with

많이 있다 (2)

그 보고서에는 철자 오류가 많다.

직역 **There are many spelling errors in the report.**

네이티브 **The report is littered with spelling errors.**

'철자 오류'는 spelling error 또는 misspelling이라고 한다. 따라서 '보고서에 철자 오류가 있다'는 There are spelling errors in the report.가 된다. 그럼 '철자 오류가 많다'는 어떻게 말할까? '많다'니까 many나 a lot of ~를 써서 There are a lot of spelling errors.라고 하면 되니까 간단한 문제 같다. 그러나 이것은 매우 초보적인 표현법이다. 좀 더 영어다운 맛이 나게 하려면 [많이 + 있다]를 하나의 동사로 표현하는 방법을 생각해 보자. '철자 오류'는 보고서 여기저기에 있을 테니까 litter라는 동사가 좋다. litter는 '어지르다', '흩어 놓다'라는 뜻으로, '탁자에 병과 종이컵들이 어지러이 널려 있다'는 The table is littered with bottles and paper cups.라고 표현한다. 여기서 table 대신 report를, bottles and paper cups 대신 spelling errors를 넣으면 보고서에 철자 오류가 어질러져 있듯이 많다는 뜻이 된다. littered with ~ 대신 '많이 담긴'이라는 뜻의 loaded를 써서 loaded with spelling errors라고 해도 좋다. 참고로 lard(돼지기름 덩어리)라는 단어를 larded with ~라고 동사로 쓰면 글에 미사여구(flowery words), 상투구(cliché), 인용구(quotation) 같은 것을 많이 넣어 '과장하거나 미화하다'라는 뜻이 있다.

예제 그의 글에는 상투구가 많이 등장한다.
His prose is **larded with** clichés. • prose 글, 소설

역사를 보면 아이디어는 좋은데 성공하지 못했던 예가 많다.
History is **littered with** great ideas that didn't work out.
• work out 성공하다, 잘 되다, 효과적이다

lavish ~ on
(선물을) **많이 주다,**
(관심을) **많이 보이다**

아버지는 해외 여행에서 돌아오실 때면 나에게 선물을 한아름 사다 주셨다.

직역 My father bought a lot of presents for me whenever he returned from an overseas trip.

네이티브 **My father would lavish presents on me from trips abroad.**

'~에게 선물을 많이 사 주다'를 영어로 하라고 하면 보통 buy ~ a lot of presents라고 한다. '사 주다' → buy, '많이' → a lot of ~처럼 직역식으로 표현하기 때문이다. 그런데 이것은 초보적인 영어고 영어다운 맛이 나는 표현은 a lot of ~의 의미가 포함된 하나의 동사를 사용하는 것이다. 누구에게 '많이 주다'라는 의미를 갖고 있는 영어 동사로는 lavish가 있다. 영영사전에 give in abundance(풍부히 주다)라고 정의되어 있는 것만 보아도 '주다'에 '많이'의 의미가 통합된 동사라는 것을 알 수 있다. lavish ~ on ...식으로 표현하면 '~을 …에게 많이 주다'의 뜻이 된다. lavish 뒤에 들어가는 목적어는 present 같은 물질적인 것뿐만 아니라 care(보살핌), attention(관심) 같은 추상적인 것도 된다. 따라서 lavish care on ~은 '~에게 많은 보살핌을 주다' → '정성을 들여 보살펴 주다'가 되고, lavish attention on ~은 '~에게 많은 관심을 주다' → '~에게 신경을 많이 써 주다', '관심을 많이 가져 주다'의 의미가 된다. 무엇을 '많이 주다'의 의미로 '소나기'라는 뜻의 shower를 동사로 써서 shower ~ with ...라고 해도 '~에게 …을 소나기로 퍼붓듯 주다'라는 뜻이 된다. 이 표현을 사용하면 '그녀는 나에게 질문 공세를 퍼 부었다'는 She showered me with questions.가 된다. 참고로 위 〈직역식 표현〉의 My father bought a lot of ~에서 한 가지 틀린 점은 bought라고 과거시제를 쓴 것이다. 위 예문은 '아버지가 돌아올 때마다 선물을 사다 주시곤 했다'라는 뜻이므로 한 번이 아니라 여러 번 거의 습관적으로 했다는 말인데 이런 경우 영어에서는 would를 붙여 표현해야 한다.

예제 어머니는 집안의 화초를 가꾸는 데 많은 정성을 쏟아부으셨다.
My mother **lavished** care **on** the house plants.

heap ~ on
(~을) **많이 하다**

사장님은 오늘 회의에서 해외 영업팀에 대한 칭찬을 많이 하셨다.

직역 In today's meeting, the boss praised the overseas marketing team a lot.

네이티브 **In today's meeting, the boss heaped praise on the overseas marketing staff.**

'~을 칭찬하다'는 praise ~이다. 그러면 '칭찬을 많이 하다'는 영어로 뭐라고 할까? 대부분은 praise 뒤에 '많이'의 뜻으로 a lot을 붙이는 방향으로 생각할 것이다. praise ~ a lot이라고 해도 틀린 건 아니지만 매우 초보적인 표현이다. 좀 더 세련된 표현은 '많이'라는 의미를 a lot이 아니라 동사로 표현하는 것이다. 위 예문에 적절한 단어는 heap이다. heap은 명사로는 '더미'의 뜻이고, 동사로 쓰면 '~을 더미로 쌓다'라는 뜻이 된다. 이런 뜻의 heap을 써서 heap praise on ~이라고 하면 '~에게 더미로 쌓듯이 많이 칭찬하다'라는 뜻이 된다. praise 대신 criticism(비난)을 넣어 heap criticism on ~이라고 하면 '~에게 비난을 퍼붓다'가 된다.

예제 영화 평론가들은 그 영화가 지루하다며 혹평을 쏟아 부었다.
The critics **heaped** criticism **on** the movie for being dull.

sneak
몰래[슬쩍] ~하다

그는 슬쩍 벽에 걸린 시계를 보았다.

직역 He took a look at the clock on the wall secretly.

네이티브 **He sneaked a look at the clock on the wall.**

'~을 보다'는 영어로 take a look at ~이다. 그러면 '~을 슬쩍 보다'는? '슬쩍'이라는 단어 하나만 덧붙여진 것이므로 영어에서도 '슬쩍'의 뜻으로 secretly 같은 부사만 붙이면 된다고 생각하기 쉽다. 그렇지만 원어민들 중에 take a look at secretly라고 말할 사람은 거의 없다. 왜냐하면 영어에서는 secretly를 따로 쓰지 않고 동사에 포함시켜 한 단어로 표현하는 방법이 있기 때문이다. sneak가 그런 동사로, '슬쩍/몰래 ~하다'의 뜻을 갖고 있다. 따라서 take 대신 sneak를 써서 sneak a look at ~이라고 하면 '슬쩍 ~을 보다'라는 뜻이 된다. look뿐만 아니라 무엇이든지 sneak 뒤에 목적어를 넣으면 '슬쩍 ~하다'라는 뜻이 된다. 가령, '담배를 몰래 피우다'도 sneak a smoke라고 한다. sneak 대신 steal(훔치다)을 써서 steal a look[glance] at ~이라고 해도 '몰래 ~을 보다', '~을 훔쳐보다'라는 뜻이 된다.

예제 한 남자 승객이 기내 화장실에서 몰래 담배를 피우려다 잡혔다.
A male passenger was caught trying to **sneak** a smoke in an airplane bathroom.

sneak out of
몰래[슬쩍] 나오다

그는 어둠을 틈타 몰래 집 밖으로 나왔다.

직역 He came out of the house stealthily under cover of darkness.

네이티브 **He sneaked out of the house under the cloak of night.**

'집 밖으로 몰래 나오다'를 영어로 어떻게 말할까? 대부분 '집 밖으로 나오다' → come out of the house, '몰래' → stealthily로 생각할 것이다. 그러나 이런 식의 영어는 한국적인 영어일 뿐이다. 제대로 된 영어는 '몰래'를 stealthily라고 따로 표현하지 않고 [come/go + stealthily] 전체를 하나의 동사로 표현하는 것이다. sneak가 그런 단어이다. sneak into ~라고 하면 '몰래 ~ 안으로 들어가다'가 되고 sneak out of ~는 '몰래 ~ 밖으로 나오다'가 된다. 또 sneak up on ~이라고 표현하면 '몰래 ~에게 다가가다/오다'라는 뜻으로, 인기척도 없이 슬쩍 다가와서 놀라게 하는 사람에게 Don't sneak up on me like that.이라고 한다. 또 나이를 먹는 것과 관련하여 '사람이란 언제 나이를 먹는지 모르게 늙게 마련이다'라는 말도 Old age sneaks up on us.라고 표현하는 것이 영어다운 표현 방법이다. sneak와 비슷한 동사로는 slip이 있다. slip into ~는 '슬쩍 ~ 안으로 들어가다', slip out of ~는 '슬쩍 ~ 밖으로 나오다'라는 뜻이다. 또 우리가 '훔치다'의 뜻으로 알고 있는 steal도 자동사로 쓰면 '몰래 가다/오다'라는 뜻을 갖고 있다. 가령, '암살자는 몰래 왕국에 들어가 왕자를 살해했다'는 The assassin stole into the kingdom and assassinated the prince.라고 할 수 있다. 물론 여기서 stole 대신 sneak와 slip의 과거형인 sneaked, slipped를 넣어도 된다. 마지막으로 skulk라는 동사도 있는데 주로 겁나서, 또는 나쁜 의도를 가지고 눈에 띄지 않게 '살금살금 움직이다'라는 의미를 갖고 있다. 가령, '빚쟁이를 피해 몰래 다니다'는 skulk around to avoid the creditors라고 한다.

예제 경찰에 따르면 그 사람은 토요일 오후에 학교에 몰래 들어갔다고 한다.
Authorities said that the man **sneaked into** the school on Saturday afternoon.

slip

몰래[슬쩍] ~을 넣다, 주다, 가져가다

누군가 몰래 그의 음료에 독약을 넣은 것으로 추정된다.

직역 **It is suspected that someone put poison in his drink secretly.**

네이티브 **It is suspected that someone slipped poison into his drink.**

'독약'은 영어로 poison이고 '~에 독약을 넣다'는 put poison in ~이다. 그러면 '독약을 슬쩍 넣었다'는 영어로 뭐라고 할까? 가장 쉬운 방법은 secretly(비밀리에)와 같이 '슬쩍'에 해당하는 영어 단어를 덧붙여서 put poison in ~ secretly라고 하는 것이다. 그러나 이것은 한국어적인 영어 표현이다. 제대로 된 영어 표현은 '슬쩍'과 '넣다'라는 뜻이 통합된 하나의 동사, slip을 쓰는 것이다. 영영사전에는 place smoothly and quietly(부드럽게 조용히 놓다)라고 나와 있는데 smoothly and quietly가 바로 한국어의 '슬쩍'에 해당한다. slip은 또 '슬쩍 ~을 건네다'라는 뜻도 된다. 가령, 뇌물을 건넬 때는 남이 못 보게 슬쩍 건네므로 '그는 그 남자에게 탁자 밑으로 20달러를 몰래 건넸다'는 He slipped the man a twenty under the table.이라고 한다. sneak라는 동사도 '티가 안 나게 슬쩍 넣다'의 뜻으로 쓸 수 있다. 가령 '특별히 시간을 내서 운동하지 말고 일상 활동 중에 운동을 끼워 넣어라'라고 할 때도 Try to sneak exercise into your daily activities.라고 한다. 또, sneak는 '~을 몰래 가지고 들어가다'의 뜻으로도 쓸 수 있다. 가령, '테러범이 그 건물에 폭탄을 몰래 반입했다'는 The terrorist sneaked a bomb into the building.이라고 한다.

예제 그는 그녀가 앉은 테이블 옆을 지나면서 슬쩍 메모를 건넸다.
He **slipped** her a note while passing by her table.

티 안 나게 일상 식사 속에서 칼슘을 더 많이 섭취할 수 있는 방법을 몇 가지 소개해 드리겠습니다.
Here are some great ways to **sneak** more calcium into your daily diet.

clarify
분명하게 설명하다

이 문제에 대한 당신의 입장을 좀 더 분명히 말씀해 주시겠습니까?

직역 **Could you explain your position on this issue more clearly?**

네이티브 **Could you clarify your position on this issue?**

'더 분명히 ~을 설명하다'를 영어로 직역하면 '설명하다' → explain, '더 분명히' → more clearly, 즉 explain ~ more clearly가 된다. 이것도 문법적으로 말은 되지만 말 그대로 직역식 영어 표현이다. 좀 더 영어다운 표현은 '더 분명히'를 동사에 포함시켜 하나의 단어로 표현하는 것이다. 그런 단어 중 하나가 clarify다. clarify는 영영사전에 make something clearer or easier to understand(어떤 것을 더 이해하기 쉽거나 분명하게 하다)로 나와 있어 explain more clearly의 의미가 다 포함된 단어임을 알 수 있다. 조금 어려운 단어로는 elucidate가 있다.

예제 '공정 경쟁'이 무슨 뜻인지 좀 더 분명히 말씀드리겠습니다.
Let me **clarify** what I mean by a level-playing field.

• level-playing field 공정 경쟁의 장, 공정 경쟁 환경

bustle about
~를 분주히 다니다

052_Ch06_n23_32

그녀는 곧 도착할 손님을 맞이하느라 부산스럽게 집을 치우며 다녔다.

직역 **She went about the house busily, cleaning the house to receive the guests who would arrive soon.**

네이티브 **She bustled about the house, cleaning up for the guests who would arrive soon.**

'집안을 돌아다니다'는 go about the house라고 할 수 있다. 다만, 거기에 busily(바쁘게)와 같은 말을 붙여 만든 go about the house busily는 상당히 어설픈 표현이다. 이런 경우에는 '분주하게'라는 의미를 담고 있는 동사, bustle을 쓴다. 영영사전에도 move busily라고 나와 있듯이 동사 안에 busily의 의미가 포함되어 있다. 따라서 '집안을 돌아다니다'는 go about the house busily가 아니라 bustle about the house라고 해야 한다. bustle은 동사로 '활기차게 북적거리다'라는 뜻도 있다. 가령, '이 거리는 항상 관광객으로 북적거린다'는 The street always bustles with tourists.라고 한다. bustle은 '북적거림'이라는 명사로도 쓰인다. 가령, '북적거리는 도시를 떠나 한가한 휴가를 즐겨 보세요'는 Enjoy a quiet vacation away from the bustle of the city.가 된다.

예제 그는 참치 샌드위치와 아이스티를 만드느라 부엌에서 부산스럽게 왔다 갔다 했다.
He **bustled about** the kitchen, making tuna sandwiches and ice tea.

zoom by
(차가) 빨리 가다

낡은 트럭 한 대가 먼지를 일으키며 빠른 속도로 지나갔다.

콩글리시 **An old truck passed by at fast speed, raising dust.**

네이티브 **A beat-up truck zoomed by, kicking up a cloud of dust.**

차가 '지나가다'는 영어로 pass by라고 할 수 있다. 가령, '쓰레기차 한 대가 지나갔다'는

A garbage truck passed by.가 된다. 그런데 그냥 지나가는 것이 아니고 '빠른 속도로' 지나갔다면 어떻게 말할까? 대부분 pass by 뒤에 '빠른 속도로'에 해당하는 영어 표현을 찾아 덧붙이려 할 것이다. '빠른 속도로'를 영어로 at fast speed라고 하면 틀린다. fast가 아니라 at high speed라고 해야 한다. fast, slow를 쓰려면 speed가 아니라 pace를 써서 at fast pace라고 해야 한다. 이렇게 해서 pass by at high speed라고 하면 말은 되지만 원어민은 쓰지 않는 직역식 영어가 될 뿐이다. 이때는 pass라는 동사 대신 단어 안에 '빠른 속도로'의 의미까지 포함하고 있는 영어 동사를 찾아 써야 영어다운 영어가 된다. 차가 '빠른 속도로 가다'의 뜻으로 쓰이는 영어 동사로는 '붕 소리를 내며 가다'라는 뜻의 zoom, 채찍이 공중을 가르듯 '휙 하고 가다'라는 뜻의 whip, 번개같이 '번쩍하고 지나가다'라는 뜻의 streak, 돌진하듯 '달려가다'라는 뜻의 hurtle, '쉭 소리가 나듯 빨리 가다'라는 뜻의 whiz가 있다. 이런 동사 뒤에 by를 붙이면 '빠른 속도로 지나가다'가 된다.

예제 그 차는 어둠이 내린 길을 쏜살같이 달려 내려갔다.
The car **whipped** down the darkened road.

두 대의 군용 트럭이 도로를 질주해 내려오는 것이 보였다.
I saw two army trucks **hurtling** down the road.

spell out

자세히 설명하다

그는 자신의 회사가 현금 부족을 겪은 이유를 자세히 설명했다.

직역 **He explained in detail the reasons why his company was experiencing a cash shortage.**

네이티브 **He spelled out why his company was in a cash crunch.**

'자세히 설명하다'를 영어로 표현한다면 가장 먼저 생각나는 단어는 '설명하다'라는 뜻의 explain이다. 그리고 그 뒤에 '자세히'라는 뜻의 in detail 같은 표현을 붙인다. explain ~ in detail은 틀린 표현은 아니다. 그러나 문제는 한국어를 단어 대 단어로 영어로 옮겨서 생각해 낸 표현이라는 점이다. 그러다 보니 더 영어다운 표현은 생각해 내기 어렵다. 가능하면 직역식 영어를 버리고 영어적 관점에서 표현을 찾아야 한다. 여기서 영어적 관점은 '자세히'를 따로 표현하려 하지 말고 동사에 포함시켜 하나의 단어로 표현하는 것이다. 이런 의미를 가진 동사가 여럿 있다. expound는 영영사전에 give a detailed explanation of ~(~에 대한 자세한 설명을 주다)로, [자세히 + 설명하다]가 하나의 동사에 포함되어 있다. expound는 약간 격식을 갖춘 단어이고, 구어체로는 spell ~ out이라는 표현이 있다. spell은 말 그대로 '~의 스펠링을 대다'라는 의미이며 스펠링을 대듯이 자세히 설명한다는 뜻이다. 또 어떤 내용을 '좀 더 자세히 설명하다'도 직역하면 explain ~ in greater detail이 되는데 이런 뜻을 가진 동사로는 elaborate on ~, expand on ~, amplify on ~ 등이 있다. 예를 들어, '이 목적을 달성하기 위하여 저희가 어떤 계획을 갖고 있는지 좀 더 자세히 말씀드리겠습니다'는 I'd like to elaborate on how we plan to achieve this goal.이다. '현금 부족'에서 '부족'은 shortage라는 단어 외에 crunch라는 단어도 자주 쓰인다. 또, '겪고 있다'는 is experiencing ~이라고 진행형으로 표현해도 되지만 be in a cash crunch와 같이 전치사를 써서 표현하는 것도 좋다.

예제 이 부분에서는 설치 과정을 네 단계로 나눠 자세히 말씀드리겠습니다.
In this part, I will **spell out** the set-up procedure in four stages.

그러면 실례를 들어가며 각 포인트를 자세히 설명해 드리겠습니다.
Now, I will **elaborate on** each of these points with some real-life examples.

comb through
살살이 뒤지다

그 웹사이트를 샅샅이 뒤져서 몇 가지 독특한 요리법을 찾았다.

직역 **I searched the website thoroughly and found some unique recipes.**

네이티브 **I combed through the website and found some great original recipes.**

인터넷을 '뒤지다'는 '검색하다'의 뜻이므로 search ~이다. 그러면 '샅샅이 뒤지다'는? 대부분 '샅샅이'는 영어로 무엇일까 고민하다가 everywhere(모든 곳을), thoroughly(철저하게)와 같은 단어를 search 뒤에 붙여 쓴다. 이렇게 한국어를 단어 대 단어로 영어로 옮겨도 틀리지는 않지만 영어의 진짜 묘미는 한국어에서 '샅샅이 뒤지다'와 같이 부사와 동사로 표현하는 것을 하나의 동사로 표현하는 것이다. comb이 바로 search라는 기본 의미에 thoroughly라는 플러스 알파의 의미를 갖고 있는 동사이다. comb은 명사로는 '머리빗'의 뜻이고 동사로 쓰면 머리빗으로 쓸듯이 '샅샅이 뒤지다'라는 뜻이 된다. 영영사전의 정의는 search very carefully(매우 자세히 뒤지다, 검색하다)로, very carefully의 의미가 동사에 포함되어 있으며 보통 comb through ~의 형태로 사용한다. comb과 거의 유사한 뜻의 동사로 scour가 있다. comb과 마찬가지로 search thoroughly의 의미를 갖고 있다. 가령, '나는 매일 구직 광고를 찾아 신문을 샅샅이 뒤져 보았다'는 Every day, I scoured through the newspapers for jobs.라고 한다.

예제 수사관들은 단서를 찾기 위해 그 장소를 샅샅이 뒤졌다.
The investigators **combed through** the place for clues.

ebb away
서서히 사라지다

9시 출근, 5시 퇴근이라는 전통적 근무 방식이 점점 사라지고 있다.

직역 **The traditional nine-to-five work method is slowly disappearing.**

네이티브 **The traditional nine-to-five work day is ebbing away.**

'점점/서서히 사라지다'를 영어로 하라고 하면 대부분 '사라지다'라는 뜻의 disappear를 먼저 생각해 낸 후 뒤에 '천천히'라는 뜻의 slowly 또는 '점차적으로'라는 뜻의 gradually 같은 부사를 붙일 것이다. 이렇게 '동사'와 '부사'를 따로 생각하는 것은 한국어의 영향을 받은 것이다. 좀 더 맛깔스런 영어를 구사하고자 한다면 처음부터 slowly나 gradually의 뜻이 포함된 동사를 생각해 낼 수 있어야 한다. 영어에는 그런 동사가 여럿 있다. '썰물'이라는 뜻의 ebb을 동사로 써서 ebb away라고 하면 '썰물이 나가듯 천천히 줄어들다/사라지다'라는 뜻이 된다. 또 fade away는 색이나 형태가 희미해지듯 '점차 사라지다/없어지다'라는 뜻이다. 가령, '희망이 점차 사라진다'는 Hope is fading away.라고 하고 '전통적인 서적 판매 방식이 점차 사라져 간다'는 The traditional method of selling books is fading away.가 된다. 연관된 표현으로 크기가 '점차 줄어들다'라는 뜻으로는

dwindle이 있고, taper off는 세기가 '점차 약해지다, 줄어들다'라는 뜻이다. 가령, '타미플루에 대한 전 세계의 수요가 점차 줄어들고 있다'는 Global demand for Tamiflu is tapering off.라고 할 수 있다.

예제 "한두 시간 눈 좀 붙여야겠어." 화가 조금씩 누그러지기 시작한 영호가 말했다.
"I'm going to get a few hours' sleep." Yeong-ho said, his anger **ebbing away**.

대가족 제도가 점점 사라지고 있다.
The joint family system is **fading away**.

drift off to

서서히 잠들다

그녀는 콧노래로 자장가를 부르며 아기가 서서히 잠드는 것을 지켜보았다.

직역 **She hummed a lullaby and watched her baby fall asleep slowly.**

네이티브 **She hummed a lullaby and watched her baby drift off to sleep.**

'잠들다'는 fall asleep, 따라서 '서서히 잠들다'는 fall asleep slowly라고 생각할 수 있다. 그러나 제대로 영어를 구사하는 원어민 중에 이런 식의 표현을 쓰는 사람은 없다. 한국어처럼 '서서히'를 slowly라고 따로 표현하지 않고 그런 의미를 담고 있는 동사를 찾아 쓰는 것이 제대로 된 영어 표현법이다. 위의 경우 drift가 그 해법이다. drift는 move unhurriedly and smoothly(서두르지 않고 부드럽게 움직이다)라고 영영사전에 나와 있듯이 표류하듯 서서히 움직이는 의미를 갖고 있다. 이 동사를 써서 drift off to (sleep)라고 하면 마치 서서히 표류하듯 잠으로 빠져든다는 의미가 된다. 그 외에도 '콘서트가 끝난 후 관객들이 하나 둘씩 서서히 빠져나가기 시작했다'라는 말도 drift를 써서 After the concert, the audience started drifting away.라고 한다.

예제 그녀는 그를 보고 힘없게 미소를 짓고는 다시 서서히 잠에 빠져들었다.
She gave him a weak smile and **drifted off** back **to sleep**.

dwindle

서서히 줄어들다, 작아지다

그녀는 그의 자동차가 점점 작아져 사라질 때까지 창가에 서 있었다.

직역 **She stood at the window until his car grew smaller and smaller and disappeared.**

네이티브 **She stood at the window until his car dwindled to a speck and vanished.**

크기가 '점점 작아지다'를 영어로 get[grow] smaller and smaller라고 하는 학습자들이 많다. '작은'은 small, '~해지다'는 get 또는 grow, 그리고 '점점'은 small을 비교급으로 해서 반복하는 식으로 한국어를 직역한 것이다. 이것도 틀린 것은 아니지만 초등 영어 같은 느낌이 난다. 한국어에서는 '점점'과 '작아지다'로 단어가 나뉘지만 영어에서는 전체를 하나의 동사로 써야 영어다운 맛이 난다. 대표적인 것이 dwindle이다. dwindle은 '작아지다'나 '적어지다'라는 기본 의미에 '점점'의 뜻이 포함된 단어이다. '점점'의 의미 없이 그냥 '작아지다', '적어지다'도 grow[get] smaller 대신 shrink(줄어들다, 작아지다), diminish(줄어들다) 같이 한 단어로 표현할 수 있는 동사를 생각할 수 있어야 한다. 영어에는 '점점 작아지다/줄어들다'의 의미를 표현하는 동사들이 많다. 가령, taper는 '점점 가늘어지다/좁아지다'라는 뜻으로, taper off라고 하면 '점점 줄어들다/약해지다'라는 의미가 된다. 즉, '~에 대한 수요가 점차 줄고 있다'는 Demand for ~ is tapering off.라고 하면 된다. peter out도 '점차 가늘어지다, 사라지다, 소멸되다'의 뜻으로 쓰인다. 가령, '주택 건설 붐이 점차 식어 간다'는 The housing boom is petering out.이다. 또, 달이 '기울다'라는 뜻의 wane도 무엇이 '점차 약해지다/쇠퇴하다'의 뜻으로 쓰인다. 가령, '~의 유행이 점차 약해진다'는 ~'s popularity is waning.이다. '말끝이 점차 약해지다/흐려지다'의 뜻으로는 trail off라는 표현을 쓴다. 또 효과가 '점차 줄어들다'의 뜻으로는 wear off라는 표현을 쓰면 좋다. 가령, '약의 기운이 점차 떨어진다'는 The medication is wearing off.라고 한다.

예제 고래의 개체 수는 멸종 위기에 처할 정도로 점차 줄어들고 있다.
The whale population is **dwindling** to near extinction.

농가의 순소득은 1980년대에 점차 줄어들기 시작했다.
Net farm income began to **tail off** during the 1980s.

시장에 대한 신뢰도가 점차 줄어들고 있다.
Public confidence in the market is **waning**.

초기 주문 쇄도가 끝난 후 아이패드 주문량은 조금씩 줄어들고 있다.
After an initial rush, iPad orders are **tapering off**.

"그냥 눈물이 나와요."라며 그녀는 말끝을 흐렸다.
"It just makes me cry." She said, her voice **trailing off**.

breeze to victory

쉽게 승리하다

그녀는 시 의회 선거에서 총 투표수의 67퍼센트를 얻어 손쉽게 승리하였다.

직역 **She won the City Council election easily by gaining 67 percent of the total votes.**

네이티브 **She breezed to victory in the election for the seat on the City Council by winning 67 percent of the vote.**

'승리하다'는 영어로 win이니 '쉽게 승리하다'라고 하면 대부분의 사람들은 easily(쉽게)를 붙여 win easily라고 한다. win ~ easily는 말은 되지만 서툴기 짝이 없는 표현이다. 좀 더 세련된 영어다운 표현은 '쉽게'의 의미를 동사로 표현하는 것이다. [쉽게 + 승리하다]를 통합적으로 표현하는 동사로는 breeze가 있다. breeze는 '산들바람'이라는 뜻으로, 동사로는 '쉽게 무엇을 한다'는 뜻이다. breeze는 영영사전에서는 progress swiftly and effortlessly(신속히 힘들이지 않고 앞으로 나아가다)라고 정의되어 있다. 따라서 breeze to victory라고 하면 '쉽게 승리에 이르다'가 된다. breeze와 비슷한 용도로 쓰이는 동사로 '항해하다'라는 뜻의 sail이 있다. sail to victory라고 해도 물 위를 미끄러져가듯 쉽게 승리에 이른다는 뜻이 된다. 유사하게 '순항하다'라는 뜻의 cruise를 써서 cruise to victory라고 해도 된다.

예제 베어스는 타이거즈를 8대 1로 쉽게 물리쳤다.
The Bears **cruised to** an 8 to 1 **victory** over the Tigers.

sail through

쉽게 통과하다, 합격하다

온라인 강좌 덕분에 나는 중개사 시험에 쉽게 합격했다.

직역 Thanks to the online classes, I passed the broker's exam easily.

네이티브 **The online courses helped me sail through the broker's exam.**

시험에 '통과하다'는 영어로 pass ~이다. 따라서 '쉽게 통과하다'는 pass ~ easily가 된다. 이렇게 한국어를 직역하는 식으로 표현해도 의미는 통한다. 그렇지만 매우 초보적인 표현이다. 영어다운 맛을 내려면 '쉽게'를 easily로 따로 표현하지 않고 그런 의미를 가진 동사를 쓴다. 가령, sail은 동사로 '항해하다'인데 '항해하듯 쉽게 나가다'라는 뜻도 있다. 이런 의미를 활용해서 sail through ~라고 하면 '~ 과정을 쉽게 마치다/끝내다'라는 뜻이 된다. 가령, 십 대는 정신적 고민이나 방황을 많이 한다는데 그런 시기를 '쉽게 보냈다'라는 말도 I sailed through my teen years.라고 하면 맛깔스런 영어가 된다. 비슷한 표현으로 '산들바람'이라는 뜻의 breeze를 동사로 써서 breeze through ~라고 할 수 있다. 가령 '공항 검색대를 쉽게 통과했다'는 I breezed through airport security.라고 한다. 또 '순항하다'라는 뜻의 cruise를 써서 cruise through ~라고 해도 좋다. 가령, '고등학교를 힘들게 공부하지 않고 놀면서 나왔다'라고 할 때도 I cruised through high school.이라고 한다. 어려운 책을 '쉽게 읽어 냈다'도 I cruised through the book.이라고 할 수 있다.

예제 그녀는 일본어를 잘해서 그 코스를 쉽게 끝냈다.
Her fluency in Japanese enabled her to **breeze through** the course.

ease into

쉽게 (~을) 시작하다, (~에) 접어들다

아로마 테라피 덕분에 나는 쉽게 숙면에 빠질 수 있다.

직역 Thanks to the aroma therapy, I can fall into a deep sleep easily.

네이티브 **The aroma therapy really helps me ease into a deep night's sleep.**

'잠들다'는 영어로 fall asleep 또는 fall into sleep이다. 그럼 '쉽게 잠들다'는? 대부분 fall asleep easily라고 할 것이다. 이것도 말이 안 되는 것은 아니지만 easily의 의미를 동사에 포함시켜 표현하는 것이 보다 영어답다. fall into sleep은 '잠 속으로 빠지다'인데 fall 대신 '쉽게'의 의미가 덧붙은 동사를 찾는다. ease가 바로 그런 동사이다. ease는 명사로는 '쉬움'이지만 동사로 쓰면 '쉽게/부드럽게 ~하다'라는 의미로 사용된다. 따라서 ease into sleep이라고 하면 '쉽게 잠에 들어가다', 즉 '쉽게 잠들다'의 뜻이 된다. 이렇게 ease into ~는 '~한 상태[습관, 활동]를 쉽게/부드럽게 시작하다'라는 뜻으로 사용된다. 가령, 어떤 껄끄러운 주제에 관한 이야기를 할 때 '이야기를 부드럽게 시작하다'는 ease into the subject(주제로 쉽게/부드럽게 들어가다)라고 한다. 또 '새로운 학교 생활을 쉽게 시작하다'도 ease into the new school life라고 하면 된다. ease 뒤에 목적어를 넣어 ease ~ into ...라고 하면 '~가 쉽게 …하게 해 주다'라는 뜻이다. 가령 '아이가 새로운 학교 생활을 쉽게 시작하게 해 주다'는 ease the kid into the new school life라고 한다.

예제 그 책에는 아이들로 하여금 쉽게 건강식을 접할 수 있도록 해 주는 실용적인 아이디어들이 많이 담겨 있다.
The book is filled with practical suggestions for **easing** your kids **into** a healthy diet.

flash

신속히 퍼지다, 알려지다

053_Ch06_n33_44

그 소식이 신속히 전국으로 퍼지면서 국민들은 충격과 분노를 표명했다.

직역 **As the news spread quickly across the nation, people expressed shock and anger.**

네이티브 **As the news flashed across the nation, people reacted with shock and rage.**

'퍼지다'는 영어로 spread이다. 따라서 '신속히 퍼지다'는 한국어처럼 단어별로 표현하면 spread quickly가 된다. 말뜻은 통하지만 매우 초보적인 표현이다. 좀 더 세련된 영어다운 영어는 '신속히'와 뉴스가 '빨리 퍼지다'라는 의미를 통합적으로 갖고 있는 동사 flash를 쓰는 것이다. flash는 한국어에서도 카메라의 '플래시'라고 쓰듯이 명사로 '섬광', '번쩍임'이라는 뜻인데, 동사로 쓰면 '순간적으로 움직이다'라는 의미로 사용된다. flash는 자동사, 타동사로 둘 다 쓰이기 때문에 News flashed ~(뉴스가 순식간에 퍼졌다)라고 하거나 News was flashed ~(뉴스가 순식간에 퍼뜨려졌다)라고 해도 된다.

예제 총격 사건 소식이 신속히 전 세계에 전파되었다.
The news of the shooting was **flashed** around the world.

dwell on

자꾸[오래] 생각하다, 이야기하다

옛날 일을 자꾸 생각해야 무슨 소용이 있니?

직역 **What is the use of thinking about past things repeatedly?**
What is the use of keeping thinking about past things?

네이티브 **There is no point dwelling on the past.**

'~에 대해 생각하다'는 영어로 think about[of] ~이다. 그러면 '자꾸 생각하다'는 어떻게 표현할까? 우선 '자꾸'라는 뜻의 영어 표현을 찾아서 한국어처럼 뒤에 붙이는 방법이 있을 것이다. again and again, over and over, repeatedly(반복해서) 같은 표현을 예로 들 수 있다. 또 다른 방법은 '계속 ~하다'의 뜻으로 학교에서 배운 keep -ing를 사용할 수 있다. 이런 식으로 표현해도 뜻은 전달되니까 만족할 수 있지만 좀 더 세련된 표현법을 찾는다면 '자꾸'라는 의미를 동사에 같이 묻어서 표현하는 법을 택하면 좋다. 즉, '자꾸 생각하다'의 의미를 갖고 있는 동사, dwell을 쓰는 것이다. 원래 dwell은 '살다', '거주하다'라는 뜻인데 dwell on ~으로 표현하면 어떤 문제에 거주하듯 '오래/반복해서 생각하다, 말하다'라는 뜻이 된다. 주로 안 좋거나 기분 나쁜 일에 관해 자꾸 생각하는 상황을 묘사할 때 사용된다. '~해야 소용이 없다'는 What is the use[point] of -ing?(~해야 무슨 소용이 있나?), There is no point -ing.(~해야 소용이 없다) 등의 표현을 사용한다.

예제 우리는 그렇게 사소한 일을 오래 생각할 시간이 없다.
We don't have time to **dwell on** such trivial issues.

• trivial 사소한

이 문제는 그만 이야기합시다. 그것에 관해 자꾸 이야기해 봐야 얻을 것이 없습니다.
Let's not **dwell on** this. There's no point going on about it anymore.

• go on about ~에 관해 계속해서 이야기하다

study

자세히 (살펴)보다

그녀는 벽에 걸린 액자 사진을 자세히 쳐다보았다.

직역 **She looked closely at the framed photograph hung on the wall.**

네이티브 **She studied the framed photograph on the wall.**

'~을 보다'는 look at ~이다. 그러면 '~을 자세히 보다'는? 대부분 carefully(자세히)를 뒤에 붙이는 식으로 생각할 것이다. 한국어를 영어로 하나하나 바꾸다 보니 영어에서도 '보다'와 '자세히'를 따로 표현하게 된다. 그러나 발상을 바꿔 '자세히 보다'를 하나의 통합된 의미로 보고 그런 의미를 담고 있는 동사 하나로 표현해 보자. 그러면 look at ~ closely 대신 study라는 동사를 생각할 수 있다. study ~는 대부분 '~을 공부하다'라는 뜻으로 알고 있지만 '~을 자세히/꼼꼼히 살펴보다'의 뜻으로도 사용된다. 영영사전에 examine closely(면밀히 검토하다)라고 정의가 나와 있는 것을 봐도 동사 안에 '자세히'라는 부사의 의미가 포함되어 있음을 알 수 있다. 가령, '그녀는 자신의 손을 자세히 들여다보았다'는 She studied her own hand.가 된다. 이와 유사한 동사로 scrutinize가 있다. 영영사전의 정의는 examine very carefully로 study와 거의 똑같다. 가령, '이민국 직원이 그의 서류를 자세히 살펴보았다'는 The immigration officer scrutinized his papers.이다.

예제 그는 안경 너머로 청년을 자세히 뜯어보았다.
He **studied** the young man over the rims of his glasses. • rim 테두리

"반송 주소가 안 적혀 있네요." 그녀는 흰 봉투를 자세히 살펴보며 말했다.
"There's no return address," she said, **studying** the white envelope.

pore over

꼼꼼하게 차분히 읽다, 자세히 보다

이 책의 매 페이지를 꼼꼼히 읽었는데 정말 재미있었다.

직역 **I read every page of this book carefully, and it was really interesting.**

네이티브 **I pored over each page of this book and really savored it.**

'~을 읽다'는 read이다. 따라서 '~을 자세히/꼼꼼하게 읽다'는 read ~ carefully라고 하면 될 것 같다. 물론 이렇게 해도 틀린 건 아니다. 그러나 이렇게 한국어를 직역하는 식으로 영어를 하면 영어다운 영어를 구사하는 데 오히려 장애가 된다. 좀 더 세련된 영어 표현법은 '꼼꼼하게'의 의미를 carefully 같은 별도의 단어로 표현하는 대신, 그런 의미 자체가 포함된 '읽다'라는 의미의 동사를 찾아 쓰는 것이다. '~을 자세히 읽다'의 통합적 의미를 가진 동사 표현은 pore가 있다. pore는 영영사전에 read or study carefully(꼼꼼하게 읽다, 쳐다보다)라고 설명되어 있어 단어 자체에 carefully의 의미가 담긴 것을 알 수 있다. 이 단어는 pore over ~의 형태로 사용한다. 가령, 신문의 '사설 광고란'을 꼼꼼히 읽었다면 I pored over the classifieds.라고 한다. pore over ~는 읽는 것뿐만 아니라 무엇을

자세히 들여다보는 상황에서도 쓸 수 있다. 가령, 앨범을 보면서 사진을 자세히 들여다본다면 pore over pictures라고 한다. '~을 자세히 읽다'라는 통합적 의미를 가진 또 다른 동사로 peruse가 있다. 격식체 동사로 일반 대화에서는 잘 사용되지 않지만 글에서는 사용된다. 가령, 새로운 전자제품을 배달받아서 '상자를 연 후 먼저 사용 설명서를 꼼꼼히 읽어보았다'는 After opening the box, I first perused the manual.이다. 위 예문에서 '~이 정말 재미있었다'는 ~ was very interesting.이라고 해도 되지만, I really enjoyed it.(그것을 정말로 즐겼다)이라고 I를 주어로 할 수도 있다. 또 enjoy 대신 savor라는 동사도 기억해 두자. enjoy와 뜻이 같지만 음식의 맛을 음미하듯 '천천히 즐기다'의 의미를 갖고 있다.

예제 나는 그녀가 사무실 책상에 앉아 서류를 꼼꼼히 검토하고 있는 것을 보았다.
I found her in her office, **poring over** papers at her desk.

요새 집안 분위기를 바꿀 수 있는 좋은 아이디어를 찾으려고 인테리어 잡지를 꼼꼼히 살펴보고 있습니다.
Lately, I've been spending some time **poring over** decorating magazines for ideas to jazz up my home.

• jazz up ~을 더 신나게[매력적으로] 만들다

croon
(노래를) **작게 부르다**

그녀가 자신의 최고 히트곡인 '천사의 꿈'을 나지막하게 부르기 시작하자 관객들은 일제히 숨을 죽였다.

직역 **As she started singing her biggest hit song 'Angel's Dream' in a soft, low tone, the audience became quiet.**

네이티브 **As she began crooning her biggest hit 'Angel's Dream,' the audience held their breath.**

노래를 '부르다'는 영어로 sing (a song)이다. 그러면 '나지막한 소리로 노래하다'는? 대부분 sing이라는 기본 동사는 그대로 두고 뒤에 '나지막한 소리로'에 해당하는 영어 표현을 붙이는 식으로 생각할 것이다. 그래서 in a soft, low tone(부드러운 낮은 톤으로)과 같은 표현을 생각해 내 덧붙인다. 좀 더 세련된 영어 표현을 위해 '노래하다'라는 뜻에 '나지막한 소리로'라는 플러스알파의 의미가 포함된 동사를 찾아 써 보자. croon이 바로 그런 동사이다. 영영사전에는 sing or talk in a sweet low voice(달콤한 낮은 목소리로 노래하거나 말하다)라고 나와 있어 '나지막한 소리로'의 의미가 동사에 포함되어 있음을 알 수 있다. 이와 비슷한 동사로 hum이 있다. hum은 입을 벌리지 않고 노래하는 것으로, 한국어에 '흥얼거리다'에 해당한다. '숨을 죽이다'는 become quiet(조용해지다)라고 해도 좋지만 become 대신 fall을 써서 fall silent라고 해도 좋다. 또, '숨을 죽이다'라는 한국어에 가까운 표현으로 hold one's breath(숨을 참다)를 써도 좋다. 좀 더 문학적으로 표현하려면 silence(침묵)를 주어로 해서 an anticipatory silence fell over the audience(기대에 찬 침묵이 관객 위로 떨어졌다)라고도 할 수 있다.

예제 '불쌍해라!' 그녀는 강아지에게 속삭이듯 말했다.
'Poor thing!' she **crooned** to the puppy.

어머니는 밥상을 차리며 노래를 흥얼거리셨다.
Mother **hummed** a song as she set the table.

chapter 06 동사로 다양하게 표현하기

belt out

큰소리로 노래하다

무대에서 키가 작은 중년 남성이 큰소리로 프랭크 시나트라의 노래를 부르기 시작했다.

직역 On stage, a short, middle-aged man started singing a Frank Sinatra song in a loud voice.

네이티브 **On stage, a pudgy, middle-aged man belted out a Frank Sinatra song.**

'큰소리로 노래하다'를 나눠서 영어로 '노래하다' → sing, '큰소리로' → aloud, in a loud voice라고 하는 건 틀린 건 아니지만 영어적 관점에서 보면 매우 초보적인 수준이다. 좀 더 영어다운 영어는 '큰소리로'를 in a loud voice라고 하지 않고 '큰소리로 노래하다'라는 의미를 가지고 있는 동사로 belt를 쓰는 것이다. belt는 명사로는 '허리띠', 동사로는 '띠로 두르다'라는 뜻이지만 구어로는 '큰소리로 (노래를) 부르다'라는 뜻이 있으며 belt out (a song)의 형태로 사용된다. '큰소리로 말하다'의 뜻인 bellow라는 동사도 뒤에 노래를 넣어 bellow out (a song)이라고 하면 '큰소리로 노래하다'가 된다. 가령, 국가 대항 경기에서 '캐나다 팬들이 자국의 국가를 큰소리로 노래했다'는 The Canadian fans bellowed out their national anthem.이라고 할 수 있다.

예제 그는 기타를 어깨에 걸치고 애창곡 몇 곡을 큰소리로 불렀다.
He strapped on his guitar and **bellowed out** a few of his favorite songs.

mount

점차 늘어나다

저지방 우유가 우리가 생각하는 것처럼 건강한 음식이 아니라는 것을 보여 주는 연구 결과가 점차 늘어나고 있다.

직역 Research results are increasing gradually, showing that low-fat milk isn't as healthy a food as we think.

네이티브 **Evidence is mounting that low-fat milk isn't as healthy as we have been told.**

'점차 늘어나다'를 영어로 하라고 하면 대부분 '늘어나다' → increase를 먼저 생각한 후 뒤에 '점차' → slowly나 gradually를 붙이는 방식으로 생각할 것이다. 그러나 좀 더 세련된 표현 방식은 이렇게 두 단어로 나누지 않고 '점차 늘어나다' 전체를 하나의 동사로 표현하는 것이다. mount가 바로 그런 동사이다. mount는 점차적으로 꾸준히 늘어 가는 상황을 뜻한다. 가령, '국가의 부채가 점차 늘어나고 있다'는 National debt is mounting.이 된다. 좀 더 빠르게 늘어나는 경우에는 swell이라는 동사를 쓰면 좋다. swell은 타박상의 부위가 붓듯이 '부풀다', '팽창하다'의 뜻을 갖고 있다. 더 크게 늘어나는 경우에는 snowball이 있다. 명사로 '눈덩이'인데 눈덩이가 언덕을 굴러 내려오며 크기가 커지듯 '눈덩이처럼 불어나다'라는 뜻을 갖고 있다. 위의 예문에서 '연구 결과'는 한국어 그대로 하면 research results가 맞지만 보통 research findings라고 한다. 또 evidence(증거)라고 해도 문맥에 따라 '연구 결과'로 받아들여진다.

예제 무역 및 재정 적자가 점점 늘어나면서 사상 최고를 기록했다.
Trade and budget deficits are **swelling**, with both hitting record highs.

pinpoint
정확히 짚어 말하다, 찾아내다

이 요소들 중 어느 것이 문제의 원인인지는 정확히 짚어내기 힘들다.

직역 **It's hard to point out exactly which of these factors is the cause of the problem.**

네이티브 **It's hard to pinpoint which of these factors is causing the problem.**

'~을 짚다'는 영어로 point ~ out(~을 지적하다, 가리키다)이라고 할 수 있다. 여기에 '정확히'라는 수식어를 붙여 말한다면 영어에서도 precisely(정확하게), exactly(정확히)라는 부사를 붙이면 될 것이다. 이렇게 해서 point out exactly ~라고 표현해도 되지만 '정확히'라는 의미까지 담고 있는 동사 하나를 찾아 쓰는 것이 더 세련된 영어 표현법이다. pinpoint가 바로 그런 단어이다. 명사로 '핀의 끝'이라는 뜻인데 동사로 쓰면 핀의 끝으로 찍듯이 '정확히 짚다, 지적하다'라는 뜻이 된다. 영영사전의 정의는 locate or identify with precision(정확하게 위치를 찾아내거나 식별해 내다)으로 '정확히'의 뜻이 동사에 포함되어 있음을 알 수 있다. 유사한 표현으로 pin을 동사로 써서 pin ~ down이라고 해도 핀으로 고정시키듯이 '정확히 밝혀내다'라는 뜻이 된다. 가령, '이 문제의 원인을 정확히 짚기 어렵다'는 It's hard to pin down what is causing this problem.이라고 할 수 있다. 또 put one's finger on ~이라는 관용 표현도 '정확히 짚어 말하다'의 뜻을 갖고 있다. 가령, 어떤 사람에 대하여 '그에게 무엇인가 달라진 점이 있는데 정확히 짚어 말하지 못하겠다'는 Something is different about him, but I can't put my finger on it.과 같이 표현할 수 있다.

예제 이 줄기 세포 기술을 활용하면 많은 질병의 원인을 정확히 짚어낼 수 있을 것이다.
This stem cell technology will enable us to **pinpoint** the cause of many illnesses.

그 개념은 정확히 짚어 설명하기 어렵다.
The concept is hard to **pin down**.

drizzle
(비가) **조금씩 내리다**

우리가 공원에 들어갈 때 비가 조금씩 내리기 시작했지만 많이 오지는 않았다.

직역 **As we entered the park, it started raining little, but it didn't rain a lot.**

네이티브 **As we entered the park, it started drizzling but it never poured.**

'비가 내리고 있다'는 영어로 It is raining.이다. 그러면 '비가 조금씩 내리고 있다'는? 대부분 '조금씩'이니까 a little을 붙여서 It is raining a little.이라고 할 것이다. 이런 식으로 하면 반대로 '비가 많이 오고 있다'는 It is raining a lot.이 될 것이다. 그런데 비의 경우 a little, a lot보다 '적게 오다'는 lightly(약하게), '많이 오다'는 heavily(무겁게)라는 부사를 쓰는 것이 좋다. 이런 식으로 해도 틀린 것은 아니지만 좀 어설픈 느낌이 있다. 좀 더 맛깔스러운 영어는 a little, a lot, lightly, heavily 같은 부사를 동사에 포함시켜 하나의 단어로 표현하는 것이다. 그런 의미가 포함된 단어로 '비가 조금 내리다'라는 뜻의 drizzle

이 있다. 명사로는 '가랑비'라는 뜻이다. 이보다 조금 더 세게 내리는 가랑비는 sprinkle이라는 동사를 쓸 수 있다. 반대로 '비가 많이 내리다'라는 의미의 동사는 pour가 있다. 기본 의미가 '붓다'인데 말 그대로 물 붓듯이 비가 온다는 뜻이다. drizzle은 이미 알고 있는 학습자들도 많겠지만 실제 상황에서는 이 단어를 생각하지 못하고 [조금 + 오다]와 같이 나눠 생각하고 영어로 말하는 것이 문제이다. 이를 극복하려면 의미를 통합적으로 생각하고 영어식 표현법으로 쓰고 말하는 연습을 많이 해야 한다.

예제 비가 창가에 조금씩 내리고 있었다.
Rain was **drizzling** down the window panes.

trickle in

조금씩[한두 명씩] 가다, 오다

곧 다른 사람들이 한두 명씩 들어오기 시작했지만 크게 붐비지는 않았다.

직역 **Soon, other people started to come in one by one, but the place was not very crowded.**

네이티브 **Soon, other people started trickling in, but the place was never crowded.**

사람이 '들어오다'는 영어로 enter나 come in이다. '한두 명씩 들어오다'에서 '한두 명씩'은 영어로 in ones or twos(하나나 둘씩)나 one by one(한 명씩)이라고 할 수 있으니까 이런 표현을 come in에 붙이는 식으로 표현하기 쉽다. 그러나 이런 직역식 영어는 유치한 느낌을 준다. 영어는 '~하게'와 같은 부사구로 표현되는 한국어를 동사로 묶어 표현하는 특징이 있다. 따라서 '한두 명씩'을 따로 표현하려 하지 말고 그런 의미를 갖고 있는 동사를 선택하도록 한다. trickle이 바로 그런 동사인데, 기본 의미는 액체가 '조금씩 똑똑 떨어지다/흐르다'라는 뜻으로, 사람을 주어로 쓰면 사람이 드문드문 '가다/오다'의 뜻이 된다. trickle in은 사람뿐만 아니라 무엇이든지 '조금씩/찔끔찔끔 오다/가다'라는 뜻으로 쓸 수 있다. 가령, '구호품이 매우 조금씩 들어오고 있다'라는 말도 Relief is trickling in.이라고 할 수 있고, '~이라는 뉴스가 조금씩 전해지다'도 News is trickling in that ~이라고 표현할 수 있다.

예제 수색 및 구조 소식이 조금씩 전해지면서 사람들은 좋은 소식이 들려오길 희망했다.
As news of the search and rescue **trickled in**, people hoped for the best.

눈물 한 방울이 그녀의 뺨을 타고 흘러내렸다.
A tear **trickled** down her cheek.

sip, nibble

조금씩 마시다, 먹다

나는 차를 천천히 마시며 비스킷을 조금씩 떼어 먹었다.

직역 **I ate my biscuit by small pieces, while drinking my tea.**

네이티브 **I sipped my tea and nibbled my biscuit.**

'마시다'는 drink이다. 그러면 조금씩 나눠 가며 '천천히 마시다'는 영어로 뭐라고 할까? '천천히'는 slowly니까 drink slowly라고 생각하기 쉽다. drink slowly는 말은 되지만 사실상 쓰이지 않기 때문에 콩글리시에 가깝다. tea의 경우는 '천천히 마시다'의 의미를 다 포함한 sip이라는 동사를 쓰는 것이 제격이다. 한국어로 하면 '홀짝홀짝 마시다'라고 할 수 있다. '천천히'건 '홀짝홀짝'이건 영어에서는 동사로 표현한다. '조금씩 먹다' 역시

eat little by little이라고 하거나 eat by small pieces(작은 조각으로 먹다)와 같이 표현하는 것은 콩글리시에 가까운 표현이다. 그렇게 먹는 동작을 영어에서는 nibble이라는 동사 하나로 표현한다. 이렇게 영어는 먹거나 마시는 정도를 부사 대신 동사로 표현하는 것이 특징이다. 가령, sip과 대조적으로 '벌컥벌컥 마시다'는 gulp라는 동사 하나로 해결된다. 또 한 번에 '꿀꺽꿀꺽 마시다'는 swig라는 동사를 쓴다. 참고로 음식을 먹는데 먹는 시늉만 하며 실제로는 별로 먹지 않는, 한국어로 '깨작거리다'는 영어로 pick at ~이라는 표현을 쓴다. 새가 음식을 쪼듯이(pick) 먹는다는 뜻이다. 또 push one's food around the plate(접시 주위로 음식을 돌리다)라는 관용 표현도 있는데 먹지 않으면서 음식을 이리저리 옮기는 장면을 연상시키는 표현이다. 가령 그녀는 '음식을 먹는 둥 마는 둥 하며 앉아 있었다'는 She sat pushing her food around the plate.이다.

예제 그녀는 아이스티를 홀짝이며 음식을 깨작거렸다.
She **picked at** her food, **sipping** her iced tea.

edge
조금씩 움직이다, 다가가다

코스닥 지수는 오늘 장초에 소폭 상승하여 756을 기록했다.

직역 **The KOSDAQ index rose a little in early trading today to record 756.**

네이티브 **The KOSDAQ index edged up to 756 in early trading today.**

지수가 '오르다'는 rise, increase이다. 따라서 '소폭 오르다'는 rise 뒤에 '소폭'이라는 뜻으로 a little, by a small margin 같은 말을 붙이면 될 것 같다. 물론 그렇게 표현해도 된다. 그렇지만 '소폭'이나 '약간' 같이 한국어의 동사를 수식하는 부사를 영어에서도 별도의 부사로 표현하는 것은 초보적인 발상이다. 좀 더 세련된 영어 맛을 내고자 한다면 그런 부사의 의미를 동사에 포함시켜 표현하는 방향으로 사고를 전환해야 한다. 그러면 '소폭/조금/약간 움직이다'라는 동사를 찾아야 하는데 edge와 inch가 바로 그런 동사이다. edge는 '가장자리'의 뜻으로, 동사로 쓰면 '조금씩 이동하다'라는 뜻을 갖는다. inch도 말 그대로 '인치'인데 동사로 쓰면 인치씩 움직이듯 '조금씩 이동하다'가 된다. 따라서 이 동사들을 쓰면 '조금 상승하다'는 edge[inch] up이 되고 반대로 '조금 떨어지다'는 edge[inch] down이 된다. 또 '앞으로 조금씩 나가다'는 edge[inch] along이 되고, '~을 향해 조금씩 움직이다'는 edge[inch] toward ~가 된다. edge와 inch 외에도 '조금씩 움직이다'라는 뜻의 동사로 creep과 crawl이 있다. 둘 다 '기어가다'나 '천천히 움직이다'의 뜻으로 사용한다. crawl에 비해 creep에는 좀 더 비밀스럽게 '살금살금' 움직인다는 의미가 포함되어 있다. 가령, '그녀는 궁전에 몰래 잠입했다'라는 문장에 creep을 쓰면 She crept into the palace.가 된다

예제 차량이 꼬리를 물고 조금씩 움직였다.
The traffic **crawled[crept]** along, bumper to bumper.

오늘 유가가 배럴 당 100달러 선을 향해 조금 더 다가섰다.
Crude oil **inched** toward the $100-a-barrel threshold today.

• threshold 문턱, 기준선

wean ~ off

(의존·도움을)

조금씩 줄이다

054_Ch06_n45_58

정부는 향후 5년간 업계에 대한 정부 보조금을 조금씩 줄여 나갈 계획이다.

직역 The government plans to reduce government subsidies to the industry gradually over the next five years.

네이티브 **The government plans to wean the industry off government subsidies over the next five years.**

'줄이다'는 영어로 reduce이다. 그러면 '조금씩 줄이다'는 어떻게 표현할까? '조금씩'에 해당하는 영어 표현은 bit by bit, little by little, gradually(점차적으로) 같은 것이 있으므로 reduce 뒤에 이런 표현을 붙이면 어떨까? 대부분은 이런 식으로 생각하겠지만 영어다운 영어를 하기 위해서는 '조금씩', '줄이다'를 한국어처럼 따로 표현하지 말고 하나의 동사로 표현하는 쪽으로 사고를 전환해 보자. 그러면 wean 같은 동사를 발견하게 된다. wean은 원래 '젖을 떼다'라는 뜻으로, wean ~ off ...식으로 표현하면 '~이 …에 의존하지 않도록 서서히 떼어 놓다'라는 뜻이 된다. 이 표현을 사용하면 '업계에 대한 정부 보조금을 서서히 줄이다'는 wean the industry off government subsidies(업계를 정부 보조금에서 서서히 떼어 놓다)라고 할 수 있다. '무엇을 서서히 줄여 나가다'로 쓰이는 또 다른 표현은 phase ~ out이 있다. phase는 명사로는 '단계'의 뜻으로, 동사로 써서 phase ~ out이라고 하면 '~을 단계별로 조금씩 줄이다'라는 뜻이 된다.

예제 유엔은 그 나라의 경제가 아동 노동력에 의존하고 있는 것을 조금씩 줄여 나갈 방안을 강구 중이다.
The UN is seeking ways to **wean** the country's economy **off** child labor.

chip away at

조금씩 허물다

반대파는 그 추문을 그의 권력을 조금씩 허물 수 있는 기회로 보았다.

직역 Opposition saw the scandal as a chance to destroy his power bit by bit.

네이티브 **Opposition saw the scandal as a chance to chip away at his hold on power.**

무엇을 '허물다'는 영어로 destroy(파괴하다)이다. 그러면 '조금씩 허물다'는 뭐라고 할까? '조금씩'이니까 bit by bit, little by little 또는 gradually(점차적으로) 등을 붙여 destroy ~ bit by bit이라고 할 수도 있다. 그러나 이런 식으로는 제대로 된 영어의 맛을 낼 수 없으니 '허물다'라는 의미에 '조금씩'이라는 추가 의미가 포함된 영어 동사를 찾아 쓰면 좋다. 그런 의미를 가진 영어 동사로는 chip을 들 수 있다. chip은 '감자칩'에서와 같이 '얇고 납작한 조각'을 뜻하는데 동사로 쓰면 '조금씩 깎아 내다'라는 뜻이 된다. 이 동사를 써서 chip away at ~ 형태로 표현하면 '~을 조금씩 허물다'가 된다. 다른 비슷한 표현들도 다 [동사 + away at ~]의 형태를 갖고 있다. eat을 써서 eat away at ~이라고 하면 벌레가 조금씩 갉아 먹듯이 '~을 서서히 없애다/침식시키다'라는 뜻이다. 가령, '지구 온난화로 인해 알래스카의 빙하가 조금씩 줄어들고 있다'는 Global warming is eating away at the Alaskan glaciers.이다. 또 '조금씩 뜯어 먹다'라는 뜻의 nibble을 써서 nibble away at ~이라고 해도 같은 의미가 된다.

예제 질투심으로 인해 그녀의 건강이 조금씩 나빠지는 것이 눈에 보였다.
I could see that jealousy was **eating away at** her.

토종 프랜차이즈 식당이 맥도널드의 시장 점유율을 조금씩 잠식하고 있다.
The homegrown fast food franchise is **nibbling away at** the market share of McDonald's.

lumber
천천히 가다, 오다 (1)

곧 소형 트럭 한 대가 천천히 시야에 들어오더니 창고 앞에 멈춰 섰다.

직역 **Soon, a pick-up truck came slowly into view and stopped in front of the warehouse.**

네이티브 **Soon, a pick-up truck lumbered into view and pulled to a stop in front of the warehouse.**

'천천히 오다'를 영어로 말해 보자. '오다' → come, '천천히' → slowly와 같이 생각해서 come slowly라고 한다면 영어 수준을 업그레이드할 필요가 있다. 무엇보다 한국어를 영어로 치환하듯이 바꿔 말하는 습관을 버려야 한다. 영어의 특징은 slowly 같은 수식어를 따로 표현하는 대신 그런 의미까지 포함한 동사를 쓸 수 있다는 것이다. 따라서 '천천히 가다/오다'라는 의미의 동사를 찾아 쓰도록 한다. 위 예문에서처럼 트럭같이 큰 물체가 천천히 움직이는 것은 영어에서 lumber라는 동사로 표현한다. 영어로는 move slowly and awkwardly(천천히 어색하게 움직이다)라고 정의된다. 그 외에 다른 예문에서 다뤘던 crawl(기어가다), creep(기어가듯 움직이다), ease(서서히 부드럽게 움직이다), drift(표류하듯 천천히 움직이다), trundle(비틀거리며/덜컹거리며 가다) 등을 서서히 움직인다는 뜻으로 각각 문맥에 맞게 쓴다.

예제 먼발치에서 흑곰 몇 마리가 해변을 따라 천천히 걸어가는 것이 보였다.
In the distance, we could see some black bears **lumbering** along the shore.

mosey
천천히 가다, 오다 (2)

우리는 저녁 식사 후에 아이스크림을 사 먹고 쉬엄쉬엄 호텔로 되돌아왔다.

직역 **After the dinner, we bought some ice cream and walked slowly back to the hotel.**

네이티브 **After the dinner, we got some ice cream and moseyed back to our hotel.**

'걸어가다'는 walk이다. 그렇다면 '천천히 쉬엄쉬엄 걸어가다'는? 물론, 가장 간단하게는 walk slowly라고 해도 된다. 그러나 이 정도에서 만족해서는 영어다운 영어를 구사하기 어렵다. '쉬엄쉬엄'과 같이 걷는 모습을 묘사할 때 slowly나 leisurely(한가하게)와 같이 별도의 단어를 쓰지 않고 그런 의미를 포함한 동사로 표현해 보자. 가령, walk slowly는 한 단어로 하면 mosey가 된다. mosey는 '천천히 어슬렁거리듯 걷다'라는 뜻이며 유사한 단어로는 stroll(산책하듯 걷다), amble(천천히 걷다), saunter(어슬렁거리듯 걷다), shuffle(발을 끌듯 걷다) 같은 것들이 있다. 반대로 '빨리 걷다'는 stride(성큼성큼 빨리 걷다), trot(총총걸음으로 바쁘게 걷다) 같은 단어들이 있다.

예제 여종업원이 우리의 주문을 받으러 천천히 왔다.
The waitress **moseyed** over to take our order.

점심 식사 후에 우리는 천천히 해변으로 걸어 내려갔다.
After the lunch, we **ambled** down to the beach.

linger over

천천히[여유 있게] 먹다, 마시다

우리는 저녁 식사 후에 천천히 커피를 즐기며 옛날 이야기를 나눴다.

콩글리시 **After dinner, we enjoyed coffee slowly, talking about our old days.**

네이티브 **After dinner, we lingered over coffee, talking about old times.**

무엇을 '마시다'는 drink이다. 그렇다면 '한가롭게 천천히 마시다'는? '한가롭게'라는 뜻의 부사 leisurely, '천천히'라는 뜻의 slowly 등을 붙여 표현해도 된다. 그러나 이것은 '마시다'라는 기본 동사를 두고 '빨리', '천천히', '후다닥'과 같은 부사를 붙이는 직역식 표현이다. 무엇을 '천천히, 더디게 하다'라는 뜻을 갖는 영어 동사에는 linger를 알면 더 영어다운 표현을 할 수 있다. 기본 의미는 '떠나지 않고 꾸물거리다'라는 뜻인데 over를 붙여서 linger over ~라고 하면 '~을 하는 데 있어 꾸물거리다, 느긋하게 하다'라는 뜻이 된다. 따라서 linger over coffee라고 하면 '커피를 천천히 마시다'가 되고, linger over dinner라고 하면 '저녁을 천천히 먹다'가 된다. 비슷한 동사로 dawdle이 있다. 기본 의미는 '빈둥거리다'인데 역시 뒤에 over를 넣어서 dawdle over ~라고 하면 '빈둥거리듯/꾸물거리며 ~을 하다'가 된다. 가령, '점심을 느긋하게 먹다'는 dawdle over lunch라고 할 수 있다. 또 '(내가) 일을 꾸물거리며 하다'는 dawdle over my work라고 할 수 있다.

예제 우리는 다음 날 아침 늦게 일어나서 아침을 천천히 먹었다.
Waking up late the following morning, we **lingered over** our breakfast.

우리는 카페에서 커피를 천천히 마시며 줄지어 지나가는 사람들을 구경했다.
In the café, we **dawdled over** coffee, watching people parading by.

poke along

(차가) 천천히 움직이다

우리는 러시아워 차량 속에 갇혀 느린 속도로 움직였다.

직역 **We moved slowly in the rush hour traffic.**

네이티브 **We poked along in the rush hour traffic.**

'움직이다'는 move 또는 go이다. 그러면 '천천히 움직이다'는? 우선 '천천히'라는 한국어에 대응하는 영어 표현을 찾아서 slowly나 at a slow pace(느린 속도로), at a snail's pace(달팽이의 속도로)와 같은 영어 표현을 덧붙여 표현할 수 있다. 그러나 이보다 더 영어다운 표현은 slowly라는 부사를 동사로 쓰는 것이다. 그러니까 동사 자체에 '느리게 움직이다'라는 뜻을 담고 있는 단어를 찾아 쓰면 된다. 자동차가 '느리게 가다'라는 뜻으로는 poke가 있다. poke는 보통 '~을 쿡 찌르다'의 뜻으로만 알고 있지만 '빈둥거리다'의 뜻도 있어 여기에 along을 붙이면 '느릿느릿 나아가다'라는 뜻이 된다. 이렇게 차가 느리게 가는 것을 한국어에서 '기어가다'라고 하는데 영어에서도 crawl, creep 같이 '기어가다'라는 뜻의 동사를 쓸 수 있다.

예제 우리는 카누를 빌려서 천천히 해안선을 따라 가며 새들을 구경했다.
We rented a canoe and **poked along** the coast, looking at some birds.

plunge

크게 떨어지다, 줄어들다

목요일에 규제 당국이 버블의 가능성을 경고한 후 주가가 큰 폭으로 떨어졌다.

직역 **On Thursday, stock prices fell sharply after the regulatory authorities had warned about a bubble.**

네이티브 **The stock market plunged Thursday after regulators had warned about a bubble.**

가격이 '크게 떨어지다'를 영어로 한다면 대부분 '떨어지다' → fall, '크게' → greatly, sharply와 같이 표현할 것이다. 이 표현도 틀린 영어는 아니지만 좀 더 영어다운 표현은 [fall + sharply]의 의미를 한꺼번에 가지고 있는 동사를 찾아 쓰는 것이다. 한국어에도 '폭락하다', '급락하다'라는 동사가 있지만 사실 이런 동사는 클 '폭(暴)', 떨어질 '락(落)'이라는 한자어의 합성어로 한국어의 '크게 떨어지다'와 같은 말이다. 그래서 '폭락하다'라는 한국어도 '폭'과 '락'으로 나눠 각각 fall sharply라고 영어로 표현하는 사람들이 있다. 그러나 '크게 떨어지다'나 '폭락하다'나 하나의 의미 단위로 보고 그 전체를 영어 동사 하나로 표현하도록 발상을 바꿔 보자. 그러면 어디에 뛰어들 듯 '떨어지다'라는 뜻의 plunge, '낚싯봉'이나 '다림추'처럼 '거의 수직으로 떨어지다'라는 뜻의 plummet, 언덕 위에서 굴러 내리듯 '크게 떨어지다'라는 뜻의 tumble, 코를 아래로 하고 '수직 낙하하는 것처럼 떨어지다'라는 뜻의 nosedive 같은 동사를 생각해 낼 수 있다. fall sharply 와 같이 밋밋한 표현보다는 이런 동사를 찾아 쓰는 것이 맛깔스러운 영어의 핵심이다.

예제 작년에 풍작으로 곡물 가격이 급락했다.
Grain prices **plummeted** after a bumper harvest last year.

soar

크게 오르다, 늘어나다

목요일에 유가가 큰 폭으로 상승하여 배럴당 111달러로 사상 최고치를 기록했다.

직역 **Oil prices rose by a wide margin on Thursday and recorded the highest level of $111 a barrel in history.**

네이티브 **Oil prices soared to a record level of $111 a barrel on Thursday.**

가격이 '오르다'는 영어로 rise이다. '크게 오르다'는 rise 뒤에 '크게'라는 뜻의 greatly, sharply, by a wide margin(큰 폭으로)과 같은 표현을 붙이면 된다. 그러나 '크게'를 sharply와 같이 별도의 부사로 표현하지 않고 그런 의미를 담고 있는 동사로 표현하는 것이 더 네이티브 표현에 가깝다. '오르기는 오르되 크게 오르다'라는 의미를 통합적으로 가지고 있는 영어 동사로는 soar가 있다. 새나 비행기가 하늘로 솟아오르듯 '치솟아 올라가다'라는 뜻을 갖고 있다. 그 외에도 뛰듯 올라간다는 뜻으로 jump, leap 같은 동사가 있다. 대못의 끝부분처럼 '갑작스럽게 오르다'이 뜻으로 spike, 큰 파도가 일시에 밀려오듯 '용솟음치며 올라가다'라는 뜻으로 surge 같은 동사들이 가격 등이 '갑자기 크게 오르다'라는 의미로 사용된다. 그 외에도 로켓처럼 '치솟아 오르다'라는 뜻으로 skyrocket이라는 동사도 있다. 또 풍선이 하늘 위로 올라가듯 '급등하다'라는 뜻의 balloon, 눈덩이처럼 '크게 불어나다, 늘어나다'라는 뜻의 snowball이라는 동사도 있다. 앞으로는 '크게 오르다'라는 말이 나오면 rise sharply 대신 위와 같은 동사를 생각해 써 보자.

예제 이사분기에 실업률이 크게 올라 12퍼센트로 사상 최대치를 기록했다.

The jobless rate **skyrocketed** to a record high of 12 percent in the second quarter.

나는 온라인 쇼핑에 중독이 되어 있어 신용카드 부채가 급속도로 늘어나고 있다.

I'm so addicted to on-line shopping that my credit card debts are **snowballing**.

bark out

큰소리로 말하다

장군은 우렁찬 목소리로 군인들에게 명령을 내렸다.

직역 **The general gave orders to the soldiers in a loud voice.**

네이티브 **The general barked out orders to the soldiers.**

'명령을 내리다'는 영어로 give orders라고 한다. 그러면 '큰 목소리로 명령을 내리다'는? 대부분 give orders 뒤에 '큰 목소리로'의 뜻으로 in a loud voice 같은 표현을 붙이는 식으로 생각한다. 이 표현도 틀리지 않지만 영어다운 맛은 하나도 안 나고 밋밋하기 짝이 없다. 이럴 때는 '큰 목소리로'를 따로 표현하지 않고 동사 속에 넣어 하나의 동사로 표현하는 쪽으로 발상을 전환해 보자. bark가 그런 동사이다. bark는 '개가 멍멍 짖다'라는 뜻이므로 그렇게 '큰소리로 고래고래 소리치다'라는 의미로도 쓰인다. 이 단어를 이용해 '큰소리로 명령을 내리다'는 bark out orders라고 한다. 또 bark at ~(~을 향해 짖다)은 '~에게 호통치다'의 뜻이 된다. 또, '크게 웃다'도 bark out a laugh라고 한다. 그 외에 '큰소리로 말하다'라는 뜻의 동사로는 bellow가 있다. 주로 화가 나서 호통치듯 큰소리로 말하는 것을 뜻한다. 가령, '그는 "움직이지 말고 있어!"라며 아이에게 소리쳤다'는 "Hold steady!" He bellowed at the boy.이다. 또 '천둥'이라는 뜻의 thunder를 동사로 써도 천둥처럼 '큰소리로 말하다'가 된다. 가령, '전화상으로 크게 소리치다'는 thunder over the phone이다. 또, '꽝'하는 대포 소리를 뜻하는 boom을 동사로 써도 '쩌렁쩌렁한 큰소리로 말하다'이다. '큰소리로 명령을 내리다'는 boom out an order라고 하면 되고 '큰소리로 인사를 건네다'는 boom out a greeting이라고 한다.

예제 "자, 갑시다." 그는 큰소리로 말했다. "나도 시간이 많지 않아요!"

"Now, let's go." He **barked out**, "I don't have all day!"

"내가 여기 몇 시간이나 있었는지 알아요?" 그는 간호사에게 호통치듯 말했다.

"Do you know how long I've been here?" He **thundered** at the nurse.

guffaw

큰소리로 웃다

그녀는 고개를 뒤로 젖히며 큰소리로 웃었다.

콩글리시 **She leaned her head back and laughed in a loud voice.**

직역 **She threw her head back and laughed aloud.**

네이티브 **She threw her head back and guffawed.**

'크게 웃다'는 영어로 직역하면 '웃다' → laugh, '크게' → aloud가 된다. laugh aloud는 틀린 건 아니지만 평범하고 제대로 영어 맛이 나지 않는 밋밋한 표현이다. 이런 표현 대신 동사 guffaw로 말해 보자. 이 동사는 '크고 요란스럽게 웃다'라는 뜻이다. 그 외에 다양한 표현이 있는데 재미있는 것은 모두 동물의 울음소리를 뜻하는 동사를 사용한다는 점이다. 먼저 개나 이리가 길게 우는 소리를 뜻하는 howl을 동사로 써서 howl with laughter

라고 표현하면 '크게 웃다'라는 뜻이 된다. 마찬가지로 동물의 으르렁거리는 포효를 뜻하는 roar를 써서 roar with laughter라고 해도 '매우 크게 웃다'라는 뜻이 된다. 개가 '짖다'라는 뜻의 bark를 사용해서 bark out a laugh라고 해도 '큰소리로 웃다'가 되고 소가 큰소리로 우는 것을 뜻하는 bellow를 사용해서 bellow out a laugh라고 해도 마찬가지 뜻이 된다. 이보다 좀 작게 웃는 경우는 '껄껄거리며 웃다'라는 뜻으로 chuckle이 있고, '깔깔거리며 웃다'라는 뜻의 giggle, '킬킬거리며 웃다'라는 뜻의 chortle 등이 있다. 이 모두 '어떻게 웃다'에서 '어떻게'를 한국어와 달리 동사로 표현하고 있는 단어들이다. 웃으며 '고개를 뒤로 젖히다'는 lean(기울이다)이 아니라 throw(던지다)를 써서 throw one's head back(~의 머리를 뒤로 던지다)과 같이 표현한다.

예제 그는 그 소년의 이야기를 듣고 박장대소했다.
He **guffawed** at the boy's story.

wolf down

허겁지겁 먹다

나는 샌드위치를 허겁지겁 먹은 후 스쿨 버스를 타기 위해 서둘러 집을 나섰다.

직역 I ate my sandwich hurriedly and hurried out to take the school bus.

네이티브 **I wolfed down my sandwich and hurried out to catch the school bus.**

음식을 '먹다'는 영어로 eat이다. 그렇다면 '허겁지겁 먹다'는 뭐라고 할까? 우선, '허겁지겁'에 해당하는 영어 표현인 hurriedly(급히), in a great hurry(매우 급하게) 같은 말을 eat 뒤에 붙이는 것을 생각해 볼 수 있다. 이보다 좀 더 세련된 영어 표현은 '급하게'를 한국어처럼 따로 표현하는 대신 동사에 통합해 표현하는 것이다. 즉, '급하게 먹다'라는 의미를 갖고 있는 동사를 찾아 쓴다. 그런 동사 중에 wolf가 있다. 명사로는 '늑대'지만 동사로 쓰면 늑대가 먹듯이 '허겁지겁 마구 먹다'라는 뜻을 갖는다, 보통 wolf ~ down의 형태로 사용한다. 또 다른 동사로 scarf ~ down이 있다. 역시 '~을 허겁지겁 먹다'라는 뜻으로 쓰인다. 영국 영어에서는 scoff ~ down이라고 한다. 그 외에도 '쑤셔 넣다'라는 뜻의 cram을 써서 cram ~ down이라고 하거나 '삽'이라는 뜻의 명사인 shovel을 동사로 써서 shovel ~ down이라고 해도 마찬가지로 '게걸스럽게 먹다'라는 뜻이 된다. 조금 더 고상한 단어로는 devour가 있다. 이제부터 '허겁지겁' 하면 hurriedly 대신 위와 같은 동사들이 생각날 수 있도록 다시 한 번 익혀 두자.

예제 그는 3일 동안 아무것도 먹지 않았기에 접시에 있는 모든 음식을 게 눈 감추듯 먹어 치웠다.
Since he hadn't eaten for three days, he **scarfed down** everything on his plate.

trudge

힘들게 걸어가다

눈 속을 30분 이상 힘들게 걸어가니 작은 오두막집이 나타났다.

직역 After we walked through the snow with difficulty for half an hour, a small house appeared.

네이티브 **We trudged through the snow for a good half hour before coming to a cottage.**

'힘들게 걸어가다'를 영어로 표현한다면 가장 먼저 떠오르는 단어는 walk(걸어가다)일 것이다. 그리고 그 뒤에 '힘들게'에 해당하는 영어 표현으로 with difficulty(어렵게), laboriously(힘들게) 같은 말들을 생각해서 붙일 것이다. 실제로 영어에서는 '힘들게'를 한국어처럼 '걷다'와 따로 표현하는 대신 '걷다'라는 의미의 동사에 포함시켜 하나의 단어로 표현한다. 즉, [걷다 + 힘들게]라는 의미를 가진 동사를 찾아 써야 한다. 그런 동사로 trudge가 있다. 영영사전에는 walk slowly with a lot of effort(힘들게 천천히 걷다)라고 정의가 나와 있어 한국어의 '힘들게'가 포함된 동사임을 알 수 있다. 유사한 동사로는 '먼 거리를 힘들게 걷다'라는 뜻의 tramp, '터벅터벅 힘들게 걷다'라는 뜻의 plod 등이 있다. 가령, '진흙길을 힘들게 걸어가다'는 tramp through the mud이다.

예제 내리쬐는 땡볕 속에서 우리는 흙길을 터벅터벅 걸어갔다.
The blistering sun beat down on us as we **plodded** along the dusty road.

lug

힘들게 끌고[들고] 다니다

이틀 동안 무거운 장비를 힘들게 끌고 다니느라 팔이 아팠다.

직역 **My arms hurt because I dragged the heavy equipment around with difficulty for two days.**

네이티브 **My arms were sore from lugging the heavy equipment around for two days.**

무거운 가방이나 물건을 '힘들게 끌고 다니다'를 영어로 표현해 보자. 우선 '끌고 다니다'는 영어로 drag(끌다) around지만 진짜로 바닥에 끌고 간다는 뜻이라기보다 '들고 다닌다'라는 뜻이므로 carry를 쓰는 것이 좋다. 그리고 '힘들게'는 with a lot of effort, laboriously 같은 표현을 생각해 볼 수 있다. 이렇게 해서 carry ~ around laboriously라는 영어 표현을 생각해 냈다면 나름대로 흡족해할 수 있다. 그러나 아무리 좋은 단어를 찾아 써도 한국어와 영어를 단어 대 단어식으로 짝지으면 절대로 영어다운 영어에 접근하기 어렵다. 위 경우, carry, laboriously를 따로 표현하는 대신 그런 뜻을 가진 하나의 동사로 표현하는 것이 더 세련되고 영어다운 표현법이다. lug가 바로 그런 동사이다. 영영사전에 drag or haul laboriously(힘들게 끌거나 운반하다)라고 정의되어 있듯이 lug에는 laboriously의 의미가 이미 포함되어 있으므로, 이 동사를 쓰면 '힘들게'를 따로 표현할 필요가 없어진다. '팔이 아프다'는 My arms hurt.도 좋고 My arms are sore.도 좋다. '~ 때문에 아프다'에서 '때문에'는 because ~ 대신 전치사 from을 써서 My arms hurt from lugging ~과 같이 표현한다. 전치사 from에도 '~해서/~ 때문에'라는 이유를 나타내는 의미가 있기 때문이다.

예제 그녀는 매우 큰 쇼핑백 두 개를 힘들게 들고 왔다.
She **lugged** two oversize shopping bags.

struggle through

힘들게 끝내다

그는 한 번 중퇴하는 등 고등학교를 힘들게 마쳤다.

직역 **He finished high school with difficulty, including a drop out.**

네이티브 **He struggled through high school, dropping out at one point.**

무엇을 '힘들게 마치다'를 영어로 한다면 대부분은 '마치다' → finish, '힘들게' → with difficulty, with a lot of effort와 같이 생각한다. 그러나 영어를 제대로 하는 사람이라면 '힘들게 무엇을 하다'라는 뜻의 영어 동사인 struggle을 쓸 것이다. 대부분의 영어 학습자가 '투쟁하다'의 뜻으로 알고 있는 단어지만 실은 '힘들게 무엇을 하다, 애쓰다'라는 의미로 더 많이 쓰인다. 가령, 잠이 와서 자꾸 눈이 감기는 상황에서 '눈을 뜨고 있으려고 애를 썼다'는 I struggled to keep my eyes open.이라고 한다. 이런 뜻의 struggle 뒤에 전치사 through를 붙여서 struggle through ~라고 하면 '~을 힘들게 끝내다'라는 표현이 된다. 유사한 표현으로 '물속을 걷다'라는 뜻의 wade를 써서 wade through ~라고 해도 물속을 걸어가듯 '힘들게 ~을 끝내다'라는 뜻이 된다. 가령, 읽기 힘든 책을 일주일 만에 다 읽었다면 I waded through this book for a week.라고 할 수 있다. 또 '터벅터벅 걷다'라는 뜻의 plod를 써서 plod through ~라고 하면 터벅터벅 끈기 있게 걸어가듯 '지루하고 따분한 일을 끝까지 마치다'라는 의미가 된다. struggle이나 wade와 마찬가지로 따분한 책을 끝까지 읽었다는 말도 plod through a book이라고 하면 되고, 하기 힘든 강의를 끝까지 해내는 것도 plod through a lecture라고 하면 된다. 또 '노동'이라는 뜻의 labor를 동사로 써서 labor through ~라고 하면 노동하듯이 '힘들게 끝내다'라는 말이 된다. 가령, 하루를 보내는 것이 힘들었다면 I labored through the day.라고 하면 된다. 마지막으로 '쟁기'라는 뜻의 plow를 동사로 써서 plow through ~라고 하면 쟁기로 밭을 갈 듯 '힘들게 무엇을 하다'라는 뜻이 된다. 숙제를 힘들게 끝냈다면 I plowed through my homework.라고 한다.

예제 나는 내가 무슨 말을 하는지도 모를 정도로 발표를 힘들게 끝냈다.
I **struggled through** the presentation, hardly knowing what I was saying.

전날 밤에 잠을 못 자서 피곤한 상태로 하루를 힘들게 보냈다.
Exhausted from a sleepless night, I **plodded through** the day.

(2) 동사로 비교급 표현하기

beat

(~보다) 낫다

055_Ch06_n59_70

통근 열차를 타는 게 교통 체증을 겪으며 주차비를 내고 다니는 것보다 낫다.

직역 **Commuting by train is better than getting stuck in traffic jams and paying parking fees.**

네이티브 **Commuter rail beats sitting in traffic jams and paying for parking.**

'B보다 A가 낫다'라고 하면 보통 better than(~보다 더 나은)이라는 표현을 떠올려서 A is better than B라고 한다. 이 표현이 틀린 것은 아니지만 '더 나은 = better'와 같은 기계적인 공식에 입각한 영어 표현이다. 이런 식으로는 좀 더 세련된 다른 표현법에 접근하기 어렵다. 영어는 비교급의 의미를 more, better와 같은 비교급 형용사 외에 동사로도 표현할 수 있다는 특징이 있다. 'B보다 A가 낫다'를 동사로 표현하면 A beat B이다. 우리는 보통 beat을 '~을 이기다, 물리치다'라는 뜻으로 알고 있지만 '~보다 낫다'라는 비교의 의미로도 많이 쓰인다. beat을 사용해서 Nothing beats ~라고 하면 '~보다 나은 것이 없다', 즉 '~이 최고다'라는 표현도 가능하다. 가령, '이렇게 추운 날에는 화롯가에 앉아 따뜻한 커피 한 잔을 즐기는 것이 최고다'는 On a cold day like this, nothing beats sitting by the fireplace with a hot cup of coffee.라고 한다. '교통 체증을 겪다'는 get stuck in traffic jams나 sit in traffic jams도 좋다. '주차비를 내다'는 pay parking fees라고 해도 되고 pay for parking(주차에 대한 비용을 지불하다)이라고 해도 된다. '통근 열차를 타고 다니다'는 그대로 영어로 옮기면 commute by train(기차로 통근하다)이 되지만 간단하게 commuter rail(통근 열차)이라고도 한다.

예제 이 방법이 시간은 걸릴 테지만 전체를 재설치하는 것보다 낫다.
This may take some time, but it **beats** having to re-install the whole thing.

ratchet ~ up
(긴장이) **더 높아지다**

대만에 무기를 판매한 것으로 인해 중·미간의 긴장이 더욱 높아졌다.

직역 **Because of the sale of arms to Taiwan, the tension between China and the U.S. has gotten higher.**

네이티브 **The sale of arms to Taiwan ratcheted up tensions between China and the U.S.**

'긴장이 높다'는 tension is high이다. 그럼 '긴장이 더 높아지다'는 뭘까? '더'를 more라는 비교급으로만 보는 사람은 The tension got higher.와 같이 high에 비교급 -er을 붙여 표현하는 쪽으로 생각할 것이다. 그러나 '더 높아지다'는 간단하게 increase(증가하다)라는 동사 하나로 해결할 수 있다. 즉, The tension increased.라고 하면 된다. 또는 intensify(심해지다, 격해지다)를 써서 The tension intensified.라고 해도 좋다. 그런데 보다 더 좋은 표현 방법은 '무기 판매로'를 Because of ~(~ 때문에)로 표현하는 대신 주어로 써서 arms sale(무기 판매)가 increased[intensified] tensions(긴장을 높였다)라는 식으로 표현하는 것이다. 이렇게 '무엇이 긴장을 높였다'라는 식으로 표현할 때 흔히 사용되는 표현 중에 ratchet ~ up이 있다. ratchet은 명사로는 나사를 한 방향으로만 돌릴 때 사용되는 공구를 뜻하는데 이를 동사로 써서 ratchet ~ up 또는 ratchet ~ down이라고 하면 '점차적으로 올리다' 또는 '점차적으로 낮추다'의 의미가 된다. ratchet ~ up[down]은 tension뿐만 아니라 어떤 것이든 '더 높이거나 낮추다'라는 의미로 사용될 수 있다. 가령, '가격을 올리다'는 ratchet up prices라고 한다. 또, '~ 때문에 논란이 더욱 커지다'는 '~'을 주어로 해서 ~ ratchet up the controversy라고 할 수 있다.

예제 이번 조치로 노사 간의 갈등이 더욱 심화될 것으로 보인다.
The move is likely to **ratchet up** tensions between labor and management.

eclipse
(~보다) **더 뛰어나다, 우수하다** (1)

GT는 Ticom보다 생산성이 더 뛰어나다.

직역 **The productivity of GT is greater than that of Ticom.**

네이티브 **GT eclipses Ticom in productivity.**

'~의 생산성이 …보다 더 뛰어나다'에서 '더 뛰어나다'를 영어로 하면 greater than ...(…보다 더 큰)이 된다. 그런데 두 대상을 비교하며 'A가 B보다 더 우수하다'라는 말을 greater

나 better와 같이 비교급 말고도 동사로도 표현할 수 있다. eclipse가 그런 동사 중 하나이다. 명사로 '일식'이나 '월식'인데 동사로 써서 A eclipse B라고 하면 일식처럼 'A가 B를 가리고 능가하다'라는 뜻이 된다. 위 예문에서 한국어 문장은 GT의 생산성과 Ticom의 생산성을 비교하는 것이지만 영어에서는 GT와 Ticom을 주어로 해서 비교하고 뒤에 in productivity(생산성에서)를 붙이는 식으로 표현하는 것이 좋다. 즉, GT eclipses Ticom(GT가 Ticom보다 우수하다) in productivity(생산성에서).와 같이 표현한다.

예제 그녀는 다른 자매들보다 외모가 더 뛰어났다.

She **eclipsed** her sisters in looks.

속편이 원작보다 뛰어난 것은 특수 효과뿐이다.

The sequel **eclipses** the original only in special effects.

trump

(~보다) 더 뛰어나다, 우수하다 (2)

이 웹 브라우저는 다른 것보다 훨씬 우수하다.

직역 **This web browser is much better than all other browsers.**

네이티브 **This web browser easily trumps all other browsers.**

'~이 보다 더 우수하다'를 영어로 말한다면 보통 '더 우수한' → better than ~과 같은 비교급 표현이 제일 먼저 떠오른다. 그러나 이렇게 비교 표현을 better와 같은 비교급 형용사로만 표현하는 것은 초보자다. 좀 더 세련되고 영어다운 표현법은 동사로 비교의 의미를 전달하는 것이다. 영어에는 그런 동사들이 다양하게 있다. trump는 카드에서 '으뜸패'로, 동사로 쓰면 카드에서 으뜸패 같이 상대방을 '해치우다, 이기다'라는 뜻을 갖고 있어 A trump B라고 하면 'A가 B보다 우수하다'라는 뜻이 된다. 비슷한 의미로 top도 동사로 쓰이는데 top은 '~을 능가하다'의 뜻으로, A top B라고 하면 'A는 B를 능가한다', 즉 더 우수하다는 말이 된다. 그 외에 가장 많이 쓰이는 표현 중의 하나가 outshine이다. out-은 '~보다 …한'이라는 비교 의미를 갖고 있는 접두사이다. out이 shine(빛나다)이라는 동사와 합쳐져서 '~보다 밝게 빛나다'라는 의미를 갖는데 A outshine B라고 하면 'A가 B보다 더 우수하다'라는 말이 된다. 그 외에 out-이라는 접두사가 붙는 동사 종류로 등급(class) 면에서 앞선다는 뜻의 outclass, 거리(distance) 면에서 격차가 있다는 뜻의 outdistance를 써서 A outclass B, A outdistance B라고 해도 역시 더 우수하다는 뜻이 된다. 그 외의 관용 표현으로, A blow B out of the water(A가 B를 물 밖으로 날려 버리다)는 'A가 B를 물리치다/이기다'라는 뜻으로 'A가 B를 능가하다, 훨씬 우수하다'의 뜻이 된다. 또 A leave B in the dust(A가 B를 먼지 속에 남겨 두다)는 A와 B가 경주를 하는데 A가 더 빨라 B는 뒤에서 먼지를 뒤집어 쓴다는 뜻으로, 'A가 B보다 훨씬 빠르다, A가 B보다 훨씬 우수하다'라는 뜻으로 사용된다.

예제 최근 실험에서 플라스마 TV가 LCD TV보다 영상 품질 면에서 더 우수한 것으로 드러났다.

In a recent test, plasma TVs **trumped** LCD sets in image quality.

이번 친선 경기에서 스페인은 모든 면에서 미국보다 실력이 뛰어났다.

In the friendly match, Spain **outclassed** the U.S. in all aspects.

outperform

(성능·실적이 ~보다)

더 뛰어나다, 우수하다 (3)

이 중 몇 종목은 우량주 부문보다 실적이 더 우수했다.

직역 **Some of these stocks were better than the blue-chip sector in performance.**

네이티브 **Some of these stocks outperformed the blue-chip sector.**

주식에서 '실적'은 performance라고 한다. 그러면 'A가 B보다 실적이 더 우수하다'는 어떻게 표현할까? '더 우수한'이라는 한국어 비교 표현을 영어로 직역하면 better than, 따라서 A is better than B in performance.(실적에서 A가 B보다 낫다)라고 표현할 수 있다. 또, performance 대신 perform(행하다)이라는 동사를 써서 A perform better than B라고 할 수 있다. 그러나 이렇게 better와 같은 비교급으로 표현하는 것은 누구나 생각할 수 있는 표현이다. 영어에는 또 다른 비장의 무기가 있는데 바로 '~보다 실적이 더 우수하다'라는 말 전체를 outperform이라는 동사 하나로 표현하는 것이다. 접두사 out-에 비교의 의미가 담겨 있어 A outperform B라고 하면 성능, 실적 면에서 'A가 B보다 더 낫다, 우수하다', 'A가 B를 능가하다'라는 말이 된다. outperform과 비슷한 동사로 outdo도 있다. A outdo B는 'A가 B보다 더 잘하다'라는 뜻으로, 역시 성능이나 실적 같은 것을 비교할 때 사용한다. outdo는 You really outdid yourself.와 같이 뒤에 목적어로 oneself를 넣어 쓰는 경우가 있는데 자기 자신을 능가했다는 이 표현의 실제 의미는 '정말 우수했다, 뛰어났다'이다. 가령, 파티에 참석해서 파티를 준비한 주최측에게 칭찬하는 말로 You really outdid yourself with the party.라고 하면 '파티 준비를 정말 잘했다'라는 뜻이 된다.

예제 이 영화가 전편들에 비해 유일하게 더 나은 점은 특수 효과뿐이다.

The only area in which this film **outperforms** its predecessors is special effects.

• predecessor 전임자, 이전 사람/제품

일본 고급차 시장의 작년 매출액은 다른 아시아 시장을 앞질렀다.

Japan's luxury car market **outperformed** other Asian markets in sales last year.

outnumber

(~의 수가) **더 많다**

식당 손님보다 종업원 수가 더 많았는데도 서비스가 매우 느렸다.

직역 **There were more servers than customers, but the service was very slow.**

네이티브 **The servers outnumbered the diners, but the service was very slow.**

'A가 B보다 더 많다'를 영어로 하면 대부분 There are more A than B와 같이 표현한다. 한국어의 '더' 때문에 영어에서도 거의 반사적으로 more를 생각하게 된다. 그러나 이런 획일적인 일대일 대응 방식을 벗어나면 더 세련된 영어 표현 방식을 접할 수 있다. 즉, more라는 비교급을 동사로 표현하는 것인데 outnumber가 바로 그 동사이다. out-이라는 접두사가 more의 의미를 담고 있어서 outnumber ~는 '~보다 수가 많다'라는 뜻이 된다. 사실 outnumber라는 동사를 이미 알고 있는 독자가 많을 것이다. 그럼에도 불구하고 '~보다 더 많다'라는 의미를 영어로 말하고자 할 때는 more만 생각나고 outnumber가 생각나지 않는 것이 현실이다. 이것은 한국어에 영어를 대입하는 습관이 고착되어 있기 때문이다. 이런 습관을 깨기 위해서는 생각은 한국어로 하더라도 영어로 말할 때만큼은 그 안에 담긴 의미를 영어식으로 표현하도록 의식적으로 노력해야 한다.

예제 7대 3의 비율로 남성 사업자가 여성 사업자 수보다 더 많다.
Male entrepreneurs **outnumber** their female counterparts by 7 to 3.
• counterpart 상대자

outsell
(~보다) 더 많이 팔리다

크리스마스 할인 기간 동안 닌텐도 Wii는 Xbox와 PS4를 합친 것보다 더 많이 팔렸다.

직역 Nintendo's Wii was sold more than Xbox and PS4 combined during the Christmas sale period.

네이티브 **Nintendo's Wii outsold Xbox and PS4 combined during the Christmas sale period.**

'A가 B보다 더 많이 팔리다'를 영어로 하면 보통 '더 많이'라는 한국어 때문에 영어에서도 비교급 표현인 more를 써서 A sell more than B라고 표현할 것이다. 이것도 좋지만 영어만의 또 다른 독특한 표현 방법은 '~보다 더 많이 팔리다'라는 비교의 의미를 하나의 동사로 표현하는 것이다. outsell이 바로 그 동사인데 여기서 out-이라는 접두사가 '~보다 많이'라는 뜻의 비교 의미를 갖고 있어 A outsell B라고 하면 'A가 B보다 많이 팔리다'가 된다. 'B와 C를 합친 것'은 영어로 B and C combined라고 하거나 B and C put together라고 한다.

예제 현재는 아이폰이 여전히 안드로이드 운영 체제를 채택한 기기보다 더 많이 팔리고 있다.
iPhone is still **outselling** Android-based handsets at the moment.

outweigh
(~보다) 더 무겁다, 많다, 중요하다

정민은 철호보다 체중이 10kg이나 더 나가지만 그냥 보기엔 체구가 비슷해 보인다.

콩글리시 Jeongmin is 10kg heavier than Cheolho, but his body size looks similar to him.

네이티브 **Jeongmin outweighs Cheolho by 10kg, but he looks similar to Cheolho.**

'무거운'은 heavy, '~보다 더 무거운'은 heavy에 비교급 -er을 붙여서 heavier than ~이다. 따라서 'A가 B보다 더 무겁다'는 A is heavier than B라고 표현하는 것이 보통이다. 이런 표현은 한국어를 직역한 방식이므로 누구나 생각해 낼 수 있으니 heavier than ~이라는 비교급의 의미를 outweigh 하나로 해결해 보자. out-이라는 접두사가 '~보다 더 …한'이라는 비교의 의미를 갖고 있고, 여기에 '무게가 나가다'라는 뜻의 동사 weigh를 붙여 A outweigh B라고 하면 'A가 B보다 더 무겁다'가 된다. outweigh는 꼭 물리적인 무게를 비교할 때만 쓰는 동사가 아니다. 어떤 것의 장점(merits)과 단점(demerits)을 비교하면서 '그것은 장점이 단점보다 많다'라고 할 때도 Its merits outweigh its demerits.라고 할 수 있다. 또 우선순위에서 더 중요하다고 할 때도 쓸 수 있다. 가령, '고객을 만족시키는 것이 물건을 많이 파는 것보다 더 중요하다'는 Keeping customers satisfied outweighs selling more.라고 할 수 있다.

예제 이 게임은 장점이 단점보다 더 많다.

The game's positives **outweigh** its negatives.

잠재적 혜택이 위험보다 더 크다.

The potential benefits **outweigh** the risks.

행복하게 사는 것이 돈을 많이 버는 것보다 더 중요하다.

Being happy **outweighs** making more money.

accelerate

더 빨리 ~하게 되다

정부의 수수방관 정책 때문에 제조업이 더 빨리 쇠퇴하게 되었다.

직역 **Due to the government's non-interference policy, the manufacturing industry declined faster.**

네이티브 **The government's laissez faire approach accelerated the decline of the manufacturing industry.**

산업이 '쇠퇴하다'는 영어에서 decline이라는 동사로 표현할 수 있다. 산업이 '더 빨리 쇠퇴하다'는 비교급을 써서 decline faster(더 빠르게 쇠퇴하다), suffer a faster decline(더 빠른 쇠퇴를 겪다)이라는 식으로 표현하기 쉽다. 이렇게 more나 -er을 붙이는 비교급으로 표현해도 좋지만 영어에는 더 강력한 표현 방법이 있다. 무엇이 '더 빨리 하다'를 한 단어로 accelerate(가속도가 붙다)라고 하는 것이다. accelerate는 자동사와 타동사로 둘 다 쓰이기 때문에 '~ 때문에 …이 더 빨리 쇠퇴하다'는 '~'을 주어로 해서 ~ accelerate the decline of ...(~이 …의 쇠퇴를 가속화하다)라고 표현하면 된다. 즉, 한국어의 '더 빨리'는 영어로 faster뿐 아니라 accelerate라는 동사로 표현할 수 있다.

예제 디지털 기술의 발달로 인해 마케팅과 홍보의 융합이 더욱 빨라지고 있다.

Digital technology is **accelerating** the convergence of marketing and public relations.

• convergence 집중성

intensify

(경쟁이) 더 심해지다

세계화로 인해 전 세계 항구 간의 경쟁이 더욱 심해지고 있다.

직역 **Due to globalization, competition among ports around the world is getting more and more severe.**

네이티브 **Globalization is intensifying competition among ports around the world.**

경쟁이 '심한'은 영어로 fierce, intense, severe 같은 형용사로 표현한다. 경쟁이 '더 심해지다'는 보통 become more intense나 get fiercer와 같이 more나 -er을 붙이는 식으로 표현하게 된다. 그러나 한국어 '더'를 매번 영어에서도 more나 -er을 붙여 표현한다면 좀 더 영어다운 표현법에 접근하기 어려워진다. 여기서 좀 더 영어다운 표현법이란 한국어의 '더'를 영어에서 more가 아니라 동사로 표현하는 것이다. '더 심해지다'를 표현하는 영어 동사로는 intensify가 있다. intensify는 '더 심하게 하다, 격렬하게 하다'라는 뜻으로, 이 동사를 활용하면 '~ 때문에 경쟁이 심해지다'는 ~ is intensifying competition(~이 경쟁을 심화시키고 있다)이라고 표현할 수 있다. intensify 대신 사용할 수 있는 동사로는 fuel이 있다. fuel은 명사로는 '연료'이지만 동사로 쓰면 불에 연료를 공급하듯 무엇을 '격화시키다, 심해지게 하다'의 뜻을 갖는다. 따라서 ~ is fueling competition이라고 하면 '~ 때문에 경쟁이 더 심해지다'라는 뜻이 된다.

예제 여아의 사망으로 인해 전쟁 지역에서의 폭력 사태가 더욱 격해지고 있다.
The death of the young girl is **fueling** violence in the war zone.

predate
(~보다) 더 오래되다

이 화석은 공룡 시대보다 더 오래된 것이다.

직역 This fossil is older than the dinosaur age.

네이티브 **This fossil predates the dinosaur age.**

'A가 B보다 오래되었다'를 영어로 하면 A is older than B가 된다. 그런데 is older than을 한 단어의 동사로 표현할 수 있는데 그 동사는 바로 predate이다. '날짜'라는 뜻의 date 앞에 '전에'라는 뜻의 접두사 pre-가 붙은 predate는 '시간에서 ~보다 앞서다', 즉 '~보다 오래되다'라는 뜻을 갖고 있다. 이와 유사한 동사로 antedate도 있다. 가령, '이 사건은 아메리카의 발견보다 수 세기에 앞서 발생했다'는 This event antedates the discovery of America by several centuries.이다.

예제 성경의 역사는 그리스 문명보다 더 오래되었다.
The Bible **predates** Greek civilization.

이런 전통은 당나라 시대 이전부터 존재했다.
This tradition **antedates** the Tang era.

outlive
(~보다) 더 오래 살다

그녀는 남편보다 20년을 더 오래 살았다.

직역 She lived 20 years longer than her husband.

네이티브 **She outlived her husband by 20 years.**

'~보다 오래 살다'는 영어에서도 비교급 표현을 써서 live longer than ~이라고 하는 것이 보통이다. 이렇게 표현해도 틀린 건 아니지만 좀 더 세련된 표현 방법은 live longer than ~이라는 비교 의미 전체를 하나의 동사로 표현하는 것이다. outlive가 바로 그런 동사인데, out-은 '~보다 더 …한'이라는 비교의 의미를 갖고 있고, 뒤에 live라는 동사가 붙은 outlive는 '~보다 더 오래 살다'라는 뜻이 된다. '~보다 더 오래 살다'는 보통 '~보다 / 오래 / 살다'와 같이 끊어서 생각하고 영어로 말하기 때문에 outlive라는 단어를 알고 있다고 해도 웬만해서는 실제로 사용하기 쉽지 않다. 따라서 단어나 표현을 끊어서 영어로 표현하는 습관은 반드시 버리고 한국어 전체 의미를 원어민식으로 표현하도록 노력해야 한다. outlive는 '~보다 오래 살다'의 뜻 외에 '더 이상 필요 없게 되다'라는 의미를 표현하는 데도 사용된다. 즉, The house outlived its usefulness.와 같이 뒤에 usefulness라는 명사를 넣는 것인데 그렇게 하면 '그 집은 자신의 유용함보다 더 오래 살았다'가 되며 이것의 실제 말뜻은 '이제 더 이상 필요 없게 되었다'이다. 또 outlive는 '유가족'이라는 말을 영어로 표현할 때도 사용된다. 즉, 사망한 사람 이야기를 하면서 '그는 유가족으로 어린 아들과 아내가 있다'는 He is outlived by his young son and his wife.와 같이 표현한다.

예제 그녀는 남편과 형제자매보다 더 오래 살았다.
She **outlived** her husband and her siblings.

• sibling 형제자매

favor A over B

(~보다 …을)

더 좋아하다

056_Ch06_n71_80

나는 빨리 뛰는 것보다 조깅을 더 좋아한다.

직역 **I like jogging better than fast running.**

네이티브 **I favor jogging over sprinting.**

'B보다 A를 더 좋아하다'를 영어로 하라고 하면 대부분 like A better than B와 같이 표현할 것이다. 한국어의 '더'라는 말 때문에 영어에서도 자동적으로 better, more와 같은 비교급 표현을 생각하게 된다. 그렇지만 better, more를 쓰지 않고도 동사 한 단어로 이런 개념을 표현할 수 있다. favor와 prefer가 그런 동사이다. 둘 다 무엇을 '선호하다'라는 뜻으로, favor A over B나 prefer A to B라고 하면 'B보다 A를 더 좋아하다'가 된다. 사실 favor나 prefer라는 단어 자체는 이미 알고 있는 사람들이 많다. 그러나 문제는 이 단어들을 단순히 '선호하다'라고 외우고 있어서 무엇을 더 좋아한다는 말을 영어로 할 때는 생각해 내지 못한다는 것이다. 따라서 단어를 favor = '선호하다'와 같이 기계적으로 외우지 말고 글의 문맥 속에서 의미와 사용 방식을 하나씩 터득해 나가는 식으로 익혀야 한다. 동사는 아니지만 partial이라는 형용사도 무엇을 더 좋아한다는 의미를 표현하는 데 사용할 수 있다. 가령, 아디다스와 나이키 상품을 놓고 '나는 나이키가 더 좋아'라는 말을 I'm partial to Nike.라고 할 수 있다. 참고로 favor는 주어가 사물이 되면 '~에게 더 유리하다'라는 의미로도 사용된다. 가령, 2009년 미국 대통령 선거에서 출구 조사를 한 결과 Obama 후보가 모두 우세한 것으로 나타났을 때 언론에서는 다음과 같은 문구로 그 내용을 보도했다. All exit polls favor Obama.

예제 그녀는 자신의 아들보다 딸을 더 좋아했다.

She **favored** her daughter **over** her son.

일부 의사들은 새로 나온 치료법보다는 전통적인 치료법을 선호한다.

Some doctors **prefer** the traditional treatment **to** the newer ones.

prioritize A over B

(~보다) **더 중요하다, 우선하다**

항공 산업에서는 안전이 그 어느 것보다 더 중요하다.

직역 **In the aviation industry, safety is more important than anything else.**

네이티브 **In aviation, safety is prioritized over all other requirements.**

'B보다 A가 더 중요하다'라는 말을 영어로 하라고 하면 대부분 A is more important than B와 같이 표현할 것이다. 그러나 이제는 '더 중요한'을 more라는 비교급 형용사 말고 동사로 표현해 보자. prioritize가 그런 동사 중 하나다. prioritize는 '~의 우선순위를 정하다'라는 뜻으로, prioritize A over B라고 하면 'B보다 A를 우선시하다'가 되는데, 이것을 수동태로 해서 A is prioritized over B라고 하면 'A가 B보다 우선시되다', 즉 '더 중요하다'라는 말이 된다. prioritize의 명사형 priority를 사용해서 A take priority over B라고 해도 같은 의미가 된다. give priority to A over B는 'B보다 A를 더 중요시하다'가 된다. priority 대신 '선행', '앞섬'이라는 뜻의 precedence를 넣어 A take precedence over B라고 해도 'A가 B보다 중요하다'라는 말이 된다. 그 외에도 put A before[ahead of] B(A를 B보다 더 앞에 놓다)도 'B보다 A를 중요시하다'로 A is put before[ahead of] B라는 수동태로 바꿔 표현하면 'B보다 A가 더 중요하다'라는 말이 된다. 마지막으로 A come before B(A가 B보다 먼저 오다)도 같은 의미의 표현이다. 이렇게 영어에는 '더 중요한'을 more important라고만 하지 않고 동사로 표현하는 방법이 다양하게 있다. 문제는 '더 = more'라는 기계적 사고를 깨는 일이다.

예제 내 가족이 내 직장보다 더 중요하다.
My family **takes precedence over** my career.

이 회사들의 이익보다 환자의 안위가 더 중요하다.
The well-being of patients should be **put before** the profits of these companies.

나에게는 명예가 돈보다 더 중요하다.
As far as I'm concerned, honor **comes before** money.

amplify
(소리가) **더 커지다**

방독면을 쓰니 내 숨소리가 더 크게 들렸다.

직역 **With the gas mask on, my breathing sounded louder.**

네이티브 **The sound of my breathing was amplified in the gas mask.**

'소리가 더 커지다'는 비교급 표현으로 gets louder라고 할 수 있다. '더 크게 들리다'는 get 대신 sound를 써서 sound louder라고 할 수 있다. 이렇게 비교급 more, -er을 사용해서 표현해도 좋지만 '더'라는 비교급을 동사로 표현할 수도 있다. '소리를 더 커지게 하다'라는 의미가 있는 동사를 사용하면 된다. amplify가 바로 그런 동사이다. amplify는 make ~ louder(~한 소리를 더 크게 하다)라는 의미를 내포하고 있기 때문에 '소리가 더 커졌다'는 The sound was amplified.(소리가 증폭되었다.)라고 한다. amplify는 기본적으로 소리를 크게 한다는 뜻이지만 비유적으로 감정이나 느낌, 문제 같은 것이 더 강해지거나 심각해진다는 의미로도 사용된다. 가령, '미봉책(quick fix) 때문에 문제가 더 심각해졌다'는 The quick fix only amplified the problem.이라고 할 수 있다.

예제 그의 무관심한 태도 때문에 그녀는 더욱 분개했다.
His nonchalant attitude **amplified** her anger. • nonchalant 무관심한, 냉담한

outstrip
(~보다) **더 크다, 많다**

그녀는 정기적으로 들어오는 급여가 있었지만 지출이 수입보다 더 많았다.

직역 **Although she had a regular salary, her spending was greater than her income.**

네이티브 **Although she had a regular salary, her expenses outstripped her income.**

'지출'은 spending 또는 expenses, '수입'은 income이다. 그러면 '지출이 수입보다 더 많다'는 영어로 어떻게 표현할까? '더 많다'라는 비교급 표현 때문에 대부분 greater than ~이라는 표현을 생각할 것이다. 한국어의 '더'는 영어에서 more나 -er이라는 등식이 머릿속에 자리잡고 있기 때문이다. 물론 greater than ~이 틀린 것은 아니다. 그러나 '더 = more'와 같은 기계적인 사고에 갇혀서는 좀 더 세련되고 영어다운 표현을 익혀 쓰기 힘들다. 영어에서는 '~보다 …이 더 크다/많다'라는 말을 outstrip이라는 동사 하나로

표현할 수 있다. outstrip은 보통 '~을 능가하다'라고 알고 있는데 이런 사전적 의미만 외우다 보니 'A가 B보다 크다'라는 의미를 전달하는 데 사용하지 못하고 있다. 그렇지만 이 동사를 사용하면 '수요가 공급보다 크다'를 Demand outstrips supply.라고 깔끔하게 표현할 수 있다. outstrip 외에도 무엇을 '능가하다'의 뜻을 가진 surpass, exceed, outpace 등도 모두 '~보다 더 많다/크다'라는 비교의 의미를 표현하는 데 사용할 수 있다. 물론 outstrip이 '~을 능가하다'라는 의미로 쓰이는 경우도 많다. 가령, 어떤 유명한 작가가 있는데 실제 그의 작품이 유명세에 못 미치는 경우 His fame outstripped his ability to live up to it.(그의 명성이 명성에 미칠 수 있는 그의 능력을 능가했다)라고 표현할 수 있다. 이때는 '명성이 능력보다 크다'라기보다는 '명성이 능력을 앞서다', '능력이 명성을 따라가지 못하다'라는 뜻으로 이해해야 한다.

예제 수요가 공급보다 크면 가격은 올라간다.
When demand **outstrips** supply, it pushes prices up.

accentuate

더 ~하게 보이다, 더 두드러져 보이다

그는 검은 뿔테 안경 덕분에 더욱 학구적으로 보였다.

직역 **Thanks to his black horn-rimmed glasses, he looked more scholarly.**

네이티브 **The black horn-rimmed glasses accentuated his scholarly look.**

'학구적인'에 해당하는 영어 단어로 scholarly, bookish 같은 것이 있다. '더 학구적으로 보이다'는 대부분 scholarly 앞에 비교급 more를 써서 look more scholarly라고 표현하려고 할 것이다. more를 쓰지 않고도 '더 ~하게 보이다'라고 표현할 수 있는 방법이 있는데 그것은 accentuate라는 동사를 사용하는 것이다. accentuate는 '~을 두드러지게 하다, 돋보이게 하다'라는 뜻을 갖고 있는 동사로, '~ 때문에 더 학구적으로 보이다'는 '~'을 주어로 해서 ~ accentuate his scholarly look(~이 그의 학구적인 모습을 두드러지게 하다)이라고 표현하면 된다. 더 좋게 보이는 경우라면 accentuate 대신 enhance ~(가치·미 등을 더욱 크게 하다, 더욱 돋보이게 하다)를 써도 좋다. 또, emphasize(강조하다)도 무엇을 '더 돋보이게 하다'라는 뜻으로 사용된다. 대조적으로 돋보이는 경우 set ~ off라는 구동사도 자주 쓰인다. 가령, '흰색 스웨터 때문에 그녀의 긴 검은색 머리카락이 더 눈에 띄었다'는 Her white sweater set off her long dark hair.라고 표현한다.

예제 그 옷을 입으니 그녀의 키 크고 날씬한 체구가 더욱 돋보였다.
The dress **enhanced** her tall, slender frame.

• frame 체구

gain strength

더 ~해지다 (1)

이번 태풍은 제주도를 향해 북상하면서 세력이 더 커질 것으로 예상됩니다.

직역 **As the storm is advancing north toward Jeju Island, it is expected to become stronger.**

네이티브 **The storm is forecast to gain strength as it is tracking north toward Jeju Island.**

태풍이 '더 세지다'를 영어로 하라고 하면 대부분 strong(힘이 센)의 비교급인 stronger(더 센)라는 형용사를 사용하여 become stronger, get stronger(더 세지다)라고 표현한다. 이렇게 비교급을 사용하는 것도 하나의 방법이지만 좀 더 영어다운 느낌으로 말하고 싶다면 비교급의 의미를 동사로 표현하는 영어의 특징을 살려 표현할 수도 있다. 영어에서 '더 ~하다'라는 비교의 의미를 표현하는 대표적인 동사가 gain이다. gain은 보통 '~을 얻다' 정도로만 알고 있다. 그러나 뒤에 strength(힘)라는 명사를 넣어 gain strength라고 하면 한국어 직역으로 '힘을 얻다'이지만 실제로는 '더 세지다'라는 뜻이 된다. strength 대신 다양한 명사를 넣어 활용할 수도 있다. 가령, '더 유명해지다'는 popularity(인기)를 목적어로 넣어 gain popularity라고 하고, '더 활발해지다'는 momentum(타성, 기세)이나 steam(힘, 기운)을 넣어 gain momentum, gain steam이라고 한다. '더 확산되다, 입지가 더 넓어지다' 같은 말은 ground(땅, 지대)를 넣어 gain ground라고 한다. 또, '더 빨라지다'는 speed를 넣어 gain speed라고 할 수 있으니 그야말로 활용도 1급의 동사인 셈이다. 반대로 '덜 ~해지다'는 lose(잃다)라는 동사를 쓰면 된다. 그런데 한국어에서는 '덜 ~해지다'라는 표현을 잘 사용하지 않는다. 대신 '태풍의 세력이 약화되다', '인기가 떨어지다', '입지가 줄어들다'와 같이 동사로 표현한다. 이 모든 것을 lose를 써서 lose strength, lose popularity, lose ground와 같이 표현할 수 있다.

예제 레이저를 이용한 여드름 치료가 더욱 인기를 끌고 있다.

Acne laser treatment is **gaining popularity**.

재택 근무가 더욱 확산되고 있다.

Home working is **gaining ground**.

인쇄업에서 디지털 기술의 활용도가 더욱 늘어나고 있다.

Digital technology is **gaining momentum** in the print industry.

add to

(~ 때문에)

더 …해지다 (2)

그녀는 허스키한 목소리 때문에 오히려 더 매력적으로 보인다.

직역 **Thanks to her husky voice, she looks more attractive.**

네이티브 **Her throaty voice only adds to her charm.**

'매력적인'은 영어로 attractive, charming이고, '더 매력적으로 보이다'는 look more charming이다. 그런데 이것은 '더 = more'라는 기계적인 등식에 맞춘 표현이다. 이런 기계적인 사고에서 벗어나면 훨씬 더 영어다운 표현의 세계가 눈에 보인다. more 같은 비교급 부사를 대신할 수 있는 동사 중 하나가 add(더하다)이다. A add to B의 형태로 사용하며 그 뜻은 'A가 B에 더해지다', 즉 'A로 인해 B가 더 ~해지다'가 된다. 위 예문처럼 '~ 때문에 …이 더 매력적으로 보이다'라는 말을 이 표현을 사용해 표현하면 ~ add to ...'s charm(~이 …의 매력에 더해지다)이라고 표현할 수 있다. 실제로 add는 한국어의 '더'에 대한 대응 표현으로도 사용된다. 가령, '~으로 인해 보안이 더 강화되다'라는 말은 영어로 ~ provides greater security(~이 더 큰 보안을 제공하다)라고 할 수 있는데 여기서 greater라는 비교급을 added로 바꿔 ~ provides added security라고 할 수 있다. 그러니까 '추가된'이라는 뜻의 added가 '더'라는 뜻의 비교급 표현 greater와 같은 셈이다. 어쨌든 앞으로 '~ 때문에 더 …하다'라는 말을 영어로 하려고 할 때는 more, greater 같은 비교급을 생각하기에 앞서 add to ~라는 동사 표현을 고려해 보자.

예제 커피를 너무 많이 마시면 오히려 스트레스 수준이 더 높아진다.
Too much coffee is only going to **add to** your stress levels.

주가 폭락으로 인해 그 나라의 위기감이 더욱 커졌다.
The stock crash **added to** the sense of crisis in the nation.

짙은 눈썹으로 인해 그의 표정은 더욱 강렬해 보였다.
His bushy eyebrows **added to** his fierce look.

• fierce 사나운

add

(~하면/해서)

더 …해지다 (3)

아버지를 잃은 슬픔을 겪으며 그녀의 연기는 더욱 성숙해졌다.

직역 **Her acting has become more mature after experiencing the sorrow of losing her father.**

네이티브 **The pain of losing her father has added maturity to her acting.**

'A 때문에 B가 더 성숙해지다'를 영어로 한다면 대부분 'A 때문에' → because of A, '더 성숙한' → more mature, '…해지다' → become식으로 한국어를 영어로 옮겨 표현할 것이다. 이제는 비교의 의미를 more 같은 비교급이 아니라 동사로 표현하자. 여기에 동원되는 동사가 add이다. add A to B라고 하면 보통 'B에 A를 더하다'라는 산술의 개념으로만 알고 있다. 그러나 A에 maturity(성숙함)라는 명사를 넣어 add maturity to ~라고 하면 '~에 성숙함을 더해 주다', 즉 '더 성숙하게 만들다'라는 뜻이 된다. 다시 말해, add라는 동사 안에 '더 하게 하다'의 비교의 의미가 담겨 있는 셈이다. 따라서 'A 때문에 B가 더 성숙해지다'는 A add maturity to B이다. add 뒤에는 다양한 명사를 넣어 '더 ~하게 하다'라는 비교의 의미를 표현할 수 있다. 가령, '속도가 더 빨라지게 하다'는 add speed to ~이고, '더 활발하게 하다, 더 활력을 띠게 하다'는 '힘, 기운'이라는 뜻의 steam이나 '원기, 생기'라는 뜻의 vigor를 넣어 add steam[vigor] to ~라고 한다. 또, '더 신빙성 있게 하다'는 '신용, 신뢰'라는 뜻의 credence를 넣어 add credence to ~라고 한다. 이밖에 '더 밝게 하다, 윤택하게 하다'는 '빛남'이라는 뜻의 shine을 넣어 add shine to ~라고 할 수 있다. 가령, '우리 제품을 사용하시면 머리가 한결 더 윤기가 납니다'를 영어로 한다면 Our products will add shine to your hair.라고 할 수 있다.

예제 정부 지출이 늘어나면 경제 회복 속도는 더 빨라질 것으로 예상된다.
Increased government spending is expected to **add** momentum to economic recovery.

전환 효과를 사용하면 더 인상적인 파워포인트 발표를 하실 수 있습니다.
Using transitional effects can **add** impact to your PowerPoint presentation.

저희 초경량 등산화를 신으면 발걸음이 훨씬 더 가벼워집니다.
Our ultra-light hiking boots are guaranteed to **add** spring to your step.

• spring (발걸음의) 경쾌함

reinforce

(~을) 더 확신하다, 의심하다

그녀는 이 일로 인해 그 남자에게 죄가 없다는 것을 더욱 확신하게 되었다.

직역 **As a result of this, she became more convinced that the man was innocent.**

네이티브 **This reinforced her belief that the man was innocent.**

'~을 확신하는'에 해당하는 영어 단어로는 convinced, confident, certain, positive 같은 것들이 있다. '더 확신하게 되다'는 비교급 more를 써서 표현해도 되지만 좀 더 영어다운 표현을 위해 동사로 말해 보자. 여기에 동원되는 동사가 reinforce ~(~을 강화하다)이다. 따라서 '~ 때문에 …이라는 점을 더욱 확신하게 되었다'는 ~ reinforced her belief that ...(~이 …이라는 그녀의 믿음을 강화시켰다)이라고 표현할 수 있다. reinforce에 '더 강하게 하다'라는 비교의 의미가 담겨 있는 셈이다. 이렇게 강화시켜 준다는 뜻으로 쓸 수 있는 동사에는 strengthen(강화하다), solidify(단단하게 하다), cement(굳게 하다)와 같은 것들이 있다.

예제 이 일로 그녀는 그가 사기꾼이라는 것을 더욱 의심하게 되었다.
This **reinforced** her suspicion that he was a con-artist. • con-artist 사기꾼

역경을 겪을 때마다 그녀는 목표를 달성하겠다고 더욱 굳게 다짐했다.
Every obstacle she faced **reinforced** her determination to reach her goal.

tower above

(~보다) 키가 훨씬 더 크다

그는 강당에 있는 모든 사람들보다 키가 훨씬 컸다.

직역 **He was much taller than anyone else in the hall.**

네이티브 **He towered above everyone else in the hall.**

'키가 큰'은 영어로 tall이다. 따라서 '~보다 키가 더 큰'을 영어로 할 때는 대부분 taller than ~이라고 한다. 그런데 키가 더 크다는 이야기를 할 때마다 매번 taller than이라고 한다면 영어는 매우 무미건조한 언어가 될 것이다. 특히 같은 단어나 표현의 반복 사용을 지양하는 영어에서 어떤 의미를 하나의 방식으로만 표현한다는 것은 생각하기 어려운 일이다. 누구보다 키가 크다는 말도 영어에서는 taller와 같은 비교급 대신 tower라는 동사를 써서 표현할 수 있다. tower는 명사로는 '탑'이지만 동사로 쓰면 탑처럼 '높이 솟다'라는 뜻을 갖고 있는데, 여기에 전치사를 붙여서 tower above[over] ~라고 하면 상대방 위에 탑처럼 높이 솟아 있듯이 '~보다 키/높이가 압도적으로 더 크다'라는 뜻이 된다. 가령, '그는 그녀보다 키가 월등히 컸다'는 He towered above[over] her.라고 할 수 있다. 그런데 이 표현은 문맥에 따라 여자가 앉아 있는 상태에서 남자가 위에서 여자를 내려다보는 상황을 의미할 수도 있다. 또 tower above ~는 비유적으로 '~보다 훨씬 뛰어나다'의 뜻으로도 사용된다. 가령, '그는 동시대인들보다 훨씬 뛰어났다'는 He towered above his contemporaries.라고 표현할 수 있다.

예제 그가 그녀 옆에 서 있으면 그녀보다 키가 압도적으로 더 크다.
When he stands up next to her, he **towers over** her.

미켈란젤로는 조각과 그림에서 동시대의 예술인들보다 훨씬 뛰어나다.
As a sculptor and painter, Michelangelo **towers above** all of his contemporary artists.

chapter 06 동사로 다양하게 표현하기

dwarf

(~보다) **훨씬 더 크다, 넓다**

BMW 스포츠 왜건은 승용차형보다 트렁크 공간이 훨씬 더 넓다.

직역 **The trunk space of the BMW sports wagon is much larger than that of the sedan version.**

네이티브 **The BMW sports wagon dwarfs the sedan version in trunk space.**

체구, 면적, 크기 등이 'A가 B보다 더 크다/넓다'라고 비교하는 말을 영어로 표현한다면 으레 '더 크다'는 bigger, '더 넓다'는 larger와 같이 영어의 비교급 표현인 -er을 붙이는 식으로 생각한다. 이것도 하나의 방법이지만 영어에는 크기를 비교하여 표현하는 데 좀 더 세련된 방식이 있다. 그것은 dwarf라는 동사를 쓰는 것이다. dwarf는 명사로는 '난쟁이'라는 뜻이지만 타동사로 쓰면 상대방을 난쟁이로 보이게끔 할 정도로 '더 크다/넓다'라는 뜻이 된다. 따라서 위 예문에서처럼 두 자동차의 트렁크 공간을 비교하면서 'A가 B보다 훨씬 넓다'라고 할 때도 A dwarf B in trunk space(트렁크 공간에서 A가 B를 난쟁이로 만들다)라고 표현할 수 있다. 같은 의미를 표현하면서 bigger라고 하는 사람과 dwarf 같은 동사로 표현하는 사람 사이에는 엄청난 영어 실력의 차이가 존재한다고 할 수 있다. 어떤 단어를 아는지 모르는지의 문제가 아니라 표현 방식이 얼마나 영어다운가 하는 차원에서 그렇다. 따라서 비교급 표현은 영어에서 반드시 more, better, -er과 같은 비교급 형용사나 부사를 써서 표현해야 한다는 도식적 사고를 깨는 것이 중요하다. 동사를 사용한 비교 표현을 하나 더 소개한다면 pale이라는 동사가 있다. pale은 대부분 '창백한'이라는 뜻의 형용사로 알고 있지만 동사로는 '창백해지다'라는 뜻이 있다. 이 동사를 써서 A pale beside[next to] B(A는 B 옆에 서면 창백해진다)라고 하면 'A는 B 옆에 서면 창백해질 정도로 초라해진다'라는 말이다. 즉, 'B가 A보다 월등히 뛰어나다'라는 뜻이 된다. 가령, 이 표현을 사용해서 위 예문을 The BMW sports sedan pales beside[next to] the sports wagon version in trunk space.라고 할 수 있다.

예제 퀸즈 파크는 면적이 1,255에이커로 뉴욕의 센트럴 파크보다 훨씬 넓다.
At 1,255 acres, Queens Park **dwarfs** Central Park in New York.

(3) 동사로 위치 표현하기

dissect

(~을) **가로질러 가다, 통과하다**

057_Ch06_n81_90

한강은 서울을 가로질러 서쪽으로 흐르다 임진강과 만나 황해로 빠져 나간다.

직역 **The Han River flows west through Seoul, meets the Imjin River and flows out into the Yellow Sea.**

네이티브 **The Han River dissects Seoul, flowing west until it joins the Imjin River to empty into the Yellow Sea.**

강이 어떤 도시를 '가로질러 흐르다'라는 말을 영어로 한다면 대부분 The river flows [runs] through the city.와 같이 표현할 것이다. 즉, '가로질러 흘러가다'가 '통과해 흘러가다'의 뜻이므로 '~을 통과하는'이라는 뜻의 전치사 through를 생각하게 된다. 이렇게 전치사 through를 사용해 표현하는 것이 틀린 것은 아니지만 한국어를 거의 단어 대 단어로 옮겨 표현했다는 점이 문제이다. 영어에서는 '~을 가로질러 흐르다'라는 말을 through라는 전치사를 쓰지 않고 동사만으로 표현할 수 있다. 바로 dissect라는 동사를 쓰는 것이다. dissect는 어떤 물체를 '양분하다, 둘로 자르다'라는 뜻으로, The river dissects the city.라고 하면 강이 도시를 둘로 나눈다는 뜻이 되는데 그것이 바로 도시를 통과해 흘러간다는 말이 된다.

예제 그 고속도로는 반프 국립공원을 동에서 서로 가로질러 뻗어 있다.
The highway **dissects** Banff National Park east to west.

straddle

(~에) 걸쳐 있다

이과수 폭포는 브라질과 아르헨티나 국경에 걸쳐 있다.

콩글리시 **Iguassu Falls is located across the border between Brazil and Argentina.**

직역 **Iguassu Falls sits astride the border between Brazil and Argentina.**

네이티브 **Iguassu Falls straddles the border between Brazil and Argentina.**

세계적으로 유명한 이과수 폭포는 브라질과 아르헨티나 두 나라의 국경에 걸쳐 있다고 한다. 그런데 이렇게 양쪽에 걸쳐 있다는 표현을 영어로 어떻게 할까? across라는 전치사를 써서 across the border(국경을 건너서)라고 하면 어떨까? 그렇게 되면 Iguassu Falls is located across the border between(이과수 폭포는 ~ 사이의 경계를 건너서 위치해 있다)가 되는데, 이것은 엉터리 영어가 된다. across는 국경에 걸쳐 양쪽에 있다는 뜻을 표현하는 전치사가 아니다. across는 go across the river(강을 건너가다)처럼 한쪽에서 다른 쪽으로 이동하는 상황이나 The store is across the street from the post office.(가게는 우체국에서 길 건너편에 있다)와 같이 완전히 다른 편에 있는 상황을 묘사하는 데 사용된다. 따라서 across는 between이라는 전치사와 의미상 같이 쓸 수 없다. Iguassu Falls is located across the border from Brazil.이라고 하면 말은 되지만 '이과수 폭포는 브라질에서 국경 건너편에 있다', 즉 아르헨티나 쪽에 있다는 말이 되므로 위의 내용과 달라진다. 그렇다면 이런 구도는 전치사로 어떻게 표현할까? astride라는 단어를 쓰면 된다. 전치사라고 하면 대부분 on, in, across 같은 것만 생각하지만 astride도 '~에 걸터 앉아'라는 의미의 전치사이다. 따라서 Iguassu Falls sits astride the border between ~이라고 하면 된다. 일단 이렇게 표현하면 문법이나 내용상 합격점을 얻는다. 그런데 astride라는 전치사를 쓰는 것 외에 단어 자체에 '~에 걸터앉다, 걸터 서다'의 뜻을 가진 동사를 쓸 수 있다. straddle이 바로 그런 동사이다. 즉, Iguassu Falls straddles the border between ~이라고 한다.

예제 대둔산은 충청남도와 전라북도의 경계에 걸쳐 있다.
Mt. Daedoon **straddles** the border between South Chungcheong and North Jeolla Province.

traverse

(~을) 넘어가다, 가로질러 가다, 관통하다

이 등산로는 산의 동편을 넘어가는 코스이다.

직역 **This trail is a course that goes over the eastern side of the mountain.**

네이티브 **This trail traverses the eastern side of the mountain.**

도로나 등산로가 산을 '넘어가다'라고 할 때 가장 먼저 생각나는 영어 표현은 go over ~(~ 위로 넘어가다)일 것이다. 그런데 영어로 된 관광 안내 책자를 보면 이런 경우 go over ~ 같은 표현보다는 traverse라는 동사를 즐겨 사용한다. traverse ~는 어떤 지역을 '관통하거나 가로질러, 또는 위로 지나가다'라는 뜻을 갖고 있다. 그러니까 go over ~(~ 위로 넘어가다)나 go through ~(~을 관통해 가다), go across ~(~을 가로질러 가다)에서 over, through, across 같이 위치를 나타내는 전치사의 의미 자체를 포함하고 있는 단어인 셈이다. 따라서 도로나 등산로가 어떤 지역이나 산 위로 뻗어 있다면 이 동사를 써서 표현할 수 있다. 물론, traverse는 사람이 주어가 되어 사람이 어디를 '횡단하다, 가로질러 가다'라는 뜻으로도 쓸 수 있다. 가령, '콜럼버스가 대서양을 횡단했다'를 traverse를 사용해서 말하면 Columbus traversed the Atlantic.이 된다.

예제 이 도로는 왕복 2차선에 길이가 60킬로미터로 공원을 동서로 가로질러 나 있다.
The two-lane 60-kilometer road **traverses** the park from east to west.

이 강이 통과하는 지역 대부분은 사유지다.
Much of the land this river **traverses** is privately owned.

parallel

(~이 평행으로) 따라 나 있다 (1)

이 산책로는 섬의 서쪽 해안선을 따라 나 있고, 이 길을 따라가다 보면 아름다운 작은 마을들을 만나게 된다.

직역 **The trail goes along the western coastline of the island, and if you follow this trail, you will come across some beautiful small villages.**

네이티브 **The trail parallels the island's western coastline, connecting small picturesque villages.**

어떤 길이 해안선이나 강줄기를 '따라가며 나 있다'라는 말을 영어로 한다면 '~을 따라가다'라는 말 때문에 go along ~이라고 표현하기 쉽다. 물론 이런 식으로 표현해도 좋지만 go보다는 run을 써서 The trail runs along ~라고 하는 것이 더 좋다. 그런데 이런 표현은 한국어를 영어로 바꿔 주기만 하면 되므로 누구나 생각해 낼 수 있다. run along ~을 하나의 동사로 표현하면 그게 바로 parallel이다. parallel은 명사로는 '평행', 형용사로는 '평행인'이지만 동사로 쓰면 '~과 평행으로 가다'의 뜻이 된다. 어 떤 길이 해안선을 따라간다는 말은 곧 해안선과 평행으로 간다는 뜻이므로 run along을 parallel로 바꿔 쓸 수 있다. 또는 parallel을 형용사로 써서 run parallel to ~라고 해도 '~와 평행으로 가다'는 뜻이다. parallel은 또 '~에 필적하다, 버금가다'라는 뜻도 갖고 있다. 가령, Nothing parallels the sound of a fine grand piano.라고 하면 '좋은 그랜드 피아노 소리를 따라갈 악기 소리가 없다'라는 말이 된다.

예제 나는 해변을 따라 나 있는 산책로를 따라 조깅하는 것을 좋아한다.
I like jogging along the promenade that **parallels** the beach. • promenade 산책로

고속도로를 따라 나 있는 개천은 물이 말라 있었다.
The creek that **runs parallel to** the highway was dry.

hug
(~의 주변을)
따라 나 있다 (2)

우리는 절벽을 따라 나 있는 흙길을 걸었다.

직역 **We walked on a dirt road that ran along the cliff.**

네이티브 **We traveled on a dirt road that hugged the cliff.**

어떤 길이 절벽이나 산허리를 '따라 나 있다'라는 말 역시 영어로 한다면 '~을 따라'라는 말 때문에 영어에서도 along ~(~을 따라)이라는 전치사를 생각해 낸다. 그 결과 또 The road runs along ~(길이 ~을 따라가다)식으로 표현하기 쉽다. 그런데 run along은 앞의 예문에서 나온 평행으로 가는 도로에도 쓸 수 있기 때문에 이런 표현으로는 두 상황을 구분하기 어렵다. 앞의 경우는 도로가 해안선이나 강과 평행하게 뻗어 있는 경우를 말하는 데 반하여, 위 예문에서는 절벽이나 산허리에 바싹 붙어 돌아가는 길을 의미한다. 이럴 때는 hug라는 동사를 쓴다. along 같은 전치사보다 동사로 표현하는 것이 정확한 의미 전달뿐만 아니라 영어다운 멋도 살릴 수 있다. hug는 '~을 포옹하다'지만 지형이나 위치를 말할 때는 stay very close to something(무엇에 아주 가까이 있다)이라는 뜻으로 절벽에 거의 붙다시피 길이 나 있다는 뜻을 표현한다. 한국어에 '절벽을 끼고 간다'라는 말이 있는데 '끼다'라는 말이 hug에 해당한다. '끼고 나 있다'뿐 아니라 절벽을 '따라 나 있다'라고 해도 영어에서는 hug라는 동사를 사용한다는 것을 기억하자.

예제 이 지점부터 산책로는 해안선을 따라 북쪽으로 뻗어 있다.
From this point, the trail turns north, **hugging** the shoreline.

line
(~을) **따라 늘어서 있다**

도로 양편에는 다양한 상점, 옷 가게 및 식당들이 즐비하게 늘어서 있다.

직역 **Various stores, boutiques and restaurants stand along both sides of the street.**

네이티브 **Eclectic shops, boutiques and eateries line the street on both sides.**

가게들이 길을 '따라 늘어서 있다'라는 말을 영어로 표현한다면 '~을 따라' 때문에 영어에서도 along ~(~을 따라)을 써서 stand along ~이라고 하기 쉽다. 이것도 틀리지는 않지만 along 같은 전치사를 쓰지 않고 '~을 따라 늘어서 있다'를 하나의 동사로 표현하면 더 자연스럽다. line이 바로 그런 역할을 하는 동사이다. line은 명사로는 '줄'이지만 동사로 쓰면 '~을 따라 늘어서 있다'가 된다. line은 타동사이기 때문에 바로 뒤에 목적어를 쓴다. 따라서 '상점이 그 길을 따라 늘어서 있다'는 Stores line the street.이다. 수동태로 바꿔 '길'을 주어로 해서 The street is lined with stores.라고 해도 좋다. line은 꼭 길에 길게 늘어서 있는 것만 표현하는 것이 아니다. 벽면을 따라 책장들이 놓여 있는 상황도 책장을 주어로 해서 Bookshelves lined one wall.과 같이 표현할 수 있다.

예제 벽을 따라 십여 개 정도의 부스가 배치되어 있었다.
A dozen or so booths **lined** the walls.
A dozen or so booths were **lined** up along the walls.

그들은 대학교 기숙사처럼 양편에 문이 늘어선 좁은 복도를 따라 걸어 내려갔다.
They walked down a narrow corridor with doors **lining** both sides like a college dorm.

adjoin

(~의) 바로 옆에 있다, (~에) 바로 붙어 있다 (1)

오늘 우리는 협재 해수욕장 바로 옆에 있는 금능 해수욕장에 갔다.

직역 **Today, we went to Keumneung Beach that is right next to Hyupjae Beach.**

네이티브 **Today, we headed down to Keumneung Beach that adjoins Hyupjae Beach.**

무엇의 '바로 옆에 있다'라고 할 때는 보통 next to ~(~ 바로 옆에 있는)라는 표현을 생각한다. next to ~도 좋은 표현이다. 그런데 어떤 것의 위치가 다른 것과 바로 붙어 있다시피 할 정도로 가깝게 있거나 아예 붙어 있는 상황은 adjoin이라는 동사로도 표현할 수 있다. adjoin은 '~에 매우 가깝다, 바로 옆에 있다, 붙어 있다'라는 의미를 갖고 있어서 very close to ~(~와 매우 가까운), next to ~(~ 바로 옆에), touching ~(~와 맞닿은, 연결된) 등을 대체할 수 있다. 문제는 very close to ~나 next to ~ 같은 표현은 한국어에도 유사한 표현이 있기 때문에 쉽게 생각해 낼 수 있지만 adjoin은 생각해 내기 어렵다는 점이다. 결국 한국어를 영어로 옮기는 식의 영어에서 벗어나야만 이런 동사를 사용하는 것이 가능해진다. adjoin은 '붙어 있다'의 뜻도 있기 때문에 호텔에서 붙어 있는 방 2개를 달라고 할 때도 이 단어를 써서 Can we have two adjoining rooms?라고 한다. 또 '인접한 도시'라고 할 때도 close라고 하지 말고 이 단어를 써서 adjoining city라고 하면 좋다. 그 밖에 '인접한'의 뜻으로 쓰이는 단어들은 adjacent, neighboring 같은 것이 있다.

예제 롯데월드는 잠실역과 바로 붙어 있다.
Lotte World **adjoins** Jamsil Station.

abut

(~의) 바로 옆에 있다, (~에) 바로 붙어 있다 (2)

학교 바로 옆에 작은 공원이 있어서 야외 활동을 하기에 적합하다.

직역 **There is a small park right next to the school, and it is a great place for outdoor activities.**

네이티브 **The small park abutting (on) the school is excellent for outdoor activities.**

학교 바로 옆에 작은 공원이 맞붙어 있는 상황을 영어로 표현한다면 '바로 옆에 있다'라는 말 때문에 next to ~라고 표현하기 쉽다. 물론 next to ~를 써도 틀리지는 않는다. 그렇지만 어떤 대지나 건물 등이 서로 맞닿아 있는 상황이라면 next to ~ 대신 abut라는 동사를 쓰는 것이 더 세련된 표현 방법이다. abut는 국토나 대지 등이 '경계를 접하다', '바로 옆에 있다'라는 뜻을 갖고 있다. 바로 앞에서 소개한 adjoin과 거의 비슷한 표현이지만 adjoin은 join이라는 단어가 들어 있어 서로 연결되어 있다는 의미가 강한 반면, abut는 경계를 서로 접한다는 뜻이 강하다. 그렇지만 둘 다 '바로 옆에 있다'라는 뜻을 표현하기 때문에 비슷하다. abut 대신 비슷한 뜻의 동사인 butt를 사용한 butt up against ~라는 표현도 '~와 맞닿아 있다'의 의미로 사용된다. 가령, '우리 아파트 건물은 아담한 정원과 맞닿아 있다'는 Our apartment building butts up against a small garden.이라고 할 수 있다.

예제 이 콘도미니엄 바로 옆에는 골프장이 있다.
The condominium complex **abuts** a golf course.

front
(~의) 앞에 있다

날씨가 좋을 때는 호텔 바로 앞에 있는 해변에서 일광욕을 즐기세요.

직역 **When the weather is nice, enjoy sunbathing at the beach right in front of the hotel.**

네이티브 **If the weather is fine, bask in the sun at the beach fronting the hotel.**

'호텔 바로 앞에 해변이 있다'라는 말을 영어로 한다면 대부분 in front of ~(~ 앞에 있는)를 생각해서 There is a beach in front of the hotel.과 같이 표현할 것이다. 물론 이렇게 표현하는 것이 틀린 것은 아니지만 in front of ~라는 전치사구 대신 front라는 동사를 써서 표현할 수도 있다. 대부분 front를 '전면'이라는 명사로 알고 있지만 '~ 앞에 있다'라는 동사로도 쓰인다. 미국의 관광 안내 책자를 보면 in front of ~ 대신 front를 동사로 쓰는 경우를 자주 볼 수 있는데, in front of ~는 밋밋한 느낌을 주는 데 반해 front는 명사에서 유래한 탓에 전면에 무엇이 놓인 모습을 시각적으로 떠올릴 수 있을 정도로 생생한 느낌을 준다. 그러면 '~의 뒤에 있다'라고 할 때는 in back of ~라고 하는데 back도 동사로 '~의 뒤에 있다'라는 뜻이 될까? 된다. 그렇지만 front만큼 자주 쓰이지는 않는다.

예제 호텔 앞의 작은 공원에는 사람이 아무도 없었다.
The small park **fronting** the hotel was deserted. • deserted 인기척이 없는, 인적 없는

stud
곳곳에 있다

058_Ch06_n91_99

도시에는 곳곳에 불교와 힌두교 사원들이 있다.

직역 **There are many Buddhist and Hindu temples throughout the city.**

네이티브 **Buddhist and Hindu temples stud the city.**

'도시 곳곳에 사원이 있다'에서 '곳곳에 있다'를 영어로 어떻게 표현할까? '곳곳에'라는 한국어 때문에 here and there(여기저기)라는 표현을 생각하거나 throughout ~(~ 전역에)과 같은 표현을 생각하는 사람들이 있을 것이다. 그러나 이런 식의 부사구나 전치사를 사용하는 것보다 더 세련된 표현 방식은 동사를 사용하는 것이다. 위 예문에서는 stud라는 동사를 쓰면 좋다. stud는 명사로 '장식 못이나 징'을 뜻하는데 동사로 쓰면 '~에 여기저기/점점이 산재해 있다'라는 뜻이 된다. 따라서 There are temples throughout the city.라고 하는 대신 temples를 주어로 해서 Temples stud the city.라고 하면 매우 멋진 영어 문장이 된다. 이것을 수동태로 해서 The city is studded with temples.라고 해도 된다. stud는 밤하늘에 점점이 놓인 별, 흰 케이크 위에 점점이 장식해 놓은 초콜릿 같이 어떤 지역이나 공간에 무엇이 여기저기 놓여 있는 상황을 묘사하는 데 적격이다. 가령, 정원에 조각 예술품이 여기저기 놓여 있다면 조각물을 주어로 해서 Artistic sculptures stud the garden.이라고 하거나 정원을 주어로 해서 The garden is studded with artistic sculptures.라고 할 수 있다. stud보다 더 많이 산재해 있는 경우에는 pepper라는 동사를 쓴다. pepper는 명사로 '후추'인데 동사로 쓰면 후추를 뿌린 듯 여기저기 많이 있다는 뜻이 된다. 가령, '근처에 중국 식당이 매우 많이 있다'라는 말을 pepper를 써서 표현하면 Chinese restaurants pepper the neighborhood.라고 할 수 있다. 수동태로 해서 The neighborhood is peppered with Chinese restaurants.라고 해도 된다.

예제 밤하늘에는 수많은 별들이 반짝이고 있었다.
The night sky **was studded with** blinking stars.
그의 짧게 깎은 머리는 온통 반백이었다.
His close-cropped hair **was peppered with** gray.

flank
(~의) 옆에 있다

소파 양옆에는 두 개의 일인용 의자가 놓여 있었다.
직역 **There were two armchairs on either side of the couch.**
네이티브 **The couch was flanked by two armchairs.**

'~의 옆에 있다'라는 말을 영어로 한다면 대부분 at the side of ~(~의 옆에)나 beside ~(~의 옆에), by ~(~가에)와 같은 표현들을 생각할 것이다. 위 예문과 같이 '~의 양옆에 있다'라고 할 때는 on each side of ~나 on either side of ~라고 할 수 있다. 위치는 이런 전치사들로 표현하는 것이 일반적이지만 영어에서는 동사로도 표현이 가능하다. '~의 (양)옆에 있다'라는 의미를 갖고 있는 동사로는 flank가 있다. flank는 명사로는 '옆구리', '측면'의 뜻으로, 동사로 쓰면 '~의 측면[옆]에 있다'라는 뜻이 된다. 가령, 절의 입구 양편에 앉아 있는 사자상이 있다면 Two crouching stoned lions(두 마리의 웅크리고 있는 돌사자)를 주어로 해서 Two crouching stoned lions flank the entrance.라고 한다. entrance(입구)를 주어로 한다면 수동태로 The entrance is flanked by two crouching stoned lions.라고 한다. flank는 구조물의 위치뿐만 아니라 사람 옆에 누가 있다고 말할 때도 사용한다. 가령, '대통령이 양편에 장관들을 대동하고 나타났다'는 The President was flanked by ministers.라고 한다. flank와 비슷한 단어로 bracket이 있다. bracket은 명사로 '괄호'라는 뜻인데 동사로 쓰면 마치 어떤 물건이나 사물이 양편에 괄호로 닫혀 있듯이 양쪽에 무엇이 있다는 뜻이 된다.

예제 그녀는 두 명의 경호원을 옆에 거느리고 나타났다.
She appeared, **flanked by** two bodyguards.
잔디밭 양 옆으로는 자갈길이 나 있다.
The green lawn **is bracketed by** two gravel paths.

top
(~의) 위에 있다

탁자 위에는 여러 가지 색의 꽃꽂이 장식이 놓여 있었다.
직역 **There were colorful flower arrangements on the tables.**
네이티브 **Colorful flower arrangements topped the tables.**

'~ 위에' 어떤 것이 있다는 말은 전치사 on을 사용해서 영어로 표현한다는 것은 익히 알고 있는 사실이다. 그런데 '~ 위에 있는'을 매번 on으로 표현한다면 지루하기 짝이 없을 것이다. 그래서 영어에는 또 다른 표현 방법이 있는데 동사 top을 사용하는 것이다. top은 대부분 '꼭대기'라는 뜻의 명사로 알고 있지만 동사로 쓰면 '~의 위[꼭대기]에 있다'라는 뜻이 된다. 어떤 노래가 '빌보드 차트에서 1위를 차지했다'라고 할 때도 '1위를 하다'를 rank first on the Billboards라고 하는 대신 top the Billboards라고 하는 것도 top을 동사로 쓸 수 있기 때문이다. 따라서 'A가 B 위에 있다'는 A top B라고 하거나 수동태로 해서 B is topped with[by] A라고 표현하면 된다. top은 on the table처럼 어떤 것의 바로 위에 붙어 놓여 있는 상태뿐만 아니라 over the house와 같이 떨어져 위에 있는 경우에도 사용된다. 가령, '해가 지평선 위에 떠 있다'는 The sun was over the horizon.이라고 하는 대신 The sun topped the horizon.이라고 할 수 있다. 참고로 '산 정상에 눈이 있다'라고 할 때는 top 대신 cap을 써서 Snow caps the mountain. 또는 The mountain is capped by snow.라고 한다.

예제 언덕 정상에는 고대 사원이 있다.

The hill **is topped by** an ancient temple.

대문의 기둥 위는 돌사자상으로 장식되어 있었다.

The pillars of the gate **were topped by** stone lions.

• pillar 기둥

dot

점점이 있다

구름 한 점 없는 지평선에는 풍차들이 점점이 서 있었다.

직역 **Windmills stood here and there along the cloudless horizon.**

네이티브 **A row of windmills dotted the cloudless horizon.**

'점점이 서 있다'를 영어로 직역하면 stand here and there(여기저기 서 있다)라고 할 수 있다. 그러나 이런 식의 영어는 문법적으로 맞더라도 유아 수준의 영어에 지나지 않는다. 점점이 놓여 있는 것은 here and there와 같은 부사 대신 dot이라는 동사를 써서 표현해야 영어다운 맛이 난다. dot은 명사로 '점'이지만 동사로 쓰면 '~에 점점이 있다'가 된다. 따라서 '지평선에 풍차들이 점점이 있다'는 Windmills dot the horizon.이라고 하거나 수동태로 바꿔서 The horizon is dotted with windmills.라고 하면 된다. windmills 앞에 row(줄)를 넣어 a row of windmills(한 줄로 늘어선 풍차들)라고 하면 더 멋이 난다. dot은 앞에서 익혔던 stud와 거의 비슷하게 사용된다. '그 마을에 고급 식당들이 많다'는 말을 stud를 써서 High-end restaurants stud the town.이라고 하듯이 dot을 넣어 High-end restaurants dot the town.이라고 해도 된다. 이렇게 하면 식당이 마을에 점점이 많이 있다는 말이 된다. 다만 stud는 '장식 못'이라는 뜻 때문에 여기저기 '박혀 있다'의 의미가 있는 반면, dot은 말 그대로 점이 여기저기 있다는 의미를 갖고 있다. 물방울 무늬 드레스를 dotted dress라고는 하지만 studded dress라고 하지 않는 이유도 여기에 있다. 옷 위의 점은 못이나 반지의 보석처럼 박혀 있는 것이 아니기 때문이다.

예제 그 만에는 무려 500개나 되는 작은 섬들이 점점이 놓여 있다.

As many as 500 islets **dot** the bay.

• islet 작은 섬

항구 입구에는 온갖 종류의 배들이 여기저기 떠 있었다.
The mouth of the harbor **was dotted with** boats of every kind.

be fringed with

주위에 ~이 있다, 가장자리에 있다

하얀 모래사장 주위에는 야자수들이 늘어서 있다.

직역 **There are palm trees around the white sand beach.**

네이티브 **The white sand beach is fringed with palm trees.**

해변의 모래사장 경계에 야자수들이 늘어서 있는 광경을 상상해서 그것을 영어로 표현해 보자. 가장 간단하게는 around(~의 주위에 둘러서)라는 전치사를 써서 Palm trees stand around the beach.라고 하는 것이다. 그러나 around 정도로는 의미 표현이 부족해 보인다. 이런 경우에는 전치사 대신 fringe라는 동사를 써야 영어다운 맛이 난다. fringe는 '가장자리'의 뜻으로, 동사로 쓰면 '~의 가장자리를 형성하다, ~의 가장자리에 있다'라는 뜻을 갖는다. 따라서 '해변 주위에 야자수들이 있다'는 Palms trees fringe the beach. 라고 깔끔하게 표현할 수 있다. 또는 beach를 주어로 해서 수동태로 The beach is fringed with[by] palm trees.라고 하면 된다. fringe와 같은 용도로 사용되는 동사로 edge도 있다. edge도 '가장자리'의 뜻이므로 동사로 쓰면 fringe와 같은 뜻을 갖는다. 가령, '수영장 주변에는 여러 종류의 열대 나무들이 늘어서 있다'라는 말을 edge를 사용하면 The swimming pool is edged by a variety of tropical trees.라고 할 수 있다.

예제 그 도시 주위에는 3개의 베드타운이 있고 이들은 3개의 고속도로로 연결되어 있다.
The city **is fringed by** three bedroom communities, linked by three highways. • bedroom community 대도시 근처의 주거용 지역

활기가 넘치는 광장 주변에는 호텔, 식당, 카페 및 기념품점 등이 늘어서 있다.
This lively square **is edged by** hotels, restaurants, cafes and gift shops.

be framed by

주위에 ~이 있다, 액자처럼 둘러서 있다

그 해변 주위에는 높은 절벽이 둘러서 있다.

콩글리시 **Tall cliffs stand around the beach.**

네이티브 **The beach is framed by soaring cliffs.**

해변이 있고 그 주위에 절벽이 병풍처럼 둘러서 있는 모습을 연상해 보자. 이 멋진 광경을 영어로 묘사하라면 여러분은 어떻게 할 것인가? '주위에 둘러서 있다'라고 하니까 stand around ~(~을 둘러서 있다)와 같은 표현이 생각난다면 여러분의 영어는 아직 한국어에 갇혀 있다고 볼 수 있다. 조금 더 영어식으로 생각할 줄 아는 사람은 surround(~을 둘러싸다)라는 동사를 생각해 내서 The beach is surrounded by cliffs.라고 할 것이다. 그러나 surround는 포위하다시피 둘러싼 상태를 말한다. 일부 면만 에워싸고 있다면 surround는 과장된 표현이 된다. 위와 같은 경우 영어에서는 흔히 frame이라는 동사를 사용한다. frame은 명사로는 '액자'나 '틀'을 뜻하는데 동사로 사용하면 액자 같이 주변 '경계를 형성하다'라는 뜻으로 사용된다. 절벽이 없다면 쭉 뻗어 있을 백사장의 한쪽 면이 절벽으로 막혀 있다면 그 절벽은 액자의 틀 같이 백사장의 경계를 형성하는 것이 되므로 frame이라는 동사가 제격이다. '경계'라는 의미 때문에 앞에서 익혔던 fringe, edge 같은 표현을 써도 좋다. 다만 fringe와 edge는 단순히 '~의 가장자리에 있다'라는 의미를 갖고 있는 데 반하여 frame은 액자처럼 틀을 형성하고 있다는 뜻이다. 가령, 머리(hair)가 얼굴 양 옆을

가리고 있는 상황은 영어로 Lustrous dark hair framed her face.(윤기 나는 검은 머리가 그녀의 얼굴을 감싸고 있었다.)와 같이 frame을 써서 표현할 수 있었지만 edge나 fringe는 이런 뜻으로는 사용되지 않는다.

예제 그 호수 뒤편에는 장대한 설악산이 둘러서 있다.
The lake **is framed by** the majestic Mt. Seorak.

center
중간에 있다

광장 중앙에는 3층짜리 분수가 있다.

직역 **There is a three-story fountain in the center of the square.**

네이티브 **A three-tier fountain centers the square.**

'~의 중앙에 있다'라는 말을 영어로 하라고 하면 보통 in the center of ~라고 한다. 이는 비교적 누구나 쉽게 생각해 낼 수 있다. 이렇게 전치사구로 위치를 표현하는 것은 일반적이긴 하지만 밋밋한 느낌을 준다. 더 생생하고 영어다운 표현을 원한다면 전치사 대신 center를 동사로 사용해 보자. center는 '중앙'이라는 뜻의 명사로만 알고 있었지만 '~의 중앙에 있다'라는 동사의 의미도 있다. 따라서 center를 동사로 쓰면 is in the center of ~라는 여러 단어를 한 단어로 대체하면서 간결하고 맛깔스런 영어 문장이 만들어진다. center는 동사일 때 be centered on ~의 형태로 '~을 중심으로 하다'라는 뜻으로도 쓰인다. 가령 어떤 소설의 중심 소재가 제2차 세계 대전 중의 한 프랑스 여자 아이라면 The novel is centered on the life of a young French girl during the Second World War.라고 표현할 수 있다.

예제 식당 중앙에는 큰 탁자가 놓여 있다.
A large table **centers** the dining room.

border
(~을 따라 …이) **지나가고**
(-과) **접하다**

이 공원은 서쪽으로는 3번 국도가 지나가고 동쪽으로는 송학천에 접해 있다.

직역 **Route 3 runs along the west side of the park, and the Songhak Creek runs along its east side.**

네이티브 **The park is bordered to the west by Route 3 and to the east by the Songhak Creek.**

공원의 한 면을 따라 도로가 지나가고 다른 면을 따라서 하천이 흐르는 구도를 영어로 표현해 보자. '한 면을 따라 도로가 지나가다'를 그대로 영어로 하면 전치사 along(~을 따라)을 써서 A road runs along one side of the park.가 된다. 마찬가지로 강을 주어로 하면 A river runs along the other side of the park.처럼 표현할 수 있다. 이런 식으로 표현해도 구도가 어느 정도 머릿속에 떠오르지만 전치사 along 대신 동사로 표현하면 훨씬 더 생생하고 구체적인 느낌이 든다. 이 경우에는 border라는 동사가 제격이다. border는 대부분 '경계'라는 뜻의 명사로 사용하지만 '~의 경계를 이루다'라는 동사의 의미도 갖고 있다. border의 관점에서 보면 공원의 한 면을 따라 지나가는 도로는 그 공원의 한 면의 '경계를 만들어 주는 것'이 된다. 이런 아이디어를 영어로 표현하면 A road borders the park on one side.(도로가 공원의 한 면에서 경계를 이룬다.)이다. 그런데 우리는 도로가 아니라 공원에 관해 이야기하고 있는 것이므로, the park를 주어로 내세우면 문장이 수동태가 되어 The park is bordered on one side by a road.(공원은 한 면에서 도로에 의하여 경계가 이루어지고 있다.)가 된다. 위 예문에는 '3번 국도', '송학천'이라는 구체적인 이름이 등장하므로 by a road 대신 by Route 3, by the Songhak Creek라고 하고, '한 면에' 대신 '서쪽으로'이므로 to the west라고 하면 된다. '동쪽으로'는 to the east이다.

예제 그 길을 따라 한편에는 단풍나무가 늘어서 있고 다른 한편에는 나무로 된 울타리가 늘어서 있다.
The road **is bordered** on one side by maple trees and on the other by a wooden fence.

circle

(~을) 한 바퀴 돌아가다, 둘러싸다

호수를 한 바퀴 돌 수 있는 산책로가 잘 조성되어 있어 조용히 산책을 즐기기에 좋다.

콩글리시 **There is a well-made path that goes around the lake, so it's good for a quiet walk.**

네이티브 **A well-groomed path circles the lake, which is perfect for a quiet walk.**

호수 가장자리를 따라 원형으로 길이 나 있는 경우, The path goes around the lake. 라고 할 수 있다. 이렇게 around ~(~을 돌아)와 같은 전치사를 사용해서 표현해도 틀린 건 아니다. 그러나 실제 영어로 쓴 글을 보면 around 같은 전치사보다는 그런 의미를 포함하는 동사를 쓰는 경우가 더 많다. 우선 '원'이라는 뜻의 circle을 동사로 쓰면 '~을 한 바퀴 돌아가다'의 뜻이다. The path circles the lake.은 간결하면서도 생생한 문장이다. 또 circle과 유사한 동사로 encircle을 쓸 수 있는데 이 동사는 '원으로 감싸다, 둘러싸다, 포위하다'라는 의미가 있다. 좀 더 멋진 동사는 ring이다. '고리'라는 뜻의 명사를 동사로 사용하면 '~의 주위를 고리처럼 감싸다, 둘러싸다'라는 의미가 된다. 수동태로 하면 ~ is ringed by ...(~은 …에 의하여 둘러싸여 있다)가 된다. 이 동사를 사용해서 서울 주위를 베드타운이 둘러싸고 있는 모습을 묘사하면 Seoul is ringed by bedroom communities.라고 할 수 있다. There are bedroom communities around Seoul.이라고 하는 것보다 훨씬 세련된 느낌을 준다.

예제 분화구를 한 바퀴 도는 일주 도로에는 현재 들어갈 수 없다.
The road that **circles** the crater is currently off-limits. • off-limits 접근 금지된

그 호텔은 정원으로 둘러싸여 있다.
The hotel **is encircled by** gardens.

서울은 산으로 둘러싸여 있다.
Seoul **is ringed by** mountains.

CHAPTER 7

이럴 때는 동사보다 명사가 진리다

(1) 동사 대신 명사로 표현하기

미국 캘리포니아에 있는 대학에서 공부했던 K라는 친구의 경험담이다. 어느 날 K는 미국 친구들과 근처 국립공원에 놀러 갔을 때 찍은 사진을 돌려 보고 있었다. K는 당시 사진을 찍었던 제임스를 보고 '너 사진 참 잘 찍네!'라고 칭찬을 했다. 그랬더니 옆에 있던 다른 미국 친구 J가 맞장구를 쳤다.

K You take pictures well!
J Yeah! He's a good photographer, isn't he?

K는 이 말을 듣고 뒤통수를 맞은 듯 멍했다고 한다. 미국인들이 쓰는 영어가 자신의 영어와 너무 다르다는 것을 깨달았기 때문이었다. You take pictures well.은 '당신은 사진을 잘 찍는다'는 말을 영어로 옮겼지만, 문법적으로 틀린 곳도 없고 이해가 되는 문장이다. 그러나 같은 상황에서 미국 친구는 a good photographer(훌륭한 사진 찍는 사람)라고 명사를 써서 말한 것이다. 사실, 위와 같은 상황에서 원어민은 거의 대부분 J처럼 말한다. photographer(사진작가)를 전문가에게만 쓰는 단어라고 알고 있는 사람이 많은데 실제로는 사진을 찍는 사람은 모두 photographer이고 사진을 잘 찍으면 a good photographer라고 한다. 즉, 한국어에서는 '~하다'라고 동사로 말한 것을 영어로는 '~하는 사람/것'이라고 명사로 말해야 진짜 영어 맛이 나는 경우가 많다. 가령, '요리를 잘하네'라는 말은 You cook well.보다는 You're a terrific cook.(넌 매우 훌륭한 요리사야)과 같이 cook을 '요리사'라는 뜻의 명사로 쓴다. '너 춤을 잘 추네'는 You're a good dancer.이며 '그는 연설을 잘한다'는 He's an excellent speaker.가 된다.

(2) 형용사 대신 명사로 표현하기

'그는 눈치가 빨라'를 His wit is quick.이라고 한국어를 그대로 영어로 바꿔도 말은 통하지만 원어민들은 주로 He's a quick wit.(그는 빠른 재치를 가진 사람이다)와 같이 wit를 명사로 써서 표현한다. 결국 영어라고 해도 다 같은 영어가 아니라는 말이다. 그럼, 한국어에서는 동사나 형용사로 표현하는 말을 영어에서 명사로 써서 어떻게 제맛이 나도록 표현하는지 본격적으로 익혀 보자.

(1) 동사 대신 명사로 표현하기

drive

(자동차로 시간이 얼만큼)
걸리다

059_Ch07_n01_10

천안은 서울에서 차로 1시간 걸린다.

직역 **It takes an hour by car to get to Cheonan from Seoul.**

네이티브 **Cheonan is just an hour's drive from Seoul.**

'~시간이 걸리다'는 it takes ~, '자동차로'는 by car, '천안에 가다'는 get to 또는 reach Cheonan이라고 할 수 있다. 이런 식으로 하면 위의 〈직역〉 표현 같은 영어 문장이 나온다. 문법도 맞고 뜻도 통하겠지만 한국어 문장 구조를 그대로 옮기는 식으로 영어 문장을 만들었기 때문에 효율성이 떨어지고 영어 맛도 나지 않는다. 이 경우에는 drive를 동사가 아니라 명사로 써서 an hour's drive(한 시간의 운전)로 바꾸면 간단해진다. 같은 표현 방법을 drive뿐만 아니라 걷다(walk)에도 적용할 수 있다. 가령, '그 은행은 도서관에서 10분만 걸어가면 됩니다'는 walk를 명사로 써서 The bank is a 10-minute walk from the library.가 된다.

예제 그 절은 산 밑에서 가파른 길을 2시간 올라가야 도달할 수 있다.
The temple is a steep two-hour **hike** from the foot of the mountain.

제주도는 서울에서 비행기로 1시간 걸린다.
Jeju Island is a one-hour **flight** from Seoul.

eater

(~을) **먹다** (1)

저는 고기를 안 먹습니다.

직역 **I don't eat meat.**

네이티브 **I'm not a meat eater.**

채식을 하는 사람들 중에는 고기를 아예 먹지 않는 사람들이 있다. 그런 사람들이 '저는 고기를 안 먹습니다'라고 하는 말을 영어로 해 보자. '고기'는 meat, '먹다'는 eat이므로 I don't eat meat.이 된다. 이렇게 한국어를 그대로 영어로 옮겨서 말해도 틀린 것은 아니다. 그런데 같은 말을 eat meat(고기를 먹다)이라는 동사구 대신 meat eater(고기 먹는 사람)라는 명사구를 써서 I'm not a meat eater.(나는 고기 먹는 사람이 아니다)라고 할 수 있다. 한국어로는 이상하지만 영어에서는 이렇게 명사를 써서 말하는 것이 일상화되어 있다. 반대로 '채소를 먹는 사람'은 vegetarian(채식가)이라고 한다.

예제 제 여자 친구는 고기를 안 먹습니다만, 저는 먹습니다.
My girlfriend isn't a meat **eater**, but I am.

eater

(~을) **먹다** (2)

나는 낯선 음식은 잘 안 먹는다.

콩글리시 **I don't eat strange food.**

네이티브 **I'm not an adventurous eater.**

외국에 가면 그 나라의 토속 음식 같은 낯선 음식에 손대는 것을 꺼리는 사람들이 종종 있다. 이런 경우 한국어에서는 '나는 낯선 음식은 안 먹는다'와 같이 말한다. 이 말을 영어로 하면 I don't eat strange food.이다. 문법상 틀린 곳이 없고 어느 정도 뜻도 전달할 수 있지만 같은 상황에서 원어민들은 eat이라는 동사 대신 eater(먹는 사람)라는 명사를 써서 '나는 모험적으로 먹는 사람(an adventurous eater)이 아니다'라는 식으로 표현한다. 먹는 습관과 관련하여 이런 식으로 표현하는 예는 많다. 가령, '그는 음식에 까다롭다'는 He's a picky eater.라고 한다. picky는 '(선택에서) 까다로운'이라는 뜻이다.

예제 나는 낯선 여행지에 가는 것을 싫어한다. (모험적인 여행가가 아니다.)
I'm not an adventurous **traveler**.

나는 새로운 장르의 책을 읽는 것을 꺼린다. (모험적인 독자가 아니다.)
I'm not an adventurous **reader**.

learner

금방 배우다

그녀는 뭔가를 가르쳐 주면 금방 배운다.

콩글리시 **If you teach her something, she learns it quickly.**

네이티브 **She's a quick learner.**

어떤 사람이 새로운 것을 배우는 속도가 빠르다는 한국어를 영어로 해 보자. '무엇을 빨리 배우다'를 영어로 하면 learn ~ quickly이다. 그런데 이런 식으로 learn이라는 동사를 써서 위의 문장을 영어로 바꾸면 어느 정도 뜻은 통하겠지만 직역식 영어가 되기 십상이다. 이럴 때 원어민들은 learn이라는 동사를 쓰지 않고 learner(배우는 사람)라는 명사를 써서 She's a quick learner.라고 한다. 또는 관용 표현으로 She's a quick study.라고 한다. 원래 study는 동사로는 '공부하다', 명사로는 '공부'라는 뜻이지만 여기서는 learner와 같은 뜻으로, a quick study라고 하면 '빨리 배우는 사람'을 의미한다.

예제 아직 그녀를 교육시키는 중입니다만 배우는 속도가 빠릅니다.
We're still training her, but she's a quick **study**.

contributor

(~에) 기여하다, (~의) 원인이다

관광 산업은 이 지역 경제 발전에 크게 기여하고 있다.

직역 **The tourist industry is contributing greatly to the region's economic development.**

네이티브 **Tourism is a major contributor to economic growth in the region.**

'~에 기여하다'는 영어로 contribute to ~라고 표현한다. 따라서 '~에 크게 기여하다'는 contribute greatly to ~가 된다. 또는 contribution이라는 명사를 써서 make (a) great contribution to ~라고 할 수도 있다. contribute와 make contribution 둘 다 동사 표현으로, 한국어 동사가 영어에서도 동사로 표현되고 있다. 그런데 이런 경우 원어민들은 contribute에서 contributor(기여자)라는 명사를 끄집어내어 a great[major] contributor to ~라고 표현한다. 한국어로 직역하면 '~에 큰 기여자이다'가 된다. 한국어로는 '관광 산업이 기여자이다'라고 하면 매우 어색하다. 그렇지만 이처럼 명사를 써서 표현하는 것은 영어에서는 흔히 있는 일로, 이 같은 표현법은 훨씬 깔끔하면서도 생생한 영어 문장을 만든다.

예제 한국은 아시아 경제 안정에 큰 기여를 하고 있다.
The Republic of Korea is a big **contributor** to economic stability in Asia.
산불은 기후 변화를 야기하는 중요한 요인 중 하나이다.
Forest fire is a significant **contributor** to climate change.

no-show

나타나지 않다, 출두[출석]하지 않다

그는 오늘 법정에 출두하지 않았다.

직역 **He didn't appear in court today.**

네이티브 **He was a no-show in court today.**

신문을 보면 가끔 누가 법정에 '출두하지 않았다'라는 내용의 기사를 접할 때가 있다. '출두하다'라는 한국어 동사에 맞는 영어 표현을 찾는다면 appear(나타나다) 또는 show up(나타나다)이 있다. 따라서 'A가 법정에 출두하지 않았다'는 A didn't appear in court.가 된다. 그런데 같은 내용의 영어 기사를 보면 appear 같은 동사를 쓰는 것 외에 또 다른 표현 방법이 있음을 알 수 있다. 그것은 no-show라는 명사를 사용하는 것이다. no-show는 말 그대로 '나타나지 않는 사람'이라는 뜻이다. 보통 no-show라고 하면 식당 등에 예약을 하고 나타나지 않는 고객을 뜻하는 것으로만 알고 있었지만, 예정된 일에 연락 없이 오지 않는 사람 모두를 일컫는 말로도 쓸 수 있다. Michael Vick이라는 유명한 미식 축구 선수가 자신의 이름을 딴 골프 행사에 나타나지 않았을 때 신문에서 Michael Vick was a no-show at his celebrity golf tournament.라는 제목으로 그 내용을 다뤘다. 또 약속된 기자회견장에 나타나지 않았다면 그것도 He was a no-show at the press conference.라고 표현할 수 있다.

예제 그가 위원회 회의에 빠진 것은 이번이 처음이 아니다.
This was not the first time he was a **no-show** for a committee meeting.

thinker

(~하게) 생각하다

낙관적으로 생각하세요.

직역 **Think optimistically.**

네이티브 **Be a positive thinker.**

'생각하다'는 영어로 think이고 '낙관적으로'는 optimistically 또는 positively(긍정적으로)이다. 이렇게 말해도 되지만 보다 영어 맛이 나는 문장으로 만들려면 think라는 동사 대신 thinker(생각하는 사람)라는 명사를 써서 a positive thinker(긍정적으로 생각하는 사람)와 같이 표현한다. 또는 '낙관주의자'라는 뜻의 명사 optimist를 사용해도 좋다.

예제 스튜어트는 모든 것을 낙관적으로 본다.
Stuart is an **optimist**.

tear-jerker

눈물 없이 볼 수 없다

그 영화는 눈물 없이는 볼 수 없다.

콩글리시 **You can't see the movie without tears.**

직역 **You can't watch the movie without crying.**

네이티브 **The movie is a real tear-jerker.**

'눈물'이 영어로 tear라고 '눈물 없이는'을 without tears라고 하면 콩글리시가 된다. tear 대신 crying(우는 것)을 넣어 without crying(우는 것 없이는)이라고 해야 말이 된다. 영화를 '보다'는 영어로 see라는 동사를 쓰지 않고 watch라는 동사를 쓴다. 그런데 이런 경우 watch라는 동사보다 a tear-jerker라는 명사를 쓰는 것이 더 산뜻한 영어 표현이다. jerk는 동사로 '~을 확 끄집어내다'라는 뜻이므로 tear-jerker는 '눈물을 끄집어내는 것', 즉 '눈물을 흘리게 만드는 영화'를 뜻한다.

예제 그 (영화의) 끝 장면은 정말 눈물 없이는 볼 수 없었다.
The ending was a real **tear-jerker**.

reminder

(~을) 다시 깨닫다, 상기시켜 주다

이 영화를 보면 전쟁의 폐해를 다시 한번 깨닫게 된다.

직역 **If you watch this movie, you can realize the devastations of war once again.**
The movie reminds us of the devastations caused by war.

네이티브 **The movie is a disturbing reminder of the devastations caused by war.**

'~하면 …을 다시 깨닫다'라는 한국어를 직역식으로 하면 '~하면' → if ~, '…을 다시 깨닫다' → realize ... once again이 된다. 이렇게 하면 의미는 통할 수 있지만 어딘지 모르게 콩글리시 느낌이 난다. 그 이유는 한국어의 '~하면'이라는 부사절을 영어로 그대로 옮겼기 때문이다. 이 경우 원어민들은 If ~와 같은 부사절 대신 거기서 명사를 뽑아 내어 그 명사를 주어로 써서 말한다. 위의 예문에서처럼 If you watch the movie라고 하는 대신 The movie를 주어로 써서 '영화가 사람에게 ~하다'는 식으로 표현한다. '무엇을 다시 깨닫게 해 주다'는 다른 말로 하면 remind(상기시키다)가 된다. 따라서 The movie reminds us of ~.(영화가 우리로 하여금 ~을 상기시켜 준다)가 된다. 그런데 여기서 한걸음 더 나아가 remind라는 동사를 reminder(상기시켜 주는 것)라는 명사로 바꿔 써 보자. 그러면 The movie is a reminder of ~가 된다. 한국어로 직역하면 '그 영화는 ~을 상기시켜 주는 것이다'가 되는데, 이렇게 reminder로 바꾸면 그 앞에 다양한 형용사를 넣을 수 있어 더 풍부한 의미를 표현할 수 있다는 장점이 있다. 가령, reminder 앞에 disturbing(마음을 불편하게 하는)과 같은 형용사를 넣어 나쁜 기억을 상기시켜 준다라는 뜻을 만들 수 있다. 또 과거의 뼈아픈 일을 다시 상기시켜 주는 것이라면 a painful reminder(아픔을 상기시켜 주는 것)라고 할 수 있다.

예제 그 사건으로 인해 환경 파괴의 심각성을 다시 깨닫게 되었다.
The incident was a sobering **reminder** of the cost of environmental degradation.

• sobering (술에서 깨듯) 현실을 깨닫는

conversationalist

대화를 하다

저는 사람들과 대화를 잘하지 못합니다.

직역 **I'm not good at having conversations with others.**

네이티브 **I'm not much of a conversationalist.**

말주변이 없거나 과묵해서 다른 사람들과 대화를 잘 못하는 사람이 '저는 대화를 잘 못합니다'라고 고백하는 말을 영어로 한다면 뭐라고 해야 할까. '대화'는 conversation이라고 다들 알고 있으니까 '대화를 하다'는 have conversations라고 하면 될 것 같다. 그러나 conversation의 동사형인 converse가 '대화하다'이므로 그냥 이 동사를 쓰는 것이 낫다. 그리고 '~을 잘 못하다'는 be not good at ~이라는 표현을 생각할 수 있다. 따라서 I'm not good at conversing with others.와 같은 문장이 만들어진다. 일단 문법적으로 틀린 곳이 없고 뜻도 잘 통하니까 합격점은 받을 수 있다. 그러나 이 경우 대부분의 원어민들은 conversationalist라는 명사를 사용해서 표현한다. 한국어로 '대화하는 사람'이라는 뜻인데 이 단어를 이용해서 I'm not a good conversationalist.라고 하면 된다. 한국어로는 '나는 훌륭한 대화자가 아닙니다'가 되어 매우 이상하게 들리지만 그것이 바로 원어민들이 일상적으로 쓰는 표현법이다. good 대신 much of라는 표현을 써서 I'm not much of a conversationalist.라고 해도 같은 의미가 된다.

예제 저는 농담을 잘 못합니다.

I'm not much of a **joker**.

I'm not a very **humorous person**.

lover

(~을) 좋아하다

060_Ch07_n11_21

톰은 동물을 참 좋아한다.

직역 **Tom likes animals a lot.**

Tom loves animals.

네이티브 **Tom is an animal lover.**

'~을 좋아하다'는 영어로 like 또는 love라고 한다. 따라서 '동물을 좋아하다'는 like animals 또는 love animals가 된다. 둘 다 좋은 영어 표현이다. 그런데 같은 말을 원어민들은 lover(좋아하는 사람)라는 명사를 써서 be an animal lover(동물을 사랑하는 사람이다)라고 표현하기도 한다. 같은 식으로 '그는 음악을 좋아한다'는 He is a music lover.라고 할 수 있다.

예제 해산물을 좋아하시면 아쿠아 그릴 식당에 가 보세요.

If you're a seafood **lover**, try Aqua Grill.

help

많이 도와주다

내 딸이 집안 일을 많이 도와줍니다.

직역 **My daughter helps me a lot with my house chores.**

네이티브 **My daughter is a big help around the house.**

'A가 B하는 것을 도와주다'는 영어로 help A with B이다. 따라서 '내가 집안일 하는 것을 도와주다'는 help me with my house chores가 된다. 이렇게 해도 뜻은 통하지만 이 경우 원어민들은 '집안일'을 house chore라는 명사로 표현하지 않고 보통 help me around the house(집안 주위에서 나를 도와주다)라고 표현한다. 여기서 한발 더 나아가 help를 명사로 써서 be a big help around the house(집안 주위에서 큰 도움이다)라고 해 보자.

예제 이 사이트는 우리가 휴가를 계획하는 데 많은 도움을 줬다.
The site was a big **help** in planning our vacation.

drinker

(~을) 마시는 것을 좋아하다

저는 맥주는 안 마십니다.

직역 I don't drink beer.

네이티브 **I'm not a beer drinker.**

'맥주를 마시다'는 drink beer이다. 따라서 '저는 맥주를 안 마십니다'는 I don't drink beer.가 된다. 사실 이 문장은 미국인들도 흔히 쓰는 말로 문제될 것은 없다. 그러나 같은 말을 명사를 사용해서 I'm not a beer drinker.(나는 맥주 마시는 사람이 아니다)라고 하는 경우도 많다. 한국어 시각에서 보면 전혀 생각할 수 없는 문장이지만 진짜 영어 냄새가 물씬 풍기는 표현이다.

예제 나는 물을 주로 마셔.
I'm a water **drinker.**

나는 커피를 안 마셔.
I'm not a coffee **drinker.**

choice

물건을 잘 고르다

물건을 잘 고르셨습니다.

콩글리시 You chose a goods well.

직역 You've chosen a good product.

네이티브 **That's a good choice.**

'고르다'는 영어로 choose(과거형은 chose), '잘'은 well이다. 따라서 한국어의 '~을 잘 골랐다'를 그대로 영어로 하면 You chose ~ well.이 된다. 그렇지만 이렇게 말하면 고르는 행위를 잘 했다는 뜻이지 한국어 문장의 실제 의미인 '좋은 물건을 골랐다'라는 뜻은 아니다. 이럴 때는 You've chosen a good product.(좋은 제품을 고르셨습니다)라고 해야 한국어 문장의 의미가 살아난다. 그런데 문법도 맞고 뜻도 통하는 이 문장도 실은 원어민들이 쓰는 말은 아니다. 미국인 직원이라면 위와 같이 choose라는 동사를 써서 말하는 대신 명사형인 choice(선택)라는 단어를 써서 That's a good choice!(그것은 좋은 선택입니다!)라고 한다.

예제 그 호텔을 선택한 것은 잘한 일이었다.
The hotel was a good **choice.**

learning experience

(~에서) 배우다

전 그 일에서 참 많은 것을 배웠습니다.

직역 **I really learned a lot from it.**

네이티브 **That was a real learning experience for me.**

'배우다'는 영어로 learn, '많이'는 a lot 이다. 따라서 '~에서 많이 배우다'는 영어로 learn a lot from ~이 된다. 이렇게 말해도 틀리지는 않는다. 그러나 이런 표현은 한국어를 영어로 옮기는 것에 불과하다. 같은 상황에서 원어민들은 learn이라는 동사 대신 a learning experience(배움의 경험)라는 명사를 써서 표현하기도 한다. 어떤 것이 '진짜 배움의 경험이었다'라는 말은 거기서 많은 것을 배웠다는 뜻이 된다.

예제 나는 그 여행을 통해서 많은 것을 배웠다.
The trip was a real **learning experience** for me.

spoilsport

분위기를 깨다

분위기 깨는 소리 좀 그만하세요.

콩글리시 **Stop breaking the atmosphere.**

직역 **You're spoiling the fun.**

네이티브 **Don't be such a spoilsport.**

'분위기'는 atmosphere, '깨다'는 break이다. 그래서 이것을 조합하면 break the atmosphere가 되는데 이는 완전한 콩글리시다. 영어에서는 spoil(망치다)이라는 동사를 쓰고 분위기도 the fun(흥)이라고 해서 spoil the fun(흥을 망치다)이라고 표현한다. 그런데 '흥을 깨는 사람'의 뜻으로 a spoilsport라는 명사가 있다. 또, a killjoy, a wet blanket(젖은 담요)이라는 표현도 같은 뜻이다. 이런 표현을 이용해서 Don't be a spoilsport.(흥 깨는 사람이 되지 마세요)라고 하는 것이 영어다운 문장이다.

예제 수잔은 분위기 깨는 데는 정말 도사야!
Susan is such a **killjoy**!

whiner

불평하다

불평 좀 그만해라!

직역 **Stop complaining!**

네이티브 **Don't be a whiner!**

'불평하다'에 해당하는 가장 일반적인 영어 동사는 complain이다. 따라서 '불평을 그만해'는 Stop complaining.(불평하는 것을 그만하라)이라고 할 수 있다. 이것도 흔히 쓰이는 표현이다. 단, complain의 명사인 complainer(불평가)를 써서 Don't be a complainer.(불평가가 되지 마라)라고 하면 영어의 맛이 더 산다. 한국어로는 어색하지만 영어에서는 이런 식의 표현이 오히려 더 자연스럽다. 그리고 실제 대화에서는 complainer보다 whiner라는 단어를 더 자주 쓰는데 동사 whine(우는 소리를 내다, 푸념하다)에서 나온 명사로 '우는 소리를 하는 사람, 불평하는 사람'을 뜻한다. 이런 식으로 무엇을 하지 말라고 할 때 영어에서는 '~하는 사람이 되지 마라'로 표현하는 경우가 많다. 가령, '바보 같은 짓 하지 마세요!'도 영어로는 Don't be a fool!(바보가 되지 마세요!)이라고 말한다.

예제 멍청한 짓 하지 마세요!
Don't be an **idiot**!

• idiot 바보, 천치

(by-)product
(~에서) **비롯되다**

그 나라의 재정 적자는 주로 최근의 세계 경제 위기에서 비롯되었다.

직역 **The nation's fiscal deficit has mainly resulted from the recent global economic crisis.**

네이티브 **The nation's budget deficit is largely a (by-)product of the recent global economic crisis.**

'~에서 비롯되다'라는 한국어를 영어로 하라고 하면 대부분 result from ~이라는 표현을 생각할 것이다. 한국어가 동사이다 보니 영어에서도 같은 뜻의 동사 표현인 result from ~이 눈에 들어오게 되기 때문이다. result from ~ 외에도 유사한 표현으로 stem from ~, spring from ~도 있는데 모두 '~의 결과로 생기다'라는 뜻을 갖고 있다. 그런데 '한국어 동사 → 영어 동사'와 같은 틀에 갇혀 생각하다 보니 매번 result from ~밖에 생각나지 않는데, 원어민들은 이럴 때 명사를 쓰는 옵션도 갖고 있다. 이때 동원되는 단어가 product이다. product는 '제품'이라는 뜻 외에 '~의 산물', '결과물'의 뜻도 있다. 따라서 A is a product of B라고 하면 'A는 B의 결과물이다', 즉 'A는 B에서 비롯되었다'라는 의미가 된다. product 자리에 by-product(부산물)를 써도 비슷한 뜻이다. 단, '덜 중요한 결과'란 의미가 더해진다. product 외에도 '결과물'이라는 뜻의 명사로 result, consequence, corollary와 같은 단어들을 써도 좋다. 중요한 것은 한국어에서 동사로 표현되는 말을 영어에서 명사로 바꿔 표현하면 매우 세련된 영어가 된다는 점이다.

예제 두려움은 대부분 무지에서 비롯된다.
Fear is principally a **product** of ignorance.

remedy
빨리 낫다, 효과적이다

녹차를 마시면 감기가 빨리 낫는다.

콩글리시 **If you drink green tea, your cold will get well quickly.**

직역 **If you drink green tea, you'll get over a cold faster.**

네이티브 **Green tea is a great remedy for a cold.**

'병에서 낫다'는 get well이다. 그렇지만 '감기가 낫다'에서 주어를 cold(감기)로 해서 A cold gets well.이라고 하면 안 된다. 그러면 사람이 아니라 '감기가 병에서 낫다'라는 말이 된다. '~에서 낫다'는 사람을 주어로 해서 get over ~ 또는 recover from ~이라고 한다. 따라서 위 한국어 문장을 영어로 직역하면 '녹차를 마시면' → If you drink green tea, '감기에서 빨리 낫는다' → you'll get over a cold faster가 된다. 이런 식으로 말해도 뜻은 통한다. 그렇지만 제대로 된 영어를 구사하는 사람은 아무도 이런 식으로 표현하지 않는다. 먼저 If you drink green tea라는 조건절을 없애고 drinking green tea(녹차 마시기)를 주어로 해서 Drinking green tea helps get over a cold faster.(녹차를 마시는 것은 감기를 빨리 극복하는 데 도움을 준다)라고 표현할 수 있다. 그런데 더 좋은 방법은 '빨리 낫는 데 도움을 주다'라는 동사를 a great remedy(좋은 치료법)라는 명사구로 표현하는 것이다.

예제 베이킹 소다는 입 냄새를 없애는 데 매우 효과적이다.
Baking soda is an excellent **remedy** for bad breath.

judge ①
판단하다

그건 내가 판단할 일이에요.

콩글리시 **I'll decide that.**

직역 **I'll judge that.**

네이티브 **I'll be the judge of that.**
Let me be the judge of that.

옳고 그름을 '판단하다'라고 하는 말에 decide(결정하다)라는 동사를 쓰는 경우가 있는데 이는 전형적인 콩글리시다. 이때 영어에서 쓰는 동사는 judge(판정하다, 심사하다, 판단하다)이다. 그렇다면 '내가 판단할 일이다'라는 말을 영어로 옮기려면 judge를 동사로 써서 I'll judge it.이라고 하기 쉬운데 역시 콩글리시 느낌이 좀 난다. 이때 원어민들은 judge를 '판단하는 사람, 판사'라는 뜻의 명사로 써서 I'll be the judge of it.(내가 그것의 판사가 될 것이다.)라고 표현한다.

예제 당신이 판단해 보세요.
You are the **judge** of that.

judge ②
사람 볼 줄 알다

나는 사람을 볼 줄 압니다.

콩글리시 **I know how to see people.**

직역 **I'm good at judging people.**

네이티브 **I'm a good judge of character.**

'사람 볼 줄 알다'에서 '보다'는 단순히 눈으로 본다는 뜻이 아니므로 see(보다)라고 하면 안 된다. 여기서 '보다'는 좋은 사람인지 나쁜 사람인지 '판단하다'라는 뜻이므로 judge(판단하다)라는 동사를 써야 한다. 그리고 '볼 줄 안다'는 '판단을 잘한다'라는 뜻이므로 good at -ing(~하는 것을 잘하는)라는 표현을 써서 위와 같이 표현하면 나름대로 좋은 영어 표현이 된다. 그런데 진짜 영어의 묘미는 judge를 동사가 아닌 '판단하는 사람'이라는 명사로 써서 I'm a good judge of ~(나는 ~의 훌륭한 판단자이다.)와 같이 표현하는 데 있다. 부정의 의미로 쓸 때는 not ~ good이나 poor(형편없는)라는 형용사를 써서 I'm a poor judge of ~(나는 ~의 형편없는 판단자이다.)라고 할 수도 있다. 그리고 여기서 '사람'은 people이라고 해도 되지만 보통 character(성격, 인성)라는 단어를 쓴다.

예제 그는 재능 있는 사람을 볼 줄 안다.
He's a good **judge** of talent.

• talent 재능

alternative

(~ 대신 …을)
사용하면 좋다

061_Ch07_n22_33

더운 여름에는 바디 로션 대신 베이비파우더를 사용하면 좋다.

직역 **It is a good idea to use baby powder instead of body lotion on hot summer days.**

네이티브 **Baby powder is a great alternative to body lotion in summer heat.**

'~ 대신'이라는 표현을 영어로 하라고 하면 대부분 instead of ~를 생각할 것이다. 따라서 'A 대신 B를 사용하면 좋다'를 위와 같이 기계적인 방식으로 영어로 하면 '~하면 좋다' → It's a good idea to ~(~하는 것은 좋은 생각이다), 'A를 사용하다' → use A, 'B 대신' → instead of B, 이런 식으로 한국어를 하나씩 영어로 옮기는 것은 직역식 영어 표현법이다. 즉, 한국어의 동사(사용하다)는 영어에서도 동사(use)가 되어야 한다는 도식적인 사고에서 벗어날 필요가 있다. 위와 같은 경우에는 '~ 대신 사용하다'를 use ~ instead of라는 동사 대신 명사로 생각해 보자. 어떤 것 대신 다른 것을 쓴다는 말은 결국 그것이 대안(alternative)이라는 뜻이므로 use A instead of B → A is an alternative to B(A가 B의 대안이다)로 바꿔 표현할 수 있다. 또는 alternative 대신 substitution(대용품)이라는 단어를 써도 좋다. 다만 뒤에 쓰는 전치사는 for이다. 한국어 동사를 영어에서는 명사로 쓸 수 있으려면 영어 감각이 필요하다.

예제 햄버거와 감자튀김 대신 레몬과 마늘을 넣어 구운 닭 요리를 드시면 좋습니다.
Baked chicken with lemon and garlic is a great alternative to a burger and French fries.

revelation

새로운 것을 깨닫다

난 그 일로 인해 미처 깨닫지 못하던 것을 알게 되었다.

직역 **Because of that, I came to know what I hadn't realized before.**

네이티브 **That was a real revelation to me.**

'깨닫다'는 영어로 realize, '~하게 되다'는 come to ~, '알다'는 know이다. 따라서 '전에 깨닫지 못한 것을 알게 되다'는 come to know what I hadn't realized before가 된다. realize, know와 같은 동사를 사용한 이 표현은 문법에 맞고 어느 정도 뜻이 통한다 할지라도 콩글리시에 가깝다. 이런 경우 revelation이라는 명사를 사용하면 깔끔하고 의미가 분명한 문장을 만들 수 있다. revelation은 '계시, 새로운 깨달음'의 뜻으로, 위 <네이티브 표현> 문장은 '그것은 나에게 새로운 깨달음이었다'가 된다.

예제 그 경험을 통해 나는 새로운 것을 깨달았다.
The experience was a real revelation to me.

inventor

새로운 것을 잘 만들다

그녀는 새로운 물건을 만들어 내는 재주가 뛰어나다.

콩글리시 **She has a talent for making new things.**

직역 **She has a gift for inventing things.**

네이티브 **She's quite an inventor.**

'재주'는 talent(재능) 또는 gift(천부적 재능)라고 하며 '~하는 재주가 뛰어나다'는 have a talent나 gift for -ing의 형태를 쓰면 된다. '새로운 물건을 만들다'를 그대로 직역하면 make new things이지만, 영어로는 invent(고안하다, 발명하다)라는 동사를 써서 invent things(물건들을 발명하다)라고 해야 의미가 잘 통한다. 따라서 She has a talent[gift] for inventing things.가 되는데 이렇게 해도 좋지만 invent라는 동사 대신 inventor(발명가)라는 명사를 써서 She's quite an inventor.라고 하면 간단하면서도 영어 맛이 물씬 풍기는 문장이 된다. quite a[an] ~는 '대단한 ~'으로 quite an inventor는 '대단한 발명가'이다. 이런 식의 영어 표현을 사용하면 '그림을 잘 그리는 사람'은 quite an artist(예술가), '운동을 잘 하는 사람'은 quite an athlete(운동 선수)이라고 하면 된다.

예제 그는 사람들을 즐겁게 하는 재능이 있다.
He's quite an **entertainer.**

그녀는 관찰력이 뛰어나다.
She's quite an **observer.**

• observer 관찰하는 사람

time saver

시간이 절약되다

이걸 써 보시면 정말 시간이 절약됩니다.

직역 **If you use this, you can save a lot of time.**

네이티브 **This is a real time saver.**

'이걸 써 보면' → if you use this, '많은 시간을 절약할 수 있다' → you can save a lot of time이라고 하면 문법적으로 맞지만 어딘지 모르게 영어스럽지 못하다. 이럴 때 원어민들은 물건을 주어로 해서 This is a real time-saver.(이것은 정말 시간을 절약해 주는 것입니다)라고 한다. 즉, save time(시간을 절약하다)이라는 동사 표현 대신 a time saver(시간을 절약해 주는 것)라는 명사를 사용해 말한다. 이처럼 절약하게 해 주는 모든 것은 saver로 표현할 수 있다. 가령 에너지를 절약하는 것은 an energy saver, 돈을 절약하는 것은 a money saver라고 한다.

예제 이 프로그램을 사용하면 정말 많은 시간이 절약된다.
This program is a real **time-saver.**

이 전구를 사용하면 에너지가 많이 절약된다.
This bulb is quite an **energy saver.**

재활용 토너 카트리지를 사용하면 돈이 많이 절약된다.
Recycled toner cartridges are a great **money saver.**

attention getter
시선을 끌다

그 스포츠 카는 어디를 가나 시선을 끈다.

직역 **The sports car draws attention wherever it goes.**

네이티브 **The sports car is quite an attention getter.**

'시선'은 영어로 attention, '끌다'는 영어에 draw, attract라는 동사가 있다. 따라서 '시선을 끌다'를 그대로 영어로 draw attention 또는 attract attention 이렇게 표현해도 틀린 건 아니다. 그러나 이렇게 draw, attract 같은 동사를 쓰는 대신 영어에서는 an attention getter(시선을 얻는 것)라는 명사구로 표현하는 것도 가능하다. attention getter는 다른 사람의 관심이나 시선을 끄는 사물이나 사람을 뜻한다. 연설 서두에서 청중들의 관심을 끌고자 재미있는 이야기나 질문 같은 것을 던지는 경우가 있는데 이것도 attention getter라고 한다.

예제 그의 이름은 사람들의 관심을 끈다.
His name is an **attention getter**.

beginner
(~을) 시작한 지 얼마 안 되다

나는 골프를 친 지 얼마 안 됐다.

직역 **It hasn't been a long time since I started playing golf.**

네이티브 **I'm a beginner golfer.**
I'm a beginner at golf.

'골프 치기 시작한 지 얼마 안 됩니다'를 그대로 영어로 옮기면 위의 〈직역식 표현〉처럼 말이 길어진다. 그것은 '골프를 치다', '~한 지 얼마 안 되다'와 같은 한국어 동사 표현을 영어에서도 그대로 동사로 표현하려 하기 때문이다. 같은 상황에서 원어민들은 '골프를 치다' → golfer(골프 치는 사람), '얼마 안 되다' → beginner(초심자)와 같이 명사를 사용하여 I'm a beginner golfer.(초보 골퍼입니다)라고 간단하게 표현한다. 또는 a beginner at golf(골프에서 초심자)라고 할 수도 있다. 이제부터 어떤 취미나 운동을 한 지 얼마 되지 않았다면 beginner ~로 표현하는 것을 잊지 말자.

예제 저는 테니스를 친 지 얼마 안 됐습니다.
I'm a **beginner** tennis player.

저는 이제 막 웹디자인을 시작했습니다.
I'm a **beginner** at web design.

climber
아무 곳이나 막 올라가다

제 딸 아이는 아무 곳이나 막 올라가요.

콩글리시 **My daughter climbs everywhere.**

직역 **My daughter climbs on anything.**

네이티브 **My daughter is a climber.**

유아들 중에는 의자나 책상 등 높은 곳에 기어 올라가는 것을 좋아하는 아이들이 있다. 이런 아이를 놓고 엄마들은 '우리 애는 아무 곳이나 막 올라가요'라고 한다. 이것을 그대로 영어로 말하면 '올라가다'가 영어로 climb이므로 My child climbs everywhere.(제 아이는 모든 곳에 올라갑니다.)가 되는데 everywhere는 '모든 곳에 있는'이라는 뜻의 부사이므로 climb과 같이 쓰면 이상하다. 말이 되려면 climb on anything(어떤 것이든 위에 올라가다)과 같이 표현해야 한다. 그런데 이렇게 해도 원어민들이 무슨 말인지 얼른 알아듣지 못한다. 이런 경우 원어민들은 보통 climb이라는 동사 대신 climber(올라가는 사람)라는 명사를 써서 My child is a climber.라고 한다. 이 영어 문장을 다시 한국어로 번역할 때 '우리 아이는 올라가는 사람이에요'라고 하면 한국어에서도 이해가 잘 안 된다. 영어에서 climb이라는 동사를 사용해서 말하면 원어민들이 이해를 잘 못하는 것과 같다.

예제 스튜어트는 이제 13개월인데 아무 곳이나 막 올라가요.
Stuart is just 13 months old, but he's a **climber**.

riser
아침에 일찍 일어나다

저는 아침에 일찍 일어납니다.

직역 **I get up early in the morning.**

네이티브 **I'm an early riser.**

아침에 '일어나다'는 get up, 따라서 '일찍 일어나다'는 get up early가 된다. 이렇게 동사를 써서 말해도 그런 습관이 있다는 의미를 표현할 수 있는데 '일어나다'라는 의미의 동사에 rise도 있다. 이 동사를 '일어나는 사람'이라는 뜻의 명사인 riser로 바꿔 '나는 early riser이다'라고 해도 같은 뜻이 된다. 참고로 '아침에 일찍 일어나는 사람'은 관용 표현으로 an early bird(이른 새)라고 하기도 한다.

예제 그녀는 아침에 늦게 일어난다.
She's a late **riser**.

people person
사람들과 어울리는 것을 좋아하다

그녀는 사람들과 어울리는 것을 좋아한다.

직역 **She likes meeting people.**
She likes hanging out with people.

네이티브 **She is a people person.**

'사람들과 어울리는 것을 좋아하다'라는 말을 영어로 어떻게 할까? '~와 어울리다'라는 말은 영어로 hang out with ~라는 관용 표현을 쓰면 좋다. 그렇지만 이런 표현을 모른다면 기본 동사인 meet(만나다)을 써서 She likes meeting people.(그녀는 사람들을 만나는 것을 좋아한다.)이라고 해도 뜻이 통한다. 그런데 like, meet 또는 hang out with ~와 같은 동사 표현을 쓰는 대신 명사를 쓰는 쪽으로 발상을 전환해 보면 a people person이라는 표현을 생각해 볼 수 있다. 한국어로는 '사람들 사람'이 되는데 이것이 '다른 사람들과 어울리는 것을 좋아하는 사람'이라는 뜻이 된다. 이런 사람은 '사교적인 사람'이므로 '사교적인'이라는 뜻의 형용사 sociable을 써서 She is very sociable.이라고 해도 좋다. 반대로 사람들과 어울리는 것을 싫어하는 사람은 a loner라고 한다.

예제 나는 사람들과 어울리는 것을 즐기지는 않지만 새로운 친구를 사귀는 것은 좋아한다.
I'm not a **people person**, but I like making new friends.

remover

(~을 사용하면) **얼룩이나 냄새가 잘 빠지다**

식초를 사용하면 옷감의 얼룩이 잘 빠진다.

콩글리시 **If you use vinegar, stains on clothes come out well.**

직역 **Vinegar is good for taking out[removing] stains on clothes.**

네이티브 **Vinegar is a great stain remover.**

옷감의 '얼룩'은 영어로 stain이라고 한다. 한국어로는 얼룩이 '빠지다'라고 하는데 영어에서도 비슷하게 come out이라고 한다. 따라서 위의 한국어를 영어로 직역하면 '식초를 사용하면' → if you use vinegar, '얼룩이 잘 빠진다' → stains come out well이 된다. 그런데 이런 식으로 말하는 것은 콩글리시에 가깝다. If ~ 대신 vinegar를 주어로 써서 '식초는 얼룩 빼는 데 좋다'라고 하면 '식초는 ~하는 데 좋다' → Vinegar is good for -ing, '얼룩을 빼다' → take out stains가 된다. 얼룩을 '빼다'는 take ~ out 외에도 remove(제거하다)라는 동사를 쓴다. 이렇게 표현하면 훨씬 영어다운 표현이 된다. 이보다 더 영어다운 표현은 remove stain well이라는 동사구를 a great stain remover(훌륭한 얼룩 제거제)라고 명사구로 바꿔 표현하는 것이다. 그렇게 하면 훨씬 간결하면서도 영어다운 문장이 된다. 한국어를 직역하는 식의 영어로는 생각해 내기 힘든 영어 표현이다. 그러나 명사로 표현하는 감각이 생기면 '어떤 것을 사용하면 기름이 잘 빠진다'라고 할 때도 a great grease remover라고 할 수 있고, 또 냄새가 잘 빠지면 a great odor remover라고 할 수 있게 된다. 이것이 바로 영어다운 영어이다.

예제 마른 원두커피 가루는 냄새를 없애는 데 좋다.
Ground dry coffee is a great odor remover.

stranger

낯설다, 처음이다

가끔 연락 좀 하고 지내요!

콩글리시 **Contact me sometimes!**

네이티브 **Don't be a stranger!**

'~에게 연락하다'는 영어로 contact ~라고 한다. 그렇지만 연락을 잘 하지 않는 사람에게 인사말로 '가끔 연락 좀 해라'라는 말을 Contact me sometimes.라고 하면 안 된다. 이런 상황에서 원어민들은 contact라는 동사를 쓰지 않고 stranger(낯선 사람)라는 명사를 써서 Don't be a stranger.라고 한다. '낯선 사람이 되지 마라'니까 가끔 얼굴도 보여주고 연락도 하라는 뜻이 된다. 그 밖에 a stranger는 '어떤 지역에 처음 가는 사람'의 뜻도 있다.

예제 저는 이곳이 초행길입니다.(나도 이곳의 외부인이다.)
I'm a stranger here myself.

cook
요리를 잘하다

저는 요리를 잘 못합니다.

직역 **I don't cook very well.**

네이티브 **I'm not a good cook.**
I'm not much of a cook.

'요리하다'는 cook, 따라서 '요리를 잘 못하다'라는 한국어를 직역하면 not cook well이 된다. 그런데 위 예문에 cook이라는 동사를 쓰는 것은 원어민식 영어가 아니다. 영어다운 영어는 cook을 '요리사'라는 뜻의 명사로 쓰는 것이다. 그렇게 되면 I'm not a good cook.(나는 좋은 요리사가 아니다)이라고 표현할 수 있다. 한국어에서 '요리사'라고 하면 전문적으로 요리하는 사람만을 뜻하는 말이지만 영어에서는 요리를 하는 모든 사람은 cook이라고 부를 수 있다. 또 I'm not much of a cook.이라고 해도 '대단한 요리사가 아니다'라는 말이 되는데, not much of a ~는 '대단한 ~이 아닌', '별로 ~이 아닌'이라는 뜻을 나타낸다.

예제 저는 전기 용품을 잘 못 만집니다.
I'm not a good **electrician.**
I'm not much of an **electrician.**

hit
인기가 많다

062_Ch07_n34_47

그 축제는 관광객들에게 인기가 많다.

직역 **The festival is very popular among tourists.**

네이티브 **The festival is a hit with tourists.**

무엇이 '인기가 많다'는 영어로 popular(인기 있는)라는 형용사를 쓰고 '~에게'는 among(~ 사이에서)이라는 전치사를 쓴다. 그런데 같은 말을 hit이라는 명사를 사용해서도 표현할 수 있다. 한국어에서도 영화나 음악이 '히트하다'라고 하는데 hit은 영화나 음악뿐만 아니라 인기 있는 모든 것을 지칭하는 단어로 쓴다. 다만 a hit 뒤에는 전치사 with를 써서 a hit with ~(~에게 인기 있는 것)라고 표현한다.

예제 그 가게는 관광객과 지역 주민 모두에게 인기가 많다.
The store is a **hit** with both tourists and locals.

nag
잔소리하다

잔소리 좀 그만해요!

직역 **Stop nagging!**

네이티브 **Don't be such a nag!**

'잔소리하다'라는 동사는 영어로 nag이다. 그러므로 '잔소리 그만해요!'라는 말은 Stop nagging!이라고 할 수 있다. 이것도 좋은 영어 표현이다. nag를 명사로 쓰면 '잔소리하는 사람'이 되는데 이를 이용해서 Don't be such a nag!라고 하는 것도 매우 영어다운 표현이다. such a ~는 여기서는 '그렇게 심한 ~'이라는 뜻이다.

예제 왓슨 씨는 잔소리가 심해요.
Ms. Watson is such a **nag.**

mystery

(~을) **잘 모르겠다,**
(~이) **이해가 안 되다**

그들이 어떻게 그 지도를 입수했는지 아무리 생각해도 잘 모르겠다.

콩글리시 I don't know how they obtained the map.

직역 I can't figure out how they got a hold of the map.

네이티브 **How they got their hands on the map is a mystery to me.**

'~을 잘 모르겠다'는 영어로 하기 어려운 표현은 아니다. know(알다)라는 동사를 써서 I don't know ~라고 하면 되기 때문이다. 그렇지만 이건 매우 기초적인 표현이다. 여기서 두 단계 업그레이드하는 법을 소개하겠다. 첫째는 know라는 지극히 따분한 동사를 문맥에 맞는 좀 더 구체적인 표현으로 바꾸는 것이다. 즉, '아무리 생각해도 모르겠다'라고 했으므로 '~을 생각해서 이해하다, 알아내다'라는 뜻의 figure ~ out 같은 표현이 한국어의 의도를 훨씬 더 잘 살려 주는 표현이다. 즉, 한국어로 '알다', '모르다'라고 해서 단순하게 know, not know라고만 하지 말고 문맥이나 말뜻을 살려 주는 좀 더 구체적인 영어 표현을 찾아보라는 뜻이다. 둘째는 한국어의 '모르다'가 동사니까 영어에서도 know, figure ~ out 같은 동사로 표현하려는 도식적인 생각의 틀을 깨고 동사가 아닌 다양한 다른 품사로 표현하는 것이다. 가령, 아무리 생각해도 정말 이해가 안 되는 것은 다시 말해, mystery라고 할 수 있다. 비슷한 단어로는 enigma(수수께끼)가 있다. 주로 어떤 사람이나 현상 등을 이해할 수 없다고 할 때 사용한다. 가령, '중국은 내게 이해가 잘 안 되는 나라이다'는 간단하게 China is an enigma to me.라고 한다.

예제 김 박사는 이해 안 되는 사람이다.
Dr. Kim is a **mystery**.

생명이 어디서 왔는지는 아무도 모른다.
Where life has come from is a big **mystery**.

expert

(~을) **잘하다, 전문가다**

그는 사람을 참 잘 웃긴다.

콩글리시 He makes people laugh very well.

직역 He's good at making people laugh.

네이티브 **He's an expert at making people laugh.**

'사람을 웃기다'는 make people laugh(사람들을 웃게 만들다), 무엇을 '참 잘하다'에서 '참 잘'은 very well이다. 따라서 '사람을 참 잘 웃기다'는 make people laugh very well이라고 하면 될 것 같지만 원어민 중 이런 식으로 말하는 사람은 없다. 이런 경우에는 '~을 잘하다'의 be good at -ing(~하는 것을 잘하다)라는 표현을 써서 나타내는 것이 좋다. 또는 good 대신 명사 expert(전문가)나 pro(프로)를 써서 be an expert at -ing(~하는 데 전문가다), be a pro at -ing(~하는 데 프로다)와 같이 표현한다.

예제 그 사람은 인터넷 검색을 참 잘한다.
He's a **pro** at web searching.

sleeper

(~하게) 잠을 자다

저는 잠을 얕게 잡니다.

콩글리시 **I sleep shallowly.**

직역 **I sleep lightly.**

네이티브 **I'm a light sleeper.**

'잠자다'는 영어로 sleep이다. 깊이가 '얕게'는 shallowly라는 단어가 있지만 '잠을 얕게 자다'를 sleep shallowly라고 하지는 않는다. 대신 lightly(가볍게)라는 단어를 써서 sleep lightly(가볍게 잠자다)라고 한다. 마찬가지로 '잠을 깊게 자다'도 deeply(깊게)라는 단어 대신 soundly(건전하게, 푹, 깊이)를 써서 sleep soundly라고 한다. 이것도 틀린 건 아니지만 실제로 이렇게 말하는 원어민은 거의 없다. 원어민은 이런 경우 sleep이라는 동사를 쓰는 대신 sleeper(잠자는 사람)라는 명사를 써서 I'm a light sleeper.(나는 가볍게 잠자는 사람이다.) 또는 I'm a sound sleeper.(나는 푹 잠자는 사람이다.)라고 한다.

예제 4살 된 제 아들은 잠을 아주 깊게 잡니다.
My 4 year-old son is a sound **sleeper**.

grader

점수를 주다

그 교수님은 점수를 잘 주시지.

콩글리시 **The professor gives good grades.**

네이티브 **The professor is an easy grader.**

교사가 '점수(grade)를 잘 주다'라는 말을 영어로 하면 give good grades(좋은 점수를 주다)라고 할 수 있지만 영어에서는 쓰이지 않는 엉터리 표현이다. 이 경우 미국 학생들은 한국어처럼 give 같은 동사를 쓰지 않고 grader(채점자)라는 명사를 써서 He's an easy grader.(그는 쉬운 채점자이다.)라고 한다. 그러니 이 경우 동사를 쓰느냐 명사를 쓰느냐가 엉터리 영어와 진짜 영어를 가르는 시금석이 되는 셈이다. 참고로 an easy grader의 반대는 a hard grader이다.

예제 빈 선생님은 잘 가르치는데 점수가 매우 짜.
Mr. Bean is a good teacher but a hard **grader**.

bargain

아주 싸게 사다

정말 싸게 사셨네요.

콩글리시 **You bought it really cheap.**

네이티브 **You got a real bargain.**
That's a real bargain.

물건을 '사다'는 buy이다. 그럼 '싸게 사다'는 buy cheaply가 되는데 '물건을 싸게 샀다'라는 말을 이렇게 동사를 써서 말하는 원어민은 거의 없다. 대신 '싸게 산 물건'이라는 뜻의 bargain이라는 명사를 써서 a real bargain(정말 싸게 산 물건)이라고 표현한다. 주어를 you로 할 경우에는 get a real bargain(정말 싼 물건을 사다)이라고 한다. 그렇지만 물건 자체를 that으로 가리켜서 That's a real bargain!이라고 하면 간단하다. 참고로 '싸게 산 물건'은 a good deal(좋은 거래)이라고 하기도 하고, '거저 얻은 것만큼 싸게 산 물건'은 a steal(횡재, 공짜나 다름없이 산 물건)이라고 한다.

예제 이거 진짜 싼 겁니다!
This is a **good deal**!
거저 얻은 것이나 마찬가지군요!
That's a **steal**!

graduate
(~를) 졸업했다

앤디는 뉴욕대학(NYU)을 졸업했다.
직역 Andy graduated from NYU.
네이티브 **Andy is a graduate of NYU.**

'졸업하다'는 영어로 graduate이다. 그런데 graduate 뒤에는 바로 학교명을 붙일 수 없고 반드시 전치사 from을 붙여서 graduate from ~이라고 해야 된다. 그런데 graduate를 동사로 쓰는 대신 '졸업생'이라는 뜻의 명사로 써서 be a graduate of ~(~의 졸업생이다)라고 해도 같은 말이 된다. 한국어에서 '저는 뉴욕대 졸업생입니다'라고 말하는 것처럼 영어에서도 이렇게 명사를 쓰는 것이 오히려 더 깔끔하고 영어다운 맛이 난다.

예제 그녀는 이스트 힐 고등학교를 나왔다.
She is a **graduate** of East Hill High School.

believer
종교를 믿다

종교를 갖고 계세요?
직역 Do you have a religion?
네이티브 **Are you a believer?**

'종교'는 영어로 religion이니까 '종교를 갖고 있다'는 have a religion이 된다. 따라서 '종교가 있느냐?'라는 질문은 Do you have a religion?이 된다. 틀린 문장은 아니지만 원어민들은 흔히 같은 질문을 Are you a believer?라고도 한다. believer는 한국어로 '믿는 사람'이므로 종교적으로는 '신앙인'이라는 뜻이다. 즉, 이 질문은 '당신은 신앙인이십니까?'가 된다. 영국과 미국의 경우 이 질문은 사실 '기독교인이냐?'라는 뜻이지만 기본적으로는 종교가 있냐고 물어보는 말도 된다. 반대로 '종교가 없는 사람'은 a non-believer가 된다. 또한 believer 대신 a religious person(종교적인 사람)이라고 해도 된다. Are you a believer?에 대한 대답으로는 불교인이라면 Yes. I'm a Buddhist., 기독교인이면 Yes. I'm a Christian.이라고 하면 된다.

예제 저는 절에 다닙니다.
I'm a **Buddhist**.
저는 교회에 다닙니다.
I'm a **Christian**.

fan

(~을) 좋아하다

나는 SF 영화를 매우 좋아한다.

직역 **I like sci-fi movies very much.**

네이티브 **I'm a big fan of sci-fi movies.**

'~을 좋아하다'는 like ~이다. 따라서 'SF 영화를 좋아한다'는 I like sci-fi movies.가 된다. 그런데 같은 말을 원어민들은 like라는 동사 대신 fan이라는 명사를 써서 I'm a big fan of sci-fi movies.라고도 한다. fan은 한국어에서도 '팬'이라고 하며 '열렬한 애호가'라는 뜻이다. 따라서 I'm a big fan of ~(나는 ~의 큰 애호가이다)는 그것을 매우 좋아한다는 뜻이 된다. 반대로 not을 붙여서 I'm not a big fan of ~라고 하면 '~을 별로 좋아하지 않는다'가 된다.

예제 나는 멕시코 음식을 매우 좋아한다.
I'm a big **fan** of Mexican food.

나는 백포도주는 별로 좋아하지 않는다.
I'm not a big **fan** of white wine.

parker

주차를 잘하다

주차 실력이 뛰어나시네요!

콩글리시 **Your parking ability is excellent!**

직역 **You have good parking skills!**

네이티브 **You're such a fantastic parker!**

'주차 실력'에서 '실력'은 영어로 ability(능력)라고 하지 않는다. 이 경우에는 skill(기술)이라는 단어를 써야 옳다. 이 단어를 활용해서 말하면 Your parking skills are good.이 된다. 그런데 이렇게 말하는 원어민은 거의 없다. 대신 park(주차하다)에서 나온 parker(주차하는 사람)라는 명사를 써서 You're an excellent parker.(당신은 훌륭한 주차하는 사람입니다)라고 한다. excellent(우수한) 대신 good(훌륭한), fantastic(아주 훌륭한) 같은 형용사를 써도 좋다.

예제 평행 주차를 잘하시네요.
You're an excellent parallel **parker**.

reader

(~을) 즐겨 읽다

저는 미스터리 소설 읽는 걸 좋아해요.

직역 **I like to read mystery books.**

네이티브 **I'm an avid reader of mystery books.**

'~ 읽는 것을 좋아하다'에서 '읽다'는 read, '~을 좋아하다'는 like to ~(~하는 것을 좋아하다) 또는 enjoy -ing(~하는 것을 즐기다)라는 표현을 써서 I like to read ~(나는 ~을 읽는 것을 좋아합니다), I enjoy reading ~(나는 ~을 읽는 것을 즐깁니다)이라고 표현할 수 있다. 그런데 같은 말을 원어민들은 read라는 동사 대신 reader(읽는 사람, 독자)라는 명사를 써서 I'm an avid reader of ~(나는 ~의 열렬한 독자입니다)라고 표현한다. 한국어로 '나는 미스터리 소설의 열렬한 독자입니다'라고 하면 어색하게 들리지만 오히려 영어에서는 멋진 표현이 된다.

예제 그녀는 로맨스 소설을 즐겨 읽는다.
She's an avid **reader** of romantic stories.

home-body

집에 붙어살다

그 사람은 집에 붙어산다.

콩글리시 **He's always attached to the house.**

직역 **He rarely leaves home.**

네이티브 **He's a home-body.**

외출을 잘 안 하고 집에서만 지내는 사람을 보고 '집에 붙어산다'라고 한다. '~에 붙어 있다'라는 말은 영어로 be attached to ~라고 하지만 attached to the house(집에 붙어 있는)라고 하면 사람이 정말로 집에 붙어 있는 것이 된다. '집에 붙어산다'와 같이 한국어에서 쓰이는 관용 표현은 절대 영어로 직역해서 말하지 않도록 주의해야 한다. 이 표현은 '웬만해선 집을 떠나지 않는다'라는 뜻이므로 이것을 영어로 하면 He rarely leaves home.이 된다. rarely는 '거의 ~하지 않는다'라는 부정어이고, leave는 '떠나다'이다. '집'은 house라고 할 것 같지만 home이라고 해야 '자기가 사는 집'이라는 뜻이 제대로 표현된다. 그런데 이렇게 leave라는 동사를 써서 표현하는 것보다 '집에만 붙어 사는 사람'이라는 뜻의 a home-body라는 명사구를 쓰면 훨씬 간단명료하게 뜻을 전달할 수 있다.

예제 그 사람은 집에 붙어산다. 그는 일요일에 교회 가는 것을 빼고는 어디에도 가지 않는다.
He's a **home-body**. He never goes anywhere except to church on Sundays.

page-turner

(책을) 한번 손에 잡으면 놓을 수 없다

이 책은 한번 손에 잡으면 놓을 수가 없다.

콩글리시 **If you take this book, you can't put it down.**

직역 **Once you start reading it, you can't stop.**

네이티브 **This book is quite a page-turner.**

책을 '손에 잡다'는 영어로 take(취하다)가 아니다. '손에 잡다'라는 말은 책을 손에 쥐고 있다는 뜻이 아니라 '책을 읽는다'라는 뜻이므로 start reading ~(~을 읽기 시작하다)이라고 한다. 그리고 '한번 ~하면'은 If ~(~하면)가 아니라 Once ~라고 하는 것이 옳은 영어 표현이다. 책을 '놓다'는 put ~ down이라고 하거나 stop(멈추다)이라는 동사를 쓴다. 그런데 이렇게 한국어를 영어로 옮기는 식으로 하면 문장도 길어지고 복잡하다. 이 경우 원어민들은 흔히 page-turner(페이지를 넘기게 하는 것)라는 명사 표현을 써서 말한다. '한번 손에 잡으면 놓을 수 없는 책'이 바로 page-turner이다.

예제 그 책은 처음부터 끝까지 손을 놓을 수 없을 정도로 재미있었다.
The book was a **page-turner** from beginning to end.

(2) 형용사 대신 명사로 표현하기

pleasure

기쁘다

063_Ch07_n48_58

오늘 저는 이 행사에 참석하게 되어 매우 기쁩니다.

직역 I'm very pleased to attend this event today.

네이티브 **It's a great pleasure for me to be here today.**

'~하게 되어 기쁩니다'라는 말을 영어로 하면 I'm pleased to ~가 된다. 한국어에서 '기쁜'이라고 하니까 영어에서도 pleased라는 형용사를 사용한 것이다. 이렇게 말해도 표준 영어이므로 문제될 것은 없다. 다만, 원어민들은 같은 경우에 흔히 형용사 대신 pleasure(기쁨)라는 명사를 사용해서 말하는데, 직역식으로 영어를 하다 보면 이런 표현 방식을 사용하지 못하게 된다는 데 문제가 있다. 원어민들은 흔히 처음 만나 인사를 나누면서 It's a pleasure!라고 한다. 더 길게 말하면 It's a pleasure to meet you.(당신을 만난 것이 기쁜 일입니다)가 된다. 헤어질 때도 It was a pleasure talking to you.(당신과 이야기한 것이 기쁜 일이었습니다)라고 말한다. 이뿐만 아니라 어떤 사람과 같이 있는 것이 기쁘고 즐겁다면 She is a pleasure to be with.(그녀는 같이 있기에 기쁜 사람이다)와 같이 표현할 수 있다.

예제 당신과 함께 일할 수 있어서 즐거웠습니다.
It was a nice **pleasure** working with you.

이 책을 읽으면 기분이 좋다.
This book is a **pleasure** to read.

marvel

놀랍다, 경이롭다

그 다리를 2년 만에 건설했다니 정말 놀랍다.

콩글리시 It's very surprising that they built the bridge in just two years.

네이티브 **It's a marvel how they built the bridge in just two years.**

어떤 경치나 구조물을 보고 '참 놀랍다', '참 경이롭다'라고 감탄하는 말을 영어로 표현해 보자. 대부분은 한국어에서 '놀라운'이라는 형용사가 쓰였으므로 영어에서도 같은 뜻의 형용사를 찾으려고 할 것이다. 그런데 여기서 '놀라운'을 surprising이라고 하면 안 된다. surprising은 예상치 못해서 놀랐다는 뜻으로만 쓰인다. 위 경우는 감탄하는 것이므로 amazing, marvelous 같은 형용사를 써야 한다. 그런데 위와 같은 경우 원어민들은 형용사가 아니라 marvel이라는 명사를 쓰는 경우가 많다. marvel은 주로 marvel at ~(~을 보고 감탄하다)과 같이 동사로 알고 있지만 명사로 쓰면 '경이로운 일이나 사람'이라는 의미를 갖고 있다. 따라서 중국의 '만리장성이 경이롭다'라는 말도 The Great Wall is marvelous.라고 하거나 The Great Wall is a marvel.이라고 할 수 있다. 한국어에서는 '경이롭다'라고 하기 때문에 그것을 a marvel이라는 명사로 생각해 내기 어렵지만 명사를 쓰면 훨씬 명쾌한 느낌을 준다. 또한 이 표현은 사람에게도 쓸 수 있다. 가령, 제주도의 어떤 호텔에 묵고 온 후 프런트에 있는 '이경희'라는 직원이 너무 친절하게 대해 주어 감탄하고 왔다면 Ms. Kyeonghee Lee at the front desk was a marvel.이라고 할 수 있다.

예제 도시의 상징물 중의 하나인 이 탑은 디자인 면에서 경이롭다.
One of the city's landmarks, this tower is a **marvel** of design.

turn-off

불쾌하다, 마음에 안 들다

음식은 괜찮았지만 일부 식당 종업원의 태도가 불쾌했다.

직역 The food was okay, but the manner of some restaurant workers was disgusting.

네이티브 **The food was good, but the attitude of some servers was a real turn-off.**

식당에 가서 불친절한 종업원 때문에 기분이 상하는 경우가 종종 있다. 이때 '불쾌한'이라는 한국어 형용사에 해당하는 영어 형용사는 disgusting(혐오스러운), annoying(화나게 하는), distasteful(밥맛 없는)과 같은 것들을 생각해 볼 수 있다. 그런데 한국어와 같이 형용사만 찾지 말고 명사로 표현하는 쪽으로 발상을 전환해 보자. 이런 경우 원어민들은 a turn-off를 사용한다. 이 명사는 '~을 불쾌하게 하다, 밥맛 없게 하다, 흥미를 잃게 하다'라는 뜻을 가진 turn ~ off라는 구동사에서 유래한다. 꼭 감정적으로 불쾌감을 주는 상황이 아니더라도 마음에 안 드는 것이 있으면 a turn-off라고 부를 수 있다. 가령, 어떤 음식이 냄새 때문에 싫다면 The smell of the food is a turn-off for me.라고 할 수 있다. 단, turn ~ off라는 구동사나 a turn-off라는 명사는 주로 일상 대화에서 쓰는 표현이므로 격식을 갖춘 문서에서는 사용하지 않도록 한다.

예제 이 DSLR 카메라는 성능은 좋은데 크기가 너무 큰 것이 마음에 안 든다.
This is a good DSLR camera, but its big size is a big **turn-off**.

hassle

성가시다, 까다롭다

비자 발급은 정말 번거롭다.

직역 Getting a visa is really bothersome.

네이티브 **Getting a visa is a real hassle.**

어떤 절차가 '번거롭다'라는 말은 '성가시고 귀찮다'의 뜻이므로 독자 대부분은 영어에서도 한국어와 같은 형용사를 찾아 표현하려고 할 것이다. 그런 형용사로는 bothersome, troublesome 같은 것이 있다. 물론 이런 형용사를 사용해서 표현해도 뜻을 전달하는 데 아무런 문제는 없다. 그러나 우리가 형용사 표현만 생각할 때 원어민들은 같은 뜻을 hassle이라는 명사로도 표현한다. hassle은 '성가신 일', '쉽지 않은 일'이라는 뜻의 명사이다. 또 '(무엇을 자꾸 물어보거나 요청해서) 귀찮게 하다'라는 뜻의 동사로도 쓰인다. 가령, '카이로에 갈 때 물건을 사라고 관광객을 성가시게 하는 노점상들에 대해 마음의 준비를 하십시오'는 영어로 When you go to Cairo, be prepared for the vendors who hassle tourists to buy their stuff.과 같이 표현할 수 있다. 이런 노점상들은 They are a big hassle.(매우 귀찮은 사람들이다.)이라고 할 수 있다.

예제 맨해튼 시내에서 주차할 곳을 찾기는 까다롭다.
Parking is a big **hassle** in downtown Manhattan.

그 차의 실내등을 교체하는 것은 매우 까다롭다.
Replacing the indoor light lamps in the car is a big **hassle**.

thrill

스릴이 있다

그것 참 스릴 있네!

직역 **That was really thrilling!**

네이티브 **That was a real thrill!**

놀이공원에 가서 roller coaster를 타고 내려온 후 '그것 참 스릴 있네!'라고 감탄하는 말을 영어로 한다고 해 보자. 어떤 것이 '스릴이 있는'이라는 뜻의 형용사 thrilling을 써서 That was really thrilling.(그것은 정말로 스릴이 있었다)이라고 할 수 있다. 이렇게 해도 뜻은 통하지만 이런 경우 원어민들은 보통 thrilling이라는 형용사 대신 thrill이라는 명사를 써서 That was a real thrill.(그것은 진짜 스릴이었다)이라고 표현한다. thrill에는 '기쁜 일'이라는 뜻도 있어서 It was a real thrill (for me) to ~라고 하면 '(난) ~한 것이 정말 기뻤다'라는 뜻이 된다. 가령, '그 사람을 만나서 매우 기뻤다'는 It was quite a thrill for me to meet him.이 된다.

예제 그 스포츠 카를 몰아 보니 스릴 만점이었다.
Driving that sports car was a real **thrill**.
It was a real **thrill** to drive that sports car.

disappointment

실망하다

나는 그 영화를 보고 크게 실망했다.

콩글리시 **After I saw the movie, I was greatly disappointed.**

직역 **The movie disappointed me greatly.**

네이티브 **The movie was a big disappointment.**

'영화를 보고'를 영어로 표현하면 After I saw the movie(그 영화를 본 후)가 되지만 이렇게 말하는 것 자체가 콩글리시다. 영어에서는 위 예문에서 '보다'라는 말을 하지 않고 그냥 'the movie가 나를 disappoint(실망시키다)했다'라는 식으로 표현한다. 그런데 원어민들은 이렇게 disappoint라는 동사를 쓰는 대신 disappointment(실망시키는 상황, 물건이나 사람)라는 명사를 써서 'the movie가 a big disappointment(큰 실망)였다'라고 표현하기도 한다. 또 구어에서는 disappointment 대신 let-down이라는 표현도 흔히 쓰인다.

예제 그 해수욕장에 가 보고는 크게 실망했다.
The beach was a big **let-down**.

challenge

어렵다

잔인한 연쇄 살인범의 역할을 연기하는 것이 너무 어려웠습니다.

직역 **It was very difficult for me to play the role of a cruel serial killer.**

네이티브 **It was a real challenge for me to play a cold-blooded killer.**

무엇을 하는 것이 '어렵다'라고 하면 대부분 영어로 difficult라는 단어를 사용해서 표현하려 할 것이다. 그런데 '어렵다'라는 의미를 매번 difficult나 hard(힘든) 같은 형용사로만 표현한다면 따분하기 그지없다. 이럴 때 원어민들은 형용사 대신 challenge라는 명사를 사용한다. 우리가 '도전'이라고만 알고 있는 challenge는 영어에서 좀 더 광범위하게 '성취하기 어려운 일'이라는 뜻으로 사용된다. 즉, 어떤 일이든 하기 어렵다면 challenge라고 하면 된다. '~ 역할을 연기하다'는 role(연기)이라는 단어 없이 바로 play ~라고 하면 된다. 가령, '그는 그 영화에서 형사 역할을 맡아 연기할 것이다'는 In the movie, he will play a detective.이다.

예제 저가형 캠코더로 조명이 약한 곳에서 비디오를 찍는 것은 쉽지 않다.
Shooting in low light is a **challenge** for low-end camcorders. • low-end 저가의

hazard

위험하다, (건강에) 안 좋다

전기 그릴은 조심해서 다루지 않으면 위험할 수 있다.

직역 **An electric grill can be dangerous if you don't handle it carefully.**

네이티브 **An electric grill can be a hazard unless you take the necessary precautions.**

'위험한' 하면 가장 먼저 떠오르는 영어 단어는 dangerous일 것이다. 따라서 무엇이 '위험하다'라는 말은 보통 ~ is dangerous라고 한다. 그러나 영어에서 무엇이 위험하다는 의미를 표현할 때 한국어에서 '위험한'이 형용사라고 해서 영어에서도 dangerous나 유사한 의미의 perilous, hazardous 같은 형용사를 사용해야 한다는 법은 없다. 특히, 영어는 한국어에서 형용사로 표현하는 것을 명사로도 표현하는 특징을 갖고 있다. 따라서 무엇이 '위험하다'라는 말도 hazard(위험한 것)라는 명사를 써서 표현할 수 있다. hazard는 상황에 따라 '위험한 것', '사고를 낼 수 있는 것', '건강에 유해한 것' 등의 의미를 갖는다. 가령, '간접 흡연은 건강에 유해할 수 있다'라는 말도 hazard를 써서 Passive smoking can be a hazard.라고 한다.

예제 과로는 심장에 위험을 줄 수 있다.
Working overtime can be a **hazard** to your heart.

bore

지겹다, 따분하다

유람선 여행은 따분하기 짝이 없었다.

직역 **The cruise trip was very boring.**

네이티브 **The cruise trip was a real bore.**

한국어의 '지루한'이라는 형용사에 해당하는 영어 형용사는 boring, 그리고 조금 어려운 단어로 tedious가 있다. 이렇게 '한국어 형용사' → '영어 형용사'의 틀 안에 갇혀 있으면 '지루했다'는 영어로 매번 ~ was boring이라고 하게 된다. 이런 틀은 형용사 대신 명사를 쓰는 것으로 깨 보자. 즉, The trip was boring.이라고 하는 대신 bore(지루한 것)라는 명사를 써서 The trip was a bore.라고 한다. 한국어로 번역하면 '그 여행은 지루한 것이었습니다'가 되는데 한국어에서는 그냥 '지루했다'라고 하지 '지루한 것이었다'라고 하지 않기 때문에 boring은 생각해도 a bore라는 명사를 쓰는 데까지는 생각이 미치지 않는다. 그러나 형용사를 명사로 표현하는 방식에 눈을 뜨게 되면 bore 대신 drag(질질 끌 듯 지겨운 것)라는 단어를 써서 The meeting was a real drag.라고 할 수도 있고 '하품'이라는 뜻의 yawn도 bore와 같은 뜻으로 써서 The movie was a big yawn.이라고 할 수 있다.

예제 그 사람은 같이 있기엔 참 재미없다.
He is quite a **bore** to be with.

mess
지저분하다

여기 되게 지저분하네!

콩글리시 This place is very dirty!

직역 This place is really messy!

네이티브 **This place is a mess!**

쓰레기나 물건이 마구 널려 있다는 의미의 '매우 지저분하다'는 영어로 messy(지저분한)라는 형용사를 써서 표현할 수 있다. '지저분한'을 dirty라고 하기 쉬운데 dirty는 '더러운'이라는 뜻으로 약간 차이가 있다. 원어민들은 흔히 messy라는 형용사 대신 mess(더러운 상태)라는 명사를 써서 This place is a mess!라고 말하기도 한다. 한국어의 '난장판'과 비슷하다.

예제 제시, 가서 네 방 치워. 지저분하구나!

Jessie, go clean your room. It's a **mess**!

effort
힘들다

너무 졸려서 눈을 뜨고 있는 것이 힘들었다.

직역 I was so sleepy it was difficult to keep my eyes open.

네이티브 **I was so sleepy it was an effort to keep my eyes open.**

무엇이 '힘들다'라고 하면 대부분 difficult, hard 같은 형용사가 생각난다. 그래서 '~하는 것이 어렵다'라고 하면 대부분 It is difficult to ~라고 한다. 물론 difficult나 hard라는 단어를 쓴다고 틀린 것은 아니다. 그러나 우리가 영어에서 difficult, hard와 같은 형용사밖에 생각하지 못할 때 원어민들은 같은 의미를 effort라는 명사로도 표현한다. effort는 대부분 '노력'이라는 뜻으로만 알고 있지만 원어민들은 '힘든 일'의 뜻으로도 쓴다. 따라서 '숨 쉬는 것조차 힘들었다'라는 말을 영어로 한다면 우리는 Even breathing was difficult.라고 하겠지만 원어민들은 Even breathing was an effort.라고도 표현한다. effort라는 명사를 사용하면 시각적이고 명료하게 의미를 전달할 수 있다. 이에 비하면 difficult는 싱겁고 밋밋해 보인다. a struggle이라는 명사도 마찬가지이다. 우리는 struggle을 '투쟁'으로 알고 있지만 struggle도 '힘들고 어려운 일'의 뜻으로 쓰인다. effort에 비하여 훨씬 더 힘들고 어렵다는 의미를 갖고 있다. 가령, '냉정을 유지하려는 것이 매우 힘들었다'는 It was a struggle to remain composed.라고 할 수 있다. composed는 '냉정한'의 뜻으로 remain composed(냉정하게 있다)는 '냉정을 유지하다'라는 뜻이다.

예제 그녀는 머리를 들고 있는 것조차 힘들었다.

It was an **effort** just to hold up her head.

이 책의 1장은 읽기가 너무 힘들었다.

It was a **struggle** to get through the first chapter of this book.

그녀는 아버지의 죽음을 받아들이기가 너무 힘들었다.

It was a great **struggle** (for her) to accept her father's death.

CHAPTER 8

여러 품사에서 온 동사는 쓰임새도 화려하다

(1) 명사에서 온 동사

'너 아기 기저귀 채울 줄 알아?'를 영어로 하면? 아기에게 기저귀를 채우다? 글쎄, '기저귀'는 diaper인데 '채우다'는 영어로 뭐지? 대부분의 독자들은 이와 같이 생각할 것이다. 물론 '채우다'는 put ~ on ...(…에게 ~을 채우다)이라는 구동사를 써서 put a diaper on a baby라고 할 수도 있다. 그러나 원어민들은 주로 diaper를 동사로 써서 diaper a baby라고 한다. 따라서 위 문장은 영어로 Do you know how to diaper a baby?가 된다. 혹시 이 문장을 보고 '아, 이게 진짜 영어구나!' 하고 무릎을 치지 않았는가? 영어에는 이렇게 명사면서 동시에 동사로도 쓰는 단어가 매우 많다. 이런 단어를 명사로만 쓴다면 만년 초보 영어에서 벗어날 수 없다. '병에 담긴 생수'를 bottled water라고 하는데 이때 bottled도 실은 bottle(병)이라는 단어가 '병에 담다'라는 뜻의 동사로 쓰여 bottled(병에 담긴)라는 과거분사형이 된 예이다. '통조림 음식'이라는 뜻의 canned food에서 canned도 can(통조림)이라는 단어를 '캔에 담다'라는 동사로 사용했기 때문에 가능한 단어이다. 이렇게 현대 영어에서는 명사를 동사로 쓰는 경향이 점점 강해지고 있다.

명사에서 온 동사의 강점은 명사의 이미지가 동사로 옮겨 오면서 시각적인 영어 표현이 가능해진다는 것이다. 우리는 finger를 '손가락'으로 알고 있지만, 동사로는 '손가락으로 만지다'라는 뜻으로 쓴다. 더 나아가 '손가락으로 더듬듯 찾다'라는 뜻도 된다. 가령, 밤하늘에 탐조등(searchlight)이 왔다갔다 하는 모습은 Searchlights were fingering the night sky.라고 표현할 수 있다. finger 같은 명사 이미지가 강한 동사를 사용하니 말 그대로 탐조등이 하늘에 손가락을 뻗어 여기저기 더듬는 모습이 떠오르지 않는가? 심지어 baby라는 명사까지 동사로 쓰인다. 예를 들어, '나를 갓난아기 취급하지 마세요'를 '한국어 단어 = 영어 단어'로 표현하면 Don't treat me like a baby.가 된다. 이렇게 말해도 틀리지 않지만 Stop babying me! 라고 말하는 것이 원어민식 영어 표현이다.

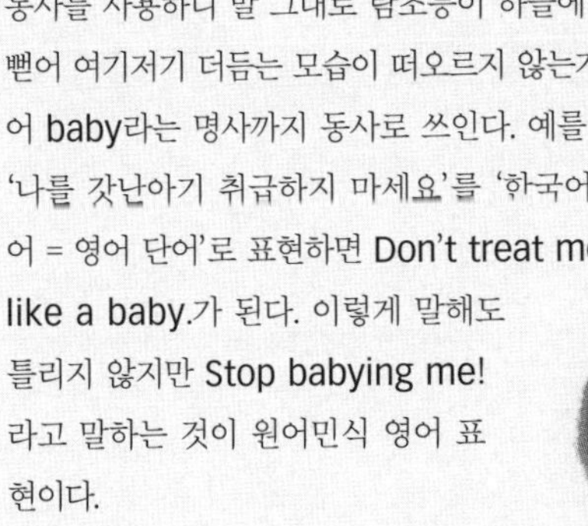

(2) 형용사/부사에서 온 동사

명사뿐만이 아니다. 우리는 형용사로만 알고 있는 단어를 원어민들은 동사로 쓰는 경우도 있다. 가령, **dry**는 '마른'이라는 뜻의 형용사지만 동사로 쓰면 '마르다', '~을 말리다'이다. '강이 다 말라 버렸다'는 **The river dried up.**이라고 하고, '내가 머리를 말려 줄게'는 **Let me dry your hair.**라고 한다. 영어의 중요한 특징 중 하나는 한 단어가 명사, 동사, 부사, 형용사 등 다양한 품사로 쓰인다는 점이다. 한국어에서는 단어의 품사가 거의 고정되어 있다. 따라서 '병'이라는 명사가 무엇을 병에 담는다는 뜻의 '병하다'라는 동사로 발전할 가능성은 거의 없다. 그렇지만 영어에서는 이런 식의 의미 확장이 수없이 많이 발생한다. 따라서 '한국어 동사 → 영어 동사'와 같은 도식화된 사고방식으로는 영어다운 영어를 구사할 수 없다. 이를 타파하기 위해서는 영어의 명사, 형용사, 부사를 동사로 사용한다는 발상의 전환이 필요하다. 또 그런 새로운 사고방식을 체득하기 위해서는 많은 예문을 접하고 직접 사용해 보는 것이 중요하다. 그런 의미에서 이번 챕터에서는 현재 미국 영어에서 가장 많이 쓰이는 명사 같은 동사, 형용사 같은 동사를 모아 보았다. 이런 단어를 자유자재로 사용할 수 있는 것이 진짜 '어휘력'이고 '표현력'이다.

(1) 명사에서 온 동사

ace

100점 맞다

064_Ch08_n01_13

나 오늘 수학 시험에서 100점 맞았어.

콩글리시 I received a hundred points on my math test today.

직역 I got 100 percent on my math test today.

네이티브 I **aced** my math test today.

시험 점수 '100점'은 100 points라고 하지 않고 100 percent라고 한다. '100점 맞다'에서 '~한 점수를 맞다'는 receive(~을 받다)라는 동사를 쓰면 틀리고 get을 써서 get 100 percent라고 한다. 그러나 보다 멋진 영어 표현은 카드놀이에 나오는 카드 종류나 우수한 사람 정도로 알고 있는 ace라는 명사를 '~에서 100점 맞다'라는 의미의 동사로 쓰는 것이다.

예제 나는 전 과목에서 100점을 맞았다.
I **aced** all my classes.

price

(~의) **가격을 정하다**

제 생각에는 애플이 그 제품의 가격을 너무 높게 정한 것 같습니다.

콩글리시 I think Apple decided the price of the product too high.

직역 In my opinion, Apple set the product's price too high.

네이티브 In my opinion, Apple **priced** the product too high.

'가격'이 영어로 price인 것은 다 알 텐데, 그러면 '~의 가격을 정하다'는 뭐라고 할까? '정하다'라고 해서 decide나 determine 같은 동사를 쓰면 안 된다. 이 단어들은 '무엇을 결정하다'의 뜻으로 쓰이기 때문이다. 가격의 경우 set이라는 동사를 사용한다. 따라서 '~의 가격을 정하다'는 set the price of ~가 된다. 그런데 실은 '정하다'가 set인지 뭔지 고민할 필요가 없다. 왜냐하면 price라는 단어는 동사로도 쓰이기 때문이다. 따라서 price ~ 뒤에 상품명만 넣으면 된다. 학습자들이 price를 동사로 쓰지 못하는 이유는 '가격'이라는 단어가 명사로만 쓰이는 한국어의 틀에 갇혀 있기 때문이다. 이런 틀을 깨는 것이 중요하다. price를 동사로 쓰는 예를 하나 더 들어 보자. 어떤 미국 신문에 난 기사로, 부제목이 Working families are being priced out of their rental homes.이다. 여기서도 price는 '~의 가격을 매기다'라는 뜻으로 쓰였다. working family, 즉 '서민 가족'의 (월세) 가격을 너무 올려서 그들이 rental home(월셋집)에서 쫓겨나고 있다는 뜻이다. 그러니까 price ~ out of ...는 '~의 가격을 올려서 …에서 쫓아내다/몰아내다'라는 뜻이 된다.

예제 증권 발행사들은 KHM 주식을 주당 14달러로 책정하기로 결정했다.
The underwriters decided to **price** KHM shares at $14 each. • share 주식

snack on

(~을) 간식으로 먹다

나는 보통 밤에 간식으로 견과류나 말린 과일을 먹는다.

직역 I usually eat nuts and dry fruits as snacks at night.

네이티브 I usually **snack on** nuts and dry fruits at night.

'간식'은 영어로 snack이라고 한다. 그러면 '~을 간식으로 먹다'는 어떻게 표현할까? 한국어대로 직역하면 eat ~ as snacks가 된다. 한국어에서는 '간식으로'라고 하니까 as snacks가 되는데 영어에서는 보통 as가 아니라 for를 써서 eat ~ for snacks라고 한다. 가령, '나는 간식으로 땅콩 먹는 것을 좋아해'는 I like eating peanuts for snacks.라고 한다. 그런데 snack이라는 명사는 동사로도 쓰인다. 따라서 eat 같은 동사 없이 snack을 동사로 써서 I like snacking on peanuts.라고 한다. 여기서 한 가지 주의할 점은 snack은 자동사로만 쓰이므로 '~을 간식으로 먹다'라고 할 때는 반드시 뒤에 전치사 on을 붙여서 snack on ~이라고 해야 한다는 점이다. 참고로 '간식을 먹다'는 snack이라는 단어 말고 eat between meals(식사 사이에 먹다)라고도 한다. 가령, '간식으로 땅콩을 먹다'는 snack on peanuts 외에 eat peanuts between meals라고도 할 수 있다.

예제 요즘 나는 간식으로 과자 대신 과일을 먹는다.

These days I **snack on** fruits instead of cookies.

저는 하루에 간식을 너무 많이 먹는 것이 문제예요.

My problem is that I'm **snacking** too much during the day.

nurse

간호하다

그녀는 병든 강아지를 잘 간호해서 건강을 되찾게 해 주었다.

직역 She helped the sick puppy recover health by taking good care of her.

네이티브 She **nursed** the sick puppy back to health.

병든 사람을 '간호하다'를 영어로 말하라고 하면 대부분 take care of ~(~을 돌보다), care for ~(~을 돌보다)와 같은 표현을 생각해 낸다. 이것도 좋은 표현이다. 특히 환자를 돌본다고 할 때는 care for ~가 좋다. 그런데 실은 이런 표현을 모른다고 해도 '간호하다'라는 뜻으로 쓸 수 있는 이미 우리가 익히 알고 있는 쉬운 단어가 있다. 보통 '간호사'라는 명사로 알고 있는 nurse는 동사로 쓰이면 '~을 간호하다'가 된다. 단어는 쉽지만 nurse를 동사로도 쓸 수 있다는 생각을 못하는 것이 문제다. nurse는 '~을 간호하다'의 뜻 외에 아기에게 '모유를 먹이다'라는 뜻도 있다. 가령, '그녀가 2층 방에서 아기에게 수유를 하고 있다'라는 말은 She's nursing upstairs.라고 간단하게 표현한다.

예제 지난주에 나는 유행성 감기에 걸린 남편을 간호했다.

I **nursed** my husband through the flu last week.

fork

(길이) **갈라지다**

거기에서 길이 북쪽으로 두 갈래로 갈라지는 지점까지 간 다음, 오른쪽 길로 가세요.

직역 **From there, go north to the point where the path divides into two, and take the right path.**

네이티브 **From there, walk north until the path forks. Take the right fork.**

길이나 강물이 '두 갈래로 갈라지다'를 영어로 어떻게 표현할까? '갈라지다'라고 하면 대부분 divide(나뉘다)라는 동사가 생각날 것이다. 따라서 divide into two라고 할 수 있다. 이렇게 표현해도 틀리지 않는다. 그런데 이 경우 원어민들은 음식을 찍어 먹을 때 쓰는 fork를 동사로 쓴다. 그러면 간결하면서도 포크처럼 길이 나뉘는 이미지가 떠올라 생동감 있는 표현이 가능해진다. 또한 갈라진 길도 fork라고 부른다. 길이 나뉘는 것은 fork뿐만 아니라 '나뭇가지'라는 뜻의 branch라는 명사도 동사로 써서 표현할 수 있다. 다만, branch는 보통 길을 가다가 옆으로 샛길이나 작은 길이 나 있는 경우에 사용한다. 가령, '가다 보면 길이 왼쪽으로 갈려 나가는데 그 길로 가면 고속도로가 나온다'는 The road branches off left to the highway.이다.

예제 3킬로미터 정도 가면 강이 두 갈래로 갈라진다.
The river forks about 3 kilometers down.

spy on

(~을) **감시하다**

상사가 몰래 나를 감시하고 있는 것 같아요.

콩글리시 **I think my boss is watching me secretly.**

네이티브 **I think my boss is spying on me.**

'몰래 감시하다'를 그대로 영어로 바꾸면 watch ~ secretly가 된다. 그런데 이 표현은 '감시하다'가 아니라 '남을 몰래 훔쳐보다'라는 전혀 다른 뜻이 된다. 즉, 상사가 직원을 몰래 훔쳐보는 이상한 사람이라는 말이다. 이때는 '몰래 감시하는 일을 하는 사람'이라는 뜻의 spy라는 명사를 동사로 쓰는 것이 해법이다. spy on ~이라고 하면 '~을 몰래 감시하다, 염탐하다'라는 표현이 된다.

예제 여러분 컴퓨터에 스파이웨어가 있다면 누군가 여러분을 몰래 감시하고 있는지도 모릅니다.
If you have spyware on your computer, someone may be spying on you.

wolf down

(~을) **게걸스럽게 먹다**

그는 아침을 걸신들린 듯 먹어 치웠다.

직역 **He ate his breakfast ravenously.**

네이티브 **He wolfed down his breakfast.**

'걸신들린 듯'은 영어로 ravenously(게걸스럽게)라고 한다. 따라서 무엇을 '게걸스럽게 먹다'를 eat ~ ravenously라고 해도 틀린 건 아니지만 글에서나 볼 수 있는 표현이다. 배가 고파서 어떤 음식을 '걸신들린 듯이' 마구 먹는 것과 연관지을 수 있는 동물은 wolf(늑대)이다. 이 단어를 동사로 써서 wolf ~ down이라고 하면 바로 무엇을 '게걸스럽게 먹다'라는 뜻이 된다. 이 표현은 음식을 허겁지겁 게걸스럽게 먹는 행동을 나타내는 데 반하여 '돼지'라는 뜻의 pig를 동사로 사용한 pig out on ~은 '게걸스럽게 많이 먹다'라는 뜻으로 약간의 차이가 있다.

예제 그는 샌드위치를 순식간에 먹어 치웠다.
He **wolfed down** the sandwich.

golf
골프를 치다

골프 치세요?

콩글리시 **Do you hit golf?**

직역 **Do you play golf?**

네이티브 **Do you golf?**

'골프를 하다', '골프를 치다'라는 한국어처럼 영어에서도 golf를 목적어로 써서 do golf 또는 hit golf라고 하면 엉터리 영어가 된다. golf도 다른 운동 경기처럼 앞에 play라는 동사를 붙여서 play golf라고 해야 한다. 그런데 golf라는 명사를 직접 동사로 쓰면 훨씬 간결한 영어 표현이 된다.

예제 골프는 얼마나 자주 치십니까?
How often do you **golf**?

air (out)
(~의) 공기를 환기시키다

창문을 열고 집안 공기를 환기시킵시다.

콩글리시 **Let's open the windows and change the air in the house.**

직역 **Let's open the windows to ventilate the house.**

네이티브 **Let's open the windows to air (out) the house.**

'~의 공기를 환기시키다'를 change the air(공기를 바꾸다)라는 식으로 표현하는 것은 엉터리 영어 표현이다. '~의 공기를 환기시키다'는 ventilate ~라는 동사 하나로 표현한다. 그런데 우리가 '공기'라는 명사로만 알고 있는 air를 동사로 써서 air ~ (out)이라고 해도 '~의 공기를 환기시키다'라는 말이 된다. 이 외에도 air는 동사로 '~을 방송하다', 즉 broadcast라는 동사와 같은 의미로도 쓰인다. 가령, '그 프로그램은 매일 저녁 7시에서 8시까지 방송된다'는 The program is aired[broadcasted] daily from 7 to 8 p.m.이라고 할 수 있다.

예제 우리는 방을 환기시키기 위해 문을 열어 두었다.
We left the door open to **air** the room.

google
(~을) 구글에서 검색하다

나는 그의 이름을 구글에서 검색해 보았다.

콩글리시 **I searched his name at Google.**

직역 **I searched for his name on Google.**

네이티브 **I googled his name.**

'검색'이라는 명사와 '검색하다'라는 동사는 모두 영어로 search이다. 그런데 search를 타동사로 쓰면 '~을 수색하다'라는 뜻이 된다. 따라서 '~한 정보를 검색하다'라고 할 때는 search for ~라고 해야 한다. 그리고 '구글에서'라고 할 때는 전치사 at이 아니라 on을 쓴다. 그러나 실은 명사로만 알고 있는 Google을 동사로도 쓸 줄 알아야 한다. google을 위 예문처럼 타동사로 쓰면 '~을 구글에서 검색하다'라는 뜻이 된다.

예제 나는 구글에서 그 회사의 이름을 검색해 보았다.
I **googled** the company's name.

land
(직장을) **구하다,**
(일을) **따내다**

그녀는 지난달에 외국계 은행에서 일자리를 구했다.

콩글리시 **She obtained a job at a foreign bank last month.**

직역 **She found[got] a job at a foreign bank last month.**

네이티브 **She landed a job at a foreign bank last month.**

obtain 또는 acquire는 '얻다, 구하다'라는 뜻이 맞지만 job(일자리)과 같이 쓰면 틀린다. '일자리를 구하다'의 뜻으로 job과 궁합이 맞는 동사는 get(얻다)과 find(찾다)이다. get, obtain, acquire는 의미가 비슷해 보이지만 get만 job과 어울릴 수 있다. 그런데 미국인들은 이런 경우 '땅, 육지'라는 뜻의 land를 동사로 쓴다. land는 '고기를 육지로 낚아올리다'라는 의미에서 비롯되어 a job(일자리), a contract(계약) 같은 것을 '얻다', '따내다'라는 의미로 사용된다.

예제 그녀는 2004년에 할리우드 대작 영화의 배역을 맡게 되었다.
In 2004, she **landed** a role in a big Hollywood movie.

snake
(길·강이)
굽이쳐[꼬불꼬불] 가다

거기서부터는 작은 산길이 꼬불꼬불 정상까지 이어진다.

콩글리시 **From there, a narrow trail goes to the top of the mountain, twisting.**

네이티브 **From there, a narrow trail snakes its way to the top of the mountain.**

길이나 강물이 꼬불꼬불 또는 굽이쳐 가는 모습을 영어로 묘사해 보자. '꼬불꼬불 가다'는 영어로 표현하기 참 어려워 보인다. '꼬불거리다' 때문에 twist라는 단어를 생각해 볼 수 있다. The river twisted and turned ~라고 해서 강물이 굽이쳐 가는 모습을 표현할 수 있지만 흔히 쓰이는 표현은 아니다. 이 경우에는 '뱀'이라는 뜻의 snake를 동사로 쓰는 센스를 발휘하면 좋다. snake를 동사로 써서 snake one's way라고 표현하면 길이나 강이 뱀처럼 S자 형태로 앞으로 이어진다는 뜻이 된다. 그 외에 유사한 뜻의 동사로는 meander와 wind가 있다. 두 단어 모두 명사에서 오지는 않았지만 '굽이쳐 나아가다'라는 뜻을 갖고 있다.

예제 그 강은 여러 도시 사이를 굽이쳐 흘러 대서양으로 빠져 나간다.
The river **snakes** its way through several cities before it empties into the Atlantic Ocean.

• empty into (강이) ~ 바다로 흘러 들어가다

paint

그림을 그리다

(채색 그림을 보며) 그림 잘 그리시네요!

콩글리시 **You draw a painting well!**

네이티브 **You paint well!**

'그림을 그리다'는 영어에서도 한국어와 비슷하게 draw a painting이라고 할 수 있다. 그런데 '그림을 잘 그리다'는 draw a painting well이라고 하면 틀린다. 이때는 a painting을 빼고 You draw well.이라고 한다. 그러나 draw는 '스케치' 같은 그림을 그리는 것을 뜻하지 수채화나 유화 같은 채색 그림을 뜻하지는 않는다. 이때는 '페인트', '물감'이라는 뜻의 명사로만 알고 있는 paint를 동사로 쓰면 된다. 또는 painter(그림 그리는 사람)라는 명사를 써서 You're a good painter!라고 한다.

예제 그림 그리시는 줄 몰랐어요.

I didn't know you **paint**.

그는 직업이 화가이다.

He **paints** for a living.

mushroom

(~이) 급격히 증가하다, 우후죽순으로 생기다

065_Ch08_n14_25

일본에서는 지난 몇 년간 한국 드라마 팬 사이트가 급격히 늘어났다.

직역 **In Japan, over the past few years, Internet fan sites of Korean TV dramas have increased drastically.**

네이티브 **Over the past years, Internet fan sites of Korean TV dramas have mushroomed in Japan.**

어떤 장사가 잘 된다 싶으면 순식간에 같은 업종의 점포가 여기저기 우후죽순으로 생긴다. 이렇게 '급격히 수가 늘어나다'를 영어로 어떻게 표현할까? 대부분의 영어 학습자들은 '수가 늘어나다' → increase, '급격히' → greatly와 같이 한국어를 영어로 옮기는 식으로 생각할 것이다. 이런 식으로 표현하면 문법적으로는 틀리지 않지만 무미건조한 영어를 벗어날 수 없다. 좀 더 맛깔스런 영어를 쓰고 싶다면 한국어에 영어를 대입하는 것에서 벗어나야 한다. 위 경우처럼 여기저기 급격히 막 나타나는 것을 영어에서는 버섯의 이미지에 빗대어 mushroom을 동사로 써서 표현한다. 가령, 최근에 IT 창업 회사들이 급격히 늘어났다면 IT start-ups have mushroomed in recent years.라고 표현할 수 있다. 참고로 mushroom 외에 비슷한 용도로 사용되는 표현 중에 crop up, spring up 같은 것이 있으므로 같이 익혀 두자. 꼭, 수가 늘어나는 것뿐만 아니라 어떤 것이 급격히 커지거나 발생하는 것에는 mushroom을 쓸 수 있다. 영어 소설을 보면 mushroom이 창의적으로 사용되는데, 가령 Fears mushroomed inside him.은 '그의 내면에서 두려움이 갑자기 커졌다'라는 뜻이고, The small navy base mushroomed into a large community.는 작은 해군 기지가 큰 지역 사회로 커졌다는 뜻이다.

예제 지난 3년간 그 섬에는 호텔, 식당, 쇼핑몰 등이 우후죽순으로 생겨났다.

Over the last three years, hotels, restaurants and shopping malls have **cropped up**[**sprung up**] on the island.

storm
(건물을) 급습하다

경찰 특공대가 오늘 새벽 1시에 건물을 급습해서 인질들을 안전하게 구출했다.

콩글리시 **The SWAT team attacked the building suddenly at 1 a.m. this morning and rescued the hostages safely.**

직역 **The SWAT team made a surprise attack on the building at 1 a.m. this morning and rescued the hostages safely.**

네이티브 **The SWAT team stormed the building at 1 a.m. this morning and rescued the hostages safely.**

'~을 급습하다'를 '갑자기 공격하다'로 풀어서 attack ~ suddenly라고 하기 쉬운데 이것은 엉터리 영어 표현이다. '급습'은 영어로 surprise attack(놀라게 하는 공격)이라고 하며 앞에 make 또는 launch(개시하다, 발사하다), mount(개시하다)와 같은 동사를 쓴다. 그러나 위 경우처럼 어떤 건물이나 장소에 갑작스럽게 여럿이 몰려 들어가는 경우에는 '폭풍'이라는 뜻의 storm을 동사로 써서 표현하면 좋다. storm 뒤에 장소를 넣으면 그 장소에 폭풍이 불어닥치듯 사람들이 밀고 들어간다는 말이 된다. 또, storm은 자동사로 쓰면 '화가 나서 가다'라는 뜻이다. 가령, '그는 화가 나서 회의장을 뛰쳐나갔다'는 He stormed out of the meeting.이라고 한다. 또 '태풍이 불다'라는 뜻의 동사로도 쓰여서 '어젯밤에 폭풍이 불었다'는 It stormed last night.이 된다. 그러나 이 경우에는 storm을 명사로 써서 We had a storm last night.(어젯밤에 폭풍을 가졌다)이라고 하는 것이 더 일반적이다.

예제 어제 스키 마스크를 쓴 무장 괴한들이 호텔을 급습해서 20명의 투숙객들을 인질로 잡았다.
A group of armed people in ski masks **stormed** the hotel yesterday, holding 20 guests hostage.

lace up
(신발의) 끈을 매다

나는 운동화의 끈을 매고 조깅을 하러 집을 나섰다.

콩글리시 **I tied the strings of my shoes and went out to jog.**

직역 **I tied the laces on my shoes and went out for a jog.**

네이티브 **I laced up my shoes and set off for a morning run.**

사전에서 '끈'을 찾으면 string, thread 등 여러 단어가 있는데 신발 끈은 lace라는 단어를 써야 한다. 신발의 '끈을 묶다'를 영어로 하라고 하면 대부분 '끈' → lace, '묶다' → tie로 생각해서 tie the laces라고 표현할 것이다. 이렇게 표현해도 틀린 건 아니다. 다만 이런 식으로 문장을 만들다 보면 영어 특유의 표현 방식들을 사용할 수 없게 되어 결국 어색한 영어를 구사하게 된다. 위와 같은 상황에서 우리가 lace를 명사로만 생각하고 tie라는 동사와 엮어 쓸 방법을 고민하고 있을 때 원어민들은 lace를 동사로 써서 '나의 신발 끈을 매다'라는 뜻으로 lace my shoes up이라고 표현한다.

예제 그녀는 스케이트의 끈을 맨 후 빙상 위로 미끄러지듯 나아갔다.
She **laced up** her skates and glided out onto the ice. • glide 미끄러지듯 움직이다

fog (up)

(안경·유리창에)

김이 서리다

당신의 안경에 김이 서렸어요.

콩글리시 **There is steam on your glasses.**

네이티브 **Your glasses are fogged (up).**

'당신의 안경에 김이 끼었다'라는 말을 There's steam on your glasses.라고 하는 것을 들은 적이 있는데 이는 콩글리시 표현이다. 물론 '김'은 steam(수증기)이지만 안경이나 유리창에 김이 끼었다고 할 때는 steam을 사용하지 않는다. 이 경우에는 우리가 '안개'라는 뜻의 명사로 알고 있는 fog를 '김이 끼게 하다'라는 뜻의 동사로 쓰는 것이 원어민식 영어 표현이다. 사실 김이 낀 안경을 쓰면 안개 속을 보는 것 같은 느낌이 들기 때문에 왜 steam 대신 fog를 쓰는지 이해가 될 것이다. 안경 등에 '김이 끼다'는 fog up이라고 하고 '김이 끼었다'는 be fogged라고 수동태로 표현하는데 흔히 뒤에 up을 붙여서 be fogged up이라고 한다.

예제 카메라 렌즈에 김이 끼었다.

The camera lens is **fogged up**.

birth

(아기를) **출산하다**

그녀는 아이를 전부 집에서 낳았다.

직역 **She bore all her children at home.**

네이티브 **She birthed all her children at home.**

'아기를 낳다'라는 표현을 제대로 알고 있는 독자들이 드문 것 같다. bear가 아이나 새끼를 '낳다'의 뜻인 것은 맞지만 옛날 영어에나 등장하는 표현이고 일반 현대 영어에서는 잘 사용하지 않는다. 대신 구어적으로 have라는 동사를 쓴다. 가령, '내 아내가 5월에 출산한다'는 My wife is going to have a baby in May.라고 한다. 다만 위 예문을 She had all her children at home.이라고 하면 '모든 아이를 집에서 낳았다'는 뜻인지 '모든 아이들을 집에 데리고 있었다'는 뜻인지 애매하다. 반면에 She had a baby yesterday.(그녀는 어제 아기를 낳았다)에서는 그런 혼란의 여지가 없다. 즉, be going to ~나 yesterday와 같이 미래 또는 과거의 시제를 표현하는 말을 붙여 쓰면 have가 '~을 낳다'의 뜻으로 명확해진다. 그 외에 birth(탄생)를 써서 give birth to ~(~에게 탄생을 주다)라는 표현도 있다. 그러나 가장 간단한 표현은 birth라는 명사를 동사로 쓰는 것이다. birth를 동사로 쓰는 것은 과거에는 미국 남부 지방에서만 사용했지만 요즘은 일반화된 표현이 되었다. 가령 '분만 센터'도 a birthing center라고 한다. 이렇게 현대 영어에서는 명사를 동사로 쓰는 경향이 더욱 확산되고 있다. 참고로 의사나 산파(midwife)가 아기를 '받아 주다'는 deliver라는 동사를 쓴다. 우리는 아기를 '~ 산부인과에 가서 낳았다'라고 하는데 원어민들은 대부분 의사 이름을 써서 Dr. Hall delivered my first son.(홀 박사님이 제 첫아들을 받아 주었습니다)라고 말한다.

예제 그날 밤, 여왕은 여아와 남아 쌍둥이를 출산했다.

That night, the Queen **birthed** twins, a boy and a girl.

snow in

눈 때문에 갇히다

우리는 폭설 때문에 공항에 갇혀 있었다.

직역 **We were stuck at the airport due to the snow.**

네이티브 **We were snowed in at the airport.**

어디에 갇혀서 오도 가도 못하는 상황을 영어로 be stuck이라고 한다. 가령, 교통(traffic) 체증 속에 갇혀 있었던 경우에는 I was stuck in traffic.이라고 한다. '~ 때문에'는 because of ~ 또는 due to ~이다. 따라서 '폭설 때문에 공항에 갇혀 있었다'를 그대로 영어로 하면 was[were] stuck at the airport due to the snow가 된다. 이것도 좋은 표현이다. 그렇지만 여기서 명사로 쓴 snow를 동사로 써서 snow ~ in이라고 하면 '~을 눈으로 갇히게 하다'라는 뜻의 표현이 된다. 이것을 수동태로 해서 ~ was[were] snowed in이라고 하면 '~가 눈 때문에 갇혀 오도 가도 못했다'라는 말이 된다.

예제 그 마을은 5일 동안 눈에 갇혀 있었다.
The town was **snowed in** for five days.

age

나이 들다, 늙다

그녀는 하룻밤 사이에 폭삭 늙은 듯 보였다.

직역 **She looked as if she had gotten very old overnight.**

네이티브 **She looked as if she had aged overnight.**

'나이를 먹다' 또는 '늙다'는 대부분 get old라고 알고 있을 것이다. 물론 틀린 표현은 아니다. 가령, '나도 이제 나이를 먹었나 봐'라는 말은 I feel like I'm getting old.라고 할 수 있다. 그런데 얼굴이나 신체적으로 늙은 표시가 난다는 뜻으로 '늙었다'라고 할 때는 get old라고 하지 않고 age라는 명사를 동사로 써서 표현해야 제맛이 난다. age는 대부분 '나이'라는 명사로만 알고 있지만 실은 '나이 먹다', '늙다'라는 동사로도 쓰인다. 요즘, '노령화 사회'라는 말을 많이 듣는데 여기서 '노령화'도 동사 age에 -ing를 붙여 an aging society라고 한다. '인구 노령화'도 an aging population이라고 한다. 마찬가지로 '노화 방지 크림'은 anti-aging cream이라고 한다. 또, '남자가 여자보다 빨리 늙는다'라고 할 때도 get old라는 표현을 쓰면 안 되고 Men age faster than women.과 같이 age를 동사로 써서 표현한다. 여기서 문법 이야기를 잠깐 하자면 위 예문에서 '~처럼 보이다'는 look as if ~로 표현하는데 뒤의 시제는 과거 사실에 반대되는 내용이므로(실제로는 늙지 않았지만 그렇게 보였다는 것이므로) [had + 과거분사]를 써야 한다. 만약에 '지금 그녀가 그렇게 늙어 보인다'라고 시점을 현재로 가져온다면 as if ~ 뒤의 시제는 과거가 되어 She looks as if she aged overnight.이라고 한다.

예제 그녀는 참 우아하게 나이 드는 것 같아.
I think she's **aging** very gracefully.
She seems to be **aging** with grace.

circle

(길이 ~을) **돌아가다**

마라톤 코스는 도시의 동쪽 외곽을 돌아 32번 고속도로를 따라 서쪽으로 진행한다.

직역 **The marathon course goes around the eastern end of the city and goes west along Highway 32.**

네이티브 **The marathon course circles the eastern end of the city before heading west along Highway 32.**

길이나 도로가 무엇을 '돌아가다'를 '돌아' + '가다'로 생각하면 영어로 go around ~가 된다. 이런 직역도 틀린 건 아니다. 그런데 영어에는 '돌아가다'를 다르게 표현할 수 있는 또 하나의 방법이 있다. 그것은 '원'이라는 뜻의 circle, '고리'라는 뜻의 명사 loop를 동사로 써서 표현하는 것이다. 이렇게 할 경우 go around라는 의미를 하나의 단어로 표현할 수 있을 뿐만 아니라 circle이나 loop가 가지고 있는 시각적 이미지가 적용되어 매우 생생한 표현이 된다. 한국어를 영어로 옮기는 식으로 단어나 표현을 선택하고 문장을 만들면 이런 표현에 접근할 수 없기 때문에 영어다운 영어를 구사할 수 없게 된다. loop는 자동사로 loop around ~라고 표현하고, circle은 자동사, 타동사로 둘 다 쓰이기 때문에 circle ~이라고 바로 뒤에 목적어를 쓸 수 있다. 몇 가지 예문을 더 들어 보면 도시를 한 바퀴 도는 '순환도로'는 ring road라고 하는데, '이 순환 고속도로는 도시를 한 바퀴 도는 도로입니다'라는 말을 circle을 사용해서 말하면 This ring road circles the city.가 된다. 또 비행기가 공항에 착륙하지 못하고 공항 위를 선회한다면 이것도 circle을 사용해서 The airplane is circling over the airport.라고 한다.

예제 이 산책로는 호수를 한 바퀴 도는 코스로 1시간 정도 걸린다.

The trail **loops around** the lake, and the walk around the lake takes about an hour.

power

(~을)

동력으로 사용하다, 동력을 얻다

전기 자동차는 가솔린 엔진 대신 전기 모터를 동력으로 사용한다.

직역 **An electric car uses an electric motor as its power source instead of a gasoline engine.**

네이티브 **An electric car is powered by an electric motor instead of a gasoline engine.**

'~을 동력으로 사용하다'는 [동력 + 사용하다]와 같이 [명사 + 동사]로 구성되어 있다. '동력'은 power이지만, 전기 모터가 곧 동력은 아니고 동력을 제공하는 장치이므로 source of power(동력의 원천)라고 표현하는 것이 옳다. 따라서 use ~ as its source of power가 된다. 이 표현은 문법도 맞고 영어로도 쓰여 있지만 왠지 영어 같지 않은 문장이다. 이 경우에는 power라는 명사를 동사로 쓰는 것이 핵심이다. 이렇게 하면 무려 6단어가 1단어로 줄어들어 간결한 문장이 된다. 즉, A power B라고 하면 'A가 B에 동력을 제공하다'라는 뜻이 된다. 이 경우 A는 '전기 모터'이다. 따라서 An electric motor powers an electric car.가 된다. 위 예문처럼 '전기 자동차'를 주어로 해서 말하면 B is powered by A.(B는 A에 의하여 동력이 제공된다)와 같은 수동태로 표현한다. 위 예에서 보듯이 '한국어 단어 = 영어 단어'로 외우면 엉터리 영어를 하게 된다. 따라서 이런 식으로 영어 단어를 외우는 학습 방법은 피하는 것이 좋다.

예제 이 차는 동력 장치로 3.8리터 V6 엔진을 사용한다.
This car is **powered** by a 3.8 liter V6 engine.

chicken out
(겁나서) 뒤로 빠지다

그는 마지막 순간에 뒤로 빠졌다.
콩글리시 **He fell back at the last minute.**
네이티브 **He chickened out at the last minute.**

어떤 일에서 '뒤로 빠지다'라는 말이 있는데 겁이나 두려움 때문에 하려고 했던 일을 하지 않는다는 뜻이다. 이 말을 영어로 그대로 옮겨서 fall back(뒤로 떨어지다)과 같이 말하면 아무도 알아듣지 못한다. 딱 맞는 표현이 생각나지 않는다면 change one's mind(마음을 바꾸다 → 생각을 바꾸다)라는 표현을 써서 He changed his mind.(그는 생각이 바뀌었다)라고 할 수 있다. 그렇다면 뭐라고 해야 할까? 이때는 우리가 '닭'이라는 뜻의 명사로만 알고 있는 chicken을 동사로 써서 chicken out이라고 한다. 영어에서 chicken은 '겁쟁이'를 일컫는다. 따라서 chicken out은 어떤 일을 하려다 겁을 먹고 '닭처럼(chicken) 뒤로 빠지다(out)'라는 뜻을 갖는다.

예제 톰은 메리에게 데이트를 신청하려고 했는데 마지막 순간에 포기했다.
Tom was going to ask Mary out, but he **chickened out** at the last minute.
• ask ~ out ~에게 데이트를 신청하다

shoulder ①
(책임·미래를) 맡다

그는 많은 일을 책임지고 있어요.
직역 **He's taking responsibility for many things.**
네이티브 **He's shouldering a lot of responsibility.**

우리가 '어깨'라는 명사로만 알고 있는 shoulder가 실은 '~을 떠맡다, ~을 짊어지다'라는 동사로도 쓰인다. 따라서 shoulder a lot of responsibility라고 하면 '많은 책임을 짊어지다'라는 뜻이 된다. 물론 '~에 대한 책임을 맡다'는 그대로 영어로 옮겨서 take responsibility for ~라고 해도 표준적인 영어 표현이다.

예제 시장이 지하철 사고의 책임을 다 떠맡았다.
The mayor **shouldered** all the blame for the subway accident.

shoulder ②
뚫고 나가다,
비집고 나가다

그는 취재진 사이를 뚫고 호텔로 향했다.
콩글리시 **He penetrated through the reporters and walked toward the hotel.**
네이티브 **He shouldered his way through the reporters toward the hotel.**

군중 사이를 '뚫고 가다'라는 한국어에 해당하는 영어 단어가 있을까? 결론부터 말하자면 '한국어 동사 = 영어 동사'로 생각하는 습관부터 버려야 한다. 영어는 영어 나름대로의 표현 방법이 있기 때문이다. 그나마 penetrate가 사전에서 보면 '뚫고 나가다'라고 되어 있지만 이것은 어떤 물체를 '관통하다'의 뜻이지 사람들 사이를 헤치며 나간다는 뜻으로는 쓸 수 없다. 영어에서는 '앞으로 나가다'를 make one's way와 같이 동사 뒤에 one's way를 붙여서 표현한다. 여기서 make 대신 '어깨'라는 뜻의 shoulder, '팔꿈치'라는 뜻의 elbow를 동사로 써서 shoulder one's way나 elbow one's way라고 하면 '밀치며 앞으로 나가다'는 뜻이 된다. 어깨나 팔꿈치로 사람들을 밀치며 가는 모습이 연상되는 표현이다. 그 외에 진흙길이나 험한 길을 '조심조심 나가다'는 pick one's way라고 한다. '살금살금 나가다'는 '발끝'이라는 뜻의 tiptoe를 동사로 써서 tiptoe one's way이고 '조금씩 나가다'는 '가장자리'라는 뜻의 edge를 동사로 써서 edge one's way라고 한다.

예제 군대가 공격 위치를 향해 조금씩 앞으로 나아갔다.
The troops **edged their way** into strike position.

그는 사람들을 밀치며 군중 한가운데로 나아갔다.
He **elbowed his way** to the center of the group.

roller-blade

롤러스케이트 타다

066_Ch08_n26_38

난 주말에는 공원에 롤러스케이트를 타러 가.

콩글리시 **On weekends, I go to the park to ride rollerskates.**

네이티브 **On weekends, I go roller-blading in the park.**

'롤러스케이트'는 roller skates 또는 roller blades라고 한다. 신발과 마찬가지로 2개가 한 짝이므로 항상 복수로 쓴다. 그런데 '롤러스케이트를 타다'를 '타다'라는 영어 동사 ride를 써서 ride roller skates라고 하면 안 된다. ride는 자동차 같이 다른 동력으로 움직이는 수송 수단을 탄다고 할 때만 사용하기 때문이다. 대신 '롤러스케이트를 타다'는 roller-stake 또는 roller-blade를 직접 동사로 써서 표현한다. '롤러스케이트 타러 가다'도 go -ing(~하러 가다)라는 표현을 써서 go roller-staking, go roller-blading이라고 해야 제대로 된 영어가 된다. '쇼핑하러 가다'를 go shopping, '낚시하러 가다'를 go fishing이라고 하는 것과 같다. go fishing에서 fish도 명사가 동사로 쓰인 예이다.

예제 롤러스케이트를 타는 것과 농구하는 것이 내 취미다.
I **roller-blade** and play basketball for fun.

silence

(~가) 말하는 것을 막다, 조용히 하게 하다

왕은 손을 들어 그가 말하는 것을 제지했다.

직역 **The king raised his hand to stop him from talking.**

네이티브 **The king silenced him with a raise of his hand.**

'~가 말하는 것을 막다'를 stop ~ from talking이라고 하는 것은 의미는 통하지만 영어다운 표현 방식이 아니다. 제대로 된 표현은 다름 아니라 우리가 '침묵'이라는 뜻의 명사로만 알고 있는 silence를 동사로 쓰는 것이다. silence ~는 타동사로 '~을 조용히 하게 하다', '~의 입을 막다', '(비난 등을) 잠재우다' 등의 의미로 사용된다. 따라서 silence를 동사로 쓰면 stop him from talking을 silence him으로 간단하게 표현할 수 있다.

예제 그의 승리로 인해 그를 비판하던 사람들이 조용해졌다.
His victory **silenced** his critics.

text

(~에게) **문자 메시지를 보내다**

방금 존에게 가능한 한 빨리 전화해 달라고 문자 메시지를 보냈어요.

직역 I just sent John a text message and asked him to call me as soon as possible.

네이티브 **I just texted John, asking him to call me ASAP.**

'문자 메시지'는 text message라고 한다. 따라서 '~에게 문자 메시지를 보내다'는 send ~ a text message이다. 그렇지만 대부분의 미국인들은 우리가 '문서, 글'로만 알고 있는 text를 직접 동사로 써서 표현한다. text A B로 표현하면 'A에게 B를 문자 메시지로 알려 주다'가 된다. 가령, '그 주소를 너에게 문자 메시지로 알려 주다'는 text you the address가 된다. '~해 달라고'는 asked him to ~보다 asking him to ~와 같이 ask에 -ing를 붙여 표현하는 것이 좋다. '가능한 한 빨리'는 as soon as possible, 줄여서 ASAP라고 한다.

예제 나중에 그 사람 전화번호를 문자 메시지로 알려 줄게.
I'll **text** you his number later.

water

(화초에) **물을 주다**

정원에 물 주는 것을 잊지 마세요.

콩글리시 Don't forget to give water to the garden.

네이티브 **Don't forget to water the garden.**

정원에 '물을 주다'를 give water라고 하면 완전 콩글리시가 된다. 이때는 water를 '물'이라는 명사로만 생각하지 않고 '~에 물을 주다'라는 타동사로 사용하면 '물을 주다'에서 '주다'가 영어로 무엇인지 복잡하게 머리를 굴릴 필요가 없다. '정원에 있는 잡초를 뽑다'도 '잡초'라는 뜻의 명사 weed를 직접 동사로 써서 weed the garden이라고 한다.

예제 잭은 정원 호스로 잔디에 물을 주고 있었다.
Jack was **watering** the lawn with a garden hose.

wheel

(침대에 눕히거나 휠체어에 앉혀) **밀고 가다**

몇 시간 후에 간호사가 병원 침대에 누워 계신 아버지를 수술실 밖으로 밀고 나왔다.

콩글리시 A few hours later, a nurse pushed Dad lying on a bed out of the operating room.

네이티브 **After a few hours, a nurse wheeled Dad out of the operating room.**

먼저 병원 침대는 bed라고 하지 않고 gurney라고 한다. '~을 병원 침대에 눕혀 밀고 가다'라는 한국어를 단어 대 단어로 표현하면 위에서 보듯이 밀다(push), 눕다(lie), 병원 침대 위에(on a gurney)와 같이 무려 5개의 영어 단어가 필요하다. 이럴 때 원어민들은 우리가 '바퀴'라는 명사로만 알고 있는 wheel을 동사로 써서 딱 한 단어로 표현한다. 즉, wheel을 동사로 쓰면 '바퀴가 달린 것에 사람을 태우고 밀고 가다'라는 뜻이 모두 이 한 단어에 포함된다. 위의 〈콩글리시〉 표현과 〈네이티브〉 표현을 비교해 보면 wheel을 동사로 쓴 영어 문장이 훨씬 간결하면서도 의미를 잘 전달한다는 것을 느낄 수 있을 것이다. 5단어가 1단어로 줄어들면서 간결해지고 wheel의 이미지 때문에 눈앞에 그려지듯 생생한 영어 문장이 되는 것이다. 위에서 말했듯이 wheel은 바퀴가 달린 모든 것에 쓸 수 있으므로, '아버지를 휠체어에 태워 정원으로 모시고 나갔다'도 I wheeled Dad out into the garden.이라고 한다. 이때 병원 침대나 휠체어를 언급하지 않기 때문에 무엇에 타고 가는지는 글의 문맥, 즉 context에 따라 해석된다. 그리고 '몇 시간 후에'에서 '후에'는 later가 맞지만 엄밀하게 따지면 later는 현 시점에서 '후에'라는 뜻으로 써야 하며 위 예문처럼 과거 시점에서 '후에'는 after를 써야 한다. 요즘은 원어민들도 later를 과거 시제에서 많이 쓰긴 하지만 깐깐한 영어 선생님들은 이를 문제 삼기 때문에 기왕이면 제대로 쓰는 것이 좋다.

예제 수술 후 그 환자는 회복실로 옮겨졌다.
After surgery, the patient was **wheeled** to the recovery area.

sight

(~을 눈으로) 발견하다, 찾아내다, 목격하다

구조 헬기는 이내 선박을 찾아냈고 해안 경비대에 그 위치를 알려 주었다.

직역 **The rescue helicopter soon found the sailboat and reported its location to the Coastguard.**

네이티브 **The rescue helicopter soon sighted the sailboat and informed the Coastguard of its location.**

조난 당한 선박을 수색하던 헬리콥터가 선박을 발견했다. 이때 '발견했다'를 영어로 어떻게 표현할까? 대부분 find(찾다)를 사용해서 The helicopter found the boat.라고 할 것이다. 틀린 문장은 아니다. 그런데 이런 내용의 기사를 검색해 보면 find보다 더 많이 쓰이는 단어가 있는데 바로 sight이다. 보통 영어 학습자들은 sight를 '보기', '시야' 같은 뜻의 명사로만 알고 있다. 그렇지만 sight는 눈이나 레이더 같은 것으로 '발견하다'라는 뜻으로도 쓰인다. 수색 중인 헬리콥터가 바다에서 조난된 배를 발견하는 것이야말로 sight를 써야 영어다운 맛이 나는 상황이다. sight와 유사한 단어로 spot이라는 것도 있다. spot도 '얼룩, 점'이라는 뜻의 명사로 많이 알고 있지만 동사로는 sight와 같이 '~을 발견하다'라는 뜻으로 쓰인다. 어느 장소에서 유명 연예인을 목격한 경우에도 sight라고 한다. 연예인 신변에 관한 내용을 주로 다루는 신문이나 잡지를 보면 큰 글씨로 SIGHTED!라고 쓰여진 페이지들이 있는데, 이는 연예인들이 어떤 곳에서 일반인들에게 목격되었다는 뜻이다. 가령, '모델 출신의 그 여배우는 어제 골동품 상점에서 (일반인에게) 목격되었다'는 영어로 The model-turned actress was sighted in an antique shop yesterday.라고 한다. 이 경우에도 sight 대신 spot을 쓸 수 있다. sight는 또 총으로 누구를 '조준하다'라는 뜻으로도 쓰인다. sight on ~으로 표현하는데, 가령 '~을 저격용 총으로 조준하다'는 sight on ~ with a sniper's rifle이 된다.

예제 오늘 아침에 목포 앞바다에서 최소한 100마리의 엄청난 돌고래 떼가 목격되었다.
A large pack of at least 100 dolphins were **sighted** off Mokpo this morning.

room

방을 같이 쓰다

우리는 대학교 때 방을 같이 썼다.

콩글리시 **We used a room together in college.**

직역 **We were roommates in college.**

네이티브 **We roomed together in college.**

'방을 같이 쓰다'를 그대로 영어로 써서 use a room together라고 하는 것은 콩글리시다. '방을 같이 쓰는 사람'은 roommate이므로 We are roommates.라고 해야 옳다. 그런데 우리가 '방'이라는 뜻의 명사로만 알고 있는 room을 원어민들은 '방을 쓰다'라는 의미의 동사로도 사용한다.

예제 나는 1년 동안 제시와 방을 같이 썼다.
I **roomed** with Jessie for a year.

pig out on
(~을) 배불리 먹다

우리는 초콜릿과 과자를 배불리 먹었다.

직역 **We ate a lot of chocolate and chips.**

네이티브 **We pigged out on chocolate and chips.**

'배가 터질 것처럼 많이 먹다'라는 한국어와 비슷하게 영어로 표현하면 I ate so much I felt like I was going to explode.(너무 많이 먹어서 내가 터질 것 같이 느껴졌다)가 된다. 그런데 이렇게 길게 표현하는 것보다 더 생동감 넘치는 표현이 있는데 그것은 바로 '돼지'라는 뜻의 명사 pig를 동사로 써서 pig out on ~(~을 돼지 같이 많이 먹다)이라고 하는 것이다. 그 외에 '게걸스럽게 많이 먹다'라는 뜻으로 많이 쓰이는 표현으로 gorge on ~이 있다. 가령 '우리는 근처 식당에서 해산물을 잔뜩 먹었다'는 We gorged on seafood at a nearby restaurant.이다. 또, have one's fill of ~라는 표현도 있는데, fill이 '꽉 참'이니까 말 그대로 '~을 배가 부를 정도로 먹다'라는 말이다. 가령, '이번 여행에서 중국 음식을 배 터지게 많이 먹었다'는 I had my fill of Chinese food on this trip.이 된다. 좀 더 고상한 표현으로 feast(성찬)를 동사로 사용한 feast on ~이 있다. 예를 들어 '우리는 디저트로 신선한 망고를 잔뜩 먹었다'는 For dessert, we feasted on fresh mangoes.이다.

예제 어제는 우리 모두 피자를 배부르게 먹었다.
We all **pigged out on** pizza yesterday.

winter, summer
(겨울·여름을) 보내다

그들은 매년 플로리다에 있는 저택에서 겨울을 보낸다.

직역 **They spend the winter in their mansion in Florida every year.**

네이티브 **They winter in their mansion in Florida every year.**

'겨울을 보내다, 겨울을 나다'라는 표현을 그대로 영어로 옮기면 spend winter이다. 이렇게 직역식으로 표현해도 틀리지 않다. 그런데 원어민들은 spend라는 동사 없이 winter라는 단어 자체를 동사로 쓰기도 한다. 특히 정기적으로 어느 장소에서 겨울을 나는 경우에는 winter를 동사로 쓴다. winter뿐만 아니라 summer도 동사로 쓰면 '여름을 보내다'가 된다. 그러나 spring(봄)이나 autumn(가을)은 동사로 쓰이지 않는다. 그것은 봄이나 가을을 특정 지역에서 난다는 말을 거의 하지 않기 때문이다. 혹시 미래에 그런 활동이 많아진다면 spring이나 autumn도 동사로 쓰게 될지도 모르겠다.

예제 어렸을 때 우리는 타호 호수에서 여름을 나곤 했다.
As kids, we used to **summer** at Lake Taho.

ship

(주문한 물건을) **보내다**

제가 주문한 것을 얼마나 빨리 보내 주실 수 있습니까?

직역 **How soon can you send my order to me?**

네이티브 **How soon can you ship my order?**

'주문'은 영어로 order인데, '주문한 물건'도 역시 order라고 한다. 그런데 주문한 물건을 '보내다'라고 하면 보통 생각나는 영어는 send이다. 물론 send라고 해도 틀리지 않지만 이럴 때 원어민들은 흔히 ship이라는 동사를 쓴다. ship은 보통 '배'라는 뜻의 명사로 알고 있지만 동사로는 주문한 물품을 '보내다, 발송하다'라는 뜻을 나타낸다. 명사로 '배'라는 뜻이기 때문에 배로 보내는 것만 뜻할 것 같지만 그렇지 않다. 운송 수단에 관계 없이 물건을 '보내다'라는 뜻으로 쓰인다. 가끔 뒤에 out이라는 부사를 붙여서 ship ~ out의 형태로도 쓰인다.

예제 해외로도 (물건을) 보내 줍니까?

Do you **ship** overseas?

주문하신 물건을 이틀 전에 발송했습니다.

We **shipped** your order out two days ago.

headquarter

(~에) **본사가 있다**

저희 회사는 본사가 서울에 있고 뉴욕, 런던, 도쿄에 지사를 두고 있습니다.

직역 **Our company has its headquarters in Seoul and regional offices in New York, London and Tokyo.**

네이티브 **Our company is headquartered in Seoul and has offices in New York, London and Tokyo.**

'본사'는 영어로 headquarters라고 한다. 따라서 '우리 본사는 서울에 있다'라는 말은 Our headquarters are in Seoul.이라고 하거나 We have our headquarters in Seoul.이라고 한다. 이 정도는 한국어의 문장 구조를 그대로 옮겨 놓으면 되므로 그렇게 어려운 편이 아니다. 그러나 영어에는 영어만의 표현법이 또 하나 있다. 그것은 headquarters를 동사로 써서 We are headquartered in Seoul.이라고 하는 것이다. 참고로 명사일 때는 항상 -s를 붙여서 headquarters라고 해야 한다. 원래 quarter는 '숙소', '건물의 지역'이라는 뜻으로 -s를 붙여 복수 형태로 사용하며 거기에 '우두머리'라는 뜻의 head가 붙어서 '본사'의 의미가 된 것이다.

예제 BHU는 뉴욕에 본사가 있고 직원은 3,000명이다.

BHU is **headquartered** in New York and employs 3,000 people.

bag

(~을) **봉지에 넣다**

저 슈퍼마켓에서는 장본 것을 봉지에 넣어 주지 않는다.

직역 **At that supermarket, they don't put the groceries in bags for you.**

네이티브 **At that supermarket, they don't bag the groceries for you.**

슈퍼마켓에서 장본 물건은 grocery라고 하고 보통 groceries라고 복수로 사용한다. 물건 담는 봉지나 봉투는 bag이라고 한다. bag 하면 우리는 핸드백 같은 가방을 생각하지만 영어에서는 봉지도 포함된다. '봉지에 물건을 담다'를 그대로 영어로 옮기면 put the groceries in bags가 된다. 이렇게 말해도 틀린 영어는 아니지만 원어민들은 보통 우리가 명사로만 알고 있는 bag을 '~을 봉지에 넣다'라는 뜻의 동사로 써서 bag the groceries라고 한다. 슈퍼마켓에서 bag에 groceries를 넣어 주는 사람을 bagger라고 부르는데, 이 단어도 실은 동사로 쓰인 bag에 사람을 뜻하는 -er을 붙여 만든 말이다. bag과 비슷하게 '호주머니에 무엇을 넣다'도 pocket이라는 명사를 동사로 써서 I pocketed the change.(거스름돈을 호주머니에 넣었다.)와 같이 사용한다. 또 상자에 넣는다면 box를 동사로 쓰면 된다. 따라서, '~을 상자에 넣어 보관하다'는 box ~ for storage라고 한다.

예제 나는 도넛과 베이글 몇 개를 봉지에 넣어 계산대로 가져갔다.
I **bagged** some donuts and bagels and took them to the register.

parent
(~의) 부모 역할을 하다

10대 아이의 부모 노릇을 하는 것은 쉬운 일이 아니다.

직역 **Playing the role of a parent for a teenager is not an easy thing.**

네이티브 **Parenting a teenager is not an easy thing.**

요즘 10대들은 조숙한데다 학교에, 학원에 부모가 뒷바라지해 줘야 할 일도 많아서 '10대 아이 부모 노릇하기 힘들다'고 하소연하는 부모님들이 종종 있다. '부모 노릇을 하다'를 영어로 하면 '부모' → parent, '노릇' → role(역할), 하다 → play가 되어 play the role of a parent가 된다. 문법이나 표현 모두 틀린 곳이 없는 표현이지만 미국 부모들이 이렇게 영어로 말할까? 대답은 '아니다'이다. 어떤 '아이의 부모 노릇을 하다'라는 말을 원어민들은 parent라는 명사를 동사로 써서 parent a child라고 한다. 실제로 parent의 의미는 한국어의 '부모 노릇하다'보다 더 넓어서 아이를 '낳고 키우고 교육하는 모든 행위'를 포함한다.

예제 반항적인 아이는 어떻게 키우는 것이 가장 좋습니까?
What is the best way to **parent** a defiant child? • defiant 반항적인

rain out
비 때문에 취소되다

067_Ch08_n39_51

그 경기는 비 때문에 취소되었다.

직역 **The game was canceled because of rain.**

네이티브 **The game was rained out.**

'비'는 영어로 rain이다. '취소하다'는 cancel, '취소되다'는 수동태로 해서 be canceled가 된다. '~ 때문에'는 because of이다. 따라서 '~이 비 때문에 취소되었다'는 ~ was canceled because of the rain이 된다. 이것도 좋은 표현이다. 그렇지만 영어에서는 rain을 '~에 비를 뿌리다'라는 동사로 사용한 rain ~ out(~에 비를 뿌려 못하게 하다)이라는 표현도 자주 쓴다. rain ~ out은 보통 수동태로 해서 ~ was rained out(~이 비 때문에 취소되었다, 연기되었다)의 형태로 쓰인다.

예제 그 길거리 축제는 비 때문에 연기되었다.
The street fair was **rained out**.

videotape

(~을) 비디오로 찍다

우리는 행사 전체를 비디오로 찍을 겁니다.

콩글리시 **We're going to shoot the whole event with video.**

직역 **We're going to record the whole event on video.**

네이티브 **We're going to videotape the whole event.**

'~을 비디오로 찍다'를 그대로 영어로 shoot ~ with video라고 하면 안 된다. '찍다'는 record(기록하다)라는 동사를 쓰고 '비디오로'는 on video라고 해야 맞다. 물론 shoot도 '~을 찍다'의 뜻이 있지만 shoot a movie(영화를 찍다)와 같이 뒤에 '찍어서 생산하는 물건'을 목적어로 쓴다. 그런데 보통 명사로만 쓰는 videotape(비디오테이프)을 동사로 쓰면 record ~ on video를 한 단어로 표현할 수 있다.

예제 그 공연을 비디오로 찍어도 됩니까?
Can I **videotape** the show?

tiptoe

살금살금 가다

난 살금살금 계단을 올라가 내 방으로 들어갔다.

직역 **I walked up the stairs secretly and went into my room.**

네이티브 **I tiptoed up the stairs into my room.**

'살금살금'이라는 한국어 부사에 해당하는 영어 부사를 찾아보면 secretly(비밀스럽게), stealthily(은밀하게) 같은 것들이 있다. 따라서 '살금살금 계단을 올라가다'라고 하면 walk up the stairs secretly가 된다. 그러나 '살금살금'을 이런 식으로 표현하는 것은 한국어식 영어에 가깝다. 위 경우에는 '발끝'이라는 뜻의 tiptoe라는 명사를 동사로 쓰면 된다. 또 명사에서 온 동사는 아니지만 sneak라는 동사도 쓸 수 있다. 이 두 단어 안에 한국어의 '살금살금'과 '가다'의 뜻이 모두 들어가 있다. 한국어에서는 걸어가는 여러 모습을 '살금살금', '성큼성큼', '뒤뚱거리며'와 같이 부사로 표현하는 데 반해 영어에서는 이런 의미가 담긴 하나의 동사로 표현할 수 있다. 가령, '그는 성큼성큼 그녀에게 걸어갔다'는 He strode toward her.이고, '그는 뒤뚱거리며 자기 차로 되돌아갔다'는 He waddled back to his car.라고 한다. 또, '그는 거드름을 피우며 우리 자리로 왔다'는 He swaggered over to our table.이라고 한다. 따라서 한국어의 다양한 부사를 영어에서 제대로 표현하려면 영어 동사를 많이 알아야 한다.

예제 그는 부모님의 방문을 살금살금 지나 몰래 집 밖으로 나갔다.
He **tiptoed** past his parents' door and slipped out of the house.

shovel

(~을) 삽으로 푸다

나는 삽으로 눈을 치워 집에서 차고까지 길을 냈다.

직역 **I cleared the snow with a shovel and made a path from the house to the garage.**

네이티브 **I shoveled a path through the snow from the house to the garage.**

'삽으로 눈을 치우다'를 영어로 하라고 하면 거의 자동적으로 '삽으로' → with a shovel, 이렇게 생각하게 된다. 그리고 '눈을 치우다'는 clear the snow이다. '길을 냈다'라는 뜻으로 made a path를 덧붙인다. 이렇게 해서 만든 〈직역〉 문장은 문법도 맞고 말도 통하지만 직역식 표현이라는 한계가 있다. 위 문장에서 영어다운 맛을 내려면 우리가 명사로만 알고 있는 shovel(삽)을 동사로 쓴다는 발상의 전환이 필요하다. 그렇게 되면 '삽으로 눈을 치워 길을 내다'라는 긴 한국어 문장이 shovel a path라는 매우 깔끔한 영어 표현으로 정리가 된다. shovel ~은 비유적으로 사용하여 '(음식을) 입에 퍼 넣다'라는 뜻으로도 사용된다. 가령, '그는 요구르트를 한 수저 듬뿍 떠서 입에 넣었다'는 영어로 He shoveled a spoonful of yogurt into his mouth.가 된다. 실제로 우리가 쓰는 여러 도구(tool)는 영어에서 그대로 동사로 쓰이는 경우가 많다. 이런 표현법을 알지 못하거나 알아도 생각해 내서 쓰지 못한다면 위와 같이 직역한 영어 문장을 만드는 데 만족해야 한다. 가령, '도끼'라는 뜻의 axe는 '~을 도끼로 찍다'라는 동사도 되지만 비유적으로 사람을 '해고하다, 자르다'라는 뜻으로도 쓰인다. 가령, '그 회사는 그가 사실을 말했다고 해고했다'는 They axed him for telling the truth.가 된다. 또 '망치'라는 뜻의 hammer도 '망치로 때리다'라는 동사로 쓴다. '망치로 벽에 못을 박다'는 hammer a nail into the wall이다. 망치 중에 법정에서 판사나 회의의 의장이 사용하는 '의사봉'은 gavel이라고 하는데 이것도 동사로 쓰면 '의사봉을 두드리다'가 된다. 만약, 어떤 재판장이 의사봉을 두드려 법원에서 시끄럽게 하는 사람들의 입을 다물게 했다면 영어로 The judge gaveled them to silence.라고 한다. knife(칼)는 어떨까? '~을 칼로 찌르다'는 영어로 직역하면 stab ~ with a knife이지만 knife를 직접 동사로 써서 He knifed him in the back.(그는 그의 등을 칼로 찔렀다)라고 표현하는 것이 훨씬 간결하고 좋다.

예제 삽으로 눈을 치우고 화롯불을 지피느라 바빴습니다.
I was busy **shoveling** snow and keeping a fire going.

• keep a fire going 화롯불이 꺼지지 않게 유지하다

picture
(~이) 상상이 가다

네가 양복과 넥타이를 맨 모습은 상상이 안 가.

직역 **I can't imagine you wearing a suit and a tie.**

네이티브 **I can't picture you in a suit and a tie.**

무엇을 '상상하다'는 영어로 imagine이라는 동사를 쓴다. 그런데 원어민들은 우리가 보통 '사진' 또는 '그림'이라는 뜻의 명사로만 알고 있는 picture를 '~을 상상하다'라는 뜻의 동사로도 쓴다. 상상하는 것은 '머릿속에 그림을 그리는 것'과 같다고 본다면 동사로서의 picture의 의미를 쉽게 이해할 수 있다. '~가 …하는 것을 상상하다'는 picture[imagine] ~ -ing와 같이 표현한다. 즉, '당신이 양복(suit)을 입고 있는(wear) 것을 상상하다'는 picture[imagine] you wearing a suit가 된다. wearing은 전치사 in으로 바꿔 써도 '~을 입고 있는'의 뜻이 된다.

예제 그가 어떤 스포츠를 한다는 것은 상상이 안 간다.
I can't **picture** him playing any kind of sport.

box ~ up

(~을) 상자에 넣다

그래서 나는 그것을 상자에 넣어서 반송했다.

직역 **So, I put it in a box and sent it back.**

네이티브 **So, I boxed it up and sent it back.**

'상자'는 영어로 box다. 따라서 무엇을 '상자에 넣다'는 put ~ in a box라고 한다. 그런데 우리가 명사로만 알고 있는 box를 '상자에 넣다'라는 동사로 쓸 수 있다. 보통 box ~ up과 같이 뒤에 up을 붙여서 '~을 상자에 넣어 포장하다'라는 뜻으로 사용한다.

예제 그냥 상자에 넣어서 우리에게 돌려 보내 주세요.
Just **box** it **up** and send it back to us.

나는 오늘 내 책들을 모두 상자에 넣어 포장했다.
I **boxed** all my books **up** today.

retail

소매 가격이 ~이다

이 카메라의 소매 가격은 600달러입니다.

직역 **The camera's retail price is 600 dollars.**

네이티브 **The camera retails for 600 dollars.**

'소매 가격'은 retail price이다. 따라서 '무엇의 소매 가격이 ~이다'라는 말을 그대로 영어로 하면 retail price가 주어가 된다. 그런데 보통 '소매'라는 뜻의 명사로만 알고 있는 retail을 원어민들은 '소매로 팔리다'라는 동사로 써서 A retail for B(A는 B의 가격에 소매로 팔리다)라고 말한다.

예제 이 태블릿 PC의 소매 가격은 400달러가 될 것입니다.
The tablet PC will **retail** for 400 dollars.

list

소비자 판매가가 ~이다

이 홈시어터 제품의 소비자 판매가는 1,250달러이다.

콩글리시 **The consumer sale price of the home theater is 1,250 dollars.**

네이티브 **The home theater system lists for 1,250 dollars.**

제조사가 제품을 출시할 때 제시하는 가격을 '소비자 판매가'라고 부른다. 이 용어를 그대로 영어로 바꾸면 consumer sale price인데 미국에서는 아무도 이해하지 못하는 말이다. 제대로 된 영어로 표현하면 manufacturer's suggested retail price(제조업자의 권장 소비자 가격)라고 해야 한다. 그런데 미국 등지에서는 이런 용어보다 list price라는 용어를 쓴다. list는 '목록'이므로 제품을 출시하면서 catalog(카탈로그)에 목록으로 실린 가격이라는 뜻이다. 이런 list를 우리는 명사로만 알고 있지만 영어에서는 동사로 써서 A list for B(A는 B의 출시 가격을 가지다)라고 표현한다.

예제 그 냉장고의 소비자 판매가는 2,000달러이다.
The refrigerator **lists** for $2,000.

value

(~을) 소중히 생각하다

저희 회사는 고객 여러분의 의견을 소중하게 생각하며 고객 만족을 위해 최선을 다하고 있습니다.

직역 **We regard our customers' opinion as important, and we are doing our best to satisfy them.**

네이티브 **We value our customers' opinion and are firmly committed to customer satisfaction.**

'~을 소중하게 생각하다', '중시하다'를 영어로 그대로 풀어 보면 regard ~ as important(~을 중요한 것으로 여기다)와 같이 표현할 수 있다. regard는 '여기다, 간주하다'이다. 그런데 위와 같이 고객의 의견을 '중시한다'라는 말을 할 때 원어민들은 보통 '가치'라는 뜻의 명사로 알고 있는 value를 동사로 사용하여 표현한다. '~를 위해 최선을 다하다'는 한국어와 비슷하게 do our best to ~라고 해도 좋다. 그런데 한국어 표현에 얽매이지 않고 영어 나름대로의 세련된 표현을 찾아보면 be committed to ~(~에 확고한 의지를 갖고 있다) 같은 표현이 있다. We're committed to customer satisfaction!(우리는 고객 만족을 위한 확고한 의지가 있습니다!)과 같은 광고 문구에도 나오는 간결하면서도 영어다운 표현이다.

예제 저는 사람들과의 관계에서 의리와 신뢰를 중시합니다.
I **value** loyalty and trust in relationships.

speed up/slow down

속도를 내다/줄이다

속도 좀 낼 수 없어요?

직역 **Can't you increase the speed?**

네이티브 **Can't you speed up?**

'속도를 내다'를 그대로 영어로 하면 increase the speed(속도를 증가하다)가 된다. 물론 이렇게 해도 말은 통하지만, 차의 속도를 좀 내라고 할 때 원어민들은 거의 대다수가 speed라는 단어를 동사로 써서 speed up이라고 한다. speed ~ up이라고 타동사로 쓰면 '~의 속도를 높이다'가 된다. 반대로 '속도를 줄이다'는 slow down이다. 참고로 speed는 동사로 '과속하다'라는 뜻도 있어서 '이 지역에서는 과속하지 마세요'는 Don't speed in this area.라고 한다.

예제 일하는 데 속도를 좀 냅시다.
Let's **speed** things **up** a bit.

fool

(~를) 속이다

넌 나를 속일 수는 없어!

직역 **You can't deceive me!**

네이티브 **You can't fool me!**

'~를 속이다'는 deceive라는 동사를 쓸 수 있다. 그런데 위 예문에 deceive를 쓰면 뜻은 통하지만 조선 시대 사람이 말하는 것처럼 딱딱한 느낌이 든다. 이럴 때 보통 미국인들은 '바보'라는 뜻의 명사 fool을 '~를 속이다'라는 동사로 써서 말한다. fool은 또 '바보 같이 빈둥거리다'라는 뜻이 있는데 보통 뒤에 around를 붙여서 fool around라고 한다. 가령, '빈둥대지 말고 일 좀 해요'는 Stop fooling around. Get to work.이다.

예제 지금 나를 속이려고 하는 거예요?
Are you trying to **fool** me?

finger

(~을) 손가락으로 만지다

옷감이 얼마나 좋은지 손가락으로 만져 보았다.

콩글리시 **I touched the fabric of the clothing in order to find out how good it was.**

네이티브 **I fingered the fabric of the clothing, trying to assess its quality.**

옷감이 좋은지 알아보기 위해 옷감을 손가락으로 만지는 것을 영어로 뭐라고 할까? '만지다'라고 해서 touch라는 동사를 쓰면 단순히 손을 갖다 댄다는 뜻만 표현되기 때문에 안 된다. 이런 경우 원어민들은 '손가락'이라는 뜻의 명사 finger를 동사로 써서 I fingered ~(~을 손가락으로 만져 보았다)라고 표현한다. 이런 식으로 손의 각종 부위가 동사로 쓰인다. 가령, hand ~는 '~을 주다, 건네다'로 쓰인다. 따라서 '나는 그 사람에게 내 명함을 건넸다'는 I handed him my business card.라고 한다. '주먹'이라는 뜻의 fist는 '주먹을 쥐다'라는 동사가 되므로 iron-fisted는 '철의 주먹의', 즉 '철권 통치하는'의 뜻이 있다. '엄지손가락'이라는 뜻의 thumb은 '엄지손가락으로 만지다/넘기다'가 되어 '잡지를 대충 넘겨보았다'는 I thumbed through a magazine.이라고 한다.

예제 나는 주머니에 있는 동전을 만지작거렸다.
I **fingered** the coins in my pocket.

2대의 서치라이트가 만연히 밤하늘을 훑었다.
Two searchlights aimlessly **fingered** the sky.

finger comb

(머리를) 손가락으로 빗다

그녀는 드라이기로 머리를 말리는 동안 손가락으로 머리를 빗었다.

콩글리시 **She combed her hair with her fingers while drying her hair with a hair dryer.**

네이티브 **She finger combed her hair, while blowing it dry.**

'손가락으로 머리를 빗다'를 영어로 말하면 '빗다'는 comb, '손가락으로'는 with one's fingers가 된다. 그런데 이런 식으로 말하는 원어민은 없기 때문에 콩글리시다. 보통 '손가락으로 머리를 빗다'는 run이라는 동사를 써서 run my fingers through my hair(내 머리를 통하게 내 손가락을 움직이다)라고 표현한다. 그런데 이것은 머리카락 사이로 손가락을 한 번 쓰다듬듯 움직이는 동작을 표현하는 말이다. 그런데 정말로 머리를 빗듯 여러 번 이런 동작을 한다면 그것은 comb(머리를 빗다)이라는 단어를 써야 할 것이다. 그래서 만들어진 표현이 finger comb(손가락 빗)이다. 이 단어들을 동사로 쓰면 '손가락으로 ~을 빗다'라는 뜻이 된다.

예제 나는 샤워를 하면서 손가락으로 머리를 부드럽게 빗었다.
I gently **finger combed** my hair under the shower.

schedule

(~의) 일정을 잡다

068_Ch08_n52_63

다음 회의의 스케줄을 잡읍시다.

콩글리시 **Let's take the schedule of our next meeting.**

직역 **Let's decide when we're going to have our next meeting.**

네이티브 **Let's schedule our next meeting.**

'~의 스케줄이나 일정을 잡다'를 그대로 영어로 표현하면 콩글리시가 된다. 〈콩글리시〉 표현처럼 take라는 동사와 schedule이라는 명사를 써서 '~의 스케줄을 잡다'라고 말하는 것은 영어에서는 불가능하다. 대신 말을 풀어서 decide when we're going to have our next meeting(다음 회의를 언제 가질지 결정하다)이라고 표현할 수 있다. 그러나 schedule을 동사로 쓰면 이런 고민도 한방에 날려버릴 수 있다.

예제 방문 날짜를 잡으시려면 저희 사무실로 전화를 주십시오.
Call our office to **schedule** your visit.

time

시간·타이밍을 맞추다

공격 타이밍을 잘 맞추지 않으면 괴물들에게 잡아먹힙니다.

콩글리시 **You have to match the timing of your attacks well, or you will be eaten up by the monsters.**

네이티브 **You have to time your attacks right, or the monsters will eat you up.**

'타이밍을 맞추다'를 영어로 말하라고 하면 대부분 '맞추다'를 영어로 뭐라고 할지 고민할 것이다. 그래서 match 같은 동사를 생각해 내지만 match는 크기나 스타일 같은 것을 맞춘다는 뜻으로 쓰이는 동사이므로 match timing이라고 하면 콩글리시가 된다. 이런 콩글리시가 나온 이유는 '타이밍을 맞추다'를 영어로 말할 때 '타이밍 / 맞추다'와 같이 두 개의 단어로 끊어서 생각하기 때문이다. 영어에서는 이것을 우리가 '시간'이라는 명사로 알고 있는 time을 동사로 써서 표현한다. 따라서 컴퓨터 게임에서 '공격의 타이밍을 맞춰라'라고 할 때는 time your attack이라고 한다. '타이밍이 잘 맞았다'라고 할 때도 ~ is well-timed라고 한다. 가령, '두 회사의 합병이 타이밍을 잘 잡았다'는 The merger of the two companies was well-timed.라고 한다.

예제 저녁 운동은 시간을 잘 조절해야 수면에 도움이 된다.
Late-hour workouts have to be **timed** right to be helpful for a good night's sleep.

waitress

식당 종업원으로 일하다

저는 모델 일을 하기 전에 식당 종업원으로 수년 동안 일했습니다.

직역 **I worked as a waitress before I started working as a model.**

네이티브 **I waitressed for years before I started modeling.**

'식당 종업원으로 일했다'라는 한국어를 영어로 하라고 하면 백이면 백 '일했다' → worked, '~으로' → as, '식당 종업원' → waitress와 같이 표현한다. 이렇게 해서 I worked as a waitress라고 표현해도 틀린 영어는 아니지만, 동시에 원어민들은 우리가 명사로만 알고 있는 waitress를 동사로 해서 I waitressed.(여종업원으로 일했습니다)라고도 표현한다. 실제로 직업명을 그대로 동사로 쓰는 경우가 많다. 가령, 미국에서는 law school(법과 대학원)을 나온 후 경력을 쌓느라 law firm(법률 회사)이나 court(법원)에서 서기로 일하는 경우가 많다. '서기'를 영어로 clerk이라고 하는데 동시에 '서기로 일하다'도 clerk이다. 또 슈퍼마켓의 계산원은 cashier라고 하는데 '계산원으로 일하다'도 cashier이다. 모든 직업명이 동사로 쓰이는 것은 아니지만 명사와 동시에 동사로 쓰이는 단어는 굳이 work as a ~라고 할 필요 없이 그 단어를 동사로 쓰는 감각이 영어다운 영어를 구사하는 데 도움이 된다. 참고로 남자 종업원을 뜻하는 waiter는 동사로 잘 쓰지 않는다.

예제 나는 대학 졸업 후 서울에 있는 법률 회사에서 사무원으로 일했다.
After graduating from college, I **clerked** at a law firm in Seoul.

battle
(~에 맞서) **싸우다**

그녀는 평생 성차별에 맞서 싸웠다.

콩글리시 **Throughout her life, she has fought against gender discrimination.**

네이티브 **Throughout her career, she has battled gender discrimination.**

어떤 '사회 문제에 대항해 싸우다'에서 '싸우다'를 fight라는 동사를 사용해서 표현할 수 있다. 그렇지만 한국어에서 '~와' 또는 '~에 대항해' 싸운다라고 해서 fight with ~나 fight against ~와 같이 전치사를 쓰면 안 된다. fight는 타동사이기 때문에 바로 뒤에 목적어를 붙인다. fight 뒤에 문제를 나타내는 명사를 넣으면 그 문제를 풀기 위해 노력한다는 말이 된다. 가령, '통증을 참으려고 노력하다'는 fight the pain이라고 한다. 그런데 fight보다 더 시각적인 단어들이 있다. 가령, 우리가 '전투'라고만 알고 있는 battle, combat 같은 단어를 동사로 쓰면 어떠한 문제를 해결하기 위해 싸운다는 뜻이 된다. 가령, '그녀는 여러 건강 문제로 매우 고생했다'는 She battled many health problems.라고 한다. 또, '신임 대통령은 부패 문제를 해결하겠다고 약속했다'는 The new president promised to combat corruption.이라고 한다.

예제 인종 차별 문제를 해결하는 데 가장 중요한 요소는 교육이다.
The key to **combat** racial discrimination is education.

저는 지구 온난화를 해결하기 위한 몇 가지 방법에 관해 논의하겠습니다.
I will discuss some ways to **combat** global warming.

father

(~의)
아버지[시조]가 되다

야곱의 열두 아들은 이스라엘 12지파의 시조가 되었다.

직역 **Jacob's twelve sons became the founders of the twelve tribes of Israel.**

네이티브 **Jacob's twelve sons fathered the twelve tribes of Israel.**

성서에 보면 '야곱의 열두 아들이 이스라엘 12지파의 시조가 되었다'라는 말이 나온다. '시조'는 founder나 father라고 한다. 따라서 '~의 시조가 되었다'라고 하면 became the father of ~라고 할 것이다. 이렇게 표현해도 틀린 영어는 아니지만 성서에는 father라는 명사를 동사로 써서 fathered ~라고 표현하고 있다. father ~는 '아버지로서 ~을 자식으로 낳다'라는 뜻이 있다. 그래서 성서에서 이스라엘의 조상과 계보를 설명하면서 Isaac fathered Jacob.을 한국어 성서에서 '이삭이 야곱을 낳았다'라고 번역한다. 아버지가 누구인지 모르는 아이에 관해 '저 아이의 아버지가 누구인지 아냐?'라고 물어볼 때도 한국어식으로 하면 Do you know who the boy's father is?가 된다. 이 질문은 아이의 '생부'를 물어보는 질문일 수 있지만 동시에 '아이의 부모가 어떤 사람인지 아냐?'라고 신분을 물어보는 질문으로 이해될 수 있다. 그래서 '생부'를 물어볼 때는 father를 동사로 해서 Do you know who fathered the boy?라고 한다. father뿐만 아니라 mother도 마찬가지이다. mother ~라고 하면 '엄마로서 ~를 자식으로 낳다'라는 뜻이 된다. 가령, '그녀는 5명의 아이를 낳아 키웠다'는 mother를 동사로 써서 She mothered five children.이라고 간단하게 표현할 수 있다.

예제 상원 의원은 정부와의 사이에 딸을 두었다는 사실을 인정했다.
The Senator admitted that he had **fathered** a daughter with his mistress.

tack

(~을) **압정으로 꽂다**

나는 그 메모를 압정으로 게시판에 꽂았다.

직역 **I attached the note to the bulletin board with a tack.**

네이티브 **I tacked up the note on the bulletin board.**

'압정'은 tack이다. '게시판에 꽂다'는 곧 '게시판에 붙이다'라는 말이니 '붙이다' → attach(부착하다), '압정으로' → with a tack, 이렇게 생각하는 독자들이 많을 것이다. 물론 이렇게 표현해도 틀린 건 아니다. 그러나 어딘지 어색하고 영어답지 않다. 원어민들은 이런 경우에 tack을 명사가 아니라 동사로 써서 tack ~ on[to] ...(~을 …에 압정으로 붙이다)이라고 간단하게 표현한다. 특히 게시판이나 벽 같이 위에 꽂는 경우에는 up을 첨가해서 tack ~ up이라고 한다. tack은 tack A onto B의 형태로 써서 'A를 B에 추가하다(첨가하다, 더하다)'라는 비유적 의미의 표현으로도 사용된다. 즉, add와 같은 의미로 쓰인다. 가령 '위원회는 예산에 300만 달러를 추가했다'라는 말은 The committee tacked $3,000,000 onto the budget.이라고 할 수 있다. 압정이 아니라 '풀'로 붙이는 경우에는 '풀'이라는 뜻의 glue를 동사로 쓰고, '테이프'로 붙이는 경우에도 tape를 동사로 쓴다. 예를 들어, '종이 띠의 양쪽 끝을 풀로 붙이세요'는 Glue the ends of the strip together.라고 하고 '상자를 테이프로 봉하세요'는 Tape the box closed.라고 한다.

예제 나는 그 사진을 내 방 벽에 압정으로 붙여 놓았다.
I **tacked** up the photo on a wall in my room.

place

(~을) 어디서 보았는지 기억하다

그녀가 낯이 익은데 어디서 봤는지 기억이 나지 않아.

직역 **She looks familiar, but I can't remember where I saw her.**

네이티브 **She looks familiar, but I can't place her.**

어떤 사람이 낯은 익은데 어디서 보았는지 기억이 나지 않는 경우가 있다. 이런 상황을 영어로 표현하라고 하면 대부분의 영어 학습자들은 '기억나다' = remember, '어디서 보았는지' = where I saw her와 같이 영어에서 대응하는 표현을 찾아 I can't remember where I saw her.라고 한다. 물론 틀린 표현은 아니고 뜻도 통한다. 그러나 이런 식으로 영어 문장을 만들면 이 책의 수많은 예문에서 볼 수 있듯이 엉터리 영어가 되기 십상이다. 같은 상황에서 원어민들은 어떻게 표현하는지 보고 익혀야 영어다운 영어를 사용할 수 있다. 위와 같은 경우에도 원어민들은 우리가 '장소'라는 명사로만 알고 있는 place를 동사로 써서 간단하게 I can't place her.라고 한다. place가 '장소'라는 명사에서 '~을 어떤 장소에서 보았는지 기억하다'라는 동사로 발전한 것이다. place에는 '~을 놓다'의 뜻도 있다. 즉, put과 같다. 가령, '수건을 짜서 눈 위에 살짝 얹어 놓으세요'라는 말은 Wring out the towel and place it gently over your eyes.라고 한다. place는 학생들을 반에 '배치하다'라는 뜻도 있다. 가령, '우리는 학생들을 적절한 수준의 코스에 배치하기 위하여 시험을 치릅니다'는 We test students to place them in appropriate courses.이다. 이런 의미에서 '배치 고사'는 placement test라고 한다.

예제 그를 어디선가 분명히 보았는데 기억이 나지 않았다.
I knew him from somewhere but I couldn't **place** him.

budget

(~의) 예산을 책정하다

우리는 그 행사 비용으로 3천만 원의 예산을 책정했다.

직역 **We've allocated a budget of 30 million won to the event.**
We've set aside a budget of 30 million won for the event.

네이티브 **We budgeted 30 million won for the event.**

'예산'은 budget, '(예산)을 책정하다'라는 동사는 allocate(배정하다)를 쓴다. 또는 '(예산을) 떼어 놓다'라는 의미로 set ~ aside라는 구동사도 좋다. 이런 표현을 사용해서 위의 〈직역〉 표현 같은 문장을 만들어도 괜찮다. 그런데 원어민들처럼 budget이라는 명사를 '~의 예산을 책정하다'라는 뜻의 동사로 쓰면 아주 간단하고 의미가 잘 전달되는 문장을 만들 수 있다.

예제 생활비로 얼마의 예산을 책정해야 할까요?
How much should I **budget** for living expenses?

book

(~을) 예약하다

가능한 한 빨리 비행기를 예약하겠습니다.

콩글리시 I'll reserve an airplane as soon as possible.

직역 I'll reserve a flight as soon as possible.

네이티브 I'll **book** a flight ASAP.

'비행기'를 예약한다고 해서 reserve an airplane이라고 하면 '비행기를 통째로 빌리려고 예약하다'라는 뜻이 된다. 이때는 airplane 대신 flight(항공편)라는 단어를 써야 한다. '예약하다'는 reserve라는 동사를 쓰면 된다. 그러나 미국인들은 book(책)이라는 명사를 '~을 예약하다'라는 동사로 많이 사용한다. book a room은 '방을 예약하다', book a seat은 '좌석을 예약하다', book a table은 '식당 자리를 예약하다'라는 뜻이다. book을 수동태로 해서 We're all booked up.이라고 하면 '예약이 다 찼습니다'의 뜻이다. 참고로 as soon as possible(가능한 한 빨리)은 ASAP라고 줄여서 표현하기도 한다.

예제 3인석으로 예약하려고 합니다.
I'd like to **book** a table for three.

bond with

(~와) 유대감을 형성하다, 친해지다

애완동물과 유대감을 형성하는 데 가장 좋은 방법은 같이 놀아 주는 것이다.

직역 The best way to form a bond with a pet is to play with it.

네이티브 The best way to **bond with** a pet is to play with it.

'유대감'이나 '연대감'은 영어로 comradeship, camaraderie(동료애, 동지애), solidarity(단결감) 같은 단어도 있지만 가장 단순한 단어는 bond이다. 이는 밧줄이나 끈처럼 물건들을 묶는 것을 뜻하는 단어로, 사람들 사이의 강한 연대감이나 관계를 뜻하는 말로 사용된다. 누구와 이런 '유대감을 형성하다'라고 하면 '유대감' → bond, '형성하다' → form과 같이 '한국어 단어 = 영어 단어'의 차원에서 생각하기 쉽다. 물론 form a bond with ~라고 해서 틀린 표현은 아니다. 그러나 이런 식으로 영어를 표현하는 버릇이 들다 보면 평생 bond를 동사로 써서 bond with ~라고 간단하게 말하는 원어민들의 영어를 따라갈 수 없다. 즉, bond가 명사도 되고 동사도 되기 때문에 '유대감'도 bond이고 '유대감을 형성하다'도 그냥 bond라고 하면 된다.

예제 아기에게 수유하는 것은 아기와 유대감을 형성하는 데 중요한 시간이다.
Feeding is an important time to **bond with** your baby.

will

(~을 …에게 준다는)

유언을 남기다, 간절히 바라다

그녀는 숨을 거두기 전에 전 재산을 모교인 대학에 기탁한다는 유언을 남겼다.

직역 **Before she died, she left a will, donating[leaving] all her assets to the college she graduated from.**

네이티브 **At her deathbed, she willed all her estate to her alma mater.**

'유언'은 영어로 will이라고 한다. 그러면 '유언을 통해 ~에게 …을 남기다'는 영어로 어떻게 말할까? 직역하면 leave ... to ~ through her will이 될 것이다. 또 '~에게 …을 준다는 유언을 남겼다'는 leave a will giving ... to ~가 된다. 직역하려면 한국어만큼이나 많은 단어가 동원되어야 영어로 표현할 수 있다. 그러나 영어에서는 명사를 동사로 쓸 수 있다는 관점에서 접근해 보자. 유언이라는 명사 will을 동사로 쓰면 will ... to ~로 문제가 간단하게 해결된다. will에는 명사로 '의지'라는 뜻도 있다. 따라서 동사로 쓰일 때 '~이 …하기를 속으로 간절히 바라다'라는 뜻으로도 쓰인다. wish(소원하다)와 다른 점은 will은 눈앞에 보이는 어떤 대상을 놓고 마치 정신력으로 상대방을 움직이려 하듯이 어떻게 되길 원한다는 뜻으로 사용된다는 것이다. 가령 어떤 남자가 파티에 갔더니 자신이 좋아하지만 한 번도 말을 나눈 적이 없는 여자가 와 있었다. 그래서 제발 와서 나에게 말을 걸어 달라며 속으로 간절히 바라고 있는 상황이라면 will을 써서 He willed her to speak to him.이라고 표현할 수 있다. 또 수업 시간에 졸지 않으려고 노력할 때도 I willed myself to stay awake.라고 할 수 있다. 재산은 asset도 좋지만 보통 유언으로 남기는 개인의 총재산은 estate라고 부른다. '숨을 거두기 전'은 '임종 시에'라는 뜻으로 at one's deathbed(임종의 자리에서)라는 표현이 적당하다.

예제 그는 유언을 통해 자신의 전 재산을 오랫동안 관계가 소원했던 아들에게 남겼다.

He **willed** his entire estate to his long-estranged son. • estranged 멀어진, 소원해진

question

(~에) 의문을 제기하다, (~을) 문제 삼다

저는 신의 존재에 대해 의문을 제기하는 것이 아닙니다.

직역 **I'm not raising questions about the existence of God.**

네이티브 **I'm not questioning the existence of God.**

어떤 것에 대해 '의문이나 문제를 제기하다'를 영어로 직역하면 '의문'은 questions이고 '제기하다'는 raise라는 동사를 쓴다. 따라서 '~에 의문을 제기하다'는 raise questions about ~이라고 한다. 이것도 훌륭한 영어 표현이다. 다만 '한국어의 명사 → 영어 명사'라는 식으로 생각해서 나온 표현이라면 발상의 전환이 필요하다. 왜냐하면 한국어에서 명사로만 생각하는 question이 영어에서는 raise questions about ~과 같은 뜻의 동사로도 쓰이기 때문이다. 사실 많은 사람들이 question이 동사로 쓰인 영어 문장을 본 적이 있을 것이다. 그럼에도 불구하고 영어로 글을 쓰거나 말할 때 question을 동사로 쓰지 못하는 것은 '질문'이 명사로만 쓰이는 한국어 관점에서 영어 문장을 만들기 때문이다.

예제 그 선수의 실력에 대해 왈가왈부하는 것이 아닙니다. 그 포지션이 그에게 적당한지를 문제 삼는 것입니다.

I'm not **questioning** his talent. I'm just **questioning** if he's in the right position.

network

(~와) **인맥[친분]을 쌓다**

069_Ch08_n64_76

이번 행사는 당신이 전 세계의 업계 지도자들과 인맥을 쌓을 수 있는 좋은 기회가 될 것입니다.

직역 **The event will be a good chance to build friendships with industry leaders from all over the world.**

네이티브 **The event will offer you a good opportunity to network with industry leaders from all over the world.**

요즘은 출세의 핵심 요소로 인맥을 꼽고 인맥을 쌓기 위해 각종 모임이나 행사에 참석한다. '인맥'은 영어로 personal connections라고 한다. 따라서 '~와 개인적인 인맥이 있다'는 I have personal connections with ~라고 한다. 그러면 '~와 인맥을 쌓다'는 영어로 뭐라고 할까? 한국어의 '쌓다'를 영어로 하면 stack(아래 위로 쌓다)이지만 영어에서는 build(짓다)라는 동사를 써서 build personal connections라고 한다. 그런데 원어민들은 이렇게 무거워 보이는 표현보다 우리가 '네트워크'라는 명사로만 알고 있는 network을 동사로 사용한다. Twitter, Facebook 같은 인터넷 친분 쌓기 사이트를 social networking site라고 하는데 여기서 networking이 바로 network가 동사로 사용된 예이다. 누구와 사귄다는 뜻의 명사가 동사로 쓰이는 또 다른 예는 pal, chum 등이 있다. pen pal(펜팔)에서처럼 pal은 '친구'라는 뜻이고 chum도 '가까운 친구'라는 뜻의 애칭이다. 이 명사들을 동사로 써서 '~와 친해지다, 가깝게 지내다'라는 말을 pal up with ~나 chum up with ~로 표현할 수 있다. 그러면 friend도 동사로 쓸 수 있을까? 아니다. friend는 동사로 쓰이지 않는다. 대신 앞에 접두사 be-를 붙인 befriend라는 단어가 동사이며 뜻은 '~와 친구가 되다', '~에게 친구처럼 대하다'이다.

예제 저희 사이트의 회원이 되면 같은 생각을 가진 전문가들과 친분을 쌓을 수 있습니다.

Being a member of our site will enable you to **network** with like-minded professionals.

• like-minded 생각이나 취미가 같은

house

건물에 ~이 있다

저 5층짜리 빨간 벽돌 건물에는 화랑, 식당, 카페 등이 있다.

직역 **There are art galleries, restaurants and cafes in the 5-story red-brick building.**

네이티브 **The 5-story red-brick building houses art galleries, restaurants and cafes.**

'어떤 건물에 사무실이나 가게가 있다'라는 문장을 영어로 생각해 보자. 독자 대부분은 '~이 있다'라는 말에 끌려 There are ~(~들이 있다)라는 표현을 떠올릴 것이다. 물론 이런 식으로 해서 There are ~ in this building.(이 건물에 ~들이 있습니다)라고 표현해도 틀리지 않는다. 그러나 '~이 있다'는 말을 매번 There is[are] ~로 표현한다면 단조로운 영어가 될 것이다. 그러면 달리 어떻게 표현할까? 이럴 때 원어민들은 '집'이라는 뜻의 명사 house를 동사로 써서 This building houses ~라고 표현한다. house ~라고 하면 '~한 사무실이나 시설물을 안에 갖고 있다'라는 뜻의 타동사가 된다. house 뒤에 시설물뿐만 아니라 사람을 쓸 수 있는데 그렇게 되면 '~을 수용하다'라는 뜻이 된다. 가령, 기숙사를 소개하면서 '셔먼 홀 기숙사는 국제 학생들이 기거하는 곳입니다'는 영어로 Sherman Hall houses international students.라고 한다. 참고로 미국의 기숙사에는 흔히 Hall이라는 이름이 붙는다.

예제 구 법원 건물에는 상공회의소가 소재해 있다.
The old courthouse **houses** the Chamber of Commerce.

hog
(~을) 잡아먹다, 지나치게 차지하다

이 프로그램은 메모리를 많이 잡아먹는다.

직역 **This program eats a lot of memory.**

네이티브 **This program hogs memory.**

'메모리를 잡아먹다'라는 한국어와 비슷하게 영어에서도 eat(먹다)이라는 동사를 써서 말하기도 한다. 뒤에 up을 붙여서 The program eats up a lot of memory.라고 하면 '잡아먹다'라는 의미가 더 살아난다. 이럴 때 hog(돼지)라는 단어를 '~을 독식하다, 지나치게 차지하다'라는 의미의 동사로 사용해서 표현해도 좋다. 공용 장소나 시설을 오래 독차지해 사용하는 상황에서 사용하면 제격이다. 가령, 2차선 도로에서 버스가 앞에서 도로를 다 차지하며 가고 있었다면 The bus in front of me was hogging the road.(내 앞의 버스가 도로를 다 차지하며 가고 있었다)라고 한다.

예제 그녀는 전화통을 붙잡고 끊을 줄 몰랐다.
She was **hogging** the phone.

head ①
(~의) 수장이다, (~을) 이끌다

토마스 씨는 연구개발부 부장입니다.

직역 **Mr. Thomas is the head of the R&D Department.**

네이티브 **Mr. Thomas heads R&D.**

어떤 부서의 부장이나 국장 등 수장 자리를 맡고 있는 사람을 '머리'라는 뜻의 head라는 명사로 표현할 수 있다. 그런데 head는 명사뿐만 아니라 '~의 수장이다, ~의 수석 책임자이다, ~을 이끌다'라는 뜻의 동사로도 쓸 수 있다. '연구개발부'에서 '부'라는 뜻의 department는 생략해도 된다. 또 위 표현은 '~을 맡고 있는, 책임지고 있는'이라는 뜻의 in charge of ~를 써서 Mr. Thomas is in charge of R&D.라고도 할 수 있다.

예제 그는 2017년에 기업 대표단을 이끌고 도쿄를 방문했다.
In 2017, he **headed** a business delegation to Tokyo. • delegation 대표단

그녀는 천안의 새로운 아동 병원을 위해 기금 모금 활동을 지휘했다.
She **headed** a fund-raising campaign for a new children's hospital in Cheonan.

head ②
(~로) 향해서 가다

저녁 식사 후 우리는 모두 다시 호텔로 향했다.

콩글리시 **After dinner, we all went back toward the hotel.**

직역 **After dinner, we all went back to the hotel.**

네이티브 **After dinner, we all headed back to the hotel.**

'~로 향하다'는 '~를 향해 가다'이므로 go toward ~라고 할 수 있지만 위 문장처럼 실제로 어디로 갔다는 의미라면 toward(~을 향해, ~ 쪽으로) 대신 to를 쓰는 것이 맞다. 그런데 이

런 상황에서 '머리'라는 뜻의 head를 동사로 쓰면 '~로 향해 가다'라는 뜻을 표현할 수 있어 좋다. head는 타동사로 '~을 …로 향하게 하다'라는 뜻으로 쓰인다. 보통 be headed to ~(~로 향해져 있다)는 수동태의 형태로 써서 Where are you headed?(지금 어디 가는 길입니까?), We're headed to Miami.(우리는 마이애미로 가는 길입니다)와 같이 사용한다.

예제 사무실로 되돌아갑시다.
Let's **head** back to the office.

author
(~을) 쓰다, 집필하다

그는 여러 편의 베스트셀러를 저술했다.

직역 **He wrote many best-sellers.**

네이티브 **He authored many best-sellers.**

'책을 쓰다'에서 '쓰다'는 write라는 동사를 쓰면 된다. 그런데 무엇을 '쓴다'는 말을 할 때마다 매번 write라고 하면 따분하기 짝이 없다. 좀 더 세련되고 맛깔스런 영어 표현은 없을까? 당연히 있다. 명사에서 가져오면 된다. 가령, 저자는 author라고 하는데 이 명사를 동사로 쓰면 '~을 저술하다'가 된다. '공저자'는 co-author라고 하는데 이것도 동사로 쓰면 '~을 공저하다'가 된다. 이렇게 명사에서 탈바꿈한 동사를 모르면 '공저하다'도 write ~ together(함께 쓰다)라고밖에 할 수 없다. 그 외에 우리가 '펜'이라는 명사로만 알고 있는 pen도 '~을 쓰다'라는 뜻의 동사로 쓸 수 있다. 가령, '고등법원에 청원서를 써서 제출하다'는 pen a petition to the high court라고 할 수 있다. 또, '잉크'라는 명사로만 알고 있는 ink도 '~에 서명하다'라는 동사로 쓰인다.

예제 그들은 4편의 소설을 공저했다.
They **co-authored** four novels.

그는 플로리다 말린스 팀과 2년 계약에 서명했다.
He **inked[signed]** a two-year contract with the Florida Marlins.

microwave
(~을) 전자레인지에 넣고 돌리다

제품을 그릇에 담아 전자레인지에 약 4분간 돌리세요.

콩글리시 **Put it on a bowl and turn it in an electronic range for about 4 minutes.**

직역 **Put it in a bowl and heat it in a microwave oven for about 4 minutes.**

네이티브 **Put it in a bowl and microwave it for about 4 minutes.**

무엇을 '전자레인지에 넣고 돌리다'를 그대로 영어로 바꾸면 완전한 콩글리시가 된다. '돌리다'는 turn이 아니라 데운다는 뜻이므로 heat이라는 동사를 써야 한다. 또 한국어에서는 '전자레인지'라고 하지만 영어에서는 microwave oven, 또는 줄여서 microwave라고 한다. 따라서 '~을 전자레인지에 넣고 데우다'는 heat ~ in a microwave가 된다. 그런데 원어민들은 이렇게 말하는 경우는 드물고 microwave라는 명사를 동사로 써버린다. 우리가 전자제품의 이름으로만 알고 있는 단어가 동사로 쓰이고 있는 셈이다.

예제 아기 이유식을 전자레인지로 데우지 마세요.
Don't **microwave** baby formula.

lunch

점심을 같이 하다

어제 오아시스 카페에서 마크와 점심을 같이 했다.

콩글리시 **Yesterday, I did lunch with Mark at the Oasis Cafe.**

직역 **Yesterday, I had lunch with Mark at the Oasis Cafe.**

네이티브 **Yesterday, I lunched with Mark at the Oasis Cafe.**

'~와 점심을 같이 하다'에서 '하다'를 영어에서도 do를 써서 do lunch with ~라고 하면 어떨까? 말은 통하지만 잘 쓰지 않는 표현이다. 오히려 Let's do lunch sometime.과 같이 '점심을 같이 하자'는 제안으로 좀 더 많이 사용한다. 그러나 보통은 do 대신 have를 써서 have lunch with ~라고 한다. 또는 lunch를 직접 동사로 써서 lunch with ~라고 할 수 있다.

예제 쇼핑하기 전에 점심부터 먹자.
Before we shop, let's **lunch**.

nurse

젖을 먹다[먹이다]

우리 아기는 하루에 서너 번 젖을 먹는다.

콩글리시 **My baby eats milk three or four times a day.**

직역 **My baby drinks milk three or four times a day.**

네이티브 **My baby nurses three or four times a day.**

'젖을 먹는다'를 영어로 말할 때 〈콩글리시〉 표현처럼 '우유를 먹는다(eat)'라고 하면 안 된다. 우유는 '마시다(drink)'라고 해야 한다. 그런데 아기가 '젖을 먹다'라는 말은 보통 drink milk라고 하지 않고 우리가 '간호사'라고만 알고 있는 nurse를 동사로 써서 표현한다. 참고로 nurse는 자동사, 타동사로 둘 다 쓰이기 때문에 '아기에게'라고 해서 뒤에 baby를 목적어로 붙이지 않아도 된다. 아기 엄마에게 '아기에게 모유를 먹이시나요?'라고 물을 때는 영어로 Are you nursing?이라고 하거나 Do you nurse your baby?라고 해도 같은 의미가 된다. 또 nurse는 '~을 간호하다', '간호사로 일하다'라는 뜻의 동사로도 쓰인다. 가령, '나는 간호사로 10년 동안 일했다'는 I've worked as a nurse for 10 years.나 I've nursed for 10 years.라고 한다.

예제 우리 아기는 낮잠을 자기 전에 젖을 먹는다.
My baby **nurses** before her nap.

hand

(~을) 건네주다

그 펜치 좀 주세요.

콩글리시 **Give me the pliers.**

네이티브 **Hand me the pliers.**

한국어의 '주다'를 무조건 give로 생각하는 학습자들이 많은데 give는 상대방이 어떤 물건을 갖도록 아예 준다는 뜻이다. 따라서 위 문장처럼 '무엇을 건네주다' 또는 '집어주다'라는 뜻의 '주다'라고 할 때는 give를 쓰면 안 된다. 이때는 '손'이라는 뜻의 hand를 동사로 쓰면 된다. hand는 또 in을 붙여서 hand ~ in의 형태로 '(숙제·보고서 같은 것을) 제출하다'라는 뜻의 구동사로도 많이 쓰인다. 가령, '그걸 언제 제출해야 하나요?'는 When do I have to hand it in?이라고 하고 '너는 수학 숙제를 벌써 제출했니?'는 Have you handed in your math homework, yet?이라고 한다.

예제 그는 나에게 명함을 건넸다.
He **handed** me a business card.

star
(영화에서) **주연을 맡다**

그녀는 많은 영화의 주연을 맡았다.

콩글리시 She took main role in many movies.
직역 She played the main character in many movies.
네이티브 She **starred** in many movies.

'주연'이라고 하면 the main role(주된 역할), the main part(주된 부분)를 의미하는 것으로 볼 수 있는데 '주연을 맡다'에서 '맡다'는 take(취하다)라는 동사를 쓰지 않고 play를 써서 play the main role 또는 play the main part(주연을 담당하다)라고 해야 한다. 또는 play the main character(주된 인물을 연기하다)라고 할 수도 있다. 그런데 이렇게 복잡해 보이는 말도 보통 '별' 또는 '스타'라는 명사로 알고 있는 star를 '주연하다'라는 동사로 쓰면 간단하게 표현할 수 있다.

예제 그는 〈타이탄〉이라는 영화에 주연으로 출연했다.
He **starred** in *Titan*.

line up
줄을 서다[세우다]

자, 모두 줄을 서세요!

직역 Everyone, stand in line!
네이티브 Everyone, **line up**!

'줄을 서다'를 영어로 하면 stand in line(줄 안에 서다)이 된다. 그런데 이 경우는 이미 있는 줄 안에 들어가 선다는 뜻이므로 흩어져 있는 사람들에게 줄을 만들어 서라고 할 때는 이 표현이 어울리지 않는다. 이때는 line이라는 명사를 직접 동사로 써서 line up이라고 한다. line ~ up(~을 줄 세우다)은 타동사로도 쓸 수 있다.

예제 많은 사람들이 그 식당 앞에 줄을 서 있었다.
A lot of people were **lined up** in front of the restaurant.

thread
(~ 사이를)
지나서 나아가다

그녀는 테이블 사이를 지나서 식당 뒤쪽에 있는 칸막이 좌석 쪽으로 갔다.

직역 She passed between the tables to a booth in the rear.
네이티브 She **threaded** her way between the tables to a booth in the rear.

식당에서 '테이블 사이를 지나가다'라는 말을 영어로 할 때 가장 먼저 생각나는 동사는 pass일 것이다. pass는 '통과해서 지나가다'의 뜻을 갖고 있다. 그런데 pass라는 동사로는 비좁은 테이블 사이를 요리조리 비집고 나가는 모습을 표현하기에 역부족이다. 이 경우에는 '실'이라는 뜻의 명사인 thread를 동사로 쓰는 것이 영어다운 영어의 비결이다. thread를 동사로 쓰면 실처럼 밀집된 곳이나 좁은 공간 사이를 뚫고 지나가는 이미지가 떠오른다. thread만 써도 '누비듯 지나가다'라는 뜻이 되지만 흔히 thread one's way

의 형태로 많이 쓰인다. thread는 또 타동사로 쓰면 '~에 실을 꿰다' 또는 '~을 실로 엮다'라는 뜻이다. 가령, '바늘에 실을 꿰다'는 thread a needle이고 '구슬(bead)을 실로 꿰어 엮다'는 thread the beads이다. 칸막이가 쳐진 좌석을 영어로 booth라고 하는데 공중전화 부스를 생각하면 쉽다.

예제 택시는 차량 사이를 요리조리 빠져 달려갔다.
The taxi **threaded** through the traffic.

나는 사람들 사이를 비집고 문으로 갔다.
I **threaded** my way through the crowd to the door.

pair off

짝짓다

070_Ch08_n77_88

두 사람씩 짝을 지으세요!

콩글리시 **Make pairs of two people!**

네이티브 **Pair off!**

'짝'은 영어로 pair라고 한다. '짝을 짓다'라는 한국어는 [짝] + [짓다]와 같이 명사, 동사가 따로 있다. 따라서 영어에서도 make a pair라고 생각할 독자들이 많을 것이다. 그런데 실제 영어에서는 pair를 동사로 써서 pair off라고 한다. pair를 이런 식으로 쓴다는 것을 모르면 외국의 학교나 캠프에 가서 선생님이 Pair off!라고 말할 때 무슨 말인지 몰라 어리둥절해할 것이다. 이 표현은 위와 같이 명령일 때는 off를 넣어 쓰지만 일반 문장에서는 off를 생략하기도 한다. 또 pair (off) with ~(~와 짝을 짓다)와 같이 자동사로 사용하기도 하고, pair ~ (off) with ...(~을 …와 짝지어주다)와 같이 타동사로 사용하기도 한다. 가령, 학습 장애 아동(children with learning disabilities)을 대학생들과 짝을 지어 실험 연구를 했다고 할 경우에는 We paired off college students with children with learning disabilities.라고 한다. 또 pair with ~는 사람뿐만 아니라 옷이나 물건 등을 짝을 이뤄 입거나 쓴다는 뜻으로도 사용된다. 가령, '내 휴대전화에 쓸 수 있는 GPS 수신기를 찾고 있다'는 I'm looking for a GPS device that I can pair with my cell phone.이라고 한다.

예제 그는 준결승전에서 토니와 짝지어졌다.
He was **paired off** with Tony in the semifinal match.

나는 폴과 짝을 짓고 싶었다.
I wanted to **pair off** with Paul.

bill

(비용을) 청구하다

저희는 배송비를 청구하지 않을 겁니다.

직역 **We'll not send you a bill for shipping.**

네이티브 **We'll not bill you for shipping.**

'청구서'는 영어로 bill이라고 한다. 따라서 '누구에게 어떤 비용을 청구하다'는 send ~ a bill for ...(…에 대하여 ~에게 청구서를 보내다)와 같이 표현할 수 있다. 그런데 bill은 명사뿐만 아니라 '~에게 비용을 청구하다'라는 동사로도 쓸 수 있다. 따라서 '~에게 …에 대한 비용을 청구하다'는 bill ~ for ...라고 하면 된다. We'll not bill you for ~(~에 대하여 당신에게 비용을 청구하지 않겠습니다)는 You'll not be billed for ~(~에 대하여 당신은 비용이 청구되지 않을 겁니다.)

와 같은 수동태의 형태로도 많이 쓰인다. 미국에서 생활하다 보면 흔히 접하는 표현이므로 잘 익혀 두도록 하자.

예제 이것에 대하여 저에게 비용을 청구하실 겁니까?
Are you going to **bill** me for this?

chain
(~을) 체인으로 묶다

내 자전거를 체인으로 가로등에 묶었다.

직역 I tied my bike with a chain to a lamp post.

네이티브 I **chained** my bike to a lamp post.

자전거 도난을 방지하기 위하여 '체인으로 묶다'라는 말을 영어로 하면 '체인'은 a chain, '묶다'는 tie, 따라서 tie ~ with a chain이 된다. 이 표현도 문법이나 단어 사용이 틀리지 않기 때문에 말뜻이 이해되긴 하지만 원어민들은 이런 문장을 사용하지 않는다. chain을 명사가 아니라 '~을 체인으로 묶다'라는 동사로 쓰는 것이 본바닥 영어다. '~에' 묶어 둔다고 할 때는 전치사 to를 쓰면 되는데, 자전거가 움직이지 않게 그냥 바퀴를 묶어두는 경우도 있다. 이때는 chain ~ up이라고 한다. 즉, '나는 건물 밖에 자전거를 체인으로 묶어 두었다'는 I chained my bike up outside the building.이다.

예제 자전거 거치대에 내 자전거를 묶어 두었다.
I **chained** my bike to the bike rack.

eye
(~을) 쳐다보다

그는 나를 위아래로 쳐다봤다.

직역 He looked me up and down.

네이티브 He **eyed** me up and down.

'~을 보다'는 look at ~이라는 기본 표현이 있다. 그런데 '~을 아래위로 보다'라고 할 때는 at 없이 look ~ up and down이라고 표현한다. 또 '눈'이라는 뜻의 명사 eye를 동사로 써도 '~을 쳐다보다'라는 말이 된다. eye뿐만 아니라 '눈알'이라는 뜻의 eyeball도 동사로 쓰면 '~을 응시하다'라는 뜻을 갖는다. 가령, '그는 나를 수상쩍게 쳐다보았다'는 He eyeballed me suspiciously.라고 한다.

예제 그녀는 나를 차갑게 쳐다보았다.
She **eyed** me coldly.

그녀는 컴퓨터 화면을 쳐다보았다.
She **eyed** the computer screen.

film
(영화를) 촬영하다

그 영화는 무인도에서 촬영되었다.

직역 The movie was shot on a deserted island.

네이티브 The movie was **filmed** on a deserted island.

영화(movie)를 '찍다, 촬영하다'에 해당하는 영어 동사는 shoot이다. '촬영되다'는 수동태이므로 be shot이 된다. 그런데 영화는 film이라고도 하는데 이를 동사로 쓰면 '촬영하다'

라는 뜻이다. film은 우리나라 사람들이 발음하기 가장 어려워하는 단어 중 하나이다. '필림'이라고 하면 안 되고 '필름'이라고 발음하되 [f]를 정확히 발음하고 [lm]은 혀를 입 천장에 붙인 후 떼지 않은 상태에서 m으로 넘어간다. 참고로, shoot은 '총으로 쏘다'라는 뜻도 있으므로 be shot은 '총에 맞다'라는 뜻도 된다.

예제 그 영화는 뉴질랜드에서 촬영되었다.
The movie was **filmed** in New Zealand.

trend
(상승·하락)
추세를 보이다

2010년 이후 주가는 상승 추세를 보이고 있다.

직역 **Since 2010, stock prices have shown an increasing[upward] trend.**

네이티브 **Stock prices have been trending up(ward) since 2010.**

위 예문을 직역하면 '보이다' → show, '상승' → upward, '추세' → trend이니 '상승 추세를 보이다'는 show an upward trend가 된다. 또, '상승 추세에 있다'는 be on an upward trend가 된다. 틀린 표현은 아니지만 이 정도의 표현은 한국어 단어를 영어 단어로 바꾼 것에 불과하다. 즉, 한국어를 기계적으로 영어로 바꿨지만 우연히 말이 되는 셈이다. 이에 반해 trend를 동사로 써서 trend up(ward)이라고 하는 것은 한국어와는 다른 영어식 표현이다. '하향 추세에 있다'는 upward 대신 downward를 써서 trend down(ward)이라고 한다.

예제 지난 3년간 자동차 생산은 상승 추세에 있다.
Auto production has been **trending** upward for the past 3 years.

tape
(~을) **테이프로 봉하다**

나는 상자를 테이프로 봉해서 판매자에게 반송했다.

콩글리시 **I closed the box with tape and sent it back to the seller.**

네이티브 **I taped the box up and shipped it back to the seller.**

'테이프로 ~을 봉하다'를 영어로 직역하면 '봉하다' → close ~, '테이프로' → with tape이다. 이렇게 표현하는 것은 문법에 맞고 뜻은 통해도 엉터리에 가깝다. 왜냐하면 같은 상황에서 원어민들은 tape을 '~에 테이프를 붙이다'라는 뜻의 동사로 쓰고 뒤에 무엇을 완료한다는 의미의 부사 up을 붙여서 tape ~ up이라고 표현하기 때문이다. 또는 up 대신 tape ~ closed라고 해도 된다. 다른 예를 들어 보면 사무실 문 앞에 다른 직원이 보도록 메모를 테이프로 붙여 놓는다고 하자. 이 경우도 언뜻 생각하면 attach a memo to the door with tape이 되지만 제대로 된 표현은 tape a message to the door이다. 참고로 tape에는 '비디오로 촬영하다', '녹화하다'라는 뜻도 있다.

예제 팀 명단이 게시판에 테이프로 붙어 있었다.
The team roster was **taped** to the bulletin board.

special-order

(~을) 특별 주문하다

원하시는 다른 것이 있으면 저희가 특별 주문해 드릴 수 있습니다.

콩글리시 **If there is something else you want, we can order it specially.**

네이티브 **If you want something else, we can special-order it for you.**

'~을 특별 주문하다'를 '특별히' → specially, '주문하다' → order와 같은 식으로 생각해서 order ~ specially라고 한다면 안 된다. 왜냐하면 '특별 주문'은 special order라는 표현이 있으므로 이것을 그대로 사용하는 것이 좋다. 그러면 special order를 '하다'는 영어로 어떻게 할까? make a special order for ~라고 해도 좋고, '~을 놓다'라는 동사인 place를 써서 place a special order for ~라고 해도 좋다. 더 간단한 방법은 special order라는 명사를 동사로 쓰는 것이다. order(주문)라는 명사가 '~을 주문하다'라는 동사로 쓰이는 것은 대부분 알 테지만 그 앞에 special이라는 형용사까지 붙인 명사구 전체를 동사로 쓸 수 있다는 데까지 생각이 미치는 독자는 많지 않을 것이다. 그렇지만 현대 영어에서는 이런 식으로 두 단어의 명사구를 동사로 쓰는 경향이 강해지고 있다. 가령, '그 섬에 하루 여행으로 갔다 올 수 있다'를 영어로 말하려면 복잡해 보이지만 '하루 여행'이라는 뜻의 명사구 day trip을 동사로 사용하면 You can day-trip to the island.와 같이 간단하게 표현할 수 있다.

예제 귀 사이트에 제가 찾는 물건이 없을 경우 특별 주문해 주실 수 있나요?
If your website doesn't have an item I'm looking for, can you special-order it for me?

fork

(~을) 포크로 집다

나는 포크로 고기 한 점을 집어서 입에 넣었다.

직역 **I picked up a piece of meat with my fork and put it in my mouth.**

네이티브 **I forked a piece of meat into my mouth.**

'포크로 ~을 집어 입에 넣다'를 영어로 직역하면 '포크로' → with a fork, '~을 집다' → pick ~ up, '입에 넣다' → put ~ into my mouth가 된다. 문법적으로 틀린 곳이 없고 뜻도 통하지만 원어민이 쓸 법한 표현은 아니다. 이럴 때는 영어에서 명사를 동사로 쓰는 감각을 깨울 필요가 있다. 그렇게 되면 fork가 동사가 되어 pick ~ up with a fork and put it into my mouth와 같이 긴 말이 fork ~ into my mouth로 간단하게 정리된다. 두 표현을 비교해 보면 왜 후자가 영어다운 맛이 난다고 하는지 실감날 것이다. 실제로 영어에서는 fork뿐만 아니라 음식을 집어먹는 데 사용하는 모든 식기가 동사로 사용된다. spoon(숟가락)도 동사로 쓸 수 있어 '나는 숟가락으로 아이스크림을 떠서 그녀의 입에 넣어 주었다'라는 말은 with a spoon이라고 할 필요 없이 I spooned the ice cream into her mouth.라고 한다. 국자인 ladle도 마찬가지이다. '그녀는 스튜를 국자로 떠서 접시에 담았다'는 She ladled the stew into bowls.라고 하면 된다. 그러면 혹시 젓가락(chopsticks)은? 말할 나위 없이 역시 동사로 쓸 수 있다. 가령, '나는 만두 하나를 젓가락으로 집어 입에 넣었다'는 I chopsticked a dumpling into my mouth.가 된다.

예제 음식을 내려면, 국자로 수프를 떠서 개인 그릇에 담으면 됩니다.
To serve, **ladle** soup into individual bowls.

그녀는 젓가락으로 국수를 집어 입에 넣었다.
She **chopsticked** some noodles into her mouth.

surface
표면으로 올라오다, 표면화하다

거북은 숨을 쉬기 위해 주기적으로 표면으로 올라와야 한다.

직역 **The turtles have to come up to the surface regularly to breathe.**

네이티브 **The turtles have to surface periodically for breathing.**

우리나라 영어 학습자들에게 '표면으로 올라오다'를 영어로 하라고 하면 십중팔구 come up to the surface라고 할 것이다. '표면' → surface, '올라오다' → come up으로 생각하기 때문이다. come up to the surface 자체는 틀린 표현이 아니다. 그렇지만 문제는 surface라는 '명사'를 동사로 쓰면 한 단어로 해결될 수 있는 표현이지만 그렇게 쓰지 못한다는 점이다. surface를 동사로 쓰는 장점은 단어 수가 줄어들어 간결한 표현이 된다는 것과 surface의 이미지가 동사로 옮겨가면서 더 생생한 표현이 된다는 것이다. surface는 추상적으로는 문제 같은 것이 '표면화되다'라는 뜻으로도 쓰인다. 가령, '그 기계적 문제가 처음 표면화된 것은 2018년이었다'는 The mechanical problem first surfaced in 2018.이다.

예제 우리는 고래 한 마리가 여러 번 수면으로 올라왔다 잠수하는 것을 보았다.
We saw a whale **surface** and dive several times.

불법 행위가 있었다는 것을 밝힐 수 있는 증거는 아직 나오지 않았다.
No evidence has **surfaced**, indicating foul play.

• indicate 나타나다

plug
(~의) 플러그를 꽂다

제품을 작동시키려면 플러그만 꽂으면 됩니다.

콩글리시 **To operate the product, all you have to do is just put the plug in.**

네이티브 **To get the machine running, just plug it in.**

어떤 제품의 '플러그를 꽂다'를 영어로 어떻게 말할까? 우선 '플러그'는 영어에서 온 단어니까 그대로 plug이다. 그럼 '꽂다'는? put in(안에 넣다)이라고 하면 될까? 그런데 plug를 어디에 꽂을까? 잭(jack)에 꽂으니까 put the plug into the jack? 이렇게 고민할 필요가 없다. 그냥 plug를 동사로 써서 plug ~ in 하면 '~ 제품의 플러그를 꽂다', '~ 제품의 전원을 연결하다'라는 뜻의 동사가 된다. '제품의 플러그를 뽑다'는 부정을 나타내는 접두사 un-을 붙여서 unplug ~라고 한다. plug ~는 '전원을 연결하다'의 뜻만 있는 것이 아니라 일반적으로 어떤 기계에 '꽂아서 연결하다'라는 뜻으로도 사용된다. 이런 의미에서 'A를 B에 꽂아 연결하다'는 plug A into B라고 한다. 가령, '그것을 아무 USB 포트에 꽂으세요'는 Plug it into any USB port.라고 하고, '그것을 AV 잭이 있는 TV에 꽂으세요'는 Plug it into any TV with an AV jack.이라고 한다.

예제 벽의 전원 소켓에 먼저 꽂은 후 컴퓨터에 연결합니다.

You **plug** it into a wall socket[outlet] first and then connect it to your PC.

사용하지 않을 때는 제품의 전원 플러그를 빼 주세요.

Unplug the appliance when it is not in use.

pin

(~을) 핀으로 달다

재킷에 브로치를 달다가 손가락을 찔렀다.

콩글리시 **I pricked my finger while trying to attach a brooch to my jacket.**

네이티브 **I pricked my finger while trying to pin a brooch to my jacket.**

옷에 이름표(name tag), 배지(badge), 브로치(brooch) 같은 것을 '달다'를 영어로 어떻게 말할까? 대부분 attach(부착하다) 같은 동사를 생각할 것이다. 그런데 name tag이나 badge 같은 것은 보통 뒤에 핀이 있어 핀으로 고정시킨다. 따라서 이 경우에 '달다'는 '핀으로 달다'라는 뜻인데 이것을 attach를 쓰면 attach ~ with a pin이다. 문법적으로는 맞지만 원어민들 중 이렇게 말하는 사람은 없으니 사실상 콩글리시다. 이때는 pin을 동사로 써서 pin a brooch to ~(옷에 브로치를 달다)라고 한다. pin은 name tag 같은 물체뿐만 아니라 hope(희망) 같은 추상적인 것에도 쓰인다. 한국어에서는 '기대를 걸다'라고 하는데 '걸다'라고 해서 동사 hang(걸다)을 쓰면 안 되고 pin을 써서 pin hopes on ~(~에 희망을 걸다)이라고 표현한다. 가령, '국민들이 신임 대통령에게 기대가 크다'라는 말은 People are pinning high hopes on the new President.라고 한다. pin 중 안전핀(safety-pin)이라는 것이 있다. 무엇을 안전핀으로 고정시킬 때 영어로 with a safety pin이라고 할 필요는 없다. safety-pin도 동사로 쓴다. 가령, 재킷의 모자가 찢어져서 그것을 safety-pin으로 고정했다면 I safety-pinned the hood to the jacket.이라고 한다.

예제 대통령은 그 장교의 가슴에 무공 훈장을 달아 주었다.

The President **pinned** a badge of honor to the officer's chest.

그 자동차 회사는 새로 출시한 지프에 큰 기대를 걸고 있다.

The car maker is **pinning** high hopes on their new jeep.

sun

햇볕을 쬐다, 일광욕하다

071_Ch08_n89_100

바다사자 한 무리가 부두에서 햇볕을 쬐고 있었다.

콩글리시 **A group of sea lions were taking sunlight on the dock.**

직역 **A group of sea lions were sunbathing on the dock.**

네이티브 **A pack of sea lions were sunning on the dock.**

San Francisco의 관광 명소 중 하나인 Fisherman's Wharf에 가면 바다에 떠 있는 작은 부표들(floating docks) 위에서 한가롭게 햇볕을 쬐고 있는 바다사자(sea lion)들을 구경할 수 있다. 여기서 '햇볕을 쬐다'를 영어로 생각해 보자. '햇볕'이 sunshine이니까 take sunshine이라고 할 것 같지만 이것은 콩글리시 표현이다. 대신 take a sunbath(일광욕하다)라고 하거나 sunbathe(일광욕하다)라는 동사를 쓸 수 있다. 그런데 San Francisco를 소개하는 관광 책자에는 이런 식의 표현이 나오지 않는다. 대신 우리가 '해'라는 뜻의 명사로만 알고 있는 sun을 동사로 써서 The sea lions are sunning.이라고 표현하고 있다. sun만 아니라 천체에 관한 star(별), moon(달), cloud(구름)가 모두 명사의 속성을 반영하는 동사로 쓰인다. star는 어떤 영화에서 '주연하다' 또는 '~을 주연으로 등장시키다'라는 의미로 쓰여서 '그 영화에 Robert Redford가 주연으로 나온다'는 Robert Redford stars in the film. 또는 The film stars Robert Redford.로 표현한다. moon은 moon over ~로 표현해서 '~을 짝사랑하다, ~에게 연민의 정을 갖다'라는 뜻으로 사용된다. '고등학교 때 그를 짝사랑한 여자 아이들이 많았다'는 Many girls mooned over him in high school.이라고 할 수 있다. 또 moon around라고 하면 '할 일 없이/정처 없이 시간을 보내다'라는 뜻으로도 쓰인다. He mooned them.과 같이 moon이 타동사로 쓰이면 '~에게 장난으로 엉덩이를 까서 보이다'라는 속어가 된다. cloud는 '구름이 끼어 어두워지다'라는 뜻이 있어 The sky has clouded over.와 같이 쓰거나 비유적으로 Her eyes clouded over.(그녀의 눈빛이 어두워졌다.)와 같이 쓰인다. 또 타동사로 쓰면 '~을 흐리게 하다'가 되어 Uncertainty clouded his face.(불확실성이 그의 얼굴 빛을 흐리게 했다.)나 His fear clouded his judgement.(두려움이 그의 판단력을 흐리게 했다.)와 같이 사용된다.

예제 우리는 나머지 오후 시간에 배의 갑판에서 일광욕을 했다.
We spent the rest of the afternoon **sunning** on the deck of the boat.

face
~향 집이다

그 집은 남향 집이다.

콩글리시 **The house looks toward the south.**
네이티브 **The house faces south.**

우리는 집이 '남향'인가 아닌가를 많이 따진다. 이때 '남쪽을 향해 있다'를 영어로 look toward the south(남쪽을 향해 보다)라고 하면 이상하다. '~를 향하고 있다' 또는 '~을 바라보고 있다'의 뜻으로는 '얼굴'이라는 뜻의 명사 face를 동사로 쓰면 된다. face는 동사로 '(어떤 문제나 상황을) 직면하다'라는 뜻도 있다. 가령, '우리는 그 문제를 직시해야 합니다'는 We have to face the problem.이라고 한다.

예제 연설할 때는 청중을 바라보십시오.
When speaking, **face** the audience.

thumb through
(책을) 훑어보다

오늘 책방에서 그 책을 대충 훑어보았다.

콩글리시 **I read the book quickly at a bookstore.**
직역 **I glanced through the book quickly at a bookstore today.**
네이티브 **I thumbed through the book at a bookstore today.**

책을 '읽다'는 영어로 read이다. 그렇다면 '~을 훑어보다'는 어떻게 할까? read만 생각나는 독자는 read ~ quickly라고 하겠지만 이것은 '~을 빨리 읽다'의 뜻이지 책 전체를 대충 훑어본다는 뜻은 아니다. 그렇다면 한국어에서도 '읽다'라고 하지 않고 '보다'라고 했으니까 영어에서 '보다'의 뜻을 가진 동사를 쓰면 어떨까? 가능하다 '대충, 흘깃 보다'라는 뜻의

glance를 사용해서 glance through (a book)라고 하면 '(책을) 훑어보다'라는 뜻이 된다. 그런데 이것보다는 발상의 전환을 해서 명사를 동사로 써 보자. 가령 '엄지손가락'이라는 뜻의 명사 thumb을 동사로 쓸 수 있다. 즉, thumb through (a book)라고 하면 엄지손가락으로 책장을 잡고 '휙' 넘기듯 읽는다는 뜻이 된다. 또 '나뭇잎'이라는 뜻의 leaf를 동사로 사용할 수도 있다. leaf에는 '낱장'의 뜻도 있는데 leaf through (a book)라고 하면 마치 나뭇잎을 넘기듯 가볍게 훑어보는 장면이 떠오른다. 우리가 명사로만 알고 있는 page도 동사로 사용할 수 있다. 다만 page through (a book)는 '책장을 넘기며 읽다'라는 뜻이므로 '훑어보다'의 의미는 없다. 이와 같이 thumb, leaf, page 같은 명사를 동사로 사용하면 명사에 담겨 있는 이미지가 전달되어 생생한 언어 표현이 가능해진다.

예제 어제 잡지를 훑어보다가 걷기 대회 광고를 보았다.
While I was **leafing through** a magazine yesterday, I found an ad for a walkathon.

• walkathon 기금 모금 걷기 대회 (마라톤(marathon)에서 나온 표현)

gas up
(~에) 휘발유를 넣다

출발하기 전에 차에 휘발유를 넣어야 한다.

콩글리시 **We should put gasoline into the car before we leave.**

직역 **We should fill up the tank before we leave.**

네이티브 **We should gas up before we leave.**

'차에 휘발유를 넣다'를 그대로 영어로 하여 put gasoline into the car라고 하면 콩글리시가 된다. 휘발유는 '차'에 넣는 것이 아니라 '연료 탱크'에 넣는 것이므로 the tank라고 하고 '넣다'도 put이라는 동사를 쓰지 않고 fill up the tank(탱크를 채우다)라고 한다. gasoline은 보통 gas라고 줄여서 말하는데 미국인들은 gas를 직접 동사로 써서 '차에 휘발유를 넣다'라는 말을 gas up이라고 표현한다. 그냥 gas up이라고만 하거나 gas up a car라고 뒤에 목적어를 붙여도 된다. 그 외에 '연료'라는 뜻인 fuel도 동사로 써서 fuel up이라고 하면 자동차나 비행기 같이 탈것에 '연료를 넣다'가 된다. 가령, '어제 우리 호텔 근처에 있는 주유소에서 휘발유를 넣었다'는 We fueled up at a gas station near our hotel yesterday.가 된다. gas up이나 fuel up은 둘 다 '~에 연료를 넣다'라는 타동사로도 쓰인다. 예를 들어, '보트에 연료를 넣다'는 fuel up a boat이다.

예제 우리는 주유를 하기 위하여 휴게소에 들렀다.
We stopped at a service station to **gas up** (the car).

• service station 휴게소

우리는 다음날 아침 일찍 차에 휘발유를 넣고 공원으로 향했다.
Early next morning, we **fueled up** and headed out toward the park.

vacation
휴가를 가다

우리는 매년 하와이로 휴가를 간다.

콩글리시 **We go vacation to Hawaii every year.**

직역 **We go on vacation to Hawaii every year.**

네이티브 **We vacation in Hawaii every year.**

'휴가를 가다'는 go vacation이 아니라 vacation 앞에 on을 붙여 go on vacation으로 써야 한다. go on a trip(여행을 가다), go on a tour(관광 여행을 가다), go on a diet(다이어트를 하다), go on a strike(파업을 벌이다) 등도 go on이 들어간 표현들이다. 그런데 '휴가를 가다, 휴가를 보내다'는 vacation을 동사로 쓰면 더 간단하게 표현할 수 있다.

예제 내가 어렸을 때 우리 가족은 비버 섬으로 휴가를 가곤 했다.
When I was a child, my family used to **vacation** on Beaver Island.

cloud
(판단력·시야가)
흐려지다

증오심 때문에 그의 판단력이 흐려졌다.

콩글리시 **Because of his hatred, his judgement got blurred.**

네이티브 **His hatred clouded his judgement.**

'판단력'은 영어로 judgement라고 한다. '흐릿한'의 뜻으로는 dim, obscure, blurred 같은 단어들이 있지만 이것들은 물리적인 시야나 형체가 흐릿하다는 뜻이므로 judgement와 같이 쓸 수 없다. 이때는 '구름'이라는 뜻의 cloud를 동사로 쓰는 것이 정답이다. cloud는 face(얼굴 표정), memory(기억), mind(정신)와 같이 정신적인 것에 사용한다.

예제 그의 얼굴 표정이 분노로 어두워졌다.
Fury **clouded** his face.

flood
(~이) **빗발치다**

오늘 아침에 전화가 빗발치게 걸려왔다.

콩글리시 **Telephone calls came in like rain this morning.**

네이티브 **Phone calls flooded in this morning.**
We were flooded with calls this morning.

'빗발치다'라는 한국어를 영어로 직역해서 like rain(비처럼)이라고 표현하는 것은 영어식 표현법이 아니다. '무엇이 끊임없이 계속되는 상황'을 영어로는 비유적으로 flood를 써서 말한다. 많은 사람들이 flood를 '홍수'라는 뜻의 명사로만 알고 있지만 '파도처럼 밀려오다/~을 뒤덮다'라는 의미의 동사로도 쓴다. Calls flooded in.이라고 하면 '전화가 빗발치게 걸려왔다'가 되고 We were flooded with calls.라고 하면 '우리는 전화로 홍수가 났다'는 뜻이 된다. 물론 이 표현은 전화에만 쓰는 것이 아니다. 물이 넘쳐서 밀려들어 오는 것과 같은 모든 상황에 빗대어 사용할 수 있다. 참고로 전화가 많이 올 때 '전화통에 불이 났다'는 표현도 있는데 영어의 유사한 표현으로는 Our phone lines were burning up.(전화선이 불이 나고 있었다.)이 있고, 가장 일반적인 표현은 My phone is ringing off the hook.(전화가 자리에서 떨어져 나갈 정도로 벨이 울리고 있다.)이다.

예제 그녀의 눈에서 눈물이 넘쳤다.
Her eyes were **flooded** with tears.

도움을 주겠다는 자원봉사자들의 신청서가 쇄도했다.
Applications **flooded** in from volunteers who wanted to help.

jet

비행기를 타고 가다

결혼식 후, 그 신혼부부는 일주일 간의 신혼여행을 위해 비행기를 타고 하와이로 떠났다.

콩글리시 **After the wedding, the newly married couple took an airplane to go to Hawaii for their week-long honeymoon.**

직역 **After the wedding, the newly married couple left by plane for Hawaii for their week-long honeymoon in Hawaii.**

네이티브 **After the wedding, the newly-wed couple jetted off to Hawaii for their week-long honeymoon.**

'신혼부부'는 영어로 newly married나 newly-wed couple이라고 한다. '비행기를 타다'는 take an airplane이고, 뒤에 to를 붙여 take an airplane to ~(~로 비행기를 타고 가다)라고 하면 '~로 타고 가다'라는 말이 된다. '타고 가다'라는 말 때문에 〈콩글리시〉 예문처럼 to go to라고 생각할 수 있는데 그냥 to ~를 붙이면 된다. '떠났다'라는 뉘앙스는 left by plane(비행기를 타고 떠났다)으로 전달할 수 있고, 목적지는 뒤에 전치사 for를 붙여서 설명한다. 그러나 이렇게 복잡하게 표현하는 것 보다 fly 동사 하나로 간단하게 말하는 것이 더 영어다운 문장이다. fly를 사람에게 쓰면 비행기를 타고 '날아'가는 것이 되기 때문이다. 예를 들어 I flew to New York the next day.는 '다음날 나는 비행기를 타고 뉴욕에 갔다'라는 말이다. 단, 비행기를 타고 '떠났다'는 말은 fly off라고 한다. off에는 '다른 곳으로 떠나다'는 의미가 있다. 또는 jet라는 명사를 동사로 써서 jet off라고 하면 '비행기를 타고 떠나다'라는 뜻을 더 산뜻하게 전달할 수 있다. 참고로 물에서 타는 '제트 스키'도 동사로 써서 We jet-skiied to a nearby island.(우리는 제트 스키를 타고 근처 섬으로 갔다)처럼 쓴다. 참고로 아래 예제처럼 과거에 자주 일어나던 일을 표현할 때는 동사 앞에 조동사 would를 붙인다.

예제 콩코드기는 약 마하 2의 속도로 대서양을 횡단하여 뉴욕과 런던을 3시간 반만에 연결했다.
The Concorde would jet across the Atlantic at around Mach 2, connecting New York and London in about 3 1/2 hours.

한국 아이돌 그룹은 그 다음날 아리아케 스타디움에서 있을 공연에 참석하기 위해 내일 도쿄로 떠난다.
The Korean idol group will jet off to Tokyo tomorrow for an appearance at Ariake Stadium the next day.

source

(~에서) **공급받다**

저희 식당은 대부분의 재료를 국내 생산업자와 농가에서 공급받습니다.

직역 **We are supplied with most of our materials by local producers and farms.**
We get most of our ingredients from local producers and farms.

네이티브 **We source most of our ingredients from local growers and farmers.**

materials도 '재료'라는 뜻이지만 음식 재료는 ingredients가 더 적합하다. 'A가 B에게 C를 제공하다'는 A supply B with C인데, 이 예문은 '제공받다'이기 때문에 수동태가 되어 B be supplied with C by A가 된다. 물론 '~을 얻다'라는 뜻의 get을 쓰면 훨씬 간편하다. '국내'는 domestic 또는 '현지의'라는 뜻으로 local, '생산업자'는 producer가 맞지만 농업 분야이기 때문에 growers(재배업자)가 적절하다. '농가'는 farmers(농민)로 바꿔 표현하는 것이 좋다. 여기서 핵심은 어떤 재료를 '공급받다'인데 이를 그대로 직역하기보다는 명사 source를 동사로 쓰는 것이 훨씬 영어 맛이 난다. source는 보통 어떤 것의 '출처'라는 뜻의 명사로 알고 있지만 다른 업자로부터 '~을 공급받다'는 동사로도 쓴다. source 뒤에는 물건뿐만 아니라 사람도 쓸 수 있다. 가령 어떤 교육업체에서 엔지니어를 공급받는다면 source engineers from ~이라고 한다. 비슷한 용어로 회사 업무를 외부 업체에 위탁한다는 뜻의 outsourcing도 We outsource customer service to a third party.(우리는 고객 서비스를 제3의 외부 업체에 위탁하고 있다.)와 같이 동사로 쓴다.

예제 그 카페는 커피 원두를 니카라과에 있는 가족 농장에서 직접 가져다 쓰고 있다.
The coffee shop **sources** its coffee beans directly from a family farm in Nicaragua.

저희 식당에서 쓰는 고기와 해산물은 이 지역에서 공급받고 있습니다.
We **source** our meat and seafood locally. • locally 현지에서

staff

(~에) 직원이 근무하고 있다

저희 브뤼셀 사무소에는 본사에서 파견된 정직원 한 명과 두 명의 현지 파트타임 직원이 근무하고 있습니다.

콩글리시 **At our Brussel office, one regular worker sent by the headquarters and two local part-time workers are working.**

직역 **Our Brussel office has one regular employee from the headquarters and two part-time employees.**

네이티브 **Our Brussel office is staffed by one full-time employee from the headquarters and two local part-timers.**

'정직원'은 regular worker나 full-time employee(전일제 피고용자)라고 한다. '현지의'는 local, '파트타임 직원'은 part-time worker 또는 줄여서 part-timer라고 한다. 위 예문의 '파견된'을 영어로 바꾸려면 헷갈릴 수 있으니 직역하지 말고 from the headquarters(본사로부터)라고 해도 충분하다. 위 예문의 핵심은 '어떤 사무실에 어떤 직원들이 근무한다'이고, 영어로 직역하자면 동사 work를 쓸 수밖에 없는데 이는 문법적으로는 맞지만 콩글리시 느낌이 난다. 차라리 have를 써서 Our Brussel office has ~(브뤼셀 사무소가 ~을 가지고 있다)라고 하는 것이 낫다. 한편 이런 직역식 영어와는 다르게 원어민식 영어는 직원이라는 뜻의 명사 staff를 동사로 쓴다. staff는 동사로 '~에 직원을 배치하다'는 의미인데 장소가 주어가 되면 be staffed with[by] ~와 같이 수동태형이 되어야 한다. 이와 비슷한 용법의 단어로 man이 있다. 대부분 '남자'라는 뜻의 명사로만 알고 있지만 동사로 쓰면 어떤 장소, 차량, 직책 등에 사람을 '배치하다', '앉히다'는 뜻이다. 이것도 be manned by ~와 같이 주로 수동태로 쓴다. 가령, '그 소방서에 20명의 소방대원이 있다'는 The fire station is manned by 20 fire fighters.이다.

예제 그 오지에 있는 우체국에는 직원이 단 한 명이다.
The remote post office is **staffed** by a single employee. • remote 외진

북극에 있는 프랑스 연구소에는 20명의 과학자들이 배치되어 있다.
The French research station in the Arctic is **manned** by 20 scientists.

Instagram

인스타그램에 올리다

호수 위로 지는 노을이 정말 멋있어서 사진을 찍어 인스타그램에 올렸더니 하트를 많이 받았다.

직역 **The twilight falling over the lake was so beautiful I took a photo of it and posted it to Instagram and received many hearts.**

네이티브 **The twilight over the lake was so beautiful I Instagrammed it and got so many hearts.**

'노을'은 twilight로 '노을이 지다'라고 할 때는 Twilight is falling.처럼 fall이나 set라는 동사를 쓴다. 그런데 '호수 위로 노을이 지다'라고 할 때는 굳이 fall이나 set를 쓰지 않고 the twilight over the lake라고 한다. '사진을 찍어 인스타그램에 올리다'는 take a photo(사진을 찍다) and post it to Instagram(그리고 그것을 인스타그램에 포스팅하다)라고 한다. 사람들에게서 '많은 하트를 받다'는 receive/get many hearts라고 한다. 여기서 '어떤 장면을 찍어 인스타그램에 올리다'는 Instagram을 동사로 쓰면 한 단어로 표현할 수 있다. 이와 같이 SNS를 통해 메시지나 사진 등을 주고받는 서비스는 대부분 그 브랜드 이름 자체를 동사로 쓴다. 가령, 인터넷 메신저(Internet Messenger)를 통해 무엇을 보낼 때도 IM이라는 약어를 동사로 쓴다. '그가 나에게 ~이라고 IM을 보냈다'는 He IMed me, saying ~이라고 한다. 페이스북(Facebook)도 동사로 써서 I Facebooked her a question.(그녀에게 페이스북으로 질문을 보냈다)과 같이 표현한다.

예제 그녀에게서 몇 달 동안 소식이 없어서 페이스북으로 메시지를 보냈는데 답장이 없었어.
I hadn't heard from her for a few months, so I **Facebooked** her, but she didn't reply.

어제 나는 아이스크림 먹는 셀카를 인스타그램에 올렸다.
Yesterday, I **Instagrammed** a selfie of myself eating ice cream.

• selfie 자신을 찍은 사진

Uber

우버 택시를 타다

시애틀 공항에서 환승하느라 오래 기다리게 되었을 때 우버 택시를 타서 이 식당에 가 본 적이 있다.

콩글리시 **I took a Uber taxi to this restaurant from Seattle airport while I was waiting a long time because of a layover.**

네이티브 **I Ubered to this restaurant from the Seattle airport during a long layover.**

비행기 '환승'은 layover라고 하는데 '환승 때문에 오래 기다리다'를 직역해서 wait a long time because of a layover라고 하는 것은 엉터리 표현이다. 그냥 간단하게 during a long layover라고 하면 된다. '우버 택시'는 Uber라고 한다. 따라서 '우버 택시를 타고 ~에 가다'는 take a Uber to ~라고 하며 Uber 뒤에 ride(타기)를 붙이기도 한다. 그런데 더 간단하게는 Uber를 그냥 동사로 써서 '우버를 타고 ~에 가다'는 Uber to ~라고 한다. 숙박 공유 서비스 Airbnb도 브랜드를 그대로 동사로 쓴다. 보통 Airbnb를 통해 집을 빌려줄 때는 put a house on Airbnb(Airbnb에 집을 올려 놓다)라고 하는데 Airbnb를 아예 동사로 써서 Airbnb a house와 같이 쓰는 경향이 늘고 있다. Airbnb를 통해 장소를 예약하는 경우는 book a place on Airbnb라고 한다.

예제 저녁 식사를 한 후 나는 우버를 타고 에어비앤비 숙소로 돌아왔다.
After dinner, I **Ubered** back to my Airbnb.
나는 내년에 우리 아파트를 에어비엔비를 통해 공유할 계획이다.
I'm planning to **Airbnb** my apartment next year.

(2) 형용사/부사에서 온 동사

round
(코너를) 돌아가다

072_Ch08_n101_114

나는 모퉁이를 돌자마자 스쿠터를 발견했다.

콩글리시 I found out the scooter as soon as I turned around the corner.

네이티브 **I spotted the scooter the moment I rounded the bend.**

모퉁이를 '돌아가다'는 go around ~라고 해야 한다. 가령, '그녀는 모퉁이를 돌아갔다'는 She went around the corner.이다. 이것은 한국어의 '돌아가다'를 '돌아/가다'의 두 단어로 봐서 각각 go/around로 이야기하는 것과 같다. 이것 말고도 원어민이 자주 쓰는 표현은 바로 우리가 '둥근'이라는 뜻의 형용사로 알고 있는 round를 동사로 쓰는 것이다. 이렇게 하면 She went around the corner.가 She rounded the corner.가 된다. 이렇게 round를 동사를 쓸 경우 단순히 단어 개수가 줄어들어 간결해진다는 점 외에 round라는 동사 안에 '돌아가다'라는 의미가 내포되어 훨씬 시각적인 표현이 된다는 장점이 있다. 참고로 round ~ up이라는 구동사도 같이 알아 두면 좋다. 숫자를 '반올림하다'라는 뜻이다.

예제 그녀가 모퉁이를 돌아가자 항구가 시야에 들어왔다.
As she **rounded** the corner, the harbor came into view.

warm up
더워지다

날씨가 더워지네요!

직역 It's getting warm!

네이티브 **It's warming up!**

'더운'은 영어로 warm, '~해지다'는 get이다. 따라서 '더워지다'는 get warm이라고 한다. 그런데 원어민들은 우리가 주로 형용사로 알고 있는 warm을 '더워지다'라는 뜻의 동사로 써서 '날씨가 더워지다'를 warm up이라고 한다. 운동할 때 '준비 운동'을 warming up이라고 하는 것도 운동하기 전에 열을 좀 낸다는 의미가 있다.

예제 이번 주말에는 날씨가 따뜻해진다는군요.
It's supposed to **warm up** this weekend.

warm

데우다

제가 수프를 데워 드릴게요.

직역 Let me make the soup warm for you.

네이티브 **Let me warm the soup (up) for you.**

찬 음식을 '데우다'는 warm(더운)이라는 형용사를 써서 make ~ warm(~을 따스하게 만들다)이라고 한다. 그런데 더 간단하게는 warm을 형용사가 아니라 아예 동사로 써서 뒤에 목적어만 붙이면 된다. 여기서 warm은 '~을 데우다, ~을 따뜻하게 하다'라는 뜻이며 뒤에 up을 붙여서 warm ~ up이라고 쓰기도 한다. 그런데 warm은 '따뜻한 정도로 데우다'의 뜻이고 좀 더 뜨겁게 끓는 정도로 '데우다' 또는 '가열하다'는 heat(열)이라는 명사를 동사로 써서 표현한다.

예제 전자레인지에 넣고 30초간 데우세요.
Warm it in your microwave for 30 seconds.

warm (up) to

조금씩 좋아지다

그 사람이 조금씩 좋아지기 시작했어요.

직역 I'm beginning to like him gradually.

네이티브 **I'm beginning to warm (up) to him.**

'~을 좋아하다'는 영어로 like이고 '~하기 시작하다'는 begin to ~이다. 따라서 '그가 좋아지기 시작했다'는 I'm beginning to like him.이다. '조금씩' 좋아진다는 말은 gradually(점차적으로)라는 부사를 쓸 수 있다. 그런데 위 상황처럼 처음에는 별로였는데 조금씩 호의적이 된 경우에 원어민들은 우리가 형용사로 알고 있는 warm(따스한)을 '점차 호의적이 되다'라는 뜻의 동사로 써서 warm (up) to ~(~에게 호의적이 되다, 마음이 끌리다)라고 표현한다. 이것은 사람뿐만 아니라 어떤 제안이나 아이디어에도 쓸 수 있다.

예제 당신의 아이디어가 점점 괜찮아 보이는군요.
I'm **warming up to** your idea.

back

(~을) 뒷받침하다, 지지하다

그에게는 자신의 주장을 뒷받침할 어떤 증거도 없다.

직역 He doesn't have any evidence to support his claims.

네이티브 **He has no evidence to back his claims.**

주장을 '뒷받침하다'에 해당하는 영어 동사에는 support가 있다. 그런데 우리가 '뒤쪽의'라는 형용사로 알고 있는 back도 support와 같은 뜻으로 쓰인다. 두 단어가 대동소이하지만 back은 '뒤', '등'이라는 구체적인 이미지를 갖고 있기 때문에 back을 쓰면 표현이 좀 더 구체적이고 시각적인 느낌을 준다. 이렇게 명사나 형용사에서 유래한 동사들을 적절히 섞어 쓰면 전체 글이 좀 더 생생해진다. back 뒤에 up을 붙여서 back ~ up이라고 하면 '지지하다', '지원하다'라는 뜻이 된다. 가령, '이 문제에 있어서는 나를 지지해 줘야 합니다'는 You have to back me up on this.가 된다. back을 사용함으로써 뒤에 서서 밀어 주는 이미지를 떠올리게 된다. 이런 이미지를 영어로 옮기면 stand behind ~(~의 뒤에 서다)가 되는데 이 표현도 '~을 지지하다'라는 뜻으로 사용된다.

예제 당신이 어떤 결정을 내리든지 나는 당신을 100% 지지합니다.
I'll **back** your decision one hundred percent, no matter what you decide.

down

(~을) 마시다

나는 남은 맥주를 빨리 들이킨 후 자리를 뜨기 위해 일어났다.

직역 **I quickly drank the rest of my beer and got up to leave.**

네이티브 **I quickly downed the remaining beer in my glass and got up to leave.**

술이나 음료를 '마시다'는 당연히 drink라고 한다. 다만 '마시다'를 매번 drink라고 하기보다 다른 단어를 쓰면 표현력이 더 좋아 보일 것이다. 가령 '아래'라는 뜻의 부사인 down을 동사로 쓸 수 있다. drink에 비하여 down은 음료를 단번에 마시는 이미지와 음료가 배로 내려가는 이미지가 붙어 있어 훨씬 생생한 느낌을 준다. 그 외에도 down은 한국어에서 '다운시키다'라고 하듯이 상대방을 때려 눕힌다는 뜻도 있다.

예제 그는 한번에 음료를 다 마셨다.
He **downed** his drink in a single gulp. • gulp 꿀꺽 한 입

slow down

속도를 줄이다

속도를 줄이세요!

콩글리시 **Reduce the speed!**

네이티브 **Slow down!**

'속도'는 영어로 speed, '줄이다'는 reduce이다. 따라서 '속도를 줄이다'는 reduce speed가 된다. 원어민도 Reduce speed!라는 말을 쓸까? 아니다. 이때는 우리가 '느린'이라는 뜻의 형용사로만 알고 있는 slow를 '속도가 느려지다'라는 동사로 써서 Slow down!이라고 한다. 그러면 반대로 '속도를 올리세요!'는? 이때는 speed라는 명사를 동사로 써서 Speed up!이라고 한다. slow down은 실제 움직이는 속도뿐만 아니라 '생활의 리듬을 늦추다'라는 뜻으로도 쓰인다. 또 slow ~ down이라고 목적어를 붙여 '~의 속도를 줄이다, ~을 지연시키다'라는 뜻으로도 쓰인다. 가령, The rain slowed us down.이라고 하면 '비가 우리의 속도를 줄였다'로, 비가 와서 일하는 속도나 앞으로 나아가는 속도가 느려졌다는 뜻이다.

예제 속도를 좀 줄이지 그래요. (좀 천천히 하세요.)
Why don't you **slow down** a little?

wet

(이불에) 오줌을 싸다

제임스가 또 이불에 쉬를 했어요.

콩글리시 **James peed on the bed again.**

네이티브 **James wet the bed again.**

'쉬하다'에 해당하는 영어 동사를 찾으면 pee가 있다. 따라서 '이불에 쉬를 하다'는 pee on the bed가 된다. 그런데 이것은 일부러 이불에 쉬를 했다는 말로 My dog peed on the bed again.(개가 또 이불에 쉬했어요.)과 같이 사용할 수는 있지만 아이들이 '잠을 자다가 쉬를 했다'라는 뜻은 아니므로 실제로는 틀린 표현이다. 대신 영어에서는 우리가 '젖은'이라는 형용사로만 알고 있는 wet을 '적시다'라는 동사로 써서 wet the bed(이불을 적시다)라고 한다.

예제 그 애는 오늘 바지에 쉬를 3번 했어요.
He **wet** his pants three times today.

double

(~으로도) 쓰이다

난 일이 있을 때는 식탁용 탁자를 책상으로도 사용한다.

직역 **When there is work, I use the dining table as a desk.**

네이티브 **The dining table doubles as a desk when there is work to be done.**

부엌의 탁자를 '밥 먹는 식탁'과 '업무용 책상'의 두 용도로 사용하고 있다는 말을 영어로 하라고 하면 대부분 I use the table both as a dining table and a desk.(탁자를 식탁과 책상으로 사용한다.)와 같이 말할 것이다. 그렇지만 이보다 훨씬 더 깔끔하고 영어다운 표현이 있다. 그것은 우리가 '두 배의'라는 뜻의 형용사로 알고 있는 double을 동사로 쓰는 것이다. 그렇게 해서 double as ~라고 하면 '~으로도 쓰이다'가 된다. 물론 이때 주어는 I가 아니라 table이 되어야 한다. 따라서 The dining table doubles as a desk.라고 한다. double은 '~을 두 배로 늘리다'라는 타동사로도 쓰인다. '~하기 위해 배로 노력하다'라는 말에 double을 쓰면 double your efforts to ~(~하기 위해 너의 노력을 두 배로 늘리다)가 된다. 가령, '부패를 막기 위해 두 배로 노력해야 한다'는 We must double our efforts to fight corruption.이 된다.

예제 세탁실을 가정 사무실로도 사용하고 있습니다.
The laundry room **doubles** as a home office.

overnight

익일 배송으로 보내다

익일 배송으로 보내 드리겠습니다.

콩글리시 **We'll send it by next day delivery.**

직역 **We'll send it (by) overnight (express).**

네이티브 **We'll overnight it to you.**

우리나라의 경우 워낙 배달 체계가 잘 발달되어 웬만한 주문 상품의 경우 주문 다음날 배송되는 경우가 많다. 이런 배송을 '익일 배송'이라고 하는데 그럼 '익일 배송으로 보내다'라는 말을 영어로 어떻게 표현할까? '익일 배송'을 그대로 영어로 하면 next day delivery가 되는데 이것은 뜻은 통하겠지만 표준 영어가 아니다. 미국에서 사용하는 용어는 overnight delivery이다. 따라서 send ~ by overnight delivery가 된다. send ~ overnight이라고 줄여서 말하기도 한다. 여기까지는 '보내다' = send, '익일 배송으로' = by overnight delivery니까 한국어와 비슷한 구조를 가진다. 그렇다면 아예 overnight을 동사로 쓰는 것은 어떨까? 가능하다. 실제로 미국에서는 overnight을 동사로 쓰는 사람이 많다. 과거에는 overnight이 '하룻밤에'라는 뜻의 부사나 형용사로만 쓰였지만 배송 서비스의 발달과 더불어 동사로도 쓰이게 된 것이다. 참고로 배달 업체는 영어로 courier라고 한다. 원래 courier는 외교상의 문서를 전달하는 메신저의 뜻으로 쓰였지만 지금은 우편 서비스 외의 특송 업체를 뜻하는 말로 쓰인다. 미국의 대표적 courier로는 FedEx, UPS, DHL 등이 있다. 이런 업체를 통해 무엇을 보낸다고 할 때는 send ~ by courier라고 표현한다. 그럼 courier도 동사로 쓸 수 있을까? 답은 역시 '가능하다'이다. 가령, '특송 업체를 통해 무료로 보내 드릴 수 있습니다'는 We can courier it to you for free.라고 한다.

예제 12달러를 내면 익일 배송으로 보내 드릴 수 있습니다.
I can **overnight** it to you for 12 dollars.

black out

정신을 잃다

저는 그 후에 정신을 잃었습니다.

콩글리시 **After that, I lost my mind.**

직역 **After that, I lost consciousness.**

네이티브 **After that, I blacked out.**

'정신'은 영어로 다양하게 표현되지만 보통 mind(마음, 정신)라는 단어가 쓰인다. 그런데 '정신을 잃다'를 lose my mind(내 정신을 잃다)라고 하면 영어에서는 '미치다'라는 뜻이 되어 버린다. mind 대신 '의식'이라는 뜻의 consciousness를 써서 lose consciousness라고 하면 괜찮다. 그런데 '의식을 잃다'는 주로 환자에게 쓰이는 말이다. 그에 반해 '정신을 잃다'는 멀쩡한 사람이 갑자기 의식을 잃는 것을 뜻한다. 이런 상황에서는 원어민들은 '검정' 또는 '검은색의'라는 뜻의 명사나 형용사로 알고 있는 black을 동사로 사용한 black out을 사용한다. '갑자기 의식이 깜깜해지면서(black) 나가(out) 버리다'는 뜻으로 한국어에서 술을 많이 마시고 의식을 잃었을 때 '필름이 끊어지다'라고 하는 것과 비슷한 표현이다. 유사 표현으로 pass out도 있다. 의식이 '밖으로(out) 나가다(pass)'니까 '의식을 잃다, 기절하다'라는 뜻이 된다.

예제 제가 한 시간 정도 정신을 잃었던 것 같습니다.
I think I **blacked out** for about an hour.

smooth out

(주름을) 펴다

그녀는 스커트의 주름을 편 후 머리핀을 매만졌다.

콩글리시 **She spread wrinkles in her skirt and touched her hairpins.**

네이티브 **She smoothed her skirt out and adjusted her hairpins.**

'주름'은 영어로 wrinkle이라고 한다. '펴다'에는 여러 동사가 있는데 그중 spread는 접어 놓은 것을 '펼치다' 또는 빵 위에 버터를 '펴서 바르다'와 같은 의미로 사용된다. 따라서 wrinkle과 함께 쓰면 틀린다. 또 굽은 것을 '펴다'라고 할 때는 straighten이라고 한다. 가령, He straightened himself.(그는 자신을 폈다.)는 등을 구부린 채 앉아 있는 자세에서 등을 똑바로 폈다는 뜻이다. 주름을 '펴다'라고 할 때는 이런 동사를 쓰지 않고 우리가 '부드러운'이라는 뜻의 형용사로 알고 있는 smooth를 동사로 써서 smooth ~ out이라고 한다. smooth ~ out에 이미 '주름을 펴다'라는 뜻이 있기 때문에 wrinkle을 따로 말할 필요가 없이 바로 skirt를 붙이면 된다. 무엇을 '매만지다'는 단순히 touch(손을 대다, 만지다)라는 동사로는 안 되고 adjust(조정하다, 조절하다, 단정히 하다)라는 동사를 사용한다.

예제 그는 구겨진 종이를 손으로 폈다.
He **smoothed out** the crumpled paper.

• crumpled 구겨진

white out

수정액으로 지우다

그건 나중에 제가 수정액으로 지울게요.

콩글리시 **I'll erase it with white later.**

네이티브 **I'll white it out later.**

우리는 종이에 볼펜으로 쓴 것을 덮어 씌워 지우는 하얀색 페인트 같은 제품을 '수정액' 이나 '화이트'라고 한다. 하지만 원어민은 이것을 a white-out pen이라고 한다. 이것은 WITE-OUT이라는 제품명에서 나온 표현이다. 또는 일반적으로 a correction fluid(수정액)라고도 한다. 또는 '흰색', '흰색의'라는 뜻의 명사, 형용사인 white를 white ~ out이라고 동사로 쓰면 무엇을 '수정액/화이트로 지우다'는 뜻이다.

예제 나는 내 이름을 화이트로 지웠다.
I **whited out** my name.

empty

(강이 바다로) **흘러들다**

영산강은 목포를 지나 서해로 흘러든다.

콩글리시 **The Yeongsan River passes Mokpo and flows into the West Sea.**

직역 **The Yeongsan River flows through Mokpo into the West Sea.**

네이티브 **The Yeongsan River flows through Mokpo before emptying into the West Sea.**

강물이 바다로 '흘러들다'는 영어로 flow가 '흐르다'이고 '바다로'는 into the sea니까 대부분 flow into the sea라고 할 것이다. 이것도 틀리지 않지만 flow 대신 우리가 '비어 있는'이라는 뜻의 형용사로 알고 있는 empty를 동사로 써서 '~강이 바다로 흘러든다'를 표현하면 훨씬 더 멋지다. 영어에서 강물이 바다로 흘러가는 것을 강물이 비는 것으로 생각한 관점이 재미있다. 또 empty는 타동사로 쓰면 '~을 비우다'가 된다. 가령, '네 주머니에 있는 것을 다 털어 놓아라'는 empty를 동사로 써서 Empty your pockets.라고 해야 제맛이 난다. 그런데 '디저트 먹을 배를 비워 두세요'에서 '비워 두다'를 empty를 써서 Empty your stomach for desserts.라고 하면 안 된다. 왜냐하면 empty your stomach는 배 안에 있는 것을 비워 낸다는 의미인 데 반하여, '무엇을 먹을 배를 비워 두다'라는 말은 뱃속에 공간을 남겨 둔다는 뜻이기 때문이다. 이때는 Save room for the desserts.라고 해야 한다.

예제 그녀는 가방 안에 든 것들을 모두 탁자 위에 쏟아 놓았다.
She **emptied** the contents of her bag on the table.

part

3

주어 선택하기

CHAPTER 9

영어는 주어를 보는 눈이 다르다

직역식 영어와 원어민식 영어를 비교할 때 가장 크게 차이 나는 부분 중 하나가 주어 선택이다.

주어 선택, 수동태에서 차이가 난다

한국어와 달리 영어에서는 수동태로 말해야 되는 경우가 있다. 수동태로 만든다는 것은 한국어와 주어가 달라진다는 것을 의미한다. 수동태에서는 문장의 목적어가 주어로 나오기 때문에 한국어를 직역한 영어와 원어민식 영어 사이에는 주어 선택에서 차이가 날 수밖에 없다. 예를 들어, '아기는 기저귀를 하루에 3번 정도 갈아 줘야 한다'를 직역하면 You need to change your baby at least three times a day.가 된다. 그렇지만 원어민들은 보통 아기를 주어로 해서 수동태로 말하기 때문에 Babies need to be changed at least three times a day.라고 한다. 직역식 영어와 원어민식 영어에서 주어가 다른 것을 확인할 수 있다.

영어에서는 무생물도 주어가 될 수 있다

또 무생물을 주어로 써야 영어다운 영어가 되는 경우도 있다. '혼자 있게 된다는 생각이 나를 두렵게 했다'라는 문장은 한국어로 자연스럽지 않다. 왜냐하면 한국어로는 '생각'과 같은 무생물이 문장의 주어가 되어 사람처럼 의식적인 행동을 하는 것처럼 말하지 않기 때문이다. 자연스러운 한국어 문장은 '혼자 있게 된다고 생각하니 두려웠다'이다. 이것을 영어로 하면 As I thought of being alone, I got frightened.가 된다. 하지만 원어민은 As I thought of being alone(혼자 있는다고 생각하니)을 The thought of being alone(혼자 있는다는 생각)으로 바꿔서 The thought of being alone frightened me.(혼자 있다는 생각이 나를 두렵게 했다)라고 표현한다. 직역식 영어는 주어가 사람인 I인 데 반해 원어민식 영어에서는 무생물인 thought이 주어인 것이다. 이 내용은 다음 챕터에서 더 자세히 다루기로 한다.

영어에서는 부분보다 전체를 주어로 선택한다

위의 두 경우는 한국어와 영어 사이에서 주어 선택이 확연히 차이가 난다. 그러나 사람이나 사물을 묘사할 때 선택하는 주어의 경우는 좀 더 미묘한 차이가 있다. 우리는 나이를 물어볼 때 '나이가 어떻게 되세요?'라고 한다. 이것을 그대로 영어로 하면 **What is your age?**가 된다. 이 의문문의 주어는 '당신의 나이' = **your age**이다. 그렇지만 대부분의 원어민들은 **How old are you?**라고 물어본다. 이 의문문에서 주어는 **you**이다. 한국어에서는 사람의 부분이 되는 특성(나이)을 중심으로 묘사하는 데 반하여 영어에서는 사람을 중심으로 묘사한다.

또 다른 예로 '그 사람의 체중은 65킬로그램이다'라는 문장 역시 사람의 부분적 특성인 '체중'이 주어이자 묘사의 대상이다. 그러다 보니 영어로 말할 때도 **weight**(체중)를 주어로 해서 **His weight is 65kg.**이라고 말한다. 그렇지만 대부분의 원어민들은 사람인 **he**를 주어로 해서 **He weighs 65kg.**(그는 65kg의 무게가 나간다)라고 말한다. 산의 높이를 이야기할 때도 우리는 '북한산의 높이는 836미터이다'라고 말한다. 주어는 산의 특성 중 하나인 '높이'이다. 영어로 그대로 옮기면 **The height of Mt. Bukhan is 836m.**가 된다. 그렇지만 원어민은 산의 높이를 묘사할 때 산 자체를 주어로 해서 **Mt. Bukhan stands[is] 836m tall.**이라고 표현한다. 물론 **What is your age?, His weight is 65kg., The height of Mt. Bukhan is 836m.** 등의 영어 문장도 문법적으로 맞고 뜻도 통한다. 그러나 여기서 주목할 것은 영어에서는 **age, weight, height** 같은 '부분'보다 **you, he, Mt. Bukhan** 같은 전체를 묘사의 중심으로 삼는다는 것이다. 간혹 우리나라 관광지의 영어 안내문에도 위와 같이 직역식으로 주어를 선택해 쓴 문장이 보인다. 문법적으로 틀리지 않더라도 한국어를 베껴 쓴 영어라는 것을 쉽게 알 수 있다. 원어민이 읽는다면 영어는 영어인데 뭔가 상당히 어색하다는 느낌을 받을 것이다. 이렇게 전체와 부분을 가려 주어를 선택하는 것은 섬세한 영어 감각을 필요로 한다. 이번 챕터에서는 바로 그런 영어 감각을 익혀 보도록 한다.

영어는 주어를 보는 눈이 다르다

~가 아프다

073_Ch09_n01_10

머리가 아파요.

콩글리시 My head is sick.
직역 My head is sore[aching].
My head hurts.
네이티브 **I have a headache.**

'머리가 아프다'는 영어로 말할 때 my head를 주어로 하기 쉽다. my head를 주어로 해서 영어 문장을 만들어도 틀린 건 아니다. 다만, my head 뒤에 '아프다'라고 해서 sick을 넣으면 안 된다. sick은 사람에게만 쓰는 형용사이기 때문이다. my head를 주어로 했다면 뒤에 오는 형용사는 sore를 쓸 수 있다. sore는 신체의 어떤 부분이 '아프다'라고 할 때 쓴다. 아니면 hurt이나 ache라는 동사를 써도 된다. 그러나 가장 일반적인 표현은 그 머리의 주인인 사람을 주어로 해서 I have a headache.라고 하는 것이다. 이 영어 표현은 하도 많이 나와서 당연하다고 생각하겠지만 한국어로 해석하면 '나는 두통을 갖고 있다'라서 이렇게 말하는 한국 사람은 한 명도 없을 것이다. I have a headache.라는 문장 자체를 많이 듣다 보니까 '머리가 아프다'를 〈콩글리시〉나 〈직역〉 표현처럼 말하지 않은 것뿐이다. 그런데 바로 여기에 영어를 공부하는 방법이 있다. 즉, I have a headache.처럼 처음부터 제대로 된 영어 표현을 익혀 사용해야지 한국어를 영어로 베껴서 영어 문장을 만들려고 하면 안 된다는 점이다. '목이 뻐근합니다'라는 말도 마찬가지이다. 한국어에서는 '목'이 주어이기 때문에 my neck을 주어로 해서 My neck is stiff.라고 하기 쉽다. 그러나 일반적인 표현은 I have a stiff neck.이다.

예제 머리가 깨질 듯 아프다.
I have a terrible[splitting] headache. • split 조개지다

어깨가 뻐근하다.
I have stiff shoulders.

색깔·크기가 ~하다

공룡은 형태와 크기가 매우 다양했다.

콩글리시 The shapes and sizes of dinosaurs were greatly various.
네이티브 **Dinosaurs came in amazingly different sizes and shapes.**
Dinosaurs varied in size and shape.

'공룡은 크기가 다양했다'를 영어로 말한다면 the sizes of dinosaurs를 주어로 해서 '다양하다'라는 뜻의 영어 동사를 찾으려고 할 것이다. '다양하다'는 보통 various라는 형용사를 생각하게 되는데 vary라는 동사 하나로 표현해도 좋다. 따라서 size를 주어로 하면 The sizes of dinosaurs varied. 또는 The sizes of dinosaurs were various.가 된다. 그런데 이것은 문법에 맞고 뜻도 통하지만 콩글리시에 가깝다. 원어민의 경우는 size

대신 size를 포함하는 전체, 즉 dinosaurs를 주어로 해서 말한다. 그러면 size는 문장 뒤로 빠져서 Dinosaurs came in different sizes.(공룡은 다른 크기들로 왔다)와 같이 된다. 한국어에서는 주어의 자리를 잡고 있는 size가 영어에서는 in sizes(크기에서)라는 말로 맨 뒤로 밀린다. 또는 different의 의미를 vary(다양하다)라는 동사에 담아서 vary in size라고도 한다. size에 different가 붙으면 여러 개를 의미하기 때문에 sizes라고 복수가 되지만 vary를 쓰면 in size라고 셀 수 없는 명사로 쓴다. 어쨌든 한국어에서는 'X는 크기가 다양하다'라고 하는데 영어에서는 'X는 다양하다'라고 먼저 말하고 '크기에서'를 뒤에 붙이는 것이 특징이다.

예제 이 모델은 색상이 3가지가 있다.
This model comes in three colors.

환자들은 신생아부터 성인까지 연령이 다양하다.
Patients vary in age from newborns to adults.

성능이 ~하다

그 믹서는 성능이 우수하다.

직역 **The blender's performance is excellent.**

네이티브 **The blender is excellent in performance.**

The blender works like a charm.

기계의 '성능'은 영어로 performance라고 하는데 '믹서의 성능이 우수하다'를 그대로 영어로 직역하면 주어가 '성능'이 되어 The blender's performance is excellent.와 같이 된다. 이것도 틀린 문장은 아니지만 좀 더 자연스러운 영어식 표현은 제품의 일부 특성인 performance보다 제품 자체인 blender를 주어로 쓴다. 일단 The blender is excellent.(믹서는 우수하다)라고 믹서에 대해 먼저 이야기한 후에 in performance(성능에서)를 붙이는 식으로 표현하는 것이다. 그런데 이것보다도 더 영어다운 표현은 performance의 의미를 동사로 표현하는 것이다. performance는 동사로는 work(작동하다)라고 할 수 있다. 따라서 The blender works very well.(믹서는 매우 잘 작동한다)이라고 하면 '성능이 우수하다'와 결국 같은 의미가 된다. '성능'을 work라는 동사로 표현할 때 흔히 붙는 수식어로 like a charm이 있다. 그래서 The blender works like a charm.이라고도 한다. charm은 '매력'의 뜻으로 알고 있지만 여기선 '마법, 주술'이라는 뜻으로 마치 '마법과 같이 잘 작동한다'는 의미다. work like a charm은 성능뿐만 아니라 '효과가 좋다, 잘 통한다'라는 의미로도 쓰인다. 가령, 컴퓨터에 문제가 있는데 어떤 사람이 해결 방법을 알려 줘서 해 봤더니 바로 문제가 풀리는 경우가 있다. 이때 이 방법을 알려 준 사람에게 '바로 문제가 해결되었다. 고맙다!'라고 영어로 한다면 It worked like a charm. Thanks!라고 할 수 있다. work like a charm 대신 work like a dream(꿈같이)을 쓸 수도 있다.

예제 그 자동차 브레이크는 성능이 우수하다.
The car's brakes are excellent in performance.

이 파우더는 지성 피부에 쓰면 매우 효과적이다.
This powder works like a charm on oily skin.

스타일·연비가 ~하다

기아의 새로운 세단의 스타일은 매끄럽고 연비가 좋다.

직역 **The new KIA sedan's style is smooth and its fuel efficiency is excellent.**

네이티브 **The new KIA sedan features sleek styling and good mileage.**

자동차의 '스타일'은 styling이라고 하고, 스타일링이 '매끄럽다'라고 할 때는 smooth보다 sleek이라는 형용사를 주로 사용한다. sleek은 smooth와 shiny(빛이 나는)를 합친 뜻을 갖고 있다. '연비'는 직역 형태의 fuel efficiency도 좋지만 일반적으로는 mileage라고 한다. 본론으로 들어가서 '그 차의 스타일은 매끄럽다'를 영어로 직역하면 주어가 '스타일'이니 The car's styling is sleek.이 된다. '그 차는 연비가 뛰어나다' 역시 '연비'가 주어이니 The car's mileage is excellent.가 된다. 그러나 좀 더 자연스러운 표현법은 자동차의 일부인 styling, mileage 대신 전체인 the car를 주어로 삼는 것이다. 이런 식으로 가장 단순하게 표현하려면 have라는 동사를 써서 The car has sleek styling and good mileage.라고 하면 된다. 여기서는 자동차의 주요 특징을 설명하고 있으므로 feature(~을 주요 내용으로 갖고 있다)라는 동사를 써서 The car features sleek styling and good mileage.라고 하는 게 더 좋다. 한발 더 나아가서 단순한 특징이 아니라 자랑으로 내세울 특징을 이야기하는 것이라면 boast(~을 자랑하다)라는 동사를 써서 The car boasts sleek styling and good mileage.라고 할 수도 있다. 한국어에서는 무생물인 자동차가 어떤 스타일을 '갖고 있다', '주요 특징으로 갖고 있다'나 특히 '자랑하다'와 같이 사람이 할 수 있는 행위를 하는 것으로 묘사하는 것이 어법에 어긋나지만 영어에서는 반대로 그와 같이 무생물 주어를 사용하는 것이 표준적인 어법이다.

예제 이 와이퍼는 내구성이 뛰어나고 디자인이 혁신적입니다.
These windshield wipers boast excellent durability and innovative design.
• durability 내구성 innovative 혁신적인

승차감이 ~하다

그 차의 승차감은 매우 좋다.

콩글리시 **The car's ride feeling is very good.**

네이티브 **The car rides quite well.**

한국어에서는 '그 차는 승차감이 좋다'라고 한다. 이 말을 그대로 영어로 만들면 '승차감'이 주어가 되는데 '승차감'은 영어로 뭘까? '승차'는 ride, '감'은 feeling, 따라서 ride feeling? 아니다. 영어로는 ride comfort(승차 안락감)라고 한다. 어쨌든 '승차감'을 주어로 하면 The car's ride comfort is excellent.가 된다. 문법적으로 틀린 데가 없고 의미도 전달된다. 그러나 영어다운 영어는 아니다. 이 경우 원어민들은 ride comfort가 아니라 그것의 주인, 즉 car를 주어로 해서 The car is excellent in comfort ride.와 같이 comfort ride를 뒤로 빼서 말한다. 즉, '차의 승차감이 좋다'가 아니라 '차가 좋다, 승차감에서'이다. 이렇게 먼저 '전체가 어떻다'라고 한 후 뒤에 '어느 부분에서'라고 덧붙이는 것이 영어의 특징이다. 그런데 이것보다 더 영어다운 표현은 '승차감'을 comfort ride라는 명사가 아니라 ride라는 동사를 써서 표현하는 것이다. 즉, The car rides quite well.이라고 하는 것이다. 해석하면 '그 차는 매우 잘 ride한다'이니 한국어와는 전혀 다른 표현법이다. 여기서 ride는 한국어로 직역하기가 거의 불가능한 데 자동차가 '어떠하게 타지다', '탄 기분이 어떻다'라는 정도의 뜻을 갖고 있다. well 대신 smoothly(부드럽게), superbly(매우 훌륭하게) 등 다양한 부사를 넣어 쓸 수 있다. 또 like a dream(꿈같이)이라는 전치사구를 붙여서 The car rides like a dream.이라고 할 수도 있다. 그러면 '운전하는 느낌이 꿈과 같다', 즉 '꿈에서나 상상해 볼 수 있을 정도로 이상적이다'라는 뜻이 된다. 이렇게 '운전하는 느낌', '승차감'을 ride라는 동사로 표현하는 것의 묘미는 뒤에 다양한 수식어를 붙일 수 있다는 것이다. 아직도 그런 묘미를 못 느끼겠다면 '그 차는 승차감이 꼭 골프장 카트 타는 느낌이더라!'을 영어로 해 보라! The car rides like a golf cart!이다.

예제 이 SUV는 승차감이 트럭을 타는 것 같다.
This SUV rides like a truck.

그 차는 동급의 다른 차들보다 승차감이 더 부드럽다.
The car rides smoother than other competing models of the same class.

그 차는 주행 시 매우 조용하다.
The car rides quietly.

시장 반응이 ~하다

그 정책에 대한 시장의 반응은 별로 안 좋았다.

콩글리시 **The reaction of the market to the policy wasn't very good.**

직역 **Market response to the policy wasn't very positive.**

네이티브 **The policy wasn't well received by the market.**

'반응'이라는 한국어에 해당하는 영어 단어는 reaction과 response가 있는데 시장의 반응이라고 할 때는 response를 쓴다. reaction은 무엇에 대해 '대응하는 의미에서의 반응'인 데 반해 response는 무엇을 '어떻게 받아들이냐는 의미에서의 반응'의 뜻을 갖고 있다. 본론으로 들어가서 '정책에 대한 시장의 반응이 안 좋았다'를 그대로 영어로 바꾸면 주어는 '시장의 반응', 즉 market response이고, 위 예문은 Market response to the policy wasn't very good.이 된다. 여기서 반응이 '좋다/안 좋다'는 good/bad보다 positive(긍정적인), negative(부정적인)로 표현하는 것이 좋다. 이것도 가능한 표현이긴 하지만 더 자연스러운 영어 표현은 policy를 주어로 말하는 것이다. market response는 정책과 연결된 특징으로 '부분'인 데 반하여 정책은 이 문장에서 묘사의 중심이 되는 '전체'다. 따라서 policy를 주어로 하면 The policy wasn't getting positive response from the market.(정책은 시장으로부터 긍정적인 반응을 얻고 있지 못했다.) 같은 문장이 가능하다. 이보다 더 영어다운 표현은 receive(받아들이다)라는 동사를 써서 The policy wasn't well received by the market.(정책이 시장에 의해 좋게 받아들여지지 않았다.)이라고 하거나 reception(받아들여짐)이라는 명사를 써서 The policy wasn't getting[receiving] a positive reception from the market.(정책이 시장으로부터 긍정적 반응을 얻지 못하고 있었다.)이라고 하는 것이다.

예제 이 모델에 대한 유럽 시장의 반응은 매우 호의적이었다.
This model was well **received** in Europe.

~에 혹이 나다

이마에 혹이 났네요.

콩글리시 **A bump happened on your forehead.**

직역 **There is a bump on your forehead.**

네이티브 **You have a bump on your forehead.**

맞거나 부딪혀서 생기는 '혹'은 bump라고 한다. 한국어에서는 '이마에 혹이 났다'라고 하고 주어는 '혹'이다. 따라서 영어로 말할 때도 '혹'을 주어로 생각해서 혹이 '나다'를 뭐라고 할지 고민한다. 그러다 궁여지책으로 happen(발생하다) 같은 동사를 써서 A bump happened on your forehead. 같은 엉터리 문장을 만들게 된다. 굳이 '나다'라는 말을 영어로 하고 싶다면 appear(나타나다, 생기다)라는 동사를 써야 한다. 아니면 There is ~(~이 있다)라는 구문을 써서 There is a bump on your forehead.라고 할 수 있다. 그런데 가장 좋은 방법은 한국어처럼 '혹'을 주어로 하려고 애쓰지 말고 혹의 주인인 사람, 즉 You를 주어로 해서 말하는 것이다. 그러면 You have a bump on your forehead.라고 간단하게 해결된다. '팔에 종기가 났다'라는 말도 마찬가지다. '종기'는 a rash라고 하는데, 이때 '나다'는 break out이라는 구동사를 사용한다. 따라서 '종기'를 주어로 하면 A rash broke out on my arm.이 된다. 이것도 좋은 영어 표현이다. 그런데 좀 더 자연스러운 것은 사람인 I를 주어로 해서 I broke out into a rash on my arm.이라고 하는 것이다.

예제 얼굴에 뾰루지가 났어요.

I have a rash on my face.

I broke out into a rash on my face.

~은 타의 추종을 불허하다

SICO의 고객 서비스는 타의 추종을 불허한다.

직역 **SICO's customer service has no equal.**

네이티브 **SICO is unrivaled in customer support.**

'A사의 고객 서비스는 타의 추종을 불허한다'를 그대로 영어로 옮기면 '고객 서비스'가 주어가 되어 A's service has no equal.이 된다. have no equal은 '동등한 상대가 없다', 즉 '타의 추종을 불허하다'라는 뜻이다. 그러나 이런 경우 원어민들은 보통 회사를 주어로 해서 A has no equal(A사는 상대가 없다) in customer support(고객 서비스에서)와 같이 서비스는 뒤로 빼서 말한다. 즉, 먼저 '전체가 어떻다'라고 한 후에 뒤에 '어느 부분에서'를 덧붙이는 식이다. '~은 타의 추종을 불허하다'라는 뜻은 영어에서 다양하게 표현할 수 있다. 한 단어로는 unmatched, unrivaled, unparalleled와 같은 것들이 있다. 모두 '비교할 상대가 없는'의 뜻을 갖고 있다. 따라서, 'A사의 고객 서비스는 타의 추종을 불허한다'는 A is unmatched in customer support.라고 할 수 있다. 또는 주어를 Nothing으로 해서 위 단어들의 동사형인 match, rival, parallel을 써서, Nothing matches[rivals, parallels] ~라고 하면 '그 어떤 것도 ~과 상대가 안 된다'라는 뜻이 된다. nothing은 사물을 가리키기 때문에 물건에 관해 이야기할 때만 사용한다. 가령, '이 컴퓨터 그래픽카드의 속도는 타의 추종을 불허한다'는 Nothing matches the speed of this graphic card.라고 하면 된다.

예제 복잡한 과학 개념을 알아듣기 쉽게 설명하는 그의 능력은 타의 추종을 불허한다.
He is unmatched in his ability to explain complicated scientific concepts in easy-to-understand language.

~은 핸들링이 …하다

그 차의 핸들링은 독일 스포츠 카와 일본의 세단형 승용차를 합쳐 놓은 것 같다.

콩글리시 **The car's handling is like a combination of a German sports car and a Japanese sedan.**

네이티브 **The car handles like a cross between a German sports car and a Japanese sedan.**

'그 차의 핸들링이 ~ 같다'를 영어로 직역하면 handling이 주어가 되어 The car's handling is like ~가 된다. 그런데 같은 말을 원어민이 한다면 주어를 handling이 아니라 the car로 할 가능성이 많다. handling은 car의 일부분(속성)으로 '부분'보다는 '전체'를 묘사 대상으로 삼는 것이 영어의 특징이기 때문이다. 그러면 The car를 주어로 하면 handling은 어디로 갈까? The car is like ~(그 차는 ~ 같다) in handling.(핸들링에서)과 같이 뒤로 빼면 된다. 그러나 더 영어다운 표현은 handling을 동사로 표현하는 것이다. 즉, The car handles like ~(그 차는 ~과 같이 handle한다)라고 한다. 한국어에서는 '차의 핸들링이 어떻다'고 하지 '차가 어떠하게 핸들한다'라고 하지는 않는다. 따라서 the car를 주어로 하고 handling을 동사로 표현하는 것은 우리가 쉽게 생각하기는 힘들지만 영어에서는 표준적인 표현법이다. 어떤 두 제품을 '합쳐 놓은 것'은 combination(결합)이라는 단어를 쓰지 않고 cross라고 한다. cross는 '이종교배', 즉 두 가지 다른 것을 섞어 놓은 '중간물'이라는 뜻이다.

예제 이 차는 핸들링이 아주 좋다.
This car handles very well.
This car handles like a dream.

그 범퍼카는 핸들링이 진짜 차 같다.
The bumper car handles like a real car.

~의 높이·길이는 …이다

그 상자의 높이는 20cm, 길이는 40cm, 폭은 30cm이다.

직역 **The box's height is 20 centimeters, its length (is) 40 centimeters, and its width (is) 30 centimeters.**

네이티브 **The box measures 20 centimeters tall, 40 centimeters long and 30 centimeters wide.**

우리는 어떤 물건의 치수를 말할 때 '상자의 높이는 ~이고 길이는 …이고, 폭은 -이다'라고 말한다. 즉, 주어가 '높이', '길이', '폭'이다. 그러다 보니 영어로 말할 때도 주어를 height(높이), length(길이), width(폭)로 해서 The box's height is ~ 식으로 말한다. 문법적으로 틀린 데가 없고 뜻도 분명하다. 그러나 이런 경우 원어민들은 대부분 물건인 box를 주어로 해서 말한다. 가령, 'box의 높이가 20cm다'는 먼저 The box is 20cm(상자가 20cm이다)

라고 말한 후 뒤에 '높이로'의 뜻으로 tall(높은, 키가 큰)이라는 형용사를 붙인다. tall 대신 in height(높이에서)를 붙여 The box is 20cm in height.라고도 할 수 있다. 또 be동사 대신 measure라는 동사를 흔히 사용한다. measure는 '~으로 측정되다'라는 뜻을 갖고 있다. 이 동사를 사용하면 The box measures 20cm tall. 또는 The box measures 20cm in height.라고 하면 된다. '직경'의 경우는 영어로 diameter이므로 '실린더의 직경은 8cm이다'는 The cylinder is[measures] 8 centimeters in diameter.라고 하거나 in diameter(직경에서) 대신 across라는 부사를 써서 The cylinder is 8 centimeters across.라고도 한다.

예제 그 분화구의 직경은 120미터이고 깊이는 23미터이다.
The crater measures 120 meters across and 23 meters deep.
The crater is 120 meters in diameter and 23 meters **in depth**[**height**].

~의 머리는 …하다

074_Ch09_n11_21

그녀의 머리는 금발이다.

직역 **Her hair is blonde.**

네이티브 **She has blond hair.**
She is (a) blonde.

'그녀는 머리가 금발이다'에서 주어는 '그녀의 머리'이다. 그러다 보니 영어로 말할 때도 거의 자동적으로 her hair를 주어로 해서 Her hair is blonde.라고 한다. 틀린 건 아니지만 무의식적으로 한국어 주어를 따라가다 보니 영어 문장 역시 주어를 her hair라고 고정하게 된다. 그러나 이 경우 원어민들은 일반적으로 hair보다 사람인 she를 주어로 한다. 그러면 hair는 주어 뒤로 가서 She has blonde hair.가 된다. 매우 쉬운 영어 같지만 한국어에서 '그녀는 금발머리를 가졌다'라고 하지 않기 때문에 영어에서 She has ~라고 말하는 것조차 생각하지 못하는 사람들이 많다. have라는 동사 대신 be동사를 써서 She is blonde.라고 하면 더 간단해진다. blonde라는 형용사 자체가 '금발의 머리인', 즉 '머리'를 포함한 단어이기 때문에 굳이 hair를 따로 말할 필요가 없다. blonde는 '금발의 여자'라는 명사도 되기 때문에 She is a blonde.라고 해도 된다. 그러면 '그의 머리는 반백이다'는 어떻게 할까? 마찬가지로 his hair를 주어로 하려는 충동을 누르고 he를 주어로 하자. 그리고 blonde 같이 '머리가 반백인'이라는 형용사를 찾아 be동사와 연결한다. 즉, He is gray-haired.이다. blonde와 달리 gray(회색의)에는 '머리'의 뜻이 없기 때문에 -haired라는 말을 붙여야 한다.

예제 그녀의 머리는 검은색이다.
She is dark-haired.

• 검은색 머리는 black hair가 아니라 dark hair라고 한다.

그는 머리가 완전히 백발이다.
He is white-haired.

~의 몸무게·키가 …이다

그는 몸무게가 85kg에 키는 180cm이다.

직역 **His weight is 85kg and his height is 180cm.**

네이티브 **He weighs 85kg and stands 180cm tall.**

사람의 치수를 말할 때 우리는 '그 사람의 몸무게는 ~이고 키는 …이다'라고 한다. 이와 같은 한국어 어순을 생각하다 보면 영어로 말할 때도 weight(몸무게), height(키)를 주어로 해서 His weight is ~, and his height is ...라고 말한다. 하지만 좀 더 자연스러운 영어는 he를 주어로 하고 '몸무게', '키'의 표시는 문장 뒤에서 표현한다. 몸무게는 weigh(~의 무게가 나가다)라는 동사를 써서 He weighs 85 kilograms.라고 하는 것이 일반적이다. 키는 tall이라는 형용사를 뒤에 붙여서 He is 180 centimeters tall.이라고 한다. '사람'을 주어로 먼저 말하고 뒤에서 '부분'을 말하는 것, 이것이 영어의 표현법이다. 그런데 키도 '선 키'와 '앉은 키'를 구분할 때가 있다. 그러면 '그 사람의 선 키는 ~이다'는 어떻게 할까? 이 때도 직역식 영어를 하는 사람은 '선 키'를 주어로 하려고 한다. 그래서 standing height와 같은 말을 만들어 내어 His standing height is 180 centimeters.라고 한다. 그러나 원어민들은 주어를 사람으로 하고 '선 키'의 의미는 동사 stand로 표현한다. 즉, He stands 180 centimeters tall.이라고 한다. 그러면 '앉은 키'는? 아래 예제를 보자.

예제 그는 앉은 키가 100cm이다.
He sits 100cm tall.

~의 순위는 …위이다

한국의 순위는 전년보다 3단계 떨어진 7위를 기록했다.

직역 **Korea's ranking was 7th, which dropped 3 levels from last year.**

네이티브 **Korea ranked 7th, 3 notches down from last year.**

우리는 순위를 말할 때 '우리나라의 순위는 3위였다'라고 한다. 주어가 '순위'이다. 그러다 보니 영어에서도 ranking(순위)을 주어로 해서 Korea's ranking was 3rd.라고 하는 사람들이 많다. 이는 문법적으로 틀리지 않고 의미 전달도 되지만 원어민들이 표현하는 방식과는 다른 어색한 문장이다. 이 경우 원어민들은 일반적으로 ranking이 아니라 Korea를 주어로 쓴다. 그리고 ranking의 의미는 rank ~(~의 순위에 오르다)라는 동사를 써서 Korea ranked 3rd.라고 표현한다. ranking은 Korea라는 묘사 대상의 부분적 속성이다. 전체 대상인 Korea를 주어로 하고 부분적 속성은 문장 뒤에서 표현하는 것이 영어다운 표현법이다. 이렇게 ranking의 의미를 동사로 표현하는 것의 장점은 다양한 동사 표현을 사용할 수 있다는 것이다. 한국의 순위가 1위였다면 Korea ranked 1st.나 Korea ranked top.이라고 할 수도 있지만, top이라는 단어를 동사로 써서 Korea topped the list.(한국이 리스트의 꼭대기에 올랐다.)라고 할 수 있다. rank라는 동사 대신 place(위치하다)를 써서 Korea placed 3rd.라고 하거나 place를 명사로 써서 Korea took 3rd place.라고 할 수도 있다. 또 come in(~위로 들어오다)이라는 표현도 쓸 수 있다. 경주나 대회에서 주로 사용하지만 집계나 통계에서도(가령, per capital income: 일인당 국민소득) Korea came in third.(한국이 3위로 들어왔다.)처럼 쓸 수 있다. 경주나 대회라면 finish ~(~위로 끝내다)라는 동사도 쓴다. 가령, 역도 대회 1차 시기에서 2위를 했다면 She finished second in the first round.라고 할 수 있다. 이 모든 것의 공통점은 ranking을 주어로 하지 않고 사람이나 나라와 같이 묘사 대상 '주체'를 주어로 쓴다는 점이다. 순위 표현에서 몇 단계 '떨어졌다/올랐다'는 한국어처럼 drop(떨어지다), rise(오르다)라는 동사를 쓰지 않고 down과 up이라는 부사로 표현한다. 가령, '한국의 순위가 3단계 떨어졌다'는 Korea was 3 notches down.이라고 한다. notch가 바로 '단계'이다.

예제 ICC 지수에서 한국의 순위는 7위로 중국보다 앞섰다.
Korea placed 7th in the ICC Index, ahead of China.

~이 함께 제공되다

이 휴대전화에는 다음과 같은 액세서리가 같이 제공됩니다.

직역 **With this cell phone, the following accessories are provided.**

네이티브 **The cell phone comes with the following accessories.**

'A에는 B가 같이 제공된다'라는 한국어를 그대로 영어로 하면 'A에는' → with A, 'B가 제공된다' → B is provided가 된다. 한국어에서 주어인 B가 영어에서도 주어가 된다. 그러나 이런 식의 영어는 틀린 것은 아니지만 매우 어색하다. 좀 더 자연스럽게 말하려면 B의 주체인 A를 주어로 해서 A comes with B(A는 B와 함께 온다)라고 해야 한다. 음식을 주문할 때 흔히 '무엇에 무엇이 딸려 나온다'라고 하는데 '~이 딸려 나오다'가 영어로는 come with ~이다. 한국어 주어('~이')가 영어에서는 뒤로 빠진다(with ~). 가령, '모든 메인 메뉴는 두 개의 사이드 요리가 딸려 나옵니다'는 Each entrée comes with two side dishes.라고 한다. A comes with B는그 자체가 영어의 독특한 표현 방식이다. 가령, 호화 호텔을 소개하는데 '방마다 수영장이 붙어 있다'라는 말도 Each room comes with its own swimming pool.이라고 한다. 또 '각 방에는 더블 침대가 2개 있다'라는 말도 직역하면 In each room, there are two double beds.가 되지만 좀 더 영어적인 표현은 room을 주어로 해서 Each room comes with two double beds.라고 하는 것이다. 그러니까 이 경우에는 come with ~가 have(~을 가지고 있다)와 같은 의미로 쓰인 셈이다. Each room has two double beds.라고 해도 되기 때문이다. 또 '저희 호텔에 투숙하시면 아침은 무료입니다'도 Breakfast comes with your stay.(아침 식사가 당신의 숙박과 함께 온다)라고 하거나 Breakfast comes with the room.(아침 식사가 방과 같이 온다.)이라고 할 수도 있다. 이 경우에 come with ~는 be included in ~(~에 포함되어 있다)이라는 말과 비슷하다. 즉, Breakfast is included in the price of the room.(아침 식사가 방의 가격에 포함되어 있다.)과 같다.

예제 이 자동차의 기본 품질 보증 기간은 3년 또는 5만 킬로미터입니다.
This car comes with a three-year/50,000km basic warranty.

스테이크 요리에는 수프와 샐러드가 딸려 나옵니다.
The steak comes with soup and salad.

~이 더 낫다

유기농 식품의 질은 일반 제품보다 더 좋다.

콩글리시 The quality of organic food is better than ordinary food.

직역 The quality of organic food is better than that of conventional food.

네이티브 **Organic food is better in quality than conventional food.**

Organic food tops conventional food in quality.

A, B 두 제품을 비교하면서 'A의 품질은 B보다 낫다'라는 한국어를 그대로 영어로 하면 주어는 'A의 품질', 즉 the quality of A가 된다. 따라서 The quality of A is better than B.가 된다. 그런데 이것은 틀린 문장이다. 왜냐하면 A, B를 비교할 때는 같은 것을 비교해야 하는데 A의 '품질'과 B라는 '상품'을 비교하고 있기 때문이다. 이것은 한국어 문장을 그대로 베꼈기 때문인데 한국어는 뒤에 있는 비교의 대상을 생략해서 말해도 뜻이 통하지만 영어에서는 비교 대상이 같지 않거나 생략하면 말이 안 된다. 따라서 위의 문장은 The quality of A is better than the quality of B.라고 해야 하는데, the quality가 두 번 반복되니까 뒤의 것은 that으로 바꾼다. 즉, The quality of A is better than that of B.라고 한다. 여기까지는 문법 이야기다. 그런데 문법에 맞는다고 다 같은 영어는 아니다. 위 영어 문장은 한국어처럼 quality를 주어로 하고 있다. 그러나 quality를 속성으로 갖는 전체, 즉 제품 A를 주어로 하는 것이 훨씬 더 영어답다. 따라서 제품 A를 주어로 하고 quality는 뒤로 빼서 A is better(A가 더 낫다) in quality(품질 면에서) than B(B보다).와 같이 표현한다. 이렇게 하면 A, B 제품의 질을 비교하는 것이 된다. 이것이 좀 더 자연스러운 영어식 주어 선택이며 표현법이다.

예제 캐나다의 국가 채무가 미국보다 훨씬 크다.
Canada is greater in national debt than the U.S.

~이 부족하다 (1)

그 영화의 줄거리는 독창성이 떨어진다.

직역 The movie's plot is not very original.

네이티브 **The movie lacks originality in its plot.**

The movie falls short in plot originality.

영화의 '줄거리'는 영어로 plot이라고 하는데, '영화의 줄거리가 별로 독창적이지 못하다'라는 한국어를 그대로 영어로 하면 The movie's plot이 주어가 된다. 그리고 뒤에 ~ is not very original(별로 독창적이지 않다)을 붙이게 된다. 문법적으로 틀린 부분이 없고 뜻도 통한다. 그러나 원어민 영어에서는 movie가 주어로 나서고 The movie is not very original(영화가 별로 독창적이지 못하다)이라고 먼저 말한 후, 어느 부분에서 그런지를 뒤에 in its plot(줄거리에서)을 붙여서 표현한다. 즉, The movie is not very original in its plot.이 된다. 전체에 대해 먼저 말하고 뒤에 부분으로 한정하는 방식이다. 그렇다고 plot이 주어가 되면 안 된다는 말은 아니다. 언어에서 안 되는 것은 없다. 어느 것이 더 자연스

chapter 09 영어식 주어 선택

러우냐의 문제일 뿐이다. 원어민이라도 얼마든지 plot을 주어로 쓰는 사람이 있을 수도 있다. 다음 영화평을 읽어보자. The movie was a big let down for me. First, its plot wasn't very original.(그 영화는 실망이 컸다. 일단, 줄거리가 독창적이지 않았다.) 앞 문장에서 영화에 대한 일반적인 평가를 한다. 그 후에 뒷문장에서 어떤 부분이 실망스러웠는지를 구체적으로 언급하는데 여기서 plot이 주어가 된다. 이런 경우에는 부분이 문장의 주어가 되는 것이 자연스럽다. 그러나 이 경우에도 전체(movie)를 먼저 언급하고 뒤에서 부분(plot)을 이야기하는 방식은 그대로 적용된다. '별로 독창적이지 않다'는 다르게 말하면 '독창성이 떨어지다'가 되는데, '떨어지다'에 해당하는 동사는 lack이다. '독창성'은 originality니까 lack originality가 된다. 따라서 '~의 창의성이 떨어지다'도 ~ lacks creativity라고 하면 된다. 한국어에서 '떨어지다'니까 영어에서도 혹시 fall을 쓰면 안 될까? 물론 안 된다. 그러면 엉터리 표현이다. 그렇지만 완전히 안 되는 것은 아니고 fall short(짧게 떨어지다)이라는 관용 표현을 사용하면 가능하다. fall short은 한국어로 '부족하다'에 해당한다. 여기서도 묘사의 순서가 '전체 → 부분'으로 진행되는 법칙이 적용된다. 즉, The movie falls short(그 영화는 부족하다)라고 먼저 말한 후 뒤에 in plot originality(줄거리 독창성에서)를 붙인다. fall short은 shortfall이라고 명사로 바꾸면 '부족'이라는 뜻이 된다.

예제 이 휴대전화의 디자인은 창의적이지 않다.
This cell phone lacks creativity in design.

~이 부족하다 (2), 빠듯하다

저희 예산이 넉넉하지 않습니다.

직역 **Our budget isn't enough.**

네이티브 **We're on a tight budget.**

한국어에서는 '우리 예산이 부족하다'라고 말한다. 주어는 '예산'이다. 그러다 보니 영어로 말할 때도 한국어의 주어를 그대로 가져가서 budget(예산)을 주어로 한 Our budget isn't enough.(예산이 충분치 않다.) 같은 식으로 말한다. 문법적으로 틀린 것도 없고 뜻도 확실하다. 그렇지만 주어 선택에서 원어민들의 영어와 차이가 난다. 이 경우 좀 더 자연스러운 표현법은 주어를 budget이 아니라 we로 하는 것이다. budget은 we에 속한 한 부분이고 we가 묘사 대상의 전체이다. 영어에서는 we를 주어로 해서 We are(우리가 있다)라고 말한 후에 on a tight budget(빠듯한 예산 위에)을 뒤에 붙인다. 즉, 전체인 we가 주어가 되고 부분인 budget은 문장 뒤로 간다. 한국어에서는 '우리가'를 주어로 해서 예산 부족을 말하기 어렵다. '우리 예산이'라고 주어를 잡아야 말이 쉽게 풀린다. 그러다 보니 we를 주어로 말하는 영어식 표현을 생각해 내기 어렵다. 참고로 on a tight budget과 비슷한 표현으로 on a shoestring이라는 표현이 있다. shoestring은 '신발 끈'인데 구어적으로 '매우 적은 예산'의 뜻이 있다. 그래서 on a shoestring은 '매우 적은 돈으로', '매우 적은 예산으로'라는 뜻이다. 가령 '어떤 영화가 매우 적은 예산으로 만들어졌다'는 The movie was made on a shoestring (budget).이라고 할 수 있다.

예제 제 일정이 빠듯합니다.
I'm on a tight schedule.

~이 저렴하다

타이어는 타이어랙이 가장 저렴하다.

직역 **Tires are the cheapest at Tirerack.**

네이티브 **Tirerack has the best prices on tires.**

You can get the best deals on tires at Tirerack.

'타이어는 T사가 싸다'를 영어로 말할 때 '타이어'를 주어로 Tires are the cheapest at T.라고 하기 쉽다. 그렇지만 타이어는 그것을 판매하는 T사에 속해 있으니 T사가 전체이고 타이어는 그 일부이다. 따라서 T사를 주어로 T has the best prices on tires.라고 하는 것이 더 영어답다. 이때 '가격이 가장 싸다'라고 해서 cheapest prices(가장 싼 가격)라고 하기 쉬운데 이건 틀린 표현이다. 한국어에서 '가격이 싸다'라고 하니까 영어로 The price is cheap.이라고 하는 사람이 많다. 그러나 cheap은 물건에 대해서 쓰는 것이다. price는 물건이 아니므로 cheap이라고 할 수 없다. The price is good.이라고 하는 것이 보통이고 따라서 '가장 싼 가격'도 best price라고 해야 한다. 또는 물건을 사는 주체인 사람, 즉 You를 주어로 해서 You can get the best deals(가장 좋은 거래를 가질 수 있다)를 먼저 말하고, on tires(타이어에 있어서) at T(T사에서)를 붙이는 것도 영어답다.

예제 기본 생활용품은 S-Mart가 가격이 저렴하다.
S-Mart has good prices on basic supplies.
S-Mart usually **has good prices** for basic supplies.

~이 최고이다

그 카메라는 가격이 비싸서 그렇지 품질은 최고이다.

콩글리시 **The camera's quality is top, even though its price is expensive.**

네이티브 **The camera is top-notch in quality, though (it is) pricy.**

어떤 물건의 '가격이 비싸지만 품질은 최고다'를 그대로 영어로 하면 '가격'과 '품질'이 주어가 되어 Its price is high, but the quality is best.가 된다. 한국어에서 '가격이 비싸다'라고 하는데 '비싼'은 영어로 expensive니까 The price is expensive.라고 하기 쉽다. 그러나 이것은 틀린 표현이다. expensive한 것은 물품이고 price는 expensive 하다고 표현할 수 없다. 대신에 물건을 주어로 한다면 expensive를 쓸 수 있다. 영어에서 price는 high(높은) 또는 low(낮은)라고 한다. 그 외에 '값비싼'의 뜻으로 pricy라는 단어도 있다. 본론으로 돌아가서 위 예문을 좀 더 자연스럽게 영어로 말하려면 물품 자체를 주어로 해야 한다. 위 예문의 경우 '카메라 가격이 비싸다'는 The camera is expensive., '카메라 품질이 최고다'는 The camera is best(카메라가 최고다) in quality.(품질에서)라고 한다. 여기서 '최고다'는 best도 되지만 excellent(매우 우수한)의 의미로 first-class(일급인), top-notch(최고 등급인), outstanding(매우 뛰어난), superb(매우 우수한), unmatched(비교 대상이 없는), unbeatable(이길 수 없는) 같은 표현을 써도 좋다. '비싸다'라는 표현도 좀 더 알아보자. 어떤 것의 비용이 많이 들어간다는 뜻이라면 costly라는 형용사가 있다. 가령, 집의 구조를 변경하는 renovation을 하는 비용이 비쌌다면 The renovation was costly.라고 할 수 있다. 또는 구어적 표현으로 steep(가파른)이라는 형용사도 쓰인다. 가령,

'가격이 500달러로 나에게는 비쌌다'는 The price was steep for me, at $500.라고 할 수 있다. 또 cost ~(~의 비용이 들다)라는 동사를 써서 The camera cost me a lot of money.(카메라에 많은 돈이 들었다)라고 하거나 a lot of money 대신 a fortune(큰 재산)을 넣어 The camera cost me a fortune.이라고 할 수도 있다. 약간 진부한 관용 표현 중에는 The camera cost me an arm and a leg.(그 카메라는 팔과 다리의 비용이 들었다)라는 것도 있다.

예제 TM의 환경 경영은 이미 세계 수준에 도달해 있다.

TM is already **world-class** in its green management.

그 카메라의 배터리 성능은 동종 제품 중 최고이다.

The camera stands out from the pack in battery life.

• stand out from the pack 무리 중에서 두각을 나타내다 → 경쟁 제품 중 최고이다

~은 …의 길이[둘레]가 크다/작다

이 청바지는 허리가 너무 크다.

직역 **The waist of these blue jean pants is too big.**

네이티브 **These jeans are too big in the waist.**

'바지의 허리가 너무 크다'라는 한국어에서 주어는 '허리'이다. 따라서 영어로 할 때도 한국어식으로 waist(허리)를 주어로 해서 The waist of the pants is too big.이라고 하는 경우가 많다. 그렇지만 원어민들은 waist보다 pants를 주어로 해서 The pants are too big이라고 먼저 말한 뒤에 in the waist.(허리에서)라고 덧붙인다. 이것이 원어민식 표현법이다. 즉, '전체'인 사람을 주어로 먼저 묘사한 후 '부분'으로 뒤에서 한정한다. 사람을 묘사할 때도 마찬가지다. 남자가 역삼각형으로 '어깨가 넓고 허리가 가늘다'를 직역하면 His shoulders are broad, and his waist is slim.이다. 그러나 영어다운 영어는 He is broad라고 전체인 사람(He)을 먼저 묘사한 후에 뒤에 in the shoulders(어깨에서)라고 부분으로 한정한다. 따라서 He is broad in the shoulders and slim in the waist.가 된다. 몸매를 묘사할 때도 한국어에서는 '가슴(bust)', '허리', '엉덩이(hips)'를 주어로 해서 말하지만 영어에서는 사람을 주어로 해서 She is big in the bust, slim in the waist and full around the hips.라고 한다. 참고로 'S 라인'은 영어로 an hourglass figure라고 한다. hourglass는 '모래시계'이니까 어떤 형태인지 금방 연상이 될 것이다.

예제 이 재킷은 길이가 너무 짧고 어깨가 너무 좁다.

This jacket is too **short** in length and too small across the shoulders.

이 드레스의 밑단은 약간 플레어 형태이다.

The dress is a bit **flared** at the bottom.

(바지·재킷의) 허리·기장을 늘리다/줄이다

드레스의 허리 부분을 늘려야겠습니다.

콩글리시 I must make the hips of the dress longer.

직역 The waist of the dress needs to be let out.

네이티브 **The dress needs to be let out in the waist.**

영어로 '옷 수선'은 alteration이라고 한다. 그리고 옷을 수선하는 남자는 seamster, 여자는 seamstress라고 한다. 즉, '재봉사'라는 뜻이다. 옷의 허리, 가슴 같은 것을 '줄이다', '늘리다'는 take ~ in, let ~ out이라는 구동사를 사용한다. 따라서 '~을 늘리다'를 make ~ longer(더 길게 만들다)와 같이 말하면 말은 되지만 원어민들이 쓰지 않는 표현으로 엉터리 영어와 다름없게 된다. 기장(length)을 '줄이다'나 '늘리다'는 별도로 shorten ~, lengthen ~이라는 동사를 쓴다. 지금까지는 배경 설명이고 본론으로 들어가서 '(내가) 드레스의 허리를 늘려야겠다'를 영어로 말해 보자. 여기서 '해야겠다'는 그럴 필요가 있다는 말이므로 need to ~라고 한다. 그럼 한국어 문장을 그대로 영어로 하면 주어가 I가 되는데, 그렇다고 I need to let out the waist of the dress.라고 하면 의미가 약간 달라진다. 그렇게 되면 내가 직접 드레스 수선 작업을 하게 되는 것이 된다. 따라서 이때는 the waist of the dress를 주어로 내세워서 The waist of the dress needs to be let out.(드레스의 허리가 늘려야 될 필요가 있다)과 같이 수동태로 표현한다. 그런데 한국어에서 '드레스의 허리'라고 하듯이 이 문장에서도 주어로 waist가 나와 있다. 그렇다고 틀린 건 아니지만 원어민들은 보통 주어를 waist가 아닌 dress로 써서 The dress needs to be let out(드레스가 늘려져야 한다)이라고 먼저 말하고 뒤에 in the waist(허리에서)를 붙인다. 이렇게 옷의 부분인 waist보다 전체인 the dress를 주어로 해서 '옷이 let out되어야 한다'라고 하고 구체적으로 어느 부분인지는 뒤에 덧붙이는 것이 한국어와 다른 영어적 표현법이다. 위에서 주어를 I로 쓰면 내가 직접 let out하는 것이 된다고 했는데 이것을 피하는 또 다른 방법은 [have + 과거분사] 구문을 쓰는 것이다. 이렇게 되면 '~이 …해지다'라는 뜻의 수동태 의미가 된다. 위의 경우에는 I need to have the dress let out in the waist.가 된다. 이 형태를 사용해서 '이 바지의 기장을 줄여야겠다'는 I need to have these pants shortened.라고 한다. shorten이라는 동사 자체가 '~의 길이를 줄이다'의 뜻이 있으므로 뒤에 in length(길이에서)를 붙일 필요가 없다. 같은 말을 pants를 주어로 하면 These pants need to be shortened.가 된다.

예제 이 바지 허리를 줄여야겠습니다.

These pants need to be taken in at the waist.

이 드레스는 가슴을 늘려야겠습니다.

This dress needs to be let out in the bust.

CHAPTER 10

무생물 주어를 쓸 수 있어야 콩글리시에서 벗어난다

무생물 주어를 쓰지 못하는 영어는 '반쪽짜리'다!

마케팅 방법과 전략을 다룬 What's keeping your customers up at night?라는 책이 있다. 제목을 한국어로 직역하면 '무엇이 당신의 고객을 밤새 깨어 있게 하는가?'이다. 그런데 이 번역 문장은 한국어에서는 자연스럽지 않은 말이다. 왜냐하면 한국어에서는 '무생물이 사람에게 어떻게 한다'는 식의 표현은 잘 사용하지 않기 때문이다. 위의 영어 문장을 자연스러운 한국어로 바꾼다면 '당신의 고객은 왜 밤에 잠 못 자고 깨어 있을까?'가 될 것이다. 이것을 다시 영어로 하면 Why are your customers up at night?가 된다. 결국 다음과 같은 관계가 성립된다.

당신의 고객은 왜 밤에 잠 못 자고 깨어 있을까?

① Why are your customers up at night? (직역식)
② What's keeping your customers up at night? (원어민식)

①은 한국어 형식과 같아서 대부분의 영어 학습자들이 어렵지 않게 만들어 낼 수 있는 문장이다. 그러나 ②는 한국어와 달리 '무생물이 사람에게 어떻게 한다'는 방식의 표현이기 때문에 우리나라 영어 학습자들이 쉽게 생각해 내기 힘든 문장이다. 무생물을 주어로 한 문장은 영어에서는 매우 흔히 볼 수 있다. 그렇기 때문에 무생물 주어를 사용한 문장을 만들어 쓸 줄 모르면 '반쪽 영어'라고 해도 과언이 아니다. 바꿔 말하면 무생물을 주어로 쓸 수 있을 때 비로소 '영어다운 영어'에 눈을 뜨게 된다고 할 수 있다.

무생물 주어를 쓰면 논리 관계가 간결해진다

무생물 주어를 사용하면 논리 관계를 간단명료하면서도 세련되고 박력 있는 문장으로 표현할 수 있다. 예를 들어 '커피를 마시면 키가 크지 않는다'라는 말을 영어로 해 보자. 독자 대부분은 '커피를 마시면' → If you drink coffee, '키가 크지 않는다' → you won't grow. 이런 식으로 생각할 것이다. 한국어에서처럼 주어가 사람으로 '사람이 어떻게 한다'는 문장이다. 그런데 coffee를 무생물 주어로 삼아 'coffee가 어떻게 한다'와 같이 발상을 전환하면 If ~ 같은 군더더기 표현 없이 간단하면서도 영어다운 문장을 만들 수 있다.

③ If you drink coffee, you won't grow. (한국식)

④ Coffee stunts growth. (원어민식)
커피가 성장을 막는다.

예를 하나 더 들어 보자. 어떤 와인 가게를 둘러보고 '대충 둘러보니까 품질 좋은 와인을 취급하고 있더군요'라고 말하는 상황이다. 내가 둘러보고, 내가 느낀 점을 말하는 식으로 직역하면 다음과 같다.

⑤ After I looked around quickly, I found that they carried quality wine.
상점을 빨리 둘러본 후 그곳이 품질 좋은 상품을 취급하고 있음을 알게 되었다.

이번에는 After I looked around quickly를 a quick look-around(빨리 둘러보기)라는 명사구로 축소시킨 후 이 무생물 명사구를 주어로 해서 말하면 다음과 같은 멋진 문장을 만들 수 있다.

⑥ A quick look-around told me that they carried quality wine.
빨리 둘러보기가 그 상점이 좋은 와인을 취급하고 있다는 것을 나에게 말해 주었다.

위 예처럼 한국어에서 If ~, After ~와 같은 부사절이나 구로 표현되는 논리 관계가 무생물 주어를 사용하면 주어-목적어 간의 직접적인 관계로 표현되는 것을 알 수 있다. 이것이 바로 무생물 주어를 사용하는 영어의 힘이다.

원어민식 영어에 한걸음 다가가기 위해서는 무생물을 주어로 해서 '그것이 사람에게 어떻게 한다'는 식으로의 발상 전환이 필요하다. 그리고 이런 영어 감각을 체득하기 위해서는 많은 연습을 해야 한다. 그런 의미에서 이번 챕터에는 충분한 연습이 가능하도록 일상생활에서 흔히 쓰이는 생생한 예문을 많이 수록했다. 그럼, 이제 무생물을 주어로 쓰는 파워 영어의 세계로 들어가 보자.

무생물 주어를 쓸 수 있어야 콩글리시에서 벗어난다

(~ 때문에) 걱정이다

075_Ch10_n01_15

뭐가 걱정이에요?

직역 **What's your worry?**

네이티브 **What's worrying you?**

What's eating you?

'걱정'은 영어로 worry이다. 따라서 '뭐가 걱정이냐?'라는 질문을 그대로 영어로 하면 What's your worry?가 된다. 그러나 일반적으로는 worried about ~(~에 관하여 걱정하는)이라는 표현을 써서 What are you worried about?(당신은 무엇에 관하여 걱정하십니까?)이라고 한다. 그런데 worry는 타동사로 '~을 걱정시키다'라는 뜻이 있다. 따라서 What's worrying you?(무엇이 당신을 걱정시킵니까?)와 같이 말할 수도 있다. 이렇게 한국어와 달리 영어에서는 무생물을 나타내는 what이 사람을 걱정시킨다고 표현하는 것이 가능하다. 구어 표현에서 worry 대신 eat(먹다)을 써서 What's eating you?(무엇이 당신을 먹고 있습니까?)라고 하기도 하는데 이때 eat은 사람의 마음이나 정신을 갉아먹듯이 걱정이나 부담을 준다는 뜻이다.

예제 한 가지 걱정되는 것이 있어요.
One thing worries me.

겁나다 (1)

그는 덜컥 겁이 났다.

직역 **He was suddenly frightened.**

네이티브 **Fear gripped him.**

보통 '그는 겁이 났다'는 영어로 He was frightened. 또는 He was scared.라고 생각한다. frightened는 '공포감' 때문에, scared는 '무서움' 때문에 겁난다는 뜻이다. 그런데 무생물 주어가 발달한 영어에서는 '겁'이 주어가 되어 '사람'에게 어떻게 하다'라고 표현할 수도 있다. '겁'은 fear이므로 이 단어를 주어로 하면 Fear gripped him.이라고 표현한다. grip은 '붙잡다'의 뜻으로, 한국어로 하면 '공포가 그를 붙잡았다'가 된다. 무생물이 '사람을 붙잡는다'라는 표현은 한국어에서는 잘 쓰지 않지만 영어에서는 일반적인 표현이다. grip과 같이 어울려 쓰는 감정 단어에는 grief(슬픔), tension(긴장감)과 같이 주로 부정적인 감정에 관한 것이지만, 그 외에도 mystery(신비, 불가사의), fever(열기) 같은 단어도 어울려 쓰인다.

예제 독일에서 월드컵 경기가 시작되자 그 도시는 축구 열기에 휩싸였다.
A soccer fever gripped the city as the World Cup kicked off in Germany.

(~하니) 겁나다 (2), 흥분되다

나 혼자 독립한다고 생각하니 겁도 나면서 동시에 흥분되기도 했다.

직역 **When I thought about becoming independent as a solo, I was scared and excited at the same time.**

네이티브 **The idea of going solo terrified and excited me at the same time.**

우리는 '겁', '흥분' 같은 감정을 표현할 때 '내가 겁먹다', '내가 흥분하다'와 같이 사람을 주어로 해서 말한다. 따라서 영어로 말할 때도 항상 I가 주어가 되어 I'm afraid.(두렵다), I'm terrified.(무섭다), I'm excited.(신난다)와 같이 표현한다. 그런데 terrified나 excited는 원래는 terrify ~(~을 무섭게 하다, 겁나게 하다), excite ~(~을 흥분시키다)라는 타동사에서 나온 단어이다. 이 타동사들을 사용하면 ~ terrified me.나 ~ excited me.와 같이 I가 목적어인 me로 바뀌고 주어에는 나를 무섭게 하고 흥분시키는 대상이 오게 된다. 그런데 이 주어가 무생물 명사인 경우가 많다. 왜냐하면 한국어에서는 '~이라고 생각하니 겁이 났다'라고 하지만 영어에서는 '생각'이라는 무생물이 주어가 되어 '~한 생각이 나를 겁나게 했다'라고 표현하는 것이 가능하기 때문이다. 문제는 '~이라고 생각하니'와 같은 한국어를 주어로 쓸 수 있도록 명사화하는 것인데 그렇게 어렵지 않다. '생각'은 thought 또는 idea이니까 The thought[idea] of -ing라고 하면 된다. '혼자 독립하다'도 위와 같이 직역식으로 표현할 수 있지만 콩글리시 냄새가 난다. 영어에서는 간단하게 go solo라고 한다. 따라서 '솔로로 독립한다고 생각하니' → The thought of going solo와 같이 명사구로 만든 후 뒤에 terrified me.라고 붙이면 간단해진다. 앞으로 '무엇 때문에 어떤 감정을 느끼다'라고 할 때는 '~ 때문에', '~하니'와 같은 한국어 부사절을 명사로 해서 사람에게 어떻게 한다는 식으로 표현하도록 하자.

예제 10년이 지나 다시 학교에 다닌다고 생각하니 겁이 났다.
The thought of going back to school after 10 years frightened me.

(~하면) 기분이 좋아지다

나는 우울할 때 록 음악을 들으면 항상 기분이 좋아진다.

콩글리시 **When I am sad, if I listen to rock music, I feel better.**

네이티브 **When I'm depressed, rock music always cheers me up.**

'록 음악을 들으면 기분이 좋아진다'는 '~하면', '…하다'의 2개의 절로 되어 있다. 그러다 보니 영어에서도 '록 음악을 들으면' → if I listen to rock music, '기분이 좋다' → I feel good.과 같이 표현하는 경우가 대부분이다. 그러나 발상을 전환해서 rock music을 주어로 해서 '그것이 나에게 어떻게 한다'는 식으로 표현해 보자. 그렇게 되면 Rock music cheers me up.이라는 표현이 가능해진다. cheer ~ up은 '~의 기분을 북돋다, 기분 좋게 하다'라는 뜻이다. '우울할 때'는 when I'm sad도 좋고, sad(슬픈) 대신 depressed(우울한, 저기압의), in a bad mood(기분이 안 좋을 때)와 같은 표현을 쓰면 된다.

예제 이 소식을 듣고 당신의 기분이 좋아졌으면 합니다.
I hope this news cheers you up.

(~ 때문에 …을) 깨닫다 (1)

그 사건으로 우리 모두는 학교와 가정에서 화재 예방의 중요성을 깨달았다.

직역 **Because of the incident, we all realized the importance of fire prevention at school and home.**

네이티브 **The incident awoke us all to the need for fire safety at school and home.**

'A 때문에 B를 깨달았다'를 직역하면 Because of A, I realized B.가 된다. 이런 식의 영어는 누구나 할 수 있는 단순한 표현이다. 이유가 되는 A와 그 결과인 B를 because of ~라는 판에 박힌 표현 말고 좀 더 역동적으로 표현할 수 없을까? 당연히 있다. 가장 쉬운 방법은 A를 주어로 해서 'A가 B에게 어떻게 했다'라는 식으로 A와 B를 직접 연결시켜 표현하는 것이다. 그러면 A made me realize B.(A가 나에게 B를 깨닫게 만들었다.)라고 할 수 있다. 이렇게만 해도 일단 발상의 전환에는 성공한 셈이다. 여기서 한걸음 더 나아가 awake라는 동사를 써 보자. awake ~는 '~을 깨우다'로 awake ~ to라고 하면 '~이 …을 보게 하다[…에 눈뜨게 하다]'라는 표현이 된다. awake의 과거는 awoke이다. 따라서 A awoke me to B.가 된다. 이런 식의 표현은 영자 신문이나 잡지에서 많이 등장하지만 읽고 이해만 했지 직접 쓰고 말한다는 것은 생각하지 못하는 사람이 많다. 왜냐하면 항상 Because of ~, I realized ...라는 식으로만 생각했기 때문이다. 이제부터는 사람이건 사물이건 상관 없이 이유가 되는 것을 주어로 써서 말해 보자. Then, it will awake you to a whole new world of English speaking and writing. (그러면 그것은 여러분이 영어 말하기와 쓰기에 있어 완전히 새로운 세계에 눈을 뜨게 해 줄 것이다.)

예제 9·11 사건으로 인해 미국은 새로운 전쟁에 눈을 뜨게 되었다.
The events of 9/11 awoke America to a new kind of war.

(~을 통해 …을) 깨닫다 (2), **배우다**

그 경험을 통해 나는 자립의 중요성을 깨달았다.

직역 **Through the experience, I realized the importance of self-reliance.**

네이티브 **The experience taught me the importance of self-reliance.**

'~을 통해 …을 깨닫다'라는 말을 영어로 하면 '~을 통해' = through ~, '~을 깨닫다' = I realize ~가 된다. 이렇게 말해도 문법이나 의미 전달에서 문제는 없다. 다만 이보다 훨씬 더 세련되고 영어다운 영어에 접근하지 못하는 것이 문제다. 직역식으로 늘어 놓는 영어의 틀을 깨고 주어를 I 대신 무생물인 experience로 해서 'experience가 나에게(me) 어떻게 한다'는 식으로 생각해 보자. 그러면 The experience taught me ~(경험이 나에게 ~을 가르쳐 주었다)라는 표현이 가능해진다. 써 놓고 보면 별것 아닌 것 같지만 막상 '~을 통해'라고 하면 또 Through ~라는 영어가 나온다. 무생물 주어가 사람처럼 어떻게 한다고 표현하는 발상이 체득되지 않은 탓이다. 이제부터 '~을 통해 …했다'라는 생각을 영어로 표현하고자 할 때는 '~'을 주어로 삼아 말하도록 하자.

예제 역사에서 배울 것이 있다면 그것은 권력은 영원하지 않다는 점이다.
If history teaches us anything, it is that power is fleeting.

• fleeting 순식간에 지나가는

(~을) 나중에 하다

그 일은 나중에 해도 돼요.

직역 **We can do that later.**

네이티브 **That can wait.**

'나중에 하다'는 do later이다. 따라서 '그 일은 나중에 할 수 있다'는 We can do that later.가 된다. 이렇게 말해도 틀린 건 아니다. 그렇지만 원어민은 '그 일(that)'이라는 무생물을 주어로 해서 That can wait.(그것이 기다릴 수 있다)라고 말하기도 한다. '기다리는 행동'은 의식이 있는 사람이나 할 수 있는 일인데 영어에서는 무생물도 사람처럼 기다릴 수 있다고 표현한다. 영어 감각이 몸에 배인 사람이 아니면 좀처럼 생각하기 힘든 발상이다.

예제 내가 시카고에서 돌아온 후에야 그 일을 할 수 있다. (내가 시카고에서 돌아올 때까지 그 일은 기다려야 할 것이다.)
It'll have to **wait** until I get back from Chicago.

(~에서 …이) 내려다보이다

그 창문에서는 센트럴 파크가 내려다보인다.

콩글리시 **From the window, Central Park can be seen below.**
From the window, you can look down at Central Park.

직역 **From the window, you can look out on Central Park.**

네이티브 **The window overlooks Central Park.**

'~에서 …이 내려다보이다'라는 한국어는 '~에서'라는 부사절이 있고 '…이 내려다보이다'라는 수동태 동사구가 있다. 그러다 보니 영어로 말할 때도 From ~이라고 시작하는 경우가 대부분이다. 그렇지만 영어에서는 무생물이 주어가 되어 '~을 한다'라고 표현할 수 있다. 따라서 From the window 대신 The window를 주어로 해서 '창문이 공원을 어떻게 한다'는 식으로 발상을 전환해 보자. 그러면 '창문이 공원을 내려다보다'가 되는데 '~을 내려다보다'는 영어로 overlook ~이라고 한다. 따라서 The window overlooks ~라고 한다. 이어서 '공원이 내려다보이다'를 수동태로 표현해야 하는데 이를 the park is overlooked라고 하면 완전히 콩글리시가 된다. window를 주어로 쓰면 굳이 이렇게 수동태로 표현할 필요가 없다. 또 주어를 park로 하지 않고 사람인 you로 할 경우에는 '공원을 내려다보다'라고 할 수 있는데 이렇게 사람이 주어일 때는 overlook을 쓰지 않는다. 이때는 look out on ~이라는 표현을 써야 한다. look out on ~도 주어로 room, office 같은 무생물을 넣어 쓸 수 있다. 가령, '그의 호텔 방에서는 정원이 보인다'는 His hotel room looks out on the garden.이 된다.

예제 그 식당의 발코니에서는 그린 밸리가 내려다보인다.
The restaurant's balcony overlooks the Green Valley.

(~ 때문에) **놀라다**

(그것 때문에) 놀라셨어요?

직역 **Were you surprised?**

네이티브 **Did it surprise you?**

'놀라다'는 영어로 surprised(놀란)라는 형용사를 써서 I was surprised.(나는 놀랐다.)와 같이 표현한다. 상대방에게 '놀랐냐?'라고 물어보는 말도 Were you surprised?가 된다. 두 문장 다 주어가 I나 you와 같이 사람이어서 '사람이 놀라다'라는 표현이다. 그런데 surprise는 원래 '~을 놀라게 하다'라는 의미의 타동사이다. 따라서 어떤 일에 놀랐을 때 그 일을 주어로 해서 It surprised me.(그것이 나를 놀라게 했다)라고 할 수 있다. 또는 상대방에게 어떤 일 때문에 '놀랐냐?'라고 할 때도 Did it surprise you?(그것이 당신을 놀라게 했습니까?)라는 식으로 물어볼 수 있다. 한국어와 달리 영어에서는 무생물이 사람을 surprise(놀라게 하다)뿐만 아니라 please(기쁘게 하다), disappoint(실망하게 하다), worry(걱정시키다), excite(흥분하게 하다), interest(관심을 갖게 하다)한다고 표현하는 것이 자연스럽다.

예제 난 그것 때문에 전혀 놀라지 않았다. (그것은 나를 전혀 놀라게 하지 않았다.)
That didn't **surprise** me at all.

전 그것에 별 관심이 없습니다. (그것은 나에게 관심을 갖게 하지 않습니다.)
That doesn't **interest** me.

(~하면 …이) **높아지다, 증진되다, 강화되다**

집에 페인트칠을 새로 하면 외관상 보기 좋아 주택 가치가 높아진다.

콩글리시 **If you paint your house newly, it will look nice externally, so its value will increase.**

네이티브 **A fresh coat of paint will increase the curb appeal and the value of your home.**

'집에 페인트칠을 새로 하다'는 직역하면 paint the house newly가 되지만 이럴 때 newly라는 말은 쓰지 않는다. 보통 집을 팔기 전에 해야 할 일을 말할 때 Paint your house before you sell it.(팔기 전에 집에 페인트칠을 해라.)과 같이 '새로'라는 말을 하지 않거나 굳이 해야 할 경우에는 paint를 동사로 쓰지 않고 Give your house a fresh coat of paint.(집에 새로운 페인트 코팅을 줘라)라고 표현한다. 또 '외관상 보기 좋다'도 '외관상'이라는 말은 할 필요 없이 It will look nice.라고만 하면 된다. 또는 It will be pleasing to the eye.(눈으로 보기에 좋다.)와 같은 영어만의 표현을 찾아 쓰도록 하자. 그런데 보다 근본적인 표현의 문제는 '집에 칠하면' → If you paint your house, '주택 가치가 높아진다 → the value of your house will increase와 같이 한국어 문장 구조를 그대로 옮기듯이 영어로 말하는 것이다. 이렇게 한국어 구조대로 영어 문장을 만드는 대신 If ~ 절의 내용을 문장의 주어로 해서 '페인트칠하기가 집에 어떻게 한다'는 식으로 표현해 보자. 그러면 '집에 새로 페인트칠하기'는 a fresh coat of paint to your house가 되고 그것은 the value of house를 올려 주는 것이 되므로 '~을 올려 주다'라는 뜻의 동사 increase ~, raise ~ 같은 동사를 쓰면 A fresh coat of paint to your house will increase its value.가 된다 '외관상 보기 좋음'은 external appeal이라고 하면 되지만 보통 curb appeal이라고 한다. curb는 도로의 '노변'을 뜻하는데 자동차를 타고 가면서 보이는 주택의 멋이라는 뜻이다. 정리하면 'A해서 B가 높아지다'는 If A, B increase라고 하는 대신 A increase B라고 바로 연결해 표현한다. 마찬가지로 'A 때문에 B가 늘어나다'도 Because A, B increase로 하지 않고 A increase B라고 한다. 이렇게 쓰려면 A에 무생물 주어를 사용해야 하므로 기본적으로 무생물 주어를 사용하는 영어 감각이 필수적이다. 이런 문장 구조에서 사용되는 영어 동사는 increase 외에도 boost(~을 밀어 올리다), heighten(~을 높이다), reinforce(~을 강화하다), solidify(~을 단단하게 하다, 결속시키다)와 같은 것들이 있다. 예를 들면, '원화 가치가 떨어지고 있어 수출이 늘어날 것이다'에서 밑줄 친 부분을 주어로 잡으면 The falling value of the Korean currency will boost exports.가 된다. 또, '이 기술로 인해 세계 시장에서 우리의 선도적 위치는 더욱 강화될 것이다'도 밑줄 친 부분을 주어로 하면 This technology will solidify our leadership in the global market.이 된다.

예제 이번 협정이 시행되면 경제 분야에서의 양국 간 협력이 더욱 증진될 것이다.
The deal, when put into place, will **boost** cooperation between the two nations in the economic sector.

(~하니) 눈물이 나다

그 기사를 읽고 나는 눈물이 났다.

콩글리시 **I read the article, and tears came out.**

직역 **As I read the article, I shed tears.**

네이티브 **The article brought me to tears.**

'눈물이 나다'에서 '나다'를 come out(밖으로 나오다)이라고 하는 것은 콩글리시다. 굳이 한국어처럼 come(오다)이라는 동사를 쓰고자 한다면 Tears came to my eyes.(눈물이 나의 눈으로 왔다)라고 표현한다. 아니면 well(우물처럼 솟아나다)이라는 동사를 써서 Tears welled up in my eyes.라고 한다. 또는 주어를 I(나)로 바꾸고 동사는 shed(흘리다, 벗다)를 써서 I shed tears.라고 한다. 그러나 진짜 영어다운 맛이 나는 표현은 무생물인 article(기사)을 주어로 해서 The article brought me to tears.(그 기사가 나를 눈물로 데리고 갔다)와 같이 article이 사람을 '어떻게 했다'는 식으로 표현하는 것이다.

예제 그녀의 말을 듣고 눈물이 솟았다.
Her words brought me to **tears.**

(~하면 …이) 느려지다

나이가 들면 남녀 모두 신진대사가 느려진다.

직역 **When you get old, metabolism gets slower for both men and women.**

네이티브 **Age slows down metabolism in both sexes.**

'나이가 들면 ~이 느려지다'라는 한국어는 '~하면'이라는 조건절로 시작한다. 그러다 보니 나이와 어떤 현상과의 관계를 영어로 설명하려고 할 때 대부분의 영어 학습자들은 If ~나 When ~으로 말을 시작한다. 이런 식으로 해서 When you get old ~라고 해도 틀린 건 아니지만 원어민 느낌이 덜 난다. 이럴 때 When you get old를 과감하게 age(나이, 나이 들기)라는 명사로 대체해서 이 무생물 명사를 주어로 써 보자. 그러면 'age가 ~을 느리게 하다'라고 할 수 있다. 즉, Age slows down ~이 된다. 위의 When ~으로 시작하는 한국어식 영어 문장과 비교하면 When A, B(A하면 B하다)는 A와 B의 인과 관계가 when으로 연결되어 있다. 이에 반하여 A slows B(A가 B를 느리게 하다)는 A, B의 논리 관계가 동사로 직접 연결되어 있다. 이렇게 무생물 주어로 쓰면 문장 내의 논리적 관계가 직접 연결되어 뜻이 분명한 문장이 된다.

예제 적당히 운동하면 노화 현상을 늦출 수 있다.
Proper exercise slows down the aging process.

(~ 때문에) **늦다** (1)

왜 이렇게 늦었어요?

직역 **Why were you so late?**

네이티브 **What took you so long?**

'왜 늦었냐?'는 의문사 why(왜)와 late(늦은)라는 형용사를 써서 표현해도 된다. 그렇지만 원어민은 흔히 무생물 의문사인 what(무엇)을 주어로 하고 '시간이 걸리다'라는 뜻의 동사 take를 써서 What took you so long?(무엇이 당신을 그렇게 오래 걸리게 했습니까?)이라고 말한다. 무생물인 주어가 사람에게 '어떻게 한다'고 말하는 영어다운 표현법이다.

예제 왜 이렇게 전화를 늦게 했어요?
What took you so long to call?

(~ 때문에) **늦다** (2)

폭풍 때문에 작업이 늦어지겠는데요.

직역 **Because of the storm, our work will be delayed.**

네이티브 **The storm will delay us.**

The storm will slow us down.

'~ 때문에'는 영어로 because of ~, '~이 늦어지다'는 delay(지체시키다)라는 타동사를 수동태로 해서 be delayed(지체되다)라고 쓰는 경우가 많다. 이렇게 직역해도 틀린 문장은 아니다. 그렇지만 영어에서는 무생물이 주어가 되어 사람에게 '어떻게 한다'라고 말하는 것이 가능하기 때문에 '태풍'을 주어로 해서 The storm will delay us.(폭풍이 우리를 지연시킬 것이다)라고 할 수 있다. 한 걸음 더 나가서 delay 대신 slow ~ down(~의 진행 속도를 늦게 하다)이라는 구동사를 쓰면 원어민식 영어 냄새가 물씬 풍기는 좋은 표현이 된다.

예제 그렇게 하면 일의 속도가 느려집니다.
That'll slow things **down.**

(~으로 인해) **다치다**

그 폭발 사고로 2명이 숨지고 6명이 다쳤다.

콩글리시 **Because of the explosion accident, two died and six were injured.**

직역 **Two died and six were injured from the explosion.**

네이티브 **The explosion killed two and wounded six.**

'폭발 사고'를 '폭발' = explosion, '사고' = accident, 이렇게 생각해서 explosion accident라고 하는 사람들이 많다. 그러나 실제로는 explosion 단어 자체에 '사고'라는 뜻이 들어 있기 때문에 accident를 붙일 필요가 없다. 그런데 '폭발 사고 때문에 두 명이 사망했다'를 그대로 영어로 하면 Because of the explosion, two died.가 된다. 문법적으로 맞고 어느 정도 뜻도 통하지만 거의 콩글리시에 가까운 문장이다. 말을 좀 바꿔서 Two died from the explosion.(두 명이 폭발로부터 사망했다)이라고 해야 영어 축에 드는 말이 된다. 그런데 아예 무생물인 the explosion을 주어로 해서 The explosion killed two.(폭발이 2명을 죽였다)라고 하면 콩글리시 느낌이 싹 가신 영어다운 문장이 된다. 같은 말을 The explosion left two dead.(폭발이 두 명을 죽게 놔두었다)라고 표현하기도 한다. 마찬가지로 '다쳤다'도 직역식으로 사람을 주어로 하면 was injured(부상당했다)라고 수동태로 말해야 한다. 그렇지만 explosion을 주어로 하면 The explosion injured ~ 혹은 The explosion wounded ~(폭발이 ~을 다치게 했다)라고 할 수 있다. 영어에서는 explosion, flood(홍수), typhoon(태풍) 같은 무생물이 주어가 되어 사람을 죽이기도 하고 다치게도 한다.

예제 폭풍으로 전기가 나갔다.

The storm cut off the power. • cut ~ off ~을 끊다

그 태풍으로 50채의 건물이 파손되고 3,000명의 이재민이 발생했다.

The typhoon destroyed 50 buildings and left 3,000 people homeless.

chapter 10 무생물 주어

(~하면 …이)

더 빨리 일어나다, 발생시키다

076_Ch10_n16_27

담배를 피울 경우 골다공증이 더 일찍 발생한다.

콩글리시 **If you smoke, osteoporosis happens earlier.**

직역 **If you smoke, you can develop osteoporosis earlier in life.**

네이티브 **Cigarette smoking quickens the onset of osteoporosis.**

'골다공증'은 osteoporosis라고 한다. -ro-에 강세가 있다. 그런데 병이 '발생하다'라고 할 때는 happen이라고 하지 않는다. 대신 occur는 가능하다. 질병에 쓸 수 있는 가장 일반적인 동사는 develop이다. 이것은 자동사, 타동사 다 가능해서 Osteoporosis can develop ~(골다공증이 발생할 수 있다)이라고 해도 되고 You can develop osteoporosis ~(골다공증에 걸릴 수 있다)라고 해도 된다. 그 외에 병을 주어로 해서 '병이 발생하다'라고 하고 싶으면 strike라는 동사를 쓸 수 있다. 가령, '당뇨병은 나이에 상관없이 발병할 수 있다'는 Diabetes can strike at any age.이다. 그런데 위 예문에서 진짜 문제는 '담배를 피면 골다공증이 더 빨리 발생한다', 즉 '~하면 …이 더 빨리 온다'라는 표현이다. 한국어의 '~하

면'이라는 부사절 때문에 대부분의 사람들이 영어에서도 If ~로 시작한다. 물론 이것도 하나의 표현이긴 하지만 한국어를 직역하는 습관의 틀을 깨고 더 맛깔스런 영어를 사용하려면 if ~의 내용을 명사로 만들어 문장의 주어로 쓰도록 하자. 그러면 간단하게 Smoking, 또는 좀 더 명확하게 말해 Cigarette smoking이 주어가 된다. 그리고 '~을 더 일찍 오게 하다'의 뜻을 가진 동사를 찾아보면 quicken이 있다. 목적어는 '골다공증의 발병'으로 the development of osteoporosis라고 하면 되지만 병의 '발병, 개시'의 뜻으로 흔히 onset이라는 단어를 쓰기도 한다. 그 결과 If ~로 시작하는 느슨한 영어 문장에서 A quicken B.라는 간결하면서도 파워풀한 문장으로 바뀌게 된다. quicken 대신 '~을 서두르게 하다'라는 뜻의 hasten이나 '~을 가속하다'라는 뜻의 accelerate도 같은 용도로 사용할 수 있다.

예제 니코틴을 섭취하면 심장 박동이 빨라진다.
Nicotine quickens the heart rate.

흡연을 하면 피부 노화가 더 빨리 진행된다.
Smoking can **hasten** skin aging.

대기 중 이산화탄소의 농도가 높아지면 지구 온난화가 더 빨리 진행될 수 있다.
Increased concentrations of atmospheric carbon dioxide can **accelerate** global warming.

(~에 따르면 …하게) 되어 있다

그 계획에 따르면 15억 원을 들여 2개의 초등학교를 건립하도록 되어 있다.

직역 **According to the plan, two elementary schools will be built at the cost of 1.5 billion won.**

네이티브 **The plan calls for the construction of two elementary schools at the cost of 1.5 billion won.**

The plan calls for two elementary schools to be constructed at the cost of 1.5 billion won.

우리는 계획(plan)이나 정책(policy)의 내용을 설명할 때 '~에 따르면 …하게 되어 있습니다'라고 말한다. 그러다 보니 영어로 말할 때도 열 중 아홉은 According to ~(~에 따르면)라고 시작한다. 즉, 영어를 한국어 구조로 쓰고 있는 셈이다. 이렇게 한국어 구조로 생각하는 영어 습관을 깨고 영어식 표현을 사용해야 영어다운 영어로 업그레이드할 수 있다. 그 시작은 plan, policy를 설명할 때 According to ~라고 하지 않고 The plan ~ 혹은 The policy ~라고 명사를 직접 주어로 삼는 것이다. 물론 주어를 시작으로 뒤에 적절한 동사를 선택해서 연결해 나가야 한다. 이 경우 영어에서는 흔히 call for ~(~을 요구하다)라는 표현을 사용한다. 위의 예문을 보면 '계획 내용'은 학교를 짓는 것이다. 이것을 call for 뒤에 넣으면 call for the construction of a school(학교의 건설을 요구하다), 또는 call for a school to be constructed(학교가 건설되는 것을 요구하다) 등 두 가지 방식으로 표현될 수 있다. call for ~ 외에도 plan, policy, program 같은 내용을 설명할 때 흔히 등장하는 영어 동사에는 envisage ~(~을 머릿속에 꾸미다), envision ~(~을 상상하다, 마음에 그리다)과 같은 동사들이 있다. 한국어에서는 사람이 주어가 되어야 쓸 수 있는 동사들이지만 영어에서는 policy 같은 무생물들도 머릿속으로 어떤 내용을 구상하거나 그릴 수 있다.

예제 그 정책에 따르면 자영업자들을 대상으로 한 새로운 연금 제도를 도입하게 된다.

The policy calls for the establishment of a new pension scheme for self-employed people.

The policy calls for a new pension scheme to be established for self-employed people.

The policy envisages[envisions] establishing a new pension scheme for self-employed people.

(~은 축하)할 일이다

이거 축하할 일이네요!

콩글리시 **We should congratulate this!**

직역 **We should celebrate this!**

네이티브 **This calls for a celebration!**

미국인 친구가 승진을 했다. 그래서 '야, 이거 축하할 일이네!'라고 말하고 싶은데 영어로 어떻게 말해야 할까? '축하하다'라고 하면 대부분 congratulate라는 동사를 떠올릴 것이다. 그런데 congratulate는 '~에게 축하의 말을 하다'라는 뜻이므로 동사 뒤의 목적어는 사람이 되어야 한다. 즉, congratulate A on B로 해서 'B에 대해 A에게 축하의 말을 하다'의 형태로 써야 옳다. 따라서 congratulate this라고 하면 엉터리 영어가 된다. 위의 경우처럼 특정한 날이나 일을 '경축하다, 축하하다, 기념하다'라고 할 때는 congratulate가 아니라 celebrate라는 동사를 써야 옳다. 그런데 이때 원어민들은 We should celebrate this.(우리가 이것을 경축해야 한다)라고 하지 않고 뒤집어서 This를 주어로 해서 This calls for a celebration.(이것이 축하를 요구한다)이라고 표현한다. call for ~는 '~을 요구하다, 필요로 하다', celebration은 celebrate의 명사형으로 '경축, 축하'의 뜻이다. 무생물 주어인 This가 사람처럼 무엇을 '요구한다'라고 표현할 수 있는 것이 영어의 특징이다.

예제 이거 한잔 할 일이군!

This calls for a drink!

이거 조사를 좀 해 봐야겠군요.

This calls for an investigation.

• investigation 조사

(~에 …이) 들어가다

2층에는 최대 200명이 들어갈 수 있는 진달래 연회실이 있다.

콩글리시 **There is the Azalea Banquet Hall on the second floor which maximum 200 people can enter.**

네이티브 **On the second floor is the Azalea Banquet Hall that can hold up to 200 people.**

'어떤 홀이나 방에 몇 명의 사람이 들어갈 수 있다'라는 말을 영어로 생각해 보자. 사람이 '들어간다'라고 해서 잘못하면 enter(~에 들어가다)라는 영어 단어를 사용하기 쉽다. 그러나 enter는 말 그대로 어떤 장소에 들어가는 동작을 말한다. 위 예문에서 '들어가다'는 동작이 아니라 들어가 있는 상태, 즉 '수용 인원'을 뜻하는 말이므로 enter를 쓰면 안 된다. 그럼 영어로 어떻게 말할까? 이런 고민은 한국어 습관에 따라 사람을 주어로 해서 '사람이 어떻게 한다'라는 시각에서만 표현하려 하기 때문에 생긴다. 발상을 바꿔 사물, 이 경우에는 홀이나 방을 주어로 해 보자. 그러면 The hall can hold ~(그 방은 ~을 잡고 있을 수 있다)라는 표현이 가능해진다. 이때 hold는 한국어로는 '수용하다'에 해당하는 셈이다. 사물이 hold 할 수 있는 것은 사람뿐만이 아니다. '주전자에 1갤런의 물이 들어갈 수 있다'라는 말도 주전자를 주어로 해서 This jug holds over one gallon of water.라고 한다. '최대 ~명'은 maximum을 쓸 경우 a maximum of ~라고 하거나 아니면 up to ~(~까지)라고 한다.

예제 이 가방은 카메라와 2개의 렌즈 및 액세서리가 들어갈 정도로 크다.
This bag is big enough to **hold** a camera, two lenses and accessories.

(~ 때문에)
따갑다, 짜증 나다

연기 때문에 눈이 따갑다.

직역 **Because of the smoke, my eyes are stinging.**
네이티브 **The smoke is irritating my eyes.**

'따갑다'에 해당하는 영어 동사에는 smart가 있다. '똑똑한'이라는 뜻의 형용사가 아니라 '쑤시고 아프다'라는 뜻의 동사이다. 그런데 '눈'의 경우에는 smart 대신 '찌르다'라는 뜻의 sting을 더 많이 쓴다. 어쨌건 My eyes are stinging[smarting].이라고 한다. 아니면 통증이 있어 '아픈'이라는 뜻의 sore를 써서 My eyes are sore.라고 해도 된다. 그러면 '연기 때문에' 눈이 따갑다는 어떻게 영어로 할까? 대부분은 '~ 때문에'라는 한국어 표현 때문에 영어에서도 Because of ~를 써서 Because of the smoke라고 할 것이다. 물론 이것도 하나의 대안이다. 그렇지만 한국어를 그대로 베껴 왔다는 점이 문제다. 한국어 문장의 형식이나 구조를 그대로 영어로 옮겨 쓰다 보면 정말 영어다운 영어 표현에는 접근할 수 없기 때문이다. 따라서 한국어 문장의 '~ 때문에'를 잊고 이유가 되는 무생물 명사 smoke를 문장의 주어로 해서 'smoke가 나의 눈에 무엇을 했다'는 식으로 표현해 보자. 이렇게 되면 sting이나 smart 같은 동사는 쓸 수 없다. 대신 원어민들은 이 경우 irritate라는 동사를 쓴다. irritate는 감정적으로 '짜증 나게 하다'의 뜻 외에도 신체에 염증 같은 것이 나게끔 '자극하다'라는 뜻이 있다. 따라서 The smoke is irritating my eyes.가 된다.

예제 저 소음 때문에 정말 짜증 나네요.
The noise is really **irritating** me.

(~으로 인해 …이)
만들어지다[생겨나다]

강물이 굽이쳐 흐르면서 길이가 10km에 달하는 깊은 계곡이 생겨났다.

직역 **As the river meandered, a 10 km-long deep valley appeared.**

네이티브 **The meandering river carved a deep valley stretching for 10km.**

'비, 바람, 강물, 빙하 등 자연 현상으로 인하여 지구 표면은 끊임없이 변화하며 산이 생기고 계곡이 만들어진다' 이것은 자연 다큐멘터리에서 흔히 들을 수 있는 한국어 문장이다. 그런데 같은 말을 '비, 바람, 강물, 빙하 등 자연 현상은 지구 표면을 끊임없이 변화시키며 산을 깎고 계곡을 조각한다'라고 하면 어떨까? 비, 바람이 산을 깎는다고? 계곡을 조각한다고? 한국어에서는 비, 바람 같은 무생물이 그런 일을 한다고 표현하면 어색하게 들린다. 그러나 영어에서는 문학 작품에나 등장할 것 같은 이런 표현이 일상화되어 있다. 영어에서는 일상 언어에서 무생물이 사람과 같이 의식과 의지를 갖고 행동하는 것으로 묘사하는 것이 가능하기 때문이다. 위 예문을 한국어의 틀에 갇혀 영어로 말하면 the river(강)는 굽이쳐 흐르고(meander), valley(계곡)는 생겨난다(appear, form)라고 모두 자동사로 표현할 수밖에 없다. 그리고 강이 흘러 계곡이 생기는 인과 관계를 As ~(~함에 따라)와 같은 부사절로 표현할 수밖에 없다. 그러나 영어 관점에서 보면 the river가 어떤 행위를 할 수 있는 힘을 가지고 있다. 따라서 The meandering river(굽이쳐 흐르는 강)가 valley를 carve(깎아내다)하거나 sculpt(조각하다)한다고 표현할 수 있게 된다.

예제 그 계곡에는 풍화작용으로 인해 기이한 형태의 바위들이 만들어졌다.
In the valley, **the wind has sculpted[carved out]** grotesque rock formations.

chapter 10 무생물 주어

(~에)
많은 사람이 오다

그 박람회에는 많은 사람이 몰렸다.

직역 **Large crowds came to the fair.**

네이티브 **The fair drew large crowds.**

어떤 행사에 '많은 사람들이 왔다'에서 주어는 '많은 사람들'이므로 영어로는 a large crowd(큰 군중)라고 할 수 있다. 그래서 Large crowds came to ~(큰 군중들이 ~에 왔다)와 같은 문장을 만들 수 있다. 문법적으로 틀리지 않고 뜻도 통하지만 직역 느낌이 난다. 이때 발상을 전환해서 무생물인 박람회(fair)를 주어로 하여 fair가 a large crowd를 draw(잡아당기다, 끌어당기다) 또는 attract(끌어당기다)했다는 식으로 표현해 보자. 그래야 원어민식 표현법에 익숙해진다.

예제 그 전시회를 50만 명의 관람객이 찾았다.
The exhibition attracted five hundred thousand visitors.

(~하면)
몸서리가 쳐지다

그 생각만 하면 아직도 몸서리가 쳐진다.

콩글리시 **If I just think about it, I still shudder.**

직역 **I still shudder at the mere thought of it.**

네이티브 **Just the thought of it still makes me shudder.**
The mere thought of it still sends shivers down my spine.

'몸서리치다'는 영어로 shudder라고 한다. '~을 생각하면 몸서리가 쳐지다'는 '~을 생각하면'이라는 부사절로 시작한다. 그러다 보니 영어로 말할 때도 If ~나 When ~ 같은 말로 시작하려는 영어 학습자들이 많다. 그 결과 When I think about it, I still shudder.같은 영어 문장을 만들어 낸다. 이 문장은 문법적으로 맞고 뜻도 통하지만 엄밀하게 말해 콩글리시다. 왜냐하면 원어민들 중에 이렇게 말하는 사람이 없기 때문이다. 만약에 한국어처럼 사람인 I를 주어로 한다면 '~ 생각만 하면'이라는 말은 I shudder at the thought of ~라고 표현해야 한다. 이때 전치사 at은 '~을 보고/느끼고/생각하고'의 뜻을 갖고 있다. 그러나 좀 더 영어다운 표현은 '그 생각'이라는 무생물 명사를 주어로 써서 The thought of it이 '어떻게 한다'는 식으로 표현하는 것이다. 가장 쉬운 방법은 The thought of it makes me ~(그 생각이 나를 ~하게 만든다)와 같이 make라는 사역동사를 쓰는 것이다. 여기서 한발 더 나아가면 The thought of it sends shivers down my spine.(그 생각이 나의 등뼈를 따라 전율을 보낸다)과 같은 멋진 문장이 나올 수 있다. '그 생각만 하면'에서 '~만'은 just로 Just the thought of it이라고 하든지 아니면 thought 앞에 mere(단지 ~)라는 형용사를 붙여 표현할 수 있다.

예제 그의 거친 목소리를 듣는 순간 등골이 오싹했다.
His gruff voice sent shivers down my spine.

(~으로 인해 …이)
무산되다

그 사고로 인해 보스턴 마라톤에 출전하려던 그녀의 계획이 무산되었다.

직역 **Because of the accident, her plans to participate in the Boston Marathon failed.**

네이티브 **The accident thwarted her plans to run in the Boston Marathon.**

계획이 '무산되다', '실패로 돌아가다'는 fail이라고 해도 되고, fall through라는 구동사를 써도 된다. 또는 위와 같이 어떤 꿈이나 계획이 무산되는 경우에는 go up in smoke(연기로 날아가 버리다), go down the drain(하수구로 내려가다)과 같은 관용 표현을 쓰면 제맛이 난다. '~으로 인해 …이 무산되었다'는 한국어 전체를 놓고 보면 앞에 '~으로 인해'라는 부사구 때문에 영어에서도 Because of ~로 시작하는 경우가 많다. 그러나 무생물 주어를 자유롭게 사용할 수 있는 영어 관점에서 보면 Because of ~ 대신 '~' 자리에 들어가는 명사, 그러니까 위 예에서는 the accident를 주어로 해서 'accident가 계획을 막았다/좌절시켰다'라고 할 수 있다. 즉, The accident __________ her plans.의 빈칸에 '막다, 좌절시키다'라는 동사를 넣으면 된다. 이런 의미의 동사로는 thwart, scuttle, foil 등이 있다. 이 동사들은 plan(계획), effort(노력), attempt(시도) 같은 목적어들과 어울려서 그런 것을 '무산시키다', '안 되게 하다'라는 뜻으로 사용된다.

예제 그가 체포된 것으로 인해 뉴델리의 미대사관을 폭파하려던 음모가 무산되었다.
His arrest thwarted a conspiracy to bomb the U.S. Embassy in New Delhi.

(~으로 인해 …을)
받다[수상하다]

그녀는 이 소설로 1987년에 퓰리처상을 수상하였다.

직역 **With this novel, she received the Pulitzer Prize in 1987.**

네이티브 **The novel earned her the Pulitzer Prize in 1987.**

'~으로 상을 받다'라는 한국어를 영어로 표현해 보자. 먼저 직역하면 '~으로' → With ~(~을 가지고), '~을 받다' → receive[win] ~가 된다. 이런 식으로 표현해도 틀린 건 아니다. 그러나 한국어 문장을 그대로 옮겼다는 한계가 있다. 이번에는 발상을 전환하여 무생물 명사를 주어로 쓰는 영어식 관점에서 접근해 보자. 그러면 With ~라고 하는 대신 '~'에 들어가는 명사, 위의 경우에는 this novel을 주어로 해서 'this novel이 그녀에게 어떻게 했다'는 식으로 표현하게 된다. 이때 영어에서는 earn A B(A에게 B를 획득해 주다), win A B(A에게 B를 얻어 주다)와 같은 표현을 쓰면 된다. 특히 earn A B 표현은 용도가 매우 다양해서 '상'뿐만 아니라 어떤 일의 결과로 무엇이 생기거나 얻게 되는 상황에서 폭넓게 사용된다. 가령, '어떤 소설로 인해 A라는 작가가 가장 촉망받는 젊은 한국 작가 명단에 이름이 오르게 되었다'고 하자. 이런 상황에서도 Thanks to ~로 시작하지 말고 The novel을 주어로 하면 The novel earned A a place on the Most Promising Young Korean Writers list. 같은 문장을 만들 수 있다. earned A a place on the ~ list는 'A에게 ~ 명단에 자리를 얻어 주었다'가 된다. 또, 그 소설로 인해 비평가들로부터 호평을 받았다면 The novel earned her critical acclaim.이라고 하면 된다. critical acclaim은 '비평가의 찬사'라는 뜻이다. 또 그 소설로 인해 100만 달러짜리 계약을 하게 되었다면 The novel earned her a one-million dollar contract.라고 하면 된다.

예제 그 영화에서 빼어난 연기를 펼친 끝에 그녀는 골든 글로브 여우조연상을 수상했다.
Her brilliant performance in the movie won her the Golden Globe for Supporting Actress.

그녀는 패션 아티스트로서 성공하면서 '세계의 대표적 여성 유명인' 중 한 명으로 선정되었다.
Her success as a fashion artist earned her a place on the 'World's Who's Who of Women' list.

그는 과격한 성격으로 인해 위험한 사람이라는 평판을 얻게 되었다.
His hot temper earned him a reputation as a dangerous man.

(~ 결과 …이라고)
밝혀지다[드러나다]

혈액 검사 결과 그의 혈중 알코올 농도가 법정 허용치를 넘어선 것으로 밝혀졌다.

직역 **As a result of a blood test, it was found that his alcohol level in blood exceeded the legal permission level.**

네이티브 **A blood test revealed that he was over the legal alcohol limit.**

'~ 결과 …으로 밝혀졌다'라는 한국어에서는 '~ 결과로'라는 부사절이 있고 '…으로 밝혀지다'라는 수동태의 동사구가 있다. 따라서 그대로 영어로 바꾸면 '~ 결과로' → As a result of ~, '…으로 밝혀지다' → it was found that ... 같이 된다. 실제로 우리나라 사람들이 영어로 쓴 글을 보거나 말하는 것을 들어 보면 As a result of ~(~의 결과로), Because of ~(~ 때문에), If ~(~한다면), When ~(~할 때에)과 같이 부사구나 부사절로 시작하는 문장을 흔히 발견할 수 있다. 이것은 한국어의 문장 구조를 영어로 옮겨와서 쓰기 때문이다. 위와 같이 부사구나 부사절로 표현하는 것이 한 방법이긴 하지만 영어에는 부사구나 부사절의 내용을 무생물 주어로 써서 말하는 또 하나의 방법이 있다. 가령 위의 경우도 As a result of a blood test라고 하지 않고 a blood test라는 무생물 명사를 직접 주어로 써서 'blood test가 …이라고 밝혀냈다'라고 한다. 즉, A blood test revealed that ~이 된다. 한국어에서는 blood test 같은 무생물이 '…을 드러냈다/밝혔다'라고 하지 않지만 영어에서는 일반적인 표현 방법이다. '혈중 알코올 농도'는 blood alcohol level이라고 하면 되고, '법정 허용치'는 legal limit라고 한다. '넘어서다'는 동사로는 exceed가 맞지만 넘어선 상태를 나타내므로 over라는 전치사로 표현해도 좋다. 또 blood alcohol level을 주어로 하는 대신 사람을 주어로 하는 것이 더 낫다. 그러면 he was over the legal alcohol limit라고 간단하게 말할 수 있다.

예제 경찰 수사 결과 운전자는 사고 당시 휴대전화로 문자 메시지를 작성하고 있었던 것으로 드러났다.
A police investigation revealed that the driver was texting on his cellphone at the time of the accident.

(~하니 …이) **생각나다**

그 흔들의자에 앉아 있자니 할머니가 생각났다.

직역 **Sitting in the rocking chair, I thought of my grandmother.**

네이티브 **Sitting in the rocker reminded me of my grandmother.**

'~하니 …이 생각나다'라는 한국어 문장은 '~하니'와 '…이 생각나다'라는 두 개의 절로 구성되어 있다. 그리고 두 절의 주어는 모두 '나'이다. 즉, 내가 의자에 앉아 있는 것이고(I was sitting in the chair), 내가 할머니를 생각한 것이다(I thought of my grandmother). 이렇게 영어로도 두 개의 절로 나눠 표현해도 틀린 건 아니다. 그렇지만 한국어 문장을 그대로 영어로 옮기면 결국 직역식 영어밖에 할 수 없게 된다. 위의 경우 무생물이 주어가 사람에게 '어떻게 한다'고 표현하는 영어의 시각에서 보면 Sitting in the rocking chair(흔들의자에 앉아 있기)를 주어로 쓸 수 있다. 그러면 'Sitting in the rocking chair가 나로 하여금 할머니가 생각나게 했다'라고 할 수 있고 영어로는 reminded me of my grandmother가 된다. remind A of B(A로 하여금 B가 생각나게 하다)는 put A in mind of B라는 관용 표현으로 바꿔 표현할 수도 있다.

예제 그 영화의 촬영 기법을 보니 히치콕의 〈밧줄〉이라는 영화가 생각났다.
The film's camerawork reminded me **of** Hitchcock's *The Rope*.
The film's camerawork put me **in mind of** Hitchcock's *The Rope*.

(~을 근거로 …이라고)
생각하다[믿다]

077_Ch10_n28_40

왜 자신이 다른 사람들보다 이 자리에 더 적임자라고 생각하십니까?

직역 **Why do you think you are a better person for this position than others?**

네이티브 **What makes you think you are better qualified for this position than others?**

'왜 ~이라고 생각하냐?'를 그대로 영어로 바꾸면 '왜' → Why, '~이라고 생각하다' → think ~이니 합쳐서 Why do you think ~?가 된다. 이렇게 말해도 틀린 건 아니다. 그렇지만 원어민식으로 생각하면 Why 대신 무생물 의문 대명사인 What을 주어로 해서 What makes you think ~?(무엇이 당신을 ~이라고 생각하게 만듭니까?)라고 표현할 수 있다. 비슷하게 '무슨 근거로 ~라고 생각하십니까?'라는 말도 직역하면 '무슨 근거로' → On what basis, '~이라고 생각하다' → think ~가 되어 On what basis do you think ~?가 된다. 가령, '무슨 근거로 자신은 예외가 될 것이라고 생각하십니까?'는 On what basis do you think you'll be an exception?이다. 그렇지만 What을 직접 주어로 해서 말하면 What makes you think you'll be an exception?이 된다. '생각하다' 대신 '무슨 근거로 ~이라고 믿으십니까?'는 What makes you believe ~?이다.

예제 왜 그렇게 생각하시죠?
What makes you think so?

무슨 근거로 그런 말씀을 하시는 겁니까?
What makes you say so?

(~하면 …이) **생기다**

담배를 피우면 입 냄새가 날 수 있다.

콩글리시 **If you smoke cigarettes, your mouth may smell.**

직역 **If you smoke, you may get bad breath.**

네이티브 **Smoking can give you bad breath.**

동사 smoke 자체만으로 '담배 피우다'라는 뜻이 표현되므로 뒤에 cigarettes를 넣을 필요가 없다. '담배를 피우면 입 냄새가 난다'를 영어로 말하라고 하면 대부분은 If you smoke라고 시작할 것이다. 즉, 한국어의 '~하면'이라는 말 때문에 영어에서도 If ~로 말을 시작한다. 그런데 이렇게 한국어 문장 구조를 그대로 영어로 가져가는 식으로 말하다 보면 엉터리 영어, 또는 외국어 같은 영어를 하기 쉽다. 바꿔 말하면 영어다운 영어를 하기 위해서는 '~하면' = If라는 도식적 사고부터 깨야 한다. 위와 같은 경우 원어민들은 If you smoke 대신 Smoking(담배 피우기)이라는 무생물을 주어로 해서 Smoking can give you ~(담배가 당신에게 ~을 줄 수 있다)라고 말한다. 빈칸(~)에 '입 냄새'라는 영어 표현만 넣으면 된다. '입 냄새가 나다'는 smell을 써서 Your mouth have bad smell.이라고 하지 않는다. 영어에서는 '입 냄새'를 bad breath라고 한다. breath는 '숨'이라는 뜻이므로 허파에 들어갔다 나오는 공기를 뜻하고 이것이 bad하다고 표현한다.

예제 레드 와인을 마시면 나는 머리가 아프다.
Red wine gives me a headache.

자꾸 눈을 찡그리면 눈가에 주름이 생긴다.
Habitual squinting can give you crow's feet. • squinting 찡그리기 crow's feet 눈가의 주름

chapter 10 무생물 주어

(~에서 …을) 선보이다, (~이) 출연[등장]하다

이 전시회에서는 고등학생들이 만든 다양한 작품들을 선보인다.

직역 **At this exhibition, we will show various works created by high school students.**

네이티브 **The exhibition will feature a variety of artwork by high school students.**

'전시회에서 (우리가) 무엇을 선보인다'라고 할 때 생략되었지만 선보이는 행위를 하는 주체, 즉 주어는 행사의 주최측이다. 따라서 한국어 문장을 그대로 영어로 바꾼다면 주어는 we(우리)가 되어 At the exhibition(전시회에서), we will show ~(우리는 ~을 보여 줄 것이다) 같이 된다. 문법도 틀린 것이 없고 무슨 말을 하려는지 뜻도 이해가 된다. 그렇지만 문법에 맞고 말이 된다고 다 영어는 아니다. 통상적인 교육을 받은 영어 원어민 중에 위와 같은 식으로 글을 쓸 사람은 거의 없다. 이 경우 대부분 exhibition을 주어로 잡아서 The exhibition will feature ~와 같이 표현한다. feature는 어떤 행사나 책, 영화 등에서 내용의 '중요한 일부로 ~을 포함하다, 보여 주다'라는 뜻을 갖고 있다. feature 대신 show(보여 주다), display(전시하다)라는 동사를 써서 The exhibition will show [display] ~라고 해도 된다. 한국어에서는 무생물인 '전시회'가 '무엇을 보여 준다'라고 하지 않지만 영어에서는 이런 표현이 가능하기 때문에 굳이 At the exhibition(전시회에서) ~으로 문장을 시작할 필요 없이 exhibition을 직접 주어로 잡아 말한다. 이것이 영어 무생물 주어의 사용법이다. 특히 feature는 그 쓰임새가 매우 다양해서 전시회뿐만 아니라 다른 모든 행사의 내용을 설명할 때 쓰인다. 가령, 재즈 콘서트의 출연진을 소개할 때 한국어에서는 '이번 재즈 콘서트에서는 유명 외국 음악가들이 출연한다'라고 한다. 주어는 사람인 '유명 외국 음악가들'이다. 그런데 영어에서는 concert를 주어로 해서 The jazz concert will feature famous foreign musicians.라고 한다. 잡지의 표지 모델을 소개할 때도 한국어에서는 '이번 호 잡지 모델은 김사라입니다'라고 하지만 영어에서는 모델이 아니라 무생물인 잡지를 주어로 해서 The magazine will feature Kim Sara as its cover model.이라고 한다. 앞으로는 행사, 영화, 잡지 등의 내용을 영어로 설명할 때 In this magazine ~(이 잡지에는 ~), In this movie ~(이 영화에는 ~), At the event ~(이 행사에서 ~)로 시작하지 말고 magazine, movie, event를 바로 주어로 해서 feature ~라는 동사를 연결해 사용하도록 하자.

예제 이번 65회 칸 영화제에서 많은 아시아 영화가 선보였다.
The 65th Cannes Film Festival featured a plethora of Asian films.

• a plethora of 매우 많은 ~

(~하면 열량을) 소비할 수 있다

빨리 걷기를 하면 달리기보다 더 많은 열량을 소비할 수 있다.

직역 **If you walk fast instead of running, you can consume more calories.**

네이티브 **Fast-walking burns more calories than running.**

빨리 걷기를 하면 달리기보다 더 많은 열량을 소비할 수 있다고 한다. 그런데 이 말을 영어로 표현하라고 하면 대부분 '~하면'이라는 한국어에 끌려서 If you ~라고 시작한다. 이렇게 해서 If you fast-walk, you can consume more energy.라고 해도 틀린 문장은 아니다. 문제는 너무 한국어 문장 구조라는 것이다. 특히 fast-walk, consume과 같은 동사의 주어가 모두 사람인 you이다. 이것은 무생물 주어를 엄격히 제한하는 한국어의 영향을 받았기 때문이다. 이런 틀을 깨고 fast-walk라는 동사 대신 fast-walking이라는 명사를 주어로 해 보자. 그러면 Fast-walking burns more calories than running.이라는 간결한 영어 표현이 가능해진다. 열량을 '소비하다'는 consume보다 burn(태우다)이라는 동사를 쓴다. 사람이 주어일 때도 마찬가지이다.

예제 30분 정도 천천히 조깅을 하면 약 400칼로리의 열량을 소비할 수 있다.
Half an hour of slow-paced jogging will **burn** around 400 calories.

(~으로 인해 …이)
수포로 돌아가다

파산으로 인해 호텔 왕국을 건설하겠다던 그의 꿈이 수포로 돌아갔다.

직역 **Due to the bankruptcy, his dream of building a kingdom of hotels couldn't be realized.**

네이티브 **The bankruptcy shattered his dream of building a hotel empire.**

'~으로 인해 꿈이 수포로 돌아가다'라는 한국어에서 '수포로 돌아가다'에 해당하는 영어 자동사 표현은 찾기 힘들다. 그러다 보니 우회적으로 is not realized(실현되지 않다) 같은 말로 표현하는 영어 학습자들이 많다. 이것은 '~으로 인해'라는 한국어 부사절을 영어에서도 Because of ~나 Due to ~로 시작하기 때문에 생기는 문제다. 무생물 명사를 자유롭게 주어로 사용하는 영어의 시각에서 보면 Because of ~에 들어가는 명사, 그러니까 위에서는 the bankruptcy(파산)를 주어로 해서 'bankruptcy가 dream에 어떻게 한다'는 식으로 말을 하면 된다. 즉, The bankruptcy ________ his dream.의 빈칸에 들어갈 타동사를 생각해 내면 된다. 이 경우 흔히 쓰이는 동사는 shatter(산산이 부수다), crush(으깨다), destroy(파괴하다) 등이다.

예제 무릎 부상으로 인해 발레리나가 되겠다는 그녀의 꿈은 수포로 돌아갔다.
The knee injury destroyed her dream of becoming a ballet dancer.

(~ 때문에)
스트레스를 받다

나는 그 일 때문에 스트레스를 많이 받아.

콩글리시 **Because of it, I get a lot of stress.**

직역 **I get a lot of stress from it.**

네이티브 **It really stresses me out.**

'스트레스를 받다'를 그대로 영어로 하면 get stress이다. '~ 때문에' 스트레스를 받다는 because of ~(~ 때문에) 대신 from ~(~으로부터)이라고 해야 한다. '많이'는 a lot of ~이다. 그런데 직역식으로 사람인 I(나)를 주어로 해서 표현해도 말은 되지만 무생물인 '그 일'을 나타내는 it(그것)을 주어로 해서 it이 me(나)를 stress ~ out한다라고 표현하는 것이 본바닥 영어 표현이다. stress ~ out은 '~에게 스트레스를 주다'라는 뜻이다.

예제 내 직업 때문에 스트레스를 많이 받는다.
My job stresses me **out**.

chapter 10 무생물 주어

(~ 때문에)
시원하다/따스하다

저희 드레스를 입으면 올 여름을 시원하면서도 멋지게 보내실 수 있습니다.

콩글리시 If you wear our dresses, you'll be able to pass this summer cool and fashionable.

직역 If you wear our dresses, you'll be able to stay cool and fashionable this summer.

네이티브 **Our dresses will keep you cool and fashionable this summer.**

'여름을 시원하게 보내다'에서 '보내다'를 시간을 보낸다는 뜻의 pass를 써서 pass this summer cool이라고 하는 것은 엉터리 영어 표현이다. 이때는 '여름 내내 시원하게 있다'의 뜻이므로 '~하게 있다'라는 뜻의 keep이나 stay라는 동사를 써서 keep[stay] cool this summer라고 해야 한다. 그런데 '우리 옷을 입으면'을 영어에서도 If you wear our dresses라고 말하는 부분이 눈에 거슬린다. 전체적으로 의미는 통하지만 한국어 발상에서 나온 표현이다. 이럴 때 If you ~로 시작하는 한국어 같은 영어를 버리고 과감하게 Our dresses라는 무생물을 주어로 선택하자. 그러면 Our dresses will keep you cool.(우리 옷이 당신을 시원하게 유지시켜 줄 것이다)과 같은 문장을 만들 수 있다. 주어를 사람인 you로 고집하는 직역식 영어와 비교하면 군더더기 없는 깔끔한 영어 문장이다.

예제 바람이 거세졌지만 이 바람막이 때문에 춥지 않았다.
The wind picked up, but **this windbreaker kept** me **warm.**

• pick up 속도가 올라가다, 거세지다

(~으로[해 보면] …을)
알 수 있다

간단한 혈액 검사만으로 다운증후군을 가진 아기의 출산 가능성을 알아볼 수 있다.

직역 With a simple blood test, we can find out the possibility of having a baby with Down syndrome or not.

네이티브 **A simple blood test can determine a woman's risk of having a baby with Down syndrome.**

'검사를 통해 어떤 병의 유무를 알아보다'라는 말은 즉, 사람이 주어가 되어 검사를 도구로 해서 알아보는 것이 된다. 이런 직역식 표현법을 그대로 영어로 가져가면 With a blood test(혈액 검사를 갖고), Through a blood test(혈액 검사를 통해서) 같은 부사구로 영어를 시작하게 되고, we can find out ~(우리는 ~을 알아볼 수 있다)과 같이 사람을 주어로 써서 말하게 된다. 이런 식의 영어 표현도 틀린 것은 아니다. 그러나 영어에는 더 세련되고 강력한 표현법이 있다. 그것은 무생물 주어를 사용하는 것이다. 위 예에서도 With a blood test ~라고 하지 말고 blood test를 주어로 써서 'blood test가 어떻게 한다'라고 말하면 된다. 그렇게 되면 A blood test can determine ~(혈액 검사가 ~을 판단해 줄 수 있다)과 같은 문장을 만들 수 있다. '~의 가능성'은 possibility가 맞지만 병처럼 안 좋은 일이 일어날 가능성의 경우에는 risk를 쓰는 것이 제대로 된 표현이다.

예제 부검을 해 보면 그 사람의 정확한 사망 원인을 알 수 있다.
An autopsy can **determine** the exact cause of his death.

(~으로서 …을)

알게 되다, 알아차리다

갑자기 찬바람이 들어와서 누군가 문을 열고 들어왔다는 것을 알았다.

콩글리시 **Because a cold wind came in suddenly, I knew someone had opened the door and came in.**

직역 **Because a cold draft came in suddenly, I realized someone had opened the door and come in.**

네이티브 **A sudden cold draft told me that someone had opened the door and come in.**

밖에서 실내로 들어오는 바람은 wind라고 하지 않고 draft(외풍, 통풍)라고 한다. 또 '~을 알게 되다'는 무조건 know(알다)라는 동사를 쓰면 안 되고 어떤 정보나 지식을 습득해서 알게 되는 경우에는 learn, 감각으로 알게 되는 경우에는 sense, 증거나 깨달음 등을 통해 알게 되는 경우에는 realize와 같은 동사를 사용한다. '~해서/~ 때문에 …을 알게 되다'라는 말을 그대로 영어로 하면 Because[Since] ~, I realized ....와 같이 된다. 따라서 '갑자기 찬바람이 들어와서'는 Because a cold draft came in suddenly가 된다, 그리고 '누군가 문을 열고 들어온 것을 알았다'는 I realized someone had opened the door and come in.이 된다. 대부분의 영어 학습자가 이런 식으로 말한다. 그런데 이런 경우 원어민들은 Because ~의 내용을 A sudden cold draft(갑작스런 찬바람)라는 명사구로 표현하고 이것을 주어로 써서 A sudden cold draft told me (that) ....(갑작스런 찬바람이 …이라고 나에게 말했다)라고 표현한다. 한국어에서는 무생물인 바람이 사람에게 말한다는 것은 문학 작품에서나 가능한 표현이지만 영어에서는 일상적으로 사용되는 표현이다. 따라서 이제부터 '~ 때문에 …을 알게 되었다'는 영어로 ~ told me that ...(~이 내게 …를 말해 주었다)이라는 식으로 말하도록 발상을 전환해 보자.

예제 그녀가 얼른 보니 그 가방은 비어 있었다.

One quick glance told her that the bag was empty.

이로써 우리는 이 화석이 최소한 3백만 년 전에 만들어진 것임을 알 수 있다.

This tells us that the fossil is at least 3 million years old.

(~을 듣고[보고])

어이없다, 화나다

그의 답변을 듣고 나는 어이없기도 하고 화도 났다.

직역 **When I heard his answer, I was dumbfounded and angry.**

네이티브 **His reply dumbfounded and angered me.**

'그의 답변을 듣고 어이가 없었다'라는 한국어를 영어로 하라고 하면 대부분 직역을 해서 '그의 답변을 듣고' → When I heard his answer 또는 Hearing his answer, '(내가) 어이가 없었다' → I was dumbfounded와 같이 표현한다. 그러다 보니 문장도 길어지고 비효율적이며 영어답지 않다. 이럴 때는 When I heard his answer에서 His answer만 뽑아서 문장의 주어로 만들어 'His answer 가 나를 어이없게 하고 화나게 했다'는 식으로 표현하도록 하자. dumbfounded(어이없어 하는)가 실은 dumbfound ~(~을 어이없게 하다)라는 타동사에서 나온 것이므로 이 단어를 그대로 쓰면 된다. dumbfound 외에 사람을 어이없게 만든다는 뜻을 담은 동사에는 flabbergast(~을 황당하게 하다, 어리벙벙하게 하다), astonish, astound(~을 대경실색하게 하다)와 같은 것들이 있다. 그리고 angry는 그에 해당하는 타동사 anger(~을 화나게 하다) 또는 infuriate(~을 매우 화나게 하다), enrage(~을 격분하게 하다)와 같은 동사를 쓰면 된다.

예제 그녀가 일언지하에 거절하는 것을 보고 나는 어안이 벙벙했다.
Her flat rejection flabbergasted me.

(나이가 들었지만)
여전하다

나이가 들었지만 그녀는 여전히 왕성하게 활동하고 있다.

콩글리시 **Although she is old, she is still engaged in active activities.**

직역 **Despite her old age, she is as energetic as ever.**

네이티브 **Age hasn't slowed her down at all.**

'왕성히 활동하다'라는 의미를 영어로 말해 보라고 하면 무슨 이유에서인지 engaged in ~(~에 종사하다, ~한 일을 벌이고 있다)이라는 표현을 써서 He is engaged in active activities.와 같이 말하는 영어 학습자들이 많다. 실제로 '무슨 일을 하고 있다'라는 말을 영어로 할 때 꼭 engaged in이라고 하는 사람들이 많다. '나는 복지 위원회에서 활동하고 있습니다'라는 말도 I'm engaged in the Welfare Committee.라고 한다. 그냥, I'm on the Welfare Committee.라고만 하면 되는데 말이다. '왕성히 활동하다'는 특별하게 어떤 활동을 한다는 뜻이 아니라 '활동이 많다'의 뜻이므로 energetic이라는 형용사 하나로 족하다. '여전히 ~'는 as energetic as ever(그 어느 때만큼이나 활동적인)라고 하면 된다. 그런데 앞에 '나이가 들었지만'이라는 말이 붙으면 어떨까? '~지만'이라고 하면 대부분 although ~나 despite ~와 같은 말이 먼저 떠오를 것이다. 그 결과 Despite her old age(그녀의 오랜 나이에도 불구하고)와 같이 영어를 시작한다. 틀린 표현은 아니지만 어딘가 판에 박힌 듯 답답하다. Despite ~ 대신 무생물인 age(나이)를 주어로 해서 그것이 사람에게 '어떻게 한다'는 식으로 발상을 전환해 보자. 그러면 Age hasn't slowed her down.(나이가 그녀를 늦추지 않았다)라는 영어 표현이 가능해진다. 직역식 영어와 비교하면 여러 면에서 확연한 차이를 느낄 수 있지 않은가? 비슷한 식으로 '나이가 들면 세상 물정을 알게 된다'라는 말도 With age(나이와 함께) ~로 시작하지 말고 age를 주어로 해 보라. 그러면 Age brings wisdom.(나이가 지혜를 가져온다)이라는 영어 속담이 어떻게 만들어진 것인지 이해할 수 있을 것이다.

예제 그녀는 최근에 암에 걸려 고생했지만 활동은 여전하다.
Her recent battle with cancer hasn't slowed her **down.**

(~으로 …을) **열다**

이 마스터키로 이 건물의 모든 방문을 열 수 있습니다.

직역 **With this master key, you can open the doors of all the rooms in this building.**

네이티브 **This master key opens all the rooms in this building.**

우리는 '열쇠로 방문을 연다'라고 한다. 즉, 열쇠는 도구이고 방문을 여는 것은 사람이다. 따라서 With this key(이 열쇠를 가지고), you can open ~(당신이 ~을 열 수 있습니다)이라는 말밖에 나올 수 없다. 그런데 영어에서는 '열쇠가 방문을 연다', 즉 This key opens ~라고 표현한다. 그러니까 무생물인 열쇠가 사람처럼 어떤 행동을 한다고 말하는 것이 가능하다. 한 가지 예를 더 들어 보자. 어떤 열쇠가 있는데 무엇에 쓰는 열쇠인지 모른다고 하자. 그때 우리는 '이것은 무슨 열쇠입니까?' 또는 '이 열쇠는 어디에 쓰는 겁니까?'라고 물어본다. 여전히 열쇠를 쓰는 주체는 사람이기 때문에 이런 질문을 영어로 하라고 하면 대부분의 영어 학습자들은 Where do you use the key?와 같이 말한다. 그런데 이것은 엉터리 문장이다. 같은 상황에서 원어민들은 What does the key open?(이 열쇠는 무엇을 엽니까?)이라고 물어본다. 여기서 직역식 영어와 원어민식 영어의 차이는 딱 하나, 바로 관점의 차이, 즉 무생물을 행동의 주체로 묘사할 수 있느냐 없느냐의 차이이다.

예제 이 열쇠는 현관문 열쇠이다.
This key opens the front door.

(~하니) **옛 생각이 나다**

이 음악을 들으니 옛 생각이 난다.

직역 **As I listen to this music, memories are coming back.**

네이티브 **This music brings back memories.**

위 한국어 문장을 그대로 영어로 하면 '내가 이 음악을 듣다'는 I listen to this music, '옛 생각이 나다'는 memories are coming back(추억이 되돌아온다)이라고 할 수 있다. 여기서 I listen to this music 앞에 as(~하면서, ~하는 순간)라는 접속사를 붙여서 두 절을 연결하면 위 〈직역〉 표현 같은 영어 문장이 만들어진다. 이런 식으로 한국어 문장의 구조를 따라 영어로 표현해도 말은 되지만 한국어적인 느낌이 강하다. 이때는 무생물 주어인 '이 음악'을 주어로 내세워서 This music brings back memories.(이 음악이 추억을 되가져온다.)라고 해야 영어다운 맛이 난다. 한국어와 달리 영어에서는 music 같은 무생물 주어가 사람처럼 무엇을 능동적으로 한다고 표현하는 것이 일반화되어 있기 때문이다.

예제 그 집을 보니 옛 생각이 났다.
Seeing the house brought back memories.

(~ 일로) **오다**

078_Ch10_n41_55

여기에 웬일로 왔어요?

콩글리시 **Why did you come here?**

네이티브 **What brought you here?**

한국어에서는 '어쩐 일로 왔냐?'라고 물어본다. 영어로 하면 Why(왜)라는 의문사를 써서 Why did you come here?라고 해야 할 것 같지만 이것은 콩글리시다. 원어민들은 What(무엇)이라는 의문사를 써서 What brought you here?(무엇이 당신을 여기에 데리고 왔습니까?)라고 말한다. 또는 현재형으로 What brings you here?라고 한다. what도 무생물을 가리키는 의문사이므로 '무생물이 사람을 데리고 온다'라고 표현하는 것이 영어답다.

예제 어떻게 이런 누추한 곳에 행차하셨습니까?
What brought you to such a humble place?

(~하면) **우울하다**

난 비가 오면 기분이 우울해요.

직역 **When it rains, I feel depressed.**

네이티브 **Rain depresses me.**

'기분이 우울하다'는 '나'가 그렇게 느낀다는 뜻이므로 대부분의 사람들이 영어로 말할 때도 주어를 I로 해서 I feel depressed.라고 한다. 그런데 영어에서는 무생물인 rain을 주어로 해서 Rain depresses me.(비가 나를 우울하게 합니다.)라고 표현할 수도 있다. interest(~의 관심을 끌다), excite(~을 흥분되게 하다, 신나게 하다), bore(~을 지루하게 하다)와 같이 감정과 관련된 다른 타동사들도 마찬가지로 무생물을 주어로 해서 표현할 수 있다. 가령, '전 과학에는 전혀 관심이 없습니다'라는 말도 한국어식으로 하면 주어가 I가 되어서 I'm not interested in science.가 되지만 무생물인 science를 주어로 해서 Science doesn't interest me at all.(과학이 전혀 나에게 관심을 갖게 하지 않습니다.)이라고 할 수도 있다.

예제 난 그 영화를 보고 기분이 가라앉았다.
That film really **depressed** me.

(~하면서) **울다**

난 그 영화를 보면서 많이 울었어.

콩글리시 **I cried a lot, watching the movie.**

직역 **I cried a lot during the movie.**

네이티브 **The movie made me cry a lot.**

'영화를 보다'는 watch a movie이고, '많이 울다'는 cry a lot이다. 그런데 '영화를 보면서'는 watching the movie라고 하기보다는 during the movie(영화 동안에)와 같이 during(~ 동안)이라는 전치사를 써서 말하는 것이 더 자연스럽다. 하지만 네이티브는 무생물인 영화를 주어로 The movie made me cry a lot.(그 영화가 나를 많이 울게 만들었다.)이라고 할 것이다. '무생물 주어가 사람을 어떻게 하도록 만들다(make)'라는 표현법의 가장 기본적인 예라고 할 수 있다.

예제 그 일을 보면서 몰리가 안됐다는 생각이 들었다.
It made me feel **sorry** for Molly.

(~으로 인해 …가) **유명해지다**

그녀는 그 영화에서 놀라운 연기력을 선보이며 일약 스타덤에 올라섰다.

콩글리시 **Showing outstanding acting in the movie, she rose to stardom suddenly.**

직역 **Thanks to her outstanding acting in the movie, she leaped into stardom.**

네이티브 **Her stellar performance in the film catapulted her to stardom.**

'~으로 인해 일약 스타덤에 오르다'라는 한국어를 영어로 표현해 보자. 직역하면 '~으로 인해' → Thanks to ~(~ 덕분에), '스타덤에 오르다' → rise to stardom이다. 그러면 '일약'은 어떻게 할까? suddenly(갑자기)라고 할까? 아니다. '일약 오르다'를 leap(뛰다), shoot(솟아오르다)과 같이 하나의 동사로 표현해서 leap[shoot] to stardom이라고 하는 것이 좀 더 영어답다. 그러나 이보다 세련된 표현은 Thanks to ~라는 부사절로 영어 문장을 시작하는 틀에서 벗어나서 부사절 안에 있는 이유, 즉 her stellar performance(그녀의 멋진 연기)라는 무생물 명사를 주어로 해서 'her stellar performance가 그녀를 어떻게 했다'는 식으로 표현하는 것이다. 그렇게 하면 catapult(발사체처럼 쏘다), propel(추진시키다), rocket(로켓처럼 쏘다), shoot(쏘다), elevate(올리다) 등의 동사를 써서 catapulted her to stardom과 같이 표현할 수 있다.

예제 그녀는 데뷔 작품인 〈슬픈 연인들〉로 인해 일약 유명 작가가 되었다.
Her debut novel, *Sad Lovers*, catapulted her to fame.

(~ 때문에) **의식을 잃다**

충돌 때문에 그녀는 의식을 잃었다.

직역 **Because of the collision, she lost her consciousness.**

네이티브 **The impact of collision knocked her unconscious.**

자동차 사고에서 '충돌 때문에 그녀가 정신을 잃었다'를 영어로 표현해 보라고 하면 대부분 Because ~라고 시작한다. '~ 때문에'= Because (of) ~와 같이 도식적으로 영어 문장을 만드는 틀에 갇혀 있기 때문이다. 따라서 이 문장의 주어도 '그녀' = She가 되고, '의식' = consciousness, '잃다'= lose와 같이 한국어를 그대로 영어로 가져가는 식의 문장이 된다. 이런 영어 문장이 문법에 맞고 다행히 상대방이 뜻을 이해한다고 해도 '영어의 옷을 걸친 한국어'에 지나지 않는다. Because of the collision으로 문장을 시작하는 대신 collision(충돌)이라는 무생물을 주어로 잡아 '그것이 그녀에게 어떻게 했다'식으로 관점을 바꿔 보자. 좀 더 정확히 말하면 collision 때문이 아니라 그것에 따른 충격 때문이므로 주어를 impact(충돌의 충격)로 잡는다. 그러면 The impact knocked her unconscious. (충돌이 그녀가 무의식이 되게 때렸다.)라는 표현이 가능해진다. 위의 〈직역〉 표현과 비교하면 because of ~ 같은 군더더기 말이 필요 없이 바로 [주어-동사-목적어]로 연결되어 간결하면서도 영어다운 문장이 만들어진다.

예제 나는 그 사람으로부터 기습적으로 한방을 맞고 나동그라졌다.
His sucker punch knocked me **out**. • sucker punch 기습적인 펀치

(~을) **보여주다, 나타내다**

내 경험으로 보아 유명 대학을 나왔다고 해서 성공이 보장되는 것은 아닌 것 같아.

직역 **Judging from my experience, just because you graduated from a prestigious university, you are not guaranteed success.**

네이티브 **My experience suggests that a degree from a prestigious university does not guarantee success.**

우리는 흔히 자신의 경험을 예로 들어 설명한다. 그럴 때 '내 경험으로 봐서'라고 시작하는 표현 때문인지 영어로 말할 때도 Judging from my experience(나의 경험에서 판단한다면), 또는 From my experience(내 경험에서 보면)라고 시작하는 경우가 대부분이다. 이렇게 직역식으로 영어를 말해도 뜻은 통하지만 좀 더 영어다운 영어에 대한 접근은 어려

워진다. 따라서 한국어를 따라 Judging from ~이라고 말하고 싶은 욕구에서 과감히 탈피해서 from 뒤에 있는 명사를 문장의 주어로 쓰는 관점으로 발상을 전환해 보자. 그러면 My experience tells me that ~(내 경험이 나에게 …이라고 말한다) 또는 My experience suggests that ~(내 경험이 …이라고 제안한다, 암시한다)과 같은 문장이 가능해진다. suggest 이외에 indicate(~을 나타내다, 가리키다), show(~을 보여 주다) 같은 동사를 써도 좋다.

예제 역사를 보면 국가는 보통 생각하는 것보다 훨씬 무너지기 쉽다는 것을 알 수 있다.
History shows that nations are far more fragile than popularly believed.

• fragile 깨지기 쉬운, 연약한

(~이) 이해가 안 되다

한 가지 이해 안 되는 것이 있습니다.

직역 **I don't understand one thing.**

네이티브 **One thing puzzles me.**

'이해하다'는 영어로 understand이니 '~이 이해가 안 된다'는 I don't understand ~이다. 사람인 I를 주어로 하니까 '이해가 되다/안 되다'라고 밖에 표현할 수 없다. 그러나 영어에는 사람 대신 무생물을 주어로 써서 '무생물 주어가 사람에게 어떻게 한다'는 표현법도 있다. 영어를 영어답게 만들어 주는 또 하나의 강력한 표현 방식이다. 위 예문에서도 one thing을 주어 자리로 가져가면 'One thing이 me에게 어떻게 한다'는 식의 표현이 가능하다. 그리고 여기에 동원되는 동사가 바로 puzzle이다. puzzle은 우리가 '퍼즐 놀이' 정도로 알고 있지만 동사로 쓰면 '~을 어리둥절하게 하다'라는 뜻을 갖는다. 따라서 One thing puzzles me.(한 가지가 나를 어리둥절하게 만듭니다)와 같은 문장이 가능하다. 마찬가지로 '정말 이해가 안 되는 것'은 I를 주어로 해서 What I really don't understand ~라고 하지 말고 puzzle을 써서 What really puzzles me ~라고 할 수 있다. puzzle 외에도 같은 의미로 baffle(당황하게 하다, 어리둥절하게 하다), confuse(혼란스럽게 하다), perplex(헷갈리게 하다, 혼란스럽게 하다) 등의 동사를 쓸 수 있다. 앞으로 무엇이 이해가 안 된다고 할 때는 이해가 안 되는 것을 주어로 하고 위의 동사들을 써서 표현해 보자.

예제 내가 정말 이해가 안 되는 점은 그녀의 태도야.
What really **puzzles** me is her attitude.

• attitude 태도

(~을 보니 …이) 이해되다

이 편지를 보니 그녀가 왜 아이들에게 그렇게 엄격했는지 이해가 되는군요.

직역 **Reading this letter, I can understand why she was so strict to her children.**

네이티브 **This letter explains why she was so strict to her children.**

'~을 보니 …이 이해가 되다'를 영어로 한다면 '~을 보니' → Looking at ~, '…이 이해가 되다' → I can understand ~라고 하는 경우가 대부분이다. 이렇게 해도 뜻은 통한다. 그렇지만 원어민은 '영어는 영어인데 어딘가 이상한 느낌이 든다'고 생각할 것이다. 그 이유는 이런 식으로 '~하니 …하다'와 같은 원인-결과, 또는 인과응보의 의미를 언어로 표현할 때 우리는 '~하니', '~해서', '~하니까'와 같은 부사절을 써서 말하지만 영어에서는 이런 절

안에 있는 명사를 직접 주어로 써서 '~이 …하다'라는 식으로 표현하는 것을 선호하기 때문이다. 위 예문에서도 Reading this letter 대신 무생물 명사 this letter를 주어로 해서 'This letter가 어떻게 한다'는 식으로 표현하도록 발상을 전환할 필요가 있다. 그렇게 하면 This letter explains why ~(이 편지가 왜 ~한지를 설명한다)와 같은 표현을 사용할 수 있다. 한국어에서는 '편지가 설명한다'라고 하면 이상하지만 영어에서는 무생물인 편지도 사람처럼 설명할 수 있다. Reading this letter로 시작하는 직역식 영어와 This letter가 주어가 되어 바로 동사 explain으로 이어지는 두 문장 간에는 단순히 형태의 차이 이상의 것, 즉, 영어다운 영어의 비결이 숨어 있다.

예제 이것을 보면 애플 제품이 왜 인기가 있는지 알 수 있을 겁니다.
This should **explain** why Apple products are so popular.

(~을 들어 보니)
…인 것 같다

선생님 말씀을 들어 보니 천식 증세가 있으신 것 같습니다.

콩글리시 **When I hear your words, I think you have asthma.**

네이티브 **Your description suggests (that) you may have asthma.**

환자가 의사에게 자신의 증세를 설명한다. 그 설명을 들은 의사가 '선생님 말씀을 들어 보니 ~인 것 같습니다'라고 의견을 말한다. 이런 내용을 미국 의사라면 어떻게 말할까? 한국어에서는 '선생님의 말씀을 들어 보니 ~'라고 부사절로 말을 시작한다. 그러다 보니 영어로 할 때도 When I hear ~나 As I hear ~와 같이 부사절로 말을 시작하는 경우가 많다. 그리고 '~인 것 같습니다'는 I think ~라고 덧붙인다. 이런 식으로 한국어 문장 구조를 복제해서 영어로 말하고 있다면 그런 습관은 빨리 버려야 한다. 한국어에서는 '~을 들어 보니'라고 하지만 영어에서는 그렇게 들은 내용을 주어로 해서 ~ suggests that ...(~가 …이라는 것을 암시하다)이라고 표현한다. 즉, When A, B로 이어지는 간접적인 논리 관계가 영어에서는 A suggests B라는 직접적 관계로 표현되는 것이다. 여기서 핵심은 '선생님 말씀'을 영어로 어떻게 표현할 것인가이다. 환자가 의사에게 자신의 증세를 '설명하다'는 describe ~라고 한다. describe의 명사형은 description이다. 바로 description이 '선생님의 말씀'이 되는 것이다. 따라서 Your description suggests that ~이라고 한다. 한국어에서는 무생물인 description이 무엇을 '암시하다'라고 표현하지 않기 때문에 영어 학습자들 대부분이 위와 같이 Your description을 주어로 해서 suggest ~로 연결하는 문장을 쉽게 생각해 내지 못한다. 그러나 '~을 들어 보니' 같은 한국어 부사절을 무생물 주어로 써서 영어 문장을 만들 수 있는 능력이야말로 영어다운 영어를 하는 핵심 비결이다.

예제 이 조사 결과를 보면 물이 오염되었던 것으로 보인다.
This finding suggests (that) the water might have been contaminated.

(~으로 인해 …이)
일다[들끓다]

최근에 있었던 납 중독 사건들로 국민들이 분노했다.

직역 **Because of recent lead-poisoning cases, the public got angry.**

네이티브 **A recent string of lead-poisoning cases has sparked public outrage.**

'분노'라는 뜻의 가장 기본적인 영어 단어는 anger(화)이지만 위와 같이 불법적이거나 부도덕한 일에 대한 분노에는 outrage라는 단어가 적절하다. 화가 나는 데는 이유가 있다. 그 이유를 표현할 때 한국어에서는 '~ 때문에 분노가 치밀었다'라는 식으로 '~ 때문에'라는 부사구를 사용한다. 따라서 영어에서도 Because of lead-poisoning cases(납 중독 사건들 때문에)라고 문장을 시작하기 쉽다. 그러나 발상을 전환해서 이유가 되는 lead-poisoning cases를 주어로 사용해 보자. 그러면 Lead-poisoning cases __________ public outrage.와 같은 문장을 만들 수 있다. 빈칸에는 '야기하다'라는 뜻의 타동사가 들어가면 된다. outrage라는 단어와 어울리는 영어 동사에는 spark(불꽃을 일으키듯 야기하다), trigger(방아쇠를 당기듯 야기하다), provoke(자극하여 야기하다) 같은 것들이 있다.

예제 최근 급격한 유가 인상으로 인해 정유사에 대한 국민들의 비난이 들끓고 있다.
Recent steep hikes in gasoline prices have **triggered** public outcry against the oil companies.
• outcry (대중의) 격렬한 반응

(~ 때문에 …을) **잃다** (1)

그 일로 그는 직장을 잃었다.

직역 He lost his job because of that.

네이티브 **That cost him his job.**

'직장을 잃다'는 lose one's job, '~ 때문에'는 because of ~이다. 따라서 '그는 ~ 때문에 직장을 잃었다'는 He lost his job because of ~라고 할 수 있다. 그렇지만 왠지 콩글리시 냄새가 난다. 이때 그것(that)이라는 무생물을 주어로 써서 That cost him his job.(그것은 그에게 그의 직장이라는 비용이 들게 했다)이라고 해 보자. cost A B는 'A에게 B의 비용이 들게 하다'로, B가 비용으로 들어가니까 B를 잃는 것이 된다. 무생물을 주어로 사용하는 영어의 특징을 아주 잘 보여 주는 표현법이다. 추가로 예를 들면, '그 일로 인해 그는 목숨을 잃었다'는 It cost him his life.라고 하면 되고, '그 일로 인해 그는 아내를 잃었다'는 It cost him his wife.가 된다.

예제 그로 인해 내 결혼이 파탄에 이르렀다.
That cost me my marriage.

(~ 때문에 …을) **잃다** (2), **상실하다**

그녀는 전쟁으로 인해 자신이 가장 사랑하는 사람들을 잃었다.

직역 Because of the war, she lost those she loved the most.

네이티브 **The war robbed her of those she loved the most.**

'전쟁으로 인해 그녀는 아들을 잃었다'를 직역하면 Because of the war, she lost her son.이 된다. 그런데 '이렇게 '~ 때문에' → Because of ~와 같이 한국어를 그대로 영어로 옮기는 식으로는 엉터리 영어 문장이 되기 쉽다. 이 경우에도 because of the war 대신 She lost her son to the war.(그녀는 전쟁에게 아들을 잃었다)와 같이 뒤에 to the war를 붙여 말하는 것이 제대로 된 영어 표현이다. 여기서 한발 더 나아가서 아예 주어를 the war라는 무생물로 잡아서 말할 수 있다. 그렇게 되면 the war는 her son을 앗아가는 것이 되는데 영어로는 The war robbed her of her son.이라고 한다. rob은 '~을 강탈하다', '~을 빼앗다'라는 뜻인데 한국어에서는 이런 행위를 할 수 있는 것은 사람밖에 없지만 영어에서는 the war와 같은 무생물도 가능하다. 이와 비슷한 뜻으로 쓰이는 동사로 deprive도 있다. 역시 A deprive B of C(A가 B에게서 C를 빼앗다)의 형태로 사용한다. 가령, '그는 전쟁으로 모든 것을 잃었다'는 The war deprived him of everything.이 된다.

예제 그녀는 희귀병으로 인해 시력과 청력을 잃었다.
A rare illness robbed her **of** her sight and hearing.

그는 햄스트링 부상으로 인해 올림픽 마라톤 경주에 참여할 수 없었다.
A hamstring injury deprived him **of** the opportunity to run in the Olympic marathon.

그는 알츠하이머병으로 인해 기억을 상실했다.
Alzheimer's disease robbed him **of** memory.

(~에 …이) **있다**

파크뷰 호텔에는 멋진 수영장과 어린이 놀이 시설이 있다.

직역 **At the Parkview Hotel, there are a nice swimming pool and a children's play facility.**

네이티브 **The Parkview Hotel has a nice swimming pool and a children's play area.**

'어디에 무엇이 있다'를 영어로 하라고 하면 대부분 There is ~(~이 있다)와 같이 표현한다. There is ~가 '~이 있다'의 뜻인 것도 맞고, 이런 형태의 표현을 사용하는 것 자체에 문제가 있는 것도 아니다. 그러나 '있다' = There is ~식으로 기계적으로 생각하기 때문에 그 이상의 좀 더 영어다운 표현에 접근할 길이 막혀버린다는 것이 문제다. 또 한국어에서 '파크뷰 호텔에는 …'이라고 말을 시작한다고 해서 영어에서도 At the Parkview Hotel ...로 말을 시작하는 것도 문제다. 영어에서는 지명에 관한 전치사가 문장 맨 앞에 나오는 것은 매우 이례적인 경우이다. 보통은 문장 뒤로 가서 There is ~ at the Parkview Hotel.이라고 한다. 무엇보다 At the Parkview Hotel ~로 시작하지 않고 Parkview Hotel을 주어로 해서 The Parkview Hotel has ~(파크뷰 호텔은 ~을 갖고 있다)라고 하면 된다. 또는 feature(~을 중요한 일부로 갖고 있다)라는 동사를 사용해서 The Parkview Hotel features ~(파크뷰 호텔은 중요 시설로 ~을 갖고 있다)라고 한다. 한국어에서는 무생물인 hotel이 '무엇을 갖고 있다'라고 말하는 것이 어색하지만 영어에서는 무생물 주어가 일반적인 특징이기 때문에 The Parkview Hotel을 바로 주어로 잡아서 말을 하면 된다. 만약에 어떤 장소에 무엇이 있는데 그것이 자랑거리라면 boast(~을 자랑하다)라는 동사를 쓸 수 있다. 가령, 어떤 동물원에 관해 이야기하면서 '그 동물원에는 5,000마리가 넘는 동물이 있다'라고 한다면 have, feature라는 동사를 써도 되지만, 자랑하는 뜻이 담겨 있으므로 The zoo boasts over 5,000 animals.라고 할 수 있다.

예제 그 박물관에는 세계에서 가장 많은 우표가 전시되어 있다.
The museum has[features/boasts] the world's largest collection of postal stamps.

그 놀이공원에는 세계에서 가장 긴 롤러코스터가 있다.
The amusement park boasts[has/features] the world's longest roller coaster.

(~으로 인해)
자신감이 생기다

그 일로 나는 큰 자신감을 얻었다.

콩글리시 **Because of it, I got big confidence.**

직역 **Thanks to it, I gained a lot of confidence.**

네이티브 **That boosted my confidence greatly.**

That was a real boost to my confidence.

'자신감'은 영어로 confidence이다. 한국어로 '얻다'라고 번역되는 영어 동사에는 get, gain, acquire, obtain 등 여러 가지가 있다. 이 중 confidence와 짝을 짓는 동사는 gain이다. '~으로 인해'라고 하면 because of ~(~ 때문에)가 떠오르겠지만 좋은 일일 경우에는 thanks to ~(~ 덕분에)라는 표현을 써야 한다. 그런데 thanks to ~와 같은 부사구를 쓰는 것보다는 이유를 나타내는 that을 직접 주어로 하고 boost(밀어 올리다, 높여 주다)라는 동사를 써서 That boosted my confidence greatly.(그것이 나의 자존심을 크게 밀어 올려 주었다)라고 표현하는 것이 좋다. 또는 boost를 명사로 써서 That was a real boost to my confidence.(그것은 나의 자존심을 정말 높여 주는 것이었다)라고도 표현한다. 이것이 직역으로 만들기 어려운 영어만의 표현법이다.

예제 그 소식으로 인해 그는 큰 자신감을 얻었다.
The news boosted his **confidence** greatly.

(~해서) 잠이 들다

나는 영화가 너무 재미없어서 잠이 들었다.

직역 **The movie was so boring I fell asleep.**

네이티브 **The movie was so boring it put me to sleep.**

영화를 보러 갔는데 너무 재미없어서 보는 도중 잠이 든 경험은 누구나 한두 번쯤 있었을 것이다. 그런 경험을 영어로 말해 보라면 '잠이 들었다'를 대부분 I fell asleep.이라고 할 것이다. 즉, 한국어처럼 사람인 내(I)가 잠들었다고 한다. 그런데 '영화가 재미없다'와 '내가 잠들었다' 사이에는 인과관계가 있다. 따라서 발상을 전환해서 '영화가 나에게 어떻게 했다'는 식으로 The movie made me sleep.(영화가 나를 잠자게 만들었다)이라고 말할 수 있다. 그런데 영어에서는 누구를 '잠들게 하다'는 make(~하게 만들다)라는 동사 대신 put ~ to sleep(~을 잠에 놓다)이라고 표현한다. 따라서 The movie put me to sleep.이다. 가령, 마취 주사(anesthetic)를 맞아 잠이 들었다면 The anesthetic put me to sleep.이라고 한다.

예제 나는 마취 주사를 맞고 수술 내내 잠이 들어 있었다.
I was given an **anesthetic** that **put** me **to sleep** for the entire surgery.

침대에서 책을 읽으면 나는 항상 잠이 든다.
Reading in bed always **puts** me **to sleep**.

(~하면) **잠이 안 오다**

079_Ch10_n56_72

나는 커피를 마시면 잠이 안 와.

콩글리시 **If I drink coffee, I can't sleep.**

네이티브 **Coffee keeps me awake.**

'~하면'이라는 가정법 표현은 영어로 if ~이므로 '커피를 마시면'은 If I drink coffee가 된다. '잠이 안 오다'는 I can't sleep(잠을 잘 수 없다)이다. 이렇게 한국어 문장 형태를 영어로 옮겨서 표현해도 어느 정도 뜻은 통하지만 coffee라는 무생물을 주어로 해서 coffee가 me(나)를 awake(깨어 있게) keep(유지하다)한다고 말하는 것이 원어민식 영어 표현법이다. 한국어에서는 'coffee가 사람을 깨어 있게 한다'라고 말하는 것이 이상하지만 영어에서는 그렇게 말하는 것이 자연스럽다.

예제 그 사람 코고는 소리 때문에 밤새 잠을 잘 수 없었다.

His snoring kept me **awake** all night.

* snore 코를 골다

(~에 …이라고)

적혀 있다 (1)

저 표지판에 '수영 금지'라고 적혀 있네요.

콩글리시 **'No Swimming' is written on the sign.**

네이티브 **The sign says 'No Swimming!'**

수영을 하러 바닷가에 나갔더니 경고 표지판(warning sign)이 걸려 있고 거기에 'No Swimming'이라고 적혀 있다. 이럴 경우 우리는 '저 표지판에 수영 금지라고 적혀 있네요'라고 한다. 그러면 영어로는 어떻게 말할까? '적다'나 '쓰다'는 영어로 write이고 '적혀 있다'는 수동태가 되니까 be written(쓰여 있다)이라고 표현하면 될까? 그러나 이런 식이면 문법에는 맞는 표현일지라도 원어민은 쓰지 않는 엉터리 표현이 된다. 이런 경우 원어민들은 write 같은 동사를 쓰지 않고 sign을 주어로 해서 The sign says ~(표지판이 ~라고 말합니다)라고 한다. '표지판이 어떻게 말을 해?' 물론 한국어에서는 받아들일 수 없는 표현이지만 영어에서는 가능하다. 가능할 뿐만 아니라 이런 식으로 무생물을 주어로 쓰는 것이 영어다운 영어를 구사하는 핵심 중의 핵심이다. 질문할 때도 마찬가지이다. 표지판을 가리키며 '저기 뭐라고 적혀 있나요?'라고 물어볼 때도 What does it say there?라고 하면 된다. 여기서 it은 물론 손가락으로 가리키는 표지판이다.

예제 현수막에 '세계에서 가장 오래된 해산물 음식 축제'라고 쓰여 있다.

The banner said 'The World's Oldest Seafood Festival.'

여기 안내판에 '휴업'이라고 쓰여 있네요.

The sign says 'CLOSED.'

(~에 …하라고)
적혀 있다 (2)

그 쪽지에는 산 기슭에 있는 창고에 아들이 있으니 데려가라고 적혀 있었다.

직역 On the note, it was written that he should pick his son up from a warehouse at the foot of the mountain.
The note said that he should pick his son up from a warehouse at the foot of the mountain.

네이티브 **The note told him to pick his son up from a warehouse at the foot of the mountain.**

유괴범이 부모에게 몸값(ransom)을 받은 후 어디에서 아이를 찾아가라는 메모를 남겼다고 하자. 메모를 읽어 보니 '~하라'고 적혀 있었다. 이렇게 한국어에서는 보고서, 편지, 메모 등의 내용을 말할 때 '~에 …이라고 적혀 있다'라고 한다. 따라서 영어로 할 때도 '~에' → In[On] ~, '…이라고 적혀 있다' → it is written that ...과 같이 말하기 쉽다. 이런 식으로 표현해도 뜻은 통하지만 사실 콩글리시에 가깝다. 왜냐하면 문법에 맞더라도 그런 식으로 말하거나 글을 쓰는 원어민들은 거의 없기 때문이다. 영어에서는 무생물인 쪽지 the note를 주어로 해서 'note가 어떻게 하다'라고 하는 것이 일반적이다. The note says that ~(메모가 ~이라고 말한다) 정도까지는 생각할 수 있는 독자들이 많다. 그러나 여기서 한걸음 더 나아가 The note told him to ~(메모가 그에게 ~하라고 말했다)라는 표현까지 생각해 내는 경우는 드물다. 왜냐하면 한국어에서는 '메모가 사람에게 무엇을 하라고 했다'라는 식으로 말하지 않기 때문이다. 그렇지만 메모 같은 무생물이 사람에게 지시를 할 수 있는 것이 영어다. tell이라는 동사 외에도 문맥에 따라 direct(지시하다), command(명령하다)와 같은 동사도 쓸 수 있다.

예제 그 메모에는 그에게 지하철에 폭탄을 설치하라는 지령이 담겨 있었다.
The note directed him to plant a bomb in a subway station.

(~하면 …을) **절약하다**

그렇게 하면 많은 시간을 절약할 수 있습니다.

직역 If you do so, you can save a lot of time.

네이티브 **It can save you a lot of time.**
It can be a big time saver.

무엇을 '절약하다'는 영어로 save이다. 따라서 위의 한국어 문장을 영어로 하면 <직역식 표현>에 나온 대로 If you do so, you can save a lot of time.이 된다. 이렇게 해도 틀린 건 아니지만 아무래도 한국어를 그대로 옮겨 놓은 느낌이 난다. 이때 If you do so(당신이 그렇게 하면) 대신 무생물 대명사 it(그것)을 주어로 해서 It can save you a lot of time.(그것이 당신에게 많은 시간을 절약시켜 줄 수 있다)이라고 하면 아주 간단해진다. 이 경우 save는 save A B의 형태로 써서 'A에게 B를 절약시켜 주다'가 된다. 또는 save a lot of time이라는 동사 표현 대신 a big time saver(크게 시간 절약해 주는 것)를 써도 멋진 영어가 된다. 참고로 이 내용은 챕터 7에도 나온다.

예제 그렇게 하면 많은 수고를 덜 수 있습니다.
It'll save you a lot of trouble.

(~ 때문에 …이)
정상 가동되지 못하다, 마비되다

이번 대규모 정전 사태로 많은 제조업체가 정상 가동을 하지 못했다.

직역 **Because of the large-scale power outage incident, many manufacturing companies couldn't operate normally.**

네이티브 **The widespread power outage crippled many manufacturers.**

미국 캘리포니아에서 대규모로 전력 공급이 끊기면서 공장 가동이 중단되는 등 문제가 발생했던 적이 있다. 이때 '정전 사태로 인해 ~이 정상 가동되지 않다'와 같은 표현을 신문 기사에서 자주 볼 수 있었다. 그대로 영어로 말하면 '~으로 인해' → Because of ~, '~이 정상적으로 가동되지 않다' → ~ not operate normally와 같이 된다. 그런데 이런 식으로 한국어 문장을 복제한 영어 말고 영어만의 맛이 나는 영어를 구사하고 싶다면 Because of the power outage 대신 power outage라는 무생물을 주어로 해서 'power outage가 제조업체에 어떻게 했다'는 식으로 표현하자. 정전 때문에 정상 가동을 못했다면 'power outage가 제조업체를 cripple했다'라고 표현할 수 있다. cripple은 '~을 불구로 만들다', '~을 마비시키다'라는 뜻의 동사이다. '정전 (사태)'은 power outage이다. '사태'라고 해서 accident나 incident 같은 단어를 붙이지 않는다. outage(정전)라는 단어 안에 '사태'라는 의미가 이미 들어 있다.

예제 버스 기사들의 파업으로 대중교통이 일주일이나 마비되었다.
The bus drivers' strike crippled public transportation for a week.

(~하면 …에게) **좋다**

신선한 공기를 마시면 몸에 좋을 겁니다.

콩글리시 **If you drink fresh air, it will be good for your health.**

네이티브 **The fresh air will do you good.**

'신선한 공기'는 fresh air인데, 이런 공기를 한국어에서는 '마시다'라고 한다. 그렇지만 영어에서는 drink라고 하지 않고 breathe in이라고 한다. '신선한 공기를 마시면 몸에 좋을 겁니다'라는 말을 영어로 한다면 대부분 '~하면'이라는 가정법 표현 때문에 if ~를 써서 if you breathe in the fresh air라고 한다. 물론 이런 식으로 if를 써서 표현해도 좋다. 그런데 '~하면'을 매번 if ~라고 한다면 반쪽 영어가 된다. 왜냐하면 이런 경우 if ~ 안에 있는 fresh air라는 무생물 명사를 주어로 써서 'fresh air가 사람에게 어떻게 한다'는 식으로도 표현할 수 있기 때문이다. 위 경우에는 do ~ good(~에게 이로움을 주다)이라는 표현을 써서 The air will do you good.이라고 한다. 이렇게 하면 if ~로 표현할 때보다 훨씬 간결하면서도 박력 있는 영어를 사용할 수 있다.

예제 운다고 좋을 것 하나도 없습니다.
Crying won't **do** you any **good.**

(~ 때문에) **죽겠다**

나 발이 아파 죽겠어.

콩글리시 **I'm dying because my feet are hurting.**

네이티브 **My feet are killing me.**

'난 ~ 때문에 아파 죽겠다'에서 주어는 사람인 '나(I)'이다. 이 말을 그대로 영어로 하면 '죽다'는 die이므로 I'm dying(나는 죽어가고 있다)이라고 할 수 있다. 그런데 영어에서 I'm dying ~은 I'm dying to play the game.(그 게임을 하고 싶어 죽겠다.)과 같이 쓰이기 때문에 '아파서 죽겠다'라는 말이 안 된다. 이럴 때는 무생물인 my feet(발)을 주어로 해서 my feet이 나를 kill(죽인다)한다라고 하는 것이 영어다운 표현이다.

예제 등이 아파 죽겠어요.
My back is killing me.

(~하면 …이)
줄어들다

조깅을 하면 심장병의 위험이 줄어듭니다.

콩글리시 **If you jog, your danger of heart disease decreases.**

네이티브 **Jogging can reduce the risk of heart disease.**

건강에 관한 이야기를 할 때 '~하면 …병에 걸릴 위험이 줄어든다'라는 식의 말을 많이 한다. 이것을 영어로 직역하면 If A, B decreases(A하면 B가 줄어든다)라는 식의 표현이 된다. 이것도 틀린 건 아니지만 '~하면' → If ~, 이런 기계적인 생각에 갇혀 버리면 영어다운 영어를 구사하는 것은 요원한 일이 되고 만다. 이 문제를 푸는 핵심은 If you jog를 Jogging이라는 명사로 바꿔 'jogging이 ~의 발병 위험을 낮춘다'라고 표현하는 것이다. 즉, Jogging reduces[lowers] the risk of ~라고 한다. 반대로 '담배를 피우면 ~의 위험이 높아진다'는 Smoking을 주어로 해서 Smoking increases[heightens] the risk of ~라고 한다. 병에 걸릴 '위험'은 danger라고 하지 않는다. danger는 안전을 위협한다는 뜻으로만 쓰인다. 병의 경우 '위험'은 risk라는 단어를 쓴다.

예제 충분한 양의 과일과 채소를 섭취할 경우 만성 질환의 위험이 줄어든다.
Eating enough fruit and vegetables lowers the risk of developing chronic diseases.

(~해서 …을) **찾다**

제가 구글을 검색해 보니까 15퍼센트 쿠폰이 있더군요.

직역 **When I searched Google, I found a 15 percent coupon.**

네이티브 **A Google search found me a 15 percent coupon.**

쇼핑몰에 어떤 물건을 사러 가려는데 혹시 쿠폰이 없을까 해서 구글을 검색했다가 15퍼센트 쿠폰을 발견했다. 이런 경험을 영어로 어떻게 설명할까? 대부분 독자는 I searched Google and found ~(구글을 검색해서 ~을 찾았습니다.) 또는 When I searched Google, I found ~(구글을 검색했을 때 ~을 찾았습니다.)라고 말하려 할 것이다. 두 가지 다 문법적으로 틀린 곳이 없고 뜻도 통하지만 어딘가 어색하고 맹숭맹숭하다. 좀 더 영어다운 영어로 말할 수 없을까? 그렇다면 이렇게 해 보자. I searched Google이라는 문장과 I라는 주어 대신 A Google search(구글 검색)라는 무생물을 주어로 하는 것이다. 무생물 주어를 잘 쓰지 않는 한국어에서는 '검색이 나에게 무엇을 찾아 주었다'라고 말하지 않지만 영어에서는 얼마든지 가능하다. 이런 영어만의 표현법을 많이 익히는 것이 좋다. 'Google search를 통해서 어떤 사이트를 찾았다'라고 할 때는 find 대신 lead me to ~(나를 ~로 안내하다)라는 표현을 쓰면 좋다.

예제 구글에서 검색해 보니까 다음과 같은 해결책이 있더군요.

A Google search found me the following solution.

구글에서 대충 검색해 보니까 다음과 같은 사이트가 있더군요.

A quick Google search led me **to** this site.

(~하면 …할)

필요가 없어지다, 수고를 덜다

이 서비스를 이용하면 은행에 직접 가지 않아도 됩니다.

직역 **If you use this service, you won't have to go to the bank in person.**

네이티브 **Using this service will save you trips to the bank.**

'이 서비스를 이용하면 은행에 가지 않아도 된다'를 영어로 하라고 하면 대부분 If로 문장을 시작한다. 한국어에서 '~하면'이라고 하니까 자동적으로 영어에서도 If ~를 떠올리는 것이다. 이런 식으로 해서 '이 서비스를 이용하면'은 If you use this service, '(당신이) 은행에 가지 않아도 된다'는 you don't have to go to the bank가 된다. 이 문장의 주어는 사람, 즉 you이다. 틀린 건 아니지만 문장이 느슨하고 투박한 느낌이 든다. 발상을 전환해서 사람이 아니라 무생물을 주어로 써 보자. 그러면 '이 서비스를 이용하면'을 Using this service(이 서비스 이용하기)와 같이 명사구로 만들어서 주어로 쓸 수 있다. 그리고 '은행에 가지 않아도 된다'는 save you trips to the banks(당신에게 은행에 가는 것을 덜어 주다)라고 표현한다. save는 대부분 '저축하다'의 뜻으로 알고 있지만 save A B라고 해서 'A에게 B의 수고를 덜어 주다'라는 뜻으로도 쓰인다. 가령, '이렇게 하면 마우스를 여러 번 클릭하는 수고를 덜 수 있다'라는 말도 If you do this라고 하지 말고 This를 주어로 잡아 This will save you a lot of mouse clicking.이라고 해야 진짜 영어 맛이 나는 문장이 된다. trip은 대부분 '여행'의 뜻으로 알고 있지만 영어에서는 어떤 장소에 가는 모든 것을 trip이라고 표현한다. 그러니까 'trip = 여행'과 같이 영어 단어를 기계적으로 외워서는 안 된다. 영어 단어는 글을 읽으면서 뜻과 사용법을 함께 익혀야 한다.

예제 이 프로그램을 사용하면 세금 신고할 때 골칫거리가 줄어듭니다.

This software will **save** you a lot of headaches in filing tax returns.

이렇게 하면 타이핑하는 수고를 많이 덜 수 있습니다.

This will **save** you a lot of typing.

chapter 10 무생물 주어

(~을 읽고[보고, 듣고])
…하게 되다

이 책을 읽고 나도 내 사업을 시작해야겠다는 생각을 하게 되었다.

직역 **After reading this book, I thought of starting my own business.**

네이티브 **This book inspired me to start my own business.**

어떤 책에서 아이디어나 힌트를 얻어서 뭔가를 하게 되었다고 하자. 그럴 때 우리는 '그 책을 읽고 무엇을 하게 되었습니다'라고 표현한다. 즉, '책'과 '내가 무엇을 하게 된 것' 사이의 인과관계가 '~을 읽고 나서'와 같은 부사절로 연결된다. 이런 한국어의 표현 방식에 갇혀 있다 보면 영어에서도 After reading ~(~을 읽고)이라고 문장을 시작하게 된다. 그러나 발상을 전환하여 the book 자체를 주어로 해서 'the book이 나에게 무엇을 하게 했다'는 식으로 표현하면 어떨까? 가장 쉽게 생각나는 표현은 The book made me ~(그 책이 내가 ~하게 만들었다)이지만 make는 강제로 하게 만든다는 뜻이므로 book과는 어울리지 않는다. 이때 사용할 수 있는 영어 동사는 inspire ~ to ...(~가 …하게 영감을 주다)이다. 어떤 것을 보고/읽고/듣고 아이디어가 생겼다면 그것이 나에게 inspire했다고 말하면 되는 것이다. 그 외에도 motivate ~ to ...(~가 …하게 동기를 주다)라는 표현도 생각해 볼 수 있다.

예제 선생님의 강연을 듣고 제 인생을 새롭게 시작하게 되었습니다.
Your lecture inspired[motivated] me to make a fresh start with my life.

(~년에) **…하다**

2010년에 항공 여행객 수가 제2차 세계 대전 이후 최대로 급감했다.

직역 **In 2010, the number of air travelers has dropped by the biggest margin since the Second World War.**

네이티브 **The year 2010 saw the biggest decline in air passenger traffic since the Second World War.**

The year 2010 saw the number of air travelers drop by the biggest margin since the Second World War.

'X 해에 Y 사건이 발생했다'라는 한국어를 영어로 한다면 보통 한국어의 구조 그대로 In X, Y happened.와 같이 표현한다. 이런 식으로 표현하는 것이 틀리지는 않지만 영어에는 영어에서만 가능한 또 하나의 표현 방법이 있다. 그것은 무생물인 '연도', 즉 X를 주어로 해서 X saw Y happen(X는 Y가 발생하는 것을 보았다)과 같이 표현하는 것이다. 위의 예문이 그런 경우이다. 〈직역식 표현〉에서는 In 2010, the number of air travelers has dropped ~와 같이 주어는 '항공 여행객 수'인데 〈네이티브 표현〉에서는 2010년이 주어가 되어 The year 2010 saw the number of air travelers drop ~(2010년이 항공 여행객 수가 ~하게 감소하는 것을 보았다)이 되었다. 혹시 독자 중에 한국어에서도 무생물인 '항공 여행객 수'가 주어니까 무생물 주어는 영어만의 특징이 아니라고 지적할 분이 있을지 모르겠다. 그러나 영어의 무생물 주어는 '무생물 주어가 사람과 같이 의식적 행동을 하는 것으로 묘사하는 경우'라고 여러 번 강조했다. see(보다) 같은 동작은 의식을 가진 사람만이 할 수 있는 행위이다. 영어에서는 무생물이 이런 행동을 하는 것으로 묘사한다. 그러나 한국어에서는 불가능하다. '항공 여행객 수' 뒤에 이어지는 동사는 '떨어지다'이다. 숫자가 떨어지는 것은 가을이 되면 낙엽이 떨어지듯 하나의 현상일 뿐, 숫자가 의식적인 행동을 하는 것은 아니다. 위 예문에서 saw 뒤에 있는 the number of air travelers drop by the biggest margin(여행객 수가 가장 큰 폭으로 떨어지다)은 the biggest drop in the number of air travelers(여행객 수에 있어서의 가장 큰 하락)와 같이 명사구로 줄여 표현할 수 있다. 그리고 the number of air travelers는 좀 더 전문적인 용어로는 air passenger traffic(항공 여객량)이라고 한다. 이렇게 절을 간단한 명사구로 바꾸는 능력과 전문 용어를 찾아 쓸 수 있는 능력도 영어 표현력의 중요한 요소이다.

예제 2010년을 시작하면서 저희 그룹 최고 경영진에 두 가지 중요한 변화가 있었습니다.
The start of 2010 saw two important changes to the Group's top management.

(~하니까[해서, 하면])
…하다

그분은 저의 아버지보다 10살이 많으시니까 대략 64세 정도 되셨을 겁니다.

직역 **Because he is 10 years older than my father, I think he is about 64 years old.**

네이티브 **He is 10 years senior to my father, so that puts him at 64 give or take.**

어떤 정보에 근거해 누구의 나이를 추정하는 상황에서 우리는 보통 '그러니까 64세 정도일 것이다'와 같이 표현한다. 이것을 영어로 직역하면 So, he is 64 years old.가 된다. 그런데 이런 상황에서 원어민들은 so 대신 앞의 내용, 그러니까 위 예문에서 '그분이 아버지보다 10살이 많다'라는 내용을 that으로 받아서 That puts him at 64.라고 한다. 이것을 한국어로 번역하면 '그것이 그를 64세에 놓는다'가 된다. 한국어에서는 그것(that) 같은 무생물 주어가 '사람을 어디에 놓는다'라고 말하지 않기 때문에 이상해 보이지만 영어에서는 이런 식의 표현이 표준이다. 따라서 여러 문장의 말을 이어나갈 때 앞뒤 문장 간의 원인-결과, 근거-판단과 같은 논리적 관계가 있다면 So(그러니까), Because of that(그렇기 때문에), For this reason(이런 이유로)과 같은 말로 시작하는 대신 앞의 내용을 That으로 받아서 That puts me ~(그것이 나를 ~에 놓는다)와 같은 식으로 표현해 보도록 하자. 실제로 영어에서 이런 식으로 표현된 문장의 예는 쉽게 찾아 볼 수 있다. 가령, '그 일로 내 입장이 난처하게 되었다'라는 말도 밑줄 친 부분을 Because of that(그것 때문에)라고 하는 대신 That을 주어로 하면 That put me in an awkward position.(그것이 나를 어색한 위치에 놓았다)이 된다. 또, '그렇게 될 경우 우리가 상황을 통제하지 못하게 될지도 모른다'도 In that case(그 경우에)로 문장을 시작하는 대신 That을 주어로 하면 That could put us in danger of losing control of the situation.(그것은 우리를 그 상황에 대한 통제를 잃는 위험에 놓을 수 있다)이라고 할 수 있다.

예제 이 일로 제가 매우 어려운 상황에 처하게 되었습니다.
This put me in a tight spot.

그 회사는 훌륭한 고객 서비스로 경쟁사들보다 한발 앞서 간다.
Their outstanding customer service puts them a step ahead of the competition.

알코올 중독은 다른 건강상의 문제를 발생시킬 위험이 있다.
Alcohol addiction puts you at great risk for other health problems.

(~하지만) …**하다**

정상까지 오르는 데 3시간이 걸리고 힘들었지만 정상의 경치는 참 멋있었다.

직역 **It took three hours to climb to the summit, and it was very difficult, but the scenery at the top was beautiful.**

네이티브 **The three-hour arduous hike to the summit rewarded me with wonderful views.**

등산을 가서 정상까지 오르는 데 3시간이 걸렸고 힘이 들었다고 하자. 그런데 정상에 올라 보니 경치가 매우 멋있었다. 이런 경험을 영어로 어떻게 표현할까? 한국어에서는 '정상에 오르는 것이 힘들었지만', '힘들게 정상에 오르니'와 같이 전제를 두는 말을 먼저 한 후 그 결과 '경치가 멋있었다'라고 말한다. 이것을 영어로 바꾸면 위의 〈직역〉 표현처럼 된다. 문법에는 맞지만 다분히 직역식 영어이다. 영어에서는 무생물이 사람에게 어떻게 한다고 표현할 수 있다는 점에 착안해서 생각해 보자. 우선 '정상까지 올라가는 데 3시간이 걸리고 힘들었다'에서 '힘든'은 육체적으로 힘들었다는 뜻이므로 difficult가 아니고 arduous, laborious와 같은 형용사를 써야 한다. 그리고 '올라가다'를 hike라는 명사로 표현하면 The hike to the summit took three hours, and it was arduous.가 된다. 전체를 합쳐서 하나의 명사구로 만들면 The three-hour arduous hike to the summit이 된다. 그리고 이 무생물 명사를 주어로 해서 The hike rewarded me with great views.(그 등반이 나에게 멋진 경치를 상으로 주었다)라는 식으로 표현한다. '이렇게 힘들고 어려운 어떤 일을 했더니(A) 어떤 좋은 일이 생겼다(B)'는 결국 A rewarded me with B의 구조로 표현할 수 있다.

예제 전망대까지 150개의 계단을 올라가니 멋진 계곡 풍경이 눈앞에 펼쳐졌다.
Climbing the 150 steps to the lookout point rewarded me with amazing views of the valley.

(~하면) …**해 보이다**

저희 수입 세정제 제품을 사용하시면 닦은 자국 없이 유리창이 반짝반짝 빛납니다.

직역 **If you use our imported cleaner products, your windows will shine brightly without any marks.**

네이티브 **Our imported cleaners will give your windows a streak-free shine.**

'유리 세정제'는 glass cleaner라고 한다. '어떤 glass cleaner를 사용하면 유리가 닦은 자국 없이 빛난다'라는 한국어는 '~하면 …하다'라는 조건문의 구조로 되어 있다. 그러다 보니 대부분 영어 문장도 If로 시작한다. 우리나라 사람들이 영어로 말하거나 글을 쓸 때 흔히 If ~, When ~, Because ~와 같이 조건이나 이유를 말하는 부사절로 문장을 시작하는데, 그 이유는 한국어가 그런 구조로 생각을 표현하게 되어 있기 때문이다. 즉, 한국어의 틀에 갇힌 영어를 하고 있는 것이다. 이런 틀을 깨기 위해서는 If ~의 내용을 문장의 주어로 삼아 말을 해 보자. 위의 예의 경우에도 'Our imported cleaners(우리의 수입 세정제)가 유리창에 어떻게 할 것이다'라고 표현하면 된다. 그렇게 되면 Our cleaners will give your windows a shine.(우리 세정제는 당신의 유리창에 빛남을 줄 것이다)과 같은 문장을 만들 수 있다. 한국어에서는 '세정제가 유리창에 무엇을 준다'라고 표현하지 않지만 영어에서는 매우 표준적인 표현법이며 이것을 가능하게 해 주는 것이 cleaners 같은 무생물을 문장의 주어로 사용하는 것이다. 실제로 영어 글을 보면 이런 식으로 '무생물 주어가 무엇을 준다'라는 표현이 매우 흔하다. 가령, 'A를 하면 B를 더 잘 이해할 수 있습니다'라는 말도 if you do A라고 하고 싶은 충동을 억제하고 원어민식으로 A를 주어로 내세우면 A will give you a better understanding of B.(A가 당신에게 B에 대한 더 나은 이해를 줄 것이다.)와 같이 잘 짜여진 영어 문장을 만들 수 있다.

예제 앞 범퍼 스포일러를 부착하면 자동차가 스포티해 보일 것이다.
Adding a front bumper spoiler will **give** your car a sportive look.

이 집은 벽돌 난로와 소나무 마루가 있어 아늑한 시골의 느낌이 난다.
The brick fireplace and pine floors give the house a lovely country feel.

(~을 통해 …을)
확실히 알다, 확신하다

그 경험을 통해 나는 정치인이 될 자질이 없다는 것을 확실히 알게 되었다.

직역 **Through the experience, I came to know for sure that I had no talent to become a politician.**

네이티브 **This experience convinced me that I was not cut out to be a politician.**

'~을 통해 …을 알게 되었다'를 영어로 생각해 보자. 직역식 영어를 하는 사람들은 '~을 통해'라는 부사구 때문에 영어에서도 Through ~라는 단어가 가장 먼저 입에서 나온다. 그리고 주어는 '내가 알게 되다'니까 I이다. 따라서 Through ~(~을 통해), I came to know(알게 되었다) for sure(확실히)와 같은 영어 표현을 생각할 것이다. 이런 식이라도 문법적으로 정확한 영어 문장을 만드는 것은 대단한 일이지만 이렇게 한국어 문장의 구조나 표현 등에 끌려다니는 영어를 해서는 영어다운 영어를 구사하기 어렵다. 이럴 때는 발상을 전환해서 experience라는 무생물을 주어로 하여 'experience가 사람에게 어떻게 한다'는 식으로 표현하도록 하자. 그러면 The experience taught me that ~(경험이 나에게 ~을 가르쳐 주었다)이라는 표현도 가능하고 convince(~을 확신시켜 주다)라는 동사를 써서 The experience convinced me that ~이라고 표현하는 것도 가능해진다. 무생물 주어를 씀으로써 한국어에서는 생각할 수 없는 영어만의 표현 세계가 열리는 것이다. '~이 될 자질이 없다'는 '자질' → talent, 이런 식으로 생각한다면 I have no talent to be ~ 같이 표현할 수 있지만 영어만의 표현을 찾으면 be cut out to ~(~할 재능[소질]이 있다)라는 표현도 좋다. 또 '자질'을 what it takes to be ~(~이 되기 위해 필요한 것)로 표현해서 I don't have what it takes to be a politician.이라고 할 수도 있다. 중요한 것은 '소질' → talent와 같은 기계적 사고에서 벗어나는 것이다.

예제 9·11 사건을 보면서 세계의 평화는 아직 멀었다고 확신하게 됐다.
The 9/11 Attacks convinced me that world peace is still a distant dream.

chapter 10 무생물 주어

(~ 때문에 판단력이)
흐려지다

나는 실수하면 자신에게 화가 나고, 그래서 판단력이 흐려진다.

콩글리시 **When I make a mistake, I become angry with myself, and my ability to judge becomes cloudy.**

네이티브 **Making mistakes often upsets me and clouds my judgement.**

'~ 때문에 나의 판단력이 흐려졌다'라는 말에서 주어는 '나의 판단력'이다. '판단력'은 [판단(judge) + 력(ability)]과 같이 나눠 생각하지 않고 그냥 한 단어로 judgement라고 한다. 그런데 '판단력이 흐려지다'는 뭐라고 할까? '흐린'은 cloudy니까, 그러면 My judgement becomes cloudy? 불행히도 이렇게 표현하는 원어민들은 없다. 문제는 my judgement를 주어로 하려니까 생긴다. 과감하게 발상을 전환하여 '~ 때문에'의 이유가 되는 명사를 주어로 해서 '~이 나의 판단력을 흐리게 한다'라고 해 보자. 즉, '실수를 하면' → when I make a mistake를 명사로 하면 Making mistakes가 된다. 이것을 주어로 하고 동사는 cloud라는 명사를 '~을 흐리게 하다'라는 뜻의 동사로 사용한다. 그러면 Making mistakes clouds my judgement.가 된다. 실수를 해서 화가 나면 마찬가지로 Making mistakes를 주어로 하고 '화나게 하다'라는 뜻의 동사 upset 또는 anger를 써서 Making mistakes angers me.라고 하면 된다. cloud는 판단력 이외에 시야가 흐려진다는 말에도 쓸 수 있으므로 '눈물이 눈앞을 가렸다'라는 말도 Tears clouded my eyes[vision].라고 할 수 있다.

예제 잠을 충분히 못 자서 내 판단력이 흐려졌다.
Sleep deprivation clouded my judgement.

• sleep deprivation 수면 부족

part

4

영어식으로 생각하기

CHAPTER 11

영어는 영어식 논리로 말해야 빛이 난다

영어식 논리 구조 알아보기

'고기가 얼마나 잘 익었는지를 색깔만 보고 판단하지 마라'를 영어로 말해 보자. 이 문장의 논리 구조를 간단하게 표현하면 'A만으로 B하지 마라'이고, 그대로 영어로 옮기면 Don't do B just by A(단순히 A에 의해서만 B하지 마라)가 된다. A에는 check the color of the meat(고기의 색깔을 보다)이 들어가고, do B는 decide[judge] how well done meat is(고기가 익은 정도를 판단하다)가 되는데, how well done meat is는 명사구로 줄여 the doneness of the meat(고기의 익혀짐)으로 쓸 수 있다. 따라서 Don't do B just by A에 이 내용을 넣어 문장을 완성하면 다음과 같다.

① Don't judge the doneness of meat / just by checking its color.
고기 익은 정도를 판단하지 말아라 / 그것의 색깔을 보는 것만으로

문법적으로 틀린 곳이 없고 뜻도 분명한 나름대로 괜찮은 영어 문장이다. 그러나 이는 한국어의 논리 표현 구조를 그대로 직역한 것으로, 이런 직역식 영어로는 여러 다른 표현을 알기 어렵다. 같은 말을 원어민은 영어적 논리로 표현한다. Don't do B just by A에서 A와 B의 자리를 바꿔 Don't rely on A to do B(B하기 위하여 A에 의존하지 마라)라고 하는 것이다. 이런 식으로 ①의 영어 문장을 바꿔 표현하면 다음과 같다.

② You can't rely on the color of meat / to decide how well cooked it is.
고기의 색깔에 의존하면 안 된다 / 그것이 얼마나 잘 익었는지를 결정하기 위하여

③ Don't rely on the color of meat / to indicate doneness.
고기의 색깔에 기대하지 말아라 / 익은 정도를 가리켜 줄 것으로

①의 문장은 한국어를 그대로 영어로 옮겨 말하면 되니까 누구나 생각할 수 있는 문장이다. 그러나 ②, ③과 같은 표현은 직역식 영어로는 접근하기 어렵다. '~하기 위하여 …에 의존하다'라는 표현 자체가 한국어에는 없는 외래적인 표현인데다 한국어의 A와 do B의 관계를 뒤집어 말하기 때문이다.

한국어를 영어 문장으로 그대로 옮기지 마라!

한 가지 예를 더 들어 보자. '갑작스런 날씨 변화로 인하여 나는 막판에 여행을 취소할 수밖에 없었다'는 영어로 어떻게 말하는 게 좋을까.

④ Because of a sudden change of weather, / I had to cancel my trip at the last minute.
갑작스런 날씨 변화 때문에 / 나는 막판에 여행을 취소해야 했다.

⑤ A sudden change of weather / forced me / to call off my trip at the last minute.
갑작스런 일기 변화가 / 나에게 강요했다 / 막판에 여행을 취소하게

한국어 문장의 논리 구조는 'A로 인하여 B할 수밖에 없다'이다. 이것을 영어로 직역하면 Because of A, I have to do B가 되고 이를 영어 문장으로 쓰면 ④와 같이 된다. 영어로 썼지만 사실상 한국어의 표현 방식을 그대로 옮긴 문장이다. 물론 틀린 것은 아니다. 다만, 보다 영어다운 표현 방식은 A forces me to do B(A가 나로 하여금 B하게 강요하다)라고 표현하는 것이다. 그러면 ⑤와 같은 문장이 된다. 챕터 10에서 언급한 것처럼 한국어로는 '날씨' 같은 무생물이 사람을 '어떻게 하도록' 강요했다고 말할 수 없다. 그러다 보니 '날씨 때문에'라고 말을 시작한다. 그러나 영어에서는 무생물이 사람에게 강요한다는 식으로 말하는 것은 표준적인 표현 방식이다. 따라서 굳이 Because of weather라고 시작할 이유가 없다. 그런데도 '날씨 때문에'를 보고 거의 자동적으로 Because of weather를 떠올리는 것은 한국어를 그대로 영어로 말하는 습관 때문이다.

영어 문장은 만드는 게 아니라 찾아서 쓰는 것!

우리말의 논리 구조는 대부분 '~때문에', '~해서', '~하면', '~하기 위하여' 등으로 표현된다. 따라서 우리말 문장을 그대로 영어로 바꾸면 Because of ~, Due to ~, If ~, In order to ~같은 표현들이 자주 등장한다. 영어를 잘 한다는 사람조차 이런 식의 표현을 많이 쓴다. 하지만 영어에는 전치사구나 접속사절을 명사구로 바꿔 주어나 목적어로 쓰는 독특한 표현 방식이 있다. 이런 영어만의 독특한 논리 관계 표현법에 접근하기 위해서는 한국어와 영어의 논리 표현법의 차이를 체계적으로 익히고 영어식으로 말하고 쓰는 연습을 많이 해야 한다. 한국어에 의존해서 영어 문장을 만들려고 하지 말고 같은 논리 구조를 표현하는 영어 나름대로의 표현 방식을 찾아 쓰도록 해야 한다. 흔히, 우리는 영어 문장을 '만든다'라고 생각하는데 만드는 것이 아니라 원어민이 표준적으로 사용하는 문장 구조와 표현 방식을 '찾아 써야' 영어다운 영어를 구사할 수 있다. 영어 문장은 만드는 것이 아니라 있는 것을 찾아 쓰는 것이다. 이는 몇 번이고 강조할 만큼 중요한 내용이다. 그럼 직역식 영어를 확 바꿔 줄 영어식 논리 표현법을 하나씩 익혀 보자!

영어는 영어식 논리로 말해야 빛이 난다

save

~ 덕분에
…하지 않아도 되다

080_Ch11_n01_11

네가 알려 준 정보 덕분에 난 윈도우를 다시 깔지 않아도 됐어.

직역 **Thanks to your information, I didn't have to reinstall Windows.**

네이티브 **Your tip saved me reinstalling Windows.**

컴퓨터가 갑자기 자꾸 작동되지 않는다. 이런 저런 방법을 써도 해결이 안 되어 윈도우를 다시 깔 수밖에 없는 상황처럼 보인다. 그러다 누가 알려 준 해결책을 써 보니 문제가 해결되었다. 이런 상황에서 위의 한국어 예문이 나왔다고 하자. 이런 말을 영어로 어떻게 할까? 한국어 문장의 논리 구조는 'A 덕분에 B가 C하지 않아도 되다'이다. 영어로 하면 '~ 덕분에'는 thanks to ~이니까 Thanks to A, B doesn't have to do C가 된다. 따라서 직역식 영어를 하는 사람은 위의 예문을 Thanks to your tip, I didn't have to reinstall Windows.라고 할 것이다. 문법적으로 틀리지 않고 뜻도 통하지만 이것은 초보적이고 유치한 영어 문장이다. 이 문장을 좀 더 영어다운 방식으로 바꿔 보자. 먼저, '~ 덕분에'라는 한국어를 따라간 Thanks to A를 없애고 A(your tip)를 주어로 쓴다. 이렇게 무생물 주어를 쓰는 것이 직역식 영어에서 벗어나는 첫걸음이다. 그렇게 해서 A save B (from) doing C(A는 B가 C하는 것을 면하게 해주다) 또는 A spare B having to do C(A는 B가 C해야 하는 것을 면하게 하다), A spare B the trouble of doing C(A는 B가 C하는 문제를 면하게 하다) 등의 형태로 표현한다. 그렇게 하면 Your tip spared me having to reinstall Windows.와 같은 문장이 만들어진다. '정보'라는 무생물이 사람으로 하여금 곤란하거나 귀찮은 일을 면하게 해 준다는 표현 방식은 한국어에서는 생각하기 어렵지만 영어에서는 일상적인 표현법이다. save는 A save B C의 형태로도 많이 쓰인다. 즉, doing C라는 동사가 아니라 C라는 명사를 넣어 쓰는 것이다. 가령, '그렇게 하면 병원에 가지 않아도 됩니다'를 save를 써서 표현하면 That will save you a trip to the doctor.(그것은 당신이 의사에게 가는 것을 면하게 해 줄 것이다.)가 된다. trip은 대부분 '여행'이라고 알고 있지만 영어에서는 병원이고 슈퍼마켓이고 어디 한 번 갔다 오는 것은 다 trip이라고 한다. 또 save에는 '면하게 하다'의 뜻 외에 '구하다'라는 뜻도 있다. 이 경우에는 save A from B의 형태로 표현하는데, 가령 누가 익사하는 것을 구해 주었다면 saved him from drowning이라고 한다.

예제 그 덕분에 나는 철물점에 가지 않아도 됐다.
That **saved** me a trip to the hardware store.

그 방법 덕분에 나는 컴퓨터를 다시 부팅하지 않아도 됐다.
The trick **spared** me (**from**) having to reboot the computer.

keep ~ from

~ 때문에[해서]
…하지 못하다

애석하게도 시간이 없어서 우리는 그 궁전에는 들르지 못했다.

직역 **Unfortunately, because we didn't have enough time, we couldn't visit the palace.**

네이티브 **To our regret, lack of time kept us from visiting the palace.**

위의 한국어 문장의 논리 구조를 간단하게 표현하면 'A 때문에 B가 C하지 못하다'가 된다. 이를 영어로 그대로 옮기면 Because (of) A, B can't do C가 된다. A는 '시간이 없었다'이고 영어로 하면 we didn't have enough time, 명사구로 줄이면 lack of time(시간 부족)이 된다. B는 '우리'니까 we가 되고 do C는 '궁전에 들르다', 영어로 visit the palace이다. 따라서 영어로 풀어서 말하면 Because of lack of time, we couldn't visit the palace.가 된다. 일단 문법에도 맞고 뜻도 통하지만 겉옷은 영어이고 몸은 한국어인 매우 유치한 문장이다. 좀 더 영어다운 표현법으로 바꿔 보자. 먼저 Because of A를 없애고 A 자체를 문장의 주어로 삼으면 lack of time이라는 무생물이 주어가 된다. 여기부터 직역식 영어와 차이가 나기 시작한다. 그런 다음 A keeps B from doing C(A는 B가 C하는 것을 막다)와 같이 표현한다. 위 예문을 이런 식으로 표현하면 Lack of time kept us from visiting the palace.가 된다. 여기에 덧붙여 keep 대신 '막다'라는 의미를 가진 prevent, deter 등의 동사를 사용하면 표현이 더 다양해진다. 실제로 영어 인터넷 사이트를 검색해 보면 keep, prevent를 쓰는 영어식 문장의 예를 쉽게 찾아 볼 수 있다. 반대로 Because of ~, we couldn't ... 식으로 쓴 영어 문장은 상대적으로 적다. 그나마 중국, 일본 등 비영어권 사람들이 쓴 것이 많다. 왜 Because of ~로 시작하는 것이 직역식 영어라고 하는지 이해가 될 것이다.

예제 그녀는 자존심 때문에 아무에게도 도움을 청하지 않았다.
Her pride **prevented** her **from** asking anyone for help.

그래서 우리는 관광지를 많이 돌아보지는 못했다.
This **prevented** us **from** seeing a lot of sights.

preclude ~ from

~ 때문에[해서] …하지 않다

이런 문제 때문에 나는 플라즈마 TV를 사지 않았다.

직역 **Because of this problem, I didn't buy a plasma TV.**

네이티브 **This problem precluded me from buying a plasma TV.**
This problem precluded buying a plasma TV.

위 한국어 문장의 논리 구조는 'A 때문에 B가 C하지 않다'가 된다. 이것을 영어로 직역하면 Because of A, B doesn't do C와 같이 말할 수 있다. 위 예문에서 A는 '이런 문제', 즉 영어로 this problem이고, B는 '나'니까 영어로 I, 그리고 do C는 '플라즈마 TV를 사다' 즉, buy a plasma TV가 된다. 이 내용을 합치면 Because of this problem, I didn't buy a plasma TV.가 된다. 문법에도 맞고 뜻도 이해가 된다. 그러나 유치한 느낌이 든다. 이런 식으로 말하는 원어민도 있겠지만 대부분은 좀 더 세련된 표현 방식을 택할 것이다. 그중 하나가 바로 A keeps[prevents] B from doing C(A는 B가 C하는 것을 막다)이다. 이 방식을 적용해서 영어로 표현하면 This problem prevented me from buying a plasma TV.가 된다. Because of A로 시작하는 것보다 훨씬 세련되고 영어다운 문장이 된다. 이와 비슷한 표현으로 preclude라는 동사를 사용한 A preclude B from doing C가 있다. prevent는 preclude와 거의 같은 의미로 이해되지만 미묘한 차이가 있다. 예를 들어, 놀이공원을 가려고 계획했는데 비가 와서 가지 못했다고 하자. 이 경우에는 prevent를 써서 Rain prevented us from going to the amusement park.라고 하면 된다. 단순히 '무엇 때문에 무엇을 하지 못했다'라는 의미가 담겨 있다. 그에 반해 여행 중에 오늘은 어디를 갈까 계획을 짜다가 비가 와서 놀이공원은 일단 고려 대상에서 제외할 수밖에 없었다고 하자. 이 경우에는 preclude를 써서 Rain precluded us from going to the amusement park.라고 하는 것이 더 어울린다. preclude는 '여러 대안 중에서 사전에 고려에서 제외시키다'라는 의미가 있기 때문이다. 그래서 include(포함시키다)라는 단어와 -clude로 어원이 같다. 다만 pre-(미리)라는 접두사가 붙어 '미리 제외하다, 배제하다'의 의미가 된다. 그러나 일반적으로 prevent와 preclude는 혼용해도 큰 문제가 안 된다. prevent와 preclude는 사용하는 형태에서도 차이점이 있다. preclude는 Rain precluded going to the amusement park.와 같이 뒤에 us from을 빼고도 쓸 수 있다. 이 말은 preclude 뒤에 바로 명사를 써도 '무엇 때문에 무엇을 하지 못하다'라는 뜻이 된다는 말이다. 따라서 위 문장에서 going을 a visit라는 명사구로 바꿔 Rain precluded a visit to the amusement park.라고 해도 된다. 그러나 prevent는 거의 항상 prevent us from going의 형태로만 사용된다. prevent 뒤에도 명사를 쓸 수 있지만 그 경우에는 prevent the spread of avian flu(조류 독감의 확산을 막다)와 같이 무엇을 '예방하다, 사전에 막다'라는 뜻으로만 쓰인다. 이렇게 preclude 뒤에 명사를 붙여서 '무엇 때문에 무엇을 할 수 없다', '무엇 때문에 무엇이 불가능하다'라는 뜻을 표현하는 것은 rule ~ out과 유사하다. 가령, 중동에서 평화 회담 이야기가 조심스럽게 나오고 있는 가운데, 이스라엘이 팔레스타인 마을에 폭격을 가해서 그럴 가능성이 없어졌다면 The bombing ruled out[precluded] any chance of peace talks in the Middle East.(폭격으로 중동에서의 평화 회담 가능성은 사라졌다)와 같이 표현할 수 있다.

예제 미국에서는 고비용 때문에 수익성 있는 소형차를 개발하지 못했다.
High costs **ruled out[precluded]** developing a profitable small car in the U.S.

cause

~으로 인하여 …이 벌어지다[발생하다]

오리온의 시장 진출로 인하여 가격 전쟁이 벌어졌다.

직역 **Because of Orion's advance into the market, a price war occurred.**

네이티브 **Orion's market entry caused a price war.**

위의 한국어 문장의 논리 구조를 간단하게 표현하면 'A로 인하여 B가 벌어지다/발생하다'라는 것이다. 이 구조를 그대로 영어로 옮겨서 Because of A, B happen[occur] 식으로 말하는 게 직역식 영어이다. 위 한국어 문장에 대입하면 A는 '오리온의 시장 진출', 즉 영어로 Orion's advance[entry] into the market이고, B는 '가격 전쟁', 즉 a price war이다. 그 결과 Because of Orion's entry into the market, a price war occurred.와 같은 문장이 된다. 이 문장은 문법적으로 문제가 없고 뜻도 분명하다. 그렇지만 한국어 구조에 영어 껍데기를 입힌 것에 불과하다. 왜냐하면 영어에서는 굳이 Because of A라고 하지 않아도 A를 직접 주어로 해서 A cause B(A가 B를 야기하다)라고 하면 되기 때문이다. 그렇게 되면 Orion's market entry caused a price war.가 된다. 이뿐만이 아니다 영어에는 '야기하다'의 뜻으로 cause를 대신해 쓸 수 있는 감각적 동사가 풍부하다. 일반적으로 재촉하듯 '일으키다'라는 뜻의 prompt ~, 방아쇠를 잡아당겨 쏘듯 어떤 상황이 '일어나게 하다'의 trigger ~, 감정을 자극하듯 어떤 상황을 자극해서 '유발하다'의 provoke ~, 불꽃이 확 일어나듯 어떤 상황을 '발생시키다'의 spark ~, 불을 붙이듯 '발생시키다'라는 의미의 kindle ~과 ignite ~, 무엇을 휘젓듯 서서히 '야기하다'의 stir ~, 그 외에 무엇이 갑작스럽게 '발생하게 하다'라는 뜻의 구동사인 touch ~ off, set ~ off,

그리고 어떤 것으로 '이어지다'라는 뜻의 lead to ~까지 매우 다양하다. 이런 표현들을 사용할 수 있는 것 자체가 영어다운 영어의 핵심이다. Because of A를 버리고 A를 주어로 삼아 A cause B의 문장 형태로 표현할 때 비로소 이런 다양한 동사를 사용할 수 있는 길이 열린다. 따라서 한국어에 끌려가지 말고 논리 구조를 영어식으로 표현하는 감각을 키워야 한다.

예제 교황의 방문으로 인하여 교인 출석 수가 갑자기 늘어났다.

The pope's visit **sparked** a surge in church attendance. • surge 갑작스런 증가

그 전쟁으로 인해 수많은 난민이 이웃 국가로 탈출했다.

The war **provoked** a massive exodus of refugees to neighboring countries.

• massive exodus 대대적인 이주, 탈출

create

~으로 인하여 …이 일어나다[생겨나다]

IT 분야의 컨버전스로 인하여 새로운 사업 기회가 생겨나고 있다.

직역 **As a result of convergence in the IT sector, new business opportunities are appearing.**

네이티브 **Convergence in the IT sector is creating new business opportunities.**

'A로 인하여 B가 생겨나다'라는 한국어 표현을 그대로 영어로 옮겨 말하면 As a result of A, B appear[occur] 같이 표현할 수 있다. as a result of ~는 '~의 결과로', appear는 '나타나다, 생기다', occur는 '발생하다, 일어나다'이다. 위의 〈직역식 표현〉이 한국어를 이런 식으로 영어로 옮겨 표현한 결과이다. A는 'IT 분야의 컨버전스'로 영어로 하면 convergence in the IT sector이고 B는 '새로운 사업 기회'로 영어로는 new business opportunities가 된다. 이렇게 한국어 표현을 직역해서 만든 영어 문장도 충분히 있을 수 있는 문장이다. 문법적으로 틀린 곳이 없고 뜻도 분명하다. 그러나 이렇게 직역식 영어를 하다 보면 한국어와 영어를 일치시키는 기계적 영어의 함정에 빠지게 된다. 한국어 문장 자체를 영어로 베끼려 하지 말고 그 안의 논리 관계, 즉 의미를 영어식으로 표현해야 한다. 이 경우 좀 더 영어다운 표현은 As a result of A라는 말을 없애 버리고 A를 주어로 B와 직접 연결시키는 것이다. 그러면 A create B(A가 B를 창조하다), A give rise to B(A가 B를 생성하다)와 같은 표현을 사용할 수 있게 된다. 즉, Convergence in the IT sector creates new business opportunities.가 된다. 이렇게 As a result of ~, ... appear.를 create라는 타동사 하나로 묶어 표현하는 것이 영어에서는 더 자연스럽다. create나 give rise to 대신 drive라는 동사도 많이 사용된다. 즉, A drive B이다. 여기서 drive는 '~을 운전하다'가 아니라 '~이 작동하도록 동력을 주다'라는 의미이고 비유적으로 change(변화), progress(진전) 같은 것이 '생겨나고 진행되게 하다'라는 뜻으로 쓰인다. 가령, 'A 때문에 B에 변화가 일어나고 있다'면 A is driving changes to B라고 할 수 있다.

예제 지구 온난화로 인하여 경제적이고 재생 가능한 바이오 연료에 대한 연구가 진행되고 있다.

Global warming is **driving** a search for renewable and economically feasible biofuels.

prompt

~으로 인해[때문에] …하게 되다

강수량 부족과 고온으로 인해 정부는 어제 전국적인 가뭄 경보를 발령했다.

직역 **Due to the lack of rain and high temperatures, the government issued a nationwide drought warning yesterday.**

네이티브 **The lack of rain and high temperatures prompted the government to issue a nationwide drought watch yesterday.**

위의 한국어 문장의 논리 구조를 간단하게 표현하면 'A로 인하여 B가 C하다'이다. 이런 경우 대부분의 영어 학습자들이 보통 한국어 구조를 그대로 옮겨서 Because of[Due to] A, B does C의 형태로 표현한다. 위 한국어 예문에서 A는 '강수량 부족과 고온', 영어로는 the lack of rain and high temperatures이고, B는 '정부', 즉 the government, 그리고 does C는 '전국에 가뭄 경보를 발령하다', 영어로 issue a nationwide drought watch가 된다. '경보'는 warning이라고 해도 된다. 이렇게 한국어의 논리 구조를 그대로 영어로 옮겨서 말해도 틀리거나 뜻이 안 통하는 것은 아니다. 다만 그렇게 하다 보면 영어의 표준적인 논리를 적용한 표현법을 영영 사용할 수 없게 된다. 위 한국어를 보다 영어적인 논리 구조로 표현하기 위해서는 A를 문장의 주어로 삼아서 A cause B to do C(A가 B로 하여금 C하게 하다)의 형태로 표현해야 한다. A는 무생물인 '강수량 부족'인데, 한국어에서 '강수량 부족이 정부로 하여금 ~하게 했다'라고 말하면 다소 어색하겠지만 영어에서는 무생물이 주어가 되어 사람이나 정부를 '어떻게 하게' 만든다고 표현하는 것이 표준적인 어법이다. cause 대신 prompt나 drive를 써서 A prompt[drive] B to do C와 같이 표현해도 좋다. cause가 가장 일반적이지만 특징이 없는 동사인 데 반하여 prompt는 재촉하듯 '얼른 무엇을 하게 하다'는 뉘앙스가 있고 drive는 밀어 붙이듯 '무엇하게 하다'는 의미가 있다. 위 예문에서는 정부가 위기 상황에 대한 대책을 취하는 것이니까 prompt가 가장 잘 어울린다. drive는 A drive B to C(A가 B를 C로 몰고 가다)의 형태로 해서 to 뒤에 동사가 아니라 명사를 넣어 쓰기도 한다. 가령, '화(A)가 나면 사람들(B)이 우울증(C)에 빠지는 경우도 있다'는 Anger can drive people to depression.이다.

예제 안전에 대한 우려 때문에 그 회사는 공장 운영을 중단했다.
Safety concerns **prompted** the company to shut down the factory.

증오심으로 인해 바보 같은 행동을 하게 될 때가 있다.
Hate can **drive** you to do stupid things.

가난으로 인해 그는 범죄에 발을 들이게 되었다.
Poverty **drove** him to crime.

• shut ~ down ~을 정지시키다

force

~으로 인하여[때문에] …할 수밖에 없다

소비자 불만 증가로 인하여 그 회사는 제품을 리콜할 수밖에 없었다.

직역 **Because of the increase of consumer complaints, the company had to recall the product.**

네이티브 **Mounting consumer complaints forced the company to recall the product.**

위 한국어 문장의 논리 구조는 'A로 인하여 B는 C할 수밖에 없다'이다. 이것을 그대로 영어로 하면 Because of A, B have to do C가 된다. 위 예문에서 A는 '소비자 불만 증가'인데 이것을 the increase of consumer complaints라고 하기 보다는 mounting[growing] consumer complaints(증가하는 소비자의 불만)로 표현하는 것이 더 간결하다. B는 '그 회사'니까 the company, do C는 '제품을 리콜하다'니까 recall the product가 된다. 이런 식으로 영어 문장을 만들면 위의 〈직역식 표현〉이 된다. 문법적으로 문제가 없고 의미도 분명하다. 그러나 이런 표현 방식은 어색해서 원어민이 쓴 영어가 아니란 것을 금방 알 수 있다. 보다 일반적인 영어 표현 방식은 Because of A로 시작하는 대신 이 표현을 없애고 A를 문장의 주어로 삼는 것이다. 그렇게 해서 A force B to do C(A가 B로 하여금 C하게 강요하다)의 형태로 표현한다. A는 무생물인 '소비자 불만'으로, '소비자 불만이 회사를 무엇하게 강요한다'라는 식의 표현은 한국어에서는 불가능하지만 영어에서는 표준적인 어법이다. force 대신 compel을 써도 같은 의미가 된다. compel도 '억지로 무엇하게 만들다'라는 의미가 있다.

예제 갑작스런 현금 부족 사태로 인해 그 회사는 정부에 긴급 구호자금을 요청할 수밖에 없었다.
An unanticipated cash crush **forced** the company to turn to the government for emergency funds.

호기심 때문에 나는 상자를 열어 볼 수밖에 없었다.
Curiosity **compelled** me to open the box.

prerequisite

~ 없이는 …할 수 없다

요새는 책 한두 권 출판한 경력이 없으면 공직 선거에 나설 수 없는 것 같다.

직역 **It seems that you can't run for public office these days without the record of having published a book or two.**

네이티브 **Publishing a book or two seems to be (a) prerequisite to running for public office these days.**

위 한국어 문장의 논리 구조는 'A가 없으면 B할 수 없다'이다. 이런 말을 영어로 하라고 하면 대부분 Without A, you can't do B로 말한다. '~ 없이' → without ~ 식으로 기계적으로 생각하기 때문이다. 이런 기계적 사고에서 벗어나야 다양한 영어 표현을 구사할 수 있게 된다. 핵심은 Without A로 시작하는 말을 없애고 A를 주어로 삼아 말하는 것이다. 그러면 A is (a) prerequisite to doing B와 같은 표현이 가능해진다. prerequisite는 '전제 조건이 되는, 선결 조건이 되는'의 뜻으로 'A는 B하는 것에 선결 조건이다'가 된다. 위 예문에서 A는 '책 한두 권 출판한 경력'인데 영어로는 publishing a book or two(책 한두 권 출판하는 것)라고 한다. 그리고 doing B는 '공직 선거에 나서다'로, 영어로는 running for public office라고 한다. 이 표현을 붙이면 Publishing a book or two is (a) prerequisite to running for public office.이다. '~한 것 같다'는 seem(~인 듯 보이다/하다)을 사용해서 seems to be라고 한다. prerequisite는 '선결 조건'이라는 뜻의 명사도 되기 때문에 a prerequisite to[for] ~라고 해도 된다.

예제 파트너 간의 상호 신뢰 없이는 장기적인 사업 성공을 달성할 수 없다.
Mutual trust is a **prerequisite** for the long-term success of a corporate partnership.

determine

~에 따라 …하다

기업은 위기에 어떻게 대처하느냐에 따라 성공할 수도 있고 실패할 수도 있다.

직역 **A company can succeed or fail, depending on how it deals with a crisis.**

네이티브 **How a company handles a crisis can determine its ultimate success or failure.**

위 한국어 문장은 'A에 따라 B하다'라는 논리 구조를 갖고 있다. 이것을 그대로 영어로 옮기면 Depending on A, B가 된다. A는 '기업이 위기에 어떻게 대처하다'로, 영어로 하면 how a company handles a crisis이다. '대처하다'는 handle ~ 외에도 manage ~, deal with ~, cope with ~ 같은 표현을 쓰면 되는데 전부 '~을 다루다', '~에 대처하다'라는 뜻을 갖고 있다. B는 '기업이 성공하거나 실패할 수 있다'로, it can succeed or fail이 된다. 그러나 이런 식으로 만든 영어 문장은 한국어를 그대로 베껴 놓은 것이라는 한계가 있다. 무엇보다 '~에 따라' → depending on ~과 같은 도식적인 연결로 문장을 만들다 보니 영어다운 표현을 생각하기 어렵게 된다. Depending on A의 구조를 깨고 A를 주어로 생각해 보자. 'A에 따라 B가 어떻다'라는 말은 곧 'A가 B를 결정한다', 즉 A determine B라고 할 수 있다. 따라서 위의 한국어를 이런 식으로 표현하면 다음과 같이 된다.

> How a company handles a crisis / can determine / whether it succeeds or fails.
> 기업이 어떻게 위기를 다루는가는 / 결정할 수 있다 / 그것이 성공할지 실패할지를

whether it succeeds or fails는 its success or failure(그것의 성공과 실패)라고 줄여 말할 수 있다. 이렇게 하면 A와 B가 determine이라는 동사로 연결되면서 논리 관계가 직설적이고 명시적이 된다. 어떤 일이 무엇의 '성공과 실패를 결정짓다'는 make or break ~라는 관용 표현을 써도 좋다. 이렇게 되면 How a company manages a crisis can make or break the company.와 같이 표현할 수 있다.

예제 이번 전쟁의 결과에 따라 미국 외교 정책의 방향이 달라질 수 있다.
The outcome of the war may **determine** the future course of U.S. foreign policy.

not stop ~ from

~에도 불구하고 …하다

부상에도 불구하고 그는 2008년 올림픽에서 금메달을 따냈다.

직역 **Despite the injury, he won a gold medal in the 2008 Olympics.**

네이티브 **The injury didn't stop him from winning a gold medal in the 2008 Olympic Games.**

위 한국어 문장은 'A에도 불구하고 B가 C하다'라는 논리 구조를 갖고 있다. 이를 영어로 직역하면 Despite A, B does C가 된다. 위 예문에서 A는 '부상', 영어로 injury이고 B는 he, C는 '금메달을 따냈다', 즉 won a gold medal이다. 따라서 Despite the injury, he won a gold medal.이 된다. 이렇게 말해도 틀린 것은 아니지만 '~에도 불구하고'라는 말이 나올 때마다 매번 Despite ~라고 한다면 좀 더 영어다운 표현을 사용하기

어렵다. 따라서 이런 기계적 사고의 틀을 깨야 한다. Despite A를 없애고 A를 주어로 A do not stop B from doing C(A는 B가 C하는 것을 막지 않는다)라고 하는 것이 영어의 표현법이다. stop 대신 prevent(막다, 방지하다), deter(그만두게 하다, 막다)라는 동사를 써도 좋다. 〈직역〉 표현과 〈네이티브〉 표현의 큰 차이점은 주어이다. 한국어에서는 주어가 he, 즉 사람인 데 반하여 영어식 표현에서는 injury(부상)라는 무생물이 주어가 되어 사람을 '막는다'라고 표현한다. '막다'라는 동사는 한국어에서는 he와 같이 의식을 가진 생명체만 할 수 있는 동작이다. 그렇지만 영어에서는 무생물도 의식적 동작을 할 수 있다. 무생물 주어 사용의 차이가 논리 구조 표현의 차이와 밀접한 연관 관계가 있다는 말이다.

예제 그는 한쪽 눈을 실명했지만 세계적인 축구 선수가 되었다.

He was blind in one eye, but that did**n't stop** him **from** becoming one of the best soccer players in the world.

make it imperative for ~ to ...

~을 고려할 때 …해야 한다

이런 상황을 고려할 때 우리는 식량의 자급자족을 위해 더욱 노력해야 한다.

직역 **Considering this, we must make greater efforts for food self-sufficiency.**

네이티브 **The situation makes it imperative for us to strive harder for food self-sufficiency.**

위 한국어 예문의 논리 구조는 'A를 고려하면, 우리가 B해야 한다'이다. 이를 영어로 직역하면 Considering A, we must do B가 된다. A는 '이런 상황', 즉 this situation인데 간단히 this라고 해도 된다. do B는 '식량의 자급자족을 위해 더욱 노력하다'이다. '더욱 노력하다'는 영어로 make greater efforts도 되지만 greater라는 비교급 대신 step up our efforts(노력을 증가시키다), redouble our efforts(우리의 노력을 배가하다) 같이 표현하는 것이 더 영어답다. 또는 '노력하다'를 strive라는 한 단어로 써서 strive harder라고 해도 된다. '식량의 자급자족'은 말 그대로 food self-sufficiency이다. 이렇게 해서 영어 문장을 만들면 Considering this, we must strive harder for food self-sufficiency.이다. 문법이나 의미 전달 면에서 문제는 없지만 '~을 고려하면'을 기계적으로 Considering ~이라고 한다면 좀 더 영어다운 표현은 사용하기 어려워진다. 따라서 Considering A라고 말하고 싶은 충동을 누르고 A를 주어로 삼아 말을 시작해 보자. 그러면 A make it imperative for B to do C(A는 B가 C하는 것을 매우 긴요한 것으로 만들다)의 형태로 표현할 수 있다. imperative는 '매우 긴급하고 중요한'의 의미를 갖고 있다. 〈직역〉 표현의 must(해야 한다)의 뜻이 imperative로 옮겨간 셈이 된다. 한국어에서는 '이 상황이 ~하는 것을 긴요하게 만든다'와 같이 말하지 않는다. 무생물 주어를 이런 식으로 쓰지 않기 때문이다. 그러나 영어에서는 이런 식으로 무생물 주어를 적극적으로 사용해야 영어답다. imperative 대신 강도는 좀 약하지만 necessary를 써서 This makes it necessary for us to ~(이것이 우리가 ~하는 것을 필요하게 만든다)라는 식으로 표현해도 좋다. 또는 make it imperative 전체를 require(요구하다)로 바꿔 This requires us to ~(이것이 우리가 ~하도록 요구한다)라고 해도 된다. 모두 한국어를 직역하는 식으로는 생각할 수 없는 영어다운 표현이다.

예제 이런 상황에서 우리는 이 문제에 대해 좀 더 강경한 입장을 취해야 한다.

This **makes it imperative for** us **to** take a firmer stance on the issue.

indicate

~을 보면 …을 알 수 있다 (1)

081_Ch11_n12_23

이것을 보면 우리 사회의 빈부 격차가 더 커지고 있음을 확실히 알 수 있다.

직역 If we look at this, we can clearly see that the gap between rich and poor in our society is growing.

네이티브 This clearly **indicates** the growing gap between rich and poor in our society.

'A를 보면 B를 알 수 있다'라는 한국어의 논리 구조를 직역하면 If we look at A, we can see B가 된다. 한국어에서는 어떤 판단의 근거를 제시할 때 대부분 '~을 고려하면', '~을 보면'과 같이 부사절로 문장을 시작한다. 그리고 대부분의 영어 학습자가 이런 한국어의 구조를 그대로 영어로 옮기다 보니, Considering ~, If we look at ~과 같이 말하게 된다. 이것도 분명히 가능한 영어 표현 중의 하나이긴 하지만 여러 가능한 표현 중에서 가장 어설픈 방식이다. 영어는 판단의 근거와 판단의 내용을 하나의 동사로 직접 연결하는 특징이 있다. 즉, 'A를 보면 B를 알 수 있다'에서 A와 B를 동사로 바로 연결하면 A indicate B(A는 B를 지시한다)가 된다. 이와 같은 용도로 사용되는 동사로는 indicate 외에도 show(보여 주다), point to ~(~을 지시하다) 같은 것들이 있다. indicate의 경우는 명사형인 indication을 써서 A is an indication of B라고 해도 깔끔한 영어 문장이 된다. 참고로 위 예에서 indicate 뒤에 오는 목적어인 '빈부 격차가 더 커지고 있다'를 영어로 하면 ~ that the gap between rich and poor is growing과 같은 that절이 된다. 그런데 이것을 the growing gap between rich and poor(더 늘어나고 있는 빈부 격차)와 같이 명사구로 바꾸면 표현이 더 간결해진다.

예제 이것을 보면 문화 발전에서 언어가 얼마나 중요한지를 알 수 있다.
This **points to** the importance of language in cultural development.

exemplify

~을 보면 …을 알 수 있다 (2)

이 사례를 보면 여성들이 아직도 경제적으로 남성에게 뒤처져 있는 것을 알 수 있다.

직역 Looking at this case, we can see that women are still behind men economically.

네이티브 This case clearly **exemplifies** that women still lag behind men economically.

앞 예문에 이어 여기서도 'A를 보면 B를 알 수 있다'라는 예문이 나와 있다. 이 말을 영어로 직역하면 Looking at A, we can see B가 된다. 한국어에서 '~을 보면'으로 문장이 시작하듯이, 〈직역〉 표현에서도 Looking at ~으로 문장을 시작하고 있다. 영어 문장은 맞지만 매우 어설프다. 이것을 좀 더 세련되고 영어다운 영어로 바꾸기 위해서는 Looking at A로 시작하는 대신 A를 주어로 잡고 문장을 만들도록 한다. 앞 예문에서는 A indicate B의 구조를 소개했는데, 여기서는 상황이 약간 다르다. 위 예문의 경우는 '어떤 사례(case)를 보면 무엇을 알 수 있다'인데 이런 경우에는 indicate도 좋지만 exemplify(~을 예시하다), illustrate(~을 예시하다)라는 동사를 써서 A exemplifies[illustrates] B라고 하면 상황에 더 적합한 표현이 된다. 위 예문에서 A는 '이 사건'이므로 영어로 this case라고 하면 된다. B는 '경제적으로 여성이 남성에게 뒤처져 있다는 사실'인데 여기서 '~에 뒤처지다'는 fall[lag] behind ~로 표현할 수 있다. 따라서 (the fact) that women fall[lag] behind men economically라고 한다.

예제 이 자료를 보면 1980년대 이후 세계 온도는 꾸준히 상승했다는 것을 알 수 있다.
This data **illustrates** that global temperatures have steadily increased since the 1980s.

suggest
~을 보면 …인 것 같다

여론 조사 결과를 놓고 보면 사형 제도에 대한 국민의 인식이 조금씩 바뀌고 있는 것 같다.

직역 **Looking at these results of the survey, it seems that the people's attitudes toward capital punishment are changing gradually.**

네이티브 **The survey suggests a shift in public attitudes toward capital punishment.**

위 한국어 문장의 기본적 논리 구조는 'A를 보니 B한 것 같다'이다. 이를 영어로 하라고 하면 'A를 보니'를 When I look at A 또는 Looking at A로 하는 사람들이 많다. 그러면 Looking at A, it seems that B와 같은 문장이 된다. 여기서 A는 '여론 조사 결과'인데 영어로는 the results of the survey지만 그냥 the survey라고만 해도 된다. B는 '사형 제도에 대한 국민의 인식이 바뀌고 있다'로, '인식'은 한영사전을 보고 awareness, understanding 같은 단어를 쓰는 경우가 있지만 이 단어들은 무엇을 인지하고 이해한다는 의미이므로 어떤 이슈에 대한 '인식'의 뜻으로는 쓸 수 없다. 이런 경우에는 attitude(태도)나 sentiment(심정, 의향) 등의 단어를 쓴다. 따라서 B는 public attitudes toward capital punishment are changing이다. 어쨌든 이런 식으로 해서 영어 문장을 만들어도 말이 안 되는 것은 아니지만 영어다운 영어와는 거리가 있다. 무엇보다 Looking at ~으로 시작하는 것이 영어답지 않다. 따라서 영어다운 영어로 표현하는 첫걸음은 Looking at A라고 하지 않고 무생물인 A를 주어로 잡는 것이다. 그리고 A suggest B(A는 B를 암시한다/시사한다)와 같이 표현한다. suggest 대신 imply ~(~을 암시하다), hint at ~(~을 넌지시 비치다/암시하다) 같은 표현을 써도 좋다. 이런 식으로 위 한국어 내용을 영어로 하면 The survey suggests that public attitudes toward capital punishment are changing.이 된다. 밑줄 친 부분은 shifts in public attitudes toward capital punishment(사형 제도에 대한 국민 태도의 변화)라고 명사구로 줄여서 말하면 더 좋다.

예제 그녀의 얼굴 표정을 보니 그 소식을 듣고 실망한 것 같았다.
The look on her face **suggested** that she was disappointed at the news.
The look on her face **implied** disappointment at the news.

이번 청문회를 보니 일본의 정치 상황이 변화하고 있는 것 같다.
The hearing **hints at** a shift in the political landscape in Japan.

• political landscape 정치 지형, 정치 상황

cannot justify

~을 이유로 …하면 안 된다

국가 안보를 이유로 종교의 자유를 제한하는 것은 옳지 않다.

직역 **It is not right to limit the freedom of religion for the reason of national security.**

네이티브 **National security can't justify limiting the freedom of religion.**

이 문장의 논리를 간단하게 나타내면 'A를 이유로 B하면 안 된다'이다. '~을 이유로'는 영어로 for the reason of ~ 또는 on the basis of ~(~을 근거로), on the ground of ~(~을 근거로) 등으로 표현할 수 있다. 따라서 한국어의 논리 구조를 그대로 영어로 표현하면 ① You shouldn't do B for the reason of A가 된다. 위 예문에서 do B는 '종교의 자유를 제한하다', 즉 limit[restrict] the freedom of religion이고 A는 '국가 안보', 즉 national security이다. 그리고 '하면 안 된다' 대신 '~하는 것은 옳지 않다', 즉 it is not right to ~라는 표현이 사용되었다. 이런 식으로 해서 만든 직역식 영어 문장은 일단 문법에 맞고 의미도 분명해 보인다. 그러나 '~이라는 이유로'를 for the reason of ~로 직역해서 A와 B를 연결하고 있으므로 A-B 논리 관계가 간접적이다. 그러면 You shouldn't do B for the reason of A라는 논리 표현을 좀 더 영어적인 논리로 바꾸면 어떻게 될까? 여기서 핵심은 한국어 영향을 받은 for the reason of A라는 표현을 없애고 A를 주어로 써서 말하는 것이다. 즉, 'A를 이유로 B하지 마라'라는 말은 ② A can't be a legitimate ground for doing B(A는 B하는 것의 합법적 근거가 될 수 없다)라고 바꿔 표현할 수 있다. 즉, National security can't be a legitimate ground for limiting the freedom of religion.(국가 안보는 종교적 자유를 제한하는 것에 대한 합법적 근거가 될 수 없다.) 이 된다. 표현이 훨씬 세련되면서도 A-B 논리 관계가 좀 더 구체적이고 명시적으로 표현되고 있다. 그러나 이보다 더 진짜 영어다운 논리 표현은 be a legitimate ground for ~를 justify라는 동사 하나로 바꿔 표현하는 것이다. justify는 '~을 정당화하다'라는 뜻이므로 ③ A can't justify B라고 하면 'A는 B를 정당화할 수 없다'의 뜻이 된다. 이 표현 구조로 위의 한국어를 표현하면 National security can't justify limiting the freedom of religion.이 된다. ① → ② → ③으로 표현 구조가 바뀌면서 A-B 간의 논리 관계는 직설적으로 표현되고 문장이 훨씬 간단명료해진다.

예제 정치적 견해가 다르다는 이유로 취업을 제한해서는 안 된다.
Political differences **cannot justify** denying a person a job.

be essential to

~하기 위해서는 …이 필수적이다 (1)

어떤 조직이든 성공하기 위해서는 충성심 높고 유능한 인력이 필수적이다.

콩글리시 **For any organization to succeed, a loyal and talented workforce is essential.**

네이티브 **A committed and competent staff is essential to an organization's success.**

위 한국어 문장은 'A하기 위해서는 B가 필수적이다'라는 논리 구조를 담고 있다. 이것을 그대로 영어로 옮기면 In order for[to] A, B is essential이 된다. 여기서 A는 '조직이 성공하다'로 an organization succeed인데, In order for[to] ~ 구문에 넣으면 (In order) For an organization to succeed가 된다. B는 '충성심 높고 유능한 인력'인데

'충성심 높은'은 영어로 loyal도 좋지만 보통 '헌신적인'의 의미로 committed라는 단어를 사용한다. '유능한'은 보통 talented(재능 많은)라는 단어를 생각하는데 competent(능력 있는)가 더 적절하다. '인력'은 workforce가 맞지만 조직의 '구성원'을 뜻하는 말로는 staff도 괜찮다. 그렇게 되면 전체 문장은 For an organization to succeed, a committed and competent staff is essential.이 된다. 그런데 이 문장은 말은 되지만 콩글리시라고 할 수 있다. 표현이 틀린 것이 아니라 '~하기 위해'라는 한국어를 그대로 옮긴 문장 앞의 밑줄 친 부분이 문제다. 이 부분은 뒤로 돌려서 A committed and competent staff is essential for an organization to succeed.(충성심 있고 유능한 인력은 조직이 성공하는 데 필수적이다)라고 해야 한다. 왜냐하면 essential은 B is essential to[for] A(B는 A에 필수적이다)의 형태로 쓰는 것이 일반적이기 때문이다. 그리고 for an organization to succeed도 an organization's success(조직의 성공)와 같이 명사구로 만들어 바꾸면 A committed and competent staff is essential to an organization's success.와 같이 간결하고 자연스러운 문장이 된다. 처음부터 이런 문장을 만들지 못하는 이유는 '~하기 위해서'라는 한국어 문장의 구조와 순서를 따라가기 때문이다. '~에 필수적인'의 뜻으로 essential to ~ 외에도 vital to[for] ~, crucial to[for] ~, indispensable to[for] ~ 같은 표현이 있다. 또 '열쇠'라는 뜻의 key를 써서 hold the key to ~라고 하거나 형용사형으로 key to ~라고 할 수도 있다. 또 '꼭 갖춰야 하는 것'의 의미로 a must for ~라고 해도 좋다.

예제 조직을 근본적으로 변화시키려면 강력한 리더십이 필수적이다.
Strong leadership **is indispensable for** bringing fundamental change to an organization.

hinge on

~하기 위해서는 …이 필수적이다 (2)

프로젝트가 성공하기 위해서는 충분한 재원을 마련할 수 있는지가 관건이다.

직역 **(In order) For this project to succeed, the most important thing is whether we can secure enough funds or not.**

네이티브 **The project's success hinges (critically) on whether or not we can secure sufficient funds.**

'A하기 위해서는 B가 관건이다'를 그대로 영어로 직역하면 '관건'은 '가장 중요한'의 뜻이므로 In order for[to] A, the most important thing is B가 된다. 여기서 A는 '프로젝트가 성공하다'로 the project succeed인데 In order for[to] ~ 구문에 넣으면 (In order) For the project to succeed가 된다. B는 '충분한 재원을 마련할 수 있느냐'로, 영어로 하면 whether or not we can secure sufficient funds이다. 따라서 전체적으로 (In order) For the project to succeed, the most important thing is whether or not we can secure sufficient funds.가 된다. 그러나 이 문장은 사실상 콩글리시다. 무엇보다도 한국어를 그대로 옮긴 In order for the project to succeed가 문제다. 문법적으로 가능하다고 해도 원어민이 이런 식으로 문장을 시작하는 경우는 거의 없을 뿐만 아니라 이보다 훨씬 더 영어다운 표현법이 있기 때문이다. 영어다운 영어 문장을 만드는 첫걸음은 In order for A 부분을 없애고 A를 주어로 둬서 B와 직접 연결시킬 표현을 찾는 것이다. A hinge on B가 바로 그런 표현이다. hinge on ~은 '~에 달려 있다'로, 'A하기 위해서는 B가 가장 중요하다'는 곧 'A는 B에 달려 있다'라고 할 수 있다. 여기서 A는 '프로젝트가 성공하다'로, 주어로 쓰기 위해 명사로 하면 the success of the project 또는 the project's success(프로젝트의 성공)이다. 그러면 전체 문장은 The project's success hinges on whether or not we can secure sufficient funds.로, 직역식 표현에 비하여 훨씬 영어답고 간결한 문장이 된다. hinge와 on 사이에 critically, crucially 같은 부사를 넣어 중요성을 더 강조할 수 있다. 또 'A하기 위해서는 B가 관건이다'는 뒤집어 말하면 'B는 A에 필수적이다'라는 말이 된다. 따라서 앞의 예문에서 소개한 essential[vital, crucial] to ~ 같은 표현을 써서 Whether we can secure sufficient funds or not is crucial to the project's success.와 같이 표현할 수도 있다.

예제 이 정책을 성공적으로 집행하기 위해서는 이웃 국가들과의 긴밀한 협력이 대단히 중요하다.
Successful implementation of this policy **hinges** crucially **on** close collaboration with our neighboring nations.

• implementation 실행, 집행 collaboration 공조, 협조

require

~하기 위해서는 …해야 한다 (1)

여성 인권이 신장되기 위해서는 여성에 대한 사회적 편견이 없어져야 한다.

직역 **(In order) For women's rights to be strengthened, social prejudices against women must be eliminated.**

네이티브 **Empowering women requires eliminating social prejudices against women.**

'A하기 위해서는 B해야 한다'라는 간단한 논리 구조이다. 대부분의 영어 학습자들은 '~하기 위해서'를 영어로 In order to[for] ~라고 한다. 이런 식으로 직역하면 위 논리 구조는 In order to do A, we must do B이다. 여기서 do A는 '여성 인권을 신장시키다'로 한국어대로 하면 strengthen women's rights가 된다. 이것도 틀린 건 아니지만 요새는 empower(힘을 실어 주다, 힘을 주다)라는 단어를 써서 empower women이라고 한다. do B는 '여성에 대한 사회적 편견을 없애다'로, eliminate social prejudices against women이 된다. A, B를 이렇게 풀어서 말하면 In order to empower women, we must eliminate social prejudices against women.이 된다. 이렇게 말해도 틀린 건 아니다. 그러나 유치한 느낌이 있다. 영어에는 보다 세련되고 영어다운 표현 방식이 있다. 우선 In order to A라고 말하고 싶은 충동을 누르고 A를 주어로 선택한다. 그리고 Doing A requires doing B(A하는 것은 B하는 것을 요구한다)식으로 표현한다. 위의 한국어 내용을 이런 식으로 표현하면 Empowering women requires eliminating social prejudices against women.이 된다. empowering women은 the empowerment of women 혹은 women's empowerment로, eliminating social prejudices against women은 elimination of social prejudices against women과 같이 명사구로 바꿀 수 있다. eliminate를 remove(제거하다)라는 동사로 바꿔도 좋다. 중요한 것은 'A하기 위해서는 B해야 한다'를 'A는 B를 요구한다'와 같이 바꿔 표현하는 것이다. require 대신 call for ~(~을 요구하다), necessitate ~(~을 필요로 하다), demand ~(~을 요구하다)와 같은 동사들로 바꿔 표현력을 배가할 수도 있다.

예제 이 마케팅 전략이 성공하기 위해서는 지속적인 품질 개선이 필요하다.
The success of the marketing scheme **necessitates** continued quality improvement.

be crucial to

~하기 위해서는 …해야 한다 (2)

바이러스가 전 세계로 확산되는 것을 막기 위해서는 백신을 신속히 공급해야 한다.

직역 **(In order) To prevent the virus from spreading around the world, we must hurry the development of the vaccine.**

네이티브 **Speedy supply of the vaccine is crucial to preventing the worldwide spread of the virus.**

앞의 예문에 이어 여기서도 'A하기 위해서는 B해야 한다'를 영어로 표현하는 방식을 생각해 본다. 한국어를 직역하면 (In order) To do A, we must do B가 되는데 영어에서도 가능한 표현이긴 하지만 초보적이다. 좀 더 영어다운 표현은 한국어를 따라서 In order to ~ 식으로 하지 않고 A와 B를 직접 연결하는 것이다. 그중 하나가 앞에서 소개한 A require B(A는 B를 요구한다)이다. 또 다른 방식은 B를 주어로 표현하는 것이다. 'A하기 위하여 B해야 한다'라는 말은 곧 'B는 A하는 데 매우 중요하다'라는 말이 된다. 따라서 B is crucial to A(B는 A에 필수적이다)라고 표현할 수 있다. crucial to 대신 essential to ~(~에 필수적인, 긴요한), vital to ~(~에 결정적인, 매우 중요한), key to ~(~에 중요한, 열쇠인) 같은 표현을 써도 좋다. 이 표현 구조를 써서 위 한국어 내용을 표현해 보면 먼저 B는 '백신을 신속히 공급하다'로 supply the vaccine promptly가 되는데 이 내용을 주어로 쓰려면 supply에 -ing를 붙여 Supplying the vaccine promptly라고 하든지 Prompt supply of the vaccine(백신의 신속한 공급)과 같이 명사구로 바꿔 쓰면 된다. prompt 대신 speedy, fast 같은 동의어를 써도 좋다. 또 A는 '바이러스가 전 세계로 확산되는 것을 막다'이므로 영어로 prevent the worldwide spread of the virus(바이러스의 세계적 확산을 방지하다)라고 하면 되는데 crucial to 뒤에 넣기 위해서는 prevent 뒤에 -ing를 붙이면 된다. 그렇게 하면 In order to ~로 시작했던 복잡한 영어가 다음과 같은 간결한 논리 구조로 표현된다.

> Speedy supply of the vaccine / is crucial / to preventing the worldwide spread of the virus.
> 백신의 신속한 공급은 / 매우 중요하다 / 바이러스의 세계적 확산을 막는 데.

be essential to ~, be vital to ~, be crucial to ~, be key to ~ 같은 표현은 영어에서 자주 사용된다. 그렇지만 우리나라 영어 학습자들은 잘 쓰지 못한다. 그 이유는 같은 내용을 우리나라에서는 주로 '~하기 위해서 …해야 한다'나 '~하기 위해서 …이 절대적으로 필요하다'라는 식으로 표현하기 때문이다. 그래서 항상 In order to ~라고 하게 된다. 따라서 한국어 구조를 영어로 직역하려 하지 말고 영어식으로 주어를 생각하는 방식에 익숙해지도록 노력해야 한다.

예제 기업 간 건전한 경쟁을 유도하기 위해서는 좀 더 정교한 규제 정책을 마련해야 한다.

Well-designed regulations **are vital to** fostering sound competition among market players.

be conditional upon

~하기 위해서는 …해야 한다 (3)

이 장학금을 계속 받기 위해서는 풀타임 등록을 하고 성적이 우수해야 합니다.

직역 **(In order) To continue to receive this scholarship, a student must be enrolled full-time and have good grades.**

네이티브 **Renewal of this scholarship is conditional upon full-time enrollment and demonstration of good academic standing.**

위 예문의 논리 구조는 'A하기 위해서는 B해야 한다'로, 영어로 직역하면 (In order) To do A, we must do B가 된다. 이것도 하나의 표현 방식이긴 하지만 영어에는 좀 더 영어답고 세련된 표현 방식이 있다. 핵심은 '~하기 위해서'를 한국어를 쫓아서 In order to ~라고 하지 않고 A와 B를 논리적으로 직접 연결해 표현하는 것이다. 앞에서 A require B와 B is essential to A로 표현하는 법을 익혔다. 그런데 또 다른 표현 방식이 있을 수 있다. 가령, 위 한국어 예문을 보면 A는 '계속해서 장학금을 받다'이고 B는 '풀타임 등록과 성적이 우수하다'이다. 이 둘 사이의 논리적 관계를 따져 보면 'B는 A의 전제조건'이 된다. 이런 관계를 나타내는 영어 표현에는 A is conditional upon B가 있다. conditional upon ~은 '~을 조건으로 하는'의 뜻으로 'A는 B를 전제로 한다'가 된다. conditional upon ~ 대신 contingent upon ~이라고 해도 같은 의미가 된다. A에 들어갈 말, 즉 '계속해서 장학금을 받다'는 영어로 하면 continue to receive the scholarship이 된다. 이것을 주어로 써야 하니까 명사화하면 continued reception of the scholarship(장학금의 계속적 수령)이 된다. 그런데 장학금의 경우는 continued reception 대신 renewal(갱신)이라는 말을 쓴다. 그 다음 B의 '풀타임 등록'은 full-time enrollment라고 하면 되고, '우수한 성적'은 good grades라고 하거나 좀 더 전문적인 용어로는 good academic standing(좋은 학업적 지위)이라고 한다.

예제 대학원에 입학하기 위해서는 학사 학위를 소지하고 있어야 합니다.
Admission into the Graduate School **is contingent upon** successful completion of a bachelor's degree.

• bachelor's degree 학사 학위

not excuse ①

~하다고 해서 …하지 않아도 되는 것은 아니다

그렇다고 해서 빚을 안 갚아도 되는 것은 아닙니다.

직역 **That doesn't mean you don't have to pay your debt.**

네이티브 **That doesn't excuse you from having to pay your debt.**

'A하다고 해서 B가 C하지 않아도 되는 것은 아니다'라는 한국어를 영어로 하면 보통 A doesn't mean that B doesn't have to do C(A는 B가 C할 필요가 없다는 것을 의미하지 않는다)로 표현된다. A는 '그렇다', 영어로는 that이다. B는 you, C는 '빚을 갚지 않아도 되다'로 don't have to pay your debt이 된다. 이것을 연결하면 That doesn't mean you don't have to pay your debt.이 된다. 이것도 틀린 것은 아니며 원어민도 일상적으로 쓰는 표현이다. 그런데 더 영어다운 표현법이 있다. excuse라는 동사를 사용하는 것이다. A do not excuse B from doing C는 'A는 B를 C하는 것에서 면제해 주지 않는다'라는 뜻이다. 한국어로 좀 더 자연스럽게 풀면 'A라고 해서 B가 C하지 않아도 되는 것은 아니다'이다. 한국어에서 '면제해 주다'는 사람이 주어일 때만 가능하기 때문에 '그것이 당신을 ~하지 않게 면제해 준다'와 같이 무생물을 주어로 한 영어식 표현은 불가능하다. 그러다 보니 영어에서 excuse와 같은 단어를 원어민처럼 사용하지 못한다. 이를 극복하기 위해서는 '그렇다고 해서 …'라는 한국어가 나오는 순간 영어에서는 That을 주어로 삼고 문장을 만들기 시작하는 습관을 들일 필요가 있다.

예제 그렇다고 해서 우리가 더 잘하기 위해 노력할 필요가 없다는 것은 아니다.
That doesn't excuse us from trying to do better.

not excuse ②

~하다고 해서 …하면 안 된다

그렇다고 해도 다른 사람들에게 무례하게 굴면 안 된다.

직역 **Even so, you shouldn't be rude to others.**

네이티브 **That doesn't excuse your being rude to others.**

'무례한'에 해당하는 가장 일반적인 영어 단어는 rude이다. 그 외에 impolite(공손하지 않은), discourteous(무례한, 버릇없는) 등이 있다. '~에게 무례하게 굴다'도 굳이 '굴다'가 무엇인지 고민할 필요 없이 be rude to ~라고 하면 된다. 그런데 여기서 문제의 핵심은 'A라고 해서 B하면 안 된다'라는 논리 구조의 표현이다. 대부분의 영어 학습자들은 이 경우 'A라고 해서' → Despite[Even though] A, 'B하면 안 된다' → you shouldn't do B와 같이 한국어 문장 구조를 그대로 옮기는 식으로 영어 문장을 만든다. 그러다 보니 영어다운 논리 표현은 어려워진다. 'A라고 해서 B하면 안 된다'라는 한국어를 영어적 논리의 표현으로 바꾸면 A doesn't excuse doing B(A는 B를 변명해 줄 수 없다)가 된다. 한국어에서 '변명하다'는 사람이나 할 수 있는 행위이지만 영어에서는 that 같은 무생물도 사람을 변명해 줄 수 있다. 따라서 앞으로는 한국어로 '그렇다고 해서 ~'로 시작하는 문장이나 생각을 영어로 표현할 때는 That을 주어로 삼아 That doesn't excuse ~와 같이 문장을 만들도록 하자.

예제 그 영화가 적은 예산으로 만들어진 것은 알지만 그렇다고 그렇게 조잡하게 영화를 만들면 안 되지요.
I know the movie was produced on a shoestring budget, but that doesn't excuse its sloppiness.
* sloppiness 엉성함

그렇다고 해서 그가 이기적으로 행동하면 안 되지요.
That doesn't excuse his selfishness.

not preclude

~하다고 해서 …한 것은 아니다

이런 문제가 있다고 해서 당신이 아기를 가질 수 없는 것은 아닙니다.

직역 **Even if you have this problem, it doesn't mean you can't have a baby.**

네이티브 **This problem doesn't necessarily preclude pregnancy.**

위의 한국어 예문은 'A하다고 해서 B한 것은 아니다'라는 기본 논리 구조를 갖고 있다. 이런 문장을 놓고 영어로 하라고 하면 대부분 'A하다고 / B한 것은 아니다'와 같이 한국어식으로 잘라서 'A하다고' → Even if A, 'B한 것은 아니다' → it doesn't mean B와 같이 표현한다. 여기서 A는 '이런 문제가 있다', 영어로는 you have this problem이고, B는 '당신이 아기를 가질 수 없다', 즉 you can't have a baby이다. 따라서 위 한국어 내용 전체를 영어로 하면 ① Even if you have this problem, it doesn't mean you can't have a baby.가 된다. 그러나 이런 식으로 한국어의 구조를 영어로 베껴 말하면 말은 되지만 영어답지 않은 유치한 문장이 된다. 무엇보다 한국어 문장의 'A하다고 해서'를 그대로 따라서 Even if A라고 시작하는 것이 문제다. 이때는 A 안에 있는 this problem이라는 명사를 주어로 하고 뒤에 ... doesn't mean B로 바로 연결한다. 그리고 '~하다고 해서'의 의미는 necessarily(필연적으로, 반드시)라는 부사로 바꿔 넣으면 된다. 그러면 ② This problem doesn't necessarily mean you can't have a baby.(이 문제가 반드시 당신이 아기를 가질 수 없다는 것을 의미하는 것은 아니다.)가 된다. 이렇게만 고쳐도 훨씬 영어다운 문장이 된다. 여기서 한 단계 더 나아가면 necessarily mean you can't(반드시 ~할 수 없다는 것을 의미하다)를 preclude나 rule ~ out이라는 구동사로 바꿔 표현할 수 있다. 이 두 표현은 '~을 사전에 배제하다, 가능성을 없애다'라는 뜻으로, 이 뒤에 have a baby를 붙일 때는 동사 뒤에 목적어로 들어가는 것이니까 have에 -ing를 붙여서 동명사로 만든다. 따라서 ③ This problem doesn't preclude[rule out] having a baby.가 된다. 또 having a baby는 한 단어로 pregnancy(임신)이다. 따라서 ④ This problem doesn't preclude[rule out] pregnancy.라고 할 수도 있다. ②, ③, ④ 모두 영어다운 문장이다. 다만 ②는 대화체이다. 그에 반해 ③, ④는 격식체이고 문어체이다. 표현의 세련미로 보면 ④ - ③ - ② 순으로 ④가 제일 세련된 문장이다. 우리나라 영어 학습자들을 보면 ②까지는 어느 정도 생각해 내지만 ③, ④까지 가는 경우는 많지 않다. 그러나 ③, ④ 같은 문장을 쓰고 말할 수 있어야 영어권에서 통용될 수 있는 품위 있고 세련된 문서 작성이 가능해진다. 한국어 문장의 구조와 표현을 베끼려 하지 말고 의미(meaning, idea, sense)만 추출해서 위와 같은 영어식 표현법에 익숙해지도록 하자.

예제 그러나 그렇다고 해서 카메라 자체에 결점이 없다고는 할 수 없습니다.
However, that doesn't **rule out** the possibility of defects in the camera itself.

mean
~하려면[하면] …해야 한다

082_Ch11_n24_32

나는 아내를 집에서 간호하고 싶었지만 그렇게 하려면 교직을 그만두어야 했다.

직역 **I wanted to care for my wife at home, but to do that, I had to give up my teaching job.**

네이티브 **I wanted to care for my wife at home, but that meant having to give up my teaching job.**

위 한국어 문장에서 후반부는 'A하려면 B해야 한다'의 구조를 갖고 있다. 이것을 한국어식으로 끊어서 영어로 하면 (In order) To do A, I have to do B가 된다. 여기서 A는 '그렇게'니까 that이라고 하면 되고, do B는 '교직을 그만두다'인데 '그만두다'는 quit ~, give up ~ 등을 사용해서 quit[give up] my teaching job이라고 한다. 따라서 전체적으로 To do that, I had to quit my teaching job.이 된다. 크게 문제가 될 문장은 아니지만 '그렇게 하기 위해서는 ~'을 한국어를 좇아서 To do that ~이라고 한 부분이 영어답지 않다. 좀 더 영어답게 표현하기 위해 To do that이라고 말하는 대신 that을 문장의 주어로 해서 have to do B와 직접 연결시키도록 한다. 우선 That means doing B(그것은 B하는 것을 의미한다)라고 표현할 수 있다. 그러면 That meant quitting my teaching job.(그것은 교직을 그만두는 것을 의미했다.)이 된다. 한국어에서는 that 같은 무생물을 주어로 해서 '그것은 무엇하는 것을 의미한다'와 같은 표현은 매우 낯설게 들린다. 그러나 영어에서는 표준적인 어법이다. 조금 더 논리적으로 풀어 보면 'A하면 B할 수밖에 없게 된다'라는 말은 entail(~을 필연적 결과로 수반하다)이라는 동사를 써서 That entails doing B(그것은 필연적으로 B하는 것의 결과를 수반한다)라고 할 수 있다.

예제 우리는 다른 호텔로 옮길 생각을 해 봤는데 그렇게 하려면 짐을 다시 싸야 했다.
We thought of moving to another hotel, but that **entailed** repacking our bags.

remind ~ of ...

~하면 …이 생각나다 [연상되다]

이 노래를 들으면 2년 전에 돌아가신 할아버지가 생각난다.

콩글리시 **When I listen to this song, I think of my grandfather who died two years ago.**

네이티브 **This song reminds me of my grandfather who passed away two years ago.**

위 한국어 예문의 기본 뼈대는 'A를 들으면 B가 생각난다'이다. 한국어를 직역해서 영어로 말하는 버릇이 있는 사람은 'A를 들으면'을 When I listen to A 또는 Listening to A라고 할 것이다. 따라서 Listening to A, I think of B와 같은 영어 문장을 만들어 낸다. 이것은 겉은 영어지만 속 내용은 한국어인 어정쩡한 문장이다. 여기서 좀 더 세련된 문장으로 업그레이드하기 위해서는 A를 주어로 해서 A remind me of B(A는 나로 하여금 B가 생각나게 한다)라고 한다. A는 '이 노래'니까 this song이 되고, B는 '2년 전에 돌아가신 할아버지'니까 my grandfather who died[passed away] two years ago가 된다. 또 A is reminiscent of B라는 표현을 써도 되는데, reminiscent of ~도 remind ~ of ... 와 같이 '~을 생각나게 하는'의 뜻을 갖고 있다.

예제 이곳에 오면 한국의 고향 마을이 생각난다.
This place **reminds** me **of[is reminiscent of]** my hometown in Korea.

(영화의) 이 장면을 보면 히치콕 감독의 영화인 〈새〉가 생각난다.
This scene **reminds** me **of[is reminiscent of]** Hitchcock's movie, *Birds*.

facilitate

~하면 …이 쉬워지다

이 다리가 완공되면 그 섬으로 가는 길이 한층 쉬워질 것이다.

콩글리시 **If the bridge is completed, the way to the island will become far easier.**

직역 **When the bridge is completed, it will be far easier to get to the island.**

네이티브 **The bridge (when completed,) will greatly facilitate access to the island.**

위의 한국어 문장의 논리를 간단하게 표현하면 'A하면 B가 쉬워진다'이다. 이런 논리 구조를 그대로 영어로 하면 ① If A, B become easier가 된다. 그러나 이렇게 기계적으로 생각하면 영어 자체에 오류가 발생하기 쉽다. 우선 '이 다리가 완공되면'에서 '~하면'이니까 if ~로 시작해서 If the bridge is completed라고 하는데, 이렇게 되면 '다리가 완공되는 것'이 가정이 되어 그럴 수도 있고 안 그럴 수도 있는, 즉 매우 불확실한 '가정'이 된다. 그런데 실제 의미는 '완공되었을 시점에는'의 의미이므로 if가 아니라 when을 써서 말해야 한다. 한국어를 기계적으로 영어로 옮겨 말하는 사람들이 흔히 빠지는 함정이다. 또, '섬으로 가는 길'도 직역해서 the way to the island라고 하면 안 된다. easy와 way가 붙으면 '쉬운 길'이 아니라 '쉬운 방법'이 된다. to get to the island(섬에 가는 것)가 become easy라고 해야 한다. 즉, it will become easier to get to the island가 된다. 이렇게 틀린 점을 고쳐서 When the bridge is completed, it will become easier to get to the island.라고 하면 일단 봐줄 만한 문장은 된다. 그러나 아직도 When A, B becomes easier.의 한국어 논리 표현은 그대로 있다. 이것을 좀 더 영어적인 논리 표현으로 바꾸면 ② A facilitate B이다. facilitate는 '~을 더 용이하게 하다, 쉽게 하다', 즉 make ~ easier의 의미를 갖고 있다. 그리고 If A라고 하는 대신 A를 주어로 해서 말한다. 위 문장에서 A는 When the bridge is completed이다. 이것을 주어로 쓸 수 있게 명사구로 바꾸면 the completion of the bridge(다리의 완공)라고 하거나 the bridge를 주어로 하고 when completed(완공되었을 때)를 삽입구로 넣는다. 그런데 the bridge만 주어로 해도 '완공된 후에 그렇다'라는 뜻을 유추할 수 있기 때문에 when completed는 없어도 상관없다. 다음에 B는 get to the island인데 get에 -ing를 붙여서 The bridge will facilitate getting to the island.(다리는 섬으로 가는 것을 용이하게 해 줄 것이다.) 라고 하면 된다. getting to ~를 다른 말로 하면 access to ~(~에 대한 접근)로 바꿀 수 있다. 이렇게 하면 위의 〈원어민식 표현〉 문장이 된다.

예제 이 새로운 시스템의 도입으로 한미 간의 군사적 협력이 더 용이해질 것이다.
The new system will **facilitate** military cooperation between Korea and the U.S.

expedite
~하면 …이 신속해지다

저희 새로운 음성 인식 기술을 사용하면 전화 주문을 보다 신속하게 처리하실 수 있습니다.

직역 **If you use our new voice recognition technology, you will be able to process telephone orders faster.**

네이티브 **Our new voice recognition technology will expedite telephone orders.**

위 한국어 문장의 논리 구조는 'A를 사용하면 더 신속하게 B할 수 있다'이다. 이것을 그대로 영어로 하면 ① If you use A[By using A], you will do B faster가 된다. 여기서 A는 our new voice recognition technology이고 do B는 process telephone orders(전화 주문을 처리하다)가 된다. 위 한국어 문장을 영어로 해 보라고 하면 대부분의 영어 학습자들은 이런 식으로 한국어의 논리 구조를 그대로 영어로 가져와서 말한다. 이것도 틀린 것은 아니지만 A와 B를 연결하는 논리 구조의 표현이 너무 장황하다. 무엇보다 A와 B가 직접 연결이 되지 않고 'A하면 B이다'라는 식으로 간접적으로 표현된다. 이것을 보다 영어적인 논리 표현으로 확 바꿔 보자. 우선 if ~절을 없애 버리고 A를 주어로 해서 you will do B faster와 직접 연결시키면 ② A will help you do B faster(A가 B를 더 빨리 하는 것을 도와주다)가 된다. 즉, Our technology will help you process telephone orders faster.가 된다. 문장이 훨씬 간결해지고 무엇보다 A와 B가 [주어-목적어]로 직접 연결되어 논리 관계가 명확하게 이해된다. 그러나 이 정도로는 목적지의 반환점에 불과하다. 좀 더 영어다운 논리 표현은 expedite라는 동사를 사용하는 것이다. expedite는 speed up the process of ~(~의 과정을 더 빠르게 하다)의 뜻을 갖고 있으므로 이 동사를 사용하면 help you do ~ faster를 한꺼번에 대체할 수 있다. 그 결과 논리 구조는 ③ A will expedite B가 된다. 즉, This technology will expedite telephone orders.

가 된다. 논리 표현이 ① → ② → ③으로 갈수록 더욱 간결해지고 직접적이 되는 것을 알 수 있다. 특히 ②, ③의 영어식 논리 표현 구조에서는 무생물이 주어가 된다. 그에 반해 한국어식 영어에서는 if you use ~ you will ...에서 보듯 주어가 you이다. 무생물 주어를 잘 사용하지 않는 한국어의 영향을 받고 있기 때문이다. 따라서 직역식 영어를 하는 사람의 말을 들어 보면 we, you, they와 같이 주어가 사람인 경우가 많다. 그에 반해 영어다운 영어를 구사하는 사람은 무생물 주어를 많이 쓴다.

예제 이 소책자를 자세히 읽고 오시면 인허가 절차를 신속히 처리하실 수 있습니다.
Careful review of this booklet will **expedite** the approval process.

hamper

~하면 …이 어렵다

사고 현장의 기상 악화로 수색 및 구조 활동에 어려움을 겪었다.

직역 **Because of bad weather at the accident location, they experienced difficulty with the search and rescue operation.**

네이티브 **Bad weather at the accident location hampered the search and rescue operation.**

위의 한국어 문장의 논리 표현을 간단하게 표현하면 'A 때문에 B하는 것이 어렵다'이다. 이것을 그대로 영어로 하면 ① Because of A, it is difficult to do B이다. 위 예문에서 A는 '사고 현장의 기상 악화', 즉 bad weather at the accident location이고, do B는 '수색 및 구조 활동을 하다', 영어로는 carry out(수행하다) the search and rescue operation(수색 및 구조 활동)이 된다. 따라서 it was difficult to carry out the search and rescue operation이라고 하거나 they experience difficulty(어려움을 겪다) with the search and rescue operation과 같이 표현할 수 있다. 그런데 이것은 한국어의 논리 표현을 그대로 베껴온 영어 문장이다. A와 B의 논리적 연결은 because of ~라는 접속사로, 논리적 구조가 간접적이다. 이것을 보다 영어다운 논리 표현으로 바꿔 보자. 핵심은 Because of A 구문을 없애 버리고 A를 주어로 해서 B와 직접 연결시키는 것이다. 우선 ② A make it difficult to do B(A가 B하는 것을 어렵게 하다)라고 바꾸면, Bad weather at the accident location made it difficult to carry out the search and rescue operation.이 된다. 이렇게만 해도 문장이 훨씬 간결해지고 논리 관계도 좀 더 명료해진다. 그러나 여기가 종착지가 아니다. 한걸음 더 가서 make it difficult to do ~(~하는 것을 어렵게 하다)를 hamper라는 동사 하나로 대체해 보자. hamper ~는 '~하는 것을 방해하다, 지연시키다'라는 뜻을 갖고 있기 때문에 이 동사 하나면 '~ 때문에 어려웠다'라는 말을 표현할 수 있다. 따라서 ③ A hamper B가 된다. 즉, Bad weather hampered the search and rescue operation.이 된다. ① → ② → ③을 거치면서 문장이 간결해지고 A-B의 논리적 관계가 바로 연결된다. 이것이 영어다운 영어의 표현 방식이다. hamper 대신 hinder, impede 같은 동사를 써도 좋다. 둘 다 '~을 방해하다'라는 의미를 갖고 있다.

예제 이 문제로 인해 수년간 기후 협상이 고착 상태에 빠져 있다.
This problem has **impeded** progress on climate negotiations for years.

지금 시점에서 세금을 늘리면 경제 회복에 장애가 될 수 있다.
Higher taxes at this point will **hamper** economic recovery.

risk

~하면 …할 가능성[위험성]이 있다

단백질을 과다 섭취하면 비만이 될 가능성이 있다.

직역 **If you consume too much protein, there is the possibility of becoming obese.**

네이티브 **Excessive protein consumption risks obesity.**

위의 예문을 영어로 옮긴다면 대부분 'A하면 / B할 가능성이 있다'와 같이 끊어서 If you do A, there is the possibility of B와 같이 표현한다. 여기서 A는 '단백질을 과다 섭취하다'로, 영어로 하면 consume[ingest] too much[excessive] protein이 된다. B는 '비만이 되다'로, 영어로는 become obese인데, 전치사 뒤에 넣으려면 -ing를 붙여서 becoming obese라고 하거나 obesity(비만)라는 명사를 쓴다. 따라서 전체적으로 If you consume too much protein, there is the possibility of becoming obese.가 된다. 이 직역식 문장은 문법에 맞고 뜻도 통하지만 매우 초보적이다. 무엇보다 한국어에서 '~하면'이라고 해서 논리적 관계를 따지지 않고 영어에서도 기계적으로 If ~로 시작한 부분이 문제가 된다. 그러면 어떻게 말하는 것이 좋을까? 우선 한국어에서 '가능성'은 실제로는 '위험성'을 뜻하므로 possibility보다 danger나 risk라는 단어를 써야 영어다운 맛이 난다. 그런 다음 If you do A라고 하지 말고 do A를 주어로 두고 말을 시작한다. 주어로 쓸 것이니까 doing A, 즉 consuming too much protein(단백질을 과다 섭취하는 것)이라고 하면 된다. 또는 명사구로 바꿔서 excessive protein consumption이라고 하면 더 좋다. 이렇게 한 후 A risk B로 바로 연결시켜 표현한다. risk ~는 '어떤 위험한 결과가 나올 일을 하다'의 뜻으로 'A는 B할 위험을 갖고 있다'라는 뜻이 된다. 따라서 전체 문장은 Excessive protein consumption risks obesity.이다. 〈직역〉 표현과 비교하면 표현 방식에서 엄청난 차이가 나는 것을 한눈에 알 수 있다. 무엇보다 if A, B식의 복합문이 단문으로 줄어 간결해지고 A와 B가 [주어-목적어]로 직접 연결되어 논리 구조가 명확해진다.

예제 그와 같은 무역 규제 조치를 취할 경우 미-중 관계가 위험에 빠질 가능성이 있다.
Such trade sanctions **risk** jeopardizing the U.S. relations with China.

• trade sanction 무역 규제 jeopardize ~을 위험한 상황에 빠뜨리다

enable

~하면 …할 수 있다

이 기술을 활용하면 산소를 연료로 사용할 수 있을 것이다.

직역 **If we use this technology, we will be able to use oxygen as fuel.**

네이티브 **This technology will enable us to use oxygen as fuel.**

'(우리가) ~하면 …할 수 있다'라는 한국어의 기본적인 논리 구조를 그대로 영어로 표현하면 If we ~, we can ...이 된다. 이것도 틀린 건 아니지만 매우 어설픈 영어 표현이다. '~하면'이라는 한국어가 나올 때마다 습관적으로 If ~라고 시작한다면 이런 어설픈 영어의 한계를 극복할 수 없다. 한국어에서는 논리 관계만 파악하고 실제로 말할 때는 영어다운 표현을 찾아 써야 한다. 'A하면 B할 수 있다'라는 논리 관계를 좀 더 직접적으로 간결하게 표현하려면 A enable B(A가 B를 가능케 한다)라고 하면 된다. enable 외에도 allow, permit이 이런 용도로 사용되는 동사이다. 좀 더 구체적으로 'A하면 B가 C할 수 있다'는 A enable B to do C가 된다. '~ 덕분에 …할 수 있었다'라는 말도 마찬가지다.

'~ 덕분에'라고 해서 자동적으로 Thanks to ~라고 영어를 시작하는 습관을 깨고 위와 같이 enable, allow, permit을 쓰면 된다. 사실 우리나라 사람들이 하는 영어를 듣고 있으면 If ~, Thanks to ~, Because of ~, In order to ~와 같은 부사절이나 부사구로 시작하는 경우를 많이 볼 수 있다. 한국어에서는 논리 관계를 표현할 때 흔히 '~하면', '~ 덕분에', '~해서', '~하기 위해서는'과 같은 말로 시작하기 때문에 자기도 모르게 한국어를 그대로 영어로 옮겨 말하고 있는 것이다. 그러다 보니 영어식 논리 표현은 아예 딴나라 이야기가 된다. 이제부터 기계적으로 한국어를 옮기는 영어와는 작별하고 영어적인 논리 표현을 찾아 쓰도록 의식적으로 노력하자.

예제 그 연구 지원금 덕분에 나는 암에 관한 연구를 계속할 수 있었다.
The grant **enabled[allowed, permitted]** me to carry on my research on cancer.

not diminish

~하지만 여전히 …하다

그 영화의 원작 소설을 이미 읽었지만, 그럼에도 불구하고 영화는 여전히 재미있었다.

직역 **I had already read the novel the movie was based on. Despite that, however, I still enjoyed the movie.**

네이티브 **I had already read the book the movie was based on, but that didn't diminish my enjoyment of the movie.**

위 예문에서 눈여겨볼 부분은 '그럼에도 불구하고 영화는 여전히 재미있었다'이다. 이것을 영어로 한다면 '그럼에도 불구하고'는 대부분 Despite that이나 Even so와 같이 말한다. 그리고 '영화가 여전히 재미있었다'는 The movie was still interesting. 또는 I still enjoyed the movie.(여전히 영화를 즐겼다.)라고 한다. 이렇게 Despite that, still A의 형태로 표현해도 틀린 건 아니다. 그렇지만 좀 더 영어다운 표현 방법이 있다. 가장 중요한 것은 '그럼에도 불구하고'를 Despite that이라고 하지 않고 that을 직접 주어로 삼는 것이다. 그러면 That doesn't diminish A(그것은 A를 줄이지 않는다)라는 구문이 가능해진다. diminish는 '~을 줄이다'라는 뜻이다. A는 I enjoy the movie.로, 이런 문장을 diminish라는 동사의 목적어로 넣기 위해서는 my enjoyment of the movie(그 영화에 대한 나의 즐거움)와 같은 명사구로 만든다. 그러면 전체 문장은 That didn't diminish my enjoyment of the movie.(그것은 그 영화에 대한 나의 즐거움을 줄이지 않았다.)가 된다. 이렇게 Despite ~ still의 의미를 diminish라는 동사로 표현하는 것, 이것이 영어만이 가진 표현의 묘미이다. 좀 더 눈에 확 띄는 예를 들어 보자. '나이가 들었어도 그녀의 아름다움은 여전하다'를 영어로 해 보라. '나이가 들었어도'를 Even though she was old(그녀는 늙었지만)라고 하는 것은 Despite that과 똑같이 한국어 표현 방식을 베끼는 것이 된다. 대신 이것을 age(나이)라는 명사로 줄여 Age hasn't diminished her beauty.(나이는 그녀의 아름다움을 줄이지 않았다.)라고 표현하는 것이 영어만의 표현법이다. diminish와 유사한 표현으로는 take away from ~, detract from ~이 있다.

예제 나는 이 연극을 이미 몇 번 본 적이 있지만 그래도 다시 보는 감동은 여전했다.
I had already seen this play several times, but that did**n't take away from** the awe of seeing it all over again.

* awe 외경심, 대단함

chapter 11 영어식 논리

never fail

~할 때마다 항상 …하다

이 CD는 들을 때마다 항상 마음이 편안해진다.

직역 **Whenever I listen to this CD, I always feel calm.**

네이티브 **This CD never fails to soothe my soul.**

어떤 한국어 문장이 '~할 때마다'로 시작하면 우리는 영어로 Whenever ~라고 한다. '~할 때마다' = whenever라는 공식에 사로잡혀 있기 때문이다. 그러나 이렇게 하지 않고도 더 영어답게 표현할 수 있는 방법이 있다. 먼저 '이 CD를 들을 때마다'를 Whenever I listen to this CD라고 하는 대신 this CD를 주어로 삼는다. 이렇게 무생물 명사를 주어로 두고 시작하는 것이 영어다운 표현법의 출발이다. 그렇게 하면 This CD never fails to ~라는 구문이 가능해진다. 이 구문의 의미는 '이 CD는 ~하는 것을 실패하는 적이 없다', 즉 '이 CD는 항상 ~한다'가 된다. ~에는 위 한국어에서 '항상 마음이 편해진다'를 넣는데 CD가 주어가 되었기 때문에 '이 CD가 나의 마음을 편하게 해 준다', 즉 This CD never fails to calm me down.이다. calm ~ down은 '~을 진정시키다, ~의 마음을 편하게 해 주다'라는 뜻이다. 또는 soothe my soul(나의 영혼을 편하게 해 주다)이라는 표현을 써도 좋다.

예제 이 식당을 네 번 가 봤는데 갈 때마다 실망하게 된다.
I've been to this restaurant four times, and it **never fails** to disappoint me.

호수 위로 떨어지는 일몰은 볼 때마다 감탄을 자아낸다.
The sun setting over the lake **never fails** to take my breath away.

* take one's breath away 숨막히게 할 정도로 멋있다

CHAPTER 12

주절주절 긴 표현, 한 단어로 승부하자

기계적으로 외운 단어보다 실전에서 쓸 수 있는 어휘력이 중요하다!

미국에서 대학을 졸업하고 대학원에서 공부하고 있는 K씨는 미국 생활이 어언 5년이 넘었지만 아직도 영어와 씨름하고 있다. 특히 그는 문법에 맞는다고 다 제대로 된 영어가 아니라는 점을 매일 뼈저리게 느끼고 있다. 관용 표현이나 속어 표현을 몰라서 어려움을 겪는 게 아니라 그냥 일상적인 말을 해도 자신이 하는 영어와 원어민이 하는 영어가 너무 다를 때가 많기 때문이다. 한 수업 시간에 세계 인구 문제에 관해 토론을 했다. K씨도 토론에 끼어 한국의 이야기를 예로 들어 인구 문제를 설명했다. 그러던 중 '서울은 한국에서 사람이 가장 많이 사는 도시입니다'라는 말을 하게 되었다. 어려운 말도 아니고 해서 K씨는 자신 있게 다음과 같이 영어로 말했다.

Seoul is a city where the largest number of people live in Korea.
서울은 / 입니다 / 도시 / 거기에 / 가장 큰 수의 사람들이 / 살고 있습니다 / 한국에서

그랬더니 듣고 있던 교수가 You mean, Seoul is the most populous city in Korea?라고 부연 설명을 했다. 이 말을 듣는 순간 K씨는 깜짝 놀랐다. most populous city, 딱 3단어면 되는 내용이었다니! 그렇다. '사람이 많이 살다'나 '인구가 많다'는 영어로 populous라는 형용사 하나면 족하다. 사실 populous는 K씨도 알고 있는 단어였지만 한국어를 영어를 바꿔서 말하다 보니까 people(사람들), large number of(많은 수의), live(살다)가 나오게 된 것이다.

K씨의 뼈저린 경험담은 계속 이어진다. 한번은 친한 미국 친구 Nathan과 이야기를 하던 중 같은 과의 Jason이라는 남자 이야기가 나왔다. Jason은 말이 많고 참견을 많이 하는 사람인지라 K씨는 그 점을 지적하기 위해 '그 사람은 남의 일에 참견하기를 참 좋아하지'라는 말을 떠올렸고, 영어로 바꿔서 말했다.

K　He likes to meddle in others' affairs.
Nathan　You're right! He's really nosy.

기껏 머릿속에서 '남의 일' → others' affairs, '~에 참견하다' → meddle in ~, '~하는 것을 좋아하다' → like to ~라고 작문을 해서 말했는데 이 많은 말을 Nathan은 nosy라는 딱 하나의 단어로 표현한 것이다. nose(코)에 -y가 붙은 형용사인 nosy는 다른 사람의 일에 코를 들이밀고 참견하는 이미지를 가진 단어이다. K씨가 이 단어를 몰랐던 것이 아니라 그 순간에 아예 머릿속에 떠오르지 않은 것이 문제였다.

K씨의 경험담에서 우리는 어떻게 영어를 공부하고 말하고 쓸 것인가에 대한 중요한 교훈을 얻을 수 있다. 한국어 문장을 직역식으로 옮겨 영어로 말할 경우, 원어민이 간단하게 표현하는 말을 쓸데없이 주절주절 길게 말하게 된다. 단순히 문장이 길어지고 말이 많아진다는 문제뿐 아니라 문법에 맞는 잘 짜인 문장이라도 상대방이 빨리 이해하지 못한다는 문제도 있다. 그럼 해결책은 무엇인가? 한국어 문장을 단어별로 하나씩 따로 생각하지 말고 전체를 하나의 개념이나 아이디어로 보는 습관을 들여야 한다. '남의 일에 참견하기 좋아하는 사람'을 '남의 / 일에 / 참견하기 / 좋아하는 / 사람'과 같이 끊어 생각하지 말라는 말이다. 대신 [남의 일에 참견하기 좋아하는 사람] 전체를 하나의 개념/의미로 보고 그런 개념/의미에 해당하는 영어 단어나 표현을 찾아 써야 한다. 그렇게 해야 [남의 일에 참견하기 좋아하는] → nosy와 같이 연결할 수 있다.

영어 문장은 만드는 것이 아니다.
원어민이 쓰는 표현을 재사용할 뿐!

여기서 '영어 단어나 표현을 찾아 쓴다'라는 말이 매우 중요하다. 영어로 글을 쓰고 말한다고 해서 우리가 영어 문장을 처음 만드는 것이 아니다. 한국어 문장의 뼈대와 껍데기를 그대로 영어로 옮겨서 말 그대로 영어 문장을 '창조'한다고 착각하기 쉽지만, 한국어든 영어든 우리가 창조해서 쓰는 말은 거의 없다. 어떤 특정한 상황에서 특정한 아이디어를 말로 전달할 때 사용되는 단어나 표현, 심지어 문장의 패턴까지 대부분 정해져 있다. 우리는 교육을 통해서, 그리고 공동체의 다른 구성원과의 대화 속에서 그렇게 정해진 표현을 익혀 재사용(recycling)할 뿐이다. 그런 의미에서 영어 표현은 원어민의 표현 목록에서 찾아 쓰는 것이지 내가 만드는 것이 아니다.

물론, '영어 문장을 만들려 하지 말고 원어민의 표현 목록에서 찾아 써라'라고 해서 누구나 갑자기 그렇게 할 수 있는 것은 아니다. 그렇게 하기 위해서는 먼저 필요한 단어나 표현을 알고 있어야 하고 그런 표현을 사용해서 말하는 연습을 많이 해야 한다. 그런 의미에서 이번 장에서는 다양한 상황의 예문과 예제를 많이 수록하였다. 특히, 한국어에서 여러 단어로 표현되는 개념이 영어에서는 하나의 형용사로 표현되는 예문이 많이 수록되어 있다. 형용사는 사물이나 사람의 상태나 모습을 묘사하는 언어로, 언어에 따라 묘사하는 방식에서 큰 차이가 난다. 그런 차이점을 인식하고 영어식 묘사 방식과 표현을 배우고 찾아 써야 영어다운 영어를 구사할 수 있다. 그럼 짜릿한 쾌감을 선사할 '한 단어 승부의 세계'로 여행을 떠나 보자.

주절주절 긴 표현, 한 단어로 승부하자

skip

(~에) 가지 않다, (~을) 하지 않다

083_Ch12_n01_13

우리는 이번 여행에서는 디즈니랜드에 가지 않기로 했다.

직역 We decided not to go to Disneyland on this trip.

네이티브 **We decided to skip Disneyland on this trip.**

여행 계획을 짜는데 어느 곳은 '가지 않기로 했다'라는 말을 영어로 한다면 '~하기로 했다'는 decided to ~, '~에 가지 않다'는 not go to가 된다. 따라서 We decided not to go to ~가 된다. 그런데 이것은 '~에 가다'는 go to ~, '~하지 않다'는 not과 같이 기계적으로 영어 표현을 선택한 것에 불과하다. 이런 식의 영어는 문법은 맞고 뜻은 통해도 원어민이 쓰는 영어와는 차이가 나게 마련이다. 여기서도 '가지 않다'라는 한국어의 의미를 원어민이라면 skip이라는 동사 하나로 표현하기 때문이다. skip은 대부분 '~을 건너뛰다'라고 외우고 있는데 이렇게 도식적으로 단어를 외우면 한국어로 '디즈니랜드는 건너뛰기로 했다'라고 말하기 전에는 skip이라는 단어를 영어에서 쓸 일이 없게 된다. skip은 '여러 할 일 중에서 무엇을 하지 않다'의 뜻으로 이해해야 한다. 그래야 '사무실에는 들르지 않기로 했다'라는 말을 원어민과 같이 I decided to skip the office.라고 말할 수 있다. 또, skip은 '~을 할 필요가 없다', '~ 대신 …하다'라는 의미로도 사용된다. 가령, 성수기에 미국 Las Vegas에 가면 인기 있는 호텔에서는 체크인을 하느라 오랜 시간 길게 줄을 서서 기다려야 할 때가 많다. 그럴 때 어떤 호텔에서 인터넷 체크인 서비스라는 것을 내놓고 '저희 온라인 체크인 서비스를 이용하시면 체크인 데스크에서 길게 줄 서서 기다리실 필요가 없습니다'라고 광고를 한다고 하자. 이것을 영어로 하면 Use our online check-in service and skip the long lines at the check-in desk.가 된다. 즉, 한국어의 '기다릴 필요 없다', 영어로 직역하면 you don't have to wait이라고 할 말을 skip이라는 한 단어로 깔끔히 해결할 수 있다.

예제 우리는 추수감사절 퍼레이드는 보지 않고 호텔에 가서 저녁을 일찍 먹기로 했다.
We decided to **skip** the Thanksgiving parade and head back to our hotel for an early dinner.

company

(~와) 같이 가다[있다]

당신이 같이 가 주시면 그 사람이 고마워할 겁니다.

직역 I'm sure he will be thankful if you go with him.

네이티브 **I'm sure he'll appreciate your company.**

누구와 '같이 가 주다'를 영어로 하면 go with ~가 된다. go with ~도 틀린 표현은 아니지만 이런 직역 외에 영어에는 영어 나름대로의 표현 방식이 있다. '같이 가 주나'를 한 단어로 표현하면 company이다. company는 '회사'라는 의미 외에 '같이 있는 상태'나 '같이 있는 사람, 손님'의 뜻도 갖고 있다. 원어민들은 이런 의미를 사용해서 '당신과 같이 있으면 정말 즐겁다'라는 말을 I really enjoy your company.라고 간단하게 표현한다. 그런데 company의 이런 용도를 모른다면 when I'm with you together(내가 당신과 같이 있을 때)와 같이 말을 길게 해야 한다. 위 예문에서 '같이 가 주는 것을 / 고맙게 생각하다'라는 말도 두 뭉치의 의미 단위로 나눠서 '~을 고맙게 생각하다' → appreciate, '같이 가 주는 것' → your company와 같이 의미를 표현해야지 한국어 단어를 그대로 번역하는 식으로 하면 안 된다. 영화를 보면 다음과 같은 장면이 자주 나온다. 두 남자가 은행 근처에 주차한 차 안에서 은행을 털 범행을 모색하고 있다. 이때 어떤 사람이 차를 향해 다가오고, 이를 본 한 남자가 '야, 누가 온다!'라고 말할 때 Someone's coming!이라고 하는 것은 직역식 표현이다. 이때도 We have company!라고 한다. 이렇게 company라는 단어를 적시적소에 쓸 수 있느냐 없느냐에 따라 엉터리 영어와 영어다운 영어의 경계가 나눠진다. 진정한 어휘력이란 얼마나 많은 단어를 기계적으로 외우고 있느냐가 아니라 아는 단어를 원어민과 같이 적시적소에 쓸 수 있는 능력이 있느냐 없느냐에 따라 판가름 난다는 점을 명심하자.

예제 그 사람하고는 더 이상 같이 있고 싶지 않다.
I can't bear his **company** any longer.

forgetful
건망증이 심하다, 잘 잊어버리다

저는 요새 정말 건망증이 심각합니다.

콩글리시 **My amnesia is really serious these days.**

네이티브 **I'm so forgetful lately.**

우리는 흔히 '건망증이 심해졌다'라는 말을 한다. 이를 영어로 하려면 '건망증이 뭐지?'라는 걱정부터 한다. 그래서 사전을 찾아 보니 amnesia라는 단어가 있다. 따라서 My amnesia is serious.처럼 생각한다. 그러나 amnesia는 '기억상실증'이라는 병명이다. '건망증이 심하다'를 '건망증'과 '심하다'로 나눠 생각하다 보니 엉터리 영어를 하게 되는 것이다. '건망증이 심하다'는 영어에서 forgetful(잘 잊어버리는, 건망증이 심한)이라는 한 단어면 충분하다. 또는 scatter-brained라고도 한다. scatter-brained가 영한사전에는 '주의가 산만한'이라고 나와 있지만 사실 잘못된 정의이다. 왜냐하면 영영사전에는 forget things easily(쉽게 잊어버리다)라고 정의되어 있기 때문이다. 따라서 '요새 뭘 잘 잊어버려요'라는 말은 I'm so scatter-brained lately.이다. 또 absent-minded라고 할 수도 있다. 한국어로는 '정신이 없다'라고도 하는데 어쨌든 무엇을 자주 잊어버리는 사람을 묘사할 때 쓸 수 있는 단어이다.

예제 내 건망증 좀 봐!
How **forgetful** of me!

저의 어머니는 가끔 중요한 일을 잊어버리실 때가 있습니다.
My mother can be so **forgetful** sometimes.

susceptible
(~에) **걸리기 쉽다,** (~의 영향을) **받기 쉽다**

다운증후군을 앓고 있는 환자일수록 알츠하이머병에 걸리기 더 쉽다.

콩글리시 **It's easy for people suffering from Down Syndrome to catch Alzheimer's disease.**

직역 **People with Down Syndrome are more likely to develop Alzheimer's disease.**

네이티브 **People with Down Syndrome are more susceptible to Alzheimer's disease.**

어떤 병에 '걸리기 쉽다'를 영어로 할 때 '쉽다'라고 해서 easy를 생각하거나 '걸리다'라고 해서 무조건 catch 같은 동사를 쓰는 것은 영어의 기초가 제대로 안 된 것이다. '~하기 쉽다'는 가능성을 나타내는 말이기 때문에 likely(~할 가능성이 있는)를 써서 more likely to ~ 라고 해야 하고, catch는 감기 같이 유행하는 병에만 쓰기 때문에 알츠하이머 같은 병에는 catch 대신 develop이라는 동사를 써야 한다. 이렇게 기초적인 실수를 고치면 어느 정도 괜찮다. 그러나 위와 같은 상황에서 원어민들은 흔히 susceptible이라는 단어를 사용한다. susceptible은 easily influenced or affected(~에 의해 쉽게 영향을 받거나 걸리기 쉬운)의 의미를 갖고 있어 susceptible to 뒤에 병명을 넣으면 그런 병에 걸리기 쉽다는 말이 된다. 위 〈직역〉 표현에서 likely to develop이라는 말을 이 한 단어로 대체할 수 있는 것이다. susceptible 대신 vulnerable을 써도 좋다. vulnerable은 한국어로는 '취약한'이라고 번역하지만 육체적이나 정신적인 해를 당할 가능성이 높을 때 쓰는 단어이다. '~병에 걸리기 쉽다'라는 뜻으로 원어민들이 사용하는 또 다른 표현은 at risk for ~이다. risk는 한국어로 '위험'이라고만 알고 있어서 '병에 걸리기 쉽다'라는 말과 연결지어 쓰기 어렵다. risk는 '어떤 좋지 않은 상황이 일어날 가능성'이라고 이해해야 한다. 그리고 좋지 않은 상황에는 '병'도 포함된다. 따라서 risk를 사용해서 위 예문을 표현하면 People with Down Syndrome are at greater risk for Alzheimer's disease.가 된다.

예제 최근 연구에 따르면 여성들이 남성들보다 스트레스를 더 잘 받는다고 한다.
Recent research revealed that women are more **susceptible** to stress than men.

-stricken

(~을) 겪다,
(~에) 시달리다

정부는 가뭄에 시달리는 지역에 살수차를 투입해 물을 공급하기로 했다.

직역 **The government has decided to supply water to the areas that are suffering from drought by water-tank trucks.**

네이티브 **The government has decided to truck water to drought-stricken areas.**

어떤 지역이 '가뭄을 겪고 있다'를 영어로 말하라면 '겪다'라는 한국어에 끌려서 suffer from ~(~을 겪다) 같은 표현이 생각난다. 그래서 '가뭄을 겪고 있는 지역'을 areas (that are) suffering from drought라고 표현한다. 이 표현은 문법적으로 틀린 곳이 없고 의미도 잘 통하지만 실제로 영어에서 흔히 사용하는 표현은 아니다. 영어 신문이나 방송 뉴스를 보면 '가뭄을 겪고 있는 지역'은 stricken(시달리는)이라는 단어를 써서 간단하게 drought-stricken areas라고 한다. 이렇게 무엇에 시달리거나 무엇을 겪고 있다는 말을 그 '무엇'이라는 명사 뒤에 -stricken을 붙여서 표현하는 방식은 영어에서 흔히 발견할 수 있다. 가령, 어떤 좋지 않은 일을 당해 가족이 슬픔에 젖어 있다면 grief-stricken이라고 하고, 걱정에 사로잡혀 있다면 anxiety-stricken, 그 정도가 더 심해서 공황 상태에 시달린다면 panic-stricken, 공포에 사로잡혀 있다면 terror-stricken, 빈곤에 시달린다면 poverty-stricken, 양심의 가책을 받고 괴로워하고 있다면 conscience-stricken, 죄책감에 사로잡혀 있다면 guilt-stricken 등으로 표현할 수 있다. 이렇게 -stricken이라는 단어를 붙여쓰기 위해서는 '~을 겪다' = suffer from ~과 같이 도식적으로 영어 단어를 외우고 사용하는 습관을 버리고, 의미 중심으로 영어 표현을 찾아 쓰는 습관을 길러야 한다.

예제 정부는 국제 사회와 협력해서 최근 지진으로 큰 어려움을 겪고 있는 아이티에 인도적 지원을 제공하기로 했다.
The government will join the international community in providing aid to the quake-**stricken** Haiti.

-resistant

(~에) 견디다[강하다]

우리는 현재 쓰나미에 견딜 수 있는 주택을 설계하고 있다.

직역 **We are currently designing houses that can withstand tsunamis.**

네이티브 **We are in the process of designing tsunami-resistant houses.**

쓰나미나 지진 같은 것에 '잘 견딜 수 있는 주택'을 영어로 한다면 먼저 '견디다'를 뭐라고 할까부터 생각하게 된다. 공격이나 시련 같은 것을 '견디다'는 withstand라고 하는데 이 동사를 쓰면 '지진에 잘 견딜 수 있는 주택'은 'a house(주택) that can withstand(견딜 수 있는) earthquakes(지진을)'가 된다. 같은 말을 원어민들은 더 간단하게 an earthquake-resistant house라고 한다. resistant라는 형용사는 사전에 '저항하는, 저항력이 있는'이라고 나와 있는데 실제로 '어떤 것에 잘 견디거나 강하다'라는 의미로 쓰인다. 따라서 '열에 강한'은 heat-resistant라고 하고 '쓰나미에 견딜 수 있는'은 tsunami-resistant라고 한다. 그뿐 아니라 '백신을 맞아도 죽지 않는 병원균'은 vaccine-resistant bacteria라고 하고, '타미플루에 내성을 가진 돼지 독감'은 Tamiflu-resistant swine flu라고 한다. 또, '눈, 비 같은 날씨에도 젖지 않는 배달용 비닐 봉지'는 weather-resistant delivery bags라고 한다. 이렇게 원어민 영어에서는 resistant라는 단어를 사용해서 간단하게 표현한다. 이런 표현법을 익혀 사용하는 것, 그것이 영어다운 영어이다.

예제 저희 시트 커버는 오염에 강합니다.
Our seat covers are stain-**resistant**.

저희 등산 제품은 부식에 강한 합금으로 만들어졌습니다.
Our hiking gears are made of corrosion-**resistant** alloy.

identify

내 이야기 같다, 충분히 공감하다

그 소설에서 린다의 상황은 꼭 내 이야기 같았다.

콩글리시 **Linda's situation in the novel was just like my story.**

네이티브 **I could totally identify with Linda in the story.**

소설책을 읽다 보면 어떤 '등장인물의 이야기가 꼭 나의 이야기 같다'고 느낄 때가 있다. 그런 느낌을 영어로 표현할 때는 어떻게 할까? 한국어 생각을 그대로 영어로 하면 Her story is like my story.가 되는데 이 문장은 말은 되지만 사실상 콩글리시라고 할 수 있다. 왜냐하면 같은 상황에서 원어민들이 표현하는 방식은 따로 있기 때문이다. 등장인물의 상황이 '나의 이야기 같다'거나 '충분히 공감이 간다'는 말을 원어민들은 identify라는 동사 한 단어로 표현한다. 명사로 identity는 '동일함, 일치'의 뜻이 있기 때문에 그 동사형인 identify with ~는 '~과 일치감을 느끼다'라는 의미가 된다. identify와 비슷한 단어로 empathize가 있다. empathize는 사전에 '감정 이입하다'라고 나와 있는데 이런 설명으로는 empathize라는 단어를 충분히 이해하고 활용하기 어렵다. empathize를 영어로 설명하면 being able to understand how someone else feel(다른 사람의 감정을 이해하다)의 뜻을 갖고 있다. 따라서 어떤 영화 속의 주인공이나 기사 속의 사람 또는 길거리에서 시위하는 사람 등의 감정을 이해할 수 있다면 I empathize with ~라고 하면 된다. 가령, 파업을 벌이는 사람들을 보고 그 사람들의 심정이 이해가 간다고 말하고 싶다면 I can empathize with the strikers.라고 하면 된다.

예제 그 점에 관해서는 짐의 심정이 충분히 이해된다.
I can **identify** with Jim on that.

gullible
남의 말을 너무 쉽게 믿다

그녀는 남의 말을 너무 쉽게 믿어서 탈이다.

직역 **Her problem is that she believes what others say so easily.**

네이티브 **She's too gullible for her own good.**

'남의 말을 너무 잘 믿다'라는 한국어를 단어별로 끊어 보면 '남의 말을 / 너무 잘 / 믿다'로, 이를 영어로 직역하면 believe / what others say / so easily와 같이 된다. 이런 식으로 말해도 틀린 건 아니다. 그러나 좀 더 경제적이면서도 세련된 표현 방법이 있다. 그것은 gullible이라는 한 단어로 표현하는 것이다. gullible은 easily deceived(쉽게 속아 넘어가는)나 too willing to believe what others say(다른 사람이 하는 말을 너무 믿으려는)의 의미를 갖고 있다. 물론 gullible이라는 단어를 모르는 사람은 위의 〈직역〉 표현으로 말할 수밖에 없지만 gullible을 알고도 실제로 쓰지 못하는 사람도 많다. 그것은 단어를 기계적으로 외우기만 했지 실제로 활용하는 능력이 부족하기 때문이다. gullible과 거의 비슷한 단어로 credulous가 있다. 남이 하는 말을 너무 쉽게 믿는 사람을 흔히 credulous fool이라고 한다. 따라서 그런 사람에게는 Will you stop being such a credulous fool!(바보 같이 남의 말을 그렇게 쉽게 믿지 마세요!)이라고 충고해 줄 수 있다. 반대로 incredulous는 남의 말을 '믿으려 하지 않는'의 뜻을 갖고 있다. 이 단어를 사용하면 '처음에는 그 사실이 믿어지지 않았다'는 Initially, I was incredulous of the fact.이고, '그는 도저히 믿어지지 않는다는 표정을 하고 있었다'는 He looked incredulous.이다.

예제 인터넷 사기꾼들은 남의 말에 쉽게 넘어가는 사람들을 노린다.
On-line scammers target **gullible** citizens.
• scammer 사기꾼

cool
더위를 식혀 주다

숨막힐 듯한 더위 때문에 난 더위를 식혀 줄 소나기가 내리길 속으로 바랐다.

직역 **Because of the smothering heat, I wished inwardly for a shower that would cool the heat.**

네이티브 **The heat was so oppressive I was secretly wishing for a cooling shower.**

'더위를 식히다'는 cool the heat, 따라서 '더위를 식혀 주는 소나기'는 a shower that cools the heat이 된다. 그러나 이것은 한국어를 영어로 직역하다 보니 쓸데 없이 길게 말하게 된 것이다. '더위를 식혀 주는 소나기'는 그냥 a cooling shower라고 하면 된다.

a cooling shower는 상황에 따라 '시원한 샤워'라는 뜻도 되므로 문맥으로 그 의미를 판단해야 한다. 무엇을 '속으로 바라다'에서 '속으로'는 secretly(비밀리에)라고 한다. 또, '숨막힐 듯한 더위'는 '숨막히다'라는 뜻을 그대로 옮겨서 suffocating이나 smothering heat이라고 해도 괜찮다. 그런데 더위가 심한 것을 묘사하는 가장 일반적인 형용사는 oppressive(불쾌한, 찌는 듯한, 숨막힐 듯한)이다.

예제 뉴스 매체들이 감동을 주는 따스한 이야기들을 좀 더 많이 취급했으면 좋겠다.
I wish news media would carry more **heart-warming** stories than now.

lucrative

돈벌이가 잘 되다

사업은 돈벌이가 잘 됩니까?

직역 **Are you making a lot of money with the business?**

네이티브 **Is the business lucrative?**

한영사전에 '돈벌이'는 moneymaking, '돈벌이를 하다'는 make money라고 나와 있다. 그래서 그런지 '돈벌이가 잘 되냐?'라는 말을 Are you making a lot of money? 라고 물어보기 쉽다. 그런데 어떤 일이 making a lot of money일 때 그것을 한 단어로 lucrative라고 표현하면 된다. lucrative는 일, 직장, 사업 같은 것이 produce a lot of money(많은 돈을 생산하다)라는 의미를 갖고 있다. 또는 profitable이라고도 한다. profit은 '이익'이므로 profitable은 '이익이 남는', 즉 '돈벌이가 되는'의 뜻을 갖고 있다. lucrative나 profitable은 한국어로 '수익성 있는, 높은'이라고도 할 수 있다. profit 관련 표현을 몇 가지 소개한다면, 기업 내에서 '돈벌이가 되는 사업'은 a lucrative[profitable] business나 a profit-making business라고 하기도 하고 더 줄여서 a profit-maker라고도 한다. 어떤 기업이 '이익을 내다'를 영어로 make profits라고 하므로 profit-making은 '이익을 내는'이 되고 이것의 명사형인 profit-maker는 '이익을 내는 사업'이 된다. 요즘 경영 컨설턴트들은 기업 내에 돈벌이가 되는 사업을 a profit center라고도 한다. 가령, '블로그를 돈벌이가 되는 사업으로 개발하다'라는 말은 turn your blog into a profit center라고 할 수 있다. 기업 내에서 돈벌이가 되어 채산성의 핵심적 역할을 하는 사업은 a cash cow라고 한다. a milk cow(젖소)에 빗댄 이 표현은 젖소가 우유를 생산하듯 현금을 생산하는 사업 부문이라는 뜻이다. 이렇게 큰 돈벌이가 되는 것, 즉, '큰 수입원'은 a big earner라고도 할 수 있다. 가령, '관광 산업은 이 지역에 많은 돈을 벌어다 준다'라는 말은 Tourism is a big earner for the area.이다. 마지막으로 어떤 사업을 생각하고 있는 사람에게 '그거 별로 돈벌이가 안 되는 일이다'라는 말을 영어로 한다면 There isn't much money in it.이라고 할 수 있다. There is money in ~, 즉 '~에 돈이 있다'는 그 일을 하면 돈을 벌 수 있을 것이라는 말이 된다. 이 모든 표현들이 '돈벌이가 되는'의 뜻을 공통적으로 갖고 있다. '돈벌이가 잘 되다'라는 한국어를 놓고 make a lot of money 대신 위와 같은 표현들을 생각해 내기 위해서는 '돈벌이' = money making과 같은 기계적 사고의 틀을 깨는 것이 중요하다.

예제 이번 업무 제휴는 양사 모두에게 이익이 되는 일이다.
This is a **lucrative** partnership for both companies.

저희는 이번 사업이 저희 기업의 확실한 수입원이 될 수 있을 것이라고 생각합니다.
We expect this to be a solid **profit-maker** for the company.

spendthrift

돈을 흥청망청 쓰다

그는 저렇게 돈을 흥청망청 쓰다가 언젠가는 큰코다칠 거야.

직역 **He'll get into big trouble someday if he keeps spending money lavishly like that.**

네이티브 **Sooner or later, his spendthrift lifestyle will catch up with him.**

'돈을 흥청망청 쓰다'라는 말을 영어로 한다면 '돈을 쓰다' → spend money, '흥청망청' → lavishly, wastefully와 같은 식으로 생각하기 쉽다. 물론 spend money lavishly 라고 해도 뜻은 통한다. 그러나 이렇게 돈을 흥청망청 쓰는 것을 한 단어로는 spendthrift 라고 한다. 그러니까 spendthrift라는 단어를 알고 제때 사용한다면 이렇게 여러 단어를 나열하지 않아도 된다는 뜻이다. 이렇게 여러 단어로 말할 것을 한 단어로 말할 수 있게 해 주는 것이 어휘력이다. 반대로 '저 사람은 돈을 헤프게 쓰는 적이 없다'라는 말은 frugal(검소한)이나 thrifty(검소한, 절약하는)라는 단어를 쓰면 된다. '~하다 큰코다치다'는 get into big trouble(큰 곤경에 빠지다)이라고 해도 좋지만 영어식으로 표현하면 ~ will catch up with him.이라고 할 수 있다. catch up with ~는 원래 '~을 따라잡다'라는 뜻의 구동사인데, 범죄, 담배, 술, 거짓말, 방탕과 같이 어떤 좋지 않은 행위를 한 것이 나중에 문제가 될 때 영어에서는 이런 것들이 사람을 catch up with한다고 표현한다. 가령, 유명한 흑인 재즈 가수인 Nat King Cole에 대한 위키피디아의 설명에 Many years of smoking caught up with him, resulting in his death from lung cancer on February 15, 1965.(수년 동안의 흡연이 결국 문제가 되어 1965년 2월 15일 폐암으로 사망하게 되었다.)와 같은 대목이 나온다.

예제 국민의 돈을 흥청망청 쓰는 정부로 인해 재정 적자가 기록적으로 늘고 있다.
Our spendthrift government is racking up record deficits.

debate

(~할지) 마음을 정하지 못하다

동창회에 갈지 말지 나는 아직 마음을 정하지 못했어.

직역 **I haven't made up my mind yet whether to go to the reunion or not.**

네이티브 **I'm still debating going to the reunion.**

'마음을 정하다'는 영어로 make up one's mind라고 한다. 따라서 '아직 마음을 정하지 못했다'는 I have not made up my mind yet.이 된다. 이것도 매우 좋은 영어 표현이다. 다만 이보다 더 간단하게 표현하는 방법이 있는데, 그것은 '마음을 정하지 못하다'를 debate라는 동사 하나로 대체하는 것이다. debate는 대부분 '~을 논의하다'라는 뜻으로만 알고 있다. 그러나 원어민들은 무엇을 할지 안 할지 고민하는 상황을 표현할 때 이 동사를 사용해서 I'm debating ~이라고 한다. make up one's mind는 '마음을 정하다'라는 한국어와 거의 형태가 비슷해서 이 표현을 알고 있다면 쉽게 떠올릴 수 있다. 그러나 같은 말을 debate라는 동사 하나로 표현하는 것은 쉽지 않다. 두 가지 옵션을 놓고 어느 것을 선택할지 마음을 정하지 못한 상황을 표현하는 또 다른 동사로 waver(결정을 못하다, 망설이다)가 있다. 가령, 소고기 스테이크를 먹을지 연어 스테이크를 먹을지 마음을 정하지 못했다면 I'm wavering between the beef steak and the salmon steak.라고 하면 된다. 같은 말을 debate를 써서 말하면 I'm still debating which to choose, beef or salmon steak.가 된다.

예제 어떤 모델의 휴대전화를 살지 난 아직도 결정하지 못했다.
I'm still **debating** which cell phone to choose.

우리는 어떤 색으로 집을 칠할지 아직 마음을 못 정했다.
We're still **debating** which color to paint our house.

inspirational

(책을 읽으며)

많은 것을 느끼다

저는 이 책을 읽으면서 많은 것을 생각하고 느낄 수 있었습니다.

콩글리시 **While reading this book, I thought about a lot of things, and I felt a lot.**

직역 **The book made me think about a lot of things and feel many things.**

네이티브 **I found the book highly inspirational.**

책에 대한 감상문에서 가장 많이 등장하는 표현 중의 하나가 '책을 읽으면서 많은 것을 생각했다'거나 '많은 것을 느꼈다'는 말이다. 그런 의견을 영어로 표현하라고 하면 '많이 느꼈다'를 직역해서 I felt a lot.이라고 하는 경우가 많다. 그러나 이것은 콩글리시다. I slept a lot.이라고 하면 '잠을 많이 잤다', 즉 잠의 양을 말하는 말이 된다. 마찬가지로 I felt a lot.이라고 하면 '느낌의 양이 많았다'라는 뜻이 되는데 무엇을 느꼈는지에 대한 설명이 없으니까 이상하다. 뒤에 I felt a lot of anger.(화가 많이 났다.)와 같이 구체적인 감정의 단어가 들어가야 말이 된다. 또는 I felt many things.(많은 것을 느꼈다.)라고 하면 괜찮다. 일단 feel 뒤에 무엇을 느꼈는지(things) 목적어가 있기 때문이다. 또 '이 책을 읽으면서 ~'라고 해서 영어에서도 While (I was) reading this book ~이라고 하는 것도 콩글리시에 가깝다. 그냥 This book을 주어로 해서 This book made me think about many things.라고 하면 된다. 책을 읽고 '많은 것을 생각하고 느꼈다'를 영어로 think about many things, feel many things라고 말하는 것은 직역이긴 하지만 뜻은 통한다. 다만 표현이 평범하고 너무 길다. 이런 경우 원어민들은 inspirational이라는 단어 하나로 그런 느낌을 표현한다. inspirational을 사전에 나와 있는 대로 '영감적인'이라고 외우고 있다면 이 단어를 제대로 쓸 수 없다. inspirational은 inspiration의 형용사형인데 inspiration은 '어떤 것을 보고, 읽고, 들어서 느끼는 감정, 깨달음, 문득 떠오르는 아이디어' 등을 뜻한다. inspirational은 그런 'inspiration을 주는'의 뜻이다. 따라서 어떤 책이 독자로 하여금 '많은 것을 생각하고 느끼게 했다'면 그것이 곧 inspirational이 된다. 그리고 '나에게 어떤 책이 inspirational했다'라는 말은 I found the book inspirational.이라고 한다. I find A B(여기서 A는 명사, B는 형용사)식으로 말하면 '나는 A가 B하다고 판단한다'라는 뜻이다.

예제 그 영화는 재미있으면서도 많은 것을 생각하게 하는 영화였다.
I found the movie both entertaining and **inspirational**.

informative, educational

많은 정보를 얻다, 많은 것을 배우다

084_Ch12_n14_25

선생님 발표를 잘 들었어요. 정말 많은 것을 얻고 또 배울 수 있는 발표였습니다.

직역 I really enjoyed your presentation. I got a lot from it, and I also learned a lot from it.

네이티브 **I really enjoyed your presentation. It was both highly informative and educational.**

'어떤 발표에서 많은 것을 얻을 수 있었다'나 '많은 것을 배울 수 있었다'를 영어로 하라고 하면 대부분 한국어 그대로 I got a lot from your presentation.(당신 발표에서 많은 것을 얻었다.), I learned a lot from your presentation.(당신 발표에서 많은 것을 배웠다.)과 같이 말한다. 틀린 영어는 아니지만 왜 꼭 한국어와 똑같이 말해야 할까 하는 의문이 든다. 원어민들은 같은 말을 흔히 informative나 instructive, educational 같은 단어로 표현한다. informative는 '유익한 정보를 많이 제공해 주는', instructive는 '유용한 정보를 제공하는'의 뜻을 갖고 있어, 어떤 발표로부터 많은 정보를 얻었다면 그 발표는 informative 또는 instructive하다고 한다. 또 educational은 보통 '교육적인'이라고 알고 있었지만 '교육이나 배움을 제공하는'의 뜻도 있다. 따라서 어떤 발표로부터 많이 배웠다면 그 발표는 educational한 것이 된다. 한국어에서 발표를 듣고 '상당히 교육적이었다'라고 하는 사람은 없다. 대부분 '많이 배웠다'라고 한다. 따라서 한국어를 직역하는 식으로는 educational이라는 단어를 쓸 수 없다. educational이라는 단어를 알고 있어도 실제로 쓰지 못하는 이유가 여기에 있다.

예제 저는 이번 캠프에서 많은 것을 배울 수 있어서 가장 좋았습니다.
What I liked the most about the camp was that it was highly **educational**.

generous

많이 바르다, 많이 주다

선크림을 충분히 많이 바르고 2시간마다 다시 바르세요.

직역 Apply a sufficiently large amount of sunscreen and apply it again every two hours.

네이티브 **Be generous with sunscreen and reapply it every two hours.**

햇빛 중 유해한 자외선을 차단하는 선크림을 바르는 요령 중 가장 중요한 것은 크림을 아낀다고 조금씩 바르지 말고 듬뿍 짜서 바르라는 것이다. 이렇게 '충분히 많이 바르다'라는 말을 영어로 생각해 보자. '충분히 많이'를 영어로 하면 a sufficiently large amount of ~(충분히 많은 양의 ~)가 된다. 그리고 '바르다'는 apply이다. 따라서 apply a sufficiently large amount of sunscreen이 된다. 이 정도의 영어 표현을 생각해 낼 수 있다는 것도 대단하다고 할 수 있지만 이 상황에서 원어민들이 사용하는 표현은 따로 있다. 그것은 apply a sufficiently large amount of ~를 generous라는 단어 하나로 표현하는 것이다. 대부분의 독자는 generous를 '관대한' 정도로 알고 있을 것이다. 그러나 generous의 실제 의미는 돈이나 기타 물건을 아끼지 않고 많이 주거나 사용한다는 것이다. 따라서 '선크림을 충분히 많이 바르라'는 말도 이 단어를 사용하면 Be generous with sunscreen.이라고 말하는 것으로 족하다. 우리나라 음식 중 냉면은 식당에서 먹을 때마다 양을 쥐꼬리만큼 준다고 불평을 듣는 음식 중 하나인데, 그런 냉면의 양을 많이 주는 곳이 있다고 하자. 그런 식당을 묘사할 때도 generous를 써서 They are generous with portions.라고 한다. 따라서 한국어에서 '아낌없이', '듬뿍', '인심 좋게' 같은 말이 나올 때면 generous라는 단어를 생각하면 좋다.

예제 그 식당에서는 피자의 특별한 맛을 내기 위해 치즈와 토핑을 듬뿍 사용한다.
They are **generous** with the cheese and toppings to give their pizzas a great flavor.

그녀는 시간을 많이 내 주고 조언도 많이 해 주었다.
She was **generous** with her time and advice.

hospitable, accommodating

부탁을 잘 들어주다

호텔 직원들이 매우 친절하고 부탁하는 것을 흔쾌히 잘 들어주었다.

콩글리시 **The hotel workers were very kind and were happy to listen to our requests.**

네이티브 **The staff was very hospitable and accommodating.**

호텔, 식당, 관공서 같은 데서 고객이나 시민이 부탁하는 것을 어떻게든 들어 주려고 노력하는 분들을 만나면 기분이 좋다. 이렇게 '부탁을 하면 잘 들어주다'는 영어로 어떻게 표현할까? '부탁'은 request인데, '들어주다'는 혹시 listen to ~(~을 듣다)라고 하면 어떨까? listen to our requests라는 표현 자체는 존재한다. 그런데 그 뜻은 말 그대로 상대방이 요청하는 것을 '무시하지 않고 경청하다'라는 뜻밖에 없다. 한국어에서 '부탁을 들어주다'는 요청한 대로 해 주었다는 뜻이므로 listen to our requests라고 하면 안 된다. '어떤 요구를 들어주다'라는 뜻으로 가장 적당한 단어는 accommodate이다. accommodate는 '요구나 부탁을 수용하고 받아들이다'라는 뜻이 있다. 따라서 '그들은 우리 부탁을 흔쾌히 잘 들어주었다'는 They were happy to accommodate our requests.이다. 그러나 더 간단하게 말하면 They were accommodating.이 된다. accommodating이라는 형용사 자체가 '남의 요구나 요청을 잘 들어주는'의 뜻을 갖고 있기 때문이다. 좀 딱딱한 표현으로는 comply with ~(~에 따르다, 응하다)도 있다. 한편 호텔 직원이 '친절하다'는 kind도 좋지만 friendly라고도 할 수 있다. 그러나 서비스 정신을 좀 더 강조하려면 courteous(정중한, 예의 바른)나 hospitable(환대하는, 손님을 정성껏 대하는)과 같은 단어들이 더 적당하다.

예제 우리 담당 여종업원은 그다지 친절하지 않았다.
Our waitress wasn't very **accommodating**.

offensive

(다른 사람에게)

불쾌감을 주다

이 사이트는 어린이들도 방문하는 곳이므로 다른 사람에게 불쾌감을 줄 수 있는 말은 삼가 주십시오.

직역 **This website is visited by children, too. So, abstain from using words that can cause displeasure for other people.**

네이티브 **This is a kids-friendly website, so please refrain from using offensive language.**

'다른 사람에게 불쾌감을 주다'를 영어로 하라면 '불쾌감이 영어로 뭐지?'라는 생각이 든다. 한영사전을 찾아보면 displeasure라고 나와 있는데, 이 단어를 사용하면 cause displeasure for others(다른 사람에게 불쾌감을 야기하다)처럼 표현할 수 있다. 그런데 displeasure는 '불쾌감'보다는 '불만' 쪽에 가깝다. 즉, 어떤 것을 보고 불만스럽다고 느끼는 감정이 displeasure이다. 어쨌든 이것은 한국어를 직역한 것에 불과하다. 한국어를 영어로 말할 때는 단어가 아니라 의미를 표현해야 한다. 남의 눈살을 찌푸리게 하는 불쾌감을 주는 것에는 offend(~을 불쾌하게 하다)라는 동사가 적당하다. 따라서 '다른 사람에게 불쾌감을 주다'는 offend others가 되며, 그러한 '말'은 language that offends others(다른 사람을 불쾌하게 하는 언어)가 된다. 이것마저도 더 간단하게 offensive language라고 한다. 즉, offensive라는 형용사 한 단어가 '남에게 불쾌감을 주는'의 의미를 다 포함하고 있다. '아이들도 방문하는 인터넷 사이트'라는 말도 '아이들' → children, '방문하다' → visit와 같이 단어별로 생각하지 않고 전체를 environment-friendly(환경 친화적인)와 같이 kid-friendly(아이들에게 친근한)라고 표현하면 좋다. 이런 식으로 명사 뒤에 -friendly를 붙이는 것은 것은 영어다운 표현법이라고 할 수 있다. 가령, 어떤 도시가 보행자가 걸어 다니기 좋게 교통 시설이나 환경을 갖추고 있어 '걷기 좋은 도시'라고 한다면 영어로는 pedestrian-friendly city(보행자 친화적인 도시)라고 한다. '~을 삼가다'는 영어로 abstain from ~이나 refrain from ~이라고 한다. 두 표현에는 큰 차이가 있다. abstain from ~은 술, 담배와 같이 향락이나 쾌락적인 행위를 하지 않는다는 뜻으로 쓰인다. 그에 반해 refrain from ~은 단순히 '어떤 행위를 하지 않다'는 뜻을 갖고 있다. 따라서 위 예문에서는 refrain from ~이 더 옳은 선택이다. 이런 예를 보면 abstain = '삼가다'와 같이 기계적으로 단어를 외우는 것이 얼마나 위험한 일인지 알 수 있다.

예제 나는 그런 행동이 상당히 불쾌했어.
I found that very **offensive.**

내가 너의 기분을 상하게 하는 말을 했니?
Did I say anything that **offended** you?

social

사람들과 어울리는 것을 좋아하다

저는 사람들과 어울리는 것을 대단히 좋아하고 성격이 까다롭지 않은 편입니다.

콩글리시 **I greatly enjoy getting together with other people, and my character is not so difficult.**

네이티브 **I'm a very social and easygoing person.**

영어로 '~와 어울리다'는 여러 표현이 있다. 격식체 표현으로는 associate with ~가 있고 구어체 표현으로는 hobnob with ~(~와 허물없이 친하게 지내다), hang out with ~(~와 주로 어울려 시간을 보내다), rub shoulders with ~(~ 부류의 사람들과 어울리다), pal with ~(~와 친구처럼 지내다)가 있다. consort with ~라는 표현도 있는데 이것은 주로 악당과 같이 안 좋은 부류의 사람들과 어울리는 것을 뜻한다. 가장 일반적인 표현은 get together with ~(~와 함께 어울리다)가 있다. 이런 표현을 이용하면 '사람들과 어울리는 것을 좋아하다'는 enjoy getting together with people이 된다. 그런데 원어민들은 '사람들과 어울리는 것을 좋아하는'이라는 말을 social이라는 한 단어로 표현한다. social은 '사교적인'의 뜻으로, 이런 단어를 사용하면 greatly enjoy getting together with other people이라고 길게 설명할 필요가 없다. 또, 이런 사람은 outgoing(외향적인, 사교적인)이라는 형용사를 써서 묘사해도 좋다. social이나 outgoing과 같이 사람의 성격을 설명하는 말은 대부분 하나의 형용사로 표현하는 것이 좋다. 가령 '성격이 느긋하고 태평스러운'은 easygoing(느긋한), happy-go-lucky(낙천적인, 태평한) 또는 laid-back(느긋한) 등을 사용해 표현한다.

예제 그녀는 공부에만 관심이 있고 사람들과 어울리는 것은 별로 좋아하지 않는 것 같다.
She seems focused on her studies and not much of a social person.

-free
(화학 조미료를)
사용하지 않다

저희 식당에서는 음식에 화학 조미료를 사용하지 않습니다.

직역 **At our restaurant, we don't use MSG in our foods.**

네이티브 **All our foods are MSG-free.**

'화학 조미료'는 영어로 MSG라고 한다. '음식에 MSG를 사용하지 않는다'라는 말을 영어로 한다면 대부분 not use(사용하지 않는다)라는 표현이 머릿속에 떠오를 것이다. 그 결과 We don't use MSG in our foods.(우리는 음식에 MSG를 사용하지 않습니다.)와 같은 영어 문장을 만들게 된다. 틀린 문장은 아니지만 같은 말을 미국의 식당 주인이 한다면 위와 같이 길게 말하는 대신 Our foods are MSG-free.라고 할 것이다. MSG-free에서 -free라는 접미사는 '~이 없는, 들어 있지 않은, 쓰지 않은'의 의미로 we don't use in이라는 4개의 단어가 접미사 -free 하나로 해결되는 것이다. 어떤 단어 뒤에 -free를 붙여 '~이 없는'의 의미를 표현하는 예는 매우 많다. 이미 우리에게 익숙한 duty-free(관세가 없는, 면세의), sugar-free(설탕이 들어가지 않은), fat-free(지방이 없는)와 같은 표현들뿐만 아니라 '스트레스 없는 작업 환경'은 stress-free work environment, '폭력 없는 학교 환경'은 violence-free school environment, '첨가물이 들어가지 않은 두부'는 additive-free tofu이다. 그 외에도 '무료 전화번호'는 toll-free phone number, '알코올 성분이 없는 맥주'는 alcohol-free beer, '오류가 없는 프로그램'은 bug-free application, '무카페인 음료'는 caffeine-free beverage 등 우리 주위에서 -free를 붙여 쓰는 표현은 매우 많다. 상품 광고를 하면서 일단 써 보고 마음에 안 들면 환불해도 되므로 안심하고 써 보라고 할 때는 risk-free trial(리스크 없이 한번 사용해 보기)이라고 하고 자동차를 구매하거나 은행 융자를 얻을 때 복잡하게 신경 쓸 일 없이 절차가 진행되는 것을 hassle-free(성가심이 없는)라고 한다.

예제 간단한 호흡법만으로 약물을 복용하지 않고도 혈압을 낮출 수 있다.
Simple breathing techniques offer a drug-free way to help lower your blood pressure.

pensive
생각에 잠겨 있다

그녀는 창가에 서서 무엇인가 생각에 잠긴 표정으로 정원을 내다보고 있었다.

직역 **She was standing by the window, looking out at the garden, absorbed in thought.**
She was standing by the window, looking out at the garden, lost in thought.

네이티브 **She was by the window, pensive, looking out at the garden.**

'(그녀는) 생각에 잠겨 있다'라는 한국어를 영어로 하라고 하면 대부분 '생각'은 영어로 뭐고, '잠기다'는 또 뭐라고 할지 고민할 것이다. '생각'은 thought이니까 어렵지 않은데, 잠기다는? 영어를 좀 한다는 학습자라면 be absorbed in ~(~에 열중하다, 몰두하다)이라는 표현을 생각해 낼 것이다. 이 표현을 써서 She was absorbed in deep thought.라고 하면 틀린 건 아니다. 그러나 이것은 매우 딱딱한 표현이어서 잘 쓰지 않고 보통 lost(열중한, 몰두한)를 써서 She was lost in thought.라고 하거나 deep(깊은)이라는 형용사를 써서 She was deep in thought.라고 한다. 좀 더 어휘력이 있고 언어 감각이 있는 사람이라면 이렇게 여러 단어를 늘어 놓은 것보다 pensive라는 한 단어의 형용사를 선택할 것이다. pensive는 말 그대로 '생각에 잠긴'의 뜻이다. '생각에 잠기다'라고 해서 '생각'을 thought라고 따로 떼어 내어 표현하는 것이 직역식 발상이라면 '생각에 잠기다'라는 말 전체를 하나의 의미로 보고 표현 수단을 찾는 것이 영어식 발상이라고 할 수 있다. pensive는 어려운 단어 같지만 원어민들은 일상적으로 사용한다. 누가 무엇인가 생각에 잠긴 것처럼 보인다면 She looked pensive.라고 한다. 같은 말을 She was wearing a pensive expression.(그녀는 생각에 잠긴 듯한 표정을 하고 있었다.)이나 A pensive expression crossed her face.(생각에 잠긴 듯한 표정이 그녀의 얼굴을 스쳤다.) 또는 She was in pensive silence.(그녀는 생각에 잠긴 듯 말이 없었다.)라고 하면 좀 더 문학적이다.

예제 오늘은 생각이 많으신 것 같네요.
You look **pensive** today.
그는 오늘 혼자 뭔가 생각하고 싶은 기분인가 봐요.
He seems to be in a **pensive** mood today.

inhospitable
(동물이) **서식하기 어렵다,**
(사람이) **거주하기 부적당하다**

개발 사업으로 인해 그 지역은 점점 야생 동물이 서식하기 힘든 곳이 되고 있다.

직역 **Due to development projects, the area is becoming a place more and more difficult for wild animals to live.**

네이티브 **Development is making the area increasingly inhospitable to wildlife.**

동물이 '서식하기 힘든 곳이다'라는 말을 '서식하다 / 힘들다'로 나누어 생각하면 a difficult place(어려운 곳) to live(살기에)가 된다. 그러나 이렇게 생각하지 않고 '서식하기 힘든'이라는 전체 의미를 고려한다면 inhospitable이라는 하나의 형용사로 표현할 수 있다. hospitable to ~는 기후나 환경 등이 '~에게 알맞은, 적합한'의 뜻으로, 접두사 in-을 붙여 inhospitable to ~라고 하면 반대 의미가 되어 '~에게 부적합한', 즉 '서식하기 어려운'의 뜻이 된다. inhospitable 대신 hostile to ~(~에 적대적인)라는 표현을 써도 좋다. 또, inhospitable과 유사한 단어로 uninhabitable이라는 것도 있다. habitable이나 inhabitable이 '서식하거나 살기에 좋은'의 뜻인 데 반하여 un-을 붙인 uninhabitable은 반대로 '살기에 적합하지 않은, 살 수 없는'의 뜻을 갖고 있다. 원어민들이 inhospitable, hostile 같은 단어를 사용하는 예를 보면 우리가 단순히 '살 수 없는', '적대적인'과 같은 의미로 외워서는 흉내 내기 힘든 경우가 많다. 가령, '보행자가 걷기 좋은 도로'는 a road hospitable to pedestrians라고 한다. '일본은 규제 때문에 외국 소매점이 진출해서 성공하기 어려운 시장이다'라는 말은 inhospitable이나 hostile을 써서 Regulations make Japan inhospitable[hostile] to foreign retailers.(규제가 일본으로 하여금 외국 소매점이 살아남기 힘들게 한다.)라고 할 수 있다.

예제 겉으로 보기에 사막은 생명체가 살 수 없는 땅처럼 보인다.

On the surface, the desert looks to be an **inhospitable** land, devoid of life.

우리의 목적은 돈 세탁과 테러가 발붙이기 힘든 환경을 조성하는 것이다.

Our aim is to create an environment **hostile** to money laundering and terrorism.

elusive

설명[달성]하기 쉽지 않다

'사생활'은 설명하기 쉽지 않은 개념이다.

직역 **Privacy is a concept that is difficult to explain easily.**

네이티브 **Privacy is an elusive concept.**

어떤 용어가 설명하기 까다롭다거나 어렵다는 말을 영어로 한다면 대부분 difficult(어려운), explain(설명하다) 같은 단어가 먼저 생각날 것이다. 그 결과 It is difficult to explain.(그것은 설명하기 어렵다.)이라는 식으로 표현하게 된다. 이렇게 표현해도 틀리지는 않지만 좀 투박한 느낌이 난다. 이런 경우 원어민들의 좀 더 세련된 표현법을 따라잡기 위해서는 우선 explain을 문맥에 맞는 좀 더 정확한 표현으로 바꿔 주면 좋다. 가령, 어떤 개념이 설명하기 어렵다는 말은 '딱 부러지게 짚어서 이야기하기 어렵다'는 뜻이므로 pin ~ down이라는 영어 표현이 적격이다. pin이라는 명사를 동사로 사용한 pin ~ down은 마치 왔다 갔다 하는 개념을 핀으로 딱 고정시키듯 정확히 밝혀내거나 설명한다는 의미를 갖고 있다. 즉, This is a difficult concept to pin down.이라고 하면 한 단계 업그레이드된 영어 표현이 된다. 그러나 이것보다 더 세련된 영어 표현법은 difficult to pin down을 elusive라는 하나의 형용사로 표현하는 것이다. 우선 elude라는 동사부터 이해하고 넘어가자. elude ~는 '~을 빠져나가다, 잘 피하다'라는 뜻으로, elude the police는 '경찰의 추적을 잘 피하다'라는 말이 되고 elude the law라고 하면 '법망을 피하다'라는 말이 된다. elude의 주어가 사물이면 거꾸로 사람을 피해 간다는 뜻이 된다. 가령, This concept eludes me.라고 하면 '이 개념이 나에게서 잘 빠져 나간다', 즉 '내가 이해 못하겠다'라는 뜻이 된다. '이 점은 대다수의 영화 팬들이 쉽게 놓치는 점입니다'는 영어로 This is a point that eludes most movie viewers.이다. 또 '많은 사람이 경제적 안정(financial security)을 원하지만 대부분은 그런 목표를 이루지 못한다'고 할 때도 Financial security is a goal that eludes most people.(경제적 안정은 대부분의 사람들을 피해 가는 목표이다.)이라고 표현한다. 이때 elude는 '달성하기 힘들다'의 의미를 갖고 있다. 이런 elude라는 동사에서 나온 형용사가 elusive로, '잘 이해가 안 되는, 설명하기 어려운', '달성하기 어려운'이라는 뜻을 갖고 있다. 따라서 이 단어를 적시에 사용하면 difficult to explain이라고 길게 말하지 않아도 더 정확하고 세련되게 표현할 수 있다. 이렇게 하나의 단어를 다양한 맥락에서 정확히 사용할 수 있는 능력, 이것이 진짜 어휘력이다. 반대로 그저 단어를 기계적으로 많이 외우는 것은 별 의미가 없는 일이다.

예제 대부분의 중산층 사람들에게 경제적으로 안정된 노후 생활이란 쉽지 않은 이야기다.

For most middle-incomers, financial security in old age is an **elusive** goal.

아기를 갖고 싶어도 갖지 못하는 부부들이 있다.

For some couples, parenthood is an **elusive** dream.

• parenthood 부모가 됨

-induced

(~으로) 인한, 유발된

수면제로 유도된 잠은 건강에 그다지 이롭지 않다.

직역 **The sleep you get from taking sleeping pills is not very good for health.**

네이티브 **Drug-induced sleep doesn't do us much good.**

'수면제를 먹고 자는 잠'을 영어로 어떻게 표현할까? '수면제'는 sleeping pills, 수면제를 '먹다'는 take, 따라서 the sleep(잠) you take(얻는) from taking sleeping pills(수면제를 먹는 것으로부터) 같은 식으로 표현해야 할 것 같다. 이렇게 한참 머리를 굴려 영어로 말했는데 이 많은 말을 간단하게 drug-induced sleep이라고 한다면 허탈해지지 않겠는가? 그렇지만 이것이 원어민식 표현이다. induce는 '~을 야기하다, 유발하다'라는 뜻의 동사로, 어떤 명사 뒤에 -induced를 붙이면 '~으로 유발된, 야기된, 인한'의 뜻을 갖는다. 따라서 drug-induced는 '약으로 유발된'이 되고 drug-induced sleep은 '약으로 유발된 잠', '수면제를 먹고 자는 잠'이다. 영어에는 이렇게 -induced를 붙여 표현하는 경우가 많다. 가령, 우울증으로 인한 자살은 depression-induced suicide라고 하면 되고, 술을 마셔서 머리가 띵한 것은 alcohol-induced buzz라고 한다. buzz는 '윙윙거리는 소리'를 뜻하는데 술을 마셔서 머리가 어지러운 것도 buzz라고 한다. 또, 술기운에 용기를 내는 것은 alcohol-induced boldness(술로 인한 대범함)라고 표현할 수 있다. -induced를 이런 식으로 사용하려면 한국어 단어를 영어로 직역하려 하지 말고 한국어의 의미를 영어식으로 표현해야 한다.

예제 최근 보도에 따르면 사무실 근로자의 3분의 2 가량이 스트레스로 인한 우울증을 갖고 있다고 한다.
Recent reports said that almost two thirds of office workers suffer from stress-induced depression.

changeable

수시로 변하다

산속의 날씨는 수시로 변하기 때문에 체온 보호를 위해 얇은 옷을 여러 겹 입고 오십시오.

콩글리시 **The weather in the mountain changes frequently, so come wearing many layers of thin clothes to protect your body temperature.**

네이티브 **The mountain weather is changeable. So wear layers of light clothing for warmth.**

날씨가 '수시로 변하다'라는 말은 영어로 change(변하다), often 또는 frequently(수시로)와 같은 단어들을 생각할 것이다. 이것은 '수시로 변하다'를 '수시로/변하다'와 같이 나눠서 생각하기 때문이다. 그러나 '수시로 변하다'를 하나의 의미로 보고 영어 표현을 찾는다면 changeable이라는 단어를 발견할 수 있다. changeable은 something that changes often(자주 변하는 것)을 뜻하는 형용사이다. changeable과 비슷한 단어로 variable(변하기 쉬운)이라는 단어도 있다. 여기서 한발 더 나아간다면 fickle(변덕스런)이나 unpredictable(예측 불가능한)이라는 형용사도 좋다. 다시 강조하지만 '수시로 변하다'라는 한국어에 changeable, variable, fickle, unpredictable 같은 단어를 생각해 내려면 한국어 단어를 영어로 번역하려 해서는 안 되고 하나의 생각이나 의미로 받아들여 적합한 단어나 표현으로 설명해야 한다. '얇은 옷을 여러 겹 입고 오다'에서 '얇은 옷'은 thin(얇은)보다는 light(가벼운) clothing이라고 한다. '여러 겹'은 layers라고 하면 된다. '체온 보호를 위해'를 to protect your body temperature라고 말하는 것은 직역식 영어이니 간단하게 for warmth(따스함을 위해)라고 표현하는 것이 영어답다.

예제 그 섬의 날씨는 하루 아침 동안 사계절의 날씨를 경험할 수 있을 정도로 변화가 심하다.
The island weather is highly **variable**, with four seasons often experienced in one morning.

hidden

쉽게 드러나지 않다, 눈에 보이지 않다

운동에는 쉽게 드러나지 않는 많은 이점이 있다.

직역 There are many advantages in exercise that cannot be easily seen.

네이티브 **Exercise has many hidden benefits.**

어떤 이점이 '쉽게 드러나지 않다' 또는 '눈에 보이지 않다'라는 말을 직역식으로 영어로 말하면 cannot be easily detected(쉽게 발견될 수 없다), cannot be easily seen(쉽게 보일 수 없다)이 된다. 이런 식으로 설명해도 틀리거나 말이 통하지 않는 것은 아니다. 그러나 영어 단어를 적시적소에 쓸 줄 아는 사람은 이렇게 긴 말을 hidden이라는 한 단어로 표현할 수 있다. hidden은 '숨겨진'이라는 뜻이다. 쉽게 드러나지 않거나 눈에 보이지 않는 것이 곧 hidden이니까 이 단어를 사용하면 굳이 주절주절 말을 늘어 놓을 필요가 없는 것이다. 그럼에도 hidden이라는 단어를 잘 쓰지 못하는 이유는 한국어를 영어로 표현하고자 할 때 '쉽게 / 드러나지 / 않다'와 같이 끊어서 이해하기 때문이다. 이런 식으로 영어를 해서는 명쾌하게 한 단어로 표현하는 영어의 진수를 맛보기 어렵다. 따라서 영어로 말할 때는 전체 의미를 하나로 보고 이에 맞는 영어 표현을 찾도록 해야 한다. 위 예문에서 '눈에 보이지 않는 이점'이라고 해서 혹시 invisible이라는 단어를 생각하는 독자가 있을지 모르겠다. invisible은 말 그대로 시각적으로 보이지 않는다는 뜻으로만 사용하기 때문에 위와 같은 상황에 쓰면 안 된다.

예제 기업 공시에는 몇 가지 잘 드러나지 않는 위험 요소들이 있다.
Going public involves some **hidden** risks.

• go public 기업을 공개하다

misspell

철자나 발음이 틀리다, 잘못 알고 있다

085_Ch12_n26.37

이 서류에는 철자가 틀린 단어가 많다.

직역 This paper has many words whose spellings are wrong.

네이티브 **This paper is loaded with misspelled words.**

'이 단어의 철자가 틀렸어요'라는 말을 영어로 한다면 대부분 spelling(스펠링), wrong(틀리다), inaccurate(부정확하다)와 같은 단어들을 머릿속에 떠올릴 것이다. 그렇게 해서 The spelling of this word is wrong.과 같은 문장을 만들어 낸다. 그러나 spelling ~ wrong이라는 말은 misspelled라고 한 단어로 하면 된다. spell 앞에 붙은 mis-라는 접두사가 '틀린'의 뜻이기 때문에 misspell ~은 '~의 철자를 틀리게 쓰다'라는 동사가 되고 과거분사로 써서 misspelled라고 하면 '철자가 틀린'이 된다. 이렇게 영어에는 무엇을 틀리게 했다는 말을 할 때 굳이 wrong이나 inaccurate 같은 단어를 생각할 필요 없이 mis-라는 접두사가 붙은 동사들을 사용해서 깔끔하게 표현할 수 있는 예가 많다. 가령, 어떤 '단어를 잘못 발음했다'라고 할 때는 You mispronounced the word.라고 하면 된다. 또, 어떤 '메시지를 잘못 해석했다'는 The message is misinterpreted.이다.

예제 사람들이 내 이름 철자를 틀리게 적는 경우가 많다.
My name is often **misspelled**.

discredit
(~ 때문에) **신뢰를 잃다**

그 스캔들로 인해 그는 국민의 신뢰를 잃었다.

직역 Because of the scandal, he lost public trust.

네이티브 **The scandal discredited him in the eyes of the public.**

'국민의 신뢰'는 public trust나 public confidence이다. 따라서 '국민의 신뢰를 상실했다'는 lost public trust이고, '~ 때문에 …가 국민의 신뢰를 상실했다'는 because of ~(~ 때문에)를 써서 위의 〈직역〉 표현처럼 된다. 이렇게 만든 문장은 문법적으로 틀리지 않고 뜻도 통하지만 한국어 문장의 구조를 거의 그대로 베낀 영어라는 점에서 한계가 있다. 그렇다면 이런 문장을 좀 더 영어답게 표현하는 방법은 무엇일까? 그것은 '~ 때문에 신뢰를 상실했다'라는 긴 말을 discredit라는 동사 하나로 표현하는 것이다. discredit는 cause people to stop believing in someone or something(사람들로 하여금 어떤 사람이나 사물에 대해 믿는 것을 중지하게 하다), 즉 '~의 신뢰를 떨어뜨리다, ~이 신뢰가 없어 보이게 하다'라는 뜻을 갖고 있다. 따라서 A 때문에 B에 대한 신뢰가 없어지고 떨어진다면 A discredit B라고 표현할 수 있다. 따라서 '스캔들 때문에 대통령을 더 이상 신뢰할 수 없게 되었다'는 The scandal discredited the President.가 된다. 혹자는 discredit가 어려운 영어를 구사하는 사람만이 쓰는 특별한 단어라고 생각할지 모르지만 그렇지 않다. 어느 정도 교육을 받은 원어민이라면 일반적으로 흔히 쓰는 단어이지만 무생물을 주어로 한다는 점, 한국어를 직역해서는 생각해 낼 수 없는 단어라는 점 때문에 우리에게 어렵게 느껴질 뿐이다. 결국 이런 단어를 원어민처럼 쓰기 위해서는 영어로 말하거나 글을 쓸 때 영어식 표현 방식을 찾아 쓰도록 노력해야 한다.

예제 그 이야기는 그녀가 나를 신뢰할 수 없는 사람으로 보이게 하려고 만들어 낸 것이다.
She invented the story to **discredit** me.

not question
이의를 제기하지 않다

이런 요인들이 건강에 영향을 미친다는 것에 대해서는 아무도 이의를 제기하지 않는다.

직역 No one raises questions about the fact that these factors affect health.

네이티브 **No one questions (the fact) that these factors affect health.**

어떤 사실에 대해 '아무도 이의를 제기하지 않다'를 영어로 말해 보자. 우선 '이의를 제기하다'를 뭐라고 할지 고민된다. '이의'는 questions(의문), '제기하다'는 raise, 따라서 raise questions라고 할 수 있다. raise questions about ~은 '~에 대해 의문을 제기하다'라는 뜻으로 많이 쓰는 표현이다. 따라서 '아무도 ~에 대해 이의를 제기하지 않다'는 No one raises questions about ~이 된다. 이것이 틀린 표현은 아니지만 한국어 '이의를 / 제기하다'를 그대로 나눠서 영어로 말하려 했다는 점이 아쉽다. 이렇게 하지 않고 '이의를 제기하다' 전체를 하나의 의미로 본다면 question을 '~에 의문을 제기하다'라는 뜻의 동사로 써서 No one questions ~라고도 할 수 있기 때문이다. 또 비슷한 뜻의 동사로 contest도 '~에 이의를 제기하다'의 뜻으로 사용된다. 여기서 한발 더 나아가 '아무도 이의를 제기하지 않은' 전체를 uncontested라는 단어 하나로 표현할 수 있다. contest라는 동사 앞에 반대 의미의 un-을 붙인 uncontested는 '누구에 의해서도 이의가 제기되지 않은'의 뜻을 갖는다. 따라서 '이 사실에 대해서는 아무도 이의를 제기하지 않았다'는 This fact is uncontested.라고 간단하게 표현할 수 있다. 길게 말해야 할 것을 한 단어로 표현할 수 있는 능력, 이것이 진짜 영어 어휘력이며 표현력이다.

예제 우리가 먹는 음식에 화학 약품이 많이 섞여 있다는 것에 대해서는 아무도 이의를 제기하지 않는다.
It is **uncontested** that there are a lot of chemicals in our food.
No one **questions** that there are a lot of chemicals in our food.

illegible
알아보기 힘들다

그 사람의 글씨체는 알아보기 힘들었다.

콩글리시 His handwriting was difficult to see.
직역 His handwriting was difficult to recognize.
네이티브 **His handwriting was illegible.**

'글씨체'는 영어로 handwriting이라고 하는데, 글씨체를 '알아보기 힘들다'는 뭐라고 할까? '알아보기 힘들다'라고 하면 우리는 거의 자동적으로 difficult(어려운), hard(힘든) 같은 단어가 머릿속에 떠오르고 '알아보다'는 뭐라고 할지 고민하게 된다. '보다'를 see라고 하면 안 된다. 그렇게 되면 '눈이 잘 안 보이다'는 말이 된다. 여기서는 '인식하기 어렵다'라는 말이므로 recognize(인식하다)라는 동사를 써서 difficult to recognize라고 할 수 있다. 이렇게 표현하면 틀린 영어는 아니다. 그런데 어떤 것을 '식별하다'나 '알아보다'라고 할 때 원어민들은 흔히 recognize라는 동사 대신 make ~ out이라는 구동사를 사용한다. make ~ out은 '어떤 것을 어렵게 알아보다, 알아듣다, 이해하다'의 뜻을 갖고 있다. 가령, 글이 새겨진 돌이 많이 훼손되어 알아보기 힘들다고 할 때는 The inscription in the stone was hard to make out.이라고 한다. 또 어떤 사람들이 말하는 것이 들리는데 '그 내용을 알아듣기 어려웠다'라고 할 때도 I couldn't make out what they were saying.이라고 할 수 있다. 그런데 글자의 경우 '알아보기 힘들다'라는 말을 difficult to make out 대신 illegible이라는 한 단어로 표현할 수 있다. difficult to recognize 같은 말은 어느 정도 영어를 아는 사람이라면 생각해 낼 수 있는 표현이지만 이 내용 전체를 illegible이라는 한 단어로 표현하는 것은 한국어를 직역하는 식의 영어로는 불가능한 일이다.

예제 불행히도 편지의 사인은 알아보기 어려웠다.
Unfortunately, the signature on the letter was **illegible**.

misplace
(~을) 어디에 뒀는지 찾지 못하다

내 휴대전화를 어디에 뒀는지 찾을 수가 없네요. 나한테 전화 좀 해 줘요.

콩글리시 I can't find my phone because I don't remember where I put it. Please call me.
네이티브 **I have misplaced my phone. Can you ring it for me?**

무엇을 '어디에 두었는지 찾지 못하겠다'를 영어로 어떻게 말할까? 대부분 머릿속에 '어디에 두었는지' → where I put it, '찾지 못하겠다' → I can't find it과 같은 영어 표현이 떠오를 것이다. 그렇다면 원어민도 이렇게 말할까? 이미 짐작했겠지만 답은 '아니다'이다. 이 경우 원어민은 위와 같이 길게 말하지 않고 misplace라는 단 하나의 동사로 의미를 표현한다. misplace는 영영사전에 따르면 lose something temporarily by forgetting where you put it(어디에 두었는지 잊어서 일시적으로 어떤 물건을 잃어버리다)의 의미를 갖고 있다. 바로 이 영영사전의 설명이 한국어에서 '어디에 놓았는지 찾을 수 없다'와 일치한다. 따라서 길게 말할 필요 없이 I misplaced my phone.이라고 한다. 영어 표현력은 해괴한 속어나 관용 표현을 많이 알고 있는 것이 아니라 바로 이렇게 원어민이 사용하는 표준적인 단어나 표현을 원어민과 같은 감각으로 적시적소에 사용할 줄 아는 능력을 말한다. 한편 신호음으로 전화가 어디 있는지 찾기 위해 다른 사람에게 전화를 걸어 달라고 할 때는 call(~에게 전화 걸다)이 아니라 ring(~의 벨소리를 울리게 하다)이라는 동사를 사용한다. 참고로 misplace의 과거분사형인 misplaced는 의미가 약간 다르다. 이 단어는 '신뢰, 걱정 같은 것이 잘못된 근거에 의한 것이다'라는 의미를 전달하는 데 사용한다. 가령, trust(신뢰)라는 단어 앞에 붙여 misplaced trust라고 하면 '근거가 없거나 상대를 잘못 선택한 신뢰'의 뜻이 된다. 또, 어떤 사람의 pride(자긍심)가 잘못되었다고 할 때도 His pride is misplaced.와 같이 사용된다. 원래 mis-가 '잘못된'이라는 뜻을 갖고 있는 접두사이고 place는 '놓다'의 뜻이므로 misplaced는 '잘못된 곳에 놓인', 즉 '번지수를 잘못 찾은'이라는 뜻이 된다.

예제 안경을 못 찾아서 컴퓨터 화면에 코를 박고 이메일을 쓰는 중이야.
I've **misplaced** my glasses. So, I'm writing this e-mail with my nose glued to the screen.

• glued to ~에 본드로 붙여진, ~에 코를 박고 보는

intact
원형 그대로이다

투탕카멘 왕의 무덤은 1922년에 거의 원형 그대로의 상태로 발견되었다.

직역 **King Tutankhamen's tomb was found almost in its original form in 1922.**

네이티브 **King Tutankhamen's tomb was discovered virtually intact in 1922.**

어떤 유물이 '원형 그대로의 상태로' 또는 '원형이 손상되지 않은 채' 발견되었다는 말을 영어로 표현해 보자. '원형 그대로의 상태로'라고 하면 머릿속에 original form(원래의 형태)이라는 말이 떠오르고 '원형이 손상되지 않았다'는 not damaged(손상되지 않은)와 같은 표현이 떠오르지 않는가? 그렇다면 여러분들은 아직도 자신의 생각을 영어로 말하고 있다기보다는 한국어 표현을 영어로 베껴서 말하고 있다고 할 수 있다. in its original form(원래 형태대로)이라고 하거나 with its original form not damaged(원래 형태가 손상되지 않은 채)와 같이 표현하는 것 자체는 틀리지 않다. 그러나 한국어 표현을 생각하지 않고 그 전체 의미를 영어로 표현한다면 intact 한 단어로 해결된다. intact는 complete and in the original state(원래 상태대로 완벽하게)의 뜻으로, 이 한 단어에 '원형 그대로의 상태로'나 '원형이 손상되지 않은 채'라는 의미가 고스란히 담겨 있다. intact는 보통 사물에 사용하지만 사람에 관하여 '무사히, 다치지 않고'의 의미로도 사용된다. 가령, '그는 다치지 않고 탈출했다'는 He escaped intact.라고 할 수 있다. intact와 유사한 단어로는 undamaged(손상되지 않은), unharmed(다치지 않은) 같은 것이 있다.

예제 그 절의 본당은 1965년에 화재로 전소되었지만 별채는 아직도 원형 그대로의 상태로 보존되어 있다.
The main building of the temple was destroyed by fire in 1965, but the annexe survives **intact** to this day. • annexe 별관

accessible
이용할 수 있다

저희 도시의 지하철은 휠체어를 타고도 이용하실 수 있습니다.

콩글리시 **You can use our subway even when you're in a wheelchair.**

네이티브 **The city's subway system is wheelchair accessible.**

어떤 시설을 '휠체어를 타고도 이용할 수 있다'를 영어로 할 때 '~을 이용할 수 있다' → you can use ~, '휠체어를 타고도' → even (when you are) in a wheelchair로 생각한다면 제대로 된 영어를 구사하기 어렵다. 비록 생각은 한국어로 하더라도 영어로 말할 때는 전체를 하나의 의미 덩어리로 보고 영어식 표현을 찾아 쓰도록 해야 한다. 지하철 같은 시설을 '이용할 수 있다'라고 할 때 원어민들은 accessible이라는 단어 하나로 표현한다. access는 '접근', '접근하다'이고 accessible은 '접근 가능한'의 뜻인데, 시설물이 accessible하다는 것은 그 시설에 들어가서 이용할 수 있다는 뜻이 된다. '휠체어를 타고도' 역시 accessible을 붙여서 wheelchair accessible이라고 한다. 즉, You can use ~ even in a wheelchair라는 긴 표현이 딱 두 단어로 표현되는 것이다. accessible은 물리적으로 시설물을 이용하는 것뿐만 아니라 서비스를 이용할 때도 사용한다. 가령, 어떤 '서비스를 시민이 쉽게 이용할 수 있게 하다'라고 할 때도 make the service easily accessible to the public이라고 한다. 또, accessible은 어떤 장소에 쉽게 갈 수 있는지 없는지를 설명할 때도 사용된다. 가령, 어떤 '호텔을 찾아가는데 5번 고속도로를 이용하면 쉽게 찾아올 수 있다'라고 할 때도 The hotel is easily accessible from Highway 5.라고 한다. accessible이라는 단어를 이미 알고 있다고 해도 accessible = '접근 가능한'과 같이 기계적으로 외운 지식으로는 위와 같은 상황에 적절히 사용하기 어렵다. 단어는 글의 문맥 속에서 하나하나 깨치는 식으로 익혀야 원어민처럼 사용할 수 있다.

예제 회의장은 국도 20번과 86번을 이용하면 쉽게 찾아갈 수 있다.
The convention center is easily **accessible** from Route 20 and 86.

저희 서비스를 필요로 하는 사람들은 누구든 쉽게 이용할 수 있도록 노력하고 있습니다.
We are striving to make our service easily **accessible** to anyone who needs it.

defy
~하기 어렵다

이 사업 계획은 논리적으로 이해가 잘 안 됩니다.

직역 **This business plan is difficult to understand logically.**

네이티브 **This business plan defies logic.**

어떤 것이 '논리적으로 이해하기 어렵다'를 영어로 한다면 머릿속에 understand(이해하다), difficult(어려운), logically(논리적으로) 같은 단어들이 떠오른다. 이런 단어를 조합해서

만든 It's difficult to understand logically.와 같은 문장이 틀린 것은 아니지만 사실상 내용을 '논리적으로 / 이해하기 / 어렵다'와 같이 끊어서 영어로 옮긴 것에 불과하다. 그렇다면 좀 더 영어다운 표현은 어떤 것일까? 무엇을 '이해하기 어렵다'를 difficult to understand라고 하는 대신 전체를 하나의 의미로 본다면 defy라는 영어 동사를 사용할 수 있다. defy는 무생물이 주어가 되어 사람처럼 '어떻게 한다'고 묘사하는 영어의 특징을 잘 보여 주는 독특한 단어다. defy는 '~을 거부하다, 허용하지 않다'의 뜻으로, '그 사업 계획이 논리적으로 이해가 안 된다'는 The business plan defies logic.(그 사업 계획이 논리를 거부한다)이라고 표현하고, '아름다운 경치는 말로 형용하기 어렵다'는 The beauty of the scenery defies description.(경치의 아름다움이 묘사를 거부한다)이라고 할 수 있다. 또 '문제를 해결하기 쉽지 않다'는 The problem defies solution.(문제가 해결을 거부한다)식으로 표현한다. 이렇게 보통 is difficult to ~(~하기 어렵다), is not easy to ~(~하기 쉽지 않다)라고 표현하는 말을 defy라는 동사 하나로 해결할 수 있다.

예제 정부가 불황이 시작되는 시점에서 세금을 올리기로 결정한 것은 상식적으로 이해가 안 되는 일이다.

The government's decision to raise taxes at the start of a recession **defies** common sense.

그 식당의 실내 장식은 어디 풍이라고 딱 잘라 말하기 어렵다.

The decor of the restaurant **defies** categorization. • categorization 범주화하기, 분류하기

selective

(학교에) **입학이 힘들다**

미 공군사관학교는 미국에서 입학이 가장 힘든 대학 중 하나입니다.

직역 **The U.S. Air Force Academy is one of the most difficult colleges to get into in the U.S.**

네이티브 **The U.S. Air Force Academy is one of the most selective colleges in the U.S.**

'들어가기 힘든 대학'을 직역하면 '힘든 대학' → a difficult college, '들어가기' → to enter 또는 get into가 되어 a difficult college to enter[get into]가 된다. 그러나 이것은 한국어를 영어로 그대로 직역해서 너무 어색하다. 영어다운 표현은 '들어가기 힘든' 전체를 하나의 의미로 보고 그 의미를 표현하는 영어 단어를 찾아 쓰는 것이다. selective가 바로 그런 단어이다. 사전에는 단순히 '선택적인'이라고 나와 있지만 이런 사전의 정의만으로는 원어민들이 selective를 들어가기 힘든 명문 대학을 묘사하는 단어로 사용한다는 것을 알 길이 없다. 따라서 selective = '선택적인'과 같이 기계적으로 짝을 지어 외워서는 아무 짝에도 쓸모 없는 것이 된다. 또 그런 식으로 단어를 암기하도록 도와주는 장치들도 실제로 큰 도움이 안 되며 오히려 원어민식으로 표현하는 능력을 키우는 데 장애가 될 수 있다. 영어 단어나 표현은 글을 많이 읽고, 글 속의 상황과 문맥 속에서 이해하고 익혀야 원어민들이 사용하는 식으로 정확히 쓸 수 있다.

예제 최고 명문대의 입학 사정관들에 따르면 학생들의 입학 여부를 평가할 때 학교 성적이나 시험 성적만을 보는 건 아니라고 한다.

Admissions officers at highly **selective** colleges say that they look beyond grades and test scores when evaluating students for admission.

not immune

(~에도) 일어날 수 있다, (~도) 겪을 수 있다

전문가들에 따르면 한반도에서도 지진이 일어날 수 있다고 한다.

콩글리시 **According to experts, earthquakes can happen on the Korean peninsula, too.**

네이티브 **Experts warn that the Korean peninsula is not immune to earthquakes, either.**

'지진이 한국에서도 일어날수 있다'를 영어로 한다면 happen(발생하다), to Korea(한국에), too(~도) 같은 단어들이 머리를 스쳐간다. 그래서 Earthquakes can happen to Korea, too. 같은 문장을 만들어 낸다. 틀린 문장은 아니지만 이런 식으로 한국어를 영어로 직역해서 말하는 것이 습관이 되면 좀 더 세련되고 영어다운 영어는 기대하기 어렵다. 따라서 '~에서도 발생할 수 있다'를 '~에서도 / 발생 / 할 수 있다'와 같이 끊지 말고 전체를 하나의 아이디어나 의미로 보는 습관을 기르는 것이 좋다. 그렇게 되면 '발생하다' = happen이라는 도식적 사고에서 벗어날 수 있다. 우선 지진이나 태풍 같은 자연 재해는 똑같이 '발생하다'의 뜻이라도 occur라는 동사와 더 잘 어울린다. 그리고 strike나 hit과 같이 '~을 때리다'라는 의미의 동사도 잘 사용된다. 따라서 Earthquakes can strike Korea, too.라고 할 수 있다. 그러나 좀 더 시야를 넓혀 보면 '~에서도 발생할 수 있다'는 immune to ~(~에 대하여 면역이 있는)라는 표현을 써서 Korea is not immune to earthquakes.라고 할 수 있다. '지진이 일어날 수 있다'를 not immune to earthquakes(지진에 대해 면역이 되어 있지 않은)라고 표현하는 것, 이런 것이 원어민식 표현이다. 이 경우 not immune to ~는 한국어에서는 '~에도 일어날 수 있다', '~도 겪을 수 있다', '~도 예외가 될 수 없다' 같은 말과 의미가 같은 것으로 볼 수 있다. 따라서 '우리나라도 세계적 불황의 여파를 겪을 수 있다'라는 말은 '겪다'라고 해서 suffer(겪다, 당하다) 같은 단어를 생각하지 말고 전체 의미를 생각해서 Korea is not immune to the global recession.이라고 할 수 있다.

예제 우리나라의 연금 제도 또한 다른 나라의 연금 제도가 겪고 있는 문제를 똑같이 겪을 수 있다.
Our pension system is **not immune** to the problems facing pension systems in other nations.

insist

자꾸 ~하겠다고 하다, ~하라고 하다

그는 자꾸 내 식사비를 자기가 내겠다고 했다.

콩글리시 **He kept saying that he would pay for my meal.**

네이티브 **He insisted on paying for me.**

친구들과 식사를 하러 갔는데 서로 식사비를 내겠다고 할 때가 있다. 이렇게 누가 '자꾸 ~하겠다고 하다'를 영어로 하라면 '자꾸 ~하다'라는 말 때문에 continue to ~(계속 ~하다), keep -ing(계속 ~하다)와 같은 표현을 생각해서 He kept saying(그가 계속 말했다) he would ~(자기가 ~하겠다고)라는 식으로 말하게 된다. 그러나 이것은 한국어의 단어를 영어로 옮겨 말하는 것이지 한국어가 담고 있는 의미를 표현하는 것은 아니다. 영어에서는 누가 자꾸 무엇을 하겠다고 할 때 이렇게 길게 말하지 않고 insist라는 동사 하나로 표현한다. insist를 영한사전에서 찾아보면 '주장하다', '우기다'라고 나와 있는데 이런 식으로 단어를 외워서는 절대로 위와 같은 상황에서 insist를 생각해 내기 어렵다. insist on -ing는 상대방이 괜찮다고 하는데도 자꾸 ~하겠다고 고집 피우는 상황에서 사용하는 표현이다. 가령, 가족이 자동차로 여행을 가는데 내가 운전하겠다는데도 굳이 아버지가 운전하겠다고 했다면 My father insisted on driving.이라고 할 수 있다. 이 경우는 '어떤 사람이 자신이 무엇을 하겠다고 고집 피우는 상황'이다. 이에 반해서 '괜찮다고 하는데도 다른 사람에게 자꾸 무엇을 하라고 권하는 경우'에는 insist that ~의 구문을 사용해야 한다. 가령, 위의 가족 여행 이야기를 살짝 바꿔서 아버지가 자꾸 나에게 운전하라고 하는 상황이라면 My father insisted that I drive.라고 한다. 이때 주의할 점은 that 뒤에 drive라는 동사의 형태가 소위 '원형'이어야 한다는 점이다. 그러니까 drive에 아무것도 붙이지 않고 사전에 나온 원래 형태 그대로 쓴다는 말이다. '내 식사비를 내 주다'라는 말은 '식사'라는 말 때문에 pay for my meal이라고 meal(식사)이라는 단어를 쓰기 쉬운데 그렇게 해도 되지만 pay for me라고 해도 된다. pay for my meal이라고 하면 '내 식사비를 내다'가 되고 pay for me는 '나 대신 내 주다'라는 의미가 된다.

예제 그녀는 내게 자꾸 자신의 집에서 묵으라고 했다.
She **insisted** that I stay with her family.

그는 계속해서 나와 같이 가 주겠다고 했다.
He **insisted** on coming with me.
He **insisted** on accompanying me.

• accompany ~와 동행하다

prone

(~을) 자주 하다, (~하는) 경향이 있다

뱃멀미를 자주 하시는 분은 미리 뱃멀미 약을 준비해 가시면 좋습니다.

콩글리시 **Those who get seasick often had better prepare some seasickness medicine in advance.**

네이티브 **Take some seasickness medicine with you if you are prone to seasickness.**

'뱃멀미를 하다'는 get seasick 또는 get seasickness라고 한다. 따라서 '뱃멀미를 자주 하는 사람'은 often(자주) 또는 frequently(빈번히) 같은 단어를 붙여서 a person who often gets seasick이라고 한다. 물론 이렇게 표현해도 문제될 것은 없다. 다만, 초보 영어라는 데 문제가 있다. 왜냐하면 좀 더 세련된 영어를 구사하는 원어민이라면 who often get ~이라는 말 대신 prone이라는 단어를 써서 a person prone to seasickness라고 하기 때문이다. prone은 '병이나 증세, 부상, 또는 사고 같은 것을 자주 당하거나 겪는 경향이 있다'는 뜻으로 사용된다. 따라서 '그녀는 두통을 자주 겪는 사람이다'는 She is prone to headaches.이고 '그 지역은 지진이 자주 발생하거나 발생하기 쉬운 곳이다'는 The region is prone to earthquakes.이다. 또 '이 고속도로 구간은 사고가 많이 난다'는 This section of the highway is prone to accidents.라고 한다. 또는 더 줄여서 This section of the highway is accident-prone.이라고 할 수도 있다. 또 '홍수가 자주 발생하는 지역'은 명사에 -prone을 붙여서 flood-prone area라고 간단하게 표현할 수 있다. 어쨌든 무엇이 '자주 발생한다', '일어나기 쉽다', '많이 난다'와 같은 말을 영어로 말할 때는 직역하려 하지 말고 prone이라는 단어를 생각하자. 위 예문에서 '미리 준비해 가라'라는 말이 있는데 우리는 '준비'라는 말만 나오면 거의 자동적으로 prepare라는 동사를 쓰는 경향이 있다. 실제로 prepare는 가장 잘못 쓰는 영어 단어 중 하나다. prepare는 어떤 것에 대비해 '무엇을 미리 만들다'의 뜻으로, prepare medicine이라고 하면 '약을 만들다'라는 말이 된다. 여기서 '준비하다'라는 말은 '미리 구해서 가지고 가다'의 뜻이므로 get some medicine in advance(약을 미리 구하다)나 take some medicine with you(약을 가지고 가다)라고 해야지 한국어 단어를 기계적으로 영어로 직역하듯이 말해선 안 된다. 또, '~하면 좋습니다'라는 말은 had better ~(~하는 편이 낫다)라는 표현을 써도 되지만 You might want to take some medicine with you.라고 하거나 You are advised to take some medicine with you.(~하도록 충고한다), I recommend you take some medicine with you.(당신이 ~할 것을 권유한다)와 같은 표현을 쓰는 것도 좋다.

예제 일반적으로 말해 멀티태스킹을 하는 사람일수록 주의가 산만한 경향이 있다.
Generally speaking, multi-taskers are **prone** to distraction.

prolific

작품을 많이 내놓다, 많이 ~하다

086_Ch12_n38_49

그녀는 당대에 가장 많은 영화에 출연한 여배우 중 한 명이었다.

직역 **She was one of the actresses who appeared in the largest number of movies of her times.**

네이티브 **She was one of the most prolific actresses of her day.**

배우 중에는 몇 년에 한 번 영화에 출연하는 배우가 있는가 하면 일 년에도 몇 편씩 영화를 찍는 배우도 있다. 후자와 같이 '영화에 많이 출연한다'라는 말을 영어로 어떻게 할까? '출연하다'는 영어로 appear, 그리고 '많은 영화'는 a great number of movies라고 할 수 있다. 따라서 appear in a great number of movies가 된다. 그런데 이런 식의 영어는 직역식 영어에 가깝다. 왜냐하면 어느 정도 교육을 받은 원어민이라면 위의 긴 표현을 prolific이라는 한 단어로 표현하기 때문이다. prolific을 영한사전에서 찾아보면 '다산의', '다작의'라고 나와 있다. 즉, 작품을 많이 발표하는 작가를 a prolific writer라고 할 수 있다. 그러나 꼭 작품을 쓰는 작가가 아니더라도 무엇이든지 많이 하는 사람을 prolific을 사용해 묘사할 수 있다. 따라서 영화에 많이 출연하는 여배우는 a prolific actress라고 하고 영화를 많이 만드는 감독은 a prolific movie producer가 된다. 가장 골을 많이 넣는 축구 선수는 the most prolific striker라고 하고 하다 못해 '가장 많은 사람을 살해한 연쇄 살인범'이라는 말조차도 the most prolific serial killer라고 한다.

예제 그녀는 장편 소설과 단편 소설을 많이 발표했다.
She is a **prolific** writer of novels and short stories.

sensitive

(~을) 잘 헤아리거나 읽을 줄 알다

교사는 학생들이 필요로 하는 바를 잘 헤아릴 줄 알아야 한다.

직역 **A teacher should know how to figure out what his/her students need.**

네이티브 **A teacher must be sensitive to the needs of his/her students.**

교사가 학생이 필요로 하는 바를 '잘 헤아릴 줄 알다'라는 말을 영어로 어떻게 말하면 좋을까? 우선 무엇을 '헤아리다'라는 한국어 동사를 영어로 뭐라고 할지 궁금할 것이다. '헤아리다'는 '짐작하거나 알아차리다'의 뜻인데 한영사전을 찾아보면 consider(고려하다), guess(짐작하다), understand(이해하다), sense(감지하다)와 같은 동사들을 제시하고 있다. 이 중에서 consider 정도가 적당해 보이지만 무엇을 '알아차리다'의 뜻으로는 figure ~

out이라는 표현도 괜찮다. 그 다음에 '~할 줄 알다'는 know how to ~(~하는 법을 알다)이므로 전체적으로 know how to figure out ~과 같이 된다. 이 정도만 해도 어디냐고 할 수 있겠지만 '헤아리다 / 할 줄 알다'로 나눠서 영어로 옮겼다는 한계를 갖고 있다. 같은 상황에서 원어민이라면 '헤아릴 줄 알다'라는 말 전체를 sensitive라는 한 단어로 표현한다. sensitive는 대부분 '민감한'이라고 알고 있는데 이렇게 A=B식으로 단어를 외우는 것은 자랑할 것이 못 된다. 영영사전을 보면 sensitive에는 어떤 자극 같은 것에 '민감한'의 뜻도 있지만 understand, be helpful and kind(다른 사람이 필요로 하는 것을 이해하고 친절하게 도움을 주다)라는 의미도 있다. 바로 후자의 의미가 한국어의 '헤아릴 줄 알다'와 일치한다. 이렇게 영어로 말할 때는 한국어 단어를 영어로 하나씩 옮기려 하지 말고 의미가 일치하는 영어 표현을 찾아 쓰는 것이 중요하다. '학생이 필요로 하는 바'는 what students need도 좋지만 the needs of students와 같이 need를 명사로 써도 좋다. need와 잘 어울려 쓰이는 표현을 알아 두는 것도 영어다운 영어를 하는 데 필수적이다. 요새는 한국어에서도 영어 그대로 '니즈'라는 단어를 쓰는데 보통 누구의 needs를 '충족하다'라고 할 때는 meet(만나다), satisfy(만족시키다), cater to ~(~에 맞춰 주다)와 같은 표현이 사용된다. 그리고 누구의 needs를 '반영하다'나 '맞추다'라고 할 때는 tailored to ~(~에 맞춰 재단된), geared toward ~(~에 적합하게 된), responsive to ~(~에 반응하는) 같은 표현이 사용된다. 가령, '학생들의 필요에 맞춘 교과 과정'은 a curriculum tailored to the needs of students이다.

예제 기업의 경영자들은 시장 상황과 변화를 잘 읽을 줄 알아야 한다.
Corporate managers must be **sensitive** to market trends and changes.

misinformed

잘못된 정보를 갖고 있다, 잘못 알고 있다

많은 사람들이 당뇨병에 관해 잘못된 정보를 갖고 있다.

직역 **Many people have wrong information about diabetes.**

네이티브 **Many people are misinformed about diabetes.**

무엇에 관해 '잘못된 정보를 갖고 있다'라는 말을 영어로 한다면 wrong information(틀린 정보)이라는 말이 가장 먼저 떠오르면서 have the wrong information about ~이라고 말하게 된다. 그렇다면 원어민도 이런 식으로 말할까? 아니다. '당뇨병(diabetes)에 관해 잘못된 정보를 갖고 있다'라는 말을 영영사전에 검색하면 misinformed 한 단어로 표현한다. misinform은 타동사로 '~에게 잘못된 정보를 전하다'의 뜻이고 이것의 과거분사형인 misinformed는 '잘못된 정보가 전해진', 즉 '잘못된 정보를 갖고 있는'이라는 뜻이 된다. have the wrong information about ~도 문법이나 단어 자체로는 틀린 곳이 없지만, 실제 영어에서는 misinformed of ~라는 표현을 쓴다. misinformed of ~는 한국어에서는 '~을 잘못 알고 있는'이라는 말과도 의미상 같은 표현이다. '잘못 알고 있다'를 know ~ wrong이라고 하면 완전히 콩글리시가 된다. 이렇게 한국어 단어에 맞는 영어 표현을 찾지 말고, 같은 상황에서 원어민이 쓰는 표현을 찾아내야 한다. misinformed와 연관된 표현 몇 가지를 더 알아보자. 한국어에 무엇을 '잘못 생각하고 있다'라는 말이 있는데 이것을 영어로 think(생각하다) wrong(잘못) 같이 말하면 안 된다. 이때는 misconceived라고 한다. 가령, '많은 사람들이 웨이트 트레이닝에 대해 잘못 생각하고 있다'는 Many people are misconceived about weight training.이다. 또 무엇을 '잘못 판단하고 있다'라고 할 때는 mistaken을 쓴다. '그 점은 당신이 잘못 판단하고 있는 겁니다'는 You're mistaken about it.이다.

예제 많은 부모들이 자녀 교육에 대한 참다운 가치를 잘못 이해하고 있다.
Many parents are **misinformed** about the true value of education for their children.

ambivalent
좋기도 하고 섭섭하기도 하다

집을 떠나 대학에 가는 게 신나기도 하지만 한편으로는 섭섭하기도 하다.

콩글리시 I feel good and sad at the same time about leaving home to go to college.

직역 I have mixed feelings about leaving home for college.

네이티브 **I felt ambivalent about going to college away from home.**

어떤 일에 대해 '좋기도 하고 섭섭하기도 하다'라는 말을 영어로 feel good and bad about ~이라고 하는 것은 엉터리 영어 표현이다. 이런 두 개의 상반된 감정을 영어에서는 mixed feelings(섞인 감정)라고 한다. 따라서 I have mixed feelings about ~이라고 하는 것이 옳은 표현이다. 여기까지는 어느 정도 영어를 하는 사람이라면 생각해 낼 수 있다. 그런데 여기서 한발 더 나아간다면 이렇게 having mixed feelings한 상태를 ambivalent라는 한 단어로 표현할 수 있다. ambi-는 '주위에', '양쪽의'라는 뜻의 접두사이고, -valent는 라틴어로 vigor(활력, 원기)의 뜻인데, 이 둘이 합쳐 having two opposing feelings at the same time about something(어떤 것에 대하여 동시에 상반된 감정을 갖고 있는)의 의미를 갖게 된다. '좋기도 하고 섭섭하기도 하다'라는 말을 ambivalent라는 하나의 단어로 표현하려면 먼저 한국어를 단어별로 직역하지 않는 습관을 들이고, ambivalent의 의미와 사용법도 정확히 알아야 한다.

예제 그녀는 그와 다시 만나는 것이 기쁘기도 하고 걱정도 되었다.
She was **ambivalent** about reuniting with him.

-borne
(~을) 통해 감염되다

콜레라는 음식물을 통해 감염되는 심각한 병이다.

콩글리시 Cholera is a serious disease infected through food.

직역 Cholera is a serious disease contracted through food.

네이티브 **Cholera is a serious food-borne illness.**

어떤 병이 '음식물을 통해 감염되다'라는 말을 영어로 한다면 '통해'라는 말 때문에 through(~을 통해서)가 가장 먼저 떠오른다. 그리고 '전염되다'는 뭐라고 할까 고민하게 된다. 감염과 관련된 동사로는 infect가 있다. 이 단어는 '감염시키다'의 뜻이므로 '감염되다'는 수동태로 be infected라고 한다. 따라서 '이 질병은 음식물을 통해 감염된다'는 This disease is infected through food.가 된다. 그런데 이것은 영어 단어의 의미와 용법을 자세히 고려하지 않고 한국어를 피상적으로 베낀 엉터리 문장이다. 왜냐하면 감염되는 것은 사람이지 병이 아니기 때문이다. 참고로 infect와 유사한 단어로 contract가 있는데 이 두 단어의 사용 방식은 완전 반대이다. infect는 '병균이 사람을 감염시키다'라는 뜻으로 쓰고 contract는 '사람이 병에 걸리다'라는 뜻으로 쓰인다. 다음 예를 보자.

infected

The new virus can infect both Windows and Linux.

새로운 바이러스는 윈도우와 리눅스 모두를 감염시킬 수 있다.

Both Windows and Linux can be infected with the new virus.(수동태)

윈도우와 리눅스 둘 다 새로운 바이러스에 감염될 수 있다.

contracted

He contracted Malaria on a trip to Tanzania.

그는 탄자니아를 여행하는 동안 말라리아에 걸렸다.

Malaria was contracted by him on a trip to Tanzania.(수동태)

말라리아가 그에 의하여 탄자니아 여행 중에 걸려졌다.

즉, infected되는 것은 Windows나 사람이니 be infected with a virus(바이러스에 감염되다)라고 하고, '질병'이 주어가 된 Malaria is infected(말라리아가 감염되다)라는 표현은 말이 안 된다. 병을 주어로 하려면 contracted를 써서 Malaria is contracted(말라리아가 걸리다)라고 해야 한다. 따라서 a disease infected through food는 a disease contracted through food(음식을 통해 걸린 병)라고 해야 옳다. 이보다 나은 표현은 transmitted(전파되는)를 써서 a disease transmitted through food(음식을 통해 전파되는 병)라고 하는 것이다. 마찬가지로 '공기를 통해 전염되다'는 transmitted through air라고 하고 '물을 통해 전염되다'는 transmitted through water라고 할 수 있다. 그런데 transmitted through ~는 -borne이라는 한 단어로 표현할 수 있다. borne은 '~을 통해 운반되는, 매개되는'의 뜻을 갖고 있어 '음식물을 통해 감염되는'은 food-borne, '공기를 통해 전염되는 질병'은 air-borne disease라고 한다.

예제 일반적인 생각과 다르게 돼지 독감은 공기를 매체로 전염되는 병이 아니다.

Contrary to the popular belief, swine flu is not air-**borne**.

preference

특별히 좋아하다

나는 특별히 좋아하거나 싫어하는 항공사가 없어.

직역 **I don't have an airliner that I like or dislike particularly.**

네이티브 **I have no airline preference.**

'특별히 좋아하거나 싫어하는 항공사가 없다'라는 한국어를 영어로 할 때 '특별히' → particularly, '좋아하다' → like, '싫어하다' → dislike로 생각해서 I have no airline (항공사가 없다) I particularly like or dislike.(특별히 좋아하거나 싫어하는)식으로 말하지 않는가? 그렇다면 영어를 보는 눈을 바꿀 필요가 있다. '특별히 좋아하거나 싫어하는'이라는 한국어를 단어별로 나누면 '특별히 / 좋아하다 / 싫어하다'가 되지만 전체를 하나의 의미로 본다면 그 의미는 영어에서 preference 한 단어로 표현할 수 있다. preference는 대부분 '선호'라고 외우고 있지만 풀어서 말하면 '특별히 좋아하는 것'이라는 말이 된다. 따라서 '특별히 좋아하거나 싫어하는 항공사가 없다'는 간단하게 have no airline preference이다. '~을 특별히 좋아하다'는 prefer 하나로 표현하거나 have a preference for ~라고 명사를 써서 표현할 수 있다. 가령, '난 앤초비 피자를 특별히 좋아한다'는 I prefer anchovy pizza.나 I have a preference for anchovy pizza.라고 하면 된다. 비슷한 표현으로 '가장 좋아하는'도 '가장' → most, '좋아하다' → like와 같이 생각하지 말고 전체를 favorite이라는 한 단어로 표현한다. favorite도 '특별히 좋아하는'의 의미를 가질 때가 있는데 가령 '난 특별히 좋아하는 작가는 없다'는 I have no favorite author.라고 할 수 있다.

예제 특별히 좋아하는 밴드는 없습니다.
I have no **preference** for any particular band.

lifelong

평생토록 ~해 오다

저의 어머니는 평생 뜨개질을 해 오셨습니다.

직역 **My mother has been knitting for her entire life.**

네이티브 **My mother is a lifelong knitter.**

'평생토록 뜨개질을 해 오다'를 영어로 옮기면 '뜨개질하다' → knit, '평생토록' → for her entire life(그녀의 전체 생애 동안)이다. 그리고 과거부터 지금까지도 계속하고 있는 일이므로 have been -ing라는 현재완료진행 시제를 써서 She has been knitting ~이라고 표현한다. 이렇게 한국어를 그대로 영어로 옮겨도 틀리지는 않지만 좀 더 영어다운 영어 표현은 생각해 내기 어렵게 된다. 단어 하나씩이 아니라 전체 의미를 바꾸는 쪽으로 생각을 바꾸면 누가 '평생 무엇을 해 왔다'는 lifelong이라는 단어 하나로 표현할 수 있다. lifelong은 말 그대로 '인생 내내', 즉 '평생의'라는 뜻이다. 그리고 '뜨개질을 하다'라는 동사를 knitter(뜨개질하는 사람)라는 명사로 바꾸면 '평생 뜨개질을 해 왔다'는 She is a lifelong knitter.(그녀는 평생 뜨개질하는 사람이다)라고 간결하게 표현할 수 있다. '누가 무엇을 하다'를 동사가 아니라 명사로 표현하는 법은 앞서 챕터 7에서 익혔다. 여기에 덧붙여 '평생 무엇을 하다'는 have been -ing for her entire life라는 긴 표현 대신 lifelong이라는 단 한 단어로 표현한다. 이런 식으로 생각하면 '저는 평생 농사만 지어 왔습니다'는 I've been farming for my entire life.가 아니라 I'm a lifelong farmer.라고 할 수 있다. 또, '나는 평생 천식을 달고 살았습니다'도 I'm a lifelong asthma sufferer.(평생 천식을 앓는 사람이다)라고 하면 된다. '나는 평생 ~해 왔습니다'라는 말을 보고 lifelong이라는 영어 단어를 생각해 내려면 영어에 접근하는 방식에 quantum change(혁신적 변화)가 필요하다.

예제 저는 평생토록 전주에서 생활했습니다.
I'm a **lifelong** resident of Jeonju.

저는 평생 자전거를 타 왔습니다.
I'm a **lifelong** cyclist.

uncharacteristically

평소와 다르다, ~답지 않다

오늘은 평소 너답지 않게 왜 이렇게 조용해?

직역 **Why are you so quiet today unlike your usual self?**

네이티브 **You are uncharacteristically quiet today.**

'평소 그 사람답지 않다'는 영어로 말하기 좀 까다로워 보인다. '~답지 않다'에 해당하는 영어 단어로는 unlike가 있다. unlike는 different from ~(~와 다른)이라는 뜻으로, '그는 아버지와 다르게 성격이 매우 조용하다'를 unlike를 써서 표현하면 He is very quiet, unlike his father.라고 할 수 있다. 그런데 여기서는 unlike 뒤에 들어가는 말이 '평소의 너'인데 이것은 영어로 your usual self(너의 평소의 자신)라고 표현한다. 따라서 '평소 너답지 않은'은 unlike your usual self가 된다. 이 정도로 영어 단어를 조합해 쓸 수 있는 것도 대단하다고 할 수 있지만, 한국어 표현을 단어별로 영어로 옮기려 했다는 점에서 한계를 갖고 있다. 위와 같은 상황에서 원어민들은 보통 uncharacteristic(ally)이라는 단어를 사용한다. characteristic은 사람이나 사물의 '특징적인'이라는 뜻인데 한국어로는 '~다운', '원래 ~한'이라고 풀어 볼 수 있다. 가령, '그 사람은 원래 그런 행동을 잘한다'를 영어로 말하면 That kind of behavior is characteristic of him.이 된다. 이때 characteristic of him이 '그 사람의 특징', '그 사람다운 것'라는 의미를 갖고 있다. 이런 characteristic에 un-을 붙이면 반대가 되어 '~답지 않은', '원래 ~와 다른'의 의미가 된다. 가령, '그녀는 이런 일을 할 사람이 아니다', '이 일은 정말 그녀답지 않다'는 This is so uncharacteristic of her.이다. uncharacteristically는 부사형으로 '평소와 다르게', '~답지 않게'의 뜻을 갖게 되며 uncharacteristically quiet라고 하면 '평소와 다르게 조용한'이 된다. 참고로 '~하는 것이 …답지 않다'라는 말은 uncharacteristic, unlike 두 단어를 다 사용할 수 있다. 가령, '그 사람은 이렇게 오랫동안 연락을 하지 않을 사람이 아니다', 즉 '이렇게 오랫동안 연락하지 않은 것은 그답지 않다'는 It is uncharacteristic of him to be out of touch for so long.이나 It is unlike him to be out of touch for so long.이라고 한다.

예제 그녀는 그날 평소와 달리 정신이 다른 데 가 있는 것처럼 보였다.
She looked **uncharacteristically** distracted that day. • distracted 정신이 산만한

"그건 안 돼요."라며 그는 평소와 달리 매우 심각한 목소리로 말했다.
"I won't allow it." He said in an **uncharacteristically** serious voice.

considerate

(~에게) 피해를 주지 않도록 행동하다, (~의) 입장을 고려하다

특히 이른 아침이나 밤에 음악을 틀 때는 이웃에게 피해를 주지 않도록 합시다.

콩글리시 **When you are playing music, don't give damage to your neighbors, especially in the early morning or at night.**

직역 **When you are playing music, be sure not to be a bother to your neighbors, especially in the early morning or at night.**

네이티브 **Please be considerate to your neighbors when playing music, especially in the early morning or after dark.**

공동 주택에서 밤늦게 피아노를 쳐서 이웃에게 괴로움을 주는 이기적인 사람들이 있다. 이런 사람들에게 '이웃에게 피해를 주는 행동은 삼가라'고 하는 말을 영어로 한다면 어떻게 할까? 머리가 복잡해진다. '피해'는 뭐라고 하고 또 피해를 '주다'는 뭐라고 해야 할지. 그러다 give damage to ~와 같이 한국어를 그대로 베낀 엉터리 표현을 만들어 내게 된다. 좀 더 영어 감각이 있는 사람들은 여기서 '피해를 주다'가 물리적인 피해를 입힌다는 의미가 아니라 남을 '성가시게 하다'는 뜻이므로 bother(귀찮게 하다)라는 영어 표현을 생각해 낼 수 있다. 게다가 bother를 동사보다 a bother(귀찮게 하는 사람)라는 명사구로 쓰는 것이 좀 더 영어답기 때문에 don't be a bother to others라고 할 수 있다. 그러나 이 상황에서

가장 영어다운 표현은 '~에게 피해를 주지 않도록 하다'라는 한국어 전체를 considerate라는 형용사 하나로 표현하는 것이다. considerate는 '남의 입장을 고려하여 행동하는'의 의미를 갖고 있는 형용사이기 때문에, 이 한 단어면 위와 같이 길게 영어로 말할 필요가 없다. 실제로 미국의 대학 기숙사에 가면 공동 생활의 예절을 설명할 때 be considerate라는 표현을 쓰는 것을 흔히 볼 수 있다. 위 예문에서 한 가지 더 지적할 것은 '음악을 틀 때'라는 부분이다. 한국어에서는 '~할 때'나 '~하면'이라는 말은 문장의 앞부분에 나오게 되어 있다. 그러다 보니 영어 문장에서도 습관적으로 When ~, If ~를 맨 앞에 놓고 시작하는 것을 흔히 보게 된다. 그러나 영어에서는 이런 말이 문장 뒤로 가야 제대로 의미가 전달될 때가 많다. 위의 경우도 한국어에서는 '음악을 틀 때'를 문장 앞에서 말하지만 영어에서는 When playing music, be considerate to others.가 아니라 Be considerate to others when playing music.과 같이 when ~이 문장 뒤로 가야 자연스럽다. 그 이유는 여기서 when은 순수하게 어떤 시간을 말하는 것이 아니라 '~할 때면'이라는 조건의 의미가 있기 때문이다. 이것과 비교해서 '나는 중학교 때 체육 시간을 매우 싫어했다'에서 '중학교 때'는 이야기의 특정한 시점을 먼저 지정하고 들어가는 역할을 한다. 이런 경우에는 When I was in middle school,로 먼저 문장을 시작한 후 I was terrified of PE class.(체육 시간을 두려워했다)를 뒤에 붙인다. PE는 physical education(체육 교육)의 약자이다. 그 외에도 영어로 말할 때 When ~,(~할 때) If ~,(~하면) In order to ~(~하기 위해)와 같은 말로 문장을 시작하는 경우를 보면 엉터리 영어에 가까운 경우가 많다. 무생물 주어를 쓰지 못하고, 영어식 논리로 표현하지 못하기 때문에 그렇다.

예제 다른 입주자들에게 피해를 주는 행동은 항상 삼갑시다.
Please be **considerate** to your fellow residents at all times.

constitutional

헌법에 보장되어 있다

정부의 조치는 헌법에 보장된 언론의 자유를 침해하는 것이다.

직역 **The government action infringes on the right to free speech, which is guaranteed by the constitution.**

네이티브 **The government action goes against our constitutional right to free speech.**

어떤 권리(right)가 '헌법에 보장되어 있다'라는 말을 영어로 표현하라고 하면 '보장되다'부터 고민하게 된다. 그러다 한영사전에서 guarantee(~을 보장하다)라는 동사를 찾아내서 This right is guaranteed by the constitution.(이 권리는 헌법에 의해 보장되었다)식으로 표현한다. 물론, 틀린 문장은 아니다. 그러나 문제는 '헌법' → constitution, '보장되다' → be guaranteed와 같이 문장을 나누는 습관에 있다. 그러다 보니 그 이상의 영어다운 표현은 생각하기 어렵게 된다. 그러나 '헌법에 보장되어 있다'라는 말 전체를 하나의 의미로 받아들인다면 constitutional이라는 형용사 하나로 표현할 수 있다. 즉, This right is constitutional.이다. constitutional이라는 형용사가 '헌법에 담겨 있거나 헌법이 허용하는'의 뜻을 갖고 있기 때문에 guaranteed by the constitution과 의미상 같은 말이다. 따라서 굳이 길게 말할 필요가 없다. constitution이라는 단어를 아는 사람이 constitutional을 알고 있으면서도 이 단어를 쓰지 못하는 이유는 constitutional = '헌법적인'과 같이 도식적으로 단어를 외우기 때문이다. 그러나 한국어로 '헌법적인', '헌법에 명시되어 있는', '헌법에 보장되어 있는', '헌법과 일치하는'은 의미상 모두 constitutional이라는 한 단어로 표현될 수 있다. 따라서 영어로 글을 쓰거나 말할 때는 한국어 단어 하나하나에 대입하지 말고 전체 의미를 따져서 영어 표현을 선택하는 감각을 키워야 한다. '헌법에 어긋나다'는 말도 마찬가지이다. '어긋나다'니까 당장 violate(~을 위반하다)와 같은 단어를 생각해서 It violates the constitution.이라고 말하기 쉽지만 constitutional에 부정 접두사인 un-을 붙인 unconstitutional이라는 형용사를 써서 It's unconstitutional.(그건 헌법에 위배된다)이라고 한다.

예제 대부분의 사람들은 그런 일이 헌법에 일치하는 일인지 아닌지 관심이 없다.
Most people don't care if such a thing is **constitutional** or not.

manageable

해볼 만하다, 다룰 수 있다

그 정도면 해볼 만한 것 같다.

직역 **That sounds like something I can do.**

네이티브 **That sounds manageable.**

어떤 일이 '해볼 만하다'라는 말은 영어로 어떻게 할까? 혹시 do(하다) 같은 동사가 먼저 머리에 떠오르지 않는가? 그러면 something I can do(내가 할 수 있는 것) 같은 식의 표현을 만들게 된다. 이것도 틀린 건 아니지만 같은 상황에서 원어민은 manageable이라는 한 단어로 표현한다. manageable을 사전에 나와 있는 '관리할 수 있는'의 의미로만 알고 있다면 평생 이 단어를 제대로 쓰기 어렵다. manageable은 easy or possible to deal with(다루기 쉽거나 가능한)의 의미로, '일'에 사용할 경우 '다룰 수 있는', '해낼 수 있는'의 의미를 갖는다. 따라서 어떤 사람이 일을 주는데 설명을 듣고 보니 내 힘으로 해낼 수 있는 일 같다면 That sounds manageable.이라고 한다. 같은 의미에서 위의 〈직역〉 표현에서도 do보다는 manage라는 동사를 써서 That sounds like something I can manage.라고 하면 훨씬 영어다워진다. 동사 manage도 '관리하다'라는 뜻 외에 '다루다', '해내다'의 의미가 있기 때문이다. 따라서 어떤 일을 주면서 '할 수 있겠어요?'라고 하는 질문은 Do you think you can manage it?이라고 하거나 더 좋게는 Does that sound manageable?이라고 한다.

예제 과제를 한 번에 할 수 있는 분량으로 나눠서 해.
Try to break down your tasks into **manageable** chunks.

intractable

해결이 쉽지 않다

노숙자 문제는 해결이 쉽지 않다.

직역 **The problem of homeless people is not easy to solve.**

네이티브 **Homelessness is an intractable problem.**

어떤 문제가 '해결이 쉽지 않다'라는 말을 영어로 한다면 not easy(쉽지 않은), solve(해결하다) 같은 단어가 머릿속에 떠오른다. 그 결과 This problem is not easy to solve.와 같은 문장을 만들게 된다. 이렇게 해도 틀리지 않고 뜻도 잘 통한다. 다만 '해결이 쉽지 않다'를 '해결하다 / 쉽지 / 않다'와 같이 나누지 않고 전체를 하나의 의미로 보는 눈이 있으면 더 좋다. 그렇다면 전체 의미를 intractable 같은 하나의 단어로 표현할 수 있다. intractable은 어려운 단어 같지만 통상적인 교육을 받은 원어민이라면 잘 사용하는 단어이다. intractable은 very difficult to manage or solve(관리하거나 해결하기 매우 어려운)의 뜻을 갖고 있기 때문에 위에서 not easy to solve라고 표현한 것을 이 한 단어로 대체할 수 있다. 특히 intractable은 '잘 낫지 않는' 병을 말할 때 흔히 쓰인다. 가령, 요통(back pain)이 고질적으로 잘 낫지 않는다면 I have an intractable back pain.이라고 할 수 있다. intractable이 너무 어렵다면 tricky라고 해도 된다. tricky도 문제나 일이 다루기 어렵고 까다롭다는 의미를 표현할 때 쓰는 단어이다. 매듭이 많이 꼬여 풀기 어렵다는 뜻의 knotty도 '해결이 어려운'의 뜻으로 자주 쓰인다. 가시가 많이 돋아 해결하기 까다롭다는 의미의 thorny도 마찬가지이다. 해결하거나 풀기 어려운 문제를 명사로 나타낸다면 challenge라는 명사를 쓰면 좋다. challenge는 대부분 '도전'이라고 알고 있지만 그것은 반쪽 지식에 불과하다. challenge는 '다루기 힘든 일'의 뜻으로 쓰이기 때문에 해결하기 매우 어려운 문제가 있다면 This is a big challenge.라고 한다. 또 conundrum이라는 단어도 있는데 풀기 어려운 '난제'의 뜻을 갖고 있다. 그런 문제를 관용 표현으로는 a hard[tough] nut to crack(깨기 힘든 견과)이라고 한다. 논란이 있어서 해결하기 힘든 문제라면 hot potato(뜨거운 감자)라고 할 수도 있다. 이렇게 대안이 많아도 '해결하기 쉽지 않은'이라는 한국어를 단어별로 끊어 영어로 말하려 한다면 not easy to solve 이상을 생각하기 어렵게 된다. 따라서 단어 하나하나가 아니라 한국어 표현에 담긴 전체적인 의미를 영어로 표현하도록 노력해야 한다.

예제 아무리 약을 먹어도 편두통이 잘 낫지 않는다.
I have an **intractable** migraine.

• migraine 편두통

CHAPTER 13

수동태는 이렇게 써야 그 진가가 발휘된다

▌ 수동태란?

I parked the car on the street.(나는 차를 길에 주차했다)와 같이 주어가 '무엇을 하다'라고 말하는 것을 능동태라고 한다. 이 문장의 주어를 the car로 바꿔 보자. 차가 '주차를 한다'는 말이 안 된다. 차는 '주차가 됐다'라고 해야 하므로 The car was parked on the street by me.(나에 의하여 자동차는 길에 주차되어 있다)가 된다. 이렇게 주어가 '어떻게 되어지다'라고 말하는 것을 수동태라고 하고 [be동사 + 동사의 과거분사형]으로 표현한다. 위 예문에서는 was가 be동사이고 parked가 park라는 동사의 과거분사형이다. 이런 문법 지식은 잘 알고 있지만 수동태가 왜 필요한지, 아무 말이나 수동태를 써도 되는지 모르는 학습자가 대부분일 것이다. 수동태는 정말 쓸 곳에 써야 제맛이 난다. 이런 수동태를 제대로 사용하려면 원어민 수준의 영어 감각이 필요하다. 이번 챕터에서 수동태의 비밀을 풀어 보자.

영어에서 수동태를 쓰는 가장 중요한 이유는 이야기의 핵심 또는 주체가 되는 사람이나 사물을 주어로 써서 문장이 그 사람이나 사물에 관한 것이 되도록 하기 위해서다. 영화 〈토이 스토리(Toy Story) 3〉의 한 장면을 통해 수동태를 알아보자. 주인공 앤디(Andy)가 어른이 되면서 장난감 우디(Woody), 버즈(Buz)는 우여곡절 끝에 다른 장난감들과 함께 놀이방에 기증된다. 새로운 집을 찾아 좋아하는 장난감들과 원래 주인인 앤디에게 돌아가자는 우디 사이에 의견이 엇갈리고 장난감들은 우디에게 돌아가지 말고 자신들과 같이 있자고 말한다. "우리와 같이 있자, 우디. 여기선 너와 놀아 줄 아이들이 있잖아." 밑줄 친 부분을 영어로는 어떻게 말해야 할까? 대부분은 '아이들' → children, kids, '너와 놀아 주다' → play with you와 같이 생각해서 ①과 같은 영어 문장을 만들어 낼 것이다. 그런데 실제 영화 대사는 ②였다.

① There are kids / who will play with you.
아이들이 있다 / 너와 놀아 줄

② You'll get played with.
너는 놀아질 것이다.

chapter 13 수동태

①에서 주어는 kids(아이들)이고 Kids will play with you.(아이들이 너와 놀아 줄 것이다)의 구조를 갖고 있다. 즉, kids가 문장의 주체이고 이야기의 초점이 kids에 맞춰져 있다. 그런데 이 상황에서는 우디에게 '네가 여기 있으면 이런 좋은 일이 있다'라고 설득하는 것이 중요하기 때문에 주어를 '너'로 하는 것이 좋다. Kids will play with you.에서 you가 주어로 나가려면 수동태가 되어야 한다. 그 결과 You will get played with (by kids).가 된다. kids는 이야기의 핵심적 내용이 아니므로 생략하면 ②와 같이 되고, 한국어로는 '너는 (아이들에 의하여) 놀아질 것이다'가 된다. 한국어로 이렇게 말하면 너무 어색하기 때문에 '누가 누구와 놀아 주다'라는 식으로 해석할 수밖에 없다. 그러다 보니 한국어로는 '아이들이 너와 놀아 줄 것이다'나 '누군가는 너와 놀아 줄 것이다'와 같이 불특정한 사람들이 주어로 등장하게 된다. 그러나 영어에서는 수동태 사용이 훨씬 자유롭다. 따라서 ②와 같이 수동태를 써서 이야기의 주체가 되는 사람이나 사물을 주어로 내세워 표현할 수 있다. 이것이 바로 원어민들이 수동태를 쓰는 방식, '영어다운 영어'의 수동태 사용법이다. 한국어를 그대로 영어로 바꿔서 말하는 사람은 수동태를 이렇게 사용하기 어렵다. 따라서 영어로 말할 때는 한국어의 주어와 상관없이 이야기의 주체(초점, 핵심)가 되는 것을 주어로 선택해서 말하는 습관을 키우는 것이 중요하다. 예를 하나 더 들어 보자. '아기들은 (누군가가/사람들이) 안아 주면 좋아해요'는 영어로 어떻게 말할까.

직역 Babies like it, if someone holds them.

네이티브 Babies like to be held.

아기들은 안기는 것을 좋아한다.

'아기들은 안아 주면 좋아한다'라는 말에는 '안아 주다', '좋아하다'라는 2개의 동사가 있다. '좋아하다'의 주어는 '아기들'로 영어로는 Babies like ~(아기들이 ~을 좋아한다)가 된다. '안아 주다'에는 주어가 생략되어 있지만 '누군가 아기를 안아 주다'라는 뜻이므로 영어로 Someone holds the babies.가 된다. 그런데 if someone holds the babies와 같이 someone이 주어가 되고 babies가 목적어가 되면 someone이 주인공이 되어 babies를 주체로 말하려는 의도와 어긋난다. 따라서 babies를 주어로 말하려면 babies are held (by someone)(아기가 (누군가에 의해) 안기다)와 같이 수동태로 말해야 한다.

수동태를 잘 쓰는 비법

구체적으로 수동태는 다음과 같은 기준으로 사용하도록 한다. 첫째, 영어의 주어는 한국어와 상관없이 영어의 관점에서 선택한다. 이는 매우 중요하다. 엉터리 영어 문장을 보면 한국어의 [주어 + 동사 + 목적어] 구조를 그대로 베껴 온 경우가 대부분이다. 영어에서 주어 선택은 내가 말하는 문장이 무엇에 관한 것인가, 즉 '무엇이 문장의 주체인가'의 관점에서 접근한다. 이렇게 할 경우 위 예문에서는 you와 babies를 자연스럽게 주어로 선택하게 된다.

둘째, 주어를 선택한 후에는 그 주어가 문장에 표현된 행위(위 예에서는 play with, hold)를 직접 하는지(능동태) 아니면 그 행위를 받는 입장인지(수동태)를 판단해서 각각 경우에 맞는 문장 형태로 표현한다. 특히, '누가', '사람들이'와 같이 불특정 다수가 주어일 경우 수동태로 표현하는 것이 좋을 때가 많다.

이제 왜, 어떤 때 수동태를 쓰는지 이해가 되었을 것이다. 그러나 이해했다고 곧장 수동태를 제대로 쓸 수 있는 것은 아니다. 많은 연습을 통해 단순히 아는 것을 넘어서 실전에서 쓸 수 있도록 해야 한다. 그런 의미에서 이번 챕터의 예문을 연습문제 삼아 먼저 말이나 글로 표현해 보고 주어진 설명을 읽는 순으로 공부해 나가길 바란다.

수동태는 이렇게 써야 그 진가가 발휘된다

be changed

(~을) 갈아[바꿔] 주다

087_Ch13_n01_12

우리 아기는 하루에 6번 기저귀를 갈아 줘야 해.

직역 **I have to change the diaper of my baby six times a day.**

네이티브 **My baby needs to be changed six times a day.**

'~을 갈아 주다'는 change이다. 따라서 '(나는) 아기의 기저귀를 갈아 준다'는 I change my baby's diaper.가 된다. 그런데 이렇게 I를 주어로 하면 I에 관한 문장, 즉 다른 사람이 아니라 '내가 무엇을 한다'는 문장이 된다. 그렇지만 위 예문은 '나'가 아니라 '아기'가 중심이 된 문장으로, 아기의 필요를 설명하는 말이므로 baby를 주어로 해서 말하는 것이 좋다. 참고로 '~의 기저귀를 갈다'와 같이 아기에 관해 이야기하는 것이 분명한 상황에서는 굳이 diaper(기저귀)라는 단어 없이 I change my baby.라고만 해도 '기저귀를 간다'는 뜻이 된다. 여기서 baby를 주어로 하면 My baby is changed.(내 아기는 기저귀가 갈아진다)와 같은 수동태가 된다. 또한 '~해야 한다'는 필요성을 이야기하는 말이므로 '의무'를 나타내는 have to ~보다는 '필요'를 나타내는 need to ~(~할 필요가 있다)가 알맞다. 그 결과 My baby needs to be changed.와 같은 문장이 만들어진다. 기저귀뿐만 아니라 '무엇을 갈아 주거나 바꿔야 한다'라고 할 때는 바꾸는 사람보다는 바꾸는 대상을 주어로 해서 수동태로 말하는 것이 좋다. 가령, '전구를 바꿔야겠다'는 The bulb needs to be replaced.가 된다. 부품을 바꾸는 것은 change라고 하지 않고 replace(교체하다)라는 동사를 쓴다. 그런데 need는 특이한 동사라서 to be replaced라고 수동태로 표시하지 않고 replace에 -ing를 붙여 The bulb needs replacing.이라고 해도 수동태의 의미를 갖게 된다. 특히 지금 당장 그럴 필요가 있다고 할 때는 -ing를 붙여 표현하는 것이 일반적이다. 따라서 '지금 당장 갈아 줘야겠다'라고 할 때는 She needs changing.이라고 하면 좋다.

예제 배터리를 교체해 주셔야 합니다.

The battery needs to **be replaced.**

The battery needs **replacing.**

be seen

(사람들이)

같이 있는 것을 보다

내가 너랑 같이 있는 것을 다른 사람들이 보면 안 돼.

콩글리시 **Other people shouldn't see me together with you.**

네이티브 **I can't be seen with you.**

'내가 당신과 같이 있는 것을 다른 사람들이 보면 안 된다'라는 말을 영어로 하려면 매우 복잡해 보인다. '내가 당신과 같이 있다' → I'm with you.와 '그것을 다른 사람이 보면 안 된다' → Others shouldn't see it.으로 나눠지는데, 이것을 합치면 Others shouldn't see me with you.가 된다. 문법적으로는 틀린 곳이 없지만 원어민들 중에 이런 식으로 말하는 사람이 없기 때문에 사실상 콩글리시다. 그렇다면 어떻게 말해야 할까? 먼저 이 문장이 누구에 관한 것인가를 생각해서 그것을 주어로 선택해야 한다. 위의 엉터리 문장은 한국어처럼 '다른 사람들', 즉 others를 주어로 했다. 그렇게 되면 이 문장은 others가 어떻게 하는지에 초점이 맞춰진 문장이 된다. 그렇지만 실제로는 '나(I)'가 문장의 주체이다. 즉, 이 문장은 나의 상황을 설명하는 것이 목적이기 때문에 others는 있어도 그만 없어도 그만이다. 그래서 I를 주어로 하면, 내가 누구를 보는(see) 것이 아니라 다른 사람들에 의해 보여지는(be seen) 것이 된다. 따라서 수동태로 표현하면 I am seen(내가 보여지다)이 된다. 그 뒤에 with you를 붙이고 부정형으로 만들면 I can't be seen with you.(내가 당신과 함께 보여지면 안 됩니다.)가 되는 것이다. 이것이 바로 위의 긴 한국어 문장에 해당하는 제대로 된 영어 표현이다.

예제 나와 같이 있는 걸 다른 사람들이 보는 게 창피해?
Are you ashamed to **be seen** with me?

• ashamed 창피한

be touched

(아무것도)
건드리지 않다

아무것도 건드리지 않았습니다.

직역 **We haven't touched anything.**

네이티브 **Nothing has been touched.**

살인 사건 현장에 나타난 형사가 처음 현장에 출동했던 경찰관과 이야기를 나누고 있다. 그때 경찰관이 범죄 현장을 가리키면서 증거 보존을 위해서 '아무것도 건드리지 않았습니다'라고 말한다. 이것을 영어로 어떻게 말할까? 언뜻 생각하면 매우 쉬워 보인다. '건드리다'는 touch이고 주어는 처음 현장에 출동했던 경찰관들, 즉 we(우리)가 된다. 따라서 We haven't touched anything.이라고 하거나 We have touched nothing.이라고 하면 된다. 그런데 we를 주어로 해서 말하면 we가 자신들이 아무것도 건드린 것이 없다고 변명하는 듯한 말이 된다. we에 강세를 두면 '우리가 아니고 다른 사람이 만졌다'라고 방어하는 말이 된다. 그런데 말하는 의도가 범죄 현장이 그대로 보존되어 있다는 의미라면 we가 아니라 범죄 현장, 그러니까 여기서는 nothing이 주어가 되어야 한다. 그렇게 되면 nothing은 '건드려지다'가 된다. 따라서 수동태로 표현하면 Nothing has been touched.이다. 그런데 상황을 달리해서 야구 경기에서 주자가 베이스(base)를 터치했는지 안 했는지를 따질 때는 base에 관한 이야기가 아니라 주자의 행동에 관해 말하는 것이기 때문에 주어는 사람이 되어 He didn't touch the base.가 된다. 이럴 때 수동태를 써서 The base wasn't touched.라고 하면 오히려 이상한 영어가 된다.

예제 다른 자리에 가 있던 것은 없나요?
Has anything **been moved**?

be taken care of

(~을) **계산[처리]하다**

(계산은) 내가 알아서 처리했어.

직역 **I have taken care of it.**

네이티브 **It's been taken care of.**

미국 사람들은 대부분 각자 계산한다고 하지만 가끔 상대방의 계산을 미리 해 주는 경우가 있다. 가령 손님을 집으로 초대하여 묵게 하는 경우 저녁 식사비는 집주인이 대신 내는 경우가 많다. 그럴 때 미리 계산을 한 후 나중에 손님이 계산하려고 할 때 '내가 그것을 알아서 처리했습니다'라고 말한다. 여기서 '~을 알아서 처리하다'는 take care of ~라는 표현을 쓴다. 그런데 한국어에서처럼 주어를 I로 해서 '내가 ~했다'라고 하면 생색을 내는 것 같은 표현이다. 이때 미국인들은 계산의 대상이 되는 it을 주어로 내세워서 it이 '처리되어졌다'라고 수동태로 말한다. take의 과거분사는 taken이므로 수동태는 be taken care of가 된다.

예제 다 알아서 처리했습니다.
Everything **is taken care of.**

be kept waiting
(~를) 기다리게 하다

나는 누가 나를 기다리게 하는 걸 참지 못하는 성격이야.

직역 **I can't bear it if anyone keeps me waiting.**

네이티브 **I can't stand being kept waiting.**

'~을 참지 못하다'는 bear(참다), endure(견뎌내다)나 좀 더 구어적으로는 stand에 부정을 붙여 표현한다. 그리고 '~을 기다리게 하다'는 keep ~ waiting이라고 한다. 그런데 위 예문에서의 핵심은 '다른 사람'과 '나' 중 누구를 주어로 해서 말할 것인가이다. '다른 사람이 나를 기다리게 한다'라고 생각하면 '다른 사람', 즉 other people이나 anyone(어떤 사람이라도)이 주어이자 주체이다. 그 사람들이 '나'를 기다리게 하는 것이니까 '나'는 keep me waiting과 같이 목적어로 들어간다. 즉, Other people keep me waiting.이 된다. 그런데 이렇게 other people이 주어가 되면 이 문장은 other people에 관한 것이 된다. 그러나 위 예문에서는 '내가 ~을 못 참는다'와 같이 나의 이야기를 하는 것이 목적이므로 I가 주어가 되는 것이 좋다. 그렇게 되면 Other people keep me waiting.에서 me가 주어로 나가면서 수동태가 되어 I am kept waiting by other people.이 된다. by other people(다른 사람에 의해)은 핵심적인 내용이 아니므로 생략하고 '참지 못한다'는 뜻의 I can't stand ~ 뒤에 이 말을 넣으면 I can't stand being kept waiting.이 된다.

예제 그녀는 예약한 셔틀 버스가 30분이나 기다리게 만든 것에 대해 분노했다.
She was furious at **being kept waiting** 30 minutes for the prearranged shuttle service (by the service company).

우리는 그 식당에서 20분이나 기다렸다가 자리 안내를 받았다.
At the restaurant, we **were kept waiting** 20 minutes before being shown to a table.

be cleaned
(~을) 닦다

벽지는 비눗물을 적신 부드러운 천으로 닦아 주십시오.

직역 **Clean the wallpaper with a soft cloth wetted in soap water.**

네이티브 **The wallpaper may be cleaned with a soft cloth dampened with soapy water.**

'부드러운 천'은 a soft cloth, '비눗물'은 soapy water, 천을 물에 '적시다'라고 할 때는 wet보다는 dampen이라는 동사를 쓴다. '부드러운 천으로 벽지를 닦아 주십시오'라고 할 때 한국어의 주어는 벽지를 닦는 대화의 상대방, 즉 영어로 하면 you이다. 그러다 보니 위의 한국어를 영어로 할 때도 (You) Clean the wallpaper ~라고 하기 쉽다. 이렇게 말해도 틀린 건 아니다. 그런데 you가 주어가 되면 이 문장은 you에 관한 문장,

즉 you가 무엇을 하는가에 초점이 맞춰진 문장이 된다. 그렇지만 실제로는 you가 아니라 'wallpaper가 어떻게 되어야 한다'는 내용이기 때문에 wallpaper를 주어로 하는 것이 더 자연스럽다. 그렇게 되면 wallpaper는 'you에 의하여 clean되어지다'가 되므로 The wallpaper may be cleaned (by you).와 같이 수동태로 표현된다. 여기서 by you는 불필요한 말이므로 생략한다.

예제 카페트는 한 달에 한 번 업소용 진공 청소기로 청소해 주십시오.
The carpets must **be cleaned** with an industrial vacuum cleaner once a month.

be replied to
(질문에) **답장하다**

기술 지원부에 이메일로 여러 개의 질문을 보냈는데 모든 질문에 대해 신속하게 답장을 해 주었다.

직역 **I asked the technical assistance department many questions by email, and they replied to every question promptly.**

네이티브 **I asked the tech many questions by email, and each question was replied to in a prompt manner.**

'회사에서 내 질문에 답변을 신속하게 해 주었다'에서 '~에 답변하다, 답변해 주다'는 영어로 reply to ~라고 한다. 위 한국어 문장에서 주어는 '회사', 영어로 하면 the company 또는 company를 일컫는 대명사로 they가 된다. 이렇게 company를 주어로 하면 문장은 company가 어떻게 했다, 즉 company에 관한 문장이 된다. 그런데 관점을 바꿔 내가 보낸 질문이 어떻게 되었다고 나의 관점에서 기술할 수도 있다. 이 경우에는 my question이 주어가 된다. 그렇게 되면 my question은 'company에 의하여 reply to되어지는 것'이 된다. 따라서 수동태로 하면 My question is replied to (by the company).가 된다. 이때는 reply to한 것이 company라는 것은 문맥으로 뻔히 알 수 있는 내용이므로 by the company는 생략한다. 이렇게 영어에서는 어떤 관점에서 기술하느냐에 따라 company가 주어가 되고 my question도 주어가 될 수 있다. 그렇지만 한국어에서는 '나의 질문이 답장되어졌다'라고 수동태로 표현하는 것이 어색하므로 대부분 주어가 '회사'가 되거나 '내 질문에 대하여 답장이 왔다'와 같이 '답장'이 주어가 된다. 이렇게 언어마다 관점에 따라 표현 가능한 문장의 구조에 차이가 있다. 따라서 영어로 말할 때는 영어의 관점에서 자연스러운 문장의 구조로 말하는 감각을 키울 필요가 있다.

예제 난 그 회사에 여러 번 이메일을 보냈는데 한 번도 답장이 오지 않았다.
I emailed them many times and **was** never **replied to**.

be broken into
(~에) **도둑이 들다**

어젯밤에 우리 집에 도둑이 들었다.

콩글리시 **A thief came into my house last night.**

직역 **A thief broke into my house last night.**

네이티브 **My house was broken into last night.**

'도둑(thief)이 들었다'를 영어로 A thief came ~(도둑이 왔다)이라고 하면 '도둑이 방문했다'

라는 뜻이 된다. 여기서 '들었다'는 '몰래 침입했다'라는 뜻이므로 영어에서는 break into ~(~ 속으로 깨고 들어가다)라고 표현한다. 따라서 '우리 집에 도둑이 들었다'는 A thief broke into my house.(도둑 한 명이 나의 집에 침입했다)가 된다. 그런데 이렇게 하면 도둑이 주어가 되고 문장의 중심이 된다. 여기서 중요한 것은 my house가 침입당했다는 것이다. 따라서 My house를 주어로 하려면 break into ~를 수동태로 써서 My house was broken into by a thief.(나의 집이 도둑에 의하여 침입되었다)라고 한다. 그리고 어떤 도둑인지는 중요하지 않으므로 by a thief(도둑에 의해서)는 생략한다. broken into(침입되어진)라는 수동 표현 자체에 '도둑맞은'의 뜻이 내포되어 있다. 즉, 한국어에서는 '도둑'이 주어가 되지만 영어에서는 수동태로 '집'을 주어로 삼는 것이 자연스럽다.

예제 주말에 내 사무실에 도둑이 들었다.
My office **was broken into** over the weekend.

being helped
(다른 직원이) **도와주다**

다른 직원이 도와 드리고 있나요?

직역 **Is another employee helping you?**

네이티브 **Are you being helped?**

얼마 전에 백화점에서 구두를 세일한다고 하기에 사러 갔더니 직원들이 고객들을 응대하느라 정신이 없었다. 필자도 한 직원의 도움을 받고 있었는데 그 직원이 신발을 가지러 잠깐 자리를 뜬 사이에 다른 직원이 와서 '다른 직원이 도와 드리고 계신가요?'라고 물어보았다. 이 말을 영어로는 어떻게 말할까? 한국어 문장을 놓고 생각하면 주어가 '다른 직원'이다. '매장 직원'은 영어로 sales clerk인데 사람을 직함으로 부를 때는 sales associate나 sales representative라는 용어를 주로 쓴다. 그렇지만 매장 직원들이 동료를 이런 식으로 부르지는 않기 때문에 이 경우에는 someone이라고 하면 된다. 따라서 someone을 주어로 해서 Is someone helping you?가 된다. 그런데 이 문장의 초점은 someone이 아니라 고객인 you에 관한 문장이다. 따라서 you를 주어로 하면 'help되어지다'라고 수동태로 써야 한다. 그 결과 Are you being helped by someone?(누군가에 의해 도움을 받고 있나요?)이 된다. 여기서 by someone은 있으나 없으나 큰 의미가 없는 말이므로 생략하면 Are you being helped?가 되는 것이다. 우리나라 영어 학습자들이 이런 식의 수동태 표현에 익숙치 않다 보니 외국 매장에서 이런 수동태의 질문을 들으면 당황하는 경우가 많다. 이제부터라도 영어식 수동태 문장의 감각을 제대로 익혀 당황하는 일이 없도록 하자.

예제 (식당에서) 지금 다른 직원이 서빙해 드리고 계신가요?
Are you **being served**?

being followed
(누가 ~를) **뒤쫓아오다, 미행하다**

나를 누군가 뒤쫓아오는 사람이 있나 해서 돌아보았다.

직역 **I looked back to see if anyone was following me.**

네이티브 **I turned around to see if I was being followed.**

'누군가가 나를 뒤쫓아오다[미행하다]'를 영어로 하면 주어가 someone[anyone]이 되어 Someone is following me.가 된다. 이렇게 되면 이 문장은 someone에 관한 문장이 된다. 즉, 문장의 주체가 someone이라는 뜻이다. 그러나 실은 '나'의 이야기를 하고자 하는 것이지 따라오는 사람의 이야기를 하는 것이 목적이 아니다. 이 경우 원어민들은 주어를 I로 해서 I'm being followed.(나는 뒤쫓아지고 있다.)라고 한다. 이렇게 되면 누군가가 뒤쫓고 있다는 의미도 함축적으로 표현되기 때문에 뒤에 by someone(누군가에 의한)이라는 말을 붙일 필요가 없게 된다. '누군가'를 주어로 말하는 것이 한국어의 특징이라면 수동태를 사용해 '나'를 주어로 하고 불특정한 것을 아예 생략해 버리는 것이 영어의 특징이다.

예제 누군가 나를 미행하고 있다는 느낌이 들었다.
I felt I was **being followed.**

not be listened to

(누가 내 말을)
들어 주지 않다

병원에 가면 의사들이 내 말을 들어 주지 않는다는 느낌을 받을 때가 종종 있다.

직역 **When I go to a hospital, I often feel that the doctor is not listening to me.**

네이티브 **When I go see a doctor, I often feel (that) I'm not being listened to.**

어느 분야나 마찬가지겠지만 환자의 말을 귀담아듣지 않거나 환자에게 고압적인 태도를 가진 의사들이 더러 있다. 이런 경우 '의사가 나의 말을 들어 주지 않는다는 느낌을 받는다'라는 말을 영어로 어떻게 할까? 누구의 말을 '들어 주다'는 listen to ~이다. 따라서 '의사가 나의 말을 들어 주지 않는다'는 The doctor doesn't listen to me.이고 이것을 현재진행형으로 표현하면 The doctor isn't listening to me.가 된다. 이렇게 the doctor를 주어로 하면 그 의사에 관한 이야기가 되어, 특정 의사에 대해 불평하는 말이 된다. 그런데 화자의 의도가 특정 의사에 대한 불평이 아니라 '일반적으로 병원에 가면 내가 하는 말에 귀를 기울여 주지 않아 내가 무시당하는 느낌이다'라는 뜻으로, 나의 관점에서 경험을 이야기할 수도 있다. 이럴 경우에는 주어가 I가 되어야 한다. 그렇게 되면 I는 doctor에 의하여 listen to되는 것이므로 수동태로 써서 I don't get listened to (by doctors). 또는 I'm not being listened to (by doctors).가 된다. 여기서 어느 doctor인지는 중요하지 않으므로 by doctors는 생략한다. '병원에 가다'는 진찰을 받으러 간다는 뜻이므로 go to a hospital이 아니라 go see a doctor라고 한다.

예제 고객들은 (상점 직원들이) 자신의 말을 귀담아들어 주지 않는다고 종종 항의한다.
Customers often complain that they feel they are**n't being listened to.**

be met

(누가) **마중 나오다**

공항에 누가 마중을 나오기로 되어 있습니다.

직역 **Someone is meeting me at the airport.**

네이티브 **I'm being met at the airport.**

누구를 '마중 나오다'는 영어로 어려운 표현을 쓸 것 같지만 실은 누구나 다 아는 meet이라는 동사를 쓴다. 위 예문을 보면 알 수 있듯이 한국어에서는 주어가 '누구'이다. 그러다 보니 '누가 나를 마중 나온다'라는 말을 영어에서도 someone을 주어로 해서 Someone is meeting me.라고 한다. 그러나 여기서 말하고 싶은 것은 나를 마중 나오는

someone이 아니라 내가 어떻게 된다, 즉 I에 관한 말이다. 따라서 영어에서는 I를 주어로 해서 수동태로 I'm being met (by someone).이 된다. 뒤에 by someone은 의미 전달에 있어 별로 중요하지 않은 말이므로 생략한다. 또 다른 예를 들어 보면, 차를 가지고 데리러 오는 경우에는 meet 대신 pick up이라는 표현을 쓴다. 따라서 '5시에 누가 차로 데리러 오기로 했다'라는 말도 someone을 주어로 Someone is picking me up at 5.라고 하는 것보다 I를 주어로 I'm being picked up at 5.라고 하는 것이 더 영어다운 표현이다.

예제 버스 터미널에 누가 마중을 나옵니까?
Are you **being met** at the bus terminal?

be touched
(사람들이 ~을) **만지다**

088_Ch13_n13_21

우리 집 고양이는 사람들이 만지는 것을 싫어한다.

직역 **My cat doesn't like it when people touch her.**

네이티브 **My cat doesn't like to be touched.**

사람들이 만지는 것을 싫어하는 고양이에 대해 영어로 어떻게 설명할 수 있을까? 한국어에서는 '사람들'이 주어가 되어 '고양이를 만지다'라고 하니까 영어에서도 People touch the cat.이라고 하기 쉽다. 이런 식으로 영어를 하면 '우리 고양이는 싫어합니다' → my cat doesn't like ~, '사람들이 자기를 만지는 것을' → people touch her ~, 즉 My cat doesn't like people touching her. 또는 My cat doesn't like it when someone touches her.(내 고양이는 어떤 사람이 만졌을 때 싫어합니다.)와 같이 표현할 수 있다. 이것도 틀린 건 아니지만 영어다운 표현은 아니다. 위의 예문은 사람들이(people/someone) 무엇을 하는지를 설명하는 내용이 아니라 고양이가 어떠하다는 고양이에 관한 내용이다. 따라서 고양이를 주어로 The cat is touched by people.(고양이가 사람들에 의해 만져지다.)라는 수동태로 표현해야 한다. 그래야 My cat doesn't like to be touched.(내 고양이는 만져지는 것을 싫어합니다.)와 같은 문장을 만들 수 있는데 이것이 진짜 영어다운 표현이다. 어떤 일을 당하는 주체의 입장에서 문장을 만드는 것이 핵심이다. 참고로 by people은 생략 가능하다.

예제 이 토끼는 사람들이 집어 드는 것을 싫어합니다.
This rabbit doesn't like to **be picked** up.

be traveled
(~에 차가) **다니다**

이 구간의 도로는 주말에 차가 많이 다닌다.

콩글리시 **On this section of the road, many cars come and go on weekends.**

직역 **Many cars travel this section of road on weekends.**

네이티브 **This stretch of road is heavily traveled on weekends.**

'어떤 도로에 차가 많이 다니다'에서 '다니다'를 come and go라고 하는 것은 엉터리다. 이때는 travel(여행하다)이라는 단어를 써서 travel a road라고 표현한다. 가령, '나는 그 길을 많이 다녀 봤다'는 I've traveled that road many times.가 된다. 그런데 이 문장은 '내가 어떻게 했다', 즉 '나'에 관한 문장이므로 주어가 I가 되는 것이 자연스럽다. 그렇지만 위의 예문은 많은 차(many cars)에 관한 내용이 아니라 '도로'에 관한 내용이므로 '도로'가 주어가 되어야 한다. 도로의 '구간'은 section, segment, stretch 등의 단어를 사용할 수 있다. 도로를 주어로 놓으면 도로 입장에서는 travel되는 것이니 수동태로 표현해야 한다. travel의 과거분사는 traveled이므로 This section of road is traveled.가 된다. 뒤에 by many cars(많은 차들에 의하여)를 붙여서 '차가 많이 다닌다'는 뜻을 표현할 수도 있지만 대신 heavily(많이, 심하게)라는 부사를 붙이는 것이 더 영어답다. 이런 식으로 생각하면 '미국에서 자동차가 가장 많이 다니는 길'은 the most heavily traveled road in the U.S.라고 표현할 수 있다.

예제 8번 도로는 그 주에서 차가 가장 많이 다니는 도로이다.
Route 8 **is** the state's most heavily **traveled** road.

이 도로는 통학하는 학생들이 많이 다니는 도로이다.
This route **is** heavily **traveled** by students on their way to and from school.

be spoken to
(누가 ~에게) **말을 건네다**

그 가게에서는 계산할 때 빼고는 와서 말을 건네는 사람이 없었다.

콩글리시 **In that store, no one talked to me except when I paid.**

네이티브 **The only time I was spoken to at that store was when I was checking out.**

'~에게 말을 걸다'는 speak to ~라고 한다. 따라서 '아무도 나에게 말을 걸지 않았다'를 영어로 하면 No one spoke to me.가 된다. speak 대신 talk를 써서 No one talked to me.라고 하면 거꾸로 내가 말을 걸었는데 아무도 응대를 안 해 줬다는 뜻이 된다. 그런데 위 상황은 누가 나에게 와서 말을 거는 상황을 묘사하는 것이므로 내가 중심이 되어 주어를 I로 해야 한다. 그렇게 되면 I는 다른 사람에 의하여 'speak to되어지는' 것이므로 수동태가 되어 I was spoken to.(나는 말이 걸어졌다)가 된다. 그런데 '~할 때 빼고는 아무도 나에게 말을 걸지 않았다'는 The only time ~ was when ...(~한 유일한 때는 …한 때였다)이라고 말을 바꿔 표현하면 좋다. 이렇게 되면 The only time I was spoken to(나에게 말이 건네진 유일한 때는)가 된다. 가게에서 '계산하다'는 pay보다 check out이라고 하고 '계산대'도 check-out counter라고 한다.

예제 나는 누가 먼저 말을 걸기 전에는 다른 사람들과 말하지 않는다.
I don't talk to people unless I'**m spoken to** first.

go unrecognized
(아무도 ~을) **몰라보다**

그의 전 생애 동안 그의 문학적 재능을 알아주는 사람이 없었다.

직역 **No one recognized his literary talent while he was alive.**

네이티브 **For most of his life, his literary talent went unrecognized.**

'아무도 재능을 알아주지 않았다'에서 주어는 '아무도', 즉 영어로 하면 no one이다. 따라서 위의 말을 영어로 하라고 하면 대부분 No one recognized his talent.(아무도 그의 재능을 알아주지 않았다)라고 한다. 이런 식으로 표현해도 어느 정도 의미는 통하지만 원어민식의 표현은 아니다. 위 문장의 주체는 his talent이지 그것을 알아주는 사람이 아니다. his talent는 'recognize되어지는 것'이므로 수동태로 해서 His talent was not recognized.(그의 재능은 알아봐지지 않았다.)가 된다. not recognized를 한 단어로 하면 unrecognized이고 이런 경우 영어에서는 be동사 대신 go를 써서 go unrecognized라고 한다. 이렇게 go를 쓰면 unrecognized된 상태가 오래 지속된다는 뜻이 있다. unrecognized 대신 unnoticed(알아차려지지 않은)라는 단어를 써도 좋다.

예제 우울증 증세는 주변 사람들이 잘 몰라보는 경우가 많다.
Symptoms of depression often **go unrecognized**.

be aired out

(~을) 바람 쐬어 주다, 환기하다

침구류는 주기적으로 바람을 쐬어 주어야 한다.

콩글리시 **You must ventilate the bedding regularly.**

네이티브 **The bedding must be aired out periodically.**

옷이나 침구류를 공기가 잘 통하는 곳에 널어 바람을 쐬어 주는 것은 ventilate ~라고 하지 않는다. ventilate는 '실내를 환기하다'라는 뜻으로만 쓰인다. 옷이나 침구류에 공기를 통하게 하는 것은 air ~ out이라는 표현을 사용하며 air ~ out은 장소를 환기한다는 뜻으로도 쓰인다. 한국어에서는 '침구류를 바람을 쐬어 주어야 한다'이므로 주어는 '그렇게 하는 사람'이다. 따라서 이 말을 영어로 할 때도 주어를 you로 해서 You must air out the bedding.이라고 하기 쉽다. 이렇게 말해도 틀리지는 않지만 위 문장의 의도는 you가 어떻게 해야 한다는 뜻이 아니라 bedding이 어떻게 되어져야 한다는 bedding에 관한 문장이다. bedding은 'air out되어지는' 것이 되므로 수동태로 써서 The bedding must be aired out.이 된다. 한국어에서는 '침구류는 통풍되어져야 한다'라고 수동태로 말하면 이상하기 때문에 사람을 주어로 하지만 영어에서는 bedding을 주어로 내세워 말하는 것이 훨씬 자연스럽다. '주기적으로'는 regularly도 좋고 periodically라는 단어도 좋다. 또는 on a regular[periodical] basis와 같이 on a ~ basis라는 구문 안에 regular, periodical이라는 형용사를 넣어도 같은 의미가 된다.

예제 침대 시트는 매주 갈아 주어야 한다.
Bed sheets must **be changed** weekly.

not be seen

(~을) 본 사람이 없다

그 산에서 지난 20년간 야생 곰을 본 사람이 없다.

직역 **No one has seen a wild bear in that mountain for the last 20 years.**

네이티브 **A wild bear has not been seen in that mountain for the last 20 years.**

'야생 곰을 본 사람이 없다'라는 한국어에서 주어는 '사람'이다. 그러다 보니 위와 같은 한국어를 영어로 하라고 하면 대부분 Nobody ~ / No one ~(아무도 ~ 아니다)으로 시작해서 see a wild bear(야생 곰을 보다)의 순서로 문장을 만든다. 그런데 여기선 야생 곰을 본 '사람'을 이야기하려는 것이 아니라, '야생 곰'이 어떻다, 즉 '야생 곰'에 관한 이야기를 하는 것이 목적이다. 따라서 wild bear를 주어로 하는 것이 좋다. 그렇게 하면 wild bear는 'see되다'라고 수동태로 표현해서 A wild bear is seen.(야생 곰이 보여지다.)이 된다. 그런데 지난 20년 동안 계속해서 보여지지 않은 것이므로 현재완료 시제로 하면 A wild bear has not been seen.이 된다. 한국어에도 be seen과 비슷한 표현으로 '목격되다'라는 말이 있다. 만약에 위 한국어 문장이 '그 산에서 야생 곰이 목격되지 않았다'라고 한다면 wild bear를 주어로 하고 '목격하다'라는 뜻의 witness를 수동태로 해서 A wild bear has not been witnessed.라고 할 수 있을 것이다. 그렇지만 이 경우는 한국어의 '목격되다'라는 수동형 동사구 때문에 영어에서도 수동태로 표현한 것일 뿐이지 영어적 관점에서 주어를 wild bear로 한 것이 아니라는 문제가 남는다. 결론적으로 A wild bear has not been seen.이나 A wild bear has not been witnessed.는 똑같은 의미의 수동태 문장이지만 영작 난이도는 차이가 있다. 후자는 한국어의 주어와 동사의 태를 그대로 옮기면 되므로 비교적 쉬운 문장인 데 반하여 전자는 한국어의 주어와 동사의 태를 바꿔 줘야 하므로 어려운 문장이다.

예제 일요일 이후로 그를 본 사람이 없다.
He hasn't **been seen** since Sunday.

be addressed as
(사람들이) **~라고 부르다**

나는 다른 사람들이 나를 '선생님'이라고 부르는 것에 익숙하지 않다.

직역 **I'm not used to people calling me 'Sir'.**
네이티브 **I'm not used to being addressed as 'Sir'.**

한국어에서는 일반인을 높여 부를 때 '선생님'이라는 호칭을 쓰는데 영어에서는 남자의 경우 Sir, 여자의 경우 Ma'am이라고 한다. '누구를 Sir라고 부르다'는 call(부르다)이라는 동사를 써서 call ~ Sir라고 해도 되지만 address(~한 호칭으로 부르다)라는 동사를 써서 address ~ as Sir라고 해도 좋다. 또, '~하는 것에 익숙하지 않다'는 I'm not used to -ing 또는 I'm not accustomed to -ing로 표현한다. 그런데 위의 '다른 사람이 나를 Sir라고 부른다'라는 한국어를 그대로 영어로 하면 '다른 사람', 즉 other people이 주어가 되어 Other people address me as Sir.가 된다. 이 문장을 I'm not used to -ing에 넣으면 I'm not used to (other) people addressing me as Sir.가 된다. 이렇게 해도 틀린 건 아니지만 '내가 ~에 익숙하지 않다'라는 '나' 중심의 이야기를 하면서 other people 같이 다른 사람이 주어가 되는 말을 넣을 필요가 없다. 그래서 이런 경우 원어민들은 me를 앞으로 빼서 I'm addressed as Sir.(나는 Sir라고 불려진다)와 같이 수동태 문장으로 표현한다. 그렇게 되면 '내'가 주어인 〈네이티브〉 표현이 완성된다. 직역하면 '나는 선생님이라고 불리는 것에 익숙하지 않다'지만, 표제문처럼 해석하는 게 더 자연스럽다.

예제 나는 누가 부인이라고 부르는 것이 불편하다.
I feel uncomfortable about **being called** 'Ma'am'.

나는 다른 사람의 시중을 받는 것에 익숙하지 않다.
I'm not used to **being waited on**.

• wait on 시중을 들다

need bandaging
(상처에) **붕대를 감다**

상처에 붕대를 감아야 합니다.

콩글리시 **We have to wrap the wounds with bandages.**
직역 **We need to bandage the wounds.**
네이티브 **The wounds need bandaging.**

해설 '외상 상처'는 wound, '붕대'는 bandage라고 한다. 그런데 한국어로 '~에 붕대를 감다'라고 해서 '붕대' → bandage, '감다' → wrap과 같이 생각하면 안 된다. 왜냐하면 bandage는 '붕대'라는 명사 외에 '~을 붕대로 감다'라는 타동사의 의미도 있기 때문에 그냥 bandage 뒤에 목적어만 넣어 쓰면 된다. 이렇게 우리가 명사로만 알고 있는 단어를 동사로 써야 제대로 된 영어 맛이 나는 경우는 챕터 8에서 다루었으므로 참고하기 바란다. 한국어에서 '(우리는) 상처에 붕대를 감다'라고 하니까 주어가 사람이 되고 따라서 영어에서도 We bandage the wounds.가 된다. 그런데 이렇게 we가 문장의 주어가 되면 이 문장은 we에 관한 것이 되는데 실제로는 '상처'가 문장의 주체이다. 즉, 상처가 '어떻게 처리되어야 한다'는 뜻이므로 영어에서는 the wounds를 주어로 하는 것이 좋다. 이렇게 되면 wounds는 'bandage가 되어지다'라는 수동태로 나타내야 하므로 The wounds are bandaged.가 된다. 그리고 '~해야 한다'는 need(~할 필요가 있다)로 표현하면 The wounds need to be bandaged.(상처는 붕대가 감아질 필요가 있다.)가 된다. 여기서 need는 특이한 단어로, 뒤에 '~해질' 필요가 있다고 할 때 [be + 과거분사]의 수동태 형태로 쓸 필요 없이 바로 '동사 -ing' 형태를 붙여도 '~하게 되어질 필요가 있다'라는 말이 된다. 즉, need to be bandaged → need bandaging이 된다. 가령, '지붕(roof)을 수리해야겠다'라고 할 경우도 The roof를 주어로 하면 '수리가 되어지다'가 되므로 The roof needs to be fixed.라고 해야 하지만, 그냥 The roof needs fixing.과 같이 fix(~을 수리하다)라는 동사 뒤에 -ing만 붙여도 '수리되어지다'라는 수동태의 의미를 표현할 수 있다.

예제 새로 산 집에 페인트칠을 해야겠다.
My new house **needs painting**.
My new house needs a paint job.

be laughed at
(사람들이 ~를) **비웃다**

작년에 내가 이런 말을 했을 때 사람들은 나를 비웃었다.

직역 **People laughed at me when I said this last year.**

네이티브 **I was laughed at when I said this last year.**

해설 '비웃다'는 영어에서 상황에 따라 여러 가지로 표현이 가능한데 위 경우처럼 누가 무슨 말을 했을 때 그에 대한 반응으로 비웃는 경우에는 laugh at ~이라는 표현을 쓴다. 따라서, '사람들이 나를 비웃었다'는 People laughed at me.가 된다. 이렇게 people을 주어로 해도 되지만 위의 말은 비웃음을 당한 '나'에 관한 것, 즉 '나'가 주체이므로 영어에서는 주어를 I로 하는 것이 더 낫다. 이렇게 되면 I는 'laugh at되어지는' 상황이 되므로 수동태로 표현해야 한다. 따라서 I was laughed at.(내가 비웃어졌다.)이 된다. 한국어에서는 '내가 비웃어졌다'는 식의 수동태 표현은 불가능하다. '비웃음을 당했다'라고는 할 수 있지만, '내가 이런 말을 했을 때 나는 비웃음을 당했다'라고 하는 것도 어딘지 어색해 보인다. 아무래도 한국어에서는 '사람들'을 주어로 내세워 '사람들이 나를 비웃었다'라고 해야 더 자연스럽게 들린다. 그러다 보니 영어에서도 People을 주어로 하지, I를 주어로 해서 수동태로 말한다는 데까지는 생각이 미치지 않는다. 그렇지만 이럴 때 영어에서는 수동태를 써야 정말 맛깔나는 영어가 된다.

예제 콜럼버스가 지구는 둥글다고 했을 때 사람들은 그를 비웃었다.
Columbus **was laughed at** when he said the world was round.

not be lived in

(~에) **사람이 살지 않다**

089_Ch13_n22_34

그 집에는 오랫동안 사람이 살지 않았다.

직역 **No one has lived in the house for a long time.**

네이티브 **The house hasn't been lived in for a long time.**

한국어에서는 주어를 '사람'으로 해서 '사람이 살지 않았다'라고 말한다. 그러나 영어에서는 '집'을 주어로 해서 말한다. the house가 주어가 되면 'live in되어지는 것'이 되므로 live의 과거분사 lived를 써서 be lived in(살아지다)이라고 표현한다. 한국어로는 이상하지만 영어에서는 이렇게 수동태로 말하는 것이 제대로 된 표현이다.

예제 그 궁궐은 일본인들이 그 나라를 점령한 이래로 사람이 살지 않았다.
The palace wasn't **lived in** since the Japanese had occupied the country.

be had

(~을 …에) **살 수 있다**

실외 UHF 안테나는 30달러 정도면 살 수 있다.

직역 **You can buy an outdoor UHF antenna for around 30 dollars.**

네이티브 **An outdoor UHF antenna can be had for around 30 dollars.**

'~을 살 수 있다'를 영어로 하면 주어는 사람인 you가 되고 '사다'는 buy를 써서 You can buy ~라고 할 수 있다. 이렇게 해도 틀린 건 아니다. 그렇지만 물건을 주어로 물건에 관한 문장을 말하려면 buy를 수동태를 써서 An outdoor UHF antenna can be bought for around 30 dollars.(실외 UHF 안테나는 30달러 정도에 구매될 수 있다.)가 된다. 이럴 때 원어민들은 흔히 bought 대신 have(갖다)의 과거분사인 had를 써서 ~ can be had(가져질 수 있다)라고 표현한다. 이는 물건을 사는 상황뿐만 아니라 무언가를 '즐기다', '먹다' 같은 뜻으로도 사용된다.

예제 수산 시장에 가면 신선한 해산물을 저렴한 가격에 즐길 수 있다.
Great seafood can **be had** at reasonable prices at the seafood market.

be contradicted

(사람들이)
생각에 반대하다

나의 상사는 다른 사람들이 자신의 생각에 반대하는 것을 싫어한다.

콩글리시 **My boss doesn't like it when other people oppose his opinion.**

직역 **My boss doesn't like it when other people disagree with his opinion.**

네이티브 **My boss doesn't like to be contradicted.**

일반적으로 무엇에 '반대하다'는 oppose ~나 object to ~가 맞지만 이 말들은 보통 어떤 제안(proposal) 같은 것에 반대한다는 뜻으로 쓰인다. 의견(opinion)에 반대하는 것은 disagree with ~(~와 동의하지 않다)가 일반적이다. 또 위 예문과 같이 어떤 사람에 반대되는 의견을 말하는 상황에서는 contradict ~(~에 반박하다, ~에 이의를 제기하다)라는 동사도 좋다. '다른 사람이 나의 상사의 생각에 반대한다'는 한국어처럼 주어를 '다른 사람'으로 잡고 영어로 바꾸면 Other people contradict the boss.가 된다. 이 문장은 other people에 대한 문장이다. 그런데 여기서는 'boss가 ~하는 것을 싫어한다'니까 boss가 주어가 되도록 바꿔 주는 것이 좋다. 그렇게 되면 목적어인 the boss가 주어가 되면서 The boss is contradicted by other people. 같은 수동형 문장이 만들어진다. 즉, '다른 사람들이 나의 상사를 contradict한다'가 아니라 '상사가 contradict되어진다'라고 해야 한다. 뒤에 by other people(다른 사람들에 의해서)은 중요한 말이 아니므로 생략한다. 이것을 My boss doesn't like 뒤에 넣으면 My boss doesn't like to be contradicted.(나의 상사는 반박되어지는 것을 싫어한다)가 된다. 이렇게 수동태로 써야 my boss가 주어가 되고, 이 문장이 my boss에 관한 이야기가 된다.

예제 혹시 여러분 중에 나와 생각이 달라 내 의견에 반대하더라도 나는 크게 상관하지 않습니다.
I don't mind **being contradicted** if any of you see things differently.

not be worn
(~을) 입거나 신지 않다

신발을 신지 않으셨다면 반품하실 수 있습니다.

직역 **You can return the shoes if you haven't worn them.**

네이티브 **You can return the shoes if they haven't been worn.**

물건을 '반품하다'는 return ~이라고 하고 신발을 '신다'는 wear라는 동사를 쓴다. 한국어에서 '신발을 신지 않았다면'이라는 문장의 주어는 대화의 상대방이다. 그러다 보니 영어로 말할 때도 주어를 you로 써서 if you haven't worn the shoes라고 하는 경우가 대부분이다. 이렇게 말해도 문법적으로 틀리거나 말이 안 되는 것은 아니지만 여기서 if절의 핵심은 you가 신발을 신었는지 안 신었는지가 아니라 shoes가 신은 신발인지 아닌지 여부이다. 따라서 shoes를 주어로 한다면 shoes는 'wear되어지다'라고 해야 하므로 수동태로 해서 if the shoes haven't been worn이 된다. 마찬가지로 구입한 곳에 신발을 가지고 가서 '안 신었다'라고 점원에게 말할 때도 I haven't worn them.이 아니라 신발을 가리키는 대명사 they를 주어로 해서 They haven't been worn.이라고 수동태로 표현한다.

예제 그 제품은 사용하지 않은 겁니다.
The product hasn't **been used**.

talk down to
아이 대하듯 말하다

환자들은 의사가 아이를 대하는 투로 말하는 것을 싫어합니다.

직역 **Patients hate it when doctors talk to them as if they were talking to children.**

네이티브 **Patients hate being talked down to by their doctors.**

환자들에게 아이 대하듯이 말하는 의사들이 있다. 이것을 영어로 하면 Doctors talk to patients(의사들이 환자에게 말한다) as if they were talking to children(마치 아이들에게 말하듯)이 된다. 그런데 이렇게 아이 대하듯 남을 얕보는 투로 말하는 것을 영어로는 talk down to ~라는 관용 표현을 써서 표현하면 좋다. 즉, Some doctors talk down to their patients.(어떤 의사들은 환자에게 아이 대하는 투로 말한다)가 된다. 그런데 위 예문은 의사들이 어떻게 한다는 것보다 의사들이 그렇게 할 때 환자들의 기분이 어떠하다는 말이 핵심이므로 '환자'가 주체이다. 따라서 영어로 말할 때는 doctors가 아니라 patients를 주어로 해서 말하는 것이 좋다. 그러면 patients는 'talk down to되어지는'것이 된다. 즉, 수동태로 표현해야 한다. 따라서 Patients are talked down to by their doctors.가 된다. 그렇게 되어지는 것을 싫어하는 것이므로 Patients hate 뒤에 밑줄 친 부분을 넣어서 말하면 위에 제시한 〈네이티브〉 표현이 된다.

예제 내가 거기 있는 동안 내내 그곳 사람들이 멸시하듯 나에게 말했다.
I was **talked down to** the whole time I was there.

get recognized
(사람들이) **알아보다**

밖에 나가면 사람들이 당신을 알아봅니까?

직역 **Do people recognize you when you go out?**
네이티브 **Do you get recognized on the street?**

일반인도 TV에 한 번 나가면 유명세를 타는 시대이다. 그러다 보니 TV에 나왔던 사람에게 '밖에 나가면 사람들이 얼굴을 알아보느냐?'라고 물어보는 경우가 있다. '~을 알아보다'는 영어로 recognize ~라고 한다. '사람들이 알아보느냐?'라는 한국어 문장에서 주어는 '사람들'이다. 그러다 보니 위의 말을 영어로 할 때도 people을 주어로 해서 Do people recognize you?라고 하기 쉽다. 물론, 이렇게 표현해도 틀린 건 아니고 뜻도 통한다. 그렇지만 영어에서는 people보다 목적어인 you를 주어로 하는 것이 더 자연스럽다. 위 질문의 요지는 people이 아니라 '당신', 즉 you의 경험을 물어보는 것이기 때문이다. you를 주어로 하면 you는 recognize하는 것이 아니라 people에 의하여 'recognize되어지는' 것이므로 수동태로 표현해야 한다. 단, 여기서는 be recognized보다는 get recognized가 더 자연스럽다. 서로 엄밀하게 구분하여 쓰는 것은 아니지만 그래도 구분하자면, be동사를 쓰면 recognize되어진 상태를 뜻하고 get을 쓰면 recognize되어지는 동작을 뜻한다. 사람들이 누구를 보고 알아보는 것은 동작이므로 get을 쓴다. 참고로 be recognized는 '알아봐지다'뿐 아니라 '인정받다'라는 뜻이기도 하다. 가령, '그는 최고의 인터넷 보안 전문가로 인정받고 있다'는 영어로 He's recognized as a leading expert on Internet security.가 된다. 어쨌든 get recognized라고 하면 질문은 Do you get recognized?가 된다. 또 '밖에 나가면'은 If you go out이 아니라 when을 써서 표현해야 하는데, when you go out도 약간의 콩글리시 냄새가 난다. '밖에 나가면'은 '외출하다'의 뜻은 아니므로 go out이라고 하지 않고 on the street(거리에서)이라는 표현을 써야 한다.

예제 극장 밖에 나가면 사람들이 거의 저를 못 알아봅니다.
I am rarely **recognized** outside the theater.(인정 받지 못한다는 뜻도 있음)
I rarely **get recognized** outside the theater.

nothing can be done,
can't be helped
어쩔 수 없다

그렇지만 어쩔 수 없지요.

직역 **But there is nothing we can do about it.**
네이티브 **But nothing can be done about it.**
But that can't be helped.

어떤 상황에 대하여 '(우리가) 어쩔 수 없다'라는 말을 영어로 생각해 보자. 대부분의 독자들은 일단 주어를 '우리'라는 뜻의 we로 잡고 나머지 문장을 어떻게 말할까 고민할 것이다. 그러다 We can do nothing about it.(그것에 대해 우리가 아무것도 할 수 없다.)이나 We have no choice.(우리는 선택할 것이 없다.)와 같은 영어 표현을 생각해 낸다. 물론 이것들도 매우 좋은 표현이다. 그런데 we를 주어로 하면 we에 관한 문장이 된다. 즉, we가 문장의 초점이 되어 우리가 할 수 있는지 없는지를 따지는 문장이 된다. 그런데 말하는 사람의 의도가 we 대신 상황에 초점을 맞춰 그 상황은 누구도 어떻게 할 수 없다는 말을 하려는 것이라면 주어를 바꿔야 한다. We can do nothing about it.의 경우는 nothing을 주어로 하면 수동태가 되어 Nothing can be done about it.이 된다. 이렇게 되면 이 문장은 '그 어떤 것도'에 초점이 맞춰져서 'nothing 대 something'의 구도가 된다. 즉, 그 상황에 대하여 어떻게 할 수 있는 것이 있느냐 없느냐에 관한 문장이 된다. 또 학교 영어 시간에 많이 배웠을 can't help ~(~하지 않을 수 없다)라는 표현도 쓸 수 있다. 이 표현은 I couldn't help crying.(울지 않을 수 없었다, 울음을 참을 수 없었다.)과 같이 사용하는데 We can't help it.이라고 하면 '우리가 그렇게 되는 것을 어떻게 할 수 없다'가 된다. 이것을 it을 주어로 수동태로 바꾸면 It can't be helped.가 되고 이것은 상황인 it이 주어가 되어 '그 상황은 아무도 어떻게 할 수 없다'라는 it에 관한 문장으로 바뀐다.

예제 그 상황에서는 어쩔 수 없었다.
It **couldn't be helped** under the circumstances.

저는 그것에 관해 어떻게 손쓸 방법이 없습니다.
I'm afraid **nothing** can **be done** about it.

be read to

(~에게 …을) 읽어 주다

큰 아이들도 책을 읽어 주면 좋아한다.

콩글리시 **Older kids like it, too, if you read books to them.**

직역 **Older kids like it, too, if you read to them.**

네이티브 **Older kids like to be read to, too.**

'~에게 책을 읽어 주다'는 read books to ~와 같이 굳이 books라는 목적어를 쓸 필요가 없이 read to ~라고 한다. read 자체가 '책을 읽다'라는 뜻의 자동사로 쓰이기 때문이다. 여기서도 read to를 하나로 묶어서 수동태로 만들어야 한다. read의 과거분사는 형태가 바뀌지 않고 그대로 read이므로 수동태는 [be + read to(책이 읽혀지다)]가 된다.

예제 저희 아이는 책을 읽어 주면 아주 좋아해요.
My child loves to **be read to**.

be[get] nagged at

잔소리를 듣다

나는 잔소리 듣는 게 질색이에요.

콩글리시 **I hate hearing nag.**

네이티브 **I don't like to be nagged at.**

'잔소리'는 nag이지만 '잔소리를 듣다'라고 말할 때 hear nag이라고 하면 콩글리시가 된다. 이때는 nag을 동사로 사용한다. nag at ~이라고 하면 '~에게 잔소리하다'라는 뜻이 된다. 가령, '어머니는 항상 나에게 잔소리를 하신다'는 Mother always nags at me.가 된다. 그런데 위의 경우는 내가 nag at을 듣는 것이므로 수동태로 표현한다. nag의 과거분사는 nagged, 따라서 '내가 잔소리를 듣다'는 I am[get] nagged at이 된다. 한편 nag at ~은 '어떤 생각이 자꾸 나다, 마음에 걸리다'의 뜻으로도 쓰인다. 가령, '자꾸 마음에 걸리는 일이 하나 있다'는 There is one thing that nags at me.라고 한다.

예제 저는 집에 가서 어머니에게서 잔소리를 들었습니다.
I **got nagged at** by my mother when I got home.

be cooked
(~을) 잘 익혀 먹다

식중독을 예방하기 위해서 돼지고기는 완전히 익혀 먹어야 한다.

콩글리시 **You must eat pork after cooking it thoroughly to prevent food poisoning.**

직역 **You must eat pork thoroughly cooked to prevent food poisoning.**

네이티브 **Pork must be thoroughly cooked to avoid food poisoning.**

돼지고기(pork) 안에는 trichinella larvae라는 선모충이 있는데 이 기생충을 죽이기 위해서는 완전히 익혀 먹어야 한다고 한다. '돼지고기는 잘 익혀 먹어야 합니다'라고 하면 한국어에서는 먹는 사람이 주어가 된다. 영어로 하면 you가 되는 셈이다. 그러다 보니 위의 말을 영어로 하라고 하면 대부분 you를 주어로 해서 말한다. 이렇게 You must cook pork thoroughly.라고 해도 전혀 틀린 건 아니다. 그러나 먹는 사람에 초점을 맞추지 않고 pork 자체에 초점을 맞춰서 'pork가 어떻게 되어야 한다'라고 말할 수도 있다. 그러면 pork는 'you에 의하여 cook되어지다'가 된다. 따라서 Pork must be cooked thoroughly by you.가 된다. 이때 by you는 군더더기 말이므로 생략한다. 한편 한국어에서 '익혀 먹다'라고 해서 영어에서도 cook과 eat이라는 동사를 다 쓸 필요는 없다. 당연히 eat하기 위하여 cook하는 것이므로 eat은 필요 없다. 참고로 식중독을 '예방하다'는 prevent도 좋고 avoid(피하다)라는 동사도 좋다.

예제 모든 도구는 사용 후 깨끗이 닦아 주십시오.
All appliances must **be** thoroughly **cleaned** after each use.

be mispronounced
(~을) 잘못 발음하다

괜찮습니다. 사람들은 흔히 제 이름을 잘못 발음해요.

직역 **That's OK. People often mispronounce my name.**

네이티브 **Don't worry about it. My name is frequently mispronounced.**

외국 사람의 이름은 철자만 보고 말하면 틀리는 경우가 많다. 이렇게 '~을 잘못 발음하다'는 mispronounce라고 한다. 상대방이 나의 이름을 잘못 발음해서 미안해할 때 '괜찮다. 사람들이 자주 내 이름을 잘못 발음한다'라고 답변하는 경우를 생각해 보자. 한국어에서 '사람들이'로 시작하니까 영어에서도 people을 주어로 해서 말하기 쉽다. 그렇게 하면 People often mispronounce my name.이 된다. 그런데 이렇게 말하면 이 문장은 people에 관한 문장, 즉 people이 하는 행동이 메시지의 핵심이 된다. 그러나 실제로는

people이 어떻게 하느냐가 중요한 게 아니라 나의 이름, 즉 my name이 어떻게 된다는 것이 메시지의 초점이다. 따라서 영어에서는 주어를 my name으로 하는 것이 좋다. 그렇게 되면 my name은 'mispronounce되어지는' 것이므로 수동태로 해서 My name is often mispronounced (by people).가 된다. 뒤에 by people은 군더더기 같은 말이므로 생략한다. 참고로 '철자를 잘못 쓰다'라는 말을 할 때는 misspell이라는 단어를 수동태로 쓰면 된다. 미안하다는 말에 대해 '괜찮다'라고 답할 때는 That's OK.도 괜찮고 '신경 쓰지 마라'의 뜻으로 Don't worry about it.이라고 해도 된다.

예제 흔히 사람들이 내 이름의 철자를 틀리게 쓴다.
My name is frequently **misspelled**.

slept in
(~에서) **잠을 자다,**
(옷을) **입고 자다**

이 침대에서 누가 잠을 잤던 것 같다.

직역 **It looks like someone slept in this bed.**

네이티브 **This bed looks slept in.**

범죄자가 은닉해 있다는 정보를 받고 형사들이 어떤 장소를 급습한다. 안에 들어가 보니 사람은 없는데 침대에서 누군가 잠을 잤던 흔적이 있다. 이런 상황에서 '이 침대에서 누가 잠을 잤던 것 같군요'라는 말을 영어로 어떻게 할까? 한국어에서 '누가 잤다'라고 하기 때문에 영어에서도 주어를 someone으로 해서 Someone slept in this bed.라고 하기 쉽다. 그러나 이 경우에는 주어를 this bed로 하는 것이 영어다운 영어의 핵심이다. 왜냐하면 이 문장에서 중요한 것은 이 침대가 '어떻다'고 말하는 것이기 때문이다. this bed는 '자는 것을 당하다'라고 수동태여야 하므로 This bed was slept in (by someone).이 된다. 이때 someone이 누구인지는 관심의 대상이 아니므로 생략한다. 여기서 be동사 was 대신 '~인 것 같다'의 look을 넣으면 This bed looks slept in.이 된다. 또 다른 예를 들어 보자. 박물관에 갔더니 침대가 전시되어 있다. '이 침대는 고종 황제가 쓰던 침대이다'라는 안내문을 영어로는 뭐라고 써야 할까? 이때도 마찬가지로 한국어에서는 '고종 황제가 썼다'라고 하기 때문에 영어에서도 주어를 Emperor Kojong이라고 하기 쉬운데, 실은 문장의 주체가 침대이므로 침대를 주어로 해서 This bed was slept in by Emperor Kojong.이라고 하는 것이 제대로 된 표현이다.

예제 그 사람의 셔츠는 마치 입고 잠을 잔 것처럼 구겨져 있었다.
His shirt was rumpled, as if (it **was**) **slept in**.

• rumple 헝클다

feel well cared for
(~를)
정성껏 보살펴 주다

이 박사님의 병원에 가면 정성껏 치료를 해 준다는 느낌을 받는다.

직역 **When I go to Dr. Lee's clinic, I always feel that they treat me with care.**

네이티브 **At Dr. Lee's clinic, I always feel well cared for.**

'정성껏 치료해 주다'를 그대로 영어로 옮기면 '치료하다' → treat, '정성껏' → with care가 되어 treat ~ with care가 된다. 이렇게 해도 틀린 말은 아니지만 보통 이런 경우 병원에서 치료를 해 주는 것은 당연한 일이므로 treat를 삭제하고 care for ~(~을 보살펴 주다)와 같은 표현을 쓰는 것이 더 자연스럽다. 따라서, '병원에서 환자를 정성껏 치료해 준다'는

They really care for their patients.라고 할 수 있다. 그런데 이 문장의 주어는 병원을 일컫는 일반적인 주어인 they이므로 '병원이 어떻게 한다', 즉 '병원'에 관한 문장이 된다. 그런데 위의 예문은 환자 입장에서 내가 어떻게 느낀다는 뜻이므로 I를 주어로 하는 것이 좋다. 그렇게 되면 I는 'care for되어지는' 것이 되어 수동태로 표현해야 한다. 따라서 I am cared for.가 된다. 여기서 am을 '느끼다'라는 뜻의 feel로 바꾸고, '잘' 보살피다는 뜻으로 well을 더하면 I feel well cared for.가 된다.

예제 그 호텔에서 머무는 동안 정성을 다해 손님을 모신다는 느낌을 받았다.
During my stay at the hotel, I **felt well cared for.**

be watched
(누가 ~를) **지켜보다**

090_Ch13_n35_45

나는 누군가가 날 지켜보고 있다는 느낌을 받았다.

콩글리시 **I had a feeling (that) someone was looking at me.**
직역 **I felt (that) someone was watching me.**
네이티브 **I felt I was being watched.**

영어에서 한국어로 '보다'라고 번역되는 동사는 see, watch, look 등 여러 개가 있다. 각 동사마다 쓰이는 용도가 다르므로 주의해야 한다. see는 그냥 눈에 들어와서 '보다', look은 의도적으로 '보다', watch는 주의 깊게 관찰하듯이 '보다'의 뜻으로 쓴다. 위 예문의 상황처럼 어떤 사람을 '지켜보는' 것은 watch라는 동사를 써야 옳다. 따라서 '누가 나를 지켜보고 있었다'는 Someone was watching me.가 된다. 그런데 이 문장에서 중요한 것은 '누군가'라는 신원이 밝혀지지 않은 어떤 사람이 아니라 '나', 즉 I이다. 따라서 I를 주어로 하면 수동태가 되어 I was being watched.(내가 지켜봐졌다.)가 된다. 이럴 때는 능동태보다 수동태가 더 자연스럽게 들린다.

예제 대부분의 기술자들은 작업하는 동안 다른 사람이 지켜보는 것을 싫어한다.
Most techs don't like **being watched** while they work. • tech(technician) 기술자

be corrected
(잘못을) **지적하다**

그녀는 누가 자신의 잘못을 지적하는 것을 싫어한다.

콩글리시 **She doesn't like it when someone points out her wrongdoings.**
직역 **She doesn't like it when someone corrects her.**
네이티브 **She doesn't like being corrected.**

잘못을 '지적하다'를 영어에서 point ~ out(~을 지적하다, 가리키다)이라고 하면 안 된다. point out은 '어떤 사실이나 눈에 띄는 현상을 짚어서 언급하다'의 뜻으로 쓰이는 표현이다. 위와 같이 누가 잘못한 것을 지적하는 것은 영어로는 correct(~을 수정하다, 정정하다)라고 한다. 그런데 한국어에서 '누가 그녀의 잘못을 지적하다'라고 하다 보니 영어에서도 '누구', 즉 someone을 주어로 해서 말하기 쉽다. 그러나 이 문장은 누가 지적하는 것에 대하여 그녀가 어떻게 반응하는가, 즉 she에 관한 문장이다. 따라서 she를 주어로 하면 she는 'correct되어지다'가 되므로 She is corrected (by someone).가 된다. 이때 by someone은 있으나 없으나 중요한 내용이 아니므로 생략한다. 그리고 be corrected를 싫어하는 것이므로 She doesn't like being corrected.라고 하면 우리가 원하는 영어

문장이 완성된다. not like 대신 not take kindly to ~(~하는 것을 달가워하지 않다)라는 영어 표현을 써도 좋다. 중요한 것은 Someone corrects her.과 She is corrected. 이 두 문장이 문법적으로 맞고 틀리고가 아니다. 이야기의 핵심을 주어로 삼는 영어의 특성을 파악해야 한다. 다시 말해 이런 경우에는 주어를 she로 해서 수동태로 써야 제대로 영어 맛이 나는 문장이 된다는 뜻이다.

예제 김 교수님은 말하는 중간에 누가 끼어드는 것을 싫어하신다.
Professor Kim doesn't take kindly to **being interrupted**.

* interrupt ~에 참견하여 중단시키다

be mistaken
(사람들이 ~를 …로)
착각하다

사람들이 종종 나를 영화배우 고미나로 착각해.

직역 **People often mistake me for actress Mina Ko.**

네이티브 **I'm often mistaken for actress Mina Ko.**

'A를 B로 착각하다'는 영어로 mistake A for B라고 한다. 한국어에서는 '사람들이 나를 ~로 착각한다'라고 하기 때문에 주어가 '사람들'이다. 따라서 영어로 말할 때도 people을 주어로 하기 쉽다. 물론 people을 주어로 해서 People mistake me for ~라고 해도 틀린 영어는 아니다. 다만 같은 경우에 원어민들은 대부분 people 대신 주어를 I로 해서 말한다는 차이가 있다. 여기서 말하고자 하는 내용은 people이 아니라 '내가 어떻다', 즉 '나'가 주체이다. 따라서 I를 주어로 하면 I는 'mistake for되어지다'라고 수동태로 표현해야 하므로 I'm mistaken for ~가 된다. 한국어에서 '사람들이'라고 하더라도 영어로 말할 때는 보는 관점을 바꿔 I를 주어로 해서 수동태로 말하는 것이 원어민들의 표현법이다.

예제 사람들이 종종 나를 나의 언니로 착각한다.
I'm often **mistaken** for my sister.

be attended
(행사에) **참석하다[오다]**

그녀는 자신의 책 사인회에 사람들이 많이 오지 않을까 봐 걱정했다.

직역 **She was worried that not many people might come to her book signing.**

네이티브 **She worried that her book signing would be poorly attended.**

'어떤 행사(event)에 사람들이 많이 참석하지 않았다'라는 문장에서 주어는 '사람들'이다. 그러다 보니 영어로 말할 때도 자동적으로 people이 주어로 나와서 Not many people attend the event.라고 하게 된다. 이렇게 해도 틀리는 것은 아니지만 이 문장은 people이 주어이기 때문에 people에 관한 문장이 된다. 그렇지만 실제 말하고자 하는 의도는 '사람들이 어떻게 했다'고 설명하는 것이 아니라 '행사가 어떠했다'고 이야기하는 것이다. 따라서 event를 주어로 내세워야 한다. 그렇게 되면 문장은 수동태가 되어 The event was not attended by many people.(그 행사는 많은 사람들에 의하여 참석되어지지 않았다)이 된다. 그런데 이렇게 수동태로 말하게 되면 by many people은 있어도 되고 없어도 되는 말이 된다. '참석자가 적었다'라는 의미는 굳이 by many people이라고 하지 않고 poorly(빈약하게, 가난하게)라는 부사를 써서 poorly attended(빈약하게 참석된)라고 할 수 있다. 그 결과 The event was poorly attended.가 된다. 이렇게 전달하고자 하는 메시지의 주체를 주어로 말하는 것이 네이티브 표현력의 핵심 요소이다.

예제 그 대회에는 참가자들이 적었다.
The competition **was** poorly **attended.**
그 행사에는 많은 사람들이 참석했다.
The ceremony **was** greatly **attended.**

be picked up
(주문한 물건을)
찾아가다 (1)

주문하신 물건을 찾아가십시오.

콩글리시 **Come and get your order.**
직역 **You can pick up your order.**
네이티브 **Your order is ready to be picked up.**

주문하거나 맡긴 물건을 '찾다'는 pick up이라고 한다. 상점에 주문해 놓은 상품이 도착해서 고객에게 '물건을 찾아가라'고 할 때 주어는 you, 즉 고객이 된다. 그러나 영어에서는 '주문한 물건'을 주어로 하는 것이 일반적이다. Your order는 '찾아가져야 하는 것'이므로 pick up의 수동태 be picked up이 와야 한다. 여기에 be ready to ~(~할 준비가 되어 있다)라는 표현을 더하여 Your order is ready to be picked up.(당신의 주문이 찾아질 준비가 되어 있습니다)이라고 표현하는 것이 네이티브 영어이다.

예제 온라인에서 주문하신 물품을 저희 매장에서 찾아가실 수 있습니다.
On-line orders can **be picked up** at our stores.

be claimed
(상금 등을)
찾아가다 (2)

그 복권 당첨금은 당첨자가 기한 내에 찾아가지 않아 복권 기금으로 귀속되었다.

콩글리시 **The winner of the lottery prize didn't take the prize, so it was sent back to the lottery fund.**
직역 **The lottery winner did not claim his prize by the deadline, so it reverted to the lottery fund.**
네이티브 **The lottery prize was not claimed by the deadline, so it was put back into the lottery fund.**

복권 당첨금(lottery prize)을 '찾아가다'는 take라고 하지 않고 claim이라고 한다. 따라서 '당첨자가 복권 당첨금을 찾아가지 않았다'는 The lottery winner did not claim his prize.가 된다. 한국어를 따라 영어 문장을 만들다 보니 문장의 주어가 lottery winner가 되어 당첨자에 관한 문장이 되었다. 그런데 위의 예문은 '복권 당첨금이 어떻게 되었다'라는 내용이므로 lottery prize가 문장의 주체이다. 따라서 lottery prize를 주어로 내세우면 수동태 문장이 되어 The lottery prize was not claimed.(당첨금은 수령되지 않았다)가 된다. 참고로 not claimed는 한 단어로 unclaimed라고 해도 된다. 뒤에 by the winner(당첨자에 의하여)는 사족이므로 생략한다. 정리하면, 한국어에서는 '당첨금은 찾아가지지 않았다'라고 수동태로 말하면 어색하지만, 영어에서는 당첨금을 주어로 한 수동태로 말하는 것이 더 자연스럽다. 한편 '~에 귀속되다'는 revert라는 동사가 있는데 한국어에서는 '~되다'라고 해서 수동형이지만 영어의 revert는 자동사이므로 그냥 revert to ~

라고 한다. 좀 더 일반적인 영어로 표현하면 be put back into ~(~에 다시 넣어지다)라고 할 수 있다.

예제 시 관계자는 견인된 차량 약 300대를 아직 주인이 찾아가지 않고 있다고 말했다.
The city official said that about 300 towed cars remained **unclaimed.**

미 국세청에 따르면 매년 20억 달러 가량의 납세 환급금을 찾아가지 않는다고 한다.
The IRS says about two billion dollars in tax refunds **is unclaimed** nationwide each year.

get stared at
(사람들이 ~를)
쳐다보다

한국에서 공중목욕탕에 가면 사람들이 저를 쳐다봅니다.

콩글리시 **People look at me when I go to a public bathhouse in Korea.**

직역 **People stare at me when I go to a public bathhouse in Korea.**

네이티브 **I get stared at when I go to a public bathhouse in Korea.**

요즘은 우리나라에 외국인들이 여행도 많이 오고 거주하는 사람도 많기 때문에 외국인이 나타났을 때 쳐다보는 사람이 많지 않다. 그렇지만 공중목욕탕에 외국인이 온다면 상당한 시선을 끌 것이다. 그런 외국인 입장에서 '목욕탕에 갔더니 사람들이 쳐다보더라'라는 말을 영어로 어떻게 할까 생각해 보자. 한국어 문장에서 '사람들이 쳐다보다'라고 하니까 대부분 주어를 people로 해서 말하려고 할 것이다. 관심을 갖고 '쳐다보다'는 단순하게 look at ~이 아니고 stare at ~이라고 한다. 따라서 People stare at me.가 된다. 그렇지만 이 문장은 '나의 경험'을 말하는 것이 목적이다. 따라서 주어를 I로 해야 한다. 그러면 내가 누구를 '쳐다보는(stare at ~)' 것이 아니라 '쳐다보여지는(be stared at)' 것이므로 수동태로 표현해야 한다. 즉, I am[get] stared at.이 된다. 여기서 am을 쓰면 어떻게 된 '상태'를 나타내는 데 반해 get을 쓰면 어떻게 당한다는 '동작'의 의미가 표현된다. 이 경우는 stare at을 당하는 것이므로 get stared at이라고 하는 것이 더 자연스럽다.

예제 난 밖에 나갔을 때 사람들이 나를 쳐다보는 것에 익숙해.
I'm used to **getting stared at** on the streets.

be serviced
(공항에) **취항하다**

제주 국제공항에는 세계의 많은 주요 항공사들이 취항한다.

직역 **Many major international airlines come to Jeju International Airport.**

네이티브 **Jeju International Airport is serviced by many major international carriers.**

어떤 항공사들이 어떤 공항에 '취항한다'라는 말을 영어로 하라고 하면 대부분 어려워할 것이다. 무엇보다 '취항하다'라는 표현을 잘 모르기 때문이다. 그러다 어쩔 수 없이 come to ~와 같은 표현을 쓰게 되는데, airlines come to ~는 예상대로 엉터리 표현이다. '~ 공항에 취항하다'는 service ~라고 한다. 보통 '서비스'라는 뜻의 명사로만 알고 있는 service

는 타동사로 쓰면 '~에까지 수송 서비스를 하다'라는 뜻이다. 그런데 문제는 주어를 항공사, 즉 airlines로 하기 쉽다는 것이다. 그렇지만 위의 문장은 항공사가 아니라 '제주 국제공항'에 관한 것이므로 주어를 Jeju International Airport로 해야 한다. 그렇게 하면 Airport는 항공사들에 의해 '서비스되는' 것이 된다. 따라서 수동태로 표현하면 Jeju International Airport is serviced by ~가 된다. 항공사뿐만 아니라 제주 국제공항에 버스와 택시가 들어온다면 Jeju International Airport is serviced by buses and taxies.라고도 할 수 있다. 참고로 어느 공항까지 가는 항공기를 물어볼 때는 service라고 하지 않고 fly to를 쓴다. 가령, '어떤 항공사들이 Las Vegas까지 갑니까?'라고 물어볼 때는 Which air carriers fly to Las Vegas?라고 하면 된다.

예제 그 공항에 취항하는 항공사는 다음과 같다.
The airport **is serviced** by the following carriers.

be avoided
(사람들이 ~을) **피하다**

요즘 직장에서 사람들이 나를 피하려 한다는 느낌이 든다.

직역 **These days I feel people are trying to avoid me at work.**

네이티브 **These days I feel I'm being avoided at work.**

무슨 연유인지 직장이나 학교 등에서 평소에 가깝게 지내던 사람들이 갑자기 나를 피하는 듯한 느낌을 받을 때가 있다. 그럴 때 '사람들이 나를 피하는 것 같다'라는 말을 영어로 어떻게 할까? '~을 피하다'는 기본적으로 avoid ~이다. 그리고 한국어에서 '사람들이'가 주어이므로 영어에서도 people을 주어로 하면 People are avoiding me.가 된다. 이것은 people이 주어가 되었기 때문에 people에 초점을 맞춘 문장이 된다. 그런데 내 말의 의도는 어떤 특정한 사람들을 찍어서 그들이 '어떻게 한다'라고 말하려는 것이 아니라 나의 관점에서 '내가 어떤 느낌이다'라는 경험을 이야기하고자 하는 것이므로 주어는 I가 되어야 한다. 그렇게 되면 I는 'people에 의하여 avoid되어지는 것'이 된다. 따라서 수동태로 표현하면 I'm being avoided (by people).가 된다. 여기서는 나의 입장에서 내 경험을 말하는 것이 주된 목적이므로 by people은 별 의미가 없는 말이 되어 생략한다. 한국어에서는 '내가 피해지는 것 같다'라는 수동형의 말이 불가능하고 항상 '사람들이 나를 피한다'라고 하기 때문에 한국어 관점에서 보면 영어로 말할 때 I를 주어로 선택하기 어렵다. 그렇지만 이런 상황에서 I를 주어로 해서 수동태로 말하는 것이야말로 영어다운 영어 감각이라 할 수 있다.

예제 이 첨가물은 건강상의 이유로 사람들이 점점 기피하고 있다.
These additives are increasingly **being avoided** for health reasons.

be told ①
(~이라고) **하다[듣다]**

그렇다고들 하더군요.

콩글리시 **People say so.**

네이티브 **So I've been told.**

어떤 말을 듣고 '그렇다고들 하더군요'라고 맞장구치는 표현이 있다. 여기서 '그렇다고 하다'는 '그렇게 말하다'의 뜻으로, 주어는 일반적인 사람이다. 그래서 '그렇다고들 한다'를 영어로 할 때는 주어를 people이나 일반적인 사람을 뜻하는 they를 써서 They say so.라고 하기 쉽다. 그렇지만 원어민들 중 이런 식으로 말하는 사람은 없다. 영어에는 영어 나름대로의 표현 방식이 있기 때문이다. 영어에서는 주어를 they나 people로 하지 않고 '나', 즉 그렇게 말하는 것을 들은 I로 한다. 그리고 그들에게서 직접 말을 들은 것이므로 동사 tell을 쓴다. They told me so.(그들이 나에게 그렇게 말했다.)에서 I가 주어가 되면 나는 'tell 되어지다'라고 수동태로 표현해야 하므로 I was told so.가 된다. 그런데 그렇게 말한 것이 지금도 유효한 내용이므로 현재완료 시제로 써서 I've been told so.가 되는데, 이야기 내용인 so를 강조하기 위하여 문장 앞으로 내보내서 So I've been told.가 된다.

예제 다들 그렇다고 주의를 주더군요.
So I've **been warned**.

be told ②
(누가 ~하다고) **하더라**

나에게 온 메시지가 있다고 하던데요.

직역 **Someone told me that there is a message for me.**

네이티브 **I was told you have a message for me.**

호텔 투숙 중에 직원에게서 프런트에 메시지가 와 있다는 이야기를 듣고 프런트에 가서 '여기 나한테 온 메시지가 있다고 하던데요'라고 말하는 상황을 생각해 보자. '~이라고 하던데요'를 영어로 할 때 '하다'는 '말하다'라는 뜻이고 주어는 '누가'라는 말이 생략된 것으로 본다면 Someone told me that ~(누가 나에게 ~이라고 말해 주었다.)이 된다. 그런데 이렇게 하면 Someone이 문장의 주체가 되어 'someone이 무엇을 했느냐'에 관한 문장이 된다. 그러나 실제로 someone은 핵심 주체가 아니다. 이 문장은 '누가 나에게 말해 줘서 내가 그렇게 알고 있다'는 말을 하는 것이다. 따라서 someone 대신 I를 주어로 해서 말하는 것이 좋다. 그렇게 되면 수동태가 되어 I was told by someone that ~이 된다. 이때 by someone은 중요하지 않으므로 생략한다. I was told that ~은 한국어로 직역하면 '나는 ~이라고 말해졌다'가 되는데 한국어에서는 이런 식으로 수동형을 사용하지 않는다. 따라서 한국어를 직역하는 식의 영어를 하는 사람은 평생 I was told that ~이라는 원어민식 표현을 사용하지 못할 것이다. 따라서 영어로 말할 때는 한국어의 문장 구조나 표현을 직역하려 하지 말고 한국어의 의미만 가져다가 영어식 문장 구조와 표현을 사용해야 한다. 참고로 '~하라고 하더군요'는 I was told to ~라고 한다. 가령, '(누가 나에게) 여기서 기다리라고 하더군요'도 직역하면 Someone told me to wait here.가 되지만 I를 주어로 하면 I was told to wait here.가 된다. 참고로 약간 다른 상황으로 '~이라고 하더군요'가 소문이나 풍문으로 들은 것을 전달하는 표현으로 쓰일 때가 있다. 이때는 I was told ~보다는 I heard that ~(~이라고 들었다)이라고 하는 것이 낫다.

예제 이것을 당신에게 전해 드리라고 하던데요.
I **was told** to give this to you.

저를 보자고 하셨다면서요.
I **was told** you wanted to see me.

Chapter 14

부사를 대신하는 [with + 명사]로 영어를 영어답게 말하자

한국어 부사는 [with + 명사]로도 표현할 수 있다!

K씨는 해외에 사는 친척에게 보낼 선물이 있었다. 깨지기 쉬운 물건이라서 상자 위에 조심해서 다루어 달라는 문구를 써 넣었으면 했다. 영어라면 나름대로 자신이 있는 K씨는 '조심해서' = carefuly, '다루다' = handle이라고 생각해서 'HANDLE CAREFULLY'라는 큼지막한 스티커를 만들어 상자 위에 붙였다. 얼마 후 친척에게서 답례로 작은 소포가 왔다. 그 상자 위에도 미국 우체국에서 부착한 스티커가 붙어 있었다. 거기에 쓰여진 문구를 읽은 K씨는 머리가 띵해졌다.

HANDLE WITH CARE

K씨는 이럴 때 미국 사람들이 carefully라고 하지 않고 with care(주의를 가지고)라고 한다는 것을 알게 되었다. 사실 carefully는 바로 생각나지만, with care는 쉽게 생각해 내지 못한 표현이었다. 그리고 얼마 후 K씨는 그 친척의 미국 집에 방문하게 되었다. 미국의 도로의 공사 현장을 지나는데 그의 눈에 도로에 세워진 큰 팻말이 들어왔다.

PASS WITH CARE

얼마 전 with care라는 말을 봤을 때의 충격이 다시 몰려왔다. '조심해서 지나가라'를 자신은 Pass carefully.라고 생각하지 않았을까? 한국어에서는 어떤 동작의 방법을 설명할 때 '조심해서', '우아하게', '정밀하게'와 같은 부사를 사용한다. 이를 영어로 바꾸라고 하면 십중팔구 영어에서 같은 부사를 찾아서 carefully, elegantly, precisely라고 한다. 이런 방식이 틀린 것은 아니지만 이렇게 한국어를 영어로 직역하는 식으로는 같은 상황에서 원어민들이 사용하는 중요한 다른 표현 방식을 익힐 수 없다. 이 중요한 표현 방식이 바로 [with+명사]이다. with 뒤에 각 부사의 명사형을 붙여서 with care, with elegance, with precision이라고 표현하는 것이다. 물론 원어민들이 쓰는 모든 [with+명사] 형태의 표현이 carefully 같은 부사에서 care라는 명사를 끄집어내어 with를 붙이는 공식으로 설명되는 것은 아니다. 가령 어떤 음식을 '맛있게 먹다'라고 할 때 원어민들이 흔히 쓰는 표현인 with gusto는 gusto(행동에 따르는 큰 즐거움)라는 명사만 있을 뿐 carefully 같은 부사형이 없다. 따라서 처음부터 with gusto라는 표현을 생각해 내지 않으면 쓸 수 없다. 즉, [with+명사] 표현은 그 자체를 하나의 표현 방식으로 익혀야지 공식을 통해 만들어 내는 식으로 접근해서는 안 된다.

원어민은 carefully라는 말을 두고 왜 굳이 with care라고 할까? 가장 큰 이유는 명사형인 care가 들어간 문장이 훨씬 단단하고 역동적인 느낌을 주기 때문이다. 누가 어떤 행동을 '조심해서, 우아하게 그리고 정밀하게' 한다고 할 때 carefully, elegantly and precisely라고 -ly가 붙은 부사를 늘어 놓는 것과 with care, elegance and precision과 같이 [with+명사]를 나열한 것을 비교해 보면 그 차이를 느낄 수 있다. 물론 두 가지 방법을 섞어 쓰면 글이 덜 지루할 것이라는 측면도 있다. 그럼 원어민들은 어떤 상황에서 [with+명사]를 주로 사용하는지 예문을 통해 익혀 보자. 이번 장에 소개된 [with+명사] 표현은 챕터 17의 영어식 비유 표현법으로 연결된다.

부사를 대신하는 [with+명사]로 영어를 영어답게 말하자

with certainty

확실히

091_Ch14_n01_11

그건 내가 직접 봤기 때문에 확실히 말할 수 있어.

콩글리시 I can say clearly because I saw it directly.

직역 I can tell you that clearly because I saw it myself.

네이티브 **I can tell you that with certainty because I witnessed it with my own eyes.**

'그것을 당신에게 말하다'는 tell you that이다. '내가 직접 봤다'에서 '직접'은 단어 그대로 directly라고 하면 안 된다. 여기서 '직접'은 '간접'의 반대 의미가 아니라 '몸소', '나 자신이'의 뜻이므로 myself라고 하거나 with my own eyes(내 눈으로)라고 한다. '보다'도 대부분 see를 생각하겠지만 witness(목격하다)를 써도 좋다. '확실히 말하다'에서 '확실히'는 clearly(불분명한 점이 없이 분명하게)보다는 확신을 가지고 말한다는 뜻이 담긴 certainly나 surely가 좋다. 그렇지만 speak certainly, speak surely라고는 하지 않기 때문에 명사형인 certainty, surety를 사용해서 speak with certainty(확실함을 가지고 말하다)나 speak with surety(확신을 가지고 말하다)라고 한다. 이렇게 [with+명사] 형태를 쓸 경우 certainty나 surety 앞에 다양한 형용사를 넣어서 강조의 정도를 세밀하게 묘사할 수 있다는 장점이 있다.

I can say with great certainty that ...
나는 …이라는 점을 매우 확실히 말할 수 있다

I felt with utter certainty that ...
나는 …이라는 점을 매우 확실히 느꼈다 • utter 완전한, 철저한

I felt with some certainty that ...
나는 …이라는 점을 어느 정도 확실히 느꼈다

I knew with absolute certainty that ...
나는 …이라는 점을 매우 확실히 깨달았다 • absolute 절대적인

I realized with undeniable certainty that ...
나는 …이라는 점을 매우 확실히 깨달았다 • undeniable 부인할 수 없는

예제 당신은 그 사람의 주장이 사실이라고 확실히 말할 수 있습니까?
Can you say **with** any **certainty** that his claims are truthful?

나는 아주 확실하게 우리가 잘못 짚었다고 생각했다.
I felt **with** absolute **certainty** that we were on the wrong track.

• on the wrong track 잘못 알고 있는, 잘못 짚은, 일의 방향을 잘못 잡은

with confidence

자신 있게

자신감 있게 플레이를 해야만 팀 동료들도 너에게 신뢰를 갖게 될 거야.

콩글리시 **Only when you play confidently, your teammates will trust you.**

네이티브 **Only when you play with confidence, will your teammates believe in you.**

'~할 때만'은 Only when ~이고, 문장이 only로 시작할 때에는 뒷문장 주절의 주어와 동사는 자리가 바뀐다. 따라서 위 예문에서 your teammates will은 문법적으로 틀리고 will your teammates라고 해야 한다. 한국어에는 이런 규칙이 없기 때문에 학습자들이 가장 많이 틀리는 부분이다. '~에게 신뢰를 갖다'는 have trust in ~이라고 하거나 trust를 직접 동사로 쓸 수 있다. believe in ~(~에게 신뢰를 갖다, 능력을 믿어 주다)이라는 표현도 좋다. '자신 있게'에 해당하는 영어 단어는 confidently이지만 명사형인 confidence를 사용하여 with confidence(자신감을 갖고)라고 표현하면 좋다. 코치가 선수들에게 '자신 있게 플레이하라'라고 주문할 때 Play confidently보다는 Play with confidence라고 할 가능성이 더 크다. -ly형의 부사로 문장을 끝내면 싱거운 느낌이 나는 반면, confidence와 같은 명사로 끝내면 문장이 훨씬 박력 있다.

예제 그녀는 다음 해가 자동차 업계에 매우 힘든 한 해가 될 것이라고 자신감 있게 예측했다.
She predicted **with confidence** that next year will be a tough year for the automotive industry.

너희가 자신 있게 행동하면 다른 사람도 그만큼 너희들을 신뢰하게 될 것이다.
When you carry yourself **with confidence**, others will have the same confidence in you.
* carry oneself (어떤 태도를 가지고) 행동하다

with ease

쉽게

그 휴대폰에는 듀얼 카메라가 있어서 인물 사진을 아주 쉽게 찍을 수 있다.

직역 **Because the cellphone is equipped with dual cameras, it can take portrait shots very easily.**

네이티브 **With its dual cameras, the cellphone can take portrait shots with great ease.**

제품이 어떤 기능을 '장착하고 있다'를 영어로 표현할 때 be equipped with ~(~을 갖추다, 장착하다)를 쓰는 경우가 많다. 틀린 표현은 아니지만 도식적 영어에 갇힌 느낌이 든다. 제품에 어떤 기능이 있다는 말은 간단하게 have 동사를 쓰면 된다. 그 외에 feature(기능·특징을 가지고 있다), sport(~을 과시하다), boast(~을 자랑하다) 같은 동사를 써서 The cellphone features dual cameras.처럼 표현할 수도 있다. 더 간단하게 with 전치사를 써서 with its dual cameras(듀얼 카메라를 가지고)라고 해도 된다. 위 예문의 핵심은 '쉽게'를 영어로 표현하는 것인데 대부분 easily라고 할 것이다. 또는 easily의 명사형인 ease를 써서 with ease(쉬움을 가지고)라고 할 수도 있다. '매우'라는 강조의 말인 very는 easily에만 붙일 수 있다. very는 ease라는 명사 앞에는 쓸 수 없으므로 great라는 형용사로 대체한다. 그 외에도 with superb ease, with remarkable ease와 같이 '대단한'이라는 뜻의 다양한 형용사구를 사용할 수 있다. 참고로 '쉽게'는 effortlessly라고도 하는데 '무엇

이 없다'는 뜻의 접미사 -less가 붙어 'effort(노력) 없이'라는 뜻이 된다. 이 경우를 [전치사+명사] 형태로 표현하려면 with 대신 without를 써서 without effort라고 하거나 '거의 ~이 아닌'이라는 뜻의 little을 붙여 with little effort라고 한다.

예제 그는 그 무거운 가방을 매우 쉽게 들어 어깨에 짊어졌다.
He lifted the heavy bag onto his shoulder **with** remarkable **ease.**

그녀는 미로 같이 얽힌 어두운 복도를 아주 쉽게 지나갔다.
She found her way through the dark maze of hallways **with** great **ease.**

• find one's way 길을 찾아가다, 앞으로 나가다 maze 미로

with grace and beauty

우아하게, 아름답게

저는 할머니에게서 우아하고 아름답게 늙는 법을 배웠습니다.

콩글리시 **I learned from my grandmother how to grow old elegantly and beautifully.**

네이티브 **My grandmother taught me how to age with grace and beauty.**

'~에게 배우다'는 바꿔 말하면 '~가 가르쳐 주다'가 된다. 따라서 I learned from(나는 ~에게서 배웠다) 대신 taught me(~가 나에게 가르쳐 주었다)라고 할 수 있다. '늙다'는 get[grow] old라고 하는데 보통 '나이'라는 명사로 알고 있는 age는 '늙다'라는 동사로도 쓰인다. 이 두 표현 사이에는 미묘한 차이가 있다. get[grow] old는 '나이를 먹다'라는 뜻이고, age는 주로 '신체적으로 노화하다, 늙다'라는 의미로 쓴다. 따라서, '너 밤새 십 년은 늙어 보인다'는 말은 You look like you aged ten years overnight.라고 해야 한다. 마찬가지로 '하나도 안 늙었네'는 You haven't gotten old at all.이라고 하면 콩글리시가 되고 You haven't aged a bit.이라고 해야 한다. 위 예문은 '나이를 먹다'나 '신체적으로 늙다' 두 가지 모두로 받아들일 수 있기 때문에 age와 get[grow] old 중에 어느 것이든 쓸 수 있지만, age를 쓰는 게 조금 더 어울린다. '우아하게'는 elegantly가 맞지만 주로 복장, 태도, 글에 쓴다. 사람이 기품 있고 우아하다고 할 때는 gracefully를 주로 쓴다. '아름답게'를 beautifully라고 하면 한국어를 그대로 직역한 느낌이다. 원어민은 명사형인 grace와 beauty를 써서 with grace, with beauty라고 한다. with는 한 번만 말하면 되니까 with grace and beauty가 된다. '~하게'를 [with+명사]로 표현하면 with 뒤에 명사를 여러 개 나열할 수 있는 장점이 있다. 가령, 위 예문을 '품위 있게, 유행에 맞게, 현명하게 늙다'라고 고친다면 -ly 부사로는 how to age gracefully, beautifully, dignifiedly, stylishly and wisely가 되지만 명사형으로는 how to age with grace, beauty, dignity, style and wisdom이 된다. -ly 형태의 부사를 쭉 늘어 놓으면 보기에 좋지 않지만, [with+명사] 형태로 바꾸면 깔끔하고 의미도 명확해진다.

예제 이 가방을 가지고 우아하게 여행하세요.
Get this bag and travel **with elegance.**

어머니는 병마와 싸우면서도 우아함과 품위를 잃지 않으셨다.
My mother battled a disease **with grace and dignity.**

with difficulty

힘들게

그녀는 온갖 잡일을 하며 힘들게 어린 아이들을 보살폈다.

콩글리시 **She took care of her young children difficultly, engaging in various work.**

네이티브 **With great difficulty, she managed to look after her young children by doing odd jobs.**

'~을 보살피다'는 영어로 take care of ~라고 생각하기 쉽다. take care of ~가 한국어 직역에 가까워서라기보다는 많이 들어 본 표현이라서 그런 것 같다. 여기서는 틀린 표현이 아니지만 좀 더 정확하게 표현하자면 look after가 좋다. 또는 '부양하다'의 의미로 provide for도 쓸 수 있다. '잡일'은 영어로 직역하면 miscellaneous(잡다한) work인데, 이 단어를 모른다면 various(다양한) work라고 해도 된다. 다만 영어권 사람들은 전문적 기술이 필요하지 않은 식당일, 청소 등을 odd jobs라고 하기 때문에 위의 두 표현은 원어민들에게 애매하게 들릴 수 있다. 또 어떤 일을 '하다'라는 말을 engage in ~(~에 종사하다, 관여하다)으로 표현하는 학습자들이 많은데, 이것보다는 일상적으로는 do odd jobs라고 한다. 무엇을 '힘들게' 하다는 말은 difficult(어려운)에 -ly를 붙인 difficultly를 생각할 수 있지만 실제로 이 단어는 거의 쓰지 않고, 명사형 difficulty에 with를 붙여서 with difficulty(어려움을 갖고)라고 한다. '매우 힘들게'는 with great difficulty이다. '힘들게'의 의미로는 with effort(노력을 가지고)도 자주 쓴다. effort에는 부사형이 없기 때문에 difficultly처럼 부사를 먼저 생각한 후에 difficulty라는 명사를 찾아서 with를 붙이는 식으로는 생각해 낼 수 없다. 그냥 with effort 자체로 외워야 한다. 참고로 with difficulty는 '하는 일 자체가 어렵다'는 뜻인 반면, with effort는 '어떤 일을 하는 데 특별한 힘이나 노력이 들다'의 뜻이라서 의미가 약간 다르다. 가령, 할머니가 '힘들게' 자리에서 일어나는 상황이라면, She pulled herself up from the chair(그녀는 의자에서 자신을 일으켜 세웠다) 뒤에 with difficulty를 붙여도 되고 with effort를 붙여도 된다. 전자는 일어나는 '과정'이 어려웠다는 의미고, 후자는 일어나느라 '특별한 힘이나 노력'을 들였다는 의미다. 그게 그거 같더라도 두 표현에 의미상 차이가 있다는 것은 알고 있도록 하자. little을 붙여서 with little difficulty(적은 어려움을 겪고), with little effort(적은 노력으로)라고 하면 '쉽게'라는 의미가 된다.

예제 그는 현재 매우 힘들게 목발을 짚고 움직일 수 있다.

Currently, he can move **with** great **difficulty** on crutches.

그녀는 매우 힘들게 노력해서 다이어트에 성공했다.

With herculean **effort**, she successfully dieted.

* on crutches 목발에 의지하여 * herculean 신화의 헤라클레스 같이 (힘이) 센

with efficiency

효율적으로

CEO들은 항상 자신의 회사를 위해 효율적으로 운영하는 방식을 찾고 있다.

직역 **CEOs are always looking for ways to manage their companies more efficiently.**

네이티브 **CEOs are on the constant lookout for ways to manage their firms with improved efficiency.**

'~하는 방식'은 ways to ~, '항상'은 always나 constantly도 좋다. '~을 찾다'는 대부분 look for ~를 생각하겠지만 search for ~라고 해도 되고, seek(~을 구하려고 하다)를 써도 된다. 한국어 동사를 영어 동사에 일대일로 대입하는 틀을 깨면 on the lookout for ~(~을 찾기 위하여 망을 보는)라는 관용 표현을 써서 전달하려는 의미에 집중할 수 있다. 이 표현을 쓰면 lookout 앞에 constant라는 형용사를 붙여 '항상 ~하다'는 의미를 표현하는 것이 가능해진다. 위 예문의 핵심은 '효율적으로'라는 한국어 부사를 영어로 표현하는 것이다. 직역 표현처럼 efficiently라는 영어 부사를 써도 되지만, [with+명사]를 써서 with efficiency라고 하면 더 자연스럽다. '효율적으로'를 강조하려면 more efficiently(더 효율적으로)나 with more efficiency라고 하면 되는데 이때 후자의 경우에는 more 외에도 앞에 여러 내용을 붙일 수 있기 때문에 표현이 풍부해진다. 같은 비교급 형용사인 greater, better를 쓸 수도 있고 increased(증가된), improved(향상된) 같은 일반 형용사도 쓸 수 있다. 반면 부사인 efficiently에는 more 외에는 다른 표현을 붙일 방법이 없다. 뿐만 아니라 with 뒤에는 다른 명사도 추가할 수 있다. CEO들이 회사를 효율적으로 운영하는 것뿐만 아니라 이윤(profit)을 높이는 방안에도 관심이 있다고 추가로 말하려면 뒤에 profitability(수익성)라는 명사만 붙여서 with greater efficiency and profitability라고 한다. 이런 표현법은 한국어를 영어로 직역하는 식으로는 접근하기 어렵다.

예제 우리의 솔루션은 사용자가 매우 효율적으로 재고를 관리할 수 있도록 해 준다.
Our solutions enable users to manage inventories **with** great **efficiency**.

우리는 서비스를 더 적은 비용으로 더 많은 고객에게 더욱 효율적으로 제공하는 것을 목표로 한다.
We aim to provide our services **with** greater **efficiency** to more customers at a lower cost.

• aim to/aim at -ing ~하는 것을 목표로 하다

with gusto

맛있게

그 식당은 한국 음식을 맛있게 먹고 있는 여러 인종의 사람들로 항상 붐빈다.

콩글리시 **The restaurant is always busy with people of different races eating Korean food deliciously.**

네이티브 **The restaurant is always packed with people from different races and ethnicities enjoying Korean food with gusto.**

'붐비다'는 영어로 busy(바쁜, 분주한)를 떠올리는 독자들이 많을 것이다. 이 단어를 써도 좋지만, 직역식 영어에서 벗어나려면 packed(꽉 찬), crowded(붐비는), bustle(가득 차서 붐비다) 등 다양한 표현법에 익숙해져야 한다. '인종'은 race로 '여러 인종의 사람들'은 people of different races 또는 people from different races라고 한다. 흔히 인종을 말할 때는 피부색에 의한 구분뿐 아니라 민족에 따른 구분을 포함하는 경우도 있기 때문에 ethnicity(민족)라는 단어를 덧붙여도 좋다. 위 예문에서 핵심은 '맛있게' 먹는다는 것인데 한국어 '~하게'를 영어에서 기계적으로 -ly형 부사로 표현하려고 하면 deliciously를 생각할 것이다. 그런데 eat deliciously는 원어민들이 거의 사용하지 않는 콩글리시다. deliciously는 보통 The meat was deliciously tender.(고기는 맛있을 정도로 연했다.)처럼 어떤 음식의 맛을 묘사할 때 쓴다. '맛있게'는 영어에서는 보통 with 전치사 뒤에 gusto(말이나 행동에 따른 즐거움 또는 재미)나 relish(맛을 음미하기, 즐기기)를 붙여 with gusto, with relish라고 한다. 아니면 enjoy(~을 즐기다), relish(~을 맛있게 먹다), savor(~을 음미하듯 맛있게 먹다)처럼 '맛있게'와 '먹다'라는 의미를 포함한 하나의 동사를 쓴다. 또 이런 동사와 with gusto를 함께 쓰면 맛있게 먹는다는 의미가 더 강조된다. 한편 with gusto는 먹는 것 외에 어떤 동작이든 '재미있게', '신나게', '열정적으로' 한다는 의미로도 쓴다. 가령, '우리 모두 노래를 즐겁게 따라 불렀다'는 영어로 We all sang along with gusto.라고 한다.

예제 우리는 케익을 맛있게 먹기 시작했다.
We all dug into the cake **with gusto.**
• dig into ~을 먹기 시작하다

그 남자 아이는 아이스크림을 맛있게 핥아 먹었다.
The boy licked the ice cream **with relish.**

with aplomb
침착하게

그는 위기에서 침착하게 대응할 수 있는 지도자입니다.

직역 **He is a leader who can responded to crises calmly.**

네이티브 **As a leader, he can handle crises with aplomb.**

'위기에 대응하다'를 직역하면 respond to crises인데, handle crises(위기를 다루다)라고 해도 된다. '그는 ~할 수 있는 지도자이다'는 영어로 풀면 He is a leader(그는 지도자이다)를 먼저 말한 다음에 leader를 받는 관계대명사절 who ~(~하는)를 붙이면 된다. 이렇게 만들어진 직역식 문장을 써도 괜찮지만 He is a leader 부분을 As a leader(지도자로서)로 바꾸고 뒤에 그 지도자에 대해 설명하는 문장인 he can ~을 붙이면 더 간단하게 원어민처럼 표현할 수 있다. 이어서 '침착하다'는 보통 calm을 떠올릴 것이고, '침착하게'는 calmly가 될 것이다. 그런데 계속 말해 온 것처럼 -ly 형태의 부사로 끝나는 문장은 어딘가 맥이 빠지는 느낌을 준다. 그럴 때 calmly의 명사형인 calmness를 써서 with calmness(침착함을 가지고)라고 하면 훨씬 생기 있는 문장이 된다. 다만, 실제로 원어민이 '침착하게'를 설명할 때 많이 쓰는 표현은 with aplomb이다. aplomb은 '침착, 냉정'이라는 뜻의 명사인데 형용사나 부사형이 없기 때문에 calmly처럼 부사를 명사로 전환하여 with를 앞에 붙이는 식의 발상으로는 절대 쓸 수 없다. with aplomb은 한국어로는 '태연하게'의 의미로도 해석된다. 이외에도 poise(침착, 냉정)라는 단어를 써서 with poise라고도 할 수 있다. 형용사 composed(침착한)와 명사형 composure를 활용해도 된다. 이 경우 '침착하게'는 with composure라고 한다.

예제 그 여배우는 성차별적인 질문을 침착하게 받아 넘겼다.
The actress handled the sexist questions **with poise.**

그는 달려드는 골키퍼를 피해서 침착하게 공을 밀어 넣었다.
He shoved the ball past the advancing goalkeeper **with aplomb.**
• shove 밀다 advancing 다가오는

with force

세게, 강하게

며칠 전에 과속방지턱을 너무 세게 넘어서 안개등이 망가져 버렸다.

콩글리시 **A few days ago, I went over a bump so strongly my fog lights were broken.**

직역 **A few days ago, I went over a bump so hard my fog lights broke.**

네이티브 **The other day, I hit a bump with such force I broke my fog lights.**

'과속방지턱'은 영어로 a bump다. 이것을 '넘다'는 go over ~라고 해도 괜찮지만 위 예문의 경우는 방지턱에 '부딪힌' 것이므로 hit가 더 어울린다. '~이 망가졌다'는 한국어 그대로 직역하지 말고, 깨뜨린 사람을 주어로 I broke ~(내가 ~을 깨뜨렸다)라고 하는 것이 자연스럽다. 실제로 내가 깨뜨린 것은 아니지만 영어에서는 이렇게 쓴다. 가령, '팔이 부러졌다'도 My arm broke.보다는 I broke my arm.이라고 한다. '세게'를 strongly라고 하는 것은 틀린 표현이다. 어떤 힘과 관계된 '세게'는 hard라고 한다. 참고로 hard의 명사형 hardness는 '단단함'이라는 뜻으로, 힘과는 관계가 없으니 헷갈리지 말자. 이때는 force(힘)를 써서 with force라고 해야 '세게'라는 말이 된다. '매우 세게'는 with great force, '세게 부딪혀서 ~하다'는 with such force that ~이라고 한다. '세게 부딪혀서 ~하다'는 부사 hard를 써서 so hard that ~이라고 해도 된다.

예제 어제 회사에 출근하는 길에 소형 SUV가 뒤에서 세게 들이받았다.
Yesterday, on my way to work, I was hit from behind with great force by a small SUV.

트럭이 나무에 세게 부딪혀서 나무 기둥이 뽑혔다.
The truck hit the tree with such force it uprooted it.

with flair

세련되게

그녀는 모델 출신의 배우라서 옷을 세련되게 입을 줄 안다.

직역 **She is an actress who worked as a model before. So, she knows how to wear clothes stylishy.**

네이티브 **As a model-turned-actress, she knows how to dress with flair.**

'모델 출신 여배우'는 직역해서 an actress who worked as a fashion model before(전에 모델로 일했던 여배우)라고 말해도 되지만 간단하게 model-turned-actress라고 할 수 있다. A-turned-B는 '전직 A에서 B로 바꾼 사람'의 뜻이다. 예를 들어 정치가였다가 지금은 언론인이 된 사람은 a politician-turned-journalist가 된다. '~로서'는 as an actress(여배우로서)라고 한다. '옷을 입다'는 직역식으로 wear clothes라고 하는 것보다 dress를 동사로 쓰는 것이 더 일반적이다. 〈네이티브〉 표현에서 '세련되게'를 with flair라고 썼다. flair는 style, elegance(우아함), originality(자신만의 독특함) 등의 의미를 갖고 있다. flair는 형용사나 부사형이 없기 때문에 처음부터 '~하게'라는 표현을 영어로 말할 때 [with+명사]의 구조를 생각하는 습관이 있어야만 쓸 수 있다. 유사 표현으로 '세련되게'는 한 단어로 stylishly라고 해도 된다. 하지만 명사 style을 활용해서

with style이라고 쓰도록 연습하자. with style, with flair 외에도 패션과 관련해서 with elegance(우아하게), with class(우아하게, 품위 있게) 등의 표현도 알아 두자. 이 표현들은 동사에 붙여서 '~하게'의 뜻으로 쓰이는 것뿐 아니라 명사 뒤에 붙여서 '~한'의 의미로도 쓰인다. 가령, '품격이 느껴지는 배우'는 an actor with class이다. 또 style, flair, elegance, class 등의 단어를 연결해서 with style and flair, with flair and class 처럼 쓰기도 한다.

예제 우리 방은 매우 세련되게 꾸며졌다.

Our room was decorated **with style and flair.**

여행을 우아하게 하려면 무엇보다 여행 가방을 잘 싸는 법을 알아야 한다.

Knowing how to pack your suitcase is key to traveling **with style.**

• key to -ing ~하는 데 있어 핵심인

with finesse

섬세하게

우리의 모든 제품은 섬세하게, 정밀하게, 정성껏 손으로 제작되었습니다.

콩글리시 **All of our products are handmade delicately, precisely and earnestly.**

네이티브 **All our products are handcrafted with finesse, precision and great care.**

'손으로 만들어진'은 handmade나 handcrafted라고 한다. 위 예문에는 3개의 부사가 연이어 나온다. '섬세하게'는 delicately, '정밀하게'는 precisely로 바로 직역이 가능한데, '성심껏'은 '~하게'라는 부사가 아니라 영어에서 한 단어로 찾기 힘들다. 〈콩글리시〉 표현에 나온 earnestly는 말이나 행동에 진정성이 있다는 뜻이라 '정성'과는 관계가 없다. 굳이 찾자면 devotedly(헌신적으로) 정도가 되겠지만 made devotedly라는 말은 우스꽝스럽다. 결국, '정성껏'을 한 단어로 하려면 아무리 해도 콩글리시가 되기 십상이다. 이런 딜레마는 기계적으로 한국어를 영어로 치환한 한 단어를 찾으려 하기 때문에 발생한다. 이때 무엇을 '어떻게' 한다는 말을 [with+명사]로 표현할 수 있으면 이 문제를 멋지게 해결할 수 있다. delicately의 명사형은 delicacy(섬세함), precisely는 precision(정밀)이다. '정성'은 영어로 care이다. 따라서 각각을 with ~ 뒤에 붙이면 with delicacy, with precision, with care가 된다. with delicacy는 같은 의미인 with finesse로 대체하는 게 자연스럽다. finesse는 '섬세함, 기교'를 의미하고, 부사가 없기 때문에 부사를 명사로 바꾸는 흐름으로는 떠올릴 수 없다. finesse에는 tact와 같이 '상대방의 감정을 상하지 않게 말하는 능력'이라는 뜻도 있어서 He handled the situation with finesse[tact].라고 하면 감정이 상하지 않는 중재적 방법으로 상황을 다루었다는 말이 된다.

예제 그 영화는 인간의 감정을 약간의 유머를 섞어서 섬세하게 전달한다.

The movie conveys human emotions **with finesse** and a slight touch of humor.

• a touch of 약간의 (감정)

그 성우는 아주 다양한 인물의 목소리를 매우 정확하게 연기할 수 있다.

The voice actor can perform a broad range of character voices **with** remarkable **precision.**

• a (broad) range of (넓은) 범위의 ~

part 5

문장에 화려함 더하기

Chapter 15

원어민은 '아니다'를 이렇게도 표현한다

NOT으로만 부정을 표현하면 진부하다!

표현을 다양하게 쓸 수 있는 능력은 모든 언어에서 언어 실력을 가늠하는 중요한 잣대이다. 이런 표현의 다양성이 가장 빛을 발하는 영역 중 하나가 바로 '아니다'를 뜻하는 부정 표현이다. 초급 영어나 직역식 영어를 구사하는 사람은 대부분 not과 never 두 단어로 '아니다'를 표현하는 경향이 있다. 그러나 원어민은 '아니다'를 아주 다양하게 표현한다. 다음 대화문을 보자.

A He's not an ordinary man.
B Anything but.

A의 말은 "그는 평범한(ordinary) 사람이 아니다"는 뜻으로 금방 이해가 된다. 그런데 B의 대답은 잘 이해가 안 되는 독자들이 많을 것이다. anything but이라니? 여기서 but은 '그러나'라는 뜻의 접속사가 아니라 '~을 제외한'이라는 뜻의 전치사로 쓰였다. 따라서 anything but ~은 '~을 제외한 것은 어느 것이나'라는 말로 바꿔 말하면 '다른 것은 다 되지만 ~은 절대 아닌'의 뜻이다. B의 말은 '그는 다른 것은 다 되지만, 평범한 사람만은 아니다'라는 뜻이고, He's anything but an ordinary man.에서 A가 이미 말한 부분을 생략하고 Anything but.만 말한 것이다. 그러니까 이 표현의 사용법을 제대로 알고 있다면 Anything but. 앞뒤로 생략된 정보를 짐작할 수 있어야 한다. 이 문장은 He's not an ordinary man at all.이라고 할 수도 있다. 그럼 상대적으로 익숙한 not ~ at all을 쓰면 될 것을 굳이 anything but ~이라고 하는 이유는 무엇일까? 첫째는 not ~ at all은 흔한 표현이라 이렇게만 말하면 문장이 매우 단조로워 보인다. 표현의 다양성은 언어의 지루함을 물리치는 중요한 무기다. 둘째, 두 표현의 기본적 의미는 같지만 표현의 맛이 다르다. anything but ~이 '~을 제외하고 어느 것이든 모두'라는 뜻이기 때문에 '아니다'라는 뉘앙스를 강조해서 전달해 준다. 맛으로 설명하자면 not ~ at all은 밋밋한데 반해 anything but ~은 톡 쏘는 맛이 난다. 그만큼 귀에 쏙 박히는 표현인 것이다.

(1) 접두사로 부정의 의미를 붙여라

부정 표현에서 not을 사용하지 않는 간단한 방법 중 하나는 부정의 의미인 접두사가 있는 단어를 쓰는 것이다. 가령 '나는 그것을 정말 믿을 수가 없다'라는 말을 영어로 해 보자. ① I can't really believe that. ② That's really unbelievable. ①번 문장도 좋지만, ②번 처럼 부정 접두사 un-이 붙은 형용사 unbelievable을 활용하면 표현이 더 풍부해진다. 한국어에도 '불법적인'의 '불(不)-'이나 '무책임한'의 '무(無)-', '비합리적인'의 '비(非)-'와 같은 부정 접두사를 사용한 단어들이 있으니 낯설지 않을 것이다. 영어의 대표적인 부정 접두사는 un- 외에도 dis-(disinterested 관심이 없는), ir-(irregular 규칙적이지 않은), il-(illegal 불법적인), in-(ineffective 효과적인지 않은), im-(impossible 불가능한), mis-(misspell 철자를 잘못 쓰다) 등이 있다.

(2) 전치사로도 '아니'라고 말할 수 있다

한국어와 마찬가지로 영어도 '~과 거리가 멀다'와 같은 수사적 표현으로 부정 의미를 말할 수 있다. 이는 딱 잘라 '아니다'라고 하지는 않으면서 부정의 의미를 전달하는 중요한 표현법이다. 이때 쓰는 표현이 far from ~(~으로부터 멀리 떨어진)이다. 어떤 사람을 '우리가 구하는(원하는) 사람이 아니다'라고 말하고 싶다면 He's not the man (whom) we're looking for.이나 He's far from the man we're looking for.이라고 한다. 의미는 같지만 후자가 훨씬 감칠맛 나는 문장이다.

(3) 부정의 의미를 가진 일반동사를 활용하자

부정의 의미는 일반동사로도 표현할 수 있다. 어릴 때 헤어져 십 대가 된 자녀를 뒤늦게 만난 아버지가 아이에게 영어로 사과하려고 한다. 뭐라고 해야 할까? 아마 I'm sorry I wasn't with you during your childhood.(너의 어린 시절 동안 너와 같이 있지 않아서 미안하다) 정도가 생각날 것이다. 이것도 틀린 말은 아니지만 원어민들은 miss라는 동사를 써서 I'm sorry I missed your childhood.(너의 어린 시절을 놓쳐서 미안하다)라고 표현할지도 모른다. '같이 보내지 못하다'를 miss라는 한 단어로 표현한 셈이다. miss는 해야 할 것을 하지 못한 상황을 묘사할 때 자주 등장하는 동사이다.

추가로 last, far, little와 같은 단어로 부정의 의미를 전달할 수도 있다. 이는 [(4) last, far, little로 부정 의미를 전달] 편에서 다루기로 한다. '안 하다', '못 하다'와 같은 부정을 꼭 not을 써서 표현해야 한다는 고정관념에 갇혀 있으면 영어다운 영어에 가까워지기 어렵다. 중요한 것은 not을 쓰지 않고도 부정의 의미를 전달할 수 있는 다양한 방식이 있다는 것이며, 원어민의 일상 대화에서는 이런 표현들이 자주 등장한다는 점이다. not의 덫에 걸려 있는 여러분의 영어를 풀어 줄 열쇠를 찾아가 보자.

I'm sorry
I missed your
Childhood.

(1) 부정 접두사, 접미사

dis-

더 이상 하지 않다

092_Ch15_n01_07

그 공장에서는 그 제품을 더 이상 만들지 않는다.

직역 **The factory no longer makes that product.**

네이티브 **The factory has discontinued the production of the product.**

'그 제품을 만들다'를 영어로 하면 make the product이고, make 대신 manufacture(제조하다), produce(생산하다)와 같은 단어를 써도 좋다. '더 이상 ~하지 않다'는 not ~ any longer 또는 줄여서 no longer이니 예문을 직역하면 The factory doesn't make the product any longer. 또는 The factory no longer makes the product.이다. 이 두 문장은 문법에도 맞고, 의미도 잘 전달한다. 하지만 한국어를 영어로 옮기는 것 말고 문장의 '의미'를 표현하는 관점에서 접근해 보자. 예문의 핵심은 물건을 만드는 것을 '중지했다'는 것이다. 따라서 stop -ing(~하는 것을 중단하다, 그만두다)라는 표현을 써서 The factory has stopped making the product.라고 하면 not을 사용하지 않고도 부정 표현이 가능해진다. 또는 '~을 계속하다'라는 뜻의 continue 동사 앞에 부정 접두사 dis-가 붙은 discontinue(~을 그만두다, 중지하다)로 말하는 것도 방법이다. discontinue는 discontinue to produce ~(~을 생산하는 것을 중지하다)와 같이 to부정사와 함께 쓰거나 discontinue the production of ~(~의 생산을 중지하다)와 같이 명사형을 뒤에 붙일 수 있는데 명사를 붙이는 것이 더 자연스럽다. production 같은 명사 없이 discontinue 뒤에 바로 제품명을 붙일 수도 있는데 그때는 해당 제품 생산뿐만 아니라 판매까지 중단한 상태, 즉 '단종시켰다'라는 말이다.

예제 저는 동의하지 않습니다.

I **dis**agree.

전 지금으로서는 그 법안을 지지할 생각이 없습니다.

Right now, I'm **dis**inclined to support the bill.

• disinclined to ~하고 싶지 않은, ~할 의향이 없는

un-

(알지) 못한[않은]

나는 그런 사실을 전혀 알지 못했다.

콩글리시 **I didn't know the fact at all.**

직역 **I didn't know that.**

네이티브 **I was totally unaware of it.**

'알다'는 영어로 know이다. 따라서 '그 사실을 알지 못했다'를 I didn't know the fact.라고 하기 쉽다. 이 문장은 말은 통할지 모르지만 실은 콩글리시에 가깝다. 위 예문에서 말하는 '알지 못하다'는 어떤 상황이나 문제를 인식하지 못했다는 의미다. 그런데 know the fact는 '어떤 사실(fact)을 학습하거나 들어서 지식으로 알고 있다, 이해한다'는 뜻이다. 그러니 the fact를 쓰지 않고 I didn't know that.(그것을 모르고 있었다)이라고 하면 큰 문제가 없다. 보다 적합한 표현은 aware of ~(~을 알고 있는) 앞에 not을 붙이거나 아예 부정 접두사 un-이 붙은 unaware of ~를 쓰는 것이다. 이 외에도 in the dark라는 관용 표현을 쓸 수 있다. 전에 어떤 소설에서 in the dark를 '어둠 속에 있었다'라고 번역한 것을 봤

는데 이는 오역이다. in the dark는 '어떤 상황을 전혀 인지하지 못하고 있었다'라는 뜻을 가진 관용구이다.

예제 그 산에는 아직 발견되지 않은 수많은 생물 종들이 살고 있다.
There are a lot of **un**discovered species even in the mountain.

그는 그 일을 맡을 자격이 없다.
He is **un**qualified for the job.

ir-

(일정)하지 않은

그 식당은 문 여는 시간이 일정치 않다.

콩글리시 **The time the restaurant opens its door is not constant.**

직역 **The restaurant's business hours are not regular.**

네이티브 **The restaurant keeps irregular hours.**

'식당이 문 여는 시간'은 영어로 직역하면 the time the restaurant opens가 된다. open에 '문을 열다'라는 뜻이 있기 때문에 door(문)를 붙이지 않는 것이 올바른 표현이다. 다만 위 예문에서 말하는 '문 여는 시간'은 '영업 시간'을 의미하므로 the time the restaurant opens라고 하면 안 된다. '영업 시간'은 business time이 아니라 business hours라고 해야 한다. business를 생략하고 hours라고만 해도 뜻이 통한다. 또 시간이 '일정하다'고 할 때는 constant를 쓰지 않는다. constant는 사전에 '일정한'이라고 나와 있지만 어떤 상태가 변함없이 일정하게 유지된다는 의미로만 쓰기 때문이다. '규칙적'이라는 뜻으로의 '일정한'은 영어로 regular이다. 따라서 직역식 표현인 The restaurant's business hours are not regular.는 위 예문을 정확하게 영어로 옮긴 것이다. 단, 제대로 영어 맛을 살리려면 hours 대신 restaurant를 주어로 하고, not regular는 부정 접두사 ir-를 사용해서 한 단어로 irregular라고 바꿔 말해 보자. The restaurant keeps irregular hours.(그 식당은 불규칙한 시간을 유지한다.)에서 keep은 어떤 것을 반복적으로 한다는 의미를 갖고 있다. 가령, '나는 일찍 자고 일찍 일어난다'는 I keep early hours.이다.

예제 그 의사 선생님은 병원에 나오는 시간이 일정하지 않습니다.
The doctor keeps **ir**regular hours.

그건 지금 다루는 문제와 상관 없다.
That is **ir**relevant to the issue at hand.

• irrelevant to ~과 관계가 없는 at hand 지금 다루고 있는

ill-

(매너)가 없는, ~하지 않은

그 아이는 성격이 못됐고 예의가 없다.

콩글리시 **The boy has a bad character and no manner.**

직역 **The boy has a bad temper and no manners.**

네이티브 **The boy is bad-tempered and ill-mannered.**

일반적으로 말하는 '성격'에 해당하는 영어 단어는 character 또는 personality(인성)로, 어떤 사람을 일컬어 He has a bad character[personality].라고 하면 '사람 됨됨이가 나쁘다'라는 뜻이다. 구체적으로 화를 잘 내는 '성질'의 경우에는 temper(기질, 성질, 성미)

를 써서 He has a bad temper.(그는 성질이 못됐다.)라고 한다. have a bad temper는 한 단어로 bad-tempered라고 줄여 말할 수도 있다. '예절', '예법'이라는 뜻의 manner는 보통 -s를 붙여 manners라고 복수로 쓰기 때문에 '매너가 좋은 사람'은 a man of good manners라고 한다. have no manners도 부정 접두사인 ill-(안 좋은)을 붙여서 ill-mannered(매너가 안 좋은)라고 한 단어로 말할 수 있다.

예제 그는 그 프로젝트를 맡을 준비가 안 되어 있다.
He's **ill**-prepared to lead the project. • ill-prepared 준비가 안 된 lead 이끌다

우리는 그 문제를 단독으로 처리할 수 있는 능력이 없다.
We're **ill**-equipped to tackle the problem on our own.
• ill-equipped 필요한 장비, 기술, 능력을 갖추지 못한

im-

(접근)**할 수 없는**

접근 도로가 부족해서 공원의 대부분 지역은 일반 관광객이 접근할 수 없다.

콩글리시 **Because of a lack of access roads, ordinary tourists cannot approach most of the park.**

네이티브 **With limited road access, most of the park is impenetrable to casual sightseers.**

'접근 도로'는 access road, '~이 부족하다'는 동사 lack을 쓰지만 because of ~(~ 때문에) 구문에 넣으려면 a lack of ~(~의 부족)라는 명사구를 쓴다. 또는 전체를 limited road access(제한된 도로 접근)로 표현하면 더 좋다. '일반 관광객'을 ordinary tourist라고 하는 것은 틀린 표현이다. ordinary는 special(특별한)의 반의어로 '평범한'이라는 뜻이다. 위 예문의 경우에는 general(일반적인)을 쓰거나 professional(전문적인)의 반대되는 의미로 casual을 쓴다. 또 '접근하다'를 approach로 표현하는 것도 좋은 선택은 아니다. approach는 단순히 '~에 다가가다'는 의미로 쓰며 위 예문처럼 가고 싶어도 막혀서 못 가는 상황은 access를 써야 한다. 따라서 '~에 접근할 수 없다'는 cannot access가 되는데 여기서 not을 쓰지 않으려면 in-이라는 부정 접두사를 붙여서 The road is inaccessible to ~(그 도로는 ~에게 접근이 불가능한)와 같이 쓰면 된다. 다만 한 문장에서 access라는 단어의 반복을 피하는 것이 좋으니 penetrate(뚫고 가다)라는 동사에 부정 접두사 im-을 붙인 impenetrable을 쓰면 더욱 좋다. 직역은 '뚫고 갈 수 없는'이지만 '접근이 불가능한'의 의미로도 쓸 수 있다. 또 '이해가 안 되는'의 뜻으로도 쓴다. 가령, '그 책은 전문가가 아닌 일반 독자는 이해하기 힘들다'는 The book is impenetrable to a lay reader.이다. lay는 '전문가가 아닌 일반인인'이라는 뜻이다.

예제 반대론자들은 그 정책이 현실성이 없다고 주장한다.
Critics argue that the policy is **im**practical. • impractical 비현실적인, 실용적이지 않은

행사 날짜는 조정할 수 없습니다.
The event date is **im**movable. • immovable 움직일 수 없는, 고정된

in-

(이해)가 안 되는

위원회가 왜 그 제안을 부결시켰는지 이해가 안 된다.

직역 **I can't understand why the committee rejected the proposal.**

네이티브 **It's incomprehensible why the committee voted down the proposal.**

투표를 통해 무엇을 '부결시키다'는 영어로 reject(~을 거절/거부하다)도 괜찮고 vote ~ down도 좋다. 예문의 핵심인 '이해가 안 되다'를 cannot understand 말고 다른 말로 표현해 보자. understand에 붙일 수 있는 접두사는 un-으로 un-understandable이다. 실제로 쓰는 단어는 맞지만 un이 연달아 나오니 어색해 보인다. '이해하다'라는 뜻의 다른 동사로는 comprehend가 있다. 여기에 in-을 붙여서 incomprehensible라고 하면 '이해할 수 없는, 이해가 불가능한'이 되니 이렇게 말하는 것이 자연스럽다.

예제 이 문제에 대한 그의 입장은 절대로 정당화될 수 없다.
His position on this issue is indefensible. • indefensible 방어할 수 없는, 변호할 수 없는

그들은 극복할 수 없는 입장 차이로 인해 합의에 이르는 데 실패했다.
They failed to reach agreement because of some insurmountable differences. • insurmountable 넘을 수 없는, 극복할 수 없는

-less

(창문)이 없는

나는 베트남에서 거의 2년 동안 창문도 없는 사무실에서 일했다.

직역 **In Vietnam, I worked in an office which didn't have a window for two years.**
In Vietnam, I worked in an office without a window for two years.

네이티브 **In Vietnam, I worked in a windowless office for nearly two years.**

'창문이 없는 사무실'을 영어로 뭐라고 할까? 대부분의 독자들은 한국어를 직역해서 an office 뒤에 관계대명사 that/which를 붙여서 that/which doesn't have a window(창문이 없는)라는 긴 문구를 만들 것이다. 조금 더 영어에 익숙한 사람이라면 without(~이 없는)을 써서 without a window라고 할지도 모른다. 이것도 괜찮지만 '무엇이 없다'는 뜻의 접미사 -less를 window 뒤에 붙여서 windowless office라고 하면 without조차 쓸 필요가 없다. 눈이 확 뜨이지 않는가? that/which doesn't have a window와 같이 긴 구문이 한 단어로 확 줄어 드니 말이다. 일상적으로 자주 쓰는 -less가 붙은 단어에는 doubtless(의심할 여지가 없는), boundless(한계가 없는, 끝없는), harmless(해를 끼치지 않는), painless(고통이 없는), helpless(희망이 없는), colorless(창백한), speechless(할 말을 잃은), meaningless(의미 없는), endless(끝없는), worthless(가치가 없는), clueless(단서가 없는, 전혀 알 수 없는), groundless(근거 없는) 등이 있다.

예제 그것은 근거 없는 소문이다.
The rumor is groundless.

그녀가 왜 나에게 화가 난 건지 전혀 모르겠어.
I'm clueless why she's angry with me.

잡티 없이 깨끗한 피부를 만드는 5가지 비결을 소개합니다.
Here are five tips for flawless skin.

• flawless 흠이 없는

(2) 부정 의미를 가진 전치사

against

(서명)하지 말라고, ~하지 않기로

093_Ch15_n08_13

그는 나에게 계약서에 서명하지 말라고 충고했다.

직역 **He advised me not to sign the contract.**

네이티브 **He advised me against signing the contract.**

'~에게 …하라고 충고하다'는 영어로 advise ~ to ...의 형태로 표현한다. 가령, '그에게 그 제의(offer)를 거절하라고 충고하다'는 advise him to reject the offer이다. 그렇다면 '하지 말 것'을 충고하는 경우에는 어떻게 표현할까? advise ~ to에 not을 붙여서 advise him not to reject the offer(그에게 그 제의를 거절하지 말라고 충고하다)라고 말하면 된다. 위 예문을 이렇게 표현하면 not to sign the contract(계약서에 서명하지 말라고)이다. to부정사 앞에 not을 붙이는 것은 문제 될 것이 없는 정확한 영어 표현법이다. 한편 원어민들은 전치사 against를 써서 against -ing 형식으로 이 내용을 말하기도 한다. 전치사 against는 기본적으로 '~에 반대하는, 반하는'이라는 부정 의미를 내포하고 있다. 즉, 이 방식을 쓰면 위 예문은 against signing the contract(계약서에 서명하지 말라고)이다. 덧붙여 against는 동사 decide와 함께 '~하지 않는'이라는 부정 의미로 자주 쓴다. decide to apply for the job opening(그 일자리에 지원하기로 결정하다)이라는 문장을 전치사 against를 써서 '지원하지 않기로 결정하다'라고 바꾸면 decide against applying for the job opening이다. 물론 decide not to ~로 말해도 괜찮다.

예제 나는 그녀에게 그 집을 사지 말라고 충고했다.
I advised her **against** buying the house.

나는 그 여행을 가지 않기로 했다.
I decided **against** taking the trip.

beyond

(이해)가 안 되는, 할 수 없는

그 개념은 나로서는 잘 이해가 안 된다.

직역 **I don't understand the concept.**

네이티브 **The concept is beyond my understanding.**

'~을 이해하다'는 understand, 조금 더 역동적인 느낌을 줄 때는 grasp(붙잡다)을 쓴다. 따라서 예문을 영어로 그대로 옮기면 I don't understand[grasp] the concept.이고, 직역으로는 이 문장 외에 다른 표현을 생각하기 어렵다. 이런 때 원어민은 전치사 beyond를 떠올린다. 대부분의 학습자들이 beyond를 beyond the mountain(그 산 너머에)처럼 '~을 넘어'라는 의미로만 쓰기 때문에 다른 식으로 활용하지 못한다. 즉, 반쪽 지식에 불과한 것이다. beyond 뒤에 사람을 넣어 보자. beyond me는 '나의 이해력/능력을 넘어서는'의 뜻으로 '뭔가를 하지 못하다'라는 부정적 의미를 전달한다. 따라서 뭔가 '이해가 안 된다'는 말은 beyond my understanding(나의 이해를 넘어서는)으로 표현할 수 있다. understanding 대신 좀 더 고급 어휘인 comprehension을 써도 좋다. 물론 그냥 beyond me만으로도 '이해가 안 된다'는 뜻이다. 가령, '어떻게 그 사람이 대학에 들어갔는지 도저히 모르겠다'를 How he ever got into college is beyond me.라고 하면 원어민 영어 맛이 물씬 난다. 유사한 표현에는 beyond my imagination(상상이 안 되는), beyond my experience(내가 경험해 보지 못한), beyond my control(내가 통제할 수 없는), beyond my skills(내 기술로는 할 수 없는), beyond words(말로 하기 힘든, 말로는 할 수 없는), beyond description(묘사할 수 없는) 등이 있다.

예제 내가 왜 담배를 피기 시작했는지 나도 모르겠어.
Why I ever started smoking is **beyond** me.

그 도시는 알아볼 수 없을 정도로 폭격을 받았다.
The city was bombed **beyond** recognition. • bomb ~을 폭격하다 recognition 인식, 알아보기

out of
(대안)이 없는

저는 달리 대안이 없습니다.

직역 **I don't have any option.**
I have no option.

네이티브 **I'm out of options.**

영어로 '대안'은 option 또는 alternative라고 한다. 따라서 '대안이 없다'는 not have any option이나 have no option이다. 대부분의 학습자들은 여기까지 생각한다. 한국어의 '없다'는 말에 갇혀 그 이상을 생각하지 못하기 때문이다. 그러나 out of ~를 알면 not이나 no를 쓰지 않고도 부정 의미를 표현할 수 있다. '대안이 없다'는 out of options라고 한다. 한국어로 직역하면 '대안 밖에 있는'이라는 말이니 '대안이 없는'이라고 해석할 수 있다. out of ~에는 '무엇이 없거나, 어디 밖에 있다'는 부정의 의미가 담겨 있다. 가령, '시야 밖에 있는'은 The boat was out of sight.(그 배가 보이지 않았다)이고, '돈이 없는'은 I'm out of money.(나는 돈이 한 푼도 없다)이다. 또, '아무리 해도 아이디어가 떠오르지 않는다'는 I'm out of ideas.이고, '그 사람이 현장에 나가서 사무실에 없다'는 He's out of the office.라고 한다.

예제 그 사람은 전혀 통제가 안 됩니다.
He's **out of** control.

우유가 하나도 없네.
We're **out of** milk.

talk ~ out of
~에게 (결혼)하지 말라고, ~하지 않도록

그녀의 어머니는 그와 결혼하지 말라고 그녀를 설득했다.

직역 **Her mother persuaded her not to marry him.**

네이티브 **Her mother talked her out of marrying him.**

'~가 …하도록 설득하다'가 persuade ~ to ...이니, '그녀가 그와 결혼하도록 설득하다'는 persuade her to marry him이다. 이를 부정으로 바꿔서 '결혼하지 말도록'이라고 말하자면 to 앞에 not을 붙여 persuade her not to marry him이라고 한다. 그런데 persuade는 문어적인 느낌이라서 일반 대화에서 쓰면 조금 딱딱하기 때문에 보통

은 talk를 많이 쓴다. 많은 학습자들이 talk를 단순히 '말하다' 정도로만 알고 있는데 실은 talk 뒤에 사람을 목적어로 붙여서 '그 사람에게 무엇을 하게 하다' 또는 '하지 않게 하다'라는 의미로도 흔히 쓴다. 이때 필요한 것이 talk 외에 전치사 into(~ 안으로)와 out of(~ 밖으로)이다. talk her into -ing는 '그녀를 설득해서 ~하게 하다'라는 뜻이고, talk her out of -ing는 '그녀를 설득해서 ~하지 못하게 하다'라는 말이다. 단, out of를 persuade에 붙여서 persuade her out of -ing라고 하거나 반대로 talk 뒤에 not을 붙여 talk her not to ~라고 하면 틀린다. 어떤 전치사가 어떤 동사와 어울리는가는 각 단어마다 다르기 때문에 단어별로 정확히 알고 있어야 한다. talk ~ out of 뒤에는 -ing 형태 말고도 일반적인 명사를 붙여 쓸 수도 있다. 가령, 누가 무엇을 했냐고 물어보는 말에 '그녀의 (하지 말라는) 말을 듣고 안 했다'라고 답하려면 She talked me out of it.이라고 하면 끝이다. 여기서 it은 상대방이 앞서 물어본 행위를 지칭한다. 또, '그녀의 설득에 따라 그 계획을 실행하지 않기로 했다(포기했다)'는 She talked me out of the plan.이다.

예제 친구가 그 과목을 수강하지 말라고 해서 안 들었어.
My friend **talked** me **out of** taking the course.

나는 그녀가 혼자 그곳에 가지 않도록 설득했다.
I **talked** her **out of** going there alone.

through
더 이상 (지지)하지 않는

나는 더 이상 당신을 지지하지 않겠습니다.

직역 **I'll not support you any longer.**
I'll no longer support you.

네이티브 **I'm through supporting you.**

보통 '더 이상 ~하지 않다'는 영어로 not ~ any longer 또는 줄여서 no longer를 쓴다. '~하지 않겠다'는 미래의 의지를 나타낼 때는 앞에 조동사 will을 붙여서 will ~ no longer라고 한다. 가령, '당신과 더 이상 이야기를 하지 않겠다'는 I'll no longer talk to you.가 된다. 마찬가지로 '너를 더 이상 지지하지 않겠다'는 I'll no longer support you.이다. 하지만 전치사 through를 사용하면 not, no, any, longer와 같은 여러 단어를 사용하지 않고도 같은 의미를 간단하게 표현할 수 있다. 보통 through를 '~을 통해서'의 의미로만 알고 있지만 '끝난, 더 이상 하지 않는'이라는 부정의 의미도 갖고 있다. 가령, I'm through with you.는 '당신과 더 이상 사귀지 않겠다'라는 절교 또는 이별의 말이다. 이런 through 뒤에 -ing를 붙여서 말하면 '~하는 것을 더 이상 하지 않는'이라는 의미가 된다.

예제 난 더 이상 너를 위해서 위험을 감수하는 일은 하지 않겠어.
I'm **through** sticking my neck out for you.

* stick one's neck out 위험을 감수하다

나는 네 말은 더 이상 듣지 않아.
I'm **through** listening to you.

without

(들어오지) **않는, ~이 없는**

몇 시간 동안 전기가 들어오지 않았다.

콩글리시 **Electricity didn't come in for many hours.**

직역 **We didn't have electricity for hours.**

네이티브 **We were without electricity for hours.**

'전기'는 electricity 또는 power이다. 전기가 '들어오다'를 come in이라고 하는 것은 완전한 콩글리시다. 나갔던 전기가 다시 들어오는 경우에는 come back on이라고 한다. After 3 days, the electricity came back on.(3일 후에 전기가 다시 들어왔다)처럼 쓴다. 참고로 전기가 '나가다'는 한국어 그대로 go out이라고 한다. 위 예문은 전기가 일정 시간 동안 나가 있는 상태를 의미하므로 come back on이라는 표현을 쓰면 틀리다. 이 경우 어렵게 생각할 필요 없이 not have electricity(전기를 갖고 있지 않다)라고 한다. 그런데 우리는 not 없이 부정을 표현하는 것을 배우고 있으니 전치사 without(~ 없이)을 써서 같은 뜻을 표현하는 방법을 알아 두자. 즉, not have = without의 공식이 성립하는 셈이니 '전기가 들어오지 않는'은 without electricity가 된다. 이렇게 without은 무엇을 '갖고 있지 않은', 무엇이 '없는'이라는 뜻으로 쓴다.

예제 의심할 여지 없이 그건 내가 먹어 본 음식 중 가장 맛있었다.
It was without doubt the best food I'd ever tasted. • without doubt 의심할 여지 없이

우리 중에 잘못이 없는 사람은 아무도 없다.
None of us is without faults.

(3) 부정 의미가 담긴 동사

elude

(잠이 오)**지 않다, 빠져나가다**

094_Ch15_n14_21

몸은 매우 피곤했지만 잠이 오지 않았다.

직역 **I was very tired, but I couldn't sleep.**

네이티브 **Exhausted as I was, sleep eluded me.**

'매우 피곤한'은 very tired나 한 단어로 exhausted라고 하면 좋다. 또는 worn out(매우 지친), physically drained(육체적으로 힘이 빠진), frayed(너덜너덜한), frazzled(닳은, 기진맥진한) 등 피곤함과 관련된 영어 표현은 매우 많으니 골라 써 보자. wiped out, pooped, wrung out, bushed와 같은 속어 표현도 자주 쓴다. '~했지만'은 접속사 but이나 although(비록 ~하지만)를 써서 Although I was exhausted라고 하면 된다. 다만 원어민은 이 표현을 although 대신 as를 쓰고 exhausted라는 형용사를 앞으로 빼서 Exhausted as I was ~라고 자주 쓴다. 우리나라 영어 학습자들은 어려워하는 내용이지만 자주 봐서 익숙해지도록 해 보자. '잠이 안 온다'는 I couldn't sleep.도 괜찮지만, Sleep eluded me.라고 하면 더 세련된 느낌을 낼 수 있다. elude는 '~을 피하다, 잡히지 않고 벗어나다'라는 뜻으로, The robber eluded the police.라고 하면 '강도가 경찰에 잡히지 않았다'는 말이다. 주어 자리에 사람 대신 sleep 같은 무생물 주체를 넣어서 Sleep eluded me.라고 하면 '잠이 나를 피해 빠져나가다', 즉 '아무리 자려고 해도 잠이 오지 않았다'라는 뜻이 되어 not이라는 부정어를 쓰지 않고도 무엇을 하지 못하는 상황

을 표현할 수 있다. 어떤 팀이 실력은 뛰어난데 대회의 우승을 한 번도 한 적이 없다면 The trophy eluded the team.(우승 트로피가 그 팀을 피해 갔다)이라고 하고, 아무리 해도 누군가의 이름이 기억나지 않았을 경우 His name eluded me.(그의 이름이 나를 피해 갔다)라고 한다. 어떤 사람이 왜 그런 행동을 했는지 이해가 안 될 때에도 Why he did that eludes me.(그가 왜 그랬는지가 나를 피해 간다)와 같이 표현할 수 있다.

예제 그 사람에게는 다른 사람과는 다른 뭔가가 있었는데 정확히 뭔지는 알 수가 없었다.
Something distinguished him from others, but exactly what it was **eluded** me.

그녀는 이웃에 살던 사람인데 아무리 해도 이름이 생각나지 않았다.
She used to be my neighbor, but her name **eluded** me.

avoid
(먹지) **않다, 피하다**

나는 설탕, 방부제, 인공 색소가 많이 들어 있어서 가공식품은 되도록 안 먹는 편이다.

직역 **I try not to eat processed foods because it has a lot of sugar, preservatives and artificial dyes.**

네이티브 **I try to avoid (consuming) processed foods as much as possible because they are loaded with sugar, preservatives and artificial dyes.**

어떤 음식에 '~이 많이 들어 있다'는 There is a lot of ~(~이 많이 있다)나 음식을 주어로 해서 has a lot of ~(~을 많이 가지고 있다)라고 하면 된다. 이것은 직역식 영어이고 좀 더 세련된 표현으로는 loaded with ~가 있다. load는 '~을 싣다'라는 뜻의 타동사인데 '듬뿍 담다'는 뜻도 있어서 ~ is loaded with ...라고 하면 '~이 …으로 가득 담겨 있다', 즉 많이 들어 있다는 말이 된다. '먹지 않다'를 not eat이라고만 생각하면 직역식 영어에 갇힌다. 발상을 전환해 보자. not eat 전체를 하나의 개념으로 받아들이면 예문을 '나는 가공식품은 피한다'라고 생각할 수 있고, 영어에서 avoid를 금방 떠올릴 수 있다. '먹는다'의 반대 개념으로 avoid(~을 피하다)라는 단어를 생각해 낼 수 있도록 유연한 사고방식을 갖는 것이 중요하다. '가공식품을 먹는 것을 피하다'는 avoid eating processed foods인데 굳이 eating이라는 동사를 넣지 않고 avoid processed foods라고만 해도 된다. '먹다'는 eat 말고 consume이라는 좀 더 격식 있는 단어를 써도 좋다.

예제 파티에 가서 과식하지 않으려면 가기 전에 뭘 좀 먹고 가라.
Try to eat something before you go to a party if you want to **avoid** overeating.

독감에 걸리지 않으려면 예방주사를 맞는 것이 제일 좋습니다.
Getting vaccinated is the best way to **avoid** the flu.

evade
(질문에 답)**하지 않다, 회피하다**

장관은 그 기자의 질문에 답하지 않았다.

직역 **The minister didn't answer the reporter's question.**

네이티브 **The minister evaded the reporter's question.**

질문에 '답하다'는 영어로 answer이다. 따라서 '그의 질문에 답하지 않다'는 (do/does) not answer his question이 된다. 이것은 지극히 정상적인 영어 표현으로 아무런 문제가 없다. 그렇지만 not을 쓰지 않고 표현하는 방법은 없을까? 있다. 그것은 '답하지 않았다' 전체를 하나의 의미로 묶어 보는 것이다. 가령, 질문에 답을 하지 않았다는 것은 질문을 '회피했다'라고 표현할 수도 있다. 여기에 해당하는 영어 동사로 evade(추적, 답 등을 피하다)가 있다. 예문처럼 '답하지 않았다'도 not answer 같은 기계적인 직역이 아니라 evade와 같은 동사를 떠올릴 수 있도록 훈련해 두자. evade 외에도 sidestep(옆걸음으로 피하듯 책임, 문제를 피하다), dodge(총탄을 피하듯 질문, 책임을 피하다), duck(펀치를 피하듯 문제, 질문 등을 피하다)도 알아 두자. 이는 실제 피하는 동작을 비유적으로 사용한 매우 역동적인 동사들로, 이런 동사를 많이 사용하는 것이 영어다운 표현법이다.

예제 많은 상인들이 현금을 받아 세금을 피하고 있다(탈세를 하고 있다).
Many vendors **evade** taxes by getting paid in cash.

• get paid 지불받다 in cash 현금으로

fall short of
(기대)에 못 미치다, ~하지는 못하다

그 게임은 내 기대에 못 미쳤다.

콩글리시 The game didn't reach my expectations.
직역 The game didn't live up to my expectations.
네이티브 **The game fell short of my expectations.**

'어떤 장소나 목표에 다다르다'는 의미의 '미치다'는 reach를 쓴다. 가령, '목표에 도달하다'는 reach a goal/target이라고 한다. 그렇지만 '기대'는 그런 거리상의 목표가 아니기 때문에 reach를 쓰면 안 된다. 이때는 satisfy ~(~을 만족시키다)나 live up to ~(~에 부응하다)라는 관용구를 사용한다. 다만 '~에 못 미치다'에서 부정어 '못'을 not이 아닌 다른 것으로 표현하고 싶다면 fall short of를 쓰면 된다. short of ~는 '어떤 목표나 기대치에 근접하지 못하다'는 부정의 뜻을 갖고 있다. 가령, '그 회사는 분기 매출액 목표치를 달성하지 못했다'는 The company fell short of its quarterly sales target.라고 한다. fall short of 뒤에 -ing 형태를 넣을 수도 있다. 예를 들어 '그는 골든 글로브상을 받지는 못했다'는 He fell short of winning a Golden Glove Award.이다.

예제 그 회사는 그 계약을 따내지는 못했다.
The company **fell short of** winning the contract.
그 게임 콘솔은 제대로 된 4K 게임 체험을 제공하지 못했다.
The game console **fell short of** delivering a proper 4K gaming experience.

fail to
(오)지 않다, 실패하다

그는 어제 리허설에 오지 않았다.

직역 He didn't come to the rehearsal yesterday.
네이티브 **He failed to show up for the rehearsal yesterday.**

not을 안 쓰고 '무엇을 하지 않았다'는 부정 의미를 표현하는 가장 기본적인 방법은 fail to ~ 구문을 사용하는 것이다. 직역하면 '~하는 것을 실패하다'지만 실제로는 '어떻게 할 것으로 기대되고 있는 상황에서 하지 않았다'는 의미로 쓴다. fail에는 '어떤 기대에 부응하지 못하다'라는 뜻이 기본적으로 들어 있다. 가령, '당신의 기대에 부응하지 못해서 죄송합니다'와 같이 복잡한 말을 원어민은 I'm sorry I failed you.라고 간단하게 표현한다. 이어서, 어떤 행사에 '오다'는 come to ~라고 해도 괜찮지만, 보다 영어답게 표현하자면 show up 또는 appear(나타나다)가 좋다. didn't come은 그냥 안 왔다는 말이고, didn't show up은 오기로 약속한 상황에서 오지 않았다는 말이다. 식당에 예약을 하고 오지 않는 사람을 no-show라고 하는 것도 비슷한 맥락이다. show up for ~ 대신 show up at ~이라고 해도 된다. 큰 차이는 없지만 for를 쓰면 '그 행사에 참석하러 오다'라는 뜻이 좀 더 명확하다.

예제 그는 나에게 진 빚을 갚겠다는 약속을 지키지 않았다.

He **failed to** make good on his promise to pay back the money he owed me.

수색에서 그 선박의 흔적이 발견되지 않았다.

The search **failed to** turn up any traces of the ship.

• make good on 약속 등을 지키다 • turn ~ up ~을 찾아내다 traces of ~의 흔적들

keep from -ing

(울)지 않다

그녀는 울지 않으려고 입술을 깨물었다.

직역 **She bit her lip not to cry.**

네이티브 **She bit her lip to keep from crying.**

'울지 않다'는 not cry인데 '~하지 않으려고'라는 뜻을 붙이면 (in order) no to cry가 된다. '입술을 깨물다'는 bite one's lip이니 '울지 않으려고 입술을 깨물다'는 bite one's lip not to cry가 된다. 예문의 경우에는 keep from -ing라는 표현을 쓰면 not을 쓰지 않고도 '~하지 않다'는 부정 의미를 표현할 수 있다. keep from ~은 직역하면 '~으로부터 물러나 있다'인데 의식적으로 무엇을 하지 않으려고 애쓰는 상황에서 쓴다. keep 대신 좀 더 문어체적인 표현으로 refrain from ~, abstain from ~(~으로부터 삼가다)을 쓸 수도 있다. 즉, '울지 않다'는 keep from crying이라고 표현한다. 또 keep은 'A 때문에 B가 ~하지 않다'라고 할 때 A keep B from -ing의 형태로 자주 쓴다. 가령, '눈이 와서 우리는 골프를 치러 가지 못했다'는 The snow kept us from playing golf.라고 한다.

예제 그는 넘어지지 않으려고 난간을 붙잡았다.

He held on to the railing to **keep from falling**. • hold on to ~을 붙잡다

Jessie는 비명을 지르지 않기 위하여 손으로 입을 꽉 막았다.

Jessie pressed a hand to her mouth to **keep from screaming**.

miss

못 받다, 놓치다

어제 제가 전화를 못 받아서 죄송합니다.

콩글리시 **I'm sorry I didn't receive your call yesterday.**

직역 **I'm sorry I couldn't answer your call.**

네이티브 **I'm sorry I missed your call yesterday.**

'당신이 건 전화를 받다'를 receive your call이라고 하면 틀린다. '전화를 받다'는 answer your call이라고 해야 한다. 비슷한 예로 초인종 소리를 듣고 '문 좀 열어 줘라'라고 할 때도 answer를 써서 Will you answer the door, please?라고 한다. 문 밖에 있는 사람도 Answer the door, please.(문 좀 열어 주세요)라고 말한다. 그럼 '어제 전화를 못 받았다'는 I didn't answer your call yesterday.가 된다. 그런데 이 문장은 전화를 일부러 안 받았다는 말이다. 어떤 사정이 있어서 못 받은 것이라면 I couldn't answer your call.(나는 네 전화를 받을 수 없었어)이라고 해야 한다. 그런데 이마저도 실제로는 거의 쓰지 않는 문장이다. 부재중에 전화가 온 상황에는 not 같은 부정어를 쓰지 않고 miss(놓치다)라는 한 단어로 표현한다. 그러니까 '어제 전화를 못 받았다'는 I missed your call yesterday.가 된다. 이 밖에도 miss는 '무엇을 못했다'는 부정 의미를 표현하는 데 자주 등장한다. 가령, '너의 생일 파티에 못 가서 미안하다'는 I'm sorry I missed your birthday party.이다.

예제 오늘 학교에 늦었어. 그래서 김 선생님 수업에 못 들어갔지.
I was late for school today. So, I **missed** Mr. Kim's class.

아버님 장례식에 못 가 봐서 죄송합니다.
I'm sorry I **missed** your father's funeral.

skip

거르다, ~하지 않다

나는 보통 아침은 안 먹어. 점심을 잘 먹지.

콩글리시 **Usually, I don't eat breakfast and eat lunch well.**

직역 **I usually don't eat breakfast and eat a lot at lunch.**

네이티브 **I usually skip breakfast. Lunch is my big meal.**

'아침을 안 먹다'는 그대로 not eat breakfast라고 해도 틀리지 않는다. 단, '아침을 먹지 않다'는 not eat이 아닌 skip(~을 건너 뛰다)이라는 동사를 써서 표현할 수도 있다. 한국어에도 '아침을 건너뛴다'라는 말이 있는데, 영어에서도 '먹지 않다'를 '건너뛰다'로 전환해서 not 없이도 말할 수 있다. 참고로 skip 뒤에는 식사뿐 아니라 여러 명사를 넣어 '~하지 않다'는 의미를 표현할 수 있다. 장소를 넣으면 거기에 가려다 '가지 않다'는 뜻이고, 안건을 넣으면 그 문제를 논의할 것으로 기대되는 상황에서 '논의하지 않다'라는 뜻이 된다. 이어서, '점심을 잘 먹다'를 한국어 그대로 eat lunch well이라고 하면 완전 콩글리시다. 점심을 잘 먹는다는 것은 '많이 먹는다'는 의미로 eat a lot at lunch라고 해야 뜻이 통한다. 물론 '잘 먹는다'는 것이 꼭 음식의 양만 말하는 것은 아니다. 영양가 높은 음식을 든든하게 챙겨 먹는다는 뜻도 있을 텐데 이 경우를 eat a lot(많이 먹다)으로 설명하기에는 불충분해 보인다. 이때 원어민들은 big meal이라는 용어를 사용한다. 직역은 '큰 식사'지만 여기서의 big은 양이나 크기만 의미하는 것이 아니고 '중요한'이라는 뜻을 갖고 있다. 따라서 '난 점심을 잘 먹는다'는 Lunch is my big meal.이라고 하는 것이 네이티브 표현이다.

예제 그는 병원에 가지 않고 곧장 공항으로 갔다.
He **skipped** the hospital and went straight to the airport.

그녀는 대학에 가지 않고 바로 프로 선수가 됐다.
She **skipped** college and turned pro.

leave

(논의)하지 않다, 밖에 두다

095_Ch15_n22_28

지금 당장은 그 문제를 논의하지 않도록 하겠습니다.

콩글리시 **We'll not discuss about the issue for the time being.**

직역 **We'll not discuss the issue for the time being.**

네이티브 **We'll leave that issue out of the discussion for now.**

'~에 관해 논의하다'라는 말을 직역해서 discuss(논의하다) about(~에 관해서)이라고 하면 틀리다. discuss는 타동사로 about 없이 쓴다. 이런 실수는 '~에 관해'라는 말을 무의식 중에 영어로 번역하는 습관 때문에 발생한다. '당분간'은 for the time being도 괜찮고 더 간단하게 for now라고 한다. 무엇을 '논의하지 않다'는 not discuss지만 not을 쓰지 않고 말할 수 있는 방법을 생각해 보자. 이 경우는 leave(~을 어디에 두다)를 활용해서 leave ~ out of the discussion(~을 논의 밖에 놓다)이라고 한다. '논의 밖에' 놓는다는 것은 다시 말해 논의하지 않는다는 것이다. leave ~ out은 '~을 빼먹다'라는 뜻으로도 쓰인다. 가령 요리하다가 '계란을 빼먹고 안 넣었다'는 말은 I left out the eggs.이다.

예제 일주일에 하루는 고기를 먹지 마세요.

Choose a day of the week to **leave** meat out of your diet.

당장은 그 문제를 고려하지 않기로 합시다.

Let's **leave** that issue out of consideration for now.

• leave ~ out of your diet ~을 당신의 식단에서 빼다 • consideration 고려 대상

stop

더 이상 (관여)하지 않다, 그만 ~하다

나는 그 일에 더 이상 관여하지 않을 것이다.

콩글리시 **I'll not participate in that matter any more.**

직역 **I'll not engage in that matter any more.**

I'll not get involved in that matter any more.

네이티브 **I'll stop getting myself involved in that matter.**

'~에 관여하다'를 participate in(~에 참여하다)이라고 하면 틀리다. 또 〈직역〉 표현에 쓰인 engage in은 틀리지는 않지만 원어민은 잘 쓰지 않는 표현이다. 어떤 일에 '관여/개입하다'라는 표현에 가장 적합한 동사는 involve로, be[get] involved in ~이라고 한다. 가령, '나는 그 일에 개입하고 싶지 않아'는 I don't want to get involved in that issue.이다. 예문처럼 '앞으로 더 이상 관여하지 않겠다'라고 할 때는 '더 이상 ~하지 않다'는 의미인 not ~ any more 또는 not ~ any longer를 붙여서 I'll not get involved in that issue any longer.라고 한다. 여기서 not ~ any longer는 결국 '그렇게 하는 것을 그만두다'라는 뜻이므로 stop이라는 동사를 써서 stop -ing로도 간단하게 표현할 수 있다. stop에는 '더 이상 무엇을 하지 않다'라는 부정의 의미가 담겨 있기 때문이다. 명령문으로 쓰면 '그만 ~하라'는 말이 된다. 가령, '불평 그만해'는 Stop complaining.이라고 한다.

예제 나는 더 이상 그 사람과 만나지 않고 있어.

I've **stopped** seeing him.

• [see+사람] ~와 사귀다

그 소리 좀 그만 내 주실래요?

Will you **stop** making that noise?

pass on

(먹)지 않다, 선택하지 않다

우리 둘 다 배가 너무 불러서 디저트는 먹지 않았다.

콩글리시 **Our stomachs were too full we didn't eat dessert.**

직역 **We both were so full (that) we didn't eat dessert.**

네이티브 **We both were so full we passed on dessert.**

'배가 부르다'는 배(stomach)를 주어로 해서 My stomach is full.이라고 해도 틀리지는 않다. 하지만 대부분 사람을 주어로 해서 I'm full.이라고 한다. '디저트를 먹다'는 영어로 그대로 eat dessert라고 한다. 그런데 '너무 배가 불러서 디저트를 안 먹었다'를 I was too full I didn't eat dessert.라고 하면 문법적으로 틀리다. too가 한국어로 '너무 ~한'은 맞지만 이 단어는 I was too full to eat dessert.(나는 디저트를 먹기에는 너무 배가 부르다.)의 형태로 써야 한다. 위의 문장을 맞게 고치면 too가 아니라 so를 써서 I was so full (that) I didn't eat dessert.라고 해야 한다. 이게 바로 so ~ that ...(너무 ~해서 …하다) 구문이다. '먹지 않았다'라는 해석 그 자체에 붙잡혀 있으면 항상 not eat ~라고밖에 할 수 없는데, 무엇을 하지 않는 상황은 pass on ~이라는 구문으로도 표현할 수 있다는 것을 명심하자. 대부분 pass는 '지나가다'의 뜻으로만 알고 있는데 pass on ~은 '~을 선택하지 않다'라는 뜻으로 쓴다. 따라서 not eat dessert는 pass on dessert라고 바꿔 말할 수 있다. 음식뿐 아니라 사람(person), 제안(offer), 장소(place), 옷(clothes) 등 선택 할 수 있는 모든 일에는 pass on을 쓸 수 있다.

예제 아버지의 충고에 따라 나는 그 제안을 받아들이지 않기로 했다.

Following my father's advice, I decided to **pass on** the offer.

나는 평소에 입는 티셔츠와 청바지 말고 폴로 셔츠와 카키색 바지를 선택했다.

I **passed on** my usual t-shirt and jeans for a polo shirt and some khakis.

reject

(받아들이)지 않다, 거절하다

학교 위원회는 어제 회의를 열어 교장 선생님의 사표를 받아들이지 않기로 했다.

직역 **The school board held a meeting yesterday and decided not to accept the principal's resignation.**

네이티브 **In a meeting yesterday, the school board rejected the principal's resignation.**

'회의를 열다'는 hold a meeting, '~의 사표를 받아들이다'는 accept one's resignation, '~하기로 하다'는 decide to ~이다. 예문에 나온 '어제 회의를 열어' 부분을 굳이 held a meeting yesterday로 바꿀 필요 없이 in a meeting (held) yesterday(어제 (열렸던) 회의에서)처럼 전치사구로 처리하는 것이 더 깔끔하다. not accept(받아들이지 않다)를 not 부정사를 쓰지 않고 말하려면 전체를 reject(~을 사절하다/거절하다)로 바꾸면 된다. 또는 turn ~ down이라는 구동사를 써도 좋다.

예제 그는 나의 일자리 제안을 받아들이지 않았다.

He **rejected** my offer of a job.

refuse to

(포기)하지 않다, 거부하다

나는 절대 그런 일로 포기하지 않을 거야.

콩글리시 **I'll never give up because of such a thing.**

직역 **I'll never give up over such a thing.**

네이티브 **I refuse to let it discourage me.**

'포기하다'는 영어로 give up이다. '무엇 때문에 포기하다'에서 '~ 때문에'를 because of ~라고 하면 말은 통할지 몰라도 문법적으로는 틀리다. 이 경우에는 전치사 over를 써서 give up over라고 해야 한다. 이처럼 over는 드물게 '~ 때문에'라는 의미로 쓰일 때가 있으니 알아 두자. 위 예문의 핵심인 '~하지 않겠다'는 영어로 I will not ~, 줄여서 I won't ~이라고 한다. '절대로'라는 말을 붙이려면 I'll never ~라고 해도 좋다. 부정사 not을 쓰지 않고 표현하려면 refuse to라는 동사구를 쓸 수 있다. 직역하면 '나는 ~하는 것을 거부한다'가 되니 뭔가 어색하지만 영어에서는 '~하지 않겠다'는 의지를 밝히는 표현으로 쓰기 때문에 자연스럽게 들린다. 가령, '내가 협조하지 않겠다면?'이라는 말을 대부분의 독자는 If I don't cooperate?라고 하겠지만 원어민은 If I refuse to cooperate?라고 하는 경우도 많다.

예제 전 그가 이 스캔들에 연루되어 있다고 생각하지 않습니다.
I **refuse to** believe he's involved in this scandal. • be involved in ~에 개입[연루]되다

그는 사과하지 않았다.
He **refused to** apologize.

forbid

(가)지 못하게 하다, 금지하다

어머니는 내가 청바지를 입고 교회에 가지 못하게 하셨다.

콩글리시 **My mother made me not go to church, wearing jeans.**

직역 **My mother made me not wear jeans to church.**

네이티브 **My mother forbade me to wear jeans to church.**

'~을 입고 …에 가다'를 직역하면 wear ~ and go to ... 또는 go to ..., wearing ~인데, 콩글리시 표현이니 쓰지 않도록 하자. 영어에서는 이럴 때 wear ~ to ...라고 한다. 그러니까 전치사 to에 '어디에 가다'라는 의미가 담겨 있는 셈이다. 대부분은 '남이 무엇을 하게 하다'를 보고 동사 make를 생각해 낸 뒤 '나를 교회에 가게 하다'를 영어로 make me go to church라고 할 것이다. 이 문장을 토대로 make me not go to church(교회에 못 가게 하다)를 만들어 내기 쉬운데 이는 틀리지는 않지만 썩 자연스럽지도 않다. 이럴 때는 forbid라는 동사를 쓰면 좋다. forbid ~ to ...가 '~이 …하는 것을 금하다'라는 뜻이기 때문이다. 참고로 forbid의 과거형은 forbade, 과거분사형은 forbidden이다. forbid와 유사한 단어로 prohibit와 ban이 있는데 '~이 …하는 것을 금하다'라는 뜻으로 쓸 때는 뒤에 전치사 from을 붙여서 prohibit[ban] ~ from -ing의 형태로 쓴다. 참고로 현대 영어에서는 ... forbid ~ from -ing(… 때문에 ~가 -하지 못하다)의 형태도 허용하는 편이다. 이 표현은 The weather prohibited us from going hiking.(날씨 때문에 우리는 하이킹을 못 갔다.) 처럼 쓴다.

예제 아버지는 우리가 손가락을 물어뜯지 못하게 하셨다.
Our father **forbade** us to bite our fingernails.

아버지는 내가 그 책을 읽지 못하게 하셨다.
My father **prohibited** me **from reading** the book.

defy

(설명)할 수 없다, 저항하다

그 사람의 행동 패턴은 쉽게 설명할 수 없다.

직역 **We can't explain easily his patterns of behavior.**
His behavioral patterns aren't easy to explain.

네이티브 **His behavioral patterns defy easy explanation.**

'행동 패턴'은 patterns of behavior라고 해도 틀리지 않지만 behavior의 형용사형인 behavioral을 써서 behavioral patterns라고 하는 게 더 간단하다. '~을 쉽게 설명할 수 없다'라는 말을 영어로 하라면 대부분 〈직역〉 표현처럼 I can't explain ~ easily나 ~ isn't easy to explain이라고 할 것이다. 틀린 표현은 아니지만 직역식 영어의 틀을 벗어나고 싶다면 이제는 defy라는 동사를 기억해 두자. defy는 He defied his parents.(그는 부모의 의사에 반대했다.)처럼 어떤 의견이나 결정에 직접적으로 반대하거나 저항한다는 뜻을 갖고 있다. 한국어에서 '저항'은 사람만 할 수 있지만 영어에서는 behavior(행동) 같은 무생물도 주어가 되어 His behavior defies easy explanation.(그의 행동이 쉬운 설명에 저항한다.)과 같이 표현할 수 있다. 즉, '쉽게 설명할 수 없다'라는 뜻이 된다. defy 뒤에 나오는 내용이 사람이 아니라 사물이나 현상일 경우 '~을 할 수 없다'라는 의미로 해석된다. 가령, defy 뒤에 logic(논리)이라는 단어를 넣어 ~ defies logic(논리에 저항하다)이라고 하면 '~은 논리적으로 설명하거나 이해할 수 없다'라는 뜻이 되고 reason(이성)을 넣어 ~ defies reason이라고 하면 '이성적으로 이해하기 힘들다'는 뜻이 된다. 직역식 영어로는 쉽게 떠올릴 수 없는 고급스런 영어 표현이다.

예제 이 현상은 말로 쉽게 표현할 수 없다.
This phenomenon **defies** easy description.

• description 설명, 묘사

그 문제는 쉽게 해결될 수 없다.
The problem **defies** easy solution.

(4) last, far, little로 부정 의미를 전달

the last

때가 아닌, ~하지 않은, 마지막으로 ~한

096_Ch15_n29_31

내가 지금 먹을 것을 생각하고 있을 때가 아니야.

콩글리시 **Now is not the time I think about eating.**

직역 **Now isn't the time to think about eating.**
I can't think about eating right now.

네이티브 **Food is the last thing on my mind right now.**

'지금은 ~할 때가 아니다'는 일단 한국어를 그대로 번역해서 Now isn't the time이라고 할 수 있는데 그 다음을 어떻게 연결하느냐가 문제다. time 뒤에 I think about eating(내가 먹는 것을 생각하다)을 붙이면 얼핏 괜찮아 보이지만 이것은 실제로 전혀 쓰지 않는 문장이다. 보통은 time to think about eating(먹는 것을 생각할 시간)이나 주어를 now 대신 I로 바꿔서 I can't think about eating.(내가 먹는 것을 생각할 수 없다.)이라고 한다. 어느 경우든 한국어를 영어로 옮기는 식이라 부정을 not으로 표현하는 것에서 벗어날 수 없다. 이때 진짜 영어 맛을 아는 사람은 Food is the last thing on my mind right now.(지금 음식은 내 마음에서 가장 마지막 것이다.)라고 표현한다. on my mind는 '내가 생각하고 있는', '내가 관심을 갖고 있는'이라는 뜻이기 때문에 the last thing on my mind(관심을 두어야 할 마지막 것)는 결국 관심이 없다는 말이 된다. the last ~가 들어간 구문을 더 알아보자.

... is the last thing I want to do
내가 하기를 원하는 마지막 것 → 전혀 하고 싶지 않은 것

... is the last thing I want/need
내가 원하는/필요로 하는 마지막 것 → 원하지/필요하지 않은 것

... is the last thing I'm going to do
내가 할 마지막 것 → 절대로 하지 않을 것

... is the last person I want to talk to
내가 말하고 싶은 마지막 사람 → 절대 말하기 싫은 사람

... is the last person I would trust
내가 신뢰할 마지막 사람 → 절대로 신뢰하지 않는 사람

... was the last person I expected to see
내가 만나기로 기대했던 마지막 사람 → 만날 거라고 전혀 기대하지 않았던 사람

대화에서는 보통 상대방이나 내가 앞서 언급한 것을 that으로 지칭해서 But that's the last thing we need.(그렇지만 그것은 우리가 필요한 것이 아니다)와 같이 말한다.

예제 나 지금 축하하고 그럴 기분이 아니야.
Celebrating is **the last** thing I intend to do.

• intend to ~할 의도가 있다

그녀는 직업을 바꿀 생각이 전혀 없었다.
Changing her job was **the last** thing on her mind.

far from

(완벽)하지 않은, ~과는 거리가 멀다

제 영어가 완벽하지는 않지만 무슨 말씀인지 알 것 같습니다.

직역 **My English isn't perfect, but I think I understood what you said.**

네이티브 **My English is far from (being) perfect, but I think I understood you.**

'내 영어가 완벽하지 않다'는 영어로 그대로 옮겨서 My English is not perfect.라고 해도 틀리지 않다. 다만, '아니다'라는 말을 매번 not으로 표현하기 식상할 때쯤 far from을 생각해 내 보자. far from ~은 직역하면 '~으로부터 먼 거리에 있는'인데 바로 이 '먼 거리에 있는'이라는 뜻의 far에 부정의 의미가 담겨 있다. 한국어에 있는 '~과 거리가 멀다'는 표현과 매우 유사한 영어 표현이다. from이 전치사이기 때문에 뒤에 perfect와 같은 형용사를 바로 넣을 수는 없고 far from being perfect와 같이 -ing 형태의 be동사가 들어가야 하는데 흔히 being은 생략한다. 단, from 뒤에 명사를 넣어야 할 경우는 being을 생략하면 안 된다. 가령, '그는 완벽한 사람이 아니다'는 He is far from being a perfect man.과 같이 being을 반드시 넣어야 한다. a far cry from ~도 유사한 의미이니 함께 알아 두자. 상대방의 '말을 알아들었다'고 할 때는 understand you라고 한다. '말'이라는 단어 때문에 understand what you said(당신이 말한 것을 이해하다)라고 하는 경우가 많은데 틀린 표현은 아니지만 말이 길어진다. 마찬가지로 '내 말을 오해하지 마라'도 Don't misunderstand me.라고 하면 된다.

예제 그건 사실과 다릅니다.
That's **far from** (being) true.

그녀는 그 자리에 적합한 인물이 아니다.
She is a **far** cry **from** being the right person for the job.

little
별로, 조금도 아닌

샤워를 했지만 그의 기분은 별로 나아지지 않았다.

콩글리시 **He took a shower, but his mood didn't become better.**
직역 **He took a shower, but his mood didn't improve.**
He took a shower, but it didn't improve his mood.
네이티브 **Taking a shower did little to lift his mood.**

'샤워를 하다'는 take a shower라고 하거나 shower를 동사로 써서 He showerd. 와 같이 말한다. '기분이 나아지다'를 직역하면 His mood becomes better.가 되는데 이것은 문법적으로는 맞지만 사실상 쓰지 않는 콩글리시다. 이때 가장 적합한 표현은 improve이다. improve의 사전적 의미인 '개선되다, 개선시키다'만 알고 있으면 제대로 활용할 수 없다. improve는 어떤 것이든 나아지거나 낫게 만드는 모든 상황에서 쓸 수 있다. His health improved.(그의 건강이 좋아졌다)처럼 말이다. 이어서, 〈직역식 표현〉 중에는 샤워한 상황을 it으로 받고 '그것이 그의 기분을 improve하다', 즉 it improved his mood와 같이 it을 주어로 하고, improve를 타동사로 쓰는 것이 더 자연스럽다. it 같은 무생물 주어가 사람의 기분을 좋게 해 준다는 표현이 더 영어 맛이 난다. 이제 It didn't improve his mood.를 not을 사용하지 않고 표현하는 방법도 찾아보자. 여기서는 '~하는 데 별로 하지 않다', '~하는 데 별 도움이 안 되다' 정도의 의미를 갖는 do little to ~를 활용할 수 있다. not처럼 직접적으로 '아니다'라는 뜻으로 안 보일 수도 있지만, 실제로는 부정의 의미를 대신하는 완곡한 표현이다. 사실상의 부정의 의미로 little을 쓰는 경우는 다양하다. '나는 정치에 대해 잘 모른다'를 직역해서 I don't know very well about politics.라고 하면 거의 콩글리시에 가깝고 I know little about politics.라고 하는 것이 자연스럽다. 그런데 여기서 little을 a little로 바꿔 I know a little about politics.라고 하면 '정치에 대해 조금 안다'라는 긍정의 말이 되어 버리니 주의하자. 또 다른 예로 Little did he know that it would change his life.(그는 그것이 자신의 인생을 변화시킬 것이라는 점을 몰랐다)는 He knew little that에서 little이 문장 앞으로 나가 그 의미가 강조된 형태이다. 그 뒤에 주어 he가 오지 않고 did라는 조동사가 들어가 있다. 이것은 부정어가 문장 앞에 나오면 의문문처럼 주어 앞에 조동사가 온다는 영어 규칙에 따른 것이기 때문에 little이 부정어라는 것을 보여 준다.

예제 나는 그녀가 스타가 될 거라는 것은 전혀 알지 못했다.
Little did I know she would be a star.

이번 세제 개편은 임금 격차를 줄이는 데 별 도움이 안 된다.
The tax reforms do **little** to narrow wage gaps.

• tax reform 세제 개혁 narrow ~의 폭을 줄이다 gap 격차

Chapter 16

다양한 강조법으로 문장을 밀고 당겨 보자

(1) 내가 아는 긍정 강조 표현, really와 very 말고 뭐가 있을까?

어떤 샌드위치 가게가 있다. 이곳은 샌드위치도 맛있지만 특히 샌드위치 빵(sandwich bread)이 맛있다. 이런 특별한 느낌을 미국인 친구에게 영어로 전달하고자 한다. 여러분의 입에서 나오는 영어는 어떤 것일까? 십중팔구는 아래 문장들 중 하나가 아닐까?

Their sandwich bread is very[really] delicious.
그 집 샌드위치 빵은 매우[정말] 맛있어.

Their sandwich bread is very[really] special.
그 집 샌드위치 빵은 매우[정말] 특별해.

물론 이렇게 말해도 틀린 것은 아니다. 다만 여러분의 미각을 흥분케 했던 빵의 느낌을 전달하는 데는 delicious, special보다는 그런 느낌을 강조하는 very, really가 더 중요한 역할을 하는데, 이들은 영어에서 가장 많이 쓰는 단어 중 하나이므로 이렇게 표현하는 건 한계가 있다. 무엇인가를 강조해 말하고 싶을 때마다 very, really를 쓴다면 자신의 특별한 감정을 충분히 표현하지 못하고 답답함을 느끼게 될 것이다. 한국어처럼 영어에도 very, really 외에 다양한 강조 표현이 존재한다. 가령, 위의 말을 아래와 같이 바꿔 표현하면 느낌이 어떻게 다를까?

Their sandwich bread is <u>like no other</u>.

like no other는 직역하면 '그 어떤 다른 것과 같지 않은'이니 곧, '매우 특별한, 훌륭한'의 뜻이다. 그 어떤 빵과도 비교할 수 없게 특별한 빵이라는 느낌이 확 전달된다.

Their sandwich bread is as good as it gets.

as good as it gets는 as ~ as ...(…만큼 ~한) 구문을 활용한 표현인데 여기서 get은 '~하게 되다'의 의미를 갖고 있다. 따라서 이 표현을 직역하면 '그것이 될 수 있을 만큼 좋은'이 되는데, 좋아질 수 있는 최대치에 도달했다는 말로 '정말로 좋은/맛있는'이라는 뜻이다.

(2) 부정을 강조하는 표현도 뷔페만큼 다양하다!

이번에는 무엇을 '전혀 ~하지 않는다'는 뜻을 강조해 보자. 가령, '네가 나를 믿건 안 믿건 나는 전혀 관심 없어'를 영어로 말하라면 대부분은 not ~ at all(전혀 ~하지 않는)이라는 표현을 써서 I don't care at all whether you believe me or not.과 같이 표현할 것이다. 그렇지만 같은 말을 다음과 같이 표현할 수도 있다.

I couldn't care less whether you believe me or not.

직역하면 '나는 네가 나를 믿든 안 믿든 (지금보다) 신경을 덜 쓸 수가 없다'가 되는데 '지금보다 신경을 덜 쓰려고 해도 할 수 없다'는 말은 '전혀 신경 쓰지 않는다'는 뜻이다. 이것은 less(덜 ~한)라는 비교급 단어를 not으로 부정하여 강조의 의미를 나타내는 방식인데 not ~ at all보다 그 의미가 더 강하게 전달된다. 이와 같은 영어의 강조 표현들은 처음 보면 낯설게 느껴질 수 있다. 하지만 원어민은 자주 쓰는 말로 웬만큼 영어 실력이 뛰어난 사람이 아니면 사용하지 못하는 원어민 영어의 백미 같은 표현들이다. 원어민 영어에 한걸음 다가가기 위한 강조 표현들, 그 신비한 세계로 같이 들어가 보자!

(1) 긍정 강조

insanely

매우 (화난)**, 미칠 만큼**

097_Ch16_n01_09

그는 자신의 가족이 받은 대우에 매우 화가 났다.

직역 He was very angry at the treatment his family had received.

네이티브 **He was insanely angry at the way his family had been treated.**

'매우', '정말'과 같은 말을 붙여 내용을 강조하고자 할 경우 가장 흔히 생각하는 영어 단어는 한국어와 일대일로 대응되는 very(매우)와 really(정말)일 것이다. 한국인의 영어 회화에서도 이 두 단어가 유독 많이 들린다. 이것은 그만큼 직역식 영어에 갇혀 영어 표현의 선택이 매우 제한되어 있음을 보여 준다. 이번 챕터에서는 이런 제약에서 벗어나 좀 더 역동적인 영어를 구사하는 데 필요한 다양한 영어 강조법을 알아볼 것이다. 내용을 강조하는 여러 방법 중 가장 기본적인 해결책은 very 외에 다른 강조 부사를 사용하는 것이다. 영어 소설이나 원어민들의 대화를 들어 보면 이런 부사들이 아주 다양하게 등장한다. 가령 위 예문의 경우 angry를 강조하는 데 insanely가 쓰였다. 이는 insane(미친, 실성한)에서 나온 부사로 '실성할 정도로 화난'이라는 뜻이다. 부사를 사용해서 내용을 강조하면 따분하고 식상한 영어에서 벗어날 수 있는 데다가 insane 같은 단어가 가진 고유의 의미가 첨가되어 angry를 더 역동적으로 표현할 수 있다는 장점이 있다. 아래는 강조할 때 가장 많이 사용되는 부사들이니 천천히 익혀 두자.

예제 국물이 정말 끝내준다.

The broth is **absolutely** divine. • divine 천상의, 매우 맛있는

그 보고서는 감탄할 정도로 완벽했다.

The report was **admirably** complete.

이야기의 전개 속도가 괴로울 정도로 느리다.

The pace of the story is **agonizingly**[**painfully**] slow.

투자자들은 지나치게 위험한 펀드는 피해야 한다.

Investors should avoid **excessively**[**unduly**] risky funds.

투표율이 현저하게 높았다.

The voter turnout was **extraordinarily** high. • turnout 참가 인원

그 노래는 중국에서 대단히 인기가 있다.

The song is **extremely** popular in China.

새로운 웹 브라우저는 믿을 수 없을 만큼 사용하기 쉽다.

The new web browser is **incredibly**[**unbelievably**] easy to use.

지나친 규제는 과도하게 높은 가격으로 이어질 수 있다.

Overregulation can lead to **inordinately** high prices.

그녀는 모국에 대한 자긍심이 아주 강렬했다.

She was **intensely** proud of her own country.

우리 부장은 불쾌할 만큼 아부가 심하다.

My department head is **obnoxiously** obsequious. • obsequious 아부하는

그 코트는 터무니없이 비싸다.
The coat is **outrageously** expensive.

그 노동 관행은 피고용인에게 명백하게 불공정하다.
The labor practice is **patently** unfair to employees.

그분은 몹시 친절하신 분입니다.
He's a **remarkably** nice person.

실업률이 휘청거릴 정도로 높다.
The unemployment rate is **staggeringly** high.

그 새로운 모델은 이전 모델과 디자인에서 현저히 다르다.
The new model is **strikingly** different in design from its predecessors.

그녀는 놀랍도록 아름다웠다.
She was **stunningly** beautiful.

그 이야기는 너무나[굉장히] 부정확하다.
The story is **terribly[horribly]** inaccurate.

날씨가 참기 힘들 정도로 추웠다.
It was **unbearably** cold.

나는 너무 혼란스러웠다.
I was **utterly** confused.

like no other

정말 (상쾌하게), 그 어느 것과도 다르게

그 공기 방향제는 공기를 정말 상쾌하게 해 준다.

콩글리시 **The air spray really makes the air fresh.**

직역 **The air freshener really makes the air fresh.**

네이티브 **The air freshener sweetens the air like no other.**

air spray는 공중에 뿌리는 모든 종류의 스프레이를 뜻하기 때문에 '공기 방향제'만 칭하려면 air freshener라고 해야 한다. freshen은 '~을 신선하게/상쾌하게 하다'라는 뜻으로 여기에 -er을 붙이면 '신선하게 하는 제품'이 된다. '공기를 상쾌하게 하다'는 직역해서 make air fresh라고 해도 되고 위에 나온 freshen을 써서 freshen air라고 해도 된다. 다만 freshener와 freshen이 한 문장에 둘 다 나오는 것은 좀 어색하다. 이럴 때는 sweeten이라는 동사를 쓰면 좋다. sweet가 '달콤한'이니 sweeten은 '~을 달게 하다'가 되는데 단순히 맛을 달게 하는 것뿐만 아니라 '공기를 향기롭게/상쾌하게 하다'라는 의미로도 사용된다. '정말'이라는 강조어를 really가 아닌 다른 말로 원어민처럼 해 보려면 like no other를 써보자. like no other를 직역하면 '다른 어떤 것과도 다르게'인데 실제로는 앞의 말의 의미를 강조해서 '정말 특별하고 훌륭하다'라는 뜻을 나타낸다.

예제 부모와 자식의 관계는 아주 특별하다.
The parent-child relationship is **like no other**.

그 생선 튀김 요리는 정말 꼭 먹어 봐야 하는 음식이다. 꼭!
The fish and chips are **like no other**. It is a must!

• a must 꼭 방문해 봐야 하는 장소 또는 먹어 봐야 하는 음식

one-of-a-kind

매우 (독특한)**, 이전에 경험하지 못한**

그의 음악은 매우 독특하다.

직역 **His music is very unique.**

네이티브 **His music is one-of-a-kind.**

'독특한'은 영어로 unique, 이를 강조해서 '매우 독특한'이라고 할 때 very unique, really unique라고 해도 된다. 다만, 이번 챕터의 주제처럼 very나 really를 쓰지 않고 독특함을 강조하는 다른 방법을 찾아보자. 먼저 unique와 유사한 의미를 가진 다른 표현으로는 one-of-a-kind가 있는데 unique보다 조금 더 산뜻해 보이는 장점이 있다. 또 like nothing you've ever도 unique와 유사하다. like nothing you've ever heard (before)는 직역하면 '당신이 들어 봤던 그 어떤 것과도 같지 않은', 즉 '독특하다'는 뜻이 강조된 표현이다. 맥락에 따라서 이 표현은 '훌륭하다'는 의미로도 해석이 가능하다. heard 자리에는 강조하고자 하는 대상에 따라 보는 것이라면 seen(see의 과거분사), 음식이라면 tasted(taste의 과거분사)처럼 과거분사를 쓰면 된다. 그렇다면 여기서 왜 화자가 자신의 경험을 I've ever heard before(내가 전에 들어 봤던)라고 말하지 않고 주어를 you라고 했을까? 바로 이것이 이 표현의 묘미다. 주체가 '나'라면 단순히 자신의 경험을 이야기하는 것이 될 뿐이다. 이 표현은 주체를 '당신'이라고 함으로써 '당신이 들어도 그렇게 생각할 것'이라고 기정사실화하고 있다. 이 때문에 강조의 의미가 더 살아난다.

예제 그 식당의 음식은 정말 독특하다.

The food there is **like nothing you've ever** tasted in your life.

거기에 모인 사람들의 규모가 정말 엄청났다.

The crowd there was **like nothing you've** ever seen.

like you wouldn't believe

엄청 (아픈)**, 믿을 수 없을 정도로**

다음 날 눈을 떴을 때 몸이 믿기 힘들 정도로 엄청나게 아팠다.

콩글리시 **When I opened my eyes the next day, my body was really painful.**

직역 **When I woke up the next day, I was really sore.**

네이티브 **When I woke up the next day, I was sore like you wouldn't believe.**

'몸이 아프다'고 하면 대부분 pain(통증)이라는 단어부터 떠올린 뒤 주어를 body(몸)로 해서 My body was painful.이라고 생각할 수 있는데, 이것은 틀린 문장이다. painful은 주로 painful memory(고통스런 기억)나 painful experience(고통스런 경험)처럼 어떤 것이 고통이나 통증을 야기시키는 맥락일 때 쓴다. 굳이 pain이라는 단어를 쓰고 싶다면 I have pain in my left arm. 또는 My left arm is in pain.(왼쪽 팔이 아파.)이라고 한다. 보통 몸이 아프다고 할 때는 pain보다 sore(아픈)라는 형용사를 쓰는 것이 좋다. 따라서 '몸이 정말 아프다'는 I'm really sore.가 된다. 여기에 really 대신 사용하는 강조 표현인 like you wouldn't believe를 붙여 말해 보자. 직역하면 '당신이 믿지 못할 정도로'가 되니까 그 의미를 충분히 짐작할 수 있다. 다만 이는 구어체 표현이므로 격식체의 글에서는 사용하지 않도록 하자.

예제 햇빛에 엄청나게 심한 화상을 입었다.
I had a sunburn **like you wouldn't believe.**

그녀는 나에게 정말 엄청나게 화를 냈다.
She was mad at me **like you wouldn't believe.**

(There is) Nothing like

(하는 것)이 최고인, ~만한 것이 없는

추운 겨울날에는 뜨거운 욕조 물에 들어가는 게 최고다.

콩글리시 **On a cold winter day, it's best to be in hot tub water.**

직역 **The best thing to do on a cold winter day is to be in a hot tub.**

네이티브 **(There is) Nothing like soaking in a hot tub on a cold winter day.**

'추운 겨울날에'는 on a cold winter day, '욕조 물'은 한국어 그대로 hot tub water라고 해도 되고, a hot tub라고만 해도 충분하다. 〈콩글리시〉 표현에 나온 It's best to ~는 '~하는 것이 최고다'라는 뜻이 아니라 '~하는 것이 제일 좋다'라는 뜻으로 전혀 다른 의미를 갖는다. It's best to compare prices before you go shopping.(쇼핑하러 가기 전에 가격을 비교해 보는 것이 좋다)처럼 쓰는 표현이다. '최고'라는 말을 굳이 best로 쓰고 싶다면 the best thing to do(할 수 있는 최고의 일)라고 해야 한다. 그러면 The best thing to do on a cold winter day is to be in a hot tub.(추운 겨울날에 할 수 있는 최고의 일은 뜨거운 욕조 안에 들어가 있는 것이다)가 된다. 단, 이런 상황에서 원어민은 There is nothing like ~로 표현하는 경우가 많다. 직역하면 '~과 같은 것은 없다'로 한국어에 '~만한 것이 없다'라는 말과 유사하다. like 뒤에는 일반명사나 동사에 -ing를 붙인 형태를 넣으면 된다. 가령, 위의 예문을 살짝 바꾼 '추운 겨울날에는 따뜻한 커피 한 잔이 최고다'라는 말은 like 뒤의 말만 바꿔서 There is nothing like a hot cup of coffee on a cold winter day. 라고 하면 된다. 이어서, '욕조에 들어가 있다'는 직역해서 be동사를 써도 되지만 soak(물에 잠기다, 흠뻑 젖다)를 쓰면 욕조에 들어가 몸을 녹인다는 의미가 더 잘 살아난다. There's nothing like ~에서 조금 변형된 형태인 [There's no+명사]도 알아 두자. 예를 들어 '집이 최고다'는 말은 There's no place like home.이라고 한다. 참고로 There is nothing like ~는 보통 '최고다', '제일이다'라는 긍정적 의미로 쓰지만 문맥에 따라 '끔찍하다', '최악이다'라는 뜻도 될 수 있으니 문맥과 상황을 살펴서 해석해야 한다.

예제 스트레스 푸는 데는 춤이 최고다.
There is nothing like dancing your stress away. • dance ~ away 춤을 춰서 ~을 없애다

다크서클을 없애는 데는 하룻밤 푹 자는 게 최고다.
Nothing like a good night's sleep to fight dark circles.
• fight dark circles 다크서클과 싸우다, 다크서클을 없애다

can't ~ enough

정말 (적극 추천)하다, 아무리 ~해도 부족하다

이 호텔을 정말 적극 추천합니다.

직역 **I recommend this hotel really strongly.**

네이티브 **I can't recommend this hotel enough.**

'추천하다'는 recommend, '적극 추천하다'에서 '적극'은 strongly(강하게)로 하면 된다. 따라서 '정말로 적극 추천하다'는 recommend ~ really strongly라고 해도 괜찮다. 하지만 어딘가 김빠진 듯한 느낌이라 얼마나 추천한다는 건지 크게 와닿지 않는 표현이다. 이럴 때 원어민은 can't ~ enough 구문을 사용하여 추천의 강력함을 강조한다. can't recommend ~ enough는 '~을 충분히 추천할 수 없다'라는 말로, 아무리 추천해도 모자랄 정도로 좋다는 뜻을 표현한다. 그냥 really strongly라고 하는 것보다 확실히 강조하는 느낌이 살아난다. 특히 무엇을 '매우 강조하다(stress/emphasize)'라고 할 때는 이 표현을 써서 I can't stress enough ~(~을 충분히 강조할 수 없다)라고 하는 경우가 많다. 가령, '자연 식품 섭취의 중요성을 특별히 강조한다'고 할 때는 I can't stress enough the importance of eating natural food.라고 한다. 여기서 나온 표현 중 하나인 I can't get enough of ~는 직역하면 '~을 충분히 얻을 수 없다', 즉 '아무리 얻어도 충분치 않다', '~을 매우 좋아하다'라는 뜻이다. SF 소설을 매우 좋아할 경우는 I can't get enough of SF novels.라고 하고, 보통 대화에서는 앞에 말한 것을 일컬어서 I can't get enough of it.(그것이 정말 좋다)의 형태로 사용된다. 자주 쓰는 표현이니 함께 알아 두자.

예제 저희 가족에게 베풀어 주신 친절과 환대에 정말로 감사드립니다.

I **can't** thank you **enough** for the kindness and generosity you've extended to my family.

• extend kindness to ~에게 친절을 베풀다 generosity 너그러움, 환대

거기 직원들은 정말 칭찬할 만하다.

I **can't** speak highly **enough** of the staff at the place.

• speak highly of ~을 높게 평가하다

can't ~ too ...

매우 (조심)해야 하다, 아무리 ~해도 지나치지 않다

밤에 자전거를 탈 때는 정말 조심해야 돼.

직역 **You have to be really careful when you're riding a bicycle at night.**

네이티브 **You can't be too careful when (you're) cycling at night.**

'자전거를 타다'는 그대로 ride a bicycle이라고 해도 되고, cycle이라는 동사 하나로만 말하는 것도 좋다. '조심하다'는 be careful이라고 하고, '~해야 하다'는 must나 have to로 표현한다. 그리고 '정말' 조심해야 한다고 강조하려면 careful 앞에 really를 붙이면 된다. 이렇게 쓴 직역식 영어도 틀리지 않지만 더 강하게 강조하고 싶다면 can't ~ too(너무 ~할 수 없는) 구문을 써 보자. You can't be too careful.은 '당신은 너무 조심할 수 없다', 즉 '아무리 조심해도 부족하다'라는 의미로 조심할 것을 강하게 강조하는 말이다. 단, 이 구문은 반대 의미로 '너무 ~하면 안 된다'는 뜻도 될 수 있기 때문에 사용에 주의해야 한다. 가령, You can't be too sensitive about such rumors.는 '그런 소문에 매우 민감해야 한다'고 강조하는 말이 아니라 '그런 소문에 너무 민감해서는 안 된다'라고 해석해야 한다. 영어에서 you can't ~가 '~할 수 없다'는 뜻뿐만 아니라 '~해서는 안 된다'라는 의미로도 해석될 수 있기 때문이다. 따라서 you can't be too ~ 구문 뒤에 붙는 단어를 보고 어떤 의미인지 판단해야 한다. greedy(욕심 많은) 같은 부정적인 의미의 단어가 오면 '너

무 욕심내면 안 된다'라고 충고하는 말일 가능성이 높다. 반면에 clean(깨끗한) 같은 긍정적 단어는 '정말 깨끗해야 한다', '깨끗할수록 좋다'라는 의미일 가능성이 높다.

예제 취업 면접은 최대한 잘 준비해야 합니다.
You **can't** be **too** prepared for a job interview.

외국을 여행할 때는 언행에 매우 조심해야 한다.
You **can't** be **too** discreet when you're traveling in foreign countries.

• discreet 언행에 신중한

couldn't + 비교급

아주 (틀린)

임부복을 따분한 옷이라고 생각한다면 아주 틀린 생각입니다.

직역 **If you think maternity clothes are boring, you're very wrong.**

네이티브 **If you think maternity wear is boring, you couldn't be more wrong.**

'임부복'은 영어로 maternity clothes[clothing, wear]라고 한다. '따분한'은 boring, 상대방 생각이 '아주 틀렸다'고 할 때 가장 쉽게 생각할 수 있는 표현은 very wrong이다. 물론 이것도 틀린 표현은 아니다. 그렇지만 '정말로', '아주' 틀린 생각이라고 강조하는 말로는 어딘가 맥이 빠져 보인다. 이럴 때 원어민들이 쓰는 강조법 무기는 [couldn't+비교급] 구문이다. 위의 경우 you couldn't be more wrong이라고 하는데, 직역하면 '당신은 (지금보다) 더 틀릴 수 없을 것이다'라는 말이다. 즉, '완전히 틀렸다'는 의미를 담게 된다. 비교급의 형태는 형용사에 따라 다를 수 있다. 예를 들어 happy는 비교급일 때 y를 i로 바꾸고 뒤에 -er을 붙여 '나는 정말 행복합니다'는 I couldn't be happier.라고 한다. 여기서 couldn't라는 과거형 조동사를 쓰는 이유는 이 구문이 가정법 구문이기 때문이다. 즉, '더 틀릴 수 없다'고 단언하는 것이 아니라 '더 틀릴 수 없을 것이다'라고 추측하는 말이다. 일상적으로는 can't라고 하는 사람도 있지만 couldn't를 쓰는 게 정석이다. 이 문형은 과거의 경험에 관해 이야기할 때도 많이 쓴다. 가령, '여행 중 묵었던 호텔의 직원은 정말 친절했다'는 The hotel staff couldn't have been more friendly.라고 한다. 이 예문처럼 과거에 대한 가정은 [couldn't+have+과거분사] 구문으로 말한다.

예제 (당신의 말에) 전적으로 동의합니다.
I **couldn't** agree **more** (with you).

외모는 무서워 보이지만 그는 매우 상냥한 사람이다.
Despite his intimidating appearance, he **couldn't** be a **nicer** man.

• intimidating 겁주는, 무섭게 하는

Nothing ~ than ...

정말 (기쁜), **~보다 더 …한 것은 없는**

고객들이 저희 제품에 만족하는 것을 볼 때 저희도 정말 기쁩니다.

직역 **We are really happy when we see our customers satisfied with our products.**

네이티브 **Nothing makes us happier than seeing our customers enjoy our products.**

‘~에 만족한’은 satisfied with ~이므로 ‘우리 고객들은 우리 제품에 만족한다’를 직역하면 Our customers are satisfied with our products.이다. 그것을 ‘우리가 보다’라고 할 때는 We see 뒤에 앞의 문장을 넣어야 하는데 이때는 be동사를 빼고 We see customers satisfied with our products.가 된다. 보통 ‘~이 …하는 것을 보다’라고 할 때는 see him walking down the street(그가 길 아래로 걸어가는 것을 보다)처럼 see 뒤에 ‘…하다’에 해당하는 동사의 현재진행형이나 원형이 온다. 위 예문은 제품에 만족한다는 내용이므로 satisfied with 대신 enjoy(~을 즐기다)라는 동사를 써서 We see our customers enjoy our products.(고객이 우리 제품을 즐기는 것을 본다)라고 해도 좋다. 이제 ‘기쁜(happy, delighted)’을 Nothing ~ more than ...(어떤 것도 …보다 ~하지 않다)을 써서 강조해 보자. 위 예문에 적용하면 Nothing makes us happier than ...(어떤 것도 …보다 우리를 더 행복하게 하지 않는다)이 된다. happy는 비교급일 때 y를 i로 바꾸고 뒤에 -er을 붙인다. delight(~을 기쁘게 하다)라는 동사를 써서 Nothing delights us more than ...(어떤 것도 …보다 우리를 더 기쁘게 하지 않다)이라고 말할 수도 있다. 두 경우 다 more than 뒤의 내용이 ‘우리를 가장 행복하게 하다’는 의미를 전달한다. 이 문장은 맨 앞에 Nothing이라는 명사와 than 뒤의 내용을 비교하는 것이므로, 기본적으로 than 뒤에는 명사만 올 수 있고, 동사를 넣을 때는 -ing를 붙여서 동명사로 만든다.

예제 이렇게 고풍스런 집이 허물어져 가는 것을 보면 너무 마음이 아프다.

Nothing makes me sadder **than** seeing a beautiful old house like this fall apart.

Nothing saddens me more **than** seeing a beautiful old house like this fall apart.

• fall apart 허물어지다

There’s nothing + 비교급 ~ than ...

매우 (끔찍)하다, ~보다 …한 것은 없다

098_Ch16_n10_18

회사에서 힘들게 일한 후 퇴근하는 길에 교통 정체에 갇히면 정말 끔찍하다.

콩글리시 **After working hard in the company, if you get stuck in a traffic jam on your way home, it’s really terrible.**

직역 **It’s really terrible to get struck in a traffic jam on your way home after working hard at work.**

네이티브 **There’s nothing more terrible than being stuck in traffic on your way home after a long day at work.**

위의 예문을 순서대로 영어로 바꾸면 콩글리시 문장이 나온다. 이 문장은 문법적으로 틀리지는 않지만 말을 하는 순서와 표현 방식이 한국어에 기반한 것이라 원어민에게는 아주 어색하게 들린다. 우선 ‘일한 후’는 영어 순서상 on your way home(집에 돌아가는 길에) 뒤로 가야 한다. it’s terrible(그것은 끔찍하다)이 맨 뒤에 나온 것도 어색하다. 앞에 나온 말을 전부 가리키는 말인 it은 영어에서는 보통 맨 앞에 나오고, 그것이 가리키는 내용이 뒤에 이어지는 게 자연스럽다. 즉, 직역식으로 영어 문장을 나열하지 않도록 주의해야 한다. 직역식 문장이 그나마 더 영어다운 문장이다. 어떤 상황에 ‘갇히다’는 get[be] stuck in이고, ‘교통 정체’는 traffic congestion 또는 a traffic jam이지만 ‘교통 정체에 갇히다’는 보통 get[be] stuck in traffic이라고 한다. ‘퇴근하는 길에’는 on your way home(집에 가는 길에)이다. 마지막으로 '회사'를 company나 office라고 하는 것은 직역식 영어 표현이다. '회사에서'는 at work, '힘들게 일하다'는 work hard인데, 힘들게 일한 하루는 a long day라는 표현을 쓴다. 따라서 '회사에서 힘들게 일한 후'에 해당하는 네이티브 표현은 after a long day at work이다. 예문의 핵심인 '정말로 끔찍한'은 really를 쓰지 말고 색다르게 There is nothing more ~ than ...으로 표현해 보자. more 뒤에 terrible을 넣어 There's nothing more terrible than ...이라고 하면 '…보다 더 끔찍한 것은 없다', 즉 '가장 끔찍하다'의 뜻으로 강하게 강조할 수 있다. 앞서 나온 Nothing ~ more than ... 표현과도 유사한 강조 표현이다. 덧붙이자면 more terrible은 한 단어로 worse(더 나쁜)라고 해도 된다. 또 '집에 가는 길에 교통 정체에 갇히다'는 좀 더 자유롭게 표현하면 drive home in heavy traffic(심한 교통 정체 속에서 집으로 운전해 가다)이라고도 할 수 있다.

예제 비 오는 날 학교에 가는 것은 정말 최악으로 싫었다.

There was nothing worse than going to school on a rainy day.

낯선 도시에서 지갑을 잃어버리면 몹시 당황하게 된다.

There's nothing more panic-inducing **than** losing your wallet in a strange city.

• panic-inducing 공황 상태를 야기시키는

as ~ as it can get

매우 (웅장)한, 할 수 있는 만큼 ~한

그 호텔은 매우 웅장하고 호화롭다.

직역 **The hotel is very grand and luxurious.**

네이티브 **The hotel is as grand and luxurious as it can get.**

어떤 장소가 '웅장하다'라고 할 때는 grand, majestic, stately를 쓰고, '호화로운, 화려한'은 luxurious, splendid라고 한다. 이런 단어를 강조할 때는 일반적으로 very(매우)를 쓰지만 좀 밋밋한 느낌이 있다. 예문에 나온 grand를 좀 더 색다르게 강조하고 싶다면 as ~ as it can get을 사용해 보자. as ~ as ...는 '…만큼 ~한'의 뜻으로, 예문에 대입하면 The hotel is as grand as it can get.이다. 여기서 get은 It's getting warm.(더워지고 있다)과 같이 '~해지다'라는 뜻으로 쓰였다. 따라서 as grand as it can get은 직역하면 '그것(=hotel)이 될 수 있을 만큼 웅장한(grand)', 즉 '웅장해질 수 있을 만큼 최대로 웅장한'이라는 강조의 의미를 담고 있다. 만약 앞 내용의 시제가 과거라면 can을 could로 바꿔 as ~ as it could get이라고 한다. 가령, '어떤 시장을 갔었는데 사람들이 너무 많아 복잡했다'는 The market was as crowded as it could be.라고 한다. 또한 앞 내용의 주어가 복수인 경우는 as they can get처럼 it을 they로 바꾸면 된다. 가령, 시트가 두 개 이상인 자동차를 누고 '이 차의 시트가 매우 안락하다'라는 말을 하려면 the seats가 주어가 되어 The seats are as comfortable as they can get.이라고 해야 한다.

예제 그 유튜브 동영상은 정말 최고로 웃겨.

The Youtube clip is **as** hilarious **as it can get.** • clip 동영상 한 꼭지 hilarious 매우 웃기는

그 결과는 매우 참혹했다.

The outcome was **as** bad **as it could get.** • outcome 결과

as ~ as they come

매우 (믿을 만한)

그는 근면하고 매우 믿을 만한 사람이다.

직역 **He's diligent and very reliable.**

네이티브 **He's hard-working and as reliable as they come.**

'근면한'은 diligent 또는 hard-working(열심히 일하는), '믿을 만한'은 reliable이나 dependable이다. 이와 같은 형용사를 강조할 때 일반적으로 쓰는 very나 really 말고, 원어민들이 자주 쓰는 다른 표현 중에 as ~ as they come을 알아보자. as ~ as they come은 직역하면 '그들이 오는 만큼 ~한'이니 이게 무슨 말인가 싶을 것이다. '~한 면에서 최고인', '누구 못지 않게 ~한'이라는 의미로 이해하면 된다. 단, 이 표현은 늘 as they come으로 고정된 형태로 쓰이며 과거의 일을 이야기할 때도 come을 과거형 came이라고 하지 않는다. 가령, '친구 결혼식에 참석했는데 날씨가 너무 좋았다'는 The day was as beautiful as they come.이라고 한다.

예제 그는 누구 못지 않게 정말 잘생겼다.

He's as handsome as they come.

그 스테이크는 정말 연하고 육즙이 풍부했다.

The steak was as tender and juicy as they come.

• tender 부드러운 juicy 즙이 많은

nothing beats

~이 최고인, ~만한 것이 없는

추운 겨울날에는 설설 끓는 설렁탕 한 그릇이 최고야.

직역 **On a cold winter day, a bowl of boiling seolongtang is the best.**

네이티브 **On a cold winter day, nothing beats a piping hot bowl of seolongtang.**

음식이 '설설 끓다'라고 할 때는 boiling(끓는)을 써도 틀리지는 않지만, 이미 불에서 꺼내온 음식을 말하므로 boiling hot(끓는 것처럼 뜨거운) 또는 piping hot(음식이 몹시 뜨거운)이 더 적절하다. 그리고 이 '뜨겁다'는 표현은 seolongtang 앞이 아니라 bowl 앞에 붙어야 한다. 예를 들어 '따뜻한 커피 한 잔'을 a hot cup of coffee라고 하는 것과 같은 이치다. 예문의 핵심은 무엇이 '최고다', '제일이다'라는 말을 영어로 표현하는 것이다. 쉽게 생각하면 the best가 떠오르지만 강조의 의미로는 뭔가 밋밋하다. 이럴 때는 the best와 같은 최상급의 의미로 Nothing beats ~를 기억해 두면 좋다. 여기서 beat은 '~을 이기다, 물리치다'라는 뜻으로 '그 어느 것도 ~을 이길 수 없다', 즉 '~이 최고다', '~만한 것이 없다' 정도로 해석하면 된다. 이 구문은 이대로도 많이 쓰지만, 흔히 When it comes to ~(~에 있어서는) 구문과 같이 사용하기도 한다. 단독으로 쓸 경우 무엇이 최고라는 것인지는 앞뒤 문맥에서 찾아야 한다. 가령, '직업은 교사가 최고지'라는 말에서 '직업은'을 말하지 않고 Nothing beats being a teacher.(어느 것도 교사가 되는 것을 이기지 못한다)라고 해도 문맥으로 전체 말 뜻이 전달된다. 이 문장처럼 beat 뒤에 명사뿐 아니라 '~하는 것'의 뜻으로 동사에 -ing를 붙인 동명사가 나올 수도 있다.

예제 한 해의 마지막 날 밤에는 한강에 나가 불꽃놀이를 보는 것이 최고다.

When it comes to New Year's Eve, nothing beats watching the fireworks over the Han River.

가장 얇고 가벼운 휴대폰을 원한다면 X6가 최고입니다.

If you're looking for the slimmest, lightest phone possible, nothing beats the X6.

• look for ~을 찾다 slim 얇은 light 가벼운

more than anything else

가장 (싫어)하는, 무엇보다 ~한

나는 무엇보다도 지각하는 것을 가장 싫어한다.

직역 **I really hate being late.**

I hate being late the most.

네이티브 **I detest being late more than anything else.**

'지각하다'는 be late이지만 '지각하는 것'처럼 명사구로 만들어야 하니 be동사에 -ing를 붙여 being late이 된다. '싫어하다'는 hate 또는 좀 더 고급스런 단어로 detest가 있다. 둘을 합쳐서 '늦는 것을 싫어하다'는 I hate[detest] being late.이라고 한다. 강조해서 '정말' 싫다고 말할 때 가장 쉬운 방법은 really를 붙이는 것이고, 유사한 의미로 the most(제일, 가장)도 쓸 수 있다. 다만 이번에는 이런 진부한 단어 말고 조금 다르게 말해 보자. 문장 뒤에 more than anything else(그 외에 어느 것보다 더) 구문을 붙이는 것이다. I detest being late more than anything else.는 '나는 그 무엇보다 지각하는 것을 싫어한다'라는 뜻이다. 이 표현을 활용해 '가장 싫어하다'는 최상급 수준의 강조 표현을 참신하게 말할 수 있다.

예제 나는 그녀와 시간을 보내는 것이 그 무엇보다 좋다.

I enjoy spending time with her **more than anything else.**

나는 지금 그 무엇보다 신선한 공기가 필요해.

What I need **more than anything else** right now is fresh air.

beyond

극도로 (피곤한), ~을 넘어선

나는 극도로 피곤해서 빨리 호텔로 돌아가 쉴 생각밖에 없었다.

콩글리시 **I was very tired, so I only had the thought of going back to my hotel and resting.**

직역 **I was very tired, so all I could think of was just getting back to my hotel and resting.**

네이티브 **I was beyond tired and couldn't wait to get back to my hotel and rest.**

'~할 생각밖에 없다'를 직역하면 only have the thought of -ing인데 이것은 문법적으로 맞더라도 실제로는 쓰지 않는 엉터리 표현이다. 제대로 된 영어로는 All I could think of was just -ing(내가 생각할 수 있는 모든 것은 ~하는 것뿐이었다)라고 해야 한다. 이보다 더 자연스러운 원어민식 표현으로는 I can't wait to ~가 제격이다. 직역하면 '~하는 것을 기다릴 수 없다'인데, 뭔가 정말 하고 싶어 하는 감정을 표현한다. 위 예문의 상황은 과거이므로 I couldn't wait to ~라고 하면 된다. '극도로 피곤한'을 very tired 말고 다른 식으로 강조하고 싶다면 tired 앞에 beyond를 넣어 보자. beyond는 '~ 너머에'라는 뜻의 전치사로 beyond tired라고 하면 '피곤함을 넘어선'이니 보통 피곤한 것이 아니라는 말이다. 이를 더 강조할 때는 tired beyond tired(피곤함을 넘어 피곤한)라고 표현하기도 한다.

예제 나는 마침내 영화 업계에서 직업을 얻게 되어 정말 기뻤다.

I was **beyond** excited to finally find a job in the movie industry.

그의 강연은 아주 따분했다.

His lecture was **beyond** boring.

beyond measure

정말 (신난),
가늠할 수 없을 정도로

난 그 희귀한 앨범을 입수하게 되어 아주 신이 났다.

콩글리시 **I was really excited about acquiring the rare album.**

직역 **I was really excited to obtain the rare album.**

네이티브 **I was excited beyond measure to get my hands on the rare album.**

〈콩글리시〉 표현에 나온 excited about -ing는 앞으로 할 일에 대한 기대감에 흥분한 것이니 예문과는 맞지 않다. 위 예문처럼 이미 일어난 일에 대해서는 excited to ~라고 한다. 무엇을 '입수하다'는 acquire, obtain이라는 동사도 좋지만, 좀 더 구어적이면서 한국어 '~을 손에 넣다'는 표현과 유사한 get one's hands on ~을 써도 좋다. '정말' 신났다고 강조하는 말을 역동적으로 표현하려면 beyond ~ 구문을 활용할 수 있다. beyond 뒤에 measure(측정)라는 단어를 넣어 beyond measure라고 하면 '측정할 수 없을 정도로'라는 뜻의 강조 표현이 된다. 이와 유사한 표현으로는 beyond words(말로 할 수 없을 정도로), beyond belief(믿기 어려울 정도로), beyond description(설명할 수 없을 정도로) 등이 있다. 또 원어민들은 앞서 언급한 것처럼 excited beyond excited(신난 것을 넘어설 정도로 신난)와 같이 자주 동어를 반복해서 쓴다.

예제 제가 그 명단에 포함되다니 정말 무한한 영광입니다.

I'm honored **beyond measure** to be included in the list. • honored 영광인

전쟁 중의 생활은 말로 표현할 수 없을 만큼 매우 비참했다.

Life during the war was miserable **beyond words.**

nothing if not

매우 (정직한), **~이 아니면 아무것도 아닌**

그녀는 매우 정직하고 솔직하다.

직역 **She's very honest and frank.**

네이티브 **She is nothing if not honest and straightforward.**

'정직한'은 honest, '솔직한'은 frank 또는 straightforward라고 한다. 이번에는 강조 표현으로 ... is nothing if not ~(…는 ~이 아니면 아무것도 아니다)이라는 구문을 활용해 보자. 예문에 대입하면 She's nothing if not honest.가 되는데 직역하면 '그녀는 정직하지 않으면 아무것도 아니다'라는 말이니 그만큼 정직하다는 뜻이다. 한국어에 '~ 빼면 시체'라는 표현과 유사한 말이다. nothing if not ~ 뒤에는 명사를 넣을 수도 있다. 가령, '그녀는 매우 현실주의적인 사람이다'를 이 표현을 사용해서 말하면 She's nothing if not a realist.라고 한다.

예제 그는 실용적인 것 빼면 시체다.

He's **nothing if not** practical.

그 회사는 목표를 추구하는 데 엄청나게 끈질기다.

The company is **nothing if not** persistent in pursuing its goals.

• persistent 끈질긴, 끈기 있는

(as) ~ as ...

매우 (완고한),
…만큼 ~한

그 사람은 매우 완고해서 하기 싫은 일은 절대 안 한다.

직역 **He's very stubborn. So, he never does things he doesn't want to do.**

네이티브 **He's (as) stubborn as a mule. He won't do anything he doesn't want to do.**

'완고한'은 영어로 stubborn이며 매우 완고하다고 강조하려면 very stubborn이라고 한다. '절대로 ~하지 않다'는 never를 쓰면 되지만, 뭔가 하지 않겠다는 의지를 표현할 때는 won't라고 하는 것이 더 정확하다. 어떤 사람의 성격을 묘사하거나 강조할 때 '매우' = very라는 공식에서 벗어나려면 그런 특성을 가진 동물이나 사물에 비유하는 것도 하나의 방법이다. 여기서 사용되는 비유 표현 방식은 (as) ~ as a/an ...(…만큼 ~한)으로, 첫 번째 as는 생략할 수 있다. 한국어에서는 '황소 고집'이라고 해서 황소(bull)가 고집이나 완고함의 상징이지만 영어에서 '고집이 센' 상징적 동물은 당나귀(mule)이다. 영어에서 황소는 곰과 더불어 힘의 상징으로 통한다. 가령, 어떤 남자가 힘이 매우 세다고 할 때는 He's as strong as a bull[bear].이라고 한다. 아래는 as ~ as ... 형태의 비유에서 많이 등장하는 표현들이다.

as bald as an eagle(독수리처럼 머리가 벗겨진)
as bald as a coot(검둥오리처럼 머리가 벗겨진)
as busy as a beaver(비버처럼 바쁜)
as busy as a bee(벌처럼 바쁜)
as meek as a lamb(양처럼 온순한)
as meek as a dove(비둘기처럼 온순한)
as proud as a peacock(공작처럼 의기양양한/거만한)
as timid as a rabbit(토끼처럼 겁많은/소심한)
as slippery as an eel(뱀장어처럼 교활한/믿을 수 없는)
as sly as a fox(여우처럼 교활한)
as smart as a fox(여우처럼 똑똑한)
as angry as a hornet(말벌처럼 화난)
as hungry as a bear(곰처럼 배고픈)
as mischievous as a monkey(원숭이처럼 장난기 있는)
as playful as a kitten(새끼 고양이처럼 장난치는)
as poor as a church mouse(교회 쥐처럼 가난한)
as snug as a bug in a rug(양탄자 속의 벌레처럼 기분이 편안한/아늑한)
as strong as a bull(황소처럼 힘센)
as strong as an ox(소처럼 힘센)
as tall as a giraffe(기린처럼 키가 큰)
as weak as a kitten(새끼 고양이처럼 연약한)
as wise as an owl(부엉이처럼 현명한)
as quiet as a mouse(쥐처럼 조용한/말이 없는)
as sick as a dog(개처럼 아픈)
as slow as a snail(달팽이처럼 느린)

as sleepy as a koala(코알라처럼 졸린)
as happy as a lark(종달새처럼 기쁜/행복한)
as happy as a clam(대합처럼 기쁜/행복한)
as stupid as a chicken(닭처럼 멍청한)
as blind as a bat(박쥐처럼 눈이 먼)
as drunk as a skunk(스컹크처럼 술 취한)
as mad as a wet hen(물에 젖은 암탉처럼 화난)
as cool as a cucumber(오이처럼 냉정한/침착한)
as dead as a doornail(문에 박힌 못처럼 죽은)
as fit as a fiddle(피들 현악기처럼 건강한)
as sober as a judge(판사처럼 태도가 빳빳한)
as nutty as a fruitcake(과일 케이크처럼 정신이 미친)
as sharp as a tack(압정처럼 머리가 샤프한)
as smart as a whip(채찍처럼 머리가 좋은)

* 원래 이 표현의 smart는 아프다는 의미였는데 현재는 머리가 좋다는 의미로 쓴다.

(2) 부정 강조

not ~ by a long shot

결코 (쉽지) 않은, 가능성이 희박한

099_Ch16_n19_24

이 중에 어느 것도 결코 쉬운 것이 없다.

직역 **Any of these isn't easy at all.**

네이티브 **None of these is easy by a long shot.**

None of these is easy, not by a long shot.

'이 중에 어느 것도 ~하지 않다'라는 말은 영어로 Any of these isn't ~ 또는 부정 의미를 none에 담아서 None of these is ~라고 한다. 여기에 '결코'나 '절대' 같은 부정을 강조하는 의미를 추가하자면 보통은 not ~ at all(절대 ~이 아닌)이라는 구문을 생각할 것이다. 그러나 영어에서 부정 의미를 강조하는 방법은 not ~ at all 외에도 다양하다. 가장 간단하게는 not ~ by a long shot이라는 표현이 있다. a long shot이 '가능성이 희박한 것'을 의미하기 때문에 not ~ by a long shot은 '희박한 가능성조차 아닌', 즉 '전혀 ~하지 않은'의 뜻이다. 이 표현은 기본적으로 It's not easy by a long shot.과 같이 본문의 not을 강조하는 것 외에, 문장 뒤에 not by a long shot을 덧붙이는 식으로 쓴다. 그 외에 유사한 표현으로 not ~ in the least/slightest(최소한으로도 ~이 아닌), not ~ by any stretch (of the imagination)(상상력을 아무리 늘려도 ~이 아닌) 등이 있다.

예제 나는 전혀 배가 안 고팠다.
I wasn't hungry **in the slightest.**

그의 가족은 절대 부유하지 않다.
His family isn't affluent **by any stretch** (of the imagination).

couldn't ~ less ...

전혀 (관심) 없는, 덜 할 수가 없을 정도로

다른 사람들이 나에 대해 어떻게 생각하는지 나는 전혀 관심 없다.

콩글리시 I'm not interested in how other people think about me at all.

직역 I don't care at all what other people think of me.

네이티브 **I couldn't care less what other people think of me.**

'~에 관심 없는'은 보통 not interested in ~으로 표현하지만 위의 예문은 '신경 쓰지 않는다'는 뜻이므로 not care (about) ~가 더 적당하다. '다른 사람들이 나에 대하여 어떻게 생각하다'는 학습자들이 영어로 '어떻게'를 how라고 생각하기 때문에 틀리기 쉽다. 이때는 what ~을 써서 what others think about[of] me라고 해야 한다. 이번에는 '전혀 ~하지 않다'라는 부정 강조를 not ~ at all이 아닌 다른 표현으로 해 보자. 직역하면 '덜 하지 않으려고 해도 할 수 없을 정도로 ~하지 않다'라는 뜻의 couldn't ~ less 구문을 써 보겠다. 이는 앞에서 익힌 couldn't ~ more와 정반대로, 부정을 강조하는 표현이다. I couldn't care less (about) ~는 '~에 전혀 관심이 없다/신경 쓰지 않다'라는 말이다. 보통 뒤에 명사가 올 때는 전치사 about이 꼭 붙지만 그 외에 whether ~ or not(~인지 아닌지)이나 what(무엇을 하는지) , how(어떻게 하는지)와 같은 의문사절이 뒤에 오면 보통 생략한다. 가령, '난 당신의 돈에는 관심이 전혀 없다'는 your money라는 명사구가 들어가니 I couldn't care less about your money.라고 하고, '당신 돈 가지고 당신이 무엇을 하든 나는 상관없다'는 I couldn't care less what you do with your money.라고 about를 생략하고 말한다. 참고로 couldn't ~ more와 마찬가지로 couldn't ~ less도 과거의 경험을 이야기할 때 [couldn't+have+과거분사]의 형태로 자주 사용된다. 위 예문이 만약 과거에 '남이 나를 어떻게 생각하든 전혀 관심 없었다'였다면 I couldn't have cared less what other people thought of me.라고 해야 한다. 다른 사람들이 나를 생각하는 시점이 과거이므로 think가 과거형 thought으로 바뀐다.

예제 당신은 정말 조금도 로맨틱하지 않아.

You **couldn't** be **less** romantic.

그는 전혀 도움이 안 되었다.

He **couldn't** have been **less** helpful.

not even come close to -ing

전혀 (공정하지) 않은, ~ 근처에도 못 가다

그것은 전혀 공정하지 않다.

직역 That's not fair at all.

네이티브 **That doesn't even come close to being fair.**

'공정한'은 fair이고, '절대 공정하지 않은'은 not ~ at all을 붙여서 not fair at all이다. 이렇게 써도 좋지만, 우리는 진부한 영어에서 탈피하고자 하니 not ~ at all을 대체할 여러 방법 중에 not even come close to -ing라는 표현을 써 보자. 여기에 '공정하다'라는 뜻의 be fair를 넣으면 That doesn't even come close to being fair.가 되고, 직역하면 '그것은 공정한 것의 근처에도 오지 않는다', 즉 '전혀 공정하지 않다'라는 말이 된다. fair 같은 형용사는 doesn't even come close to -ing에 적용할 때 being fair라고 쓰면 되고 일반동사는 -ing 형태로 쓴다. 예를 들어 '그 돈은 버스비조차 안 된다'는 The money doesn't even come close to covering the bus fare.라고 한다. 여기서 cover는 어떤 비용을 '감당하다'의 뜻이다. 참고로 '그것은 전혀 공정하지 않다'를 앞에서 익힌 다른 표현으로 바꾸면 That is anything but fair.나 That's far from (being) fair.라고도 할 수 있다.

예제 '감사하다'는 말로는 전혀 충분하지 않습니다.
'Thank you' **doesn't even come close to being** enough.

연기는 결코 발레만큼 어렵지 않다.
Acting **doesn't even come close to being** as difficult as ballet.

not + 최상급

결코 (쉬운 결정이) **아닌**

저한테도 은퇴는 결코 쉬운 결정이 아니었습니다.

직역 **It wasn't easy at all to decide to retire.**
It wasn't an easy decision at all to retire.

네이티브 **Retiring wasn't the easiest decision to make for me.**

'은퇴하다'는 retire이고, 이것을 '은퇴하는 것'이라는 뜻의 명사로 만들려면 to를 붙여 to retire라고 하거나 -ing를 붙여서 retiring이라고 한다. '쉬운 결정'은 an easy decision이다. 뒤에 at all을 붙여 '결코'라는 뉘앙스를 덧붙이면 To retire wasn't an easy decision at all.이 된다. 또는 〈직역〉 표현처럼 To retire를 문장 뒤로 보내고 빈자리에는 자리를 메우는 it을 넣어 It wasn't an easy decision at all to retire.라고 한다. 〈네이티브〉 표현에서는 not ~ at all 대신 not the easiest(가장 쉬운 것은 아닌)로 표현하였는데 easiest 같은 최상급을 부정하면 '결코 쉽지 않은'이라는 강조의 의미가 된다. easy는 2음절이자 단어가 짧아서 most 대신 뒤에 -est를 붙이지만 더 긴 단어는 앞에 most를 붙인다. 가령, '결코 효율적이지 않은 과정'은 not an efficient process at all이나 not the most efficient process라고 한다.

예제 그곳은 밤에 결코 안전한 지역이 아니다.
It **isn't the safest** neighborhood at night. • neighborhood 거주 지역

그녀는 결코 신뢰할 수 있는 사람이 아니다.
She **isn't the most** reliable person.

anything but

결코 (순탄치) **않은,**
절대 아닌,
~을 제외하고
어느 것이나

그 영화는 흥행에 크게 성공했지만 영화를 만드는 과정은 결코 순탄치 않았다.

직역 **The movie achieved big success in ticket sales, but the process of making it was not smooth at all.**

네이티브 **The film was a huge box office hit, but making it was anything but smooth sailing.**

영화가 '흥행에 성공하다'라는 말은 보통 box office(극장 매표소)라는 단어를 써서 achieve success at the box office(매표소에서 성공을 달성하다) 또는 줄여서 a box office hit[success](매표소 히트)라고 한다. 단어별로 직역해서 '성공하다' → succeed [achieve success], '흥행에' → in ticket sales(영화표 매출액에서)라고 해도 되지만 길고 번거로우니 원어민식 표현을 익혀 두자. '결코 순탄치 않았다'는 not smooth at all도 좋지만 부정을 좀 더 강하게 강조하는 anything but ~ 구문으로 말해 보자. 여기서 but은 '그러나'가 아니라 '~을 제외하고'라는 뜻의 전치사로 사용되었다. 따라서 anything but ~은 직역하면 '~을 제외하면 어느 것이나'라는 말이고, 이것은 곧 '~은 절대 아닌'의 뜻이 된다. 과정이 '순탄한'은 smooth도 틀리지 않지만 smooth sailing(순탄한 항해)이라는 표현도 좋다. 여기서 보듯이 but 뒤에는 smooth 같은 형용사나 sailing 같은 명사 둘 다 올 수 있다. 다만 셀 수 있는 명사라면 a/an을 붙여야 한다. 가령, '그 사람은 결코 신사가 아니다'는 He's anything but a gentleman.이다.

예제 그의 목소리는 전혀 친절하지 않았다.

His voice was **anything but** friendly.

여러분이 대학생이라면 수업료가 전혀 저렴하지 않다는 것을 잘 알 겁니다.

If you're a college student, you know that tuition is **anything but** cheap.

nowhere near

(생각이) 전혀 없는, 절대 ~이 아닌

저희 아버지는 은퇴할 생각이 전혀 없습니다.

콩글리시 **My father has no thought of retiring at all.**

직역 **My father isn't thinking of retiring at all.**

MY father isn't considering retirement at all.

네이티브 **My father is nowhere near ready to retire.**

'은퇴하다'는 retire, '은퇴'는 retirement이다. '생각'이 영어로 thought이라고 해서 '~할 생각이 없다'를 have no thought of라고 하면 콩글리시다. '은퇴할 생각이 없다'는 '은퇴를 생각하고 있지 않다'로 바꿔서 think of ~(~을 생각하다) 또는 consider(~을 고려하다)로 표현한다. 따라서 예문은 not considering[thinking of] retiring[retirement]이고, '전혀'라는 부정 의미 강조는 at all을 붙이면 된다. 이제 진부한 at all을 다른 말로 바꿔 보자. 위와 같이 어떤 상황이나 단계까지는 아직 아니라는 맥락에서는 nowhere near ~라는 표현이 적절하다. 직역하면 '~ 근처 어디에도 가 있지 않다'로, 그런 상황이 전혀 아니라는 의미를 전달한다. '은퇴할 생각이 없다'는 not ready to ~(~할 준비가 안 되어 있다)라고 하면 좀 더 원어민 영어 느낌이 난다. 여기서 not ready는 '마음 속으로 그런 준비가 안 되어 있다'라는 뜻을 담고 있다. 여기에 nowhere near를 결합하면 My father is nowhere near ready to retire.(아버지는 은퇴할 준비가 된 근처 어디에도 없다.)가 된다. 보통 nowhere near 뒤에는 ready 같은 형용사나 동사에 -ing를 붙인 동명사를 넣는다. 동명사가 들어가면 '~할 수준은 전혀 아니다'라는 의미가 된다. 가령, '그녀는 올림픽에 참가할 수준은 절대 아니다'의 경우 compete in ~(~에서 경쟁하다/참가하다) 동사구에 -ing를 붙여서 She is nowhere near competing in the Olympics.라고 한다.

예제 그 책은 전혀 완성되지 않았다.

The book is **nowhere near** complete.

그 사람이 똑똑하긴 하지만 천재는 결코 아니다.

He's smart but (he's) **nowhere near** being a genius.

Chapter 17

톡 쏘는 비유 표현으로 밋밋한 영어에서 탈출하자

비유 표현은 문장에 생동감을 더해 준다!

아래의 두 문장을 비교해 보자.

His voice was very loud.
그의 목소리는 매우 컸다.

His voice was like a clap of thunder.
그의 목소리는 천둥과 같았다.

전달하려는 의미는 비슷하지만 아래 문장이 훨씬 더 생생하게 느껴진다. 이어서 비교해 보자.

Her face was very pale.
그녀의 얼굴은 매우 창백했다.

She was as pale as a ghost.
그녀는 귀신처럼 창백했다.

이번에도 마찬가지로 아래 문장이 더 실감난다. 위의 문장들은 묘사 대상인 **his voice, her face**를 단순하게 설명하지만 아래 문장들은 '천둥', '귀신'과 같은 구체적인 대상에 빗대어 청각적, 시각적으로 생생하게 전달하고 있다. 이것이 바로 비유의 힘이다. 우리가 쓰는 언어에 비유가 없다면 매우 무미건조할 것이다. 비유를 잘 쓰는 사람의 이야기는 손에 잡힐 듯한 생동감이 있고 호소력이 있다.

(1) a ~ of a ... 비유 표현

보통 우리가 비유를 할 때는 '~ 같이', '…처럼 ~한'의 형태로 표현한다. 이런 것을 직유(simile)라고 한다. 영어에도 **like ~**, (as) ~ **as** ...라는 대응 표현이 있다. 따라서, '곰 같은'은 **like a bear**가 되고, '보름달(a full moon) 같이 둥근(round)'은 **as round as a full moon**이 된다. 한국어를 영어로 직역하면 영어의 비유 표현은 이 두 가지 형태에 한정된다. 그러나 영어에는 영어 특유의 비유 표현 방식도 있다. 가령, '그 사람은 곰 같다'는 **He's a bear of a man.**이라고도 한다. 직역하면 '그는 한 남자의 한 마리 곰이다'이니 무슨 말인지 감을 잡기 어렵지만 이는 '곰 같은 남자'라는 뜻이다. 이런 형식의 비유는 영어에서 구어나 문어를 가리지 않고 많이 쓴다. 예를 들어, 위와 같이 남자를 비유하는 표현이 소설에서 얼마나 다양하게 등장할까? 영어 소설 몇십 권에서 예를 찾아보았더니 수백 건에 달했다. 소설에 가장 많이 등장하는 단어는 **giant**(거인)로, **a giant of a man**이라고 하면 '거인 같은 남자'라는 뜻이다. 그 외에도 **a hobgoblin**(장난꾸러기 도깨비), **a block**(콘크리트 블록), **a chamber**(큰 방), **a mountain**(산), **a lumberjack**(나무꾼), **a tank**(탱크), **a prince**(왕자), **a bull**(황소), **a fireplug**(소화전), **a barrel**(맥주통), **a batman**(배트맨), **a pig**(돼지) 등 다양한 표현이 있다. 한국어의 '~ 같은'을 영어로는 무조건 like ~라고 기계적으로 생각하면 이렇게 흔히 쓰는 다른 비유 표현을 사용할 수 없다. 중요한 것은 비유가 단순히 문학 작품에 등장하는 장식 언어가 아니라는 것이다. 조지 레이코프(George Lakoff)와 마크 존슨(Mark Johnson) 같은 학자들은 「삶으로서의 은유(Metaphors We Live By)」라는 저서에서 '비유는 추상적인 의미를 개념화하는 필수적 요소로 그런 표현은 일상생활 속 도처에 산재해 있다'고 했다.

like ~와 유사한 비유 표현 중에는 앞에서 예를 든 **a ~ of a ...**(~ 같은 …)가 있다. 가령, 묘사 대상을 어떤 여자아이(girl)로 해서 요정(fairy)에 비유한다면 **a fairy of a girl**(요정 같은 여자 아이)이 된다. 참고로 **fairy**에 형용사를 붙여 비유 대상을 더 자세하게 설명할 수 있다. 예를 들어 **a sweet, little fairy of a girl**이라고 하면 '상냥한 작은 요정 같은 여자 아이'가 된다. [a+비유 대상+**of a**+묘사 대상] 형태의 비유법에 나오는 관사 **a**는 사용되는 명사에 따라 **an**이 될 수도 있다. 앞에 있는 **a/an**은 상황에 따라 **the**로 바뀔 수도 있다. 다음 글에서 **the fairy of a girl**은 앞 문장에 나온 **Jane**을 일컫는다. 이렇게 바로 앞에 나온 대상을 지칭할 경우에는 **a**가 아니라 **the**를 붙여야 한다.

Jane is 6 years old. The fairy of a girl lives with her grandmother.
제인은 6살이다. 그 요정 같은 아이는 자신의 할머니와 같이 산다.

(2) '-'으로 연결하는 비유 형용사

'그는 소처럼 힘이 세다'를 영어로 말해 보자. '힘이 센'은 **strong**이고 '소'는 **cow**, 영어에서는 힘센 것을 **ox**(황소)에 비유하니까 **ox**를 쓰기로 한다. '…처럼 ~한'은 **as ~ as ...**니까 문장으로 만들면 **He's (as)strong as an ox.**가 된다. 흠잡을 데 없는 문장이지만 원어민들은 이 말을 확 줄여서 **He's ox-strong.**이라고도 한다. 실제는 두 단어지만 하이픈(-)으로 연결해서 한 단어로 취급하는데, 이런 것을 '비유 형용사'라고 부르기로 하자. 비유 형용사는 다른 비유보다 간결해서 눈에 확 들어온다. 영어에는 **as ~ as ...** 형식의 선동적인 비유 표현이 있다. 가령 '눈이 먼'은 **bat**(박쥐)에 비유하여 **as blind as a bat**(박쥐처럼 눈이 먼)이라고 한다. 이것을 비유 형용사로 바꾸면 **bat-blind**가 된다. 아래는 온라인 뉴스 사이트인 **WND.com**의 기사에 실린 문장이다.

They are either so bat-blind or so stupid that they can't see the plain and obvious fact that this is not about 'gay' rights at all.
그들은 너무 눈이 멀었거나 어리석어서 이것이 '동성애자' 권리의 문제가 아니라는 단순하고도 명백한 사실을 보지 못한다.

위 문장에서 bat-blind 대신 as blind as a bat을 넣었다면 말이 길어지면서 글의 긴장감이 떨어질 것이다. 다만, as ~ as ... 비유 표현을 전부 비유 형용사로 줄여 쓸 수 있는 것은 아니다. 가령, as cunning as a fox(여우처럼 교활한)를 fox-cunning이라고는 하지 않는다. fox는 foxy라는 형용사형이 있는데 이 형용사에 그런 의미가 담겨 있기 때문에 굳이 fox-cunning이라는 별도의 비유 형용사를 만들어 쓸 필요가 없기 때문이다. 또 '굶주린'은 wolf(늑대)에 비유하여 as hungry as a wolf라고 하는데 이를 줄여서 wolf-hungry라고 하지 않는다. 쓰지 못하게 막는 것은 아니지만 -hungry는 power-hungry(권력에 굶주린), money-hungry(돈에 굶주린)와 같이 쓰기 때문에 wolf-hungry는 자칫하면 '늑대에 굶주린'처럼 해석될 수도 있기 때문이다. 또 반대로 전통적인 비유 대상이 아니어도 새롭게 비유 형용사 형태로 쓰이는 단어들도 있다. 가령, 어떤 멋진 풍경을 묘사할 때 자주 쓰는 표현 중에 postcard-perfect(그림 엽서처럼 완벽한)가 있다. 이것을 as ~ as ... 형태로 풀면 as perfect as a postcard가 된다. 이 표현은 1900년대 초에 등장한 picture-perfect(그림처럼 완벽한/아름다운)라는 표현에서 파생된 것으로 누군가가 처음 쓰기 시작한 뒤 대중적으로 퍼져서 표준어가 된 것으로 보인다. 또 as perfect as a textbook(교과서처럼 완벽한)이라는 표현은 잘 안 쓰는 반면, textbook-perfect라는 비유 형용사는 흔히 볼 수 있다.

(3) [with+명사+of] 전치사구

'그녀는 발레리나처럼 우아하게(gracefully) 춤을 추었다'를 영어로 말해 보자. 직역하면 She danced as gracefully as a ballerina.나 She danced gracefully like a ballerina.가 된다. 틀린 문장은 아니지만 한 군데 눈여겨볼 부분이 있다. 그것은 한국어의 '우아하게'를 영어에서도 gracefully라는 부사로 표현했다는 점이다. 이런 식이라면 '~처럼 …하게'라는 비유를 영어로 할 때마다 항상 -ly가 붙은 부사를 써야 할 것이다. 그런데 같은 상황에서 원어민들은 gracefully라는 부사를 grace(우아함)라는 명사로 바꿔서 with the grace of a ballerina(발레리나의 우아함을 가지고)와 같은 전치사구로 표현한다. 따라서 위의 한국어는 She danced with the grace of a ballerina.가 된다. 한국어로 '우아함을 가지고 춤추다'라고 말하는 사람은 없을 테니까 직역식 영어로는 절대 쓸 수 없는 표현 방식이다. 이런 표현 방식은 앞서 챕터 14 [with+명사]에서 다룬 적이 있다. 여기서는 이 형태를 좀 더 발전시켜서 묘사하는 표현에 활용하는 방법을 살펴보고자 한다. 이 방식은 묘사하려는 상황과 말하는 사람의 상상력에 따라 다양한 표현이 가능하다. 가령, 어떤 여성의 걷는 동작이 매우 우아하다면 하늘을 미끄러지듯 날아가는 새(a gliding bird)에 비유하여 She moved gracefully like a gliding bird.라고 할 수 있다. 이를 다시 위와 같은 [with+명사] 전치사구의 형태로 바꾸면 She moved with the grace of a gliding bird.가 된다. 비유 대상에 따라 내용이 완전히 달라질 수도 있다. 가령, 앞 문장에 a clown(광대)을 넣어 She moved with the grace of a clown.이라고 하면 걸음걸이가 광대처럼 우스꽝스러웠다고 빈정대는 말이 된다.

이렇듯 다양한 비유 표현은 영어 문장에 생동감을 더해 준다. 원어민 영어에 한층 가까워지는 것은 물론 고급스럽고 표현력이 풍부한 영어를 구사할 수 있게 된다. 자, 그럼 여러분의 영어를 김 빠진 맥주 같이 싱거운(as dull as dishwater, as bland as a flat beer) 것이 아닌 심포니 음악처럼 생생한(as lively as a cricket, as lively as a symphony in concert) 것으로 바꿔 줄 비유 표현의 세계로 출발!

(1) a ~ of a ... 비유 표현

a willow of a

갈대 같이 호리호리한

100_Ch17_n01_07

제인 오스틴이 「레이디 수잔」이라는 소설을 썼을 때 그녀는 열 여덟이나 열 아홉 살의 갈대처럼 호리호리한 숙녀였다.

직역 **When Jane Austen wrote the novel 'Lady Susan', she was a slender lady like a reed, 18 or 19 years old.**
Jane Austen wrote the novel 'Lady Susan' when she was 18 or 19 years old, (as) slender as a reed.

네이티브 **Jane Austen wrote *Lady Susan* when just a willow of a girl, aged 18 or 19.**

'~했을 때 …였다'는 기본적으로 when ~(~할 때)을 써야 한다. 다만, 한국어 순서를 지킬 필요 없이 when을 '…였다' 쪽 내용에 붙여도 된다. 가령, 예문은 '소설을 썼을 때'처럼 '때'가 소설 쓰는 것에 붙어 있지만 영어로 바꿀 때는 '열 여덟이나 열 아홉 살 숙녀였을 때'라고 해도 괜찮다. when, if 같은 소위 종속접속사는 한국어로는 보통 문장 앞에 오지만 영어에서는 문장 뒤로 가는 것이 원칙이다. '소설'은 novel이지만 잘 알려진 책이면 novel을 빼고 책 이름만 말해도 된다. '숙녀'는 lady 또는 young woman 정도로 표현할 수 있지만 나이가 밝혀진 이상 굳이 말하지 않아도 된다. 비유 표현상 필요한 경우에는 미성년자는 a girl, 성인이나 중년이라면 a woman이라고 한다. '갈대(reed) 같이 호리호리한(slender/slim) 여자'는 a slender girl like a reed, a girl slender like a reed, (a girl) (as) slender as a reed 등 다양하게 표현할 수 있다. 이 말을 a ~ of a ... 형태의 비유법으로 표현하면 a reed of a girl이 된다. 다만, 영어에서는 호리호리한 것을 reed 보다는 willow(버드나무), wisp/slip(가늘고 긴 조각) 등에 비유하는 것이 더 일반적이다.

예제 그녀는 몸무게가 40킬로그램에 키가 150센티미터인 작고 가냘픈 여성이다.
She is a wisp of a woman who weighs only 40 kilograms at 150 centimeters.

a whale of a

집채만큼 큰

그 차는 집채만큼 크지만 핸들링은 매우 정확하다.

직역 **The car has accurate handling, even though it is as big as a house.**

네이티브 **Handling is crisp, for such a whale of a car.**

'집채만큼 큰'을 직역하면 as ~ as 사이에 big을 넣어서 as big as a house이지만, 영어에서는 큰 차를 집보다는 tank(탱크)나 whale(고래), hulk(헐크)에 비유한다. 이것을 a ~ of a ... 형태로 비유하면 a whale of a car이다. a whale of는 '대단히 큰'이라는 뜻 외에 '멋진', '굉장한', '매우 재미있는'의 의미로도 쓴다. 가령, '굉장한 이야기'는 a whale of a story, '매우 즐거운 시간'은 a whale of a time이라고 한다. 참고로 a hulk of ~는 a hulk of a building(아주 큰 건물)처럼 사람, 건물 등 크기가 큰 것을 묘사하는 데 주로 쓴다. 이어서 차의 핸들링이 정확하다고 할 때는 차를 주어로 해서 The car has good handling. 또는 handle을 동사로 써서 The car handles quite well.과 같이 표현한다. '~지만'이라는 표현은 although ~나 even though ~(비록 ~지만)라는 종속접속사를 사용하여 절로 표현할 수도 있고, 전치사 for로 간단하게 말할 수도 있다. 전치사 for에는 '~ 치고는'의 의미가 있어서 for such a whale of a car라고 하면 '저렇게 고래 같이 큰 차 치고는'이라는 말이 된다. 가령, 어떤 여성을 보고 '나이가 50이 넘었는데 피부가 아직도 아주 곱다'라고 할 때는 밑줄 친 부분을 for a woman over 50(50살이 넘은 여성 치고는)로 표현해서 Her skin is still remarkably smooth for a woman over 50.라고 하면 된다. 참고로 피부가 매우 보드랍다고 하는 경우는 as smooth as a baby's bottom(아기 엉덩이처럼 보드라운)이라는 비유 표현을 쓴다.

예제 저희 아버지는 예전에 이렇게 탱크처럼 큰 차를 몰고 다니셨어요.

My father used to drive **this big tank of a** car.

그 병원은 서쪽 병동 옆에 엄청나게 큰 주차장 건물을 짓고 있다.

The hospital is building **a hulk of a** parking garage next to its west wing.

a speck of a

아주 작은, 코딱지만한

무등산 국립공원의 관문이라 불리는 주림 마을은 인구 100명이 채 안 되는 아주 작은 마을이다.

콩글리시 **Joorim, called the 'gateway to Moodung Mountain National Park', is a small village like dried mucus with a population of less than 100.**

네이티브 **Joorim, billed as the 'gateway to Moodung Mountain National Park', is a speck of a village with less than 100 residents.**

'~이라고 불리는 마을'은 a town called ~라고 하는데, called(불리는) 말고 known as ~(~으로 알려진), billed as ~(~으로 광고되는) 같은 표현을 써도 좋다. '~의 관문'은 gateway to ~이고, '인구가 ~명인'은 with a population of ~이다. population 대신 with ~ residents(~의 주민을 가진)로 표현할 수도 있다. '~이 채 안 되는'은 less than ~ 또는 사람은 개별적으로 셀 수 있는 명사이므로 fewer than ~(~보다 수가 적은)이라고 한다. 한국어로는 아주 작은 것을 '코딱지'에 비유하거나, 글씨의 경우는 '깨알'에 비유한다. '코딱지'는 영어사전에 dried nasal mucus라고 나오지만 이는 학술적 용어다. 일반적으로는 dried snot 또는 booger(s)라고 한다. 물론, '코딱지 같은'을 영어로 직역하면 안 된다. 영어에서 작은 것의 상징은 씨앗(seed)이다. 성경에도 If you have faith as small as a mustard seed ~(겨자씨처럼 작은 신앙이라도 있다면)라는 구절이 있다. 다만 예문처럼 '마을'이나 '도시' 같은 행정구역을 작다고 할 때는 speck of dust(먼지 한 점)에 비유하여 as small[tiny] as a speck of dust라고 한다. speck이라는 단어와 a ~ of a ... 비유법을 결합하여 '코딱지만한 마을'을 영어로 하면 a speck of a village가 된다. 한편 크기나 체구가 작은 것을 비유적으로 표현할 때는 midget(난쟁이)이라는 단어를 써서 a midget of ~라고 할 수 있다. 가령, '난쟁이처럼 작은 남자'는 a midget of a man이다.

예제 어렸을 때 그녀는 광주 근처의 아주 작은 마을에서 매우 가난한 시절을 보냈다.

As a girl, she grew up dirt poor in **a speck of a** town near Kwangju.

그 네 사람은 코딱지만한 차에 끼어 타고 떠났다.

The four of them crowded into **the midget of a** car and drove off.

• grow up dirt poor 매우 가난하게 자라다 • crowd into 공간에 몰려 들어가다

a beauty of a

그림같이 멋진

그는 골대로 공을 몰고 가서 그림같이 멋진 왼손 레이업 슛을 쐈다.

콩글리시 **He drove the ball to the basket and shot a lay-up shoot, nice as a picture.**

네이티브 **He drove to the hoop and sunk a beauty of a left-handed lay-up.**

'공을 몰고 가다'는 drive to ~라고 한다. 직역해서 drive the ball이라고 해도 되지만 drive to가 더 간단하다. '레이업 슛을 쏘다'에서 '쏘다'는 동사 shoot, '슛'은 shot이라고 한다. 합치면 shoot a lay-up shot이 되는데 보통 shot은 생략한다. shoot 대신 sink(가라앉히다)라는 동사를 써도 좋다. 예문의 핵심은 '그림같이 멋진 슛'이라는 비유적 표현인데 이를 직역하면 a shot as nice as a picture가 된다. 하지만 영어에서는 nice를 picture와 같이 쓰지 않기 때문에 틀린 표현이다. 대신 as beautiful as a picture(그림처럼 아름다운)라고 할 수는 있다. 이번에는 a ~ of a ... 형태의 비유법을 사용하여 a beauty of a shot이라고 본바닥 영어로 말해 보자. 원어민들은 이 비유에 beauty(아름다운 것)를 넣어서 a beauty of a car(멋진 차), a beauty of a goal(멋진 골), a beauty of a job(멋진 일자리) 등으로 자주 쓴다.

예제 그는 괴물 같은 덩크슛으로 게임을 끝냈다.
He finished off the game with **a monster of a** dunk.

그는 골키퍼를 속이고 식은 죽 먹기로 골을 넣었다.
He faked the goalie and scored **a cakewalk of a** goal.

• finish ~ off ~을 끝장내다 • fake ~을 속이다 cakewalk 케이크워크 춤(흔히 쉬운 것을 뜻함)

a pigsty of a

돼지우리 같은

나는 어릴 때 돼지우리 같은 집에서 살아서 그런지 더러운 것은 못 참아.

직역 **I can't bear dirty things maybe because I lived in a house like a pigsty when I was young.**

네이티브 **Maybe it's because I lived in a pigsty of a home as a child that I can't stand filth.**

'못 참다'는 bear나 stand 동사를 써서 I can't bear ~나 I can't stand ~라고 한다. bear와 stand에는 '참다, 견디다'라는 뜻이 있다. 둘 중에서는 stand가 더 일반적이다. '더러운 것'은 dirty things라 해도 틀리지는 않지만 한 단어로 filth(총체적으로 더러운 것)를 쓰면 더 좋다. '어렸을 때'는 직역하면 when I was young이지만 이것은 나이 든 사람이 젊을 때를 회상할 때나 어울리는 말이고 보통은 when I was a child(어린 아이였을 때) 또는 as a child(어린 아이로서)라고 한다. '~ 때문에 …하다'는 '때문에'를 강조하는 말이므로 It ~ that ...(…한 것은 ~이다) 구문을 써서 It is because ~ that ...(…한 것은 ~ 때문이다)의 형태로 표현한다. '돼지우리 같은 집'은 직역하면 a house like a pigsty이지만 제대로 된 비유는 아니다. 이보다는 a house as dirty as a pigsty(돼지우리만큼 더러운 집)라고 하거나 a ~ of a ... 형태의 비유법을 사용하여 a pigsty of a house[home]라고 한다. pigsty 대신 '쓰레기통'의 뜻으로 자주 쓰는 dump를 넣어도 된다.

예제 그 영화는 알코올 중독인 엄마와 돼지우리 같은 지하 아파트에 사는 17살 소녀에 관한 것이다.
The movie is about a 17-year-old girl living with her alcoholic mother in **a dump of a** basement apartment.

a gem of a
동화같이 멋진

우리는 동화같이 멋진 이 작은 호텔에서 2박을 묵었다.

직역 **We spent two nights at this small hotel as beautiful as a fairyland.**

네이티브 **We stayed two nights at this little gem of a hotel.**

'동화같이 멋진'은 영어로 a place in a fairytale(동화 속 장소)이라고 할 수 있지만 영어에서는 잘 쓰지 않는 표현이다. 아니면 fairyland(동화의 나라)로 바꿔서 as beautiful [wonderful] as a fairyland라고 할 수 있다. 그런데 영어에서 fairyland는 주로 공원이나 정원 같이 개방된 넓은 지역을 의미한다. 한편, 호텔, 식당, 리조트 등은 보통 보석(gem, jewel)에 비유하여 아름다움을 표현한다. 그렇다고 as beautiful as a gem(보석같이 아름다운)이라고 하면 어색하다. 이럴 때는 거의 대부분 a ~ of a ... 비유법을 써서 a gem of a hotel, a jewel of a hotel이라고 한다. 이 표현은 보통 장소에 많이 쓰지만 어느 것이든 '멋지다'라는 의미를 비유적으로 표현할 때 사용할 수 있다. 가령 '멋진 생각'은 a gem of a thought, '구하기 힘든 좋은 보모'는 a gem of a babysitter, '멋진 카메라'는 a gem of a camera라고 한다. 한편 '몇 박 묵다'는 spend(시간을 보내다)보다는 stay(머물다)를 쓰는 것이 더 좋다.

예제 우리는 작은 마을에서 멋진 카페를 발견해서 정말 기뻤다.
We were very pleased to find a gem of a cafe in a small town.

이곳은 대도시의 혼잡함에서 멀리 떨어진 그림처럼 멋진 작은 마을이다.
This is a jewel of a small village far from the hustle and bustle of the big city.

• hustle and bustle (도시의) 복잡함

a mammoth of a
공룡같이 거대한

그 업체는 처음에 작은 스튜디오로 시작해서 지금은 공룡같이 거대한 미디어 기업이 되었다.

직역 **The company started as a small studio in the beginning, and it has become a media company as big as a dinosaur.**

네이티브 **The company, which started off as a small studio, has grown into a mammoth of a media company.**

예문이 길지만 하나씩 해결해 보자. 이 예문의 핵심은 '공룡같이 거대한'이라는 비유표현인데 직역하면 as big as a dinosaur이다. big은 gigantic이라는 형용사로 바꿔도 좋다. 이것도 틀린 표현이 아니다. 영어에서도 dinosaur는 큰 것의 상징물로 통한다. 다만, 거대 기업은 dinosaur보다 giant(거인)에 비유하는 것이 일반적이다. 이때는 직유법으로 Disney is a media giant.(디즈니사는 미디어의 거인 기업이다.)와 같이 쓴다. '공룡 같은' 동물로는 매머드(mammoth)가 적절하다. 또는 크기가 클 뿐 아니라 제어하기 힘든 힘을 가지고 있다는 의미에서는 자주 쓰는 juggernaut도 좋다. juggernaut은 원래 힌두 신상을 움직이는 바퀴 달린 거대한 수레를 일컬었는데 현대 영어에서는 전쟁(war), 군함(battleship), 무적의 팀(team) 같이 막기 힘든 크고 힘이 센 집단을 비유하는 단어이다. 그 외에도 크고 힘이 센 것의 비유로 쓰이는 단어에는 구약성경에 등장하는 괴수인 behemoth가 있다. 이런 단어를 써서 a ~ of a ... 비유법으로 '공룡같이 거대한 미디어 기업'을 영어로 하면 a mammoth[juggernaut, behemoth] of a media company가 된다. 뒤에 of a media company를 빼고 Google is a juggernaut.(구글은 거대한 기업이다.)처럼 말할 수도 있다. juggernaut나 behemoth 두 단어 모두 어떤 것이든 크고 막기 힘든 대상에 비유적으로 쓸 수 있다. 그 외에도 뭔가 매우 큰 것은 whopper라고 한다. 버거킹의 햄버거 이름이기도 한 이 whopper는 1780년대부터 사용된 단어라고 한다. whopper는 큰 거짓말(a big lie)이라는 뜻도 가지고 있고, a whopper of a deal(매우 큰 거래), a whopper of a mistake(매우 큰 실수)처럼 크기, 액수 등이 큰 것을 말할 때 비유적 표현으로도 쓴다. Model Chrissy Teigen Left A Whopper Of A Tip For Ohio Waitress.는 뉴스 기사 제목인데 무슨 뜻인지 생각해 보라. Teigen이라는 모델이 Ohio주에 있는 식당 여종업원에게 '매우 큰 액수의 팁'을 놓고 갔다는 말이다. 〈직역〉 표현에서는 '~으로 시작하다'는 start[begin] as ~, '처음에는'은 in the beginning, '~이 되다'는 become, 과거부터 지금까지 이어진 것이니까 has become으로 현재완료 시제를 썼다. 이를 〈네이티브〉 표현처럼 has grown into ~(~으로 성장하다)나 emerged as ~(~으로 부상하다)를 써서 좀 더 세련되게 표현할 수도 있다. '시작해서 ~이 되었다'는 한국어로 두 개의 절이기 때문에 〈직역〉 문장 역시 이 두 절이 and 접속사로 연결되어 있다. 그러나 '무엇으로 시작하다'는 what ~(~한 것)으로 시작하는 명사구 What began as a small studio(작은 스튜디오로 시작한 것)라고 표현할 수도 있다. 이것을 주어로 What began as a small studio has grown into a juggernaut of a media company.라고 해도 좋은 표현이다.

예제 사이버 범죄가 거대한 문제로 발전한 것은 놀라운 일이 아니다.
It is no surprise that cybercrime has grown into **a behemoth of a** problem.

그 코치는 매우 훌륭하게 강한 팀을 만들었다.
The coach did a great job of putting together **a juggernaut of a** team.

• It is no surprise that ~은 놀라운 일이 아니다 • put together (조직을) 구성하다

(2) '-'으로 연결하는 비유 형용사

snail-slow/lightning-fast

(~처럼) 매우 느린/빠른

101_Ch17_n08_17

사람이 많지 않았는데도 서비스가 매우 느렸다.

콩글리시 **There weren't many people, but service was very as slow as a worm.**

네이티브 **Service was snail-slow, although the place wasn't crowded.**

한국어에서는 움직이는 속도가 매우 느릴 때 '굼벵이'에 비유한다. 매미의 애벌레인 굼벵이가 느리게 기어 다니기 때문에 생긴 표현일 것이다. 영어에서는 달팽이(snail)에 비유하여 as slow as a snail이라고 한다. 이를 비유 형용사로 표현하면 snail-slow가 된다. snail 대신 tortoise(거북이)를 써서 tortoise-slow라고도 한다. snail은 at a snail's pace(달팽이 속도로)라는 표현으로도 자주 쓰는데, 어떤 프로젝트 진행 속도가 매우 느린 경우 The project is going at a snail's pace.라고 한다. 또는 at a tortoise's pace라고 해도 된다. 반대로 '빠른' 것의 비유 대상은 한국어와 마찬가지로 lightning(번개)이다. 따라서 '번개처럼 빠르다'라고 할 때는 as fast as lightning이나 줄여서 lightning-fast라고 한다.

예제 새로 나온 브라우저는 속도가 총알 같고 여러 탭을 열어도 메모리를 그다지 잡아먹지 않는다.

The new browser is **lightning-fast** and not so memory-intensive when opening up multiple tabs. • memory-intensive 메모리를 많이 쓰는

기차가 굼벵이처럼 느리게 움직였다.

The train moved along **at a snail's pace.**

bone-dry/soaking-wet

(~처럼) 너무 건조한/젖은

이번 12월에 그 지역의 날씨가 너무 건조해서 곳곳에서 산불이 발생했다.

직역 **In December, the weather in the region has been so dry (that) wildfires broke out here and there.**

December has been so dry in the region wildfires broke out across it.

네이티브 **December has been bone-dry with a spate of wildfires across the region.**

'건조한'은 dry니까 '날씨가 건조하다'는 The weather is dry.라고 생각하기 쉽지만 날씨의 경우는 굳이 weather를 쓰지 않고 It is dry.라고 하는 게 더 자연스럽다. '이번 12월'은 현재 12월이거나 12월을 막 지난 상황이니 현재완료 시제를 쓴다. 따라서 '12월에 그 지역의 날씨가 건조했다'는 It's been dry in the region in December.이다. 사실 이 문장은 12월을 주어로 해서 December has been dry in the region.이라고 말하는 것이 더 깔끔하고 자연스럽다. '곳곳에서'는 직역해서 here and there(여기저기에서)라고 해도 말은 통하지만, across ~(~ 지역에 걸쳐서)라는 전치사를 쓰는 게 더 보기 좋다. 산불(wildfire)이 '나다'는 break out이지만 이는 생략하고 with wildfires across it(그 지역에 걸쳐 산불과 함께)라고만 해도 뜻이 전달된다. 또 wildfires 앞에 a spate of ~(갑자기 터진 다수의 ~) 같은 표현을 덧붙이면 문장이 훨씬 멋지게 변한다. 마지막으로 '매우 건조한'을 비유적으로 표현할 때는 as dry as a bone이라고 뼈(bone)에 비유하는데, 이를 줄여서 bone-dry라고 한다. dry의 반대는 wet(젖은)인데 as wet as a fish(물고기처럼 흠뻑 젖은)라는 비유적 표현으로 쓴다. 다만 이 표현은 fish-wet라고 줄여 쓰지는 않는다. 대신 soaking-wet(물에 잠길 정도로 온 몸이 젖은), dripping-wet(물이 떨어질 정도로 젖은) 같은 형용사를 사용한다.

예제 햄버거를 바싹 익혀서 너무 퍽퍽했다.

The hamburger was cooked well done and **bone-dry.**

그녀는 오랜 시간 운동을 해서 몸이 흠뻑 젖었다.

She was **soaking-wet** from a long workout. • workout 운동

dog-tired/daisy-fresh

(~처럼) 너무 피곤한/상쾌한

우리 버스가 호텔에 도착했을 때 대부분의 다른 동료들과 마찬가지로 나는 정말 피곤했다.

직역 **I was very tired like most of my colleagues when our bus arrived at our hotel.**

네이티브 **Like most of my colleagues, I was dog-tired by the time our bus reached our hotel.**

'직장 동료'는 colleague, '~에 도착하다'는 arrive at ~ 또는 reach를 쓴다. '도착했을 때'에서 '때'를 표현하는 데 when을 쓰면 피곤하지 않다가 도착한 시점에 갑자기 피곤한 것이 되니 어색하다. 점점 피곤해져서 도착했을 때 매우 피곤한 상태가 된 것이므로 by the time ~(~한 즈음이 되어서는)이 더 적절하다. '매우 피곤한' 상태를 한국어로는 '파김치'라고 표현하는데 영어에서는 as tired as a dog(개처럼 피곤한)이라고 한다. 이를 줄이면 dog-tired가 된다. 또는 bone(뼈)을 써서 bone-tired라고도 한다. 전통적인 비유 표현은 아니지만 as tired as a runner after marathon(마라톤 후의 달리기 선수처럼 지친) 같은 표현도 쓰는데 이 표현은 dog-tired처럼 줄여 쓰지 않는다. 참고로 tired 뒤에 of ~를 붙이면 '~이 싫증난'의 뜻이 되기 때문에 dog-tired나 bone-tired도 이런 의미로 쓸 때가 있다. 한편 푹 쉬어서 피곤이 풀리고 기분이 상쾌한 상태는 영어로 refreshed, 에너지가 재충전된 상태는 re-energized라고 하는데 as fresh as a daisy(데이지 꽃처럼 상쾌한)라고 해도 같은 의미다. 이를 줄여서 daisy-fresh라고 하며 사람이 산뜻하게 보이거나, 음식이 매우 신선하거나, 이불 등이 갓 세탁해서 깨끗한 경우 등에 쓴다. 그래서 세탁소(drycleaner's) 이름으로 가장 인기 있는 것 중 하나가 바로 이 DAISY FRESH라는 사실!

예제 매일 맥도날드를 먹는 것에 신물이 났다.

I'm sick and **dog-tired** of eating McDonald's every day.

샤워 후에 그녀는 매우 산뜻해 보였다.

After the shower, she looked **daisy-fresh**.

잠을 못 자서 매우 피곤합니다.

I feel **bone-tired** from lack of sleep.

• sick and tired of ~에 싫증 난 • from lack of sleep 수면 부족으로

beet-red

(~처럼) **새빨간**

어릴 때 나는 수줍음을 많이 타서 선생님이 질문만 해도 얼굴이 새빨개지곤 했다.

직역 **When I was young, I was so shy my face used to turn very red even my teacher asked me a question.**

네이티브 **As a young girl, I was so shy I would turn beet-red when a teacher asked me a question.**

'어릴 때'를 when I was young이라고 하면 지금은 나이가 들었다는 말이므로 화자가 나이 든 사람이 아니라면 when I was a young girl이나 as a young girl(어린 여자 아이였을 때)이라고 한다. '~에게 질문하다'는 ask ~ a question, '빨개지다'는 turn red이다. 다만 '~해지곤 했다'는 과거에 자주 일어나던 일을 묘사하는 말이니 used to나 would를 써야 한다. used to는 주로 일정 기간 계속해서 규칙적으로 일어나는 일에 쓰고, 부정기적으로 일어나던 일에는 would를 쓴다. 위 경우는 used to가 아주 틀린 것은 아니지만 would가 더 자연스럽다. 얼굴이 새빨개지는 것을 한국어로는 '홍당무(carrot)가 되다'라고 한다. 영어에서 빨간 것의 상징은 홍당무와 비슷하지만 동그랗고 더 빨간 무, 비트(beet)이다. 따라서 '홍당무가 되다'는 영어로 My face turned as red as a beet.이고 이를 줄이면 My face turned beet-red.가 된다. beet 외에도 빨간 것을 비유적으로 묘사하는 말로는 fire-red(불길처럼 빨간), flame-red(불꽃처럼 빨간), blood-red(피처럼 빨간), cherry-red(체리처럼 빨간) 등이 있다. 참고로 새까만 색을 한국어로는 '칠흑 같다'고 하는데 영어로는 pitch-black(타르처럼 검은), jet-black(흑색 옥처럼 검은), coal-black(석탄처럼 검은), ink-black(잉크처럼 검은)이라고 한다. 흰색은 한국어와 같이 '눈'에 비유한 snow-white를

가장 많이 쓰고 lily-white(백합처럼 흰)도 자주 쓴다. 또 다른 표현에는 milk-white(우유처럼 흰), eggshell-white(달걀 껍질처럼 흰), ghost-white(귀신처럼 흰) 등이 있다.

예제 눈처럼 흰 웨딩 가운을 입은 그녀의 모습은 동화 속 공주 같아 보였다.
In her **snow-white** wedding gown, she looked like a princess in a fairy tale.

내 왼쪽 엄지발가락이 새빨갛게 광대의 코처럼 퉁퉁 부어 있었다.
The big toe on my left foot was **cherry-red** and swollen as a clown's nose.

• as swollen as a clown's nose 광대의 코처럼 부은

oven-hot/freezing-cold

(~처럼) 너무 더운/추운

강당 안이 너무 더워서 곧 땀이 비 오듯 쏟아지기 시작했다.

직역 **It was very warm inside the hall, so soon sweat started to pour down like rain.**

네이티브 **It was oven-hot inside the hall. Soon, I began sweating like a pig.**

'땀이 비 오듯 쏟아지다'를 직역하면 Sweat is pouring down like rain.인데 이 문장은 원어민에게는 매우 특이한 표현처럼 들린다. 비유는 창의적일 수 있기 때문에 틀렸다고 할 수는 없지만 보다 일반적인 영어 표현으로 바꾸면 sweat(땀; 땀을 흘리다)을 동사로 써서 I'm sweating like a pig.(돼지처럼 땀을 흘리고 있다)라고 한다. 돼지가 땀을 많이 흘리는지 궁금하겠지만, 사실 이 표현의 pig는 용광로(furnace)에서 만들어지는 pig iron(선철)에서 유래되었다. 한국어에서도 찌는 듯이 더운 날씨를 '용광로'에 비유하는데 영어에서도 as hot as a furnace(용광로처럼 뜨거운)라고 한다. 이를 비유 형용사로 줄이면 furnace-hot이 된다. 그 외에 oven-hot(오븐처럼 뜨거운)도 많이 쓰는 비유 표현이다. oven-hot pizza처럼 oven-hot은 '오븐에서 막 꺼내서 뜨거운'의 뜻으로 쓰기도 한다. 그 외에 매우 더운 것은 burning-hot(타듯이 뜨거운), blazing-hot(불에 타듯이 뜨거운), scalding-hot(화상을 입을 정도로 뜨거운)과 같이 -ing 형태의 동사를 붙여 표현하기도 한다. 이에 비하여 매우 추운 것을 나타내는 비유는 as cold as ice(얼음처럼 차가운/추운)가 거의 유일한 표현인데 이를 줄이면 ice-cold이다. -ing형으로는 freezing-cold(얼 정도로 추운), biting-cold(물어뜯기는 것처럼 얼얼하게 추운) 등이 있다.

예제 차 외부 온도가 그리 높지 않아도 차 내부는 급속도로 아주 뜨거워질 수 있다.
It can get **oven-hot** very quickly inside a car even when the temperature outside is quite moderate.

많은 사람들이 새로운 아이폰을 처음으로 사기 위하여 매섭게 추운 날씨를 무릅쓰고 나왔다.
Many people braved **freezing-cold** weather to be among the first to buy the new iPhone.

• brave (추위·비 등)을 무릅쓰다 be among the first to ~하는 첫 번째 사람들 사이에 끼다

whistle-clean/filthy dirty

(~처럼) 매우 깨끗한/더러운

그 거리는 좁지만 매우 깨끗하고 5성급 호텔과 톱 브랜드 상점들이 늘어서 있다.

직역 **The streets are narrow but very clean, and five-star hotels and top-brand shops are standing along them.**

네이티브 **The streets are narrow but whistle-clean, lined with five-star hotels and top brand name shops.**

무엇이 '늘어서 있다'는 직역해서 stand(서다)라는 동사를 쓰기 쉽다. 그래서 ~ stand along the street(그 거리를 따라 서 있다)와 같이 표현하게 된다. 이런 직역식 표현이 틀리지는 않다. 다만 '~에 늘어서 있다'를 보다 영어답게 표현하자면 line(줄)을 동사로 쓰는 게 좋다. 어떤 거리에 멋진 카페들이 늘어서 있다면 Snazzy(매우 멋있는) cafes line the street.라고 말한다. 이를 다시 street을 주어로 한 뒤 수동태로 바꾸면 The street is lined with snazzy cafes.가 된다. 어떤 장소나 사람의 이미지 등이 매우 깨끗하다는 말은 비유적으로는 as clean as a whistle(호루라기처럼 깨끗한)이라고 한다. 호루라기가 깨끗하다고? 언뜻 이해가 안 갈 수도 있다. whistle은 동사로 '바람을 가르는 소리를 내다'라는 뜻이 있는데 과거에 칼로 목을 벨 때 나는 소리에서 유래했다고 한다. 한국어로 치면 '단칼처럼 깨끗하다'고나 할까. 그 외에 squeaky-clean(문질러 삑삑 소리가 날 정도로 깨끗한), sparkling-clean(반짝일 정도로 깨끗한)이라는 표현도 있다. 더러운 것을 비유적으로 표현할 때는 as dirty as a hog[pig](돼지처럼 더러운)라고 하는데 이 표현은 pig-dirty나 hog-dirty로 줄여 쓰는 경우가 거의 없다. 물론 이렇게 써도 틀린 건 아니지만, '더럽다'는 filthy라는 형용사를 붙여서 filthy dirty라고 강조하는 표현을 더 자주 쓴다.

예제 그 스캔들은 그의 청렴한 이미지에 손상을 입힐 수 있다.

The scandal can dent his **squeaky-clean** image. • dent ~에 흠집을 내다

그 피자집은 너무 더러워. 피자 조각에서 머리카락이 나왔다니까.

That pizza joint is **filthy dirty**. I found a hair on a slice. • joint 식당, 술집

skunk-drunk/stone-sober

(~처럼) 술에 엄청 취한/취하지 않은

그날 그는 술에 너무 취해서 3일 동안 술에서 완전히 깨지 못했다.

콩글리시 **That day, he got very drunk and didn't wake up from the alcohol for three days.**

직역 **He got very drunk that day and didn't recover from it from three days.**

네이티브 **He got skunk-drunk and didn't sober up for three days.**

'술에서 깨다'를 직역해서 wake up from alcohol과 같이 말하는 것은 완전 엉터리 표현이다. 굳이 '깨어나다'와 비슷한 동사를 찾는다면 recover from ~(~에서 회복하다)이라는 표현을 쓸 수 있다. 그런데 이런 직역식 영어보다는 sober up이라는 원어민식 표현을 익혀 두자. sober는 형용사로는 '술을 마시지 않은'이라는 뜻이고 동사로 sober up이라고 하면 '술에서 깨다'라는 뜻이다. 예를 들어 '나는 한 달째 술을 마시지 않았다'라는 말은 I didn't drink for a month.라고 해도 되지만, 원어민들은 주로 I have been sober for a month. 또는 I'm one month sober.라고 한다. 영어에는 술에 취한 상태를 나타내는 표현이 매우 많다. as drunk as a skunk(스컹크처럼 취한)라는 표현이 가장 흔히 쓰

이며 가끔 as drunk as a pig(돼지처럼 취한)라고도 한다. 고전적인 비유로는 as drunk as a fiddler(피들 악기를 부는 사람처럼 취한), as drunk as a lord(군주처럼 취한) 같은 표현이 있는데 오래된 표현이라 잘 쓰지 않는다. 이를 비유 형용사로 줄이면 skunk-drunk, pig-drunk인데, skunk-drunk는 일반적으로 많이 쓰니까 알아 두자. 반대로 술에 취하지 않아 정신이 말짱한 상태를 일컫는 비유 표현은 as sober as a judge(판사처럼 정신이 말짱한/진지한)이다. 그런데 이 표현은 줄여서 judge-sober라고 쓰지 않는다. 대신 stone-sober(돌처럼 정신이 말짱한)라는 표현이 있다. 비유 표현을 쓰지 않고 정신이 '완전히' 말짱하다고 하려면 I'm perfectly[totally, completely] sober.처럼 '완전히'에 해당하는 부사로 sober를 꾸며 주면 된다.

예제 그 남자는 만취해서 테이블을 넘어뜨렸다.
He got **skunk-drunk** and knocked over a table. • knock ~ over ~을 실수로 쳐서 넘어뜨리다

술이 완전히 깼을 때만 운전하는 것이 항상 최선의 방법이다.
It's always best to drive only when you're **stone-sober**.

mouse-poor/super-rich

(~처럼) 매우 가난한/부유한

그녀는 소작농의 딸로 매우 가난한 어린 시절을 보냈다.

콩글리시 **She spent a very poor childhood as a sharecropper's daughter.**

직역 **She had a very poor childhood as a sharecropper's daughter.**

네이티브 **She grew up dirt-poor as a sharecropper's daughter.**

보통 시간을 '보내다'는 spend라는 동사를 쓰지만 '가난한 어린 시절(poor childhood)을 보내다'를 spend a poor childhood라고 하지는 않는다. 이때 '보내다'는 어떤 것을 하느라 시간을 썼다는 뜻이 아니라 그런 시절을 '가졌다'는 뜻이므로 have a poor childhood라고 한다. 물론 '~하면서 어린 시절을 보내다'의 경우는 spend her childhood -ing라고 말할 수 있다. 가령, '그녀는 병든 엄마를 간호하며(look after) 어린 시절을 보냈다'는 She spent her childhood looking after her sick mother.라고 한다. 여기까지는 〈직역〉 표현에 대한 설명이었고, 더 맛깔스런 영어로 바꿔 보자. 먼저 '매우 가난한 어린 시절을 보내다'는 childhood 대신 grow up(자라다) 동사구를 써서 She grew up very poor.(그녀는 매우 가난하게 자랐다)라고 할 수 있다. '매우 가난한'의 경우 한국어에서는 '찢어지게 어렵다'라는 비유 표현을 쓰는데 영어에서는 as poor as dirt(흙처럼 가난한), as poor as a church mouse(교회의 쥐처럼 가난한)라는 표현을 쓴다. 줄이면 dirt-poor, church mouse-poor이고, 전자를 더 많이 쓴다. 반대로 부자는 super-rich(엄청나게 부자인), stinking-rich(지독히 부자인), filthy-rich(더럽게 부자인)라는 구어적 표현이 있다. 부자를 비유적으로 well-heeled라고 하는데 직역하면 '신발에 뒤축을 잘 댄'의 뜻이다. 닭싸움(cock-fighting)에서 닭 발꿈치에 날카로운 무기를 달던 전통에서 유래했다는 설이 있다. 아마 좋은 무기를 쓸수록 돈이 많았을 것이다. 참고로 oil-rich(석유가 많이 나는), plankton-rich(플랑크톤이 많은), water-rich(물이 풍부한)처럼 -rich는 주로 '~이 풍부한'의 뜻으로 쓴다.

예제 이들 나라는 매우 가난하고 이렇다 할 천연자원도 거의 없다.
Those countries are **dirt poor** with hardly any natural resources.

warehouse-like

창고 같은

명동 시내에 있는 강민아 셰프의 식당은 창고 같은 분위기가 느껴진다.

직역 **Chef Kang Min-a's restaurant in downtown Myungdong has an atmosphere like that of a warehouse.**

네이티브 **Chef Kang Min-a's restaurant in downtown Myungdong has a warehouse-like feel to it.**

'창고(warehouse) 같은 분위기'를 직역하면 an atmosphere like a warehouse가 되는데 이는 식당 분위기를 '창고' 자체에 비교했기 때문에 틀린 말이다. 정확히는 '창고의 분위기'와 비교해야 하기 때문에 an atmosphere like that of a warehouse라고 해야 한다. 여기서 that은 앞에 나온 atmosphere라는 단어를 반복하는 대신 들어간 대명사이다. 물론 이렇게 길게 말할 필요 없이 a warehouse-like atmosphere라고 하면 더 깔끔하고 좋다. 비교 대상 단어 뒤에 -like를 넣어 간단하게 형용사로 만들어 표현하는 방식이다. atmosphere 대신 feel이라는 단어를 써도 좋은데 이때는 뒤에 to it을 붙인다. 식당에 그런 '느낌'이 있다는 말이다.

예제 그 경기는 최종 결승전 같은 분위기가 느껴졌다.

The game had a **playoff-like** feel to it.

그 연극의 장면은 꿈속 같은 분위기가 났다.

The scene in the play had a **dreamlike** feel to it.

그 도시는 디즈니랜드 같은 분위기다.

The city has a **Disneyland-like** feel to it.

hawk-like

독수리 같은

경비원은 우리가 마치 도둑이라도 되는 양 일거수일투족을 독수리 같은 눈으로 지켜보았다.

직역 **The guard watched our every move with eyes like a hawk's eye as if we were some kind of thieves.**

네이티브 **The guard watched our every move with hawk-like scrutiny as if we were some kind of thieves.**

'~의 일거수일투족'은 ~'s every move(~의 모든 움직임)라고 한다. '마치 ~인 양'은 as if ~ 구문으로 표현하는데 사실이 아닌 것을 가정하기 때문에 본문 시제가 현재여도 if 부분은 과거 시제를 사용한다. 한국어에서는 매서운 눈을 주로 '독수리'에 비유하지만 영어는 매(hawk)에 비유한다. 따라서 '독수리 같은 눈'은 eyes like those of a hawk가 되는데 실제로 이렇게 말하는 경우는 거의 없고 줄여서 hawk-like eyes라고 한다. 따라서 '독수리 같은 눈으로 보다'는 watch with hawk-like eyes가 되는데 eyes 대신 attention(주의력), scrutiny(감시) 같은 단어로 대체해도 좋다. 또 eyes를 빼고 watch like a hawk(매처럼 지켜보다)라고 해도 된다.

예제 그 회사는 비행기 엔진 안으로 기어들어갈 수 있는 뱀처럼 생긴 탐지 로봇을 실험하고 있다.

The company is testing a **snake-like** probe that can worm its way inside an aircraft engine.

• worm one's way in (벌레처럼) 기어가다

할머니는 나를 곰처럼 꽉 껴안으셨다.

Grandma gave me a **bear-like** hug.

• bear-like hug 곰처럼 꽉 껴안는 포옹

(3) [with+명사+of] 전치사구

with the precision of

(외과의)처럼 정밀하게

102_Ch17_n18_24

그 초밥 요리사는 마치 수술하는 의사처럼 매우 정밀하게 생선을 자른다.

직역 **The sushi chef cuts fish very precisely like a surgeon.**

네이티브 **The sushi chef slices your fish with the precision of a surgeon.**

'자르다'는 일반적으로 cut이라고 하지만, 자르는 형태에 따라 쓰는 단어가 조금씩 다르다. 국의 고기처럼 뭉툭하게 자르는 것은 chop, 만두소처럼 매우 잘게 자르는 것은 mince, 포처럼 얇게 자르는 경우는 slice 또는 carve라고 한다. precisely(정밀하게)의 명사형은 precision이니 '외과의사(surgeon)처럼 매우 정밀하게'를 [with+전치사구]로 표현하면 with the precision of a surgeon이 된다.

예제 그 버스는 스위스 시계처럼 운행 시간이 매우 정확하다.
The buses run **with the precision of** a Swiss watch.

그는 마치 전투를 준비하는 장군처럼 정밀하게 행사를 준비했다.
He went about planning the event **with the precision of** a military general planning a campaign.

• go about -ing ~을 해나가다 campaign 전투 작전

with the accuracy and efficiency of

(회계사)처럼 정확하고 효율적으로

이 프로그램을 이용하면 누구나 회계사처럼 정확하고 효율적으로 재정을 관리할 수 있습니다.

직역 **By using this program, anyone can manage their finances accurately and efficiently like an accountant.**

네이티브 **The software allows anyone to manage his or her finances with the accuracy and efficiency of an accountant.**

'~을 이용하면'은 If you use this program(당신이 이 프로그램을 사용하면)이나 By using this program(이 프로그램을 사용함으로써)이라고 할 수 있다. 또는 앞서 나왔던 A allow B to do C(A는 B가 C하게 허락하다)를 활용하면 'A하면 B가 C할 수 있다'라고 더 자연스럽게 표현할 수 있다. allow 대신 enable을 써도 좋다. 직역식 영어로 '정확하게'는 accurately, '효율적으로'는 efficiently와 같이 부사로 표현하는 부분을 accuracy와 efficiency라는 명사로 바꾼 후에 with 전치사를 붙여 with the accuracy and efficiency of an accountant(회계사의 정확성과 효율성을 가지고)로 바꾸면 훨씬 세련되고 박력 있는 문장이 된다.

예제 그는 모든 것을 마치 사진을 찍는 것처럼 정확하게 스케치할 수 있다.
He can sketch everything **with the accuracy of** a photograph.

이발사는 양털을 깎는 농부처럼 아주 효율적으로 그의 머리를 깎기 시작했다.
The barber began to trim his hair **with the efficiency of** a farmer shearing sheep.

• trim (머리)를 깎다 shear (양털)을 깎다

with the dexterity of

(산양)처럼 능숙하게

그는 마치 산양처럼 능숙하게 암벽을 타고 올라갔다.

직역 **He climbed the rockwall skillfully like a mountain goat.**

네이티브 **He climbed up the rock face with the dexterity of a mountain goat.**

'능숙하게'는 가장 일반적으로 skillfully라고 하고 비슷한 뜻의 단어로 deftly, adroitly, dexterously 등이 있다. skillfully를 [with+명사] 형태의 전치사구의 비유 표현으로 바꾸면 with the skill of a mountain goat이다. 나머지 단어도 명사형 deftness, adroitness, dexterity로 바꿔 쓰면 된다. 이 중에서 with the dexterity of ~와 with the deftness of ~를 비교적 많이 쓴다.

예제 그녀는 마치 전문 피아니스트처럼 능숙하게 기계를 다룬다.
She works her machines with the dexterity of an expert pianist.

그는 마치 NASCAR 레이서처럼 능숙하게 차량 사이를 누비며 나아갔다.
He weaved through the traffic with the deftness of a NASCAR racer.

• weave through (자동차·사람이) ~ 사이를 누비고 지나가다

with the fastidiousness of

(실험실 과학자)처럼 꼼꼼하게

그 요리사는 마치 실험실 과학자처럼 매우 꼼꼼하게 음식 재료를 다룬다.

콩글리시 **The chef treats food materials very carefully like a laboratory scientist.**

네이티브 **The chef handles her ingredients with the fastidiousness of a lab scientist.**

일반적 '재료'는 material이라고 하지만 '음식 재료'는 ingredient라고 한다. '~을 다루다'라는 말을 영어로 할 때 treat와 handle은 약간의 차이가 있다. treat는 '어떤 태도로 대하다'이고, handle은 '손으로 물건을 다루듯 다루다'라는 의미다. 위 예문에서는 둘 다 가능하지만 의미상 후자가 더 자연스럽다. '꼼꼼하게'는 carefully(조심스럽게)라고 해도 괜찮지만 세부적인 것에 주의를 기울인다는 의미로는 부족해 보이므로 fastidiously, meticulously 같은 단어가 더 적합하다. 이를 [with + 명사] 전치사구로 바꾸면 with the fastidiousness[meticulousness] of a ~(~처럼 꼼꼼하게)가 된다.

예제 그는 마치 진짜 요리사처럼 꼼꼼하게 채소를 씻고 고기를 잘랐다.
He cleaned vegetables and cut meat with the fastidiousness of a true chef.

그녀는 마치 초상화를 그리는 화가처럼 꼼꼼하게 화장을 했다.
She applied makeup with the meticulousness of a poster painter.

• apply makeup 화장하다

with the care of

(폭탄을 제거하는 병사)**처럼 조심스럽게**

그는 마치 폭탄의 기폭 장치를 제거하는 병사처럼 조심스럽게 상자 뚜껑을 들췄다.

직역 **He raised the cover of the box very carefully like a soldier removing the fuse of a bomb.**

네이티브 **He lifted the lid of the box with the care of a soldier defusing a live bomb.**

상자의 '뚜껑'은 cover라고 하지 않고 lid라고 한다. 폭탄의 '기폭 장치'는 fuse로, '폭탄의 기폭 장치를 제거하다'를 직역하면 remove the fuse of a bomb이 되지만, '기폭 장치를 제거하다'라는 뜻을 가진 동사 defuse를 써서 defuse a bomb이라고 하는 것이 더 자연스럽다. '조심스럽게'는 carefully로, 명사형은 carefulness와 care 두 가지이다. 여기에 with 전치사를 붙여서 with carefulness[care]라고 하면 둘 다 '조심스럽게, 주의해서'라는 의미가 되는데 with care를 좀 더 많이 쓴다. '조심스럽게'라는 의미의 또 다른 단어 cautiously와 명사형 caution을 활용해서 with caution(조심스럽게/주의해서)이라고 해도 같은 의미다. 따라서 '~처럼 조심스럽게'는 with the care[caution] of a ~가 된다. 참고로 care는 어떤 행동을 하는 데 있어 주의한다는 뜻인 반면, caution은 앞으로 발생할 위험을 예측하며 주의한다는 뜻으로 약간의 차이가 있다.

예제 그녀는 시인처럼 말을 신중하게 선택했다.

She chose her words **with the care of** a poet.

그는 달걀을 싣고 시장에 가는 사람처럼 조심해서 차를 운전한다.

He drives **with the caution of** a man taking a load of eggs to market.

• a load of 한 번 운반하는 짐의 분량

with the passion of

(고고학자)**처럼 열정적으로**

그녀는 마치 잃어버렸던 도시를 발견한 고고학자처럼 열정적으로 자신의 아이디어를 설명했다.

직역 **She explained her idea passionately like an archeologist who had found a lost city.**

네이티브 **She spelled out her idea with the passion of an archeologist who had just uncovered a lost city.**

'설명하다'는 보통 explain이라고 하지만 sketch, outline(대략적으로 설명하다), describe(기술하다), present(말로 설명하다), spell out(알아듣기 쉽게 설명하다) 등 일상생활에서 자주 쓰는 다른 단어나 표현도 써 보자. '발견하다'도 find라는 기초적인 단어 외에 discover(발견하다), uncover(숨겨져 있는 것을 찾아내다) 같은 동사도 알아 두자. '열정적으로'는 passionately 또는 enthusiastically(열심히, 열중해서)이고, 이 두 단어의 명사형은 각각 passion, enthusiasm이다. 따라서 '~처럼 열정적으로'를 [with+명사] 형태로 표현한다면 with the passion[enthusiasm] of a ~가 된다.

예제 그 요리사는 예술가처럼 열정적으로 요리해서 손님에게 대접한다.

The chef cooks and feeds you **with the passion of** an artist.

그녀는 신입사원처럼 열정적으로 자신의 새로운 업무에 몰두했다.

She dove into her new task **with the enthusiasm of** a new employee.

• feed ~에게 먹을 것을 주다 • dive into ~에 몰두하다, 열중하다

with the agility of

(스포츠카)처럼 아주 날렵하게[민첩하게]

그 SUV는 스포츠 카처럼 아주 날렵하게 코너를 돈다.

직역 **The SUV turns corners very quickly like a sports car.**

네이티브 **The SUV takes curves with the agility of a sports car.**

자동차가 '코너를 돌다'는 turn a corner라고 해도 되지만 그런 동작의 '능력'을 말할 때는 handle corners(코너를 다루다) 또는 take corners라고 한다. quickly는 단순히 '동작이 빠르다'라는 뜻만 있어서 '날렵하게'나 '민첩하게'의 의미를 담기에는 역부족이다. 한국어에 맞는 영어 단어를 하나의 부사로 찾는다면 agilely 또는 nimbly 정도를 생각할 수 있다. 이 부사어의 명사형은 agility, nimbleness이니 '~처럼 매우 날렵하게'를 영어로 생생하게 표현하면 with the agility[nimbleness] of a ~가 된다.

예제 그 권투 선수는 고양이처럼 민첩하게 링을 돌아다녔다.

The boxer pranced around the ring **with the agility of** a cat.

그는 NASCAR 경주 운전자처럼 민첩하게 차를 몬다.

He pilots his vehicle **with the nimbleness of** a NASCAR driver.

• prance 껑충거리며 다니다 • pilot (비행기나 차를) 조종하다

INDEX

찾아보기

가

나

다

라

마

바

사

아

자

차

카

타

파

하